中国新媒体年鉴

CHINA NEW MEDIA YEARBOOK

2021

中国记协新媒体专业委员会 编

学习出版社

图书在版编目（CIP）数据

中国新媒体年鉴. 2021 / 中国记协新媒体专业委员会编. --北京：学习出版社， 2023.5

ISBN 978-7-5147-1207-0

Ⅰ. ①中… Ⅱ. ①中… Ⅲ. ①传播媒介-发展-中国-2021-年鉴 Ⅳ. ①G219.2-54

中国国家版本馆CIP数据核字(2023)第068256号

中国新媒体年鉴2021

ZHONGGUO XINMEITI NIANJIAN 2021

中国记协新媒体专业委员会　编

责任编辑：边　极
技术编辑：贾　茹
装帧设计：美威设计 MVI DESIGN

出版发行：学习出版社
北京市崇外大街11号新成文化大厦B座11层（100062）
010-66063020　010-66061634　010-66061646
网　　址：http：//www.xuexiph.cn
经　　销：新华书店
印　　刷：北京中科印刷有限公司

开　　本：889毫米×1194毫米　1/16
印　　张：56
字　　数：1112千字
版次印次：2023年5月第1版　2023年5月第1次印刷

书　　号：ISBN 978-7-5147-1207-0
定　　价：299.00元

中国新媒体年鉴 2021

编　委　会

序　言

奋力谱写新时代媒体融合精彩篇章

中国记协新媒体专业委员会

2021年是中国共产党成立100周年，也是“十四五”规划开局之年。站在“两个一百年”历史交汇点，新闻舆论战线深入学习贯彻习近平新时代中国特色社会主义思想，牢记初心使命，坚持守正创新，深入践行“四力”，宣传解读党的创新理论，生动报道中国共产党成立100周年、全面建成小康社会、打赢脱贫攻坚战、抗击新冠肺炎疫情等重大事件，充分发挥主流舆论强信心、暖人心、聚民心的重要作用。

2021年是媒体融合发展作为国家战略推进的第八年。媒体深度融合发展和全媒体建设取得了新进展。中国记协新媒体专业委员会（以下简称“专委会”）深入贯彻落实习近平总书记关于媒体融合发展重要指示批示精神和中央《关于加快推进媒体深度融合发展的意见》，紧扣建党百年主题主线，以宽视野、大格局、多举措，进一步增强服务能力、延伸服务手臂、完善组织机构，为进一步巩固主流舆论阵地、推进媒体深度融合提供助力。

围绕中心、服务大局

“七一”前夕，围绕庆祝建党百年主题，在庆祝建党百年活动新闻中心搭建“融媒体体验室”，生动展示中国共产党百年成果，多维呈现深度融合发展成效，以“媒”会友，扩大“朋友圈”。集智能化、沉浸式、强互动于一体，首次打造全天候全方位“云上融媒体体验室”，为中外记者朋友提供形式多样、创意十足的双语种建党百年融媒产品，营造庆祝建党百年浓厚氛围。

全国开展“庆祝建党百年融合报道创新案例”征集推荐活动，展示优秀案例、分享创作经验，生动体现新媒体工作者践行“四力”的报道实践，大力营造共庆建党百年、共创历史伟业的浓厚氛围，业界反响热烈。从中推荐出中央、地方各十大精品案例，进一步发挥融媒好作品、好经验、好产品的示范引领作用。

搭建平台、培育人才

持续推出“社长总编谈媒体融合”网络专栏，多维展现媒体融合改革成果。特邀中央和地方新闻媒体社长总编，就构建全媒体传播矩阵、平衡体制机制“统”和“分”、业务技能“专”和“全”，以及传播渠道“全媒介”、应用场景“全覆盖”、信息生产“全流程”等实践和理念进行“传经送宝”。1 年多来共推出文章 60 余篇，被业界广泛传播。

创新开展“融媒有技”沙龙，展示融合发展中的技术驱动引领。专委会 3 次组织带领中央新闻单位、全国性行业类媒体和商业传播平台等 50 余人，分别走进人民日报社、新华社、中央广播电视总台、中国传媒大学媒体融合国家重点实验室，开展 5G、大数据、人工智能等主题系列公益讲座，拓宽新媒体从业人员前沿技术视野，增强其技术应用能力。

成功举办“新媒体内容建设负责人”培训班，搭建内容深度融合交流平台。中央主要新闻单位、各省（区、市）新闻单位 130 余人参加培训。重点围绕新媒体内容建设，结合政策解读、党史教育、案例实操等专题展开，还通过实地参观，提供思想启迪，深受学员好评。

联办开通“融媒工作室创新运营”系列“云课堂”，交流分享新媒体运营经验。来自全国优秀融媒体工作室的运营负责人和行业专家，通过理论分析、案例解构，分享运营经验、探索融合之道。全国 52 家新闻单位通过 1092 个账号在线观看了全部课程，总点击量达 3.6 万次。

放大品牌、服务行业

承办开通“记者之家”冠名高铁列车专项任务。这是建设新时代“记者之家”的一项重要举措，也是推动“记者之家”品牌化建设、更好服务新闻界的创新抓手，更是展示新闻工作者良好形象的流动窗口。

认真组织第三十一届中国新闻奖媒体融合奖项初评工作，从 383 件作品中评选出 120 件作品参评中国新闻奖。其中，54 件作品获得中国新闻奖媒体融合奖项。一批聚焦年度新闻热点、体现融合发展方向的优秀作品脱颖而出，为融媒内容生产创优创新树立标杆。

优化《中国新媒体年鉴》《中国新媒体研究报告》专项智库建设，进一步加强理论研究、突出成果汇聚、强化趋势引领。《中国新媒体年鉴 2020》版面设计更加优化，内容由“全”向“深”拓展。《中国新媒体研究报告 2021》角度更多元、成果更丰富、特色更鲜明。

突出公益、强化责任

围绕建党百年主题主线，组织邀请百度、新浪、腾讯、字节跳动等 14 家商业传播平台 20 多名骨干，赴浙江嘉兴开展“行思中国　网聚未来”国情研修活动，引导他们学党史知国情、聚网力担责任。

专委会参与主办 2021 年世界互联网大会“网络谣言共治”分论坛，号召广大媒体守好真相与责任之道，合力扩大谣言治理“合作圈”，携手推动网络空间的共治共享。

开展系列公益主题活动，助力志愿服务与“新媒体 +”的深度融合。召开全国志愿服务工作传媒座谈交流会，倡议新闻媒体和商业传播平台携手共建“志愿服务传播矩阵”；和中国志愿者服务联合会共同举办全国志愿服务工作培训班，组织 47 家媒体、5 家商业传播平台的新媒体公益负责人参加；组织东中西部县级融媒体中心开展“东西协作交流公益”项目，17 个省区市的 30 家县融中心互派人员驻点交流，并签订长期结对共建协议；开展“2021 中国新媒体联合公益行动”精品案例征集推优活动，推出“中国新媒体公益十大优秀案例”，得到新闻单位积极响应和一致好评。

深化改革、优化组织

根据《中国记协新媒体专业委员会章程》，专委会启动了换届工作。结合成立以来的工作运行实际认真梳理总结，从委员结构优化、加大拓展范围、突出专业模块等几个方面进行完善调整。另外，专委会秘书处与新闻培训中心一体化改革取得实质性进展，人员和经费进一步充实，日常保障更加有力有序。

回望2021年，我国主流媒体进入深度融合阶段。各级各类媒体在融合思路、融合策略、融合效果上积极寻求突破，展现了融合转型的坚定信心和创新发展的巨大能力，涌现出一大批具有强大引领力、传播力、影响力的新媒体精品力作。“博观而约取，厚积而薄发。”《中国新媒体年鉴2021》力图展现我国媒体融合不断深入的显著变化，勾勒2021年媒体深度融合的突出特点。

在总结前3年编纂经验的基础上，《中国新媒体年鉴2021》主要体现出以下3个变化和特点。

一是力求广泛，记录融合发展历程。“媒体追踪”扩大了征稿范围，由各省记协根据本省情况，组织推荐1—3家省级媒体提供其年度新媒体工作综述。这使年鉴的覆盖面更广，媒体代表性更加突出，有利于记录和观察各省各类媒体的媒体融合及新媒体发展状况。在“人才教育”部分，参考了全国第四轮学科评估结果，使之更能体现出我国高校新媒体人才教育培养的最新成果和水平。

二是聚焦亮点，展示媒体融合成果。本次年鉴强调突出各媒体2021年度推进深度融合发展的新举措、新机制，展示新成效、新经验，充分引导各媒体在提供材料时重点梳理本单位2021年度新媒体工作的亮点和典型经验，紧扣年度总结回顾，聚焦大事要事、突出融合改革亮点，使年鉴更具权威性和参考性。

三是突出精品，引领服务内容创优。本次年鉴聚焦专委会内容引领、标杆示范的突出成效，将年度精品推优单独成章，收录庆祝建党百年融创报道十大精品案例和中国新媒体公益2021十大优秀案例的创作分享，呈现专委会两项重要精品推优活动的丰富成果。另外，作为年鉴的常设章节，中国新闻奖媒体融合奖项（含国际传播奖项）作品解析增加了获奖作品的创作经验分享，进一步引导主流媒体生产精品，壮大主流舆论。

《中国新媒体年鉴》自2019年出版以来，紧扣中央关于推动媒体深度融合决策部署，展现新媒体发展实践，已经成为具有参考价值的年刊，受到业界学界广泛关注。在中宣部新闻局的精心指导和大力支持下，在各省记协及媒体单位的配合帮助下，在新媒体领域各位专家学者的学术支持下，《中国新媒体年鉴2021》顺利付梓。这也离不开编辑团队和出版社的悉心编纂和严谨审校。在此，向所有对中国记协新媒体专业委员会的发展、对《中国新媒体年鉴》的成长给予指导、关心、帮助的单位和朋友，致以最诚挚的谢意！

好风凭借力，扬帆正当时。在党的二十大精神指引下，让我们团结奋斗、砥砺前行，加强全媒体传播体系建设，塑造主流舆论新格局，为巩固壮大奋进新时代的主流思想舆论作出新的贡献！

中国新媒体年鉴 2021

CHINA NEW MEDIA YEARBOOK

目录

区域进展 >>>525

人才教育 >>>633

发展综述 >>>681

年度盘点 >>>853

附录 >>>869

中国记协
新媒体专业委员会
主要活动

1月起，中国记协新媒体专业委员会联合中国记协“一网双微”持续推出《社长总编谈媒体融合》原创专栏，邀请中央和地方新闻媒体社长总编分享成果经验，共话机遇挑战，集中展示各地各级媒体贯彻落实中央部署要求，努力推动媒体融合取得的新进展新成效，受到业界广泛关注和好评。

3月起，中国记协新媒体专业委员会联合新闻培训中心开展“融媒有技”沙龙系列公益讲座活动，全年以“走进媒体融合国家重点实验室”为主题，4次组织带领中央新闻单位、全国性行业类媒体和商业平台等200余人，分别走进中国传媒大学、人民日报社、新华社、中央广播电视总台媒体融合国家重点实验室实地参观体验科研成果，推动新闻工作者了解前沿技术发展趋势，推进媒体行业与信息产业跨界交流合作。

3月起，为积极配合“奋斗百年路　启航新征程”大型主题采访活动，中国记协新媒体专业委员会组织开展庆祝建党百年融合报道创新案例征集活动。从全国范围内征集案例84件，在中国记协“一网双微”集中展示，在此基础上推荐“庆祝建党百年融创报道十大精品案例”20件，中央和地方媒体各10件。新媒体专委会已连续3年开展年度融创精品推优活动。

4月至7月，中国记协新媒体专业委员会顺利完成第三十一届中国新闻奖媒体融合奖项和新媒体新闻专栏（含国际传播奖项）初评工作。截至4月30日，共收到383件参评作品。初评共评选出120件作品（包括国际传播作品10件）推荐至中国新闻奖定评会。最终，中国新闻奖定评会从中评选出获奖作品约50件。

4月15日，中国记协新媒体专业委员会和中央文明办三局（全国志愿服务工作协调小组办公室）在中国记协联合召开志愿服务工作传媒座谈交流会。来自11家新闻媒体、12家互联网平台以及中国社会科学院社会发展战略研究院志愿服务研究室等40余位代表参加座谈会。参会人员分享对志愿服务事业的感悟，沟通有关志愿服务事项的合作，并就进一步发挥互联网技术和信息化手段，推动新媒体新平台服务志愿文化传播、开展公益行动等议题展开热烈讨论。

5月11日，中国记协新媒体专委会在江苏省南京市江宁区融媒体中心启动2021县级融媒体中心东西协作交流公益项目。这是该项目成功举办的第二届，17个省区30家县融中心互派人员驻点交流1个月，并签订长期结对共建协议。2021年，首创“县融1+1”全媒体技能练兵单元，东中西部县融中心两两结对联合制作全媒体作品，并在中国记协网集中展示，以公益互助促进媒体融合发展，以志愿交流强化基层新闻队伍建设。

5月11日至14日，中国记协新媒体专业委员会首次组织互联网平台内容管理骨干人员赴浙江开展“行思中国　网聚未来”国情研修活动。活动围绕庆祝建党百年主题，组织14家商业传播平台的20多名内容管理骨干人员听取专题讲座、实地考察、互动交流，号召大家“学党史知国情　聚网力担责任”。

6月26日，庆祝中国共产党成立100周年活动新闻中心融媒体体验室正式开放。该体验室由中国记协新媒体专业委员会组织建设运营，人民日报社、新华社、中央广播电视总台参与组建，占地200多平方米。体验室生动展示中国共产党百年建党伟业，多维呈现深度融合发展成果，为中外记者提供了智能化、强互动、沉浸式、线上线下结合的全新体验服务。

6月，中国记协新媒体专业委员会正式启动2021中国新媒体联合公益行动。联合公益行动由全国志愿服务工作协调小组办公室指导，全国38家新闻媒体和4家商业传播平台共报送60件新媒体公益案例，在中国记协网以专题案例库形式向全社会展示。在此基础上，推荐出“中国新媒体公益2021十大优秀案例”，其中中央媒体5件、地方媒体3件、商业传播平台2件，充分发挥优秀案例对新媒体公益的示范助力，进一步扩大联合公益行动的社会影响。

7月，中国记协新媒体专业委员会承担开通“记者之家”冠名高铁列车专项任务。7月16日中午11时58分，标有“记者之家”字样的G517次列车从北京西站首发。冠名高铁列车的开行，是落实习近平总书记重要指示、建设新时代“记者之家”的一项重要举措，也是推动“记者之家”品牌化建设、更好服务新闻界的创新抓手，更是展示新闻工作者优秀形象的流动窗口。

9月26日，中国记协新媒体专业委员会参与主办2021年世界互联网大会“网络谣言共治”分论坛。论坛聚焦“信任与安全”“真相与责任”“共治与共享”3个议题，邀请国内外各方代表共同探讨网络谣言治理之道，深入推进国际网络安全共建、网络文明共享，携手构建网络空间命运共同体。

9月至10月，中国记协新媒体专业委员会、新闻培训中心与人民日报媒体技术公司联合举办“融媒工作室创新运营”系列“云课堂”。以融媒工作室创新运营为主题，邀请优秀融媒体工作室运营团队负责人和专家学者分享运营经验、探索融合之道。截至10月19日课程视频回放结束，总点击量达3.6万次。

10月19日至22日，中国记协新媒体专业委员会、新闻培训中心联合举办2021新媒体内容建设负责人培训班。重点围绕新媒体内容建设，结合政策解读、党史教育、案例实操等媒体深度融合话题展开，同时侧重现场教学，安排华为北京会展中心等实地参观学习。共有中央主要新闻单位、各省（区、市）新闻单位130余人参加了培训活动。

12月，中国记协新媒体专业委员会“紫皮书”智库系列《中国新媒体年鉴2020》《中国新媒体研究报告2021》出版。该系列自2019年以来连续发布3年，注重理论研究、突出成果汇聚、强化趋势引领，为推动媒体融合发展提供信息服务、决策服务和智力服务。

中国记协
新媒体专业委员会
年度精品推优

庆祝建党百年融创报道十大精品案例发布

由中国记协新媒体专业委员会组织开展的庆祝建党百年融创报道精品案例推荐活动推荐结果日前发布。人民日报社《复兴大道100号》、新华社《2021，送你一张船票》、中央广播电视总台《中国是如何运行的》等10件作品获得“庆祝建党百年融创报道十大精品案例（中央媒体）”。新民晚报社《百年大党——老外讲故事》、四川日报报业集团《初心·追梦人　请做我的入党介绍人》、甘肃新媒体集团《追星，追心！》等10件作品获得“庆祝建党百年融创报道十大精品案例（地方媒体）”。

2021年3月，围绕庆祝建党百年主题，中国记协新媒体专业委员会组织开展庆祝建党百年融合报道创新案例征集活动，建立精品案例库，开展创新案例推荐活动。经专家推选，推荐出庆祝建党百年融创报道精品案例，中央媒体和地方媒体各10件。这些作品创意丰富、形式多样、情感深厚，反映了广大新闻工作者围绕庆祝建党百年主题积极践行“四力”的鲜活实践和守正创新的丰硕成果。

自2019年以来，中国记协新媒体专业委员会已连续3年开展年度融创精品推优活动，成为推进媒体融合高质量发展，树立内容创作标杆，加强人才队伍建设的有效举措。

庆祝建党百年融创报道十大精品案例（中央媒体）

《复兴大道100号》：创新展陈，沉浸体验，全域传播

2021年6月起，人民日报社新媒体中心策划推出“复兴大道100号”主题传播，联动线上线下，陆续推出互动体验馆、手绘长图、H5等多件传播产品，产品和稿件的全网点击阅读量超过10亿次。

一、场景化传播，沉浸式体验

2021年“七一”前夕，一栋位于北京三里屯的二层红房子成为参观者纷至沓来的“网红打卡地”。这里精心设计了10个展区，以生活化视角、场景化展陈，还原了中国共产党成立100年来的历史画面和生活场景——这就是“复兴大道100号”互动体验馆。

体验馆开放期间，共接待参观者近2万人次，成为庆祝建党百年、开展党史学习教育的一个热门地标。

体验馆采用动画长廊、水幕影像、裸眼3D视频等新型展陈手段并举办多场演出，带参观者“走入”历史，通过观看、倾听、触摸，仿若时光穿梭，百年征程历历在目，可感可信。大量到访的参观者成为产品传播的“志愿者”，有效扩大了传播声量。

二、年轻态表达，可视化创新

围绕“复兴大道100号”主题，不断创新传播方式，在线上，推出“复兴大道100号”创意长图和VR“云展馆”等产品，打造不落幕的传播。

其中，《复兴大道100号》创意长图，采用超长画卷与“一镜到底”的形式，通过丰富多元的场景变化与内容细节，展现中国共产党壮阔的世纪征程，产品融合了文字、图片、声音、动画、AI交互等多种形式，推出微信SVG、H5等多种产品，让用户可参与、可体验，备受网友关注，仅在人民日

报新媒体渠道浏览量就超过 1.2 亿次，点赞量超 290 万次。

三、多维传播矩阵，扩大用户覆盖

打通线上线下，在传播上，面向全国积极探索更多元的落地方式，建立“复兴大道 100 号”品牌 IP，进行创意输出，依照不同传播环境，努力实现产品找人。在广西，“复兴大道 100 号”创意体验馆——建党百年·广西红馆出现在南宁市三街两巷；在浙江，“复兴大道 100 号·光影博物馆”矗立在西湖之畔，长图以巨型百米动态画卷形式在西湖天幕 LED 大屏滚动播放；在广东，百米长卷亮相广州地铁和广清城际铁路……在全国多个省份，除了户外大屏、地铁站、高铁站，长图还出现在公园、广场、高铁列车、高速公路服务区、办事大厅等生活高频应用场景中，实现了用户身边的传播。

四、精雕细琢，筑牢与用户的连接

“复兴大道 100 号”主题传播的筹备周期超过 100 天，主创团队反复查阅历史，对每一处细节精益求精，力求高度还原历史、严格忠于史实。以《复兴大道 100 号》创意长图为例，长图覆盖 300 多个历史事件和场景，包括 5000 多个人物，400 余座建筑，大到历史事件，小到墙体上的标语、字体，不同时代人物的着装、发型等，都有章可循，有据可查。

在此基础上，将场景化、年轻态、可互动作为重要的传播原则，精雕细琢产品。一是找准重大主题与日常生活的连接点，将党史与用户自身的记忆交汇点、利益契合点、情感共鸣点生动融合。二是突出党史学习教育的“年轻态”，将年轻网友作为重要传播对象，力求贴近潮流、接地气。三是强化互动参与，用高品质创意打造“情怀”，让用户在参与中感受“意思”，由“情怀”唤起“意义”。四是努力构建跨媒体、跨平台、跨场景的多维互动传播矩阵，实现多品类多链条全域传播。

手机端展示

扫描二维码，
观看本作品新媒体展示

（人民日报社供稿）

《2021，送你一张船票》：探索互动报道成功的秘诀

2021年1月2日，新华社建党百年重点融媒体互动报道《2021，送你一张船票》上线发布。该产品融思想性、新闻性、艺术性、观赏性、互动性和体验性为一体，富有创意。互动H5参与量超1亿次，产品全网浏览量超5亿次，网民纷纷留言："新华社这个绝佳创意，既大气磅礴又精致有趣。""这张船票不仅有新鲜的体验，更承载着满满的感动。"

"船票"报道之所以能火上热搜，打破"次元壁"，刷屏朋友圈，主要原因有以下3点。

一、高人一筹的创意，让产品更有内涵

项目组巧妙延伸红船意义，将中国共产党百年征程的重要历史时刻浓缩在一张"船票"中，让网民在体验过程中，不知不觉上了一堂 "微党课"，实现了重大时政主题和新媒体形式的巧妙结合。为了让报道更加权威厚重，项目组对每一幅画面、每一个文字都仔细推敲、反复核对，对产品前后进行了100多次修改、打磨，千余次测试。2020年12月31日，习近平总书记发表新年贺词，提到"一艘小小红船承载着人民的重托、民族的希望，越过急流险滩，穿过惊涛骇浪，成为领航中国行稳致远的巍巍巨轮"，产品随即进行了调整优化，将习近平总书记讲话内容和同期声融入报道中并不断完善，大大增强了产品的新闻性，提升了产品的时代内涵。

二、巧妙设计，实现技术与艺术融合

"船票"报道在视觉表现上结合历史大事件进行构思设计，以现下流行的勾线手绘漫画为表现手法，将文字、手绘漫画、音乐等多种表现形式融合在一起，配色上从灰色调逐渐过渡到暖色调，画面流畅精致、风格整洁大气，打造出既有厚度又有新意的体验氛围。项目组加大技术赋能，通过"红船"载体，突出互动性、参与感，"行船"过程中，画面中的提示对网民发起"感情攻势"，引发个人故事与国家叙事的充分联想，让人

们意识到“船票”的真正意义——并不仅仅是历史的“游览之船”，更是所有人齐心划桨的“奋斗之船”。

三、移动优先的理念，更好地拓展传播途径

项目组根据平台、受众特点，对产品运营推广进行整体设计，根据各平台特点进行多元精准适配，持续传播热度，次第推出海报、手绘长图、专版文章、“百年红色之旅”等产品，达到“大珠小珠落玉盘”的传播效果。其中，改变根据具体事件创建话题的惯例，在微博主动设置话题“国社送你一张船票”，鼓励网民分享自己的观看感受，并通过发动投票、联动微博“大V”等活动，进一步吸引网民转发参与，话题在微博热搜榜持续置顶，实现精品力作影响力、传播力最大化。

手机端展示

扫描二维码，
观看本作品新媒体展示

（新华社供稿）

《初心心愿》：重大主题宣传的匠心之作

百年征程波澜壮阔，百年初心历久弥坚。为做好庆祝建党百年重大主题宣传报道，人民日报总编室碰碰词儿工作室、要闻7版联合人民网移动中心，于2021年“七一”前后推出专题报道——“初心心愿”系列融媒体作品，包括1集主视频《你，为什么入党》和14集系列短视频《百秒党员说》。

系列融媒体作品以“中国共产党人的精神谱系”为主线，以“叩问初心”为主题，精心选取“前辈大咖+90后青年党员”共14人进行组合报道，年龄跨度26—97岁。老一辈优秀共产党员代表有“七一勋章”获得者孙景坤、张桂梅，有长征路上年龄最小的红军战士向轩，有“神舟”飞船首任设计师戚发轫，有“人民英雄”张伯礼，人物分量十足，事迹感人至深。青年一代党员代表有抗疫前线的医护人员、志愿者，有脱贫攻坚一线的驻村第一书记，有不惧艰辛卫国戍边的战士，有常年驻守现场的考古队员……他们来自各行各业，奋斗故事既有情感贴近性，又有精神感召力。系列视频浓缩赤诚情怀，聚焦奋斗故事，以老带新，以小见大，展现了一代代共产党人传承坚守的精神。

“初心心愿”系列融媒体作品播发后引发强烈反响。《你，为什么入党》上线后，24小时内播放量达千万次，曝光总量超13亿次，全网置顶推荐。在庆祝中国共产党成立100周年活动新闻中心，该片同时入选实体展厅和VR展厅进行展示；作品入选中国记协新媒体专业委员会“庆祝建党百年融创报道十大精品案例”，入选党史学习教育优秀新媒体作品选集。《百秒党员说》陆续上线后，“学生眼中的共产党员张桂梅”“三星堆95后坑长”等8条话题登上微博热搜。微博主话题“初心心愿”热搜置顶，阅读量超3.2亿次，300多万网友转评赞。网友们表示：“我知道他们伟大，却还是低估了他们的伟大”“永远不忘入党‘为人民服务’的初心，这也是我的答案”……众多感言同频共振，实现了从“信息传播”到“情感传播”的提升。

项目于2021年3月启动，创作过程历时3个多月，十几名文字记者、视频记者团队奔波几千公里，北至辽宁、南到海南，独家采访拍摄第一手素材，深入挖掘每一位典型人物鲜为人知的故事细节；编辑制作团队苦心打磨，精益求精，当“内容原创者”，做“内容收藏品”，依托优质内容强化主流媒体的责任担当。

“初心心愿”系列融媒体作品是一次媒体融合领域重大主题宣传的匠心之作。在策划方面，先“通情”后“达理”，以人叙事，以事明理，严肃话题创新表达，兼具深度与温度，提升红色故事传播势能。在创作方面，重“独家”，做“原创”，坚持高标准新闻价值追求，践行“四力”，将原创内容作为重要抓手，不做公共素材的“剪刀手”“搬运工”。在呈现方面，既“丰富”，又“独特”，主视频侧重凸显人物心声，系列视频重点聚焦人物故事，打造出渠道适配度最高的新闻产品，满足不同受众群体需求，实现了传播范围最大化，传播效果最佳化。在机制方面，深融合，促创新，立足全局整合资源。主创团队集报纸编辑、网站编辑、融媒体工作室编辑多元优势于一身，实现了从人员、创作到渠道，从初期、中期到后期的全方位、全流程融合。

手机端展示

扫描二维码，
观看本作品新媒体展示

（人民日报社、人民网供稿）

《中国是如何运行的》：百问百答，阐释中国运行之道

在中国共产党成立100周年之际，中央广播电视总台CGTN首次向海外推出百集时政音视频聚合产品《中国是如何运行的》（*How China Works*）。这一系列产品围绕中国共产党百年奋斗史，多角度、多样态、多条线阐释习近平新时代中国特色社会主义思想，探究中国发展道路，为国际受众打造了可听、可读、可看的全媒体时政解读类产品。

一、全方位阐释“中国之治”，解析“中国共产党领导下的中国是如何运行的”这一核心命题

立足《习近平谈治国理政》以及习近平总书记系列重要讲话、论述，《中国是如何运行的》以百问百答的形式，重点阐释“中国共产党是谁”“中国共产党做了什么”“中国共产党未来愿景”三大核心议题。

制作团队与《习近平谈治国理政》英文版编纂人员及党史专家进行多次深入座谈、研讨，形成共计11万字的选题素材，围绕中国共产党的初心使命、坚持以人民为中心、构建人类命运共同体等15个不同方面，以国际传播为出发点和落脚点展开。每个方面挑选若干讲话选段形成英文音频播客内容，以问答方式提出“中国之问”，用习近平总书记的讲话论述来回答中国共产党为什么能、马克思主义为什么行、中国特色社会主义为什么好。总台CGTN 10余位广播电视播音员、记者参与播客录制，为海外用户提供沉浸式听觉体验和高质量的有声读物。

二、“七一”特辑立体作答“时代问卷”，解读习近平总书记重要讲话

《中国是如何运行的》开辟“七一特辑”专区，以音频播客、图文特稿和微视频，对习近平总书记“七一”重要讲话进行全方位解读。专区以“中华民族伟大复兴”为主题，以“过去一百年中国共产党为实现民族独立、人民解放、国家富强”和“为实现第二个百年奋斗目标、实现中华民族伟大复兴的中国梦”为两条主线，展现中国共产党百年发展成就，解读中国取得辉煌成就的原因。

三、打通国际传播“最后一公里”，突破传统节目内容形式样态

该作品打破了单一形式的产品线模式，搭建了集音频播客、视频、图文特稿、专题网页为一体的多条线产品融合样态，为国际受众打造可听、可读、可看的全媒体时政解读类产品。专题网页基于CGTN官网及客户端，将内容进行系统串联、集结，将相关新闻报道、解读类内容进行聚合，受众能够在线上对相关内容进行检索，从而得以更精准地获取信息。

四、全平台分发、多渠道发力，放大传播效果

该作品全系列由CGTN官网首发，脸书、优兔、推特、微博、微信、央视频、“学习强国”学习平台、云听、喜马拉雅等海内外新媒体平台进行多频次多样态分发。全网累计触达海外受众3.3亿人次。海外受众热情留言，对以习近平同志为核心的党中央高度赞扬，对中国共产党治理下的中国道路和中国制度高度认同，对中国脱贫攻坚成果表示钦佩，等等，CGTN平台海外网友正向互动占比超过64.9%。

《中国是如何运行的》这一系列产品从策划研讨到制作上线，历时半年，作品以多角度、多样态、多条线阐释习近平新时代中国特色社会主义思想，引用真实的数据和案例、用事实立体作答“时代问卷”，探究中国特色发展道路背后的中国主张、中国智慧、中国方案，是领导人思想海外传播的一次有益思考与实践。

手机端展示

扫描二维码，
观看本作品新媒体展示

（中央广播电视总台供稿）

《求索：美国共产党员的中国行》：探索党的故事对外创新叙述

一、报道情况和社会反响

建党百年之际，世界目光聚焦中国共产党，中国日报网推出5集系列双语视频《求索：美国共产党员的中国行》，美国共产党员、美籍记者伊谷然出镜，走进党的一大会址、延安、嘉兴南湖等红色圣地，对话专家学者、国际友人、基层党员等各界人士，探寻中国共产党百年辉煌的成功“密码”，以期增进国际社会对中国共产党为什么能、马克思主义为什么行、中国特色社会主义为什么好的理解和认同。

视频在中国日报全媒体平台刊发后，引发海外广泛关注，全球传播总量超4300万次，被海外主流媒体转引转载200多次，覆盖全球超过3亿受众。在海外高度关注的同时，视频在国内社交平台也掀起了热潮，获得上千万次观看量，数十万条点赞、评论、弹幕“刷屏”。

二、创作过程

第一，主动设置议题，多层次叙述、严密逻辑设定解读百年大党成功之道。通过与外籍记者、权威研究学者多次研讨，并深入学习党史以及习近平总书记关于中国共产党为什么能、马克思主义为什么行、中国特色社会主义为什么好的重要观点和论述，团队确定从党的“初心使命”“工作方法”“鲜明品格”“组织架构”“执政能力”等5个方面设置议题，5个主题逻辑上环环相扣，层层递进，完整地阐述了中国共产党成立100年来充满活力的运作机制保障所在。

第二，对话对象具有多元性、代表性，重点突出，说服力强。在节目中，伊谷然的对话对象既有中央党校教授等研究专家，也有国际友人、基层党员、退伍老兵等。普通百姓平实话语和专家学者理论话语相结合，多元主体的多层次声音让视频叙事层次更丰富，更有可信度。

第三，注重细节，在细微处下功夫提升视频品质。在视频中，伊谷然说加入美国共产党前阅读了马克思和毛泽东的著作，留下深刻印象，这个细节有力印证了他来中国寻找答案的逻辑动机。在第一期视频中，伊莎白及其儿子柯马凯分享了其亲历的北京外国语大学分配住房的故事，党员都选择朝北的房屋，把光线好、保暖好的朝南屋子留给普通群众，“人民至上”的初心使命在细节上更加生动、更易于国外受众理解。

三、心得体会

第一，叙事主体的创新：“他视角”拉近与海外受众距离。伊谷然的“海外视角”让视频更易于为海外受众所接受和理解。同时作为美国共产党人，他又有别于一般的外籍人士，在参与评述中国共产党百年发展时，他的独特经历和信仰背景，让视频同时兼备了现实价值和理论深度。

第二，叙事策略的优化：增强传播的亲和力和实效性。视频在叙事策略上，采用第一人称叙述和第三人称叙述相结合，采取纪实性拍摄手法，大量运用跟随镜头与第一视角结合，用“平视”的镜头语言，营造“谈心聊天”的交流氛围，让每期视频“娓娓道来，润物无声”。

第三，共情效应的强化：理论与温度的结合引发共鸣。《求索》每一集都选取了相应的基层组织治理事例，将镜头对准具体人，让视频每个主题都更有烟火气和人情味，更容易让海外受众从具体人、具体事上发现与本国社会实践的相似、可鉴之处，引发他们的共鸣。

手机端展示

扫描二维码，
观看本作品新媒体展示

（中国日报供稿）

《党史中的经济档案》：以经济视角展现百年辉煌

做好庆祝中国共产党成立100周年宣传报道，是2021年新闻宣传工作的一项重要任务。2021年6月底至10月初，经济日报社分两批次推出18集系列微视频作品“党史中的经济档案”，系统讲述中国共产党领导经济工作、推动经济发展的辉煌成就。系列作品发布后，取得了良好的社会效益。

“党史中的经济档案”是经济日报社编委会主持策划并指导实施的重点项目。“依托百年党史、展现百年辉煌，聚焦经济领域、突出经济视角”是该系列视频的突出特点。在建党百年的重要历史节点，如何让党史宣传教育更加新颖、深入、有效，是报社编委会重点思考的内容。梳理以往媒体关于党史宣传教育的作品时发现，经济领域的相关内容很多，但聚焦中国共产党领导经济工作这一领域的作品，特别是视频作品并不系统，还有很大的深入挖掘空间，由此报社编委会确定了“经济档案”这一方向。作为专注经济领域的中央党报，由经济日报来梳理中国共产党领导经济工作的历史和成就，展示中国共产党领导经济工作取得的伟大成就，应当且必要。

基于这样的考虑，“党史中的经济档案”紧紧围绕中国共产党领导经济建设的伟大实践，选取不同时期经济工作中具有标志性意义的重大事件，从中国共产党最早的金融实践探索——安源路矿工人消费合作社到全面建成小康社会，以小切口反映大主题，全面展现中国共产党100年经济建设的辉煌历程和伟大成就，深刻阐明中国共产党为什么“能”、为什么“行”。

系列视频围绕“党领导经济建设的成就”这个“灵魂”展开，以小见大，由往鉴今，全面展现党领导经济工作的非凡魄力和卓越才能。在抓住生动细节、讲清讲透历史事件本身的基础上，以大历史观的视角，把历史事实放到时间的纵向脉络中，从深层次寻找剖析事件发生的背景原因。系列视频不是某一个历史事件、某一段历史事实、某一堆历史数据的简单罗列，而是把这一切放在历史坐标上深入分析，串联起党在不同时期领导经济工作的指导思想、方针路线，以及它们的演变、形成情况等。

在视频表现上，整套产品综合运用“现实影像 + 数字对比展示 + 图片包装 + 场景还原”等多种融媒体形式，真正做到内容丰富、形式多样，既符合经济新闻传播规律，又具备音视频产品的时代元素。该系列视频的一大特点就是以大量翔实的数据为基础，进行了多种数据可视化呈现。全套视频共出现各类数据上千个，精心设计各种图形图表近百幅。数据是对事实最佳的佐证，大量地运用数据提升了视频的说服力和公信力。而且，丰富独特的数据视觉表现方式赋予了产品浓浓的“经济味”，也成为这套产品最独特的标签。

从实际效果来看，《党史中的经济档案》系列视频与经济日报主报报道相互呼应、形成合力，为庆祝中国共产党成立 100 周年营造了良好的舆论氛围。特别是作品对党史的深入挖掘和生动再现，使其超越了新闻作品“易碎”的特点，而具有了更加长久的生命力。

手机端展示

扫描二维码，
观看本作品新媒体展示

（经济日报供稿）

《时间纪录·巾帼赤诚》：塑造百年党史中百名女共产党员群像

时间跨越百年，不变的是永恒的誓言。为庆祝中国共产党成立100周年，中国妇女报社紧紧围绕“主流定位、女报表达、融合呈现”的创新理念，精心策划了公益纪录片《时间纪录·巾帼赤诚》，于2021年7月1日推出。

视频摄制组历时2个多月，拍摄记录了200多位女党员的镜头，从中选取了84位党龄从1年到84年的女党员，又从历史照片中选取了已经离世的16位女共产党员肖像，汇聚成从入党第1年到第100年的百名女共产党员群像。她们当中有身经百战的老游击队员，无私奉献的老党员，亦有朝气蓬勃的大学生；有各行各业的中流砥柱，更有扎根基层、勤勤恳恳的普通女党员。她们恪守入党誓言，不忘初心、牢记使命，在各个历史时期发挥了先锋模范作用。

视频以《国际歌》为背景音乐，以入党时间为轴线，通过人物镜头和照片的剪辑编排，体现了“誓言越百年　永远跟党走”的深刻主题，展现了百年党史中女共产党员的忠诚和奉献，深刻诠释了伟大事业由平凡铸就，巾帼赤诚惟时间见证！

这条用时5分54秒的视频，在全媒体、多渠道进行了推送，融合传播效果显著，社会反响强烈。7月1日发布当日，中国妇女报微信公众号阅读量即达10万+。上线3天，视频全网播放量突破1600万次。广大网友纷纷参与讨论，他们为这些坚定的面孔所感动。在留言区致敬刷屏：“这是信仰的力量”“百年传承，吾辈奋斗”“一心向党，巾帼不让须眉”……

视频不仅被“学习强国”学习平台、人民号等媒体转载，还成为党史学习教育的生动教材，在广大女党员和各地妇联组织中广泛传播。一张张生动而庄严的面容，所传递出的不仅是被刻录的岁月，还有她们心中始终激荡的永恒誓言和矢志不渝的忠诚。在众多留言中，有人感受到了幸福生活的来之不易，有人看到了红色基因生生不息的传承，更多人找到了自己所肩负的使命。信仰的力量直抵人心，为观众上了一堂生动鲜活的党史课。

中国妇女报社还同步推出了该作品的

大篇幅版面报道和微博话题等，通过高质量的融合传播方式，积极引领广大妇女认真学习贯彻习近平总书记重要讲话精神，牢记谆谆嘱托，争做伟大事业的建设者、文明风尚的倡导者、敢于追梦的奋斗者，努力书写无愧于时代、无愧于人民、无愧于历史的巾帼华彩。

视频兼具社会的广度、历史的深度和人文的温度，成为庆祝建党百年主题宣传中一件有特点、亮点的作品。

手机端展示

扫描二维码，
观看本作品新媒体展示

（中国妇女报供稿）

《红色印记》：用声音刻录百年记忆

由中央广播电视总台、国家文物局、中央网信办联合制作的建党百年大型融媒体报道《红色印记——百件革命文物的声音档案》（以下简称《红色印记》），于2021年3月22日至7月31日在总台央广中国之声播出，是中国广播致敬伟大革命精神的匠心之作。《红色印记》精选建党百年历程中的100件代表性革命文物，通过100名讲述者还原峥嵘岁月中与革命文物相关的历史场景与人物故事，是一档旗帜鲜明、形式新颖、内容翔实、可听性强的新时代文物声音传记，也是全媒体语境下大众党史学习教育的创新实践。

从《共产党宣言》首个中文全译本，到建党百年首次颁授的“七一勋章”，《红色印记》中，100件饱经沧桑的革命文物，记录了一段又一段直抵人心的动人故事，是中国共产党披荆斩棘、砥砺奋进的历史见证。该系列报道共分为《初心·星火燎原》《恒心·暗夜荣光》《决心·人间正道》《信心·艰苦创业》《雄心·伟大跨越》5个篇章，巧妙融合故事讲述、原声史料等多种声音元素，为受众打造身临其境的听觉体验。此外，节目中还穿插对历史事件当事人、革命先烈后人、党史专家等的采访，用鲜为人知的幕后故事和扎实考究的历史细节，重温波澜壮阔的革命历程，诠释、传递文物所承载的革命精神，引发听众的情感共鸣，让党史学习教育深入群众、深入人心。

《红色印记》邀请航天员杨利伟、播音员康辉、演员冯远征等100位讲述者参与，他们中有德艺双馨的表演艺术家、老中青三代配音演员，也有总台播音员主持人，更有革命后代及相关亲历者。此外，还有100位90后讲解员也参与了节目录制。他们的深情讲述和真挚表达，让广播节目、系列短视频、动态声音海报、全套新媒体产品收获了来自“线上”“线下”大批90后、00后受众的好评与追捧。截至完播，《红色印记》在央视新闻客户端总阅读量超过1200万次，相关微博热搜话题5个，阅读量超过3亿次，全网点击量超8亿次。节目在国家文物局、中央网信办微信公众号同步播发，在“学习强国”学习平台、共产党员网等重要平台专题呈现，取得良好的融合传播效果。

《红色印记》不断开拓传播载体与场景，始终将产品思维融入主题报道，旨在打造一套以“革命文物”为关注视角，讲述建党百年史的优质“声音导览”产品，让主题报道多渠道广泛传播，实现更大的社会价值。2021 年 8 月，“全国革命文物百佳讲述人发布暨《红色印记》声音档案进入革命博物馆纪念馆启动仪式”在中国共产党历史展览馆举行，目前，声音产品以二维码形式落地革命文物所在博物馆。2021 年年底，《红色印记》同名读物也出版上市。广播内容在多平台、多渠道的延伸和拓展，也为革命文物“活起来”提供了实践路径。

截至 2022 年 5 月，《红色印记》先后入选“中宣部《实践中的马克思主义新闻观》典型案例”、国家广电总局“庆祝建党 100 周年重点广播电视节目”、中国记协新媒体专业委员会“庆祝建党百年融创报道十大精品案例（中央媒体）”。

手机端展示

扫描二维码，
观看本作品新媒体展示

（中央广播电视总台供稿）

《望北斗》：当北斗星光照进百年党史

2021 年 6 月 28 日，中国共产党成立 100 周年前夕，新华社推出了创意微电影《望北斗》。此片以北斗七星为核心意象，将深刻思想与电影级视听效果有机融合，高度凝练、真切动人、壮丽震撼地呈现了中国共产党人为崇高信仰不懈奋斗的百年历程。播发后，全网传播总量超过 40 亿次。其中，视频播放 8 亿次，微博主话题“今天的北斗星光来自 100 年前”阅读量 16.8 亿次，连续 4 天冲上热搜榜，另一个衍生话题“望北斗”阅读量突破 15.8 亿次，收获网友大量充满正能量的留言和评价，《望北斗》因此成为全国新闻界庆祝建党百年的标杆性融媒体产品之一。

一、以创造性的视角，始终围绕“党的领导”主线

主创团队发现，北斗七星中位于勺柄尾部的“摇光”星，离地球约 100 光年。也就是说，2021 年在地球上看到的摇光星，实际上是 1921 年时的样子。当下我们眼中的北斗星光，正是中国共产党成立那一年发出来的。天文奇观与百年党史就这样无缝对接，营造出一种非常独特的时空穿越感，堪称一部“宇宙浪漫史诗”。基于此，主创团队以“北斗”为喻：中国共产党是北斗，中国共产党人心中的信仰是北斗。这一妙喻既突出全片要表达的主题，也明晰了该片的主线：100 年来，中国从站起来、富起来到强起来，最重要的一条经验就是中国共产党的领导。《望北斗》直接瞄准了“党的领导”这个最重大的主题，充分体现了中央媒体的站位高度和思想深度，以小而巧的产品形式适应全媒体时代传播规律的同时，以高质量有深度的内容直击重大主题，压轴镇台。

二、以纪实性的本色，呈现视听美学盛宴

该片以国内顶级的制作力量，高水平的艺术元素叠加，让“北斗”从画面到配乐，从解说到片名题字，都拥有非凡品质，视觉呈现出“电影级”的质感。将影视艺术手法与新闻内容相结合，将新闻性与艺术性高度融合，做出融媒体精品之作，方能赢得广大

受众。同时，对于新闻产品来说，真实的力量永远是最震撼的。《望北斗》全片坚持纪实风格，大量运用了新华社中国照片档案馆珍贵的历史照片、独家的人物采访及实景拍摄，以鲜为人知的故事、具有冲击力的动人细节、绚丽的视觉效果完成真实而宏大的叙事，对中国共产党百年征程进行了多层面、全方位、全景式的解读，揭示了“中国共产党就是‘北斗’、中国共产党人的信仰就是‘北斗’”的深刻内涵。不管时代如何变迁，共产党人前行的方向始终如一，如北斗星高悬天穹，形象贴切地讴歌了中国共产党历久弥坚的百年初心。

三、以锲而不舍的作风，打造精品力作

这部融媒体作品创作的各个环节，不仅有创新，更体现了传承。《望北斗》的创作过程是一场场脑力和精神力的风暴。光是脚本，就改了 153 稿，每一帧画面、每一个故事，都体现了锲而不舍、精益求精的精神。团队成员先后奔赴 10 多个省区市采访调研，行程上万公里，捕捉到了一批珍贵的独家素材，最终才有了片子里那些催人泪下的细节、真实生动的情节，以及当事人真情流露的讲述。在整个创作过程中，团队成员不断打磨深化自己的理解，提纯自己的情感，把握受众的共鸣点。最终，在建党百年之际，以这样一部告慰百年英烈、感染新时代国人、具有深度和力度的影片，带领观者一同深情缅怀：星河高悬，北斗闪烁，我们正仰望着先烈们曾经仰望过的星空，而脚下的祖国大地早已不同。

手机端展示

扫描二维码，
观看本作品新媒体展示

（新华社供稿）

《百名院士的入党心声》：将主题报道做出“破圈”效应

回望百年征程，一代又一代共产党人不忘初心，不懈奋斗，留下无数感人至深的故事。聚焦党领导下的科学家群体，科技日报社推出“百名院士的入党心声”系列融媒产品，介绍100名院士爱党爱国、勇攀科学高峰的感人事迹和崇高精神，助力党史宣传，诠释初心使命。

一、围绕百年党史，聚焦典型人物，重温初心理想

2021年3月30日，“百名院士的入党心声”开栏，共计推出100篇作品。围绕爱党爱国主题，栏目选取钱学森、钱三强、师昌绪、王大珩、戴芳澜、张锦秋、李载平等100名院士，以他们的入党材料为切入点，挖掘典型事例和鲜活故事，用诗化的语言串联起人物工作、生活的细节和事迹，重温他们的入党心声。

院士群体平时离大众视野较远，同时他们在学术领域又卓有建树，他们的人生轨迹和党领导下的科技事业息息相关。他们的入党心声极具代表性。

该系列作品以多种形式在科技日报各平台发布。视频、图片、文字等元素穿插布局，组合推出，并通过专题专栏集纳，多角度多层次呈现报道。

二、选取独特视角，科技特色鲜明，策划独树一帜

结合党史学习教育，科技日报社精心策划，创新表达，摘录院士的入党材料原文，结合现实激活史料，使人们从真挚的话语中感悟到科学家的崇高精神。

系列作品文字简练，篇幅不长，但内容丰富饱满，涵盖不同历史时期、历史事件。既有钱学森突破重重阻力回国效力，茅以升为抗战亲手炸毁自己主持建造的钱塘江大桥等标志性事件；也有傅家谟翻山越岭采集标本，靠着瓶子里的醋酸减轻病痛折磨，戴芳澜在修改书稿中度过生命中最后1个小时等鲜为人知的故事。

系列作品突出人物的理想信念和科学精神，通过“虽然科学没有国界，科学家却是有祖国的”“为人民尽忠是不限年龄的”“我

愿作为一个中共党员为信仰奋斗终生的决心一如既往、无所动摇”“一个人为国家为社会作贡献是应该的”“我们要为国家争气”等真挚话语，展现科学家爱党爱国之心，激励广大科技工作者接力精神火炬，为奋进新征程凝聚力量。

三、坚持守正创新，加强融合传播，形成“破圈”效应

作品守正创新，多元表达，以视频、文字、图片导读等多种形式在科技日报各平台发布。特别是系列微视频《那些年我们对党许下的誓言——百名院士的入党心声》主题突出，设计风格、剪辑思路统一，与图文配合刊发，通过展现经典画面，提升了作品感染力。

融合传播形成“破圈”效应，扩大了融合传播的覆盖面和影响力。系列作品在科技日报、中国科技网、“学习强国”学习平台、央视频等 20 余个平台同步播发，在新浪热搜持续置顶展示，“百名院士的入党心声”话题阅读量超 1 亿次。

栏目推出后，受到广泛关注。作品被科技部、中国科协、中国科学院、多地科技管理部门、高新区持续转发，成为他们党史学习重要资料和科技活动周的重要展示部分。

手机端展示

扫描二维码，
观看本作品新媒体展示

（科技日报社供稿）

庆祝建党百年融创报道十大精品案例（地方媒体）

《百年大党——老外讲故事》：巧借“外眼”讲好中国故事

2021 年建党百年之际，在上海市委宣传部的指导和上海市委网信办的支持下，上海市政府新闻办公室与新民晚报社合作推出百集融媒体产品《百年大党——老外讲故事》，邀请 30 多个国家的 100 位在沪外国友人，分享在中国、在上海的故事，成为主流媒体建党百年报道中的现象级产品。境内总点击量 11.38 亿次，境外总点击量约 1 亿次。

一、创意先行：“外眼”视角引发共情

爆款产品离不开好创意。首先，上海有独特优势——超 28 万外国人在沪就业，许多领域都活跃着世界各地的优秀人才。邀请老外讲故事给老外听，更真实生动，更有说服力和感染力，也更容易在国际舆论场引发同频共振和共情。

“外眼”视角是催生爆款的重要原因——从各自生活习惯和思维方式出发，描述他们眼中的上海和中国。中国人看了有收获，知道外国人喜欢我们什么；外国人看了也有启示，原来中国和某些媒体讲得不一样。

实现创意的过程中，聚焦外国友人的个性化表达，不讲大道理，多说小故事，叙事风格平实而鲜活。

二、流程再造：有效整合各方资源

项目的产品形态、呈现方式多样，生产、发布流程复杂，报社举全员之力，多岗位、多部门共 89 人协同作战、密切配合。如果把传统纸媒比作强大的陆军作战，那么这个项目就是一次陆海空兼备的立体攻防作战。

项目聚合上海外国语大学专业翻译团队，明显提升了翻译速度。上线 36 集多语种版，译成俄、法、德、西、日、阿拉伯等语种，更广泛传递中国声音。

三、传播为重：众人拾柴合力推广

百集产品的发布横跨 3 个多月，持续引爆，得益于全球多渠道推广，众人拾柴火焰高。

新民晚报做好主动推荐，海外账号“Voice of the Bund”在海外社交平台每日更新英文版视频；新民晚报海外版向 20 多个国家的合作媒体发稿数百篇；“老外讲故事”专题出现在“学习强国”学习平台首页。

中国国际电视台、中国日报等中央外宣媒体重点推送；通过星空卫视、北美在线、法国华人卫视，覆盖近 2 亿海外受众；俄罗斯、韩国等国媒体纷纷转载报道；巴西球星奥斯卡在个人社交平台多次为产品叫好；法国液化空气集团、英国石油公司等受访嘉宾所在公司也在海外社交平台积极互动。

四、机制探索：线下拓展打造 IP

《百年大党——老外讲故事》百集融媒体产品陆续发布期间，就有不少在沪外国友人表示，也想加入“朋友圈”。报社以此为契机，与市政府新闻办共同打造“老外讲故事”俱乐部，努力探索机制化运作，打造独特 IP。

2021 年 6 月，100 位受访老外成为首批成员，通过举办对话会、沙龙、参观、传统文化体验等丰富多彩的线下活动，团结和凝聚这些重要的外宣力量。在分享他们精彩中国故事的同时，也吸引更多外国友人加入，拓展出更多外宣主题，进一步讲好中国故事，传播好中国声音。

手机端展示

扫描二维码，
观看本作品新媒体展示

（新民晚报社供稿）

《初心·追梦人》：年轻态、精品化斩获上亿流量

2021 年是中国共产党成立 100 周年，讲好党的故事，向党的生日献礼，是主流媒体的使命。四川日报·川观新闻推出《初心·追梦人　请做我的入党介绍人》这一契合主题、年轻态的优质短视频产品，充分运用“情感传播 + 观点引领 + 话题互动”的混合传播模式，在社交媒体上广泛传播，获得年轻网民积极转发和大量好评。

在建党百年这个大主题下，好内容是核心，创新表达是关键。川观新闻抓住“传承初心”的主题，秉承“年轻态”的理念，2021 年年初启动“初心·追梦人”系列短视频，聚焦一代代追梦人不变的初心。避开宏大叙述、全局讲述的传统呈现方式，该系列以小人物、清新化作为产品基调，《初心·追梦人　请做我的入党介绍人》第 1 季共推出 7 期人物访谈，从年轻人的视角出发，由他们去寻访亲身参与、见证建党伟业的百岁老党员、抗战老兵以及奋战在医疗、教育、文化、考古等各行各业的优秀共产党员，通过“新老对话”的方式，呈现初心，坚定信念。系列人物访谈里，来自不同领域的 90 后、95 后，与革命前辈、行业师长展开了对话。梦想“妙手著文章”的青年记者，听到了“七一勋章”获得者、全国优秀党员周永开说“我活着一天，就要为党和人民工作一天”；微博“大 V”“考古君”对 95 后考古“萌新”说“身为考古工作者的初心，就是为了将面临破坏或者遗失的文物用自己的双手或能力，把它保护下来”……每一次对话，既是前辈给后辈指点迷津，也是年轻人发现初心、坚定选择的过程。

当进入建党百年庆祝活动关键阶段，“初心·追梦人”特别篇应时而出，将整个系列推向高潮。形式上，特别篇采用“手绘动画 + 微缩场景 + 实景”，以满足年轻用户求新、求奇的审美趣味。把高真实感的手绘动画进行三维立体化，动态穿梭的场景之间实现无缝转场，打造出一镜到底般的效果。内容上，选取百年党史中 4 位杰出的四川代表人物：朱德、聂荣臻、刘伯承、赵一曼，再现他们当年加入中国共产党的热血场景。最后的实景画面中，无数青春追梦人集体发出响亮的请求：“请做我的入党介绍人！”

信仰火种传递，也让网友在观看后发出感叹：“感动！时代青年，不负初心！”

好的产品不仅是视听感官上的刺激，还需要能激发用户的互动和讨论，才能进一步扩大传播度和影响力。“初心·追梦人”系列在客户端（川观新闻）、网站（四川在线）两大主渠道传播的同时，主动设置议题，加强在微信公众号、微博、B 站、抖音等第三方平台的内容运营。四川日报微博设置话题“请做我的入党介绍人”，邀请广大网友晒入党申请书，聊一聊自己的入党介绍人。众多网友和“大 V”自发参与，掀起了一波敬先辈、爱国家的互动浪潮。微博话题“请做我的入党介绍人”迅速冲上全国热搜第六，阅读量破亿。

《初心·追梦人　请做我的入党介绍人》，从内容情感到表现手法，都采用了贴近当下互联网传播特色的呈现方式，以更加凝练的语言和丰富的视觉效果，展现了朴素而深刻的情感，既高举旗帜、引领导向，又成风化人、凝心聚力。通过四川日报全媒体的矩阵运营，将年轻态与硬题材巧妙结合，让主题报道也能成为“流量担当”。

手机端展示

扫描二维码，
观看本作品新媒体展示

（四川日报·川观新闻供稿）

《H5 | 追星，追心！》：初心如磐　赓续荣光

百年恰是风华正茂，2021 年中国共产党迎来百年华诞。为讲好中国共产党成立 100 周年的故事，传承红色基因，甘肃日报社、甘肃日报报业集团、甘肃新媒体集团于 2021 年年初启动“奋斗百年路　启航新征程”庆祝建党百年大型全媒体主题采访活动。活动期间，甘肃新媒体集团新甘肃客户端前后方采编团队及时沟通衔接，创新叙事表达，推出融媒体作品《H5 | 追星，追心！》，带领读者追寻初心，赓续荣光。

一、挖掘红色资源讲好甘肃故事

2019 年 8 月，习近平总书记在甘肃考察讲话时指出：“甘肃是一片红色土地，在中国革命历史进程中发挥了不可替代的重要作用。”100 年来，党领导甘肃人民创造出卓越成就，留下无数珍贵的历史足迹与红色记忆。为展现这些动人的红色故事，《H5 | 追星，追心！》创作团队多方考证历史事件，深入挖掘红色资源，并与中共甘肃省委党史研究室合作，以陇原百年党史印记为脉络，精选具有代表性的典型事件、典型成就、典型人物等百余幅图片，以此为基础，创新表达手段，用鲜活的融媒体作品反映中国共产党波澜壮阔的光辉历程。作品从统筹、策划到推出，历时数月，团队数易其稿，深度打磨，让内容更有趣、制作更精良、创意更出彩。

二、创新叙事表达，触发读者共情

《H5 | 追星，追心！》以一颗徐徐前行的红星开篇，当指尖划过屏幕，陇原党史地标变幻成一颗跃动的大红星，“一颗火种、一声号角、一缕春风、一个梦想”4 个篇章形象地将陇原大地百年党史和成就浓缩于一幅长卷。中共甘肃特支成立、“两当兵变”、陕甘边区苏维埃政府成立、红西路军血战河西、引洮工程建设，《读者》创办、经济社会各项事业蓬勃发展……追随红星，一幅幅图片、一幕幕场景在丰富的画面中次第展开，全面展示陇原大地的沧桑巨变。

在视觉表现上，作品以现下流行的手绘水彩动画为主基调，画面流畅、风格清新大气，打造出既有厚度又有新意的体验氛围。

在形式上，通过手绘、视频、音频、动画以及互动弹窗等多种表达方式，生动呈现甘肃百年党史。

作品中多处精心设置的互动环节，体现出制作团队满满的创意与诚意——用手指在屏幕上擦一擦，灰暗的老街巷“变身”绿意盎然的新城镇；“三八五旅驻防庆阳”时，昂扬欢快的《军民大生产》歌声飘来，让人忍不住哼唱；浏览完作品，读者可获得一张专属年代邮票，很有纪念意义。这些精心的设计贯穿了作品始终，不仅让用户感受到参与感和仪式感，也加深了用户与家国命运紧紧相连的心理体验。

三、聚合融媒力量，传播效能释放

作品推出后，丰富的视觉交互设计，受众沉浸式的体验，让网友耳目一新。作品通过甘肃新媒体集团旗下各自有新媒体平台、甘肃发布各平台及头条号、百家号、快手号等第三方平台入驻号矩阵同向发力，向千万粉丝受众宣传推广，引发网友关注。同时，充分发挥甘肃省融媒体省级技术平台“新甘肃云”的优势，聚合全省 86 家县级融媒体中心力量集中推送，传播效能进一步释放。

这次有益尝试，对内容跨渠道跨平台生产、探索多元表达方式有积极引领和示范效应，是甘肃新媒体集团一次成功的融合创新报道实践，也展现了重大主题报道中新型主流媒体的责任与担当。

手机端展示

扫描二维码，
观看本作品新媒体展示

（甘肃新媒体集团供稿）

《百年芳华　初心传承》：挖掘党史故事的内涵和价值

《百年芳华　初心传承》是云南日报报业集团云报客户端推出的大型融媒体策划。该策划以“跟着总书记学党史”为总思路，围绕着习近平总书记讲述过、点赞过的36个党史故事，由36幅主题手绘插画、数十篇融媒体稿件、36组3D动态视频、1首原创主题歌曲《信仰的光》、1个线下展览馆、1个H5产品构成，产生了较大社会影响。

一、讲好红色故事，深化精神内涵

2021年3月4日，在全国政协十三届四次会议开幕当天，云南日报报业集团新媒体平台云报客户端隆重推出“百年芳华　初心传承”系列融媒体报道的开篇之作《开天辟地》，被人民日报党媒公共平台及30多家省级新闻客户端、数百家县级融媒中心转载。此后，以每周1—2篇的更新速度持续推送至7月。

报道以“跟着总书记学党史”为贯穿始终的核心理念，以“中国共产党人的精神谱系”为贯穿始终的逻辑线索。系统梳理了中国共产党诞生百年来的伟大实践，对应习近平总书记的相关重要指示批示，按照时间顺序，选取中国共产党成立以来极具代表性的历史事件（人物），结合云南本土元素，精心拟定了36个主题，每个主题都对应一个党史故事，呼应一种精神内涵，有意识地以“中国共产党人的精神谱系”贯穿始终，从而实现“发扬红色传统，传承红色基因，延续共产党人的精神血脉，鼓起迈进新征程、奋进新时代的精气神”的策划主旨。

二、面向青年群体，创新传播方式

语态年轻化。从策划之初，就确定要将主流媒体的语态与网络语态相结合，充分使用年轻读者网友喜爱的“网言网语”，让网友在充满代入感、易读、易理解的语言环境中充分融入党史事件（人物），从中感知党史内涵，领会党史精神价值。

形态融媒化。邀请国内知名插画师组建创作团队，以网民特别是青年人喜爱的风格，手绘精品插画。在此基础上，用新技术手段赋能，把平面手绘插画制作成3D动态视频海报。同时，配套生产H5和原创Rap

主题歌、MV 等精品，使党史故事更加鲜活，画面更为生动，形式更富有感染力，在互联网空间实现了“破圈”效应。原创主题歌曲《信仰的光》将流行唱法与说唱有机结合，以青年人的视角去回顾党史，全网曝光量累计逾千万次。

渠道全覆盖。为扩大产品传播面、拓宽传播渠道、增强影响力，“云报”客户端建立联合推广计划，推动该系列产品被人民日报·全国党媒平台、湖北广电·长江云、四川日报·川观新闻等全国 30 余家媒体转载，同时，联动云南省内各州市媒体、各县级融媒体中心，以及今日头条、抖音、快手等商业传播平台，对相关产品及活动进行转发推送，每期综合点击量均超过 100 万次。

传播互动化。在进行 36 期系列产品的策划中，项目组参考了大量网友对于这 36 个党史故事的观点和看法，将正能量的“网言网语”作为产品的选题思路和灵感，激发年轻用户共鸣和关注。每期产品推送后，后台热评不断，许多网友在各联动宣发的新媒体平台评论中进行“催更”，使“打卡”跟着习近平总书记学党史成为网络新风尚。

三、线上线下互动，打造网红打卡地

精心筹划了“跟着总书记学党史”百年党史故事主题展，推动从线上到线下的延伸。6 月 24 日，“跟着总书记学党史——百年芳华　初心传承　主题党日展厅”在昆明云报传媒广场试运营。7 月 16 日，展厅正式免费向社会开放。展厅精心设计了习近平总书记“七一”重要讲话金句墙、主题背景墙、互动式“初心卡”、“我们的偶像很硬核”英雄墙、“不忘初心、牢记使命”打卡点、入党誓词墙、“提笔绘党心”活动等丰富多彩的元素，吸引云南省、昆明市各级党组织和党员干部前来参观学习。

手机端展示

扫描二维码，
观看本作品新媒体展示

（云南日报报业集团供稿）

《总书记点赞党史上的安徽》：突出安徽特色，讲好党史故事

党的十八大以来，习近平总书记在两次到安徽考察以及一些重要活动讲话中，多次肯定、赞扬百年党史中安徽发生的重要事件和重大变革。庆祝建党百年之际，安徽日报策划推出“总书记点赞党史上的安徽”系列融合报道，生动展现百年来江淮大地浴血奋战、可歌可泣的英雄壮举，深入反映百年来安徽人民在党的领导下创造的伟大成就。

“淮海战役的胜利是靠老百姓用小车推出来的，渡江战役的胜利是靠老百姓用小船划出来的”“当年贴着身家性命干的事，变成中国改革的一声惊雷，成为中国改革的标志”……围绕“总书记点赞党史上的安徽”，安徽日报组织全媒体记者走进历史深处、走进火热现场，通过寻访见证者、回访当事人、珍贵史料重现、新旧影像对比等多种方式，讲好党史故事，传承红色基因，展现百年党史中的安徽骄傲、安徽印记、安徽巨变和安徽贡献。2021 年 6 月 2 日起，安徽日报微信公众号等移动端先后推出《小车这样“推”动历史车轮》《淮河“定盘星”背后的故事》《解放战争的伟大转折点》《鄂豫皖苏区“二十八年红旗不倒”》《今天，我们为什么要重温这声“惊雷”》等 10 篇融合作品。6 月 16 日，安徽日报推出 4 个整版主题特刊，集纳刊发这组作品，配发二维码，读者通过扫码可浏览融合报道，有效增强了庆祝建党百年宣传的互动性。

“总书记点赞党史上的安徽”系列融合报道聚焦核心引领，强化核心意识，把深入宣传习近平新时代中国特色社会主义思想贯穿融入党史学习教育宣传全过程，政治站位高、报道角度新、融合传播活，展现了创新开展重大主题宣传的实力水平。融合报道《淮河“定盘星”背后的故事》，生动呈现王家坝不仅仅是一个地名、一个闸名、一个水利工程名，更是 70 年治淮的一座历史丰碑。融合报道《今天，我们为什么要重温这声“惊雷”》，不仅阐发小岗村农村改革的重大意义，更是着眼当下、面向未来，探究中国“三农”事业发展的趋势和走向，通过反映 18 位“新带头人”的讨论和行动，阐明“纪念父辈最好的方式就是继续改革”，进一步深化报道主题。系列融合报道生动讲

述红色故事、深入展现伟大成就、全景反映百年来恢宏巨变，实现了革命故事与现实画卷融合、“报网微端”全媒融合、践行“四力”与“四史”教育融合，既有历史纵深感，又有鲜明时代感；既具地域特色，又有宏观视野，是党史学习教育中一份很好的融合学习文本。

大主题宣传突出高站位谋划、全媒体报道注重系统性执行、厚重历史强化鲜活表达。“总书记点赞党史上的安徽”系列融合报道推出后受到广泛关注，“学习强国”学习平台、新华网、安徽省及各市媒体移动端等广泛转发，凸显了党报融合传播的巨大优势。

手机端展示

扫描二维码，
观看本作品新媒体展示

（安徽日报社供稿）

《梦开始的地方》：献礼建党百年，挖掘精神力量

2021 年是中国共产党成立 100 周年，浙江广电集团在“七一”前夕启动大型融媒体新闻行动《梦开始的地方》，从红船起航地——浙江嘉兴出发，前往全国红色革命圣地，探访“梦的原点”、挖掘“红色资源”、寻找“精神力量”，展现了浙江作为“红色根脉”的使命担当。

一、“1+7”，多形式多节点打造全网热点

《梦开始的地方》以“一场启动仪式 + 七条寻访线路”的形式展开，聚焦红船、着眼全国，用多节点、多形式打造成全网热点。

6 月 18 日，新闻行动把在嘉兴火车站重现 1921 年站房风貌作为核心现场，邀请党的一大“卫士”王会悟的孙女李典深情讲述南湖畔红船起航的幕后故事，在全国形成知名度和影响力。

与此同时，7 路采编团队从这里出发，走进党史中具有标志性意义的红色圣地——江西井冈山、贵州遵义、陕西延安、河北西柏坡、东北老工业基地、深圳等，回顾百年党史上具有里程碑意义的事件，挖掘鲜为人知的红色人物、故事，从历史经验中提炼出党的制胜法宝。

二、“大 + 小”，多形态多内容挖掘精神富矿

浙江广电集团 7 路采编团队采用“边走边发”的模式，一路打造“大 + 小”产品，丰富视频生产产品线，充分挖掘出各地红色圣地的精神富矿，呈现了多种形态、多个内容的红色故事，打造连续的、集中的、多层次的热点。

大屏端，浙江广电集团统筹《浙江新闻联播》《新闻深一度》《周末面孔》《正午播报》等各大新闻栏目，推出专栏“梦开始的地方 · × ×”，既讲述红色地标的历史故事，也探访历史人物的精神世界，还有红色精神的现实写照，以不同题材、不同视角、不同感官，为观众呈现不一样的红色历程和红色故事。

小屏端，浙江广电集团在中国蓝新闻客

户端、中国蓝新闻公众号等平台组成的传播矩阵，行进式推出“蹲点报道 + 互动直播 + 系列短视频 +H5+ 云课堂公益行动”融媒体产品，全景式呈现“寻梦”之旅。系列长图《红色手绘地图》，搭建起了 7 条“寻梦”线路的红色手绘地标，以“打卡”形式，带网友游览全国红色地标；《主播连“麦”话百年》直播、《揭秘百年档案》系列短视频等融媒体产品配合大屏报道全网推出，让观众看到大屏报道以外不一样的红色故事。《梦开始的地方》专题、直播、稿件在中国蓝新闻客户端上总点击量近 1 亿人次。

三、“兄弟 + 联盟”，多平台多阵地跨区域扩大传播力

在此次新闻行动中，浙江广电集团探索跨区域传播，联动 7 地省级卫视、全国头部新媒体平台以及浙江全省 101 家蓝媒联盟成员，在多个媒体平台、多个传播阵地开展不同时段、不同形式的传播，进一步扩大新闻行动的传播力和影响力。

7 路采编团队分别与 7 个省区市的卫视联动，邀请当地主持人和记者一起走进红色地标，进行直播——《主播连“麦”话百年》，深度挖掘鲜为人知的故事，每场直播在线观看人次均超过 100 万。

此外，融媒体新闻中心还联动省、市、县三级融媒体中心参与传播，联动央媒新媒体大号，一体化统筹布局全媒体传播矩阵。蓝媒联盟的 101 家成员单位，在当地融媒体新闻客户端上开设专题页和专栏，对新闻行动的大小屏融媒体新闻产品进行同步传播，进一步扩大了传播效应。

手机端展示

扫描二维码，
观看本作品新媒体展示

（浙江广电集团供稿）

《百炼成钢·党史上的今天》：探索党史教育的新路径

2021年1月1日起，湖南卫视与中央党史和文献研究院联合制作推出党史微专题“百炼成钢·党史上的今天”，每晚7：30，用3—5分钟讲述一件百年党史上当天发生的重大事件，全年一共365集，是全国最早推出、持续时间最长的党史电视节目。

节目通过正向引导名人流量、创新传播党史故事，拉近了党史学习教育与年轻人之间的距离，为党史学习教育探索了新的路径。

第一，在文本写作上，善用讲故事、设悬念的方式开场，吸引观众，形成了接地气的口语化讲述、故事化叙事风格，增强节目感染力。

第二，采用多种技术手段，将纸面上的史实，转换成荧屏上的生动画面。除了搜集珍贵史料，节目还到中共一大会址纪念馆等诸多历史现场实拍，并通过虚拟技术、沙画等技术手段，还原历史事件，多样化的视觉手法增强了节目表现力。

第三，在讲述人的选择上下功夫，充分发挥湖南卫视自身资源优势，向全台发出倡议，号召全芒系艺人参与录制；此外，节目还先后推出“艺术家说党史”“奥运冠军说党史”“科学家说党史”“新青年说党史”等系列策划，郎朗、王珮瑜等知名艺术家，许海峰、邓亚萍、杨扬等奥运冠军，中国工程院院士戚发轫等科学家，以及20多所知名高校的青年学子出镜讲述，进一步推动党史故事“破圈”传播。

第四，在融合传播上下功夫，最大限度实现了跨屏、多平台覆盖传播。首先，采取先网后台的播出模式，早上8：30起，率先在芒果云、芒果TV、“学习强国”学习平台、新浪微博、微信视频号等新媒体平台推出；晚上7：30起，湖南卫视及旗下诸多地面频道再分别开辟专门时段播放节目。其次，充分利用社交媒体的互动特性，在微信视频号和微博等平台上，通过发布录制花絮视频、发放嘉宾签名照等形式吸引观众收看。节目还在新媒体平台推出创新互动H5“观众变导演，党史我来拍”，让观众在虚拟演播室体验当电视导演的感受，观众可以挑选自己喜欢的主持人或者艺人担任党史讲述人，匹配合适的党史选题或者场景，然后进行互动录制。录制结束后，参与者不仅可以看到录制后的节目成品，还能将自己的“导演身份”在朋友圈晒出，增强二次传播效果。

节目在湖南卫视黄金时段播出后，收视率始终位居前列，在“学习强国”学习平台、芒果 TV 等新媒体平台上也保持了稳定的收视数量，单集节目的点播次数在 20 万—70 万人次，在全媒体平台上总计获得点播和话题讨论超 10 亿人次。

中组部官方网站、湖南省委统战部官方网站等同步转载节目视频，湖南省中小学教师发展服务平台还将节目制作成视频课件，列入教师国培项目的必修课程，通过线上和线下两种形式供全省中小学教师点播学习。

节目被国家广播电视总局列为广播电视建党百年 31 档重点节目之一，并入选党史学习教育 100 件优秀新媒体作品。

手机端展示

扫描二维码，
观看本作品新媒体展示

（湖南广播影视集团有限公司供稿）

《号角催征》：用独家报史讲党史，实证伟大建党精神

作为新华报业传媒集团建党百年主题报道及党史学习教育宣传报道的重要产品之一，《号角催征——解码〈新华日报〉老报纸里的百年初心》融媒体系列报道，自2021年4月11日首推，到8月29日收官，以27篇主通讯+1篇收官盘点、30个短视频的主产品以及旧报翻录、花絮“彩蛋”等辅线副产品，在新华日报、交汇点新闻App、“学习强国”江苏学习平台、新华报业网、新华日报视频号、“民生温度计”微信公众号等多个媒体平台同步分发、矩阵传播，实现了一次跨时空的党史新闻叙事，引发业界关注，广获社会好评。作品荣获2021年度江苏省好新闻一等奖。

一、脑力激荡，破题出新，应对主题策划年度大考

2021年，创新报道方式，讲好党的百年故事，是新闻媒体最重大的命题。作为中国共产党第一张公开发行的全国性政治机关报，创刊于1938年的新华日报，独家报史映射着党史，有着“唯一性”天然优势。依托《新华日报》老报纸，向着初心溯源，解读历史、寻访当下，激活党报里的党史故事，是一次有意义的寻根、学习、传承、致敬之旅。《号角催征——解码〈新华日报〉老报纸里的百年初心》的报道创意应运而生。

二、眼力凝聚，搜寻历史，“淘金”3231期老报纸

围绕“解码百年初心”，《号角催征》以新华日报9年1个月18天的国统区办报历程和3231期老报纸为主要依托，解读了369个版面、351篇珍贵的新闻报道和文章。

以正确的党史观为指导，选题注重从报史与党史重要事件、重要人物的交汇点切入；注重时代意义、新闻价值，融汇当下、启迪现实。

大海捞针寻“密钥”，深入历史的细节与体温。主通讯的27个角度，均从历史新闻报道和文章切入，真正进入历史的“字里行间”，形成对党史的新颖讲述。

跳出同质化，突出辨识度。新华日报

史是中国抗战史、中国共产党新闻史、中国新闻史、中共党史的重大研究领域。但基于新华日报历史新闻作品的研究较为薄弱，因此，大量的历史报道挖掘都靠团队“原始研发”。丰富第一手素材使《号角催征》得以跳出同质化报道。

三、脚力不辍，深入调查，实证伟大建党精神

记者们奔赴武汉、荆州、重庆、太原、阳泉、延安、苏州等地，重访各个重大事件发生的新闻现场，寻访历史人物的后代及关联人。通过实地探访，丈量历史，还原新闻的“5个W”，实现了从“昨天的新闻”到“今天的历史”，再到“今天的新闻”的连续跨越。

采访报道的过程，是对伟大建党精神的一次实证和弘扬。实证“坚持真理、坚守理想”，如《名篇雄文，发出救亡最强音》；实证“践行初心、担当使命”，如1938年1月11日《〈新华日报〉发刊词》；实证“不怕牺牲、英勇斗争”，如《寸版不让，没有硝烟的办报斗争》；实证“对党忠诚、不负人民”，如《“党性与人民性相统一”，从这里萌生》等。

四、笔力升华，历史重叙，描画党的精神谱系

《号角催征》融媒体系列报道，从独特的视角切入，从独家的报史开掘，描画了共产党人精神谱系的丰富内涵。历史之思和新闻之思在这组报道中交汇，引领广大读者一起走过了一段从阅读思考到精神认同和升华的闭环之路，被称赞为“非常好的党史学习材料”，为新征程提供了宝贵的精神力量。

手机端展示

扫描二维码，
观看本作品新媒体展示

（新华报业传媒集团供稿）

《同唱一首歌》：多维度立体化报道模式再造广播影响力

"同唱一首歌"全国广播云上融媒体主题报道活动，是由天津海河传媒中心创意、中广联合会指导、京津冀三台主办、全国广播参与的一次集政治性、群众性、互动性、融合性于一体的宣传报道活动，也是在庆祝建党100周年之际，广播媒体突出宣传"党的领导是历史和人民的选择，没有中国共产党就没有新中国、就没有中国特色社会主义、就没有中华民族伟大复兴"这一宏大主题，创新传播方式，践行新闻工作者"四力"的有益探索和尝试。

"同唱一首歌"系列活动的创意来源于《没有共产党就没有新中国》的创作和传播历史。歌曲创作者曹火星成长于河北，作曲于北京，生活、工作于天津。这首歌由京津冀传遍整个中国。融媒体主题报道活动以同唱《没有共产党就没有新中国》这首歌为线索，以一代代中国共产党人的奋斗故事为主轴，开掘多层历史意义，抒发时代精神，唱出了中华儿女的共同心声和最强音。主题报道活动在选题上实现了唱响红色旋律与表达群众所盼的统一，在创意上打通历史与现实，由此在相同题材报道和活动中显得独树一帜、独具匠心。

2021年5月8日，活动启动仪式在北京房山"没有共产党就没有新中国"纪念馆举行，新华网、央广网等10个直播平台进行同步直播、总播放量超过40万次。同日，京津冀及全国各省区市新闻广播在黄金时段重点新闻节目联合推出了《全国广播云上融媒体主题报道——"同唱一首歌"》专栏，共播发全国33家广播媒体的68篇专题报道。贵州遵义、陕西延安、浙江嘉兴等著名红色革命根据地广播媒体都参与其中。广播报道讲述来自沿海开放特区、革命老区、边疆地区等地优秀党员代表的动人故事，其中有百岁老党员、大学生党员、"七一勋章"获得者和奋斗在基层一线的党员代表。伴着《没有共产党就没有新中国》的经典旋律，采访对象畅谈入党的初心和坚守，用亲身经历讲述忠诚于党的实际行动。整组系列报道主题鲜明，也有很高的辨识度。

同时，天津海河传媒中心积极创新新闻产品样态，推出《同唱一首歌·测测你的声音气质》主题互动 H5 融媒体产品，邀请全国人民同唱《没有共产党就没有新中国》，通过人工智能语音识别技术进行声纹识别，分析出用户年龄、性别、声音特质，并匹配出相对应的优秀党员和先进集体形象，生成专属声音气质海报，共同学习党史，唱响新时代最强音。全国 38 家主要广播媒体联合转载参与活动，超过 30 万人参与，形成了万众“同唱一首歌”的巨大声势。

此次主题报道活动还以歌咏晚会为载体，进行人员、内容、传播方式的融合。2021 年 6 月 19 日，“同唱一首歌——全国广播歌咏晚会”在天津举行。晚会由京津冀三地及部分兄弟省区市广播主持人共同主持和出演。听听 FM、津云、冀时、京津冀之声官方微博、天津广播微信视频号、新华网、央广网、网易新闻、新浪新闻、第一视频等新媒体平台同步对晚会进行直播，观看人数超过 140 万。

此次主题报道活动创新多维度立体化的报道模式，既有传统广播报道，又有新媒体 H5 产品，还举办了现场歌咏晚会。紧紧围绕“声音产品”来构架活动内容，彰显融合特色，再造广播力量。

手机端展示

扫描二维码，
观看本作品新媒体展示

（天津海河传媒中心供稿）

《理想照耀中国》：融合创新卷起巨大报道声量

《理想照耀中国——庆祝建党百年“双100”系列融媒报道》是由国家广播电视总局指导，上海广播电视台融媒体中心牵头，联合北京、甘肃、广东、广西、贵州、河北、黑龙江、湖北、江苏、江西、辽宁、青海、山西、陕西、四川、西藏、新疆、浙江等全国66家电视机构共同推出的大型跨区域全媒体报道，是向庆祝中国共产党成立100周年献上的一份礼赞。它是近年来地方电视媒体在新媒体平台上规模较大的一次重大主题联动融合报道活动，具有地域广、参与电视机构多、连续时间跨度长、融合报道体量大等4个显著特点。

2021年3月23日至6月30日，“双100”系列融媒报道连续推出100天，每天1场新媒体移动直播、1条优质短视频，在东方卫视、河北卫视、陕西卫视、浙江新闻频道、看看新闻Knews、北京时间等200多个卫视、地面频道及官方客户端、微博、微信、抖音、快手等官方账号组成的全媒体矩阵上同步推送。截至2021年6月30日15时，全网传播总量突破3亿次。其中，上海广播电视台官方新闻客户端看看新闻Knews的自有平台浏览量达815万次，“理想照耀中国双100融媒报道”新浪微博话题的总阅读量超过6200万次。

“双100”系列融媒报道的着力点是融合创新。

一、“以时间为经、以史实为纬”，全视野展现中国共产党百年华章

报道紧扣“建党百年”重大主题，以移动直播方式，穿越时空与历史展开对话，在跨区域联动融合中创新表达，生动鲜活地展现了不同历史时期党领导人民艰苦奋斗的光辉历程。

“以时间为经”，即以新民主主义革命、社会主义革命和建设、改革开放和社会主义现代化建设、中国特色社会主义新时代4个时期，集中统筹选题，梳理重大事件、重要会议和重要人物，精心设置直播主题和直播顺序。

“以史实为纬”，强调在特定时空中彰显党史发展的内在要义。每场直播选择1个

或多个城市，由1家或多家电视台完成。如第1场，北京、上海、天津3地联合直播，聚焦北大红楼、上海《共产党宣言》展示馆和天津觉悟社，以马克思主义信仰在中国的建立和传播作为开篇。第2场由上海台和浙江嘉兴台联合，从党的一大会址到嘉兴红船，重温那场开天辟地的大事变。第100场由北京台和上海台联合直播，在“没有共产党就没有新中国”的旋律声中奋进新时代。为总揽全局，特意拟定内容制作的规范要求，邀请党史专家精心把关所有文稿、画面和嘉宾。

二、群策群力、联制联播，在个性和共性的统一中精准定位

项目组以新媒体思维提前策划，向全国100多家电视台发出联合报道策划方案和选题征集。在时间协调、内容把控、技术传输、应急预案等细节方面，建立强有力的协调落实执行机制，精准协调，专人专责，做到沟通“点对点”、云端“面对面”。为体现跨区域联动报道的融合力量，首先，在“统”字上下功夫，统一制作规范、视觉包装、宣发物料和播出风格等，体现66家电视台联制联播的整体性。其次，强化个性，倡导直播内容的个性化处理，凸显地域红色文化的独特内涵，使每一场直播既成为重温党史，赓续红色血脉的学习课堂，也成为各地展示红色文化的影像展览馆。

三、融合传播、各展其长，在话题设置中联手“合唱”

66家电视台整合统筹，打造全平台、多矩阵、立体化的“全国性融合传播多媒体链条”，形成强大的集群和集成效应。直播采取“4G回传＋网络推流传输”的方式，有效解决分发、实时播出的问题，大大节省了卫星转播车、卫星通道等相应技术支出成本。另外，为确保全网分发态势和传播热度，提前一天预告，通过新浪微博话题预热，60多家电视台同时推送，形成一呼百应、联屏同振的乘数效应。

100天，100场直播，100条短视频，66家电视机构，32个省级行政区，87个市县，100多个红色地标，3亿多次传播总量——这些数据印证了“双100”系列融媒报道在互联网场域中卷起的巨大报道声量，使不同地域的受众都身临其境，即时感受到中国大地上建党精神和红色传承的伟大感召力。

手机端展示

扫描二维码，
观看本作品新媒体展示

（上海广播电视台供稿）

中国新媒体公益 2021 十大优秀案例发布

中国新媒体公益 2021 十大优秀案例日前发布。案例由中国记协新媒体专业委员会组织推荐，覆盖综合服务、教育公益、救灾公益、助农直播、寻人服务、维权服务等领域，案例实施单位包括中央媒体、地方媒体和商业网站平台等。

中国新媒体公益 2021 十大优秀案例为：新华社新媒体中心报送的新华社客户端“全民拍”公益服务平台、科技日报社报送的“科技微光点燃未来梦想”主题公益活动、澎湃新闻报送的“河南洪灾紧急求助平台暨募捐项目”、哔哩哔哩报送的“乡村教育公益项目”、中国青年网报送的“沿着高速看中国·中国人的故事”直播助农行动、百度报送的“AI 寻人”项目、央视网报送的“大熊猫研学课堂”系列公益活动、人民网报送的“人民投诉”平台、东南网报送的“闽善行”网络公益活动、湖南广播影视集团报送的“希望的田野——芒果 TV 青春助农”直播公益项目。

2021 年 6 月，中国记协新媒体专业委员会正式启动 2021 中国新媒体联合公益行动，由全国志愿服务工作协调小组办公室指导。该行动围绕建党百年、巩固拓展脱贫攻坚成果与乡村振兴有效衔接、社会治理创新等主题，探索新闻事业与公益事业、志愿服务事业合作新模式。在此基础上，中国记协新媒体专业委员会征集年度公益案例，经严格公正推选，推荐出中国新媒体公益 2021 十大优秀案例。这些案例创新运用新媒体形式手段和传播平台，质量精、手段新、受众广、反响好、成果实。

自 2019 年以来，中国记协新媒体专业委员会已经连续 3 年推荐新媒体公益年度优秀案例，总结推广新媒体公益实施经验，推动新媒体新平台承担社会责任。

“全民拍”公益服务平台：走好全媒体时代群众路线

新华社落实中办、国办《关于加快推进媒体深度融合发展的意见》要求，把党的优良传统和新技术新手段结合起来，强化媒体与受众的连接，以开放平台吸引广大用户参与信息生产传播，走好全媒体时代群众路线，从“社会治理”服务入手，推出“全民拍”社会治理交互平台，推动新华社客户端从目前的发布终端向连接干部群众的平台转型，打通社会治理的“最后一公里”。

“全民拍”通过手机移动端随手拍的天然优势，汇聚万千用户在日常生活中遇到的社会治理问题，推进民意表达渠道的移动化、社交化、可视化。人们拿起手机，通过新华社客户端首页的蓝色“拍”字入口，就可以进行社会治理问题举报。“全民拍”将面向媒体和机构的移动采集平台“现场云”拓展为面向广大公众的信息采集和上传通道。

自2020年12月27日“全民拍”试运行以来，收到了4万多条线索，内容涵盖生态环境、疫情防控、消费维权和社会治安等方面，相关线索经初审后分发至新华社国内分社跟进报道或转交地方政府部门处理，解决问题的比例约为1/4，阅读量和评论数以亿计，真正为群众办了实事。“全民拍”已经成为新华社提供民生服务的重要窗口，也是提升基层现代化治理水平的关键工具。

通过新华社记者的追踪报道，“全民拍”播发了一系列深度稿件，相关中央部委多次督察督办，地方部门责令有关单位立刻调查、整改，问题解决立竿见影。

如“全民拍”围绕网民反映的湖南省株洲市茶陵县一矿业加工公司污染问题，第一时间联动湖南分社，在元旦节假期间派出全媒体报道队伍，开展了详细调查。生态环境部高度重视，湖南省生态环境厅派出调查组进行实地勘查。茶陵县政府对涉事加工场进行了关停处理，将机器设备全面拆除，茶陵县纪委监委、公安、生态环境等多个部门也介入调查。该报道发出后产生了广泛的社会影响，新华社客户端在首页展示，客户端累计阅读量400万+次，今日头条、搜狐、腾讯、网易等多家媒体转发。

此外，新华社客户端“全民拍”针对

欠薪现象开通“农民工欠薪求助通道”，将收集到的近400条农民工讨薪求助线索转交人力资源和社会保障部劳动保障监察局，并持续跟进反馈。为打通欠薪维权“最初一公里”，“全民拍”与人力资源和社会保障部劳动监察局还共同推出小程序“全国根治欠薪线索反映平台”。

“全民拍”适应了视频化趋势，降低了表达门槛，是媒体转型的好抓手。“全民拍”通过发挥平台的“双边效应”拉动群众和干部在新华社客户端汇合、对接，进而提升社会治理和公共服务效率，助推社会治理体系和能力的现代化。在服务政务和群众的同时，这一功能将有力助推新华社形成自主掌控的强势新型主流传播平台。未来，“全民拍”将借助技术优势，打造5G消息版，进一步打通地方政府的投诉系统，与各地形成真正意义上的转诉即办，提高解决群众诉求的效率。

手机端展示

扫描二维码，
观看本作品新媒体展示

（新华社新媒体中心供稿）

“科技微光”：点燃更多“乡村娃”的未来梦想

科技日报社联合社会力量，通过自有平台，集合科技专家资源，积极探索乡村振兴扶智新模式，2021 年推出系列情景大师直播课，通过网络直播、线下课堂和科普研学等多种方式将优质科普教育内容输送到乡村，用“科技微光”点燃了更多“乡村娃”的未来梦想。

一、“直播 + 互动”让“科技微光”越来越亮

科学教育是提升青少年科学素养的关键路径，而大多数地区尤其是农村地区的中小学，因科学课程开设条件不够或课程质量较低等问题难以推进。针对科学教育“最后一公里”的问题，“科技微光点燃未来梦想”主题公益活动以社会公益的形式，为偏远地区的乡村学校提供优质的科普教育资源。

“直播 + 互动”，让青少年真正感到科学就在身边，科学家就在我们面前，有效推进农村小学、教师以及学生三方科技素养能力的全面提升，协助教育部门共同推进我国科技教育的发展。甘肃省平凉市静宁县大寨小学的徐恒远同学，仍记得第一次上“情景大师课”的场景。网络另一端的老师让大家观察苦瓜，然后讲解“为什么我们要吃味道难以接受的苦瓜？”这节课后，徐恒远对植物学越发着迷。

大兴安岭边缘的内蒙古自治区根河市阿龙山小学，在“青少年科技素养提升计划”对口帮扶中新建起航空航天模块实验室和配套设施，教学方式也转变为专家“一对一”指导，乡村里的孩子们，由书面科学课变为动手实操科学实验。

二、科学与趣味引导科技教育新方式

激发青少年好奇心和想象力，增强科学兴趣、创新意识和创新能力，培育一大批具备科学家潜质的青少年群体，为加快建设科技强国夯实人才基础，是“青少年科技素养提升计划”践行的目标。

2021 年 4 月，为实现乡村孩子的科学梦，“洋博士”戴伟来到贵州省桐梓县娄山关将军希望小学，通过线下课堂、线上直播的形式，为师生带来了一堂“神奇的化学魔

法课”。单场直播观看量全网超 350 万次。

2021 年 5 月，100 名来自全国各地的“山村娃”集结在北京，体验科普研学旅行的魅力。金涌院士、匡廷云院士等主动为农村学校的孩子授课。

通过到科研院所实践、科普场馆参观、聆听专题科普讲座等形式进行体验式、沉浸式学习。走进中国宋庆龄青少年科技文化交流中心——创空间，现场展示的创客实践项目、互动装置、科普讲座都让学生们流连忘返；在中国科学技术馆，宇宙、人类、航空航天、自然环境展览内容使学生们不停赞叹；参观清华科技园，体验 DIY 智能汽车、无人驾驶飞机，让学生变身为科创“小达人”；行走于故宫博物院，瑰丽壮阔的皇家建筑群让学生了解中华文化的厚重与源远流长。

三、沉浸式科普，让教育更有趣

2021 年，活动联合中国科技馆、中国科学院古脊椎动物与古人类研究所、北京天文馆、北京自然博物馆等科普场馆，呼吁和引导院士、专家、教师以及社会各界热心公益人士志愿参与到该公益活动中，通过“直播 + 互动”、线下课堂和科普研学等多种方式将优质科普教育内容输送到乡村。让专家带着乡村学生“云游”北京天文馆，一起解密宇宙的语言“引力波”；一起走近白鹤滩水电站，感受气势磅礴的大坝，感受绿色能源的力量；穿梭在北京自然博物馆，感受生物多样性的神奇。

至今，活动已经惠及来自云南、贵州、四川、甘肃等 27 个省（区、市）的 1039 所乡村学校，直接受益学生超 31 万人。在微博发起的“科技微光点燃未来梦想”话题阅读量达 1.1 亿次，越来越多的山里孩子积极参与科普研学活动，越来越多的在校教师掌握科学教育“一招鲜”，越来越多的乡村青少年拥有了人生出彩的机会。

手机端展示

扫描二维码，
观看本作品新媒体展示

（科技日报社供稿）

河南洪灾紧急求助平台暨募捐项目：既是新闻报道，更是公益行动

面临突如其来的灾难，除了传递、发布及时准确的信息，将报道与公益结合，为身处灾难中的群众办一些力所能及的实事，也是当下新媒体应当承担的责任。

2021年7月中下旬，河南省遭遇极端强降雨，造成重大人员伤亡和财产损失。澎湃新闻派出5路记者前往河南郑州市区、新密市、巩义市、中牟市、安阳市展开防汛救灾采访，及时反馈当地受灾情况，跟踪报道群众灾后生产生活重建，累计发回稿件百余篇。

在报道的过程中，澎湃新闻注意到，因为洪水来得突然，不少群众紧急转移，导致生活物资缺乏、食宿面临困难；另外，在转移过程中不少群众与亲属失散，甚至有亲属被洪水冲走失联，求助、寻亲信息不断。澎湃新闻为此专门安排技术团队介入，快速开通了“寻找失联者”和“河南洪灾求助”两个援助登记通道，滚动更新洪灾中失联人员的寻找进展，实时连线帮助灾区群众解决食宿、物资等各方面的需求。通过持续关注，搜集核实并发布失联者信息，陆续找到18人（其中15人不幸遇难）。

此外，为帮助解决灾情中群众遇到的生活物资困难以及助力灾后重建，澎湃新闻第一时间协调联系公益机构、筹款平台等，于2021年7月21日、22日分别与上海市慈善基金会、爱德基金会，在联劝网、腾讯公益等平台联合发起上线“防汛救灾驰援河南专项行动”“驰援河南灾后重建专项行动”两个互联网公募筹款项目，共为灾区募集到善款1063万余元。

两个专项募捐行动的海报和稿件发布后，受到社会各界的广泛关注。其中，“驰援河南灾后重建专项行动”仅用2天就完成了608.6万元筹款目标，12万多人次参与捐款，是近年来筹款速度最快的互联网公募项目之一。特别是在7月23日晚高峰时段，募款金额以每分钟超过1万元的速度增加。“防汛救灾驰援河南专项行动”也得到社会各界，特别是上海市慈善组织、爱心企业和市民群众的大力支持，仅通过线上募捐就收到爱心人士捐款454.9万余元。

项目执行主要分紧急救援和灾后重建

两个阶段。紧急救援阶段以支援抢险救援装备、食物与饮用水、一般生活用品、消杀用品为主，通过项目执行机构爱德基金会向郑州、新乡、鹤壁等河南 11 个市、41 个县（区）、132 个乡镇（街道）的 500 多个村（社区）运送饮用水、面包、自热饭、方便面以及折叠床、棉被、衣物等生活物资，另外还包括救援艇、抽水泵、发电机、救生衣、编织袋等各种救援物资设备。灾后重建阶段，项目为受灾较重的 5 个村庄重修给水排水设施，升级供水管网，合理规划流域水循环，实现水资源综合利用。此外，更多受灾地区的房屋重建、生计恢复和弱势群体帮扶等工作也在推进中。

从开通“寻找失联者”和“河南洪灾求助”两个援助通道，到联合公益机构为灾区发起募捐，是新媒体超越新闻报道践行为群众办实事的一次尝试和示范。我们不仅是灾难报道中的记录者，还成为参与者，参与到救灾、救助的实际工作中去，帮助灾难中的群众解决一些现实困难。

这既是新闻报道，更是公益行动。澎湃新闻以主流互联网媒体身份联合公益机构发起募捐，大大增强了公益募款行动的公信力、权威性和透明度，可以更快速地为灾区募集到资金和物资。在整个过程中，澎湃新闻还采取了多种宣发传播策略，通过制作海报、刊发募捐指引稿件，扩大募捐项目的传播圈和影响力，呼吁更多人一起将点滴爱心汇聚成涌泉，帮助灾区群众共渡难关。

手机端展示

扫描二维码，
观看本作品新媒体展示

（澎湃新闻供稿）

乡村教育公益项目：帮助村里的孩子们实现改变

哔哩哔哩（以下简称“B 站”）是国内领先的年轻人文化社区。自 2019 年起，B 站持续支持乡村教育事业的发展，迄今为止，B 站在云南、贵州共帮扶 4 所乡村小学，从硬件改善、课程研发、教师培训、研学旅行、支教等方面，系统性地为学校提供支持。充分发挥 B 站“UP 主”的优势，提供丰富多元的课外视频资源。

2019 年 6 月，B 站与北京立德未来助学公益基金会合作，在云南省大理市巍山县共建哔哩哔哩美丽小学，并积极支持青年用户参与乡村教育。

2020 年 6 月，B 站与上海真爱梦想公益基金会合作，在贵州省遵义市务川县，共同帮扶哔哩哔哩梦想学校。同时，开启“梦想课”“安全课”系列公益视频课程。

2021 年 6 月，B 站与“上海真爱梦想公益基金会”合作，在云南省丽江市华坪县，共同帮扶哔哩哔哩爱华梦想学校、哔哩哔哩快乐小学；同时，宣布投入 419.4172 万元成立“哔哩哔哩快乐奖学金”。

“哔哩哔哩快乐奖学金”公益项目聚焦于支持乡村教师进行课外创新，支持学校开设兴趣社团以及支持学生个性化成长。目前，B 站支持建设的 4 所乡村小学已经开办了多个兴趣社团，覆盖了体育、艺术、非遗、民族文化等多个兴趣爱好领域，在丰富孩子们学习生活的同时，守护孩子们的身心健康成长。

同时，B 站也长期为通过 B 站报名支教的年轻人提供全方位的支持。2021 年，共有 13 名一线乡村教师通过选拔，获得了首批发放的快乐奖学金，他们使用 B 站提供的各项资源，积极地开展课外创新项目。

李伯琳 2012 年从华中科技大学毕业后选择将乡村教育作为她的职业方向，10 年来她辗转许多地区，最终选择来到哔哩哔哩美丽小学践行自己的教育理想。在教育工作中，李伯琳老师通过观察认识到，乡村孩子们的物质生活条件在不断提升，但创设良好的家庭学习环境，进而培养孩子良好的学习习惯还没有引起家长们的足够重视。李伯琳老师申请了哔哩哔哩快乐奖学金，计划让班上的每个孩子都有独立的一张床、一套书桌椅、一个书架、一盏台灯、一个衣柜、一个其他学习物件。通过对学生家庭生活空间的改造，让孩子们养成良好的学习习惯，帮助家长培养良好的亲子关系。

李伯琳老师带着全班同学一起签署“项目公约”，同学们从画出自己理想的房间开始，根据资金预算选择合适的家具，通过视频学习、小组讨论的方式，规划自己房间的布局。根据大家的计划书，班级分工组建了“需求调研、预算制定、比价砍价、物品采购、物流运输”等不同的执行小组，让孩子们体悟到团队合作的重要性，共同搭建自己的学习园地。

截至 2022 年 6 月，B 站公益课程线下投放共覆盖 7914 个班级，累计超过 38 万名学生从中获益。此外，有 2436 名青年用户通过 B 站申请成为“美丽中国支教项目”的乡村教师。

手机端展示

扫描二维码，
观看本作品新媒体展示

（哔哩哔哩供稿）

“沿着高速看中国·中国人的故事”直播助农行动：激发向上向善的力量

2021年是中国共产党成立100周年。为向党献礼，展现在党的领导下中国百年发展的宏伟画卷，并以此为契机激励当代青年不忘初心、牢记使命，肩负起强国一代的历史重任，中国青年报社主办、中国青年网承办、快手等协办组织了“沿着高速看中国·中国人的故事”直播助农行动。

行动邀请11名青年正能量主播，走进大广高速、京雄高速等6个沿线地区，举办了12场直播活动，帮助老乡拓宽农产品销售渠道。快手推荐了12名高速沿线的快手“乡村振兴官”用户参与活动，快手“沿着高速看中国”话题标签页面集纳超过1.4万个作品。

一、重共情，用百姓的身边变化反映转型发展路

直播故事曲折精彩，有共鸣有共情，从普通人的视角去记录生活变化、介绍农产品，接地气有特色。家庭的日子越过越红火，就是中华大地百年巨变的真实写照。如白沟站故事主播、白沟新城电子商务协会副会长张金红，讲述了白沟箱包从小作坊式生产到规模化、国际化、品牌化的发展故事，小拉链见证着箱包产业大变革，也是“中国制造”蜕变的缩影。网友“添柴正能量”说：“淘宝上卖的箱包，我们白沟出品占70%以上。毕业后我直接回了老家，因为我感觉在这里有前途有希望！”

二、青年味，用农产品背后的奋斗故事体现中国精神

直播语言重在研究青年网友需求、寻找青年网友最关切的“燃点”，通过讲述亲身经历、品牌故事达到“破圈”的效果，增加与青年网友的情感联系，让青年网友感受向上向善的力量。

上海场直播中，主播推荐的货品之一是大汉口热干面。直播中主播回忆起2020年疫情期间曾进行“谢谢你为湖北拼单”专场直播，热干面的热卖，也是众志成城、齐心战“疫”的生动写照。网友“Kyle_Mu”说：冲这份众志成城的情谊，也得帮着冲个量！

三、大数据，助力青年用直播实现创新创业梦想

青年的就业选择、生活状态变化，催生新的职业形态，分析其需求，会让宣传和传播更具针对性。《中长期青年发展规划（2016—2025）》中提到，“适应青年发展的新情况新特点，不断创新组织设置，更多更广地覆盖新兴领域青年和流动青年”。在新兴领域青年集中的直播场次，主播进行了在线调查。不少青年网友向“新兴领域青年”的主播提问。从互动中可以看到，年轻人的择业观呈现多元化的趋势，更多的年轻人立志把个人价值和社会价值相结合，不负时代不负韶华。

“沿着高速看中国·中国人的故事”直播活动围绕“每个人都了不起”的主题，讲述青年奋斗故事，展示神州大地自信自强、生机勃勃的动人景象，吸引大量观众互动评论，产生了积极的社会影响。

手机端展示

扫描二维码，
观看本作品新媒体展示

（中国青年网供稿）

“AI 寻人”：助超 1.3 万名走失者和家人团聚

走失与寻亲是最为复杂的社会问题之一。传统的寻亲方式包括20多年前的报案、登报、查询失踪人口档案库、电视寻亲，以及近10年的打拐微信群和DNA寻亲。但在寻人的实际工作中，这些方式依旧有着很大的局限性。

在全国各地的救助管理站，被救助人员大部分是在外流浪的乞讨人员，由于部分人员认知程度低，通过传统的问询方式不能获取准确的身份信息，而DNA寻亲又受到双方DNA采集困难和时间的限制，救助管理机构内滞留了大量无法识别身份信息的人员。在这种情况下，人脸所携带的面部特征信息，为寻亲提供了很大的便利。

随着中国快速步入老龄化社会，阿尔茨海默症（俗称“老年痴呆症”）的发病率逐年上升，老人走失已成为一个越来越严重的社会问题。但这些患病老人常常不能准确表达自己的身份信息和家人的联系方式，人脸识别寻人技术恰好可以解决这一难题。

而在走失人员中，寻找儿童的难度最大。很多孩子在走失的时候只有几岁，失踪多年后，容貌发生了变化，这给寻人带来了很大的困难。技术则为走失儿童的找回提供了新的可能。

作为一家以技术见长，希望发挥技术的社会价值，助力解决社会问题的企业，百度在2016年年底就与民政部、宝贝回家等机构合作，探索通过人脸识别技术帮助走失人员回家。

百度“AI寻人”项目利用深度学习技术进行人脸特征的提取，与走失人员数据库中的照片进行实时对比。通过度量学习的方法，在大规模人脸数据训练模型基础上，使用跨年龄数据进行针对性优化。即使走失多年，在跨年龄人脸识别技术的帮助下也有机会实现重聚。截至目前，借助跨年龄人脸识别技术，已帮助超13388个走失者与家人团聚。

2021年已是百度“AI寻人”技术落地实施的第5年，项目取得的成绩得益于技术的助力，也离不开民政系统、公益组织以及社会热心人士的协助。未来，百度将进一步发挥技术优势，探索更多AI技术的应用场景，为解决更多社会问题贡献力量。

（百度供稿）

“大熊猫研学课堂”系列公益活动：在全球范围宣传中国生物多样性保护

为了更好地向全球受众展示以大熊猫为代表的中国珍稀物种研究保护情况，充分展示中国在生物多样性和生态环境保护方面取得的成果以及对世界作出的贡献，央视网于2013年8月6日上线聚焦生态文明建设的公益性新媒体产品——熊猫频道。该产品以大熊猫7×24小时慢直播为原点，延展至其他珍稀动植物，以图文、短视频、动漫、动画、H5、移动直播等多种形式，通过手机端、网页端及海内外社交媒体平台，面向全球传播中国生态文明建设及生物多样性保护成果。

2021年，熊猫频道创新“熊猫＋科普”理念推出全球公益新媒体重点项目“大熊猫研学课堂”系列公益活动。该系列公益活动以生物多样性保护和生态环境保护方面的公益科普宣传为出发点，从内容制作、传播矩阵、海外落地传播等多方面联合发力，全球总浏览量超过4.4亿次，海内外粉丝纷纷留言表达强烈关注，表示颇有收获，对中国大熊猫保护研究工作给予点赞和肯定。

内容方面，打造信息丰富、形态多元的亮点产品。熊猫频道与成都大熊猫繁育研究基地强强联合、携手打造，着眼“Z世代”群体感兴趣的话题，与学校自然教育、公益教育相结合，更深层次地挖掘以大熊猫为代表的珍稀动物科普选题，邀请大熊猫领域科研博士及专业科教团队进行内容共创，并通过“线上传播＋线下体验”传播闭环，实现覆盖海内外用户的线上线下联动，持续打造了覆盖全年龄段的“小小讲解员”“熊猫故事屋”“亲子科普读书会”等线下活动。同时面向“Z世代”群体，发起“大熊猫，你知道吗”征集活动，让更多年轻人、青少年群体培养珍稀动物保护意识、关注生态保护事业，让参与者积极思考、探讨人与珍稀动物的关系、人类对于它们的影响等。

传播矩阵方面，联动自有网站、客户端和拥有5000多万粉丝的社交媒体平台传播矩阵，既发挥海外社交平台的传播优势，又面向“Z世代”群体在海外社交平台开展特色传播；既有多维度的线上线下科普活动及数字线上展览，又充分利用Quora、知乎等海内外专业知识分享平台进行知识分享和公益问答来宣推大熊猫科普与保护。

此外，围绕2021年联合国《生物多样性公约》第十五次缔约方大会（COP15），熊猫频道还推出“我们的共同家园”中英文专题页，展现中国为全球生物多样性保护所作的积极贡献及取得的重要成果；联合多家自然保护区发起“关爱珍稀动物，保护美好家园”系列公益直播，展现各地野生动植物保护成就，让更多的人积极参与和支持野生动物保护事业；推出《国宝秘境》《“象”往的旅行》《大熊猫系列研学云课堂》等系列融合产品，推出《大熊猫国家公园》《中国·生态百年保护》等系列科普微纪录片微视频。

以上活动很好地配合了“大熊猫研学课堂”系列公益活动在全球范围内的开展，为推进宣传中国生态文明建设和生物多样性保护举措、全方位推广生物多样性保护的“中国智慧”进行了立体化、渐进式、富有成效的媒体实践，取得了良好传播效果。

手机端展示

扫描二维码，
观看本作品新媒体展示

（央视网供稿）

“人民投诉”平台：一键助力消费者高质量维权

“人民投诉”是人民网重点打造的消费者线上投诉维权服务平台，涵盖旅游、汽车、房产、家电、3C、生活、游戏、电商等重点消费领域，致力搭建消费者与商家、企业及监管部门之间沟通的桥梁。2021年以来，“人民投诉”共处理投诉31397件，累计助力网友挽回经济损失774万余元，已成为互联网上维护人民消费权益的重要力量。

一、重用户、善新术，深耕优化丰富平台功能

平台独家设置“企业回复”“律师建议”“监管回应”“新闻线索”等多种处理方式，将用户的有效投诉线上转交给入驻企业、相关部门等对接，力求得到最快答复或解决；同时对集中、突出的热点线索及时跟进，开展深度调查报道，督促各方实质性解决各类消费“堵点”“难点”“痛点”问题。

“非常满意，商家及时解决了我的投诉”“与商家协商成功，感谢平台的监督”……随着越来越多用户投诉被及时处理解决，平台也收到了大量网友好评反馈，2021年度用户对处理结果满意度为100%。

二、差异化、前沿化，打造实用多元内容精品

经过一系列实践探索，平台逐渐形成“‘三个一’+月度话题征集”系列“拳头”产品——每月启动热点消费投诉“话题征集”，持续推出“一组数据图解”“一场互动访谈”“一篇深度观察”，充分运用深度报道、长短视频、数据图解、视觉海报等全媒体形式，聚焦各消费领域的维权热点，多维度、多形式、多路径推动民生消费维权良性生态。

对于用户反映强烈的智能客服不智能、“捆绑”销售等问题，平台联合中消协打造《消费洞察》访谈栏目，从维权方式、消费注意事项等维度给出专业指导，为行业发展建言。对于消费投诉高峰节点，平台推出的《3·15消费维权数据报告》等报道引发行业关注与反思。此外，基于平台数据打造的月度维权数据图解，为民众消费、相关部

门、企业、机构决策提供了正向参考。

从投诉回复率来看，行业企业直面投诉问题，积极采取处理措施，有助于与消费者快速达成协商结果，实现高效率、高质量维权。维权效果同样受到相关部门机构的高度认可。

三、同联动、促合力，提升权威护航消费生态

在丰富内容矩阵的同时，平台创新联动机制，与人民日报《读者来信》版、人民网深度调查部等积极联动，建立常态化新闻线索对接机制，相关报道传播效果显著。例如，与深度调查部联动推出《投诉多、维权难　多家在线教育机构陷退费纠纷》等监督报道，以平台用户投诉为新闻线索，深挖线上线下教培机构闭店跑路、退费难等乱象，在全网触发广泛关注，平台收到千余条用户留言反馈。一些教培机构主动入驻平台回复、解决问题，收获了良好的社会效益。

自上线以来，包括字节跳动、美团、小米、特斯拉、海底捞、双汇、中公教育、携程等行业龙头企业积极入驻平台，涵盖汽车、食品、服饰、教培、金融、旅游、电商等各消费领域，平台的权威性和公信力得到市场广泛认可。

健康稳定的消费环境是保障消费持续增长的重要引擎。未来，随着消费需求转型升级，新经济、新消费形态的发展，以及消费维权的迭代升级，“人民投诉”将持续深耕平台运营，凝聚社会各界共识，在充分发挥媒体监督作用的同时，形成消费维权领域人人有责、人人尽责、人人享有的新局面，共促消费公平，共建放心消费，始终做帮助消费者“一键维权”的正义力量。

手机端展示

扫描二维码，
观看本作品新媒体展示

（人民网供稿）

"闽善行"：发挥新媒体影响力 走好走实群众路线：搭建爱心"高速路"

"闽善行"是由东南网莆田站联合莆田市委文明办、莆田市志愿者协会等多个部门，利用"互联网+"资源，形成多部门联动，社会面参与的网络公益活动，是东南网走好新媒体时代的群众路线，切实深化新媒体服务功能，承担新媒体社会责任的一个缩影。活动主要涵盖了"精准助困""爱心助学""智能养老""公益寻人""智能助残"等板块。

搭建平台，实现信息互联共享。公益活动的关键是平台的搭建，实现信息对称。自2015年10月活动开展以来，"闽善行"在东南网莆田站设立服务总站，依托东南网作为党媒官网的新媒体优势，在线上开辟"闽善行"网络专栏，及时采写发布了《莆田：26岁小伙罹患白血病　骨髓配型成功盼援助》《莆田秀屿19岁少女患急性白血病　急需O型血》《产妇羊水栓塞大出血市民踊跃献血》等求助报道，报道引发如潮的爱心，社会各界纷纷向受困者伸出援手；第一时间采写《莆田：车辆礼让斑马线　老人脱帽三次鞠躬致谢》等暖新闻，在全社会引起热烈反响，获得多方点赞。活动组建"闽善行·行动"微信群，设置呼叫电话专线，实现求助信息来源的人性化和多元化。2019年2月，"闽善行"公益活动收到来自莆田市秀屿区贵州籍两姐妹的求助信息，通过东南网记者与"闽善行"志愿者实地走访了解到，求助者家庭条件十分困难，两姐妹高中学习成绩都较好，却经常要为学费和生活费犯愁。相关新闻报道推出后，当地一个基金会联系到"闽善行"，通过无缝对接，实现了精准帮扶，两姐妹在高中和大学期间都得到了持续支助。

落地活动，盘活资源借力发力。进小区为老人免费理发、提供免费家电维修、募集大批抗疫物资支援一线、开展"酷暑送清凉关爱环卫工"公益活动……长期以来，东南网"闽善行"整合和盘活莆田市本地资源，"借力发力"开展网络公益活动，如高速公路"一路帮"志愿团队、电力"义修哥"志愿团队，为弱势群体提供常态化帮扶。特别是2021年9月莆田新冠疫情期间，白血病药品要怎么安全地送达疫区的患儿家属手上成为一个难题，关键时刻，“闽善行”志愿者联合莆田警方，协助福建省助困公益协会等多方进行了 4 个小时爱心接力，为患儿家属解了燃眉之急。一系列走实走心的线下活动为困难群体提供了实实在在的关爱与援助。

公益寻人，全城寻人全网寻人。老人离家未归？小孩游玩走失？网络信息充斥泛滥，真假难辨。“群众的力量是无穷的”，“闽善行”开展公益寻人，就是依托主流媒体的权威性报道，发动群众的力量来寻人。首先由东南网记者向公安部门核实，并联系家属，保证权威的信息来源，然后通过官方平台发布详尽信息，同步推送新媒体移动端、官方抖音号、寻人微信群，信息也共享至“头条寻人”等第三方公益栏目，通过志愿者转发朋友圈，形成一张“寻人大网”，实现全城寻人全网寻人。一旦寻到人，也将第一时间发布信息，避免社会资源的浪费。

据统计，“闽善行”栏目已刊发新闻报道 400 多篇，“闽善行・公益寻人”行动已成功找回走失人员 156 人；“闽善行・精准助困”行动已帮扶因病、因灾致困群众 316 人次；“闽善行・爱心助学”行动已为 40 多名困难学子提供助学资金支持；“闽善行・智能养老”行动为老人提供数千余人次志愿服务。

手机端展示

扫描二维码，
观看本作品新媒体展示

（东南网供稿）

“希望的田野”：构筑主流媒体助农新思路

2020 年 12 月 6 日，由中国扶贫基金会支持，芒果 TV 发起的电商助农直播公益项目“希望的田野”正式启动。项目以助力乡村振兴、推广“新农潮”作为立意点，依托芒果 TV 新媒体平台优势，巧妙融合了“直播带货 + 真人秀 + 公益助农”三大元素，串联起乡亲、政府、社会、电商等多层主题，在脱贫攻坚的时代浪潮下，构筑助农扶农的完整经济脉络，为提高乡村知名度、带动乡村旅游产业的发展提供了新思路。

一、同心助农，“电商直播”展现乡村风貌

项目邀请 6 名青年艺人深入祖国大好河山，从四川黑水县出发，一路追寻祖国大美风光与宝藏好物，深入云南楚雄，再到四川汶川、湖南凤凰，最终抵达江西鄱阳，一村一品、一村一景、一村一潮全方位展现新农村的新风貌。他们用当下最潮的电商新业态，从零开始打造爆品助农直播间，挖掘和推广广袤土地上的各种“宝藏”，展示绮丽的自然风光与淳朴的乡情民风，无形中为乡村旅游的发展埋下希望的种子。无论是受众的年龄范围，还是职业圈层，都力求做到涵盖年龄范围更大，受众圈层更广，努力让更多的人了解公益助农项目，期望更多的人参与助农“新农潮”。

二、用心助农，“授人以渔”探索致富门道

《希望的田野》一方面以艺人为视角，体验头部直播的真实环节，帮普通人探寻直播带货的诸多门道；另一方面，直面助农扶农的痛点与难题，以摸索“授人以渔”的长效机制，由此成就了有温度的直播、有答案的助农。项目联动当地政府和淘宝大学，一起帮助农户解决产品直播资质问题；项目发动优秀的基层乡村干部、回乡创业的有志青年、乡村企业家和质朴新农人，和他们一起谱写当地的助农公益故事，将乡村振兴落到实处。《希望的田野》官方微博账号联合中国旅游报等媒体，在社交媒体平台发起“发现大美乡村”话题活动，号召网友随手拍乡村好景，分享大美乡村。截至收官，项目累

计完成助农直播10场，总观看人次达61.87万，累计销售额60余万元，辐射400多万农户，对口帮扶68家农户，为农产品打开销路。

三、走心助农，“意义深刻”收获全网好评

项目启动后，“学习强国”学习平台、人民日报、光明日报、中国青年报、新华网等主流媒体发文肯定项目价值。中华人民共和国文化和旅游部官网发文《〈希望的田野〉“潮”推乡村振兴　特色助农》点赞项目“将直播助农真正落到实处”；《人民日报》评论称项目“为传统文化的传承传播和助农拓展了新的路径”；湖南省人民政府新闻办公室、湖南省文化和旅游厅、湖南省共青团、云南共青团、楚雄州政法委、共青团福建省委、中国人民解放军空军空降兵部队等30多个政务类官方账号联动发文推介项目。微博主话题“希望的田野”总阅读量达到41.4亿次，“空降兵十五勇士重回汶川”等20多个正能量话题登录微博热搜，80多个相关话题登录全端热搜。《今日说法》栏目官方微博肯定项目在科普电商直播法律方面的积极推动作用，引起30多个公检法“蓝V”跟发，深度提升了项目的社会影响力。网民纷纷发表好评：“一边领略祖国的大好河山，一边快乐助农，这类公益项目可以多一点。”“项目立意很棒，也很正能量。”

手机端展示

扫描二维码，
观看本作品新媒体展示

（湖南广播影视集团供稿）

中国新闻奖
媒体融合奖项
（含国际传播奖项）
作品解析

第三十一届中国新闻奖媒体融合奖项（含国际传播奖项）获奖作品

特别奖

短视频专题报道

◎ 生死金银潭

一等奖

短视频现场新闻

◎ 独家视频 | 游客：“彭麻麻呢？”

◎ 独家航拍！直击水龙与火龙艰苦拉锯

短视频专题报道

◎【津云微视】无胆英雄张伯礼

◎ 老外看小康中国

国际传播—短视频专题报道

◎ 江河情缘（*Xi's efforts to heal the rivers of China*）

移动直播

◎ 巅峰见证——2020 珠峰高程登顶测量

创意互动

◎ 一张照片背后的这七年

融合创新

◎ 听 · 见小康

◎ “最美逆行者”系列融媒报道

新闻名专栏

◎ 帮帮

◎ 图图是道

二等奖

短视频现场新闻

◎ 地震瞬间，她们抱出 26 个新生儿：要把孩子的安全置于我们之上！

◎ 视频 | 泪目！如果我不幸倒在武汉请把我骨灰无菌处理撒在长江

◎ 微视频 | 彻夜救援　台州无眠

◎ 上海医疗救治专家组组长：一线岗位全部换上党员，没有讨价还价！

短视频专题报道

◎【微视界】武汉志工：年三十瞒着家人出门　服务首日腿抖一天

◎ 光影记忆

◎《第一书记》系列微纪录片

◎ 说“彝”解字：这间“房”有丝也有粮

创意互动

◎ 今天，发条微信一起点亮武汉

◎ 疫情 24 小时

融合创新

◎ 走村直播看脱贫

◎ 是这个理

◎ 独家 VR 互动视频！身临其境，海陆空全景围观平潭海峡公铁大桥

◎ 创意海报丨这些痕迹，刻在你脸上，痛在我心里

三等奖

短视频现场新闻

◎ 致敬最可爱的人①丨泪目！86 岁志愿军老战士含泪向四位老首长敬礼

◎ 抗洪 Vlog丨记者坐拖拉机赶往安徽庐江圩堤抢险现场：数千人会战守堤坝！

◎ “活过来了！”19 天，456 个小时，我们终于救活了他

◎ 请记住这里，王家坝！

◎ 记者直击黄河岸边凌晨抓捕盗猎者护鸟志愿者足迹遍布长垣等地

短视频专题报道

◎ 黄河十二时辰

◎ 同心——与来自香港的他们谈谈心

◎【致敬最美逆行者】短视频《武汉记“疫”》

◎ “韩寒井柏然都为她加油！一个武汉 90 后女孩的‘方舱日记’”系列短视频

◎ 一个人的生产线

◎ 夜宿农家话脱贫

◎ 微视频丨雄安 · 塔吊下的日与夜

国际传播—短视频专题报道

◎ 香港故事：一部法和三个人

◎【津云微视】科学的中医药

移动直播

◎ 共同战“疫”

创意互动

◎ “挖”土豆

◎ 全球十地跨年直播

◎ 2020 脱贫攻坚——阿中邀你助力奔小康

◎ 同舟

融合创新

◎ 来了！中国首部卫星新闻纪录片

◎ 千里挺进大别山——山东湖北携手战“疫”故事

◎ 大山深处的浙江人

◎ 革命诗词书写地，军队扶贫谱新篇

◎ 从这面湖奔向那片海

◎ 浦东的故事 · 他们的故事

◎ 互喊加油，四大“天团”会师武汉！网友：王炸来了，中国必胜！

◎ 磐小药西游记

国际传播—融合创新

◎ 在中国，看 Frank 打开长三角“盲盒”

特别奖

短视频专题报道

生死金银潭

作品信息

作品类型：特别奖·短视频专题报道
刊播单位：人民日报客户端
报送单位：中国记协新媒体专业委员会
主创人员：李志伟 王源宗 施佳杰 刘钇江 林 渊 郑薛飞腾 鹿游原
发布日期：2020年3月31日

作品简介

此片真实记录湖北省武汉市金银潭医院医患之间的救援故事和生死时刻，也是全国最早深度报道武汉定点医院隔离“红区”的纪录片。记者和摄影师驻守医院，深入“红区”连续跟拍36个日夜。全片没有主观性的旁白，通篇为医护和患者的画面和同期声，用白描的手法，冷静、克制的镜头语言，呈现了金银潭医院疫情期间最真实的样子。作品推出后，刷屏网络，社会反响热烈，并产生了强烈的国际影响。

手机端展示

扫描二维码，
观看本作品新媒体展示

一等奖

短视频现场新闻

独家视频｜游客：“彭麻麻呢？”

作品信息

作品类型：一等奖·短视频现场新闻
刊播单位：央视新闻客户端
报送单位：中国记协新媒体专业委员会
主创人员：申 勇 王哈男 张晓鹏 程爱华
发布日期：2020年1月19日

作品简介

2020年1月农历春节前夕，习近平总书记赴云南考察调研期间与游客亲切对话。现场空间狭小又事发突然，在这种复杂的环境中，记者反应敏锐、全程捕捉，既抓拍到问问题的游客，又捕捉到习近平总书记的妙语和表情，声音清晰干净。编辑在制作时以最真实的视角还原现场，不加特效也没有过度剪辑，还保留了摇晃的镜头，展现时政最前沿的真实记录，将更好的观感、回味的空间留给受众。

手机端展示

扫描二维码，
观看本作品新媒体展示

一等奖

短视频现场新闻

独家航拍！直击水龙与火龙艰苦拉锯

作品信息

作品类型：一等奖・短视频现场新闻
刊播单位：川观新闻客户端
报送单位：中国记协新媒体专业委员会
主创人员：王　云　袁　敏
发布日期：2020 年 4 月 2 日

作品简介

四川省凉山州西昌泸山突发山火。4 月 1 日 19 时许，山火复燃，前方记者突破重重障碍获取第一手信息和相关素材，后方编辑沉着给出建议和指令，前后方通力协作、实时沟通。前方现场采集的视频素材经过简要编辑后分批快速传回后端，后方团队再经过细致的编审、剪辑，及时推出短视频报道，并分发四川日报全媒体平台各端口，众多媒体纷纷转载。

手机端展示

扫描二维码，
观看本作品新媒体展示

一等奖

短视频专题报道

【津云微视】无胆英雄张伯礼

作品信息

作品类型：一等奖・短视频专题报道
刊播单位：津云客户端
报送单位：中国记协新媒体专业委员会
主创人员：刘雁军　齐竞竹　闫　征　许　浩
　　　　　潘德军　刘　浩
发布日期：2020 年 3 月 21 日

作品简介

为了全面展现中国工程院院士张伯礼武汉抗“疫”过程中的感人瞬间，津云新媒体采访了 10 位张伯礼院士的“身边人”，从“抗疫英雄”“白衣天使的代表”“老当益壮英雄气概的代表”“中医大家的代表”“老共产党员的代表”“天津人的代表”6 个方面入手，展现张伯礼院士以勇气和担当构筑生命防线，诠释医者仁心的感人事迹。

手机端展示

扫描二维码，
观看本作品新媒体展示

一等奖

短视频专题报道

老外看小康中国

作品信息

作品类型：一等奖・短视频专题报道
刊播单位：中国日报网
报送单位：暨南大学新闻与传播学院
主创人员：张　霄　葛天琳　刘　浩　刘　玄
发布日期：2020 年 8 月 7 日

作品简介

该片灵活运用多种手段，现场实拍、动画、人物采访 3 种形式巧妙穿插，特别是大量运用动画视频辅助叙事，把抽象的理念具象化，生动展示全面小康的宏观理解，创新主旋律纪录片创作手法，开拓了主旋律外宣新范式。

手机端展示

扫描二维码，
观看本作品新媒体展示

一等奖

国际传播—短视频专题报道

江河情缘（*Xi's efforts to heal the rivers of China*）

作品信息

作品类型：一等奖・国际传播（短视频专题报道）
刊播单位：人民日报客户端
报送单位：湖南大学新闻传播与影视艺术学院
主创人员：梁培钰　闫伊乔　佘荣华　黄晶晶
　　　　　朱　利　孙天仁　岳小乔
发布日期：2020 年 11 月 15 日

作品简介

《江河情缘》以习近平总书记关于长江黄河保护和高质量发展的重要讲话精神为魂，以习近平总书记在长江、黄河沿线的考察足迹为线索，回访部分考察点和曾向习近平总书记介绍情况的当地干部群众，记录习近平总书记考察后当地发生的巨大变化。内容细致全面，逻辑清晰连贯，展现形式夹叙夹议，过渡自然。视频在镜头层次、剪辑节奏、音乐风格、影像质量各方面精益求精，为网友带来优质的观看体验。

手机端展示

扫描二维码，
观看本作品新媒体展示

一等奖

移动直播

巅峰见证——2020 珠峰高程登顶测量

作品信息

作品类型：一等奖·移动直播
刊播单位：新华社客户端
报送单位：中国记协新媒体专业委员会
主创人员：集体
发布日期：2020 年 5 月 27 日

作品简介

针对珠峰特殊气象条件，直播团队制订了周密报道方案。以演播室为主控，设置多个直播点，实现多点联动报道。面临登顶比预计推迟几个小时的突发情况，直播团队启动应急报道预案，通过慢直播、视频连线等方式及时调整内容，确保报道安全。这次直播实现了中国新闻史上的一次突破，新华社成为全球首家在珠峰峰顶完成“5G+4K+VR”直播的媒体。

手机端展示

扫描二维码，
观看本作品新媒体展示

一等奖

创意互动

一张照片背后的这七年

作品信息

作品类型：一等奖·创意互动
刊播单位：芒果云客户端
报送单位：中国记协新媒体专业委员会
主创人员：龚政文　徐　蓉　刘安戈　牟鹏民
　　　　　代俊娇　高　睿　刘梓涵　潘　璐
发布日期：2020 年 11 月 3 日

作品简介

该作品聚焦“精准扶贫”首倡地湖南省湘西土家族苗族自治州花垣县双龙镇十八洞村，以 H5 创意互动的形式，展现了 7 年来十八洞村发生的翻天覆地的变化。创作团队把新媒体技术手段与传统讲故事的报道手法相结合，以“照片 + 文字 + 视频 + 音乐”的创意互动形式，让用户了解习近平总书记“精准扶贫”重要论述给十八洞村脱贫工作，乃至整个中国扶贫事业带来的巨大指引作用。

手机端展示

扫描二维码，
观看本作品新媒体展示

一等奖

融合创新

听·见小康

作品信息

作品类型：一等奖·融合创新
刊播单位：交汇点新闻客户端
报送单位：中国记协新媒体专业委员会
主创人员：集体
发布日期：2020 年 12 月 31 日

作品简介

作品紧扣“听”“见”“融”3 字，呈现了丰富的视听内容，记录了全面小康社会建设的生动历程，创造性落实了“记录小康工程”的相关工作要求。作品不拘泥于传统新闻报道思路，以“听”和“见”为重要着力点，实现多种媒介资源、生产要素的有效整合，带给读者新颖别致的观看体验。

手机端展示

扫描二维码，
观看本作品新媒体展示

一等奖

融合创新

“最美逆行者”系列融媒报道

作品信息

作品类型：一等奖·融合创新
刊播单位：南方都市报客户端
报送单位：暨南大学新闻与传播学院
主创人员：梅志清　戎明昌　王海军　刘　军
　　　　　钟锐钧　裘　萍　陈伟斌　李　阳
发布日期：2020 年 2 月 20 日

作品简介

该系列融媒报道在同一主题下推出多种形式，包括海报《你们摘掉口罩的样子，很美！》、长图《印·记》、图文报道《千言万语尽在脸上》、H5《“疫痕”在线照相馆》等。报道引发广泛共鸣，被人民日报等 160 多家媒体及平台广泛转载。2020 年 2 月 17 日晚在广东省广州市广州塔、猎德大桥等城市地标率先开启“为最美逆行者亮灯”致敬行动，随后广东省其余 20 个地级市积极响应，抗疫一线医务人员巨幅海报在广东省地标建筑 1000 多块 LED 屏滚动播放，致敬英雄。

手机端展示

扫描二维码，
观看本作品新媒体展示

一等奖

新闻名专栏

帮帮

作品信息

作品类型：一等奖 · 新闻名专栏
刊播单位：上游新闻客户端
报送单位：中国记协新媒体专业委员会
主创人员：刘长发　伊　文　肖和坤　刘海涛
　　　　　夏祥洲　周宝琴　李学东
首发日期：2019 年 5 月 20 日

作品简介

该专栏整合原重庆晚报、重庆晨报、重庆商报热线新闻的 30 多人组成团队，依托上游新闻客户端设置“曝光台”“帮你问”“找答人”“玩社群”“城事通”等民生服务板块，通过融媒体手段，搭建政府和民众互动新桥梁，创新开拓了党媒与用户之间的新连接，形成传播社会主义核心价值观和正能量的强大社会舆论场。

手机端展示

扫描二维码，
观看本作品新媒体展示

一等奖

新闻名专栏

图图是道

作品信息

作品类型：一等奖 · 新闻名专栏
刊播单位：图图是道微信公众号
报送单位：中国记协新媒体专业委员会
主创人员：王晓莹　张周项
首发日期：2016 年 9 月 25 日

作品简介

该栏目主创人员根据自身兴趣爱好，以柔性组合的方式，通过制作精良的长图漫画并配合通俗风趣的文案，以特色条漫产品形式弘扬社会主义核心价值观、普及科学知识、传递正能量。特别是在 2020 年抗击新冠肺炎疫情、反击美西方“污名化”的伟大斗争中，用条漫形式，贴合热点新闻、精选科学知识，以浅显易懂兼具趣味性的方式向受众进行科普，社会效果良好。

手机端展示

扫描二维码，
观看本作品新媒体展示

二等奖

短视频现场新闻

地震瞬间，她们抱出 26 个新生儿：要把孩子的安全置于我们之上！

作品信息

作品类型：二等奖 · 短视频现场新闻
刊播单位：动静客户端
报送单位：中国记协新媒体专业委员会
主创人员：李　艺　曾　明
发布日期：2020 年 7 月 3 日

作品简介

2020 年 7 月 2 日，贵州省毕节市地震发生瞬间，赫章县人民医院新生儿科的医护人员迅速组织，怀抱婴儿跑出病房转移到了安全地带。7 月 3 日一早，记者迅速采访到了新闻事件最核心的几位当事人，并调取了事发全程的监控录像，收集到了多个渠道的现场图片，通过视频、图片及现场采访等多个方面，完整地还原了事件的全过程。

手机端展示

扫描二维码，
观看本作品新媒体展示

二等奖

短视频现场新闻

视频 | 泪目！如果我不幸倒在武汉 请把我骨灰无菌处理撒在长江

作品信息

作品类型：二等奖 · 短视频现场新闻
刊播单位：时刻新闻客户端
报送单位：中国记协新媒体专业委员会
主创人员：何　青　周逸峰　李　璐
发布日期：2020 年 2 月 11 日

作品简介

2020 年正月初一，湖南小伙子郑能量在微信朋友圈立下“生死状”后，从长沙出发，独自奔赴武汉，成为一名抗疫志愿者。记者第一时间了解到情况后，经多方联系终于成功采访了郑能量，获得第一手新闻视频素材。为了让人物在 32 秒的新闻素材中立起来，编辑团队进行了一系列精心策划，包括视频配文内容及背景音乐的选择，都经过反复推敲，着力突出感人事迹和正能量的传播。报道推出后，感动全网。

手机端展示

扫描二维码，
观看本作品新媒体展示

二等奖

短视频现场新闻

微视频|彻夜救援　台州无眠

作品信息

作品类型：二等奖·短视频现场新闻
刊播单位：无限台州新闻客户端
报送单位：中国记协新媒体专业委员会
主创人员：王以军　高鲜朝　牟　毅
发布日期：2020 年 6 月 14 日

作品简介

2020 年 6 月 13 日 16 时 40 分左右，G15 沈海高速温岭段良山村附近一辆槽罐车爆炸冲出高速公路，共造成 20 人死亡，172 人住院治疗。台州广电集团融媒体新闻中心第一时间派出 4 组记者赶赴现场采访。为在最短时间内赶制出片子，策划团队制订了多部门联动、多工种接力、分时段剪辑的制作方案，在第二天上午新闻发布会结束后不久就发布了 3 分钟的原创短视频现场新闻，完整再现了惊心动魄、争分夺秒的救援过程。

手机端展示

扫描二维码，
观看本作品新媒体展示

二等奖

短视频现场新闻

上海医疗救治专家组组长：一线岗位全部换上党员，没有讨价还价！

作品信息

作品类型：二等奖·短视频现场新闻
刊播单位：第一财经客户端
报送单位：中国记协新媒体专业委员会
主创人员：孙　冀　石留骏
发布日期：2020 年 1 月 29 日

作品简介

记者了解到在抗击疫情最艰难时刻一线医护人员不分昼夜不停歇的工作状态，在这样的情况下，不少工作协调问题也亟待解决。用什么样的方法来鼓舞士气？张文宏给出的答案是“共产党员上”，他简单的几句话阐明了一个共产党员应有的作为和样子。第一财经认为，这样的精神应该传递给更多的共产党员，同时让人民群众知道危难时刻身后有一道坚实的屏障。主创人员从采访中精准地剪辑出了最精彩的一段话，制作成了这条短视频。

手机端展示

扫描二维码，
观看本作品新媒体展示

二等奖

短视频专题报道

【微视界】武汉志工：年三十瞒着家人出门　服务首日腿抖一天

作品信息

作品类型：二等奖・短视频专题报道
刊播单位：中国新闻网客户端
报送单位：中国记协新媒体专业委员会
主创人员：孙恒业　张纬宇　张　昂
发布日期：2020 年 2 月 11 日

作品简介

新冠肺炎疫情暴发之初，中国新闻社记者希望通过短视频报道武汉人勇于自救、敢于奉献的暖心故事。记者联系上了被很多志愿者提及的快递员汪勇，跟拍了他接送武汉金银潭医院医护人员、组织志愿团队、接洽饭店给医护人员送餐等过程。汪勇坦陈从害怕、犹豫到坚定的心路历程，以及瞒着家人做这些事情的无奈，还有他被医护人员的忘我精神感动等。作品保留了大量跟拍镜头和抓拍画面，自然呈现人物的真实状态，感情真挚，语言质朴。

手机端展示

扫描二维码，
观看本作品新媒体展示

二等奖

短视频专题报道

光影记忆

作品信息

作品类型：二等奖・短视频专题报道
刊播单位：北京日报客户端
报送单位：中国记协新媒体专业委员会
主创人员：张　鹏　杨　萌　孙　昊　孟紫薇
发布日期：2020 年 8 月 14 日

作品简介

北京日报社成立 69 年来，积累了数百万张不同历史时期的影像资料。这些“老照片”记录了中国的发展历程，也记录着首都北京的变迁。《光影记忆》以短视频微纪录片的形式，秉承小瞬间见证大时代的定位，重现重要历史事件、重要新闻事件中的经典瞬间。《光影记忆》虽然偏重揭秘历史，但依然紧扣时代脉搏，抓住新闻热点，从历史角度关注当下。制作团队集合文字、图片、剪辑、设计、录制、合成等创作主力，采取更能吸引受众的剪辑制作方式，节目时间短、节奏快、引人入胜。

手机端展示

扫描二维码，
观看本作品新媒体展示

二等奖

短视频专题报道

《第一书记》系列微纪录片

作品信息

作品类型：二等奖·短视频专题报道
刊播单位：新华社客户端
报送单位：中国记协新媒体专业委员会
主创人员：汪金福　魏　骅　李　放　朴文琳　康　薇　刘兆伟
发布日期：2020 年 10 月 24 日

作品简介

主创团队从 2019 年开始策划选题，从几十万名驻村“第一书记”的资料中初步筛选出近百位典型代表，将其故事凝练于 6 个主题中。主创团队深入西藏等 12 个省、区、市，与第一书记共同奋斗一线 400 多个日夜，全程真实记录、捕捉故事细节。创新采用影视化手法，在剪辑过程中以电影制作标准精心雕琢，赋予纪录片新闻的灵魂和电影的外表。以冲击感强烈的大字体海报辅以加长版往期回顾海报，形成高质感的整体包装风格。针对平台特点分别设置新媒体标题，通过年轻人耳熟能详的标语与其形成共鸣和连接。

手机端展示

扫描二维码，
观看本作品新媒体展示

二等奖

短视频专题报道

说“彝”解字：这间“房”有丝也有粮

作品信息

作品类型：二等奖·短视频专题报道
刊播单位：四川观察客户端
报送单位：中国记协新媒体专业委员会
主创人员：冯　欢　邓雅薪　高慧玲　涂丁丁　王松龄　杨双羽　薛怀刚
发布日期：2020 年 11 月 17 日

作品简介

四川宣布最后 7 个贫困县脱贫摘帽当天，作品在四川观察客户端首发推送。作品以“彝”字贯穿全文，由“彝”字串联起两代党和国家领导人对一个民族的情愫，同时巧妙地将“彝”字拆分成“彑”“米”“糸”“廾”4 个偏旁部首，从有车、有房、有丝、有粮 4 个层面，创意展现了脱贫攻坚给彝族群众带来的幸福生活。主创团队深入凉山州多个点位，拍摄了大量现场场景和人物故事素材，同时综合运用 1949 年的历史资料图片和习近平总书记 2018 年在凉山考察时的资料镜头。

手机端展示

扫描二维码，
观看本作品新媒体展示

二等奖

创意互动

今天，发条微信一起点亮武汉

作品信息

作品类型：二等奖 · 创意互动
刊播单位：人民日报微信公众号
报送单位：中国记协新媒体专业委员会
主创人员：胡洪江　胡程远　朱田恬　王　鹏
　　　　　靳萍萍　黄　元　郑海昱
发布日期：2020 年 4 月 7 日

作品简介

2020 年 4 月 7 日 22 时许，在武汉“解封”前，人民日报微信公众号推出此创意互动产品。创作团队提早谋划，决定采用 SVG 互动形式，可使原有静态图片产生点击换图效果。经过多轮“头脑风暴”，选定了黄鹤楼、楚河汉街、江汉关大楼等武汉地标建筑制作 9 组海报。每组海报由同一场景的黑白、彩色两张图片组成。用户点击之后，黑白图片渐渐变换成彩色图片，图上显示地标建筑名称以及“武汉好久不见”“武汉甚是想念”等情感真挚的文字。

手机端展示

扫描二维码，
观看本作品新媒体展示

二等奖

创意互动

疫情 24 小时

作品信息

作品类型：二等奖 · 创意互动
刊播单位：央视频客户端
报送单位：中国记协新媒体专业委员会
主创人员：集体
发布日期：2020 年 1 月 27 日

作品简介

中央广播电视总台“央视频”5G 新媒体平台依托“5G+4K/8K+AI”战略，推出《疫情 24 小时》，独家全程记录火神山、雷神山医院建设过程。《疫情 24 小时》H5 集慢直播内容与多元互动形式和实用的防疫功能为一体，设置评论区、助力榜、疫情数据、最新动态、战“疫”一线、各界驰援、预防知识、疫情寻人等 8 个板块，及“我见证”“制作头像”等互动功能，为网友提供“一站式”关注疫情信息的媒介载体。

手机端展示

扫描二维码，
观看本作品新媒体展示

二等奖

融合创新

走村直播看脱贫

作品信息

作品类型：二等奖·融合创新
刊播单位：央视财经客户端
报送单位：中国记协新媒体专业委员会
主创人员：集体
发布日期：2020 年 7 月 25 日

作品简介

2020 年是脱贫攻坚决战决胜之年，“走村直播看脱贫”大型融媒体行动是“走向我们的小康生活”大型主题采访报道活动的重头戏，先后走进全国 23 个省、自治区、直辖市的 101 个典型脱贫村，历时 100 天，直播 101 场，行程 3 万多公里。该行动打破常规，把直播大篷车开进田间村头，让群众站“C 位”，以声势浩大的行进式融媒体直播报道，展现各地乡村“沾泥土、带露珠、冒热气”的非凡奋斗图景。首次创新使用装载“5G+4K+AI”技术的大篷车演播室，实现了广播电视、大小屏资源和平台共享。

手机端展示

扫描二维码，
观看本作品新媒体展示

二等奖

融合创新

是这个理

作品信息

作品类型：二等奖·融合创新
刊播单位：长江云客户端
报送单位：自荐
主创人员：集体
发布日期：2020 年 4 月 1 日

作品简介

节目聚焦脱贫攻坚、乡村振兴、营商环境、基层治理、绿色发展、科技创新、高质量发展等时代主题，充分发挥湖北哲学社会科学专家学者优势，借鉴 Vlog 的表现形式和纪实报道的表现手法，从文稿到包装、剪辑，合理运用网络化语言、接地气的表达方式令专家学者化身达人。将时代背景下典型人物的生动实践和理论学习、理论宣传融为一体，把“大道理”转化为“接地气的小故事”，让党的创新理论与群众生活紧密相连，推动新思想、新理论“飞入寻常百姓家”。

手机端展示

扫描二维码，
观看本作品新媒体展示

二等奖

融合创新

独家 VR 互动视频！身临其境，海陆空全景围观平潭海峡公铁大桥

作品信息

作品类型：二等奖・融合创新
刊播单位：海博 TV
报送单位：中国记协新媒体专业委员会
主创人员：高佳丽　郑　激　唐征宇　陈永平　李子青
发布日期：2020 年 12 月 26 日

作品简介

平潭海峡公铁大桥在 2020 年 12 月 26 日正式通车，这是祖国大陆离台湾地区最近的一条铁路，该大桥不仅是中国第一座公铁两用跨海大桥，也是世界最长的跨海公铁两用大桥。主创团队提前策划准备，在动车驾驶室、轮船甲板、航拍机以及小汽车车顶上安装了 VR 全景摄像机，从海、陆、空、高铁 4 个场景 720 度全景记录了大桥的全貌。用户通过 H5 制作的 VR 视频互动，可以身临其境体验当一次机长、船长、动车司机……感受大桥的英姿和建设难度。

手机端展示

扫描二维码，
观看本作品新媒体展示

二等奖

融合创新

创意海报｜这些痕迹，刻在你脸上，痛在我心里

作品信息

作品类型：二等奖・融合创新
刊播单位：新湖南客户端
报送单位：中国记协新媒体专业委员会
主创人员：刘　颖　陈青青　李　健　唐　俊　傅　聪　童　迪
发布日期：2020 年 2 月 2 日

作品简介

2020 年年初新冠肺炎疫情突如其来，医护人员义无反顾冲在战“疫”一线。2 月 2 日下午，摄影记者发回了一组医护人员摘下口罩后“面目全非”的特写镜头。策划小组以新闻图片为核心要素，设计制作创意海报，用最真实的新闻图片讲述最鲜活的战“疫”故事。当晚，这组创意海报诞生：9 张特写照片，以一线医护人员摘下口罩后的脸上勒痕为主线，通过他们脸上深深浅浅的勒痕、坚毅温柔的眼神、略显疲惫的微笑，传递温暖和信心，直击受众心灵。

手机端展示

扫描二维码，
观看本作品新媒体展示

三等奖

短视频现场新闻

致敬最可爱的人①｜泪目！ 86 岁志愿军老战士含泪向四位老首长敬礼

作品信息

作品类型：三等奖・短视频现场新闻
刊播单位：人民政协报微信公众号
报送单位：中国记协新媒体专业委员会
主创人员：集体
发布日期：2020 年 10 月 30 日

作品简介

“我再向四位老首长敬个军礼！”86 岁的志愿军老战士于志明面向展览墙上中国人民志愿军“空军英雄”王海、刘玉堤、赵宝桐、孙生禄敬了一个标准的军礼，这一幕发生在中国国家军事博物馆“铭记伟大胜利・捍卫和平正义——纪念中国人民志愿军抗美援朝出国作战 70 周年主题展览”现场。人民政协报融媒体报道团队迅速捕捉到了泪目、敬礼等生动的现场画面，这段“隔空对话”，也让很多在场参观人员感动落泪。

手机端展示

扫描二维码，
观看本作品新媒体展示

三等奖

短视频现场新闻

抗洪 Vlog｜记者坐拖拉机赶往安徽庐江圩堤抢险现场：数千人会战守堤坝！

作品信息

作品类型：三等奖・短视频现场新闻
刊播单位：工人日报客户端
报送单位：中国记协新媒体专业委员会
主创人员：王伟伟　陈　华　王金海　贺少成　肖婕妤
发布日期：2020 年 7 月 22 日

作品简介

这是 2020 年南方暴雨洪灾期间推出的一则短视频现场新闻。以 Vlog 的形式，通过记者目击多个抗洪场景，串联起新闻事实和新闻背后的故事，时效性强、内容层次丰富、极具现场感。视频中有大量的现场同期声，进一步增强了报道的现场感。这则短视频当天采集，当天即完成制作并发布，具有很强的时效性；内容层次丰富，展现了庐江县的受灾情况和相关救援工作；可视性强，采用的 Vlog 形式符合移动互联网时代受众的收看习惯。视频发布及时、逻辑清晰、画面和信息量丰富，展现出了现场新闻的魅力。

手机端展示

扫描二维码，
观看本作品新媒体展示

三等奖

短视频现场新闻

“活过来了！”19天，456个小时，我们终于救活了他

作品信息

作品类型：三等奖·短视频现场新闻
刊播单位：长江日报微信公众号
报送单位：中国记协新媒体专业委员会
主创人员：王恺凝
发布日期：2020 年 2 月 29 日

作品简介

2020 年 2 月 24 日，记者深入同济医院光谷院区，穿上防护服，给相机和手机包上保鲜膜进入 ICU，克服不适、全程跟拍 4 个小时，在离现场最近的地方，独家披露了主治医生撤除 ECMO（体外膜肺氧合系统）后，看到患者睁开的双眼，情不自禁大喊了 3 声“活过来了”的感人场景。长江日报抖音号、微信公众号在全国率先推出这一报道，展示了抗击重大传染病的“中国奇迹”。

手机端展示

扫描二维码，
观看本作品新媒体展示

三等奖

短视频现场新闻

请记住这里，王家坝！

作品信息

作品类型：三等奖·短视频现场新闻
刊播单位：人民网法人微博
报送单位：中国记协新媒体专业委员会
主创人员：张　俊　王晓飞　李　阔
发布日期：2020 年 7 月 22 日

作品简介

受汛情影响，2020 年 7 月 20 日上午，“千里淮河第一闸”——安徽阜南县王家坝闸开闸蓄洪。洪水奔涌，蒙洼蓄洪区很快成为一片汪洋。在这种情况下，当地的受灾情况如何呢？ 7 月 21 日，人民网记者乘坐冲锋舟，前往几个被洪水围困的庄台进行实地探访，并使用无人机，记录“洪魔”之下的蒙洼蓄洪区。

手机端展示

扫描二维码，
观看本作品新媒体展示

三等奖

短视频现场新闻

记者直击黄河岸边凌晨抓捕盗猎者 护鸟志愿者足迹遍布长垣等地

作品信息

作品类型：三等奖・短视频现场新闻
刊播单位：大河网
报送单位：中国记协新媒体专业委员会
主创人员：王曦辉　陶玉德　贺志泉
发布日期：2020 年 11 月 10 日

作品简介

近些年，随着黄河流域生态的逐步改善，每年冬天都有大量候鸟迁徙到河南长垣与山东东明之间的黄河滩区栖息越冬，这也给盗猎分子可乘之机。2020 年 11 月 6 日深夜，记者跟随长垣护鸟志愿者一起去黄河滩区巡视，凌晨 1 时许，突然发现在一河之隔的山东东明境内滩区出现盗猎者，志愿者迅速行动，驱车前往围堵，将盗猎分子现场抓获，并移交当地派出所。记者用视频记录了这一突发行动，内容节奏紧凑，以原生态的纪实风格呈现了抓捕现场的紧张气氛。

手机端展示

扫描二维码，
观看本作品新媒体展示

三等奖

短视频专题报道

黄河十二时辰

作品信息

作品类型：三等奖・短视频专题报道
刊播单位：群众新闻客户端
报送单位：重庆大学新闻学院
主创人员：沙　莎　刘　强　韩博磊　文　超
　　　　　张亮亮　陈飞波
发布日期：2020 年 9 月 17 日

作品简介

为拍摄基础视频素材，采访团兵分四路耗时 1 个月，克服高原反应、洪水、酷暑甚至是疫情的风险，走遍整个黄河流域 9 省区，内容囊括了黄河流域生态环境保护、保障黄河长治久安、推进水资源节约集约利用、黄河流域高质量发展，以及保护、传承、弘扬黄河文化等各方面内容。共拍摄素材 150 多个小时，新媒体编辑对大量的视频素材进行细致筛选，以十二时辰的构思，巧妙串联起黄河流经各地的不同风土人情和自然风貌，经过精心剪辑配音配乐，最终形成一个优质新媒体产品。

手机端展示

扫描二维码，
观看本作品新媒体展示

三等奖

短视频专题报道

同心——与来自香港的他们谈谈心

作品信息

作品类型：三等奖·短视频专题报道
刊播单位：光明日报微信公众号
报送单位：中国记协新媒体专业委员会
主创人员：王子墨　姜奕名　王远方　刘宇航
发布日期：2020 年 12 月 30 日

作品简介

作品立足于光明日报的思想文化特色，采访了常年来往内地和香港的老中青三代香港知识分子，从他们各自的视角，讲述自己在内地获得的发展机遇，两地之间的同胞情谊，以及在中央帮助香港抗击疫情时所感受到的温暖。视频采取面对面个人采访的形式，以“谈心”的形式作为主要的画面语言，通过与这些有代表性的香港知识分子的交心谈话，由小见大，表达了积极融入大湾区、与祖国同心奋斗的香港主流民意，并展望内地与香港进一步互联互通、共创未来的美好前景。

手机端展示

扫描二维码，
观看本作品新媒体展示

三等奖

短视频专题报道

【致敬最美逆行者】短视频《武汉记“疫”》

作品信息

作品类型：三等奖·短视频专题报道
刊播单位：智慧尤溪客户端
报送单位：中国记协新媒体专业委员会
主创人员：林　婧　陈增伟　池毓腾　范　晔
　　　　　肖丽娜　吴海燕　王海清
发布日期：2020 年 3 月 12 日

作品简介

作为福建省第一批支援武汉医疗队伍中的一员，福建省尤溪县总医院护士程贤芳支援武汉期间，在确保不影响其正常工作的前提下，用手机记录下了自己在武汉金银潭医院的工作日常，用第一人称的方式讲述自己的所见、所闻、所感。与此同时，采编团队着手进行文案、漫画等前期创作。为了让作品更加引人入胜，用一段程贤芳想象中的场景作为故事的开端，并结合真实场景及动漫人物形象，将设想中的武汉呈现得淋漓尽致。

三等奖

短视频专题报道

“韩寒井柏然都为她加油！一个武汉 90 后女孩的‘方舱日记’”系列短视频

作品信息

作品类型：三等奖 · 短视频专题报道
刊播单位：经济日报微信公众号
报送单位：中国记协新媒体专业委员会
主创人员：李红光　覃皓珺
发布日期：2020 年 2 月 19 日至 3 月 14 日

作品简介

2020 年 2 月中旬，记者独家发掘了普通的 90 后武汉女孩阿念（吴尚哲）为照顾 89 岁高龄的重症外婆，毅然从方舱医院转到火神山医院，立志要把外婆带回家的感人故事。记者进行了细致入微的连续报道。在画面和文字方面，情感饱满却不刻意煽情，视角深入的同时注重丰富细节，兼顾新闻现场感与时代的共鸣、人性的温度。记者通过近 1 个月的追踪报道和采访，以视频图片、采访文章的多媒体形式，结合经济日报全媒体平台，以真实客观、真切动人的方式进行了综合报道，展示了普通人战“疫”过程中的真情实感和勇敢坚毅。

手机端展示

扫描二维码，
观看本作品新媒体展示

三等奖

短视频专题报道

一个人的生产线

作品信息

作品类型：三等奖 · 短视频专题报道
刊播单位：看苏州客户端
报送单位：自荐
主创人员：吕劲波　杨　勇　骆　晨　严志平　左　政
发布日期：2020 年 2 月 12 日

作品简介

2020 年年初，突如其来的新冠肺炎疫情在湖北省特别是武汉市肆虐。在这场争分夺秒的战“疫”大考中，很多小人物成为英雄。江苏省苏州市相城区一家精密机械公司负责人袁传伟，1 月 26 日（农历大年初二）紧急接到消毒器生产任务，产品要发往湖北战“疫”一线。在没有一名工人返岗的特殊情况下，他义无反顾回到工厂，一个人撑起一条生产线。日夜连轴转，吃住在车间，他硬是用 16 天时间，在 2 月 12 日按时完成 200 套订单，迅速交货，驰援武汉抗疫前线。一条生产线，成为连接抗疫战场的生命线。

手机端展示

扫描二维码，
观看本作品新媒体展示

三等奖

短视频专题报道

夜宿农家话脱贫

作品信息

作品类型：三等奖・短视频专题报道
刊播单位：湖北日报客户端
报送单位：中国人民大学新闻学院
主创人员：陈会君　张竞恒　周浩锋　陈少哲
　　　　　黄洁如　王　楚　刘　畅
发布日期：2020 年 8 月 26 日

作品简介

2020 年 8 月起，湖北日报记者走进农家，记录决战决胜脱贫攻坚、走向小康生活的故事。记者夜晚就住在农家，蹲点采访，坐下来慢慢聊、细细听，静心观察感受，捕捉到很多细节，采访到很多内容，原汁原味地再现了农民致富奔小康的生活。在声画的表现形式上，系列视频运用航拍、实录、同期声等多种呈现方式，视频画面丰富，各种元素相互穿插，引人入胜。同时，采用“不关机”式拍摄，以记者“第一视角”拍摄了大量画面，增强了受众的体验感。

手机端展示

扫描二维码，
观看本作品新媒体展示

三等奖

短视频专题报道

微视频｜雄安・塔吊下的日与夜

作品信息

作品类型：三等奖・短视频专题报道
刊播单位：长城 24 小时客户端
报送单位：中国记协新媒体专业委员会
主创人员：曹朝阳　张梦琳　李　全　刘志成
发布日期：2020 年 12 月 26 日

作品简介

作品从小切口、小人物、小故事入手，从成千上万名雄安建设者中选取了女塔吊司机等具有代表性的普通人，跟踪记录雄安建设“追梦人”的工作生活日常，从一个个生动的视角反映雄安画卷徐徐铺展的壮丽。拍摄这部短视频时，记者直接住进建设者工棚，和工人们食宿在一起，采访了数十位建设者，爬上过数座几十米高的塔吊，拍摄到大量珍贵的画面和感人细节。作品采用大角度、航拍、延时拍摄，整片呈现出电影画面质感的震撼视觉效果。

手机端展示

扫描二维码，
观看本作品新媒体展示

三等奖

国际传播—短视频专题报道

香港故事：一部法和三个人

作品信息

作品类型：三等奖 · 国际传播（短视频专题报道）
刊播单位：中国蓝新闻客户端
报送单位：中国记协新媒体专业委员会
主创人员：林　轩　陈键荣　陈　磊　孙　宇
　　　　　袁　爽　杨晓帆　赵宏垚
发布日期：2020 年 7 月 30 日

作品简介

在《中华人民共和国香港特别行政区维护国家安全法》落地实施“满月”之际，浙江广电集团融媒体新闻中心推出短视频专题《香港故事：一部法和三个人》，报道了一个在港外籍志愿者、一个香港企业家和一个从浙江移居香港的中产人士，3 个不同阶层的人物故事。通过讲述香港国安法落地前后他们个人工作、生活的改变，反映这部法律给整个香港社会带来的积极影响。

手机端展示

扫描二维码，
观看本作品新媒体展示

三等奖

国际传播—短视频专题报道

【津云微视】科学的中医药

作品信息

作品类型：三等奖 · 国际传播（短视频专题报道）
刊播单位：津云客户端
报送单位：中国记协新媒体专业委员会
主创人员：集体
发布日期：2020 年 12 月 24 日

作品简介

为讲好“科学的中医药”这个主题，津云新媒体组织创作团队广泛走访了中医药领域的数十位专家学者，以“科学”二字为切入点，并以全程记录外国友人的深度访问作为拍摄主线。为了更好地在海外传播，引起海外用户的关注，创作团队确定采用“暗房”拍摄的方法。为了让海外用户对“中药组分库”有更直观的认识，创作团队创新采用了 MG 动画的形式，把十分复杂难懂的科学知识形象化，通过模拟图形的演示，达到更好的传播效果。

手机端展示

扫描二维码，
观看本作品新媒体展示

三等奖

移动直播

共同战“疫”

作品信息

作品类型：三等奖·移动直播
刊播单位：中国之声新浪微博账号
报送单位：中国记协新媒体专业委员会
主创人员：集体
发布日期：2020 年 1 月 27 日

作品简介

《共同战“疫”》全程直播国务院联防联控机制、国家卫健委以及湖北省等地 300 余场新闻发布会；实地探访火神山、雷神山及方舱医院等救援一线，架设 23 路慢直播信号；邀请钟南山、张伯礼、张文宏等专家开设 50 余期《战“疫”公开课》，在线答疑解惑；推出“致敬我的同乡英雄”“为湖北拼单”等线上线下公益行动。《共同战“疫”》围绕舆论热点，以互动直播形态答疑解惑、澄清谬误，成为打赢疫情防控的人民战争、总体战、阻击战的特殊而重要的力量。

手机端展示

扫描二维码，
观看本作品新媒体展示

三等奖

创意互动

“挖”土豆

作品信息

作品类型：三等奖·创意互动
刊播单位：宁夏日报客户端
报送单位：中国记协新媒体专业委员会
主创人员：周庆华　杨学农　张　蕾　许　辉
　　　　　何富成　姜　盼　王玉平　马　越
发布日期：2020 年 12 月 31 日

作品简介

作品综合运用手绘、音频、视频、H5 交互等表达方式，在极富渲染力的背景音乐衬托下，以卷轴为承载体，5 张手绘长卷徐徐展开。从土豆对于宁夏回族自治区西海固人的生命、希望、产业、前景、精神意义 5 个维度，将西海固的土豆故事娓娓道来，并运用收集卡牌的游戏手法，增强交互性，提升了用户兴趣。

手机端展示

扫描二维码，
观看本作品新媒体展示

三等奖

创意互动

全球十地跨年直播

作品信息

作品类型：三等奖·创意互动
刊播单位：中国日报客户端
报送单位：中国记协新媒体专业委员会
主创人员：集体
发布日期：2020 年 12 月 31 日

作品简介

该直播以对外介绍中国抗疫经验和广泛提振信心为主题，海内外全媒体联动。在节目持续进行的 14 个小时内，北京直播间连线东京、北京、雅加达等地记者和特约嘉宾，在当地时间跨入新年零点左右，按时区依次进行跨年直播，并与全球网民开展实时互动，用镜头真实呈现疫情下世界各地的民众如何迎接新年的到来，同时对外进一步介绍中国抗击疫情的实践和经验。

手机端展示

扫描二维码，
观看本作品新媒体展示

三等奖

创意互动

2020 脱贫攻坚——阿中邀你助力奔小康

作品信息

作品类型：三等奖·创意互动
刊播单位：BTV 新闻微信公众号
报送单位：广西大学新闻与传播学院
主创人员：田　刚　孙迪雅　吴文娟　陈　博　霍天舸
发布日期：2020 年 5 月 22 日

作品简介

这部 H5 作品着眼脱贫攻坚重点工作，将扶贫攻坚群体具象化为一个原创卡通人物“阿中”，以当下流行的跑步运动和手游为依托，嵌套多种交互形式吸引用户参与体验。通过阿中在奔跑途中挑战 5 个不同类型任务的形式，展现了我国精准扶贫的 5 个领域，每到一个领域都会有一个不同的挑战任务。用户通过小游戏挑战任务，闯关成功后获取精准扶贫帮扶“明白卡”，可以了解到包括脱贫攻坚底线任务在内的更多扶贫相关知识。

手机端展示

扫描二维码，
观看本作品新媒体展示

三等奖

创意互动

同舟

作品信息

作品类型：三等奖·创意互动
刊播单位：大众日报客户端
报送单位：中国记协新媒体专业委员会
主创人员：曲　涛　傅群堂　朱　頔
发布日期：2020 年 11 月 23 日

作品简介

作为全国“双拥”典型，山东省荣成市院夼村“拥军船”义务为驻苏山岛官兵运送物资、接送官兵，用初心坚守这条航线整整 60 年从未断航。作品以“拥军船”上发生的感人事迹为主轴主线，借助手绘、音视频、VR、特效等融媒手法，还原场景、逼真再现，全景展示了“拥军船”风雨无阻，跨越 60 年的不平凡航程，谱写了一曲“民拥军　军爱民”的时代赞歌。

手机端展示

扫描二维码，
观看本作品新媒体展示

三等奖

融合创新

来了！中国首部卫星新闻纪录片

作品信息

作品类型：三等奖·融合创新
刊播单位：新华社客户端
报送单位：中国记协新媒体专业委员会
主创人员：集体
发布日期：2020 年 12 月 29 日

作品简介

该作品聚焦决战决胜脱贫攻坚主题，创新运用空天科技手段，借助地面拍摄、航拍测绘、卫星遥感等多种信息采集手段，融合运用数十个“一镜到底”的长镜头语言，将人物故事融入“扶摇天地间”视觉整体设计，呈现出院线级视听水准。同时，将党和政府有关政策举措与画面建构、新闻叙事结合起来，声画融合，让观众在直观感受和震撼体验中感悟创造人类减贫史上中国奇迹背后的思想逻辑。

手机端展示

扫描二维码，
观看本作品新媒体展示

三等奖

融合创新

千里挺进大别山——山东湖北携手战“疫”故事

作品信息

作品类型：三等奖 · 融合创新
刊播单位：海报新闻客户端
报送单位：中国记协新媒体专业委员会
主创人员：田连锋　樊思思　张　稳　董昊骞
王　磊　吴　健
发布日期：2020 年 4 月 22 日

作品简介

作品创作于 2020 年年初新冠肺炎疫情肆虐的背景之下，以“山相连，心相牵”为核心主旨，用“千里挺进大别山”这一广大人民群众熟悉且具有特殊象征意义的关键词为创作思路，结合战“疫”历程和记者在一线采访到的新闻故事，精心选取了见面即分别、生死时速、没钱可以出力、直面生死、春回大别山等 15 个令人印象深刻的瞬间，特邀山东画院知名画家创作，用画笔再现战“疫”中的真实故事，将一幕幕感人的战“疫”故事娓娓道来。

手机端展示

扫描二维码，
观看本作品新媒体展示

三等奖

融合创新

大山深处的浙江人

作品信息

作品类型：三等奖 · 融合创新
刊播单位：中国蓝新闻客户端
报送单位：中国记协新媒体专业委员会
主创人员：集体
发布日期：2020 年 7 月 11 日

作品简介

作品聚焦浙江对口支援帮扶的西藏自治区、新疆维吾尔自治区、四川省、贵州省等地，以“大山”为寻访主线和报道载体，派出多路记者，沿着绵延纵横的山脊线，深入脱贫攻坚第一线，以寻访、蹲点跟拍的方式，精准抓取典型人物的面孔群像，运用融媒体报道手法，小屏记录寻访过程、大屏挖掘人物故事，以丰富的融媒体新闻产品，多角度、多形态、全媒体记录报道扎根奋战在脱贫攻坚第一线的浙江人拼搏奉献、助力当地群众脱贫致富奔小康的动人故事，全景展现国家战略大局中的浙江担当、浙江作为。

手机端展示

扫描二维码，
观看本作品新媒体展示

三等奖

融合创新

革命诗词书写地，军队扶贫谱新篇

作品信息

作品类型：三等奖·融合创新
刊播单位：解放军报客户端
报送单位：中国记协新媒体专业委员会
主创人员：李景璇　戴　斌　孙　浩　尚　超
　　　　　伍行健　李庆桐
发布日期：2020 年 9 月 28 日

作品简介

为充分展现军队精准扶贫成果，解放军新闻传播中心网络部融媒体团队深入走访贵州省遵义市周边数个脱贫摘帽村落，通过航拍、VR 等新技术，以遵义会议会址等红色遗址为引，将军队援建助学、定点帮扶、思想教育等成果，与历史资料对比，充分展现了贫困村的旧貌新颜，及军队帮扶所产生的实际成效。

手机端展示

扫描二维码，
观看本作品新媒体展示

三等奖

融合创新

从这面湖奔向那片海

作品信息

作品类型：三等奖·融合创新
刊播单位：无锡观察客户端
报送单位：中国记协新媒体专业委员会
主创人员：张　军　马正红　王粤海　史春杨
　　　　　张小杰　王　晶　桑佳欣
发布日期：2020 年 12 月 30 日

作品简介

2020 年 11 月底，创造中国载人深潜新纪录的“奋斗者号”深潜器胜利归来，举国为之振奋。“奋斗者号”研制单位中国船舶七〇二研究所位于太湖之滨江苏省无锡市，该所三代科技工作者奋力拼搏，攀登科研高峰的精神令人感佩。H5 作品借用大禹治水时用来测量江海水深度的“定海神铁”来寓指三代载人潜水器，用神话传说开场，融合了手绘、视频、音频等多媒体形式，加上场景转换等特效手法，将严肃的科学话题讲得饶有趣味，同时页面还设置了“喝彩和合影”功能，增强了互动感和仪式感。

手机端展示

扫描二维码，
观看本作品新媒体展示

三等奖

融合创新

浦东的故事·他们的故事

作品信息

作品类型：三等奖·融合创新
刊播单位：上观新闻客户端
报送单位：中国记协新媒体专业委员会
主创人员：章迪思　王志彦　杜晨薇　黄海昕
　　　　　叶田媛　王美杰　张龑飞　沈　阳
发布日期：2020 年 11 月 12 日

作品简介

该作品是庆祝浦东开发开放 30 周年的大型融媒体项目，将目光投向历史和个人，从浦东的 500 年人文历史中挖掘 5 个人物故事，寻找他们与当下浦东精神的共通处。作品融合了图文、视频、数据图表、动画、三维建模等多种媒体表达手段。既有栩栩如生的动态手绘肖像，也有千年历史变迁中浦东海岸线演变动态演示，还采用三维建模技术复原了穆藕初计划建造的浦江大桥；在浦东开发开放 30 周年部分，既有点上的人物采访视频，也有面上的经济社会发展数据动态图表。整个作品主线分明，读者通过点击、滑动等操作，可了解丰富的背景信息。

手机端展示

扫描二维码，
观看本作品新媒体展示

三等奖

融合创新

互喊加油，四大“天团”会师武汉！网友：王炸来了，中国必胜！

作品信息

作品类型：三等奖·融合创新
刊播单位：中国青年报微信公众号
报送单位：中国记协新媒体专业委员会
主创人员：张力友　孙丹丹　赵　明　刘昶荣
发布日期：2020 年 2 月 8 日

作品简介

作品以我国最顶尖医院的精锐团队支援湖北，在武汉机场互相加油，致以乐观问候的现场视频为切入点，深入挖掘“北协和、南湘雅、东齐鲁、西华西”的专业性、权威性资料，辅以图片、网友评论等，以小见大，报道了 16 省份医疗队驰援湖北的事迹，有理有据、有图有真相，大大缓解了受众的焦虑情绪。作品中有现场感很强的短视频，有翔实的权威资料，有网友情绪饱满的评论，有点有面地表达出中国人民“一方有难、八方支援”“团结一致、众志成城”的战“疫”精神，非常有感染力和说服力。

手机端展示

扫描二维码，
观看本作品新媒体展示

三等奖

融合创新

磐小药西游记

作品信息

作品类型：三等奖·融合创新
刊播单位：金华新闻客户端
报送单位：浙江大学传媒与国际文化学院
主创人员：卢发扬　吴俊斐　郭亚梅　胡政国
　　　　　陈　业　傅　豪
发布日期：2020 年 11 月 12 日

作品简介

作品在创意上，巧妙地将“中国药材之乡”浙江省磐安县用自己的优势产业——中药材帮助四川省仪陇县进行产业脱贫的做法，比作治愈当地群众贫困这一沉疴痼疾的“良药”，一语双关，意蕴深远；形式上，借助当前最火的抖音框架，紧紧抓住年轻网友的兴奋点，创新结合“动画 + 手绘 + 直播 + 纪录片”等表达方式，嵌入长图、解说、音频、视频等原创元素，动感、趣味十足地讲述了磐安县帮助仪陇县群众“以药生金”的故事；技术上，采取拟人手法，融入社交属性，营造现场感和参与感，互动性强，鲜活呈现决战决胜脱贫攻坚战。

手机端展示

扫描二维码，
观看本作品新媒体展示

三等奖

国际传播—融合创新

在中国，看 Frank 打开长三角“盲盒”

作品信息

作品类型：三等奖·国际传播（融合创新）
刊播单位：交汇点新闻客户端
报送单位：中国记协新媒体专业委员会
主创人员：顾新东　沈峥嵘　叶　真　朱　娜
　　　　　谢诗涵　曹凯琪　杨　玺　高　鑫
发布日期：2020 年 12 月 1 日

作品简介

作品邀请旅居中国近 30 年的英国媒体人 Frank 和记者一道深入苏、浙、沪、皖 4 地，真实展示长三角区域一体化发展进程和当今中国蓬勃发展现状。融媒体行动和国际传播作品以“盲盒”这一全球年轻人喜爱的事物为载体，并以 Frank 打开“盲盒”之旅巧妙串联起中英文报道、新闻短视频、新闻 H5、新闻游戏及实物玩偶等新闻周边产品，做到柔性互动式国际传播，讲好中国故事，让世界读懂中国。

手机端展示

扫描二维码，
观看本作品新媒体展示

第三十一届中国新闻奖
媒体融合奖项精品回顾

特别奖　短视频专题报道

《生死金银潭》：来自现场的真实力量

在湖北省武汉市解除离汉离鄂通道管控前夕的重要节点，人民日报社新媒体中心及时推出纪录片《生死金银潭》。这部28分钟的作品，是全国最早深度报道武汉定点医院隔离“红区”的纪录片。拍摄团队驻守医院，深入“红区”连续跟拍36个日夜，真实记录武汉市金银潭医院医患之间的日常故事和生死时刻。2020年3月31日，纪录片甫一推出便刷屏网络，社会反响热烈，并产生了一定国际影响。

《生死金银潭》仅在人民日报自有平台，播放总量就超过1亿次，主持的微博话题阅读总量超2.1亿次。多家电视台主动联系，请求授权转载播出。其中，东方卫视CSM59城收视率达0.21%，全国省级卫视同时段排名第二。纪录片播出后，“生死金银潭”“生死之椒”等成为网络热词，许多网友讨论片中的主角人物，关注患者的治疗进展。此片也成为了解武汉战“疫”最前线的教材。许多中小学自发安排学生观看；很多基层党组织和社区将观看《生死金银潭》作为党建、基层活动。在豆瓣网站，网友给《生死金银潭》打出9.6分的高分。

同时，人民日报制作中文繁体、英语等多个版本对外推送，许多网友还自发翻译成日语、俄语等多语种版本。在美西方一些人和媒体污名化中国的背景下，纪录片《生死金银潭》改变了很多国外网友对中国的偏见，取得了良好对外传播效果，荣获第三十一届中国新闻奖特别奖。

疫情初期，坊间流传一句话：“世界看中国，中国看湖北，湖北看武汉，武汉看金银潭。”此片聚焦收治了大批危重症患者的金银潭医院。前方拍摄在武汉，策划和后期制作力量在北京，前后方通过远程协作推进、边拍边剪。每天，前方记者和摄影师进入医院拍摄，传回拍摄素材，后方及时下载梳理。深夜，北京的编辑团队再和前方交流当天拍摄内容，商量下一步拍摄计划。制作团队不分昼夜连拍几十天，记录到大量珍贵的一线画面，仅独家原创视频素材量就高达2TB，具有独特的新闻价值和史料价值。

全片没有主观性的旁白，通篇为医护人员和患者的画面和同期声，试图用冷静、克制的镜头语言，呈现金银潭医院疫情期间最真实的样子。许多网友反馈，不刻意煽情，却处处是泪点，节奏上步步惊心。有影评评价这部纪录片“贵在真实，让人如鲠在喉，引起思考”。

由此可见，来自核心现场的事实才最有力量。真实是纪录片的底色。作品能打动人，归结一点，全在一个“真”字。真实讲述疫情之下医生和患者的众生相。在金银潭医院，每天都是希望与失望交织、生与死之间的缠斗。大量客观镜头的运用，让许多国外网友在看完视频后感慨，他们看到了中国真实的情况。

故事化的讲述方式也更易被接受。无论是圆满的，还是遗憾的，生者和逝者都不再是冷冰冰的数字和空洞的概念。乐观的医护，千面的患者。如同一位网友反馈的：“从无数个细节中看到了千千万万个故事。”通过短片，无数观众如临抗疫第一线。

全媒立体传播突破社交“圈层”。在传播节奏上，把握“时度效”原则，预告、正片梯次推出。《生死金银潭》实现了境内外多语种、多版本、多平台、多渠道传播，覆盖很多境内互联网、电视台及境外社交媒体。

让中国抗疫故事更具传播穿透力。从小切口切入，客观理性叙事，更能为外国人接受。短片试图通过平实而又生动的镜头，去勾勒武汉乃至全国的抗疫图景，让外界更深刻理解“人民至上、生命至上”的中国抗疫理念。这也启示：唯有深入新闻现场，用心、专心，才能用镜头讲好反映时代、打动人心的中国故事。

手机端展示

扫描二维码，
观看本作品新媒体展示

（人民日报客户端供稿）

一等奖　短视频现场新闻

《独家航拍！直击水龙与火龙艰苦拉锯》：成功来自坚守和创新

2020 年 3 月 30 日，四川省凉山州西昌泸山发生山火，前往扑救的一支队伍出现巨大伤亡，由于风向突变，19 名逆行者牺牲在火场。

4 月 1 日傍晚，山火复燃。夜幕中，火线不断扩大，拉长成远达数公里的“火龙”。火线向山林蔓延的同时，也向着山下的公路逼近，直接威胁到公路旁的加气站、加油站、学校等重点场所。

作为党报记者，我们第一时间赶赴现场，但在最后一道关口被执勤的公安民警拦了下来。他们担心再出现伤亡事故，我们关心的是森林大火的最新扑救情况。

现场浓烟滚滚，到处可见救援人员和消防指战员忙碌的身影。封锁线外，森林燃烧的灰烬落得一头一脸，呼吸被呛人的烟气阻滞。经过和时任公安局局长电话沟通，我们承诺“拍几张照片就出来”，成为唯一获准进入的媒体记者。

进入现场后，我们直冲最前线，熊熊燃烧的大火的温度烤得皮肤极度不适，但到达常规的拍摄距离还有不少困难。

无人机在我们的操作下飞向扑火队员，穿越火线，飞过火势汹涌的山头，记录下这惊心动魄的时刻。5 个小时过去了，我们将在前方获取到的第一手信息和相关素材及时回传，后方团队经过快、准、细的编辑及时推出，前后方通力协作、实时沟通。

我们发回了《独家航拍！直击水龙与火龙艰苦拉锯》《现场直击！3 次转换阵地这支森林消防队通宵鏖战泸山》《现场直击！火线逼近邛海海滨公路　勇士出击今夜无眠》等稿件。

“火情与救援同步”的新媒体产品很快在川观新闻客户端发布，并同步在第三方平台广泛传播，实现“一次生成，多次使用”，视频在抖音平台播放量达 300 万次、微博观看量上百万次。当日，该视频还被全国媒体大量转载引用，视频全网播放量破亿次。

看到我们的报道，当时在电话中和我“争吵”的西昌市副市长、公安局局长在微信中给我发来一段话：再次理解记者，你们也是战士，也在为使命担当！

2021 年 11 月 7 日，第三十一届中国新闻奖揭晓，《独家航拍！直击水龙与火龙艰苦拉锯》这篇被当地干部称为“凉山西昌山火‘阻击战’珍贵历史记录”的现场短视频新闻获得一等奖。

作为一名文字记者，拿到的是中国新闻奖视觉类产品一等奖，有点突然，但还真不是偶然，首先，这是四川日报长期坚持媒体融合，打造全能记者的结果。早在十几年前，作为四川日报培养的第一批全能记者之一，我拿到了报社配发的单反相机。此后，我和我的伙伴们拿到了 3 次四川新闻奖摄影类一等奖。

其次，好作品的产生来自对新闻理想的坚守，以及在一线对基层的观察和记录。我驻站 17 年的四川省凉山彝族自治州幅员 6.04 万平方公里，辖 17 县市，这里山高坡陡，自然灾害点多面广，森林火灾、洪灾、泥石流等频繁发生。作为四川省委机关报的派驻记者，我们都深知在抗击自然灾害工作中，新闻宣传报道也是其中重要一环。只要有自然灾害险情发生，我们每次都是第一时间赶到现场。不光是我，还有四川日报驻扎在 21 个市州的所有驻站记者，坚持在危险的地方冲锋在前，始终同逆行者一起逆行，不忘使命和担当。

最后，好作品的产生离不开一线的坚守，也离不开好的创意。以个体故事彰显宏大主题，可以实现小切口、好故事、大主题的有机结合。

手机端展示

扫描二维码，
观看本作品新媒体展示

（四川日报社供稿）

《无胆英雄张伯礼》：挖掘人物的新闻价值和精神品质

2020年年初，新冠肺炎疫情暴发。在这场战“疫”中，不仅涌现出无数可歌可泣的英雄人物，而且科学的中国方案为世界抗疫贡献了中国智慧，张伯礼和中医药就是其中的代表。津云新媒体创作的短视频《无胆英雄张伯礼》，正是通过无数艰难的细节挖掘，利用5张珍贵的照片由外向内、剥丝抽茧般地诠释张伯礼“国有危难时，医生即战士。宁负自己，不负人民”的初心誓言。

一、从细节上挖掘线索，丰满人物形象

疫情最严峻的时候，采访张伯礼几乎是一个不可能完成的任务，作为中央疫情防控指导组专家，他每天的工作非常繁忙。团队在策划之初不是没想到这个选题实现起来有多么困难，但新闻人的使命感让他们自始至终只有一个念头，那就是“非做不可”。

1个多月里，团队深入采访了10名张伯礼的身边人，从不同的角度了解这位年过古稀的老人在抗疫期间的拳拳赤子心。而在采访过程中，张伯礼在方舱吃泡面、在病房诊患者、在病床上签字以及关闭方舱庆大捷的珍贵照片，也一张张“浮出水面”。

通过这些细节的挖掘，我们将奉命出征、承包方舱、病床问诊、摘除胆囊、关仓大吉等碎片化的亮点有机地串联起来，利用5张珍贵的照片由外向内、剥茧抽丝般地诠释张伯礼推动中医药参与防治新冠肺炎疫情的全程，体现了他作为一名共产党员的初心、一名国之大医的仁心。

二、从细节上积蓄情感，传递精神力量

短视频以照片开篇，为典型人物的故事做了引述，同时采用情感的层层蓄势继续做铺垫。作品的创新之处在于，摒弃了旁白叙事结构，采用紧凑的同期串接方式，使表达更感性化、情感化，更符合人们的审美需求和接受习惯，也使短视频整体的逻辑性、节奏感更强，让受众在短短几分钟内就能快速了解典型人物的事迹，感受精神传递的力量。

团队在采访环节投入了大量时间和精力，8分多钟的短视频，每天深夜录制访谈，持续了近1个月。有时讲得忘情，记者和采访对象都不由自主地流下眼泪。录到的访谈是真实、自然、感人的，也增强了短视频的亲和力。

三、在细节上精益求精，力求锻造精品

在策划之初，报道团队希望用原汁原味的访谈同期声真实还原张伯礼的抗疫过程，但其中镜头组接、声音剪辑、音乐选取、氛

围营造、包装设计等都是一项项费时费力的复杂工程。

镜头组接方面，打破了常规状态镜头切换时所遵循的时空和动作连续性要求，以较大幅度的跳跃式镜头转场，突出必要内容，省略时空过程。音乐选取方面，既有恢宏磅礴的氛围型配乐，又有弦乐铺陈的叙事型配乐，在不同篇章营造出紧张、温馨、感人、恢宏等几种氛围。在包装设计方面，短视频中使用三维特效，制作了书籍效果，整体风格类似于古书籍，使用金黄色调以及粒子效果，营造稳重、神圣的氛围。书籍的做旧效果，烘托出了人物的英雄气概。在书籍周围设计了听诊器、温度计等医学元素，点出主题的同时又与古书籍形成巧妙的呼应。

短视频《无胆英雄张伯礼》刊播后，获得热烈的反响，许多网友也纷纷留下了真情评论。在短视频成为风口的移动互联网时代，要做好典型人物报道，一定要用充沛情感激发心灵共振，用真实细节凸显崇高精神，以“工匠精神”不断追求创新，才能真正发挥出树立标杆、弘扬正气、凝聚力量的重要作用。

手机端展示

扫描二维码，
观看本作品新媒体展示

（天津津云新媒体集团供稿）

《老外看小康中国》：向海外受众讲好中国全面小康的故事

2020 年是中国决胜全面建成小康社会的关键一年，中国日报新媒体中心推出纪录片《老外看小康中国》，在海内外社交媒体赢得广泛关注，并获得第三十一届中国新闻奖一等奖。

一、报道情况及社会反响

第一集《大山里筑信息路》，通过讲述 2020 年疫情期间甘肃省陇南市山村学生去山顶上找信号上网课，促使当地加速推动通信基站建设全覆盖的故事，阐明“全面小康”的“全面”是什么，为什么要兼顾不同领域及地区的协调发展。

第二集《云端村落架天梯》，通过四川省大凉山悬崖村整体搬迁到山下的故事，阐释从“总体小康”到“全面小康”发展理念上的差别，阐明社会个体从追求生存到追求发展，社会建设标准从达标到创优的变化。

第三集《绝壁凿出万米渠》，通过贵州省遵义市草王坝村原村支书黄大发带领村民用 36 年时间在悬崖绝壁上凿出万米水渠的故事，阐明中国“全面建成小康社会”背后的逻辑：发展依靠人民、惠及人民，发展要靠自力更生，区别于西方通过殖民与掠夺进行发展的“抢劫”模式。

纪录片宣发后，引发传播热潮。登上微博热搜榜 4 次、微博开屏 1 次、知乎视频热榜3次，总传播量破亿，其中，海外传播量超1000万次，很多海外网友关注讨论中国的“小康”，对全面建成小康社会的目标与原因有了更深层次的理解。

二、策划组织

为讲好“全面建成小康社会”的内涵，降低海外受众理解门槛，新媒体团队在阅读大量文献资料、多次走基层调研的基础上，深入挖掘生动鲜活故事背后的广泛意义，通过画龙点睛般的创作手法，使故事“老树发新芽”。

内容上，通过“外国专家讲中国”的方式，发挥中国日报“外”字品牌优势，将本土故事和国际视角巧妙地结合起来，从微观和宏观两个维度向全球受众讲解“全面小康”的内涵，摆脱“在中国说中国”的局限。既说清了“全面小康”是什么、怎么办，也讲清了“全面小康”对世界的意义。

形式上，注重运用“寓言故事”讲述方式，丰富了视频传递的历史背景信息。综合利用多种手段，通过现场实拍、动画、外国专家采访3种形式巧妙穿插，创新了主旋律纪录片的创作手法。用具有时代感的视听体验，使外国受众更快理解中国特色语汇的独特内涵。

制作上，创作团队坚持精品意识和工匠精神，创作前后历时6个月，细心打磨，力求作品入脑入心。

三、创作心得

“打造融通中外的新概念、新范畴、新表述，更加充分、更加鲜明地展现中国故事及其背后的思想力量和精神力量。”这既是习近平总书记对国际传播提出的要求，也是中国日报新媒体中心不断探索追求的目标。纪录片《老外看小康中国》的创作过程，让创作团队深深体会到习近平总书记话语里蕴含的道理和用心。对外讲好中国故事，需要真正沉心静气做好研究。一要对国情和历史有力透纸背的观察和分析，二要对跨文化传播有深入骨髓的理解和把握，三要对新媒体传播规律有对症下药的洞察和应用。

时代赋予我们使命。站在“两个一百年”交汇点，面对世界百年未有之大变局，国际传播工作者要牢记习近平总书记要求，时刻不忘初心使命，讲好中国故事，传播好中国声音。

手机端展示

扫描二维码，
观看本作品新媒体展示

第一集：“悬崖边上的网课”让人心疼，但后续很暖心……

第二集：把“悬崖村”搬下悬崖，总共分几步？

第三集：凭什么中国人就能在绝壁上凿出人间奇迹！外国专家：因为这俩字

（中国日报网供稿）

一等奖　移动直播

《巅峰见证——2020 珠峰高程登顶测量》：“巅峰”直播见证伟大时代

1960 年 5 月 25 日，中国登山队首次从北坡登顶珠峰；60 年后，2020 珠峰高程测量登山队再次登顶“地球之巅”。在这举世瞩目的时刻，新华社完成《巅峰见证——2020 珠峰高程登顶测量》直播（包括中英文、VR、高清、4K 直播），全方位、多角度带领观众直击这次珠峰高程登顶测量现场，成为全球首家在珠峰峰顶完成“5G+4K+VR”直播的媒体，实现了中国新闻史上的一次突破。

一、技术赋能，见证世界新高度

2020 年 5 月 27 日，是这场直播正式与受众见面的日子。

两路“5G+4K”游动机位、一路“5G+4K”超长焦拍摄固定机位、一路 VR 慢直播固定机位，确保珠峰大本营报道内容全覆盖；5800 米营地 VR 慢直播固定机位，6500 米营地 VR 慢直播固定机位，全程记录攀登过程不遗漏；新华社特约记者携带的两路 5G+4K 游动机位、一路 VR 游动机位，分别在队员通过“中国梯”、最后 40 米冲顶、冲顶成功、竖立觇标等关键节点进行现场实时报道；珠峰大本营超长焦拍摄机位，拍摄测量队员冲顶全景，与新华社特约记者攀登过程中现场拍摄的画面相得益彰。

新华社自主研发 MESH 传输系统，并开发定制“珠峰智能采访 App”。特约记者配备了“即拍即传”手机、VR 设备和微单相机，形成周密的技术保障方案，为完成珠峰顶峰的直播，并实时传送独家新闻图片奠定了基础。

这场直播实现了重大主题融合报道策划组织、新技术应用和多形态同步直播等多项创新，立体、全景呈现了珠峰攀登之路，全网吸引了超 3 亿次阅读量。新华社圆满地完成了这一涉及我国外交和主权的重大政治性报道任务。

二、周密策划，珠峰直播展国社实力

由于珠峰自然条件特殊，拍摄设备、信号传输、人员布置等方面都和常规直播有很大区别，很多问题可能影响最终的呈现效果。为了完成这一史无前例的直播，新华社精心组织、周密策划，创新报道流程，形成由前方报道组、拉萨二级指挥编辑分发平台、北京演播室为主要架构的报道平台。

直播团队在珠峰大本营等地设置多个直播点，实现多点联动报道，并视频连线 2020 珠峰高程测量登山队总指挥王勇峰、顾问尼玛次仁等人解读登顶现场，丰富报道内容和形态。面临登顶比预计推迟几个小时的突发情况，直播团队又启动应急报道预案，通过慢直播、视频连线等方式及时调整内容，确保报道安全。

考虑到海拔高、气温低、电量不够等不可控因素，主要直播设备都进行了 −40℃

低温测试，直播团队还制订了主、备报道方案，精准设计登顶直播全程，合理安排了峰顶直播时段。

这场直播不仅充分展示了中国科学技术的突飞猛进，也彰显了新华社推进媒体深度融合，建设国际一流新型全媒体机构的责任担当和专业作为。

三、无惧风雪，新华精神再次闪耀

这次直播可谓一波三折，登山队员两次冲顶未果，直到第三次才最终登顶。面临登顶时间无法确定的情况，直播团队启动应急报道预案。新华社珠峰高程测量前方报道组坚守珠峰达 1 个多月，先是开启时长超过 300 小时的珠峰慢直播，为登顶报道预热，同时发挥新华社融合报道优势，为登顶直播积累大量文字、图片、视频等素材。

在这 1 个多月里，面对十分恶劣的自然条件，新华社记者本着“缺氧不缺精神，艰苦不怕吃苦”的信念，大力弘扬“郭超人精神”，坚守海拔 5200 米的登山大本营，4 名年轻记者还上到海拔 6500 米的前进营地开展工作。3 位参与冲顶的特约记者更是在恶劣天气下，多次前往海拔 7000 米以上的高度进行直播测试和动态报道，经受了生与死的考验。

不少受众观看直播后表示，新华社珠峰登顶直播立体、形象，既有现场又有解读，既有历史又有情怀，“头一次这么身临其境地体会到大自然的壮阔，太震撼了！”对于直播团队而言，这些珍贵场景和信息、这些属于历史的声音和画面，能够被我们完整记录，是“时代记录者”最引以为傲的时刻。

手机端展示

扫描二维码，
观看本作品新媒体展示

（新华社客户端供稿）

一等奖　创意互动

《一张照片背后的这七年》：践行“四力”抓“活鱼”

2020 年 11 月 3 日，湖南广播电视台芒果云客户端（现升级为风芒客户端）发布了 H5 创意互动作品《一张照片背后的这七年》。作品聚焦“精准扶贫”首倡地湖南省湘西土家族苗族自治州花垣县双龙镇十八洞村，以 H5 创意互动的形式，展现了十八洞村 7 年来发生的翻天覆地的变化。

作品从 2013 年习近平总书记到十八洞村与村民们座谈提出“精准扶贫”重要论述时现场的一张照片出发，深入寻访照片中的十几位村民在 7 年里的生活变迁，通过 H5 的形式，结合 40 张照片、12 个故事、1 个短视频，从十八洞村的产业、教育、生活环境等方面，多角度、全方位地展现了十八洞村 7 年里的巨大变化。

该产品紧紧围绕“精准扶贫”重要论

述提出7周年这一重大主题展开，选择个体人物故事作为报道切口，在11月3日当天重磅推出，政治站位高，时度效把握精准。作品极具创新性地从一张7年前的合照入手，把12户十八洞村村民7年来的生活变化，制作成符合融媒体传播规律和创意互动特点的H5产品，生动形象地反映了“精准扶贫”重要论述在十八洞村结出的累累硕果。

在传播过程中，作品充分展示了“可互动、可分享、可体验”的特点，H5版的作品在芒果云客户端首发后，芒果TV、湖南经视、芒果帮女郎等湖南广电新媒体账号矩阵，以及澎湃新闻客户端等纷纷转发。作品中的一些精彩故事，还被制作成了视频新闻，分别在湖南卫视《湖南新闻联播》和《午间新闻》中进行了融合式传播。另外，作品还通过社交网络的转发分享形成圈层传播，从而达到了立体式的传播效果，让主旋律宣传入脑入心。

在策划创作阶段，主创团队以习近平总书记首次提出“精准扶贫”7周年的日子11月3日为节点，提前1个月深入十八洞村进行采访调研。采访中，创作团队发现不少村民家中都挂有当年习近平总书记视察时与村民座谈的合照。由此，创作团队经过深入走访和“头脑风暴”，确定了该作品的主题和表现形式。创作团队深入践行“四力”，与村民同吃同住，在开农家乐的村民家里一起做腊肉，在开民宿的村民家里一起换床单、做卫生，采集到了大量鲜活、生动的素材。

在后期产品制作时，坚持守正创新，把新媒体技术手段与传统的讲故事的报道手法相结合，最终以“照片＋文字＋视频＋音乐”的创意互动形式，将十八洞村的7年变迁融入一个简洁生动的H5之中，让用户能够在简单的互动之中，了解“精准扶贫”重要论述给十八洞村脱贫工作，给整个中国扶贫事业带来的巨大指引作用。

通过作品的创制，主创团队认为，要做好融媒体内容产品的创制，可以在两个方面发力：一是践行“四力”抓“活鱼”，扎根生活找创意。想要找到最鲜活的故事，绝不能依靠既有材料，只有不惜“脚力”、提升“眼力”、开动“脑力”、施展“笔力”，深入老百姓的日常生活，真正地和他们打成一片，才有可能抓到“活鱼”，找到好故事。二是回归新闻本源，让技术为内容赋能。在总体把握平衡的基础上，坚持以内容为核心，技术服务于内容。好的融媒体内容产品一定要注重作品中的“新闻性”，同时通过全新的技术呈现方式，实现更有创新性的表达，直击用户的内心。

手机端展示

扫描二维码，
观看本作品新媒体展示

（芒果云客户端供稿）

《听·见小康》：百姓故事绘就时代画卷

围绕“全面建成小康社会”这一重大主题，主流新媒体如何创新思路，创制出生动活泼、入脑入心的新媒体产品，是一道时代考题。2020 年 12 月 31 日，交汇点新闻客户端推出互动式融媒体产品《听·见小康》。作为“听·见小康”大型融媒体行动暨融媒体专栏的融合创新集成产品，它紧扣“听”“见”“融”3 字，呈现丰富的视听内容，传递真实的小康心声，记录全面建成小康社会的生动历程，创造性落实了中宣部“纪录小康工程”的相关工作要求。

一、全景记录小康故事，有效整合资源要素

《听·见小康》以小切口反映大主题，从小故事映射真感情。2019 年 12 月 23 日起，交汇点新闻客户端推出《听·见小康》融媒体专栏，采取音视频为主、配以图文报道的形式，每周 1 期，聚焦记录普通百姓的小康故事。记者们行程数万公里，饱含深情、践行“四力”，走遍江苏省 13 个设区市，亦放眼千里之外的对口支援帮扶省区。在 638 天总计 100 期节目中，团队采访了百余名小康讲述人，栏目文字采访量接近 30 万字，构成了一曲壮美的时代交响乐。这些都为互动新闻产品《听·见小康》打下了坚实的内容基础。

《听·见小康》H5 在表现形式上充分融合“听·见小康”线下活动中的相关元素。2020 年 4 月，由江苏省委网信办、新华报业传媒集团共同主办，交汇点新闻承办的“听·见小康”大型融媒体行动正式启动。此后，“听·见小康”大型融媒体行动团队开着专门定制的“小康幸福车”，带着“小康照相馆”“小康留声机”等走遍全省，邀请城乡居民参与其中，与百姓分享全面建成小康社会历程的点点滴滴与建设成就。据统计，共采集百姓“小康心愿”5644 条，拍摄百姓“小康笑脸”6350 余张，收集百姓签名超过 1.05 万个。《听·见小康》H5 将“小康幸福车”“小康留声机”“小康签名长卷”等巧妙地植入，使产品从题材到内容再到表现形式都与前期采访和线下活动完美结合。

二、以新技术赋能好内容，充分凸显“听”“见”“融”

《听·见小康》H5 中，共融合了 100 余个音频、视频，充分凸显“听”“见”“融”特色。在一段自动播放的充满视听元素的短视频后，随着“幸福小康车”的启动，一幅水墨特色的“小康长卷”徐徐展开，画面充满视听效果。以江苏省 13 市及对口支援帮扶 5 省区精选而出的 18 位主人公的“小康笑脸”为切入口，将音视频、图文等要素有效整合，“小康签名长卷”与各市地标建筑有效融合，带给用户赏心悦目的体验。数十个互动按钮集中展示，点击“见”的气泡，还可以获得与小康故事主人公相关的“礼物”，

互动性、体验感强，兼具普及性和趣味性。

新媒体的发展离不开技术赋能，技术助力已成为加速行业融合进程的重要引擎。在《听·见小康》H5创制过程中，技术团队配合设计团队，通过动画技术渲染，让首页动画更赏心悦目，用户操作页面的动画反馈更顺畅高效。设计中还充分考虑跨平台和各终端适配问题，用户可以在PC端和移动设备浏览器上顺畅地浏览产品页面，为产品广泛传播提供技术保障。精彩内容与创新技术的融合，吸引更多读者分享传播，产生传播“裂变”效应。

三、“全效”传播，多平台分发打通传播渠道

重大主题报道呼唤融合创新传播，“听·见小康”团队不断强化品牌标识度，构建了“以100期融媒体报道（专栏）为主线，以‘1+13’场覆盖全省各设区市的融媒体线下活动为主场，以互动式集成产品为主导”的立体化、全媒体传播体系。由此，不仅呈现了丰富的视听内容，提供了全新的阅读体验，更拓宽了地方新媒体重大主题报道的突围路径。

《听·见小康》融媒体专栏在交汇点新闻、新华日报、新华报业网、新华日报微博微信等平台定期发布，形成“报、网、端、微、平台”融合传播。H5产品还在新华社、人民号、头条新闻等多渠道分发。融媒体专栏还被新华社、央视新闻等多家央媒和全国各地新闻媒体转载。“学习强国”学习平台专题集纳《听·见小康》音频专题，并在首页集中呈现。据不完全统计，产品及专栏在各平台总点击量突破2.8亿次。

手机端展示

扫描二维码，
观看本作品新媒体展示

（交汇点新闻客户端供稿）

一等奖　融合创新

《最美逆行者》：最大化传播主流价值

南方都市报是2020年新冠肺炎疫情中最早派出记者前往湖北抗疫一线的媒体之一。南方都市报《最美逆行者》系列融媒产品，通过全媒体报道、亮灯致敬行动和“众志成城——致敬抗疫者”专题展，以“线上全媒体、线下多场景”的创意传播模式，打造出全网阅读量超过1.1亿次、体现主流价值观的现象级传播爆款。该系列融媒报道获得第三十一届中国新闻奖一等奖。

一、多形态呈现，线上全媒体传播

2020年2月5日，南方都市报摄影记者钟锐钧跟随广东省第二批援助湖北医疗队进入武汉，蹲守在“重灾区里的重灾区”汉口医院隔离病房，拍出全国最早一批带着战“疫”痕迹的前方医护人员肖像的特写照片。

报社党委书记、总编辑亲自谋划，带领团队设计制作了一组极富视觉冲击力和感染

力的海报，命名为“最美逆行者”。海报上没有豪言壮语，只有一张张驰援湖北医护人员的朴素面孔。口罩和护目镜留下的印痕、未愈合的血痂、安普贴的胶渍、疲惫中的昂然和淡定，真实地留在医护人员的脸上，直抵观者内心。

从2月13日起，南方都市报在同一主题下，开发出多种新媒体产品，先后推出海报《你们摘掉口罩的样子，很美！》，长图《印·记》，图文报道《你们摘掉口罩后，真好看！》《你的脸上有千言万语》，报纸中跨连版报道《疫·痕》等，感动全网，取得刷屏之效，仅南都新媒体平台的阅读量就高达1000万+，被人民日报、央视新闻、新华网、腾讯网等160多个平台转载。南方都市报还上线H5产品“疫痕”照相馆《让我记住你的脸》，记录驰援湖北的广东医疗队队员，通过记住他们的脸，记住这段历史。

二、多领域延展，线下多场景应用

为实现宣传效果的最大化和最优化，2月17日晚起，在广东省委宣传部指导下，在南方报业传媒集团部署下，南方都市报与广州市委宣传部携手举办“为最美逆行者亮灯”致敬行动，制作一线医务人员巨幅LED屏海报，在广州塔、猎德大桥、广州大剧院等地标建筑上的30多个LED屏滚动播放，致敬英雄。此举一呼百应，燃爆全城。

2月18日晚起，广东省21个地市积极响应，陆续参加到亮灯致敬行动中来，共计推出1000多块LED屏礼赞英雄。亮灯致敬行动受到社会普遍关注和欢迎，一时间，全国各地掀起了向一线医务人员亮灯致敬的热潮。

为让抚慰人心的力量实现最大化传播和价值，8月4日至9月10日，在广东省委宣传部、广东省文化和旅游厅的指导下，南方都市报联合广东省博物馆共同举办“众志成城——致敬抗疫者”专题展，观展人数超过3万人，专题展成为广东省开展党建交流活动的一个新阵地。

从刷屏到刷楼再到刷城、从线上到线下再到线上，南方都市报《最美逆行者》系列融媒报道，在国家面临重大战役的紧急关头、在抗疫斗争陷入胶着的关键时刻，挺膺而出，充分发挥主流媒体引导正确舆论、传播主流价值的作用，在更大范围唱响了主旋律、凝聚起正能量。

手机端展示

扫描二维码，
观看本作品新媒体展示

《千言万语尽在脸上，记录支援武汉的广东医疗队摘下面罩的样子》

《一起为他们加油！最美逆行者的笑脸今晚点亮整个广东》

《一座英雄的城市向英雄致敬，广州为支援湖北的医务人员点亮全城！》

（南方都市报社供稿）

“帮帮”：回应每一个向往美好的声音

习近平总书记指出，让互联网成为我们同群众交流沟通的新平台，成为了解群众、贴近群众、为群众排忧解难的新途径，成为发扬人民民主、接受人民监督的新渠道。

上游新闻“帮帮”频道于2018年年底上线，设有“帮你问”“找答人”“玩社群”“城事通”“曝光台”五大功能板块，为群众办实事、为群众解难题，积极走好网上群众路线，取得显著成效，并在第三十一届中国新闻奖评选中荣获新闻名专栏一等奖。

“帮帮”频道以“回应每一个向往美好的声音”为目标，致力于常态化、长效化为群众办实事。目前组建了30多人的采编运营团队，明确提出“3个必须”：必须在30分钟内回应用户提问；必须在3个工作日内解答相关问题；必须在与相关部门沟通后，给用户专业、有效的回复。

一是联动政府部门，回应每一个问题。“帮你问”，重点在“帮”，网友有问题，“帮帮”帮忙问政府、问部门，给群众权威解答。目前，频道已邀请本地2000多家政府机构、职能部门和街道乡镇到平台上“落户”。同时，创新性开办政民互动栏目“帮帮帮到位”，邀请卫生健康、社会保障、市场监管等市级职能部门做客直播间，在线解决用户问题，回应民众关切。自开办以来，“帮帮帮到位”解决百姓问题上千个，全网传播数据破亿次。

二是参与社会治理，回应每一个投诉。舆论监督是媒体的职责所在，“曝光台”的目的是推动解决问题，通过参与社会治理，形成“舆论反馈—新闻报道—协调解决”的工作模式，让争议各方相互理解、形成共识，推动市民“最后一公里”问题的解决。如“帮帮”记者采写的《现实版愚公移山记：金茂珑悦小区居民自发挖出“上学小道”》刊发后，引发社会舆论强烈反响，促成多个职能部门现场办公，解决了小区孩子上学出行的问题。

三是重建用户连接，回应每一个关切。“找答人”“玩社群”“城事通”等板块，以互联网思维运营产品、服务用户，让用户的每一个关切都能得到媒体和职能部门的帮助，还能共同分享、互帮互助。目前，“帮帮”频道入驻专家共400多人，涉及法律、医疗等多个领域。在重要节点，“帮帮”还会主动设置议题回应民生关切，如建立“两会”云问答、高考志愿填报专题，更有效服务用户。

仅2021年，“帮帮”频道累计审核发布信息13.8万余条，收到报料2.4万余条，帮助用户直接解决困难4400余起，澄清各类不实信息等1100余次，协助政府回答用户疑问7000余条，记者现场化解矛盾800余起，为上百万用户提供了多方面民生服务，全年共收到用户致谢电话258个。

回顾“帮帮”的创办和运营，推动媒体深度融合、重建用户连接，必须从党的根本工作路线——群众路线中寻找力量，必须与时俱进，在“常改常新”中紧跟群众需求的变化和发展趋势。唯其如此，才能在党和政府同人民群众之间架起连心桥、同心桥，在国家和社会治理中发挥媒体的特殊作用。

手机端展示

扫描二维码，
观看本作品新媒体展示

（上游新闻客户端供稿）

一等奖　新闻名专栏

“图图是道”：用视觉呈现新闻价值

中国日报“图图是道”栏目创办于2016年，依托于同名融媒体工作室。主创人员根据自身兴趣爱好，以柔性组合的方式，通过制作精良的长图漫画配合通俗风趣的文案，以特色条漫产品形式宣传习近平新时代中国特色社会主义思想、弘扬社会主义核心价值观、普及科学知识、传递正能量。

自创办以来，“图图是道”的特色条漫产品参与了多次主旋律报道，在改革开放40周年、新中国成立70周年、脱贫攻坚全面奔小康等主题报道中均有亮眼表现。特别是在2020年抗击新冠肺炎疫情、反击美西方污名化的伟大斗争中，“图图是道”用自己独特的条漫形式，贴合热点新闻、精选科学知识，以浅显易懂兼具趣味性的方式向受众进行科普。

“图图是道”栏目以条漫为载体，向受众科普群体免疫、无症状感染者等概念，以及疫苗的制作流程与周期，中医在抗击新冠肺炎疫情中起到的重要作用等，为全国打好防疫抗疫宣传战作出重要贡献；针对美西方甩锅的阴谋以及西方涉港阴谋论，精心策划，诚意制作了一系列关于美国种族歧视、美国政治乱象的条漫，以轻松幽默的笔调和人民群众喜闻乐见的方式打好了舆论斗争；同时注重“健康中国”系列报道，在多个纪念日推出疾病防治科普内容，鼓励读者做好健康管理，为提升国民身体素质做好宣传。

经过5年的积累，特别是在2020年抗疫中的出色表现，中国日报“图图是道”已经成为宣传习近平新时代中国特色社会主义思想、弘扬社会主义核心价值观、普及科学知识、传递正能量的央媒知名条漫栏目。

在抗疫防疫斗争中，采访多位专家，推出多期科普条漫。其中《为什么有的感染者没有症状？神奇！》在舆论场快速普及了无症状感染者的知识，让更多普通民众提高了防护意识；在反美西方污名化的舆论斗争中，条漫反制作品《从病毒污名化看美国大选的中国牌》，让读者看清了美国大选与污名化中国之间的联系，起到了以正视听、反击污名化的效果；在涉港舆论斗争中，条漫作品《我是香港人，生于1997》，以一个普通香港人的角度讲述了香港与内地的唇齿相依之情，在舆论场中的反击尤其亮眼，获得大量香港爱国人士转发；在健康中国报道中，《被传染艾滋后……》条漫产品，让大学生认识到艾滋病毒的危害。

“图图是道”的条漫制作精良，在舆论场上是一颗亮眼的新星。特别是在2020年抗击新冠肺炎疫情的斗争中，多篇抗疫科普作品、揭露美西方甩锅的反制作品成为爆款。揭露美国抗疫不力还要甩锅中国的作品《太清晰了！美媒憋大招梳理特朗普政府三个月来的抗疫时间线》，仅在微博平台就获得7267万次阅读；针对美西方污名化的条漫反制作品《从病毒污名化看美国大选的中国牌》被多家央媒接力转载，多平台阅读量超过3000万次。

据不完全统计，“图图是道”原创内容超百篇，被各大央媒转载，转载次数3000+。在微博平台上，“图图是道”话题阅读量近2亿次。

手机端展示

扫描二维码，
观看本作品新媒体展示

（中国日报“图图是道”微信公众号供稿）

媒体深度融合发展的纵深进路

——第三十一届中国新闻奖媒体融合奖项评析

2021年，中国新闻奖媒体融合奖项评选已经走过4年，见证了我国媒体融合由表及里的显著变化，从以技术赋能为优先，转向以内容建设为根本、创新管理为保障，体现了深度融合发展的指向和规律。

第三十一届中国新闻奖媒体融合奖项包括短视频现场新闻、短视频专题报道、移动直播、创意互动、融合创新和新闻名专栏6个项目，共计50件获奖作品，其中短视频现场新闻11件，短视频专题报道14件，移动直播2件，创意互动7件，融合创新14件，新闻名专栏2件。综合来看，第三十一届中国新闻奖媒体融合奖项获奖作品体现了《关于加快推进媒体深度融合发展的意见》（以下简称《意见》）的方向要求。在媒介技术趋向稳定的情况下，新闻行业在融合思路、融合策略、融合效果上积极寻求突破，展现了融合的坚守与创新。

一、融合方向总体分析

进入深度融合阶段，最关键的转变在于思路和方向。媒体融合的本质是人、技术和社会的融合，也是媒体自身发展逻辑和网络社会运行逻辑的融合。在这一共识下，第三十一届中国新闻奖媒体融合奖项获奖作品体现出以下趋势。

（一）差异化定位传媒角色，明确服务和把关功能

作为媒体融合的顶层设计，媒体的角色定位体现融合发展的逻辑，决定资源分配和体制机制改革的方向，也直接影响融合新闻作品的形式和质量[①]。根据《意见》要求，要构建中央、省、市、县4级融合发展布局的全媒体传播体系，即中央媒体要建设新型主流媒体“航母”和“旗舰”；省级媒体要重点建设技术平台和区域性传播平台；市级媒体要因地制宜，打造发挥自身特色的综合服务传播体系；县级融媒体中心则要定位基层社会服务和治理的神经末梢。因此，各级媒体既要坚守传媒机构的共性职能，又要差异化把握自身的角色定位。

纵观历届评选，中央媒体和地方媒体的产出能力相对接近和稳定。本届获奖作品中，中央广播电视总台的《独家视频|游客：“彭麻麻呢？”》立足独家资源和平台在发布当日获得23亿次点击量；川观新闻的《独

家航拍！直击水龙与火龙艰苦拉锯》充分发挥地方媒体接近现场的优势，最大限度、最快速度地回应了社会关切。这说明，差异化定位立足特色化优势，各级媒体也在融合探索中逐渐挖掘并充分利用这一点。

在差异中还要把握共性，这个共性是围绕中心，服务大局，既服务党的中心工作、国家社会发展战略，也满足公众和社会在信息基础上的各方面需求，充分体现主流媒体的公共价值和专业职能。这一职能不仅符合把握正确舆论导向的要求，也适应做好对外传播的迫切需求。本届获奖作品中，人民日报客户端作品《生死金银潭》连续跟拍金银潭医院的医患日常，不仅在国内获得影响力，也获得境外媒体多语言推送，改变了部分外国网友的偏见；中国新闻网作品《【微视界】武汉志工：年三十瞒着家人出门　服务首日腿抖一天》关注武汉志愿者群体，播出后 CNN 主动联系中新社寻求素材，同时进入国内与国外两类主流媒体的视野；上游新闻的专栏“帮帮”设置“曝光台”“帮你问”“找答人”“玩社群”“城事通”等民生服务板块，通过融媒体手段，搭建政民互动新桥梁，创新开拓了党媒与用户之间的新连接，形成了强大的社会舆论场；福建尤溪县融媒体中心作品《【致敬最美逆行者】短视频〈武汉记“疫”〉》讲述当地护士程贤芳支援武汉期间的感人故事，面向基层群众建设主流舆论阵地，展现出县域融媒体中心媒体融合实践的成果。

要实现社会治理的社会化、法治化、智能化、专业化，离不开媒体的把关与引导职能。随着自媒体账号涌现、用户在社交账号随时随地发布新闻，假新闻和谣言充斥网络页面，网络环境日益混杂。身处“人人都是记者”的互联网时代，媒体最无可替代的功能就是把关与引导，发挥新闻专业素养和采编流程的严谨性，发布最准确、最全面、最权威的信息。在本届获奖作品中，现场新闻深入一线真实记录事件发展，做到了信息平衡。动静客户端的《地震瞬间，她们抱出 26 个新生儿：要把孩子的安全置于我们之上！》通过视频、图片及现场采访等多种要素组合，完整地还原了事件的全过程，创意策划整合利用丰富素材，体现了编辑水准。《同心——与来自香港的他们谈谈心》立足光明日报的思想文化特色，采访了常年来往内地和香港的三代香港知识分子，讲述自己的发展故事、两地间的同胞情谊，以及在香港抗击疫情时所感受到的来自内地的温暖，表达了香港主流民意。发挥专业能力，做好专业事情，是媒体立足“万物皆媒”的网络社会的根本出路。

（二）突破行业限制，跨平台融合是方向

深度融合必须拓宽眼界，最大限度地进行跨平台融合。我国媒体融合的实践证明，传统媒体仅在形式上完成“关停并转”、建设新媒体中心、组建报业集团和广电集团等工作，并不能实现真正的“大”融合。传媒作为社会整体系统的有机组成部分，需要突破平台限制，进而整合利用更广泛的社会资源，形成合力。这也是网络社会持续发展的必然结果。

在本届获奖作品中，跨平台融合进一步体现在技术合作和渠道合作上。新华社自媒体融合发展以来，一直注重技术引领的作用。移动直播《巅峰见证——2020珠峰高程登顶测量》，组织技术力量提前介入，安排自主研发的MESH传输系统和两路5G信号共3条通道用于直播，采购并安装多套高清摄像头和新型VR设备，开发定制“珠峰智能采访”App，形成周密的技术保障方案；《来了！中国首部卫星新闻纪录片》综合运用地面拍摄、航拍测绘、卫星遥感等多种信息采集手段，创新主题报道“空、天、地、人”协同采访模式。同时，新华社与商业平台开展合作，百度、快手、今日头条、腾讯等多家头部媒体将直播推上首页或首屏，爱奇艺、虎牙网站等平台，以及华为、小米等科技公司主动与新华社开展报道合作。跨平台融合不仅是资源整合，更是发展融合，反映了社会各结构间的有效互动。未来，融合发展的触角有望拓展至各行业间，媒体融合将是跨行业的融合。

（三）重视优质内容产能，加大体制机制变革

媒体融合是流程、组织、产业全方位的融合，不可避免地要自我革命，进行结构调整和资源重组。在过去的融合实践中，先进技术和全媒体人才培养作为融合先导初显成效，而优质内容产能转型和体制机制改革相对缓慢。上述两点的改善，在本届中国新闻奖的评选标准和获奖单位情况上有所体现。

一方面，中国新闻奖的评选越发重视传播效果和社会效果层面，通过数据检验新闻作品。本届获奖作品的传播量级以百万、千万起计量，浏览量数亿次的作品不在少数。例如，短视频专题报道特别奖作品《生死金银潭》仅人民日报自有平台播放量就超过1亿次；央视新闻23秒的《独家视频丨游客：“彭麻麻呢？”》发布当天点击量23亿次，全网阅读量累计37亿次，成为点击量最高的时政视频；短视频专题报道一等奖作品《老外看小康中国》传播量累计破亿，海外社交平台转发量超1000万次；短视频专题报道二等奖作品《〈第一书记〉系列微纪录片》打出“视频+创意海报+亮点动图+标语式题目”的传播组合拳，获得6亿次观看量。

另一方面，体制机制改革进入多元化探索阶段。本届获奖作品的制作单位，除了人民日报、新华社、中央广播电视总台等中央媒体，地方报业集团和广电集团多点开花。例如，重庆日报报业集团的上游新闻客户端、湖南广电的芒果云客户端、上海广播电视台的第一财经客户端、大众报业集团的大众日报客户端、四川日报报业集团的四川观察客户端精品频出，项目制和融媒体中心建设日臻成熟，反映了体制机制改革的阶段性成效。同一模式不一定会产生相同效果，在深度融合阶段，重视体制机制改革最重要的是坚持普遍性和特殊性相统一，淘汰落后产能，立足特色发展。当然，体制机制的变革

根本上还是逻辑和思维的变革，这对传统媒体而言仍然是一个挑战。

（四）技术革新渐趋稳定，技术融合成为重点

近2年来，短视频、移动直播、H5、可视化等新闻呈现方式成为主流，作品的质量和数量保持稳定，5G、虚拟现实（VR）、增强现实（AR）、混合现实（MR）、人工智能、全息投影等技术大规模应用，技术创新带来的新奇感显著降低。当前全媒体矩阵建设基本成型，交互、沉浸和智能，是融媒技术应用的3个关键词。

为达到最佳沉浸体验，实现多样交互，融媒技术的组合拳成为新路径。在本届获奖作品中，新华社在珠峰峰顶完成"5G+4K+VR"直播，属全球首次；人民日报创意互动作品《今天，发条微信一起点亮武汉》将SVG动图形式引入发微信的形式，实现了内容交互，创新了阅读形式；海博TV推出融合创新作品《独家VR互动视频！身临其境，海陆空全景围观平潭海峡公铁大桥》，用户可以通过H5制作的VR视频互动，从海、陆、空3种视角，身临其境感受大桥英姿和建设难度，体验感强，趣味性十足；芒果云客户端发布的H5作品《一张照片背后的这七年》在H5技术内融入"照片+文字+视频+音乐"多种形式，把常规技术融合到位，打造流畅体验。此外，人工智能与新闻生产的融合尚在初期，虚拟主播、机器人写作之后，人工智能技术对深度融合的发展仍值得期待。

二、内容题材分析

新技术只是媒体深度融合的创作手段，坚持内容本位、将技术应用融入内容创作的策划流程才是重点。因此，内容题材的选择和构思是基础。

本届媒体融合奖项获奖作品在主题、侧重和思维上有下述突出特点。

（一）主题聚焦，紧贴时代

新闻是历史的底稿，凸显时代和社会的特征，满足人民群众的精神需求。本届获奖作品主题高度聚焦，49件媒体融合奖项获奖作品中，关于抗疫和精准脱贫的作品过半数。重大主题报道的数量一方面反映了媒体的价值取向，另一方面反映了深度融合的内容落点。

紧贴时代的作品首先占据了内容价值。津云客户端短视频专题报道《【津云微视】无胆英雄张伯礼》挖掘"人民英雄"张伯礼院士的抗疫事迹，塑造了抗疫期间冲锋在前的典型人物；在新冠肺炎疫情尚不明朗的情况下，第一财经短视频现场新闻《上海医疗救治专家组组长：一线岗位全部换上党员，没有讨价还价！》用张文宏医生"疫情面前一名共产党员应有的作为和样子"的一段话，鼓舞了一线医护工作人员，起到提振士气和坚定决心的作用；交汇点新闻的融合创新作品《听·见小康》以江苏全面小康建设和对口帮扶工作为依托，融合100多个音视频和图文，凸显"听"和"见"的特色，将百姓对小康生活的真情实感嵌入H5，素材

丰富，视听语言特色鲜明；央视财经的融合创新作品《走村直播看脱贫》，把直播车开进101个典型脱贫村，直播101场，展现精准脱贫的奋斗故事，并且在电视端、广播端和新媒体端互动传播。

（二）时效优先，回归现场

记者的第一战场在新闻现场，践行“四力”的基本要求在于对新闻点的敏锐捕捉、对现场采访的充分把握和对“时间就是生命”的深刻理解。抓住现场是优秀新闻作品的价值需求，但是新闻性不强历来是媒体融合奖项入选作品的短板，这与一开始重视技术驱动，忽视技术与内容结合不无关系。从本届获奖作品来看，随着对技术与内容深度融合的重视，新闻性不强的问题在逐渐改善，新闻回到了现场，守住了时效。

在本届获奖作品中，突发现场报道凸显重量。台州广电的《微视频｜彻夜救援　台州无眠》、工人日报客户端发布的《抗洪Vlog｜记者坐拖拉机赶往安徽庐江圩堤抢险现场：数千人会战守堤坝！》、人民网官方微博发布的《请记住这里，王家坝！》直击灾情事故现场，第一时间克服困难，向社会同步事件进展。这些报道不仅体现了全媒体人才的建设加强，也展现了采编制度改革后的优越性。此外，现场新闻的价值更需要互联网思维加持，在短时间内抵达用户。问句、感叹句的语态，具有情绪浓度和故事感的标题构造，将网感化发挥到极致；短至23秒、长不过1分半的新闻，直接呈现高潮引起广泛关注，将碎片化融进编辑思路。

（三）关系思维，以小见大

“个人门户”模式改变了大众传播的机制②，公共内容的传播越来越依靠“人媒”。围绕个人建立连接，需要充分认识社交动力的重要作用。具体来看，这一社交动力可分为两点：与自己切身相关和可作为社交资本。这两点都立足建立作品和用户之间的关系。

本届作品普遍运用从小人物、小切口出发的叙事方式，通过情感和场景建立关系。四川观察客户端作品《说“彝”解字：这间“房”有丝也有粮》将脱贫攻坚的宏大主题巧妙融入彝族群众的日常生活场景中，将“彝”字解析融入历史资料和当地变迁，切入点设计巧妙；经济日报微信公众号作品“韩寒井柏然都为她加油！一个武汉90后女孩的‘方舱日记’”系列短视频关注抗疫中的90后，使普通人的故事和名人效应相叠加，传递鼓舞人心的力量。不仅如此，讲述命运洪流和时代发展下个体的生动故事也是对外传播的有效路径。具有温度的故事能够消除抽象概念的真空感，通过人类共通的价值和情感建立连接，反映实践成果和社会变迁。

三、形态创新分析

如今，媒体融合作品的表达形态已经基本脱离早期的“炫技”，将编创重心放在内容与技术的深度结合上，这也体现了深度发展的趋向。要做好这一结合，不仅需要内容够“硬”，还需要充分理解各技术的优势，实现与内容的精准匹配，做好“加减法”。具体来看，本届作品既有延续，也有创新。

（一）延续何在？

1. 实现“软”着陆：虚与实结合

虚，是指动画、漫画等表现形式；实，是指数据、事实等现实内容。历届获奖作品都有将虚实巧妙结合、主题内容与表现形态精准匹配的融合精品，体现了深度融合的编辑思维。本届作品中，中国日报专栏“图图是道”通过制作精良的长图漫画配合通俗风趣的文案，将高大上的硬核内容做柔；中国日报网作品《老外看小康中国》灵活运用多种手段，现场实拍、动画、人物采访 3 种形式巧妙穿插，大量运用动画视频辅助叙事，把抽象的理念具象化，生动展示全面小康的宏观理解，创新主旋律纪录片创作手法；宁夏日报创意互动作品《“挖”土豆》综合运用手绘、音频、视频、H5 交互等表达方式，5 张手绘长卷将西海固的土豆故事娓娓道来；海报新闻客户端《千里挺进大别山——山东湖北携手战“疫”故事》采用“速写画作 + 原创音乐 + 动态长卷呈现”的模式讲故事。

2. 跨越文字局限：可视化呈现

融媒类型的发展体现了用户和生产双方协商的过程。文字语言的读取往往需要耗费一定时间，且融合空间有限。经过几年的发展，可视化呈现已经成为重头戏。本届作品中，新华社“第一书记”系列微纪录片，以冲击感强烈的大字体海报辅以加长版往期回顾海报，形成高质感的整体包装风格，快速抓取用户眼球；人民日报微信公众号作品《今天，发条微信一起点亮武汉》采用点击换图形式为武汉加油；新湖南客户端作品《创意海报丨这些痕迹，刻在你脸上，痛在我心里》，以新闻图片为核心要素，设计制作创意海报，用最真实的新闻图片讲述最鲜活的战“疫”故事；上观新闻客户端作品《浦东的故事·他们的故事》融合了图文、视频、数据图表、动画、三维建模等多种媒体表达手段，展现了丰富的历史和个人信息。

（二）创新守正何在？

1. 互动方式创新：线上线下多样联动

H5 互动、大小屏跨屏互动、直播评论和抽奖等互动手段在融合新闻作品中已不再新鲜，线上和线下创意联动成为新的融合突破口。在本届作品中，交汇点新闻客户端作品《听·见小康》集纳线上栏目和线下活动成果，线下活动采集了百姓“小康心愿”5644 条，拍摄百姓“小康笑脸”6350 余张，收集百姓签名超过 1.05 万个，这些互动元素都有机融入作品中，形成线上、线下创意闭环；南方都市报 App 策划的《“最美逆行者”系列融媒报道》于 2021 年 2 月 17 日晚在广州塔、猎德大桥等城市地标率先开启“为最美逆行者亮灯”致敬行动，随后广东其余 20 个地级市积极响应，抗疫一线医务人员巨幅海报在广东地标建筑 1000 多块 LED 屏滚动播放；中国日报客户端的《全球十地跨年直播》开展线上线下融合报道。当线上和线下联动成为标配时，就意味着各级媒体正全力打造“四全媒体”。

2. 作品结构守正：灵活运用主线意识

好的作品需要好的结构，好的技术需要好的载体。因此，作为内容生产者，作品结构上的创意仍然不可或缺。《老外看小康中国》运用“寓言故事”讲述方式，便于外国受众清晰理解中国理念以及中国特色语汇的独特内涵；山西日报群众新闻客户端《黄河十二时辰》以十二时辰的构思，巧妙串联起黄河流经各地的不同风土人情和自然风貌；无锡观察客户端《从这面湖奔向那片海》借用大禹治水时用来测量江海水深度的“定海神铁”来喻指三代载人潜水器，用神话传说开场，将科学话题讲得饶有趣味；金华新闻客户端《磐小药西游记》将“中国药材之乡”磐安县用中药材帮助仪陇县产业脱贫的做法，比作治愈贫困的“良药”，一语双关。好的线索就是作品的名片，将线索与内容、技术结合至关重要。

四、典型作品亮点分析

经过4年的发展，媒体融合作品已经在作品类型、表现形态等方面具备一定的稳定性，继续推陈出新需要找准发力点。具体来看，本届作品的亮点体现了用户思维、互联网思维和融合思维的整合。

（一）融在语态

语态变革是新闻作品永恒的命题。随着移动化、碎片化阅读习惯养成，阅读场景不断变化，融合新闻作品探索出主角拟人化、故事剧场化的新语态。典型作品是北京广播电视台BTV新闻微信公众号的创意互动作品《2020脱贫攻坚——阿中邀你助力奔小康》，该作品将脱贫攻坚群体具象化为一个原创卡通人物“阿中”，通过阿中奔跑追梦的形式，在奔跑途中挑战5个不同类型的任务，注重“人格化、趣味性、交互性”。通常情况下，故事剧场化有几种方式：第一，通过动漫、手绘长卷、游戏化设置创造场景。第二，通过保留摇晃的镜头、真实的对白，运用无人机航拍、VR技术还原现实场景。第三，通过精细手法制作视频和互动作品。总之，这种主角拟人化、故事剧场化的新语态，赋予生硬、严肃的话题一种可爱、有趣味的形象，将冰冷、繁杂的数字和成果化为立体、具象的故事场景，仿佛把用户带入一个剧场，沉浸式体验了一场汇报演出。

（二）融在情感

在当下的互联网环境中，情感被置于与信息同等重要的位置。在本届获奖作品中，慢直播呈现陪伴的力量，情感功能促进融合直播。央视频客户端全网独家上线第一路火神山医院建设慢直播《疫情24小时》，《与疫情赛跑！见证火神山、雷神山医院崛起》系列慢直播持续117天，24小时不间断展现火神山、雷神山两座医院争分夺秒抓紧建设的情况。网友们给画面中的挖掘机、吊装机、水泥罐车、叉车，甚至是照明车都起了昵称，小蓝、大白、大黄、小黄、叉酱等名字在评论区刷屏，成为用户之间的“暗语”。慢直播在疫情期间起到了缓解社会焦虑情绪、释放民众心理压力、凝聚社会共识的重要作用。媒介技术和表现形式上的互动不再只是为了高效传递社会环境信息，还在于满足用户的情感需求。当然，抓住情感痛点要避免滥用情绪，在这一点上，媒体的专业素养和把关作用就显得尤为重要。

（三）融在策划

抓住网络运行逻辑是成功的另一半。本届作品中，策划传播，整合营销成为趋势，策划激发渠道优势。《“最美逆行者”系列融媒报道》推出多种样态，包括海报《你们摘掉口罩的样子，很美！》、图文报道《千言万语尽在脸上》、H5“疫痕”在线照相馆等，同时伴有策划线下活动。系列报道被人民日报、央视新闻、今日头条等160多个平台广泛转载，线下活动辐射广东全省，真正体现了策划所激发的多渠道传播优势。策划决定传播成效。包括《“最美逆行者”系列融媒报道》在内的众多获奖作品，点击量都以“亿”为单位计量。这背后离不开从素材收集、技术选择、分发平台，到后续进行立体式追踪报道的全流程工作。全媒体立体传播是整合社会资源、实现一次收集、多次分发的有效探索，更是建设“四全媒体”的重要实践。

五、媒体融合作品问题分析

本届媒体融合奖项获奖作品反映了我国媒体深度融合发展的方向，但在媒体融合奖项已设立4年的大背景下，还应该在作品题材的多元性、服务社会和人民需求的多元性上有所提升。

（一）协调题材代表性与多样性

尽管主题聚焦、新闻性提升，但是媒体融合作品的内容题材稍显单一，同质性较强的问题凸显。新闻媒体应该是代表群众探索社会的触角，监督权力的眼睛，监测环境的瞭望者。在这一职责范围内，当前的融合精品在题材广度和宽度上仍需拓展。

（二）兼顾创意形式和内容深度

短视频新闻、H5作品等显现模式化趋势，这对创意提出更高的要求。在这种情况下，要么等待技术实现突破，要么将现有技术更好融合稀缺内容。因此，数据新闻、调查性报道等有待加大关注。

（三）关注“数字鸿沟”引发的问题

“数字鸿沟”问题自互联网诞生之日起就被讨论不休。21世纪，我们应更多考虑老年人和技术陌生用户的需求。这是用户思维和媒体定位的双重要求，也是社会发展兼顾人文关怀的重要一环。针对互联网注重垂直领域这一特点，入选作品并未有效呈现，服务特定群体的创新作品还有待开发。

六、结语

进入媒体深度融合阶段，主流媒体的转型升级面临更大的挑战。融合已经从散点式的技术和作品创新向体制机制平台的一体化创新迈进，但无论怎样，优质的融合新闻精品永远是反映媒体融合改革的窗口，也是引领行业发展的“风向标”。自2018年中国新闻奖媒体融合奖项设置以来，发展成效极为丰富，在万物互联互通的未来，媒体融合势必发生更多新变化，中国新闻奖媒体融合奖项获奖作品也将与时代变革同频共振，与国家发展同向同行。作为媒体人，需要具备全方位的敏锐度，坚守住创新的底线，把握住融合的航向，探索出互动的落点，发挥好新闻的价值。

注释：

①喻国明．推进媒体深度融合需要解决的三个关键问题 [J]. 教育传媒研究，2021（1）：12-14.

②彭兰．新媒体传播：新图景与新机理 [J]. 新闻与写作，2018（7）：5-11.

关于第三十一届中国新闻奖媒体融合奖项和新媒体新闻专栏报送工作的通知

各省（自治区、直辖市）和新疆生产建设兵团新闻工作者协会，中央军委政治工作部宣传局，中国行业报协会，各有关中央新闻单位和全国性行业类媒体：

根据《中国新闻奖评选办法》，第三十一届中国新闻奖媒体融合奖项和新媒体新闻专栏初评工作由中国记协新媒体专业委员会组织。

为全面贯彻落实中央《关于加快推进媒体深度融合发展的意见》精神，加快构建全媒体传播体系，充分体现全媒体传播要求，本届中国新闻奖评选在原有报送名额基础上，新增县级融媒体中心作品名额，新增全媒体传播效果突出的作品名额。请各单位严格按照要求，做好参评作品的推荐、报送工作。

一、参评作品

参评范围为经国家正式批准的报社（报业集团）、通讯社、广播电台、电视台，新闻宣传主管部门和新闻单位主办的具有登载新闻业务资质的新闻网站、新媒体中心（传媒中心）等新闻机构。

参评媒体融合奖项作品要求由以上新闻单位应用数字技术制作，在移动端首次发布传播，鼓励媒体融合发展，鼓励在自有平台发布的作品。曾获新闻名专栏以及新媒体品牌栏目奖项的，应间隔 5 年以上且有重大创新方可参评。

二、评选项目

媒体融合奖项设 5 个评选项目：短视频现场新闻、短视频专题报道、移动直播、创意互动、融合创新。以上项目和新媒体新闻专栏具体要求及评选标准见《中国新闻奖评选办法》。

三、报送数额

各单位按照《中国新闻奖媒体融合奖项和新媒体新闻专栏报送数额表》推荐、报送符合评选标准的作品。如超额报送，初评办公室将按该单位申报的《中国新闻奖媒体融合奖项和新媒体新闻专栏报送作品目录》，撤下排序靠后的作品。

各社会单位和个人可自荐、他荐符合本办法规定的新闻作品参加评选，名额不超过 1 个。参评作品须获得省部级或中央主要新闻单位社（台）级二等奖及以上新闻奖，并有

2 名新闻专业副高以上职称的人士实名推荐。初评办公室收到自荐、他荐作品后，须严格审核把关，并同组织报送作品一起提交初评。

为突出体现并鼓励新闻战线加快构建全媒体传播体系，部分报送单位可在现有名额基础上新增 1—2 个名额，专门报送全媒体传播效果突出的作品。如有符合评选条件和标准的县级融媒体中心作品，各省（区、市）和新疆生产建设兵团记协可增报 1 件。

每个报送单位可在媒体融合奖项和新媒体新闻专栏 6 个评选项目中，报送 1 件参评国际传播奖项作品，如确有较多符合评选标准的国际传播好作品，可按新增不超过 1 件报送。

初评委员会从参评作品中评选出 110 件媒体融合奖项和新媒体新闻专栏作品报送定评，另报送参评国际传播奖项作品 10 件。为调动更多新闻单位积极性，报送定评的全部作品中（不含国际传播奖项作品），每个报送单位的作品不超过 5 件。

四、初评委员会组成

1. 初评委员会负责媒体融合奖项和新媒体新闻专栏，以及上述类别中国际传播奖项的初评。初评评委由中国记协新媒体专业委员会聘任。

2. 评委聘任条件：坚持党性原则；组织纪律性强；品行端正，作风务实，办事公道；熟悉新闻业务。

评委实行回避制。本人或直系亲属如有作品参评的，不得担任评委。

评委与初评办公室签订保密协议。在评选结果揭晓前，评委不得擅自发布、告知他人有关评选信息。

3. 评委由三部分人员组成：

（1）中宣部、中央网信办、国家广播电视总局相关部门负责人各 1 位；人民日报社、新华社、中央广播电视总台新媒体相关工作负责人各 1 位；中国记协书记处书记和新媒体专业委员会委员。

（2）新闻单位（不含人民日报社、新华社、中央广播电视总台）从事新媒体工作的负责人和一线编辑、记者代表。

（3）新媒体专家学者。

评委候选人由中国记协评奖办公室、新媒体专业委员会确定。

五、如有未尽事项，由本届初评委员会主任会议研究决定。

六、中国记协新媒体专业委员会享有中国新闻奖媒体融合奖项和新媒体新闻专栏，以及上述类别中国际传播奖项参评作品的使用权。

七、本通知解释权归中国记协新媒体专业委员会。

八、参评材料截稿日期为 2021 年 4 月 30 日，逾期未报，视为自动弃权。

中国记协新媒体专业委员会

2021 年 4 月 1 日

第三十一届中国新闻奖媒体融合奖项和新媒体新闻专栏初评评选细则

第三十一届中国新闻奖媒体融合奖项和新媒体新闻专栏初评委员会
2021 年 5 月 21 日审议通过

根据《中国新闻奖评选办法》，制定本评选细则。

一、总体要求

1. 坚持公平、公正、公开，在全面审看参评材料和充分评议的基础上，以无记名投票方式评选。

2. 统筹兼顾中央媒体与地方媒体、发达地区与欠发达地区的参评作品；鼓励践行“四力”和“走转改”的作品；鼓励媒体融合成效突出的作品；鼓励在自有平台首发的作品。

3. 对同一事件的同体裁作品，同等条件下首发在前的优先。

4. 评选会由评委会主任或主任委托的副主任主持。实到评委超过全体评委人数 4/5 方可召开评选会。评委中途离会不能参加投票的，按实到评委投票，离会评委不能委托其他评委代为投票。

5. 按设定数额投票，可少投，不能多投。如有多投的，多投选票计为废票。每轮投票结束，在规定得票范围内，按得票数从高到低依次取齐规定数额入围作品。

6. 评选会实行回避制，评委讨论时，除主持人要求解释清楚的问题外，不得宣传、介绍、点评本单位推荐（报送）的参评作品。

7. 从所在单位（地区）没有参评作品的评委中产生 4 名监票人，负责监督评委投票和工作人员计票。

二、报送数额

本届中国新闻奖媒体融合奖项和新媒体新闻专栏共设 50 个奖。其中一等奖 10 个，二等奖 15 个左右，三等奖 25 个左右。初评评委会按设奖数额的 220%，即 110 件左右报送定评，另报送国际传播奖项作品 10 件。

各项目报送作品数量，在小组完成对全部作品的审看、评议后，由本届评委会主任会议根据各项目参评作品质量等情况统筹研究确定。

为调动更多新闻单位的积极性，推荐参加定评的全部作品中，每个报送单位的作品不超过 5 件（不含国际传播）。

三、评选程序

（一）审议作品资格

（1）初评办公室承担初评参评作品的审核责任，按照“评选范围”“评选标准”“报送要求”等认真审核，将符合条件的作品提交初评委员会评选。

（2）初评委员会听取并审议初评办公室关于参评作品和相关申报材料的审核处理情况、公示情况以及举报审核处理情况的报告，确认参评作品资格。

（二）小组推荐作品

按照评选标准认真审看、评议参评作品。参评作品及其申报材料存在造假、导向不当、不良社会影响及事实性差错等硬伤，或文字说明中错别字、标点符号错误等达到 3 处以上，不得推荐参加定评。

评委分 4 个小组审看（听）、评议各项目参评作品，向全体评委会推荐各项目候选建议作品。第 1 组负责推荐短视频现场新闻、移动直播的候选建议作品；第 2 组负责推荐融合创新的候选建议作品；第 3 组负责推荐短视频专题报道、新媒体新闻专栏的候选建议作品。第 4 组负责国际传播、创意互动的候选建议作品。

各小组指定 2 位所在单位没有参评作品的评委担任监票人，负责监督小组评委投票和工作人员计票。

各小组在充分讨论、评议的基础上，以无记名投票方式按规定数额推荐出候选建议作品。

（1）推荐候选建议作品

各小组根据评委会主任会议统筹确定的名额，推荐候选建议作品。

如某项参评作品数额达不到候选建议作品数，按照评选标准评出不超过候选建议作品数额的作品。评不出的，可以空缺。

候选建议作品须达到小组实到评委二分之一赞成票。

如达到规定票数的作品多于该项目应选出数额，按得票顺序从高向低依次取齐。如最后 1 个名额出现并列作品（达到规定票数且票数相同，下同），则对这些并列作品再进行票决，得票多者入选。如票决后达到规定票数的作品仍出现并列，则全部入选。

如达到规定票数的作品少于该项目应选出数额，则按“缺额数加 1”的数量（“1”是指补齐缺额数后，排在其后的首位落选作品，下同），从该项目尚未入选作品中按得票顺序从高向低依次取齐后（如“缺额数加 1”出现并列作品，则全部进入票决，下同），对选取的作品再票决，达到规定票数者入选。如此轮票决后，达到规定票数的作品数仍少于该项目应选出数额，缺额不补。

各项目候选建议作品名单按投票轮次和得票数从高到低排序；出现并列的，按照作品质量讨论确定排序。

（2）确定候选作品

召开评委会主任会议，确定候选作品或处理原则。

（三）确定报送作品

（1）全体评委听取各小组报告本小组推荐候选作品情况，并进行充分讨论、评议。

（2）以无记名投票方式按规定数额推荐报送定评的作品。

报送定评的作品须达到全体实到评委1/2赞成票。

如达到规定票数的作品多于该项目应选出数额，按得票顺序从高向低依次取齐。如最后1个名额出现并列作品（达到规定票数且票数相同，下同），则对这些并列作品再进行票决，得票多者入选。如票决后达到规定票数的作品仍出现并列，则全部入选。

如达到规定票数的作品少于该项目应选出数额，则按“缺额数加1”的数量（“1”是指补齐缺额数后，排在其后的首位落选作品，下同），从该项目尚未入选作品中按得票顺序从高向低依次取齐后（如“缺额数加1”出现并列作品，则全部进入票决，下同），对选取的作品再票决，达到规定票数者入选。如此轮票决后，达到规定票数的作品数仍少于该项目应选出数额，缺额不补。

（3）各项目报送作品名单按投票轮次和得票数从高到低排序，出现并列的，按照作品质量讨论确定排序。

四、后续工作

1. 初评办公室在中国记协网完整公示报送定评的作品名单及相关作品的申报材料，接受网上评议，公示时间不少于5个工作日。不参加公示或作品相关材料无法公示的作品，取消报送。

2. 初评办公室对公示期间收到的举报认真核查，按照《评选办法》关于违规问题的处罚相关规定执行。

五、评选纪律

初评评委及办公室工作人员应严格执行《评选办法》和评选细则，对评选会上的讨论、投票情况严格保密。如发现评委、工作人员有违纪违规行为，将委托相关主管单位纪检监察部门进行调查；一经查实，给予相应处罚。

六、本评选细则经第三十一届中国新闻奖媒体融合奖项和新媒体新闻专栏初评委员会通过后施行。评选细则未尽事宜，委托评委会主任、副主任讨论决定，重大事项由全体评委讨论决定。

媒体追踪

人民日报社

新媒体工作综述

2021年，人民日报社坚持以习近平新时代中国特色社会主义思想为指导，深入贯彻落实习近平总书记关于意识形态工作、宣传思想工作、新闻舆论工作的重要论述和对人民日报工作重要指示批示精神，深刻领悟“两个确立”的决定性意义，增强“四个意识”、坚定“四个自信”、做到“两个维护”，坚持守正创新，精心组织重大主题报道，做大做强主流思想舆论，扎实推进媒体深度融合，打造具有强大引领力、传播力、影响力的国际一流新型主流媒体。在这一年，人民日报社新媒体事业再上新台阶，全媒体覆盖用户总数突破11亿，牢牢占据舆论引导、思想引领、文化传承、服务人民的传播制高点。

一、突出首要政治任务，全力做好习近平总书记报道和习近平新时代中国特色社会主义思想宣传阐释

人民日报社坚持把报道好习近平总书记和宣传阐释好习近平新时代中国特色社会主义思想作为首要政治任务和最重要的政治责任，发挥全媒体传播优势，“报、刊、网、端、微、屏”多个端口形成宣传报道合力。

1.适应移动传播发展趋势，充分展现习近平总书记大党大国领袖风范。2021年，人民日报社新媒体平台推出的多款产品成为“爆款”。新媒体中心围绕习近平总书记重要讲话重要活动，第一时间策划海报，广泛传播习近平总书记金句。策划推出的《习近平：江山就是人民，人民就是江山》《号外！习近平庄严宣告全面建成小康社会》《庆祝建党百年，总书记这些话激荡人心》等报道在朋友圈刷屏。结合重要时间节点，新媒体中心策划推出的《建党百年，听习近平讲党史故事》《习近平讲述的红军长征故事》等产品，语言平实，可读性强，受到网友广泛关注。在建党百年之际，推出的《领航新征程》《百年风华》等在全网推送。抖音短视频《中国的明天必将更加美好！》，生动呈现习近平总书记的重要讲话，进一步激发了人们的爱国爱党情。H5产品《跟着总书记打卡红色圣地》《你的人生中，也有

这样值得铭记的一天》刷屏网络。

2. 把握情感传播规律，生动展示习近平总书记为民情怀。人民日报新媒体推出的“这些年，总书记牵挂的民生事”系列报道，小切口大主题，聚焦人民群众的获得感、幸福感、安全感，展现习近平总书记真挚深厚的人民情怀。人民日报海外版“学习小组”联合人民网推出的“出卷·答卷·阅卷——时代之问，总书记这样回答”系列融媒体报道，重温习近平总书记对“时代之问”的精准把脉、清晰解答和周密部署，被100多家境外华文媒体转载。推出的“鉴往知来，跟着总书记学历史”“总书记刚刚来过这里”等新媒体栏目，《今日重阳，一起重温习近平尊老敬老的暖心话》等融媒体产品，在网络舆论场上取得了不俗的传播成绩。5集微视频《跟着习近平学过中国年》，通过民俗故事展现习近平总书记亲民爱民形象，受到海外用户的高度关注。

3. 发挥全媒体融合传播优势，深入做好习近平新时代中国特色社会主义思想宣传阐释。2021年人民网全新改版，首页置顶推送“习近平系列重要讲话数据库”专栏，收录习近平总书记重要讲话等报道1.1万篇。人民网推出习近平总书记中文原创报道310余篇，其中100多篇被全网置顶转发。海外社交媒体平台人民日报官方账号、人民网官方账号以及人民网多语种网站发布习近平总书记报道2.6万条次。新媒体中心推出主题宣传片《“和”与世界》，通过中国山水画写意风格的3D动画，宣传阐释构建人类命运共同体重要理念。在英文客户端上线习近平总书记报道频道，策划推出大量新媒体产品，为海外各界研究习近平新时代中国特色社会主义思想、观察了解中国社会发展提供重要窗口。

二、把握正确政治方向舆论导向价值取向，做大做强主题宣传，充分发挥导向旗帜引领作用

人民日报社围绕建党百年这一主线，结合各项主题和重要节点，强化议题设置，创新传播方式，不断推出导向正确、形式多样、贴近群众的精品力作，在增进共识、凝聚力量、成风化人上发挥了重要作用。

1. 承办党史学习教育官网、官方微信公众号。人民网承办党史学习教育官网官微，官方微信公众号总粉丝数达858万，活动受到高度关注。推出“我和我的信仰”大型融媒传播活动，累计阅读量超过3亿次，全国党史知识竞赛等活动累计关注量达8.86亿次。人民日报社新媒体各平台首页共刊发党史学习教育重点报道3000余篇，为党史学习教育营造良好舆论氛围。

2. 建党百年报道浓墨重彩。主题MV《少年》一经发布即被广泛转载，成为青年群体热传热转的“现象级”产品；互动体验馆“复兴大道100号”以场景化、沉浸式体验为突破，让年轻人感受中国共产党的初心使命，成为党史学习教育“网红”打卡地；策划推出系列微视频《这百年》，全景描绘中华大地在中国共产党领导下的百年巨变，

在网上引起热烈反响；微视频《中国共产党百年述职报告》创新表达方式，以第一人称形式自述百年党史、阐述初心使命。

3. 党的十九届六中全会相关报道引发热烈反响。全会前后，连续策划推出《十九届六中全会是个什么会》《十九届六中全会为什么重要》《8个数字，带你学习六中全会公报》等系列解读产品，讲好中国共产党故事。策划制作“我是中国共产党党员”系列英文微视频，讲述基层党员故事。巧借外嘴发声，邀请多位海外知名专家学者多角度解读中国共产党的成功密码，策划推出系列英文微视频《提到中国共产党，你会想到什么？》等，相关话题两次登上微博热搜。

4. 旗帜鲜明、有力有效开展舆论斗争。“侠客岛”推出微信文章《“9·11”事件20年：毁灭霸权的只有它自己》，策划制作中英文海报《这10个问题，美国必须回答》、短视频《美国抗疫溯源三宗罪》等融媒体产品，深刻揭露美国霸权主义嘴脸，产生广泛影响。针对美西方的污蔑，第一时间推出海报《我支持新疆棉花》，取得了良好的传播效果。推出《真实的新疆》《“强迫劳动”？新疆人亲口驳斥：胡说八道》等系列英文微视频、“海外学者看新疆”多语种系列短视频，展示真实新疆，驳斥无端指责，在海内外赢得一片掌声。在涉港舆论斗争中，“人民锐评”文章《爱国者达叔永远都是主角》，在人民日报新媒体平台上的总阅读量超5000万次，对香港舆论场产生很大影响。针对香港“教协”退出所谓“支联会”一事，推出“人民锐评”文章《香港“教协”这颗毒瘤必须铲除》，被大公网、BBC中文等港媒、外媒广泛转载，有力支持了香港教育改革。

5. 融媒体报道聚焦热点、引导舆论。人民日报社多家融媒体工作室携手人民网和人民日报客户端，推出多篇社会反响较大的报道。《专访张文宏：一半人接种疫苗，六七月会迎来拐点》，在关键时刻释放权威信息，被国内多家媒体转载，发挥了稳定人心的重要作用。八一建军节之际推出的短视频《你，为什么参军》，展现一线官兵的飒爽英姿，在全国2800多个火车站、客运站，3800多辆动车组，25万块屏幕滚动播出。“人民日报评论”微信公众号粉丝数突破569万，推出的图文、音频融合产品“睡前聊一会儿”，贴近普通人生活，深受群众喜爱。推出的《EDG夺冠这件事，为什么能够这么火？》《万物皆可“元宇宙”》《“双减”落地四个多月，效果如何？》《玲娜贝儿，为什么这么火？》等，传播效果良好，有效引导网络舆论。

新媒体工作案例

建党百年主题MV《少年》

人民日报社新媒体中心深入贯彻习近平总书记关于抓好青少年党史学习教育的重要指示要求，准确把握年轻人接受心理和习惯，按照可视化、年轻态、精品化要求，约请专业词作家重新填词和编曲，精心制作主题 MV，选用深受年轻网民喜爱、内容旋律健康向上的网络歌曲《少年》，展现中国共产党百年奋斗历程，由原唱歌手梦然本人演唱，获得广大网民特别是年轻网民好评。

主题 MV《少年》注重整体和细节融合创新，改编后的歌词大气磅礴、激情昂扬，围绕“十四五”规划展开联想，强调“征途漫漫惟有奋斗”，副歌部分通过“我还是从前那个少年，初心从未有改变，百年只不过是考验”歌词与受众产生共情。MV 剪辑围绕百年历程，用年轻人喜爱的“燃”的风格，搜集大量来自不同时期的党史影视素材，依据歌词内容和创作需求精挑细选，让歌曲蕴含的情感力量得到最大限度的发挥。MV 嵌入习近平总书记的原声，“青年一代不怕苦、不畏难、不惧牺牲，用臂膀扛起如山的责任，展现出青春激昂的风采，展现出中华民族的希望！让我们一起为他们点赞”，以此推向高潮，展现百年大党永葆青春的朝气和活力。

主题 MV《少年》发布后，上百家政府机构、学校、企事业单位、电视台来电来函请求授权，中央广播电视总台、湖南卫视、辽宁卫视、河南卫视等电视台在重要节目中播放，引发多轮传播热潮，全网观看量超过 2.6 亿次，成为建党百年新媒体报道的一大“爆款”。中国记协新媒体专业委员会将该产品纳入庆祝建党百年融合报道创新案例库。在中央网信办主办的 2021 中国正能量“五个一百”网络精品评选中，建党百年主题 MV《少年》获得“百部精品网络正能量动漫音视频作品”的“优秀精品”奖。

作品二维码

短视频专栏“人民现场”

“人民现场”是人民网人民视频创办的首个常态化运营的政务新闻发布会短视频专栏，以外交部每日例行记者会短视频报道为主，旨在面向国际舆论场旗帜鲜明表达中国态度、中国立场、中国主张，讲好中国故事，传递中国声音，塑造中国形象。2021 年荣获第三十一届中国新闻奖新闻名专栏一等奖。

该专栏亦及时报道中央台办、商务部、应急管理部等部委例行新闻发布会，结合热点、热词，对发布会核心信息、精彩内容进行提炼，解疑释惑，凝聚共识，统一思想，凝心聚力促进各领域高质量发展。使用竖屏拍摄方式，创新视角，放大细节，优化体验，现场制作播发短小精练、新颖优质的竖屏短视频，做到“会毕视频出”。开创了政务新闻发布会可视化传播全新模式，推动了政务公开效率和效果显著提升，树立党和政府执政为民、坦诚清新好形象。

“人民现场”短视频同步在新浪微博、B 站、抖音、快手等社交网络平台播出。2021 年，该专栏产品上榜热搜数量超过 120 条，被百余家中央及地方媒体转载。

专栏把握住视频化、移动化、社交化传播场景需求和产品需求，坚持“人民至上”“内容为王”，坚持“视频优先”“移动优先”“重视体验”传播策略，探索出政务新闻发布会视频化、精粹化、轻量化、沉浸式传播路径，以“短实新”时政视频赢得用户青睐。

作品二维码

（人民日报社供稿）

新华通讯社

新媒体工作综述

2021年，新华社坚持以习近平新时代中国特色社会主义思想为指导，深入贯彻落实习近平总书记致新华社建社90周年的贺信和党中央关于加快推进媒体深度融合发展重大部署，瞄准“努力建成国际一流新型全媒体机构”目标，以“铸魂工程”为引领，以“创新驱动”战略、“人才强社”战略、“高质量发展”战略为引擎，推动媒体深度融合不断取得重大突破性进展，着力打造以内容建设为根本、先进技术为支撑、创新管理为保障的全媒体传播体系，推动主力军全面挺进主战场、占领主阵地、掌握主动权，推动重塑互联网时代国家通讯社的主导地位，努力占据舆论引导、思想引领、文化传承、服务人民的传播制高点。

一、做强核心报道，壮大主流舆论

坚持以核心报道为头等大事，2021年全年围绕习近平总书记重要讲话重要活动和党的创新理论宣传，精心组织报道。完善专责习近平总书记报道的第一工作室，打造核心报道平台，集中全社精干力量、整合最优资源，推出《2021，送你一张船票》《复兴·领航》《战贫之路》《大国抉择》《人间正道》《史上最难考卷，请你阅评》等现象级产品。加强核心报道栏目建设，“第一观察”“第1视点”“学习快评”“学习进行时”“习近平时间”等社级重点栏目浏览量大幅提升。深刻领悟习近平总书记这位中国故事主角的影响力、感召力，以讲好总书记的故事为统领，带动讲好中国故事、中国共产党故事、中国特色社会主义故事，推出“习近平的故事”“习近平‘微故事’”系列外宣产品，策划“我眼中的习近平”系列微视频，积极用好新华社海外社交媒体账号集群，加大习近平总书记报道传播和推广力度，向世界展示习近平总书记大党大国和世界级领袖的形象风范。

二、坚持内容创新，持续破壁出圈

加快新闻信息生产供给侧结构性改革，围绕建党百年主题，重点策划《望北斗》《C位是怎样炼成的》《风雨百年味》《28岁的你》《一叶红船》等能量密度大、表达方式新、传播效果好的重点产品，单个产品最高浏览量40亿次，为重大历史性时刻留下鲜明的“新华印记”。融媒体政论栏目“钟华论”全年共推出《百年风华：读懂你的样子——献给中国共产党百年华诞》等7篇重磅评论，平均采用2000余家次，在关键节点发挥了重要舆论引导作用，取得了“破壁出圈”传播效果。加强重点融合栏目建设，全年累计播发“新华全媒头条”报道405组；创新打造对内对外拳头栏目“新华全媒+”“全球连线”，全年分别播发重点融合报道8000余条（组），成为拓展新华社报道影响力的新载体、新抓手。构建种类齐全、形态多样的创新产品体系，“国家相册”“新青年”“声在中国”“全民拍”等一批新媒体重点栏目和项目形成品牌效应。成功研发全球首位数字航天员、新华社数字记者“小诤”，在神舟十三号载人飞行任务实施期间推出并受到全球关注，系列报道整体曝光量超10亿次，登上微博热搜等多个热榜，成为新闻与前沿数字技术的最新融合成果。

三、做强平台终端，凸显矩阵效应

始终把用户需求摆在突出位置，以互联网主战场为重点，不断扩大新闻信息产品覆盖面、影响力。做强新媒体专线、短视频专线、县级融媒体专线等对内新媒体发稿线路，深入推进国别专线、多语种互联网专线建设，积极抢占海外舆论主阵地。加快重点平台迭代升级，创新“新闻+政务服务商务”运营模式，新华网综合排名稳居中央重点新闻网站首位，新华社客户端下载量达4.2亿次。深化社交媒体账号一体化运行机制，海内外社交媒体账号集群用户总规模超6.8亿，传播力、影响力快速攀升。鼓励知名编辑记者在海内外新媒体平台发挥作用，张扬、徐泽宇、王迪迩、缪晓娟、商洋、“新马可·波罗”（洋网红）等一批“国社网红”成为“主流网红”，形成立体多样、融通中外、各具特色的“网红”体系。

四、深化机制改革，显著提质增效

创新体制机制，构建新型报道组织指挥体系，打造统筹指挥全社对内、对外融合报道的两大全媒平台，发挥“龙头”引领作用，带动采编部门“龙身”和国内外分社“龙尾”全媒体转型。主要编辑部和国内外分社基本实现融合产品统一策划、采集、生产、审签。积极探索融合产品项目制，作为编辑部的有益补充，“卫星新闻实验室”等优质项目IP效应不断显现。实施“揭榜挂帅”创意征集制度，2021年围绕春节、全国两会、五四青年节、东京奥运会、中秋国庆、跨年报道等开展8次征集活动，推动产品策划、执行、推广等全流程各环节运行机制化、扁平化、常态化，推出《MR艺术舞蹈秀｜“舞”动百年芳华》《老照片“动”起来！“穿越”时空遇见Ta》《2021年记忆链——新闻数字藏品》等一批立意新、接地气、受欢迎的融合报道产品，有效提升了新华社在互联网和青年群体中的品牌认知度。

五、强化技术赋能，抢占传播高地

成立新华社技术工作领导小组，形成以技术局为统筹、国家重点实验室为牵引，其他相关单位为主要创新主体的技术建设新格局。人工智能、大数据等先进技术应用初具规模，推出智能化服务及工具超过9大类80项，覆盖采编全流程，优化“媒体大脑”“现场云”等技术集成应用，提高融合产品创意创新和生产制作能力。积极运用先进技术赋能新闻报道，推出5G沉浸式多地跨屏访谈、5G新华空间音频等创新报道，带给用户全新的可视化、沉浸式体验。深化前沿技术探索，创新应用超写实数字人技术，自主研发新华全息声场技术，搭建中国新闻媒体版权保护联盟平台、版权应用系统“媒体融合链”，推动“空间信息技术+新闻行业”交叉学科建设，参与行业标准制定，引领跨界融合发展。在媒体行业率先布局5G融媒体传播平台，牵头与三大电信运营商、信通院、中兴、华为等8家单位共同成立“5G融媒体应用生态联盟”，抢占5G时代“新赛道”。加强媒体融合生产技术与系统国家重点实验室建设，聘请国际一流专家担任首席科学家，与北京大学等机构签署战略合作协议，构建产学研用一条龙，为新华社深度融合提供有力技术支撑。

六、锤炼全媒铁军，夯实人才根基

加大全媒体人才培训力度，开展“敬业精神、职业操守、专业素养”专项培训，办好“国社微讲堂”“书香新华悦读汇”等常态化全媒体业务培训，坚持以战代训、训战结合，全社新媒体报道队伍持续壮大。实施传统编辑部和新媒体部门人员“双向嵌入”，全年安排超过120人次嵌入融合报道业务流程，有效缓解了全媒人才短缺痛点。建立全社功勋荣誉表彰制度，修订考核奖励办法，有效提升了员工工作积极性、创造性。

新媒体工作案例

《2021，送你一张船票》

2021年1月2日，新华社推出建党百年报道“首发式”产品创意H5《2021，送你一张船票》，一经上线即被全网置顶转发，网民纷纷“领票”“登船”，形成传播热潮，引发刷屏效应。截至2021年1月底，互动H5参与量近5000万次，产品全网浏览量达4.1亿次。产品创意独到，将中国共产党百年征程的重要历史时刻浓缩在一张“船票”中，引导网民进入时空隧道，回顾党史上铭载史册的重大事件、重要文件、重大决策，让网民在体验过程中，不知不觉上了一堂精彩的“微党课”。设计风格精巧，以勾线手绘漫画为表现手法，将文字、手绘漫画、音乐等多种表现形式融合在一起，画面流畅精致、风格整洁大气。互动传播效果显著，网民可通过出生日期获得一张专属船票，实现了党史学习教育和个人命运讲述的交融，

“行船”过程中，画面中的提示不断对网民发起“感情攻势”，引发个人故事与国家叙事的充分联想，让广大网民意识到“这张船票”的真正意义——并不仅仅是历史的“游览之船”，更是所有人齐心划桨的“奋斗之船”。网民纷纷留言：“新华社这个绝佳创意，既大气磅礴又精致有趣。”“这张船票不仅有新鲜的体验，更承载着满满的感动。”

作品二维码

《望北斗》

2021 年 6 月 28 日，新华社播发建党百年重磅微电影《望北斗》，用宇宙浪漫叙事讲述百年党史，以北斗七星为核心意象，将深刻思想与电影级视听效果有机融合，高度凝练、真切动人、壮丽震撼地呈现了中国共产党人为崇高信仰不懈奋斗的百年历程，成为全国新闻界迎接建党百年的标杆性融媒体产品之一。全片坚持纪实风格，将新闻性与艺术性高度融合，运用珍贵历史照片、人物采访、实景拍摄等手法，以宏大叙事、动人细节、绚丽视效融为一体的方式，对中国共产党百年征程进行了多层面、全方位、全景式的解读，揭示了“中国共产党就是‘北斗’、中国共产党人的信仰就是‘北斗’”的深刻内涵，让受众深刻体会今日之成就来之不易，党的领导是历史的选择、人民的选择。产品于 6 月 28 日上午发布，迅速形成刷屏之势，视频播发后仅 2 小时，播放量即突破 1 亿次；播出 72 小时内，微博主话题阅读量约为 14 亿次，全网总传播量约为 40 亿次。

作品二维码

（新华通讯社供稿）

中央广播电视总台

新媒体工作综述

2021年是中国共产党成立100周年，是“十四五”开局之年，是中央广播电视总台打造具有强大引领力、传播力、影响力的国际一流新型主流媒体的关键之年。2021年，在以习近平同志为核心的党中央亲切关怀和坚强领导下，中央广播电视总台坚持以习近平新时代中国特色社会主义思想统领一切工作，深入学习贯彻习近平总书记对总台工作的一系列重要指示批示特别是贺信精神，以实际行动坚决拥护“两个确立”、做到“两个维护”，围绕开局“十四五”、奋进新征程，加快推进媒体深度融合发展，持续深化“三个转变”，积极构建网上网下一体、内宣外宣联动的主流舆论格局，海内外引领力、传播力、影响力显著提升，向着国际一流新型主流媒体目标加速前进。

一、加强顶层设计，做好总台媒体融合发展中长期规划，推动实现科学布局、一体发展

总台把推进融合发展作为一项重要工作，紧紧围绕建设具有强大引领力、传播力、影响力的国际一流新型主流媒体战略目标，深入推进高质量发展，持续深化“5G+4K/8K+AI”战略格局，加快推动宣传报道全面挺进互联网这一主战场。

1. 总台党组高度重视媒体深度融合发展工作。2020年年底，总台专门成立了总台媒体深度融合发展领导小组，负责总台融合发展工作的组织领导和战略决策。融合发展工作也一直都是总台党组会议和总台编务会议研究讨论的重要内容。

2. 科学制定实施媒体融合中长期规划。2021年，总台研究制定并印发执行《中央广播电视总台关于加快推进媒体深度融合发展的意见》、对外融合传播意见、《中央广播电视总台“十四五”发展规划》之新媒体新平台发展规划、《中央广播电视总台媒体深度融合发展三年行动计划》等多个事关总

台媒体融合发展大局的规划。其中,《中央广播电视总台关于加快推进媒体深度融合发展的意见》明确提出,要坚持守正创新,以攻为守,把总台的主力部队、精锐力量、工作重心放到互联网主战场上,走出一条具有总台特色的媒体融合发展之路。

3. 出台全媒体考核办法,强化科学评估。加强统筹管理,研究制定并施行《中央广播电视总台全媒体平台业务考核办法》及实施细则,对新媒体平台、频道、频率、国际语言单元的业务表现进行动态考核,在考核维度和考核指标的设置上着眼全媒体思维和大小屏融合发展理念,发挥总台全媒体融合发展"指挥棒"作用。

二、牢记初心使命,聚焦聚力打造"头条工程",领袖宣传在全网广泛传播

总台作为党的意识形态重镇和国家广播电视台,始终坚持以高度的政治责任感和使命感,把习近平总书记和总书记重要思想宣传作为头等大事贯穿到各项工作中,持续深化提升总台"头条工程",实现全台各平台首页、首屏、头条同频共振、集中发力。

1. 总台始终坚持以领袖的高度就是宣传报道追求的高度为标准,充分发挥总台强大融合传播优势,以绝对领先的发稿时效、覆盖全球的传播优势、新锐深刻的评论言论和生动鲜活的"爆款"产品深入开展领袖宣传报道。圆满完成建党百年庆祝大会、"七一勋章"颁授仪式、文艺演出《伟大征程》等重大宣传报道任务,创下自主研发高新技术应用最多、融合报道产品数量和传播数据最大等多项历史新纪录。坚持以新闻规律做好重大宣传报道,打造"总台时政"品牌集群,《新闻联播》等重点新闻栏目策划推出系列高质量主题主线报道,央视新闻发布时政稿件3000余篇,全网首发首推510条时政快讯,播放量达70亿次。组织重大时政直播26场,创作新媒体产品1100余部,图文和音视频头条产品600余篇。

2. 持续擦亮时政特稿、评论言论品牌。在《新闻联播》《新闻和报纸摘要》等传统权威新闻栏目基础上,更加突出重大主题的轻量化操作、可视化表达,升级强化《时政V观》《时政新闻眼》等品牌专栏,全新打造《时政微纪录》《天天学习》《时政画说》《时政图解》等时政品牌,把深刻的思想讲透彻,将鲜活的理论讲生动。《央视快评》《国际锐评》《总台海峡时评》《主播说联播》等评论言论品牌影响力持续提升,突出宣传阐释好"两个确立"的决定性意义,形成了精品不断、精彩纷呈的传播局面。

3. 充分发挥总台44种语言、网红工作室、CGTN融媒体平台、国际视通等对外传播综合优势,领袖报道传播实效显著提升。党的十九届六中全会相关报道总触达22.24亿人次,对外发稿被91个国家和地区的1197个电视台及新媒体平台播发5705次,累计触达海外受众4.8亿人次,创历年中央全会对外传播最佳成绩。CGTN对外发布110篇习近平总书记时政特稿,被2276家海外网媒转载近8万次,《经典里的中国智

慧——平“语”近人（国际版）》创下总台外宣时政微视频单品报道海外传播之最。国际视频通讯社建立时政发稿专班机制，对外发布相关新闻素材1405条，同比增长52%，对外发布直播信号14场，126个国家和地区的2304个电视台及新媒体平台累计播出超12.4万次，G7国家电视台数占69%，G20国家电视台数占76%，创历史新高。

三、坚持以人民为中心，持续推动“思想＋艺术＋技术”融合传播，奋力推进全链条、全方位、全领域的精品节目创新

全媒体时代，媒体融合创新发展对内容生产供给侧结构性改革提出了新的要求。总台坚定不移走精品化路线，以“满屏皆精品”为目标，深入推进高质量发展改版升级，打造出一大批让人眼前一亮、闻之一振、爱不释手的精品节目。

1. 大力推动优质内容生产，推出一大批导向正确、质量上乘、深受受众喜爱的内容产品。围绕做好领袖宣传报道、建党百年、脱贫攻坚、乡村振兴、全面建成小康社会等重大主题宣传，精心策划打造《平“语”近人——习近平喜欢的典故（第二季）》《摆脱贫困》《人民的小康》等一大批原创精品，受到海内外受众特别是青少年受众的广泛赞誉。组织实施以《敢教日月换新天》为代表的传统品牌融媒体多形态改造工程，创新推出“云招聘”“冬日暖央young”等一大批融媒体行动和“爆款”产品，让主旋律作品“破茧”“出圈”，实现社会效益经济效益双丰收。

2. 汇聚社会优质内容资源，构建形成全媒体内容生态系统。从战略高度重视用户价值，走好全媒体时代群众路线。注重效果导向，以结果论英雄，以全媒体视野谋划工作内容、形式、方法、手段，广泛集纳社会力量，提升内容产业集聚度。央视新闻客户端2021年新增“看中国”频道，汇聚总台国内总站、机构、政府部门等新闻资源，形成“央视号”品牌，扩大新闻稿源，央视号粉丝量快速增长至100万。“央视频”创作者平台“央视频号”，内容聚焦泛文体、泛资讯、泛知识三大品类，以“账号＋Tab”为基本架构，连接撬动总台近年积累沉淀的优质资源和各类社会头部创作力量，与政务号、媒体号、达人号等形成优质内容矩阵。

3. 积极抢占国际舆论话语权，融媒体传播敢于亮剑，独家报道屡屡成为全球信源。总台持续加强国际传播能力建设，着力提升对外投送能力，狠抓重大新闻首发、独家报道和有效覆盖。在中美高层战略对话、阿富汗局势、美国国会骚乱、几内亚局势、孟晚舟回国等一系列重大报道中，总台记者第一时间深入现场、开展报道，充分发挥总台多语种、多媒体、多平台矩阵传播优势，一大批独家新闻成为全球媒体主要信源，首发率、自采率、到达率不断提升，一举扭转了以往国际突发事件报道中国媒体亦步亦趋充当“二传手”的局面，实现国际新闻核心报道重大突破，大幅提升了中国媒体在国际报

道中的权威地位和中国在国际社会的影响力。大力开展媒体外交，深化“好感传播”，推动形成“大珠小珠落玉盘”“千树万树梨花开”的大传播格局。

四、坚持守正创新，建设好运用好新媒体新平台，加快打造国家（杭州）短视频基地，构建“短视频融媒体传播评价体系”

1. 聚力打造央视新闻、央视频两大新媒体旗舰平台，全面提升平台运营水平，优化用户体验，扩大用户规模，最大化连接平台和用户。2021 年，总台央视新闻、央视频、云听等客户端陆续改版升级。央视新闻媒体用户规模达 8.26 亿，同比增长 62.9%。央视频客户端累计下载量 3.61 亿次，最高月活跃用户达 7265 万人。“云听”客户端用户规模超 1 亿，增速位居音频行业第一。

2. 聚力融合传播生态建设，与浙江省人民政府共同建设国家（杭州）短视频基地项目。基地以国家级平台建设为目标，打造“全国短视频公共服务平台”“交互式数字影像体验平台”“新技术新业态研发应用平台”“动漫短视频全产业链生态平台”“产业园区运营支撑服务平台”五大平台。抓紧谋划构建电子竞技新业态平台，为总台深化媒体融合发展开拓新领域。

3. 扎实推进“短视频融媒体传播评价体系”建设，构建指标体系及应用产品矩阵。“短视频融媒体传播评价体系”开创“专家组＋工作组”的工作模式，分阶段、有重点推进短视频融媒体传播评价体系构建。项目广泛集纳主管部门、业界学界专家意见建议，并结合最新学术研究成果，完成《短视频融媒体传播评价体系的总体框架和指标体系设计》和《短视频融媒体传播评价体系产品应用设计和发布方案》，构建以“象舞指数”为核心品牌的指数和榜单产品矩阵。依托“短视频融媒体传播评价体系”，升级推出智库型产品《总台融合发展监测报告》月刊和专刊。《报告》以“前沿动态跟踪”“焦点专题分析”为产品样态，通过具体案例分析，形成观点型成果，为总台提升内容生产力、技术引领力、管理创新力和资源整合力提供思考和建议。

五、依托总台“5G+4K/8K+AI”战略，加快推动国家重点实验室建设，开播上线央视奥林匹克频道及其数字平台

“5G+4K/8K+AI”战略格局硕果累累，总台媒体科技创新实力稳步走在世界第一方阵。以超高清视音频制播呈现国家重点实验室为突破，积极支持国重实验室参与科技部、发改委、工信部等有关部委组织的国家重大科研项目。在高铁上成功建设 5G 超高清移动直播演播室，在国际上首次解决了高铁列车超高清视频采播的技术难题。

1. 积极推进 8K 超高清电视制播科技创新，突破国外在 4K/8K 超高清电视上的技术垄断。开展以超高清电视装备国产化为核心的科技创新工作，开发 4K/8K 电视演播室制作系统等关键系统设备，5G+4K/8K 超

高清制播示范平台取得明显进展。启动北京超高清示范园建设，成功开播8K超高清电视频道，实现全球首次通过8K电视频道进行重大活动直播。制播国内首部全流程8K纪录片《美丽中国说》。

2. 成功开播上线央视奥林匹克频道及其数字平台，习近平总书记发来贺信。总台央视奥林匹克频道（CCTV-16）及其数字平台2021年10月25日正式开播上线，成为国际上首个以4K超高清和高清标准24小时上星同步播出的专业体育频道。频道已在全国31个省区市上线，覆盖用户超4.46亿户，4K用户超6100万户，观众规模达2.18亿。

3. 积极运用算法技术提高传播的精准性和舆论引导的时度效，研发上线"总台算法"。引入行业最先进的推荐算法模型，在算法侧引入正能量因子，建设彰显主流价值观的"总台算法"，确保导向正确，为用户推荐个性化、有意义、有营养、有价值的高品质内容。2021年，"总台算法"已在"央视频"多个业务板块落地应用，并将在总台其他新媒体平台推广应用。

六、培育新媒体经营、版权开发等新增长点，成立央视融媒体产业投资基金，奋力拓展产业发展新格局

1. 版权开发、新媒体经营水平创历史新高。版权创收取得历史最好成绩，正在成为总台创收新的支柱。"双奥"版权分销取得历史性突破。东京奥运会分销收入是2016年里约奥运会的9倍，北京冬奥会分销收入是2018年平昌冬奥会的51倍。总台还着力将新媒体平台资源优势转化为经营创收能力，新媒体经营收入取得新突破，是2020年的3倍。

2. 上线"象舞"广告营销平台。升级融媒体营销传播服务，专门推出象舞广告营销平台，从资源管理和客户服务两大层面，强化整合经营、融合营销和用户服务能力，提升客户品牌传播效果，全面提升总台营销水平。

3. 成立央视融媒体产业投资基金。总台与中国电信、中国文化产业投资母基金等26家企业共同发起设立央视融媒体产业投资基金，总规模100亿元，首期规模37亿元。基金将主要投向5G、超高清、人工智能、云计算、区块链等前沿技术应用，扶持新媒体、新业态，全方位推进效益提升，奋力实现大文化、大资本、大经营的战略蓝图。

4. 打造"百城千屏"超高清产业项目。启动建设8K超高清电视公共服务平台，与有关部委、各地方党委政府、四大电信运营商、科研院所和有关企事业单位携手共进，推动超高清电视频道进网入户，打造"百城千屏"超高清产业项目，构建集内容、平台、渠道、服务于一体的8K媒体生态体系。

七、实施融媒机制创新，打造全媒体人才队伍，充分激活内部活力

1. 建立健全融媒内容生产保障激励机制。科学合理规划总台融媒产品布局，根据各中心全媒体业务方案相应安排全媒体节目

预算。优化“央视频5G新媒体平台短视频节目生产专项经费、专项奖金”管理办法，进一步提升短视频的节目质量和传播效果。加大对社会创作者的赋能和扶持力度，充分调动其为总台生产优质内容的积极性。总台所有新媒体、新业务内容团队的业务项目实现经营性收入，均可获得奖励。

2. 积极探索融媒体工作室孵化机制。培育出《白·问》《吾家吾国》等具有一定影响力的原创融媒体品牌，示范效应初显。

3. 打造全媒体人才队伍。大力开展马克思主义新闻观专题培训，有针对性地开展全媒体业务培训，全年干部职工培训时长逾43万小时。根据媒体融合发展需要统筹配置干部，配强融合发展管理干部队伍。总台党组高度重视年轻干部的培养使用，建立总台优秀年轻干部和青年业务骨干人才库，实施融媒体人才培养储备。

新媒体工作案例

《主播说联播》

中央广播电视总台组建以来，全面把握媒体融合发展的趋势和规律，在品牌重塑方面全面发力，推出了一系列传播效果优异的新媒体IP产品。其中，总台央视王牌节目《新闻联播》的品牌衍生产品《主播说联播》表现尤其突出。

2021年，为加强分众化、年轻化传播，《主播说联播》实施全面改版，以“创意”为核心，对节目内容选题的设计以及传播方式方法进行大胆尝试和创新，做到每天有新意，每天上热搜。改版后的《主播说联播》更贴合短视频的属性，呈现文风灵动、与新闻强互动的鲜明特色，以年轻态、生动化的新语态宣传阐释党的创新理论，总阅读量达102亿次，带动电视端年轻观众日均同比增长17%。自2019年推出以来，《主播说联播》共录制播出超过870期，已经形成了一定的品牌效应，保持着较佳的播放量。

作品二维码

（中央广播电视总台供稿）

求是杂志社

新媒体工作综述

求是杂志编委会牢牢把握党中央机关刊的政治定位和政治站位，深入学习贯彻习近平总书记关于推动媒体融合发展、做大做强主流舆论的重要论述，坚持从推动习近平新时代中国特色社会主义思想更好“飞入寻常百姓家”的战略层面，从“刊就是网、网就是刊”的传播格局出发，深刻认识、高度重视、大力推进刊网深度融合，努力巩固加强党的思想理论阵地，切实发挥好思想理论武装和网上理论传播的引领作用。

一、深化一体化发展的体制机制改革，着力推进刊网融为一体、合而为一

推进刊网深度融合是一场深刻的自我革命，也是一场系统性的全方位变革，需要做好顶层设计，多点发力、综合配套、同步推进。求是杂志编委会不断强化一体化发展理念，着力在“一”字上做文章，推进形成“刊就是网、网就是刊”“主力军全面挺进主战场”的深度融合体制机制，努力实现一体管理、一体建设、一体发展。

1. 推进领导管理一体化。编委会将推进刊网深度融合作为一把手工程，社长亲自抓、负总责，大力推进刊网深度融合、齐头并进。编委会全面领导、全员管理刊网深度融合，重大事项集体决策，重要工作协同配合，在体制机制、内容生产、流程管理、人才培养等方面，全方位、全过程指导刊网深度融合。

2. 推进岗位职能一体化。将求是网全体编辑融合到《求是》杂志各编辑部，各编辑部副主任同时担任求是网副总编辑，《求是》杂志各编辑部同时是求是网编辑部，引导全部编辑力量向全媒记者、全媒编辑、全媒人才转型。2021 年度推出的 1900 多篇原创性网文、网评、微视频等各类融媒体产品，95% 以上由《求是》杂志各编辑部策划完成。

3. 推进统筹协调一体化。进一步优化机构设置、职能职责，筹备组建全媒体融合发展综合协调部门，既负责统筹协调好《求是》杂志的选题策划、编辑出版等工作，也

负责统筹协调融媒体产品选题策划、全媒体传播等工作，推进刊网有机衔接、深度融合。

4. 推进内容生产一体化。坚持《求是》杂志的编辑工作与融媒体产品生产一体策划、一同部署、一起推进。要求所有融媒体产品与《求是》杂志文章一样，都要履行编辑部内部“三审三校”制，都要严把政治关、理论关等各类关口，都要报送编委会领导把关、审定后方可推出。

5. 推进绩效考核、业绩评价一体化。按照“一体化发展、一体化考核”的原则，不断完善与刊网深度融合相衔接的考核机制与评估体系，在绩效考核、奖项评选、职称评定、选人用人、政策支持等方面加大刊网融合因素考核占比。

二、《求是》杂志全面改版、刊网深度融合为统筹推进网上网下思想理论武装创造了历史性机遇

《求是》杂志全面改版、刊网融合为求是杂志社更好地提升宣传阐释习近平新时代中国特色社会主义思想的时效性、到达率、覆盖面，提升《求是》杂志、求是网的权威性、理论性、影响力，打造一支全媒体理论宣传队伍，创造了历史性机遇。

全面改版、刊网融合后，《求是》杂志每期刊发习近平总书记重要文章，我们将刊发好、传播好、宣传好、阐释好习近平总书记重要文章，宣传好、阐释好习近平新时代中国特色社会主义思想作为推进刊网深度融合的中心任务，将习近平新时代中国特色社会主义思想作为融媒体产品生产的内容灵魂。同时推出阐释总书记重要文章的本刊编辑部文章，从不同角度、不同层面做好宣传阐释。紧跟习近平总书记重要讲话、指示批示、重大活动等时政热点，及时策划推出求是网评论员文章、网文、图解、微视频等融媒体产品。紧紧围绕重大主题宣传，将习近平总书记一系列相关重要论述联系起来进行专题化策划、贯通式宣传、系统性阐释，增强融媒体传播的专题性、集中度、厚重感。

全面改版、刊网融合后，从当期杂志出版上线开始，我们将所有文章内容特别是宣传阐释习近平总书记相关重要论述内容转化为各类融媒体产品，根据形势任务、宣传重点、时间节点等统筹安排推出，力求使《求是》杂志不仅是纸质版半月刊，更是网络版“全天候”。

全面改版、刊网融合后，编辑人员不仅要策划好、编发好《求是》杂志文章，还要将文章以网言网语转化为大众化融媒体产品；不仅要做好《求是》杂志文章的网上宣传，还要紧跟习近平总书记重要讲话精神和党中央重大决策部署，紧跟重大主题宣传，及时推出求是网评论员文章等一系列融媒体产品，在重大主题采访中边采边写、即采即发。不仅要做文字编辑，还要掌握图片、视频等多方面技能。编辑人员不仅仅是线下理论宣传的“主力军”，也正在成长为走上全媒宣传主战场的“主力军”。

三、刊网深度融合取得显著成效

刊网深度融合极大拓展了刊物本身的容量，大大增强了理论宣传的时效性，有效提高了理论宣传的到达率，有力扩大了理论宣传的受众面，使网上网下理论宣传有机衔接、相得益彰、形成合力。

1. 刊网深度融合大大拓展了理论宣传的容量。刊网深度融合将《求是》杂志有限的版面拓展成为求是网无限的网页，大量有深度的理论评论、有新意的网文、有影响的微视频持续推出。2021 年求是网推出原创融媒体产品 1900 多篇，《求是》杂志与求是网原创发稿总量 2300 余篇，是《求是》杂志全年发稿量的 6 倍。

2. 刊网深度融合为凸显理论优势、弥补时效短板提供了极为有利的条件。编委会紧跟习近平总书记重要讲话、指示批示、重大活动等时政热点，第一时间学习讲话精神、策划重点选题、制作解读网文、撰写网评文章。积极参与重大主题采访，白天采访调研，路上编发微博，晚上撰写报道，连夜审改稿件，次日尽早推出，第一时间为党员干部送上沾泥土、带露珠、冒热气的一线采访报道。

3. 刊网深度融合大大增强了理论宣传的到达率。《求是》杂志文章和融媒体产品的网上阅读量、转载量、到达率、有效性大幅提高。根据"学习强国"学习平台、求是网等网络平台不完全统计，2021 年刊发的习近平总书记重要文章每篇都有很高的阅读量和转载量；学习阐释习近平总书记重要文章的本刊编辑部文章总体阅读量超过 4 亿次，平均转载量保持在 260 家以上；学习阐释总书记重要思想的《毫不动摇坚持中国共产党领导是中国青年运动蓬勃发展的根本历史经验》等重要文章，单篇阅读量超过 3000 万次。

紧跟习近平总书记重要讲话和指示批示精神，2021 年推出 300 多篇求是网评论员文章，1200 多篇（件）融媒体产品，大量被"学习强国"学习平台和主要商业网站首页首屏转载，其中《完整准确全面贯彻新发展理念，习近平总书记这几篇讲话很重要》《为人民服务：贯穿百年党史的一根红线》《缅怀！总书记点赞的革命先烈》等阅读量分别超过 2800 万次、2400 万次、2300 万次。紧紧围绕习近平总书记《论中国共产党历史》、"七一"重要讲话精神、党的十九届六中全会精神等，推出系列原创理论导读"笔记君学党史""笔记君学'七一'讲话""笔记君谈党的精神谱系""知识点"等 70 多篇，累计阅读量达到 3.3 亿次。紧跟重大主题宣传，推出原创理论微视频作品 300 多个，全网总播放量超过 1.5 亿次，其中，系列理论微视频《影像中的党史》总播放量超过 8000 万次、《纪念馆里的党史》总播放量 1500 万次、《百年庆典》总播放量 1640 万次。

4. 刊网深度融合大大提升了理论宣传的受众面。《求是》全媒体平台推出的融媒体产品以权威性、理论性、大众性、严谨性、时效性、多样性，为党员干部理论学习提供了权威指导，吸引了广大党员干部的热切关注。《求是》杂志刊发的习近平总书记重要文章和编辑部文章等，成为很多党委党组开展中心组学习的重要内容；推出的融媒体产品成为很多党员干部进行理论学习的重要参考资料，成为网络搜索的重要内容，《知识点！第三个历史决议：学什么，怎么学？》占据百度热搜榜第1位，实时热度讨论量达497万次。

新媒体工作案例

“笔记君学党史”理论导读专辑

紧紧围绕习近平总书记《论中国共产党历史》以及关于党史的重要论述，充分彰显主流媒体权威理论解读特色，积极发挥“学而时习工作室”融媒体传播优势，协同求是网推出“笔记君学党史”理论导读40篇，引导广大网民深入学习领会习近平总书记关于党史的重要论述。同时与中国文明网开展合作，将解读网文制作成音频，在求是网、中国文明网、“学而时习”微信公众号以及相关新媒体平台发布，方便网民既能读理论又能听理论，实现了品牌化、系列化、多样化传播。

系列网文及音频推出后，在求是网和中国文明网同步推出专题展示，在微信微博等平台得到大量党政媒体类公众号的广泛关注、转载，“学习强国”学习平台建立音频专辑播放，累计转载媒体超过1000家，可统计的累计阅读量超过2亿次。“笔记君学党史”还被“党史学习教育领导小组办公室”指导的官方微信公众号转载，取得良好传播效果。网民普遍反映，该理论导读专辑是学习领会习近平总书记关于党史重要论述的重要辅导资料。

作品二维码

党史学习教育系列理论微视频

紧紧围绕习近平总书记关于党史的重要论述，紧跟总书记的红色足迹，推出了党史学习教育系列理论微视频：《影像中的党史》《纪念馆里的党史》《百年庆典》。

《影像中的党史》系列共60集，在多部纪录片中按时间顺序提取历史资料片段，将中国共产党的百年历史以重要节点的方式呈现，以小切口再现大历史。该系列在抖音、快手平台总播放量超8000万次，近20集单集播放量过百万，其中“划出一块地方，就叫特区！”单集播放量超过1500万次、点赞超过23万次。

《纪念馆里的党史》系列共15集，通过纪念馆里的重要文物，讲述一个个鲜活生动的党史故事，既有故事性，又有深刻的教育意义。系列视频推出后引起热议，微博话题阅读量达到9000万次。

《百年庆典》系列共6集，是求是杂志社编辑记者在庆祝中国共产党成立100周年大会现场采集整理、制作推出的系列短视频。产品在求是网平台总播放量达1640万次，其中“我对党的心里话”视频采访集锦，以街采的形式对参加庆典的党员做了集中采访，让党员们在特殊的日子里表达心声，在快手平台播放量超1000万次，取得了较好的传播效果。

作品二维码

（求是杂志社供稿）

解放军新闻传播中心

新媒体工作综述

2021年是中国共产党成立100周年，是“十四五”开局、全面建设社会主义现代化国家新征程开启之年。解放军新闻传播中心聚焦主题主线，全力做好习近平强军思想宣传报道，倾情做好庆祝建党百年等重大主题宣传，紧前推进“中国军号”移动旗舰客户端和“军媒智云”一体化融合生产系统建设，新媒体工作成绩斐然。

一、全力做好习近平强军思想宣传报道，精心打造厚重鲜明的重磅产品

围绕全面深入宣传阐释习近平强军思想，做好强军实践宣传报道，解放军新闻传播中心策划推出系列专题专栏重磅产品，主题突出，特色鲜明，彰显了强大的影响力和传播力。中心推出的《习主席的话儿记心上》系列短视频播放量达2亿次；H5《习近平：确保如期实现建军一百年奋斗目标》《解辛平：风展红旗起新航》等产品被全网置顶推送。

中国军网、国防部网、解放军报客户端等平台先后开设《听党指挥　奋斗强军》《领航强军新时代》等多个专题专栏，运用图片海报、网文、图表等新手段新形式，生动传播习近平强军思想，取得较好效果。全国两会期间，围绕突出报道好习近平主席出席解放军和武警部队代表团全体会议并发表重要讲话，解放军新闻传播中心聚合各平台内容生产、技术呈现力量，打通报纸、电视、广播、网络媒体各平台之间的界限，在习近平主席下军团次日，迅即推出具有丰富科技元素的“全息军报”，实现了图文数据可视化、主题聚焦立体化、融合传播多元化，既为读者提供了视觉盛宴，又更加生动地宣传了习近平主席下军团重要讲话精神。学习军团微博微信于2021年6月28日起正式推出“打卡！中国军队”栏目，全年共推出7期正片、3期英文版本，每期阅读量均为百万+，多款产品阅读量近千万次，并在Xi's Moments、环球网等平台发布，充分展现在习近平强军思想指引下，人民军队在中国特色强军之路上迈出的坚实步伐。

为生动展现统帅的英雄情怀和对英雄的尊崇赞扬，解放军新闻传播中心2021年大

力加强全媒体策划，唱响新时代英雄赞歌。全国两会期间，推出“云观两会”节目，以“尊崇英雄、礼赞英雄”为主题，首次运用异地同屏虚拟技术，采取“主播 + 代表委员 + 专家 + 海采”视频的形式，17 条直播线路同步保障实现全媒体全要素互动访谈，具有很好的用户体验。从 8 月 1 日建军节开始，解放军新闻传播中心陆续推出“在习近平强军思想指引下·我们在战位报告（英雄篇章）”9 组主题宣传，生动讲述英雄故事，激励全军官兵牢记主席嘱托，弘扬英雄精神，投身强军实践，积极备战打仗。该系列主题宣传采取“全媒体 +”报道模式，解放军报均在头版头条位置以半个版的篇幅刊发，中国军网、解放军报微博微信、学习军团、中国军视网等推出相关专题话题，融合立体传播，反响热烈，总阅读量超过 2.3 亿次，成为当年暑期主题宣传现象级产品。

二、倾情做好庆祝建党百年等重大主题宣传，聚力推出上乘顶流的融合爆款

庆祝中国共产党建党百年是党和国家政治生活中的一件大事，解放军新闻传播中心提高政治站位，把做好庆祝建党百年宣传报道作为贯穿全年的主题主线，着眼增强新媒体传播效应，策划推出各类专栏专题热点话题 130 余个，刊发原创稿件 3700 余篇，产生近 20 个阅读量过亿的现象级产品。

解放军新闻传播中心旗下中国军网、解放军报微博微信客户端、中国军视网及客户端等平台统一开设专题、话题，推出“奋斗百年路·启航新征程”专栏和“听党指挥　奋斗强军”等相关子栏目，设置光辉历史、发展成就、理论评论、强军实践等板块，内容丰富，常态运维，为庆祝建党百年营造了浓厚喜庆氛围。在第一波次持续推出 60 个专版特刊的基础上，解放军报于 7 月 1 日隆重推出“庆祝中国共产党成立 100 周年特刊”第二波次 40 个专版，网络部以“VR+H5”交互式体验的全新方式，同步推出 H5 产品《解码百年大党制胜密码，军报特刊给你答案！》和 VR 产品《解放军报庆祝建党 100 周年·特刊》，运用 2 亿像素超高清技术，打造矩阵式巨幅图片，实现超清阅读和动效呈现，上线 3 个小时传播量即超 100 万次，网友纷纷转发收藏。解放军报微博推出的“人民军队忠于党”“听党指挥　奋斗强军”“兵哥说党史”等 3 个话题总浏览量达 2.9 亿次，在知乎平台推出的圆桌话题“百年风华　军号嘹亮”总浏览量达 1.6 亿次。旨在反映全军官兵学习贯彻习近平强军思想生动实践的主旋律 MV《追光》在中国军网首发后，经中心融媒体矩阵传播，13 家中央重点新闻网站同步转发推送，今日头条、百度新闻等商业媒体置顶转发，腾讯微信全网推送，各平台累计播放量超 1000 万次，网友评论达 1 万余条，反响强烈，激励广大官兵以昂扬的精神状态积极投身新时代强军事业。新华军网等平台策划推出《我志愿》《你好 100 年，我是人民海军，正在走向深蓝》等新媒体产品，以“沉浸体验 + 高频互动”的形式，让产品形态更为丰富、表达更

受欢迎，其中微视频《我志愿》全网浏览量达1.4亿次，H5互动产品《今天，我宣誓》线上参与人数突破2600万。与此同时，解放军新闻传播中心紧紧围绕“建党百年”这条主线，紧扣“共产党好”这个主题，创新做好党史学习教育新媒体报道，中国军网、解放军报客户端等平台结合解放军报“党史学习教育进行时”专栏，推出相关专题，中国军视网推出《100秒回顾百年党史》《穿越百年》等系列特别节目，钧正平微博微信推出“漫画党史”系列漫画，央广军事微博微信推出5集系列短视频《纸短情长》，精巧亲和，以情动人，受到广大网友特别是年轻受众的好评。解放军报在央媒中率先推出“中国共产党人的精神谱系”系列专版，中心新媒体平台同步跟进做好立体解读，社会反响良好。“七一”前夕，《星火燎原全集》以“纸质书+融媒书+系列融媒体产品”的全新形式再版发行，以年轻态表述再现红色经典故事，既是建党百年华诞的珍贵献礼，也是党史学习教育的鲜活教材。

三、紧前推进“中国军号”移动旗舰客户端和一体化融合生产系统，媒体深度融合发展取得质的突破

解放军新闻传播中心加快推进媒体深度融合发展，在2021年年初即着眼建设一体化融合生产系统、打造自主可控的军事新闻移动旗舰传播平台等主要目标，制定了“一朵云+一个号”的平台建设战略。

“一朵云”即“军媒智云”，聚力打造包括融合指挥调度、媒体资源共享、内容分发推送、数据与舆情分析、信息安全保障等六大系统在内的一体化融合生产系统，为军事新闻生产提供全媒体采编环境，横向打通报纸、广播、电视、网络新媒体全业态，纵向贯通新闻采集、生产、分发、接收、反馈全流程。“一个号”即“中国军号”，贯彻移动优先策略，聚力打造自主可控、传播力强的新型军事网络传播平台——“中国军号”移动旗舰客户端。作为承载该战略的主体项目——解放军新闻传播中心移动旗舰客户端建设运维项目于2021年7月6日经审批立项，正在稳步推进各项建设。

在推进技术平台建设的同时，解放军新闻传播中心紧前推进“中国军号”人才队伍、内容生态和制度机制建设。成立“中国军号”专班党支部，从中心各业务平台抽调业务骨干，面向社会公开招录优秀人才，组建“中国军号”建设团队，不断建立完善与媒体深度融合相适应的运维机制，结合重大任务组织内容生产试运行，完成“你好哨兵！”跨年慢直播等重点策划，抖音平台订阅用户突破2000万，进一步扩大了中心的影响力传播力。

新媒体工作案例

2亿像素、百版矩阵，解放军报特刊全景看

为庆祝中国共产党成立100周年，解

放军报以16期100个专版、丰富的图文内容来展现党和人民军队的光辉历程和伟大业绩，中国军网首创超清矩阵VR新形式，以“VR+H5”创新形式，创造性地将这100个专版与专题海报相融合，得到了2亿像素、15倍放大依然清晰的矩阵式巨幅图片，并通过3种不同表现形式实现不同视效。

该产品将新媒体与传统纸媒有机融合，实现超清阅读、新颖动效、快速响应、多端展示的交互体验，受到广大网友的关注与转发，传播量超百万。一些业内人士给予高度评价：军媒推出的这个VR产品，于动与静、局部与整体、文字与立意之间探索智媒融创产品的独特魅力，创造了新的表现形式和视觉效果，以新媒体手段擦亮了解放军报这块金字招牌。

该VR产品聚焦庆祝建党百年这一重大主题，展现军报与军网融合互动最新创新成果；在网络新媒体平台特别是移动端进行二次传播，有效扩大了军报版面的传播范围和覆盖面，增强了融合传播效应；重视技术赋能，实现了很好的用户体验，广受好评。

作品二维码

“Daka！ PLA”（打卡！中国军队）

2021年3月，“Daka！ PLA”（打卡！中国军队）大型网宣活动正式启动，该活动采取网络互动的形式，通过“学习军团”等网络新媒体平台，带领网友沿着习近平主席领航强军兴军的足迹，深入习近平主席视察过的部队，重访习近平主席接见过的官兵、登上过的战车、战机、战舰，见证人民军队阔步向前的铿锵步履。

全年共分为预热营造氛围、组织集中宣发、保持声势热度3个阶段，节目于6月28日正式播出，陆续发布系列产品7期，包括《打卡！中国军队|数字化精兵劲旅跑出“加速度”！》《打卡！中国军队|“战神”出击！》等产品。

每期节目阅读量均达百万+，引发共青团中央、腾讯新闻、今日头条等30余家平台转发，网友反响强烈；其中，第3期《打卡！中国军队|在天安门广场，他们用忠诚擦亮荣光！》与新华社合作，全网总传播量破亿，创造现象级产品。第2期、第5期、第6期产品还在中国军网、国防部网推出英文版本，经Xi's Moments、澎湃新闻、环球网等多家媒体境外平台转发，引起全网广泛关注。“Daka！ PLA”（打卡！中国军队）现已产生品牌效应，彰显融媒体时代下军事新媒体产品的影响力。

作品二维码

（解放军新闻传播中心供稿）

光明日报社

新媒体工作综述

近年来，光明日报在媒体融合领域取得了一系列成绩和突破，让党的舆论阵地在新媒体平台进一步巩固和拓展。2021年，新一届编委会成立后，光明日报以优质全媒体新闻产品生产为龙头，拉动媒体深度融合全链条高质量发展。在“稳中求进”的总基调下，光明日报不追求全面出击、避免贪大求全，将全媒体报道资源牢牢聚焦于党中央重大决策部署、聚焦于报社特色报道领域，确保重点选题只要出手必是精品，不断擦亮光明日报新媒体的品牌形象。

一、以重磅全媒体产品，彰显习近平新时代中国特色社会主义思想的理论深度和实践力量

作为中央主办的思想文化大报，光明日报坚持学在前、做在前，全面展现党的百年奋斗重大成就和历史经验，生动展示中国特色社会主义进入新时代的历史性成就和历史性变革，深入阐释“两个确立”对推进中华民族伟大复兴历史进程的重大意义。2021年，光明日报围绕建党百年和党史学习教育，先后推出“百年党史”系列报道、“中国共产党人的精神谱系”系列述评、各大高校党史学习教育系列综述等大型全媒体报道，形成了高潮迭起、特色鲜明的报道格局。

“给00后的党课”系列微视频，通过00后提问、高校思政课教师或理论专家解答互动，为青年学子呈现有趣而深刻的微党课，光明日报微信端浏览量达10万+，在腾讯视频、头条号等平台播放量超过2000万次；短视频《今天，对话28岁》选取28岁左右的青年党员和最早一批共产党员（一大代表平均年龄28岁）隔空对话，体现建党精神薪火相传的主题，微信视频号播放量均突破百万，部分视频被推荐全网转发；光明日报微博话题“奋斗百年路　启航新征程”阅读总量达6.2亿次。光明网开展“明理增信　崇德力行”庆祝建党百年高校示范微党课系列直播活动，累计播放量逾2100万次，覆盖6000余万人次；开展“青春阳光接力传唱”网络公益活动，各平台累计传播量超过2.6亿次；推出“顺溜讲党史”系

列节目，触达用户总量超过2000万人次。

为贯彻落实习近平总书记关于实现巩固拓展脱贫攻坚成果同乡村振兴有效衔接的重要指示精神，光明日报推出宁夏西海固脱贫乡村调研全媒体报道，通过解剖西海固这只“麻雀”，聚焦后脱贫时代的中国乡村，提炼出乡村振兴的“六个提升”。以报道、评论、图片、视频、海报等多种样态在全媒体各端口同步推出，微博话题“乡村振兴的六个提升”成为置顶热搜，阅读量达1.4亿次。光明日报客户端推出《思想伟力，实践故事——习近平新时代中国特色社会主义思想在基层》10集系列短片。短片每集紧扣一个主题，分别聚焦脱贫攻坚、科技强国、传统文化、新文艺群体、抗击新冠肺炎疫情、民生保障、青年成长成才、创新创业、乡村振兴、生态文明建设等重要内容，以生动鲜活的基层实践，真实展现党的十八大以来党和国家事业取得的历史性成就、发生的历史性变革，印证习近平新时代中国特色社会主义思想的科学性、真理性，揭示“两个确立”是新时代党和国家事业发展、夺取新征程新胜利的根本保证。

二、坚持知识分子视角，将广大知识分子紧紧团结在党中央周围

习近平总书记在致光明日报创刊70周年贺信中，赋予报社“团结、联系、引导、服务知识界”的光荣使命。在主题宣传中，光明日报更加注重坚持知识分子视角。

推出大型全媒体系列报道“奋斗青春　无悔抉择”，聚焦扎根基层、奉献边疆的知识分子典型，积极引导青年人建立正确的世界观、人生观、择业观。每组报道采用“头版头条报道+评论+5分钟视频+海报”的形式推出，微博话题“奋斗青春　无悔抉择”登上置顶热搜，阅读量超过1.6亿次；系列报道在微信平台阅读量超过300万次，读者在各平台评论区留下了3万余条感言。

推出“百名院士的红色情缘”系列报道，展现科技工作者与党同心、与党同行，初心不改、奋斗不止的崇高精神风貌，相关微博话题阅读量达917万次，系列短视频全网播放量超过2000万次。

进一步完善突出贡献知识分子逝世消息报道的工作机制，“光明追思”形成报网端微一体的全媒体报道格局，成为业内知名专栏品牌，很多知识分子的亲属和单位主动联系报社，希望予以报道。2021年共报道逝世突出贡献知识分子40余位，其中包括院士28位，相关内容在微博、微信、头条号、抖音等各平台积累阅读量近1亿次。

三、拓展新平台新渠道，切实增强光明日报全媒体的传播力、引导力、影响力、公信力

2021年7月，光明日报客户端4.0版上线。新版客户端重在贯彻落实习近平总书记贺信重要指示精神，坚守思想文化大报品格，全力打造知识分子的掌上精神家园，是光明日报加快构建全媒体传播格局迈出的重要一步。新版客户端进一步丰富了“知识

界”和教科文卫理等各个特色领域的专栏、专题，突出了“视听”产品所占比重。有网友评价：“从视觉到内容，都能看到有态度、有特色的光明风格！”

2021 年 7 月 30 日，光明日报面向知识界的内容数据聚合分发平台“光明号”上线，目前已有清华大学、北京大学、中国音乐家协会、孔子博物馆等百余家知识分子密集的机构入驻平台，总计发布内容 1.45 万余条，在知识分子群体的影响力不断提升。中国人民大学教授彭兰认为：“‘光明号’的开设，是光明日报新媒体平台建设迈入新阶段的标志，它有利于吸纳知识界广大内容生产者的知识和思想。”

2021 年，光明日报在微信微博的“能见度”、影响力不断增强。在中央媒体中，光明日报第一批开通微信视频号，至今已有 150 万人关注，粉丝数在千万个视频号的总榜中居于前 10 位。2021 年以来，有 6 次在视频号月度排行榜（时事政务类）等榜单中排名第一，25 次位列周榜第一。光明日报微博深耕教育、文化、生态、科技等领域，舆论引导能力不断提升，2021 年以来，光明日报微博话题热搜热议数量达到 117 个，粉丝数量累计增长 220 多万。

四、理顺体制机制，深挖现有资源潜力，构建全媒体传播格局

2021 年，光明日报社按照全媒体生产要求，理顺体制机制，使纸媒与新媒、技术与内容，水乳交融，相得益彰，全面落实全媒体新闻生产的一体策划、一体呈现、一体管理，真正实现“你就是我、我就是你”。报社突出了每日上午“采前会”的全媒体策划部署功能，实现“采前会”与“编前会”，白班与夜班的有机融合，使全媒体产品全天候生产有了统一指挥、总体协调、制度化保障。

光明日报更加注重全媒体报道过程中的产品生产融合。特别强调在组织重大采访中，报纸和网站人员一体调配、共同协作；在全媒体产品生产中，各端口共同发力、各展所长。记者在实战中实现了“要我融合”到“我要融合”的转变。在报道中，记者既是文字报道记者，也是视频、图片记者，更是新媒体产品制作人。譬如，在“奋斗青春　无悔抉择”大型全媒体系列报道中，光明日报和光明网骨干记者混编，共赴一线采访，共同制作文字、视频、海报，实现报网联动。在“说说我家的小康故事”“中国好手艺”“晒晒咱的国之重器”等重点专栏报道中，光明网以“有声手账”“趣味科普短视频”等创意形式，与光明日报的文字报道形成互动，实现了在广大网友尤其是青年网友间的“走红”。在《百年承诺　千年跨越　56 个民族一起奔小康》系列新媒体产品中，创作团队坚持从一村一寨小切口切入，通过微观的视角聚焦个人、家庭和村寨的变化，既有宏观的场景，又见人、见事、见变化。传统报纸版面、微视频、微电影、H5 产品等共同发力，线上报道与线下展览齐头并进，跨越了 2021 全国两会、建党百年等重

要节点，形成了规模化的宣传报道效应。报社还将思想文化深度与国际报道优势结合在一起，创设了微信公众号“破圈了”。其发布的很多文章单篇阅读量都达到10万+，大多数得到全网推送，《美式病毒溯源：叫不醒的装睡人做梦人》一文总阅读量超145万次。

通过用最小成本实现存量资源效能最大化，光明日报打通了传统媒体与新媒体区隔，形成报网端微号既各有侧重又彼此关联呼应的全媒体传播格局。

新媒体工作案例

《百年承诺　千年跨越　56个民族一起奔小康》

光明日报全媒体策划推出《百年承诺　千年跨越　56个民族一起奔小康》系列新媒体产品，制作推出H5、图片报道、微电影、系列视频、诗画产品等稿件80篇，立体呈现各民族团结奋进共奔小康的生动图谱。

其中，《微电影：寻找》通过微电影的形式，以黄文秀等扎根民族地区的青年扶贫干部事迹为主线，以人物故事解析中国脱贫密码，将少数民族脱贫和青年知识分子报国的故事结合起来，发挥光明特色，以情感聚主题，以精神讲政治。原创短视频《脱贫路上，一个民族也不能少！》别出新意，光明日报新媒体团队为每个民族的代表委员制作个人海报，56张精致图片汇集成一个短视频，实现了56个民族的代表委员大合集。

音诗画产品也是此次主题报道的一次全新尝试。光明日报邀请文化名家赋诗，配合制作音频动画，以艺术表达的方式讴歌各民族奋进成就，推出视频产品《一越千年》，以诗歌《历史的瞬间，成就撬动未来的支点》作为视频脚本，串起一幅幅各民族的脱贫画卷。

在传播力建设方面，光明日报新媒体平台与全媒体矩阵各账号联动，在新浪微博、腾讯微信、今日头条、抖音、B站等平台联动推广，实现母媒体集纳、社交媒体分发，收获大量网友点赞互动。以《微电影：寻找》为例，该视频被全网转发，在微信平台观看量超过10万+，在今日头条开机屏呈现，进一步扩大了曝光量，在今日头条曝光量达1.2亿次。此外，该全媒体报道在“学习强国”学习平台开设了大型专题，在少数民族代表委员中引起热烈反响，并得到两会新闻组认可。在光明日报自有平台上，光明日报客户端开机屏公益广告位和首页热点轮播图展示，对该全媒体报道实现重点位置重磅投放。优势曝光资源，带来了刷屏式的传播效果。据统计，光明日报两微一端《百年承诺　千年跨越　56个民族一起奔小康》专栏稿件累计传播量超过1亿次。

作品二维码

《给00后的党课》

建党100周年之际，光明日报全媒体总编室推出《给00后的党课》系列视频，通过00后提问、高校思政课教师或者理论专家解答的授课方式，让00后了解党史、认识党史，在其心里埋下真善美的种子。系列作品以视频形式推出，在光明日报新媒体全平台推送，依靠深厚丰富的内容、灵活多样的教学形式、通俗易懂的语言表达，呈现有趣又深刻的00后特殊的党课。系列作品共计3期，通过光明日报全媒体总编室与评论部的合作联动，邀请了中央党校、社科院等的专家学者进行采访，共推出“党员们为何互称同志”“现在的党员还敢豁出命吗”“入党难不难”等3个主题，于2021年7月中上旬全部推送。据统计，系列视频在光明日报自有平台及商业传播平台累计传播量超过500万次。

作品二维码

（光明日报社供稿）

经济日报社

新媒体工作综述

一、以机构优化为抓手，着力建设适应全媒体传播态势、传播规律、传播需求的新闻生产组织架构

新闻生产的组织架构，是推进媒体深度融合的关键。经济日报编委会经过充分调研，细致谋划，克服困难，从2020年10月起推动新闻生产组织架构的调整与优化。

1. 指挥体系。取消原来由编委会一名成员单管新媒体业务的指挥架构，转变为编委会整个班子都负责融媒体业务，每月轮值编委负责全媒体调度，社长兼总编辑是全媒体的总负责人。整个报社统为一个全媒体、一个领导班子、一个调度中心，所有编委会成员都逐步向全能转型，既指挥报纸，也指挥新媒体。

2. 部门设置。将总编室、新媒体传播部部门深度合并，完全融合，组建成立新的全媒体总编室，原新媒体传播部专司音视频制作。全媒体总编室在业务上打破传统媒体、新媒体的界限，一支编辑队伍服务报纸、微博、微信、客户端、短视频、第三方账号等全媒平台，负责所有的渠道、终端。

3. 生产流程。重塑“策采编评发馈推”流程，将深度融合发展理念贯穿新闻生产全流程、各环节。先后建立评论工作委员会、深度调研工作委员会、企业报道团队、高质量发展产业调研协调机制等工作机制，由编委会统筹理论、评论、深度调研、企业调研、产业调研等5个重点内容的全媒策划、采写、编辑、制作与传播等。从总编室、音视频部、中国经济网等部门抽调人员，成立融合推广办公室，由一名编委成员负责，负责优质内容在各重点传播平台的推广工作。

二、以体制机制改革为突破口，努力打通深度融合堵点，营造优质内容迸发、全媒人才涌现的制度环境

将基于报纸生产流程的“部门制”，改为更加适应融媒体运行的“频道+平台制”，突出频道和平台作用，赋予其更大责任。具体而言，经济日报新闻客户端作为新媒体主平台之一，主要频道由总编室运营，包括客

户端头条、热点、视觉等频道及总体协调工作。其他频道则由各相关业务采编部门负责，以提升各频道专业化水平。

在职能优化方面，各采编部门结合新的职能定位，以频道制改革为重点，对任务分工和日常业务进行重新谋划，逐步做到“平台专人负责、业务统筹考虑”。同时，借助第三方平台壮大推广力量，实现传播渠道的拓展和传播效果的提升。

相关改革推动以来，经济日报深度融合发展格局初步形成，全媒产品生产效率显著提升，优质融媒内容竞相涌现，各类全媒人才尽展所长。

三、以技术改进优化为手段，通过技术赋能为深度融合效率更高、流程更顺、传播更准提供有力支撑

当前，在信息传播领域，新技术、新平台、新成果层出不穷。为此，经济日报编委会重视新技术的研究引进，将之运用于加快推进深度融合发展的方方面面。

1. 集成技术成果，对采编系统进行融媒化改造。2021 年 8 月，全媒体 3 期采编系统正式上线，顺利完成两次系统割接。该系统融合了“策采编发馈存”各生产环节，兼具报纸、网站、新媒体等平台采编生产能力。同时，还实现了与客户端、中国经济网、中经视觉等 8 个已有系统的集成和对接，有效推进新媒体技术平台与生产支撑体系的深度融合。

2. 优化技术路径，加快融媒产品“触网”时效。2021 年 8 月底，通过技术手段实现了经济日报新闻客户端同步抓取中国经济网稿件，报纸稿件实现了“一次发布，多平台同步”，经济日报优质内容“上网时间”大大提前。

3. 强化技术驱动，提高融媒产品制作精细度。依靠人工检索和智能工具相结合的方式，持续开展对重点优质稿件传播情况的统计分析，从发稿量、转载量、各端口阅读量、点赞量等多个维度对稿件传播效果进行统计和分析。

四、以做优做强特色内容为根本，通过内容创新，筑牢提升传播力引导力影响力公信力的根基

在做优做强特色报道上花心思、下功夫，一年来产生了一批经济特色鲜明、呈现形式多样、受众喜闻乐见、社会反响良好的优秀作品。

1. 始终突出经济特色，打造宣传习近平经济思想的理论高地。开设“学思践悟习近平经济思想”“专论”等理论文章专栏，推出了数十篇系统解读习近平经济思想的理论文章，在“学习强国”学习平台等获得积极反响。2021 年 7 月，经济日报分别在报纸一版、两微一端、中国经济网等平台，同步刊发《“习近平经济思想研究”征文启事》，面向全国读者征集习近平经济思想的学理性研究文章，以彰显习近平经济思想科学理论的伟力。历时 4 个多月，共收到国内外专家学者撰写的来稿上千篇，不少稿件在

报纸上精彩亮相。

2. **聚焦各地落实习近平经济思想的生动实践，主打深度调研报道。**经济日报在一版推出系列深度报道，由编委会成员和采编部门主任带队，短则1周，长达10天，深入基层，深入一线。自2020年12月至今，《鄂尔多斯重塑》《深圳领跑》《齐鲁不凡》等23套“践行习近平经济思想调研行”报道接续推出；《臻至破危》《正泰正青春》等“牢记总书记的嘱托·企业调研记”精彩连连。《煤炭问题调查》《耕地问题调查》等产业报道接续推出。至此，地方、企业、产业深度调研“三驾马车”正式成型。

3. **集中资源做强评论，引领形成正确看待和引导经济问题的舆论共识。**经济日报编委会集中优势资源，推动版版有评论，争取篇篇都精彩。在一版开设“经济论坛”专栏，以“金观平”署名就重大经济政策、重要经济话题及时表态发声，澄清误解误读，凝聚最大共识。2021年11月2日，针对商务部《关于做好今冬明春蔬菜等生活必需品市场保供稳价工作的通知》中提到“鼓励家庭根据需要储存一定数量的生活必需品”引发社会高度关注，我们及时发出热评《不要过度解读甚至误读储存一定生活必需品》，累计阅读量3.8亿次，打消了市场疑虑，凸显中央媒体正本清源、以正视听的“压舱石”作用。自2020年9月，为12名中青年记者开设“市场监管”“忠阳车评”“三农瞭望”“科创之声”“每周经济观察”“国际经济观察”等专栏。这些专栏文章紧跟舆情热点，敢于发声亮剑，形成了品牌效应和社会影响。

4. **加大视频转化力度，让优质内容传播得更广更远。**短视频平台已成风口，经济日报、经济日报视点、中国经济网3个账号的抖音、快手粉丝量累计逾5300万，是优质的流量入口。这3个账号各有侧重，各有分工，紧紧围绕经济日报每天的优质内容，将其转化为短视频，平均每天转化量在10条左右，每天阅读量在1000万次左右。此外，围绕经济数据发布、经济社会发展成就等，做好经济特色原创音视频产品生产，以逐步形成相对独特的特色产品生产能力。推出《2020，中国答卷》《百万亿元是怎样炼成的？》《党史中的经济档案》等重点视频产品，《大城市青年人买不起房、租不好房？住建部回应》等一批社会关注度高的经济热点视频，取得了良好的传播效果。

5. **坚持“开门办报”“开门办新媒体”，实现社会效益和传播效应最大化。**经济日报精心策划、认真组织，先后举办2021“春节七天乐”全国新闻摄影大赛、“记录小康生活　见证时代变迁——庆祝中国共产党成立100周年”微视频征集活动等，并与京东集团合作加强数据版的内容建设。其中，2021年“春节七天乐”全国新闻摄影活动、“记录小康生活　见证时代变迁——庆祝中国共产党成立100周年”短视频征集活动，累计近3万人次参与，征集图片视频作品近4万件，据此制作的各类新媒体产品，产生多个爆款佳作。从2021年起，与京东集团合作推出数据版，聚焦消费领域数据，为政策制定者、行业参与者和普通消费者提供参考借鉴，据此改造的微博、微信、客户端、短视频产品，结合不同平台传播规律和运行特点，和而不同，各有千秋，赢得知名企业家、年轻粉丝群体的好评，相关话题全网阅读量达6000多万次。

6.统筹发展与安全，建立新媒体账号审读机制，守好意识形态工作安全底线。对全集团新媒体账号进行梳理整顿，在关停并转一批的基础上精耕细作，打造特色优质账号。从资深编辑中选聘一批审读专家，负责每天监看相关新媒体账号，实现对所有新媒体账号的每日监看全覆盖，保证安全运行。

五、以融合推广为抓手，着力提高融媒产品到达率，将优质内容高效、及时、精准地呈现在受众面前

通过设置组织机构、明确推广重点、加大转化力度、研判舆情热点等，形成最大合力，提高产品到达率。

1.建立工作机制，形成推广合力。为集中优势资源，做好推广工作，经济日报专门成立融合推广办公室，负责推广经济日报优质内容，研究各新媒体平台的传播规律，对接不同平台内容需求，并据此制定不同的推广策略与方案。同时，启动全员推广机制，提倡职工在朋友圈、社群等私域流量内转发优质内容，提高内容传播的精准度、到达率。

2.经营主流平台，抓住流量平台。媒体深度融合发展是一把手工程，编委会靠前指挥，亲力亲为，加强与主流平台"学习强国"学习平台和流量平台"今日头条"的合作对接，为巩固深化合作打下坚实基础。目前，经济日报已和"学习强国"学习平台、"今日头条"等平台达成一揽子合作协议，将在内容共建、精准传播方面推出一系列新举措。

3.研究平台特点，创新语言表达。顺应差异化、分众化传播趋势，针对不同平台特点和不同受众关注点，创新话语体系，实现精准传播，提高产品的针对性、有效性和可读性，产生了一批热点内容。

新媒体工作案例

热点评论《不要过度解读甚至误读储存一定生活必需品》

2021年11月2日，一条"鼓励家庭根据需要储存一定数量的生活必需品"的新闻刷屏，迅速引发网民猜测和疑虑。

经济日报经过专业判断，认为该信息可能引发负面舆情，于是第一时间反应，调度采编资源，快速采写成文，推出评论《不要过度解读甚至误读储存一定生活必需品》，指出相关通知中表述，主要是针对疫情防控而言，提醒民众不要过度解读，迅速把舆论焦点引至正确轨道。

评论推出后，迅速登上"今日头条"热榜首位，经济日报微信阅读量迅速达到10

万 +。话题“媒体称勿过度解读储存生活必需品”，短时间内即冲上抖音、快手热点榜第一位，同时，文章还被各大媒体和网络平台广泛转载推送，全网累计传播量近 4 亿次。

经济日报在关键时刻敢发声、善发声、会发声，体现了中央媒体的责任担当，展现了专业媒体的职业素养。同时，经济日报善于运用媒体深度融合发展成果，多形态呈现，多平台推送，多渠道聚力，最终收获了近 4 亿次传播量的爆款。

作品二维码

“记录小康生活　见证时代变迁”微视频征集活动

“记录小康生活　见证时代变迁”微视频征集活动，是经济日报社围绕庆祝中国共产党成立 100 周年组织的大型网络互动活动。在 100 天的征集期内，共征集视频投稿作品超 7000 件，在各平台账号展播 2000 余件次，全网累计播放量超 8 亿次。广大网民用自己的镜头和视角，反映我国经济社会发生的巨大变化、取得的伟大成就，抒发爱党爱国之情，取得了良好社会效果，成为建党百年主题宣传的亮丽篇章。

经济日报社的征集活动引导广大网民积极参与到重大主题宣传中，通过网民自己讲述身边变化和发展成就，既增强了主题宣传的说服力和可信度，也大大丰富了主题宣传内容形式，有效拓展了主题宣传维度，切实提高了主题宣传效果。

作品二维码

（经济日报社供稿）

中国日报社

新媒体工作综述

中国日报深入学习贯彻习近平总书记关于推动媒体融合发展的重要论述以及致中国日报创刊40周年贺信重要指示精神，牢记联接中外、沟通世界的职责，把握大局大势，把深度融合发展作为“一把手”工程，坚持正能量是总要求、管得住是硬道理、用得好是真本事，当好主力军，全面挺进主战场，加快打造与新时代相适应的全媒体传播、全球化传播、分众化传播、多语种传播、多业态传播融为一体的新型主流媒体，有力有效向世界讲好中国故事，传播好中国声音，着力提升国际传播影响力、中华文化感召力、中国形象亲和力、中国话语说服力、国际舆论引导力。截至2021年年底，中国日报全媒体用户总数超3.36亿，国际影响力进一步提升。

一、聚焦核心报道，突出向国际社会生动展现习近平总书记领袖风范与魅力

把学习贯彻宣介阐释习近平新时代中国特色社会主义思想作为国际传播工作的重中之重和首要任务，深入推进对外宣介习近平总书记思想这一引领工程，把传播好展现好习近平总书记的思想和形象作为让世界读懂新时代中国的首要途径。一是在加强专项组织策划机制基础上，在更高水平上建设好“学习时代”“习近平名言金句”“英语学‘习’”等融媒品牌栏目，推动栏目不断优化升级。“习近平名言金句”栏目升级打造“有声海报”，采用“高清图片＋名言金句＋现场原声”的模式提升贴近感和伴随感，并特别策划推出《百句“典”亮百年路》系列海报，生动解读习近平总书记论百年党史的100个催人奋进的金句，以更立体的维度、更丰富的主题展现习近平总书记大国领袖风范。二是探索话语表达创新，以更贴近国外受众的方式宣介习近平新时代中国特色社会主义思想，特别是法治思想、外交思想等，实现核心报道不断提质增效。“习近平讲党史”系列短视频全球传播量超4000万次；短视频《习近平：驰而不息为全球绿色转型作出贡献》传播量超1000万次。微信稿件《今天上午，全世界都在刷这段话……

外媒：这是中国人的决心》迅速登上全网首页，传播量破100万次。外籍出镜视频《一砖一瓦皆是历史》生动阐释习近平总书记对福州三坊七巷等历史文化遗迹的保护故事。

二、创新融合表达，系列重磅产品引导国际社会形成正确的“中共观”“中国观”

1.系列“外”字视频有效提升报道感染力说服力。系列重磅视频《词解中国：中国道路》以“选得对”“信得过”“放得开”“扛得住”为关键词，有力回应海外受众对中国共产党的主要关切，澄清谬误、消除偏见，深入浅出对外解读中国共产党波澜壮阔的百年征程，覆盖受众超1亿人次，海外传播量超2500万次，被我驻外使领馆人员等广泛转发，并在全国高铁站台和列车上滚动播放。英籍记者深情配音系列视频《坚守》，聚焦各行各业基层党员来自人民、服务人民的故事，向海外受众清晰展现中国共产党党员与西方职业政客的根本不同，传播量超3500万次。系列视频《长在红旗下的洋面孔》专访柯马凯、阳和平等知华友华外籍人士，展现他们眼中的中国共产党，传播量超1亿次。外籍人士出镜采访系列视频《百岁老人见证百年峥嵘》，讲述了广西“长寿之乡”4位百岁老人眼中的百年变迁，传播量超2000万次。

2.互动传播吸引海内外网友广泛关注。视频《一场虚拟的特殊面试：这份工作没有退休时间，全世界却有9000多万人在做》，设置悬念、层层递进，创意阐释中国共产党人敢于担当、无私奉献的品格，传播量超1.04亿次。视频《这个中国共产党VR博物馆让外国记者震惊啦！》，以VR博物馆形式直观展现中国共产党百年辉煌成就，传播量达1600万次。新闻叙事型短视频栏目“100秒100年”，结合重要时间节点推出系列视频，以主播讲述的形式快节奏深情致敬建党百年来的党员模范人物，谱写中国共产党群英像，传播量超2亿次。视频《关于中国共产党，你所不知道的8件事》传播量超3300万次，获各界人士关注讨论。交互H5长幅动画《唱响百年》，启发用户在聆听红歌、了解党史故事的同时，集齐五角星、号角、党徽等“宝物”，获得相应奖章海报，鼓励用户分享朋友圈二次传播，礼赞党的光辉历程，传播量1000万次。

三、强化议题设置，围绕热点话题有力有效开展国际舆论引导

“起底”工作室推出《BBC在新疆采访遭警察阻扰？看完现场录像震惊了……》《大漠叔叔揭秘外媒新闻剧本 CNN请演员扮演新疆警察》等调查纪录片30多集，以实地调查、事实核查为基础，持续起底驳斥外媒涉华谬论，全网传播量超10亿次，在国际上产生一定影响力。“全球传真”栏目持续推出《德特里克堡紧急关闭后，美国发生了什么？》等系列反污名化视频，回击不实报道。“点对点”视频评论栏目采用“真人讲述＋动漫元素＋表情包＋调查事

实”的叙事模式，不断提升在国际舆论场的发声能力，聚焦人权、新冠肺炎疫情等话题，推出《西方“民调陷阱”不再代表民意，反在误导民众》《中国的成功为什么会威胁到西方民主制度？》等13集视频，海外传播量超1000万次。

四、巩固海外阵地，海外社交平台强化栏目运营提升用户黏性

海媒矩阵总粉丝数达1.22亿，全年阅读量达65亿次，互动量达7亿次。其中脸书主账号粉丝数达1.04亿，保持全球媒体主账号第2位；图享账号粉丝数超140万，同比增长16%，网友正向评论占互动多数。“微评”栏目顺应海外社交媒体平台传播规律，以直白辛辣的文字配合生动形象的漫画，传播角度新颖、有说服力的中国声音，开设4个多月来海外传播量超1100万次。爆款专栏矩阵“中国故事”“平凡英雄”“秀美中国”等栏目品牌度不断提升，海外传播量超10亿次。强化开拓“软传播”空间，以海外“Z世代”为主要受众，推出体验类视频栏目“开箱中国”“神奇的中国”，以美食、美景、文化为交流话题，展示中国年青一代的生活方式，架起情感沟通桥梁，引起海外受众的共情共鸣，海外传播量超2000万次，互动正向率超过90%。

五、壮大正面舆论，微博话题“造热机”进一步成长为“热搜机”

1. 产品创新力助力用户规模再上台阶。微博主账号粉丝量达6420万，增长7%，全年阅读量110亿次，互动量2800万次；120个原创话题登上热搜榜，同比增长超7%；在主旋律和重大事件报道中，聚焦细节、放大局部，微视频《这个OK手势让人心安》《张雨霏霸气回应美国媒体兴奋剂质疑》等登上热搜榜。

2. 网红矩阵开始成型，个人IP渐露锋芒。以微博为试验田，打造“CD观察团”团队，小彭、大攀等多名记者账号粉丝量超10万；个人IP账号矩阵粉丝量突破100万，创下4名记者同时登上微博时政媒体人Top20周榜榜单的纪录，在舆论引导中，矩阵账号的协同效应初步得到显现。

3. 继续做好重要新闻发布会的直播报道，并积极做好二次传播，推出系列爆款产品。共直播外交部新闻发布会240多场，直播国新办新闻发布会100多场，实现外交部直播全年无休、国新办重大直播全覆盖；新增国台办新闻发布会的直播报道，努力开拓新的流量增长点；移动直播视频流素材继续成为中国日报原创短视频节目的重要自采源，累计贡献流量超100亿次。

六、打造爆款产品，微信平台矩阵账号用户数不断增长

在情绪化表达和虚假信息“泛滥”的“后真相”时代，中文微信努力做好内容运营，不断提升内容的策划力与报道的权威性，公众号粉丝量已超240万，全年阅读量达8000万次；视频号保持高速增长，有力

抢占流量新入口，粉丝量达101万。双语微信发挥长文写作和包装运营特长，巧用趣味标题，将多篇原创主旋律报道打造成爆款；报道中美高层战略对话的双语视频《这段堪称反杀名场面！翻译一气呵成，非常过瘾》成为现象级爆款，播放量2.9亿次，点赞达1241万次。

七、放大特色优势，利用长图、音视频加强立体化传播

“图图是道”工作室持续探索可视化新闻产品的创新与研发，策划推出“碳中和”话题长图《假如东北也能种榴莲，那该多可怕啊》等多个原创条漫精品；拓展栏目矩阵，推陈出新打造新栏目“图图科幻”，生动有趣、科学严谨，深受青少年粉丝喜爱；加大“小象漫评”“海报工坊”栏目产出，持续强化子品牌形象，实现常态化和视频化生产升级；尝试跨界传播，出版《图图医漫》，占据当当网新书销售榜单第一名。2021年11月“图图是道”栏目获得第三十一届中国新闻奖新闻名专栏一等奖。喜马拉雅音频账号与英文微信公众号共同开设“CD电台”人文类音频栏目，使优质文化类报道实现音频化二次传播。

新媒体工作案例

系列视频《词解中国：中国道路》

系列视频以“党史故事＋动画＋可视化数据＋专家访谈”的形式，创新叙事话语和视觉体验，有效增进海外受众对中国话语的理解与认知，触达超过1亿用户，传播量超2500万次，互动量450万次，海外评论正向率高达77%。

一是避免“你听我说”式的单向输出叙事方式。视频结合海外对中国共产党的主要关切点和较为常见的偏见误解，归纳出4个问题——“为什么是中国共产党？”“为什么相信中国共产党？”“中国共产党为何如此重视对外开放？”“中国共产党如何践行人类命运共同体的理念？”加强议题设置与组织策划，在针对性回应关切、澄清谬误中，有力反击外界对中国共产党的领导和中国走向社会主义历史必然性的攻击抹黑。

二是国际化表述讲好百年党史故事。视频以中外贯通的“C位”概念为主线，紧扣关键词“选得对”“信得过”“放得开”“扛得起”，阐释历史和人民选择C（CPC，中国共产党）、党带领人民建设C（China，新中国）、走向C（Center stage，国际舞台中央）、形成C（Chinese way，中国道路）的历史背景和生动实践，使国际受众理解“什么才是真正的C位？Chinese way！”

三是悬念创意抓住受众注意力。每集视频以一个小故事开头，延伸至历史坐标之中，给予受众更加真实深刻的体验感；灵活运用三维动画、图片、可视化数据、音效等多种技术元素，进一步提升了视频的感染力；同时，通过金灿荣、郑永年等中外知名专家学者的分析阐释，进一步提升理论高

度，将政治概念进行具象化解读。

作品二维码

视频《BBC在新疆采访遭警察阻扰？看完现场录像震惊了……》

该视频以英国广播公司（BBC）报道中存在的疑点为切入点，发现BBC在2020年12月初播发的一则关于新疆棉花的视频中，指控新疆库车一家服装厂存在所谓强制劳动。为此，中国日报记者主动设置议题，前往库车进行实地采访调查，利用获取到的当时警察执法记录仪视频，结合对工厂员工进行翔实采访，有力反击BBC以移花接木和拼接手法肆意抹黑新疆的恶劣行径，海内外传播量达1600万次，50%的互动评论来自海外。当事方BBC也立即回复，进行狡辩，大量跟帖批评BBC做虚假新闻。之后，中国日报又通过社交平台发表《被中国记者“打脸”,BBC激烈“反驳”，结果评论翻车了》。通过中国日报的主动出击，最终实现了社交媒体上针对BBC报道的舆论逆转。

该视频视角敏锐、细节丰富、逻辑缜密，最大限度地还原了BBC当时的采访场景，从空间、时间入手有效揭露BBC污名化中国新疆的卑劣手法与险恶用心，取得了良好传播效果。

作品二维码

（中国日报社供稿）

科技日报社

新媒体工作综述

2021年，科技日报社新媒体以党建工作为引领，以建党百年重大主题宣传为主线，不断强化政治建设、强化党媒意识，深入实践媒体融合转型，出色完成新闻舆论宣传任务。同时，科技日报社新媒体顺应融媒体时代发展趋势，立足专业特色，发挥专业优势，深耕内容运营，创新传播形式，不断提升媒体影响力，打造出了一大批优质新闻内容和产品。

一、丰富传播形式，提高正面宣传吸引力

（一）强化"党媒姓党"，坚守政治站位

新闻工作始终同国际国内形势的变化联系在一起，同党和国家事业的发展联系在一起。科技日报社新媒体始终把宣传阐释习近平新时代中国特色社会主义思想作为首要政治任务，深入学习宣传贯彻习近平总书记重要讲话和党的十九届六中全会精神，积极开展党史学习教育。

对习近平总书记的重要活动以及中央重大决策方针的宣传报道做到第一时间及时推送、重点呈现，不错报、不漏报。

我们利用海报、短视频等多种形式力求让习近平总书记相关报道更加深入人心。2021年，各平台共发布习近平总书记相关报道内容近千条，制作习近平总书记金句海报16组、短视频74条。同时以科技创新为主题，积极制作"研习报道"系列长图。两院院士大会期间制作《总书记这样说》，梳理习近平总书记关于自主创新、体制改革、人才培养的重要论述；习近平总书记青海调研期间，制作动态海报《跟着总书记打卡祖国绿水青山》，系统展示我国生态文明建设成就等。此外，为加强平台联动性和传播效果，2021年两会新媒体首次在微博上设置了习近平总书记专属话题词"两会习语"，持续宣传发布习近平总书记相关报道。

（二）关注重大决策部署，履行主流媒体使命和担当

针对重大政策和社会议题，科技日报社新媒体加强策划和报道。两会期间，提前部署策划了包括开幕式小视频、政府工作

报告图解以及“十四五”规划 H5 等多组新媒体产品。微博端口发布两会相关内容近 300 条。

在日常报道中，及时传递党和国家的政策和理念。比如，中央经济工作会议闭幕后，本报第一时间进行解读，迅速组织采编团队，采访科技界人士和全国各地科技工作者，在新媒体刊发推出《中央经济工作会议定调科技政策“扎实落地”怎样实现——科技界人士剖析难点畅谈建议》等报道。围绕贯彻落实中央经济工作会议精神，推出《汇聚改革创新澎湃动力　奋力实现高水平科技自立自强——专访科技部党组书记、部长王志刚》，对 2022 年科技工作部署进行全面介绍。《关于完善科技成果评价机制的指导意见》印发后，制作长图《@ 科技工作者，这个重要会议研究了你最关心的事》，用一图看懂形式解读重要科技政策。

二、依托专业优势，牢牢掌握科技报道主动权

2021 年科技日报社新媒体扎根科技阵线，弘扬科学家精神，彰显科技特色，持续关注重大科技进展，及时报道突发热点事件。

（一）重大事件预先策划，抢占科技宣传主阵地

我国科技事业取得今天的成就，离不开科学家们的前赴后继、接续奋斗。在建党百年之际，科技日报社推出“百名院士入党心声”系列专栏。该系列内容均在微信首发，报道的每位院士均配发“入党心声”人物海报和短视频资料片。同时，为建党百年献礼，我们有计划地推出了微博话题、冷知识问答、街采视频以及金句海报等多形式多角度的新媒体产品。微博话题“我心中最闪耀的红星”，以百年来各领域具有代表性的正能量人物为主线，集中展现了新中国杰出的科学家、医生、军人以及扶贫工作者等英雄群像，该话题登上微博热搜榜、要闻榜。

袁隆平院士作为享誉世界的中国科学家，相关新闻历来备受关注，把握宣传内容的“时度效”非常重要。在 5 月 22 日袁隆平院士逝世以及 11 月 15 日袁隆平院士安葬这两大重要事件上，新媒体提前联络建立工作群组，融合发力。“时”，新媒体从全局出发，根据实际变化灵活掌握发布节奏，保证报道必须是真实权威的，从而赢得舆论引导先机；“度”，对于这样一位在中国及世界都有影响力的科学家哪些要做重点报道突出报道，哪些要权衡弱化，直接影响了整个宣传的舆论走向，报道团队提前进行了严密探讨和精密布局，做到了心中有数；“效”，微信发布相关图文视频共计 18 篇，微博发布袁隆平相关内容近 40 条，含原创视频 10 条。

此外，在国家科技奖励大会、两院院士增选、诺奖揭晓等科技界备受关注的大事件上，新媒体提前策划报道重点，传播效果显著。国家科技奖励大会两篇微信文章《最全！ 2020 年度国家科学技术奖励名单》《国家最高科学技术奖揭晓！》阅读量双双达 10 万 +；微博话题“2021 年诺贝尔奖揭晓”

连续多日登上微博热搜榜。

始终关注国内外的重大社会热点，在向公众报道事实、传递真相的同时，挖掘科技角度，为公众做好知识科普。在4·23野生东北虎救护情况报道中，新媒体连续多天报道救护最新进展，利用第一手资源抢先设置话题，“进村东北虎被命名为完达山1号”话题阅读量达到1.3亿次。河南郑州“7·20”特大暴雨期间，第一时间向读者传递权威一线消息，推出《子弟兵，出动！》《八方驰援！河南，咱们一起扛！》《“翼龙无人机抵达你镇上空”！驰援河南，这些硬核科技太牛了！》等多篇综合文章，及时回应社会关注。

（二）疫情报道不缺位，以科学事实达成全民共识

2021年关于国内外疫情的报道仍然是新媒体的重要任务，始终做到及时科学发声，理性引导公众。这一年，各地不断出现散发病例，科技日报新媒体每日在各端口更新全国疫情数据，及时关注并跟进各地实时、突发的疫情动态，整理综合相关热点要点，多篇文章阅读量斩获10万+。

病毒溯源问题也是本年度新媒体的一个报道重点，连续数月在各大平台推送超过70篇权威文章，向公众传递病毒溯源的科学事实与证据，引发全社会广泛关注，正确引导了舆论走向。其中，科技日报独家稿件《路径清晰！欧洲发现的新冠病毒来自德特里克堡》《惊人发现！美国2008年已人工合成SARS样冠状病毒》等诸多有影响力的报道引发人们广泛关注。

此外，新冠疫苗以及新冠特效药的报道已在新媒体平台形成常态化，以多种形式向公众传递疫苗接种最新情况，科普疫苗接种知识，解答公众对于疫苗接种的疑问，号召公众积极主动接种疫苗，共筑免疫屏障。2021年我国新冠特效药的研发取得了突破性进展，科技日报第一时间进行了系列报道，提振公众的抗疫信心，其中《我国新冠特效药有了“时间表”》等多篇稿件备受网友关注。

三、策划出新出彩，创造媒体融合新样本

（一）与读者共鸣，打造更有“人情味”的新媒体产品

新媒体更加注重借助节日节点契机，加强自主产品策划，从情感层面寻找共鸣点和传播点。2021年新媒体共策划制作节日节点海报17组，强热点整合文章近20篇以及多个微博话题来进行节日节点的预热与宣传，包括春节、劳动节、教师节、科技工作者日等主题节日。春节期间推出的科技大咖来拜年短视频，《牛到家了》短视频回顾2020年科技领域的高光时刻。

（二）拓展直播产品，让科普公益走进上千乡村小学

2021年科技日报新媒体直播近300场次。为加深社会公众对国家提出的碳中和、碳达峰目标的理解，策划“碳路3060”系列节目，以直播、短视频形式，全景展现中

国绿色低碳发展道路。首期直播节目《走进世界最大水电清洁能源走廊》全网26个平台联动直播。联合北京天文馆、中国科技馆等多家机构推出《解密宇宙的语言——引力波》《平行宇宙直播课》《生物多样性》直播节目，播放量合计超2000万次。

12月初，结合"天宫课堂"第一次太空授课重要新闻事件，科技日报社联合腾讯发起"天宫课堂随堂测"H5答题及"天宫课堂提高班"直播活动。曝光量超3100万次，互动参与人数近150万。后续结合太空课的宣传机会，面向公众开展物理、化学、生物的通识教育。邀请科普专家，为公众介绍航天人的追梦历程，并全面复盘实验，感知宇宙奥秘、体验探索乐趣。直播课覆盖1000所农村小学，联合多个直播平台开展实验直播，实现积极社会效益。

新媒体工作案例

"百名院士入党心声"大型系列报道

为隆重庆祝中国共产党成立100周年，科技日报社推出"百名院士入党心声"大型系列报道，首次公开百名院士入党志愿书，共同回顾那些铮铮誓言，分享科学家的入党初心。

报道的每位院士均配发"入党心声"人物海报和短视频资料片，每篇稿件均以院士入党心声作为主要信息，院士工作的老照片诉说着独特的科研记忆，入党誓词的旧笔记表达着科学家们的向党初心。

他们求真务实，面向国家重大需求，把成果留在千行百业。他们是敢为人先的共产党员，一生为国，带领国家从一穷二白走向伟大复兴。他们更是百年中国沧桑巨变的亲历者、奋斗者，入党志愿书中的字字句句，都饱含着对党和国家的热爱。

"百名院士入党心声"大型系列报道网站专题发布于中国科技网。自专题推出后，科技部、中国科协、中国科学院、全国妇联等，北京、上海等多地科技管理部门、高新区持续转发系列稿件、视频。在庆祝中国共产党成立100周年活动新闻中心融媒体体验室，对相关短视频产品进行了重点展示。

系列稿件同步发布于官方微博。系列视频在新浪热搜持续置顶展示，"百名院士入党心声"话题量已达1.1亿次。新浪新闻客户端为该系列短视频制作了系列专辑推广，并在客户端首页进行展示。

作品二维码

（科技日报社供稿）

人民政协报社

新媒体工作综述

2021年，人民政协报社坚持守正创新，坚持移动优先，牢牢把握正确政治方向和舆论导向，坚定不移推动媒体融合向纵深发展，重大宣传报道浓墨重彩，特色栏目有声有色，传播力、引导力、影响力、公信力显著提升，在开拓创新中不断巩固壮大了主流思想舆论阵地。

一、推动融合向纵深发展，不断提升弘扬主旋律、传播正能量的能力水平

为进一步推进一体化融合发展，人民政协报社设立融合发展中心，按照“一次采集、多元生成、多端传播”的总体思路，积极探索“先网后报”模式，打破“各守一摊、各管一段”的思想壁垒和体制障碍，建立报、网、端、微、屏等立体化、多平台传播格局，发挥矩阵效应，提升报道“四力”。

（一）不建机构建机制，加强全流程采编播发

融合发展中心旨在整合全社资源，重塑策采编发流程，推动融合发展真正做到融为一体、合而为一。结合传统媒体多年发展的实际，中心采用“不建机构建机制”的核心模式，在保持报社现有人员服务原部门工作不变的前提下，将大部分人员结合工作特点纳入新设立的策划、内容、设计、运营、推广等专项小组，以每周一次的策划会为龙头，统筹整个融合发展的全流程。2021年依托这一机制，在全国两会期间，策划了系列融媒体栏目《总书记讲话后，委员们拨通了他们的电话……》，通过视频连线方式，积极学习宣传习近平总书记重要讲话精神，并全方位报道各界代表委员群众对习近平总书记重要讲话的热议和反响，稿件编发速度快、形式活、传播广，也展现了委员为国履职、为民尽责的情怀。在庆祝中国共产党成立100周年报道中，这一机制同样取得了良好效果。如报网融合推出的视频访谈栏目《百年同心路·与委员同访》，围绕建党百年特别是新中国成立前的各个重要党史事件发生地，记者和政协委员一起打卡红色基地，探访红色足迹，感悟红色精神，回溯百年历史，追寻百年大党的初心和使命。该栏

目不仅锻炼了记者的脚力、眼力、脑力、笔力，也为报网深度融合探索了新路径，相关图文、视频作品在各新媒体平台的累计阅读量超1200万次。同时推出“风雨同舟忆初心”栏目，讲述民主党派创始人及重要成员与中国共产党风雨同舟、肝胆相照、荣辱与共的历史。该栏目得到民主党派成员和著名民主人士后代的大力支持，各民主党派网站和官方微信公众号积极转发，对宣传中国特色社会主义政党制度、中国共产党统一战线史发挥了积极作用。

（二）加强对重要节点、重大事件的融合策划报道，提升影响力、引导力

全国两会期间，推出了大型网络专题报道“犇向新征程”，系列融媒体栏目《构建新发展格局》、《委员出镜》、视频访谈栏目《委员会客厅》、新闻访谈《欣视角》等重点栏目，报网同步开设学习贯彻全国两会精神、习近平总书记“七一”重要讲话精神及党的十九届六中全会精神网络新媒体专栏，做到重要节点、重大事件不缺位、不失位，而且凸显了政协统战特色。如邀请政协委员做客人民政协网《委员会客厅》栏目，通过视频专访深入解读习近平总书记“七一”重要讲话精神。

二、发挥核心优势强化平台建设，不断提升品牌和作品的影响力

（一）立足政协，深挖核心资源，推出高品质新媒体精品

如2021年全国两会期间，人民政协报社推出海报图集《全国政协首设委员优秀履职奖，20位委员获奖》，成为全国两会新闻中的一项创新报道。作品被人民日报、新华社、央视新闻、人民网等2400多家媒体转载。为了宣传民法典，全国政协开设了“学习民法典”读书群。“学习民法典”导读小组通过人民政协报社“报、网、端、微”全媒体矩阵向社会广泛传播，创建委员导读、委员说法、一词一解、一问一答、一案一说、读典互动6个栏目，共推送读书成果299篇70余万字，短视频58条，社会反响强烈，“外溢”效果明显。

此外，为了深入学习宣传贯彻习近平总书记关于加强和改进人民政协工作的重要思想、中央政协工作会议精神，充分报道各地政协积极履职取得的成果和经验，同时为“十四五”规划开好局起好步凝心聚力，人民政协报、人民政协网推出大型视频访谈栏目《政协主席面对面》，全年共推出省级、市级政协主席专访共6期，得到了各级政协和广大用户的一致好评。

（二）面向社会，通过高质量融合报道广泛凝聚共识，画好最大同心圆

全国两会期间，重点策划推出的《我和委员说句话》融媒体栏目，邀请全国政协委员和街采群众通过网络“同坐一堂”，一起聊聊百姓的操心事、烦心事，连接会场内外，及时倾听百姓心声。重点打造了融媒体专栏“第二时间”，针对新近发生的关注度高、具有突出典型意义的热点新闻，主动设置议题，邀请相关领域政协委员、专家学者

等进行政策解读、深度解析和独家评论。全年完成近50期报道，发挥了积极的舆论引导作用。

三、把握主动权打好主动仗，切实发挥融媒体主渠道主阵地作用

人民政协报发挥独特优势，积极适应全媒体时代变化，加强新媒体平台账号矩阵建设，实现优质内容的全域传播，扩大主流价值观传播影响力。

*一是加强议题设置，引领舆论导向。*人民政协报微博和人民政协网微博抓住社交平台互动强的特点，陆续推出“2021全国两会特别报道”“2021年两会你最关心的话题是什么”“两会政在说”“点赞那些委员好声音”等话题，第一时间让受众了解重要信息，调动广大网友特别是年轻网友参与互动。

*二是以优质内容抢占舆论制高点，传播正能量。*如《为何〈唐宫夜宴〉能火到全国两会？》围绕中华优秀传统文化创造性转化与创新性发展，聚焦持续“破壁”的文博热，延伸情感共鸣点，让主流叙述在海量信息中实现导向、立场和效果的统一，在微博、今日头条及快手、抖音等各平台总点击量超800万次。

全媒体时代，媒介生态、传播方式发生深刻变化，在新媒体领域，新闻媒体最终还是要靠优质内容立足和取胜。2021年，人民政协报短视频《致敬最可爱的人①｜泪目！86岁志愿军老战士含泪向四位老首长敬礼》获第三十一届中国新闻奖短视频现场新闻三等奖；《10分钟！来看湖北政协人的战“疫”力量！》获第二十四届全国政协好新闻三等奖；《这张“核潜艇四位总师”的合影，你看懂了几层含义？》《“华夏第一灯”，五代人用信仰守护！》《政协开幕会默哀一分钟背后……》获“五个一百”网络正能量优秀精品。

行而不辍，未来可期。人民政协报将坚持以习近平新时代中国特色社会主义思想为指导，深入学习贯彻习近平总书记关于新闻舆论工作的重要论述，增强“四个意识”、坚定“四个自信”、做到“两个维护”，自觉承担起举旗帜、聚民心、育新人、兴文化、展形象的使命任务，不断巩固和壮大主流媒体，为讲好中国故事、讲好政协故事贡献更多力量。

新媒体工作案例

“第二时间”新媒体专栏

“第二时间”是人民政协报、人民政协网重点打造的融合报道专栏。该栏目从2019年4月起正式推出，共刊发新媒体稿件超过150篇。专栏作品立足政协、面向社会，坚持突出用户视角，针对新近发生的关注度高、具有突出典型意义的热点新闻，主动设置议题，邀请相关领域政协委员、专家学者等进行权威发声，对纷繁复杂的新闻事实抽丝剥茧，深入剖析社会现象背后的根

源，给用户答疑释惑，更好地引导舆论，凝聚共识，画好最大同心圆。同时，该专栏还成为人民政协报要闻版一个重要的原创性新闻栏目，不仅活跃了版面，更展现出人民政协报特有的委员视角以及舆论场中“有我在”的态度。

一是定位明确，特点鲜明。从栏目定位和表现形态上看，“第二时间”更像是一种热点解读和热点时评。因为人民政协报社、人民政协网采编队伍有限，记者站新闻采访覆盖面不足，很难第一时间出现在新闻现场获得第一手新闻。于是我们坚持扬长避短，果断放弃快餐式新闻，充分发挥政协委员专业优势，约请相关政协委员对新闻事件及时进行深入解读。这也是栏目“我们很难第一时间到达现场，但我们会在第二时间权威发声”口号的由来。本栏目除了对热点事件进行第二时间权威发声，其鲜明的政协特色也是其他媒体不具备的独家特色和独特优势。

二是短小精悍，视角独特。“第二时间”栏目稿件篇幅大多在1500字左右，比较适合中青年读者阅读，不会产生阅读疲劳。为了在极短篇幅和有限的视频采访中提供最大的信息量，稿件往往开门见山、直奔主题。切入新闻的视角也十分巧妙，容易唤起读者的阅读兴趣。

三是坚持问题导向，加强舆论引导。“第二时间”报道内容多为当下最新鲜、最有热度的事件或话题，《国家疾病预防控制局成立背后的委员声音》《政协委员热议“倒奶事件”：变质变味的“饭圈”亟须净化》《考古专业没前途？真相是这样滴！》等引起了全网热烈讨论。报道时机恰到好处，围绕热点进行冷思考，较好地发挥了主流媒体的舆论导向功能。

四是全媒体传播，放大声量。“第二时间”新媒体专栏报道同时在报网端微屏多平台刊发，并在今日头条、百家号、新浪看点、一点资讯、腾讯企鹅号等新媒体平台上推送，在全网产生了很好的传播效应。2021年专栏全媒体平台累计阅读量超1亿次，多篇稿件登上热搜。

作品二维码

（人民政协报社供稿）

中国新闻社

新媒体工作综述

2021年，中国新闻社（以下简称“中新社”）紧紧围绕深入学习贯彻习近平新时代中国特色社会主义思想这个首要政治任务，各平台牢牢把握正确政治方向和舆论导向，大力创新工作机制，精心策划、高质高效完成建党百年等重大主题宣传，在新冠肺炎疫情深度影响国际政治经济格局背景下持续开展跨境舆论斗争，积极有力回击美西方抹黑，创新国际传播范式，对外讲好中国故事。

中新社全面推进“全媒型通讯社”融合快速发展，深度整合各方资源、平台、渠道，积极进军新兴平台，持续加强海外社交媒体平台建设，打造涵盖“网、端、微”等自有平台及第三方平台，囊括境内外的新媒体传播矩阵。包括中国新闻网、中国侨网、中国新闻图片网、中国新闻周刊、中新经纬、国是直通车、侨宝、华舆等自创品牌，以及350余个境内外社交媒体账号。一年来，中新社聚焦新时代国际传播、媒体融合等重点工作，创新实干，锐意转型，新媒体传播力影响力持续提升。

一、全力做好关于习近平总书记报道，舆论引导工作有为有力

中新社各网络新媒体平台把宣传解读党和国家大政方针、习近平新时代中国特色社会主义思想作为报道工作的首要任务，不断提高政治站位、政治自觉，全年推出关于习近平总书记相关报道约1.5万篇。在加强日常报道的基础上，中新社继续依托品牌栏目“近观中国”，深入宣介总书记形象和思想，栏目全年在各新媒体平台累计推出新媒体产品超500件。2021年，中新社打造的多个关于总书记重要活动、重要讲话精神的特色重磅报道取得突出网络反响。其中，视频《千千万万普通人最伟大！习近平这样赞美劳动者》播放量超1000万次，登上微博热搜榜；中新社微信公众号推送的稿件《习近平的入党介绍人，为何是他？》，角度新颖，网友互动积极，纷纷点赞。

适逢建党百年，中新社新媒体平台加强议题设置和内容策划。中国新闻网“网、

端、微”各平台累计发布各形态新媒体稿件4300余篇，相关微博话题标签总阅读量超20亿次。全年推出多个具有分量的正能量、主旋律特色新媒体产品。“中国共产党的十万个为什么”系列融合策划，采用“党史+新闻”的基本思路，让党性、人性辉映闪耀，自细节中求解百年大党的“成长密码”。青春励志歌曲《正青春》，展现敢闯敢干、积极向上、志存高远、勇挑大梁的中国当代青年精神风貌，深受年轻群体和海外网友喜爱。2021年，中新社网络新媒体平台还积极策划、高质量完成2021年全国两会、博鳌亚洲论坛2021年年会、西藏和平解放70周年、北京服贸会、2021年世界互联网大会乌镇峰会、纪念辛亥革命110周年、2020年联合国生物多样性大会、党的十九届六中全会、首届中国网络文明大会等重大主题、会议宣传报道。

2021年，新冠肺炎疫情持续全球蔓延，中新社各新媒体平台加强策划，回应社会关切。其中，中国新闻网策划推出图解、漫画等创意可视化新媒体产品，生动形象地宣传防疫政策、传递科学知识；中国侨网从侨胞需求出发，强化“暖侨”主题和为侨服务针对性，完善现有平台细化服务，及时回应侨胞关切、答疑解惑，传递战“疫”信心；国是直通车围绕重大经济活动、经济民生政策及时深入解读；中新经纬依托自身的专家库资源，针对经济民生类热点话题积极发声回应社会关切，持续唱响中国经济光明论。

新冠肺炎疫情深度影响国际局势，美西方国家在新冠病毒溯源、新疆、香港等多个议题上持续政治操弄，试图全面排挤、打压中国。对此，中新社积极主动开展跨境网络舆论斗争，重点打好对美舆论战。中国新闻网特别打造“蒋鲤工作室”，围绕中美舆论斗争，摆事实、讲道理，持续输出的中英双语评论、英文评论、英文微评、新漫评，准确有力回击美方的种种“不讲理”言行，全年推出80余期特别策划，全平台阅读量过亿。与此同时，中新社策划推出学理型融合专栏“东西问”，探寻理性交流空间，推动东西方文明交流互鉴，全年发布430余篇中英文报道，在喧嚣的国际舆论场持续传递并放大理性声音。中国新闻周刊围绕重大新闻热点，在全方位多角度挖掘事实真相的同时，注重坚持建设性报道角度，正面引导舆论，凸显媒体责任意识。

二、以人才为抓手赋能内容创新，持续壮大新媒体传播矩阵

近年来，中新社持续探索具有通讯社特色的媒体融合发展创新之路，创设融媒体中心，稳步推进全社深度融合工作机制，多举并施建设“一专多能”的全媒体人才队伍，内容供给结构持续优化，全媒传播矩阵整合升级，品牌创新释放活力。

2021年，中新社全力打造名记者工作室，鼓励和推动各部门编辑记者到新媒体平台发挥作用，一批名记者、主播亮相发声，实现了跨部门、跨领域融合。一年以来，打造的“冰洁时间”“宾宾有理”“锐说锐

话”“鼐看”“问安时间”“新闻种草官”“岩知凿凿”等19个名记者工作室，累计生产200余期原创脱口秀中英文节目，产品报道角度、传播手法都极具特色，让人耳目一新，在境内外各平台和端口总浏览量超15亿次。

为推动采编业务转型，引导采编力量加强融合，中新社于2021年正式成立融媒体中心，统筹协调全社媒体融合发展工作。与此同时，中新社采编业务综合考核办法自2021年1月起正式实施，有效发挥了融合“指挥棒”作用。融媒体采编系统也于2021年4月正式上线，实现文图视通稿、网稿、特稿、报刊稿等多类业务的融合生产，实现新闻线索共享、审核把关共融、资源调度联动的生产机制，实现全社采编流程统一与重塑，有效提升融媒体稿件生产效率，推进采、编、制、播、发业务的深度融合。此外，4K超高清视频演播室建成投用，具备嘉宾访谈、小型论坛、“网红”初级孵化、虚拟演播室、视频连线等功能，为推进视频及新媒体业务创新发展提供了有力支持。

2021年，中新社以新技术、新应用为先导，统筹自主掌控的媒体终端与有影响力的他建平台，科学规划、积极布局，建成以中国新闻网、中国新闻周刊、中国侨网、国是直通车、中新经纬、华舆、中国华文教育网、中国新闻图片网等覆盖网、端、微及各类境内外平台账号的新媒体传播集群，综合覆盖用户数超5亿。中国新闻网作为中央重点新闻网站，全社网络新媒体业务、人才、技术集成平台，全天候24小时不间断发稿。适应视频化网络发展趋势，一年以来，中新社在音视频平台着力加强布局，在喜马拉雅平台开设“中新网FM”公众账号，着力运维海外社交平台“洋腔队”“我是Z世代”等特色视频账号，面向海外华侨华人群体和港澳台地区，按照高中低3个层次，开通美食、美景等分领域子账号10余个，形成了较为完整的国际传播账号矩阵体系。

三、着力打造全球华文资讯传播共同体，维护海外华文新媒体圈层

聚焦以海外华侨华人、港澳台同胞为主的“海外中国”群体，中新社积极创新与海外华文媒体合作方式，着力打造全球华文资讯传播共同体，维护海外华文新媒体圈层。

积极推动华文媒体融合升级。将部分报纸合作客户转化为新媒体合作客户，进一步优化对西方大国、“一带一路”沿线国家、周边国家华文媒体的布局。全年为23家媒体建设了网站、移动客户端和境外社交账号，推动海外华文媒体多语种传播，发送英、法、德、俄、西班牙、葡萄牙等外文报道万余条，协助新西兰、斐济和巴基斯坦华文网站开设英文频道。与此同时，深化与海外华文新媒体合作，通过内容合作、技术赋能、版权采买等形式，加强新媒体聚合传播、创新传播，优质内容资源共享。截至2021年年底，中国新闻网客户端华媒站点客户达91家，定制化开发华媒客户端21家。借助良好合作关系，中国新闻网全年向重点

合作华媒推送重点原创稿件2000余篇，落地4万余篇次。中新社着力打造全球华文资讯传播共同体，积极助力华媒转型升级，在巩固阵地的同时大大提升了中新社网络外宣工作实效。

新媒体工作案例

全媒体直播《日出东方——庆祝中国共产党百年华诞》

在庆祝建党百年大背景下，为全景呈现百年大党发展征程，中新社积极加强内容策划，于2021年7月1日重磅推出全媒体直播特别节目。

直播以“日出东方”为主题，以党史时间线为基准，介绍中国共产党从最初只有50多名党员的政党成长为拥有9500多万名党员的世界第一大执政党的历程，并突出中国共产党百年来朋友遍天下，与各民主党派等同舟共济的发展奋斗史。节目从7月1日6时开始，分为三部分。第一部分以中共发展历程的标志性地点直播为主，通过对嘉兴红船、西柏坡等地的探访，讲述中国共产党从诞生到带领中国革命走向胜利的风雨征程，同时突出红色精神传承及老区发展新貌。第二部分播出庆祝中国共产党成立100周年大会等官方庆祝活动。第三部分播出民主党派中央、全国工商联主席和无党派人士代表寄语中国共产党百年华诞，重点展现中国共产党与各民主党派肝胆相照、携手前进的同心奋斗史。

中新社借助网络新媒体平台及境内外账号矩阵积极推送全媒体直播，不仅覆盖“网、端、微”，还在多个主流直播平台以及境外社交平台脸书、推特、油管播出。直播总播放量近千万，以精心策划、鲜明特色赢得良好网络反响，为庆祝建党百年营造了热烈、良好的网络舆论氛围。

作品二维码

（中国新闻社供稿）

学习时报社

新媒体工作综述

2021年，学习时报社紧紧围绕深入学习贯彻习近平新时代中国特色社会主义思想这个首要任务，聚焦学习习近平总书记在庆祝中国共产党成立100周年大会上的讲话、党的十九届六中全会精神，牢牢把握正确政治方向、舆论导向、价值取向。

学习时报是以思想理论宣传为主旨的报纸，思想理论宣传是学习时报的定位。围绕这个定位，学习时报从各个方面、层面、角度，全方位解读、阐释、宣传党的创新理论特别是习近平新时代中国特色社会主义思想，精心策划组织选题，积极探索适合理论传播的媒体融合发展之路。

2021年，学习时报社在传播内容、叙事方式和传播渠道上尝试创新，让新媒体工作“有声有色有创意，出新出彩出精品”。

一、在传播渠道上拓展空间维度

新媒体时代，如何使重大主题宣传增强吸引力和感染力，实现让群众爱听爱看、产生共鸣，充分发挥正面宣传鼓舞人、激励人的作用，是主流媒体亟须破解的课题。《学习党史·敬读碑文》系列音频节目在建党100周年的重要历史节点，围绕党史学习教育，以学习时报知名栏目“为了新中国——革命烈士纪念碑碑文敬读”为蓝本进行二度创作，以碑为媒，描绘党的精神谱系。以声传情，强化党的情感认同。以融“破圈”，拓展党媒社会影响。进一步丰富内容、优化传播、提升效果，打造了融媒传播原创作品。该节目共刊播25期，在“学习强国”学习平台的总阅读量超过1.1亿次，创下同类型音频节目网络阅读量的新高。

二、在叙事方式上增加情感厚度

为顺应短视频的发展趋势，在党史国史重大节点推动理论普及，学习时报社配合中央党校（国家行政学院）科研部，制作了系列短视频《党校公开课》，旨在以生动活泼、内涵深刻的视频形式解答社会普遍关注的热点理论问题，在理论宣传和理论普及方面进行了积极的探索。2021年学习时报社推出以“百年党史中的红色经典”

为主题的党校公开课第二季，被中央党史学习教育领导小组办公室列为重点项目。《党校公开课》第二季“百年党史中的红色经典”推出后受到广泛关注，人民网、“学习强国”学习平台、快手短视频等新媒体平台纷纷转载，点击量过亿。

三、在传播内容上挖掘历史深度

为切实做好省部级主要领导干部学习贯彻党的十九届五中全会精神专题研讨班的宣传报道，在党中央重大活动中积极发出党校声音，学习时报网络和新媒体中心提前谋划部署，制作了原创新媒体作品——《20年来，在中央党校举办的省部级主要领导干部研讨班都学了啥？》在中央党校官微首发，全网总点击量过亿，大大提升了学习时报融媒体原创内容的传播力和影响力。作品选题时效性强、内容权威、角度新颖、很接地气，既巧妙阐释了习近平总书记在开班式上发表重要讲话的历史意义和现实意义，又把握全面、推出及时、内涵丰富，取得了很好的宣传效果，有力营造了学习宣传党的十九届五中全会精神的浓厚舆论氛围，在重要节点上发出了党校声音，展示了党校形象。

新媒体工作案例

《学习党史·敬读碑文》系列音频节目

学习时报策划制作出品的融媒体新产品《学习党史·敬读碑文》系列音频节目，自2021年4月10日在“学习强国”学习平台首页以专题形式推出以来，引起重大反响。44期总阅读（收听）量已经超过1.16亿人次，单期平均阅读（收听）量超过260万人次。总点赞量超过375万人次，单期平均点赞量超过8.5万人次。

《学习党史·敬读碑文》系列音频节目来自学习时报知名栏目“为了新中国——革命烈士纪念碑碑文敬读”。从报纸栏目策划，到音频节目上线，创作团队始终牢记习近平总书记指示精神，真正做到让历史“说话”，用史实“发言”。这套融媒体产品内容独树一帜，制作新颖别致，有珍贵的实况录音史料，如毛泽东诵读人民英雄纪念碑、彭德怀宣布朝鲜战争结束、一二·九运动学生示威游行等；有精心剪辑的配乐，既关注潮流，应用了大量国内外气势恢宏的音乐作为背景乐，也注重配合内容表述剪辑了《沂蒙山小调》《八月桂花遍地开》《英雄赞歌》等，为了加强渲染效果，同时加入了枪炮声、小推车声等音效。

据了解，全国各地很多单位将这套节目作为党史学习教育的蓝本，不少单位还参照节目样式纷纷到纪念碑所在地举行敬读碑文的活动。在党史学习教育过程中，这套节目有效完善了党史学习线上线下相辅相成的教育模式，从选题到制作都具有学习和参考价值，无疑是将融媒体运用到党史学习教育过程中一次成功的尝试。

作品二维码

《20年来，在中央党校举办的省部级主要领导干部研讨班都学了啥？》

为切实做好省部级主要领导干部学习贯彻党的十九届五中全会精神专题研讨班的宣传报道，在党中央重大活动中积极发出党校声音，学习时报社精心制作发布了原创新媒体作品——《20年来，在中央党校举办的省部级主要领导干部研讨班都学了啥？》。

该选题时效性强、角度新颖、梳理全面、很接地气，巧妙阐释了习近平总书记在开班式上发表重要讲话的历史意义和现实意义。作品内容全面、及时、新颖、权威，把准时间节点和受众需求，运用新媒体手段，细致梳理了20年来党中央在中央党校举办省部级主要领导干部研讨班的发展脉络，在历史纵深中阐明其重要意义，加深了受众理解，增进了群众认同。1月11日开班式当晚，中央党校（国家行政学院）官网和官微在“学习时间”栏目同步推出，随即获得广泛关注。

作品二维码

（学习时报社供稿）

工人日报社

新媒体工作综述

2021年，工人日报社全面贯彻落实习近平新时代中国特色社会主义思想和习近平总书记关于推动媒体融合发展的重要论述，按照中办、国办《关于加快推进媒体深度融合发展的意见》，牢牢把握正确的政治方向、行业发展动向，遵循新闻传播规律，立足“工”字特色，创新传播手段、运行机制，升级技术平台，提升品牌影响力。

2021年，工人日报推动所有采编部门参与线上内容生产，实现了主力军走上主战场的阶段目标，形成了以自有平台客户端为主，微信、微博、“学习强国”学习平台、今日头条等多个平台与账号组成的新媒体传播矩阵，与报纸、期刊、中工网共同组成了名副其实的全媒体平台。这一年，工人日报客户端下载量年度同比提升了274%，用户活跃度年度同比增长230%；原创短视频新闻《抗洪Vlog丨记者坐拖拉机赶往安徽庐江圩堤抢险现场：数千人会战守堤坝！》获第三十一届中国新闻奖“短视频现场新闻”三等奖；工人日报的《智慧媒资赋能新媒体虚拟演播室视频生产平台》案例获中国报业协会“2021年全国报业媒体融合案例优秀奖”；《新360行》入选国家新闻出版署“2021中国报业深度融合发展创新60个案例”。

2021年，随着一个个媒体融合目标的实现，工人日报的传播力、引导力、影响力、公信力不断提升——工人日报社媒体融合发展出现了质的变化。

一、深耕“工”字领域，让正能量产生大流量

2021年3月全国两会期间，工人日报各新媒体平台发稿共计2453篇，累计阅读量超2.47亿次。

在两会开始前，工人日报融媒体提前进行策划，从两会中寻找贴合“三工”特色的新闻点进行报道。

首先，融媒体栏目“工小妹”系列短视频再次“上新”。在题材选择上，项目团队重点突出两个维度：一是议程维度，二

是“三工”维度。推出了切合议程的《政府工作报告里的重磅信息，工小妹带你划重点！》、契合社会热点的《工小妹 @ 你：智能时代，请等一等“银发少年”》、有“三工”特色的《如何修炼成“高级蓝领”？工小妹献上 5 个锦囊妙计！》等视频，沿用快语速的方式，加入图片与音视频等多媒体素材，丰富视频的表现形式；用主播脱口秀的形式，讲好两会新闻。

其次，推出多种形式的融媒体作品解读政府工作报告。《转给爸妈，今年养老金还要涨！政府工作报告送来这些民生红包！》等一系列作品，选取不同的民生领域，将政府工作报告条分缕析，细化成为一件件事关广大职工切身权益的民生小事和惠民政策，及时向读者和网友传递两会上的权威信息。在抖音平台，总理关于“看病费用异地报销”的一条短视频点击量超 1300 万次、点赞量超 40 万次。

2021 年 5 月 1 日，全国劳动模范和先进工作者表彰大会在京召开。工人日报依旧站在“三工”角度，推出短视频《职场人遭遇“职业倦怠期”？听听劳模怎么说》《从青铜到王者，劳模们这样一路“打怪升级”》等，通过采访劳模，解答职场中劳动者的困惑。

2021 年是中国共产党成立 100 周年，“七一”前后，融媒体中心策划推出“探馆 Vlog · 展馆里学党史”系列融媒报道，报道采用记者探馆的 Vlog 形式，走进中国共产党历史展览馆、中共一大会址、北大红楼、李大钊故居等红色地标，形象生动地展现了中国共产党波澜壮阔的百年历史，展现了中国共产党人的初心与使命。

二、坚持“内容为王”，倾力打造有影响力的品牌栏目

现场新闻永远是关注度最高的。2021 年 1 月 8 日，在新冠疫苗研发上市期间，工人日报记者走进新冠疫苗生产车间，拍摄了短视频《40 秒揭秘新冠疫苗生产车间》，发布在工人日报社各个平台，该作品获得了中国经济新闻奖融合报道类二等奖。

7 月，河南郑州“7 · 20”特大暴雨灾害，工人日报记者深入灾害发生现场，拍摄村民通过直升机运输物资的画面，制作出短视频《我在现场 | 现场实拍！记者空中直击新乡辉县直升机空投救援》，展现出很强的人文关怀。

以工作室、项目制为工作机制的工人日报 e 网评和“三工视频 · 新 360 行”持续输出优质内容。2021 年全年，工人日报 e 网评共发稿 110 篇，其中《货拉拉道歉：每次改进都用生命来换，代价太惨痛！》取得了良好的传播效果。“三工视频 · 新 360 行”也已达到每周 1 期的更新频率。

此外，在信息井喷的互联网时代，让更多普通用户成为创作者是媒体融合发展的又一路径。2021 年春节、国庆节期间，工人日报融媒体中心发起各种影像、短视频征集活动，用户自创内容大大活跃了工人日报客户端的活跃度。

三、积极拓展上下游渠道，努力提升平台活跃度、影响力

为了取得良好的传播效果，工人日报从两个方面推动渠道融合，一是建设“自有平台”客户端，二是借力“头部平台”。

2021年，除了鼓励用户参与内容生产，工人日报以本报客户端为依托，站在用户角度，策划多场线上活动，拉动工人日报客户端下载量。2021年年底，工人日报客户端下载量达639万，较年初增长了336万。

2021年是中国共产党成立100周年，由中华全国总工会宣传教育部、工人日报社联合举办的“我身边的党员同事”，取得了前所未有的好效果。工人日报社还承办了“职业健康达人Show”短视频征集活动。通过拍摄制作创意形式多样的视频作品，展示职业达人的职业健康素养，呼吁广大职工关注职业健康。活动期间，共收到183部作品，参与人数超30万人次。

此外，对接“头部平台”。通过入驻今日头条、抖音、快手等头部商业平台来加强合作，把工人和工会的声音传播得更深远，使之抵达更广泛的受众群体。8月，工人日报社联合UC、阿里巴巴公益、壹基金发起“致敬城市英雄”公益活动，项目单周曝光达17亿次。2021年7—8月，工人日报联合今日头条，共同发起“让平凡的工作闪闪发光——在头条记录我的打工生活”主题征文活动，活动累计曝光量达1.3亿次。

四、持续推动技术升级，不断探索机制创新，让媒体融合走深走实

为了释放更大的生产动能，工人日报确立了以先进技术为支撑的工作方向，加大了技术建设力度。

重点打造资讯聚合、特色服务和区域分平台的工人日报社融媒云平台，自投用以来在2021年得到进一步完善。该平台利用云计算、大数据、可视化、社交化、视频化等现代主流信息技术，深化建设工会系统的媒体融合体系，打造报社未来持续健康发展的基础框架。其中在“工人号”内容聚合平台方面，已有3家省总工会和1家地方工人报入驻。

2021年规划的“三工”资讯智能大数据中心项目获批。该项目将实现“三工”系统的知识图谱和标签体系的建设，打造工会领域工字特色的核心数据。将AI人工智能技术运用在素材的存储、管理、应用，为报社的历史媒资、业务媒资提供人工智能能力支撑，实现全社信息资产智能存储、智能分析、智能标注集群化管理，进一步提升采编人员的新媒体产品的生产效率，进一步增强信息产品的丰富和创新，为全面、及时、准确、智能、多样化的信息输出服务提供强有力的智能数据保障。

虚拟演播系统的建设，利用5G、VR/AR、云连线等技术手段，拓展了报社在现象级媒体时代的视频发布形式。系统集“融媒整合、演播创作、虚拟场景、直播互动、

内外场联动”等功能于一体，扩大了优质内容产能，使云采访常态化。为配合体育部门采访工作，通过演播系统的全能机与云连线完成了两期东京奥运会冠军直播连线采访工作。2021年5月为北京市总工会做的一场竞赛直播，现场的导播设备直接送回演播室，实现了一次投入、多次产出的高效目标，报社在北京市工会系统得到好评。2021年8月，报社新开播的一档“医知全解”栏目，通过虚拟抠像技术将三维虚拟场景与人物进行叠加与输出，实现了虚实结合的现场直播，扩大了报社在视频节目生产方面的种类。

2021年，工人日报还推动所有采编部门参与线上内容生产，如工会新闻部承接工人日报客户端上的工会频道、评论部承接锐评频道等。从某种程度上来说，工人日报实现了“主力军走上主战场”的阶段性目标。

新媒体工作案例

短视频《记者调查：为什么做试管婴儿的人越来越多？》

2021年“六一”儿童节前夕，国家放开“三孩”政策公布。相关调查数据显示，2007年至2020年，我国不孕发病率已从12%升至18%。也就是说，每5.6对育龄夫妇中就有一对面临生育困难。生育相关话题也备受社会关注。

记者注意到，自1988年中国大陆首例试管婴儿出生以来，此后30多年间，试图依靠医疗和技术手段实现生育的家庭越来越多。2021年7月，《中共中央、国务院关于优化生育政策促进人口长期均衡发展的决定》发布，其中专门提到用规范的辅助生殖技术提供不孕不育诊治服务。相关医疗保障问题也得到了国家医保局的回复。“不孕不育”这个曾经十分隐秘的话题，也越来越受到公众的关注。

记者就试管婴儿等相关话题采访了业内知名专家、临床医生以及多位接受辅助生殖技术的患者，采访前后历时近4个月，最终通过多角度的人物采访、医院实地调查和生动的动画图示，较好地解答了多个辅助生殖相关问题，回应了公众对于“生育困境”话题的关切。

视频内容采访扎实、逻辑清晰、剪辑流畅，客观全面地展现求子群体背后的故事，探讨了在当下如何更好地构建生育友好型社会。

作品发布后，辅助生殖技术能否进入医保等问题也得到了有关部门的更多关注。2022年2月，北京市医保局对外公布，将16项辅助生殖技术纳入医保甲类报销范围，即这16项费用可以全额报销，大大减轻了试管婴儿家庭的经济负担。

作品二维码

“我身边的党员故事”短视频征集活动

2021年，为隆重庆祝中国共产党成立100周年，工人日报社举办了由中华全国总工会宣传教育部组织的“我身边的党员故事”短视频征集活动。该活动通过组织广大职工讲述身边人、身边事、感受身边党员的先锋模范作用，在全社会大力弘扬劳模精神、劳动精神、工匠精神，引领广大职工坚定不移听党话、跟党走，为实现“十四五”规划和2035年美好蓝图而奋斗。

活动中，每一部作品的背后都是一位党员同志在自身岗位上兢兢业业的缩影，其中有百岁党员、有一线工人、有学校老师……就是这些生活在我们身边的普通人，用实际行动展示着党员的风采，他们弘扬主旋律，汇集正能量，在全社会营造了劳动最光荣、劳动最崇高、劳动最伟大、劳动最美丽的浓厚氛围。

作品二维码

（工人日报社供稿）

中国青年报社

新媒体工作综述

2021年，中国青年报社在团中央书记处领导下，在整合并入团中央网络影视中心、团中央实业发展中心的基础上，以高标准推进党建业务的一体化深度融合，以高效能推进内外治理的一体化深度融合，以高质量推进精品导向的一体化深度融合，主力军全面挺进移动互联网主战场，以“融媒云厨”升级为驱动，加速向新型主流媒体迈进，着力提高办报办网质量，做强新型主流媒体，提升面向青少年的网上传播力、引导力、影响力、公信力和服务力，不断巩固壮大主流思想舆论，更加广泛有效地为党育人、凝聚青年、服务大局，有效引领广大团员青年在全面建设社会主义现代化国家新征程中建功立业。

据不完全统计，截至2021年12月31日，中国青年报社下属全媒体平台用户达1.7亿（其中中青报“两微一端”和抖音号用户共6950多万，平均日活量1683.1万），并与团中央新媒体中心深度融合。

2021年6月，“融媒云厨”、青蜂侠入选由国家新闻出版署主办的“2020年中国报业深度融合发展创新案例展”。融合创新作品《互喊加油，四大“天团”会师武汉！网友：王炸来了，中国必胜！》等6件作品荣获第三十一届中国新闻奖。2021年11月19日，由中央网信办、中央文明办和中共北京市委、北京市人民政府共同主办的首届中国网络文明大会发布了新时代网络文明建设10件大事，中青报承办的活动《把青春华章写在祖国大地上》、创制的《中国好青年》视频节目入选其中的典型案例。中国青年网获得2021年中央网信办重大选题十大精品奖和突出贡献奖。还有许多作品获得中央政法委、国家广播电视总局等多个部委举办的单项优秀作品奖。

2021年，在团中央书记处的领导下，中青报推进媒体深度融合，创新新媒体发展方面主要在以下几点发力：

一、强化政治建设引领，加强顶层设计，以高效能推进媒体深度融合发展

2021年4月27日，《中国青年报》迎

来 70 岁生日，新老报人共话传承创新，梳理峥嵘岁月积累的精神财富，探讨推动媒体融合向纵深发展。中国青年报社结合党史学习教育，把报庆日作为“融媒云厨”改革再出发日，初心不改，云速飞翔，加快做强新型主流媒体步伐。

二、深化体制机制改革，主力军全面挺进移动互联网主战场，加速一体化融合，加快构建全媒体传播体系

2021 年 9 月以来，按照主力军全面挺进主战场的要求，报社继续以互联网思维优化媒体资源配置，加快把分散的、优质的资源要素向互联网主阵地聚合、向移动端倾斜。以客户端升级为契机，加速全报社“专业主导、三端融合”改革进程，加速“融媒云厨”一体化融合和再创业。

中青智慧云内容管理平台建设完成、中青报客户端升级到 4.0，标志着中青报从“融媒小厨”迈进“融媒云厨”阶段。“融媒云厨”以“融媒小厨”为基础，坚定贯彻一体化的管理思路，推进内容资源协同创新，更精准使用云技术、视频等新技术，支撑报社媒体融合向纵深发展。目前，传统的报纸采编部门基本上脱纸化运行，既负责全媒体内容的生产制作，包括视频、海报等，又负责中国青年网、中国青年报客户端相关专业内容的运维。

“融媒云厨”等基础设施投入少，真正做到经济实用，好用管用。近年来，全国有 300 多家媒体或相关单位前来调研交流。

三、贴近青年服务青年，走好全媒体时代的群众路线

报社积极探索“新闻 + 政务服务商务”运营新模式，建立“团团微就业”共青团服务青年就业平台、“青春有约”青年婚恋交友平台、“青年优选”电商平台等，通过“全程化”跟踪、“专业化”指导、“精准化”对接，贴近青年，服务青年。

四、推进内容生产供给侧结构性改革，全面加强内容建设与供给，特别是更紧密地围绕中心、服务大局，聚焦全团主责主业服务，与团中央新媒体中心深度融合

报社在承担越来越多中央相关部门直接交办的政治宣传重任的同时，继续保持“青年大学习”在团员青年群体中的“爆款地位”，面向团员青年开展建党百年宣传；同时，开展面向少先队员的党史宣传。2021 年，“青年大学习”以党的历史为线索，融入习近平总书记重要论述，帮助团员青年了解党的奋斗故事、掌握百年奋斗经验。2021 年全年推出 32 期，总点击量超过了 9.8 亿次，参与人数超过 7.5 亿。

策划制作《我要的人生》微电影，以百年间不同时期青年党员的“人生选择”作为主线，体现出共产党员不忘初心、敢为人先、不畏牺牲的精神代代相传。2021 年 7 月，该片在全国高铁车站公共大屏和高铁车厢小屏展播。

推出《强国有我》主题MV。这首歌邀请了中国传媒大学100名在天安门广场“七一”庆祝大会参与朗诵、合唱、担任志愿者和参与“七一”文艺表演的学生共同唱响。

五、以传播正确价值观为引领，善于发掘和讲好生动鲜活故事，综合运用全媒体方式、大众化语言、艺术化形式创作新闻产品，用情用心制作有品质、有格调的内容，增强正面宣传表现力和感染力

2021年，中青报开展“温暖的BaoBao，一起向未来”文化月系列活动，努力讲好中青“文化IP”故事。推出“青·文创”品牌助力行动。紧紧围绕“搭平台、创品牌、促发展”的工作思路，把握“活、酷、正、链、品”5个设计宗旨打造新文创品牌，努力将中国青年报内容转化为广大青年用户喜闻乐见、直观具象、可感可用的文创产品形态。开展“每一朵雪花都温暖”文化创意征集活动、非遗文创产品进社区系列活动和书香文化月“青·文创”欢聚荟活动。

推出系列沉浸式体验新闻节目。如《点亮事实孤儿的未来》，超237万人次在互动页面“点亮心愿”，助力事实孤儿帮扶。作品获2021中央新闻单位青年记者践行“四力”最佳推动社会建设一等奖。

2021年加大音视频内容供给，生产了一大批短视频、微电影、公益广告、海报图片、有声新闻等产品，打造更多群众喜爱、刷屏热传的作品，形成新的增长点和竞争力。一年来，可视化产品数量大幅增长。

六、坚持效果导向，增强服务意识，强化用户理念，实现单向式传播向互动式、服务式、场景式传播转变，引导网民由“感动”到“行动”，提升正面宣传到达量、阅读量、点赞量

中国青年报社联合共青团中央宣传部等有关单位和部门共同主办的“穿越百年，叩问初心——‘时光之镜’建党百年沉浸式体验活动”自4月30日在上海启动以来，先后在江苏常州、贵州荔波及北京、天津、石家庄、济南、青岛等地巡展并开展相关特色活动。

七、适应新闻传播分众化、差异化趋势，强化先进技术创新引领，做到量身定做、精准传播，不断提高新闻宣传的精准性和舆论引导的时度效

2021年年初，中青报发布“融媒云厨”技术中台规划，并在全年工作中予以推进；中国青年报70年报纸数据库历经4年建设完成；“中青云”移动优先的自主研发系统集成、迭代和创新，新版本App是一款聚合了新闻资讯、UGC社群、青年服务三大模块的智能化移动终端；启动“中青视频智能生产分发管理系统”项目建设等。

2021年，中国青年报集中优势采编、技术人员，全力做好庆祝中国共产党成立100周年报道，全情投入、精心组织、特别策划、抢占先机。庆祝大会当天，中国青年

网制作、中国青年报微信视频号第一时间发布的《“请党放心，强国有我”！这是今日青年对党的庄严承诺》成为朋友圈的刷屏之作，取得了良好的传播效果。

八、推动全媒体人才队伍建设，培养五类融媒人才，深化体制机制改革

中青报党委认真贯彻落实党中央关于“加大全媒体人才培养力度”的指示精神，围绕如何实现事业留人、机制留人、情感留人、待遇留人，把专业人才向互联网主阵地汇集，激发人才活力，更好适应媒体融合发展需要等课题，部署推动人事制度改革，以激励培养五类融媒人才为切入点，构建多层次、结构合理的人才队伍，为中青报全媒体人才培养长远布局。一是实行积极有效的人才引进政策，加强人才队伍梯队建设，为全媒体转型发展注入源源不断的新鲜血液。二是推动人事管理制度改革和机制创新，优化机构设置，深化高度统一、一体融合的人才考评使用机制。三是以五类融媒人才培养工程为牵引，加强重点领域人才培养，补短板、促融合，提高人才吸引力和竞争力。

新媒体工作案例

“时光之镜”建党百年沉浸式体验活动

中国青年报社联合共青团中央宣传部等有关单位和部门共同举办的“穿越百年，叩问初心”——“时光之镜”建党百年沉浸式体验活动自4月30日在上海启动，赴瞿秋白、方志敏、邓恩铭、向警予、陈延年5位英烈的故乡湖南溆浦、江苏常州、贵州荔波、江西弋阳及北京、天津、石家庄、济南、青岛、深圳等地巡展并开展相关特色活动，“七一”前后达到高潮，引起强烈反响，在共情共鸣中引领青少年心向党，听党话，跟党走。用AI技术制作H5作品《你若记得我便活着》，借助虚拟现实技术与观众进行互动，用户还可在网上向烈士献花。很多年轻人留言说：“这盛世如你们所愿，你们付出了年轻的生命，但是永远活在我们心中。”

此次活动除中国青年报全媒体、凤凰全媒体、知乎等进行传播外，新华社、新华每日电讯、人民网、人民日报客户端等数十家中央和地方媒体也进行了广泛报道。

作品二维码

大象，回家了

这是2021年中国青年报社一次跨部门的协作，由图文采编、美编、设计、技术交互的团队共同参与。

2021年上半年，亚洲象北迁事件备受全球关注，中国青年报社跨部门团队尝试用沉浸式的表现手法对这一热点时间进行解读。

6月，两名记者沿着大象行进的路线深

入云南省西双版纳傣族自治州、普洱市、玉溪市，用时两周，循着亚洲象的行走路线，拍摄了大量珍贵的大象照片，采访了近60名与大象打过交道的村民、专家、志愿者等。尤其是摄影记者，由于能否遇见象群有很多不确定性，在艰苦的自然环境下，在不打扰象群的基础上，通过大量工作获得了珍贵的第一手图片。

在记者出发采访前，后方的同事们就该选题如何更好地沉浸式呈现进行了充分的讨论和准备，最终决定用地图做视觉载体，将大象所走路线往返的每个点位用丰富的故事和科普串联，再配以视频、图片、VR等多维度报道。

该方案通过后，记者带着任务出发，后方编辑美编与技术同事开始搭建整体框架，并设计了移动端与PC端两个版本，为了追求最佳的视觉效果、交互体验和新闻时效，美编和技术加班加点，在发布前反复修改了十几次。在文章最后还专门设计了隐藏“彩蛋”——将照片设计为带作品二维码的明信片，长按保存图片即可获得。

该产品从策划到最后选在“世界大象日”上线，历时2个月。这款产品有3万字的文字材料，6000多张照片，上百条视频。最终通过记录大象从“北移”到“南归”经过的16个地点，将这些素材精编为过万的文字内容，1条长视频、6条短视频、1个VR场景嵌入、11张摄影作品及5张明信片设计，多维度回顾了大象北移南归的全过程。

新闻作品发出后，读者反响强烈，沉浸式H5刷屏朋友圈。这是一个跨部门的生产模式，中青报的年轻人一直在探索，为制作更高质量的作品而努力。真正的可视化报道需要人力、时间、经验，更需要审美和逻辑思维。

作品二维码

（中国青年报社供稿）

农民日报社

新媒体工作综述

2021年是中国共产党成立100周年，“十四五”开局之年，乡村振兴战略全面推进之年。回首这一年，农民日报社以习近平新时代中国特色社会主义思想为指导，不忘初心、牢记使命，不断增强“四个意识”、坚定“四个自信”、做到“两个维护”，立足“党报姓党”定位，凸显“农报属农”特色，扎实做好“三农”新闻宣传工作，围绕重大宣传报道重点，做新振兴好文章、唱响“三农”好声音，积极顺应网络化、信息化、数字化发展趋势，在全媒体舆论场不断提升农民日报新闻舆论传播力、引导力、影响力、公信力，为全面推进乡村振兴、加快农业农村现代化营造了良好舆论氛围。

一、立足核心，服务大局，着力打造习近平总书记关于“三农”工作重要论述宣传主阵地

2021年，报社坚持全年度、动态化做好习近平新时代中国特色社会主义思想宣传阐释，从讲政治的高度做好“三农”新闻舆论工作，通过重大通讯、视频评论、有声播读等丰富多样的形式，全方位、多层次、立体化阐释好习近平总书记关于“三农”工作重要论述，展现各地贯彻落实习近平总书记重要指示要求的创新实践。切实宣传贯彻好党的十九届六中全会、中央经济工作会议、中央农村工作会议精神，策划推出多组系列评论，不断提升“三农”重大报道的思想含量，充分发挥了“三农”主流媒体的理论探索力和舆论引导力。

1. 突出理论性、深刻性和指导性，打造了一批精品融媒体品牌产品。2021年全国两会以来，创新推出融媒评论专栏“三农学习谈”，围绕习近平总书记最新会议、考察中发表的重要讲话，贴合农业农村工作实际，解读其中的深刻内涵、核心要义。两会期间共推出7篇学习谈，全年共刊发59篇，成为“三农”工作者系统深入学习领悟习近平总书记最新指示精神的重要窗口。农报微信每日清晨的固定栏目“学而时习”栏目，以图片和音频形式加强对习近平总书记关于“三农”工作重要论述的宣传贯彻，为

学习领会习近平总书记关于“三农”工作重要论述精神提供了有益参考。

2. *突出可看性和通俗性，探索宣传阐释新方式*。农民日报各新媒体平台编辑紧跟习近平总书记相关时政热点，策划推出一批形式多样、大众性强的融媒体产品，如中国农网推出“落实习近平总书记指示要求·调研记”专栏，全面、系统地分析吉林省和广东省如何率先实现农业现代化的实践探索。另外，中国农网除原有“三农”头条外，还重置时政头条，及时解读跟进习近平总书记重要讲话精神，产生良好传播效果；时政频道紧跟习近平重要讲话、指示批示、重大活动等时政热点，及时做好转载工作，保证重要稿件的安全不漏发。

二、围绕年度重大宣传主题，筑牢主流媒体阵地

始终把旗帜鲜明讲政治作为报社生命线，坚持正面宣传为主，弘扬正气、凝聚人心。2021年以来，围绕全面打赢脱贫攻坚战、庆祝建党百年、粮食丰收、中央农村工作会议等重大主题宣传，农民日报各新媒体平台精心策划，加强舆论引导，在报纸重大评论、重大经验、重大典型的“三重大”报道传统优势上，结合图文、视频和设计三大类产品形态，进一步丰富虚拟主播、条漫等形式，将思想之“深厚有力”和形式之“多变轻盈”相结合，开启传播新思路。

为隆重庆祝建党百年，报社连续在一版以近整版篇幅、单篇万余字长度，推出3篇“仲农平”文章。在此基础上，新媒体中心策划制作了系列新媒体产品《那些值得铭记的“第一”》《那些永载史册的大事件》《那些影响深远的法律法规》，通过动态音频、互动长图的形式，聚焦建党百年来与农业、农村、农民有关的重大时间节点、重大历史事件和重要的法律法规，深入梳理建党百年来中国共产党与中国农民携手同行、共创辉煌的伟大成就和宝贵经验，给人以深刻的思想启迪和强大的精神感召。如今每逢重要节点，在各平台推出“仲农平”重磅言论及融媒体产品，已成为农民日报“三农”评论标志性品牌。两会期间，推出“两会重农同期声”系列融媒体产品，运用虚拟主播、H5、同期声等多种形式，突出展示两会期间习近平总书记“三农”情怀。

粮食丰收总是备受关注。针对疫情防控期间夏粮丰收情况，以“设计＋文字”的形式，制作长图《一张长图，看丰收万里》，生动地描绘了丰收景象，也充分展示了粮食丰收的原因及来之不易。秋粮丰收之际，报社在全媒体平台推出“仲农平”《复兴之路中国粮》，同时配以条漫《粮食，历史最深层的决策者》，深入阐释习近平总书记关于重农抓粮的重要论述精神，全面展现“粮食安全党政同责”“辅之以利、辅之以义”等重大决策和制度创新，对社会各界深入践行习近平总书记重农抓粮要求发挥了积极作用。《粮食丰收是怎样“炼”成的》《一笔清清楚楚、明明白白的粮食账》等微信推文，不同于以往的刻板严肃形象，语言活泼，深

入浅出，符合年轻人阅读习惯，一经推出便收获众多好评。

三、聚焦主责主业，立足专业资源优势，全媒体传播力不断提升

2021年，围绕“三农”工作重点任务，农民日报聚焦热点话题，发挥专业优势，着力扩大优质“三农”专业内容供给，推出了一系列有思想、有品牌、有跨界的主流融媒精品，进一步彰显了报社在“三农”新闻宣传领头羊、主力军、挑大梁的权威性和影响力。

*1. 持续增加优质内容供给，以矩阵化创意产品打造“三农”原创品牌专栏。*专业的、权威的、深度的、新闻的文字产品是我们的主打，如何将优势放大，增加产品辨识度？近年来，农民日报不断进行自我革新，把优化资源配置与淘汰落后产能相结合，关停并转一批受众少、影响力弱的栏目、频道和平台账号，集中力量打造精品内容和知名品牌。目前，农民日报新媒体已开设“三农学习谈”“三农大家谈”等多个精品栏目，保证了整体原创优质内容供给上的不断出新、持续出彩。

*2. 持续深耕行业，坚持用户思维导向，主动回应社会关切。*农民日报始终秉持“做党的宣传喉舌，农民的知心朋友”的办报宗旨，在“三农”领域体现党的意志，宣传党的主张。新媒体各大平台及时宣传报道农业农村部的新闻发布会和各司局相关新闻、文件。以农业农村部就全国优质种质资源及资源普查开展情况召开的新闻发布会为例，农民日报微信公众号会在发布会进行期间推出重要新闻报道，在发布会结束后第一时间推出实录，还配以“一图读懂”图解《全国农业种质资源普查，又有了这些新进展！》，以通俗易懂的语言为用户解析新闻发布会重要内容，推动新闻信息与政务结合。针对某一专业领域或专业问题，制作多个垂直细分的系列专栏，邀请行业内权威专家进行解读，把问题说清说透，例如与农业农村部相关部门、种业专家合作，推出“种业十二联播”；“三农大家谈”系列访谈栏目，聚焦“三农”专业问题，将“个人品牌”效应最大化，邀请专业领域专家学者，以每期20分钟到30分钟的“中视频”形式，进行专业知识分享，深入浅出表明立场观点，打造有思想性的视觉产品。

*3. 持续增强问题意识，结合“三农”热点话题，主动回应社会关切。*针对社会上对“三农”的一些误解，农民日报主动发声，在报纸和微信同时推出“为农求证”栏目。因贴近生活，深挖读者阅读需求，不少作品叫好又叫座，《为何我国农药使用量在减少，产量却在增加》等系列报道，破解长期以来社会上对于化肥农药的误解；针对羊肉“瘦肉精”事件推出的《“瘦肉精”又出现，还能放心吃肉吗？》既及时回应了社会关切，又避免了谣言伤农事件的发生，受到了广大读者和“三农”从业者的广泛关注。再如，2021年10月底老百姓关注的菜价上涨问题，记者第一时间走访北京各大商超、农贸市场

和新发地批发市场，探寻菜价上涨的原因和未来发展趋势，从专业领域作出专业、权威的深度报道《菜价探访记》，并制作短视频Vlog，在微信视频号、中国农网、抖音、快手等短视频平台广泛传播。

4. 巧用热点大事件，实现“三农”话题的破圈传播。跨界融合是实现媒体融合发展的重要手段，以新需求为驱动，以新科技和新平台为依托，将传统媒体优势资源与相关领域相结合，通过融合和裂变，打通“报网端”界限，可以更加精准抵达用户，实现传播效果最优。在第4个中国农民丰收节报道中，农民日报首先选择了以“农民丰收节推广大使”作为整体宣传的一个重要品牌，特别邀请了陈锡文、冯巩、海霞、冯骥才、李子柒等6位推广大使，以“庆丰收 感党恩”为主题，专题录制丰收节大使送祝福视频。同时，农民日报还推出了“文娱名人”祝福短视频，共同为中国农民丰收节营造了良好的舆论氛围。

四、做大做强自主平台，助力“三农”融合发展再上新台阶

农民日报始终践行以农民为中心的办报价值导向，立足自己的专业优势，以移动端为先，创新传播渠道，坚定打造以本行业为基础、辐射更大范围的自主可控平台，同时利用第三方平台做好差异化传播，圈层传播和破圈传播齐头并进，做大做强“三农”主流舆论。

1. 坚定不移推进建设农民日报客户端（三农号）和中国农网两大重要网络自主平台。重点将客户端作为移动互联时代的主阵地，努力把核心用户“圈进来”，增强用户体验，拓展农报朋友圈，初步构建了集“报网＋智库＋政（商）务＋服务”于一体的“三农”传播生态体系。2021年，中国农网对头条及热点区域完成初期改版，实行双头条，将专业领域做实做细，开通政法、畜牧、品牌等部门频道。中国农网现已被列入中央新闻网站，“三农号”作为中央媒体移动端被国家网信办认定为“互联网新闻信息稿源单位”，全国多数省区市党委农办入驻“三农号”。

2. 第三方平台传播矩阵更加完善。农民日报借力微信、微博、强国号、头条号、抖音号、快手号等商业传播平台，目前已建成“差异发展、形态多样、多元传播”的第三方平台传播矩阵，多个平台用户量呈快速增长态势。

新媒体工作案例

《中国共产党与中国农民》融合报道

为隆重庆祝建党百年，农民日报于2021年6月21日至23日连续3天在一版以整版篇幅推出署名“仲农平”的《中国共产党与中国农民》系列文章。分别以大转折、大跨越、大智慧为主题，全景再现中国共产党带领中国农民、依靠中国农民实现数次大转折的波澜历程，坚持用大历史观看待中国共产

党与中国农民的百年奋斗历程。

在此基础上，新媒体中心策划制作了系列新媒体产品《那些值得铭记的“第一”》《那些永载史册的大事件》《那些影响深远的法律法规》，作品于7月12日至14日在农民日报微信公众号推出，以动态音频结合互动长图的形式，重点聚焦建党100年来中国共产党与中国农民有关的重大时间节点、重大历史事件和重要的法律法规。

制作组提前半年策划，耗时2个月撰写3篇万字文章，再用1个月高强度高质量完成创意策划、文案撰写、图片设计、编辑排版等融媒体内容制作流程。编辑部文章与新媒体产品在维度上形成互补，3篇编辑部文章注重历史纵深感，新媒体产品以小见大，由繁入简。

《中国共产党与中国农民》系列融媒体作品一经推出，便引发强烈反响，被多家媒体转发。业界认为，该融媒体作品抓住建党百年之机，尽心倾情放声讴歌了中国共产党与中国农民水乳交融的深厚情谊，以新颖形式展开宏大的历史画卷，视野宏阔、视角独特、视点新颖，充分彰显面向“三农”的主流媒体在党言党、为农代言的政治站位，真正实现了精品再造、融合创新，是聚焦重大主题融合报道的成功实践。

作品二维码

（农民日报社供稿）

法治日报社

新媒体工作综述

法治日报社于2015年成立融媒体中心，正式启动新媒体平台建设，将运行模式由报纸一家独大向报纸、网站、官微、客户端等平台齐头并进、协同发展的方向进行转变，已形成以“法治号”为龙头、以法治网和官方“两微”为两翼、以法治融屏和其他网络新媒体平台为补充的新媒体宣传矩阵。

一、新媒体平台概况

（一）自主新媒体平台概况

2019年4月3日，由法治日报社开发建设的法治新闻资讯法律服务聚合平台“法治号”正式上线。截至2021年年底，“法治号”客户端订阅人数超13万。2021年共发布稿件超10.4万篇，制作专题130个，稿件点击总量5400余万次。“法治号”平台共有3732家中央和地方的公、检、法、司部门入驻，入驻省份达31个，共发稿24万余篇。

2021年，“法治号”客户端根据各采编部门需求增加了“政法聚焦”“军视广角”“环球”“法学内外”等10余个频道。各采编部门重新分工，精细化管理，保证了每个频道的日常更新。

“法治号”微信小程序正式上线以来，联合驻各地记者站积极推进入驻工作，共派发账号近8000余个，邀请司法部、最高人民检察院、最高人民法院及各省区市多家政法机关单位入驻，并派专人按省份建立30余个微信服务群，全天候为入驻单位解答问题，并整理总结了《“法治号”入驻FAQ》，制定了《“法治号”平台入驻管理办法》。此外，还起草并出台了《“法治号”区域管理员工作方案（试行）》，实现各地记者站负责所在区域的“法治号”入驻邀请、账号管理、平台推广、意见收集等建设推广工作，各记者站负责人（站长、主持工作副站长）担任报社“法治号”区域管理员，以入驻为抓手，推动“法治号”平台建设，进一步推进报社媒体融合发展战略。

（二）外部新媒体平台概况

截至2021年年底，法治日报微信公众

号粉丝数超106万，全年净增长粉丝数近40万，共推送稿件4568篇，其中，10万+稿件36篇，单篇最高阅读量达52万次。法治日报新浪微博粉丝数达452万，全年净增长粉丝数近23万，共发布微博5950条，单篇阅读量过1000万次的稿件共计13条，单篇最高阅读量超2000万次，共开设和管理原创话题近300个，超级话题总阅读量近70亿次。抖音、快手、B站、微信视频号和西瓜5个视频平台粉丝总数250余万，共生产短视频1700余部，较上年增长200余部。

二、新媒体纪事及经验

截至2021年年底，策划并创作原创稿件共593篇，其中，微信原创稿件332篇，微博原创稿件261篇，普法类内容频登新浪微博热搜榜，主持话题累计阅读量达13亿次，取得了良好的引关圈粉效果。

（一）全方位多手段，做好庆祝建党百年系列报道

2021年正值中国共产党成立100周年，微信平台开设专辑“奋斗百年路　启航新征程　庆祝中国共产党成立100周年”，同步推送报纸14期特刊内容。策划H5作品《H5｜法治足迹百年图鉴（上、下）》，选取建党百年时间段内阶段性、代表性的法治事件，以穿越百年的表现形式做梳理。此外，还推送了“《共同的名字》——建党百年系列微访谈”“学党史赢奖品”等相关专辑。微博平台专门开设了“初心100”等原创话题，共计发稿130余篇，总阅读量近2000万次。

（二）打造专题访谈，在全网掀起习近平法治思想学习高潮

在习近平法治思想正式提出1周年之际，微信平台开设“学习贯彻习近平法治思想　深入推进全面依法治国”专辑，与报纸同步推送稿件。微信平台开设“小治小法寻法记”专辑，收录12篇法学专家访谈的微视频，解析习近平法治思想的“十一个坚持”，带领观众开启一段趣味寻法打卡之旅，在全网掀起习近平法治思想学习高潮，系列微视频总计12篇，篇篇收获10万+，实现连续20天裂变式“破圈”传播；官方微博平台连续播发系列微视频共10期，登上了微博全国要闻榜第1位。

（三）创新内容表现形式，全国两会报道迅速“出圈”

2021年全国两会期间，微信平台重磅推出“两会关键‘词’”栏目，以填古词的形式，解读两会热点，让读者换个视角看两会。同时，邀请本报记者将“词”书写成书法作品，并在文末与读者粉丝形成互动，多篇稿件发出后短时间内阅读量突破10万次。

（四）紧盯热点涉法事件，打开法治日报冲顶热搜新局面

在“河南暴雨灾情”等事件中，原创稿件多次登顶新浪微博热搜，取得了10亿级的话题点击量，多篇稿件在微信平台阅读量突破10万。“吴亦凡事件”发生后，根据案件进展，先后推出原创稿件5篇，4篇稿件阅读量迅速突破10万次，新浪微博话题“法治日报评北京警方通报吴亦凡事件”迅速飙升至话题热搜榜第二名，北京同城热搜榜第一名，仅微博平台就涨粉近10万。“河南暴雨灾情”主题共发布稿件4篇，其中，普法稿件《造假捐款要负什么法律责任？》发布后不到3个小时就冲上微博热搜第一名，话题阅读量达2.9亿次。

（五）全力投入，积极做好自身品牌活动宣传

“法治号·中国行”“2021政法智能化建设技术装备及成果展”“书·法”等活动报道方面，积极联系地方记者站，共同走进政法单位、走近一线政法人身边，拍摄记录了多篇报道政法基层的视频，如《“警”色！》《Vlog| 这体验，没够！》等；围绕“2021政法智能化建设技术装备及成果展”共推出15篇作品，对本届装备展进行了多角度、多层次、多形式的全面报道，在内容上包括穿越剧、Vlog等形式，取得了较好的传播效果；“书·法”活动发布了多篇宣传稿件，其中包括民法典颁布1周年法治日报社举办“‘书·法’走进徐州”活动时制作的视频——《Vlog| 这趟差，很有味道！》，取得了增强粉丝黏性、扩大活动影响力的积极效果。

（六）推陈出新，营造重要时间节点报道氛围

圆满完成了春节、五一国际劳动节、“6·26”国际禁毒日、国庆中秋双节等节日节点的宣传报道，推出“学党史　赢奖品”和“民法典知多少”H5互动答题系列活动，并联合腾讯视频共同推出《一年了，爆些民法典的料！》，入选百部网络正能量动漫音视频评选活动。

（七）多重维度形式丰富，年终策划出新出彩

推出“年终总结”重磅系列策划，从图片、微博评论、短视频3个维度，推出3种形式的年终作品。其中，《年终总结.jpg》从21个关键词着手，以手绘图片的方式，回顾2021年的法治中国的大事件，稿件发出后阅读量很快突破10万次。

三、全面深化制度改革，有效推动媒体融合纵深发展

（一）制定相关措施，有序推进融合发展

1. 设立媒体融合指挥中心。由报社编委兼任指挥中心指挥长，各采编部门主要负责人轮流担任值班长，每天召开例会对新闻线索、新闻稿件、新闻产品进行集中策划、采集、编辑、分发、推送，实现“一点采集，多平台发布”的流程机制。

2. 优化稿件编审流程。以媒体深度融合、全媒体综合运用理念指导日常新闻策划工作，重造稿件发布流程，所有新闻稿件第一时间在新媒体平台发布，加大对稿件刊播时效和传播力、影响力的考核力度，并制定新媒体平台审核发布制度，保障内容安全。

3. 深入开展“双创”活动。积极拓展对外合作模式，紧跟新媒体技术发展潮流，引

进管理经验、先进技术，孵化新产品研发、新技术应用、新平台建设项目，开展多种经营活动，增强网站及新媒体平台造血功能，实现报社发展转型升级。

（二）注重人才培养，明确考核机制

1. 完善绩效考核制度。优化原有绩效考核制度，将考核机制向网络新媒体倾斜，加大对优秀新媒体原创稿件、媒体融合稿件的奖励力度，鼓励所有的采编部门、记者站、子报子刊记者采写优质、高效、符合新媒体传播规律的专供稿件。

2. 建设全媒采编队伍。打破传统媒体与新媒体人员之间的部门壁垒，组织采编队伍进行全员新媒体培训，通过轮岗交流、培训轮训、实战练兵等多种形式，不断强化采编人员新媒体意识，提升采编人员新媒体产品采集能力，实现全员转型。

3. 培养“大 V”和“网红”队伍。推进用人机制变革，适应新媒体发展需求，在全报社开展金牌记者、首席记者、金牌编辑、首席编辑等评比工作，着力培养报社自己的“大 V”和“网红”队伍，同时邀请知名法学家、政法系统英模和法治类“网红”“大 V”入驻报社新媒体平台，壮大报社新媒体的影响力。

新媒体工作案例

H5丨法治足迹百年图鉴

100 年前中国共产党掀开中国历史新篇章，100 年来中国共产党开创了建设社会主义法治国家的伟大事业。一条具有中国特色的全面依法治国道路越走越宽，留下了越来越多的法治烙印。2021 年正值建党百年之际，此作品以“点击穿越”形式带读者回顾建党百年来的中国法治历程，选取百年间中国共产党领导、团结、带领中国人民创造的最具代表性法治历史大事和法治建设成就，以“翔实资料 + 历史图片”方式，全面展现了百年间中国法治的坚实步伐、铿锵足迹。作品发布后引发网友热情转发、留言，包括民主与法制社、湖南大学法学院、新浪、腾讯、网易等多家媒体、平台也积极推送，传播效果、读者反馈良好。

作品二维码

两会关键“词”系列新媒体作品

一首两会“词”，带你读两会。2021 年全国两会期间，法治日报融媒体编辑部重磅推出两会关键“词”栏目，以填写古词的形式，解读两会热点，让读者换个视角看两会。同时，邀请本报记者将“词”书写成书法作品，并在文末与读者粉丝形成互动，留言点赞第一名的读者可获得当期“词”书法原作，既实现了报社内部部门之间的联动，又对作品进行了二次推广和传播。两会关键“词”着眼政协开幕、政府工作报告、法治政府建设、外长答问、两高报告、人大立法、乡村振兴、两会闭幕8个方面，选取读者耳熟能详的词牌，进行合理改编，掀起了一股“赏古词、读两会”的创新热潮。8天会期，8首两会关键“词”，该系列多篇稿件发出后短时间内阅读量达10万+，微信平台累计阅读量达50万+。

作品二维码

（法治日报社供稿）

人民网

新媒体工作综述

2021年，人民网坚持以习近平新时代中国特色社会主义思想为指导，坚持把报道好习近平总书记和宣传阐释好习近平新时代中国特色社会主义思想作为首要政治任务和最重要的政治责任，深刻领悟“两个确立”的决定性意义，增强“四个意识”、坚定“四个自信”、做到“两个维护”，加强党建引领，精心开展建党百年、党的十九届六中全会、党史学习教育、“十四五”发展开局起步等重大报道，荣获第三十一届中国新闻奖一等奖等3项大奖。截至2021年年底，人民网PC端、客户端、手机人民网、各新媒体账号注册用户数量累计已超过7.43亿，聚合分发平台覆盖用户总数超过10亿，稳居国内高端时政媒体第一方阵。

一、高质高效完成首要政治任务

2021年人民网全新改版，“习近平系列重要讲话数据库”全新优化升级，醒目置顶，收录习近平总书记重要讲话等报道超过1.1万篇，累计访问量超8亿次，日均查询56万次。人民网在各平台推出习近平总书记报道及相关解读稿件累计5400余条次。推出涉习近平总书记中文原创报道300余篇，其中190篇被各大网站置顶转发，在各平台的访问量累计过亿。精心做好习近平总书记多语种报道和国际传播，相关报道累计落地外国媒体近800条。

二、浓墨重彩开展建党百年报道

承办党史学习教育官网官微，推出“我和我的信仰”大型融媒传播活动，建成“红色云展厅”，为建党百年献礼。其中，“我和我的信仰”大型融媒传播活动相关话题阅读量累计超过3亿次。开展全国党史知识竞赛等活动，累计关注量达8.86亿人次。与100多家红色展馆等合作打造的“红色云展厅”，在人民网各渠道直接访问量累计超过6亿人次。

三、结合时事精心打造“大思政课”

2021年，人民网组织“跟着总书记读好书”主题活动，走进复旦大学等多所高校，与西安交通大学、南昌大学等共建“跟着总书记读好书”读书角，与高校携手，引领青年大学生健康茁壮成长。在中央网信办网络传播局、教育部社会科学司等部门支持下，重点面向在校大学生开设同上一堂“四史”思政大课、“勿忘‘九一八’”思政大课、同上一堂奥运思政大课等，每次线上观看人数均超过1000万人次。在人民网2021大学校长论坛上，高校互联网“大思政课”共建机制启动实施。

四、优化升级“领导留言板”

成立网上群众工作部专责运营“领导留言板”，走好全媒体时代群众路线。在全党开展“我为群众办实事”实践活动中，征集百姓“急难愁盼”问题，80万个问题获回应解决。2021年12月，国新办发布《中国的民主》白皮书，“领导留言板”作为全过程人民民主的创新举措、经典范式被纳入其中，成为全世界观察中国、研究中国式民主的一扇窗口。

五、做优做深评论解读等原创精品

2021年，人民网有1050篇原创稿件获全网转发。以“人民直击”栏目为抓手展开深度调查报道，关注国计民生；党建评、人民财评、人民体谈、艺起评等垂直领域评论栏目日益活跃；“财米油盐”“数读中国”“文艺星开讲”等一批具有人民网品格气质的内容品牌茁壮成长。优化实施《人民网融媒体精品工程项目支持计划》，与人民日报多个融媒体工作室合作策划推出《你，为什么参军》等多部融媒体精品佳作，累计阅读量超过13.2亿次。

六、移动服务拓阵地，社交媒体创佳绩

2021年人民网+客户端上线，成为人民网“内容+服务”的聚合分发龙头和枢纽，2021年年底在各应用商店的下载量超3000万次，用户数突破1000万。人民网社交媒体账号群粉丝总数突破2亿。推出的《我在云南种鲜花》等融媒体产品，累计阅读量超过60亿次。人民网法人微博粉丝突破8000万，全年创建并运营破亿阅读量话题超过410个。人民网在抖音、快手、腾讯微视、微信视频号、B站等短视频平台的粉丝数在全国网络媒体中均处于领先地位，累计突破1亿。人民网短视频现场新闻《请记住这里，王家坝！》获第三十一届中国新闻奖三等奖。

七、有效扩大对外传播影响力覆盖面

2021年人民网新设意大利语、哈萨克语、斯瓦希里语3个外文版本，迄今总共开设15个外文版本。人民网运营50个海外社交媒体账号，粉丝累计超过1.5亿，长期居于国内国际主流媒体前列，在做好对外精准传播方面发挥了不可替代的重要作用。“中国‘城·事’”（*Tales of Cities*）栏目获第三十一届中国新闻奖三等奖。视频访谈栏目“读懂中国”在境外获得2700万人次浏览量。

八、内容科技强化自主创新获重大突破

人民网承建人民日报社传播内容认知国家重点实验室，2021 年上线“白泽”跨模态视频搜索引擎，内容风控大脑全部技术组件实现从芯片到软件的整体国产化部署。人民网与中科院计算所合作研发成果“开放环境下数字伪造内容检测关键技术与服务平台建设”，获得北京市科学技术进步奖一等奖。聚焦智慧党建、数据治理方向，2021 年举办第三届、第四届人民网内容科技创业大赛，迄今已孵化超过 3000 个科技项目。人民网（厦门）内容科技产业园开园，开创央媒与地方合作新模式、新路径。

新媒体工作案例

红色云展厅

为庆祝中国共产党成立 100 周年，人民网组织覆盖全国 31 个省区市的 100 家红色场馆，推出“红色云展厅”系列融合报道及应用创新，深度挖掘正能量内容，进行数字化加工，联合全国 25 家媒体机构共同创作展播，获得爆款式传播效果。

一是多维度跨界融合，解读百年大党成功密码。发挥内容科技、策划联动、内容把关和融媒运营优势，对场馆内容进行挖掘、数字化加工及全媒体形态深度编织，运用多媒体元素生成适配于多终端、多场景融媒体产品。

二是建立红色基因库，打造融合传播重要阵地。基于全国百家场馆优质资源建立的红色基因库，构建“数据知识化、知识体系化、表达全息化、服务个性化”的红色数据交互仓储库。

三是构建知识图谱，内容科技赋能党史传播。依托人民网建设的传播内容认知国家重点实验室，为内容生产提供基于人工智能的党史知识图谱技术支持，织成包含图文声像影各类文本的巨大语义网络，为传播提供全方位、整体性、关联性赋能。

仅在人民网各平台，累计访问量就超 6 亿，互动量超 30 万。

作品二维码

城市人文影像短视频专题“中国‘城·事’”（*Tales of Cities*）

为助力中国城市在新媒体时代清晰建构对外形象，人民网策划推出人文影像短视频系列“中国‘城·事’”（*Tales of Cities*），致力于打造“海外受众能看懂、喜欢看”的融媒体作品，塑造城市国际形象。2021 年获第三十一届中国新闻奖三等奖。

“城·事”系列以人民网外籍专家体验式走访为主要形式，穿插对一些典型人物和场景的采访，呈现城市的独特气质和魅力。制作团队 2021 年走访了 5 个城市：黑河、

西江千户苗寨、西宁、牡丹江、敦煌，共推出中外文短视频及图文稿件160余篇。其中，英文稿件继续纳入“城·事”专题城市页面。多语种总浏览量约5000万次。

“城·事”专题通过人民网全媒体传播矩阵广泛触达国内外受众，优质内容推送至海外合作媒体，实现传播效果的最大化和最优化。该专题短视频及文字稿件发布于人民网多语种外文网站及海外社交媒体平台，视频正片在英国天空电视台播出，稿件被芬兰赫尔辛基时报网站、南非独立传媒网站、美国世界新闻网、尼日利亚权威报网站、韩国Naver搜索引擎等外媒转载，累计落地境外媒体约60条次。中国驻法国大使馆、驻悉尼总领馆、驻加尔各答总领馆等海外社交媒体账号转载。

相关短视频及稿件得到了网友的喜爱和广泛讨论，如有网友在西宁短视频下留言说：希望我能到那里欣赏中国的魅力。

作品二维码

（人民网供稿）

新华网

新媒体工作综述

2021年，新华网以习近平新时代中国特色社会主义思想为指导，深入实施“一大工程”即“铸魂工程”，创新驱动战略、人才强社战略、高质量发展战略的“三大战略”，努力在做大做强主流舆论、媒体深度融合发展、国际传播能力建设上实现重大突破性进展的“三大突破”，充分发挥网上意识形态工作主力军主渠道主阵地作用。新华网Alexa国际综合排名第22位，遥遥领先其他中央重点新闻网站和BBC、CNN及世界主要通讯社网站，连续4年入围“中国互联网企业100强”榜单50强，在第三十一届中国新闻奖评选中，收获1个特别奖、1个一等奖佳绩。

一、充分发挥网上宣传主力军主渠道主阵地作用

1. 全力做好习近平总书记报道，绘就网上网下最大同心圆。全年推出原创产品600余件，其中“学习进行时”专栏280余件，产品平均转载量超1000家，最高转载量超3000家，访问量过亿产品超50个。《〈习近平谈治国理政〉第三卷知识点》获第三十一届中国新闻奖特别奖。《习近平最珍爱的针线包》获2021中国正能量“五个一百”网络精品特别奖，重磅微视频《复兴·领航》获一等奖。

2. 精心组织重大主题宣传，营造庆祝建党百年浓厚氛围。围绕建党百年、党的十九届六中全会等推出专题专栏近400个，组织访谈1200余场、网评620篇、融媒体产品1万余个，独家承担20场网络文图直播任务。《大河奔流——黄河流域生态保护和高质量发展》获第三十一届中国新闻奖一等奖。

3. 抓住重大热点问题，网上舆论引导和舆情搜报成效显著。紧跟社会关注热点、找准舆论斗争痛点，勇于亮剑、善于发声。《实在荒谬！》《这种罚款，该说清楚》等报道屡登微博热搜榜，一些报道直接促进问题解决。对美舆论斗争方面，《德堡疑云》《散毒者》《杀戮机器》等产品在海外社交平台引发广泛关注，累计访问量近5亿次。

4. *切实提升国际传播能力，塑造可信可爱可敬中国形象。*10余个重磅微视频生动宣介习近平总书记重要讲话精神；庆祝中国共产党成立100周年大会报道在谷歌新闻美国版和英国版相关专题页突出展示，同主题稿件收录比例保持行业领先。英文网站完成改版和提升谷歌搜索排名权重任务。新版日均浏览量增长35.1%，日均访问者数量增长46.2%，海外用户占比提升至50%以上。英文稿件获谷歌搜索抓取率大幅上升，多项搜索核心评估指标的表现和涉华热点议题稿件收录及头部位置展示率，稳居前列。

二、视频化、移动化战略转型融合推进，成效显著

1. *视频化战略成效显著。*视频化转型向纵深推进，视频产品常态化、规模化生产能力进一步提升，重大日常兼备、多元多域立体视频产品体系初步形成，呈现多点开花、全面发力的良好态势。媒体创意工场充分发挥龙头作用，共推出原创融媒体产品1.7万余件，其中抖音短视频4429件、音频产品9000余条，累计推出50余个过亿产品，建党百年特别系列产品《改变你我命运的那些瞬间》累计浏览量达30亿次，创意动画视频《寻味房游记》、创意MR艺术舞台秀《舞动百年芳华》等重磅产品频频刷屏。

2. *移动化转型取得突破。*社交化传播能力大幅提升。社交媒体账号矩阵总粉丝量超1.5亿。微信公众号总阅读量超6.5亿次；微博1515条话题登上热搜榜，总阅读量130.5亿次。抖音号总播放量超271亿次，总粉丝量超4000万。新华网客户端新华号入驻用户超2400个，包括56个部委账号、30个军事机构账号以及486名全国两会代表委员账号。

3. *智能化水平持续提升。*打造智能化融合生产分发利器。持续推进超级编辑部4.0建设，全面提升策、采、编、审、发全链条智能化辅助水平，提高全媒体内容生产加工及分发效率。积极探索卫星遥感数据应用，《卫星见证，刻进大地的脱贫印记》等卫星新闻产品，融合运用卫星遥感数据，在人工智能技术辅助下，积极探索自然灾害、生态治理、重大工程等报道应用场景，开创新闻产品新样态。全国两会报道中推出5G消息模拟体验产品，实现在5G应用领域的又一次重大突破。

三、着力强化平台化、赋能型综合服务

1. *平台再造实现重大突破。*2021年，新华网以平台思维、数据思维、用户思维为引导，实施平台再造，实现重大突破。全新上线的新华网PC端着力构建“1+N”内容新生态，以开放平台汇聚优质内容；创新内容生产新模式，将“数据”纳入核心生产要素；建立政务商务生态圈，优化“新闻+政务服务商务”运营模式。新华网客户端同步改版升级，以“新华号”为主要抓手，

“新华云直播”“新华云上学”等共同成为新华网整合外部资源、构建内容新生态的重要支撑。

2. 新型智库建设成果丰硕。围绕新华社国家高端智库舆情研究中心职能定位，引入卫星数据，创新富媒体形态智库产品，线上线下相结合开展智库活动，“思客”媒体型智库平台的作用与影响力持续彰显。

3. 技术赋能体系不断壮大。以先进技术赋能采编业务，强化视频云应用推广，推出“新华云盾”等智能工具，为策、采、编、审、发全流程提供有力支撑。以重点产品带动整体创新，新华智云参与或主导全国29个省级融媒体平台建设，荣获“王选新闻科学技术奖”一等奖，推出“虚拟新闻主播”华智云，启动新华网版权链推进计划，“新华睿思”在数据、算法、应用场景等方面全方位升级。

4. 文化服务功能持续提升。服务高校课程思政建设，推出“新华思政”平台，作为教育部课程思政示范课程展示指定平台，截至2021年年底覆盖700多所高校，上线思政案例课600多门，有力推动院校课程思政教学资源共建共享。持续做好投资者教育服务，2021年新华网投资者教育基地在中国证监会年度基地考核中获评“优秀”。创新开展科普教育，以“科普中国”品牌为引领，形成了具有广泛影响力的“科学+”知识服务平台，2021年进一步实现科普内容云直播常态化。

新媒体工作案例

新华媒体创意工场视频生产平台

新华媒体创意工场于2018年7月启用，12月正式对外开放，开创性地把MR技术、MOCO技术、数字演员和5G全息交互等顶尖手段应用到媒体融合创新中，以“创意、融合、智能、开放”的建设理念作为导航标尺，打造了顶尖智能的视频创意融平台、全国一流的融媒体创新孵化器和开放引领的文化产业生态圈。2021年媒体创意工场充分发挥龙头作用，共推出原创融媒体产品1.7万余件，其中抖音短视频4429件，音频产品9000余条，影响力正在不断释放。

一是发挥技术优势，运用4K、MR等呈现技术，持续推出优质视频产品，其中播放量过亿产品50余个。创意动画视频《寻味房游记》斩获中国动漫最高奖项金龙奖，创意MR艺术舞台秀《舞动百年芳华》产生刷屏之效。围绕建党百年推出的《改变你我命运的那些瞬间》，不仅被全网置顶推荐，还覆盖户外电视大屏，深入大中小学，进入纪念场馆，植入知名游戏，在北京地铁全线路播放，累计浏览量达30亿次。

二是积极进行音视频产品多元化拓展，打造品牌栏目矩阵。“有话”“追梦中国人”“场记”等栏目共推出52期，累计访问量超10亿次，其中两会报道期间推出的MR全息访谈节目《有话问两会》，在全网率先解锁 MR 演播厅异地同屏技术。“新华广播”坚持原创有声内容录制，持续做强音频新闻资讯业务，被喜马拉雅、酷狗音乐、今日头条等多家音频平台转载。

作品二维码

优质内容聚合分发平台“新华号”

“新华号”作为中央重点新闻网站所属客户端中率先推出的内容号，采取邀约入驻机制，纵向覆盖中央、省、市、县四级媒体，横向联合政府、高校、企业等多元力量，广泛连接、充分赋能，有效激活正能量内容的源头供给。2021 年，“新华号”进一步升级，入驻用户超 2400 个，推出多部爆款产品，累计传播量超 50 亿次。

一是强势“成团”、震撼“出圈”，为代表委员搭建“云履职”“云对话”平台。2021 年两会报道中，465 位全国两会代表委员入驻“新华号”并与网民在线交流，打通会场内外、广泛凝聚共识，实现代表委员在国家级媒体平台“云履职”，架起代表委员与网民“云对话”桥梁，成为问计于民、倾听民声的重要平台。

二是外交部“外交部发言人办公室”等新媒体账号矩阵正式入驻“新华号”，逐步建立外交部、人社部、中部战区等重点用户体系，成为支撑全网内容生态的重要基础。在此基础上，与中央网信办、公安部、冬奥组委等机构深度联动，打造了《这就是人民警察》《冰雪之约　中国之邀》等多部爆款产品，累计传播量超 50 亿次。

三是扎实开展“我为群众办实事”实践活动。联合入驻“新华号”的百余家党政机关、事业单位、媒体等机构，共同推出“我为群众办实事”大型网络留言征集活动。截至 2021 年年底共收到“办实事”案例 1.1 万余个，网民留言 3.4 万余条，充分展示全国各地各部门“办实事”案例，为人民群众反映“急难愁盼”问题提供网络沟通渠道。

（新华网供稿）

央视网

新媒体工作综述

2021年，央视网始终坚持以习近平新时代中国特色社会主义思想统领一切工作，深入学习贯彻习近平总书记对中央广播电视总台工作的一系列重要指示批示特别是贺信精神，落实总台党组各项部署。作为总台主办的中央重点新闻网站、总台连接和服务用户的融合传播平台、总台所属拥有多终端牌照业务资质的大型互联网企业，央视网以建设中国网络媒体领军者和全媒体综合服务国家队为目标，致力于做党的声音的网络传播者、人民美好生活的视听服务者、经济社会发展的产业助力者。

一、守正创新，做大做强主流舆论

央视网作为中央重点新闻网站，旗帜鲜明地坚持将习近平新时代中国特色社会主义思想宣传作为首要政治任务，做好庆祝建党百年等重大主题报道，倾力让党的声音传得更开、传得更广、传得更深入。

1. 深化提升“头条工程”，创新“思想+艺术+技术”融合传播，时政报道品牌矩阵不断扩大。2021年，央视网全网置顶稿件数量超1300篇，持续保持领先优势。在持续打造“联播+”“热解读”“天天学习”三大原创时政品牌基础上，依托人工智能技术，创新推出“中南海月刊”系列报道，用AI和大数据梳理习近平总书记每月日程和重要讲话，获得良好反响。推出重磅微视频《习近平的扶贫故事》，全网播放量2亿次，反响良好。七夕产品《执子之手》播放量超3亿次。母亲节、父亲节特稿被译成多国文字在海外传播，并被《大公报》《文汇报》整版转载。

2. 浓墨重彩做好庆祝建党百年等重大主题报道，以互动式、服务式、体验式新闻信息服务产品实现主流价值的年轻化表达。突出微视频特色和优势，《人民记忆：百年百城》获第三十一届中国新闻奖。时政微视频《我，就是中国》全网播放量超10亿次。《超燃混剪微视频：奋进中国》《有一种与生俱来的骄傲，叫中国》《百年芳华》《可亲中国》等系列微视频累计播放量超1亿次。百集视频微党课《红色文物青年说》由全国百所高校百名青年学子讲述红色文物及其背后的感人故事，社会反响热烈。党史学习创意互动产品《闪闪岁月　红星穿越》7 天内页面浏览量和话题阅读量双破亿。强化技术创新应用，全国两会报道中，推出央媒中首个以 AI 面目识别驱动的 3D 超写实虚拟记者“小 C”，“AI 看两会”、《C+ 真探》等产品深受年轻人喜爱。

3. 持续擦亮言论评论品牌，有力提升总台的网络舆论引导力。做大做强评论阵地，形成时政评论、热点评论、舆情观察的评论矩阵全覆盖，全年推出各类评论文章 500 余篇。《央视快评》作为总台言论评论品牌，突出“真、短、快、活、强”的特点，做到逢重要讲话、重大活动、重大事件必发声，成为时政评论的“轻骑兵”。《央视网评》多篇文章在移动端、年轻人中引发广泛讨论。《事说新语》通过微信端推出简洁明快的轻评论，1/3 的文章阅读量达 10 万 +。

二、打造精品，深入实施内容“青年 +”战略

央视网深入实施内容“青年 +”战略，打造具有总台特质、年轻态、破圈效应的原创互联网 IP 节目，进一步扩大年轻态、多领域、全链条的“新闻 + 视频”原创产品体系。

1. 聚焦正能量热点，持续打造“小央视频”和“快看”两大时事、资讯核心品牌。第 50 个世界环境日前后，聚焦“云南亚洲象群北迁”，推出《一路“象”北》系列融媒体创新产品，以拟人化、年轻态的内容形式创新，网络化、全球化的传播宣介策略，生动阐释了“人与自然生命共同体”理念，全网浏览量超 3 亿次。围绕年度航天任务报道，创新语态，以“好奇心”为突破口吸引青年人参与，推出《中国航天“神器”们的太空对话》《“神舟 boys”第一周 Vlog 来啦！周末休息吗？》等系列创意产品，全网播放量近 3.2 亿次。

2. 强化“思想 + 艺术 + 技术”创新应用，打造以《网络春晚》为代表的系列网络文化 IP。2021 总台《网络春晚》跨媒体总触达人次达 11.95 亿，《同一个少年》引发全网“刷屏”的现象级传播效果，实现内容破壁和视听破界。在 2020 年成功推出纪录片《人生第一次》的基础上持续深耕，具有央视网特色的纪实产品实现破圈传播。军事人文纪录片《新兵请入列》全网播放量超 3.5 亿次，话题总阅读量超 9 亿次，共 15 个全网热搜，连续 6 周登上腾讯视频纪录片排行榜第一名。与总台体育青少节目中心联合出品的《中国冰雪道路》成功入选国家广播电视总局“2021 年优秀国产纪录片集锦”。

三、技术驱动，强化自主可控新媒体平台建设

作为总台重要的融合传播平台，央视网致力于从传统的多终端传播平台升级为集智能传播、用户运营于一体的智慧媒体平台，进一步扩大总台连接用户、服务用户的综合

实力。

1. 强化技术驱动，重点布局“云、数、智”，构建融合创新体系。在总台“5G+4K/8K+AI”战略格局下，央视网积极布局“云、数、智”技术体系，进行“策、采、编、审、发、评”全流程、智能化升级。持续建设“人工智能编辑部”，创办国内首家主流媒体建设的“智媒学院”，2021年上线AIGC线上平台，持续构建整个传播体系的“智慧中枢”。在国家广播电视总局首届广播电视和网络视听人工智能应用创新大赛和首届高新视频创新应用大赛中，央视网斩获3项一等奖、2项二等奖和1项三等奖。

2. 构建全媒体传播体系，强化自有平台及渠道建设，贯通“大屏＋中屏＋小屏＋账号”。2021年，央视网多终端全球覆盖用户超18亿。其中，网站月活用户超2亿，日活用户超1100万，央视影音客户端月活用户5400万。两微及国内其他站外平台官方账号累计粉丝数及订阅用户2.8亿。海外社交平台官方账号累计粉丝数及订阅用户突破1亿，熊猫频道脸书英文账号互动率连续3年保持全球主流媒体账号前三位、国内媒体首位。

四、拓展服务，深耕“新闻＋政务服务商务”

央视网深入贯彻落实中共中央《关于加快推进媒体深度融合发展的意见》，深耕“新闻＋政务服务商务”，向“内容＋平台＋技术”全媒体综合服务商转型。

1. 充分发挥主流媒体的权威性公信力。央视网持续以高水准的服务，锻造了已具有业内领先竞争力的“媒体＋政务”产品线，服务党和国家工作大局。2021年，参与保障中老铁路通车仪式、全国双创周、广交会开幕式、中国网络文明大会、中国品牌日等高端政务会议和活动。以创新手段展现发展成就，承建脱贫攻坚成就展（网络展）、扫黑除恶专项斗争网上展览馆、云上2021年中国自主品牌博览会等大型网上展馆。服务“海洋强国”战略，推出“海上中国”项目，上线海洋频道，播出纪录片《蓝海中国》等。

2. 探索业态创新，服务美好生活。面向用户提供高品质的视听服务，积极布局体育、文艺等服务产品线。2021年，央视网负责承建和运营中央广播电视总台央视奥林匹克频道数字平台，采用业内领先的视频技术，传播好奥林匹克运动和文化。同时，央视网还与国家大剧院等深度合作，共同搭建国家级数字演艺平台，为用户带来“没有围墙、永不落幕”的艺术享受。互联网电视持续推动实现“未来家庭视听生活服务的国家平台”战略目标，向用户提供视听、定制终端、电商等服务。手机电视全力推动“5G超高清视音频业务创新”，不断提升用户服务能力。

3. 整合资源构建一站式平台，服务经济发展。央视网策划推出《超级工厂》等为代表的“超级”系列品牌，《大国保险》等为代表的“大国”系列品牌，《少儿守护人》等为代表的定制化服务系列品牌，并努力打造一站式、聚合型、平台级的产业服务体系。例如，针对蓬勃发展的智能产业，策划举办了中国国际智能传播论坛，建设了集信息分享、政策解读、专家智库于一体的 AI 频道，策划了《智敬中国》《数字样板间》等原创节目 IP 赋能品牌传播，推出了智选平台，通过媒体赋能组合打法，切实参与到产业发展进程中。

新媒体工作案例

《习近平的扶贫故事》

2021 年建党百年之际，央视网推出 6 集重磅系列微视频《习近平的扶贫故事》，自 2 月 16 日起陆续上线，获全网双头条置顶推荐，全网播放量达 2 亿次，引起社会各界及广大网友的强烈关注和共鸣，被称为对领袖思想和形象宣传的一次新探索。

一是以习近平总书记关于扶贫的重要论述和伟大实践为主线。选取习近平总书记先后在梁家河、正定、下党等地工作或考察的经历，突出展现一以贯之的扶贫理念和为民情怀。故事取材地定位在脱贫攻坚“最前线”和“贫穷腹地”，具有典型性和代表性。

二是口述历史穿越时空的对话直击人心。节目改变以往政论片通常采用的旁白式叙述，创新运用口述历史的方式，采访了近 30 名与扶贫故事密切相关的亲历者、见证者。

三是形象还原真实扶贫场景，代入感强。节目大量采用脱贫前的镜头与脱贫后新貌进行对比，直观展示工作成果。运用“复现拍摄”表现手法，加之三维特效、电影叙事性镜头、电影调色、图片二维转三维等技术加持，完美还原多个场景，弥补历史影像的缺失。

作品二维码

2021《网络春晚》

2021 年 2 月 4 日农历小年夜，总台《网络春晚》在央视综合频道、央视频客户端、央视网多终端等平台同步播出，跨媒体总触达人次达 11.95 亿，相关视频点播累计观看量近 5 亿次。直播期间，全网热搜话题超 50 个，“CCTV 网络春晚”话题累计阅读量超 39 亿次。本届网晚以“新年开新局，就这么开新”为主题，致力打造“总台最懂年轻人的晚会 IP”。

一是以新理念聚焦新时代青年群体，展示年轻人积极向上的青春风貌。晚会以“网络化”作为底层逻辑，以“年轻态”作为整体调性，以“破圈性”作为传播利器，将“开新”作为整场晚会的线索脉络，展现年轻人如何用实践自我表达与能量输出。

二是以新表达融合圈层文化，实现内容破壁和视听破界。选取不同圈层青年人所喜爱的内容题材与形式，融合时代元素和晚会主题进行突破性创新再造。平均年龄74.5岁的清华大学上海校友会艺术团合唱《同一个少年》引发全网“刷屏”的现象级传播效果，相关视频累计播放量超2亿次。

三是以新形式契合青年人审美，打破线上线下观演界限。本届晚会以去主持人化设计引入全新角色“开新合伙人”，让晚会更加贴近生活，实现人人都是参与者。舞美设计上，打造由巨型魔盒与无数微小魔盒汇聚的“开新空间”，以沉浸式交互舞美带给观众绝佳的视听互动体验。

作品二维码

（央视网供稿）

中国网

新媒体工作综述

2021年是中国共产党成立100周年，是“十四五”规划开局之年，也是全面建设社会主义现代化国家新征程起步之年。作为中央重点新闻网站，中国网始终坚持以习近平新时代中国特色社会主义思想为指导，用好新媒体、建设全媒体，积极履行责任使命，做好国际传播。

2021年，由中国网承建的“习近平外交思想和新时代中国外交”专题网站如期上线；中国网作品《似是故人来》《一法安天下：这只是香港由乱及治的序幕》分获中国新闻奖二、三等奖，《同心同舟中国梦　矢志奋斗新征服——庆祝人民政协成立70周年》《两会30秒·议库微提案》分获全国政协好新闻二、三等奖，《融媒体互动长卷〈最后，他说——英雄党员的生命留言〉》等5件作品入选2021中国正能量“五个一百”网络精品。

一、全力做好习近平新时代中国特色社会主义思想网上宣传

1.“习近平外交思想和新时代中国外交”专题网站正式上线。2021年6月28日，“习近平外交思想和新时代中国外交”中英文专题网站正式上线。该专题网站由中宣部和外交部共同指导，中国互联网新闻中心和中国国际问题研究院（习近平外交思想研究中心）联合承建，是全面深入宣介习近平外交思想的权威官方平台。专题网站系统集纳党的十八大以来，习近平总书记重要外事活动、讲话、论述和署名文章以及习近平外交思想相关文献著作和研究成果，并用数字地图形式全景展示习近平总书记外交足迹。

2.做精做强“中国习观”等重点栏目，打造习近平新时代中国特色社会主义思想传播矩阵。2021年，中国网“中国习观”专栏继续运用《习近平的温情时刻》《听习近平讲故事》《学习绘本》《学习词典》《学习卡片》等子栏目，融合同期声、微镜头等生动素材，采用微视频、图解、动画、卡片新闻等手段制作发布可视化产品683

期，总浏览量 1498 万次，对习近平新时代中国特色社会主义思想进行通俗化、碎片化解读。

同时，中国网持续建设“习近平谈治国理政（多语种）”“传习录”专栏，集纳报道习近平总书记重要著作、重要讲话，邀请专家学者剖析解读中国理念、中国智慧与中国方案；开通“About China”脸书和推特账号，综合运用文字、图片、视频等形式，不断提升习近平新时代中国特色社会主义思想的对外传播效果，账号粉丝总数超过 44 万，日均活跃人数达 3 万。

二、全方位多角度做好重大主题重点议题对外传播工作

1. 立足外宣，充分展现中国共产党百年风华。2021 年是中国共产党成立 100 周年，中国网推出多个微视频产品，讲述中国共产党百年奋斗历史。其中，《红星何以照耀中国》以极具代表性的地点及相关史料为线索，梳理中国共产党成立 100 年来的辉煌历程，回答时代之问；《世界同心圆》邀请国际友人、对华友好人士参与录制，讲述中国共产党与中国人民维护世界和平、促进共同发展的感人故事；《馆藏里的红色印记》以 Vlog 的形式，带领青年网民探访知名博物馆，通过党史文物回顾中国共产党“寻路、问道、成长、壮大”的辉煌历程；《脱贫图鉴——你想象不到的人间悲苦与苦尽甘来》（英文）邀请中国政府友谊奖及中华图书特殊贡献奖获得者、英国作家大卫·弗格森参与录制，真实呈现“革命圣地”延安的脱贫攻坚历程，立体展现中国减贫成就。截至目前，相关产品全渠道浏览量约 4612 万次。

2. 坚持正确政治方向，做好全国两会宣传报道。2021 年全国两会期间，中国网重点围绕习近平总书记的两会时间、《政府工作报告》、代表委员履职情况等议题展开融媒化报道。其中，《坚持人民至上 习近平总书记时刻关切这些事儿》（英文）积极对外宣介习近平总书记高度关注我国各领域发展的大国领袖形象，《跟着中国“复兴号”列车出发》运用 3D 动画讲述中国必将为全球抗疫和经济复苏注入动力和信心，《“国”字密码》选取 14 个关键词呈现“十三五”期间我国各领域取得的成就，《中国未来的五年于世界之“影像”》（英文）利用光影、手绘等形式探讨经济“双循环”如何影响中国的未来乃至世界的发展，《全过程民主，全身心为民——“绘”懂全国人大组织法、议事规则修改》采用手绘漫画的形式讲解两法背景及修改情况。

3. 攻守结合，稳妥做好多主题舆论斗争工作。面对纷繁复杂的国际形势，中国网有效开展舆论引导和舆论斗争工作。其中，英文系列漫画产品 *China Says* 共推出 35 期，从不同角度揭露美国插手中国内部事务、遏制分化中国的险恶用心，在海外社交平台总阅读量突破 250 万次，互动量达 82 万次；《中国网评》《观点中国》等专栏推出舆论斗争原创文章 500 余篇，针对国际涉华舆论的重大热点敏感话题，发出理性客观的中国

声音，总阅读量超过3400万次；各外文版约请来自英、法、德、日、俄等国的10余名海外网评员，推出评论稿件235篇，多角度揭批美西方在人权问题上存在严重的“双标”现象，总阅读量超过560万次。

三、品牌栏目亮点纷呈，系统深入讲好中国故事

1. 持续深耕品牌栏目，《中国3分钟》优质内容海外传播屡创新高。2021年，中国网品牌栏目《中国3分钟》不仅关注建党百年、中美关系、“十四五”规划等重大议题，同时关注适老化改造、三星堆、中国舞等民生文化主题，突出“通过一个个马赛克拼出完整中国”的节目定位，全年制作播出46期，在海外社交平台阅读量2.4亿次，视频播放量达6356万次、较上一年度提高38.6%，互动量224万次，海外网友留言质量趋高，每期均被美联社（AP）、雅虎（Yahoo！）、美国广播公司（ABC）等200余家海外媒体转载。

2. 传播中华文化，《似是故人来》剖析传统文化内涵。11月，中国网大型实景文化类访谈纪录节目《似是故人来》第二季正式播出，嘉宾包括画家徐里、相声名家姜昆、雕塑艺术家吴为山、书画家范曾等，涵盖民间文艺、传统村落保护、书画、雕塑、相声、中国传统乐器等领域。在江苏卫视的收视率排行同时段全国第二名。

同时，中国网“文化中国”多语种文化平台全新上线，设置新闻资讯、文化展馆、文旅产业三大板块，特别开设国学、文创、艺术、文物、遗产、阅读六大文化展馆，以“新闻+解读”的方式，形成“文化+文创+艺术”三位一体对外传播格局，让世界感知鲜活的中华文明。

3. 发挥外宣特色，全力打造多语种多终端全媒体传播体系。2021年，中国网多语种可视化栏目矩阵亮点纷呈。如《Z世代看中国：华服之美》《霹雳舞入奥　中国舞者拥抱世界舞台》《冬奥小镇的致富经》等多期短视频节目，都是以外国人的视角体验中国服饰之美，由外籍主持人讲述中国年轻人的奋斗故事，全平台浏览量909万次。此外，中国网围绕国务院新闻办及各部委新闻发布会等重要活动，开展多形态、多平台直播，2021年全年超过1200场，推送相关短视频7400条，在各大平台总粉丝数超过6000万，总阅读量292亿次。其中，国务院新闻办新闻发布会英文实录58场近70万字的翻译量，在海外社交平台单场浏览量近10万次，互动量超过千次，创下历史新高。

四、优化布局、巧设议题，助推新媒体产品多元呈现

1. 优化海外社交平台传播矩阵。中国网开设覆盖脸书、推特、优兔、图片墙、领英、俄罗斯最大社交媒体VK等境外社交平台的10个账号，涵盖英、法、俄、阿、日、西、德、韩等8个语种，账号总粉丝数超过9100万。全年发帖总量2.5万条，文章

累计阅读量超过 7.5 亿次，互动量超过 2700 万次。

2. 创新策划融媒态网评产品。2021 年，中国网推出多形态评论产品。《你懂中国吗》系列外宣微视频，以美西方涉华报道中的抹黑、误读论调为切入点，结合街采、动画、弹幕等手段，生动解读中国道路与中国国情，引导外国网民客观公正地理解中国、理解中国共产党。其中，《中国有没有民主？》《中国的政党制度不好吗？》2 期节目在海外社交平台阅读量超过 350 万次，视频播放量超过 104 万次，累计互动量超过 2 万次。

3. 强化移动端精品内容交互性。中国网积极践行移动先行、媒体融合理念，在建党百年期间制作互动产品《最后，他说——英雄党员的生命留言》，以多位党员英烈生命中的最后一句话为切入点，融入条漫、动态照片、声音故事、留言互动等环节，讲述中国共产党人为共产主义事业殚精竭虑的光辉事迹，带给网民沉浸式阅读体验，全渠道浏览量超过 500 万次。

2022 年，中国网将继续摸索新媒体发展规律，牢牢把握机会、顺势而为，助力媒体融合向纵深推进，并以此为基础，巩固宣传思想文化阵地、壮大主流思想舆论，更好地承担起举旗帜、聚民心、育新人、兴文化、展形象的使命任务，在网络外宣工作中不断创造新的业绩，努力践行讲好中国故事、传播好中国声音的重大职责使命。

新媒体工作案例

中英双语政论片《红星何以照耀中国》

1936 年，美国记者埃德加·斯诺访问陕北，成为第一个在苏区采访 4 月之久的外国记者。之后，他写下《红星照耀中国》（中译本又名《西行漫记》）引发世界轰动，特别是对毛泽东、周恩来等中国共产党缔造者的采访，全面详尽地展示了中国共产党的真实形象，解答了“红星何以照耀中国”的时代之问。

2021 年，中国共产党成立 100 周年，中国网策划推出中英双语政论片《红星何以照耀中国》，以中国共产党成立 100 年来的重要节点为主线，探寻中国共产党为什么能获得人民拥护，进一步阐释习近平总书记关于党史国史的重要论述，为境内外受众全面了解中国共产党、了解中国共产党与人民的紧密关系提供重要窗口。

该系列短视频共分 5 集，分别以“为什么是马克思主义？为什么是中国共产党？”“伟大远征，信仰和人民的力量”“中共何以赢得中国？”“改革开放，关键抉择”“人民对美好生活的向往，就是中国共产党的奋斗目标”为主题，真实呈现中国共产党成立 100 年来的辉煌历程。该节目在中国网、“学习强国”学习平台、腾讯视频等各大网站、平台集中展播，获得多个平台重点位置推荐，同时，该节目在美通社发布后，被超过100家境外新闻媒体转发，在海外社交平台上取得较好反馈。

作品二维码

英文系列漫画 *China Says*

2021年，中国网策划推出全新英文系列漫画产品*China Says*，采用黑白漫画形式，搭配中国水墨画风标识，以美国政客形象贯穿始终，通过不同观点故事设置场景，紧跟国际重大时事热点，通过浅显易懂、一针见血的方式阐明我方立场。该系列作品主要发布在中国网脸书账号“热点中国”，全年共发布35期，总触及人数达250万，互动量近12.6万次。

8月至9月，针对世卫组织表示要开展第二轮病毒溯源以及美情报机构计划8月底公布所谓病毒溯源调查报告的时间节点，*China Says*集中创作了15期主题产品，密集揭露讽刺美国政客将政治凌驾于科学之上，利用情报机构展开所谓病毒溯源研究，并向受众传递了我方坚持病毒溯源为科学问题，美方散布政治病毒、污染毒化国际疫苗合作的立场与声音，总触及量达160万次。其中，《党派分歧给新冠可乘之机》一期触及量近48万，互动量3万次。

（中国网供稿）

国际在线

新媒体工作综述

一、深化“头条工程”，“讲习所”栏目完成改版

2021年，国际在线坚持以习近平新时代中国特色社会主义思想为指导，围绕习近平总书记重要讲话精神以及国际在线定位，有力开展重大主题主线报道和传播，重点完成原创栏目“讲习所”升级改版，同时深入挖掘外媒报道，生动展现习近平总书记大党、大国领袖魅力风范。

全年制作推出《初心如磐　使命在肩　共产党员习近平这样道出为民深情》等重点产品60余期。同时，完成庆祝中国共产党成立100周年大会、“七一勋章”颁授仪式等习近平总书记出席的重要活动报道及直播任务。其中，9月8日根据意大利特别新闻网所发文章编译而成的稿件《外媒称习近平是中国新时代的伟大掌舵人》，被全网首页头条推送。

二、精益求精做好庆祝建党百年等主题主线宣传报道

国际在线全力做好庆祝中国共产党成立100周年重大报道，推出短视频、图文专题等融媒体产品，多形式、多角度、全平台展现百年大党风采，传播效果显著。“国际微访谈”栏目推出《大使共话百年大党》系列短视频，发布《秘鲁大使：中国共产党使中国崛起为世界大国》等视频访谈。长图《信仰的力量——带你重走马海德的人生路》，展现第一个加入中国共产党、加入新中国国籍的美国人马海德的故事，总阅览量达95.1万次，入选由首都女记协主办的第四届“女记者短视频大赛”优秀案例。《老外在中国——奋进百年新征程》系列短视频利用“外眼”“外嘴”讲述建党100年以来中国发生的变化与发展，各平台累计播放量1000余万次，微博话题讨论量突破1.4亿次，海外评论量超10万次。原创主旋律歌曲《红色永传承》，唱响爱国主义教育主旋律。原创H5互动游戏《红心点赞中国》邀请吴敏霞等文体工作者作为推荐官，激发用户参与

性，微博话题阅读量7008.8万次。“我有话对党说”征集活动，记录各地共产党员以及广大网民对党的生日的祝福，微博话题阅读量2043.8万次。图片故事《永不褪色的红色印记——“毛泽东号”机车再出发》记录“毛泽东号”机车组几十年来永葆初心，勇于开拓，为新中国的建设、改革、发展不懈奋斗的故事，总阅览量280万次。全年共发布建党百年相关稿件2754篇，在今日头条等第三方平台推荐2238篇，总阅览量2023万次。

此外，圆满完成党的十九届六中全会、2021全国两会、中国工农红军长征胜利85周年等主题主线报道。精心运营微博话题“相约上海进博会”，总阅览量达5.3亿次，讨论325.1万次。全年累计搭建新闻专题28个，完成直播任务51场。

三、全方位统筹疫情防控和经济社会发展网上宣传引导

深入贯彻落实习近平总书记在统筹推进新冠肺炎疫情防控和经济社会发展工作部署会议上的重要讲话精神。全年推出《中国经济全球获赞　习近平这样领航中国巨轮》等多期图文专题报道。“英国宣布承认中国疫苗”“11月22日起完成接种中国疫苗入境英国后免隔离”等微博话题累计阅览量达6.4亿次。

同时，用好200多人的海内外评论员队伍，针对美西方对华抹黑、推脱防疫不力责任等行径，进行有力批驳反制，全年推出28期视频，总阅读量3200万次，总互动量21万次。

四、升级“外”系列原创融媒体精品产品

继续加大“移动交互”融媒体产品的策划、制作、推广力度，凸显“外”的特点。《老外在中国》推出12集微纪录片，累计播放量超1000万次，新浪微博话题浏览量1.4亿次。《国际微访谈》推出51期访谈类短视频，累计播放量495万次。《外媒看中国》及时高效编发稿件80篇，其中《东京残奥会中国金牌第一　海外网友：不知道为什么，我哭了》被全网推送。《眼界》栏目陆续推出8期图片故事，累计阅读量700.4万次。《国际3分钟》总播放量2200万次。《国际漫评》围绕美国人权问题、美国疫情蔓延等主题，密集推出不同角度的产品，多平台总阅读量超1.5亿次。其中，《毁了也不给你》引发“美国之音”等外媒报道关注，《给他留个烂摊子　实锤了》入选《全国优秀网评选》2021年第1期。同时该栏目被中央网信办列入2022年网上重大主题宣传和重大议题设置项目。

五、策划组织系列国际传播活动，提升对外传播实效

2021年，策划组织了一系列国际传播活动，借助“洋网红”、专家等资源积极对外发声，有效引导国际舆论。

“外国网红红色之旅”活动通过组织外

国网红探访嘉兴南湖和山东临沂，与海内外网友一起感受普通中国共产党党员身上传承的“红船精神”和“沂蒙精神”。“我在中国挺好的”系列双语短视频通过在华外国人，讲述他们在中国的真实故事。“打卡中国——你好，长三角”活动通过组织来自意大利等国的10名海外网红从城市变迁、智能制造、生态环境多个角度实地了解长三角地区城市建设及区域协作一体化发展。境内外多语种报道90余条/篇，阅读量3300余万人次。“大V冬奥行”活动通过邀请来自巴西等国家的视频博主、“网红”达人、摄影师实地探访，全面报道2022年北京冬奥会最新筹备进展。“‘一带一路’央企逐梦”网络国际传播项目，展现以央企为代表的中国企业高质量参与“一带一路”建设重点项目的最新进展。海内外多平台累计总阅览量超2200万次，在海外社交平台观看量80万次。“全球企业可持续发展”活动以案例展现的方式推广值得借鉴的企业可持续发展的经典案例，助力中国电力建设集团、中华老字号稻香村等企业的海外本土化宣传，取得良好效果。首届“辉彩中国”——国际传播新声代全球召集活动，通过线上短视频海选和线下总决赛相结合的方式，选拔培养一批优秀的国际传播中外人才。报名的各国选手超过1000人，征集“讲好中国故事”主题视频超4000条。

据不完全统计，2021年国际在线共荣获各类奖项及感谢信等超过40件。其中，荣获北京市政府新闻办公室颁发的“爱上北京的100个理由”全球短视频大赛“优秀组织奖”。在2021中国正能量“五个一百”网络精品评选活动中，国际在线相关产品连获“百个优秀网络正能量建设者”“百项网络正能量专题活动”“百幅精品网络正能量图片”殊荣。在第三十一届中国新闻奖评选中，国际在线融媒体互动产品“2021，要‘拼’出什么样的世界？”获得“页面设计”三等奖。“打卡中国”获评中央网信办2021年网上重大主题宣传和重大议题设置精品项目。

六、网站面貌焕然一新，持续完善第三方传播矩阵

国际在线按照总台要求，结合自身定位，持续推进网站页面的高质量发展改版升级工作。6月初推出新版PC端、移动版首页。新版首页充分展现了国际在线作为总台旗下网站的专业品质和风采，并凸显了国际化报道、外国网红资源等独特的优势。同时，继续完善在微博、微信、抖音、今日头条等主流第三方平台的布局推广。在微博、微信等社交平台总粉丝数1717万，在今日头条、搜狐、抖音等第三方平台总用户数1389万。其中，“国际在线新闻”微博粉丝数597.1万，“国际在线”微博粉丝数683.4万，“国际在线”头条号粉丝数520.2万，“国际在线”抖音号粉丝数209.2万。

七、技术支撑能力持续迭代升级

2021年，完成国际在线中文网、总台

亚非中心24个语种网站、海峡飞虹、南海之声、中广联合会网站、世界旅游联合会双语网站、北京市政府国际版门户网站等多个网站的技术运维工作；完成日语、泰语、老挝语、柬埔寨语等外文客户端的技术运维工作；完成全国两会、建党100周年、全运会直播保障等工作；完成党建小程序“先锋100+”3个周期的迭代；自主研发的内容管理平台IMP发版21次，优化及新增稿件自动审核、三审三校、系统权限等系统功能50余项；完成“丝路大V北京行”等地面拍摄和航拍工作。

新媒体工作案例

“打卡中国——你好，长三角”

2021年6月21日至27日，在中央网信办网络传播局指导下，国际在线联合上海市、江苏省、浙江省、安徽省网信办共同举办了“打卡中国——你好，长三角”网络国际传播活动。

精心组织“洋网红”，形式创新。严格筛选网红人选，邀请一批既亲华友华，又符合海外宣推条件的优质网红，在确保内容精准的基础上保证了海内外的有效传播。

精心设置议题，内容出新。政经评论、文旅体验相搭配，制定内网粉丝认可、外网受众友好反馈且海内外账号内容侧重点不同的邀请计划。

多维度宣传推广，传播创新。来自英国的视频博主杰森录制的《英国博主体验中国高铁，忍不住吐槽英国办事效率太低》视频，全网浏览量达1600万次。外国网红自发传播长三角地区人民的幸福生活，有力反驳美西方媒体的偏见及有意抹黑。本次参访活动，外国网红用英语、克罗地亚语、意大利语等语言通过油管、图片墙、抖音（海外版）、B站、今日头条、西瓜视频、抖音、微博、微信等海内外多种渠道进行内容发布，语言种类可覆盖大部分欧美地区。同时，国际在线多语种网站同步推广活动相关内容，实现母语精准传播的全球化表达。

作品二维码

“国际漫评”

2021年，“国际漫评”栏目围绕国际热点积极发声，有效开展对美西方舆论斗争，策划推出漫评作品98期，多平台总阅读量超2000万次，平均每期作品阅读量超20万次，全网转发率超过40%。“国际漫评”微博话题全年总阅读量达1488.4万次；“国际漫评”今日头条微头条话题全年总阅读量超5200万次。在“2021年中国正能量‘五个一百’网络精品”评选活动中，国际漫评系列漫画获评“百幅精品网络正能量图片”，此外，多幅作品入选了2021年的《全国优秀网评选》。

创新网评形式，以通俗易懂的漫画形式

开展舆论斗争。漫画具有通俗易懂，短小精悍，生动有趣的特点，且不受文字和语言的限制，无论是国内网友还是国外网友，无论是年长者还是年轻人，都能轻松理解漫画的内容。

创新议题设置，主动出击，引导舆论走向。在议题设置上，国际漫评也进行了探索创新。围绕美人权问题、美国内疫情蔓延、美西方疫苗政策等议题，密集推出不同角度的产品，批驳美西方错误言论，取得理想的舆论效果。比如，针对美国奉行“民族主义”的疫苗政策，国际漫评推出作品《毁了也不给你》，该作品被美国之音等美西方媒体广泛关注。

作品二维码

（国际在线供稿）

中国日报网

新媒体工作综述

2021年，中国日报网深入贯彻落实习近平总书记关于意识形态工作、国际传播能力和网络强国建设的系列重要讲话精神，紧紧围绕中国共产党成立100周年这条主线，圆满完成各项重大主题宣传报道任务，坚持守正创新，与时代同频、与人民共鸣，讲好中国故事，传播好中国声音，各项工作取得积极进展。

一、树牢核心意识，扎实开展核心报道“头号工程”，展示大国大党领袖风采

中国日报网持续以“学习时代”专栏主阵地，发挥“头条播报”“每日一词”“学习时间”“核心观”等特色专栏和品牌作用，在全平台首页首屏头条报道习近平总书记重要活动、重要讲话，深度阐释解读习近平新时代中国特色社会主义思想。

1. 全面、深入、生动宣传解读习近平总书记关于建党百年的重要活动和重要讲话。推出“习近平金句迎百年”等系列报道，以文、图、音、视、访谈、H5等融媒体形态，解读习近平总书记关于党史、建党百年重要讲话内涵。其中《百张海报看百年》系列策划，以时间线串联方式解读中共百年党史，总传播量2000万次。

2. 围绕习近平总书记出席重大活动、国内考察等，抢占第一落点，传递中国声音。发挥客户端移动头版作用，第一时间推送《习近平出席中法德领导人视频峰会》《习近平出席美国气候峰会》等快讯，及时将习近平总书记提出的“中国方案”传递呈现在全球网友面前，有效抢占海外第一落点，全年核心报道被境外主流媒体转引超2000次。

3. 深入研究新思想，创新核心思想呈现形式。全平台刊发《习近平以茶会友》《习近平金句迎百年》等中英文图文音视频产品1.8万多件，全球传播总量达9亿次。《习近平讲党史》双语动画视频以“原声+动画”形式，贴近青年网民的阅读习惯，以“小切口故事化”介绍习近平总书记讲述的党史人物故事，全球阅读量突破4000万次，互动量超过100万次。

4. 跟随习近平总书记脚步，创新开展线下主题宣传活动。在中央网信办指导下，创新开展“中国有约”国际媒体主题采访活动，深入习近平总书记考察调研过的8个省区市开展主题采访活动，与20多个国家“网红”联动讲好中国故事，活动全球传播量超10亿次，成为创新讲好中国故事的全球“爆款”。

二、紧紧把握主线，高质量做好全年重大主题报道，深度聚焦向全球讲述中国故事

中国日报网紧紧围绕中国共产党成立100周年这条贯穿全年的主线，坚持策划先行、全媒发力、融合传播，创新做好重大主题报道，制作推出了一批特色鲜明、叫好叫座的融媒体作品。

1. 讲好建党百年故事，展现世纪辉煌历程。把做好建党百年报道作为向国际社会阐释中国道路、中国制度的重要契机，推出多个融媒专题、专栏，综合运用视频、直播、虚拟现实、动漫画、数据图表等可视化呈现形式，展现百年大党风采，全平台共刊发产品1万多篇/件，传播总量超过15亿次。其中，重点推出《求索：美国共产党员的中国行》系列视频，美籍记者、美国共产党人伊谷然，走进党的一大会址、嘉兴南湖等红色圣地，对话专家学者、国际友人、基层党员等各界人士，探寻中国共产党百年辉煌的成功“密码”。与欧美亚非12家主流媒体合作推出“回答世界之问”系列访谈，围绕海外民众和媒体最关注的“百年中国”话题，主动设置议题，采访海内外权威专家，并运用虚拟现实技术，进行别开生面的“沉浸式”解读。

2. 做好乡村振兴报道，记录奋斗新征程。推出13集系列纪录片《“晓”康之行》，两位外籍资深编辑深入甘肃陇南、宁夏吴忠、内蒙古鄂尔多斯市杭锦旗、广西柳州市三江侗族自治县布央村等近10个基层乡镇和村落，从互联网医疗、电商扶贫、直播带货等角度切入，通过外籍人士走访了解当地最具代表性脱贫故事，以人为本、由小见大地展现互联网在助推脱贫攻坚和推动全面小康社会建设中的重要作用和积极成果。

3. 做好文化报道，积极推动中华文化走出去。运用视频、直播、动漫等形式，讲好中国文化故事。推出“舞动中国——中国歌剧舞剧云端演出季”，通过中国日报英文客户端、网站以及海外社交平台举办线上文艺展演，在云端向全球传播中国艺术文化的魅力，相关视频播放量超2500万次，互动量超1000万次。在海外社交平台发起“舞动中国·云端共舞”中国舞翻跳活动，收到来自美国、英国、法国等20余个国家和地区民众参与，大大增强了海外观众对中国舞蹈和音乐的兴趣和认知。打造《话说中国节》系列短视频产品，追踪中国传统节日、节气文化的发展和创新，系统介绍了中国传统节日和二十四节气，生动体现出中国人民从农耕文明到现代文明一直传承的天人合一、和谐共生的价值观。传播总量超过3000万次，系列视频被境外媒体、我驻外机构、海外中

国文化中心等网站、社交平台转载百余次。

三、坚决亮剑，打造拳头产品正面回击污名言论，捍卫国家利益

2021年国际舆论环境错综复杂，世纪疫情与百年变局交织，以美国为首的西方媒体对我舆论打压和意识形态渗透变本加厉，歪曲报道甚嚣尘上，坚决有效地开展好舆论斗争是国际传播的一大重点。

1. *坚决亮剑，打造拳头产品正面回击污名言论，捍卫国家利益。*围绕“实验室泄漏论”“强迫劳动”等污名论调，通过“大家热评”“中国日报网评”等栏目和品牌刊发言论、漫评等报道2000多篇，传播量超过1亿次。“大家热评”视频栏目推出《充分的事实是消除谣言的最好处方》《热爱和平并不意味着中国软弱》等70多期节目，并“配套”推出漫画、权威专家解读文章，打好全媒体“评论组合拳”，有理有据有策略地回应驳斥美西方的抹黑言论，全球传播量超过4000万次。

2. *借嘴发声，凝聚海内外广泛认同。*发挥海内外专家学者智库资源优势，在“中国日报网评”品牌专栏、网端评论频道、海外社交媒体账号矩阵刊发《处理好国内事务是各国政府的第一要务》《“新疆人口真相”粉碎“种族灭绝谎言”》等评论和专访文章、视频，推介诺贝尔经济学奖获得者、普林斯顿大学荣誉教授安格斯·迪顿、美国哈佛大学肯尼迪政府学院前院长约瑟夫·奈等数百位海外知名专家学者对中美关系、病毒溯源、新疆问题、香港选举制度等议题的正面客观解读。充分发挥“外嘴”作用，5月在网站、客户端、海外社交平台同步推出“美籍记者探访喀什古城”主题直播，吸引了海外20多个国家受众关注，24小时国际传播总量超153万次。

四、面向海外青年群体，以客户端为龙头加快移动化、视频化、社交化发展，推动融合传播再上新台阶

中国日报网顺应国际传播移动化、视频化、社交化三重转向，以建立社交关系为重点联结海外新闻受众。

1. *坚持移动优先，夯实客户端领先地位。*以内容建设为根本，加速智能化、视频化发展，中国日报客户端海外关注度持续攀升，在苹果报刊排行榜平均排名在前4位，在谷歌商店美国区排名与英国《卫报》处于同一阵营，在英国区最高排名第24位，保持“国际一流”地位。

2. *加快社交化发展，提升在全球年轻用户中的影响力和引导力。*坚持社交垂直化发展，“投资中国”“发现美丽中国”等23个海外社交垂直账号粉丝超过2000万，其中“中国空间站”海外社交账号上线短短数月就吸引了20多万名海外“航天迷”，形成独特影响力。发力海外“新赛道”，在TikTok平台上策划“夏季音乐节”互动活动，海外传播量超过3.5亿次，非洲资讯平台Scooper和短视频平台VSKIT账号影响力不断增强，成为对非讲好中国故事的重要阵

地。官方网站微博、微信、抖音、快手等社交和短视频账号矩阵，保持高频更新，传递网络正能量，影响力不断增强，矩阵粉丝总数近 2000 万。

五、加强合作传播，不断拓展海外主流媒体“朋友圈”，打造国际网络传播统一战线

1. 创新开展国际传播交流项目。成功举办“2021 年中俄网络媒体论坛”活动，充分发挥两国政府、网络媒体、互联网企业等主体作用，发出中俄网络“强音”，有力推动网络媒体和网信企业务实合作。

2. 合作传播取得新成绩。2021 年以来，中国日报不断加强网络合作传播，围绕习近平总书记重要讲话、建党百年重大活动、病毒溯源等重大议题，共计在美联社、福克斯新闻、泰国民族报、俄罗斯卫星通讯社、埃塞俄比亚先驱报、菲律宾通讯社、巴基斯坦联合通讯社、斯里兰卡镜报等 200 多家境外主流媒体网站首页和显著位置、客户端、社交媒体官方账号等平台落地多语种报道和内容产品超 1.7 万篇次，覆盖超过全球 6 亿受众。

新媒体工作案例

“求索：美国共产党员的中国行”系列视频：探索党的故事对外创新叙述

习近平总书记指出，读懂今天的中国，必须读懂中国共产党。“中国共产党为什么能”“中国特色社会主义为什么好”是国际社会长期关心的重要议题。建党百年之际，世界目光聚焦中国共产党，这为我们讲好中国共产党故事提供了历史性的契机。中国日报网主动策划，顺势而为，在网站、客户端、海内外社交媒体账号矩阵上线推出系列中英文双语视频——“求索：美国共产党员的中国行”。

在 5 期系列视频中，美国共产党员、美籍记者伊谷然出镜，走进党的一大会址、嘉兴南湖等红色圣地，对话专家学者、国际友人、基层党员等各界人士，探寻中国共产党百年辉煌的成功“密码”，以期增进国际社会对“中国共产党为什么能”“马克思主义为什么行”“中国特色社会主义为什么好”的理解和认同。视频在中国日报全平台播出后，引起海外主流媒体关注。同时得到全球网民青睐，吸引了数十个国家受众观看，全球传播量超过 4300 万次。

作品二维码

“中国有约”国际媒体主题采访活动

习近平总书记强调，要深入开展各种形式的人文交流活动，通过多种途径推动我国同各国的人文交流和民心相通。2021 年，中国日报网创新推出“2021 中国有约 A Date with China”国际媒体主题采访活动。

邀请中央重点新闻网站外籍记者、外媒驻华记者、在华外籍网络名人等海外人士，分3条线路，于4月、5月和10月，深入全国8个省市地区，与中方记者团一同开展深度采访。

“中国有约”立足不同主题设置和各地发展特色，“一地一策”主题鲜明，精心设计线路，将人文交流与新闻传播有机结合。在活动过程中，充分发挥外籍人士的“外嘴”作用和“网红”效应，将媒体报道与人际传播有机结合，突出发挥外籍网络名人在海外的独特影响力，通过视频海报、直播、微纪录片、Vlog等新媒体传播方式，全景展示中国脱贫攻坚、乡村振兴、高质量对外开放等方面发展成就，广泛介绍中国主张、中国智慧、中国方案。通过活动的举办，在华外籍记者、在华外籍网络名人对中国发展有了更深的认识和理解。英国“自媒体”人奥利·巴雷特说：“中国的扶贫工作非常令人敬佩，并不像一些外国人说的那样。我希望可以通过视频，帮助外国朋友们更好地了解中国，加强中国与外国之间的沟通。”

“中国有约”国际媒体主题采访活动多篇报道被美联社、蒙通社、白俄罗斯通讯社、葡萄牙卢萨通讯社等200多家海外主流媒体通过英语、俄语、蒙古语、土库曼斯坦语、阿拉伯语等转载转引，相关报道全球传播量超过10亿次，掀起网上讨论热潮，有力地拉紧了人文交流的纽带，打造了对外人文交流的全新品牌。

作品二维码

（中国日报网供稿）

中国青年网

新媒体工作综述

2021 年，在团中央书记处的正确领导下，在中国青年报社党委的直接带领下，中国青年网坚持以习近平新时代中国特色社会主义思想为指导，紧扣“思想的视觉锤”和“品牌的产业锤”战略思想，全力参与中青报可视化重塑改革，在困难中拼搏，在压力中奋起，在创新中前进，报网融合改革进一步深化，青年思想引领力进一步增强，网站影响力公信力得以快速提升，为建设新型青年主流媒体奠定了坚实基础。

中国青年报荣获报业深度融合发展创新案例奖，荣获中央网信办授予的“2021 年网上重大主题宣传和重大议题设置精品项目和突出贡献单位”称号。新媒体作品《互喊加油，四大“天团”会师武汉！网友：王炸来了，中国必胜！》荣获第三十一届中国新闻奖；《习近平与大学生朋友们》新闻专题等 10 余件作品荣获中央网信办 2021 中国正能量“五个一百”网络精品奖；融媒报道“国务院安委办暗查暗访”等 2 篇报道分别获得中国经济新闻奖一等奖、二等奖；“中国人的故事”系列音频融媒产品获得第九届中国网络视听大会评选活动优秀音频节目。

一、强化核心宣传，掀起青年学习新热潮

充分运用全媒体手段，全方位、立体化做好习近平新时代中国特色社会主义思想宣传解读。

1. 勠力打造“青年大学习”融媒产品。聚焦习近平总书记重要活动、重要讲话文章、重要指示批示，学习贯彻党的十九届六中全会精神，陆续推出《一图读懂 |3.6 万余字的决议稿怎样形成》等系列图表和“全会精神系列谈”作品。策划推出“青年大学习 · 两会时刻”系列融媒体作品及 29 组图表，共 9 篇被全网转发。尤其是“青年大学习 · 两会时刻”，紧随总书记下团组行程，融合视频连线、SVG 互动问答等多种媒介形态，力求做到深浅结合、以情动人、以理服人，阅读量近千万。

2. 创新推出系列青年反响报道。围绕习近平总书记在“七一勋章”颁授仪式、庆

祝中国共产党成立100周年大会上的重要讲话及党的十九届六中全会精神等，推出《民族复兴青春担当　不负时代不负韶华——习近平在庆祝中国共产党成立100周年大会上的重要讲话引高校师生热议》《牢记初心使命　不懈奋勇前进——习近平在“七一勋章”颁授仪式上的重要讲话引青年师生热议》《重温百年党史　担当时代重任——新兴领域青年热议党的十九届六中全会精神》等稿件，刷屏高校师生朋友圈，在广大青年群体中引起强烈反响。

二、聚焦建党百年，点燃青年思想新引擎

2021年是中国共产党成立100周年，中国青年网策划系列可视化优质内容，引领广大青年始终听党话、跟党走。

1. **全面做好庆祝中国共产党成立100周年主题报道。**中青网评推出《让青春在百年追梦路上绽放绚丽之花》等多篇理论文章。青蜂侠制作短视频《青少年们在天安门广场喊出“请党放心，强国有我”！》，在中国青年报视频号播放破5亿次，点赞2107万次。青小小组织拍摄《百年峥嵘　不忘初心》等系列祝福短视频，被腾讯视频教育首页焦点图重点推荐。中国共青团网抖音等平台推出《听！这是今日中国少年的铿锵宣言》等短视频数十条，播放量达百万级。

2. **深入开展党史学习教育宣传。**引导广大青年以学为基、汲成长之力，《让百年党史浸润青少年心田》等20余篇理论文章被全网转载。主持“年轻的战斗堡垒”微博话题，上线20天阅读量超过1000万次。此外，为更好地展现全团和广大青少年团员党史学习教育情况，设计制作共青团“学党史、强信念、跟党走”学习教育专题，通过一系列“我为群众办实事”典型案例报道，很好地展现了各地把党史学习成效转化成帮助青年解决实际问题的举措探索。

三、围绕思想引领，打造青年成长新阵地

青年在哪里，青年阵地就要建到哪里，中国青年网竭力做好青年思想引领，维护青年权益，服务青年成长。

1. **紧跟青年热点，可视化报道破圈传播。**中国青年网微博主持话题“2035问青年”，阅读量2.6亿次，讨论15.3万次。“青蜂侠”短视频《手语怎么“唱”国歌？》连续两日冲上头条热榜第1名，阅读量5000多万次；《家长“咆哮式”育儿如何约束》登上17个热搜榜；与腾讯新闻合作推出的“放学时间”热词，网友留言7000余条。“五四”期间的“跨越百年的青春回答”等视频播放量超200万次。

2. **服务青年成长，新业态探索成效显著。**中国青年网积极探索“新闻+政务服务商务”运营新模式，通过“全程化”跟踪、“专业化”指导、“精准化”对接，贴近青年，服务青年。其中，“团团微就业”充分发挥了共青团强大组织力和动员力，上线后将切实解决企业用工难、学生就业难；

"青春有约"全年举办青年联谊交友活动 6 场，累计服务 2300 多名青年；"青年优选"提出"大国品牌　青年优选"口号，着力赋能中国青年报融合向纵深发展。

四、加强国际传播，开创青年舆论新局面

用好境外社交媒体平台，积极做好优质内容转化生产，创新讲好中国故事。

1. 对外讲好中国故事。中国青年网在境外社交媒体平台上发布原创英文海报《欢迎国际青年来交流——习近平给"国际青年领袖对话"项目外籍青年代表回信》等作品，在中国青年网英文频道开设建党百年专题，总浏览量 23.3 万次。原创英文短视频《百年伟业　今朝共庆》展现当代青年风采，总浏览量 7.2 万次。原创视频《多国驻华大使庆祝中国共产党成立 100 周年》，总浏览量 4.3 万次。

2. 积极开展舆论斗争。抨击美国污名化疫情溯源，制作《美国 2019 年电子烟肺炎患者中有 5 位"中度可疑"是新冠肺炎患者》等英文短视频、海报、图文、文字报道千余篇。面对涉疆谎言，推出《出疆务工是"强迫劳动"？这份报告戳破西方谎言》等，报道新疆棉花生产的客观事实，揭露美西方的谎言，放大我方声音及为我仗义发声的外国友人声音。

五、深化媒体融合，构建青年传播新体系

创新打造融媒产品和品牌活动，通过可视化呈现和互动性引领，团结服务引导广大青年把青春华章写在祖国大地上。

1. 做好大思政课主题宣传。为深入贯彻落实习近平总书记关于"'大思政课'我们要善用之"重要指示精神，中国青年网成功举办"把青春华章写在祖国大地上"网络主题宣传和互动引导活动启动仪式。发布《大思政课照进田间地头　知行合一青年笃志奋斗》等稿件 400 余篇、视频 45 条，在自有平台矩阵的曝光量达 10.2 亿次。此外，相关报道被人民网、中国网等中央和地方媒体以及新浪、腾讯等商业网站转载近万次，全网曝光量超 20 亿次。

2. 做优做精系列融媒产品。"中国人的故事"推出"榜样家书""暖镜头"等系列融媒体作品，19 期被全网推送，相关话题阅读量达 34.8 亿次。"中国梦"践行者推出"人大代表木沙江·努尔墩"等人物报道 50 余期，全网点击量超 60 亿次。此外，"'文脉颂中华·非遗传承新生代'传承者说"两会特辑，全网曝光量近 3000 万次。

新媒体工作案例

"中国人的故事"项目

"中国人的故事"是由中央网信办指导、中国青年网主办的网络文化精品工程。项目用新视角发掘典型人物故事，弘扬中国精神；用新话语吸引青年关注，化解成长烦恼；运用微信图文、短视频、漫画长图等方式，给

重大议题和主流价值插上故事的翅膀，将“中国梦”概念具体化、故事化、情节化，力争做到引人入胜、触动灵魂。项目从2015年开始连续开展7年，原创作品400余期，互动引导作品2.4万余期，其中300余篇获全网推送。微话题在微博、抖音、快手等平台阅读量已突破35亿次。同名电子音像制品入选国家广播电视总局重点主题出版物。

2021年，“沿着高速看中国·中国人的故事”直播助农行动入选中国记协新媒体专业委员会推荐的“中国新媒体公益2021十大案例”。重共情，直播服务农产品“破圈”，用百姓有感的身边变化反映转型发展路；青年味，直播掀起青年网友“电商扶贫”热情，用农产品背后的奋斗故事体现中国精神；大数据，助力更多青年寻找新的就业机会。活动邀请到青年正能量主播，走进5个高速沿线城市，举办12场直播活动。主持快手“沿着高速看中国”话题，集纳5677条作品，播放量超过3.7亿次。

作品二维码

“镜头中的三下乡”项目

“三下乡”社会实践活动是由中央宣传部、中央文明办、教育部、共青团中央、全国学联组织开展的全国大中专学生志愿者暑期文化科技卫生社会实践活动。该活动旨在引导和帮助广大青年学生上好与现实相结合的“大思政课”，在社会课堂中“受教育、长才干、作贡献”，坚定信念听党话、跟党走。“镜头中的三下乡”是由团中央青年发展部、中国青年报、中国青年网联合举办的大中专学生暑期精品实践项目。自2012年以来，已经连续举办10届，活动影响力不断提升，其中2021年共有2028所院校3.7万支团队报送65.4万件作品，覆盖31个省（区、市）和新疆生产建设兵团。所刊发的文字作品有深度、有细节、有故事，摄影作品视觉冲击力强、画面质量高，视频作品剪辑优良、策划精心，被国务院妇女儿童工作委员会、教育部、人民网等中央部委和主流媒体纷纷转载，成为报道“三下乡”社会实践活动发稿量最大、覆盖范围最广、最具传播力的评选活动，被广大高校师生重视。同时，部分作品在中央网信办组织的全国“五个一百”网络正能量精品评选活动中获奖，成为“三下乡”报道工作的典范。

中国青年网还曾对获奖的部分作品进行整理，出版了《三下乡：情暖根与土》（天津社会科学出版社），被众多高校作为“三下乡”宣传培训的教案资料。微博话题“镜头中的三下乡”阅读量达到3亿次。此外，所有“镜头中的三下乡”作品均在“三下乡”官网集中展现。

作品二维码

（中国青年网供稿）

中国经济网

新媒体工作综述

2021年，中国经济网大力开展习近平经济思想宣传阐释和重大主题宣传报道，积极引导经济舆论，做优做强经济特色，全力推动媒体融合，加快构建新的移动化传播格局，对外讲好中国经济故事，扎实开展党史学习教育，不断强化党建引领，各项工作稳中有进。年内获评第六届“五个一百”网络正能量文字精品等多个荣誉称号及奖项，传播力、引导力、影响力、公信力继续增强。

一、大力宣传习近平经济思想，做好重大主题宣传

依托优势资源，网站大力宣传习近平新时代中国特色社会主义思想特别是习近平经济思想，努力为建党百年营造良好舆论氛围。推出“学思践悟习近平经济思想”“习近平经济思想研究征文”“践行习近平经济思想深度调研记”等大型专栏。围绕建党百年推出报道矩阵，利用人脸迁移技术推出“AI秀　唱支红歌给党听”新媒体互动产品，两天内获得500万+的传播量。利用多平台互动类应用技术，推出了融媒体作品“喜迎百年华诞　送你红色货币”互动产品，共有5000万人参与互动，覆盖全球五大洲84个国家和地区。推出“党史中的经济档案”18集系列微视频，播放量突破5000万次。开展“记录小康生活见证时代变迁”微视频征集活动，征集作品近7000件，全网展播量超8亿次。重点开展“漫步国家级新区”主题采访、“大国小鲜@新发展理念”和“营商・商赢”网络主题宣传活动。其中，“续写春天的故事　走进经济特区国家级新区”主题采访活动，组织媒体对全国19个国家级新区进行报道，开展云座谈20多场；“大国小鲜”主题宣传活动，组织媒体记者分南北两线前后走访7个省区。

二、突出财经特色，做好经济热点舆论引导

2021年9月1日，中经网首页全新改版上线，排篇布局更加突出“经济味儿”，

就重大经济政策、重要经济话题及时表态发声，澄清误解误读，有效开展舆论引导。在长期积累的基础上，进一步巩固中经网在食品、药品、金融等优势产业领域的影响力。

网站推出“金融消保大咖说”线上公益课堂项目，推出科创板“硬核本色”系列短视频解读上市公司数据，取得较好的社会影响。配合市场监管总局独家刊发的《平台经济反垄断指南》系列解读文章，通过全媒体矩阵传播，舆论引导效果良好。聚焦经济民生热点，推出短评栏目“中经锐评”。推出《深谈》视频访谈节目，针对“专精特新”小巨人企业，组建专门团队深入采访，相关原创稿件在社会上产生了广泛影响。

在常年深耕的食品药品安全领域，中经网自2011年起即受国务院食安办委托承办每年的食品安全宣传周主场活动，并在国家市场监督管理总局指导下，连续第12次举办中国食品安全论坛，连续第4次举办中国药品安全企业家论坛。配合市场监管总局“铁拳”行动，刊发推出系列报道作品。

三、坚持移动优先，加大技术赋能

目前，网站已建立起全媒体、多元化、多平台共享分发的移动传播格局。截至2021年年底，中国经济网移动端全网覆盖粉丝量突破5000万，涌现多篇数千万、上亿流量的短视频、图文作品。官方微信公众号总阅读量超4.5亿次，10万+稿件超1500篇，在新榜微信500强月度榜单排名中处于前3名，在财富类榜单中位居第2位。短视频全年总播放量超25亿次，总点赞量超2500万次，多条短视频作品播放量破千万。

通过融合报道新技术，网站自有移动端平台“中经云端”开展大型活动直播219场。受北京冬奥组委委托，中经网冬奥技术服务团队利用虚拟现实技术制作冬奥会全景导览系统，1.5万名中外媒体记者通过该系统引导进入场馆开展报道工作。网站与社会力量合作探索在财经报道上搭建了智能内容生产平台。

四、加强国际传播，讲好中国故事

发挥经济信息对外传播优势，网站通过推出更具贴近性、亲和力的报道，放大中国声音对外传播力。围绕庆祝建党百年、建交纪念日、中国国际进口博览会等，多平台多渠道推出专题报道。报道在境外报纸、电视、网站、社交媒体全方位、高密度落地。

新媒体工作案例

《喜迎百年华诞　送你红色货币》H5互动融媒体产品

2021年春节前夕，经济日报——中国经济网隆重推出《喜迎百年华诞　送你红色货币》H5互动融媒体产品，以新中国成立前中国共产党革命根据地“红色货币”为主题，生动讲述中国共产党领导根据地经济建设、开展货币金融斗争的光辉历程，在传承红色基因和不朽革命精神上与用户形成感情共鸣，产生良好传播效果。该产品传播量近5000万人次，参与用户覆盖84个国家和地区，成为庆祝建党百年主题宣传中充满浓浓“经济味儿”的重点报道。

红色货币是新中国成立前，由中国共产党领导的红色政权发行的各种货币的统称。该产品以互动H5作为主要呈现形式，颇具创造性地将庞大的历史视野投射到生动具体的“红色货币”上，聚焦中国共产党领导根据地经济建设和金融斗争这一特殊领域，将党史、经济史与知识性、趣味性有机结合。

产品选取了9种具有标志意义的“红色货币”，以“彩绘背景＋实物图片＋文字说明”的方式，通过长达5米的画卷和时间轴的推进，带领用户重温中国共产党领导根据地经济建设的光辉历程。

产品采用了“动态H5+收藏互动”的形态，用户在深入触摸“红色”脉络过程中，自选并生成保存红色货币收藏证书，在拥有唯一的收藏编号的同时，收藏证书上的二维码使分享行为传递下去。

传播方面采取了分阶段、有节奏的多轮推广。上线以来，在经济日报、中国经济网、微信公众号、微博、今日头条、抖音等全媒体渠道，分阶段，定制内容、有节奏地进行多轮推广。同时，也邀请团中央、国资小新等大V参与推广，通过H5产品、主题宣传片、故事文案等多样化形式，引发良好反响。

作品二维码

《“飞临”探秘北京冬奥会和冬残奥会》融合创新报道

中国经济网聚焦冬奥场馆建设，依托全景、全维融媒体技术推出的《“飞临”探秘北京冬奥会和冬残奥会》融合创新报道，向国际社会和全球媒体提供高效的可视化信息服务，全面、形象地展示冬奥竞赛场馆和部分非竞赛场馆的筹备工作情况，传递冬奥的工作进展。

一、融合创新，“全维＋全景”创新冬奥报道形式

中国经济网将全景、全维融媒技术成果运用到冬奥场馆的可视化报道中。全景是一种富媒体技术，与视频、声音、图片等传统流媒体的区别是“可操作，可交互”。全维是基于无人机倾斜摄影技术，通过无人机航拍数据采集实现冬奥场馆的实景三维建模，真实地反映地物情况，通过融合、建模完全保留冬奥场馆的立面、比例等信息。“全维＋全景”成为北京冬奥会中首个融媒新技术实际应用的创新性报道案例。

二、科技冬奥，冬奥史上首个“全向互动”的数字场馆

北京冬奥会筹办之初，《科技冬奥（2022）行动计划》就已明确，“科技冬奥”的推进有两个目标：一是利用新技术支持北

京冬奥会的筹办和举办；二是给新技术应用提供展示场景。

《“飞临”探秘北京冬奥会和冬残奥会》作为“科技冬奥”的一个组成部分，在北京冬奥会、冬残奥会期间，成为媒体记者、相关领域工作人员、志愿者和专业观众了解冬奥各场馆概况的重要信息渠道。浏览者只需要通过手指滑动或鼠标拖曳，便可以实现一键飞行、视角选取、放大细节和场馆漫游的交互操作，全向互动的自由视角让浏览者实现了身临其境的沉浸式观感体验，把“读新闻”升级为“进入新闻”。中国经济网在提供新型技术、可视化服务的同时，也为北京冬奥会和冬残奥会留下了丰富的视觉“冬奥遗产”。

三、践行“四力”，492 天聚焦冬奥竞赛场馆

2020 年 10 月，中国经济网组成策划运行团队深入冬奥场馆开始工作，实地踏勘，以低空航拍和地面全景拍摄的方式采集图片数据 29.16 万张，合规执行飞行任务 180 架次。

他们见证了在百米高空俯瞰“冰之帆”国家体育馆在奥林匹克公园的起航；国家游泳中心从“水立方”到“冰立方”的华丽转身；国家速滑馆 22 条“冰丝带”在林萃路边的舞动；首钢滑雪大跳台在群明湖畔的倒影；夕阳侧影中的“雪游龙”；小海坨山风雪中的高山滑雪中心；云顶滑雪公园的雪；“雪如意”环形看台的天。经过一年多的磨合和锤炼，增强了团队的脚力、眼力、脑力和笔力。

《“飞临”探秘北京冬奥会和冬残奥会》已有包括中国、美国、俄罗斯、加拿大、挪威、荷兰、爱尔兰、比利时等 50 多个国家的互联网用户对该系统进行访问。

作品二维码

（中国经济网供稿）

中国台湾网

新媒体工作综述

2021 年，中国台湾网在国台办和中央网信办的指导和大力支持下，持续加快发展步伐，进行了广泛而深入的实践探索，深入研究新媒体运营经验，不断创新宣传手法，持续强化涉台宣传阵地建设，在两岸影响力不断提升。

一、紧抓历史机遇，打造系列精品

网站紧紧抓住媒体融合的历史机遇，从顶层设计上为媒体融合谋篇布局，加大对新兴媒体的投入，力推传统媒体与新媒体的深度整合。围绕两岸重大活动选题，服务对台工作大局。利用新媒体“短视频 + 直播 + 图文”形式组织策划，深入拓展两岸经贸、科技、人文等各领域交流，为推动两岸关系和平发展、融合发展提供更多机会，创造更好条件，争取更大民意。

策划报道了“融融观”系列主题报道活动，如“融融观浙”“融融观湘”“融融观云”等，对海峡论坛、两岸企业家紫金山峰会、两岸青年发展论坛、富春山居图合璧 10 周年、两岸关系研讨会等两岸重点活动进行深度报道，生产了大量文字、图片、视频等新媒体产品。注重海外社交媒体平台传播，精准策划入岛宣推，为两岸同胞融合交流搭建桥梁、提供平台。

二、注重内容建设，突出涉台特色

积极适应移动化、社交化、可视化发展趋势，精心策划、悉心打磨视频类新闻节目，成为大陆涉台的“头部内容”和领军先锋。改版升级后的《两岸快评》《两岸头条》两档日播类视频节目，迅速成为立体传播主流价值的超级矩阵。《两岸头条》主打综合新闻节目，采取主持人播报形式，聚焦 24 小时两岸新闻热点事件。《两岸快评》主打时政评论，采取“短平快”特点，针对涉台内容话题，立场鲜明输出观点，引导两岸舆论风向，助推传递主流声音在两岸舆论场形成声势，壮大气势。策划制作《台海小课堂》《羽说台湾》《两岸青年说》《国台办发布》等多个视频节目，形成新媒体涉台舆论传播矩阵。

三、加强宣传矩阵，建设高素质队伍

立足于涉台专业网站定位，从内容、设计、功能方面突出内容原创性、传播视频化、话题互动式，增强了创意感、现场感、参与感。在继续加大 PC 端宣发的同时，重点向移动端创新，在今日头条、新浪微博、微信公众号、脸书等两岸综合性社交媒体平台，以多维度用力和全视角频率加大推送，实现传播价值最大化和传播效果最佳化，聚焦壮大主流价值影响力。与各省区市台办协作配合，打通全国信息渠道，每天供给的视频图片和文字，成为内容生产的源头活水。注重科技赋能，创新传播语态，转变叙事方式，搭建对台工作大数据中心，打造融媒体平台采编发系统数智化升级，贯通“信息孤岛”，助推舆论声量。

落实党管媒体更加有力，坚持和巩固党对网络意识形态工作的领导，加强网站党的建设，扎实开展党史学习教育，党组织生活落实正规有序，牢牢把握涉台舆论宣传的正确政治方向。组织架构完成精简优化，内部运转更加快捷高效。按照新的岗位需求，组织老员工竞聘上岗，引进互联网高端人才，激活了内部动力；丰富企业文化，网站硬件设施和员工精神面貌焕然一新。

四、启示

回望 2021 年，有以下 3 点启示：

第一，讲政治顾大局。这是做好一切工作的首要问题，坚决贯彻落实中央对台工作宣传的总体部署，加强理论学习，把握精髓要义，严守政治纪律，切实用习近平总书记重要讲话精神武装头脑、指导实践、推动工作。

第二，尽职责有作为。承担好对台宣传报道的使命任务，顺势捕捉互联网发展先机和巨大潜力，疏通内容生产与商业运营管道，坚定不移推进视频化转型，积极探索信息产品多元化、传播途径便捷化、叙事风格亲民化，让生产内容有思想、有温度、有品质。

第三，抓机遇谋创新。为贯彻落实习近平总书记关于对台工作的重要论述和关于推动媒体融合发展的重要论述，网站运用云直播、云采访、云会议等技术手段，采用视频、直播等多种表现方式，生产易于在两岸新媒体平台传播、符合两岸青年浏览习惯的新媒体产品，在两岸产生较大影响力。

新媒体工作案例

视频节目《中国人不打中国人，但对“台独”分子保留一切选项》

2021 年 8 月 27 日，中国台湾网发布《两岸快评》视频节目《中国人不打中国人，但对“台独”分子保留一切选项》。时任中国国民党主席江启臣接受前党主席洪秀柱专访时表示，“我是台湾人，也是中国人”，该作品以这一事件为切入口，重申大陆对台的立场和原则：和平统一最有利，但“武统”是保留的选项之一，针对的不仅是“台独”，还包括外部势力。

作为一档评论类视频节目，两岸快评主要在抖音、快手和岛内脸书平台上发布，具有“短平快”的特点，文稿内容短小精悍，加之主持人铿锵有力的播报，在新媒体平台上传播效果好。该视频在大陆第三方平台上累计播放量达3800余万次，点赞评论互动量达226.8万次。同时，在脸书上覆盖量92.8万次，播放量70万次，留言近8000条。

作品二维码

深度资讯类节目《两岸头条》

北京时间2021年12月10日上午，中国宣布与尼加拉瓜复交，尼加拉瓜随即与民进党当局所谓“断交”。民进党当局及蔡英文上任5年内（2016年至2021年），已有8国与之所谓“断交”。《两岸头条》作为中国台湾网自主打造的深度资讯类节目，分别从官方消息、两岸舆论及独家分析3个角度进行切入，通过长、短视频，图文稿，独家采访等多元化方式对事件进行了全方位报道。

视频节目在两岸新媒体平台推出，分析了一个中国原则成为国际社会普遍共识，搞“一中一台”不得人心，“台独”分裂分子终将覆灭的最终下场，冲破民进党当局编织的“大内宣”假象，揭示“大陆和台湾同属一个中国”的两岸关系本质。

节目进一步宣传解读了联合国大会2758号决议精神，即“世界上只有一个中国，中华人民共和国政府是代表全中国的唯一合法政府，台湾是中国领土不可分割的一部分”，指出美国和民进党当局勾连试图在国际社会搞“一中一台”的政治图谋终将被粉碎，凸显出一个中国原则是国际关系基本准则和国际社会普遍共识，美国搞的那一套“胁迫外交”“以台制华”的政治伎俩已破产的现实。

节目在境内外媒体平台广泛传播，综合脸书、今日头条、腾讯、西瓜视频、抖音、快手等数据，全网播放量达1981万次、互动破万次。其中，整期节目在今日头条一个平台播放量就达到157万次；短视频《尼加拉瓜与台所谓“断交”决定痛击美国　岛内舆论：别以为有美国帮忙　台湾所谓“邦交”就稳　尼加拉瓜绝非最后一个》在快手播放量破500万次；整期节目在脸书播放量达3.6万次。

作品二维码

（中国台湾网供稿）

中国西藏网

新媒体工作综述

2021年，中国西藏网始终以习近平新时代中国特色社会主义思想为指导，紧紧抓住庆祝建党100周年和西藏和平解放70周年两大贯穿全年的主题主线，积极总结西藏和涉藏工作重点取得的巨大变化，讲述新时代党的治藏方略不断推进的新发展新成就。大力推进刊网深度融合，不断提高网站舆论传播力、引导力、影响力、公信力。

一、持续做好习近平总书记重要活动重要讲话网上宣传，深入开展习近平新时代中国特色社会主义思想宣传阐释

1. 始终把宣传习近平新时代中国特色社会主义思想、习近平总书记系列重要讲话精神作为首要政治任务。网站PC和移动端首屏首页长期固定链接“习近平系列重要讲话数据库”专栏，培育“观当下”“漫谈政事儿”等新媒体品牌栏目。

2. 利用融媒报道形式，打造多样化作品。以动画、动态长图、海报、短视频、网上展览等多种形式，积极围绕新思想新观点新要求，打造学“习”网宣精品。系列快闪视频《人民的呼声》，以习近平总书记原音原话配合快节奏文字动画，重现习近平总书记重要活动，更好贴合移动端传播需求；动画《让乡亲们的日子越过越红火！》《〈中国共产党统一战线工作条例〉八大修订亮点》全网推送。

3. 重点做好“习近平总书记西藏行”专题报道。围绕习近平总书记2021年7月在西藏考察的重要活动重要讲话，组织制作系列新媒体作品《在西藏考察时习近平总书记强调这些话》《跟随总书记看西藏》，策划短视频《人民的呼声》、长图《总书记的民族观》等多期作品。

二、坚持正确政治方向和舆论导向，围绕重大主题做好宣传引导，确保重大时政报道、重大主题宣传引导落实到位

1. 突出主题主线，做好庆祝建党100周年报道。高扬思想旗帜，深入宣传中国共产党的百年光辉历程和伟大业绩。充分挖掘红色资源，做好党史学习教育主题宣传。策划

《党的100年》《中国精神》系列长图，打造党史人物小故事《声漫故事会》系列手绘动画、红色家书系列H5《有声来信》等红色产品。策划推出英德法多语种系列手绘海报《历史的记忆——西藏红色遗迹巡礼》，让党史学习教育“活”起来。策划推出《小西Vlog》《青春向党》等视频特辑以及《五四运动知识点》《伟大坚韧的遵义会议精神》《海报丨中共早期具有广泛影响力的红色报刊》等多篇（件）融媒作品。发挥藏文权威媒体的作用，着重加强对讲藏语的境外藏胞和境内藏族群众宣传引导。制作了“建党一百周年线上藏文书法展”，邀请藏文书法名家用多种字体藏文书法传播习近平总书记金句，作品形式新颖，传播效果显著。

2. 扎实有序推进纪念西藏和平解放70周年报道。刊网端微多平台多语种同频共振。采编骨干深入西藏40余县（区）一线，拍摄采访百余脱贫攻坚基层代表人物，发布系列视频、海报等新媒体作品。邀请西藏和平解放70年发展历程亲历者录制《祝福美丽西藏　开启幸福征程》系列微视频。紧扣涉藏宣传主旋律，策划《西藏丨请回答2021》长图、《70秒看西藏》快闪短视频、“九宫格看西藏”H5互动产品、多语种长图海报《画说西藏70年》和*Big Moments in 70 Years*（历史记忆——西藏70年大事记）等系列产品。

三、发挥统战系统媒体作用，积极做好涉藏涉统宣传报道

1. 持续深入学习宣传贯彻落实中央第七次西藏工作座谈会精神。围绕涉藏领域民族工作开展重点宣传，发布反映民族团结、藏传佛教活佛转世、西藏籍大学生内地就业主题作品。并且加强议题设置，做好藏传佛教主题宣传引导。制作漫评《起底假活佛　让其无处遁形》等产品。

2. 做好中央民族工作会议、全国宗教工作会议精神学习宣传报道。围绕深入学习贯彻习近平总书记重要讲话精神，推出网评、海报、长图、动画短视频等多种形式的汉语、藏语宣传产品，包括《长图丨历次中央民族工作会议告诉你：这件事为什么这么重要！》《海报丨习近平论宗教工作金句》等。围绕“铸牢中华民族共同体意识”开展主题系列报道，策划“有礼了”系列——“小西探宝”系列。

四、完善平台建设，全媒体传播矩阵更完整、内容更精准

2021年，中国西藏网在内容生产和平台建设上下大力气，深入推进媒体融合与新闻产品的多元化、丰富化，实现内容生产形式结构、策划模式、技术应用和业界影响的长足进步，以及平台运营、引流、互动等全方位专业化管理，以内容生产供给侧结构性改革为动力，活跃平台建设，提升综合实力。2021年，8篇作品入围“五个一百”网络精品，3篇（件）获奖；2篇作品获第二届全国中小企业发展宣传报道优秀作品二、三等奖；1篇获2021年度文物好新闻等。

2021年，中国西藏网以“讲好中国故事，讲好西藏故事”为己任，进一步加强境外社交平台建设，寻找情感的“共通点”，寻找受众的兴趣“燃点”，推出了一系列以节庆为主题的新媒体作品，获得了良好的传播效果。

新媒体工作案例

“党史自习室”互动栏目

学习党史是坚持和发展中国特色社会主义、把党和国家各项事业继续推向前进的必修课。2021年，中国西藏网推出新媒体系列产品“党史自习室”H5，让受众以沉浸式答题的方式了解党史，主要定位互联网青年受众，特别是移动端互联网青年受众。在界面设计和题目选择上，突出轻松活泼和趣味性，带领受众翻开百年党史这部“教科书”，以青春轻松的风格为他们讲述党史、国史、革命史，重点展示重大历史事件、标志性成就和重要历史人物及其精神，旨在通过解答党史历史选择题促使受众对历史进行“自习”并深入理解领会。

“党史自习室”通过网络H5制作技术并在网页呈现，用卡通复古的美术风格、欢快活泼的背景音乐、充满自习室风格的画面、讲述历史老照片背后的史实，通过互动游戏的形式让读者重温百年党史，更便捷、更简单直接地让新一代年轻人对党史进行了解，进而加深学习。产品致力于“简”和“潮”。一是形式“简”，通过识别二维码即可打开参与；二是语言“简”，打破了长篇大论的讲述，将自习课做题作为切入口，引导受众自行去了解答题背后的历史事件和意义；三是表达方式“潮”，欢快活泼的音乐引导并且将流行的网言网语贯穿其中。

作品二维码

建党一百周年线上藏文书法展

在中国共产党成立100周年、西藏自治区和平解放70周年之际，中国西藏网提前谋划建党100周年相关内容，特别制作“建党一百周年线上藏文书法展”。该专栏以《习近平谈治国理政》第一卷、第二卷以及习近平总书记有关西藏工作的重要论述为主要内容，精心挑选相关论述100句，组织西藏和四省涉藏州县藏文书法家书写，旨在通过书法家的影响力在西藏和四省涉藏州县的现实基础，提升党中央的声音在“最后一公里”的传播效能，庆祝中国共产党成立100周年。作品既有重要意义，又有一定艺术价值，传播速度快、效果好。在中国西藏网藏文子网以及藏文微信公众号推送后，社会各界反响较好。

（中国西藏网供稿）

光明网

新媒体工作综述

2021年，光明网坚持以习近平新时代中国特色社会主义思想特别是习近平总书记关于网络强国的重要思想为指导，深入学习宣传贯彻党的十九届六中全会精神，增强“四个意识”、坚定“四个自信”、做到“两个维护”，提高政治站位，强化政治责任，守正创新推进网站各项工作开新局、创新绩，为党和国家工作大局提供强大网上舆论支撑。

一、突出核心引领，持续深化习近平新时代中国特色社会主义思想宣传阐释

光明网始终把学习宣传贯彻习近平新时代中国特色社会主义思想作为首要政治任务，创新宣传，深入阐释，全方位展现习近平总书记的思想魅力与品格风范，彰显习近平新时代中国特色社会主义思想的感召力、凝聚力和引领力。

2021年，光明网全力以赴开展“人类命运共同体”理念网上对外传播工作，精心建设“人类命运共同体”栏目，推出的20余篇英语稿件在网站和境外主要社交媒体平台发布后，境外网民积极响应，我外交部发言人推特账号多次转发，国际人士在机构官网、个人网站及社交媒体积极转载；光明网推出的《习近平谈治国理政》第一卷、第二卷、第三卷语音陪伴套装入选全国新闻出版深度融合发展创新案例，并荣获2021中国正能量“五个一百”网络正能量专题活动优秀精品。

在党史学习教育、庆祝建党百年主题宣传中，光明网通过专题、直播、微党课等形式深入阐释习近平总书记关于党史学习教育的重要论述，确保习近平新时代中国特色社会主义思想始终成为网络空间最强音。其中，内外宣联动第一时间推出图解《数观习近平在庆祝中国共产党成立100周年大会上的讲话》、《跨越百年——习近平眼中的中国共产党100年》、英文图解《习近平在庆祝中国共产党成立一百周年大会上的讲话金句》和《金句摘抄：复兴路上，中国共产党的四大成就》等多语种新媒体作品，有力推动习近平总书记重要讲话精神在海内外落实落地。

光明网同时积极探索习近平新时代中国特色社会主义思想的社交化、可视化传播，在抖音等平台创新语态推出《开学第一课 习近平曾勉励青年学子：不负青春不负韶华不负时代》《体育强则国家强，一起来看看习近平的体育情缘》等一系列受网民追捧的短视频作品，播放量均在百万以上，其中短视频《#世界读书日 习近平总书记到底有多爱读书？这段他年轻时的读书经历给出了答案》播放量超1.3亿次；综合运用短视频、金句摘编、图解等新媒体形式推出《我眼中的习近平》《@广大文艺工作者 总书记向你提出这些希望》《关于新闻舆论工作，总书记这样说》等多形式作品，有效增强网民的政治认同、思想认同和情感认同。

二、提高政治站位，创新正面宣传凝聚奋进精神力量

2021年，光明网切实提高政治站位，聚焦核心、立足开局、壮大主流，在庆祝建党百年、全国两会、党的十九届六中全会等重大主题宣传中，积极以新媒体优势探索主题宣传路径创新，为奋进新时代凝聚强大精神力量。

在贯穿全年的党史学习教育、庆祝建党百年主题宣传中，光明网凝聚领域资源，创新理论传播方式，推出“明理增信 崇德力行”庆祝建党百年高校示范微党课系列直播活动、“中国共产党精神谱系专家谈”栏目、“中国共产党成立100周年”系列漫评作品等，让理论宣传有温度、有厚度、更有深度。其中，高校示范微党课系列直播活动播放量逾2100万次、覆盖6000余万人次，作为中组部“党课开讲啦”活动的组成部分，同时被纳入《中共教育部党组关于教育部直属高校开展党史学习教育的指导意见》的“专题党课”部分。

积极引入沉浸体验互动式传播，于“七一”前夕策划上线“打卡百处红色地标”互动竞猜活动，以趣味竞猜互动方式引发广大网友特别是青少年网友参与到竞猜中来，上线后超367万名网友参与打卡挑战，在互联网上掀起一股打卡红色地标学党史热潮；五四青年节前夕发起庆祝中国共产党成立100周年“青春阳光接力传唱”网络公益活动，网友自发上传歌曲、戏曲、诗歌等6000余条主旋律传唱视频，各平台累计传播量超2.6亿次。

以新媒体优势“盘活”红色资源，联合中国移动咪咕公司拍摄制作《红色基因述初心》党建微纪录片，上线不到1个月观看量突破千万；举办3场“百年辉煌·红色印记”走进中国共产党历史展览馆系列直播，总观看量超920万人次；联合中国科协推出“永远跟党走——‘云游’红色教育基地系列活动”，激发青少年群体爱国热情、总观看量超2300万次。

同时积极探索运用青少年喜闻乐见的动漫形式，引导青少年网民听党话、跟党走。“和光小明一起学党史”系列动画让“光小明”有态度、轻松地讲述党史故事，面向青少年精准播撒红色种子；“顺溜讲党史”系

列节目让数字虚拟人“顺溜”声情并茂地讲述建党百年来激动人心的瞬间，“学习强国”学习平台在“看党史”栏目下开辟专区展示该系列视频节目，中国科技馆大屏落地推广，触达用户量超2000万人次。

三、坚持服务大局，自觉担当网络舆论引导“排头兵”

光明网坚定承担高举旗帜、引领导向、围绕中心、服务大局的重要使命，自觉担当网络舆论引导“排头兵”，牢守意识形态主阵地。

为及时扭转网络上有关南北发展差距不断拉大的错误论调，光明网推出《理性看待南北差距，用好经济社会发展中的地方比较优势》《漫评：南方经济全面碾压北方？别再鼓吹这种论调了》等评论文章，数据翔实，例证有力，被广泛转载；针对中宣部等五部门联合印发的《关于加强新时代文艺评论工作的指导意见》，邀请专家评论员围绕“整治饭圈”“加强新时代文艺评论”等话题推出《让有力的文艺评论破解顽固的“饭圈文化”》《文娱乱象迷人眼，奋斗青春才是真》等作品，对“饭圈”不良现象予以批评，切实加强和改进文艺评论工作。

2021年，光明网通过网站PC端英语频道，脸书、推特等海外社交媒体平台，合作外媒网站的当地语专栏等渠道发布有关庆祝建党百年、全面建成小康社会、中国共产党十九届六中全会、全国上下防控疫情坚决有力、香港和澳门保持繁荣稳定等主题的多语种稿件和社交媒体产品近万条，海外浏览量超过5700万次；开展《成长之路·融荣与共》港澳台青年传播项目，推出25集短视频、25期人物Vlog、3期数据新闻短视频、10条“新闻懒人包”图解等新媒体作品，为团结港澳台同胞、破除海外部分误解、呈现中国立体真实原貌提供舆论支撑，总传播量超1100万人次；积极探索中华文化走出去新路径，与土耳其光明报合拍《中国非遗技艺》10集微纪录片，以非遗技艺传承保护为切入点，反映新疆少数民族地区百姓生活在我扶贫政策、民族政策帮助下取得的翻天覆地的变化，有针对性地对西方涉疆不实言论作出“有图有真相”的驳斥，境外总收视人数超2600万，收视覆盖土耳其近200座城市及部分欧洲、西亚城市。

四、深度融合创新，不断扩大主流价值影响力版图

2021年，光明网进一步深耕特色品牌活动，扩大知识分子朋友圈，构建国际传播矩阵，加快推进媒体深度融合，让主流声音传得更远更广。

在疫情防控常态化的状态下，光明网品牌活动“核心价值观百场讲坛”围绕党史学习教育、法治建设、公民道德建设等重大主题开展多场宣讲，除在光明网、光明网微博、光明日报客户端直播以及光明日报专版、光明网首页首屏刊发报道外，2021年起活动精剪视频在“学习强国”学习平台、人民日报客户端、央视新闻客户端以及多个

商业平台上线，形成宣传合力，引发广泛讨论；继续开展“2021 高校招生服务光明大直播”“2021 企业校招光明大直播”活动，通过跨地域、跨媒介形态的系列大型直播活动，为考生搭建“沉浸式”服务平台，在求职者与招聘企业之间架起信息沟通的云桥梁，观看总量超 1 亿次，成为媒体融合的生动实践。

积极布局，精准发力社交媒体平台建设，不断扩大传播渠道，开辟出新的传播天地。目前已建成以微博、微信、抖音等短视频平台及一直播等直播平台为主的社交媒体传播矩阵，与头条号、企鹅号、微信视频号、百度百家号、UC 浏览器等 20 余个聚合新闻平台建立合作，并积极拓展了多个传播渠道。2021 年，光明网抖音账号累计点赞突破 1 亿次，光明网微信总阅读量 1.9 亿次，光明网微博总阅读量 4.67 亿次，通过各合作平台推送新闻 64 万余篇、阅读量 82 亿次，在头条号、百家号、企鹅号等平台发布短视频 18 万篇、总播放量 142 亿次。

同时加强同国外主流媒体交流、壮大国际传播矩阵，进一步提高对外传播能力。已初步建成以 PC 端英语频道，海外社交媒体平台账号，采编人员海外社交媒体账号，捷克、塞尔维亚、土耳其、泰国、巴基斯坦和埃及等国外合作媒体网站及其社交媒体，国外新闻聚合类网站内容抓取合作等综合构建的多语种国际网络传播矩阵。目前，光明网 PC 端英语频道境外用户占比 29%，排名前五的主要受众国家分别是美国、英国、德国、加拿大和印度。

新媒体工作案例

“打卡百处红色地标”互动竞猜活动

为落实习近平总书记强调的党史学习教育“要注重方式方法创新”，“七一”前夕，光明网策划上线“打卡百处红色地标”互动竞猜活动，通过深挖红色地标的精神内涵，利用媒体融合传播，以趣味竞猜互动方式，引发广大网友特别是青少年网友参与到竞猜中来，在互联网上掀起一股打卡红色地标学党史热潮。

活动旨在通过趣味性的学习方式，引导青年网友在回望“红色地标”中致敬百年辉煌，在远眺“红色地标”中荣耀同舟远航。在内容方面，主创团队邀请党史、理论专家，对每一个红色地标进行权威解读、把关，确保内容的严谨细致；在设计方面，H5 互动版和网络专题版在视觉、听觉上具有强烈的互动性、代入感；在技术方面，光明网技术团队把创意与技术进行结合，使党史学习教育更有趣；在效果方面，让网友在“沉浸式学习”中引发情感共鸣，营造浓厚的学习氛围。

活动分别推出 H5 互动版和网络专题版，网友可以通过光明网主站、“学习强国”学习平台、微博、微信、头条号等平台在线参与打卡竞猜。活动上线后，超过 367 万名网友参与打卡挑战，其中近五成为 95 后、00

后网友，不少70后、80后网友还和孩子一起展开团战。活动以更抵心的网络学习氛围，为庆祝中国共产党成立100周年献上一道别样风景。

《红色基因述初心》党建微纪录片

习近平总书记指出，“在党史学习教育中，要充分运用红色资源”，“用好红色资源，传承好红色基因，把红色江山世世代代传下去”。在国家互联网信息办公室网络新闻信息传播局指导下，光明网联合中国移动咪咕公司拍摄制作《红色基因述初心》党建微纪录片，“盘活”红色文化资源，直观生动再现中国革命史和中共党史，使红色资源与时代共振，让红色文化入脑入心。

系列微纪录片遴选20个具有重大历史和现实意义的场馆，选取能够反映中国共产党领导中国革命、建设和改革全过程的文物和展品，挖掘其中的基因密码，传播其中蕴含的初心故事，激励广大党员干部群众从文物中体悟初心、传承红色基因。在拍摄手法上，创作团队让馆长、专家、讲解员针对具体的人、物或事件进行具象化叙事表达，以年轻态话语重构表达方式，形成可见、可感、可知的传播效果，让观看者看得进去、学得进去；在红色精神挖掘上，在呈现文物、历史的同时，每集纪录片均以习近平总书记对相关历史事件、革命精神的重要论述作为落脚点，让历史与时代产生交互点，从而使观众产生共鸣。同时综合运用航拍、全景等拍摄方式，尽可能还原历史事件，带给观众沉浸式的观看体验。系列微纪录片上线不到1个月，观看量突破千万。

作品二维码

（光明网供稿）

央广网

新媒体工作综述

一、整体综述

2021年，央广网始终坚持以习近平新时代中国特色社会主义思想为指导，深入学习贯彻习近平总书记对总台工作的一系列重要指示批示特别是贺信精神，以实际行动坚定拥护“两个确立”、坚决做到“两个维护”，以守正创新，建设好运用好新媒体新平台为努力方向，积极探索媒体深度融合新模式，以高质量发展推动央广网“十四五”期间新型主流媒体建设，在总台党组领导下，认真做好全年重大主题宣传报道工作。

2021年，央广网各项工作稳中有进，发展态势持续向好，引领力、传播力、影响力显著提升。全年累计发布稿件85.9万篇，完成视频直播392场，总时长达32790分钟；央广网主持微博话题登上热搜达56个，阅读量过亿话题19个，过千万话题86个；央广网多个新媒体端口平台的传播数据多次刷新历史纪录：元旦跨年直播创造了7.7亿的传播纪录，微博话题“2020年全国姓名报告”阅读量达8.2亿，网站月度页面访问量（PV）峰值达41.71亿。

二、工作亮点

央广网始终把学懂弄通做实习近平新时代中国特色社会主义思想作为首要政治任务。2021年5月，依托建网22年来权威声音资源，打造推出习近平治国理政声音库暨习近平新时代中国特色社会主义思想声音平台，为广大党员干部群众提供全媒体平台服务。

央广网头条工程产品“习声回响”累计推出产品23期，“每日一习话”坚持每日推送并累计发布产品365期，其中309期产品全网转发，206期产品被全网置顶推送。“每日一习话”栏目在微博的话题阅读量已超1.5亿次，其中，“在发展中保障和改善民生”“书写文明交融沟通新篇章”“让法治成为社会共识和基本准则”“坚持创新是第一动力”“让开放的春风温暖世界”等多期话题置顶微博热搜榜，阅读量超10亿次。央广网头条工程矩阵产品全网累计触达受众近66亿次。

1. 紧跟习近平总书记足迹，重点围绕领导人赴地方考察调研推出解读报道，生动展现习近平总书记心系民生的大党大国领袖形象。2021 年以来，央广网“每日一习话”紧跟习近平总书记赴贵州、福建、青海、西藏、陕西、河北等地调研的步伐，及时推出原创解读文章。其中，央广网在习近平总书记赴河北塞罕坝机械林场尚海纪念林同林场职工代表亲切交流的报道中，重点推出原创解读文章《发扬塞罕坝精神　在新征程上再建功立业》，累计触达受众 1200 万次；在庆祝西藏和平解放 70 周年之际，习近平总书记来到西藏看望慰问西藏各族干部群众，央广网推出的《“每日一习话”中华民族多元一体是我国发展的巨大优势》全网置顶转发，累计触达受众近 2000 万次；在习近平总书记赴陕西考察调研报道中，连续推出了《“每日一习话”坚定不移推进绿色发展》《“每日一习话”加快推进教育现代化、建设教育强国》《“每日一习话”支持数字经济创新发展》《“每日一习话”走绿色低碳发展道路》等 4 期产品，被全网置顶转发，在今日头条平台总展现量超 3.2 亿次。

2. 围绕习近平总书记重要讲话精神展开系列评论解读，系列产品获得全网关注，取得良好传播效果。央广网围绕习近平总书记在党史学习教育动员大会上发表的重要讲话，策划推出“每日一习话·中国共产党人的精神谱系”主题报道，系列产品触达受众 3.3 亿次；围绕习近平总书记在庆祝中国共产党成立 100 周年大会上发表的重要讲话，策划推出特别版“每日一习话·礼赞一百年”系列，8 篇原创稿件获得全网转载推送，300 多家中央重点新闻网站和地方门户网站置顶呈现或首页二条推送，累计触达受众超 3.5 亿次。围绕习近平总书记在“七一勋章”颁授仪式上的重要讲话中提到的“坚定信念、践行宗旨、拼搏奉献、廉洁奉公”4 种精神，推出一系列评论和专家解读报道；围绕习近平总书记在纪念辛亥革命 110 周年大会上发表的重要讲话，央广网策划推出 7 期系列产品，其中 5 期产品全网置顶转载呈现，全部 7 期产品在今日头条平台展现量超 2.8 亿次，取得了良好的传播效果；围绕习近平总书记在中非合作论坛开幕式的主旨演讲，特别策划推出解读评论产品《每日一习话·世界需要真正的多边主义》，在今日头条展现量超 4000 万。

3. 围绕习近平总书记在党的十九届六中全会上关于“十个坚持”的重要论述展开系列解读，主持开设运营微博话题全平台触达量超 4 亿。党的十九届六中全会审议通过了《中共中央关于党的百年奋斗重大成就和历史经验的决议》，决议中全面总结了 100 年来党领导人民进行伟大奋斗，积累的宝贵历史经验。11 月 22 日起，央广网时政新媒体专栏“每日一习话”重点围绕“十个坚持”推出系列解读。央广网“十个坚持”系列解读报道中，9 期产品获得全网 300 多家媒体转发推送，取得良好传播效果，同时精心组织运营“不断巩固和发展最广泛的爱国统一战线”“必须坚持和发展中国特色社会主义不动摇”“坚持创新是第一动力”等话题，并置顶微博热搜榜。全平台的话题阅读量、互动量、触达量累计超 4 亿次。

三、重点产品

为隆重庆祝中国共产党成立 100 周年，用心用情展现中国共产党百年风华，央广网集中全网资源，全面打造新媒体报道矩阵，为受众展现出党团结带领全国各族人民为争取民族独立、人民解放和实现国家富强、人民幸福而不懈奋斗的光辉历程，生动诠释了习近平新时代中国特色社会主义思想的强大生命力。

1. 融媒体系列报道“百年初心映百城”探寻红色基因，讲述城市发展故事，彰显百年发展的时代印记。央广网通过选取我们党发展史上具有重大历史意义和在改革开放进程中，特别是党的十八大以来取得显著发展成就的城市，通过全媒体报道和多渠道、多平台搭建，重点打造了大型融媒体系列报道《百年初心映百城》。其中，系列短视频《100 秒，一座城》用 100 秒展现一座城市厚重的人文历史、丰富的生态资源及未来发展潜力，一经推出，在抖音平台短视频播放量即达百万 +，相关微博话题阅读量达千万 +，成为爆款产品。

2. “寻路百年”聆听多位耄耋之年老共产党员与百年大党同呼吸、共命运、砥砺成长的感人故事。央广网推出庆祝中国共产党成立 100 周年“人物口述”专栏——“寻路百年”，采访老一代共产党员，通过立功证、手写笔记、针线包等老物件展示，回首革命道路，聆听他们用坚定不移的信念，将不变初心写进辉煌岁月，用一生与百年大党同呼吸、共命运，砥砺奋进的感人故事。其中，《寻路百年｜93 岁抗战老兵：参加 20 多场革命战斗　写下 8 万多字回忆录》全网转发推送，并在新浪、腾讯、今日头条等门户网站平台首页置顶推荐。

3.《一颗红星的旅程》再现百年间那些珍贵历史瞬间，生动描绘中国共产党百年奋斗历程，深刻展现中国共产党人艰苦奋斗、不屈不挠的精神。央广网围绕展现中国共产党百年奋斗历程这一主线，以“红星”作为主题线索，贯穿我们党百年历史上的重大时间节点和重大场景，于 2021 年 6 月 30 日策划推出短视频产品《一颗红星的旅程》。产品运用定格手绘动画技术，突出了交互性、传播性，以其形式新、代入感强，令体验者在感受历史伟业中被感动，凝聚齐心协力奋进新征程的强大力量。产品推出 24 小时后，获得全网超 300 家新闻网站置顶推荐、“学习强国”学习平台在首页首屏推荐呈现，全网触达人次超 2 亿。

新媒体工作案例

《习声回响　王家坝淮河水波逐新颜》

由央广网自主搭建的中央广播电视总台“十四五”规划项目——习近平治国理政声

音库暨习近平新时代中国特色社会主义思想声音平台，于2021年5月推出上线。同时，央广网与总台地方总站及省区市宣传部展开联动合作，重点策划推出时政原声视频产品《习声回响　王家坝淮河水波逐新颜》，获得各方积极评价。

产品历经4个月的前期筹划准备，于5月中旬正式立项，于7月上旬联合中央广播电视总台安徽总站、安徽省委宣传部共同建立专门报道机制，并于2021年8月18日习近平总书记考察安徽阜阳1周年之际推出上线。产品生动还原习近平总书记赴安徽阜阳考察期间，到王家坝蒙洼蓄洪区看望乡亲们时的难忘时刻和发表的重要讲话，重点展现了1年来地方经济社会发展和群众生活发生的可喜变化。

产品推出后，各重点新闻和商业网站、手机浏览器和Wap网在首页头条二条和新闻频道置顶推送，“学习强国”学习平台首屏置顶推荐。产品在全平台累计触达人次超1亿。

作品二维码

《长征路上新青年》

央广网隆重推出纪念长征胜利85周年特别策划《长征路上新青年》，推动广大青年践行长征精神，深刻感悟中国共产党人的初心和使命，走好新时代长征路。

2021年8月起，央广网派出多路记者，沿着红军长征路线展开实地采访，重点围绕江西省井冈山市、福建省龙岩市、广西壮族自治区百色市、贵州省遵义市、陕西省延安市等地，深入基层，以扎根基层的青年干部、在新业态新产业中创新创业的优秀城镇青年、在农村创业的新一代青年企业家、致力弘扬优秀传统文化的青年人、守护红色文物红色遗迹的青年志愿者为对象，深入细致记录他们的工作与生活，用真挚朴实的镜头，真实反映他们坚定理想信念、勤勤恳恳做好本职工作的故事。

在历经60余天的采制之后，央广网于10月18日起正式推出融媒体系列报道《长征路上新青年》。系列产品推出后，持续获得全网广泛关注，全网超300家媒体平台转载推送，“学习强国”学习平台将《长征路上新青年》予以重点专题推介，并在首页重点位置展现。全平台累计触达人次超2.3亿。

作品二维码

（央广网供稿）

中国新闻网

新媒体工作综述

2021年，中国新闻网（以下简称“中新网”）坚持以习近平新时代中国特色社会主义思想为指导，始终牢牢把握正确政治方向、舆论导向、价值取向，大力创新工作机制，精心策划重大主题宣传，积极加强网络舆论引导与斗争，圆满高质量地完成各项宣传报道任务。同时，坚持“内容、平台、人才”多位一体协同发展，积极探索“新闻+”业务，媒体传播力、引导力、影响力、公信力持续提升。

一、精心组织，重大主题报道出新出彩

2021年，中新网精心组织开展重大主题报道，持续加强舆论引导和斗争，不断做大做强正面报道，壮大网络主旋律和正能量。

中新网持续加强、不断创新习近平总书记形象和思想宣传工作，在网站PC端、客户端设置专栏，集纳展示习近平总书记报道，持续推出新媒体精品内容，宣介习近平新时代中国特色社会主义思想，塑造习近平总书记大国领袖、大党领袖形象。全年累计刊发关于习近平总书记重要活动、重要讲话相关主题中文报道6500余篇，英文报道1200余篇。其中，网络新媒体特色创意报道效果凸显，创意海报《习近平：江山就是人民，人民就是江山》获网友纷纷点赞，视频《平心之交——习近平与外国民间友人的故事》视角独特，配中英文双语字幕，有助于对外展示习近平总书记形象。

庆祝建党百年主题报道贯穿2021年全年，中新网在“两端”开设专题专区，累计发布中文图文稿件超3000条。制作原创视频稿件100余条，总播放量超2亿次。“两微”平台推送稿件1000余条，总阅读量超3.5亿次，相关微博话题标签总阅读量超20亿次。精心策划生产多项创意产品，包括《大党小事》系列漫画产品、《中国共产党建党百年经典瞬间》动态油画长卷、《小朋友眼中的中国共产党》动漫视频、《纵览党的统一战线历史瞬间》动态长卷、青春励志歌曲《正青春》等。其中，“百年大党的

新生力量”栏目注重讲好年轻共产党员的故事，同题微博话题阅读量达 1.5 亿次。直播特别节目《日出东方》时长 4 个小时，内容丰富，画面精良，全景呈现中国共产党百年发展征程，播放量近千万。

二、探索求新，“新闻 +”业务有声有色

中新网积极探索“开门办网”，充分发挥品牌效应，积极践行社会责任，全力拓展“新闻 +”业务。

3 月底至 6 月底，中新网圆满完成“在这里读懂初心使命——网络媒体革命老区行”网络主题活动的承办任务，跨越 10 省份，全景展现革命老区振兴发展的美好画卷，讲好革命老区故事；9 月，中新社主办、中新网等协办的 2021 年世界互联网大会乌镇峰会全球抗疫与国际传播论坛，获得广泛关注和良好反响；10 月中旬，中新网联合沿黄九省区网信办主办“母亲河畔的中国”网络主题活动，60 余家中央及地方媒体近 200 人次记者参与采访，各平台报道总量近 6000 篇，微博话题“母亲河畔的中国”阅读量近 7 亿次，活动组织高效有序，网络反响强烈；11 月，首届中国网络文明大会在北京举办，中新网承办了由中央网信办网络传播局和中新社联合主办的首届网上内容建设论坛，获得广泛关注；11 月 24 日至 25 日，2021 中国网络媒体论坛在广州举行，中新网承办了其中的“县级融媒体中心展示区”，获得好评；12 月，由中国华文教育基金会主办，中新网、中国侨网联合主办的“Z 世代华星小记者”全球招募暨训练营启动仪式在北京举办，助力华侨华人青少年成为中外人文交流与文明对话的联结者。

通过探索“新闻 +”业务，中新网拓宽了业务路径，锻炼了新媒体人才队伍，履行了媒体责任，服务了社会公众，自身的品牌影响力、传播力也获得进一步提升。中新网在中央网信办 2021 年网上重大主题宣传和重大议题表彰中荣获“突出贡献单位”称号。

三、统筹内外，舆论引导工作有力有效

2021 年，中新网全面加强网络新媒体评论工作，制定快速反应机制，组建常态化专班，依托中新网评、中新微评、中新漫评、中新音评、中新双语评论等构成的网评产品矩阵，针对热点事件实现第一时间启动，通过多平台投放、多层次架“网”、多节点发声，持续密集产出多形态网评产品，积极加强正面引导，有力开展舆论斗争，在境内外营造良好网络空间。

一年来，中新网推出的“壹图漫评”“字画像”系列创意产品紧跟舆论热点积极引导，速度、锐度、深度兼具。“中新微评”针对社会热点事件及时推出短小精悍的微评内容，亮明观点，在社交媒体平台获得越来越多网友关注和互动，话题标签“中新微评”阅读量 7.5 亿次。积极尝试“中新音评”，在喜马拉雅平台开设中新 FM 账号，下设国际新

闻点评专栏“地球议”，主打“短平快”风格，叙事与点评相结合，反响良好。全年针对“饭圈”乱象、直播乱象、低俗网文、不文明旅游行为等进行深入调查采访，持续制作推出多期可视化微评，及时回应社会关切。并继续做好“民生调查局”等栏目，围绕民生关切热点问题开展理性监督。

2021年，中新网从外宣视角出发，聚焦重大主题、围绕日常报道持续做好对外正面叙事，针对美西方抹黑排挤打压，有力有效开展舆论斗争，积极提升国际舆论影响力，营造良好国际舆论空间。重点发力文化外宣，持续生产文化类轻量级、视觉化产品，从小处着眼，以文化切入，持续对外展示中华历史文化底蕴和魅力，呈现当下中国人多元、多彩的真实生活场景。适逢建党百年，持续对外展示国家发展成就，全年围绕抗击新冠肺炎疫情对外展示中国应对方案有效性的“铁一般的事实”，积极对外塑造可信可爱可敬的负责任大国的良好形象。针对美西方持续对中国诋毁、抹黑、丑化，尤其是一再炒作和政治化操弄新冠病毒溯源问题，中新网积极主动作为，全面发力网评内容生产，持续予以有效有力揭批回击。

四、创新引领，媒体融合传播提质增效

2021年，中新网以创新为引领，驱动全媒体“内容、人才、平台”协同发展和深入融合，新闻产品形态更加丰富，全媒体矩阵用户数、影响力稳步提升。

中新网筹备成立“融媒体创新实验室”，积极探索制作MG动画、竖屏场景式、混剪创意短视频等可视化产品。在党的十九届六中全会首日，推出的竖屏场景式创意短视频《破防了！第一次看群聊看到泪目……》被纳入国家广电总局优秀网络短视频，全平台播放量超3000万次，互动量逾2万次。此外，中新网紧跟网络潮流，分层次打造一批定位不同的“工作室”，重点孵化培育一批依托名记者专栏打造的“名记者工作室”、自有“网红”，全年累计推出19个“名记者工作室”，累计生产200余期原创脱口秀中英文节目，在境内外各平台和端口总浏览量超15亿次。创新推出“东西问·中外对话”品牌栏目和系列报道，邀请中外各界嘉宾、学者、大咖等，围绕热门话题开展坦诚、理性交流，传递观点、体验和建议，客观描绘中国发展变化，形塑负责任大国形象。截至2021年年底，“中外对话”系列累计播发15期多语种全媒体策划产品，各平台总浏览量近5亿次，初步形成了特色和品牌影响力。持续发力创意产品，全年制作发布海报、漫画、动画GIF及动画视频等各类产品近1000组，各平台累计阅读量超15亿次。

鉴于人才日益成为新媒体工作最关键因素之一，中新网多措并举做好引才培才工作，持续加强网络新媒体理论和实战培训，全面提升网络新媒体报道专业技能，打造新媒体报道全才和尖兵。

积极加强平台与阵地建设，中新网客户端全年发版6次，功能形式持续优化完善。强化社交媒体平台建设，助力在社会热点舆论聚焦的主场地发挥更大作用。截至2021年年底，中新网官方微博粉丝数超7400万。一年以来，中新网持续加强与海外华文媒体联通，通过新媒体供稿、重点内容推送、网络专题嵌套、技术支持、专版直供等形式，加强新媒体聚合传播、创新传播，对外传播矩阵持续壮大，国际舆论影响力、引导力持续提升。

新媒体工作案例

系列漫画融媒体产品《大党小事》

在庆祝建党百年主题报道中，中新网聚焦“党史”这一核心素材，秉持精品理念，从百年间值得铭记的故事和人物着手，通过漫画形式还原历史场景，突出典型人物精神，并制作匹配不同平台端口版本，力求传播效果最大化。

无盐汤、半条被子、八块六毛钱的遗物、除夕夜的“雪人”、汶川地震中的空降兵十五勇士……系列报道强调贴近性和故事性，精选百年党史中30余件感人“小事”，构图上着重选取最具戏剧感和冲突性的画面，画风上选用“写实＋水墨”的绘画风格，在生动还原历史画面的同时，又因水墨晕染自带历史气息，更为新鲜、更有灵气，契合年轻网友审美偏好。

依托中新网“一次采集、多种生成、多元传播”融合报道和传播机制，系列漫画产品在网站PC端、客户端、微博、知乎等平台发布31组，在微信平台发布6篇，并在漫画产品全部发布后，推出整合梳理性收官视频《一幅画，一句话，重温百年大党那些“小事”》。系列报道借助中新网全平台账号矩阵，形成传播合力，效果突出。微博话题“大党小事”阅读量近3400万次，全网阅读量超5000万次。系列报道充分展现了老一辈共产党人优良革命作风和高尚情操，同时体现了新一辈党员对红色精神的薪火传承，为庆祝建党百年营造了良好舆论氛围。

作品二维码

（中国新闻网供稿）

法治网

新媒体工作综述

法治网于1999年上线，原名法制网，2021年12月4日更名“法治网”。法治网是中央政法委机关报《法治日报》主办的综合新闻信息服务门户网站，2020年8月17日入列中央重点新闻网站，是中央重点新闻网站中唯一一家法治类新闻网站。法治网坚持以习近平新时代中国特色社会主义思想特别是习近平法治思想为指导，秉持“传播法治理念，推动法治进步”的办网宗旨，着力打造“党领导全面依法治国网上舆论阵地、权威信息平台和重要宣传窗口”。

近年来，法治网紧随互联网发展趋势，不断创新理念、内容、形式，加快媒体融合发展，努力构建新媒体传播矩阵，积极尝试通过短视频、微电影、Vlog等新产品形态开展法治宣传，以有效增强法治宣传和舆论引导的针对性、时效性，努力提升新闻舆论的传播力、引导力、影响力、公信力。

一、“两微”牵头，打造法治网新媒体传播矩阵

在目前的法治网新媒体传播矩阵中，法治网微博、微信均于2015年2月正式运行。其后，法治网相继入驻腾讯、抖音等视频平台，刊播大量普法类视频产品，包括新闻解读、普法宣传、主题推送等。视频内容得到更多关注，粉丝量实现快速增长；与各平台加大、加强合作力度，视频内容的曝光量呈上升趋势。

2021年下半年以来，法治网微信公众号全新启航，主动发力，尝试多种新媒体方式，从文章的可读性、可视性、知识性、趣味性等方面不断探索，力争打造国内一流的法治传媒微信平台。

二、三大活动，创造法治网新媒体年度亮点

2021年，法治网举全网之力，支持新媒体从内容到形式不拘一格，锐意创新，并通过几次重大活动将这一创新理念付诸实践。可以说，2021年度的3次大型活动，

既是法治网新媒体工作的最大亮点，也是新媒体团队全年在创新道路上不断前行的一个缩影。

1.*创新习近平法治思想宣传*。在习近平法治思想正式提出一周年之际，采用“动漫+专家访谈”的形式，在法治网微信公众号上推出“习近平法治思想专家谈”系列微视频，连续播发13期，社会反响热烈，起到了很好的网络普法效果。

在这个系列微视频中，创作团队设置了“法小治”“法小宝”两个动漫人物设问采访，邀请6位国内资深法学专家全程参与，以“寻法打卡”为主线，逐个探索习近平法治思想“十一个坚持”的深刻内涵和精髓要义。

总结起来，这次新媒体创新有3个特点：个性化制作、可视化呈现、互动化传播。在法治网微信公众号的近10万条留言中，有人评论道：“这些顶级大咖一改严肃的面孔，开启萌萌哒画风，这得有多大魅力啊。”有同行和专家认为：“这种形式耳目一新，在国内普法视频领域尚属首创。”该系列微视频连续20天全媒体、立体化、裂变式传播，播放量破亿次，成为一部现象级作品。

2.*2021全国互联网法律法规知识云大赛*。2021年年末，法治网承办了由国家网信办网络法治局指导、中国互联网发展基金会主办的2021全国互联网法律法规知识云大赛活动，并通过法治网微信公众号等平台在线举行。此次大赛前后共持续1个月，参赛者达上百万人次，影响巨大，效果显著，是法治网新媒体2021年最具影响力的活动之一，也是互联网时代一次非常具有代表性的全民普法活动。

据统计，在持续整整1个月时间内，本次云大赛累计报名参与人数突破126万，答题满分者共118万人，占比近94%。数据显示，云大赛参与人群遍布全国各地，来自各行各业。从11月23日竞赛启动到12月22日结束的1个月时间内，全国31个省、区、市及新疆生产建设兵团逾1000家政府部门、企事业单位工作人员积极报名参赛，在全社会掀起一股互联网学法热，形成了尊法、学法、守法、用法的良好社会氛围。同时，云大赛还吸引了来自港澳台地区网民的热情参与，进一步扩大了活动的社会影响力。

为了配合此次云大赛顺利进行，法治网还推出全国互联网法律法规宣传平台，设置普法资讯、普法微课堂、大赛划重点、法律法规库、精彩图集等多个板块，通过文字、图片、视频、数据查询等多种展现形式进行普法宣传，为参赛人员搭建一个全面翔实的网络法治知识的学习平台。

此外，由中国互联网发展基金会精心打造的30期《普法微课堂》系列短视频，也在法治网抖音账号首发，在快手、百度、微信视频号、B站等多个视频平台同步推广。截至活动结束，《普法微课堂》短视频全网总计播放量达1.4亿次，点赞数突破110万次。

可以说，云大赛和互联网法律法规宣传活动赢得众多网友的好评。这种采用寓教于乐的形式，并运用网民喜闻乐见的传播手段，让普法活动更接地气、网气，也让更多的网民乐于参与。而经过本次云大赛和互联网法律法规的普及宣传，有效提升了广大网民的法治意识和法律素养。很多网友表示，将为营造风清气正的网络空间、建设良好网络生态贡献自己的一份力量。

3.“法眼看冬奥”系列报道。北京冬奥会及冬残奥会期间，法治网积极发挥专业优势，将冬奥会这一国际体育盛会作为普法宣传的好机会，广泛联络国内众多熟悉奥运话题及相关法律事务的体育法专家、律师及法务工作者，通过微信公众号连续刊发了《北京奥运的法治成果及启示意义》《冬奥科学立法，将给未来留下宝贵制度财富》《奥运立法的地方实践：知识产权保护领域最集中》等一系列极具法治特色的“法眼看冬奥”法治网新媒体专栏文章，在北京冬奥会期间，陆续发布近30篇作品，受到法学界、法律界高度关注，取得了较好的社会反响。

三、提档升级，以多元创新方式提升影响力

法治网还主动适应全面依法治国新要求，提升法治舆情服务能力，通过综合运用各种新媒体形式，对舆情产品不断提档升级，为全面依法治国顶层设计和重大决策提供大数据支撑。

入列中央重点新闻网站后，法治网进一步提升舆情服务能力，积极拓展服务范围，对已有舆情产品提档升级，将舆情研究报告进行可视化处理，通过视频、动画等形式，使创作内容能以多元化的方式进行传播。目前，法治网舆情中心公众号的品牌影响力在不断提升。

法治网在做好自身建设、发展的同时，还为司法部、全国普法办等单位提供网站及新媒体代运维服务。目前，法治网代运维的网站及新媒体有：司法部官网、司法部“两微一端”、中国普法网、中国普法两微一端、中国公证协会、中国人大网等网站和新媒体。其中，法治网代运维的“中国普法”微信公众号，已成为拥有2700万粉丝的政法界“超级大V”。

新媒体工作案例

“小治小宝·寻法记”系列微视频

2021年，法治网新媒体最具代表性和影响力的作品，当数在法治网“两微”上，创新习近平法治思想宣传。该系列微视频连续20天全媒体、立体化、裂变式传播，播放量破亿次，成为一部现象级作品。总结该宣传报道的创新经验，主要有3个方面。

一、打破常规式访谈，改单一呆板为多样灵活

该系列微视频邀请《习近平法治思想概论》教材编写组6位主要成员，组成法学

专家团队全程参与，从脚本撰写、弹幕编排、对话设置到制作创意、形式选取、情节推进、IP设计等方面严格把关，增强对习近平法治思想原文、原著、原意的把握。

当深奥难懂的法治理论、遇上顶级法学专家，再配上有趣、有料、有梗的两个动漫人物“法小治”和“法小宝”，神奇的化学反应产生了，常规式访谈的刻板与无趣被活泼新颖的动漫CP取代，而传统动漫的低龄稚气又被严肃的法治内容充分化解，两相结合，一部集思想性、知识性、可视性、互动性、趣味性于一体的融媒精品应运而生。

二、成功植入动漫CP，严肃主题活泼呈现

在这个系列中，对“法小治”“法小宝”这对动漫CP的成功塑造，是作品迅速圈粉的一大亮点。

“法小治”是法治的化名，他是模拟初学法律的法学院学生，穿着一身同法官服一样颜色的黑色T恤，T恤背后印有法治网的Logo，形成独家人物IP。“法小治”代表的是广大青年，以他为第一视角的提问和总结能够引起青年受众的内心共情和思想共鸣。作为年轻人，“法小治”能够玩转Rap、弹幕等时尚、流行的元素，更容易被年轻人接受。“法小宝”是以獬豸为原型的法治小精灵，能解决各种现实中的困难，是“法小治”的亲密伙伴。它有着可爱呆萌的外表，但又法术神通、知识渊博。这种睿智与萌态的形象获得了网友的诸多关注和喜爱，甚至有网友直呼“真希望身边有个‘法小宝’陪伴！”

这对动漫CP的成功塑造既增强了视频的互动性，拉近了与网友的距离，又充分呈现了专家和网友相互交流的氛围，真正使严肃的主题活了起来、动了起来。

三、传播语态有创意，Rap、弹幕吸眼球

该系列微视频之所以能吸引到年轻受众，“破圈”传播，还在于传播语态方面的创新。

在此方面，创作团队借鉴“抖肩舞视频”模式，既考虑到内容的政治站位，又考虑到传播效果。加以改造后，推出了这款Rap。同时，团队还创新采用了弹幕的形式，注重与年轻人互动。通过与年轻人亲近、契合的互联网话语，形成欢快的互动，让不少网友津津乐道。

“动漫＋访谈”“传播语态新”，该系列多方面的探索与实践，与媒介融合发展的趋势相一致，与青年喜闻乐见的方式相吻合，对官方媒体如何做大做强重大主题宣传、如何深度融合新媒体元素具有一定的启示和借鉴作用。

作品二维码

（法治网供稿）

中青在线

新媒体工作综述

2021年是具有里程碑意义的一年，这一年来中青在线按照中国青年报社媒体融合发展要求，坚持强化政治责任，秉承“为党育人”使命，积极创新新闻文化产品形式，提升全媒体链条传播能力，发挥主流媒体政治方向、舆论导向、价值取向引领作用。

全年围绕开局“十四五”、党史学习教育、建党百年、党的十九届六中全会等重大主题，持续推出了“青年大学习”系列H5、《中国有故事》纪录片、《榜样阅读》（第四季）等王牌节目，积极探索了内容形式等要素创新，以及国际传播、主题直播、短视频、微综艺、思政课、互动答题等领域创新，其中多部作品分别获得由中央网信办、国家广播电视总局、中国报业协会等单位颁发的奖项。此外，中青在线还探索优化了中青报客户端、青创头条客户端建设，在中国青年报客户端、中青在线网站首页推出了“温暖的baobao”全天候可视化栏目，加快媒体移动化、可视化发展，着力做好青年群体网络阵地建设工作。

一、服从大局，积极完成上级委派的重要任务，助力打造青少年思想政治引领阵地

1. 承制多个团中央重要融媒产品。2021年，中青在线继续承制“青年大学习”H5系列团课，本年度重点围绕“学党史，强信念，跟党走”大主题，以党的历史为线索，融入习近平总书记关于相关历史事件的重要判断和重要论述展开制作，共推出两季31期，总点击量31.7亿次，参与人次17.7亿，单期平均学习人次超1.7亿；中青在线继续承制《共青团新闻联播》节目，每周一期，单期点击量均达10万+，其中最高点击量超50万次，总播放量超过千万次。

此外，中青在线积极配合共青团中央做好青少年思想政治引领工作，承制多个团中央重点文化产品，形式多样，内容丰富。元旦期间，中青在线策划制作微电影《再出发》，旨在引领广大青年认识到时代的前进与变革，主动将“小我”与“大我”同频共

振，不断书写自己的青春奋斗故事。该作品上线后，总传播量突破200万次；五四期间，中青在线承制共青团中央出品的主题宣传片《我要的人生》，其制作方法独特、内容新颖，深受青少年喜爱。上线后，总传播量超过1亿次。此外，该片被中宣部推荐在高铁车站公共大屏和高铁车厢小屏展播。2021年10月，又喜获第十三届“北京国际创意节”公益视频类金奖；建党百年之际，中青在线特别策划制作《中国有故事》“红色基因”系列节目、《我的入党申请书》微综艺为建党100周年献礼。

2. 承办团中央重要活动，提供网络平台支撑服务。2021年，中青在线陆续承办了“向上向善好青年”评选、“两红两优志愿者”评选、团中央机关党委党史答题活动、“请党放心　强国有我”千校千项网络展示活动、第五届“中国青年好网民”优秀故事征集活动及“第五届网络青晚”大型直播活动等，积累了宝贵经验。

二、要素创新，赋能打造“文、图、音、视”齐发的全链条优质融媒产品

2021年以来，中青在线结合时下新媒体发展趋势，积极探索创新内容产品、技术产品、活动项目等，深耕文化产业，重点加强对选题立意好、产品质量高、受众基础广、营收规模大的项目进行精准开发，着力用青少年喜爱的方式提升中国青年报客户端、中青在线网站平台等聚合能力。

1. 创新内容形式，增强习近平总书记系列重要讲话精神青年化阐释解读能力。在宣传习近平总书记系列重要讲话精神方面，中青在线除了扎实推进团中央重点项目“青年大学习”行动外，还策划推出了《每个人都了不起》音乐故事短片、举办了“世界大同·天下一家”中华文化国际传播研讨会、组织刊发了网评文章等，精准全面阐释习近平总书记系列重要讲话、重要指示精神。其中，中青在线“青平”组织刊发的《青年要学好党史，不负时代使命》等多篇评论文章取得优异传播效果。

2. 探索节目形态，建党百年和党史教育报道亮点纷呈。2021年4月，中青在线承办“红船边的思政课”主题直播活动。从历史和当下两个维度，重温红色历史，讲述百年变迁，宣誓奋斗使命。直播上线后，累计观看量超247万。同时，节目拉动客户端下载量新增7.85万。

为扎实推动党史学习教育，中青在线还在中国青年报社客户端开展了“一起学党史”主题活动，累计注册用户114.2万，活动页面浏览量293.37万；此外，为丰富党史教育活动宣传形式，中青在线推出《中国有故事》“红色基因”系列纪录片，推出《打卡红色遗址》系列Vlog，策划制作“青声视语·150秒学党史”系列短视频节目等，全方位、多层次、同频率呈现中国共产党百年光辉历程。

在建党百年宣传报道上，中青在线充分发挥新媒体视频制作及平台优势，先后策划

制作了由百所高校学子联袂演唱的《强国有我》MV及“四海同心向党行”全国校园文艺节目展播活动，展示出青年们积极向上的青春面貌。

3. 突出文化定位，加速做强文化IP主流传播平台。2021年，在报社的融合纵深发展大局中，中青在线牢记“为党育人、文化育人”使命，深耕文化领域，不断守正创新，努力探索创制优质视听文化IP产品。

其中，《榜样阅读》第4季改变了前3季节目单一嘉宾录制形式，本季邀请1位MC嘉宾共同参与，其主要任务是承担阅读介绍人的角色，引入阅读主题并进行相关内容串联，使节目整体呈现效果更丰富、更饱满。首次尝试双人搭配形式的设计，使得节目本身更加具有互动性。《中国吸引力·震撼国乐》文化节目是以国乐为主题拍摄的特别节目。节目以人们喜闻乐见的方式讲述传统文化，展现中华文化源远流长、博大精深、兼容并包的特点，有利于扩大中华文化的影响力。《不一young的家乡味》系列短视频选取了成都、武汉、哈尔滨、常州、上海5个城市具有代表性的美食作为主要录制内容，并邀请5位青年嘉宾分别讲述家乡美食与相关的饮食文化，通过视觉、味觉与乡情、乡愁的融合，呈现出精彩、立体的内容盛宴，传播中国优秀传统文化。“森林消防”系列视频节目包括昆明航空救援支队微纪录片、阿克苏森林消防大队微纪录片、中青记者探秘崇礼冬奥消防守卫节目等，引导当代青年致敬英雄、崇尚英雄，展现主流媒体责任担当。

《古城新韵》音乐专辑围绕重庆、敦煌、上海、长沙、苏州、武汉推出6首城市单曲及1首城市歌曲合唱。此项目是中青在线探索音乐项目领域的又一次创新。传统媒体跨界音乐制作领域，用年轻人喜闻乐见的方式传承中华优秀传统文化，创新文化传承的形式，进一步激发青年人的文化自信，凝聚奋进力量。《医声永流传》《你好，钟南山》音频节目主要弘扬中国医者大医精诚、无私高尚的品质精神。这两档节目上线后，深受青年喜爱，引起了广泛探讨。

4. 聚焦青年群体，做好青少年精神素养培养宣传引导工作。2021年两会期间，中青在线全新改版推出《中国青年说》第3季，拍摄制作了5集《中国青年说》“Z世代”专辑，在既有圆桌漫谈形式的基础上，融入轻量、活泼的微综艺和任务元素，通过探讨95后、00后关心的热点话题，引导青年树立正确的价值观。另外，两会期间，《中国青年说》围绕“十四五”规划纲要以及政府工作报告，推出了6期两会特别节目，节目总浏览量超过了1000万次。国庆期间，中青在线推出《山河星光》原创音乐MV，以悠扬动听的青春旋律，生动优美的画面语言，讲述温暖动人的国家情怀，在佳节之际，献礼伟大事业、伟大人民、伟大祖国。

在外宣工作上，中青在线积极探索创制《Z世代青年说》《各国青年说民主》等节目，旨在引导各国“Z世代”青年在同辈交流的基础上建构正确的中国观。节目在海内外平台获得560万次观看量。

三、优化平台，全天候为青少年群体提供优质服务

1. 中青报客户端4.57版本升级。2021年，中青在线对客户端4.0版本进行了优化升级，升级后的客户端不仅提升了用户界面操作、阅读、分享等体验，还增加了“青年大学习”答题题库、党史答题、网课平台等学习模块，并按照需求及时更新隐私政策页面，确保符合客户端升级要求。

2. 青创头条2.0+版本升级。中青在线完成青创头条2.0+升级、青创活动板块优化升级、数据知识库升级及专题板块优化升级等工作，以及合作项目评估、数字化创业评估的完整功能设计、产品交互设计、用户注销流程功能完善工作。与此同时，中青在线青创头条团队不断创新服务方式，提升产品的性能，通过数据型产品，实现对创业者的精准服务。平台沉淀初创项目及创业公司数据3000余个，累计数据千万量级。

新媒体工作案例

《我要的人生》微电影

《我要的人生》由共青团中央出品，中国青年报·中青在线承制，是共青团为庆祝中国共产党成立100周年精心打造的主题宣传片。

该片以百年间不同时期青年党员的“人生选择”作为主线，采用青年喜爱的快节奏与混剪式风格，运用“声画对立”的表现手法，通过展现青年党员作出抉择的高光时刻，将当代青年追求实现自我价值和践行党的初心使命紧密结合，展现出共产党员不忘初心、勇于肩负时代重任、不畏牺牲的精神代代相传。

该片于2021年5月4日上线，得到“学习强国”学习平台的重点推荐，并作为团中央《“学党史、强信念、跟党走”主题云团课》主题片向全体青少年播出。

影片上线后，得到1000余家平台账号的关注和报道，总传播量超过1亿次，并先后登上微博、B站热搜，引发“Z世代”青年关于人生的讨论。其中，以讨论此片为核心的话题“人的一生该怎么度过”登上微博热搜Top30，视频登上B站热门榜Top1，快手热门榜Top5。

此外，《我要的人生》被中宣部筛选推荐给国铁集团，于2021年7月在公共大屏展播。该片在2021中国正能量“五个一百”网络精品评选中，获正能量动漫音视频奖；在第十三届北京国际创意节获公益类视频金奖；在“光年杯”第十一届北京国际网络电影展中获短片单元“最佳影片”。

作品二维码

红船边的思政课

2021 年 4 月 20 日，中国青年报社联合浙江省教育厅主办，中青在线承办的“红船边的思政课”主题直播开播。节目邀请到中共一大代表王尽美的长孙、浙江大学教授王明华，与思政名师、党史专家“重走一大路”，并在浙江嘉兴的南湖上、红船边，同大中小学生开启初心之旅，从历史和当下两个维度，重温红色历史，讲述百年变迁，宣誓奋斗使命。节目既有思政课，又有话剧演出，既在红船边，又在礼堂中，形式多样，场景多元。用红色基因革命薪火提升铸魂育人的成效，充分运用红色根脉这个资源，把党的成功经验介绍好、传承好、发扬好。

监测数据显示，作品实时在线观看人数达到 130 万，各个端口累计观看量超 247 万次。上海外国语大学嘉兴秀洲外国语学校 710 班张浩然同学课后说：“全班都在沸腾，为历经苦难诞生的党，为现在屹立于世界东方的巨龙，为 14 亿中国人而热血沸腾。”

作品二维码

（中青在线供稿）

中国记者杂志社

新媒体工作综述

《中国记者》杂志是新华通讯社主管主办的大型新闻专业期刊，是新中国第一家新闻业务刊物。近年来，《中国记者》理论与实践并重，理论性与学术性大幅度增强，转引率有较大程度提升，同时策划组织了一系列重大主题文章。多年来，《中国记者》一贯高度重视新媒体发展工作，尤其是自 2016 年 2 月 19 日习近平总书记在党的新闻舆论工作座谈会上指出主流媒体要尽快从相“加”阶段迈向相“融”阶段以来，编辑部围绕媒体融合工作，紧密联系业界与学界，紧盯媒体融合工作实践中的痛点、难点与突破点、亮点，及时推动总结业界实践经验、教训，重点展示学界知名专家最新理论、思考，介绍国外主流媒体融合发展最新理念、方式，理论与实践双线推进，组织编撰了大批优秀文章，其中多篇文章获得中国新闻奖。

2021 年，《中国记者》的“焦点”“专题”等重点栏目，围绕媒体融合工作最新动向和重要节点，策划了多个重大专题，组织了多系列重磅文章，为媒体融合发展工作建言献策。如第 1 期新年特别策划《对标“十四五”擘画新路径》，约请 9 位中央级和省级媒体领导结合“十四五”规划，分析了所在媒体集团未来五年的发展规划，探讨了媒体融合工作在今后工作中的引擎作用。第 3 期焦点栏目策划了《媒体深度融合中的两会报道》组稿，重点介绍了两会报道中主流媒体的最新媒体融合亮点和方式方法，起到了促进业界经验交流互鉴的作用。第 6 期焦点栏目策划了《建党百年报道深度解析》专稿，重点介绍了人民日报、新华社、中央广播电视总台等媒体通过新媒体手段创新性开展重大主题报道的成功案例，获得业界同行广泛关注。第 8 期焦点栏目更是通过 22 篇文章的大体量，策划组织了《建党百年融媒体报道创新》组稿，全面约请全国主流媒体介绍建党百年报道最成功案例，同时第 9 期专题栏目继续推介了 11 个建党百年融媒体报道案例，为将来开展重大主题报道宣传留下了宝贵的经验和文献。第 9 期焦点栏目还以《媒体融合 & 疫情下的奥运报道》为题组织了专稿，重点介绍了主流媒体在东京奥运会报道中运用媒体融合开展报道的亮点和精品力作。第10期焦点栏目以《关于加快推进媒体深度融合发展的意见一周年》为主题，约请省级媒体主要负责人和专家学者，围绕主流媒体如何进一步深化、加快媒体融合，开展了建设性的探讨。

除了前述“焦点”“专题”这两个重点栏目，《中国记者》2021年在“论坛”“学者界面”“融媒体”等栏目中，关注媒体融合工作，特别是区块链、元宇宙、人工智能、机器人新闻、5G新闻、慢直播、沉浸式新闻等前沿话题。如由双传学撰写的《全媒体视域下“开门办报”的理念嬗变与实践演进》一文，对进入全媒体时代后，党报如何“开门办报”进行了深入思考，既具有很高的理论性，又很有实践指导价值。由周庚虎等人撰写的《优化融合报道机制的四个着力点》，根据媒体融合工作开展数年来的实际情况，结合新华社等媒体的实践经验教训，对主流媒体优化融合报道机制提出了对策建议，具有很强的实操性。由黄晓勇撰写的《大数据时代，深度报道须补上数据挖掘“短板”》对我国深度报道在数据挖掘上的欠缺进行了论证，并对通过大数据技术开展深度报道提出了详细建议，介绍了国外主流媒体的成功案例，有利于媒体同行借鉴学习。由陈俊妮撰写的《VR技术：接收设备、新闻选题、情绪效果关联分析》一文，对VR技术在媒体融合中的运用进行了深入分析，并对VR报道的效果进行了总结。《5G消息，信息传播的下一个风口？》对5G消息+新闻传播的融合运用，进行了有理有据的创想。刘忠波撰写的《美国区块链新闻平台的内容生产、运行模式和用户接受》对美国最受关注的区块链新闻平台进行了介绍，并结合我国的新闻实践，对主流媒体开展区块链新闻提出了建议。

除了主刊充分关注新媒体、媒体融合工作，《中国记者》自身的新媒体建设也取得积极进步。《中国记者》原运营有微信公众号“京原路8号”，2021年年初新开通注册了同名微信公众号“中国记者”，两个微信公众号均已吸引了数万粉丝关注。目前，《中国记者》的发布渠道已经基本从“京原路8号”过渡到“中国记者”，开始以“中国记者”为唯一发布窗口。2021年，“中国记者”微信公众号推送文章270篇，其中95%以上为原创发布，多篇文章阅读量过万。有业界同仁称赞道，“中国记者”微信公众号内容权威、角度新颖，常常紧跟热点。目前，“中国记者”微信公众号已走上快速发展阶段。

新媒体工作案例

中央新闻单位青年记者践行“四力”交流活动采访手记

2021年1月底，由中宣部新闻局主办、《中国记者》杂志承办的中央新闻单位青年记者践行“四力”交流活动正式发布。从活动策划一开始，就开展了一项十分亮眼的新媒体工作，即所有参与新春走基层践行“四力”的青年记者，都可以向编辑部发采访手记，编辑后首先在“中国记者”微信公众号上推送。当时，“中国记者”这个微信公众号粉丝数量基本为零，但活动的推出还是获得了新闻业界、学界的广泛关注，而一篇篇沾泥土、带露珠、冒热气的记者手记陆续推出，也获得了读者的好评。

从1月29日第1篇手记在“中国记者”微信公众号上推送，到3月2日推送最后3篇手记，一共推送了148篇来自天南海北基层一线的记者手记。有多日推送的记者手记数量都达到七八篇，编辑部每一位记者包括实习生都马力全开，全心投入。即使是春节假期中，编辑们也仍然处在约稿、编稿、审稿的忙碌节奏中。可以说，编辑部虽然没有到基层一线，但这个春节一直与一线记者紧密相连。

系列手记的推出，快速引起广泛关注，即使当时“中国记者”的粉丝数量才数百，但不少记者手记推送后的阅读量都过千，甚至达到数千。同时，系列记者手记在推荐到“学习强国”学习平台专辑展示后，多篇手记阅读量超过百万，超过10万阅读量的手记则达到数十篇。记者手记展示工作取得的成绩，让编辑部对新媒体的传播力、影响力有更深刻的认识，也推动编辑部更加重视新媒体工作的开展。

2021年第2期“焦点”栏目组稿：《破圈》

主流媒体新闻报道的影响力，如何突破传统党政机关相关人士的传统圈层，向更多领域的年轻人拓展是一大难点，也是媒体融合工作的重点。编辑部在深入分析研判后，认为这就像突破一个有固定范围的圆圈，突破后的天地将更加广阔，因此在2021年第2期焦点栏目以“破圈”为主题，组织了一次媒体融合专稿。

这组专题一共12篇文章，人民日报、新华社、中央电视台、中国青年报、澎湃新闻、四川观察等主流媒体和新锐媒体都作了全面深入的分析思考和案例介绍。对于主流媒体如何突破影响力圈层，资深媒体人士和学界专家从实战经验出发，结合中央要求、媒介环境，进行了非常有针对性的建言。

文章经过“中国记者”微信公众号传播后，多篇文章阅读量近万（当时公号粉丝数量不过两三千），引起新闻业界和学界广泛关注和积极好评。

（中国记者杂志社供稿）

新闻与写作杂志社

新媒体工作综述

《新闻与写作》是北京日报报业集团主办的新闻传播类专业期刊，是全国中文核心期刊、CSSCI 来源期刊。

大数据、人工智能（AI）、云计算、5G 通信技术、物联网、区块链等新技术的发展和应用，深刻改变了我们的生产生活和学习方式，人工智能、增强现实、虚拟现实等新技术在新闻传播的各个流程环节中均有渗透。与其他传统人文学科领域相比，新闻传播学因其自身的特点有了更早接触和应用新技术的可能。《新闻与写作》一直以来紧扣新媒体发展脉搏，高度重视与新媒体相关的学术研究，着眼于学界、业界共同关注的热点、难点和焦点问题，以期做到理论与实践相结合，推动学界、业界在新媒体领域的学术交流与学科发展。

一、关注、剖析新媒体发展中的前沿话题与传播实践

2021 年，《新闻与写作》封面专题紧盯新闻传播学界最新研究成果和传媒业界发展动态，关注新媒体发展中的前沿话题与新传播现象，通过分析、研讨，对新媒体未来的发展提出相应建议。如第 1 期封面专题《媒体深度融合：目标与路径》关注 2020 年 9 月中共中央办公厅、国务院办公厅印发的《关于加快推进媒体融合发展的意见》，围绕“媒体深度融合的目标是什么”“在媒体融合实践即将迈入纵深发展的关键节点，面临的主要问题是什么”等问题进行讨论。第 5 期封面专题《平台化：国际治理现代化的新路径》聚焦互联网平台发展为国家治理带来的影响，探讨如何用好互联网这个变量助推国家治理现代化。第 8 期封面专题《社交媒体时代的情绪传播》关注社交媒体时代个体情绪大规模从私人领域走向公共领域这一新现象，探讨互联网中情绪传播的特点、机制以及如何利用情绪传播规律更好地把握舆论引导方向。第 12 期封面专题《多元互动视角下的平台治理》围绕互联网平台治理相关问题进行探讨，2021 年堪称互联网平台的治理风暴年，针对平台发展中的垄断、责任等，对平台权力关系的流变及规律进行剖

析，并提出互联网平台多元治理的路径。

在“理论前沿”“专栏”“传媒圈”等固定栏目中，分别从理论视角和实践视角分析新媒体发展中的新现象，并探索背后的发展规律，刊载具有理论深度、前沿意识和现实价值的学术成果。重点关注了人工智能、社交媒体使用、网络直播、短视频叙事等新媒体选题。这些理论成果既在学术领域产生了一定的影响力，也为业界同仁提供了可参考的理论指导。

二、关注数字时代新闻传播学知识体系重构

互联网技术的颠覆性发展为新闻业的实践提供了新的生态，不仅培育了新的新闻业态，重构了新闻生产和接收网络，并以此为支点重塑乃至颠覆了传统新闻学体系中一系列重要概念与基础性命题。

原有的新闻学理论在当下的社会条件和媒介环境下面临着“失灵”场景，新闻学研究滞后于实践革新，急需理论创新及研究范式重构；同时，新闻学研究因为数字化技术条件及其带来的极大的不确定性和充盈的可能性，重获新生，正在重新进入一个从幼小到茁壮的理论研究长生命周期。

《新闻与写作》于 2021 年多次组织专题及单篇稿件回应新闻与传播学研究的理论与范式创新问题，包括探讨研究者需采用何种新的理论视角和研究手段应对数字化技术带来的新挑战；从新闻本体、主体、方法和价值 4 个方面分别提出了不同于传统新闻学职业取向的新问题；从社会科学理论范式转换的基本逻辑和一般过程出发，回答中国的新闻学研究如何展开新闻理论范式创新的方法论问题，提出“以中国为方法”作为新闻理论范式转换的方法论思考等。

三、依托微信公众号建设，助力刊物延伸发展

除纸质刊物关注新媒体选题外，《新闻与写作》编辑部自身的新媒体建设主要依托微信公众号。编辑部自 2014 年 6 月开始运营微信公众号，以打造传媒人的学习平台为目标，影响力不断提升。2021 年编辑部微信公号用户突破 52 万，粉丝数和阅读量均居全国同类微信公众号首位。头条篇均阅读量超过 1 万次，日均增长用户达到 300 人。如《“庆祝建党 100 周年”报道中，这六大事项一定注意！》阅读量达到 22 万次，《人民日报最爱用的高级公文词汇，忘掉你的平庸词汇吧！直接用！》阅读量达到 8 万次，《好文章其实很讲究：孟晚舟〈月是故乡明，心安是归途〉赏析》阅读量近 5 万次。微信公众号已成为刊物在新媒体平台的延伸发展。

新媒体工作案例

2021 年第 6 期封面专题：《“出圈”：社交媒体时代的新景观》

互联网的兴起改变了传统社会地缘、血

缘的连接方式，以情感、利益、兴趣等维系的具有特定关系模式的“圈子”成为网络空间的主要结构。近两年来，与“圈子”相对应的“出圈”现象频繁涌现，即原本只在某个圈子传播的现象、事件或者有影响力的人物被更多圈外的人知晓，如中国政法大学教授罗翔在B站注册账号后迅速走红，10天内粉丝突破200万；2021年河南春晚节目《唐宫夜宴》播出后迅速引发现象级传播，全网累计播放量超27亿次。

当“出圈”成为当下亮眼的社会文化景观时，有一些问题值得我们关注。“出圈”的内涵是什么？有哪些特征？“出圈”现象频繁涌现背后的动因和传播逻辑是什么？互联网平台在“出圈”现象中扮演着怎样的角色？当“出圈”成为衡量传播效果的重要标准，这对媒体深度融合有哪些启示？

《新闻与写作》2021年第6期围绕上述问题进行探讨。山东大学刘明洋等认为“出圈”具有社会发展生态、社会知识组织、社会文化现象和社会资本形态的属性表征，从微观、中观、宏观3个层面分析了“出圈”的社会动因。四川大学朱天等提出“出圈”并非简单地原从属圈子外溢或边界突破，而是社会关系网络的重新嵌套与连接，是一种“再圈子化”的过程。苏州大学马中红等将网络平台提供的技术支持作为考察基点，以平台研究中交互界面、软件功能、数据算法等作为技术触点，探讨微博与亚文化“出圈”现象之间的内在关联。暨南大学曾一果等以《唐宫夜宴》等现象级“出圈”节目为例，总结了主流媒体打破圈层壁垒的创新实践。

繁荣的“出圈”现象背后有着深刻的社会、传播和技术逻辑，体现了社交媒体时代圈子与圈子之间的张力关系。如何引导不同圈子良性融合、构建健康的媒体生态环境，是学界和业界未来应该关注的焦点问题。

（新闻与写作杂志社供稿）

青年记者杂志社

《青年记者》是大众报业集团主办的新闻传播类专业期刊，是全国中文核心期刊、全国新闻传播类核心期刊、中国人文社会科学期刊AMI综合评价扩展期刊、全球中文电子期刊协会会员。长期以来，《青年记者》关注新媒体领域的学界研究与业界探索，追踪新媒体发展及研究的前沿热点问题。2021年，《青年记者》围绕媒体融合向纵深发展的时代命题，关注现实问题，寻求有效研究，力争成为沟通学界业界，联系理论与实践的桥梁。

新媒体工作综述

一、始终关注新媒体领域的学界研究与业界探索

1.“前沿报告”栏目。2021年，《青年记者》选题前沿，对平台型媒体的生态治理、具身传播、“自媒体”传播伦理、智能时代广告新业态、视听传播的规范与秩序、网络空间的语言问题、平台优质内容建设、算法推荐等当下新媒体发展中的热点问题进行了专题研讨，约请相关知名专家学者进行解读与分析。对业界的实践进行启发，促进了新闻传播学界与业界的交流。

例如：2月前沿报告“平台型媒体的生态治理”，探讨了平台型媒体在公共性和商业化之间面临着结构性失衡困境，提出新闻业需要在平台时代坚守正确的价值，趋利避害，促进平台型媒体的生态治理。

4月前沿报告“自媒体传播伦理”，认为“自媒体”不是“自由”媒体，既然从事信息传播业务，就要遵循传播行业的基本规范，谨守传播伦理，告别野蛮生长，走上健康良性发展之路。

8月前沿报告“网络空间的语言问题”，聚焦网络语言的迅猛发展对语言文字的规范使用、社会文化安全以及网络空间治理产生的负面效应，探讨了媒体如何把握好网络语言的使用尺度以及智能把关模式。

响应习近平总书记在十九届中央政治局第十二次集体学习时提出的明确要求“用主流价值导向驾驭‘算法’，全面提高舆论引导能力”。

11月推出前沿报告“规范算法推荐”，

指出：算法不仅对公众认知和社会意识形态塑造具有支配作用，也成为影响资源配置和服务分配的重要力量。调动社会各方建立健全算法安全治理机制，构建完善算法安全监管体系，不断提升算法对主流价值的引导能力，是当前算法治理的重要任务。

2. 其他栏目。《青年记者》设立了“媒体与技术”和“媒介科学沙龙”等栏目，探讨与媒介科技应用相关的新现象与新问题，对半自动化视频新闻、虚拟场域、网络文化等多个领域进行深入细致的分析。

2021 年其他栏目文章，对社交媒体、“数字劳工”、“饭圈”、流量、移动音频、新闻写作机器人、区块链技术、电商直播等热点领域及时跟进与探讨。在“茶座”中关注新媒体人群体。访谈了微信公众号“牛弹琴”创始人刘洪、“刺猬公社”创始人叶铁桥等。

二、形成“青年记者”新媒体矩阵

2021 年，《青年记者》不断做大做强新媒体平台，基本形成由青年记者网站、青年记者微博、青年记者微信公众号、青年记者视频号、青年记者人民号、青年记者新华号等新媒体平台组成的新媒体矩阵，逐步实现分层传播，不断扩大《青年记者》品牌传播力和影响力。这在全国新闻学术期刊及专业期刊中是首家，也是唯一一家。

1. 微信公众号影响力持续扩大。2021 年，微信公众号“青年记者”全部推送原创文章，周一至周六，每天推出 2—3 篇原创文章，将微信公众号的“热度”与期刊的“深度”结合起来。不断完善栏目设置，精心打磨“青记独家”“青记观察”“青记调查”“青椒论坛”等公众号独有栏目，推出了“新闻工作者职业精神现状调查及建议”等调查报告，引发了学界与业界的强烈关注和思考。

《青年记者》杂志的重要策划和重点文章，在微信公众号上得到了更快更广泛的传播，增强了杂志的影响力和读者与作者的黏性。文章平均阅读量过千，近百篇阅读量过万，被其他公众号转发近 7000 篇，单篇阅读量和转发量不断创新高。

10 月，推出多媒体作品“同祝愿　祖国好”，以时间为轴，选取了新中国成立 72 周年以来的多个标志性大事件，还原了当时的原版报纸和现场视频，极具历史纵深感，充分展现了媒体是历史的记录者、时代的见证者不可或缺的作用。

11 月，推出 H5“记者节快乐”：“龙灯花鼓夜，长剑走天涯。大地春如海，记者国是家。您记录着时代，《青年记者》记录着您。”这段文字被受众在后台留言称赞为“现实主义观照下的浪漫主义情怀”。总点击量万余次，点赞、转发数千次。

12 月，组织推出“为历史留底稿——范敬宜‘新闻学子奖’获奖者感言”，在新闻学子中反响强烈，见证青年成长，鼓励学子成才，扩大了杂志与微信公众号在青年学子群体中的影响力与感召力。

2. 青年记者新华号和人民号稳步推进。11 月下旬，《青年记者》杂志开设了青年记者新华号和青年记者人民号，是首家也是目前唯一一家在新华号和人民号平台开设账号的新闻专业期刊。根据两个平台特点，精心选择推出适合综合性平台号的内容，重点推出反映新闻人职业精神、信息传播应遵守的规范、提高大众新媒体素养和数字素养的文章，效果较好。人民号第一天上线，推出的文章浏览量即达到上万次，一周内粉丝过千。新华号第一天上线，1 小时内就出现 10 万 +。被评为“2021 年度最具影响力媒体新华号”。

3. 青年记者网站和青年记者小程序。青年记者网站定期更新上架杂志内容，开办网站专属栏目“青记微评”“青记视频”“话题征集”“主编信箱”，是读者了解《青年记者》杂志内容的窗口。青年记者小程序定期更新上架杂志，为读者订阅购买杂志印刷版和电子版提供便捷渠道。

新媒体工作案例

2 月前沿报告“平台型媒体的生态治理”

平台型媒体快速崛起，成为公众获取信息和交流沟通的重要渠道，导致舆论生态、媒体格局、传播方式发生深刻变化。网络信息技术的发展赋予平台型媒体更多的“能力”，但这种赋权对既有传播权力造成了冲击和挑战。同时，平台型媒体发展在公共性和商业化之间面临着结构性失衡困境，当流量成为关键的稀缺资源，过度商业化驱动的“流量崇拜”效应在勾画资本神话的同时，也造成媒体公共性的贬损和消解，因而对其的规制和引导至关重要。

新闻业应如何在平台时代坚守正确的价值，如何趋利避害，促进平台型媒体健康发展，加强平台型媒体的生态治理，是亟待解决的一个问题。《青年记者》杂志及时回应，策划推出前沿报告“平台型媒体的生态治理”。由《平台型媒体对传播权力的重构与治理之道》《平台型媒体与数字新闻的价值引领》《在公共性和商业化之间：反思平台型媒体的“流量崇拜”与生态治理》《平台型媒体生态治理的法律依据和监管难点》《新闻信息服务网站主体责任的演变》《从放任到规制：西方平台媒体的扩张与边界》《社交媒体公司应有效实施自我监管》7 篇文章构成，从现实状况、理论架构、法律约束、国外实践等各个层面进行论述分析，微信公众号推出后，篇均阅读量近万次，知网下载数量均在千次以上。

（青年记者杂志社供稿）

北京日报报业集团

新媒体工作综述

2021年，北京日报报业集团顺应移动化发展趋势，积极推进各项深层次改革举措，加快将主要资源向互联网主阵地汇聚，持续释放媒体创新活力，走出一条具有首都党媒特色的融合发展之路，融媒精品生产和传播能力大幅提升，党报党端“朋友圈”进一步扩大，传播力影响力不断增强。

一、巩固壮大正面宣传声势，牢牢把握舆论场主动权

1. *深化党的创新理论宣传，以主流声音实现价值引领。*全力做好习近平新时代中国特色社会主义思想网上宣传阐释传播，依托《北京日报·理论周刊》资源优势，邀约专家学者撰写600余篇理论文章，通过北京日报客户端“学习”频道、“理论周刊”微信公众号等渠道及时全网推送，同时策划《解码百年大党》《解码全面小康》《微青课·中国之制精讲》理论系列短视频，推动党的创新理论通俗化、可视化传播，全网播放量超1500万。紧扣“全天候24小时”传播生态特点，持续放大“京平”“七日谈”“长安观察”“北京论语”等评论品牌网络效应，进一步增强选题时效性，不断增大“京报锐评”短评微论的发声密度，强化细分评论短视频《新闻我来说》的主播个人风格，针对疫情防控、中美高层战略对话等国内国际重大问题坚定不移地发出党报声音，全年评论类文章及视频节目全网阅读量超10亿次，有力增强了党报在网络空间的影响力。

2. *抓住重大主题报道契机，以内容创新赢得发展优势。*聚焦建党百年、“十四五”开局、脱贫攻坚战全面胜利、冬奥筹办等重大主题宣传，各新媒体端口聚合优势报道资源，前后方高效协同联动，精准预判捕捉舆论热点，做好融媒报道第一时间发布，并在完整全面承接报纸重要报道的基础上，对纸媒精品内容以制作图解新闻、短视频、直播拆条等移动互联网表达形式，进行二次创作和转化，做实分众化、差异化传播，推进网上网下不同平台优势叠加互补。年内刊发新媒体专栏专题200余个，“领诵员”相关微博话题阅读量超4亿次，全媒稿件《揭秘！

天安门广场上的4名领诵员是谁？》单篇阅读量创历史最高，获全国数百家媒体转载。

二、打造自主可控品牌矩阵，不断完善融媒生态布局

*1. 突出多维立体传播，持续壮大移动传播矩阵。*以北京日报客户端建设为重点，同步做大做强微信、微博、抖音等第三方平台官方账号，构建起“全链条生产、全平台发布、全媒体呈现”的立体化传播格局，新媒体端日产超过3800条，移动传播矩阵用户数达2.9亿，全年全网阅读量超500亿次，出现10个千万级、28个百万级粉丝平台，涌现出大批阅读量过千万、过亿的爆款产品。其中，北京日报客户端借力北京号的近300家入驻账号拉动日活量增长，下载量达1844.33万次，“新闻+政务服务”定位进一步凸显；北京青年报客户端致力于打造以新闻资讯发布为主、融合多种功能的新型融媒体平台，下载量超2000万次；“长安街知事”全网用户超2600万，传播力影响力位居全国时政类新媒体前列；北京日报、北京晚报微博微信账号活跃度不断提高，粉丝总量超过2800万，出现300余个亿级传播案例；“学习强国”北京学习平台月浏览量超3.5亿次，稳居全国前列。

*2. 聚焦音视频发展趋势，稳步加大优质产品供给。*积极探索具有党报特色的音视频产品发展路径，系统总结近年来爆款融媒产品策划制作经验，以内容、创意、策划为中心，鼓励跨部门合作，持续孵化精品栏目，陆续推出《光影记忆》《胡同里的北京》《有医说医》《搭地铁逛北京》等各具特色的系列短视频，强化党媒产品特色与辨识度。依托“京直播”“都视频”两大品牌形成的音视频内容矩阵，日均生产原创音视频约60条、精选直播5—10场，日均播放量超2000万次，集团音视频生态布局不断完善。同时主动适应传播新语境，选拔13名专业素质过硬、个人特色鲜明的编辑记者，组建主流“网红”队伍，在抖音、快手等新媒体平台，以个性化、接地气的表达方式传播主流声音、宣传首都文化，党媒传播力、影响力进一步提升。

三、持续推动改革融合发展，加快促进新旧动能转换

*1. 落实改革举措，凝聚媒体发展合力。*面对媒体融合进入深度发展期的新形势，聚焦真打通真融合，从产品体系调整、生产流程再造、体制机制创新、技术保障投入等方面入手，制定实施方案，规划2.0版的首都党报集团媒体深度融合路径。继续推进融媒体绩效薪酬分配制度改革，完成首次新媒体成长性评价，切实从机制上推动“移动优先”。同时稳步完成北京青年报社事业部分并入，在重新明确媒体定位的基础上，加大报道青年和服务青年力度，进一步深挖“北京青年”品牌价值。

*2. 强化自我造血功能，增强内生发展动力。*围绕“内容提质，传播转型”目标持续发力，聚焦版权合作、内容运营、产品孵

化、广告代理等领域，持续拓展新的营收增长渠道，为集团移动传播矩阵引流赋能，新媒体全年收入同比增长 49.2%，新旧动能转换蹄疾步稳。其中，新媒体广告收入保持高增长态势，首次超过纸媒达到第一，占比达 41%，新媒体内容运营收入同比增长 60%，新动能发展势头强劲，实现良性循环发展。

新媒体工作案例

"图解新闻"

为满足市民群众不断增长的多元阅读需求，顺应新闻视觉化发展趋势，北京日报报业集团策划推出"图解新闻"新媒体栏目，持续打造可视化新闻精品。

服务市民为先，选题精准多元。深耕政策解读、知识科普、生活服务等领域，重点打造深度数据新闻子栏目"都有数"等，全力做好防疫政策权威解读、疫情关系图梳理、接诉即办成绩单展示、北京中考体育改革回顾、养老新模式介绍、太空知识科普等报道，积极回应社会关切，全方位服务市民群众日常信息需求。

聚焦多维解读，形式简明易懂。充分发挥党媒信息整合优势，以最符合互联网用户的阅读习惯、最易于传播的长图为突破口，将包含数据、地理方位、时间轴、人物关系等多种元素的复杂文字新闻，梳理整合为聚合思维导图、流程图的简明图片新闻，特别是在疫情防控期间，面对繁杂的流调信息、复杂交织的病毒传播链，发布《本轮疫情已波及 19 省份，497 个轨迹相关病例关系图更新》等报道，实现阅读体验从"拿着纸笔自己分析"到"一图读懂"的跨越式转变。

强化全媒传播，形成品牌效应。2021 年，"图解新闻"共推出千余篇报道，依托集团融媒矩阵一体化传播和第三方平台广泛转载分发，成为拥有固定读者群的党报视觉化新闻王牌栏目，受到社会广泛好评。特别是疫情关系图梳理频频"出圈"成为爆款，单篇最高阅读量超 3 亿次，成为首都市民群众了解权威疫情资讯的必读新闻产品。

作品二维码

《胡同里的北京》

为服务北京全国文化中心建设，更好宣传首都"四个文化"，北京日报报业集团策划推出短视频栏目《胡同里的北京》，2021 年共推出 51 期。

聚焦老城保护，生动讲述北京胡同故事。以胡同里的人和事为切入口，围绕老城保护、京味文化、老胡同新生活深挖新闻线索，带领观众通过"胡同"这个小窗口领略北京城的历史文化，感受首都日新月异的发展变化，体味老城里的市井人情，推动老城保护和更新。

从纸媒到全媒，充分释放优质内容潜力。采取跨部门合作方式，聚合优质采编力量，同步完成北京日报客户端一个3分钟短视频，《北京日报》“胡同里的北京”专栏一篇千字报道，以及《北京晚报》“记录”版一个图片版面，实现一次采集、多种生成，2021年推出《屋顶有龙》《最潮四合院》《胡同里摸古书》《酷酷的古寺》等短视频报道。

做好一体传播，斩获多个融媒报道奖项。依托集团报网端微融媒矩阵，以更贴近网络用户的呈现形式，持续做好全媒体传播，视频在B站上线当日评论超百条，《外国首相都“粉”的卤煮店老板，不简单》单期在微信视频号上观看量超10万次，持续释放传播潜力。同时做好报端联动，读者通过扫描报纸上的二维码，即可看到北京日报客户端有关视频产品。视频还在市委、市政府等机关办公楼内滚动播放，并获2021年度“爱上北京的100个理由”比赛二等奖、首都女记协第四届短视频大赛十佳案例、“北京·国际范儿”短视频大赛三等奖。

作品二维码

（北京日报报业集团供稿）

北京广播电视台

新媒体工作综述

2021 年，北京广播电视台狠抓全台媒体融合发展三年行动计划任务落实，加快实施移动优先战略，全面推动主力军挺进主战场，基本实现了采编播人员全媒体转型和大小屏融合传播，开创了新型主流媒体建设的新局面。

一、创新体制机制，激发融合动力

2021 年 5 月，北京广播电视台编制出台《加快推进媒体深度融合发展三年行动计划》，明确提出构建以“北京云”为龙头、以“北京时间”和“听听 FM”为两翼、以融媒账号矩阵为助力的“1+2+N”媒体融合新发展格局。在落实三年行动计划过程中，探索建立了频道频率全媒体绩效考核制度，对电视频道在“北京时间”的供稿数量、广播频率在“听听 FM”上的收听数据实行量化考核，新媒体平台相关指标考核比重达到 50% 以上，有力推动了频道频率工作重心向新媒体方面转移。同时，加大了新媒体创作生产激励力度，设立 1600 万元媒体融合专项资金，鼓励采编制作人员向新媒体平台提供优质稿件，有效激发了采编制作人员的融媒创作热情和频道频率的融媒生产潜能。目前，全台各频道频率与“北京时间”“听听 FM”均已建立融媒互动产品生产机制，各频道频率、栏目和主持人入驻“北京时间”和“听听 FM”账号已接近 400 个，全台采编人员全员全媒体转型基本完成，“主力军全面挺进主战场”实现重大突破。此外，还挂牌成立了首批 13 家工作室，赋予工作室人、财、物等多方面自主权利，进一步释放资源潜力、拓展创新空间，为推进媒体融合发展创造了更加有利的内部条件。

二、做强自有平台，构筑核心优势

北京广播电视台重点打造了“北京时间”“听听 FM”两大自有平台，加快培育全台媒体融合发展的龙头引擎。

“北京时间”定位于为全网用户提供综合服务的智慧融媒体平台，客户端累计下载量已达 4200 万次，为 2021 年全国广播电视媒体融合先导单位。“北京时间”与台内各频道深度合作推出12个垂类频道，以差异化媒体内容供给充分满足了不同类型用户的使用需求。“北京时间”积极探索“新闻+政务服务商务”的媒体融合发展模式，已与北京市公安局、市地方金融监督管理局、市大数据局等政府部门合作推出了接诉即办、生活消费、医疗、景点预约参观等民生服务，与首都博物馆、中国电影博物馆合作推出了“首博食间”等系列文创IP。“北京时间”还分别面向短视频和视频直播领域推出了短视频品牌“时间视频”和直播品牌“时间直播”，“时间视频”矩阵粉丝量超2290万，“时间直播”直播活动近3000场。

“听听FM”着力构建以“音频互动”为主要特征的专业音频服务平台，客户端下载量达到1800万次，日活跃用户超过50万，在北京市属主流媒体中排名第一，在“全国广电媒体音频客户端排名”中位列第二。“听听FM”积极拓展垂类领域发展空间，面向亲子、老年两个细分群体策划推出了《小虎爱推理》《爸妈潮生活》等融媒原创产品，同时优化升级“互动聊天室”功能，推出“抢答”“投票”“点赞”“抽奖”等创新玩法，用户黏性和活跃度不断增强。“听听FM”与国家开放大学、市文物局、首都博物馆、北京人艺、市公交集团、快手等单位开展了一系列内容生产、品牌宣传等方面的合作，深耕博物馆、园林、公交车等场景化音频消费市场，推出了“北京之声”系列音频导览服务。“听听FM”还发起成立了全国“融媒体声音联盟”，现有成员包括23个省市的100余家电台，并与阿里、华为开展了车联网业务合作，主动抢抓驾驶场景下业务创新和市场开发机遇。

三、拓展融媒传播，重塑发展格局

北京广播电视台牢牢抓住优质内容产品生产传播能力建设这个“牛鼻子”，围绕重大主题、热点议题，加强融媒选题策划，精心组织创作生产，推出了一批高质量的爆款融媒产品。

专题节目《我为群众办实事之接诉即办》引发网络热议和广泛好评，成为建党百年宣传现象级传播的代表之一。冬奥口号推广歌曲《一起向未来》新版MV全网曝光量近184亿，推动全国共唱冬奥歌曲热潮持续升温，成为服务冬奥、奉献冬奥的经典范例。

北京广播电视台还不断加大技术赋能内容生产力度，研发推出了全国首个8K超高清移动客户端，为用户创造了全新的高清晰、沉浸式、互动式使用体验；“北京时间”运用世界级高仿真语态和微表情深度学习模型核心技术，研发推出了全国首个广播级智能交互真人数字人“时间小妮”。以内容和技术为双重驱动，北京广播电视台加快构建全媒体传播渠道，各频道频率、节目栏目在第三方平台共开设各类新媒体账号600余个，粉丝量过100万的账号超过50个。

新媒体工作案例

推出全国首个广播级智能交互真人数字人“时间小妮”

“时间小妮”是北京广播电视台“北京时间”客户端推出的全国首个广播级智能交互真人数字人，于2021年10月正式上线。“时间小妮”以北京广播电视台主持人春妮为原型，采用世界级高仿真语态和微表情深度学习模型核心技术，让计算机复刻出与真人高度相似的“4K超高清AI数字人”，实现了TTS合成、Face微表情Motion肢体动作的完美匹配，其形象气质、语音语调、肢体动作与真人相似度高达97%。

“时间小妮”具备播报型、应答型两种AI数字人的SDK调用能力，支持跨平台API接口、2D/3D背景模板、数据模板、AR/VR包装的植入，能够实现与用户实时对话，可以自动完成对音频、视频、文本、图片、音乐、模型、字幕等相关数据的集合，并进行预处理批量化合成输出，拥有每天1000条视频内容的输出能力，能够满足7×24小时工业化连续内容生产和视频服务。目前，“时间小妮”已经在智能播报、政务服务、会展服务、公益推广等多个领域实现应用。未来，“时间小妮”将融入“北京时间”客户端的更多板块和业务，北京广播电视台还将对“时间小妮”IP进行多元开发和商业化运营，充分释放新技术的潜能，创新媒体服务和经营，加快打造具有强大影响力和竞争力的新型主流媒体。

作品二维码

与北京市市民服务热线合作打造“接诉即办”民生服务网络平台

2021年11月，“北京时间”客户端与12345市民热线服务中心网络渠道全线贯通，并正式上线“接诉即办”服务功能。用户只需打开“北京时间”App，使用手机随手拍功能，并填写诉求内容一键提交，其诉求将即时转入12345市民热线服务中心进行处理。网友上传的图片、视频等内容还可以作为补充资料，为诉求提供有力证据。网络平台的上线，实现了“接诉即办”服务从“耳畔”延伸到“指尖”的时代跃迁。

北京广播电视台还充分发挥媒体优势，积极探索“媒体＋治理”服务新模式，助力首都运行安全和精细化治理能力水平的提升。一是致力于未诉先办，在市民上传诉求的同时，利用网络信息技术将北京市各项政务举措、法律法规与接诉即办的高频咨询相衔接，向市民输出相关内容，尽可能为市民提供解决诉求的途径和办法。二是派遣记者深入调查了解市民诉求，以短视频、图文等形式报道诉求进展，从而推动诉求的解决，减轻市民服务热线的应诉压力。三是通过广播电视端和新媒体平台联动政府部门和相关委办局，就城市服务难点痛点问题，及时向市民发声解疑释惑，促进群众对政府工作的理解。

经过不懈努力，上线以来，北京时间“接诉即办”网络平台不仅与政务服务局12345市民热线服务中心建立了良好的沟通机制，其内容关注度也屡创新高、频登热搜榜首位，真正获得了北京市民的关注与信任。

（北京广播电视台供稿）

新京报社

新媒体工作综述

2021年年初，新京报社结合中央和北京市委关于推进媒体深度融合发展的实施方案，确定了媒体融合“十大战略”，并以此为基础制定了《新京报社“十四五”发展战略规划》和《新京报社媒体融合三年行动计划》，分步骤、有节奏地推进媒体深度融合，加快构建新京报舆论引导新格局。通过一系列的顶层设计与体制机制创新，在“全媒体传播体系建设”“视频品牌化与全领域化”“新闻+”等新媒体领域建设方面取得了一定的成果。

一、锚定“十大融合”战略，制定新京报社媒体融合三年行动方案

2021年年初，新京报社以坚持正确方向、一体发展、移动优先、科学布局、改革创新为原则，提出媒体融合的“十大融合”，以互联网思维、全媒体视角谋划新闻宣传的内容、对象、方法、手段，打通各个领域，统筹各种资源，形成整体合力，大幅提升新京报社内容生产力、信息聚合力和技术引领力。“十大融合”战略具体为：加强思想融合，提升站位，把准导向；加强机构融合，优化整合，集约统筹；加强体系融合，调度有力，指挥有序；加强制度融合，顶层设计，适应需求；加强管理融合，注重绩效，细化考核；加强标准融合，增强黏性，跨界链接；加强内容融合，视频优先，提升品质；加强平台融合，立体打造，相互借力；加强技术融合，创新应用，智能支撑；加强路径融合，拓宽渠道，提升影响力。

为分步骤、有节奏地推进媒体深度融合，加快构建舆论引导新格局，新京报制定了2021—2023媒体融合三年行动方案15项行动计划，分别为传播平台强基计划、指挥调度集成计划、智慧媒体升级计划、精品工程塑造计划、大端大号大阵计划、网红大V养成计划、财经孵化上市计划、拍客资源整合计划、高端智库服务计划、电商平台营销计划、舆情评估治理计划、媒介素养赋能计划、公益项目扶持计划、版权转化开发计划、IP项目创意计划等。

二、主攻“大端大号大阵”，全力推进全媒体传播体系建设

新京报进一步推动融合转型，对融媒体平台进行智能化升级，再造智能化、协同化、一体化、集约化的生产流程。发力建设“大端大号大阵”，借助新技术，丰富社交化、智能化、移动化的产品矩阵，增强用户体验，增强用户黏性，实现由“平面媒体”到“立体媒体”“沉浸式媒体”的升级。

作为报社新媒体核心产品，2021 年，新京报 App 以新闻精品化、运营精细化为方向，做大做强客户端影响力，对首页进行改版，精选原创新闻，以完全区别于其他客户端的运营方式，取得明显效果。2021 年 11 月完成了 3.0 版本关键升级，全面优化了视觉界面，强化了专题表达，突出了卡片式阅读，升级了音频模块，从多个角度提升用户体验。App 运营水平大幅提升，早晚读升级为“新闻八点见”，每天两期，精选原创稿件，用编辑的语言串写文章推荐给用户，“早安北京”“新闻多一度”“漫聊”“一周热榜”等品牌化的栏目运营，系统打包、二次包装重要稿件，丰富了 App 的内容和呈现形式。

与新浪微博达成深度战略合作，着力打造官方微博大号；对新媒体账号矩阵实行精细化管理，经过评估，将 483 个账号端口减为 461 个，对 22 个影响力较小、活跃度不高、发挥作用不明显的账号进行合并或注销。“我们视频”矩阵（微博、快手、视频号）粉丝接近 4000 万，其中微博矩阵 2850 万，快手号粉丝 800 万 +，视频号粉丝突破 40 万，成为新京报旗下第二大矩阵账号；抖音、快手和平台号用户持续增长；与喜马拉雅平台开启战略合作，25 个播客节目形成新的音频矩阵，再次拓展了主流媒体原创优质内容的音频传播新蓝海。

三、稳步推进视频品牌化与产品深度化，视频全领域化初见成效

2021 年以来，报社全领域视频化建设提速，视频产品不断丰富，作品深度化、栏目品牌化、直播类栏目及产品产量稳步提升。“我们视频”、“动新闻”、调查类 IP“剥洋葱”、“X 调查”、评论脱口秀栏目“新京 talk”，以及若干产经行业视频 IP 产品等形成具有强大影响力的“品牌集群”。2021 年，报社发起直播超 1400 场，日均直播 4 场。

“我们视频”在原有快讯短视频的基础上，打造出了暖一度、紧急呼叫、回到现场、懂世等深度资讯栏目和出圈等中长视频栏目，推出《百年百物见精神》百集党史系列短视频、“点赞逆行者”全国正能量短视频征集活动、《身后是我的国》系列报道等精品。

“动新闻”视频产品 55 次登上热搜榜，新增“@ 动解”和“@ 事发”两个账号，形成微博矩阵，全面改版微信公众号推文，提升内容深度和可看性。围绕建党 100 周年主题推出《破晓》（9 分钟 3D 动画）、《路》（8 分钟 3D 动画）、《信仰》（10 集）、《党史来啦》（40 集）等重磅动画报道。

《知道视频》《幸福大街对谈》《城市体验官》《X调查》《一拍》《容我想想》《罗东时间》等既有产品也在向视频化转型，如数字新闻视频化、树洞视频化等，新推出生活评测类视频《霹雳贝贝》和热点资本市场故事类视频《股市避雷针》等原创IP。

产经新闻部门也同步发力视频产品。房产新闻推出探访类视频；教育新闻推出高考专题及高考送水、线上直播连麦等视频；食品新闻推出“松鼠鉴食”视频栏目、系列街采视频等；商业消费新闻推出探访、探店、体验视频；健康新闻上线《健谈》科普直播栏目，均取得不错的点击量，并在业内开始产生影响力。

四、做强“新闻+”，提速“十四五”时期全面高质量发展

新京报社以全媒体视角策划重大主题报道，大幅提升内容生产力、信息聚合力和技术引领力。坚持将多元化经营作为总方略，跨界融合创新，深耕“新闻+政务服务商务”产业链，在固化报纸平台和客户端、微博、微信等新媒体广告客户需求的前提下，开始更多对外合作新尝试。

新媒体工作案例

《破晓——回到一百年前的北大红楼》

2021年6月底，为庆祝建党百年，新京报社推出重大主题融合报道《破晓——回到一百年前的北大红楼》，内容涵盖视频《破晓》和特刊《星火燎原》两大板块。视频以3D片的形式，综合运用文字、图画，视频、音频等新媒体报道手段，全景重现了百年前的北大红楼，讲述和演绎了中共主要创始人在此传播马克思主义、发动五四运动、筹建中共党组织的革命活动轨迹。《星火燎原》特刊共设置44个版面，从与北大红楼有关的人物、旧物、建筑3个不同维度，全方位呈现北大红楼承载的厚重历史。2021年7月1日当天，话题“3D全景重现百年北大红楼”登上热搜榜，话题阅读量迅速达到1000万+。

视频方面，该融合作品充分运用新媒体报道手段，创新报道形式，进行全媒体、全息报道，以生动鲜活的表现形式，有力促进了内容传播的提质增效，在主题报道中为做大做强主流舆论积累了经验。

特刊方面则以翔实的内容、扎实的采写、精良的制作、独具匠心的巧思，呈现了一份主旋律报道精品。

作品二维码

《横穿大漠天路》

2021年6月，新京报推出《横穿大漠天路》系列纪录片报道，记者从北京出发，自驾走完了G7京新高速全程，献礼建党100周年。

《横穿大漠天路》系列纪录片报道，一改传统主题报道宣教模式，通过化整为零的打法、体验式采访的呈现、人格角色设置、后期光影整合提炼，给予受众沉浸式体验。系列视频采用IP人格化表达，集纳多种媒介形态，内容制作上综合“预告片+Vlog+小视频+人物特稿”等多种创新呈现方式，构建融媒体语境下新型传播形态，让不同喜好的用户都能在这一报道中找到自己喜欢的内容。

系列报道时间长、区域跨度大，记者提前准备了3万字脚本和2万字讲稿，联系沿途30多个单位，行程6000多公里。先后共推出56条短视频、两整版文字稿，仅腾讯侧就收获12次热推，播放量1971.2万次。通过热推、热点精选、全网PUSH、开屏、热搜，“五位一体”收割了全网的高优推荐位，“国资小新”等账号的转发也助力打造了破圈层的影响力。

作品二维码

（新京报社供稿）

天津津云新媒体集团

新媒体工作综述

2021年，天津津云新媒体集团将庆祝中国共产党成立100周年作为贯穿全年的重要宣传任务，同时做好抗击新冠肺炎疫情常态化报道以及各项主题报道工作，锐意进取，守正创新，坚定不移地推动媒体融合向纵深发展。

一、用心：坚持内容形式创新，打造“刷屏”佳作

津云新媒体不断探索实践、深耕细作、创新表达、破圈传播，致力于研究更具感染力、更富有新意的新媒体作品。津云出品的短视频作品《无胆英雄张伯礼》和《科学的中医药》分别荣获第三十一届中国新闻奖一等奖和三等奖。

2021年，津云新媒体围绕全国两会、京津冀协同发展、世界智能大会、庆祝建党百年、疫情防控常态化、“深学笃用　天津行动”等重大主题，精心策划、联动报道、改进创新、优化内容，采取专题专栏、深度报道、微视频、动新闻、H5、云直播、VR等形式，推出一批群众喜爱、“刷屏”、“破圈”的高质量原创新媒体产品。

作为献礼建党百年的作品，津云推出大型系列短视频《老乡你好！》，派出多路记者奔赴江西、湖南、广西、新疆等地，挖掘巩固拓展脱贫攻坚成果与乡村振兴有效衔接的故事。其中《老乡你好！｜十八洞村“洞”起来》，以“3D+实景”的创新纪录片式手法展现当地返乡青年书写乡村振兴新答卷的奋斗历程。作品在第四届“你好，新时代——心中的旗帜”青年融媒体作品大赛中获奖。

为充分发挥新媒体技术的优势，吸引更多年轻网友关注，2021年津云还推出虚拟主播“云小朵”，运用“AI+动作捕捉、AR及MR”等新媒体技术，带给新闻报道更多智能性、灵活性。

二、用情：走好党的群众路线，动员全民参与传播

津云新媒体坚持走好全媒体时代群众路线，通过《党群心连心》《政民零距离》

等问政栏目拓宽了社情民意反映渠道，促进了政府部门更加迅捷高效地为民服务。推出情景互动节目《别急！我来了》，针对网民反映的各类民生问题，通过主持人与相关负责同志的基层走访，现场解难题、办实事。

由天津市委宣传部、天津市委网信办、天津海河传媒中心主办，津云新媒体承办的“你好，天津”网络短视频大赛于 2021 年 11 月 23 日启动，以全面展示天津形象、讲好天津故事为主线，广泛发动社会各界积极参与，致敬伟大时代，记录美好生活。截至 12 月 24 日（第一个月赛结束），参赛作品总量达 17075 件。大赛从 2021 年启动将贯穿至 2022 年年底，为讲好天津故事营造良好的网络舆论氛围。

三、用力：优化采编资源配置，推进融合纵深发展

按照“一体多维，双向进入；围绕时政，突破头部；抓实增量，带动存量；再造流程，创新机制；造船借船，运营智媒”的指导思想，津云新媒体积极引导传统媒体“主力军”进入新媒体“主战场”，依托津云中央厨房，有效协调生产要素，优化配置新闻资源，加快推进“你就是我，我就是你”的进程。

在日常新闻报道中，津云坚持移动优先原则，将传统媒体内容、资源汇聚津云客户端，依托 PGC 供稿平台，传统媒体采编人员与津云建立起长期供稿机制，并联合推出“津早相会”“津云夜读”“津政直通车”等重点栏目，将传统媒体内容以新媒体方式呈现，达到多层的网络传播效果。

在重大主题报道中，津云和传统媒体联合开展了多次融合报道，进行了有益探索。例如，在连续 3 年的全国两会报道中，津云和天津日报联合推出重点栏目“打开津门话发展”，日报记者尝试出镜主持，报纸重要版面同步推出专题和津云二维码，形成无缝对接的跨平台传播。津云与天津广播则在新媒体产品制作中强强联合，2021 年推出互动 H5 融合产品《同唱一首歌 · 测测你的声音气质》，邀请全国人民唱响经典红色歌曲，并通过语音识别技术，匹配形象、生成专属海报。作为津云新媒体重磅推出的大型融媒体报道，《我和我的家乡 @ 最美乡愁》更是利用 AR 技术打破传统媒体与新媒体间的壁垒，通过手机客户端的 AR 扫描功能，将报纸端的手绘画卷、电视端的短视频与电脑端的网络专题、手机端的 H5 产品无缝对接，形成媒体融合的“全链”传播模式。

津云坚持以先进技术为引领，重点发力智媒体建设，创新表现形式，提高内容生产和传播效率。2021 年，津云在智能文稿审校、语义查重、智能写稿、图片自动化标注、图像文字识别、图片增强、视频智能拆条、视频快编、智能化分析审核、视频修复等方面进一步加强技术投入。推出智能审核系统，依靠 AI 算法对图片库、视频库内容进行人脸比对，对视频字幕进

行关键词过滤，缩小可疑内容的审查范围，同时结合人工甄审，做到安全高效。津云使用AI辅助审核技术，对网民上传的海量视频、用户头像等进行敏感图形识别，对黑链进行全面查删，AI与人工相配合，提高了内容安全的审核效率和准确度。2021年，在由国家广电总局主办的全国首届广播电视人工智能应用创新大赛中，津云研发的“智媒体内容审核平台”“新闻智能推荐系统”“移动内容管理系统”夺得3项桂冠。

2018年4月起，津云新媒体招募并组建融媒体工作室，截至目前尚在运行的融媒体工作室共61家，2021年共刊发稿件14120篇。各融媒体工作室在重要宣传报道中积极策划制作融媒体作品，从独有切入点去发现最具人情味的新闻故事。实践证明，津云融媒体工作室已经成为传统媒体和新媒体之间“资源通融、内容兼融、宣传互融、利益共融”的催化剂，联合出品的“佟大狸”“津云社”等品牌IP在传播力、引导力、影响力和公信力方面均有长足的进步，发挥了“主力军”的作用，扛起了“主战场”的使命。

为完善融媒体工作室机制，推进内容生产供给侧结构性改革，2021年4月津云依托海河传媒中心知名主持人资源建设海河MCN，在此基础上吸引外部达人开展孵化，与多个头部流量平台签约，就达人号矩阵建设、短视频IP打造、商业化运营等深入合作。

新媒体工作案例

《邻居老张这一年》

为进一步展现天津优秀共产党员风采，弘扬伟大抗疫精神，刻画“人民英雄”张伯礼光辉形象，宣传天津城市精神，辛丑牛年大年初三（2月14日），津云新媒体重磅推出定格动画新闻作品《邻居老张这一年》。该新媒体作品联合天津北方文创产业集团有限公司旗下泥人张彩塑工作室，天津北方演艺集团有限公司总经理、相声演员周炜共同制作完成，采用了“定格动画＋二维漫画”双向结合的制作方式，以百姓视角出发，用轻松朴实的津味儿相声语言，讲述张伯礼院士自2020年春节疫情暴发以来，一年间从驰援武汉到授勋“人民英雄”再到新年逆行燕赵，以及发展中医药事业、问诊授课等一系列故事，综合展现了“人民英雄”的平凡与伟大。

作品一经推出即获得巨大反响，津云微信阅读量达10万＋，迅速形成传播热潮。截至2021年2月16日，各平台曝光总量达1.3亿次，成为“爆款”新媒体产品。

作品二维码

《稻子熟了》

H5动态纪实长卷《稻子熟了》是津云新媒体在2021年9月23日第4个中国农民丰收节之际推出的，以“手绘长图+H5互动+短视频”的融合报道形式，展现了袁隆平院士为杂交水稻事业奉献毕生精力的感人故事。该作品入选国家广播电视总局组织的“2021年第四季度优秀网络视听作品推选活动”。

该作品采编制作历时近4个月，津云新媒体派出多路记者在天津、山东、新疆、湖南等多省区市进行视频拍摄，采访了十几位与袁隆平共同工作、生活过的人物，获取了大量珍贵的第一手素材。该作品以很有特色的木版画风格手绘长图为基础，采用H5动态创意构架，在其中插入20多段短视频、音频和图片，并加入多处用户互动元素和画面动态效果，营造沉浸式阅读体验效果。H5制作使用了最新的技术，将整张长图裁切成近300份并开启图片“懒加载”模式，对配置较低的手机单独做了分辨率与加载适配，并且对PC端浏览做了满屏适配，为不同终端的用户提供了良好的浏览体验。该作品刊发后，被700多家中央级、省市级新媒体和商业平台转载。

作品二维码

（天津津云新媒体集团供稿）

长城新媒体集团

新媒体工作综述

2021年，长城新媒体集团牢牢把握正确的政治方向、舆论导向、价值取向，不断巩固拓展党史学习教育成果，积极展现主力军主阵地新作为，积极践行主流媒体责任担当，是河北省新媒体传播的第一门户、综合服务的第一平台、社会信息的第一枢纽，真正成为河北省新媒体传播及技术引领的"排头兵"。

2021年，集团3件作品荣获中国新闻奖，实现河北新闻界媒体融合奖项"零"的突破；1项作品获评中宣部2021年度"优秀理论宣讲微视频"，是河北省内唯一获奖媒体；冀云·融媒体平台项目荣获2021年"王选新闻科学技术奖"一等奖。

一、坚持导向为魂，新闻宣传谱写新篇章

集团坚持政治站位，围绕中心、服务大局，坚持导向为魂、内容为王，创新重大主题报道，不断提升主流舆论传播力，推动习近平新时代中国特色社会主义思想深入人心，持续做好庆祝建党百年和党史学习教育宣传报道，精准实施党的十九届六中全会、全国两会、省第十次党代会等战役性报道，高效做好新冠肺炎疫情报道。

全年发布原创新闻报道近5万篇（个），相继推出手绘长卷《河北高质量发展图景志》《河北筹办冬奥图景志》《河北这五年砥砺奋进新时代图景志》等作品。在党史学习教育中，手绘长卷视频《雄关漫道真如铁·百年风华图景志》在省级领导干部党史学习教育专题读书班上播放，成为河北党史学习教育的特色教材，全网总浏览量过亿。

二、坚持移动为先，平台建设迈上新台阶

集团平台建设深入推进、影响广泛。2021年，"学习强国"河北学习平台全年发布稿件近5万篇，被总平台转载7000余篇。全省用户数量突破1600万，位居全国第二。全省11个市级学习平台全部上线运营，成为全国第二个"学习强国"市级学习平台全

覆盖的省份。2021年10月，河北平台终审签发室建成，总平台对签发室建设给予高度评价。

截至2021年年底，冀云系列客户端下载量突破2500万次，累计访问量超80亿次，已为168个市县融媒体中心全部开通入驻账号，实现了全省覆盖，完成180家媒体单位入驻，冀云号入驻单位和个人达到7000多个，实现省、市、县三级内容全面打通和冀云平台全省覆盖，平台上线83类、近300项便民服务功能，初步形成了“新闻+政务服务商务”的运营模式。

三、坚持创新为要，技术赋能引领新发展

集团顺应传播技术迭代创新的变革大势，始终保持技术敏感，强化对前沿技术的把握应用，以新技术引领媒体融合向纵深发展。依托冀云·融媒体平台，连续两年为河北省全国两会报道指挥中心搭建云“中央厨房”，助力全国两会报道“云端出彩”。为省委宣传部、省冬奥办搭建全省冬奥报道媒体素材库，构建河北冬奥宣传“一张网”“一盘棋”。集团与人民日报全国党媒信息公共平台合作，将奥运信息流赋能到冀云客户端，成为全国首条冬奥信息流。2021河北两会融媒访谈节目，采用全国首创自主研发的冀云采AR增强现实远程采访技术，实现了较好的远程采访效果。长城云访谈采用自主研发的冀云智能视频矩阵平台，将5G和智能视频处理技术进行创新融合，以LED大屏作为交互媒介，让遍布各地的老百姓、身在会场的党代表、节目现场的专家学者和主持人，打破时空限制，实现多个真实空间同时在线。在中国国际数博会上，现场推出自主研发的XR扩展现实云端采访技术，再次引领媒体传播技术新方向。

四、坚持多元布局，产业融合实现新突破

在稳定报纸发行、印刷及广告等传统产业的基础上，在各类新媒体主导产业上持续发力，积极拓展新模式新业态，初步形成具有平台型媒体特色的多业态产业发展格局。目前，以电子商务服务、大型活动、新媒体运维、技术集成与服务、大数据产品及服务等为主要内容的新媒体收入占比达70%，是传统媒体收入的2倍多。

五、坚持管理为基，体制建设取得新成效

建立健全现代企业管理制度，制定、修订集团相关制度体系，全年发布各类制度近20项；深入实施“五级策划制”，融合报道生产传播一体化机制基本定型；持续完善企业管理架构，完善内部机构设置，建立工作室制度，打造适应新媒体发展的扁平化运行体系和机制。

六、坚持全面从严治党，党建引领呈现新气象

扎实开展党史学习教育，切实把开展

党史学习教育作为重大政治任务；加强意识形态阵地管理，严格贯彻落实党管宣传、党管意识形态、党管媒体原则；深入推进党风廉政建设，压紧压实管党治党政治责任，强化全面从严治党党委主体责任、党委书记第一责任人责任、班子成员“一岗双责”和纪委监督责任，出台“两个责任”清单，实施“一把手”工程，构建起“党委主导、纪委主推、部门主责”的系统治理格局。

新媒体工作案例

“四史”手绘长卷视频《雄关漫道真如铁·百年风华图景志》

结构清晰、内容厚重。作品全长105米，涵盖100余个典型场景，刻画1000多个人物，以“雄关漫道真如铁”为总题目，分别以“为有牺牲多壮志”“敢教日月换新天”“东方风来满眼春”“风卷红旗过大关”为题，在铿锵的旋律和恢宏的史诗里，展现新民主主义革命、社会主义革命和建设、改革开放和中国特色社会主义新时代四个时期中国共产党波澜壮阔的百年历史。

体裁新颖、形态独特。长城新媒体集团创新体裁和样态，采用图景形式记录，以手绘的方式制作动态视频，选取最具有代表性的历史事件和典型人物，浓缩成一幅幅生动的画面、一个个精彩的故事，时间高度浓缩，画面形神兼备、充满想象，让人在半小时内通览百年党史，符合新媒体传播特性，契合年轻人的审美喜好，有效推进了“四史”宣传教育。

线上联动线下、影响广泛。线上，“学习强国”学习平台在首页显著位置转载，人民网、新华网、中国军网、光明日报、澎湃新闻、网易、搜狐、新浪等央媒和重点商业网站，以及山西、山东、湖南等各地方媒体微信公众号纷纷转载。线下，长卷视频分别在河北省省级领导干部党史学习教育专题读书班、省直宣传系统党史学习教育专题读书班以及省委宣传部推进河北文化传播座谈会等场合播放，并被河北省内多个厅局单位、高校、企业作为党史学习教育专题片集中组织观看，成为党史学习教育的生动教材。

作品二维码

“老英雄红色故事报告会”融媒宣传

长城新媒体集团充分利用河北红色资源丰富的优势，发挥新型传播平台特点，精心组织、实施“老英雄红色故事报告会”融媒宣传，面向青年大学生和年轻网民，寓教于感动，寓教于活动，寓教于互动，延展内容、创新形式、丰富手段，讲好中国共产党的故事，让正能量产生大流量、好声音成为最强音。

寓教于感动，活用河北丰厚的红色资源。“老英雄红色故事报告会”采取现场讲述与情景沉浸相结合的方式，邀请4位老英雄讲述亲身经历，生动真切、感人至深、催人奋进。同时，采用沉浸式报告会＋大学生学党史心得分享会＋线上融媒组合报道的形式，让红色资源活起来，让革命故事动起来，彰显了红色基因的传承和共产党人精神血脉的赓续。

寓教于活动，让年轻受众在参与中受教育。两场报告会共有2000多名全省高校师生代表现场聆听，河北师范大学在校大学生参与报告会的组织、录制，并参与到长城新媒体党史学习教育融媒宣传报道中，共同拍摄录制了新闻MV《妈妈教我一支歌》《团结就是力量》等“红歌新唱”MV系列，让青年群体在参与中学好党史。

寓教于互动，让红色精神充盈网上空间。报告会大量使用声光电等视效，应用冰屏和AI技术，将歌舞、情景表演等艺术形式与老英雄现场讲述巧妙融合，多种形式、多样载体、多维视角表现故事、弘扬精神。报告会完整视频作为河北省党史学习教育的视频学习资料，在冀云·融媒体平台、“学习强国”河北学习平台以及省内各新媒体平台广泛传播。

作品二维码

（长城新媒体集团供稿）

山西日报社

新媒体工作综述

2021年，山西日报围绕建党百年重大节点，服从服务中央和山西的中心工作，创新性、系统性开展深度融合实践，扎实抓好新闻宣传、技术赋能、创新管理、综合经营等重点任务，一体推进“新闻+政务服务商务”运营，为山西经济社会发展营造了良好的舆论氛围。

一、强化内容根本，传承红色基因、创新融媒传播

内容是决定媒体生存与发展的关键。2021年，山西日报围绕全国两会、党史学习教育、推动“四史”宣传教育、建党百年、山西省第十二次党代表大会、疫情防控、防汛救灾、省校合作、中部博览会、太原论坛等国内重要主题宣传以及山西省委、省政府中心工作，积极协调力量，制定报道方案，生产制作900余个图解、海报、动漫、短视频、H5等创意融媒体产品，在“报网端微屏”进行全方位、多角度、多层次的宣传报道，全年阅读量超5亿人次。其中，原创精品《山西这百年》、“两优一先”风采系列、“我为群众办实事”系列全景式展现中国共产党成立100年来三晋大地经济社会发展取得的伟大成果，以及基层党组织不忘初心、牢记使命，求真务实为民办实事的良好局面，形成网上网下联动、共同庆祝建党百年、共同开展新形态党史学习教育的热潮。山西日报客户端“学党史　悟思想　办实事　开新局”专题设19个专栏，发布稿件4000余条，制作短视频、海报、H5、快闪、直播等原创融媒体产品240余个，阅读量超1.5亿人次。10月上旬，山西发生最强秋汛，山西日报新媒体派出10余名记者深入稷山、河津、太谷、榆社、清徐等地，及时跟进，采访报道排除内涝、灾后重建、抢种抢收、道路修复、灾民安置等情况。开设了“这就是山西力量”等话题，阅读量4.3亿人次，话题讨论超18万人次，起到安定人心、温暖人心、稳定民心的作用。

截至2021年年底，山西日报客户端下载量238.55万次，下载量较上年上涨17.2%。日平均活跃用户22.82万人次，日

平均点击量187.13万人次。山西日报新媒体制作的融媒体产品获得第三十届山西新闻奖一等奖1项、二等奖2项、三等奖3项。

二、持续技术赋能，推进重点项目、撬动内生动力

媒体融合发展是一次以技术创新为引领的媒体变革。2021年，山西日报重点实施了全媒体新闻采编、数据技术服务、智能短视频等重点项目，以先进技术赋能内容生产。

山西日报各子报子刊全面部署了全媒体新闻采编系统，形成山西日报和各子报子刊策采编发评流程统一指挥、综合调度，集订分送、量身定制的新闻信息产品生产和传播机制。山西日报数据技术服务项目有效推动山西日报全媒体采编人员快速、及时、准确地获取新闻信息，节约报道成本，同时可以跟踪新闻的传播情况，为用户提供数据参考。山西日报智能短视频项目打造了人工智能主播形象“晋小新”，可快速准确制作生成新闻播报等内容，还可实现快捷灵活地选取素材，对视频直播流进行快速加工，短视频产品实现高效产出，已在山西日报抖音号、快手号上应用，有效提升了山西日报的短视频制作水平。山西日报图片库系统项目大大提升了整理整合图片资源能力，实现了线上协作、线上展示、智能定位、智能查找一体化操作。山西日报电子阅报屏项目聚合政务、民生、信息和服务、社交功能，这一新型传播平台实现了新闻和信息更广泛、更高效地传播和延伸，成为山西日报扩大品牌覆盖面和影响力、更好服务山西经济社会发展的重要载体。

三、创新管理引领，加强制度建设、提升人才队伍

推动媒体融合、建立全媒体体系是发展与管理相辅相成、相互促进的过程。2021年，山西日报扎实开展党史学习教育，坚持集体学习与认真自学相结合，全体党员共同学习与党小组分头学习相辅相成，党员干部带头学习，全体党员利用“学习强国”学习平台、山西日报客户端等多种学习平台开展学习，主题突出、契合实际、形式多样、效果明显。2021年，山西日报创新激励政策，研究制定了《山西日报媒体融合考核办法（试行）》，开展无差错活动，考核评优等向新媒体平台倾斜，引导、激励编辑记者推出更多更好的优秀作品，并完善“三审三校”制度，纸媒和新媒体平台“重大差错追究处罚”“一个标准、一把尺子”，堵塞审校环节的漏洞，提升办报办网质量；大兴“开门办报”，完善了融媒工作室、拍客、特约撰稿人机制，面向社会招募26名特约撰稿人、全年选用刊发新闻评论稿件129篇，招募43名短视频拍客、全年选用刊发短视频517条；创新用人机制，旗下新媒体公司2021年面向社会公开招聘了全媒体记者、编辑、动漫等8个岗位、15名工作人员，缓解了山西日报媒体融合全媒体经营管理、技术、编辑记者人才短缺压力，初步培养出一支快

速反应、创新高效、业务精湛的全媒型、专家型队伍。

四、提升造血能力，做强政务服务、拓宽商务渠道

增加自我造血机能是媒体当务之急。2021年，山西日报“坚持把社会效益放在首位，实现社会效益和经济效益相统一”，探索建立“新闻+政务服务商务”运营模式。

山西日报依托省级党报党政资源优势，重点打造山西权威政务发布平台。一是山西日报客户端政务平台，为山西市县两级提供综合信息发布渠道，2021年新增服务对象11家，累计服务35家市县党政机构；二是山西日报客户端“山西号”，集纳山西省级政务新媒体权威信息，2021年新增服务对象8家，累计服务13家省级政务新媒体。山西日报依托媒体影响、采编资源优势等，重点提升“服务”能力和水平，一是重点服务地产金融等商业大客户，与地产公司建立了长期稳定的战略合作伙伴关系，重点服务进金融企业，维护好本土商业广告大客户；二是积极参与“我为群众办实事”“第十六届全国网络媒体山西行”主题活动策划、宣传推广；2021年新增9家，累计服务152家央企、省属企业、大型民营企业等商业企业。

山西日报依托传媒和人才优势，重点拓展“商务”产业链条。一是开展政务新媒体代运维和新媒体产品制作服务，2021年新增山西省台办微信公众平台代运维业务、第十二届中国中部投资贸易博览会朔州分会场暨应县木塔·朔州第四届陶瓷产品进出口交易会新媒体创意制作服务等，累计服务17家省市县政务新媒体、重点省属企业新媒体；二是深挖山西日报历史数据资源，为中共山西省委党史研究院、山西转型综改示范区、山西省商务厅提供历史数据查询、增值服务等；三是推广山西日报电子阅报屏项目，通过栏目模块定位及个性化内容互动，开发专题、图解、微视频、动漫等全面的融媒体信息服务，为客户提供多元的新媒体融合数据服务，2021年新增178台，累计推广245台。2021年，山西日报媒体融合收入717.5万元，实现盈利159.3万元。

新媒体工作案例

山西日报微博话题助力防汛抢险救灾

2021年10月初，山西遭遇强降水天气，救援力量迅速响应，全力防汛抢险救灾。10月8日起，山西日报微博配合工作需要，主动发声，推动、引导微博平台相关话题进展，陆续开设“山西急需物资汇总”等话题，持续关注“灾情”和“人情”两条主线，及时更新灾情最新信息，生动展示山西救灾正能量，全面跟进灾后重建进展，打通网络线上线下、链接全国各方力量，服务山西抗灾救灾大局，起到稳定民心、温暖人心的作用。

10月8日，“山西急需物资汇总”话题公布山西省红十字会、山西省慈善总会等捐助渠道，呼吁爱心人士捐款捐物，阅读量3.3亿人次，讨论量16.1万人次。9日，“感谢心系山西的你”“这就是山西力量”话题全程直播新闻发布会，实时通报抢险救灾情况，阅读量8059万人次，讨论数2.1万人次。11日，“风雨过后老西儿邀你来山西”话题邀请全国各地朋友天晴后来山西做客，网友自发“晒”起了山西家底。12日，“感谢心系山西的你”话题入选新浪微博App开屏图。

山西日报策划制作了系列融媒体产品，话题及时置顶推送，有关山西防汛抢险救灾信息连续数天上话题热搜榜，中央媒体、各地主流媒体、网络“大V”纷纷转载转发，为山西加油助力，累计阅读量4.3亿人次，讨论量18万人次。

作品二维码

（山西日报社供稿）

山西广播电视台

新媒体工作综述

2021年，山西广播电视台新媒体矩阵全面贯彻落实习近平总书记关于宣传思想工作的重要思想和习近平总书记考察调研山西重要指示精神，认真落实山西省第十二次党代会和省委十二届二次、三次、四次全会的部署要求，充分发挥重点新闻互联网平台宣传工作的重要作用，营造了良好的网络舆论氛围。

一、庆祝中国共产党成立100周年，山西广播电视台新媒体矩阵全网发力

1. 新媒体端开设多个专题专栏，其中包括“论中国共产党历史”“习近平新时代中国特色社会主义思想学习问答”“奋斗百年路 启航新征程——学党史 悟思想 办实事 开新局·先进典型”“奋斗百年路 启航新征程——学党史 悟思想 办实事 开新局”“奋斗百年路 启航新征程·数风流人物”“红色风华”等。以专栏形式进行党史学习推送，垂直发布，提升传播力度。

2. 新闻融媒体中心在每日《山西新闻联播》播出“理论天天学”专题；省政府民生事务处与综合广播共同策划，推出音视频同步直播系列节目《我为群众办实事》，通过融媒体传播的影响力，让广大人民群众深入了解省直各有关单位开展“我为群众办实事”实践活动的工作举措以及阶段性成效；音乐广播特别策划“百年经典名歌传唱”融媒体传播系列活动，选取100首红色经典歌曲，以经典歌曲的背景故事、经典歌曲的人物故事、经典歌曲的历史意义、经典歌曲与百姓的故事作为创作主题，运用图文、漫画、短视频、H5作品等形式再次剪辑创作，精选有特点的经典片断，制作可模仿的小作品，利用抖音和快手平台上合拍的功能，鼓励和吸引网友异地对唱或者接唱，增强经典歌曲传唱的互动性；山西卫视依托《歌从黄河来》品牌节目优质民歌视频资源，系列短视频《百首主打歌》按照党史时间轴顺序选择相应歌曲，同时辅以背景介绍、歌曲赏析等信息，通过图文、短视频结合形成传播矩阵；山西卫视联合共青团山西省委、喜马拉雅App发起“全民诵读——再读我的语

文书”，号召广大青少年积极参与红色经典课文的再读活动，并制作成UGC短视频进行全媒体推送，依托一场直播、三场进校园活动为线下载体，辐射省内54所高校、多所中小学、多行业单位公司、多区域社群社区，承载大体量线上互动视频征集及发布，获得数量众多的视频投稿，登陆抖音同城热榜。中国黄河电视台推出“党史故事汇”微视频系列展播活动，每周一期，以党的光辉历程为背景，以微纪录片为表现形式，将一个个发生在革命、建设、改革各个历史时期的动人故事和各条战线优秀共产党员的感人事迹故事化，故事形象化；《纪念馆中学党史》H5将山西省一些重要的纪念馆集结到一个H5里，利用VR、HR技术，受众可以通过手机走进纪念馆，通过云端身临其境学党史；“4·23世界读书日”直播，联合太原理工大学策划“百年正青春”千人诵读大会，朗读红色篇章，让爱国主义旗帜高高飘扬；系列短视频《主播说党史·解放太原》，以寻访当年战场、展示解放太原历史图片为切入点，展现中国人民解放军在人民群众的支持下，分两阶段解放太原的宏伟史诗。

3. 黄河Plus客户端着力做好《中国共产党人的精神谱系》和《山西省党史学习教育先进典型宣传报道》。做好山西省第十二次党代会的宣传，大力唱响时代主旋律。推进《奋斗百年路　启航新征程》中《两优一先风采》《争取更大光荣　牢记初心使命》《中国共产党人的精神谱系》内容建设，集纳《永远跟党走　2021年全省群众文化活动》和《学党史　悟思想　办实事　开新局》《深入学习贯彻习近平总书记“七一”重要讲话精神》等系列内容。大型融媒系列报道《共产党人的故事——百年初心在山西》5月31日正式上线黄河Plus客户端，并在台内各频道频率推送，且同步上线“学习强国”学习平台。

山西网络广播电视台在官网首页显著位置和官方微信公众号设立《学党史　悟思想　办实事　开新局》《论中国共产党历史》《习近平新时代中国特色社会主义思想学习问答》《革命先驱的故事——百年初心在山西》《百炼成钢：中国共产党的100年》《数风流人物》《“我为群众办实事”实践活动》等专题专栏。

二、推进深度融合，全力打造与山西地域匹配的全媒体

山西广播电视台出台《山西广播电视台媒体深度融合发展实施方案》，加快优化整合、深度融合，把更多优质内容、先进技术、专业人才、项目资金向互联网主阵地汇集、向移动端倾斜，集中力量打造移动传播主平台，一体化统筹发展“一网一端一矩阵”（即山西网络广播电视台＋“黄河＋”客户端＋“两微一抖”等第三方平台矩阵），使全台舆论引导能力、精品内容生产能力、信息和服务聚合能力、先进技术引领能力、创新创造活力大幅提升，建立“新闻＋政务服务商务”运营模式，力争用2年至3年

的时间，实现传统广电媒体和新兴媒体融为一体、合而为一，构建起全媒体传播体系，建好省级技术平台和全省域传播平台，打造“黄河”特色新媒体品牌全国影响力，将山西广播电视台建设成为具有鲜明特色的区域性新型主流媒体。

三、践行主流媒体社会职责，全面提升主流媒体公信力

持续跟踪疫情相关话题，山西广播电视台新媒体矩阵多平台联动发布，根据受众不同，形成错峰推送和内容差异化互补，及时辟谣，定期进行防疫科普；防汛话题深度报道，推送公益广告，及时更新信息，追踪灾情，公布省委省政府抗灾工作部署，以及持续跟踪灾后重建等多项话题；持续关注冬季供暖，社会与法治新媒体及时对后台相关信息进行整理，持续推出“您家暖气热了吗”系列板块，采用 @ 的网络形式，提醒太原市热力公司及时解决问题，以实际行动践行“我为群众办实事”，确保时刻关注广大网友后台留言，融媒体记者持续关注，联合热力公司工作人员，为供暖有问题的居民排查问题、解决问题。保障各类民生话题有温度、有深度、有热度。

四、媒体融合工作室快速发展

经过两年的成长和发展，山西广播电视台有 40 多家工作室持续活跃，形成了“台网端微”一体化生产发布流程，在互联网内容生产、占领互联网舆论主阵地方面发挥出一定作用。

五、黄河 Plus 客户端进一步明确“政务 + 服务”的定位，深度嵌入服务功能，引流平台用户

同时，深挖本土化文化资源，紧扣“黄河”这一地域标签，形成山西风土人情、地方文艺的独有调性和气质，在文旅融合的大市场中找到突破口。

新媒体工作案例

《红色风华——讲给青少年的山西故事》

2021 年 10 月 1 日起，山西广播电视台新媒体矩阵全网同步推送《红色风华》系列短片，短片中充满鲜活的故事、炽热的情感。我们将短片进行情感化处理，多平台联动推送，微信平台以图文为主要形式，动图结合文字，配合延展内容，让错过电视首播的网友第一时间通过新媒体微信公众号矩阵“阅读”短片；同时，针对年轻人的阅读习惯和浏览高峰，抖音和快手等短视频平台集中在深夜推送。

《红色风华》全媒体平台推出后，传播效果显著，微信平台累计阅读量超过 16 万次；新浪微博共有 81 个账号参与，累计阅读量 300 万次；抖音和快手短视频平台传播量累计近 1000 万次；“学习强国”学习平台累计浏览量达 110 万次，点赞近 5 万次；人

民号累计推荐410万次，阅读量超过16万次，全网阅读近2100万次。

这是一次主流价值驾驭算法的尝试与实践。“用主流价值导向驾驭‘算法’”是习近平总书记明确提出的要求。在全网整顿过度娱乐化期间，《红色风华》成为一股红色力量，以正能量驾驭互联网算法，用真情实感打动万千受众。

在传播方式方面，《红色风华》首次尝试多平台立体式传播，以全台优势账号为重点发力点，根据平台账号深耕产品线，发动全台账号，动员全省主流媒体全员跟进传播。

情感化表达是重要推动力，40集系列视频，每集5分钟，短小精悍却富含情感内容，每期以情感作为切入点，将故事要点穿针引线，让每一个短片中的任务和故事在新媒体标题中凸显出来，让故事的情感主线和青年人建立连接、找到共情。

作品二维码

（山西广播电视台供稿）

内蒙古日报社

新媒体工作综述

2021年，内蒙古日报社实施移动优先战略，加快全媒体传播工程建设，媒体融合不断向纵深推进，推出一批有影响力的新媒体产品，在打造新型主流媒体上取得重要进展。

一、提高政治站位，强化融合传播，围绕推动习近平新时代中国特色社会主义思想深入人心做好主题宣传报道

1. 习近平新时代中国特色社会主义思想宣传扩量提质。开设并持续更新“学习进行时”“治国理政进行时”“总书记与我们共商国是”“认真学习贯彻落实习近平总书记在内蒙古代表团重要讲话精神”等多个专题，做好“以人民为中心的发展思想”“一湖两海”综合治理、新发展理念、加快建设“两个基地、两个屏障、一个桥头堡”等主题报道。策划推出《跨上高质量发展新征程》《奔向全面小康美好生活》《奋斗：把总书记嘱托落在实处》等一大批高质量的融合新闻报道产品。

2. 主题宣传紧跟、紧扣、紧贴党中央最新精神和决策部署。牢牢把握全国两会、党的十九届五中全会、庆祝中国共产党成立100周年等重大报道节点，围绕“奋斗百年路　启航新征程”“党史学习教育”“生态优先绿色发展”“黄河流域生态保护”等重大宣传主题，新媒体统一策划、协同作战、立体传播。

在党史学习教育中，新媒体结合实际，开设“奋斗百年路　启航新征程——学党史　悟思想　办实事　开新局”“一日一学·知党史”“党史100年”等党史学习教育专栏专题，PC端、客户端开设党史学习教育频道，设置重要论述、学习部署、学习动态、各地践行、融媒集萃、为民办事、红色资源、心得体会、百年影像等多个栏目，累计发布相关产品3000余个。

新媒体持续做好“铸牢中华民族共同体意识”“因为我们是一家人”“家园”等专题专栏，策划制作《国家通用语言文字伴我成长》《听文物讲故事》等系列报道，让受众准确把握铸牢中华民族共同体意识的精神实质。

3. 充分发挥新媒体优势为中国共产党成立100周年献礼。围绕建党百年这一重大时间节点，内蒙古日报社新媒体提前策划，推出一系列融媒产品。开展“永远跟党走”草原云·百名记者万里行大型融合主题采访活动；开设“对党说句心里话”“我的入党故事”“党支部故事”等专题，推出了“致敬光辉百年·百名记者诵读红色书信”音频系列产品等一大批融媒报道产品。

牵头组织成立“1921工作室”，围绕党史学习教育、庆祝建党100周年策划生产“百年党史青春说”系列报道、“拆盲盒 忆经典 传精神”红色歌曲展播、从“一五”到“十四五”系列图解、“唱支山歌给党听”网络拉歌活动等一大批融媒报道产品。

7月1日，《内蒙古日报》（汉文版）重磅推出《“永远跟党走”——热烈庆祝中国共产党成立100周年》“百年百版”特别报道，新媒体平台同步开设“百年百版电子展厅”，在报网端微实现一体化传播，受到社会各界好评。

二、深化改革创新，积极推进媒体深度融合，加快全媒体传播工程建设

2021年，按照“主力军进入主战场”要求，内蒙古日报社多点突破，全面发力媒体深度融合转型，不断调整融媒体产品生产的供给侧结构性改革。

1. 深化机构改革。设立草原云全媒体传播指挥中心，统筹蒙汉文融媒体原总编室各项业务，承担起指挥统筹、创意策划、业务管理、监督执行、协调服务、考核评价六大任务。同时，按深度融合需求设置时政、经济、社会、理论等19个采编中心。

2. 整合新媒体生产团队。将分散在各部门的融媒体编辑进行整合，改造提升草原客户端，集中精力提升发布质量；出台“双百培训”计划，分期分批选派100名骨干编辑记者外出学习，开展内部培训“百日行动”；主动适应媒体融合转型，组建18个全媒体工作室，围绕主题宣传、内容生产、平台运营、品牌打造、推广服务、联动合作等方面进行深度融合。

3. 加强时政新闻新媒体报道。成立前方时政新闻融媒体报道团队、后方制作团队、蒙古文翻译工作团队。从新闻内容、报道形式、新媒体产品制作等方面探索媒体融合报道模式，实现了时政稿件从标题到形式的新媒体呈现。

4. “草原云”项目建设稳步推进。全区12家盟市党报社全部签订入驻“草原云”平台战略合作协议，全区103个旗县级融媒体中心全部入驻。目前，全社形成了以《内蒙古日报》（蒙汉文版）为核心，以草原、呼陆客客户端，索伦嘎报、杂志、网等为主体的14个自主平台，54个第三方平台账号的全媒体矩阵。

三、加强全媒体策划，发挥融合传播优势，讲好内蒙古故事

1. 策划重要会议与其他媒体开展融媒联动。2021年全国两会期间，内蒙古日报

社首次策划携手人民网、旗县融媒体三级联动，在北京、呼和浩特、旗县区多点连通，推出3期《两会千里眼——来自草原的报告》直播报道。邀请代表委员、专家学者、基层工作者在“云端”畅聊两会，共话内蒙古发展新路，阅读量达2000万+。此外，与广西壮族自治区等4个自治区联动推出《报告总书记，我们脱贫啦！》新媒体产品，与《深圳特区报》联动推出视频专题《我和你》新媒体产品，都取得了良好的传播效果。

2. 策划开展大型传播活动深入一线讲好故事。2021年“七一”前夕，策划推出“永远跟党走”草原云·百名记者万里行大型传播活动，联合盟市党报、旗县级融媒体中心开展三级联动行进式报道。采访组百名记者深入12盟市，以“现场直播、故事讲述、全媒报道、立体呈现”的传播方式，行程万余里，采访各行各业70多名基层人物，讲述“听党话、感党恩、跟党走”的生动故事。共生产图文、视频、海报、直播等产品近200个，传播量超过2000万，全景式深度地展现了红色基因代代相传的内蒙古、人与自然和谐共处的内蒙古、高质量发展的内蒙古。

此外，还策划开展了9家中央新闻网站和内蒙古自治区重点新闻网站记者联合深入内蒙古一线采访活动，以及“走进乡村看小康”草原云·全媒体大型采访等一系列深入基层一线“走转改”行动，以新媒体形式讲述鲜活的一线故事。

3. 疫情之下云端联合采访开辟外宣新路径。为做好疫情之下的外宣工作，2021年6月，由内蒙古自治区人民政府新闻办公室、蒙古国记者协会、蒙古国网络发展联盟共同主办，内蒙古日报社承办的“百年风华·见证友谊”中蒙媒体线上联合采访活动启动。蒙古国《今日报》、蒙古国国家公众电视台等蒙古国21家媒体，与我国新华网西里尔蒙古文频道、索伦嘎新闻中心等6家媒体，共同对内蒙古自治区巴彦淖尔市、乌海市、鄂尔多斯市和宁夏回族自治区银川市的15个采访点进行云端联合采访，共同讲述中国共产党故事、新时代中蒙友好故事。

2021年，内蒙古日报社新媒体制作和传播能力不断提升，《子承父业！袁隆平儿子袁定阳发布二期“袁梦计划”》全网传播量达10亿+，成为内蒙古日报社首个传播量10亿+的新媒体产品。另外，微博话题“内蒙古抗疫日记”、直播《沿着总书记的脚步看内蒙古》等4个产品点击量达1亿+。

新媒体工作案例

《子承父业！袁隆平儿子袁定阳发布二期“袁梦计划”》

袁隆平院士是享誉海内外杂交水稻事业的开创者和领导者。2021年6月该产品播发时，他刚去世1个多月，社会各界仍然沉浸在对他的无限思念之中。他的事业是否后继有人深受海内外关注。该产品及时回应了社会的这一关切，再次点燃了人们对袁隆平先生的思念之情。

袁隆平先生深深地爱恋着内蒙古兴安盟这片土地，在这里实施了“袁梦计划”。广大读者和网友通过国家杂交水稻工程技术研究中心主任齐绍武、副主任袁定阳启动“袁梦计划”第2期的图片和视频，了解到袁老设在兴安盟的水稻工作站，将逐步实现他生前规划的“袁梦计划”的3个目标。

文章刊发后，短短两天时间，就陆续被光明日报客户端、新华社客户端、人民日报客户端、央广新闻客户端、澎湃新闻客户端等100多家媒体引用或转载。6月20日播发当天就占据微博热搜排行榜第一，百度搜索排行榜第四。到6月24日，阅读量达4.5亿次，最后成为总传播量达10亿+的正能量爆款产品。

作品二维码

（内蒙古日报社供稿）

内蒙古广播电视台

新媒体工作综述

内蒙古广播电视台拥有9套广播节目、9套电视节目和以“奔腾融媒”为旗舰的新媒体矩阵，近年来，内蒙古广播电视台在媒体融合发展道路上不断探索和实践。特别是2021年，内蒙古广播电视台坚持问题导向，精准靶向发力，制定出台《内蒙古广播电视台媒体深度融合发展推进方案》，通过机构改革、平台迭代、流程再造等有力举措，推动主力军全面挺进主战场，加速释放传统端产能和活力，高质量、一体化实现阵地向互联网转场、内容向移动端转移、流程向多平台转换、队伍向全媒体转岗、技术向智能化转向、发展向多媒体转型。

一、强化品牌建设，打造具有强大影响力和竞争力的新型平台

当下，媒体融合已走进“提质提优”的新阶段。如何在激烈的全媒体竞争中突出重围，强化品牌建设成为重要路径。内蒙古广播电视台将奔腾融媒客户端作为基本盘，多措并举推动改版升级。

1. 聚焦主线，深耕时政新媒体传播。开展百日集中攻坚，重大时政活动全部实现新媒体首发快发，以“头条工程”为引领，重点内容首页呈现、重要专栏常更常新，整合所有时政新闻资源，多样态产品爆款频出，推动新思想飞入寻常百姓家。

2. 守正创新，实现原创内容最大化传播。实现客户端直播常态化，2021年围绕建党百年、党史学习教育等重大主题，通过大型融媒体直播实现弯道超车，推动内容生产能力、信息聚合能力、技术引领能力全面提升，策划推出“再唱赞歌给党听”“康庄大道”等大型主题直播活动。

3. 共享共融，深化体制机制改革。相继制定出台内蒙古广播电视台《时政新闻创新发展实施方案》《广播电视节目综合考核评价办法》《关于媒体深度融合发展的推进方案（2021年）》等，用好绩效考核“指挥棒”，推动“云+网+端”全面融合，优化流程、再造平台、整合资源，实现信息内容、技术应用、平台终端、管理手段共融互通，强化“奔腾融媒”平台建设，提升设备

使用效率和内容生产效率，催化融合质变。

二、注重特色发展，全面推行“新闻 + 政务服务商务”运营模式

在互联网的冲击下，党媒急需重新构建核心竞争力，并探索符合本地特色的商业模式，而“新闻 + 政务服务商务”无疑是新方向，只有这样，融媒体区域资源的“聚合器”功能才能充分发挥。

1. 强化基础，打造品牌融媒体矩阵。搭建以奔腾融媒客户端为核心 IP，以 30 多个重点网微端、50 多个重点新媒体达人号为主体，多链路直播、全景式呈现、全过程融合的传播矩阵，总粉丝量超 5000 万。

2. 迭代升级，快速提升平台影响力。奔腾融媒网端已迭代升级至 3.0，突出首屏首页，优化时政专栏，新增二级导航、做好内容垂直，提升用户体验、增强用户黏性。

3. 跨界合作，探索形成全新合作模式。奔腾融媒客户端已成为华为浏览器的内容供应商，同时，9 家战略合作单位在客户端开通“政务号”，全区旗县（区市）融媒体中心限期全部入驻客户端。奔腾平台“政务 + 服务 + 商务”合作模式基本形成。

三、创新运行机制，充分发挥省级媒体在四级媒体联动中的关键作用

为推进媒体融合向纵深发展，实现全区宣传“一盘棋”，充分发挥省级媒体的关键作用，积极构建中央、省、市、县四级联动的一体化传播体系。

1. 做杠杆，融央媒。我们主动作为、当好杠杆，成为央媒在自治区的新闻前哨与事业伙伴，积极参与央媒发起的重大主题报道和直播活动，大力拓展与央媒及驻区单位的策划合作，2021 年围绕建党百年等重大主题宣传，圆满完成“沿着高速看中国”和“今日中国”内蒙古部分直播。

2. 当支点，融市县。服务下沉、当好支点，集纳联动市县级融媒体中心，把驻盟市记者站打造成区域融媒体中心，真正打通新闻宣传的“最后一公里”，在《再唱赞歌给党听》《康庄大道》两场大型全媒体直播中，内蒙古广播电视台携手 12 盟市广播电视台、旗县融媒体中心共同行动，合理调配人才、技术和平台资源，实现各级媒体的优势互补，培养了人才、锻炼了队伍。

3. 覆全网，融平台。坚持移动优先，以传统端产品为基础，以奔腾融媒为根据地，在第三方平台巧妙发力，微博、抖音、快手等平台全方位助力，引导用户互动，抢占传播制高点，实现一次生产、多次分发、多端展示、多元传播的融媒格局，同时全力推进台属 MCN 规范管理并强化融合经营能力，有效占领传播主阵地。

媒体深度融合是大势所趋，谁能把握机遇、应对挑战，谁就能在历史大势中勇立潮头。接下来，我们将积极融合先进技术，支持融媒体内容生产分发；分发盘活资源，增强自身运营造血机能；发挥平台强影响力，助力重大事件传播；实现跨界融合，从业务合作走向资本融合。以此来扩大主流价值影

响力版图，推动媒体融合不断向纵深发展，书写全媒体时代内蒙古广播电视台高质量发展新篇章。

新媒体工作案例

大型全媒体直播行动《再唱赞歌给党听》

为庆祝中国共产党成立100周年，内蒙古广播电视台推出大型全媒体直播节目《再唱赞歌给党听》，连续12天推出24场直播，追寻红色足迹、探寻绿色轨迹、讴歌时代精神、汲取复兴力量，全媒体呈现新时代内蒙古奋进的华彩乐章。《跨越时空的青春对话》等多个爆款频出，成为内蒙古广播电视台探索媒体深度融合的一次具体、生动、成功的实践，为建党百年主题宣传画上了浓墨重彩的一笔。

坚持“内容为王”，用情感共识凝聚人心，是主题报道得以成功“破圈”的密钥。在前期数月的直播筹备策划中，各报道组选取典型事例，抓取感人瞬间，捕捉生动细节，制作近500条直播态短片，推出一系列感人至深的红色传承故事、催人奋进的绿色发展故事、振奋人心的乡村振兴故事，刻画出新时代特色鲜明的人物群像，形成多个收视爆款。

直播的所有板块都采用更符合融媒体时代传播环境的叙事语态，让原本宏大、严肃的主题宣传得以向用户靠拢，并通过融入网络环境下的传播生态，在交互传播中提升作品的传播力。

内蒙古广播电视台携手12盟市广播电视台、旗县融媒体中心共同行动，合理调配人才、技术和平台资源，既实现了各级媒体的优势互补，也分别培养了人才、锻炼了队伍。

作品二维码

短视频《跨越时空的青春对话》

党史学习教育期间，内蒙古广播电视台发挥优势，充分挖掘红色资源，创新制作推出短视频《跨越时空的青春对话》，以新颖独特的拍摄手法和艺术表现形式，“带着”革命先烈“水塔战士”张欣穿越时空感受新中国的壮美河山，与新时代青年隔空对话，感人至深的画面，点燃了观众内心深处爱党爱国爱社会主义的情感。

短视频《跨越时空的青春对话》选取了集宁战役纪念馆里水塔战士张欣的英雄故事，为坚守集宁的制高点——车站水塔，张欣战斗到最后一刻，壮烈牺牲。主创团队前期调研时，被张欣的故事深深打动，他代表的是千千万万为了新中国而牺牲的革命先烈。乌兰察布人民对张欣的怀念，表现在对车站水塔的保留，在纪念馆给他塑像，就他的英雄事迹进行话剧创作。在创作过程中，怎样把这样一个感人的红色故事与新时代新生活做有机关联是团队最大的挑战。经过头脑风暴，最终选择跨越时空、叩问初心的青年对话，用时空连接的方式，传递表达新时代青年与革命先烈共产党人精神血脉的相连赓续。

《跨越时空的青春对话》连接了过去、现在、未来3个维度的情感，再现了英雄归来，看新中国的模样。这场跨越时空的对话，主创团队突破传统新闻创作模式，在故事挖掘、剧本创作、实景拍摄、剪辑包装各环节发力，从最初的创意到最终的呈现，将传统媒体优势、现代科技手段与厚实的红色资源有机结合，让党史学习教育立体化、活起来，把真善美的东西切实体现出来。

作品二维码

（内蒙古广播电视台供稿）

辽宁日报社

新媒体工作综述

2021 年，以北国客户端为旗舰，辽宁日报新媒体在平台运维、内容生产、用户拓展、新闻 + 服务等方面实现较快发展，2021 年连续推出多个融媒体精品项目，取得良好效果。

一、平台运维

（一）推进平台迭代升级

1. 围绕建党百年重要节点，在 2021 年 4 月完成客户端 2.0 版升级工作，开设“学党史”专区，丰富互动模块。

2. 推进全新生产区和直播间建设，完成新媒体采编人员整体搬迁。

3. 启动客户端 3.0 版建设工作，提升数据分析能力，开发舆情监控智能平台，探索构建中台系统，为进一步活化辽宁日报数据资产做准备。

（二）子报子刊整体入驻

2021 年上半年，集团“6 报 14 刊 2 网”全部入驻客户端，同时，积极探索与集团所属报刊共用后台、共建平台的发展模式。

二、内容生产

（一）聚焦核心

围绕全国两会、党史学习教育动员大会、庆祝中国共产党成立 100 周年大会和党的十九届六中全会做好策划报道，推出系列专题，制作多样态新媒体产品。其中，全国两会期间推出“百年”频道、《习语晨读》等产品；围绕党史学习教育制作了《“向党说句心里话”大型留言板》和在线答题活动；为宣传贯彻落实党的十九届六中全会精神推出互动 H5 产品《十九届六中全会　党中央号召我响应！》。

（二）服务地方

辽宁省两会、辽洽会、全球工业互联网大会、辽宁法治论坛等重要活动期间，派出精干团队全程参与，制作推出了一系列有质量、有流量的优质产品。其中，省两会期间策划十大融媒体产品体系，推出《北国 · 看两会》大型专题，《号外》《看现场》《厅局长访谈》《代表通道》《跟我加班》等新媒体产品 20 余款，推送稿件逾千篇；围绕省“十四五”规划，策划推出《十四五，看我辽》系列产品，包括创意RAP、长图解等；2021辽宁国际投资贸易洽谈会期间，制作了一批内容鲜活、互动性强的新闻产品，包括Vlog《数“宁”好看》、短视频《最现场》《大咖说》、创意图文《辽宁，UP ↑》等。

（三）强化策划

发挥新媒体优势，紧扣重大节点，策划推出系列融媒体项目。重点项目包括：

1. 主题策划《人民至上》，共4期52版特刊、近百条短视频和创意长图、海报等多样态产品，以丰富手段生动展现中国共产党与人民心连心、同呼吸、共命运的历史场景。

2. 系列Vlog《请回答1921—2021》，在17个省区市实景拍摄13集短视频，用青年的思想去感悟百年党史，用年轻的目光去注视新时代的中国。

3. 融媒活动“我爱中国共产党”，共举办各类线上线下活动近40场，参与人数逾千万，以“信息＋体验＋场景”的特殊模式有效增强宣传报道的体验感和沉浸感。

4. 全景平台“起点”，自主研发大型全景新闻互动平台，打造九一八事变大型历史资料库。

5. 短视频栏目《辽宁故事》，关注身边的凡人善举，全网搜罗辽宁人的暖心事、有趣事，展示辽宁人特有的“精气神”。

6. 主题专区“百年”频道，庆祝建党百年特色频道，发布稿件逾千篇，推出专题策划10余个。

7. 系列产品《辽宁，为什么这样“红”》，聚合创意海报、互动H5等形式，集中宣传辽宁的重大历史贡献。

8. 特别策划《奥运我聊》，聚焦东京奥运会，关注辽宁代表团，看比赛、聊幕后，见证辽宁健儿们的东京时刻。

9. 系列报道“11·7特大暴雪”，雪情正猛时，恰逢第22个中国记者节，多路记者奔赴一线，打造出多个爆款产品，形成“出圈”效应。

10. 条漫专栏“漫·聊”，文字＋漫画，创新角度剖析社会现象。其中，《漫“话”小康》以13期手绘条漫，梳理小康社会发展的历史脉络，呈现辽宁全面建成小康社会成果。

11. 文化微观察《谈艺录》，透视热点文化现象，梳理文化事件，从独特的视角记录文艺行业翘楚的创作和生活。

12. 评论专栏“热点锐评”，聚焦社会热点、回应网民关切、引导舆论热点，2021年组织撰写、发布评论80余篇，在新媒体舆论场唱响了主流声音。

（四）强化探索

不断探索“新闻＋服务”新模式，激发技术驱动能力。

1. 平台系统方面，自主开发“学党史 悟思想 办实事 开新局”互动征文活动和在线答题平台系统，为全省广大党员干部群众提供了运行快捷、使用便利、即时应用、具有丰富延展性的学习空间。

2. 互动H5方面，自主设计系列《“开学第一课”云升旗》《红色密码》《党史学习教育大型留言板》《党的十九届六中全会党中央号召，我响应！》等产品。

3. 政务服务方面，自主开发纪录小康工程省级数据库并建设市级、县（区）级数据库，为10余家机构提供平台运营服务。

三、用户拓展

与省直、各市机关单位以及社会机构联合策划线上线下活动，如党史学习教育互动征文、互动答题活动，“我爱中国共产党”系列活动，“传承红色基因 献礼建党百年”中小学生学党史征文、视频作品展播活动，“全省中小学生气象知识有奖竞答”活动，“请党放心，强国有我”云升旗活动，“党的十九届六中全会党中央号召，我响应！”云接力活动等。

四、获奖情况

《请回答1921—2021》获中宣部“2021年全国优秀理论宣讲微视频”表彰；孙明慧代表《请回答1921—2021》主创团队参加“好记者讲好故事”大赛获得全省第一名，荣获全国十强，并在央视特别节目压轴演出；参与主题策划《大地情书》获中国新闻奖二等奖；“纪念中国人民志愿军抗美援朝出国作战全景数据库”项目入选国家新闻出版署“2021年中国报业深度融合发展创新案例”。

新媒体工作案例

系列短视频《请回答1921—2021》

《请回答1921—2021》是辽宁日报北国客户端为庆祝中国共产党成立100周年策划推出的系列短视频。该作品由10名90后记者担纲制作，他们带着问题出发，在上海、兴国、延安、北京、雄安、抚顺、武汉等地采访、拍摄，用青年一代的视角回望百年党史路。这些年轻的新闻人在行进中接受精神洗礼，在踏访中感知初心使命，把真实、饱满、鲜活的采访现场呈现出来，以年轻态表达展现百年大党的荣光与芳华。13期短视频重访13处历史现场，讲述了13段动人故事，以平等的对话方式和平实的语言替代抽象宣教，以小见大、以情动人，聚焦为年轻用户提供有营养、个性化的精神食粮。作品于2021年6月29日至7月12日在辽宁日报各新媒体平台陆续上线，累计播放量逾6000万人次。报道组还化身“宣讲队”，走进学校、厂矿、社区、机关，举行试映会、交流会，青年记者面向广大党员干部群众特别是青年群体“开讲”，说采访路上的所见所闻，谈学习党史的所感所思，受到热烈欢迎。报道组成员参加“2021年全国好记者讲好故事”大赛，凭借作品的独特视角和创新表达，获得全国十强的优异成绩，并在央视记者节特别节目中压轴演出。

《请回答1921—2021》在众多建党百

年主题报道中独辟蹊径，以90后群体为主角，用拍摄Vlog的形式重走百年党史路。产品自2021年6月30日发布第一期后，于2021年下半年形成多轮次传播，被人民日报、新华社、央视、光明日报等权威媒体广泛报道。同时，报道组走进各类社会机构，特别是高校，通过线下试映、线上互动等形式持续提升宣推力度。

作品二维码

九一八事变90周年大型全景新闻互动平台“起点”

2021年9月18日是九一八事变90周年。为纪念那场以辽宁为起点、卓越悲壮的14年抗战，辽宁日报北国客户端研发了大型全景互动平台——起点。主创人员除了多次到沈阳九一八历史博物馆调研、采访外，还远赴黑龙江省东北烈士纪念馆、侵华日军第七三一部队罪证陈列馆，通过大量历史文物、史料全面了解相关史实，多项最新研究成果通过这一平台全网首发。平台设置活动仪式、场景模拟、互动纪念以及“号角”“真相”“罪证”“英烈”“审判”“重逢”“文物”“云展”“记忆”等10余个专题板块，大量运用H5、短视频、图解、动画、海报等传播手段促进可视化、沉浸式场景表达，全景展现九一八事变那段遥远而又清晰的记忆。

互动平台从众多同类报道中脱颖而出，成为刷屏爆款，并入选党史学习教育优秀新媒体作品。

作品二维码

（辽宁日报社供稿）

吉林日报社

新媒体工作综述

2021年，吉林日报社按照“内容一体化、技术一体化、管理一体化”指导原则，大力整合传统媒体资源，扎实推进新媒体建设，在传播能力、平台建设、社会效果等方面均取得长足发展。

一、严守舆论导向，强化主题宣传

2021年，吉林日报新媒体坚持正确的舆论导向，圆满完成了围绕省委省政府中心工作、民生大事、重大活动、重要节日等重大主题报道任务，通过大量融媒体产品唱响主旋律，弘扬正能量。新媒体平台总发稿量近39万条，日均1068条。其中，彩练新闻客户端全年共发布稿件7.1万余条，日均194条，记者原创稿件1.38万条，日均39条，全年共制作专题91个。

在建党百年之际，彩练新闻客户端制作“奋斗百年路　启航新征程”专题，开设“追寻建党百年路　奋进吉林新征程”“中国共产党人的精神谱系”等12个子专题，多角度、全方位报道党的光辉历程。7月1日当天，吉林日报推出32个纪念专版，集中呈现中国共产党在白山松水间的奋斗足迹以及所取得的辉煌成果。彩练新闻客户端同步推出32个新媒体产品，营造喜迎建党百年的热烈氛围。

吉林日报新媒体发挥融合传播优势，以彩练新闻客户端为中心，在大吉网、吉林日报微信微博、“学习强国”学习平台等平台联合开展党史学习教育新媒体宣传，全年共刊发稿件4100余条。开设“我为群众办实事”“学党史悟思想办实事开新局”专题，吉林日报微博开设“携手新征程　奋进新时代”“奋斗百年路　启航新征程”“聚焦红色资源　赓续红色血脉”话题，积极转发党史学习教育相关稿件。

彩练新闻客户端和大吉网围绕全面建成小康社会、全省两会、大项目建设、冰雪旅游等重大主题、重大事件和重点行动，积极发挥客户端传播主渠道作用，及时发布了一系列有影响力的新媒体作品。

二、创新表达方式，打造精品力作

2021年，吉报新媒体团队设计制作融

媒体产品300余件，通过视频、长图、动画、H5等多种方式，鲜活报道，立体传播，生动展示，涌现出一大批精品报道，取得了良好的传播效果。《“粮食英雄”李玉访谈：做好食用菌大工程》《中华秋沙鸭，从长白山发给世界的一封信》等作品全网推送，获得读者和用户的广泛关注与好评。

全省两会、全国两会期间，吉报新媒体通过长图、视频等融媒体产品形式，报道两会热点话题，回应民生关切。H5作品《两会有声海报》，嵌入省长作报告的原声音频，通过“有声有色有形”的产品形式，实现了公众更加便捷、迅速获取政府工作报告内容的目的。连续3年承担省两会政府工作报告解读长图的制作任务，融媒产品《一图读懂政府工作报告2021》的二维码印在了报告首页，被省内30余家新媒体转发，获得了很好的传播效果。

2021年是建党百年，吉报新媒体先后策划推出了系列H5《中共党史中的吉林第一》、电子杂志《初心如磐》、H5手绘《百年吉林》、“建党百年庆华诞　振兴发展看吉林”大型融媒体报道等，唱响主旋律，传播正能量，营造了良好舆论氛围。

发挥好直播产品的优势，报道好省内要闻、重要活动。吉报新媒体2021年进行了65场视频直播，对省政府新闻办举行的34场新闻发布会进行视频直播，以彩练新闻客户端为主播平台，同时在抖音、视频号等视频分发平台同步直播，并对发布会中与民生关系密切的内容进行视频再编辑，在抖音等平台拆条推送，进一步提高了政策内容的公众知晓度。

围绕重要事件、重要时间节点推出海报、长图、短视频等形式的新媒体产品。短视频《那年七一我入党》、图文直播《烈士纪念日　吉林省暨长春市举行向人民英雄敬献花篮仪式》等，都是在重要时间节点推出的融媒产品。

关注民生热点，提供实用服务。围绕天气预警、疫情防控、假期出行、市长公开电话、购房补贴等民生话题，制作短视频产品，实现了服务信息的更广泛传播。

三、加强平台建设，提升传播能力

2021年，吉林日报新媒体进一步加大平台建设力度，一方面“建船出海”，全力筹划自主平台改版升级；另一方面“借船出海”，在第三方平台广泛布局，开设优质账号。

吉林日报官网大吉网全新系统改版上线，获得互联网新闻信息服务许可证，并被纳入互联网新闻信息稿源单位名单。改版后的大吉网内容丰富、界面时尚、体验流畅，当年总发稿量31406条，影响力快速提升。

全力筹划彩练新闻客户端改版升级，锚定东北领先、全国一流目标，大力整合内部资源，打通集团媒体内容渠道，探索技术迭代路径。直播技术、视频技术等迭代产品上线。报社自主技术团队赢鱼科技公司成为国家高新技术企业。

2021年，吉林日报全面加强媒体矩

阵建设，双微、央媒及各聚合商业平台账号、短视频平台账号的传播力、影响力大幅提升。

“学习强国”吉林学习平台终审签发室项目成功落户报社，于11月初在全国的省级学习平台终审签发系统中率先通过项目验收。

海外传播开创新局，短视频《乡村拍客》以韩语在境外传播，境外点击量过百万，H5作品《一位留学生的黑土地观察日记》，以中英韩俄四语发布，在脸书、推特、优兔、韩国NAVER等社交媒体平台传播。

2021年，吉林日报已建起十几种形态上百个端口的全媒体矩阵，自有新媒体发布端口阅读量超30亿次。

新媒体工作案例

手绘《百年吉林》

在策划之初，创作团队一直在思考，建党百年，如何用一件作品展现百年吉林的发展历程？如何呈现？如何出彩？如何挖掘图片资源，挖掘出更深度的内容？如何讲好吉林红色党史故事？

创作团队提前2个月进行策划准备，收集历史素材、文字、图片，精益求精，方案多次迭代。最终，创作团队决定利用手绘创作的优势，将历史照片素材进行手绘再创作，以图文并茂的形式再现百年党史中的吉林百年发展变迁、英雄人物以及精彩瞬间。

创作人员精心选取了从1921年至2021年这100年不同时期的图片素材100余幅，包括标志性事件、标示性事物、人物等。

作品全景式展现吉林百年巨变，角度新颖，引人关注，内涵深刻，在诸多同类作品中独树一帜。听觉上，以慷慨激昂的背景音乐，烘托吉林波澜壮阔的革命历程；视觉上，饱含岁月沧桑的历史图片经过手绘风格的艺术创作，形成了非常富有视觉冲击力的视觉效果，被赋予新的生命力，释放强大的感染力和传播力。作品在12月14日推出后，当日在吉林日报彩练新闻客户端上获得超过10万的点击量，多家省内外媒体在微信、微博、头条等平台转载。据不完全统计，24小时内各平台总阅读量上千万次。

作品二维码

“新吉林　新答卷”融媒体报道

2021年7月22日，习近平总书记视察吉林一周年之际，吉林日报精心策划，推出了以“新吉林　新答卷”为主题的大型融媒体产品。在连续7天的报道活动中，记者选取全省各地在党史上的结合点、共鸣点，进行深度采访和融媒传播。在整个报道过程中，吉林日报集中内容优势和平台资源，以多种形式、多样载体、多维视角讲述吉林故事。累计推出一个大型融媒体互动直播，及长图、H5、短视频等100余条融媒产品，并在微信、微博、头条、抖音、快手等第三方平台广泛传播，引导网友互动，全网阅读量超过100万次。

通过手绘长图《习近平总书记的吉林“足迹”》，回顾习近平总书记5年3次来吉林视察的足迹。

推出“新吉林 新答卷”系列短视频产品。视频中增加历史素材、背景资料等内容，以较为全面的故事线完整展现报道主题，让报道更加充实厚重。

制作推出H5《吉林·答卷》。7月30日，在彩练新闻客户端推出本次融媒体报道的收官作品——H5《吉林·答卷——把总书记的殷切嘱托落实在吉林大地上》。作品以金色“答卷”成色十足，红色“答卷”映照初心，绿色“答卷”婀娜多姿，蓝色“答卷”瑰丽灿烂，橙色“答卷”生机盎然为脉络，展现了吉林人民深入实施新一轮东北振兴战略，把习近平总书记的殷切嘱托全面落实在吉林大地上，以脚踏实地的奋斗精神书写气势恢宏的多彩答卷。

作品二维码

（吉林日报社供稿）

吉林广播电视台

新媒体工作综述

2021 年，吉林广播电视台视听新媒体中心坚持以人民为中心的创作导向，以传递主流权威声音为使命，充分发挥统筹策划、协同生产、集群联动的融合生产优势，围绕建党百年、脱贫攻坚、全省两会、全国两会等重大主题以及省内外时事热点展开立体报道，内容传播力、平台影响力、融合生产力进一步提升。

一、坚持内容为王，以互联网思维引领主题报道多元化

视听新媒体中心始终坚持以人民为中心的创作导向，以传递主流价值为使命，聚焦建党百年、乡村振兴等主题主线，强化守正创新，综合运用 H5、VR、手绘等新媒体手段，努力创作更多有温度、有深度、有高度的网络视听精品，着力讲好吉林人的奋斗故事，提高大美吉林美誉度。

1. 聚焦建党百年主题。开设“百年征程 幸福守望——庆祝中国共产党成立 100 周年”大型融媒体专题报道，匠心制作《吉林这百年》原创短视频，以时间为轴，从红色基因在白山松水间根植到血脉传承，展现吉林儿女在百年历程中甘洒热血、不畏牺牲、艰苦创业、敢于拼搏的奋斗精神；策划制作《我的入党故事》系列短视频，以在吉林省党建历史中发挥重要作用的人物为线索，通过第一人称讲述的方式，重温我们党艰苦卓绝、砥砺奋进的历程和带领人民脱贫攻坚、实现小康的伟大举措。

2. 聚焦乡村振兴主题。制作完成脱贫攻坚系列短视频《告别·赓续》（10 集），并策划创作新媒体产品 H5《小康路上故事多》，以页（界）面形式铺陈故事的典型场景，充分展现脱贫奔向小康的村民们赓续传承脱贫攻坚精神、开启乡村振兴新生活的决心和信心。作品被多家媒体平台转载转发，引起众多网友共鸣、共情。

3. 聚焦黑土地保护主题。联动全省县级融媒体中心，在习近平总书记视察梨树一周年之际，推出“保卫黑土地　守好饭碗田——聚焦吉林省黑土地保护”专题报道，推出《吉林省黑土地保护图鉴》原创手绘长

图，全面展现吉林省黑土地保护的举措及成效；2021年吉林省粮食总产量在连续8年稳定在700亿斤的基础上，首次突破800亿斤，特别推出《跟随小吉解锁黑土地增收密码》原创互动H5产品。

4. 聚焦全国两会、全省两会主题。全国两会期间，重点围绕政府工作报告做好解读类报道，可视化地呈现新闻“干货”，特别策划推出动态解读类产品——《图解两会丨未来可期！“十四五”，中国要实现这些目标》，“敲黑板”“划重点”，以灵活多样的形式让广大网友一图读懂报告内容。全省两会期间，推出政府工作报告“原声航拍大片”——《这五年，“吉”不平凡！》，回顾吉林省“十三五”发展成就，感受5年来吉林蓬勃发展强音。

二、集中优势力量，打造全媒体大直播品牌

2021年，视听新媒体中心移动直播业务迈上新台阶。以标准的技术规范和专业化的团队，全面加强全媒体大直播品牌建设，网络直播覆盖面以及联动力越来越强，直播形态越来越新，内容涵盖时政活动、突发（应急）新闻、政策活动发布会、大型晚会活动等，全年共承担了220余场直播活动任务，直播观看量突破5000万次。其中《全省大中小学同上一堂思政大课》点击量近110万次、《“奋斗有我，‘就’在吉林”——大学生创业就业报告会》点击量近213万次。9月24日进行的“2021中国500强企业高峰论坛平行论坛”系列活动，一天完成了17场网络直播，创下了单日最高直播场次和同一时间段7场并行同步直播的纪录。

三、加强集群联动，形成区域融合宣传新格局

2021年以来，吉林省县级融媒体中心暨全省融媒体集群从建设模式切换到整体提升攻坚模式。吉林广播电视台作为全省县级融媒体中心的省级平台主建单位，全面对接各市州广播电视台、县级融媒体中心，整合省、市、县三级广电媒体资源，在重大主题宣传报道、活动推广、业务培训交流、协同创新等方面加强协同联动，实现全省广电媒体“一盘棋”“一张网”“一键通”的区域媒体融合模式。

1. 以赛代练。2021年，视听新媒体中心联动全省县级融媒体中心开展建党百年融媒体新闻作品大赛，推出了一批鲜活生动、以小见大的优秀新闻报道。全省43个县级融媒体中心总计报送1730件作品参加月度展播，报送287件作品参与年度评选。

2. 联动报道。联动推出《保卫黑土地　守好饭碗田——聚焦吉林省黑土地保护》《丰收在“吉”正是田园好风光》专题报道，生动报道了农民丰收节之际各地火热的丰收景象及庆祝活动；与全省融媒体集群13家媒体联动完成《最美四月天　“吉”美乡村游》全省联动大直播，全网总点击量超

450万次，网友互动留言3.8万条。

3. 数据调度。2021年以来，按省委宣传部对各个县融中心运营客户端情况的调度要求，视听新媒体中心对下载量、日活量、发稿量、阅读量等数据加以统计和分析，及时形成全省县融集群的月报、季报和年报，辅助省委宣传部对各地区新闻生产的内容和效果进行监测和调度，大大调动了各县融中心的活跃度，全省各子端都取得长足进步。

四、强化资源集约，矩阵平台影响力稳步提升

2021年，吉视网、吉视通、吉林融媒共开设网络专题51个，完成直播活动220余场，发布文稿3.2万篇，视频3.9万个，制作海报及图解360张，总阅读量过亿。在吉视通客户端、吉林融媒客户端开设“央媒看吉林”专栏，汇聚央媒对吉林省的报道，吉林融媒平台年度采纳各地推荐报道2.8万篇，全年央媒新媒体平台发稿量达到6000多篇次。

2021年吉林广播电视台官方客户端吉视通新增下载46万次，比2020年年底增加106.6%，累计下载量达到90万次；吉林融媒新增下载112万次，比2020年年底增加139.6%，累计下载量194万次。微信、抖音等21个第三方平台总阅读量17亿+次，新增粉丝50万。短视频平台产生320条100万+播放量视频、7条1000万+播放量视频，单条最高播放量超6100万次。

新媒体工作案例

《H5丨小康路上故事多》原创新媒体产品

习近平总书记在2月25日全国脱贫攻坚总结表彰大会上庄严宣告，经过全党全国各族人民共同努力，在迎来中国共产党成立100周年的重要时刻，我国脱贫攻坚战取得了全面胜利。在这样光荣的历史时刻，吉林广播电视台策划推出融合报道《H5丨小康路上故事多》，通过多路记者蹲点采访，深入挖掘告别贫困的人们和驻村第一书记过去几年间“想在一起、过在一起、干在一起”的难忘历程，以记者讲述的方式凝练成“一顿饭”“一封信”“一首歌”“全家福”等6个故事，以H5界面形式铺陈故事的典型场景，充分展现在党的领导下我国脱贫攻坚取得的历史性功绩，以及脱贫奔小康的村民们赓续传承脱贫攻坚精神、开启乡村振兴新生活的决心和信心。

作品融合文字、视频、音频、图片、动画、音效等多种表现形式，网络特点突出，互动性强，体验感好，同步在网络端和电视端融合传播。作品在吉视通客户端点击量2.8万+，H5独立链接点击量14.5万+。

作品二维码

《最美四月天 “吉”美乡村游》全省联动大直播

吉林广播电视台视听新媒体中心依托吉林融媒总端平台，携手全省融媒体集群三级联动，充分调动市、县（区）融媒体资源，总端与子端紧密配合、通力协作、“众筹”生产，围绕发展乡村旅游业和现代农业，于2021年4月开展了《最美四月天 “吉”美乡村游》全省联动大直播，联动全省县级融媒体中心征集最美乡村游打卡地。历时22天，最终确定与全省融媒体集群13家媒体联动完成此次直播。直播于4月24日正式启动，通过“演播室访谈＋外景主播连线”方式，在五一小长假前展示省内13个地区的乡村游美景、美食、节事和体验活动。结合直播内容，推出《“吉”美乡村游|打卡农安县陈家店，这里太适合亲子游了！》等11篇系列报道，进一步宣传省内优质乡村旅游资源，助力激活省内乡村游消费市场。直播同步在吉视通、吉林融媒客户端、全省43个县级融媒体中心客户端、央视、人民日报、新华网等央媒新媒体平台，抖音、快手等商业新媒体平台推送。直播持续3.5小时，总点击量450万＋次，网友互动留言3.8万条。

作品二维码

（吉林广播电视台供稿）

吉林省互联网传媒股份有限公司

新媒体工作综述

2021年，吉林省互联网传媒股份有限公司（以下简称“吉网传媒”）坚持稳中求进、守正创新，以科学合理、不断创新的传播模式，进一步提升了网络新型主流媒体的权威性和公信力，在巩固大宣传格局，掌握舆论主动权等方面发挥了重要作用，各项工作取得了一定的成绩。

一、集中精力做好重大主题报道，助推主流媒体传播力、影响力稳步提升

调整考核杠杆，把新闻作品尤其是重大时政类作品在各平台的浏览量、点赞量、转发量等数据作为考核的重要参数指标，把评奖权重向传播力倾斜，引导记者在规定动作里调整角度，转变文风，提升主题报道的可读性与传播力。推出“与有荣焉 因你之名——全国五大网络媒体特别联动‘追寻先烈足迹 寻访英雄同名城’”大型融媒主题采访、“百年铸魂 牢记嘱托！中国吉林网‘2021，吉林振兴进行时’”大型主题调研采访活动、“保卫黑土地 筑牢大粮仓”网络主题活动、“建党百年庆华诞 振兴发展看吉林”、“美丽乡村纪事 走进乡村看小康”等重大主题报道3500余篇，实现每季度1—2个重大主题原创策划报道，每月4—5个重点系列报道，每周1—2个重要系列报道。各类原创报道及新媒体产品全网总传播量超15.3亿次。“与有荣焉 因你之名——全国五大网络媒体特别联动‘追寻先烈足迹 寻访英雄同名城’”大型融媒主题采访作品入选中国记协新媒体专业委员会庆祝建党百年融合报道创新案例库。

二、媒体融合不断深化，媒体矩阵的聚合功能得到充分释放

1. 品牌建设不断提升。形成“四核双环十大平台”的新媒体产品矩阵，即中国吉林网、中国彩虹网、吉刻新闻客户端、吉林云媒融媒体中央厨房自有媒体四核；吉网双微集群、吉网PGC发布集群全网传播双环；网络舆情、电子商务、信息化集成等十大产业功能模块，实现对主流新媒体产品全面覆

盖。以打造“省内网络宣传第一平台”为目标，完善政务、旅游、金融等频道功能，保证优质频道的稿件日更新量。持续推进第一新闻、长白时评等特色频道建设，用频道的创意性、独特性吸引用户关注。推出“新发路观察+”“吉林政事儿一周报”等适合移动端传播的栏目，深化网民对吉网传媒的新媒体多元化形象认识。

2. *融媒体产品质量不断提升*。出台《记者直播规范流程》《时光映像工作室视觉影像产品标准及规范》等制度、规定。新媒体采编队伍工作重心向移动端转移，在稿件发布上优先吉刻客户端。记者、编辑全部具备采访、写作、拍摄、制作、直播等综合能力和主流媒体工具操作运用能力，平均每天生产文字、图片、音频、视频、H5、动漫等全媒体内容超过110条。丰富、提升旗下新媒体产品内容质量，超过70%的优质原创内容被全网转载。

3. *多端移动直播成为工作常态*。依托5G智媒实验室大演播间、虚拟演播间和先进的制作播出平台，开发了一系列涵盖访谈、科普、带货、服务类直播节目，如东京奥运会特别节目“天天奥运会”“全国五大网络媒体特别联动‘追寻先烈足迹 寻访英雄同名城’”等。全新的制作播出系统，普遍运用上游字幕条、下游分屏、插播、慢直播等包装手段及“边播边剪”的拆条制作方式，实现了高码率、低延时、高灵活、低故障的直播采集流程。吉刻、抖音、快手、头条、微博等平台矩阵单点推流多点分发模式，传播力得到进一步提升，粉丝量超2000万。

三、注重运用新技术、新应用，客户服务能力和水平进一步提升

1. *“吉林云媒融媒体中央厨房”系统实现迭代升级*。实现各类媒体文字、图片、音频、视频等流媒体信号一站式集纳，经“中央厨房”统一加工后，一键分发至各种媒介、各种形态发布终端，实现新闻资讯的再整合、再编辑、再发布，建立起多媒介、多层次、多角度的立体传播体系。

2. *5G智媒实验室建成并投入使用*。2021年，吉网传媒5G智媒实验室建成并投入使用，实现远程“5G+4K”视频直播能力。打造面向5G和“四全”媒体时代的AI智能编辑部，服务、赋能全媒体新闻产品的生产、加工与传播。

3. *舆情大数据产品市场占有率不断提升*。建立包括舆情监测系统在内的大数据产品体系，面向全省政务和企业用户提供系统运维、舆情监测、舆情分析报告、媒介素养培训、定制信息服务及大数据分析报告服务，累计制作舆情报告6134篇，日均报告近26篇。舆情产品在省内网信系统市场占有约60%。

4. *代运维服务成为政务服务、商务服务的一个新增长点*。基于吉网CMS内容管理系统，为政府和企业提供网站建设“一站式”服务，为吉林省文明网等提供相关技术运维服务，保障网站及系统稳定运行，

为吉林发布、长春发布等多个单位和项目的网站、微博、公众号或抖音号等提供日常内容更新维护服务。目前，代运维服务客户30个，涵盖了吉林经济社会重点领域和重要部门。

新媒体工作案例

对话省人大代表：中国吉林网首次实现5G全息异地同屏访谈

2021年吉林省两会召开之际，中国吉林网首次采用5G+全息成像技术，让远隔两地的主持人和人大代表能实时“面对面”交流。为此，中国吉林网在长春市、四平市梨树县两地设置了分演播室，采集省人大代表、梨树县农业技术推广总站王贵满站长的影像并通过5G信号实时传输到长春，再利用全息成像技术以真人等比例大小显示，实现了异地同屏交流的访谈效果，以往科幻大片里的场景跨进了现实。

在5G全息异地同屏访谈中，代表与记者“面对面”实时交流毫无障碍，5G网络的千兆级超高带宽和毫秒级的低延时，打破了距离限制，极快的网络环境和极短的网络延时，让一方“喂喂喂”、另一方“啥啥啥”的连线场景成为历史。

目前，中国吉林网已基本形成“5G+4K+VR”全媒体演播能力、5G全息虚拟远程对话交互演播能力、5G外场直播、VR全景直播能力、“5G+4K”全媒体远程直播能力以及短视频AI智能生产能力，为在5G时代激烈的媒体深度融合竞争中“脱颖而出”打下了坚实基础。

“与有荣焉　因你之名——全国五大网络媒体特别联动‘追寻先烈足迹　寻访英雄同名城’”大型融媒主题采访活动

2021年4月到5月，在中国共产党百年华诞即将到来及全国上下党史学习教育深入推进之际，中国吉林网发起，联合黑龙江东北网、陕西网、山西黄河新闻网、河北长城网等全国省级重点新闻网站，精心策划重磅推出了这一大型融媒主题采访活动。来自全国省级重点新闻网站的五大网络媒体的数十位记者，深入践行“四力”，忠实履行使命，在1个多月时间里，先后奔赴吉林省、陕西省、黑龙江省、山西省、河北省的7座英雄同名城市——靖宇县、志丹县、子长市、子洲县、尚志市、左权县、黄骅市，追忆英雄史诗，感受山河巨变，为建党百年献上了一份厚礼。

37天时间里，五大网络媒体联合报道组，紧紧把握网络传播的特点和互联网特性，运用新技术、新手段、新表达方式创新设计推出了一批高水准的海报、文字、图集、直播、视频、VR融媒产品，并充分利用自有宣传平台及所属微博、抖音、快手等社交媒体，从历史与现实的双重视角和维度，围绕英雄城市的历史、政治、经济、社会、文化和生态等方面，通过采访、讲述、对话、观察等各种新媒体报道及呈现方式，进行了全方位、立体式聚焦，彰显了主流党网、重点新闻网站的责任担当。据不完全统计，整个大型融媒主题采访纵横数千公里，五大网络媒体共推出14场直播、33篇报道、22个融媒产品，全网总传播量近2000万次，相关作品入选中国记协新媒体专业委员会庆祝建党百年融合报道创新案例库。

作品二维码

（吉林省互联网传媒股份有限公司供稿）

黑龙江日报报业集团

新媒体工作综述

黑龙江日报报业集团把做强融媒传播平台——龙头新闻客户端作为发力点和突破口，全面落实中办国办《关于加快推进媒体深度融合发展的意见》，大力推进融媒建设，全面打造新型主流媒体。2021 年 1 月 1 日，龙头新闻客户端正式上线，下载量平均月增近百万，新型主流媒体建设呈现虎虎生气和跨越式发展的良好态势。具体体现为 3 个突破：一是移动传播主场化，客户端由附属和配角变为主导平台，成为融媒主战场；二是传播格局一体化，“你就是我，我就是你”的“龙头 +”移动融媒新生态模式正在构建成型；三是平台建设品牌化，“龙头 +”初步实现由粉丝推广向品牌推广并重，由此带动了整个报业集团影响力和声誉的大幅提升，形成了龙头品牌的牵动效应。

一、主阵地转场

在推进媒体深度融合进程中，明确移动优先，做大做强龙头新闻客户端是打造新型主流媒体的一个战略选择，发挥其领航作用。集团把龙头新闻品牌建设确定为打造新型主流媒体的“一号工程”“一把手工程”，内容生产、下载安装、技术升级、黏性互动、品牌推广同步建设。

龙头新闻客户端被定位为移动互联时代报业集团全新的主阵地、主渠道、主战舰，并以此全面构建“龙头 +”全媒体生态，打造“新闻 + 政务服务商务”全新业态，新型主流媒体建设迈出重要步伐。

目前，龙头新闻客户端为旗舰，新闻网站、视频账号、音频账号、微信、微博等多终端构成新传播矩阵，“龙头 +”传播舰队规模初具，覆盖用户已超 6000 万。

二、报道运行模式转变

突破报业传统的灌输式、单一化报道模式，向“报道 +”“新闻 +”转化，“新闻 + 政务服务商务”成为自觉追求。结合媒体定位和本地实际，以政务报道改革为突破口，充分挖掘政务新闻的外延潜力和核心优势，围绕政务报道延伸生成一系列合作和活动。

目前，集团与黑龙江省林草局、省乡村振兴局、省文旅厅、兴业银行哈尔滨分行合作的“龙江林草”“乡村振兴”“龙江文旅”“兴业金融”频道相继上线；与省医保局、省供销社、省邮政公司、哈尔滨工业大学、中国联通黑龙江省分公司等签署战略合作框架协议。

通过“报道 +”的延伸，举办各类活动近百场，覆盖全省 80% 的系统、地市、战线，服务人群超过 2000 万人次。2011 年 11 月举办的第二届黑龙江省妇女创业创新大赛，龙头新闻客户端新增下载量 15.2 万次、全网真实播放量 150 万次。2011 年 6 月启动的全民禁毒宣传活动，为龙头新闻“拉新”77 万人，创单项活动“吸粉”之最；各地市、行业记者站以“我为群众办实事”为载体，紧盯机关干部、高校师生等目标群体，均创出可喜的推广佳绩。

“高校学子讲述百年党史故事”活动，集团 20 多个部门通力配合，与职能部门共同探索政校合作、省市联动的传播新路。全省 80 所高校“戴着党员徽章”的龙江学子“C 位讲述”百年党史故事，吸引全省 79 万名大学生观看展播，参与投票人数突破 200 万人次，既有独家流量爆款，也有创意产品表达，在建党百年之际全网推广，展现了党媒的传播力、引导力、影响力和品牌价值。

“新闻 + 政务”的增值服务模式，正在成为“吸粉”“固粉”的核心牵动力，为吸纳更多“第三方”打下了良好基础。

三、目标人群转移

紧紧抓住融媒日趋粉丝化的时代特征，探索新时代主流媒体“接地气”的下沉路数，在注重传统的“高端人群”“精英阶层”人群定位的基础上，拓展视野宽度，向更大的公众需求靠拢，调整为谁写、给谁看的问题，落实“读者在哪里，受众在哪里，宣传报道的触角就要伸向哪里”的要求。

龙头新闻客户端设立了“民声”“安居”“帮办”“招聘”“科普”等大众化便民服务频道，反映百姓生活，通达社情民意，落实“三贴近”，提升党媒在普通公众中的亲近感、有用度；拥有近 500 个入驻主体的“龙头号”，千余名忠实写手的“采客”频道，已成为重要的用户聚合平台、信息聚合平台；“记者走基层”专题长期开设，增强了党媒和大众间的亲和度。

四、内容生产方式转型

为增加龙头新闻客户端的黏性，改变简单粗暴、上情下达的生硬报道方式，内容生产提档升级，由“粗慢浅硬”向“细快深软”转型，专注内容质量的提升，突出原生性、独家性，大幅增加原创产品比重，把指令性报道转化为兼具温度的个性化报道、自主性报道，以“共情”为落脚点，追求与群众、与社会的共鸣效果。通过柔性表达，不断增强用户黏性，提升媒体的凝聚力、吸引力。

2021 年启动的“松花江上 · 百年印记”

全媒体大型报道，放弃以往高高在上的姿态，从小切口、小细节入手，重情感，重故事，通过微纪录、短视频、电子海报等网友喜闻乐见的亲和方式，以小见大，见微知著，展现党的十八大以来松花江两岸及流域发生的历史巨变和伟大成就，牢牢抓住了受众的内心关切和兴奋点，传播效果倍增。

围绕抗疫主题推出的大量融媒产品《巴彦兴隆镇，是个什么镇》《21天！愿今夜黑河，轻轻入眠……》《非常五常》，均是从"共情"切入，寻求与网友的"共振"，以诗化语言和情景交融的表达，直抵受众心灵，传播迅速"破圈"。

报道方式突出创新创意，短视频、VR、AI、H5、手绘漫画、5G、交互等这些曾经的"新事物"，如今已成为"新常态"。

五、考评规则转向

龙头新闻客户端上线伊始，采编绩效考核便跟进调整转向：明确移动优先，明确在客户端发稿为"第一落点"。除特殊稿件外，稿件必须先交客户端刊发，否则不予考核。龙头新闻客户端首发的稿件，纸媒和第三方平台采用后，根据位置和阅读量等指标给予20%—50%的加权。纸媒转变为客户端的精华版，其引流功能、门户功能、权威品牌功能为龙头新闻发展赋能。两者相辅相成，相互促进，形成"你就是我，我就是你"的格局。

考评规则的调整，从制度上生成根本性的导向动力，强力引导采编全员向融媒主阵地发力，内容生产向融媒主平台汇聚，彻底解决了多年来制约融媒改革进程的"两张皮"问题。

六、采编队伍转身

主力军全面挺进主战场，2021年年底实施新的"三定"方案，对分散在传统业务部门和新媒体业务部门的采编力量进行优化整合，建立适应全媒体生产传播的一体化组织架构。原融媒体中心一分为二，设立龙头新闻编辑部，强化龙头新闻客户端的运营、管理、维护；设立品牌推广部，全力推广集团品牌和龙头新闻品牌，强化内容营销、产品营销、平台营销；采编力量向移动端汇集，33个采编部门中有30个在龙头新闻设有频道，主力军全面挺进龙头新闻主战场已成为基本态势。

融媒培训全覆盖、常态化，解决转型发展中报业"老人"观念上的"破冰"、技能上的"蝶变"，同时全面提升报业"新兵"的专业素养，全面培养创新能力强、业务素质高的全媒体复合型人才，夯实集团发展的人才根基。

（黑龙江日报报业集团供稿）

黑龙江广播电视台

新媒体工作综述

2021年，黑龙江广播电视台（省全媒体中心）按照习近平总书记提出的推动媒体融合发展、主力军进入主战场的要求，深入贯彻中央和省委重大决策部署，在省委宣传部领导下，全力组建黑龙江省全媒体中心，加快省级技术平台建设，实现省市县融媒平台、省新时代文明实践中心平台、省志愿服务枢纽中心平台三大平台的贯通。2021年，黑龙江广播电视台（省全媒体中心）以“三个强化”努力构建融媒传播生态圈，融媒传播矩阵全网粉丝近2亿，极光新闻客户端下载量突破2000万次，不断提升主流舆论引导能力、精品内容传播能力、信息服务聚合能力。

一、强化省级移动客户端平台建设，以“三大平台贯通”夯实融媒发展之基

黑龙江广播电视台以加快省级技术平台建设为引领，以打造极光新闻客户端为牵动，打破资源、技术、空间、信息壁垒，连成片，结成网，为融媒发展夯实基础。

1. 实现省、市、县三级融媒平台贯通。大力进行渠道、平台整合，极光新闻客户端已经与10个市（地）、67个县融媒体中心实现贯通。上线“黑龙江省级文稿库”，跟各市县融媒资源共享、信息共享，实现“中央厨房内容池、分级管控、一键智能推送、数据可视化”等功能，全省媒体从分散向集约、从各自为战向协同发展转变。

2. 实现省新时代文明实践中心平台贯通。共有142个省、市（地）、县（区）三级新时代文明实践站所建立了线上服务功能，其中已有134个入驻了极光新闻客户端搭建的全省新时代文明实践联动平台，让文明实践线上阵地功能得到充分发挥，为实现省、市、县、乡、村五级连接应用，打通基层党的理论宣讲、文化建设和为民服务“最后一公里”的目标奠定传播基础。

3. 实现省志愿服务枢纽中心平台贯通。黑龙江省文化志愿服务云平台嵌入极光新闻客户端，统筹推进、定期组织、大力宣传“文化志愿”服务活动。注册志愿者数达到500万，志愿服务团队10.5万个，年志愿服

务时长1700万个小时，让文化志愿服务成为龙江精神文明建设的一张名片。

三大平台贯通，推动全省融媒建设一盘棋部署、一体化推进、一张网联动，提高了传播力、引导力、影响力、公信力。

二、强化三个维度融合传播，以内外宣传联动构建立体传播矩阵

1. 内部集合，形成联动大小屏的传播矩阵。黑龙江广播电视台自有App、网站、微信、微博、视频号等新媒体平台，全网粉丝近2亿。其中，极光新闻客户端下载量突破2000万次；极光新闻学习强国号在全国1000多个学习强国号排名中稳居第一名；东北网跻身全国网站头部平台，在黑龙江网站中排名第一；《新闻夜航》新媒端全网粉丝总数近1800万，稳居全国前列；“黑龙江交通广播”微信公众号位列全国民生类微信公众号前十；快手官方账号“龙视频”粉丝量近千万，成为东北地区快手第一媒体账号。黑龙江广播电视台以健全的宣传联动机制，发挥自有强势平台作用，放大传播声浪。

2. 纵向联动，形成省、市、县三级融媒联动宣传矩阵。依托极光新闻客户端，与省内各市（地）、县融媒体中心联动推出《黑龙江百家媒体“接力连麦”致敬红色印记》《日出东方》等大型融媒报道，实现全媒多屏互动；在应对暴雪、暴雨等灾害天气时，联合省内几十个地市县融媒体中心，进行全方位、多角度、立体式报道。纵向联动让广电融媒传播的联结力、服务力不断增强。

3. 横向拓展，形成吸附全网受众外部协作矩阵。加强与央媒、省外媒体、商业平台宣传合作，创作短视频《你好，我是黑河》，20小时内央视新闻客户端、人民网、光明网、环球网等重要网络平台纷纷转发；短视频《猛虎进村人心惶惶》全网播放量达7933万次，《乡村的孩子唱出天籁之音》点击量突破1亿次；在“迎北京冬奥、游龙江冰雪”宣传活动中，与抖音平台合作开设“赏冰乐雪在龙江”话题，浏览量达4.5亿次。

三、强化融媒产品生产创新能力，以优质内容提升新闻宣传引导力

1. 创新主题宣传融媒矩阵传播新模式。建设黑龙江省党史学习教育新媒体平台，创新开展“读、听、悟、谈”4种学习方式，“党史学习”频道总访问量超过6.3亿次，成为全国党史学习教育专业平台中的优秀典型；创新推出党的十九届六中全会精神黑龙江省“随身听”融媒传播矩阵，发挥音频“伴随式”、新媒“互动化”等优势，利用客户端、乡村大喇叭、高校广播站等传播渠道，打通理论传播“最后一公里”。

2. 创新运用先进融媒传播技术。在全国广电媒体“两会”报道中，创新运用5G全息虚拟投影技术，开全国广电5G远程同屏访谈先河。引入新技术，实现由5G智慧电台系统自动生成及播出，黑龙江交通广播全天整点新闻《998正在关注》改由AI智能

主播呈现。探索媒体融合蓝海，进入虚拟主播“新赛道”，与哈尔滨工业大学联合开发垂类虚拟数字智能主播“凯小淇”，入选“2021 年全国广播电视媒体融合成长项目”。

作品二维码

新媒体工作案例

实现省、市、县三级融媒贯通

按照中共中央办公厅、国务院办公厅印发的《关于加快推进媒体深度融合发展的意见》，以及黑龙江省融媒发展要求，目前全省 67 个县级融媒体中心均建设了自有新闻客户端。为了更好地推进媒体融合发展，全省一盘棋，形成聚合力，黑龙江广播电视台以极光新闻客户端为主平台，依托自主研发的省级技术平台搭建了省、市、县三级融媒贯通平台。目前全省 13 个地市中，已有 10 个市级融媒、全部 67 个县级融媒数据接入省级技术平台。用户登录极光新闻后，无须下载就可以进入并看到相关市县融媒内容。

省、市、县三级融媒贯通后，为真正达到可管可控，全省主题与政务宣传“一盘棋”，极光新闻客户端研发了“一键分发”与“一键删除”功能，使省、市、县三级融媒实现优势共享与内容共享。2021 年 11 月 12 日，中共中央举行党的十九届六中全会新闻发布会，省、市、县三级融媒联动平台首次启动了“一键分发”“一键霸屏”功能，将发布会视频直播信号同步在全省 67 个县融平台的首屏首页中呈现。

党的十九届六中全会精神黑龙江省“随身听”融媒传播矩阵

2021 年 11 月 22 日，在党的十九届六中全会闭幕 11 天后，中共黑龙江省委宣传部指导，黑龙江广播电视台联合省直机关工委、省委教育工委等部门共同策划推出了党的十九届六中全会精神黑龙江省“随身听”融媒传播矩阵。矩阵由极光新闻客户端、覆盖全省 9180 个行政村 800 万人口的乡村大喇叭、覆盖全省 80 所高校 85 万名大学生的高校广播站及小程序等社会化平台构成。极光新闻客户端作为传播矩阵的内容生产和分发平台，开设“全会精神‘随身听’”频道，下设“决议听悟”“要点问答”“学习体会”“学习动态”四大专区。通过录制《决议》音频全文、要点问答 100 条等内容，供广大党员群众认真学习领会。党的十九届六中全会精神黑龙江省“随身听”融媒传播矩阵和相关内容产品，发挥音频产品“伴随式”收听优势和新媒体互动传播的特点，营造了可以随时听、随身学，可交流、能分享的互动学习氛围，推动全会精神入脑入心。

作品二维码

（黑龙江广播电视台供稿）

上海报业集团

新媒体工作综述

2021年，上海报业集团贯彻落实中央、上海市委重要会议精神，在服务全局大局中积极作为，全力推进主流媒体深度融合发展，全力做大做强主流舆论。

一、加强主流媒体融媒体内容生产，加快构建全媒体传播体系

1. 解放日报完成融媒体指挥中心流程再造，深化平台转型，打造公号矩阵，不断加强“上观号”政务新闻聚合平台建设。报社围绕原创内容生产，推出“信仰之路”主题宣传、“百年百版”特刊等重大策划项目，其中“信仰之路”主题宣传特刊共43期，新媒体报道被大量转发；100版“七一”特刊和《印迹——100版里的中国共产党100年》特刊，在上观新闻、“学习强国”学习平台、微博、抖音、视频号等同步推出。

2. 文汇报全新组建融媒体视频聚合部，并精心打造民生、科技、外宣报道矩阵，做强教育、体育、理论报道。重磅推出“一个都不能少——长卷寻宝”主题策划，以插画、动图、短视频、H5互动游戏等形式，讲好中国故事，打造面向“Z世代”的网络正能量爆款，并上线手绘长卷《一个都不能少》“Z世代”手绘扶贫插画互动作品。

3. 新民晚报突出“全媒体工作室”和“上海时刻”视频平台的双轮驱动效应。设立100个“新民帮侬忙”和“新民拍客”联络点，推进拍客平台建设。抓住东京奥运会等节点，在抖音平台推出记者视频号。与市政府新闻办共同策划制作《百年大党——老外讲故事》百集融媒体产品，在国内国际舆论场上引发关注，实现了社会效益、经济效益双丰收。

4. 东方网定位于“了解上海城市生活的综合性平台‘一站式入口’”。形成《东方网综合性新型网络传播平台框架性方案》，并于9月30日正式更新上线综合性新型网络传播平台客户端第一版。

5. 澎湃新闻加速内容生产供给侧结构性改革。在财经、科技、外宣、民生等领域全方位发力，日产原创全媒体内容超400条，其中视频超过200条，原创率达到99%，客

户端用户数达 1.92 亿。积极聚合优质外部内容，澎湃号 2021 年年底前入驻的各类政务号已超 2 万家，入驻湃客的机构 / 个人创作者已超过 3400 个。全面提速“第六声”平台化建设，全年覆盖用户 7600 万人次，海外传播新项目“中国故事”播客已成为 SupChina 平台博客专区收听率最高的板块。

6. 界面财联社围绕“金融信息服务”战略，上线 VIP 会员、ESG 频道等特色栏目，平台项目获文创资金扶持。围绕金融科技战略，推动与言实出版社的战略合作，共同打造服务于社会公众的专家咨询体系；推出舞阳金融终端，开拓数字化服务新方向；搭建面向金融机构、快速执行的服务型专家网络——蜂网，目前已覆盖机构客户 25 家。

7. 新闻报社重点推出首席产品官制度。推动 021 视频、视频号、市民生活指南等团队发展，其中 021 视频以月均 10 亿流量、近 20 条热搜成为区域现象级产品；视频号“魔都新鲜事”凸显时尚气息，获得百万关注。

8. 上海日报明确海外社交媒体平台是未来争夺海外影响力的重要阵地。鼓励建立工作室，开设垂直类海外社媒账号，形成海外社媒矩阵。同时建立海外社媒研究工作室，为有海外社交平台的中国企业、政府部门提供有价值的研究成果。

二、加快技术优化媒体融合生产流程，不断提升技术创新能力

集团以“20 · 50”智媒体矩阵为基础，对内加强对新技术应用的梳理、分析、研判，迭代更新 20 个单元格的具体项目；对外开门强技术，拓展与前沿技术企业合作路径，实现技术创新能力的新提升。

1. 提升媒体技术创新能力。解放日报、文汇报、新民晚报、新闻晨报持续优化媒体融合生产流程。同时，解放日报聚焦智能辅助创作系统的各功能点，开展软件研发，提高融媒体内容生产效率和质量。东方网建设“东方链”区块链版权平台二期，完成政务 + 数据交互系统一期。澎湃新闻推进“澎 π 系统”“澎湃算法”“清穹系统”“π 视频系统”的算法改进和平台优化，其自主研发运营的“清穹内容风控智能平台”入选“2020 年中国报业深度融合发展创新案例”，并被评选为“全国新闻出版深度融合发展传媒类创新案例”。

2. 集团与上海市大数据中心达成战略合作。围绕加大“一网通办”宣传力度、加强“一网通办”服务指引、深化项目合作、培养专业人才等方面强强联合，深化政媒协同创新，共同发掘上海特大城市为民服务和社会治理的新路径。

3. 正式启动上海金融大数据联合创新实验室。由界面财联社旗下财联社牵头，国泰君安证券、嘉实基金、华为、上海交通大学联合共建。财联社将发挥优势，结合与言实出版社的合作，通过金融大数据实验室和智库研究室这两个项目，助力上海建设智慧型的金融中心和金融科技中心。

4. 与华为软件签署合作备忘录。共同探索基于算法创新的智能运营技术应用，更大程度

激发在华为手机终端开展内容分发的能力等。

三、构建全媒体人才队伍建设，助推人才投入媒体融合改革发展

2021 年 3 月，集团研究制定《关于加强全媒体人才队伍建设的实施意见》，构建符合媒体深度融合发展需要的人才资源体系。集团各媒体结合实际逐步形成全媒体人才队伍建设的长效机制。

1. 强化政治教育引导，提高队伍政治站位。集团通过各种活动和举措，强化政治引领与业务融合，加强全媒体人才的思想淬炼和政治历练。各媒体扎实开展马克思主义新闻观教育，增强“四力”教育实践，做到骨干人才政治觉悟、业务能力“两手抓”。

2. 构建矩阵释放活力，拓宽人才发展空间。集团各媒体以打造特色品牌工作室为基点，培养“红色大 V”，逐步形成个性化多平台的媒体产品，吸引更多优秀全媒体人才积极投入媒体融合改革发展中。

3. 加大全媒体培训比重，提供知识技能保障。集团搭建对话学习平台，与互联网营销公司、科技公司等开展跨界交流，组织“全媒体系列工作坊”、首席人员实地学习、技术生态“破圈工作坊”参访等系列培训活动。

新媒体工作案例

“信仰之路”大型主题采访活动

为庆祝建党百年，解放日报·上观新闻开展“信仰之路”大型主题采访活动，41 个融媒体报道小组赴 28 省区市采访，行程数万公里，历时近一年寻访党史上的重要历史地标、历史事件，采访大量人物，观察今昔变迁，勾勒出百年大党的精神谱系和成功密码。同步推出的大型融媒体 H5 作品《信仰之路》对主题寻访中积累的海量一手材料进行再梳理、再加工，提炼出“启航”“革命”“探索”“改革”“追梦”5 条线索，以融媒体方式立体化、具象化呈现“信仰之路”的全貌，展现党的百年奋斗历程。

作品有机融合文字深度报道、纪实摄影、短视频、地理信息图、数据分析、平面海报等多种传播载体和样式，产品生产过程亦打通文字、视觉、技术等多个工种，创新生产流程，全程全媒体生产。作品在发布后获多个平台转载，获得不俗的阅读量。本作品对于大体量、大规模的重大主题报道，如何在保持权威性、专业性和深度特色的基础上进行多形态呈现、聚合式传播，进行了有效探索，为主流媒体探索高质量融合传播提供了有益样本。

作品二维码

《百年大党——老外讲故事》系列报道

建党百年之际，上海市新闻办与新民晚报社合作推出百集融媒体产品《百年大党——老外讲故事》，邀请百位在沪外国友

人，分享在中国、在上海的故事，成为主流媒体建党百年报道的现象级产品。

创意先行："外眼"视角引发共情。超28万外国人在沪就业，邀请老外讲故事给老外听，更有说服力和感染力，更容易在国际舆论场引发同频共振。

流程再造：有效整合各方资源。报社共89人协同作战，市政府新闻办和市委网信办不遗余力地推广与支持，积极整合资源，扩大了影响力和传播力。

传播为重：众人拾柴合力推广。新民晚报海外账号"Voice of the Bund"在海外社交媒体平台每日更新；新民晚报海外版向20多国合作媒体发稿数百篇；"学习强国"学习平台首页推荐"老外讲故事"专题；中国国际电视台、中国日报等中央外宣媒体重点推送；通过星空卫视、北美在线、法国华人卫视，覆盖近2亿海外受众……

机制探索：线下拓展打造IP。报社与市新闻办共同打造"老外讲故事"俱乐部，2021年6月，百位受访老外成为首批成员，通过举办对话会、参观、传统文化体验等线下活动，团结和凝聚更多外宣力量，讲好中国故事，传播好中国声音。

作品二维码

（上海报业集团供稿）

上海广播电视台

新媒体工作综述

近年来，上海广播电视台积极求新求变，进一步构建立体式的全媒体融合传播体系。截至2021年12月，上海广播电视台共开设对外官网46个、App产品12个、第三方平台账号753个、小程序23个。在互联网上已经构建形成了“1+3”新媒体格局，即1个流媒体视频平台BesTV+，3个重点新媒体产品：看看新闻Knews、阿基米德App和第一财经新媒体矩阵。

一、一个流媒体视频平台

2020年8月，上海广播电视台正式将全媒体战略确立为推进媒体深度融合发展的整体战略，配套出台了《媒体融合三年行动计划》《加快推进媒体深度融合发展方案》等文件，计划以4个“打通”，即“打通渠道和内容生产、打通大屏和小屏、打通专网和移动互联网、打通线上和线下的全渠道文娱生活服务”策略入手，以“内容＋服务”双核驱动，打造上海广播电视台在5G时代整体转型的流媒体平台。2020年9月3日，上海广播电视台正式对外发布全媒体战略，明确提出将把BesTV+打造为上海广播电视台统一、唯一的综合性视频流媒体平台型产品，2021年年初上海广播电视台确立品牌为“百视TV”。为了保持“百视TV”用户数据持续增长，上海广播电视台举全集团之力为其提供协同支持。

一是加强内部协作，扩大对外合作。上海广播电视台在集团层面设立了融屏委员会，统筹融屏节目研发和制作，实现了联合创作和渠道打通。以包括东方卫视在内的上海广播电视台优质内容制作和生产能力，支撑“百视TV”低成本、高效率地拉新引流，同时使“百视TV”成为上海广播电视台原创内容全新的释放平台和渠道。

二是强化内容服务，促大小屏融合发展。疫情期间，东方明珠组织旗下东方有线、“百视通IPTV”大屏和“百视TV”小屏同步推出《空中课堂》和《金色学堂》，吸引了中小学生和老年人这些特定群体及新增长用户。同时大屏端在存量用户中积极开展推广，为“百视TV”小屏引流数十万。

三是创新生产机制，助推新人成长。上海广播电视台已经推出3期助力“百视TV”的“蜂巢计划”，创新内容生产机制，加强内容支撑，助推新人成长。截至2021年年底，已有超过450个机构账号和个人创作者入驻平台。同时，“百视TV”与东方卫视合资成立融东方公司，以思维互联网化和团队年轻化为主要方向和依托，专注网生内容的创意和创作。“百视TV”还与东方购物合资成立了播麦电商公司。

二、三个重点新媒体产品

（一）看看新闻Knews

近年来，融媒体中心已形成传统电视大屏与互联网移动小屏受众互动、内容互哺、影响力互补的新型传播格局。

其核心产品看看新闻Knews已成为全国省级广电媒体中影响力最大的新媒体品牌之一，截至2022年1月底，看看新闻Knews累计用户下载量已达1490万次。2020年、2021年看看新闻Knews均获得中央网信办“网上重大主题宣传和重大议题设置突出贡献单位”称号。

看看新闻Knews实现“中文与英文、大屏与小屏、新闻与外宣”新闻生产流程全面打通和深度互融。同时，充分实现“全屏覆盖”和“全网分发”两大生态布局。“全屏覆盖”方面，看看新闻Knews已实现在移动手机端、PC端、户外大屏、IPTV用户端、OTT用户端以及传统电视大屏上的“全屏覆盖”；“全网分发”方面，全面实施与商业平台和渠道的内容分发与深度合作，并在深耕“两微”的基础上，积极拓展海外社交媒体的合作。

（二）第一财经新媒体矩阵

2021年，在持续推进融合转型，不断做强新型主流财经媒体的过程中，第一财经首先全力抢占新媒体阵地。第一财经全网粉丝规模超过5000万，拥有3个百万级粉丝抖音号，3个百万级粉丝微信号，1个微博号粉丝超过2000万。其次创新新媒体产品，打造有影响力的财经舆论场。第一财经在关注复工复产的过程中创新推出新媒体视频直播产品“云上会——企业抗疫生存指南”，将视频新IP和传统电视品牌相结合，保持专业性和网络热度的同时助力经营拓展。“云上会”不断焕新，同时还推出“财报业绩会”、《风口调研》、鹈鹕秀（TIF秀）等新媒体产品。第一财经于2020年9月推出首个平台化产品“一财号”，计划在3年内吸引超过1000名财经大V入驻，打造财经领域最有影响力的舆论场。经过一年的运营，2021年“一财号”已有430名国内顶尖的专家、学者、官员、企业家和文化名人入驻。

与此同时，提升决策价值，力求实现商业模式突破。2021年3月，第一财经全球推出首个由中国主流财经媒体打造的原创英文证券市场数据库项目，在网站、App及社交媒体平台推出科创50指数及样本股信息，为海外投资者提供服务，有效提升中国财经新闻的国际影响力。同时，第一财经旗下数据公司正式推出金融信息智能服务品牌“第一财经财智云”（Yiwealth），定位于向财务管理行业提供跨平台、多场景的金融信息智能服务。

（三）阿基米德 App

2019 年，上海广播电视台旗下东方广播中心确立了以“阿基米德”作为上海广播新媒体转型的“总枢纽、主阵地、主抓手”的战略目标。

“阿基米德”以“汇天下之精华”为理念，打造中国广播的社交“智能收音机”，实现渠道互补和联动。“阿基米德”现已成为中国广播的数字发射塔，链接近千家频率，目前用户已经覆盖全球 100 多个国家和地区，平均每天为用户提供 1.6 万小时的音频节目。“阿基米德”从直播交互、媒资存储、数据分析、营收模式等多方面提供媒体融合系统化解决方案，通过自有技术团队，对现有广播节目内容实现智能拆条、标签、推送等环节。其以传播效率提升为导向，独家绑定微信搜索、华为收音机，并进入腾讯车机、华为车机等，同时加速拓展音箱、智能家居等物联网，为音频节目及社区带来价值重估。

新媒体工作案例

《民生一网通》

2020 年 12 月起，上海广播电视台东方广播中心携手融媒体中心，推出全国首档日播型融媒联播节目《民生一网通》。每周一至周五中午 11 点档，节目在 FM93.4 上海新闻广播、上视新闻综合频道、话匣子 FM、阿基米德、看看新闻、快手、视频号等平台同步音视频直播。广播电视“双频”共振、互联网多平台联动，形成全媒体传播矩阵。

节目内容上，《民生一网通》拥有三大“朋友圈”作为支撑：12345 市民服务热线 + 市大数据中心及市区街镇三级城运中心 + 上海市人民建议征集办公室。节目主打“在线解决急难愁”，切实帮助市民解决生活中遇到的困难，同时助力上海“一网通办”“一网统管”的“两张网”建设，贯彻“人民城市”重要理念。

节目形式上，外场直播、内场剖析是其一大特色。外场信源集 liveU 连线、手机视频连线、电话、Pad 投屏、视频会议系统等，根据不同情况匹配模式，保证节目呈现多样性，也为突发情况提供更多选择。

团队培养上，考虑到直播节目在电视大屏的播出，视觉呈现、直播技术、相互兼容等方面的问题给广播、电视都带来挑战。对于锻造融媒体队伍来说，机位、灯光、字幕、信号传输、双向交流……各方面都是新的课题。另外，《民生一网通》也为广播开展新闻性“轻直播”提供源源不断的锻炼机会，不管是在设备配置的简化、优化，还是在采访、拍摄、后方人员的经验积累上，都有很大提升。

作品二维码

“那些照亮未来的灯塔”全媒体新闻行动

上海人民广播电台在建党百年之际倾力策划启动《“那些照亮未来的灯塔”全媒体新闻行动》，以中国共产党历史上凝聚的种种精神为指南，先后完成延安、武汉、重庆、井冈山、汶川、会宁、遵义、西柏坡、喀什、西海固等10站的采访，追寻我们党宝贵精神财富跨越时空、历久弥新的时代传承。

“灯塔”系列以全媒体矩阵的形式大功率输出党史学习教育内容。除音视频报道外，在2020年4月8日武汉宣布解除离汉通道封锁一周年之际，“灯塔行动”推出全媒体特别直播《江城花开又一年》。在新闻行动启动仪式上，前方团队采用视频连线的形式，邀请延安党史专家为身处上海的与会党员带来了一堂“延安新闻纪念馆微党课”。

“灯塔行动”的每一站都选择1—2名非新闻领域的年轻媒体人参与其中，他们的任务是带回一个开放式的Vlog。这种沉浸式的创作融入了年轻人对红色地标、历史传承的切身感受和思考，放大了年轻人的热情与声量，年轻媒体人也跳出了传统报道的思维模式，在创作中学会如何吸引年轻受众。

“那些照亮未来的灯塔”全媒体新闻行动从始至终尝试着处理好3种关系：历史与现实的共生、引发更广泛的共情、融合传播的共鸣。截至2022年6月，新闻行动在各新媒体平台发布稿件80余篇，总点击量超1100万次。

作品二维码

（上海广播电视台供稿）

新华报业传媒集团

新媒体工作综述

2021 年，新华报业传媒集团进一步强化以移动客户端为主体的新媒体建设，持续建强报纸、网站、户外屏等各类媒体平台，形成多介质、全方位、立体化的传播格局。“全媒体指挥中心”“人力资源信息化管理系统”分获“王选新闻科学技术奖”一等奖和三等奖。

一、强化平台建设，构建更完善的全媒体矩阵

集团分层分类加大平台建设，构建了更为完善的全媒体矩阵。目前共有网站 13 个，客户端 12 个，以及各类微媒体账号 100 多个。

1. 加大重点平台建设。交汇点新闻客户端持续升级迭代，累计下载用户数超 3200 万，成为江苏主流移动媒体第一品牌；扬子晚报进一步做强以“紫牛新闻”为龙头的全媒体矩阵，全媒体平台用户总数超过 6000 万；中国江苏网新江苏客户端下载用户数突破 1000 万。

2. 整合垂直领域平台。集团重点打造的财经传媒平台正在做大做强，一年内举办多个论坛和发布会；新华日报社健康传媒中心成功组建，加大新华日报健康客户端建设力度；扬子晚报“少年志”教育融媒平台获得全国新闻出版深度融合发展创新案例；加速推进新华传媒智库建设力度，成立江苏法治传媒智库。

3. 持续做大微媒体平台。“北京西路瞭望”微信公众号用户突破 12 万，成为江苏第一时政公号；“江苏 1 号”深耕经济类内容，得到读者肯定。其他微信公众号也各具特色。

二、创新内容策划，呈现更精彩的融合产品

2021 年，新华报业紧紧围绕“内容”这个根本，不断提升优质内容产能，向受众呈现更精彩的融合产品。

1. 主题报道亮点纷呈。围绕庆祝中国共产党成立 100 周年和党史学习教育，先后策划报道项目 60 余个、开设专栏专题 100 余个。交汇点新闻客户端策划的大型互动

手绘新闻产品《星火传奇》综合点击量突破4亿次，共有4.5万名网友打卡。扬子晚报《共产党员请回答》作为江苏唯一作品入选庆祝中国共产党成立100周年活动新闻中心融媒体体验室。中国江苏网“重走五万里　红色新安路”大型融媒体党史学习打卡活动产生较大社会反响，“百件馆藏百年芳华——江苏省百件红色基地馆藏珍品征集展示”被省党史学习教育领导小组列为重点宣传项目。

2. 特色产品各美其美。交汇点新闻客户端短视频专题报道《村里来了规划师》，以一个村落的蝶变管窥江苏乡村振兴美好蓝图的奋斗征途。扬子晚报打造140多期记者出镜产品，各具亮点。中国江苏网《习语常听》《学习海报》《习语问答》《学习微镜头》和英文版《XI SAYS》产品矩阵，获2021年度国家广电总局“弘扬社会主义核心价值观　共筑中国梦”主题优秀网络视听节目。

3. 融媒体产品斩获大奖。交汇点新闻客户端《听·见小康》荣获中国新闻奖融合创新一等奖；《跨越80多年的守望相助！南京捐赠抗“疫”物资驰援拉贝后人》获得中国新闻奖文字消息三等奖，这是江苏移动端首发的消息首获中国新闻奖；《在中国，看Frank打开长三角“盲盒”》获得中国新闻奖国际传播三等奖；网络专题《90后，出列！》获中国正能量“五个一百”网络精品正能量专题活动“优秀精品”奖。

4. 理论传播融合创新。新华日报《思想周刊》协同“理论之光”网站和微信公众号、交汇点新闻客户端“思想”频道、“理所当然”理论抖音号矩阵发力，构建“理论传播共同体”。

三、强化技术引领，推动更具前瞻性的融合转型

新华报业持续推进5G融媒体实验室、AI智媒体实验室建设，新建媒体资源库，探索数字资源共享服务平台、媒体专属云建设工作，推动媒体深融技术建设。在交汇点新闻客户端新一轮技术迭代中，自主研发量达25.2%。

1. 助力内容高质量生产。有了技术加持，集团推出的《百年风华正青春》MV、“百年亮彩”等大批内容产品呈现形式更加丰富多彩。虚拟报史馆、“纪录小康工程”江苏数据库也建立起来。集团5G消息在重大主题报道中广泛运用。扬子晚报打造了江苏首支媒体穿越机团队。

2. 依托大数据服务读者。2021年，集团大数据报告形式逐渐完善，行业数据、专业数据逐渐丰富。依托自有媒资大数据平台，服务新闻生产传播全流程，完善传播效果评估系统。

四、积极创新活动，形成更具影响力的新媒体品牌

1. 以重大主题活动策划为抓手，全年举办各类活动130多场。“辉煌百年红色接力”宣传活动、“奋斗百年路　启航新征程”等

高质量策划活动连绵不断。“歌颂写在大地上——线上马拉松暨打卡红色地标”活动引发打卡热潮。

2. *承办各类重大会议*。交汇点新闻客户端积极承办2021年度长三角地区主要领导座谈会、第三届长三角一体化发展高层论坛、两岸企业家紫金山峰会等重要会议。推出“薪火公益进社区”“品咖啡抓娃娃”等创新活动，新增6万90后用户群体。

3. *打造精品互动活动*。“马克思主义·青年说”系列活动常办常新，得到省领导批示肯定。一年来，举办高校思辨PK赛等线上项目，举办50余场线下沙龙，带动千万青年参与其中。

五、强化机制创新，构建更为有效的新媒体发展模式

1. *优化创业创新激励机制*。优化细化创业创新奖评选，分为内容供给、手段创新、运营拓展、细分领域、IP发展、综合管理共6个类别，进一步树牢“想干事、能干事、干成事”的理念，集团内锐意创新的氛围日渐浓厚。

2. *加大专业工作室扶持力度*。交汇点新闻客户端成立15个融媒体工作室，向受众提供个性化、差异化服务。此外，还积极整合企业等外部资源，实行“传媒+”运作模式，多维度、多层次、全方位展开合作，打造可持续发展模式。

3. *构建融媒考核管理机制*。不断优化集团全媒体考核系统，考核评价的客观性和综合效率明显提升，纸媒和新媒体好稿数量、质量都有明显提升。

新媒体工作案例

“号角催征——解码《新华日报》老报纸里的百年初心”大型融媒体系列报道

“号角催征——解码《新华日报》老报纸里的百年初心”大型融媒体系列报道从2021年4月11日首推，到8月29日收官，以27篇主通讯+1篇收官盘点、30个短视频的主产品以及旧报翻录、花絮“彩蛋”等辅线副产品，在《新华日报》、交汇点新闻客户端、“学习强国”江苏学习平台、新华报业网、新华日报视频号、“民生温度计”微信公众号和视频号等多个媒体平台同步分发、矩阵传播。

作为中国共产党第一张公开发行的全国性政治机关报，创刊于1938年的《新华日报》拥有光荣的红色基因、深厚的革命历史，被毛泽东同志称赞为“党的一个方面军”。这个系列报道，解码中国共产党的百年初心，时间跨度从1938年1月11日《新华日报》创刊至1964年10月1日毛泽东第3次为报纸题写报头，以9年1个月18天的国统区办报历程和3231期老报纸为主要依托，一共解读369个版面，涉及351篇珍贵的新闻报道和文章。

作品位列江苏省记协建党百年精品案例

十佳榜首，入选“庆祝建党百年融创报道十大精品案例”的作品，并获江苏省宣传思想文化工作创新奖。

作品二维码

“古韵新声话长江”系列新媒体产品

交汇点新闻客户端于2019年1月启动“古韵新声话长江”新闻专题和栏目的策划与执行，采用文图、视频、音频、GIF动画、H5、5G消息等多元表达方式，每周报道长江沿线生态文明建设的最新成果，传播相关古诗词和历史故事等滨江传统文化内容，进行“长江大保护”及其重大意义的科普宣传和深度解读。

同时，为建立健全“古韵新声话长江”传播体系，进行社群传播与推广，每年“六五”环境日前夕，新华报业传媒集团联合江苏省生态环境厅、省委宣传部、省文明办、省教育厅、共青团江苏省委、省妇联等多个部门推出“‘长江大保护绿色共成长’行动计划”的线下活动。这一项目拟连续跟踪报道12年，记录长江水质及周围环境变化，同时挑选具有环保理念的小朋友担任“长江大保护小使者”，关注他们的成长，建立并逐渐扩大“古韵新声话长江”的有效社群传播体系。

“古韵新声话长江”新媒体产品入选中国报业深度融合发展创新案例。

作品二维码

（新华报业传媒集团供稿）

江苏省广播电视总台

新媒体工作综述

2021年，江苏省广播电视总台深入实施“双头部”传播战略，巩固传统媒体领域的“头部影响力”，打造互联网领域新的“头部影响力”，不断提高整体传播力和复合影响力。

一、新媒体平台形成矩阵效应

江苏广电总台在巩固提升广播电视传播力影响力的同时，不失时机大力度拓展新兴传播渠道，新媒体矩阵影响力持续增强。

打造了以“荔枝”“我苏”两网两端为龙头，涵盖网站、客户端、社交媒体官方账号、IPTV等在内的新媒体矩阵，总粉丝数达2.32亿。2021年，“荔枝新闻”下载量突破3963万次，入选国家广电总局“全国广播电视媒体融合典型案例”，获全国巾帼建功先进集体和省级青年文明号称号。“我苏”坚持“深耕江苏”，一手抓“我苏”自身平台建设，一手抓县融运营服务，与全省13个设区市中心站和64家县级融媒体中心联动协作效应显著提升，客户端下载用户突破700万。移动直播、短视频品牌“荔直播”共计直播848场，获中国新媒体公益优秀案例、江苏省新媒体运用创新奖。江苏广电IPTV平台内容更加丰富，用户数持续增长。“荔枝TV”在全国17个省份落地。荔星传媒MCN签约账号600余个，全网累计粉丝超8000万，账号规模及影响力居全国广电行业MCN前列，被国家广电总局评为“全国广播电视媒体融合先导单位”。

二、融媒体产品形成强大声势

江苏广电总台大力度策划推出原创新媒体内容，在互联网特别是移动端上发出更强声音，有效引领引导网络舆论。

围绕庆祝建党百年，推出30余项精品融合传播项目，形成全媒体立体化的强大宣传声势，奏响了共庆百年华诞、共创历史伟业的昂扬旋律。《奋斗百年路　启航新征程》《丹心寄未来——书信为证强国有我》《百年初心　重走信仰之路》等全媒体系列报道和产品形成广泛影响。推出“五个一百”主题音视频产品：百集微纪录片《百炼成钢：

中国共产党的100年》撷取中国共产党发展历程中100个重要事件，创作100集光影故事，荣获2021年江苏省宣传思想文化工作创新奖；百集音频产品《伟大而光荣：中国共产党的100年》以音频形式讲述党史故事、介绍党史人物、普及党史知识；百集微纪录片《无声的功勋》第一次大规模系统化展现隐蔽战线英雄人物的伟大斗争，获中央网信办2021中国正能量“五个一百”网络精品评选“十佳精品”称号。

三、改革体制机制激发创新活力

为形成并做强复合影响力，江苏广电总台不仅从平台建设、渠道建设、内容建设等方面重点突破，而且更注重从机制建设上持续探索，强化全要素共享融通，推动各种媒介资源、生产要素的深层次整合，注重平台建设与流程再造相协同、产品创新与机制创新相促进，推动内容产品、技术应用、平台终端、人才队伍的共享融通。

2021年，江苏广电总台在前期工作基础上加大体制机制改革创新力度，完善融合新闻一体化策划、一体化生产、一体化考核机制。首先，每月组织常态报道策划会，不定期根据重大项目组织头脑风暴，对节目内容进行策划，以内容建设为根本，充分考虑新媒体传播的多元要素，实现舆论引导的最佳效果。其次，确立数据思维，注重量化分析，做到精准、有效传播。内容生产部门依托总台拥有全国2万名受众的专属样本库及受众测试实验室，在重大项目、栏（节）目提档升级方面进行受众调查、话题调研，形成具有说服力的统计数据，为确定选题、呈现方式和传播渠道提供参考，提升了传播有效性。再次，持续加强人才队伍建设。开展马克思主义新闻观、文艺观系列培训，总台党委主要负责人带头，党委班子相关成员授课，全面提升员工的把关能力和业务素养。充分利用多层次的培训和交流分享体系，通过组织“三好”交流分享会、荔枝周末讲堂等多项举措，强化全媒体培训和实践训练，提升团队的融合意识和新媒体素养。最后，不断完善考核体系，形成可持续的创新激励机制。建立更为科学的评判体系，考核权重进一步向移动端倾斜。同时，强化社会主义核心价值观的传播，强化正能量的传播，追求有价值的热度，更好地履行主流媒体的责任担当。

四、打造技术平台支撑媒体联动

江苏广电总台紧跟新技术，将先进技术应用于媒体融合的产品开发和传播上，为深度融合提供了有力支撑，形成了新的竞争优势。

依托自主研发的荔枝云技术平台，江苏广电总台完成全省64家县级融媒体中心技术系统建设工作，荔枝云省级技术平台顺利通过江苏省委宣传部、省委网信办、省广电局及专家团队现场验收，助力江苏县级融媒体中心建设实现全覆盖，同时，打造“我苏+”县融客户端全媒体传播矩阵，协助县级融媒体中心实现“一次采集、多种生产、多元发布”。

依托总台广播、电视、新媒体的内容团队，海量内容资源通过荔枝云平台向县级融媒体中心开放，充分实现内容共享，全年推送内容超14.3万条次。运用荔枝云平台的“一键推送”功能，常态化推送习近平总书记重要稿件，20分钟就能实现全省县融全覆盖，推动中央精神精准抵达基层一线。在建党百年宣传中，将来自央媒以及江苏广电总台的重要融合报道产品、权威原创内容资源，第一时间向县融推发。全省各县级融媒体中心转载发布超5万条次。联动发起“百年初心 重走信仰之路”大型融媒体直播等内容合力推广，有效推动建党百年宣传的权威声音从中央直达基层一线。

新媒体工作案例

百集微纪录片《百炼成钢》

《百炼成钢：中国共产党的100年》是献礼建党百年的重大主题创作，由中央党史和文献研究院、国家广电总局、江苏省委联合出品，江苏广电总台承制。该片撷取中国共产党在革命、建设、改革、新时代4个时期中的100个重要事件，创作100集光影故事，每集8分钟，生动形象地反映百年大党的光辉历程和伟大成就。

把握百年党史主题主线。该片以习近平总书记关于党史的重要论述为根本遵循，以《中国共产党历史》《中国共产党的九十年》《中国共产党简史》为基本依据，严格遵守3个“历史决议”和党中央有关精神，准确把握党史发展的主题主线、主流本质，确保选取内容导向正确、观点明确、史实准确。

突出全方位大力度创新。江苏广电总台将其打造成一部既有纪录片质感又有新媒体网感的影视精品，在“守正”的前提下“出新”，创新表达方式，用易读好看的故事把坚实的历史内核贯穿起来，使深刻的道理通俗化、大众化。

放大融合传播整体效应。坚持移动优先，统筹多平台资源，联动策划传播，有力推动该片的全网热播。该片入选国家广电总局2021年“弘扬社会主义核心价值观共筑中国梦”主题原创网络视听节目，并被江苏省选为党史学习教育的可视化教材。

作品二维码

依托荔枝云平台织密一张网 赋能全省公共文化服务建设

江苏广电总台依托自主研发的荔枝云技术平台，构建起全省县级融媒体“一张网”运营的良好格局，推动县级融媒体从“建起来”向“用起来”“强起来”转变。

一是先进技术赋能，助推公共文化服务数字化、智能化。完成全省64家县级融媒体技术系统建设和40家县级客户端开发，打造“我苏+县级融媒体客户端”全媒体传播矩阵；部署提供各类生产发布应用和工具近百个，协助县级融媒体实现“一次采集、多种生产、多元发布”；加快5G、云计算、大数据等信息技术深度应用，主动探索高新视听新内容、新载体、新样式。

二是精品内容加持，助推公共文化服务精准化、有效化。中央精神精准传达、双向互通，推动习近平新时代中国特色社会主义思想在基层一线落地生根；日常内容建立常态化传送机制，确保各项信息安全及时上传下达；重大主题宣传资源共享、融合传播，形成全媒体联动的强大声势。

三是供给能力提升，助推公共文化服务系统化、持续化。推动政务服务资源全面整合，近2000项政务服务功能接入县级融媒体落地基层；打造荔枝学院培训体系，持续开展常态化线上+线下培训累计超2500人次；联合县级融媒体拓展新业务发展空间，推动媒体资源与产业进行有效嫁接，构建互利共赢、协同共进的文化服务生态体系。

（江苏省广播电视总台供稿）

现代快报

新媒体工作综述

现代快报是由江苏省委宣传部主管、凤凰出版传媒集团主办的主流都市类日报。2021年，现代快报实现两个95%：数字化产品占产品总量的95%，全媒体经营收入占总营收的95%。现代快报的内容生产也取得优异成绩，当年生产阅读量超5000万的现象级优秀融媒精品61件，2件作品获江苏新闻奖，20余件作品获江苏好新闻奖。

一、守正创新，现象级产品不断刷屏

2021年，现代快报把庆祝建党百年宣传工作作为头等大事，利用新媒体、新手段，创新创优，迅速形成规模、形成声势、形成氛围。现代快报先后推出了“我比任何时候更懂你”30集系列短视频、“我是红色文化志愿者”活动、致敬百年“四史”教育电影课、红色经典诵读等一系列刷屏的爆款融媒体产品。

2021年，现代快报“文化+”的全媒体阵容不断扩大。“书香江苏”“江苏文脉”“中国大运河”“光影江苏”“游戏审读”等全媒体平台已成为宣传江苏文化的重要窗口。与此同时，报社还成功参与执行了多个大型文化类活动，包括江苏读书节、江苏书展、“9·28”经典诵读、常州动漫艺术周暨江苏游戏产业高质量发展论坛等。

2021年，现代快报的“精品工程”取得显著成效。报社承担中宣部下达的“沿着高速看中国”“大湾区大未来”“重走天路看西藏”“时代精神耀香江”等重点报道任务；获省级以上新闻奖32个。

二、用户优先，用短视频拥抱“Z世代”

现代快报在进行重大主题宣传时，尤其是针对庆祝建党百年这样的重大主题，找准用户的精准定位，用年轻态的手段进行策划、生产，实现了有效传播，也影响了更多年轻人。

2021年，现代快报推出现象级产品——“我比任何时候更懂你”系列短视频，联合全国30所高校、30个“青青讲述

人”团队，奔赴全国21个城市，走进全国26家红色场馆，行程1.2万公里，讲述了30个党史故事。参与拍摄的“青青”都是95后、00后，标准的“Z世代”。

在策划“我是红色志愿者”融媒体行动时，也以年轻态为传播的重点，现代快报安排30名年轻记者以志愿者的身份，走进雨花台烈士陵园、新四军纪念馆、开山岛、淮海战役纪念馆、渡江胜利纪念馆……与全国各地的参观者一同学习，重温革命历史，更容易让年轻人接受。

三、用好新技术，呈现传播形态的多样化

党的十九届六中全会胜利召开后，现代快报推出的产品形态涵盖微视频、海报、图解、动漫等多种形式，微视频、动漫在抖音、微视、B站等平台推出，海报、图解在朋友圈、客户端和微信平台推出。

对于江苏省第十四次党代会，现代快报除了使用短视频、动图、海报等形态外，还制作了Vlog、SVG等产品，通过不同的形态吸引年轻用户，让他们爱看党代会新闻、看得懂党代会报告。

在东京冬奥会收官之际，现代快报独辟蹊径，推出《数中国军团读中国荣耀》海报长图，数据新闻视觉化呈现，一图读懂中国奥运代表团在东京取得的成绩。

2021年7月7—11日第十一届江苏书展举办期间，为了减少疫情的影响，现代快报用好直播这一传播形态，成功执行“5×8小时‘我们云上见’”全媒体直播活动，将书展从线下搬到了线上。

2021年6月16日，扬州中国大运河博物馆开馆。由现代快报策划制作的“5G大运河沉浸式体验区”，成为博物馆里的常设展区、热门的打卡点，多家央媒和省市地方媒体争相报道，央视新闻为这个展区单独报道，全程拍摄5分多钟视频。

四、改革体制架构，适应媒体融合转型需要

围绕建设新型主流媒体的目标，现代快报对组织架构进行了新一轮改革，成立超媒中心。在坚持采编与运营分开的同时，统筹整个报社融媒体产品的策划、采编、生产、播发、技术支持和推广运营工作。

同时，为调动采编人员的积极性，推动媒体融合的步伐，现代快报在生产流程、考核方案上也进行了大幅度的改革。

在考核权重上，新媒体稿件的权重达到100%，纸媒稿件原则上不再计分。在对新媒体稿件进行打分时，根据产品的不同类别、发布平台、流量、影响力、生产难易程度等予以不同权重，以充分提高员工的积极性和创造性，多出精品力作。

截至2021年年底，现代快报各终端用户总数突破6000万，其中，“ZAKER南京”用户突破3000万，已成为江苏三大主流客户端之一。微信矩阵用户数超过600万，微博粉丝数超过1400万。在抖音、B站、知乎等开设垂直类账号，用户数超1000万。

新媒体工作案例

“我比任何时候更懂你”系列短视频

2021年夏，由中央网信办网络传播局指导、中共江苏省委网信办出品、现代快报制作的“我比任何时候更懂你”30集系列短视频燃情上线。

系列短视频在产品形态上强调创新，突出青少年引领、突出网络特色、突出时代元素。让“青年对话青年”，以“青年说”“讲给青年听”的形式，从全国遴选出30所高校的30个“青青讲述人”团队，奔赴全国21个城市，走进26家红色场馆，行程1.2万余公里，结合30个重要历史节点，讲述30个党史故事。参与拍摄的“青青”都是95后、00后，为标准的“Z世代”。

首先，坚持“党言党语”和“网言网语”相结合的讲述方式。来自南京大学、东南大学、中国人民大学、武汉大学、南方科技大学等30所高校的“青青讲述人”，他们本身就是95后、00后，所以基本不需要进行话语转换，讲述的感染力也就更强。

其次，系列短视频每一集的标题都是设问句式，这也是拍摄制作团队结合青年人的关注点而专门设置的，取名为“青青之问”。例如，他们为什么把心留在了雨花台？人民海军诞生地为什么在不靠海的泰州？……这些设问通过“小切口”来反映“大主题”，角度巧妙、引人入胜。

同时，系列短视频还紧密结合了年轻人关注的时事热点。例如《你知道世界上第一个“双奥之城”是哪里吗？》这一集，就及时展现了东京奥运会上中国奥运健儿的精彩表现。

作品二维码

“5G大运河暨大运河全媒体IP”项目

在江苏省委宣传部的指导下，现代快报“5G大运河暨大运河全媒体IP”项目利用各种科技手段，创新融合线上平台建设、融媒体产品开发制作，以及线下会展、博物馆产品建设等为一体，聚合各类相关资源，打造大运河文化传播的IP，让古老的大运河焕发全新生命力，实现经济社会效益双丰收。

该项目主要包括“5G大运河”沉浸式体验项目、大运河全媒体内容聚合服务平台“中国大运河”等子项目、系列子产品。

2021年，“5G大运河沉浸式体验馆”落户扬州中国大运河博物馆成为常设展区，该项目融合了裸眼3D、5G、VR、AR、千亿大像素等多种高科技。其中，裸眼3D视频选取运河沿线8省市具有代表性的地标景观，通过三维建模真实还原，让人身临其境，5分钟一镜穿越运河17城。2021年9月底，5G大运河“搬”到深圳文博会，成为场内最热门的打卡点之一。

2021年6月，江苏省大运办的官方平

台“中国大运河”全媒体内容聚合平台上线，由现代快报负责开发运营。该平台推动了大运河文化带和大运河国家文化公园建设成果的宣传推广，让江苏在大运河建设方面有了更多的发声主动权。

“中国大运河”平台包括微信公众号、手机Web端、PC端、微博等矩阵，第一时间为公众提供大运河权威资讯，聚合运河沿线城市及运河相关部门，充分展示大运河文化带的建设成果；同时也是权威的大运河文化知识服务平台，拥有国内顶尖的运河专家团队和运河文化资源库。

该平台还是科技赋能文化的平台，融合了千亿像素看大运、VR博物馆、5G+VR｜720°直播大运等多种新媒体形式的专题产品，令人耳目一新。

作品二维码

（现代快报供稿）

浙江日报报业集团

新媒体工作综述

2021年，浙江日报报业集团（以下简称“浙报集团”）努力打造有强大现代传播能力，能与新时代文化高地、现代传播强省实力相匹配的新型主流媒体，把浙江奋力打造“重要窗口”、高质量发展建设共同富裕示范区的生动实践传播好、展示好、呈现好。

一、全媒联动、多元呈现，把习近平总书记关心浙江、考察浙江的重要讲话和重要指示精神宣传好、阐释好

2021年，浙报集团持续以全媒体互动的方式做好习近平总书记重要讲话和重要活动报道，重点做好《习近平在浙江》采访实录、“习近平科学的思维方法在浙江的探索与实践”、习近平总书记考察浙江一周年等系列报道。

3月2日至4月22日，浙江日报头版转载学习时报系列采访实录《习近平在浙江》，浙江新闻客户端“学习卡片”系列可视化产品刷屏朋友圈。各媒体共计发布相关报道300余篇，总点击量达到4520万。

3月22日起，浙江日报头版推出“习近平科学的思维方法在浙江的探索与实践”专版，连续刊发六大思维的课题研究成果和实践案例。浙江新闻客户端联动推出的“跟着总书记学思维”各市市委书记采访视频、“一图读懂”可视化长图、金句短视频、课题组面对面访谈等融媒体产品广受好评，天目新闻客户端推出了“跟着总书记学思维”等系列短视频。

集团媒体综合运用短视频报道、UI设计、创意互动等新媒体呈现形式，高质量做好习近平总书记考察浙江一周年宣传报道。推出《720° 航拍 沿着总书记的足迹重访“浙”些地方》《乘“天目号”，遨游“重要窗口”》等系列互动性强的融媒体产品，10天吸引近140万人参与。

二、精心开展重大主题和中心工作融合传播，主题宣传更精准、更立体、更丰富

2021年，浙报集团围绕重大主题和中

心工作，在精准阐释上下功夫、在立体传播上下功夫、在融合呈现上下功夫。

3月21日，浙江日报推出“百年大党的支部力量”大型融媒体报道；6月17日，浙江日报头版、浙江新闻客户端头条频道同步推出“在红船边，向总书记报告”系列报道。集团联合融媒共享联盟成员单位推出的“最好的礼物——建党百年大型融媒体新闻行动”、“飞越山河，俯瞰浙江”庆祝中国共产党成立100周年大型联动直播活动等，社会反响良好。

“七一”当天，浙江日报精心策划推出百版特刊致敬建党百年，并通过浙江新闻客户端在网上集纳呈现；“天目新闻”策划“从南湖出发　红船领航现代化”大型新闻行动，推出多款创新融媒体产品，庆祝建党百年大会抖音短视频单条最高播放量上亿；浙江在线新闻网站策划“穿越百年的追寻——720° VR记录红色梦想”系列报道、“初心”系列视频，广受赞誉。

与此同时，集团媒体也努力提升省委中心工作融合传播水平。围绕数字化改革推出报道2230余篇；围绕“重要窗口”建设，在新媒体平台推出“晒一晒，你喜欢浙江的理由——浙江打造‘重要窗口’标志性成果征集评选活动”，展示项目13981个。“集齐浙江金名片”线上答题活动吸引212万人次参与。

各媒体聚焦浙江高质量发展建设共同富裕示范区，开出专栏专题。浙江日报、浙江新闻客户端先后推出“共同富裕先行示范系列谈”5篇评论员文章，开展“我心中的共同富裕”征集、街采以及“我为共同富裕献良策”活动，累计发稿超2800篇，点击量超2.8亿次，收到近千条意见建议并转交供相关部门参考。

三、加快推动主力军全面挺进主战场，新型主流传播平台建设稳步向前，省域传播体系构建不断深入

2021年，浙报集团进一步加快融合速度、加大融合深度，天目新闻、浙江新闻、小时新闻三大移动客户端稳步发展，集团融媒共享联盟持续壮大。

“天目新闻”加快全国化布局、全球化传播发展步伐。截至2021年12月29日，用户数已达1969万。在全国重点城市成立新闻中心，努力做到“全国热点不失声、重大突发在现场”。打响“美好派”辨识度，《拾荒十年，不为生计！午夜街头这个佝偻的身影让人动容》等系列正能量产品成为爆款。英文频道原创率稳步提升，初步搭建海外媒体内容合作网络，多家境外华文媒体及知名华人“自媒体”入驻“天目号”，还发展并培育了一批国际拍客。2021年9月，天目新闻客户端入选全国新闻出版深度融合发展创新案例。

浙江新闻客户端进一步明确核心用户，以“平台化、工具化、智库化”为目标，启动新一轮内容生产和指挥决策体系的机制性变革，强化突出移动端的牵引作用，更好地精准服务用户。16个新媒体栏目不仅在浙

江新闻客户端取得较好传播效果，而且在央媒和头部商业平台的分发以及外部媒体的转载中有较好的到达率、点赞率、黏合率。12月，新媒体栏目IP制获评中国报业深度融合发展创新案例。5月底，专门成立原点工作室、一线调查工作室，多工种、跨部门组建融合报道团队，分别做好省委中心工作的融合传播和建设性舆论监督。强化运营活动精准性，连续组织开展“卡尔·马克思杯”浙江省大学生理论知识竞赛、“之江杯”六中全会精神知识竞赛等多场活动，在全省范围取得热烈反响，进一步提升客户端的传播力和影响力。

“小时新闻”坚持“大生活”定位，不断下沉新闻、服务，加强与用户的连接。3月以来推出“小时小店”系列报道，通过讲述故事、提供服务、开展活动等方式集聚人气，还组建“小时帮你开小店”微信群，在带来更多鲜活内容的同时，让更多群众成为小时新闻的忠实粉丝。8月初，上线“记者帮”，向用户提供报料和求助的线上渠道，200多名记者在线帮忙，圆满解决比亚迪车主维权等群众反映的问题。

2021年，浙报集团融媒共享联盟继续提质增效，不断夯实基础、往纵深推进，覆盖面不断扩大：11家设区市级党报加入融媒共享联盟，实现省、市、县三级媒体全覆盖；截至2021年12月底，联盟成员已达1281家，涵盖1100多家机关、高校、智库、镇街、村社、企业等单位，并且仍在持续壮大，共享联盟的优质内容生产能力、传播力不断提升。

新媒体工作案例

浙江新闻客户端运营活动出新出彩

2021年，浙江新闻客户端推出了一批有影响力的运营活动，紧扣党委政府中心工作，强化多跨协作，实现了做运营和做内容的大融合，极大地推动了客户端拉新、促活。

在运营活动中，浙江新闻客户端强化思想引领，紧扣中心工作，变正能量为大流量；强化多跨协同，发挥党报党端独特政治优势，形成大运营“大合唱”；强化品牌塑造，不断发声造势，努力打造有标识度的主流IP。例如，在习近平总书记赋予浙江建设“重要窗口”新目标新定位一周年之际，客户端快速联动多平台共同推出了“晒一晒，你喜欢浙江的理由”活动，收获省内外网友“晒”出候选项目共计13981个，有效地把征集评选的过程转化为“重要窗口”建设的宣传动员过程。随着省党史学习教育“三为”专题实践活动的深入，又开展了创新实践案例网络点赞活动，吸引290多万群众参与。“浙里潮音”线上学习平台紧紧围绕学习精品团课主题开展，努力打造青年版学习强国，吸引了近70万青年在线学习。“之江杯”六中全会精神知识竞赛吸引了150万人参赛、2500万人次答题，“卡尔·马克思杯”浙江省大学生理论知识竞赛吸引全省 110 所高校、近 31 万大学生参与，推动了党的理论“飞入寻常百姓家”。

作品二维码

天目全球抗疫排行榜

浙报集团天目新闻客户端自上线以来，主动跻身对外舆论斗争最前列。2021 年 7 月，美国彭博社推出全球抗疫排名，为了“美国第一”，改变评价指标、删除关键要素，这样的做法，既不符合事实，也不尊重科学，更不尊重生命，引发全球舆论一片哗然。

为了还原全球抗疫的事实真相，天目新闻主动出击，于 8 月 13 日起推出《天目全球抗疫排行榜》（以下简称“榜单”）。榜单坚持人民至上、生命至上的基本准则，采集美西方媒体引用的世界权威组织、知名大学、调查机构发布的相关数据，科学计算出综合分数，客观反映各国抗疫综合能力。

榜单发布后迅速引起国内外媒体和网民广泛关注。人民网、央广网、香港大公网等 274 家媒体转发并报道。截至 2021 年 12 月 31 日，榜单累计发布 20 期，“中国抗疫全球第一”“天目 VS 彭博”等微博话题，阅读数超过 1 亿次。天目新闻通过脸书、推特、照片墙、美国在线问答平台、优兔等海外社交媒体平台账号发布相关内容 71 条，200 多个海外社交媒体平台个人账号进行转发、评论 1500 余条，引起海外用户广泛关注。

作品二维码

（浙江日报报业集团供稿）

浙江广播电视集团

新媒体工作综述

2021年，浙江广播电视集团切实按照“做强平台、做优文化产品、做大影响力”总体要求，坚决扛起“重要窗口”的使命担当，筑牢守稳主流媒体网络意识形态阵地，为全省经济社会发展大局提供有力舆论支持和精神力量。2021年，集团共5件作品获中国新闻奖，其中一等奖2件；3件获中国广播电视大奖。

一、深入学习宣传贯彻习近平新时代中国特色社会主义思想，加强和改进网上宣传引导工作

1. 持续做好习近平新时代中国特色社会主义思想宣传。集团统筹“中国蓝新闻”客户端、“美丽浙江”抖音号、新蓝网等集团重点新媒体平台，联动集团融媒矩阵，精心做好“习近平在浙江”“习近平科学的思维方法在浙江的探索与实践”等网络宣传。在开设重磅专栏专区的同时，策划推出H5《求真务实怎么干？四副春联见初心》、一图读懂系列H5《习近平科学的思维方法在浙江的探索与实践》，制作短视频《微视频丨习近平在浙江》《跟着总书记学思维丨专家解读》，碎片化推送11期各地市“一把手”解读金句等，相关内容全网总点击量超1400万次；推出融媒体策划“乡村振兴带头人学习《习近平在浙江》采访实录”、省属企业《跟着总书记学思维》学习心得系列新媒体报道，全网点击量超过500万次；“中国蓝新闻”客户端创新推出《政在看》《时政原声》等重点新媒体专栏，第一时间报道省领导重要活动、重要讲话，社会反响良好；“美丽浙江”抖音号开设“学思践悟”专题，总点击量超过3.9亿次。

2. 奋力推进“庆祝中国共产党成立100周年”新媒体宣传。

一是注重主题策划。全力做好庆祝中国共产党成立100周年大会网络直播和宣传报道，在“中国蓝新闻”客户端等新媒体平台策划推出“红色信仰”“奋斗百年路　启航新征程”等网络专题，精心制作《百年红船新航程　“重要窗口”新使命》《续写春

天的故事》《100 年·外国人眼中的浙江记忆》《中国共产党为什么能之人民就是江山》等融媒报道和各类节目，唱响建党百年主旋律。

二是打造精品力作。充分用好浙江“革命红船起航地”的独特优势，纪录片《红船领航——百年浙江潮》《初心》《三五支队》、广播剧《红船》《绿水青山》、电影《红船》、动画片《南湖少年》等一批精品力作全网分发，有特色、有声势。创制推出中国共产党人“精神谱系”特别节目《精神的力量》，入选国家广电总局10部建党百年重大主题重点剧目。

三是丰富传播载体。策划推出大型融媒节目《世纪航程：中国共产党党史知识学习达人挑战赛》、全网征集大赛“唱支歌儿给党听”、定制MV《没有共产党就没有新中国》等融媒产品，做好浙江庆祝中国共产党成立100周年大型文艺演出等主题晚会的网络直播、视频分发和话题传播，推动建党百年主题宣传“破圈”“跨界”。

3. 持续聚焦省委、省政府中心工作。集团紧紧围绕“八八战略”“重要窗口”“共同富裕”“数字化改革”等重大主题，全力做好网络宣传引导，圆满完成中央和省委全会、“全国两会”、“进博会”、“世界互联网大会”等报道任务，做好疫情防控全方位宣传。特别是“高质量发展建设共同富裕示范区”主题宣传浓墨重彩。创制“杭州小黑诸鸣说共同富裕”“魔性神曲：共同富裕嗨起来”等爆款产品；推出“浙江高质量发展建设共同富裕示范区指标集投票”及“我为共同富裕献良策”网上征集专区。

二、加快构筑现代全媒体传播格局，推动主力军进入主战场

2021 年为浙江广电集团“深化融合年”，集团制定实施了《集团完善新闻全媒体传播体系实施方案》，加快构筑全媒体传播格局。

1. 打造重点融媒平台。迭代升级“中国蓝新闻”客户端，全面实施内容改版，推出特色专题、融媒报道等“六大板块”，扩大主流影响，增强用户黏性，在打造“有全国影响力的移动新闻终端”上迈出新步伐。全面谋划“中国蓝 TV”融媒新平台，成立工作专班，研究制定实施方案，积极谋划具有重大影响力、鲜明辨识度的新型主流媒体平台。成功创建中国（浙江）广播电视媒体融合发展创新中心，努力打造助推浙江媒体融合发展的重要载体。

2. 拓展融媒传播矩阵。“美丽浙江”锚定“‘重要窗口’社交平台传播主品牌”目标，发力矩阵建设，牢牢占据全国省级发布类短视频第1位。启动培育新闻类个人重点账号，首批扶持“小强说”“舒中胜”“我是方雨”等12个IP，其中“新闻姐”账号成为抖音广电新闻首个破千万粉丝的个人IP。强化运营推广，不断提升钱江视频、黄金眼融媒、浙样红TV、牛视频、北高峰等频道特色新媒体端品牌价值。

3. 深化市县融媒体中心建设服务。进一

步加强与全省市县融媒体中心的协同联动，有序推进集团驻地方机构下沉覆盖，开展“蓝媒学院”培训，赋能全省县级融媒体中心建设和运营。

4. 着力加强对外传播。以国际频道为主要依托，认真贯彻“多参与、多发声、多展形象”的工作要求，成功举办浙江省庆祝建党百年国际传播大型融媒系列活动，推出《数字化改革的浙江路径》《世界疫苗地图》《良渚》等外宣精品节目；着力打造融合外宣平台，成功开播“ZTV NEWS”英语传播窗口；积极构建新型国际传播体系，推进“中国蓝国际”融媒矩阵建设，成立“重要窗口”国际传播联盟。

三、持续推进业务流程再造，提高网络阵地风险管控水平

集团积极通过内容宣传全流程全领域业务再造和技术升级，提高网络阵地管控效率和水平。

1. 积极推进数字化改革。以数字化改革为牵引，聚焦新闻宣传和节目生产的指挥调度、生产管理、舆情监控、网评管理、传播效果评价等全流程需求，以数字化改革赋能宣传管理。

2. 扎实开展文娱领域综合治理整改。强化整改举措，按照“1+1+N”整改工作方案，做好“加、减、改、管”4篇文章；构建长效机制，谋划建立浙江卫视文娱领域综合治理整改工作场景应用，以系统性重塑思维推动集团节目创制管理水平跃升。

3. 全面夯实网络安全工作保障。圆满完成中国共产党成立100周年网络安全保障任务；组织参与2021年浙江省数字化改革网络安全优秀案例评选活动，新蓝网数字化改革网络安全优秀案例入选“2021年浙江省数字化改革网络安全入围案例”。

4. 高度重视网军建设。建立起覆盖各宣传单位和有关部门的网评员队伍，以集团网评突击队“蓝海舰队”和各单位（部门）27支网评“特战队”为抓手，建立起“全天候全时段监控＋重大舆情专项报告”制度，初步实现了舆情应对的高效协同和快速反应。组织开展首届“广电杯”网评联赛，通过以赛代练，奖励优胜队伍和保障网评工作表现突出的集体、个人，扎实提升网军战斗力。

新媒体工作案例

新闻类个人IP账号重点培育项目

2021年下半年开始，浙江广电集团启动新闻类个人IP账号重点培育项目，积极扶持广电名主持、名记者在互联网发声，开设个人视频账号。集团成立培育专班，给予专门的政策资源扶持，出台《浙江广播电视集团新闻类重点账号培育项目管理实施办法》，首批遴选了12个“广电名嘴”账号，并按级别实施分层培育，包括“小强说”“舒中胜”“我是方雨”“新闻姐”等4个A类账号，和“菲说不可”“90后简单说”

等8个B类账号。

项目充分发挥广电名记者名主持的资源优势和音视频的表达特色，培育账号在抖音、微博、微信等平台积极发布视频评论、直播等内容，用个性化的网言网语，使正能量传播更具亲和力，取得了显著成效，并逐渐形成了“广电名嘴”的集群标识（以下简称账号总体为“广电名嘴”），成为集团新媒体矩阵的重要力量，有效强化了主力军在主战场的舆论引导力，提高了宣传展示浙江的影响力、到达率和点赞率。

壮大浙江声量。项目以服务中心大局、传播正能量为职责。在宣传共同富裕、数字化改革、亚运会等主题报道中，在抗击疫情、抗击台风等宣传战役中，“广电名嘴”集群出击，创制了一批政治站位高、传播效果好的评论作品，为全省打造“重要窗口”营造了良好舆论氛围。

注入鲜活语态。与媒体开设的官方平台、账号不同，“广电名嘴”一改网民对机构媒体的刻板印象，突出强化个人标识，发挥广电特色优势，在舆论引导中更加顺应互联网的传播特点和受众需求。

赋能广电品牌。“广电名嘴”项目各账号发展势头良好，大部分账号半年多就增粉10万+，甚至50万+，特别是“小强说”实现抖音粉丝0到190万的突破；“新闻姐”抖音粉丝破1000万，成为全国广电新闻类个人账号榜首。

（浙江广播电视集团供稿）

宁波日报报业集团

新媒体工作综述

2021年以来，“甬派”客户端在“推动主力军全面挺进主战场”的媒体深融中，提质扩容，紧紧围绕上线时提出的“新闻派 + 服务派 + 福利派”办端理念，以数字化改革探索“新闻 + 政务 + 服务”赋能模式，努力创新探索特色鲜明、有活力、受欢迎的新路径。

一、积极探索“新闻 + 政务 + 服务”运营模式

基层安全生产风险监测管控一件事、流动人口管理服务一件事、农村道路交通安全综合治理一件事、“船港通”渔船安全智治一件事……“全局一屏掌控、政令一键智达、执行一贯到底、服务一网通办、监督一览无余”的数字化协同工作场景，推动甬派客户端“新闻 + 政务 + 服务”的完善和拓展。

2019年，作为全国首个投资建设运营城市大脑的党报集团新媒体，“甬派”投资组建宁波市大数据投资发展有限公司，启动宁波城市大脑建设战略。宁波城市大脑一期建设投资将达3.5亿元，其中，3000平方米的宁波城市大脑指挥中心驾驶舱已于2021年3月启用运营。

“第一个吃螃蟹”的“甬派”，在对大数据产业探索过程中实现两大创新：其一，创新建立大数据领域的“城投”“开投”“交投”新模式；其二，创新新媒体操盘“数投”新模式，开启媒体深度融合。与此同时，也实现了“两大转变”：转变资金投入方式，建立投融资平台；转变数据管理方式，培育数据要素市场。

在践行“融媒体，新主流”的数字化改革探索，迈出大数据战略实质性步伐的同时，“甬派”开启“新媒体 + 大数据”双轮驱动的“数字媒体”之路。2021年，“甬派”客户端布局大数据产业，全力推进数字化场景应用到新闻报道中，并进行了大量有益探索。以新媒体助力“城市大脑”建设，并以“城市大脑”赋能新媒体发展。

2021年7月，面对强风、暴雨、高潮“三碰头”的第6号台风“烟花”及其对宁

波产生的方方面面影响，“甬派”结合宁波数字化改革成果——“甬派”建设、运营的宁波城市大脑，发挥宁波城市大脑大数据集合功能，利用20余万路覆盖全宁波的实时公共视频、水利应急等应用系统，推出不间断台风直播节目，线上线下为宁波市相关部门提供决策参考、为市民提供积水提醒等服务，并推出“甬派·城市大脑每天24小时不间断直播”，从台风登陆前到台风过境、二次登陆，“甬派”与宁波城市大脑的连续直播，总时长达74小时，每日浏览量达100多万人次。

这是宁波城市大脑自2021年3月27日上线以来的首次实战。此次直播，是媒体的数字化运用创新在防御台风方面的最新尝试。

在直播过程中，宁波城市大脑指挥中心作为主阵地，指挥舱内实时调入宁波防台一线的实景和数据，200平方米的L型指挥大屏幕呈现了宁波各地的路况及水位变化情况，提供了全要素、全畅通、全景式的防台实景和数据。

“甬派”3位主播在城市大脑指挥中心连线市气象局、市交警指挥中心、市公路网指挥中心、市商务局等部门，带来第一手的台风现状、路况信息，发布危险预警，保障人民群众生命和财产安全。

直播过程中，“甬派”共推出30余次视频连线报道。前方记者在台风登陆前蹲点象山、宁海，发回群众转移、渔船回港避风等情况报道；分赴市区易积水地段，带来第一手视频报道；分批跟随交警前往积水最为严重的洞桥镇，连夜全程直击洞桥救援情况，滚动直播人员转移、堤防加固、物资配送、秩序维护情况；跟随武警宁波支队赶赴余姚阳明街道丰乐村，直击官兵加固堤坝的战斗。

74个小时直播，“甬派”为用户带来了全新的角度、数字化的立体呈现以及细致入微的暖心场面，加上权威及时的辟谣报道，在台风中为群众撑起了一把“信息保护伞”。

“手机客户端＋城市大脑”“多点连线＋慢直播”，通过上述探索，“甬派”努力做到“一屏通览全城”的同时，还与台州日报全媒体中心、舟山日报全媒体中心联手，实现了移动直播的跨区域合作。

2021年9月，台风“烟花”过去2个月后，台风“灿都”影响宁波期间，“甬派”再次开启了城市大脑全程直播，上线“防台宝典”，第一时间向百万派粉推送包括气象预警、城市积水、封道以及河网水位等防台信息，发挥了大数据预报预警台风信息的作用。

二、积极探索“新媒体＋大数据”融合应用

2021年以来，“甬派”积极探索“新媒体＋大数据”深度融合应用，其中，“甬易办”平台功能成效明显。

紧紧抓住浙江数字化改革这一稍纵即逝的机遇，“甬派”挖掘利用大数据资源，开发建设多跨协同的“小切口、大场景”应用功能和服务端口，服务人民群众。同时，抓住数据资源这个要素，努力转换为数据资产，做大做强数字经济、文化产业。而这，也是

“甬派”着力布局大数据产业的逻辑起点。

一个个数字化场景应用的落地、成熟，也使得“甬派”“新媒体＋大数据”探索路径更为清晰。2021年度浙江省城市大脑（智慧城市）场景应用优秀案例评选中，“甬派”参与的“甬易贷”和“放心充”消费服务平台入选“浙江省文化产业大数据服务平台”宁波案例。

新媒体工作案例

“甬易办”平台

作为宁波“城市大脑”首个基于大数据面向公众的应用，“甬易办”平台一端面向企业，一端对接政府服务部门，自2020年6月16日运行以来，平台总访问量已达1000余万人次，共上线921项惠企惠民政策，惠及50.6万户企业（个人），兑付金额122.72亿余元。

而由宁波市发改委（信用办）指导，“甬派”负责开发、发布、场景应用的宁波首个城市个人信用分“天一分”，已推出包括“信易行”“信易医”“信易游”“信易住”“信易贷”等公共服务和社会民生应用场景21项，累计查询超73万次。

2021年5月28日至9月28日，“甬派”尝试以数字化改革最新成果，策划推出了“民呼数改——我为群众办实事”大型互动式系列报道。

这组报道时间跨度长达4个月，篇幅容量大，涉及15个民生领域，社会影响广泛，参与互动超过10万人——这是一次以数字化改革推进城市管理和社会治理现代化的有益尝试。

其间，每次采编都是一次互联网时代“开门办报”和数字化改革赋能治理的过程。记者践行“四力”深入基层，发现痛点、难点、堵点的症结所在，然后根据可行性，确定场景应用主题，再稳妥展开全程跟踪报道，并搜集反馈各方意见、数改需求和技术难点。最后，经宁波“城市大脑”实现技术破难，通过“城市大脑”海量数据应用，上线了一批利民便民的应用场景。

以“最多报一次”应用场景为例，宁波一线社区的社工承担着21个系统数据录入、18张报表填送的工作。以往，多数是重复手工操作，不堪重负。经过“民呼数改”推进，政府部门以宁波“城市大脑”为基础，迅速开发上线“最多报一次”工具，由“数据跑”代替“社工跑”，减少了社工80%的工作量。

为了集聚全民智慧共同参与数改，“甬派”通过宁波“城市大脑”“民呼数改”平台推出万元大奖，向市民众筹破解难题“金点子”，群策群力，有效地推动了数字化成果应用与宣传。

这组互动式系列报道引发市民广泛关注和参与，并得到宁波市委、市政府好评。人民网、新华网、“学习强国”学习平台等众多平台转发。

（宁波日报报业集团供稿）

安徽日报报业集团

新媒体工作综述

2021年，安徽日报报业集团以“十四五”重点融合项目谋划为抓手，坚持一体化方向和移动优先策略，集团各媒体全面实现报刊端、移动端、PC端全媒体发布，各平台间实现数据打通和共享，“多端俱全”“多端俱通”的全媒体传播矩阵效应初显。

一、聚焦主题主线，全媒体主题宣传浓墨重彩

2021年，安徽日报及集团各媒体把深入宣传习近平新时代中国特色社会主义思想贯穿融入新闻宣传工作全过程各环节，精心组织“牢记殷殷嘱托　奋力谱写美好安徽建设新篇章”“总书记关心的事，安徽这样干”“总书记，安徽向您报告”等专题专栏，精心组织“皖美”安徽等大型全媒体集中采访，深入反映全省上下学习贯彻习近平总书记考察安徽重要讲话指示精神的生动实践。聚焦主题主线，传承红色基因，精心组织“走向复兴”“总书记点赞党史上的安徽”等大型全媒体报道。聚焦党史学习教育，推出系列短视频《徽之华光》，既有历史纵深感，又有鲜明时代感，凸显党报融合传播巨大潜能。推出主题MV《我叫共产党》、理论宣传微视频《跟着总书记振兴乡村》等融媒体作品，实现权威性与贴近性、严肃性与可读性的有机统一。关注大事要事，展示成就亮点，创新开展党的十九届六中全会、安徽省第十一次党代会、全国两会、安徽省两会等重要会议、重大主题报道，密集推出“走向我们的小康生活”“安徽小康圆梦纪实”“辉煌‘十三五’”“喜迎省第十一次党代会”等策划报道，全媒体、多层次讲好加快建设现代化美好安徽故事。

二、积极搭建融媒体矩阵，主流舆论阵地进一步巩固拓展

2021年，安徽日报及集团各媒体主动对接用户需求，大力推进流程再造和优化，积极搭建融媒体矩阵，不断提升平台建设和运营能力，主流舆论阵地进一步巩固拓展。

1. 聚焦平台建设，全媒体影响力不断扩大。安徽日报客户端等加强新媒体阵

地建设，开设“奋斗百年路　启航新征程”“在党50年　永远跟党走”“解码安徽小康”“长三角一体化高质量发展”等专题，优化客户端频道设置，改进首页首屏视觉效果，不断提升新媒体内容品质。出台《关于推行全媒体考核的意见（试行）》等，设定重点稿件发稿指标、实施融媒产品量化考核，充分发挥考核机制“杠杆”作用，激励采编人员创新创优、多出精品。

2. **优化资源配置，融媒体工作室活力迸发**。2021年，安徽日报及集团各媒体进一步优化人财物技等资源配置，充分发挥融媒体工作室策划带动作用，推出“总书记点赞党史上的安徽”系列融合报道，选取习近平总书记多次肯定、赞扬的百年党史中安徽发生的重要事件和重大变革，推出《小车这样“推”动历史车轮》《鄂豫皖苏区“二十八年红旗不倒”》等融合作品。互动H5《“安徽号”快车的“速度与激情”》、综合文图《为什么是皖北》等一批重点融媒体作品，得到省内外媒体及各网站广泛转发。“东篱”“习习皖风”“大皖”“乡镇融”等被安徽省委宣传部评为2021年优秀融媒体工作室。

3. **优化体制机制，推进融合报道**。安徽日报报业集团各媒体坚持移动优先，强化融合传播，在重点报道中实现边采边发、全媒呈现。新安晚报实施以网端微为中心的采编运转体制机制，把融媒体产品生产贯穿于日常报道中。全国两会期间，推出与鄂苏沪渝五媒联动策划活动。安徽商报发力媒体深度融合，各端口、平台影响力稳步提升，微博稳定在新浪全国地区媒体账号影响力排行榜前十。安徽日报农村版乡镇融新媒体平台已有700多个乡镇入驻，覆盖面和影响力显著提升。江淮时报新闻客户端——江淮同心圆App上线运行。安徽法制报法治融平台稳步推进。

三、以“安徽党媒云”为抓手，创新推进媒体融合发展

“安徽党媒云”是集团自主谋划的一项系统性传播生态建设工程，以拓展用户覆盖面、重构互联网时代与基层群众连接为目标，打造覆盖安徽的云端传播网。目前，基于“安徽党媒云”平台的垂直应用项目“校校通”“社区融”“乡镇融”“法治融”和“安徽日报舆情大数据中心”项目均完成预定覆盖目标，“乡镇融”项目在全省独家入选“2021年全国报业深度融合创新案例”。

1. **推进思维创新，以平台赋能带来全新机遇**。“安徽党媒云”以“平台思维”构建区域性传播生态，满足党委、政府和基层需求。

2. **推进路径创新，以精准传播造就独特影响力**。“安徽党媒云”汇聚相同属性、相同类别、相同需求用户，形成集聚效应。“党媒云”的4个子平台，面向全省2.2万多所学校、1200多个社区、1200多个乡镇、700多家政法单位，致力有效传播，力求让每一个“点”都融入“党媒云”，让每一个领域的用户都成为党媒双向精准传播的对

象，造就“党媒云”的独特影响力。

3. 推进服务创新，以项目为抓手凸显党媒价值。为实现“让基层资讯多端发布、主流思想舆论入基层”“打通传播‘最后一公里’”，“党媒云”设计了3种服务：内容服务——让传播平台有质有量引导并采用乡镇、社区、学校、政法单位的内容，发挥全媒体时代的“通联部”“群工部”功能；平台服务——让基层声音走向更高平台，利用省级党媒优势，与更高平台连接，在“学习强国”学习平台开通账号，与“党媒云”全平台打通；资源服务——为广大乡村提供培训服务3000多人次，对于入驻单位在使用过程中遇到的问题，快速响应、积极解决，不断修改完善平台，提升用户体验。

新媒体工作案例

“乡镇融”平台

“安徽党媒云·乡镇融”是安徽日报报业集团新媒体平台中的一个融媒体子平台。“乡镇融”实现乡镇新闻宣传移动端、网端和纸端融合传播，通过“报、网、微、端、视频号”互动，打通乡村新闻宣传和资讯服务“最后一公里”，为乡镇党委政府提供新闻宣传和特色资源推介服务，让乡镇党委政府在省级党媒有一个能主动发声的主流舆论新媒体平台。

“乡镇融”在安徽新闻网开设PC端专区，在安徽日报新闻客户端开设“乡镇融”移动端专区，每个合作乡镇一个网络专页、一个手机移动端专页和一个入驻号。平台与技术开发企业密切合作，开发设计了具有自主知识产权的“党媒云”系列采编软件，实现了移动端、PC端的一键发布、多端呈现。

2021年，“乡镇融”项目在全省独家入选“2021年全国报业深度融合创新案例”，“乡镇融”工作室被安徽省委宣传部评为“先进融媒体工作室”。

作品二维码

“走向复兴——庆祝中国共产党成立100周年”大型全媒体报道活动

为庆祝中国共产党成立100周年，讴歌江淮儿女在党的领导下接续奋斗的光辉历程，安徽日报报业集团开展“走向复兴——庆祝中国共产党成立100周年”大型全媒体报道活动，高质量推进党史学习教育走深走实。

联动互动，拓展传播广度。以金寨红军广场为起点，安徽日报等媒体跨出省界，先后来到上海一大会址、浙江嘉兴，与解放日报、浙江日报等推出《初心如磐：百年大党的精神密码》等联动报道，寻访党史中的光辉实践、动人故事。通过联动，长三角地区党报集团报网微端推送，提升了主题宣传的传播力、影响力。

全媒发力，加快融合速度。全媒体报道

活动以提高融合报道能力为重点，推动新闻采编向文字、图片、音视频“多位一体”转变。《弘扬“红船精神”迈向新征程》采发同步，以“短视频+”形式抓第一落点，先声夺人；《筑碑记》等H5作品，参与性、互动性强，让受众在手指轻点之余，即可学习党史知识，激发情感共鸣。

提升“四力”，感悟初心的温度。把活动作为采编练兵契机，抽调集团多家媒体记者，同场竞技。参与报道的记者深入大别山革命老区，走进中共一大会址和嘉兴红船，亲身感受革命先辈的崇高精神和坚定信仰，既是一次践行“四力”、提高业务素质的生动实践，也是一次学习党史、提高政治素质的思想升华。

作品二维码

（安徽日报报业集团供稿）

安徽广播电视台

新媒体工作综述

安徽广播电视台按照“大中心、大融合、企业化管理”改革思路，纵深推进融合发展转型升级，全面推动主力军挺进主战场，已形成7个电视频道、9个广播频率、2个网站（www.ahrtv.cn、www.ahtv.cn）、2个客户端（海豚视界、安徽卫视·ATV）、580余个媒体号（微信公众号、微博号、头条号、抖音号、快手号等）组成的全媒体传播矩阵。其中，有22个新媒体服务项目获互联网新闻信息服务许可，新媒体全网粉丝量突破1.76亿，新型主流媒体的传播力、引导力、影响力、公信力显著增强。

围绕打造新型主流媒体的融合改革发展目标，安徽广播电视台创造性地构建了以做大做强移动传播平台为中心，融媒体工作室高质量发展、县级融媒体中心省级技术平台全省域覆盖为支撑的“三位一体”A型深融架构，在全国257家机构申报的340个项目中脱颖而出，荣获国家广电总局“2021年全国广播电视媒体融合先导单位”提名。

一、网络传播取得成效

1. *移动传播平台建设初见成效。*业已上线的移动传播平台前端——安徽卫视·ATV客户端，内容定位为泛生活、泛文娱、泛资讯，立足聚全台、聚安徽、最安徽、安徽最，为本地用户提供社交互动、休闲娱乐、问政求助等服务来实现高黏性强连接。出台《集中力量整合提升移动传播平台若干意见》及配套考核奖励办法、督办方案等，促进全台一盘棋、共办一个端。已开设海豚号141个，接入县级融媒体中心60个。出台实施《全媒体内容库内容管理办法》，移动传播平台后端——全媒体内容库已完成入库珍贵历史媒资1.2万多条、9000多小时，成为全台内容汇聚中心和共享中心，为融合发展提供强有力的支撑。

2. *融媒体工作室运营亮点纷呈。*不断强化制度设计，加强过程管理，夯实全方位的政策保障体系和服务支撑体系。经过3年3轮培育、动态调整，目前，本台融媒体工作室规模已扩大到103家，覆盖全台各部门，500余人参与，呈现专业化、垂直化、企业态特征。在台里基本没有直接投入的情况下，工作室积极创收，探索出平台流量分成、原生广告、电商、版权输出、短视频定制、知识付费等多元变现路径，年创收超6700万元。工作室积极参与重大主题宣传，形成大声量、矩阵式传播新格局，2021年发布作品30余万件，其中，《觉醒年代》二创系列短视频播放量突破2亿次，“合肥有条延乔路”报道多次进入全国热搜话题、相关报道浏览量突破5亿次。以工作室制为枢纽，人员一身两役，所有内容运营类融媒体工作室均入驻安徽卫视·ATV客户端首发原创内容，打造出11个垂类矩阵，为台旗舰客户端快速发展提供了强有力的支撑。

3.县级融媒体中心省级技术平台实现预期。皖云省级技术平台已建成四大板块、32个子系统，2021年年初顺利通过安全等级保护三级测评（2.0标准），3月份高分通过专家验收，已有73家县区市融媒体中心入驻或接入。在疫情防控以及省两会、党代会等重大主题宣传中发挥了中枢作用，2021年获评“长三角广播电视媒体融合先导单位”。

二、创新推进重点项目

1.网红直播空间AH SPACE市场化运作成效显著。首创广电MCN领域“线上+线下”直播场景互动融合的运作模式，与上市公司上海风语筑合作打造全国首个沉浸式网红直播空间——AH SPACE，自2021年1月正式运营以来，在抖音、头条、小红书等新媒体端曝光量逾亿次，在大众点评新奇体验排行榜保持第1位，已成为安徽打卡新地标。“AH SPACE”快速推进电商主播培训、品牌代播等MCN业务铺设，构建了较为完整的电商产业链，举办了50多场多领域数字化沉浸式品牌活动，赢得政府、企业、社会各界的高度好评。积极开展元宇宙探索，打造的全国首个具备元宇宙场景交互能力的数字虚拟主播“小安”已亮相安徽卫视春晚。

2.广播节目视频化整体推进。2021年10月，通过了《关于加快推动广播节目视频化工作的意见》，广播所有频率整体布局视频化工作，这一做法尚属全国首例。目前，新闻、交通、音乐、生活等频率正常态化推进慢直播、互动直播、短视频等视频化样态创新，探索广播MCN，深耕社群传播，打造私域流量池，不断提升传统广播的网端影响力。

三、网络传播管理举措有力

新媒体账号管理破局有力。坚持管理与发展并重、小屏与大屏一个标准，不断探索新媒体账号的管理方法和手段创新，对全台新媒体账号实施全生命周期闭环管理。

1.加强源头把控。制定出台新媒体账号审批及备案工作制度，扶持正能量账号与有市场前景的垂类账号，防止野蛮生长、无序扩张。

2.开展过程监管。上线新媒体管理考核系统与舆情监测大数据系统，依靠技术手段开展日常传播数据发布与负面内容预警。

3. 突出问题整治。制定出台加强网络直播规范管理、开展新媒体内容发布审核把关、排查整改等制度，压实各部门主管主办与属地管理责任，规范网络传播行为，及时整改问题账号，集中力量做大正能量头部账号。

新媒体工作案例

AH SPACE 基地

台属安徽阿玛歌文化传媒有限公司于2020年8月成立，2021年3月建成安徽广播电视台中心大楼13楼AH SPACE基地，正式运营。AH SPACE基地2021年举办数字化沉浸式品牌活动50场以上，涵盖车企、高新技术、地产、白酒、美业等诸多领域，和江淮、奇瑞等知名品牌企业达成良好合作。配合安徽卫视、经视、公共频道、农科频道、音乐频率等台内频道频率为客户提供活动服务支持，有效提升了品牌客户的服务接待能力。

AH SPACE基地建成后，通过安徽台媒体宣推及社交网络传播，迅速成为安徽网红打卡地新地标。在大众点评新奇体验排行榜持续保持第1位。目前公司已形成一套完整的电商产业生态链：整合国内头部MCN机构，完成主播电商培训、品牌代运营、品牌代播等业务铺设。2021年8月成立AH SPACE主播特训营，首次开班获得业内一致好评。该项目已开始盈利，抖音、腾讯投流渠道均已开通；完成上市公司国海证券抖音代运营签约，达成恰恰食品蓝V店铺代运营协议，达成安徽省女企业家协会会员单位抖音电商代运营合作等。2021年度“广电新物种——AH SPACE沉浸式网红直播空间项目”参与了多个项目申报评比，其中在国家广电总局首届高新视频创新应用大赛上，获得沉浸式视频应用类二等奖；阿玛歌AH SPACE场馆及广电MCN项目荣获中国广播电视艺术协会“优秀融媒最佳深度融合创新案例TOP10”。在国家重点文化产业项目中，荣获安徽省第四名并推选参加国家级评比。

“急先锋”融媒体工作室

为进一步用好新媒体平台，在安徽广播电视台整体加速融合转型的大背景下，“急先锋”融媒体工作室于2019年应运而生，牵头运营908新媒体。经过3年拼搏奋斗，“急先锋”融媒体工作室先后被授予全国五四红旗团支部、安徽省学雷锋活动示范点及安徽省“青年文明号”等光荣称号。2021年，908新媒体微信公众号（“安徽交通广播”微信公众号）单平台净收入890万元，与2020年相比，增长41%；与2019年相比，增长210%。

目前，“急先锋”融媒体工作室是一个仅4人的“轻量化小团队”，团队以微信公众号为核心平台，集中时间精力、汇聚优势资源，不断强化与受众的深度互动，聚力打造“头部大号”。2021年，官方微信粉丝数突破94万，超过300篇图文信息阅读量达10万+。视频号全年共发表动态近3000条，粉丝数增长至22.1万。

“急先锋”融媒体工作室在精准把握网络传播规律的同时，不断强化议题设置、创新表达和细节把控，以既有创意又有诚意的产品塑造了良好口碑。在2021年建党百年重大主题宣传中，908新媒体率先推出“延乔路”系列短视频，并联动《觉醒年代》电视剧中陈延年扮演者张晚意以“一封家书”的形式，创建受众与先烈“隔空对话”的场景。同时，将合肥市某中学生写给延年、乔年的一封信作为重要元素加入进来，与之形成呼应。精心设计有了精彩呈现，产品获得央媒广泛关注，全网话题量突破5亿次。《没有共产党就没有新中国》《安徽真的好好》等一批爆款产品提升了908新媒体的品牌影响力。2021年年底推出的《合肥：飞雪连天射白鹿，笑书神侠倚碧鸳》再度引爆全网。

（安徽广播电视台供稿）

安徽新媒体集团

新媒体工作综述

2021年，安徽新媒体集团坚持守正创新，牢牢把握正确舆论导向，坚定筑牢主流网上舆论阵地，扎实推进媒体融合向纵深发展，新闻舆论传播力引导力影响力公信力不断提升，为建设现代化美好安徽提供了强大网上正能量。

一、新媒体平台持续拓展，舆论阵地不断壮大

2021年，集团着力加强新媒体平台建设，在原有主办承办的“两网（中安在线网站、安徽文明网）一端（中安新闻客户端）一报（安徽手机报）两微（安徽发布微博微信、安徽省政府发布微博微信）一频（中安视频）一台（‘学习强国’安徽学习平台）”等八大主要宣传阵地基础上，传播矩阵进一步发展壮大。截至2021年11月，集团拥有中安在线网站、中安新闻客户端、微博、微信公众号、安徽手机报等多种新媒体形态共计71个端口，服务的政务新媒体矩阵入驻第三方平台账号93个，总覆盖用户2600万，“策采编审发评”和“网端报微视号”一体化的内容生产和传播格局初步形成。

二、工作室建设持续发力，融合故事精彩呈现

2021年，徽喜鹊、宛新平、中安视频等重点融媒体工作室创新力度不减，精品力作不断。

徽喜鹊工作室聚焦重大主题，深耕政务媒体资源，全年承担省政府新闻发布会及各类大型会议、活动直播150余场，发布政务影响力榜单80余期，制作融媒体产品150余件。其中《今天，一起来打卡红色纪念馆》《从红色家书中感受革命先辈家国情怀》《在警旗下宣誓——习总书记授警旗一周年记》等策划分别被中组部、公安部、人社部等中央部委新媒体平台转发推介。与安徽省委组织部共同策划的“皖美小康”线上活动，征集参赛作品1200余件，参与点赞人数超250万。

宛新平工作室以打造动态漫评、H5

作品、微视频产品为抓手，创作“动态化”“视频化”“高科技”的融媒体产品，如微视频《AI复原烈士笑容：如果你能看见》、四格漫画《小鹊学党史系列漫评》、互动H5《全面小康请笑纳》、创意海报《百年奋斗路，从未忘渡江》等。同时，工作室精心打造融媒体漫评新形式，推出“徽喜鹊声漫·画外音”系列策划，在漫评中集纳汇聚手绘、图表、视频、音频、gif、动态创意场景等，以多维度立体化的体验式沉浸场景，巧妙传达观点，讲好故事，让正面宣传不但“有意义”，而且“有意思”。全年编发评论文章4439篇，其中本网原创评论4276篇，18件作品获评安徽新闻奖，中安在线荣获“2020全省网评工作先进单位”。

中安视频工作室制作原创短视频《渡江小船》，社会反响良好。精心策划推出《强国有我，青年请回答》系列微视频，采访众多青年代表，倾听新时代安徽青年的心声，全网阅读量超1.2亿次。公益短片《勇往直前，我是共产党员》在2021年度长三角广播电视媒体融合优秀案例评选活动中，荣获“庆祝建党100周年融媒体宣传优秀案例奖”。此外，中安视频工作室继续探索“短视频展示＋主播探访＋访谈直播＋带货”相结合的形式，推出6期“皖里有货·乡村振兴大舞台”微综艺直播，各平台累计观看量超过800万。其中，“第一书记夸家底”项目获评2020年度网络公益助力脱贫攻坚和疫情防控优秀案例、全省宣传思想文化工作创新范例，“乡村振兴大舞台”获评2021年全省网络综合治理示范项目。

三、安徽云建设持续推进，技术支撑保障有力

2021年，集团以安徽云协同创新平台为抓手，大力输出技术服务，为各地各部门开展新媒体宣传提供有力的技术支撑。全省已有120多个政府部门和市县区媒介入驻安徽云，60个市县区将网站和客户端交由集团托管代运维。集团下属新媒高科公司获得国家级高新技术企业、双软评估企业、安徽省科创板孵化企业、安徽省委网信办第一届网络安全应急技术支撑单位等资质和称号，先后获得36项软件著作权，2021年成功申请“一种互联网安全防护装置”等3项实用新型发明专利，填补了集团在专利申报上的空白。在第26届全国广播电视技术能手竞赛预选赛（安徽赛区）暨安徽省职业技能大赛中，集团两名选手获得一等奖。

四、一体化理念持续深化，打造外宣品牌栏目

以黄山松工作室为基础，以英文短视频产品为创新突破点，着力打造一批优秀的英文短视频。与安徽省外办联合制作推出重点策划“外国人在安徽”系列短视频，通过外国友人的生动讲述反映当代安徽开放文明、蓬勃发展的良好形象。依托集团的视频资源，国际传播中心加工制作了5期系列英文短视频“守艺”，向世界宣传和推介安徽

的非物质文化遗产。结合中国传统节日，推出系列手绘《一起过中国节》，展示中华传统节庆的文化内涵。针对“Z世代”受众，推出“寻找非遗之红”系列双语短视频产品，受到广泛好评。另外，国际传播中心加强对外联络，与商务厅联合制作了英文MG动画“‘数’说高质量发展‘皖’美答卷”，以动漫形式展示安徽自贸区成立一年以来的创新举措和丰硕成果。

新媒体工作案例

融媒产品《一路走来一路歌》

2021年，合肥延乔路因电视剧《觉醒年代》的热播而为更多人所熟知，在延乔路的不远处，有一条看起来普普通通的道路，在这条不到900米的路上，居住着3000多位英雄。为了讲好英雄故事，让红色基因代代相传，一个由“30后老英模”“50后老党员”“90后新生代”“10后红领巾”组成的先锋宣讲团出现在这条现实版“延乔路”——合肥淠河路上。创作团队跟随着“四代人先锋宣讲团”，践行“四力”，深入每一户英雄之家，光荣之家，聆听抗美援朝老英雄讲述坐炸弹抢修铁路的惊险时刻，和中国现代预警机首任副总设计师共同回顾当年共产党人顶着压力和困难实现一个个科技突破的曲折经历……创作团队整理了翔实的数据和历史资料，采集了大量鲜活生动的素材，挖掘不同时期、不同岗位的英雄们保家卫国、为国争光、为民解难、勇于奉献、不怕牺牲的可歌可泣事迹。

在3000多位英雄中，创作团队精心选取了具有代表性的英雄故事，确定以“路”作为纽带，通过一名“10后红领巾”小小历史宣讲员的视角，以手绘、动效、音效相融合的场景再现，还原抗美援朝战场、“两弹一星”研制、预警机首飞、战“疫”战洪等重大场景和感人至深的英雄故事，营造出波澜壮阔的历史沉浸感和鲜明强烈的时代感。作品通过中安在线、中安新闻客户端推出，光明网、央广网、中国青年网、“学习强国”学习平台等多家中央主流媒体转载，浙江在线、金羊网、齐鲁网、津云等省级门户网站转发，阅读量突破百万。

作品二维码

《人民的胜利》融媒报道

《人民的胜利》融媒报道紧扣党史学习教育这一重大主题，选取渡江战役这一切入点，融文字、高清大图、视频、动画、VR等全媒体元素于一体，突出可视化呈现和交互体验，设置《重温渡江战役》《传承渡江精神》《重走渡江路》《坚决打赢新时代的“渡江战役”》等多个板块。

“渡江战役的胜利是靠老百姓用小船划出来的。”在设计上，专题运用“船”的意象，串联真实史料、亲历者口述及背后故事，从一个小切口更好地呈现了百年党史的安徽篇章，视觉唯美震撼。

在内容上，作品创新性地运用毛泽东同志亲笔写下的七律诗作为专题导航，统领整个架构，带领观众理解层层递进的渡江精神。在专题中，不仅集纳了大量纪录片、老照片、党史资料，还有非常丰富、鲜活的原创内容。融媒体视频《渡江小船》，通过采访多位健在的、72 年前参加渡江战役的老兵和支前民工，解读“人民群众为何选择支持解放军”的密码；《渡江战役：党民同心的铿锵宣誓》《渡江战役：让红色精神代代相传》……在各板块中“压轴”的徽喜鹊系列漫评，以创意海报的形式和亲切活泼的“网言网语”，阐述剖析“中国共产党为什么能”的历史轨迹和根本原因；精心组织策划“皖美”安徽全媒体采访活动，让“重走渡江路”采访成为一堂润物细无声的党课，在潜移默化中启发记者思考在新时代如何用手中的笔更好地为党和人民服务。

专题推出后反响强烈，累计访问量达 1300 多万次，500 多万名网友向渡江烈士网上献花，取得良好社会效果。

作品二维码

（安徽新媒体集团供稿）

福建日报社

新媒体工作综述

2021年，福建日报新福建编辑部坚持正确舆论导向，坚持守正创新，积极推进媒体深度融合。福建日报新媒体平台继续发展壮大，新福建客户端先后进行了6次版本优化升级，其中大版本改造4次、小版本优化2次。目前，新福建编辑部形成了以新福建客户端为重点，共有8个新媒体平台的全媒体传播矩阵。

一、体现新型主流媒体担当，做深做活重大主题报道

2021年，重大新闻多、主题宣传任务重，新福建编辑部积极发挥移动端舆论宣传主阵地优势，在习近平总书记来闽考察、建党百年、党的十九届六中全会、世遗大会以及全国两会、省党代会、省两会、数字中国建设峰会、九八投洽会等重大节点上，不断探索省级党报主题宣传报道“全媒体表达”模式。

3月22日至25日，习近平总书记来福建考察调研。福建日报移动端8个新媒体平台迅速反应、同向发力，进行差异化分发、推送、传播。据统计，3月22日22时至3月25日21时，8个平台累计发布各类报道350多篇，其中移动端自有原创产品50多个。习近平总书记在每个点考察一结束，福建日报记者便找准新闻“第二落点”，立即采访与总书记有过交流的“科特派”、村民、游客等，持续推出“幸福回放”系列原创短视频，《“科特派”廖红：总书记问我，你这个技术是不是首创》《总书记跟我4岁的孙子说，小孩不要挑食哦》《总书记一眼就认出了我的畲族服装》《想不到今天在这里见到我们的总书记》等系列短视频持续刷屏。这些短视频一般都只有几十秒，既回到新闻现场，细节化展现了习近平总书记的殷殷嘱托，又以闽言闽语生动表现了福建人民对习近平总书记的衷心拥戴和真挚情感。

有质量才能赢得流量，专业的生产、精细的表达增强了党媒传播优势和吸引力，提升了新闻宣传的有效性。2021年恰逢中国共产党成立100周年。4月起，新福建客户端开设学党史频道，推出《党史学习教育在

福建》《奋斗百年路　启航新征程》《党史上的今天》等多个专题，以及“网红来了”等系列视频报道。“七一”当天，新福建客户端横跨多地，持续十几小时慢直播，同时精心策划推出多个优质原创融媒体精品，推动主题宣传报道达到高潮：推出《福建日报建党百年百版特刊》《我，向党报到》等多款H5产品，同时推出新福建编辑自己作词、编曲、设计的原创动漫MV《初心》，用青年人喜闻乐见的方式回望建党百年。

二、加强技术应用创新实践，做多做精融媒体产品

新福建编辑部激发内部活力，致力创新形式、拓展品类。2021年，新福建编辑部设立意趣实验室，旨在做有意义、有趣味的新闻，研发重点融媒体产品和头部创新产品。在原有屏山君、懂闽等工作室的基础上，新增了夜读工作室和海报小氛队，不断加大对原创融媒体产品创新的探索和实践。根据疫情防控不同阶段的要求和重点，先后生产制作了《只要心在一起，就是团圆》《“一”起面对！来收好这波提醒》《是他们，守护了我们的家园！》等多款微海报、长图、动图产品。由于新闻时效性强，发布及时，多数产品叫好又叫座。

7月16日至31日，第44届世界遗产大会在福州举办。福建日报移动端推出一系列备受欢迎的融媒产品，进一步提升融媒报道的丰富性和贴近性、新鲜感和节奏感，累计编发各类报道1200多条，包含原创报道约350条、融媒体产品50多个。这些融媒体产品大量运用图文、短视频、音频、直播、H5、SVG、Vlog、MG动画、C4D动画、开机屏海报等形式和技术手段，每个产品均包含2个以上融合表现元素。其中，短视频创新产品占比近一半，新技术的创新应用成为亮点。

7月25日傍晚，“泉州：宋元中国的世界海洋商贸中心”成功列入《世界遗产名录》，福建日报微信、新福建客户端以“快讯＋主题海报＋制图”的形式，率先发布融媒体报道《申遗成功！福建泉州，“心”动世界！》。当天19时，福建省委、省政府发出贺信，福建日报微信随即发布消息《泉州申遗成功　福建省委省政府发出贺信！》，同步推出提前策划的SVG融媒体产品《忽闻鼓声震云霄，飞传泉州夺锦标》。同时跟进大会主要活动，密集推出《世遗来了》系列短视频、《马可·波罗约你了！》系列H5等大批融媒体产品。此外，懂闽工作室重点围绕泉州申遗这个热点提前策划，在泉州代表性古迹遗址中选取最适合用短视频表现的3处，摄制3部穿越短片，以轻松幽默的穿越剧情讲述“泉州：宋元中国的世界海洋商贸中心”背后的故事。

三、多维度探索推进平台运营，做大做强“新福建”品牌

2021年，新福建编辑部专门组建运营团队，聚焦客户端平台运营，以用户为中心，协同内容团队，聚力做大做强“新福

建”品牌。突破自身局限，寻求跨界合作，从内容、活动、政务、社群等多个维度，开展专业、系统、持续的运营推广工作，线上线下策划举办了近30场次活动，显著提升了App用户黏性和活跃度，以及平台的整体影响力。

围绕建党百年主题，依托客户端平台，联合《福建通讯》杂志社、福建船舶集团，推出为期3个多月的“学史明理，福建有你”党史知识征集答题活动：线上，4月下旬起先后开展了个人挑战赛、团体挑战赛（分省直、市县、省属企业3个赛区），总参与人次达53万，参与省直单位134个、市县（区）102个、省属企业16家；线下，7月中旬在福建会堂举办了党史知识竞答决赛活动并进行网络直播，6月底至7月初，与省委文明办联合主办“童心向党·我向党旗敬个礼”主题活动。

新媒体工作案例

“幸福回放”系列短视频

2021年3月22日至25日，习近平总书记踏上“第二故乡”福建，深入考察指导。在考察结束后，记者第一时间找到与习近平总书记近距离接触的普通民众，了解他们见到习近平总书记时的心情，回忆当时的现场情况。采访了武夷山燕子窠的“科特派”廖红、竹筏工陈佳、三明市俞邦村村民俞广清、福州市三坊七巷畲族馆负责人雷林清等人。记者将拍摄的视频素材及时传回，后方编辑进行剪辑处理，全力保留了原生态的纪录风格，还原了现场。

系列短视频联动全省各记者站记者协同生产，视频专题共14条。视频第一时间抓取群众见到总书记后的心情，再现习近平总书记温暖人心的话语，画面真实质朴，充满力量、打动人心。该产品切口小、时效快、内容深，一经发出便成为全网热点，一时间让福建日报移动端成为习近平总书记来闽考察时新闻报道的网上主阵地。本产品通过系列报道，对新闻事件进行追溯、回访，得到了网友热切关注，网友纷纷留言转发，引发热烈反响，全网阅读量突破500万。

作品二维码

独家解密：这届鱼的待遇凭啥这么高？

如何在2021年春节之际，消除民众对于冷链食品安全性的担忧，让年货热门产品冷链食品再次受到市场欢迎？福建日报主创团队深入位于福州市马尾区的福州冷链食品集中监管仓，摄像老师穿上防护服进入监管仓内部，拍摄了大量独家视频，为全方位展示监管仓的消杀工作提供了丰富的素材。作品紧扣“听”“见”“融”，为用户呈现了一条集手绘条漫、视频、长图等多种体裁于一体的融媒体产品。

开头部分以冷链食品代表——鱼作为第

一视角，精心绘制条漫，从小角度切入，用生动活泼的语言、可爱有趣的绘画风格，讲述了冷链食品监管仓内的具体工作流程，展示了规范、严格的消杀程序。同时，作品将冷链集中监管仓内拍摄的一线视频素材剪辑成短视频，更加立体直观地展示监管仓内部情况。多种呈现方式的融合，让作品的呈现方式更立体，用户体验更丰富。同时，该作品所采用的条漫、视频、文图形式适配多种移动终端，打通了广覆盖、高效率的传播渠道，探索了重大主题报道创意互动传播产品的生产路径。轻松幽默的风格起到了缓解群众食品安全焦虑情绪、释放民众心理压力、凝聚社会共识的重要作用，为提升群众对冷链食品的信任感、恢复冷链食品经营者的正常生产经营起到了重要作用。

作品二维码

（福建日报社供稿）

福建省广播影视集团

新媒体工作综述

2021年，福建省广播影视集团牢牢把握问题导向、目标导向，紧盯制约深度融合发展的困难问题，精准施策、定点解决，在体制机制、内容建设、平台运营等方面加快融合步伐，不断提升新媒体产品传播力影响力，持续巩固壮大网上主流舆论。

一、以“大中心制”改革为突破口，健全与新媒体传播相适配的新型体制机制

聚焦台网分办、频道频率各自为战，内容生产资源和力量分散的突出问题，大刀阔斧推倒重塑，建立适应新媒体生产传播运营的一体化组织架构。

以奋力主战场、建设全媒体传播体系为方向，全面铺开“大中心制”改革，将原有广播、电视、网络平台以及技术部门，根据定位、资源、特点进行整合，打通原有人力资源、财务管理、播出平台、采编资源、经营创收的界限，将所有频道频率、节目中心整合成立五大中心：融媒体资讯中心、广播全媒体中心、电视综合频道中心、卫视中心、科技文体传媒中心。初步建成“一体化资源配置、多媒体内容汇聚、多平台内容生产、多渠道内容分发、多终端精准服务、全流程智能协同”的融合制播体系。从全国多地看，整合全台资源一般采取“关停”频道频率这一简单但易留后遗症的办法，“大中心制”则是在“广电＋新媒体”领域探索出的一种创新改革模式。比如卫视中心整合东南卫视、海峡卫视两大对台对外平台资源，自制节目增加一倍，地方媒体国家担当的使命感更加强烈；广播全媒体中心整合广播频率和旅游频道，努力向“广播有声音、电视有画面、手机有全屏”的全媒体广播时代迈进。实践证明，改革取得一定的成效，初步构建融为一体、调度有力、高效协同的融合生产传播新机制。

二、以内容建设为根本，大力推进新媒体传播力建设

“大中心制”改革为福建省广播影视集团新媒体内容生产赋予新动能。集团聚焦新

媒体端原创生产能力不足、爆款偏少的问题，积极向新媒体端转移产能，提升新媒体内容生产能力。

在2021年福建省的多场重大主题、重大活动宣传报道中，集团都专门制定新媒体报道方案，重点策划推出新媒体报道，充分调集广播、电视、新媒体等各类资源，融合传播放大声量。如3月，习近平总书记来福建考察，集团突出移动优先，整合广播电视时政报道资源，在确保广播电视权威发布的同时，充分运用时政记者拍摄素材，深加工、精加工，在新媒体端首发快讯，并推出1000多条新媒体深度报道、特写报道、网络评论、反响报道，营造了澎湃热烈的网络传播声势，全网累计阅读超过3亿次。围绕庆祝建党百年主题宣传，集团聚焦青年群体，发力短视频，推出《主播说党史》《老兵讲党史》《一分钟说福建》等新媒体栏目、短视频系列报道和展播活动。特别是新媒体专栏《主播说党史》，电视主播从大屏走进小屏，讲述福建光荣的红色革命历史。

集团还积极通过“海博TV”、微博微信等平台，开展网络直播近200场，包括重要活动、突发事件直播，网络直播带货和景点慢直播等；创新推出丰富多样的原创新媒体产品，如《如果古代有网络？清明上河图或许应该这样画……》《小视角看大福建》《穿梭福道》等短视频、H5、图文等；开设新媒体栏目《主播说头条》《辉说不可》《薇观两岸》《艾看福建》等；举办《百年感动——闽山闽水映深情》网络视听主题宣传活动等。

三、以移动端建设为带动，打造全媒体传播体系

集团已构建以自主可控平台“海博TV”客户端为龙头，近200个各类新媒体账号比翼齐飞的新媒体矩阵，从广电媒体向全平台媒体转型。

自有平台“海博TV”客户端升级到4.0版本，截至2021年年底，下载量从560万上升至近1000万，日均发稿量从200条跃升至1500条。对接县融号89个，全省所有县级融媒体都已接入，还对接政务号49个，媒体号37个。“海博TV”已成为福建省内最大的新闻音视频网站和客户端，以及发布权威信息、反映社情民意、服务广大网民的重要平台。开发上线全国广电首个“广电+北斗”智能平台——“福耳摩思”，被评为2021年全国广播电视媒体融合成长项目。

与国内、国际头部新媒体平台合作，构建广域联通的新媒体矩阵立体传播网，不断扩大主流价值影响力版图。如整合集团所属新媒体账号以及签约网红账号等近500个，创立福建广电MCN，矩阵总粉丝量近1.2亿，获抖音媒体MCN2021年度最具影响力机构称号。集团台海资讯品牌栏目《海峡新干线》《今日海峡》发挥台海资讯优势，建成全网涉台第一大账号矩阵，在对台对外宣传阵营中占据头部位置，在

境内外账号总粉丝量超过6000万，年总流量突破300亿次。《今日海峡》脸书粉丝突破230万，帖文覆盖、互动量等数据持续领先人民日报、新华社等央媒中文脸书账号。福建交通应急广播将传统的广播直播间改造成全媒体直播间，推出省内唯一成型的“电台TV”，能够全天24小时通过广播、电视、手机直播，与受众实时互动，实现多渠道覆盖。

四、以重要活动为抓手，融通网上网下构建同心圆

集团通过举办线下主题活动，同步推出广播电视和新媒体报道，充分发挥网络传播互动、体验、分享的优势。

如2021年集团主办的“百年党史铸辉煌——全媒体党史知识竞赛”是全国率先推出的以基层党支部为主体、党员个人参加的大型系列活动。活动充分整合集团17个频率频道、“IPTV堡垒先锋专区”、“海博TV”客户端、福建广电MCN1.2亿粉丝的全媒体矩阵资源，广泛联动“学习强国”学习平台、微博、省内市县级媒体，通过大型比赛、电视节目、短视频展播、网络直播等方式，让党史学习教育走进千家万户。

发挥对台交流优势，采取线上线下相结合形式，举办第九届海峡青年节·海峡青年峰会、第二届IM两岸青年影展等10多场两岸交流活动。制作推出短视频、网络直播、图文等新媒体产品800多个，通过集团所属新媒体账号以及境内外30多家媒体，放大活动影响。活动全网传播量超5亿，覆盖台湾岛内用户近1500万人，引发两岸主流媒体及受众热议，增进了两岸民众了解和同胞感情。

新媒体工作案例

福耳摩思：全国首个“广电＋北斗”智能生态平台

福建省广播影视集团开发的“福耳摩思”平台于2021年6月正式上线，是福建省唯一入选国家广电总局2021年全国广播电视媒体融合成长项目的平台。这个平台是基于我国自主知识产权的高科技技术进行媒体融合的全新尝试，是基于“北斗三号”打造的全国广电系统首个“广电＋北斗”智能生态平台，具有以下3个突出特点：

功能丰富。主打“广电＋北斗”智慧应急、智慧交通、智慧穿戴、数据营销等功能，为用户提供一站式的“广电＋北斗”信息服务，带动北斗技术、服务在广电领域的应用。

技术创新。依托“广电＋北斗”定位技术和数据处理技术，构建智能化平台，开发手机客户端、穿戴设备、车载设备等多形式智能终端，融合大数据、云计算、人工智能、物联网等先进技术设施，实现信息传递、管控及其服务的智能化、安全化，将福建广电与智慧交通、智慧应急、智慧穿戴等融为一体。

服务完善。依托核心资源，加快信息聚合，把传统受众转变为用户，改变原来的业务流程和组织架构，形成多层次聚合分发平台。打造智能化传播服务体系，全面融入社会、经济、文化生活，满足用户新闻接收、生活服务、消费场景等不同需求，以此形成产业带动效应，促进广电产业转型升级。

作品二维码

（福建省广播影视集团供稿）

江西日报社

新媒体工作综述

江西日报社坚持移动优先，报端云合一，从机制体制、多级联动、技术赋能等方面推进媒体深度融合。2021 年，在中国共产党成立 100 周年、党史学习教育、脱贫攻坚、乡村振兴、全国两会等大型新闻报道中，全面提升采编效率，形成“横向到边、纵向到底”传播格局，达到海量传播效果，走出了一条媒体融合的“江西路径”。

一、推动媒体融合纵深发展，打造“江西路径”

赣鄱云融媒体智慧平台着力推动全省各级融媒体中心深度融合。江西日报以“云”端统一供给中央厨房、传播平台、大数据为保障，通过江西新闻客户端，实现省、市、县三级在内容、用户、技术、数据、传播平台打通共享，全省各地融媒体横向联成“一张网”，走出了江西特点的媒体深度融合的新路径。

1. **媒体融合基本实现新跨越**。江西新闻客户端彰显媒体融合的前瞻性和特色性，全面打通“报、网、端、微、云、杂志”等各种资源。始终坚持一体化发展方向，在纵向层面实现信息内容、技术运用、平台终端、管理手段共融互通；在横向层面实现流程优化、平台再造、资源整合、要素优化相生相成。坚持先进技术为支撑、内容建设为根本，构建起资源集约、结构合理、差异发展、协同高效的全媒体传播体系。

2. **主流价值影响力版图扩大**。作为主流媒体，坚持在移动互联网这个意识形态的主阵地上充分发挥主力军的作用，努力扩大主流价值影响力版图。目前，全力打造了江西日报搜狐号、江西日报头条号、江西新闻抖音号等 31 个平台。其中，江西日报微博粉丝量达 390 万，江西日报抖音粉丝量达 192 万，江西日报微信粉丝量达 200 万。在技术应用维度，江西新闻客户端积极探索将人工智能运用到新闻生产的全流程，生产出符合全景 VR、8K 影视、3D 内容、AR 等应用场景的新闻产品。在平台终端维度，打通“报、网、端、微、云、杂志”等各种资源，在推进用户主导的同时，达到主导用户的目的。

二、“有高度”“接地气”传播党的宏大声音

2021年是党和国家历史上具有里程碑意义的一年，江西新闻客户端坚持“有高度”“接地气”，全力全面全年做好建党100周年活动宣传、四史宣传、党史学习教育，让党的创新理论“飞入寻常百姓家”。

1. 精心打造多个红色专题专栏。自2016年开设“学习进行时”专题，截至2021年12月30日，累计发稿13291篇，阅读量近3.8亿。“奋斗百年路　启航新征程”专题，通过生动讲述老故事、深入挖掘新故事，全面展现百年大党的梦想与追求、情怀与担当，凝聚奋进新征程的强大力量。据不完全统计，江西新闻客户端共开设相关专题达20余个。

2. 创新传播形式，让党的好声音穿透青年群体。持续推出《每日习语》系列主题海报、建党100周年暨党史学习教育等主题公益海报。《每日习语》系列主题有声海报选取习近平总书记讲话金句进行摘登，设计大气，内容简洁。截至2022年6月，共推出海报320余张。《党史青年说》用青年讲述党史故事的形式，向建党100周年献礼。

3. 报端融合打造系列重磅红色作品。江西日报社推出多个重磅策划，江西新闻客户端发挥新媒体传播优势，推出一批厚重的红色系列作品：2021年3月初，江西日报社、新余市委宣传部联合开展“听老兵爷爷讲党史故事”系列活动，截至2022年6月，共进行12场融媒体直播，累计观看人数达300万；2021年5月27日，江西日报推出“百年大党为何风华正茂”系列述评。

三、策划制胜，以活动促互动，精彩纷呈重构话语体系

精心策划，以活动促互动，拓宽新闻产品的传播路径，巩固壮大奋进新时代的主流思想舆论。

1. 结合红色资源做策划，缅怀英烈铭记历史。2021年清明假期，江西新闻客户端深入挖掘江西红色资源，推出重磅策划《可爱的中国，今天为你缅怀》，在全国掀起转发热潮，并推出大量优秀原创融媒体产品，如H5作品《叮！请收下！这份移风易俗倡议书》，互动性强，用户参与度高，润物细无声。

2. 沿着高速看江西，红色旅游成“网红”。2021年4月6日，策划和报道的“沿着高速看江西”全媒体采访行活动拉开序幕。记者采用直播互动、图文稿件及H5等多种传播手段，全景式展现江西红色旅游资源。话题“沿着高速看江西”总阅读量突破1亿次，一时间成为“网红”景点，游客纷纷“打卡”。

四、丰富话语体系，以评论凝聚蓬勃正能量

2021年，江西新闻客户端发挥正确舆论引导作用，全力办好《红土评论》专栏，用心培育、组建了一支水平较高、文风精良的评论员队伍，总人数接近200名。该栏目紧扣建党百年大事件，突破以往单一文字的

表达方式，积极运用新媒体和短视频技术，制作漫画评论、视频评论、红土微评等作品，大大丰富了评论内容，提升了评论的传播力。2021年5月，原创栏目《红土评论》获得江西省优秀网评栏目称号。

新媒体工作案例

红色频道

2021年是伟大的中国共产党成立100周年，也是全国上下推进党史学习教育之年。2020年12月22日，江西日报社推出的江西新闻客户端红色频道开始运行，2021年1月1日上线，这是国内为庆祝中国共产党成立100周年上线的首个移动端频道，开设《四史问答30秒》《党史青年说》《人物》《故事》等栏目，作品以海报、短视频、问答互动、诵读音频等形式表达，进行融媒体全平台发布。该频道全面立体讲述党的历史、回顾伟大历程、展现辉煌成就，打造党史资料的数据库、群众喜闻乐见的学习园地。

江西新闻客户端红色频道在集中展示全国各媒体关于建党100周年报道的基础上，还和省委党史办、江西师大等有关部门联合在该频道上推出《党史30秒》《四史问答30秒》《党史青年说》等系列策划。截至2022年6月，红色频道总浏览量达4.8亿次。为让党史学习教育在青少年中走深走实，江西新闻客户端配合推出音频节目专栏《党史青年说》和互动产品《四史问答30秒》系列。

作品二维码

《党史30秒》系列产品

围绕《红色频道》主阵地，江西新闻客户端推出策划产品《党史30秒》，进行融媒体全平台发布。

为做好《党史30秒》，江西新闻客户端组织专门策划生产小组，对党史系列产品进行生产，并进行“赣鄱云”省、市、县三级联动报道。江西新闻客户端融媒体采编力量，多次前往江西省各个历史坐标，采访具有标志性意义的地点、人物、事件，追寻红色记忆和历史遗迹，见证初心使命，展现中国共产党成立100年来赣鄱大地上翻天覆地的变化。

《党史30秒》系列策划获江西日报社2021年上半年度好稿；“学习强国”学习平台为此专门建立专题，每篇作品均获“学习强国”学习平台推荐使用；每篇作品不仅在江西日报头版实现《报端亮点》，还充分运用江西日报社赣鄱云平台，实现省、市、县三级联动采访创新和制作，成为推动全省媒体深度融合发展的有效纽带，《党史30秒》系列视频作品已生产发布90多篇，融媒体海报90多张。

作品二维码

（江西日报社供稿）

江西广播电视台（集团）

新媒体工作综述

2021年，是江西广播电视台（集团）唱响主旋律，当好主力军，全面挺进主战场，加速融合转型的一年。“今视频”正式上线，全媒体新闻中心投入运营，积极推进“α创新计划”，策划了一批融合传播项目和融媒体爆款产品。

一、大力宣传习近平新时代中国特色社会主义思想，重大主题主线报道出新出彩

江西网络广播电视台PC端和今视频客户端同步开辟“习近平总书记报道专区”，每天做好习近平总书记相关报道的转载推送、集纳呈现工作。

大型融媒报道《新春海采：每个人都了不起》以习近平总书记新年贺词中的“平凡铸就伟大，英雄来自人民，每个人都了不起”为主题展开海采，8期节目从江西百姓情感最深层寻找共鸣点，用个性话语对“每个人都了不起”作出精彩诠释，大小屏互动传播，取得良好传播效果。

庆祝建党百年融媒体系列报道《找到家乡第一个党支部》，走遍江西百县，找到每个县市区的第一个党支部，讲述背后的感人事迹，展现光辉的英雄形象，传承红色基因，社会反响良好。

庆祝中国共产党成立100周年特别节目《【今日中国·江西篇】红色传承聚伟力　感恩奋进绘新卷》在央视新闻频道播出。

江西网络广播电视台网络视听中心和人民日报社新媒体中心共同制作推出的建党百年主题微视频《江西这百年》首发24小时播放量就达到2444万次，全网总播放量突破2.2亿次。

短视频《超燃！跨越86年的对话　感受方志敏眼中〈可爱的中国〉》成为国家广电总局二季度推优优秀作品。

推出融媒体专栏“学习贯彻六中全会精神”，为党的十九届六中全会精神在赣鄱大地落地生根营造浓厚的舆论氛围；融媒专题报道《回顾百年奋斗路　指引时代新征程》，反映江西各界认真领会，扎实贯彻

落实全会精神，携手书写江西发展新篇章的新气象。

推出融媒体全国两会特别节目，设置“两会头条号”“两会云访谈”“两会热搜榜”“新征程　再出发”等融媒专栏，着眼全国视野，主动设置议题，运用5G、VR等新技术创新创优全国两会报道。

推出融媒特别报道“作示范　勇争先　奋力书写精彩华章”，与传统大屏携手宣传江西省第十五次党代会，打出一系列亮点纷呈的“组合拳”。

5集大型系列专题片《走出贫困》全景式反映江西脱贫攻坚的历程与成就，被“学习强国”学习平台专题推介，并制作了每集“3分钟精编版”和精彩故事拆条，实现了大型系列专题片的媒体融合传播。

二、正面宣传舆论引导有力有效

《闪亮的坐标》《闪耀东方》“双闪”红色品牌，多次获得国家级、省级的表扬。《闪亮的坐标》在今日头条、抖音、微博、西瓜视频等网络平台同步上线，全平台话题总阅读量约8亿次。

全台还有180多件融媒体报道单条点击破千万，涌现出《江西老人苦等红军丈夫回家89年》等单条点播过亿的报道。网评名专栏《江右时评》全年累计刊发原创网评文章852篇，漫评、图说、微视频等产品42个，转载评论652篇。

此外，新媒体国际传播2021年下半年总体评估位列江西省第一，“江西网络广播电视台”YouTube账号突破20万海外粉丝，成为江西最大、全国前五的省级媒体海外账号。

三、维护新媒体平台优良网络生态环境

台（集团）所属新媒体平台江西网络广播电视台PC端和今视频客户端执行细化的新闻采编流程、三审三校制度、新媒体账号管理等各项内容生产制度。在采编发的管理流程建设上，网络视听中心严格管控信息的来源和发布；健全和升级平台运营规则、管理办法，对散布虚假信息、歪曲党史国史、宣扬错误价值观、恶意营销、敲诈勒索等现象的账号、主体，查实后将从重处罚；规范运营管理，建立导向优质、内容真实客观、“不炒作”的良好生态；完善内容举报投诉机制，建立健全正向激励机制，引导生产高质量信息内容，助力正能量内容传播。对旗下自媒体账号严格执行三审三校制度，不蹭热点不博眼球，一律使用合法来源保证内容的真实有效性。

同时，进一步完善跟帖评论规范管理，对跟帖评论、帖文内容审核发布、账号注册、帖文删除流程等都进行严格规定，并要求相关编辑人员必须按照“管理规范”操作。

四、建立健全网络安全制度

进一步强化和落实网络安全工作责任，制定《网络安全责任制实施办法》，明确按

照“谁主管谁负责，谁运营谁负责”原则，各级党组织对本部门本单位网络安全工作负主体责任。

网络内容安全制度建设方面。压紧压实责任，落实落细制度措施，筑牢防线保安全，严格执行网上网下一个标准，落实三审三校等宣传管理制度，维护全台导向安全、内容安全、网络安全、播出安全。

网络安全应急处置方面。一是制定了《网络安全事件应急预案（试行）》，健全全台（集团）网络安全事件应急工作机制，提高了应对网络安全事件的能力；二是制定了《数据安全管理办法》，明确负责数据安全的机构和人员，规定了数据安全基础管理、数据全生命周期安全管理，要求日常监测巡查数据安全，每年至少开展一次数据安全评估，并制定关于数据安全事件应急响应制度，定期开展应急演练。

网络安全技术保障方面。认真开展全面的网络安全隐患排查，对信息系统进行渗透测试测评，对自查发现的问题，按照“安全措施不到位不放过、隐患得不到处理不放过、整改措施不落实不放过、教训不吸取不放过”的“四不放过”原则，及时整改，对系统漏洞进行全面修复，对服务器、交换机、存储进行安全加固工作，对网络安全设备防火墙、IDS、IPS、堡垒机等设备进行访问控制和病毒防控升级工作，对个人办公电脑加强安全防护和病毒查杀工作。

新媒体工作案例

100 集全媒体报道《找到家乡第一个党支部》

党的百年历史，是最生动、最有说服力的中国故事。江西综合·新闻广播策划 100 集全媒体报道《找到家乡第一个党支部》，从寻访“家乡”第一个党支部的独特视角出发，在深度、故事性、题材的隽永上深挖，整组报道自 2021 年 6 月 16 日开播以来，社会反响强烈，感染力、引领力强。

《找到家乡第一个党支部》从“地方”视角出发，立足江西 100 个县市区初心始发地“支部史”，拓展了建党百年宣传教育的新视野新空间。100 集全媒体报道，以人物故事为核心，在书、声、网、端、微多个渠道做差异化传播，灵活运用海报图片、文字、音频等形式，为好人物找到好视角，为好故事找到好表达。2021 年“七一”前夕，《找到家乡第一个党支部》10 多万字的同名专著出版，成为争相抢读的江西地方党史学习读本。截至 2021 年年底，《找到家乡第一个党支部》在手机江西台（今视频）App 的阅读量超过 1000 万人次。

作品二维码

［江西广播电视台（集团）供稿］

大众报业集团

新媒体工作综述

2021年以来，大众报业集团大力实施“一二三四”融合转型战略：“一”是一个总目标，就是要建成新型传媒集团，成为文化产业战略投资者，走在全国前列；“二”是做强做大山东省互联网传媒集团和山东省文化产业投资集团两大集团；“三”是推进“网上大众”基础工程、新媒体产品创新工程、融媒业态模式再造工程三大工程，推动集团媒体深度融合；“四”是搭建党建、制度、资金、文化四个融合转型的保障支撑体系。

大众报业集团以“一体化”为目标，以新闻供给侧结构性改革为主线，全面推进媒体深度融合，加速形成以内容建设为根本、先进技术为支撑、创新管理为保障的全媒体传播体系。目前，集团融媒矩阵用户总数超过4亿，全媒体、立体化、即时性报道成为常态，点击量过亿的“爆款”产品频频涌现，主流舆论声势更加强劲。

一、以“一体化”为目标，全面构建以新媒体为主轴的全媒体生产传播体系

按照“融为一体、合而为一”的总要求，集团全面推进采编流程、组织架构、考核体系的创新再造。

大众日报打通总编室、时事对外部、客户端运营中心、新媒体研究院四个部门，组建编辑中心，赋予其协调、策划、决策、指挥等职能，按照“一个指挥系统＋一个业务团队＋两类产品”的模式，全面负责各类报道的报端微一体化策划、推进和落实，迈出“一体化”探索的重要一步。

大众网、齐鲁晚报等媒体相继建立一体化运行平台，实现传统媒体和新媒体在人员、业务、考核、奖惩等方面的打通。此后，集团又以大众日报为龙头，进一步探索建设与“四全媒体”相适应的标准体系、管理体系、责任体系，形成了全媒一体的“1+7+N”扁平化管理模式，其中“1”是指一个融媒指挥平台，“7”是包括重大报道和主题宣传、热点引导、地方行业等在内的7大业务板块，“N”是指若干融媒工作室，

进一步深化整合新闻资源、生产要素，实现了“点状积累”到“体系突破”。

“一体化”改造让各媒体跨入“一次采集、多种生成、多渠道推送、全媒体呈现”的全新阶段，提升了全媒体、立体化、即时性报道水平，在全国两会、山东省两会、抗击新冠肺炎疫情、防汛救灾、跨国公司领导人青岛峰会等重大报道中，更好地发挥了鼓舞大众、团结大众、服务大众的作用，实现媒体影响力的最大化，7 件抗疫报道作品点击量过亿，融媒报道“黄河入海流”被 320 家媒体转发。

二、以新闻供给侧结构性改革为主线，把优势资源全面转入互联网主战场

集团审时度势，加大全要素整合力度，主动“关退并转”影响力小、经营差的报刊，优化产业布局，把优质内容、核心生产力向互联网主阵地转移。

产业布局方面，建设大众数字文化创意产业园，聚合集团互联网、新媒体等资源，吸引国内知名文化企业入驻，打造全国一流数字文化产业园区；建设短视频孵化基地，入驻企业及创业团队 40 多家，打造山东最大的互联网生态短视频产业基地。

资源整合方面，组建大众日报淄博融媒体中心，整合大众日报淄博记者站、鲁中晨报、鲁中网等驻淄媒体，汇聚人才、技术、内容、服务等资源，统筹 9 大平台 70 余个发布端口，打造区域性传播平台。

经过优化整合，集团 97.4% 的采编人员进入互联网“主阵地”，由“纸笔生产”向“一专多能”转变，报纸“多”和“散”问题也得到有效解决。

三、以先进技术为引领，建好用好“齐鲁智慧媒体云”

集团把“强技术”作为战略任务，组建融媒体中心，建设中央厨房，在报道策划、资源整合、技术支持等方面发挥核心作用。集团成立技术委员会，打通所有内部平台，着力打造媒体融合的技术支撑平台“齐鲁智慧媒体云”。

四、以移动端为突破口，全力打造党媒主导、各具特色的移动客户端

集团在深入调研基础上，按照“资源集约、结构合理、差异发展、协同高效”原则，全力打造大众日报、海报新闻、齐鲁壹点等特色鲜明的移动客户端。

大众日报客户端强化“党端”定位，主要面向领导干部等核心读者，进机关、下基层、进高校，突出“重磅产品 + 轻量化表达 + 特色化传播”，将党报内容优势转化为新媒体传播优势，累计下载安装量突破 3500 万次。

海报新闻客户端坚持“立足山东、全国一流、面向世界”定位，建立覆盖全国的新闻采编网络，打造国内领先的平台型新媒体，累计下载安装量突破 8700 万次。

齐鲁壹点客户端聚焦深耕齐鲁，提升互动化、视频化、数据化、智能化水平，打造

省内领跑、全国一流的新型现代智慧传媒，累计下载安装量突破5300万次。

各客户端以“新闻+政务+服务”为路径，整合社会资源，搭建基层联系点、党建、智库等平台，推出图文、动图、短视频、直播等多种形式的报道，传播力和影响力不断提升。以此为基础，集团积极探索以服务为核心、以互动为动力的新经营模式，补足用户运营、融媒营销等短板。目前，齐鲁晚报、半岛都市报的新媒体广告和活动收入占比均超过75%。

五、以改革创新为动力，筑牢新型传媒集团制度支撑

队伍建设方面，实施全媒体人才培养工程，加强采编、经营、管理岗位之间的交流，联合头部互联网平台、高等院校进行开放式培训，打造“一专多能”的全媒体人才队伍。运行机制方面，在融合转型的关键环节淡化部门“边界”，推行“揭榜挂帅”“首席制”“项目小组”“工作室”等制度，鼓励记者编辑自主组合生产传播融合产品、承办频道栏目，给能人机会，让绩优者职优薪优。

大众日报在微博和微信公众号试点“揭榜挂帅”，官方微信公众号粉丝增长17倍，10万+报道成为常态，微博粉丝增长33倍，每月均有多个话题阅读量超1000万次；齐鲁壹点制定《首席员工评选及管理办法》，半岛都市报实施“官微百万增粉计划”，充分激活新机制蕴含的巨大能量。2021年，集团营收、利润分别增长17%、5%，新媒体收入占比从2018年的19%上升到2021年的40%，经营转型成效显著。

新媒体工作案例

齐鲁智慧媒体云

“齐鲁智慧媒体云”是由大众报业集团自主开发建设的共性技术平台，采用大数据、人工智能、云计算等先进技术，具备智能推荐、传播分析、舆情监测等功能，纵向链接人民网、新华网、央视网，横向与山东广电互通共享，同时可为市县融媒体中心提供技术支撑。

“齐鲁智慧媒体云”包含“中央厨房”“5G短视频智能生产平台”“端媒统一生产管理平台”等模块。“中央厨房”支持在移动端完成策划、采写、投稿、审稿、编辑等采编全流程工作；“5G短视频智能生产平台”拥有虚拟主播、语音识别、一键转视频等18项主要功能，优化和改造了短视频生产模式；“端媒统一生产管理平台”打通集团各端媒生产平台，实现了新闻产品的智能生产、智能审核、精准分发、传播分析、版权追踪等功能。

目前，“齐鲁智慧媒体云”存储数据160多亿条，入驻机构3.5万家。以“齐鲁智慧媒体云”为基础，集团形成了“内容+后台+终端”的传播体系，记者通过一部手机即可实现前方即拍即采即传、后方即收

即审即发，为打造“四全”媒体奠定了坚实基础。

近年来，“齐鲁智慧媒体云”先后荣获了“王选新闻科学技术奖”一等奖、第四届山东省政府“山东省文化创新奖”、中国报协“2021年全国报业媒体融合案例创新奖”等重大奖项，入选国家新闻出版署2020年中国报业深度融合发展创新案例。

大型融媒体互动产品《同舟》

2021年，由大众报业集团融媒体中心创作的大型融媒互动产品《同舟》，荣获第三十一届中国新闻奖创意互动三等奖。该作品以全国“双拥”典型——山东省荣成市院夼村“拥军船”典型事迹为主轴主线，借助手绘、H5、VR、视频、音频、弹幕等融媒手法，还原场景、逼真再现，全景展示了“拥军船”风雨无阻，跨越60年的不平凡航程，谱写了一曲“民拥军　军爱民”的时代赞歌。作品主题向上，故事感人，将多种新媒体手段融为一体，尤其强化与青少年的交流互动，体现了融合性、技术性、艺术性、交互性的统一。作品发布后，受到了广泛好评，弹幕评论达上万条。作品还被荣成市引入院夼村双拥事迹展馆，成为当地开展拥军教育的生动教材。

作品二维码

（大众报业集团供稿）

山东广播电视台

新媒体工作综述

2021年，山东广播电视台持续推动媒体深度融合，加强新媒体平台建设与主题宣传。截至12月底，“闪电新闻”下载量4200多万，日活用户81万，影响力持续提升。

一、从“闪电新闻”到“闪电大平台”，做大做强新媒体大平台，提升传播力、引导力

2021年，“闪电新闻”不断推进平台化运营，努力将“闪电新闻”建设成为集纳全台优质内容的总平台、总出口，打造集新闻发布、资讯聚合、舆情引导、社区服务等综合服务功能于一体的“闪电大平台”。

1. 加强平台型媒体建设，提升信息聚合、服务群众功能。2021年“闪电新闻”共进行了4周年版、两会版、无障碍版和黄河版4次升级。尤其是通过8.0黄河版，改善了既有产品设计，扩展了“闪电号”功能，将所有模块智慧组件化，实现自我迭代，在重大事件报道中可以随时根据用户需求自动生成特别版本。

“闪电新闻”“问政山东”网络问政平台坚持电视问政和网络问政一体推进，坚持探索“智慧化理政”。截至2021年11月底，网络问政平台回应解决了7.29多万件群众急难愁盼的问题，涉及教育、医疗、养老、住房、安全生产等生产生活的方方面面，整体回复率97%以上，成为山东各级各部门收集民意的畅通渠道和党员干部践行网上群众路线的重要窗口。

2. 积极创新新媒体主题宣传方式，不断提升议题设置能力。2021年围绕建党百年及党史学习教育推出“红动齐鲁”系列新媒体产品。采用动漫、手绘、图解、H5等方式制作推出“100秒漫谈新思想之百年党史”“红动齐鲁·青春向党”“红动齐鲁·童心向党”等系列新媒体产品，取得良好宣传效果。2021年10月，习近平总书记视察山东，“闪电新闻”通过创意短视频、RAP等方式，创作了《黄河从这里入海》等多个爆款短视频产品，形象、生动、立体地展现山东全力把黄河打造成人民的幸福河，推进黄

河流域生态保护和高质量发展的新成就、新变化，在全国各大商业传播平台 App 首页推荐，引起广泛关注。

二、打造新媒体品牌矩阵，形成融媒传播合力，媒体影响力稳居国内第一梯队

“闪电新闻”在 40 余家聚合平台、短视频平台开设账号上百个，累计覆盖用户超 4.5 亿。

1. 坚持直播、短视频双核驱动。“闪电新闻”2021 年开启直播 2500 余场，《比心中国“宝藏”山东 gogogo》《85 路慢直播 7×24 小时带你“云打卡”》《青岛胶东国际机场正式运营　带你揭秘“海星内核”》《济南黄河隧道通车直播》等直播全平台推广，获得全网关注。短视频方面，“闪电新闻”2021 年开设并运营“诗画山东”“夺冠 2021”“山东评定李涌为烈士”“栖霞金矿事故”等播放量过亿的话题及合集 10 余个；微博开设并运营“拐卖郭刚堂儿子两名嫌犯已抓获”“烟台战疫加油”“客车司机脑出血用最后意识停好车”等阅读量过亿话题近 30 个。

2.“闪电 MCN”网络传播力不断提升。截至 2021 年年底，“闪电 MCN”——“Lightning TV”汇集省台、区县融媒中心、主持人、记者以及垂类网红达人账号共计 173 个，发布短视频作品总播放量突破 1670 亿次，累计粉丝量突破 1.4 亿，成为正能量宣传、舆论引导的重要力量。根据抖音官方定期榜单，“Lightning TV”始终位居全国前三，“闪电新闻”第三方平台账号的 CTR（央视市场研究）短视频指数在山东省内媒体账号中排名首位。

3. 加强渠道拓展和媒体合作，提升综合传播力。目前，“闪电新闻”已与新华网、央视新闻新媒体达成战略合作，与人民日报新媒体保持紧密互动，与今日头条、抖音、腾讯、快手、华为等达成战略合作。围绕重大区域战略，与长三角、珠三角等地区的“天目新闻”“看看新闻”“荔枝新闻”“上游新闻”等兄弟媒体建立了深度对接合作机制，实现常态化内容推送、活动联动。

三、推进省、市、县三级融媒联动，加强议题设置，进一步壮大基层舆论阵地

“闪电新闻”是山东统筹建设和运营全省县级融媒体中心的总抓手，136 家县级融媒体中心已全部与省平台实现技术互联互通，完成德州、威海 2 家市平台建设，形成了“全省一盘棋，共享一朵云”的格局。

1. 围绕重大主题，发起联动直播。2021 年 9 月，“闪电新闻”策划《我家住在黄河边》全省联动直播，“齐鲁网 · 闪电新闻”联合东明、梁山、东平、东阿、平阴、齐河、邹平、高青、垦利等 9 家区县融媒 11 路记者，省内 53 家区县融媒，人民日报、新华网、央视频、“学习强国”学习平台、微信视频号、抖音等 20 多家平台同步直播。

2. 主题宣传项目联动策划。围绕“诗画山东”短视频创作项目，“闪电新闻”发

起联动创作行动，截至2021年年底，共征集发布系列短视频240余篇次。其中，新浪微博话题“诗画72泉”阅读量突破1.2亿，“诗画72泉”“济南珍珠泉洗眼效果绝了”“济南金线泉金线太神奇了”3个话题登上同城热搜榜单前五，成为网上山东正面形象的流量担当。

3. *组织参与主题互动活动*。开发一键发布功能，围绕重点内容、重大活动，实现一键发布操作，直达各级融媒的自有发布端。围绕重要主题活动，发起联动互动。如2021年，联合抖音、联动136家区县融媒以及全省300多名正能量达人共同发起话题创作活动“了不起的山东人”，挖掘乡村振兴带头人、各行各业达人，捕捉平凡奋斗者的感人故事，共征集全省4000余件视频作品，宣传了“布鞋校长”“农村烧火棍画家”“喊话消防的70岁大爷”等全国热点人物。

新媒体工作案例

专题报道《大迁建——给60万黄河滩区群众一个“稳稳的家”》

黄河滩区居民迁建是以习近平同志为核心的党中央交给山东的一项重大政治任务，是山东省委、省政府坚持人民至上工作理念，全面建成小康社会的重大举措。为全面反映黄河滩区居民迁建的生动实践，“闪电新闻”推出新媒体专题报道《大迁建——给60万黄河滩区群众一个“稳稳的家”》，真实记录滩区干部群众勠力同心、攻坚克难，彻底改变60万滩区百姓苦难命运，谱就新时代滩区群众脱贫奔小康的恢宏史诗。

从滩区迁建开始，“闪电新闻”即派出多路记者，坚持3年多在黄河滩区一线蹲点采访，紧扣脱贫攻坚重大主题，发出系列报道。报道选取典型人物“以小见大”口述历史，保留了迁建工作大量珍贵的第一现场，人物再现有血有肉，栩栩如生。新媒体产品以“梦”“路”“建”“迁”“安”五大主题串起迁建故事，综合采用音视频、图文等形式，真实再现了60万滩区群众实现“安居梦”的动人画卷。专题上线以来，点击量突破800万，多家网络媒体转载，取得了良好的传播效果。

2021年10月，习近平总书记在东营考察时表示，黄河滩区迁建是一件了不起的事情。

作品二维码

（山东广播电视台供稿）

河南日报报业集团

新媒体工作综述

2021年，河南日报报业集团扛稳河南新闻宣传战线主阵地、主力军、排头兵职责使命，以建设大河云融媒机制和顶端新闻这“两大枢纽”工程为抓手，就推进媒体融合向纵深发展、加快建设现代传播体系进行了积极探索，取得了明显成效。

当前，主流媒体在推进媒体融合的进程中，普遍面临“有爆款无用户、有流量无平台”，以及“中央厨房”无法有效运转甚至成为“盆景”等突出问题。2021年，河南日报报业集团从体制机制改革入手主动破题，提出了“编委管总、媒体主建、融合主战，平时就是战时、战时就是平时”的方针，找到了“一朵云”和“一个端”这两大抓手。

“一朵云”，就是全新的大河云融媒机制，是全媒体生产和传播的强劲发动机和指挥舱。该机制在内容生产上，强化集团编委会总统筹、总协调、总指挥功能，打破所属各媒体条块分割和部门壁垒，在集团层面指挥调度各方优势资源（编委管总）。同时，坚持各媒体发挥通讯社功能，立足自身特色，发挥长板优势，深挖垂直领域，把内容生产能力建优建强（媒体主建）。在工作流程上，将所有内容和用户数据统一纳入指挥平台，实现内容策划、生产、传播、营销一体化设计、一体化实施、全兵种联合作战（融合主战）。集团各媒体的工作流、信息流、技术流实时汇聚，7×24小时全天候、常态化运行，形成全链条、全时段、滚动式的现代化内容生产流水线（平时就是战时、战时就是平时）。

“一个端”，就是河南日报报业集团重点打造的平台型媒体——顶端新闻。作为服务治国理政、走好新时代网上群众路线、塑造现代化河南形象的新平台，顶端新闻建立用户参与、用户享有的全新机制，内容生产模式从单纯的PGC模式向PGC与UGC、OGC融合生产发展，并逐步搭载数据中台、AI中台两大智能系统，为生产者、个人用户、机构用户等提供全新内容的生产场景，使“顶端新闻”成为既能发布原创新闻，又能聚合用户生产内容和其他权威媒体资讯的聚合平台，在主阵地上延续党媒集团的职责和使命。

2021 年元旦，顶端新闻正式上线；6 月 1 日，在河南日报创刊 72 周年之际，大河云融媒机制正式启动。具有移动化、智能化特点的“一云一端”，双轮驱动、双向赋能，有效扭转了传统媒体流程单向、力量分散等短板，在整个集团层面提升了新闻策划、生产、传播、反馈等环节的质量和效果。

据统计，自“一云一端”运行以来，河南日报报业集团各媒体内容生产能力显著增强，移动端图文、视频稿件生产较以往增长 30%。与此同时，集团重点报道、重点产品的传播效果明显提升，仅 2021 年下半年，集团各媒体在新浪微博主持的话题就有近 80 个登上全国热搜榜，200 余条短视频作品登上抖音、快手等主要短视频平台全国热搜，集团新媒体产品全网总传播量超 150 亿次。其中，习近平总书记视察河南期间，顶端新闻策划制作的 MV《京豫良缘看少年》被今日头条、腾讯新闻等 10 多家客户端、网站置顶，24 小时全网点击量 1.1 亿次，相关微博话题总阅读量超 2 亿次；党史学习教育期间，大河网发起“我想唱歌给党听”话题，迅速冲上新浪微博全国热搜，24 小时阅读量冲破 1 亿次，在抖音、快手、今日头条等平台传播总量突破 20 亿次。

更重要的是，“一云一端”从根本上推动了媒体生产流程和观念转变，使互联网思维、平台思维逐渐深入人心，各媒体融媒意识和平台活跃度大大增强。其中，自 2021 年 6 月 1 日起，河南日报考核机制已按照移动优先原则进行全面改革，采编人员的工作绩效以移动端的传播效果为首要评价依据，进一步加快推动记者编辑向全媒体转型。集团在微博、微信、抖音、快手、今日头条等主要第三方平台上已培育出近 30 个粉丝量 100 万以上的账号，其中大河报微博、豫视频抖音等账号粉丝量迈入千万大关，初步形成了覆盖范围广泛、长板优势突出的三方平台传播矩阵。

同时，集团重点自有新媒体平台加速发展，影响力稳步提升。“顶端新闻”充分发挥聚合平台作用，邀请省市县各级党政机关、企事业单位、官方社团、媒体机构在顶端开设账号、发布内容，并引入全国优秀专家学者、意见领袖入驻顶端，平台注册创作者数量突破 8000 人；推出了“我想 @ 领导”“中原策”“顶端科创”“顶端作家”“金水路观察”等系列品牌，其中“我想 @ 领导”实现了与“郑好办”等政务服务、便民服务平台的互嵌，在疫情防控期间积极打通党政机关和广大群众之间的沟通渠道，助力解决群众求医问药、就业就学、出行返乡等大量“急难愁盼”诉求，已成为密切党群关系、服务治国理政的重要平台。集团旗下河南日报客户端累计下载量突破 1 亿次，豫视频辐射受众超 1100 万，全国最早一批创办的新闻网站大河网、拥有千万订户的河南手机报等，综合实力在全国同类媒体中均位居前列。

从“一纸风行”到“向云而生”，河南日报报业集团以“两大枢纽”工程为引领，在建设现代传播体系的征程上阔步前行。

新媒体工作案例

“我想唱歌给党听”全民接力传唱活动

2021年是中国共产党成立100周年。根据河南省委网信办工作安排，河南省于2021年5月启动“永远跟党走　奋进新征程”系列网络主题活动。为营造共庆建党百年的浓厚氛围，大河网倡议发起“我想唱歌给党听”接力传唱活动，站在网友角度，以上传短视频的形式为党献礼。

为吸引更多人参与，大河网组织各大高校开展“百首红歌接力唱”活动，在少年儿童中开启“童声朗朗献给党”等活动。为提升传播力，大河网注重平台联动，重点新闻网站和商业传播平台形成传播矩阵，助推活动不断深入开展。

经过广泛发动和全媒宣传，“我想唱歌给党听”活动迅速引发全网关注。来自全国各地的网友纷纷接力传唱，并通过抖音、快手、微博等平台上传唱歌短视频，积极参与话题讨论。截至2021年12月底，活动共收到网友上传的短视频作品1万多件，350多万人出镜对党表达热爱之情。微博话题“我想唱歌给党听”三度冲上全国热搜榜。

作品二维码

“仰韶玫瑰　花开中国”系列融媒产品

2021年，恰逢仰韶文化发现百年暨中国现代考古学诞生百年，为做好相关纪念活动的宣传报道，河南日报报业集团于2021年6月成立“仰韶文化百年项目组”，历经无数次的头脑风暴和创意碰撞，制作推出了一批年轻态的融媒精品，包括视频《仰韶玫瑰花开中国》、H5小游戏《穿越5000年做个仰韶人》、条漫微信《河南土，不土》、Rap《一个叫“考古队”的人》、考古主题原创MV《寻找》、重磅述评《文明之光生生不息》等，引发广泛关注。

系列融媒产品的创作，注重从受众角度出发，如《穿越5000年做个仰韶人》H5小游戏，从仰韶人吃穿住行入手，让网友以轻松愉快的形式了解什么是仰韶文化；条漫微信《河南土，不土》，用逆向思维方式为“土”翻案，告诉受众数千年中原文明都是在土中孕育、发展，这是中国最早、最牛、最硬核的土；等等。

同时，系列融媒产品实现了微博、微信、视频号、抖音等多方平台传播，被人民日报、新华社等央媒以及50余家国内媒体转发，有力发挥了党报舆论引领作用，展现了河南作为文物大省、考古强省的独特文化魅力。

作品二维码

（河南日报报业集团供稿）

河南广播电视台

新媒体工作综述

河南广播电视台通过“移动优先、互联互通、融合传播”，持续深化改革，形成了以内容打造品牌、以移动互联扩大品牌影响的传播新模式、产业新生态。

2019 年 9 月 12 日，河南广播电视台自主研发、设计的大象新闻客户端上线。目前，大象新闻客户端涵盖移动端、电视、网站、报纸和在第三方平台布局的新媒体矩阵等全媒体业态，培育出民生频道、小莉帮忙、大象新闻、民生大参考、都市频道、都市报道 6 个千万级头部账号。大象新闻客户端下载量已超 1.1 亿次，位居全国省级广电媒体自有 App 前列。2021 年整体经营收入超 1.4 亿元。

一、“融”报道，打造全媒体生产传播流程

守好新闻宣传主阵地，稳步推进内容和传播融合，采编部门统一策划、统一调度、协同配合，建立适应全媒体生产传播的新型采编流程，形成高效内容生产体系和传播链条。

1. 重建高效协作的组织架构。整合旗下优质资源，打破各自为战的工作模式，成立技术产品中心、平台赋能中心、内容生产中心、内容分发中心、经营中心、地市中心、支撑服务中心、“大象 MCN” 8 个中心，通过建章立制，理顺内部管理，实现一体化运营。

2. 围绕“四全媒体”进行流程再造。在信息实时、多向、互动传播的前提下，着力流程再造，确保每一个生产环节快速准确响应。强调在不受时空限制的条件下全程记录、同步传播、实时调整，形成内容生产、内容分发、“大象 MCN”的传播闭环。

3. 搭建 24 小时直播平台，打造可持续发展直播生态。仅 2021 年该平台就开展 5000 场直播，总时长超 9000 小时。郑州“7・20”特大暴雨灾害期间，大象新闻客户端连续 43 天开展直播，总时长 200 个小时，实时关注全省雨情、汛情和防汛救灾动态，及时回应社会关切。

4.“大象 MCN”新媒体矩阵，爆款连连。

开通抖音、快手、微博、视频号、B站等商业平台账号200多个。系列短视频《一句誓言 一生作答》、微视频《90后跳舞女娃回村当支书》先后被人民日报等多家媒体转发。

二、“融”宣推，移动优先，全网传播

在河南广电“移动优先”的融合传播格局下，大象新闻客户端与各频率频道深度融合，做好台重点节目宣推，出台媒体融合绩效考核办法，加快构建全台融合传播新格局。

1.整合资源，加强重点宣传工作宣推。围绕省委、省政府中心工作，大象新闻客户端与各频率频道实现从相加到相融的质变，共同策划，全景态、多平台展示出彩河南的发展成就。《那时的你》被多家央媒和权威媒体报道；《共产党员了不起》获国家广电总局表扬；《征程》被河南省委作为促进党史教育走心走实的生动教材在全省党员干部中组织学习；纪录片《黄河人家》在央视纪录片频道、沿黄九省卫视播出，展现了厚重黄河文化新的魅力。

2.海外宣推，增强中华文化国际传播力。在海外优兔平台上以河南广播电视台官方账号发布《武林风》《武林笼中对》《梨园春》《华豫之门》等文化节目，提升了传统文化节目在海外的传播力和影响力。目前已与38个驻外文化中心和19个驻外旅游办事处建立联系，已有166家驻外机构向我们发出内容推介邀请。由大象新闻客户端运营的“河南广播电视台”海外账号14个，仅优兔就积累粉丝量超10万。

3.绩效考核，建立互相引流融合生态。截至2022年6月，河南广电入驻大象客户端的大象号有332个。为激励全台各频率频道跟客户端深度融合，设置“象牙计划”，以稿件质量、稿件数量、合作度、互动性、商业平台表现度5个维度为标准，给予优秀项目奖励，给排名前十的频率频道发放奖励。在这样的机制保障下，媒体融合爆款不断。

三、“融”转用，有用有效见成效

大象热线深入践行“我为群众办实事”机制。2021年3月11日，由大象新闻客户端牵头组建的河南广电热线服务平台“大象热线”正式上线。依托大象热线平台，开通“河南暴雨互助通道”“河南抗疫互助通道”“大象帮”等诸多求助、服务平台。

MCN探索盈利模式。“大象MCN”打通多种变现路径，实现小屏创收新突破，不断尝试内容营销、直播带货、整合传播、账号运营等多种形式的商业变现。

四、技术升级，做好保障

大象新闻客户端以广电媒体云为技术支撑，融汇VR、AR、航拍、动漫、H5等技术手段，打造了形态多样、具有竞争力的媒体产品，页面观感和用户体验得到了很大提升。

此外，着力打造服务功能，增加用户黏性。搭建投票、报名、答题3个互动模板

库，并完成相应的配置后台开发；同时完成大象热线、华豫之门、梨园春、香香美食（导航和卡券）等多个媒体互动生态产品上线；大象影视、电子身份证、社保查询、奥电影等多个生活服务功能产品上线。

五、经营中心，融合发力

融合后的经营中心以平台思维构建创收新模式，依托大象品牌，以影响力延伸产业发展；做深行业客户，以大型活动策划带动经营创收；做大已有 IP，争做行业龙头；2021 年经营工作超额完成任务。

新媒体工作案例

《写给 1921》

微视频站位“两个一百年”交汇的历史节点，以“一封写给 1921 年的信”为主线，形式新颖、节奏紧凑、内容充实、画面精致、耐人寻味。精选习近平总书记二〇二一年新年贺词中讲话原声“胸怀千秋伟业，恰似百年风华”开头，以倒叙方式拨动历史的时间轴，通过珍贵的历史资料画面，回顾我们党建党、新中国成立、改革开放、脱贫攻坚等重大历史事件、历史节点，对我们党走过的艰辛奋斗历程、建党百年来的风云变幻、重大事件进行梳理，邀请驻豫全国人大代表参与录制，让他们结合自己重点关注的领域，以自述的形式，与百年前南湖红船上的共产党人抒心意、谈感受、话发展。

微视频一改时政新闻样态，力求创新思维、打破常规，将人大代表拉上舞台，以朗诵的形式向历史致敬，意义重大，落点接地气，让“追思历史、致敬先辈”具备了与受众共情的基础。

该视频把握移动互联网平台传播特点，选择在驻豫全国人大代表启程赴京的 3 月 3 日早上 8 点左右推出，推出后的两小时内，在电视新闻中心的微信、微博、视频号、大象新闻客户端、抖音等平台上的点击量就超过了 30 万，总点击量超过百万。

作品二维码

“河南暴雨互助通道”

河南郑州“7·20”特大暴雨灾害期间，大象新闻客户端基于“大象热线”服务平台，推出“河南暴雨互助通道”，协助防汛救灾。

大象新闻客户端成立工作专班，收集、整理、核实、对接线索。核实求助和救援信息后，一方面通过直播在大屏和小屏上实时展示，扩大信息传播力度；另一方面与河南广电全媒体联动，利用媒体力量帮助被救援人，将整理出来的信息第一时间发往省委宣传部、省应急管理厅等部门，实行精准救助。10 天时间里，“河南暴雨互助通道”共收到信息 10873 条。对进入“河南暴雨通道”的线索，河南广电全媒体记者第一时间进行沟通、实地采访。与此同时，在省委宣传部的统一协调下，郑州、新乡、鹤壁等多地市委宣传部设置专门联络人接收线索，并分发给相关部门和救援机构，通过搭建“桥梁”，向受灾群众提供精准救援，实现求助者和政府、救援队的及时沟通，并为相关部门救灾决策提供信息帮助。

7月22日，河南广电前方记者反馈信息，新乡急需冲锋舟，“大象热线|河南暴雨互助通道”线索审核员及时从“互助通道”里查找相关信息并成功与前线对接，顺利送达新乡4艘，解决当地实际困难。当天，“河南暴雨互助通道”收到多条荥阳汜水镇村民发来的求助信息，称被洪水围困，水位越来越高，处境危险。审核员收到信息后第一时间转交郑州市有关部门，同时，协调来自武汉的志愿者捐赠的1000箱矿泉水，送至受灾区域。

“河南暴雨互助通道”也为其他地区面临灾情和疫情时实施互助提供了模板，成为重大事件媒体融合报道的范本。根据“河南暴雨互助通道”的成功经验，8月和12月底，大象新闻客户端又基于“大象热线”系统，相继定制开发了“河南抗疫互助通道”和“河南灾后重建互助通道”等服务平台。

（河南广播电视台供稿）

湖北日报传媒集团

新媒体工作综述

湖北日报传媒集团高度重视媒体融合发展，坚持一体化发展、移动优先，根据省委机关报和都市类媒体的不同功能与特性，着力打造湖北日报全媒体和极目新闻全媒体两大平台。2021 年，集团制定并实施了《湖北日报传媒集团关于进一步推动媒体深度融合发展的实施意见》《湖北日报传媒集团关于极目新闻创新机制加快发展的实施方案》，努力实现信息内容、技术应用、平台终端、管理手段共融互通。

一、集团媒体融合基本情况

经过不断探索和推进，湖北日报传媒集团初步走出一条具有自身特色的媒体融合发展之路。截至 2021 年年底，由湖北日报、极目新闻等媒体及所属的网站、客户端、微博、微信、抖音等组成的新媒体矩阵，日均新媒体受众已超过 1.6 亿人次。

湖北省委机关报和都市类媒体在融合传播上形成了“双轮驱动”。湖北日报全媒体用户总量超过 6000 万，其中湖北日报客户端装机量突破 1300 万，是湖北省内最权威的新闻信息发布平台和内容生产枢纽。

极目新闻“1+N”主流新媒体传播矩阵初步成形，各在线端口总用户量超过 5600 万，其中极目新闻客户端下载量超过 1000 万；官方抖音号用户量超过 1000 万，官方微博用户量超过 2000 万。

二、集团新媒体品牌建设情况

（一）湖北日报

1. 加快媒体深度融合步伐，实现新闻客户端全新改版，内容生产呈井喷式增长。2021 年 7 月，湖北日报新闻客户端完成 6.0 版迭代，大幅提升移动端内容发布效能，优化了用户体验。升级后的湖北日报融合业务平台集采访调度、内容制作、传播分析、智能审校、绩效考评等众多功能于一体。2021 年，原创融媒稿件逾 4 万篇，呈现井喷式增长。

2. 平台传播力影响力持续跃升。湖北日报目前已建成了包括新闻客户端及湖北日报抖音号、微信号、快手号等 10 余个第三方媒体号在内的新媒体传播矩阵，平台传播力影响力持续跃升。目前，湖北日报新媒体用户数已由2020年的4000余万猛增至6100万，综合影响力位居全国前列。

3. 全媒体生产能力不断增强，爆款内容传播数据频创新高。2021年，湖北日报圆满完成了全省两会、全国两会、外交部湖北全球特别推介活动等重大全媒体报道任务，新媒体佳作频出，许多内容产品传播数据创下新纪录。比如4月12日，外交部湖北全球特别推介活动在北京举行，湖北日报前后方密切配合，推送一系列融媒产品，“我向世界推介湖北”话题阅读量3.8亿次、“英雄湖北浴火重生”阅读量4.9亿次、“湖北推介会”阅读量2.1亿次，总阅读量10.8亿次。

4. 进一步完善全媒体采编考核办法。2021年12月1日试行的《湖北日报全媒体稿件评分办法》，实行全媒体、全平台、一体化考评，湖北日报报纸、客户端以及微博、微信、抖音等第三方平台新媒体账号发布的稿件，包括文字、图片、音视频、直播等，一律按质定级评分。新版考评办法强调进一步强化精品意识，所有稿件评分均由基础分、传播分（效果分）两部分构成。

（二）极目新闻客户端

2021年3月28日，脱胎于楚天都市报的极目新闻客户端正式上线，“1+N”新型主流媒体矩阵初步成形，全媒体用户量从上线时的3860万增加至目前的5600万，增加了1740万。

1. 以内容建设为根本，集中优势资源，扩大优质内容产能。2021年，极目新闻编发原创图文稿件超过4万条，原创视频1万余条，每天都有爆款作品位居各大平台排行榜。极目新闻微信10万+稿件395条，微博互动量（转评赞）1万+以上稿件308条，主持话题阅读量过亿次的达57条，最高话题阅读量达13.6亿次。

2. 加快机制创新，打造深度融合发展“特区”。改革人事制度。极目新闻全员去行政化，推行首席制。优化组织架构。成立省外采访中心和融媒体集成中心，精简流程提高效率。拉开收入差距。对高管实行年薪制，等次与业绩挂钩；对首席人才量化考核激励，鼓励优秀人才按业绩取得丰厚回报。改造生产流程。建立了以极目新闻为中心的工作机制，进一步优化报纸出版流程，建立全天候策划调度机制。

（三）荆楚网

2021年，荆楚网（湖北日报网）以技术升级运用、产品生产、网站品牌建设、第三方平台发展、行业深耕等方面为突破口，进行了新媒体品牌建设的实践和探索，取得了一定成效。

1. 技术升级，提升聚合分发集成创新能力。2021年上半年，荆楚网（湖北日报网）通过技术手段设置了集团媒体专门栏目，完成了集团原创产品和合作版权产品的聚合分发，优化了栏目设置和编辑流程，下半年完成了客户端升级改造，日更新量稳定在2200条，较2020年日均发稿量提升80%，位居重点新闻网站第一方阵。推出的“荆楚号”已有1200多家单位入驻，是湖北省内成立最早规模最大的内容聚合分发平台。

2. 集成创新，精品策划服务于宣传工作。以“大主题、小切口、新表达”的内容生产理念，以精品策划服务于主题宣传和经营发展。

3. 强化特色，强基固本不断拓展打造品牌。在楚天舆情数据研究院和楚天网络评论研究院良好发展基础上，2020年年底成立了楚天舆情大数据中心，与高校联合成立楚天网络评论培训基地，以此为基础的荆楚网智库品牌在2021年已经开始发挥出良好的社会效益和经济效益，目前已与6所高校合作，建立了超过500人的湖北高校大学生评论员团队。

4. 占领阵地，持续推进第三方平台传播布局。2021年，荆楚网微信粉丝量突破200万；微博破百万阅读量话题约150个，破亿话题3个；“荆楚网”学习强国号正式上线；入驻了新华号、央视号、人民智作等新平台；官方抖音、快手、微信视频号等平台粉丝量超300万，月发布短视频近千条，月播放量超亿次。

新媒体工作案例

系列访谈报道“破冰与突围·县（市、区）委书记全媒体纵横谈”

2021年第四季度，湖北日报传媒集团策划推出大型系列访谈报道“破冰与突围·县（市、区）委书记全媒体纵横谈”，邀请湖北省102位县市区委书记走进集团5G演播室，推介、宣传主政思路和施政措施，回应干部群众和读者网友热切期待。

“纵横谈”全过程都凸显了鲜明的媒体融合特点：一是在内容上生产全形态产品，即精心剪辑一条反映访谈整体风貌的长视频；制作一条精华版短视频；制作一条访谈“金句”的微视频；采写一篇深度访谈通讯稿；制作一篇加载了全部内容的微信头条文章；微博开设“县市区委书记来了——荆楚百县话突围”话题。二是在采编上，团队按照全媒体传播思维优化流程：地方分社在前方对接策划，编辑出版中心、融媒体中心做下游支撑，分别编排报纸稿件、分发各类新媒体产品。三是在传播上，除在集团自有平台推送外，还推送至微信、视频号、抖音等第三方平台。“纵横谈”系列共推送102组600多件（篇）全媒体多形态报道，在全省形成“刷屏热转”现象。

报道入围湖北省网信办评选的“2021年湖北省融合传播精品项目”。湖北日报传媒集团同步出版《百舸争流——湖北县市区委书记全媒体纵横谈》图书，进行二次传播。

作品二维码

（湖北日报传媒集团供稿）

湖北广播电视台（集团）

新媒体工作综述

2021 年以来，湖北广播电视台（集团）坚持“平台建设全面开放、平台内容全面升级、先进技术全面引领、服务功能全面提升、考核激励机制全面覆盖”的 5 个全面总思路，打造技术先进、特色突出、用户众多、自主可控的长江云平台；围绕“新闻 + 政务服务商务”定位，增强新闻核心功能，打造内容垂直频道，强化平台服务属性，提升平台运营能力；坚持开放共享的融合理念，打造新媒体大号，拓展移动互联网主渠道；突破传统声屏思维，打造融媒体工作室，推进生产方式转型、主力军挺进主战场主阵地，在全台打响了媒体深度融合发展的攻坚战。

截至 2021 年 12 月 31 日，长江云客户端下载总量 1681.65 万次，用户数 925.25 万，日活量 101.66 万，用户发展呈现整体向好趋势，全台新媒体账号总用户数超过 1.8 亿。在 2021 年 CSM 省级台新闻融合年度指数排名中，湖北广播电视台跃居第 4 位，位于头部阵营前列。

一、平台服务能力稳步提升

进一步推动长江云向省级技术支撑平台升级，着力创新以县级融媒体中心生产系统、新时代文明实践中心管理系统、大数据舆情监测系统为基础的“三合一”融合服务模式，努力实现“全省一张网”下的政经新闻信息“一网打尽”、民生服务“一网通办”。在政务服务上，升级省、市、县三级联动的移动政务服务大厅，全量接入“鄂汇办”46 个类别 64 项服务，“问政”窗口提供 24 小时移动互联服务。在社会服务上，长江云新时代文明实践平台已为全省 63 个地区提供党员下沉、招募录用等志愿信息化服务，注册志愿者用户总人数 141 万，入驻组织 2.3 万余个，发布活动 9.4 万余次，总服务时长达 397 万小时，已成为湖北省内覆盖范围最广、用户数量最多的平台；创新乡村“数字化”治理、产业数字化管理体系，与中南财经政法大学等高校合作共建融媒体中心和教学实训平台试点，推进政企融媒体产品在武汉东风集团落地。

在媒体服务上，率先在全国推出县级融媒体中心标准化全员培训模式，通过“网上”开办覆盖全省的标准化网络培训班，为全省县级融媒体中心工作者提供了一个常态化、科学化、标准化的学习成长平台；“网下”组织主题培训班、媒体跟班学习等，对不同层级对象有针对性地进行专业能力培训，2021年培训人数达5000人。在垂直领域服务上，以媒体介入智慧服务实现持续发展，其中云上荣军汇系统服务退役军人及优抚对象，实现“全城一码优惠”；云上项目督办系统为主管部门提供实时监测管理平台，提升民生实事项目、重大工程项目执行情况及社会公益事业建设等领域的信息公开质量和实效。

二、平台商务功能初见成效

探索平台商业模式，提升长江云平台商务服务能力。一是最大限度发挥平台资源整合优势，重点打造长江云平台“云上赏花”主题活动品牌，为云上带来实实在在的经济效益和宣传效应。2021年3月推出“花开荆楚·云上赏花全媒体行动”，助力云上运营单位整合各地文旅资源，“学习强国”学习平台专门开设专题进行宣推，新华社现场云同步转发。二是加快平台商务应用的开发，其中云上智慧食堂实现用户云上扫码用餐，助力食堂由传统运营转换为现代化数字运营；云上工会福利系统打通工会、合作商家、支付宝、云上系列客户端各环节，实现一键发福利和一键领福利。

三、全媒传播体系和融媒管理机制逐步完善

2021年全国两会期间，长江云融合传播走在全国前列；外交部湖北特别推介活动报道中，主题宣传片、暖场片以及相关报道的全网总传播量超过30亿次；七一晚会宣推报道全网总传播量超过18.86亿次。我们总结数次成功的融媒报道经验，建立起“融媒大脑”融媒体生产管理机制，协调统筹全台实现跨部门协同的项目制运作，以优质创意产品集群为根本，以集束式报道形成规模，以六大传播矩阵掀起传播热潮，以大数据和算法进行效果评估，以奖励机制激发全员融媒实践积极性，从顶层设计出发实现全团队、全介质、全流程的实质融合与深度融合。融媒大脑机制入选国家广电总局2021年度全国媒体融合典型案例。

四、长江云垂直频道内容布局优势凸显

坚持以“新闻立端、垂直强端”为目标，加强长江云内容建设。自2021年2月3日长江云客户端全新改版以来，整合全台内容资源打造的18个垂直频道，全年总发稿量17.5万条，总阅读量7563万，已经形成新闻类、非新闻类特色鲜明的两大内容矩阵。新闻类垂直频道凸显长江云的核心功能，新媒体产品坚持长江云首发，全年推出创意新媒体产品400多个，全网传播量破

亿作品 81 件；非新闻类垂直频道凸显服务功能，健康、教育、社区等各垂直频道差异化发展，全面提升变现率，产业经营直线上升，其中健康频道康养类营收额突破 1.33 亿元。

五、新媒体网络大号形成头部影响力

坚持开放共享的融合理念，打造新媒体大号，拓展移动互联网主渠道。“湖北新闻”“楚天交通广播”“长江新闻号” 3 个千万级大号中，“楚天交通广播”抖音粉丝数突破 2000 万，保持“全国广播抖音第一号”位置，“湖北新闻”跻身全国广电头部账号行列，“长江新闻号”在外宣领域形成较大影响。此外，垄上 MCN 矩阵的粉丝量也已突破 1400 万。全台新媒体账号总用户数稳中有升，超过 1.86 亿。

六、融媒体工作室建设蹄疾步稳

突破传统声屏思维，在运营赋权、资源支持、创新激励、人才培养等方面对工作室的建设加以指导和规范管理，打造运营的 59 个融媒工作室已从过去单一以主持人为主体的阶段，走向全台参与、全面推广、整体转型的新阶段，成为融合生产运营的最基本单元。各工作室抓住行业资源，深耕视频、健康、体育、旅游等细分领域。包括健康、“三农”、美食、房产家居、齐亚琴、喜子在内的一批工作室，用 6—9 个月时间就完成了全年创收任务。

新媒体工作案例

湖北广播电视台“POWER 融媒大脑”

2020 年以来，湖北台落地落实媒体深度融合战略，以长江云平台为底座，以垂直频道为骨架，以融媒体工作室为单元，以新媒体账号为触角，建立起一套协同高效、共享开放、全域智慧、常态可行的融媒体生产与管理机制——“POWER 融媒大脑”，全面开启媒体融合 2.0 时代。

“POWER 融媒大脑”融媒体生产管理机制着力解决传统媒体“内容生产与平台建设分离”“传统频道制与全媒体传播体系脱节”等问题，抓住顶层设计这个牛鼻子，打通 Planning（统筹规划）、Operation（联合运营）、Well-targeted（精准传播）、Effect（效果反馈）、Reward（正向激励）5 个关键环节。在其加持下，湖北台在全国率先推出垂直频道产业运营模式，建成全新架构的云、网、端一体化智能协同生产体系，培育出新媒体网络大号，主流价值影响力版图强势凸显。

2021 年以来，长江云黏性不断增强，新闻频道创意新媒体产品超过 410 个，点击量超过 31 亿人次。全台新媒体账号总粉丝数超过 2 亿，其中“湖北新闻”抖音号跻身全国广电头部账号，“楚天交通广播”抖音号保持“全国广播抖音第一号”位置，媒体深度融合发展持续走在全国前列。“POWER

融媒大脑”融媒体生产管理机制入选国家广电总局“2021 年全国广播电视媒体融合典型案例”。

融合报道《一条红线穿百年》

该作品以习近平总书记提出的“一条红线”为切入点、以习近平总书记“七一”重要讲话中的“伟大建党精神”为落脚点，用奔腾向前的红线串起 18 个全国人民耳熟能详、极具代表性的场景，鲜活简洁又深刻地展示了党的百年发展历程。作品融合形式多样、创意新颖、细节感强、场景鲜明，既立足党的百年奋斗史，又有鲜明的湖北特色，是一部能让用户互动式参与和沉浸式学习的融合报道作品。

构思巧妙。该作品以“牢记和践行为中国人民谋幸福、为中华民族谋复兴的初心使命，以贯穿我们党百年奋斗史的一条红线”为创作原点，通过“红线”这一创意形式生动鲜活地展示百年党史；以 1921—2021 年为时间轴，以船为意象，邀请用户一同“启航”，通过从红船到“复兴号”巨轮的演进过程，精准呈现了中国共产党开天辟地、改天换地、翻天覆地、经天纬地 4 个阶段的发展历程。

立足特色。作为中共早期组织的重要策源地、开展工农运动的前沿阵地、“全面从严治党”的起源地，湖北见证了中国共产党许多重要的历史瞬间。主创团队在百年党史的重要节点上选择湖北在全国最具标志性事件、典型性场景和代表性文字，精选与场景对应的原声音频音效，运用 flash 技术捕捉跟踪红线轨迹，将“手绘 + 动画 + 音频 + 海报 + 文字”元素有机融合，场景绘制栩栩如生，制作出丰富立体的多媒体创意作品。

抢抓时效。2021 年 7 月 1 日，习近平总书记首次提出伟大建党精神并作出深刻阐释，主创团队立即将这一内容和习近平总书记原声音频制作成互动海报。用户点击“沿着这条红线，永远把伟大建党精神发扬下去”互动按钮，即可生成海报，转发分享。作品推出当天点击量过百万，累计过千万，形成现象级传播。

作品二维码

［湖北广播电视台（集团）供稿］

湖南日报社

新媒体工作综述

湖南日报社（集团公司）旗下的各媒体坚持“融合创新、改革转型”的工作方针，以改革创新为主线，以建设新型主流媒体集团为目标，迈出了媒体深度融合的关键步伐。

一、机制改革

2021 年 1 月 1 日，湖南日报社启动新一轮媒体深度融合改革。将湖南日报、新湖南客户端（以下简称“新湖南”）“融为一体、合而为一”，以内容创新为媒体融合的根本之道，着力激活体制机制，增强移动优先意识，扩大新媒体产能。坚持以新湖南为主导，通过重塑组织架构，再造采编流程，将过去湖南日报、新湖南分设的编委会整合为报社融媒体编委会，将湖南日报原有垂直中心的采编力量成建制转向新媒体，并按新媒体端的频道架构和内容需求重构部门设置、人员配备，打通湖南日报与新湖南策、采、编、审、发全流程，重建以新媒体为主导的考核考评办法，力促采编力量向互联网主阵地汇集，采编内容向移动端发力，彻底解决传统媒体和新兴媒体“两拨人”“两张皮”问题。

媒体深度融合改革一年来，新湖南稿件更新量倍增，日活量和稿件平均点击量增长 40% 以上。改革取得“活力增强、生产增速、产能增量、创意增优、联动增效”的积极效果。一批特色账号稳步走在媒体融合前列，活力得到充分释放。“湘伴”微信公众号作为湖南最具影响力的时政类公号，在许多重大事件、重要节点推出独家原创文章；“侃财邦”微信公众号聚焦微观经济，贴近百姓经济生活，年轻新潮；“湘遇”微信公众号内容定位更加精准，文艺气息浓厚。“经武门论道”微信公众号作为湖南省评论战线的排头兵、先锋队，紧跟热点、针砭时弊，推动党报理论报道的大众化、通俗化。新湖南“学习强国”号 2021 年在全国 800 家入驻机构中综合排名位居前十。

二、特色亮点

2021 年，湖南日报 · 新湖南聚焦建党百年主题，同步策划推出《湖湘潮 · 百年颂》融媒体专栏，梳理中国共产党湖南历史上的100多个重大节点或重要事件；推出《我和我的红色学长》短视频系列报道，用短视频形式呈现新时代的青少年学子和红色学长的精神交集。自主策划“击水中流——走进红色潇湘”行进式主题采访报道，聚焦在中国共产党的领导下湖南谱写的英雄赞歌、取得的辉煌成就和作出的重要贡献。制作推出重磅新媒体互动产品《我宣誓——打卡红色地标 重温入党誓词》，用创新表达激发宣传活力，产品在广大党员特别是青年党员群体中热传。在“矮寨不矮 时代标高”主题报道中，以全媒体融合理念为指导，文字、图片、短视频、H5等交相辉映，从“天下矮寨”“通天矮寨”“缤纷矮寨”“绿色矮寨”“幸福矮寨”5个方面，全景式描绘了矮寨实现乡村振兴的生动画卷。在“袁隆平逝世”主题报道中，新湖南独家全球全网首发权威消息《袁隆平逝世》；连续推出《稻田追梦的科学巨擘》等3篇主题稿、各类评论产品30多篇。围绕中非经贸博览会推出《非洲的朋友来“湘”会》，在乌干达、加纳、尼日利亚、阿联酋等境外媒体传播。

三湘都市报深度推动媒体转型、融合发展，实现内容融媒重构，全员发力短视频。全新视频平台犇视频App试运行。独家策划“苏玉娟上门救下留守儿童家庭祖孙3人”的正能量故事融合传播。华声在线新闻网站全年共开设与维护《三湘学习堂》《硕果金秋这一年——习近平总书记考察湖南一周年特别报道》等专题专栏14个。策划的“策游潇湘‘营’出花YOUNG”湖南文旅推广活动，跨区域、跨群体互动。深耕短视频领域，全年产出千万级播放量作品30余篇。

推动县级融媒体中心深度使用“新湖南云”平台，全面开展融媒体采编和运营等各项业务。截至2021年12月，“新湖南云”平台上已激活记者编辑及管理人员等有效账号共2870个，累计发布稿件共114.68万篇。结合各种报道节点，与相关县级融媒体中心相继策划了《小镇新青年@党代会》等19个系列短视频专栏及互动产品，在新湖南和各县级融媒体中心自有平台同步刊出。争取到与快手合作，主办面向县级融媒体中心的“短视频创作和电商直播大赛”。

湖南日报社以“N+14+122”形式建设的“政策云”平台，促进了省、市、县三级政府的政策信息服务与省、市、县三级融媒体中心App对接，为湖南省网民提供了快捷、全面的政策权威发布、融媒体解读、智能精准查找和政企政民互动交流等一条龙政策信息惠民服务云平台，就政策落实情况与网民、企业开展互动，促进政策落地，实现省政府各类政策信息即时精准抵达网民和施策信息全息全效反馈的工作闭环，为“党媒App”与省政府网站数据互通打通政策落地“最后一公里”。

三、技术支撑

2021年4月，由湖南日报社承建的湖

南省县级融媒体中心省级技术平台顺利通过中宣部验收。结合湖南区县级媒体的特点，湖南日报社打造了“新湖南云”县级融媒体中心省级技术平台，融合人工智能、大数据、云计算等技术，致力于为全省上百个县级融媒提供指挥调度、内容生产、数据中心、智能化分析、版权保护、舆情分析、建站服务、行业数据分析等服务，同时也是实现向政府、高校、企业等其他媒体机构提供技术和数据服务的云服务平台。8 月，新湖南客户端已迭代更新至 9.0 版本。12 月，“新湖南云”省级技术平台获得中国报业协会颁发的“2021 年全国报业媒体融合案例创新奖”。

依托“新湖南云”平台，湖南日报社已为全省 69 个县级融媒体中心和 130 多个机关、企业、园区、高校融媒体平台提供技术和内容支撑。聚焦“新闻 + 政务服务商务”，报社运维的湖南省政府门户网站，在国务院办公厅组织的全国政府网站政务新媒体评估中，连续两年位列省级政府网站第三。立足“新闻 + 产业”，报社积极开拓文旅、文创、文教等板块，推动“文化 + 新兴产业”实现规模化；积极探索向电商直播、社会治理等领域跨界融合，寻求新的增长点和竞争力。

2021 年 3 月，“媒体融合内容感知与安全湖南省重点实验室”授牌。这是全国省级党报第一个科技领域的省级重点实验室，由湖南日报社与国防科大计算机学院联合共建。通过加快内容与科技深度融合，探索应用场景，让技术赋能内容生产和表达创新，成为推进媒体生产力变革的强大驱动力。10 月，该实验室“多媒体内容安全自动检测项目”经立项及专家评审进入实施阶段。项目以产品化思维进行设计，湖南日报社联合国防科技大学计算机学院、方滨兴院士湖南工作站共同完成产品设计，共同孵化推广到市场。

新媒体工作案例

庆祝建党百年新媒体产品《湖湘潮·百年颂》

为庆祝建党 100 周年，湖南日报和省委党史研究院联合策划，从 2021 年 1 月 1 日起推出《湖湘潮·百年颂——庆祝中国共产党成立 100 周年》融媒体专栏，以编年体方式，选取中国共产党湖南历史上的重大节点、重要事件，回顾百年党史波澜壮阔的历程，体现百年党史中的湖湘担当，生动再现百年党史的湖南画卷。

共推出“图文 + 短视频”报道 117 期，由专栏集结的《湖湘潮·百年颂》一书由湖南人民出版社出版，被纳入全国政协委员读书活动推荐书目、湖南党史学习教育重点学习书目，入选由湖南省全民阅读活动办公室组织评选的“湘版好书”。

作品二维码

短视频系列报道《我和我的红色学长》

“未来属于青年，希望寄予青年。”为贯彻习近平总书记指示精神，湖南日报于2021年7月11日至10月7日推出《我和我的红色学长》短视频系列报道，精心选取10所有代表性的湘籍革命前辈母校，将镜头对准21世纪的青少年学子，聆听并记录他们与毛泽东、林伯渠、任弼时等革命先辈伟大灵魂的隔空对话，用短视频形式呈现新时代的青少年学子和红色学长的精神交集，采撷奉献了一组不朽精神薪火相传的个性化故事，并引发富有真情、充满个性的感触和思考。

系列报道共有10篇短视频，在新湖南客户端点击量约200万，被“学习强国”学习平台、抖音、好看视频、北京日报客户端、九派新闻客户端等媒体转载。

作品二维码

（湖南日报社供稿）

湖南广播电视台

新媒体工作综述

2021年，湖南广播影视集团有限公司（湖南广播电视台）制定《湖南广播影视集团（湖南广播电视台）“十四五”发展规划》《媒体深度融合三年行动计划》，成立融创中心，在新生态、新赛道、新机制上优化升级，形成了以芒果TV长视频平台、风芒资讯类短视频平台、小芒内容电商平台为主的全媒体矩阵。

一、构建互联网平台新矩阵

加速构建新媒体平台矩阵，以长视频、短视频、内容电商3个赛道作为核心业务发力点，完善新媒体领域的整体布局，提升竞争能力。

1. 进一步做优“芒果TV”。“芒果TV”积极探索媒体融合的芒果模式，构建起芒果融媒大生态矩阵，并开辟小芒电商、实景娱乐两条新赛道，构建完整产业链，在艺人经纪、音乐版权、大芒计划等领域加速布局。芒果TV通过内容自制，培植核心竞争力，从独播、独特走向独创，是唯一连续5年盈利的视频网站，有效会员超过5000万。

2. 打造资讯类短视频平台风芒App。2021年9月29日风芒上线，开辟时事、推荐、芒客、文体、社区、芒果派、芒果捞、旅游、健康等多个频道。截至2021年年底，风芒App下载量超过800多万，省内外1000多个合作机构和个人号入驻，100多家湖南县级融媒体机构在风芒中持续上传内容。

3. 打造全新内容电商平台——小芒电商。形成以“视频+内容+电商”的全新视频内容电商模式。围绕“新潮国货内容电商平台”定位，对接“Z世代”消费人群，借助湖南卫视与芒果TV双平台生态优势，实现优质内容IP的品牌植入与深度融合。一是IP赋能，内容深度植入促进销售转化，打造从内容观看到商品消费的用户行为闭环。二是聚焦四维货品，以垂类内容及商品吸引主站用户、覆盖圈层用户、强化国潮定位、满足用户刚需。三是做好品牌共创，打造独家联名商品、推进自有品牌建设、拓展供应链、完善自有品牌渠道和产能供应。四是打造主题晚会，以“晚会+电商”模式打出品牌声量。

二、打造内容融合新生态

持续打造芒果主流融媒大片和精品力作。以高门槛长视频特别是主流长视频作为核心业务战略，以芒果超媒为资本平台，进一步整合业务资源，建立更加良性的互动机制，加快推动湖南卫视、“芒果 TV”全面融合。建立双平台共创共享机制，团队、人才、创意、项目、资金彼此开放，加速融合。卫视全年 40 个文艺节目在“芒果 TV”播出，“芒果 TV”7 个节目反向输出湖南卫视。

“新闻 +”“广电 +”，构建智慧主流新媒体运营模式。推进新闻中心、风芒、都市频道深度融合，传统新闻生产模式向一体化融合生产经营模式转型。

打造国内首个台网联动的“芒果季风”剧场，旗帜鲜明反悬浮、反注水、反“流量”，上线剧集表现均超出预期。建立双平台电视剧联采联播机制，大幅降低了购剧成本。双平台全年联合采播 11 部剧集，实现了以版权为纽带到以人才为纽带的融合升级。

打造内容融合新生态，聚焦芒果厂牌内容建设，整合芒果系所有内容团队，打造高门槛、有竞争力的多形态融媒产品。电视剧《理想照耀中国》集结全台 6 个频道、10 个团队参与创制，金鹰纪实连续推出高品质纪录片《中国出了个毛泽东》《岳麓书院》等，都市频道为湖南卫视、芒果 TV 推出《战旗美如画》《选择》等精品，芒果内容生态交融延展。

三、推动文化与科技深度融合

依托“IP 化、云化、智能化”建设理念，加快长视频节目生产基地建设。搭建可迭代发展的新技术系统，确保播出平台和网络平台数据可管可控，致力于将大数据、人工智能等新技术融入内容生产、分发、服务全过程。

1. 文化与科技融合促内容创新。5G 重点实验室联合芒果幻视自主研发的数字虚拟人“小漾”，2021 年 10 月 2 日以虚拟实习主持人身份亮相湖南卫视，成为中国第一个综艺节目虚拟主持人，作为湖南台自主研发的成果，将在后续节目应用场景中进行人格化培养，不断迭代进化。

2. 文化与科技融合促产品创新。自主研发新一代人工智能电台编播系统 5G 智慧电台，优化传统广播生产流程，通过智能抓取、智能编排、智能播报、智能监控、云端分发，一键式自动化生成播出内容，仅需 5 分钟即可辅助用户生成一套 24 小时播出的在地电台节目，有效缓解基层县级融媒体中心“有硬件、缺人手、缺内容”等问题，全国已签约 842 频、开播 540 频。

3. 文化与科技融合促业态创新。融创中心、5G 实验室、芒果无际公司，实行一体化、实体化运营，以高新视频多场景应用国家广电总局 5G 重点实验室为抓手，聚合湖南台 3000 多位广播电视技术、网络技术、前沿视频技术的工程师，以及共建研究中心高精尖专家的研发能力，积极加入未来传播形态竞争。通过“小漾”，用自研技术引领马栏山形成数字人生态创新平台，摸索由产品引发产业链、产业链聚集升级为产业带的数字人新赛道。自主研发全新影视级虚拟制播系统，形成可用于视频形态创新、内容互动创新的系列虚拟产品，如虚拟预演、虚拟制片、虚拟舞台、虚拟拍摄棚、虚拟演唱会、虚拟剧本杀、虚拟科幻 mini 剧等。面向虚拟应用等未来传播形态，探索拥有自主创新能力的平台型产品，培育孵化新业态。

四、市场配置资源强融合

芒果超媒成功募资 45 亿元，中国移动成为第二大股东，其新媒体优势为湖南广电建设主流新媒体集团发挥了核心引擎作用；“芒果 TV”与咪咕签署不低于 35 亿元的战略协议，优化产业布局。电广传媒“文旅＋投资”战略初见成效，达晨财智累计 IPO 上市 120 家，稳居国内创投第一方阵；文旅战略被列入湖南省“十四五”文旅发展规划，重点项目“芒果城”绘就蓝图，有线事业身份人员分流工作全部完成。大力实施潇影重振计划，投入 3 亿元成立当燃影业，培育市场化基因，聚焦精品生产。

新媒体工作案例

风　芒

2021 年 9 月 29 日，湖南广电自主开发的官方唯一资讯短视频平台风芒新媒体平台上线。以风芒为牵引，新闻中心、风芒、都市频道深度融合，实现一体化运行。

风芒以“你之所想，风芒所向”为导向，推出时事、推荐、芒客、文体、社区、芒果派、芒果捞、旅游、健康等多个特色频道，探索跨界融合发展，逐步实现优化内容布局与差异化功能定位，新闻传播与商业探索双轨并进，用新闻短视频做破局先锋，致力于打造一个面向青年引领新风尚的主流新媒体平台。平台日更新视频近 300 条，超 1000 个机构号和个人号入驻，基本覆盖全省市县级融媒体。

风芒打通湖南广电旗下新闻中心、经视频道、都市频道、公共频道及电台新闻资源，实现了《湖南新闻联播》《午间新闻》《都市 1 时间》的常态直播，并及时拆条各栏目和《经视新闻》《帮女郎》《我的新闻会唱歌》等新闻节目，聚焦重大事件、主题和节点，开设重要版面推出系列直播、短视频、H5、长图等互联网形态优质产品。其中，《党史照耀新征程》等专栏全网点击量突破 1000 万次，《一张照片背后的这七年》还获得了第三十一届中国新闻奖一等奖。

作品二维码

小芒电商

2021 年 1 月 1 日，湖南广电基于长视频内容优势孵化的全新内容电商平台——小芒 App 正式上线。截至 2021 年年底，小芒平台累计用户规模超 4200 万。

以内容深度植入促进销售转化，与湖南卫视、“芒果 TV”紧密联动，在湖南卫视跨年演唱会、快乐大本营、密室大逃脱等优质内容 IP 中实现品牌和内容植入，与芒果季风剧场、芒果 TV 定制剧目中的多档优质影视剧进行深度融合，推介小芒好物；并在芒果 TV 主站开辟独立板块“小芒 M 站”，还借助广电强大的内容生态推出定制综艺《拿来吧！小芒》，传递小芒平台的独特调性，吸引用户下单。以极致国货选品强化用户心智，聚焦服装、食品、美妆、汉服、数码等新消费领域国货崛起品类，重点开发和运营四大赛道，并与多个一线国货品牌建立密切合作关系。以多样化运营提升用户留存，基于平台核心“Z 世代”用户群体，通过量身定制的商品与特色内容，上线特色专题，为用户提供潮流生活灵感和场景式解决方案，配合促销策略提升商品动销；上线各类特色内容与互动活动，提升用户留存。以“晚会＋电商”塑造节日品牌，推出首届国潮国货 IP 盛典“小芒种花夜”，拉动小芒流量、创收数据均创历史新高。

作品二维码

（湖南广播电视台供稿）

红　网

新媒体工作综述

2021年，红网以内容创新为引领、技术赋能为抓手、制度创新为突破，持续推动媒体融合不断向纵深发展，特别是在推动媒体跨界融合方面取得了新突破，为推动红网由传播层逐步向服务层的深度转型打下了坚实基础。

一、突出核心，新思想宣传报道有亮点有高度

全国两会报道重点打造了《两会学习所》《习声回响》等精品专栏。原创作品《海报丨世界要公道不要霸道，习近平博鳌讲话金句来了》，被“学习强国”学习平台首页推荐，点击量达到1176.6万次。聚焦庆祝中国共产党成立100周年大会，重点推出了金句海报作品《金句来了！习近平总书记这些话振奋人心》。持续做好习近平总书记“七一”重要讲话、党的十九届六中全会精神宣传、阐释，推出了“手绘精神谱系”“红色光谱”等精品报道。着力做好“牢记殷殷嘱托，奋力谱写湖南新篇章”主题宣传，开设重点专题《牢记殷殷嘱托，奋力谱写湖南新篇章》，推出了“难忘那一天”“小故事·大答卷”等重要报道和文章。

二、紧扣大局，重大主题宣传有创新有特色

全年围绕庆祝中国共产党成立100周年以及党史学习教育这条主线，服务全省大局，推出相关重点主题宣传500余个，在全省党史学习教育、湖南省十二次党代会、湖南省两会、政法队伍整顿、脱贫攻坚、疫情防控等重大主题宣传中，以及中非经贸博览会、中国网络诚信大会、互联网岳麓峰会、长沙国际工程机械展、首届北斗规模应用国际峰会、世界计算大会、民营企业500强峰会等重要活动宣传中，红网精心谋划，注重融合创新表达，推出了一系列精品力作。在庆祝中国共产党成立100周年和党史学习教育宣传中，“情牵红土地”大型融媒体报道全网总点击量累计6.7亿次，推出的“穿行湘赣边”6小时跨城融媒体大直播“两山专列”，全网总点击量过亿。张家界新冠疫情

暴发期间，重点打造《海报丨张家界：我的不舍你一定懂》，引发破圈传播，有力扭转了舆论甩锅张家界的倾向。袁隆平院士逝世相关报道点击量过亿作品达4件，打造了《H5丨播下稻种　致敬袁老》等爆款，独家推出的《悼念袁老的群众30余万　鲜花装满32卡车　追悼卡去了四个地方丨明阳山72小时》，被人民日报、新华社等重点关注，登上头条热榜、抖音热搜榜、微博热搜榜。全力做好省十二次党代会建言献策和会议宣传报道，打造了“闪闪湖南”“湖南这WU年”“26℃的湖南”“屋场连接会场”“会风会纪观察”等精品报道，特别是“会风会纪观察”系列报道视角独特，受到各方热赞。

三、注重创新，内容精品建设有爆款有精品

持续推进“移动化、数据化、视频化、轻量化”四化战略转型，创新推动内容生产转型，特别是注重年轻化表达，关注青年，引导青年。精心打造的“时小刻说党史”融媒体专栏生动科普党史故事，被中宣部、中国记协网、《网络传播》杂志重点推荐。《燃爆！国潮风MV〈画潇湘〉震撼唱响》《音乐视频丨湖南·青春恰时来》等作品以年轻化的表达关注两会、党代会等时政大事。注重育新人，推出“青椒计划”，举办红网全国大学生“评论之星”选拔赛，推出了《青椒观会》《青年学党史》《精神谱系青年谈》《青年学报告》等一系列精品评论专题。

四、大胆突破，媒体跨界融合有进展有成效

一是大力推进技术输出。充分释放“新闻＋政务服务商务”合力，形成了以红网融媒体中心、智慧党建、时刻LED联播网、红网舆情、红星云、红视频、手机报等为核心的产品体系，积极为党政机关、事业单位、大型集团企业等提供技术输出服务，深入推进政务应用合作产品化、规模化。在融媒体中心建设方面，已经建成省电力融媒体中心、省人大融媒体中心等，应急管理厅、湘江新区融媒体中心、国网长沙电力融媒体中心等正在稳步推进。在互联网党建方面，红星云影响力继续领跑全国省级党建微信公众号，全省19.3万个基层党支部在平台开设“网上支部”，226万名党员进行实名制认证，参加在线学习党员群众达12.5亿人次。打造的“华菱党建云平台”“湘税党建云平台”等成为智慧党建的标杆。“湘农荟”先后开展43场次助农直播，带动全省农业产业关联销售超21.8亿元，特别是与网红品牌“果呀呀”共同打造的“弗兰果子计划”为推动湖南区域优质农业产业迈向“品牌化”、农业产业发展走向新高地注入强劲动力。

二是打造新媒体平台矩阵。建立专门的新闻短视频运营团队，构建了以“红网”抖音号为主打，各分站、各部门抖音号紧密协作的红网抖音矩阵，2021年，抖音矩阵点击量超千万作品350余条，破亿20余条。

入驻并开通人民号、新华号、头条号、百家号、企鹅号、网易号等新媒体平台号30余个，累计用户数超2600万。“观潮的螃蟹”影响逐步走向全国。红网微信继续稳定保持湖南媒体第一微信地位。

五、制度创新，人才培养有力度有活力

继续实施“红课堂”学习培训，定期请公司内部专业技术人才或行业顶尖人才授课。分站到总部的跟班学习和总站到分站的挂职锻炼进入常态化、制度化。实行采编人员职业技术阶梯竞聘，一大批优秀采编人员脱颖而出，享受特殊人才津贴。启动了竞聘上岗，做到了人才优胜劣汰。此外，还与中南大学、湖南大学、湖南师范大学等合作，建立实习基地，推动了全媒体人才的培养。在采编部门探索实行“工作室”制度，打破原有部门壁垒，初步成立了“星青年工作室”“飒青年工作室”“燃青年工作室”3个重点工作室，为激活团队创造力，打造更多精品爆款打下坚实的基础。

新媒体工作案例

红网“青椒计划”——大学生时评写作

红网“青椒计划”是面向大学生开展的网络评论写作竞赛，于2021年1月启动，旨在聚焦、服务、引导大学生，全面覆盖全国高校，以主题策划为引领，以校媒融合为方向，形成“高校教学＋评论实践＋媒介推荐”的模式，打造更多优秀评论新星，培育符合新时代要求的新闻舆论人才。同时，“以青年人影响青年人”，为党争取青年人心、汇聚青年力量，助力中华民族伟大复兴的中国梦。

2021年，来自北京大学、中国人民大学、南京师范大学等全国130余所高校的大学生共计投稿3700余篇，发表稿件1100余篇。策划推出了《青椒观会》《青年学党史》《精神谱系青年谈》《青年学报告》等一系列精品评论专题，引导大学生以青年视角感知大国脉动，激发青年群体的政治参与感、使命感和时代共鸣。此外，栏目还邀请外国留学生观察中国，推出了《汉服在现代世界的影响 -The influence of Hanfu in the modern world》《留学生眼中的春节 -Spring Festival in the eyes of foreign students》等双语视频。

截至2021年年底，“青椒计划”系列作品共计有70多篇被人民日报客户端转载；10多篇评论被“学习强国”学习平台“青春中国”栏目转载推荐。

作品二维码

“穿行湘赣边”6小时跨城融媒体大直播“两山专列”

2021年6月18日，全国首条红色旅游铁路专线——韶山至井冈山红色专列首发。

红网联合人民日报客户端、江西大江网等共同推出“情牵红土地·穿行湘赣边”大型融媒体直播。此次直播打破了地域限制，前方与后方，不同站点之间，多点位、多视角联动。多路记者驻守站点，开展长达6小时的直播，与炎陵县委书记等党政领导，与车上翻阅红色书籍的读者，与大江网主持人及记者，与列车上的普通乘客，直播互动，通过“谁不夸我家乡好”“火车上的党史课”“湘赣红特产小推车”“一路好风光慢直播”等板块，营造出热烈的氛围。

在传播渠道上，红网、时刻新闻、红网时刻LED户外大小屏等自有平台矩阵，以及在今日头条、百度、腾讯、新浪、人民日报、快手、视频号上进行同步拉流直播，还通过微博进行了话题直播，奏响了融合传播大合唱。特别是红网时刻LED联播网通过户外视频直播、主题海报扫码观看直播、主题明信片海报等方式，对“情牵红土地·穿行湘赣边”大直播进行传播；在五一广场、平和堂、春天百货、黄兴路步行街以及南门口等地的户外LED大屏，以及全省千余块室内小屏上推出主题海报，覆盖人群超5000万人次。

作品二维码

（红网供稿）

南方报业传媒集团

新媒体工作综述

2021 年，南方报业传媒集团深化机构改革，加强内容创新，夯实技术底盘，构建并完善资源集约、结构合理、差异发展、协同高效的全媒体传播体系。11 月，集团成功入选第四批国家文化和科技融合示范基地。

一、加大阵地建设，积极“造船传播”

集团积极推动媒体深度融合发展，通过“造船”和“借船”两条腿加快阵地建设，形成“报、刊、网、端、微、屏”全媒体传播体系，包括南方网、南方英文网等 11 个网站和“南方 +”、N 视频等 6 个自主可控、传播力强的新型传播平台，覆盖用户超过 2.5 亿，现代化传播力大幅提升。

“南方 +”在 2021 年持续扩大互联网版图，下载量突破 8800 万，拥有 400 多个频道，日活用户超 600 万，年发稿量超百万篇，全网总流量 94 亿，“南方号”入驻超过 7000 家，牢牢占据广东省委、省政府移动互联网领域第一权威发布平台的位置。

N 视频作为集团自主传播平台“尖兵”，持续提升视频化政务发布功能和社会服务功能，以优质视频内容密集覆盖华南地区年轻用户。上线一年，下载量超过 633 万次，入驻账号超过 1.5 万个，月活用户近 30 万，初步起到“视频版广东发布”的作用，在粤港澳大湾区传播工程中发挥了独特的作用，成为构建粤港澳大湾区舆论新生态的重要力量。

二、加强内容建设，实现精准传播

1. *庆祝建党百年报道浓墨重彩。*紧紧围绕庆祝中国共产党成立 100 周年这条主线，在互联网主阵地开展“七一”重要讲话精神和系列庆祝活动宣传，南方日报、“南方 +”推出大型特刊《恰是百年风华》及典藏版电子特辑，全方位、可视化、多视角展现中国共产党百年奋进的广东篇章，社会各界反响良好。精心策划“100 · 正青春”音乐专辑、粤语 MV《花开大地》、“最潮中国观　看我圳少年”等境内外超亿级“破圈”流量精品，建设“广东网上红色展馆”“广东红色地图”“打卡广东红”等覆盖全省的学习场景，充分展示中国共产党百年历程的伟大成就、宝贵经验和广东篇章。

2. 重大主题宣传高潮迭起。坚持团结稳定鼓劲、正面宣传为主，积极运用手绘、H5、网上展馆、短视频、直播等手段，推动党的十九届六中全会精神宣传走深走实，党史学习教育有声有色，省委“1+1+9”工作部署、“十四五”规划开局、总书记视察广东一周年、“双区”建设以及双合作区建设等重大主题和重点工作宣传推陈出新。战“疫”舆论攻势有力有效，南方日报、“南方+”在广东本土疫情舆论场上举旗定向，受到国务院联防联控机制综合组广东工作组和省委主要领导、分管领导的高度肯定。广东乡村振兴故事引人入胜，广东荔枝、广东菠萝等亿级宣传“爆款”迭出，解决了农民“卖难”问题。

3. 海外传播精准见效。根据国际舆论场、港澳舆论场新特点，通过成立对外传播中心，打通内宣外宣，构建起以南方英文网为核心、11个海外社交媒体机构账户矩阵为重点、一批海外社交平台个人账户为补充的对外传播体系，着力做好习近平总书记系列重要讲话精神对外宣介，围绕党的百年华诞、疫情防控、香港立法会选举、岭南文化推广、粤港澳大湾区建设等讲好故事，有理有利有节开展国际舆论斗争。相关融媒报道获省委主要领导充分肯定，不少作品被境外主要通讯社、媒体以及境外政商学界知名人士、相关组织广泛转载，被外交部发言人推特账号转载20次，外交部例行记者会引用1次。

三、加快技术建设，赋能多元业务

全力推进技术一体化支撑，加快南方智媒云建设，打通报网端内容生产和传播平台，打造强大统一技术底盘，充分利用云计算、大数据、人工智能、区块链、VR/AR/MR、4K、5G等新技术，赋能各媒体单元。南方智媒云项目入选“2021年中国报业深度融合发展创新案例”。

1.“南方+”依托南方智媒云，优化南方党媒算法。全年快速迭代上线15个“南方+”App、11个南方融媒版本，建成语音识别、智能推荐、精准推送等54项“大数据+AI”能力，拥有政府开放数据、新经济企业声誉数据等25类数据集，覆盖超过4万个数据采集源，应用近百个业务场景。其中，应用VR/AR技术打造的广东网上红色展馆、红色地图等建党百年宣传服务产品广受欢迎。应用区块链技术，打造集线上确权、监控、取证，线下维权于一体的具有侵权记录不可篡改性的版权追踪运营管理平台，全面提升集团版权运维水平。

2. 南方网以技术驱动引领数字化转型，构建核心竞争力、创新服务能力。通过自主研发全媒体内容发布系统提升生产能力，将数字化生产能力和智能把关能力持续对外输出，打造出“内容安全卫士”“长者助手”等云端服务产品，服务全省信息公开、新媒体运营和内容导向把关。2021年，南方网

经营规模持续增长，盈利模式和营收结构进一步优化，发展后劲进一步增强。

3. 南方周末在国内首设“计量式软性内容付费墙”。将内容付费工程与App会员制贯通，全年累计迭代App版本17次，实现全网总用户数超过7081万，其中App付费会员同比增长45%。

4. 南方都市报全方位改造和提升N视频客户端的承载和研发能力。依靠集团技术底板，构建了一定规模的视频生态圈并成功运营部分大型线上活动。

新媒体工作案例

南方网“广东全面建成小康社会网上展馆”

为深入宣传党百年奋斗的重大成就，生动讲好“在中华大地上全面建成了小康社会”的广东故事，南方网建成全国首个“全面建成小康社会”主题网上展馆——广东全面建成小康社会网上展馆。展馆融合采用3D、VR、航拍、H5、CG、游戏等数字媒体技术，全景式展现百年来广东干部群众为了美好生活接续奋斗、实现“五位一体”全面小康的恢宏历程。

展馆注重“内容＋技术＋创意”有机结合，设计制作过程力求内容原创性、展示丰富性、互动独特性和体验沉浸式的综合呈现。用户可以通过CG时光穿梭互动回溯千年梦想，通过首次网上公开的老照片回看广东干部群众接续接力的百年奋斗，通过水彩互动画卷追寻习近平总书记关怀关爱广东改革发展的足迹，通过角色扮演游戏体验广东扶贫干部和贫困户在脱贫攻坚战中的真实经历，通过VR全息展厅阅览广东“五位一体”全面小康的精彩答卷，通过网友持续更新的自拍短视频听见、看见新时代广东人民的美好生活。

作为全国首个主打互动参与的新型融媒体网上展馆，上线后迅速成为网上主旋律“爆款”，全网点击量迅速突破4000万次，近百万网民点赞、留言。

作品二维码

“最潮中国观　看我圳少年”系列报道

为庆祝中国共产党成立100周年，南方都市报、N视频于2021年6月起推出“最潮中国观　看我圳少年”学党史系列报道（以下称“圳少年”系列）。该系列报道发动学生作为创作主体，人物选择阳光励志，话语方式清新活泼，在青少年群体聚集的互联网平台分发后，全网曝光量超过7亿，整体舆论导向正面积极。

“圳少年”系列包括10条主题短视频、30篇专题报道和新媒体推文。该策划的最大特点是发动学生作为创作主体。深圳10多所学校的合唱团、兴趣社等学生社团积极参与其中，以创意短视频的形式，抒发“致敬百年大党”“爱国爱深圳”的真情实感。同步打造的“圳少年”“圳青年”人物IP也迅速出圈。在庆祝建党百年这一宏大主题下，这一策划让00后学生群体以其“平视世界”的视角寻找选题切入口，用其个性化的话语体系和叙事方式进行表达，改变了传统校园党史学习“你讲我听”的单向模式，实现了主题宣传的创新表达。

在实现传播的广泛、精准、有效方面，“圳少年”系列也可圈可点。该专题产品在微博、微信、抖音、B站等社交媒体平台上获得大量转发，同时包括10家中央级媒体以及新民晚报、上海新闻广播、广东发布等100多家省级政务平台和机构媒体也先后予以转发，形成了主流媒体、政务官微与商业平台的同频共振。

作品二维码

（南方报业传媒集团供稿）

海南日报

新媒体工作综述

2021年，海南日报新媒体中心坚持正确政治方向和舆论导向，持续推进媒体深度融合发展，整合资源、团队，孵化系列垂直类工作室，做大做强优势平台，精心策划打造系列精品，汇聚用户超1000万，宣传报道工作取得新成绩、新突破，传播力、引导力、影响力、公信力不断增强。

一、打造优质原创精品，取得良好宣传效果

2021年以来，新媒体中心以融合为契机，以创新为驱动，强化精品意识，在全国两会、习近平总书记“4·13”重要讲话3周年系列报道、博鳌亚洲论坛2021年年会、首届消博会、海南自贸港建设一周年、建党百年、推进党史学习教育、海南热带雨林国家公园等重大主题宣传报道中，不断输出优质原创作品，以广大人民群众喜闻乐见的方式实现宣传报道的“软着陆”，提质增效，进一步壮大主流思想舆论阵地。

在全国两会期间，海南日报新媒体中心推出了H5产品《一顶有故事的斗笠》，对习近平总书记考察海南时走过的三亚博后村做了回访及创新报道，收效良好。值得一提的是，海南日报新媒体中心精心策划打造的原创短视频《十四舞》将书法和舞蹈完美融合，推出后获得了上级肯定、业界赞赏、用户欢迎。

在“4·13”大型策划报道中，海南日报新媒体与报纸方面密切合作，将纸媒的内容优势与新媒体的渠道优势相结合，形成报道合力。海南日报版面上的9个手绘长图产品及5个系列视频产品，均由新媒体中心视觉中心团队完成；而海南日报新媒体中心策划推出的短视频产品《海南自贸港：全世界的机会　每个人的机会》，系列海报《速览海南自贸港政策制度建立进展情况》获得了较大范围的传播。

在博鳌亚洲论坛2021年年会报道中，新媒体中心精心策划了《20载，风华正茂！》《高空打卡博鳌美丽乡村》《Vlog| 记者带你打卡博鳌美丽乡村南强村》等系列短视频产品，受到多方好评，并推出4期系列评论短视频《博鳌观澜》，4期长图海报产品《博鳌亚洲论坛大咖谈》及《创意海报 |

锦绣天成　博鳌共美》。

首届消博会大型报道产品丰富多彩，创新不断。2021年5月6日晚，新媒体中心策划推出了由1111架次无人机组成的庆祝消博会开幕的“空中号外”，一时刷屏朋友圈。视觉中心联动“南南”团队，策划了消博会全程直播，成为报道中的一大亮点。同时，海南日报新媒体中心还推出了创意短视频《“云”逛消博会》、赛博朋克风的创意短视频《赛博消博会》、系列短视频评论《消博会速评》、短视频《跟着这个妹子“云”逛消博会，大饱眼福！》等，带用户全方位多角度解读首届消博会。

为做好中国共产党成立100周年的宣传报道，新媒体中心精心制作推出了MV《声动海南——唱支山歌给党听》、微电影《老讲解》、H5《100年，食物见证传奇》等新媒体产品。

2021年10月12日，海南热带雨林国家公园入列中国第一批国家公园。海南日报社新媒体中心联合南海网、南国都市报，形成媒体矩阵，推出系列原创产品《雨林Vlog》《嗨！雨林》“雨林系列海报”各15期，并利用国内最先进的穿越机拍摄技术，完成创意视频《穿越雨林》，采集雨林动物、昆虫和山风水流的声音制作雨林的天籁之音《静听雨林》，用数字解读雨林的《数说雨林》，巧妙选取海南长臂猿视角拍摄制作《海南长臂猿Vlog——秘境仙踪》……声音、视频、海报、H5等多重新媒体形式的结合和呈现，让海南热带雨林国家公园以饱满、立体的形象展现在受众面前，总流量突破560万。

二、凝人心聚众力，完善团队建设

2021年3月，海南日报社新媒体中心视觉中心成立，整合了摄影部及新媒体部的摄影记者、摄像记者、出镜记者及美术编辑、视频编辑等。同时，视觉中心着手组建视觉通讯员队伍，已经有摄影通讯员约60人，覆盖全省所有市县及部分厅局，进一步实现PUGC模式的内容生产。

值得一提的是，2021年视觉中心开展网络直播大练兵，出台直播工作规范，全面把网络直播推上常态化发展的正轨。

三、加快项目孵化，助力深融工程

海南日报新媒体中心紧跟业界潮流，细分受众，大力发展垂直类工作室，并配合海南日报社项目孵化政策，推动深融工程。

2021年以来，海南日报新媒体中心继续加强与海南周刊“慢读”“深读”融媒工作室合作，包装推出了大量的新媒体产品；新媒体中心与专刊副刊部集中力量推进健康融媒工作室建设，打造了“兜医圈儿”微信公众号及衍生新媒体平台；依托新媒体中心自有人员，着力打造美食垂直类微信公众号“深夜爱报社”，如今已有相当一部分忠实粉丝。

四、策划公益产品，践行媒体责任

2021年以来，海南日报新媒体中心通过情景剧、MV等文艺元素融媒产品发力公益宣传科普，把社会责任放在首位，彰显党媒的担当作为。

比如暑期是少年儿童溺水高发期，为了广泛宣传防溺水安全教育，2021 年 7 月，由海南省教育厅与海南日报新媒体中心联合策划出品的防溺水安全教育主题 MV《夏日泳叹调》全网发布；2021 年年初，针对群众的互动疑问，为了配合海南推进新冠疫苗接种宣传，海南日报新媒体第一时间策划推出了 MV《你打了没》；精心策划推出反腐倡廉微视频《手》、禁毒情景剧《乔装打扮的新型毒品》、科普类系列直播《大医精讲》等，均达到了良好的公益宣传效果。

新媒体工作案例

创意短视频《十四舞》

该视频是海南日报新媒体为做好全国两会报道精心策划打造的主力产品。该视频的创意点发端于汉字“舞”，“舞”字由十四划组成，“十四舞”与“十四五”恰好谐音，基于这两点，《十四舞》用新颖酷炫的方式将舞蹈和书法完美融合。激昂欢快的鼓点振奋人心，富有张力的舞姿在南海之滨 12 个地方留下印记，苍劲有力的书法书写了对“十四五”期间海南发展的美好愿景。该视频在海南日报新媒体各平台发出后获得了广泛好评，新华网客户端、人民网等也进行了转载。

《十四舞》创造性地将现代舞与中国风的音乐和水墨画、书法等元素结合，以 5 个汉字及对海南“十四五”规划的摘要提炼，表达了“每一个海南人，都是‘十四五’宏伟蓝图上翩翩起舞的曼妙舞者”的主题。

作品二维码

微电影《老讲解》

微电影《老讲解》改编自真实故事，讲述了 83 岁的老讲解员王学广从 2001 年以来的 20 年间，在定安母瑞山革命根据地纪念园讲解 5000 多场的动人故事。其中，王学广为学好普通话，多年坚持反复练习，向包括自己的孙女在内的身边人学习普通话，即便在生病接受治疗时仍心系讲解等细节，让许多观众为之落泪。

2021 年 6 月 16 日，微电影《老讲解》在海南日报旗下新媒体平台推出，在朋友圈形成刷屏之势。随后，新华社客户端、“学习强国”学习平台、河南日报客户端、广西云客户端、深圳新闻网、共青团中央微信公众号、新华网微信公众号等数十家国内主流媒体平台纷纷转发，大量用户在留言中对这一典型人物表达了敬意。

2021 年 10 月，《老讲解》获评中宣部办公厅“优秀理论宣讲微视频”。

作品二维码

（海南日报新媒体中心供稿）

海南广播电视总台

新媒体工作综述

2021年，海南广播电视总台推动主力军全面挺进主战场，把各项任务落到实处，努力打造全媒体对外传播格局。

一、新媒体工作亮点

1. *以互联网思维优化资源配置，做大做强网络平台*。海南广电聚力打造与海南自贸港相适应的新型主流媒体，现有微博、微信、抖音、快手、视频号、头条号和海外社交媒体平台等192个新媒体终端，总粉丝量5500万，实现了重点宣传报道节点直播常态化。海南广播电视总台抖音账号是海南媒体TOP1账号。“直播海南”微信公众号为海南最具影响力的新闻品牌第一大号。

新媒体全年直播2000多场，爆款产品27条，25条阅读点击量超千万次，2条破亿次。融媒体中心、三沙卫视在对外传播新媒体平台共发稿4000余条，全球107个国家和地区的325家主流媒体机构播出。

超级水母MCN项目积极布局视频直播，抖音和快手平台总账号156个，还扩展了微信视频号、小红书两大平台入驻，得到平台流量扶持。整合海南广电旗下主播、采编人员进行IP化孵化，目前旗下拥有200多个达人账号，涵盖资讯、美食、颜值、生活、财经、剧情、母婴、汽车等8个领域的垂类，合计总粉丝数2000万、总播放量超20亿次。孵化出诸如“主持人程皓”“海浪兄弟”“尘辰队长”“海跃叨叨叨”等拥有一等粉丝基数的媒体达人，在新媒体端利用个人IP对自贸港进行宣传推广上取得了一定的成效。

2. *以先进技术引领驱动融合发展，用好5G、大数据、云计算、人工智能等信息技术*。2021年，海南广电5G+4K/VR智慧广电产业平台成功入选2021年全国广播电视媒体融合成长项目。《国内首个5G+8K+VR水下直播秀——探秘海南首个国家级海洋牧场示范区》获广电总局2021年首届高新视频创新应用大赛虚拟现实视频类三等奖。

3. *报台融合，融合传播*。海南广电国际传播融媒体中心和海南日报报业集团旗下海南省国际传播中心联署办公，共享新闻资源。开展了中国农民丰收节、2021 共享农庄大会、《热带雨林国家公园》全媒体特别直播等大型活动。

二、典型经验

1. *加强网络空间思想引领*。深化习近平新时代中国特色社会主义思想网上传播，持续建设学习专区，2021 年以来，网台、视听海南客户端开设了《学习贯彻党的十九届六中全会精神》《风从南海来》《海南贯彻落实习近平总书记“4·13”重要讲话精神》等多个专题，共计发稿 4000 余条。深化省委省政府贯彻落实习近平新时代中国特色社会主义思想和党中央重大决策部署的网上传播。2021 年开设《乘风破浪一年间》专栏，发布稿件 588 篇，聚焦自贸港的新变化、新成绩、新亮点。

2. *坚持移动优先原则，创新时政新闻报道形式*。用时下最热门的短视频方式提炼时政新闻的主题。持续推出 H5、“一图读懂”长图、组图、原创动画等多元融媒体产品。《一图读懂 |2021 年海南省政府工作报告》《两会 H5|2021 海南两会你最关心的民生热词是？》《点击开启你的博鳌记忆》等产品，通过点赞交互等表现形式，融入手绘、视频、直播回看等多种元素，为产品增添了互动性及趣味性。

3. *创新探索新技术与新闻宣传工作的融合应用*。AI 手语播报、广电智慧屏互动首次出现在两会报道现场。搭建消博会唯一线上 VR 展馆“元宇宙”，让全球网友足不出户即可通过线上和现场扫码进入元宇宙开启“云逛展”。推出海南首个云端网络春晚，启用人工智能主持人。

4. *加强网络空间文化培育*。策划英烈铸忠魂系列视频，启动《唱支山歌给党听·一首歌一座城》大型音乐文化全媒体活动。融媒体产品《了不起的共产党》全网平台累计播放量超过 8000 万次，不仅成为海南广大党员干部党史学习教育的有效载体，而且成为武汉、大连、西藏等地区党政机关企事业单位的学习平台。推出海南首部本土红色微动漫《椰子兄弟奇遇记》，获新华社客户端关注转发，3 集全网点击量破 2000 万次。建设国内首个 8K VR 超高清水下直播体系，打造“海洋课堂”。联合新华社、央视频等媒体，推出全球首次多平台海底 VR 直播，覆盖全球粉丝数 600 万，让更多网民尤其是青少年能够“云端”探寻海底奥秘、学习海洋知识。

5. *大小屏联动打造传播新模式*。在 2021 年博鳌亚洲论坛、首届中国国际消费品博览会上，“博鳌时间　第一缕阳光”“元宇宙　永不落幕的消博会”等大型直播节目，在海南 IPTV、手机客户端进行大、小屏同步直播，面对全国约 3 亿 IPTV 用户传播海南声音。同时将本省的报道专题纳入总平台《新闻专区》，通过专区首页推荐位下发至全国 IPTV 用户页面。引进央视 3、5、6、8 高清频道，大大提高了 IPTV 平台的开机率。

新媒体工作案例

智慧产业平台

2021年年底，融媒体中心打造的5G+4K/VR智慧广电产业平台入选国家广电总局“2021年全国广播电视媒体融合成长项目”。同时，该项目通过海南省发改委评审推荐至国家发改委，被录入国家发改委项目库；被海南省旅文厅列入“十四五”发展规划；被海南省委网信办列入“十四五”网络建设规划；被省委网信办列入“十四五”发展规划等。

平台有以下亮点：一是创新政务服务建设，提供融合新闻资讯、医疗健康、数字娱乐等多功能于一体的“智慧广电+”服务，实现广电融合媒体与公共信息服务的大运营理念；二是强化内容分发能力，形成上接天线、下接地气的传播通道，能够将内容一键分发至全国各个平台；三是以“大旅游”“大健康”“大教育”为方向，打造5G+4K/8K超高清视频制播平台；四是打造包括“5G+”智慧旅游、智慧教育、智慧医疗、宣传发布、居家养老和智能家电等在内的“2B+2C+2H+2G”的“5G+”应用场景，重点建设4K智慧生产平台、内容分发平台、支撑云平台以及5G传输基站；五是打造“IPTV+OTT+App”融合模式，融通家庭大屏和手机小屏，打通媒体产业链，为视听行业带来新增量和成长空间。

超级水母MCN项目

超级水母MCN机构作为海南广电旗下唯一的MCN公司，依托海南广电全媒体资源优势，聚焦移动互联新文娱领域，立足自贸港融媒宣传需求，以灵活的市场化运营，提供专业高效的融媒服务，全面打造自贸港MCN领先融媒品牌。

为进驻电商直播产业，打通供货链与线上直播带货，超级水母在本地最大的家居生活商圈——喜盈门建材家具广场设立喜盈门电子商务直播基地，专供电商直播带货以及带货商品展示。直播基地占地面积达1665平方米，拥有12间专业直播间，已累计直播带货200余场，商品交易总额600万元+。

公司涉及的业务板块包括电商业务、融媒营销、平台和达人运营、培训孵化等。合作产品涵盖生活、美食、美妆等12大品类、120多个品牌、1万多件商品，商品交易总额9901万元。

平台方面，已入驻抖音、快手、微信视频号、小红书、西瓜视频、今日头条、京东、淘宝等多个平台，MCN旗下账号200余个，涉及资讯、美食、颜值、生活、财经、剧情、母婴、汽车等多个垂类，总播放量超20亿次，总粉丝数2000多万。

在融媒营销与培训方面，与芒果U秀、芒果左岸、好莱坞华都影视学院、鼎壹文化、晨缘文化等7家MCN机构组成“MCN机构联盟”，自创“火箭学院”，定期开设新媒体交流课程，孵化培养学员近百人。超级水母联合各个机构已举办海南省农村电商与网络销售培训班、电影公社达人养成基地培训班、“校园合伙人”短视频 & 直播培训班、“火箭学院”融媒体讲座等10余场，提供线上线下培训、实操指导、企业陪跑、个人签约等服务内容，面向市场输出成熟的自媒体解决方案。

（海南广播电视总台供稿）

广西日报社

新媒体工作综述

2021年，广西日报社积极落实推进媒体深度融合发展的决策部署，在深化媒体融合改革上下功夫，在打磨融媒精品力作上谋创新，在强化媒体科技支撑上求突破，在打造媒体数字经济产业上出实招，推动主力军全面挺进主战场，逐步探索形成媒体融合“广西样本”，为建设壮美广西提供有力思想保证。

一、深化机制改革，畅通内外双循环激活新动能

广西日报社把筹建广西云数字媒体集团（以下简称“广西云集团”）作为内部推动媒体融合的重要抓手，整合内部新媒体力量，对全新运营实体广西云数字媒体集团（筹）开展试运行，以推进传统媒体与新媒体共融共进为目标，不断推进广西云集团下辖部门结构改革。

建立并试行了《广西日报全媒体考评办法（试行）》《广西云融媒体平台2.0系统融合采编流程方案》《广西日报传媒集团传统媒体与新兴媒体经营一体化工作推进办法》等系列制度，进一步优化采编架构，健全采编机制，推进绩效改革，实现“畅通内循环”。通过一体化运营，推动广西云集团快速发展，成为战略转型“排头兵”、主导新媒体建设发展的“主力军”、对内对外共建共享媒体融合生态的“服务队”、推动媒体融合向纵深发展的“试验田”。

二、聚焦主责主业，策划报道高开高走声传海内外

广西日报社构建起“1+14+111+N”智媒传播矩阵，建设了“端、网、微、视、报、屏”多元立体全媒传播体系，2021年，广西日报—广西云中心圈粉丝数合计6418万，同期增幅28.08%，新媒体平台总阅读数达206亿次，带动政务新媒体代运维业务增幅达50%，视频业务同比增长94%，全媒体培训业务增长6倍，媒体融合成效显著。

2021年，广西日报依托广西云融媒体生态系统，全面发力，以地方主流媒体报道视角切入，及时准确地报道好习近平总书记

视察广西。先后推出《习近平赴广西视察》短视频、微博话题等形式多样的新媒体表达产品，用层次丰富、场景多元、网感鲜明的方式推动新思想“飞入寻常百姓家”，报道期间，单一视频浏览量破4000万次，微博话题登顶全国时政榜单第一，实现多平台“顶流传播”。

在建党百年宣传报道中，广西日报社线上推出《百年风华正青春——庆祝中国共产党成立100周年》大型融媒专题，建党百年交互型创意H5、短视频、红海报、动漫、网综等近百款融媒产品。打造“庆祝建党百年 红·潮100大直播”活动，联动全国，全区（14市、111县市区）的主流媒体、政务新媒体、行业新媒体，带动播主、拍客，网友在“端网微视报”全平台向党向祖国花式表白，吸引上亿网民发布“爱的表白”，话题冲上热搜榜前列，获得业界关注。

广西日报社发挥地域优势，以东盟为重点，大力组织实施“广西云走东盟”“广西云全球社交媒体矩阵”“中国—东盟新闻信息聚合分发平台”等系统工程，相继建设了柬埔寨、印度尼西亚、老挝、马来西亚、新加坡、泰国东盟6国国际传播联络站。以媒体力量服务建设中国—东盟命运共同体，加强与东盟、RCEP国家乃至“一带一路”沿线国家媒体的交流合作。十八届中国—东盟博览会期间，广西日报—广西云联合东盟6国国际传播联络站，采访了30名东盟外交使节、商界领袖、东盟国家媒体记者及青年，推出《30年·30人·30秒 中国东盟老友记》视频节目，该节目落地新加坡、泰国等东盟国家，被海外多家媒体转发，阅读量1.3亿人次。

三、强化技术赋能，牵住“内容＋技术”牛鼻子

广西日报社正全面构建“5G+AI（人工智能）+BD（大数据）+CC（云计算）”技术发展战略格局，提出“内容＋科技”全媒发展战略，坚持内容和科技一体化发展，以先进技术为内容创新保驾护航，让内容因科技驱动焕发崭新活力，重构党媒生态。

在广西“一朵云”建设工作中，广西日报—广西云重点完成了省级数据中台项目（一期）、省级AI中台项目（一期）、广西云客户端升级项目（一期）、广西云底层基础资源扩容等项目基础建设工作，为二期工程打下良好基础。

在产品迭代上，陆续完成了对广西云2.0融媒体生态系统平台、广西云客户端5.0、广西新闻网、广西号界面优化、功能升级。2021年，“广西云融媒体平台V2.0”项目荣获“王选新闻科学技术奖”一等奖。

四、撬动数字产经，多赛道比拼跑出加速度

广西日报社推动广西云集团打通媒体边界，实现多赛道发展，抢抓数字风口，持续深耕新媒体代运维、数字影视动漫、红色策展、孵化文化IP等新业态。

在新媒体运维板块，代运维的“学习强

国”广西学习平台、广西政府网等项目，数据传播、用户日活、年组稿量均跻身全国第一梯队，特别是广西政府网已实现连续5年榜单排名进位，2021年更是冲上全国前三，刷新历史最好成绩。

在数字影视动漫板块，出品了国内首部采用动画形式呈现和反映“湘江战役”的红色动画院线电影《湘江1934·向死而生》，广西日报—广西云将红色文化与网络微综艺有机结合，打造了广西首档沉浸式体验党史学习教育网络综艺节目《打卡吧！年轻人》。

在数字策展板块，运用数字展陈思维，契合建党百年主题，策划建设了广西首个“媒体+党史学习教育”线下学习场所暨“复兴大道100号”创意体验馆——建党百年·广西红馆。VR体验、全息投影、感应音频、声画时光隧道等一系列数字科技运用于9个红色微场景和3个互动体验区，吸引5万余人线下打卡。

在打造文化IP上，孵化“爱上非遗”大IP，全面探索数字时代非遗新形态的构建，研究广西本土非遗传承“古法新说”的融媒表达，形成数字化、科技化、视频化、多形态、多切点、立体化解码广西非遗传播新渠道，广受科教、文化系统好评。

新媒体工作案例

庆祝建党百年　红·潮100场景播报

“庆祝建党百年　红·潮100场景播报”集中展现了广西各级党政机关、群团组织和社会各界群众为党庆生的高涨热情和生动面貌，让庆祝建党百年活动随时、随地可感、可触，得到广大网友的热转。活动推进过程中，直播浏览量突破千万，网友评论、转发、留言刷屏，表达对党的热爱，为网上凝聚建设新时代中国特色社会主义的合力提供了强大助力。

2021年6月26日起，“100小时场景播报”围绕红色记忆、不忘初心、乡村振兴、开放开发、绿色生态、民族团结、创新发展7大主题开展连续10天的直播报道，通过无人机拍摄、720全景等融媒体报道形式，构建100小时“云上献礼”。“红色直播月”中，广西云联动14个设区市、111个县级融媒体中心和行业融媒体中心，对庆祝建党百年的群众性特色活动进行直播，充分展现广西各地群众感党恩、跟党走的坚定信念及喜悦之情。同时，该新闻直播产品还创新开设了《我对党的100种花式表白》的话题接力活动，全国网友秀出对党的种种表白，形成影响力辐射全国的爆款新闻报道。

作品二维码

广西云融媒体平台V2.0

2021年，由广西日报社送评的“广西云融媒体平台V2.0”项目荣获“王选新闻科学技术奖”一等奖。

"广西云融媒体平台V2.0"主要突出的亮点在于平台依托云计算、大数据、人工智能等前沿技术，全面赋能融媒体"策、采、编、审、发、评、营、管"全流程各个环节，构造完整的智能化内容生产流程。具备文本分析、音视频智能分析、标签检索、实体提取、稿件查重、智能审校、智能推荐、传播分析、影响力评估等功能，优化生产流程，提升生产效率，为视频化生产、虚拟现实、数据可视化等内容生产提供有效支撑，实现融媒生产全流程移动办公，推动了融媒生产向智媒生产发展；实现一体协同管理，赋能全区县级融媒体中心、新时代文明实践中心；实现数据共享与应用，为全区各级、各类媒体用户提供数据资源互融、互通等服务。项目为广西云融媒体生态系统实现"新闻+政务服务商务"的能力提供了有力支持，也为推动自治区、设区市媒体及县级融媒体中心的媒体深度融合发展提供了良好的技术支撑，对于强化全区媒体融合的"腰部力量"起到促进作用。

（广西日报社供稿）

广西广播电视台

新媒体工作综述

为全面贯彻落实中央和自治区关于加快推进媒体深度融合发展的重大部署，广西广播电视台应势而动、顺势而为，明确了工作目标，制定了工作方案和行动计划。经过一年来的改革和实践，广西广播电视台媒体深度融合发展总体上实现了从资源全面“整合”转向深度“融合”，从多点改革突破转向整体纵深推进，从传统报道创新转向新媒体传播创新，媒体深度融合发展取得阶段性成果。

一、加快媒体深度融合发展

2021年4月，制定了《广西广播电视台媒体深度融合发展三年行动计划》，提出主攻移动端，创新传统端，实施“一个提升”，重构“两个体系”，打造“四个平台”，即全面实施广西卫视融媒体传播力影响力提升工程，重构全媒体传播体系、视听内容生产体系，打造广西视听融合发布平台、广西全媒体音视频内容通联平台、广西广播电视多屏互动采编播一体化平台、中国—东盟国际化通用融合传播平台，力争用两三年时间实现把广西广播电视台建设成为具有区域影响力和竞争力的新型主流媒体的总目标。

二、提升内容产品引导力和竞争力

1. 提升广西卫视融媒体传播力影响力。实施广西卫视“1+1+1+N”工程和建立广西卫视融媒体“一端多厨房”生产模式，广西卫视节目通过广西卫视融媒体直播平台实现“先小屏再大屏”的融媒体移动传播，充分发挥广西卫视作为对外宣传“壮美广西”的重要阵地和窗口的作用。广西卫视推出的融媒体节目《我们的父辈先烈》入选国家广电总局庆祝建党100周年的31个重点节目。

2. 实现大小屏一体化双向互通。升级“广西视听”客户端，并以“广西视听”为中心，全台大小屏全媒体矩阵联动发力，大大提升了全媒体传播效果。习近平总书记在广西考察调研期间，广西广播电视台除及时转发央媒报道，抢抓在广西本地网端第一落点外，策划制作了《相约广西》《如画桂林》《活力柳州》《开放南宁》等15个宣传片及一系列网络短视频，以“广西视听”和广西新闻公众号作为新媒体首发出口，全台所有第三方平台号共同发力，形成宣传合力，效果良好。

三、加快提升广播电视和网络视听传播力

1. 打造新型主流媒体平台——“广西视听”。坚持内容与服务并重，激发活力，将“广西视听”打造成为以新闻资讯为主的综合客户端，逐步建成以“广西视听”为中心，广播电视和社交平台联动发力的全媒体传播矩阵。“广西视听”新设新闻和卫视以及精彩、东盟四大垂类频道，聚合了 PGC、UGC、OGC 大量的优质内容，进一步丰富了平台的内容产品，初步打通“外循环”系统，实现中央级、省、市、县多级媒体的内容共享分发。

2. 做好重大宣传报道工作。2021 年，“广西视听”通过策划推出庆祝中国共产党成立 100 周年、党的十九届六中全会、东博会、自治区党代会等主题报道，全年在客户端和网站共计发稿量超过 6 万条，上线 100 多个专题和 330 多场网络直播。同时，还向“学习强国”学习平台、央视频、央视新闻 +、今日头条、百家号、央视号等第三方平台推送新闻稿件 9000 多条次。其中，“广西党史学习教育‘感党恩　跟党走’· 党史知识大家答”答题专栏社会反响良好。

四、加快释放事业产业活力

为突破现有的管理框架束缚，广西广播电视台试行融媒体工作室制度，建立了广西卫视的卫视融媒形象工作室、综合广播的 910 融媒工作室、教育广播的长尾工作室等 30 余个融媒体工作室，通过对节目生产、项目运营、多元传播等方面的扁平化运营，推进内部体制机制创新。为发挥考核的激励作用，制定了融媒体绩效考核方案，以广西卫视和新闻中心为改革重点，在“广西视听”App 中开设卫视、新闻两个垂类，广西卫视和新闻中心在内容制作和发布环节同时兼顾大小屏，改变原有传统媒体和新媒体内容制作两张皮的情况，真正实现了主力军进入主战场。

五、加强阵地建设和管理，建立通联工作机制

“广西视听”与全区 14 家市广播电视台和 94 家县级融媒体中心建立了稳定的通联工作机制。2021 年已有 146 家地市广播电视台、县级融媒体中心、机构、组织、个人等入驻“广西视听”矩阵号，初步构建省区、市县和社会三方宣传矩阵。

六、建设全媒体服务、智慧化传播

2021 年 9 月，广西广播电视台全媒体中心在新的技术业务综合楼建成投入使用，实现了全媒体视音频内容通联平台、“广西视听”融合发布平台、IPTV、北部湾在线网站、中国—东盟国际化通用融合传播平台、全台微信矩阵等平台数据的集中呈现，全媒体传播体系初步形成。

1. 推进全区视音频内容通联平台项目建

设。全区音视频内容通联平台已初步具备智能内容库的能力，可对内容库中音视频内容发起语音识别、OCR 识别、智能标签、人脸识别等智能功能。平台已全部打通到 14 个市级广播电视台和 71 个县级融媒体中心的专线，广西广播电视台各频率频道及 14 个市级广播电视台已完全开放使用，解决了长期以来全区视音频内容只能通过互联网手段传输的问题。

2. 推进广播电视多屏互动采编播一体化平台建设。该平台已实施建设，完成后将打破广西广播电视台传统制作系统和融媒体制作系统相对独立的局面，明确大中小屏采编、发布、运营管理等平台建设模块，以及视音频 IP 化改造，支撑未来全台融媒体发展。

3. 加快中国—东盟国际化通用融合传播平台建设。中国—东盟国际化通用融合传播平台已制定整体的建设目标和系统框架，完成与越南、老挝等东盟国家媒体对接媒体数据交换接口格式和标准，开展媒体数据互通互联系统以及平台的核心关键技术研发，推出区域外宣频率 AI 智能译制播出系统并投入使用。

新媒体工作案例

顺利完成庆祝中国共产党成立 100 周年宣传报道工作

2021 年是中国共产党成立 100 周年，广西网络广播电视台提早谋划、精心准备，自 2021 年 1 月 1 日起陆续推出包括“百年忆峥嵘　八桂展新篇——庆祝中国共产党成立 100 周年”“奋斗百年路　启航新征程”“庆建党百年　谱八桂新篇·党史学习教育”“庆祝中国共产党成立 100 周年大展播”“广西新视角·庆祝中国共产党成立 100 周年”“百年瞬间”“百集微纪录片《百炼成钢·中国共产党的 100 年》”“赓续精神谱系　传承红色基因　广西区直宣传思想文化系统青年党员‘红色故事会’”“八桂讲坛‘在图书馆听讲座’特别策划‘党史百年·广西故事’系列讲座”“党史故事大家讲”等 40 个网络专题。

同时，在中央网信办和自治区党委网信办指导下，策划推出《广西这百年》网络微视频。此外，广西网络广播电视台还在 7 月 1 日当天，联合全区近 70 家市台和县融共同策划推出 60 分钟“我心向党”融媒网络联播活动。活动分“来时的路”“流淌的声”“心里的话”三大板块集中展示了建党百年的历程、全区举办丰富多彩的庆祝建党 100 周年歌唱活动以及各年龄段的党员向党许下诺言活动，在全区引起较大反响。

作品二维码

做好习近平总书记视察广西宣传报道工作

习近平总书记赴广西考察调研是广西经济社会发展中的重大事件。准确、及时、充分报道总书记在广西的每项活动，是媒体的重大政治任务。广西网络广播电视台从讲政治的高度，精心谋划，争分夺秒，做好每一个片子，精心安排网上报道。在习近平总书记视察广西期间，转载上线央媒媒资50多条，各类报道160多条，制作上线播出了15个宣传片以及7个网络短视频；搭建专题《牢记总书记嘱托　建设新时代中国特色社会主义壮美广西》。此外，还策划制作了H5《总书记的嘱托记心间》，上线播出习近平总书记"金句"宣传片2条。截至2021年5月7日，《相约广西》《如画桂林》《活力柳州》《开放南宁》《贝侬们　世界最大的铜鼓等你来》《柳工——匠心所铸　无远弗届》《一碗螺蛳粉　仗剑走天涯》《"醉"美的河流　世界的漓江》《乡村描绘新图景》《草木尽忠魂　山石皆丰碑——湘江战役》《桂林山水之魂——象鼻山》，关于习近平总书记赴广西考察调研的各类报道共120多条。

作品二维码

（广西广播电视台供稿）

上游新闻

新媒体工作综述

2021年是令人难忘的一年，这一年，上游新闻完成了庆祝建党百年、全面建成小康社会等多项重大报道任务，记录了党和国家的历史；也开启了上游新闻历史的新篇章，按照重庆市委宣传部、重庆日报报业集团党委的部署，上游新闻完成了新一轮改革，机构重构、频道改版等工作顺利推进，平台活力和发展实力进一步增强。

一、政治引领，进一步提升舆论引导能力

切实增强“四个意识”、坚定“四个自信”、做到“两个维护”，大力宣传党中央决策部署，深入解读国家政策和重庆市委市政府各项重要工作部署，以积极正面的主流声音引导舆论、服务发展。

1. 全力做好习近平新时代中国特色社会主义思想宣传阐释。开设“天天学习”栏目，帮助广大网民及时、准确了解和学习领会习近平总书记重要指示精神；推出《春天里的答卷》《春天的新誓言》系列报道，反映习近平总书记视察重庆以来全市上下牢记嘱托，在脱贫攻坚战中取得的成绩；围绕习近平总书记“七一”重要讲话，推出专栏《精神的力量》，邀请高校马克思主义专家学者，从“坚持真理、坚守理想”“践行初心、担当使命”“对党忠诚、不负人民”等方面深度解读，全网阅读量1500万次。

2. 庆祝建党百年报道出新出彩。刊发相关报道1.1万余篇，网友评论点赞148万条，自有平台总阅读量4.59亿次，全网传播近10亿次。其中阅读量上亿的新媒体产品3件，千万＋产品17件，百万＋产品146件。联动重庆38个区县融媒体中心及多个市级部门、企事业单位等，推出融媒体报道《对话初心——万名党员重读入党申请书》，开展线下活动20场，总阅读量1.2亿次；系列微视频《不能忘却的纪念——红色故事50讲》，全网阅读量3.5亿次，成为刷屏爆款；系列访谈《百人谈·我的入党故事》，聚焦重庆各个时期各个年龄段的党员代表，讲述入党故事、奋斗故事，阅读量1.1亿次。

二、守正创新，实施报道精品化工程

坚持内容为王，坚持技术赋能，坚持传播创新，推进媒体融合向纵深发展，做大做强互联网主流舆论阵地。

1. 创新新闻生产传播模式。进一步深化改革。按照将上游新闻建设成为在全国具有重要影响力的主流媒体的要求，完成了新一轮内部体制机制改革，设立了上游新闻传媒有限公司，主体、主业、主责更加清晰，发展目标更加明确，向建设新型主流媒体迈出坚实步伐。同时，对研发（策划）、生产（采访）、加工（编辑）、销售（发送推广）、用户体验（互动、反馈）各环节，实行全流程管理，破除原有频道制作模式，设立采访中心、编辑中心、可视化制作中心、运营中心。采编分离、责任明晰、协同推进、一体运转，提升持续生产优质内容的能力。

2. 主题报道“精品化工程”见成效。全国两会期间，推出《两会学习》专栏，共刊发报道750篇，全网阅读量1.1亿次；围绕《长江保护法》等策划3组重点报道；抗疫报道中，策划推出《致敬每一个不回家过年的你》《为了万家团圆，他们在抗疫一线》系列报道，记录留渝坚守抗疫一线人物的点滴事迹，阅读量1500万次；全国和重庆脱贫攻坚表彰报道中，推出《H5丨记住您的名字！》等融媒体产品，《春天的新誓言》《春天里的答卷》等系列报道，总阅读量2100万次。

三、融合发展，提升传播力影响力

1. 建设融媒体矩阵。截至2021年年底，上游新闻网、端、微等多种载体的媒体方阵，综合覆盖总用户数超过8700万，已经形成以上游新闻客户端为核心的多平台联动的矩阵式传播体系。内容开放平台“上游号”，为政府机构、企事业单位、主流媒体、高等院校、社会团体等提供了权威专业的发布平台。

2. 加强自主技术创新。开发了大数据运营平台、支付中心、智能审校，完成SAAS化系统重构，底层架构采用K8S、DOCKER进行了重构。深耕新闻采编流程垂直领域的技术研发，搭建了基于容器化的混合云安全架构，实现了自动化部署、自动化运维、自动化测试。

3. 构建助农融合体。与中国建设银行总行合作，首创农民专属线上综合社交服务平台“裕农朋友圈”频道。充分嫁接多方优质资源，开启了创新服务乡村振兴新模式，成功构建起“主流媒体 + 国家金融 + 用户”的服务模式，为乡村振兴提供全方位综合服务。

4. 持续提升影响力。上游新闻“帮帮”频道荣获第三十一届中国新闻奖新闻名专栏一等奖。《@所有重庆人，你有一通市长来电》等21篇报道分获重庆新闻奖一、二、三等奖。2021年12月，国家新闻出版署公布“2021年中国报业深度融合发展创新案例”，上游新闻“帮帮”频道入选“媒体 + 政务服务商务类”案例。

新媒体工作案例

《对话初心——万名党员重读入党申请书》大型融媒体报道

在中国共产党成立100周年之际，2021年4月，上游新闻启动了“1+38+N”《对话初心——万名党员重读入党申请书》大型融媒体报道。这是上游新闻（“1”）联动重庆38个区县融媒体中心（“38”），以及两江新区、高新区、万盛经开区、市级部门、企事业单位（“N”）共同推出的党史学习教育主题报道，为建党100周年的献礼之作。系列报道在社会上引起了强烈反响。

报道创新视角。以“入党申请书”为报道切入点。入党的“初心”写在入党申请书里，重读入党申请书，是跨越时空和“初心”的对话，是党员的一次自我审视，也是践行入党承诺的一次自我“检阅”。整组报道以重读入党申请书为主线，穿插人物故事展开。一个个生动的故事展现了共产党人始终不忘为人民谋幸福，为民族谋复兴的初心，体现了中国共产党的先进性和伟大性；对党员来说，这也是一次“不忘初心、牢记使命”主题教育。

报道创新形式。上游新闻开设“入党申请书”线上提交平台，征集党员的入党申请书；线下，上游新闻联动区县、市级部门、企事业单位开展“对话初心——万名党员重读入党申请书进万家”活动。在活动现场中，党员重读入党申请书、重温入党誓词。

2021年，《对话初心——万名党员重读入党申请书》专题线上共征集到入党申请书1.3万份，多篇报道阅读量突破1000万次，被新华社、人民日报、“学习强国”学习平台等客户端转载，线上总阅读量突破了1.5亿人次。

作品二维码

（上游新闻供稿）

四川广播电视台

新媒体工作综述

2021年，四川广播电视台（以下简称“川台”）加大融合传播力度，全面提高舆论引导力；贯彻产品思维，彰显全网品牌影响力；持续围绕客户端技术开发，助力差异化运营力。目前，川台建立起新媒体多平台矩阵，总粉丝数超9000万。其中，新媒体旗舰“四川观察”客户端下载量超1040万次，快手粉丝数突破1020万，成为全国媒体头部大号；抖音粉丝数超4800万。

一、坚定主流价值引领，创新内容“破圈”新路径

川台整合资源、开拓创新，精心策划完成一系列重大主流宣传报道；“破圈”创新、亮点频出，打造了一批既有思想引领力又有鲜明“网感”的融媒内容产品。

1. *肩负职责使命，聚焦脱贫攻坚主题。*“四川观察”客户端推出《回顾四川脱贫攻坚历程》《致敬脱贫攻坚楷模》等20余个脱贫攻坚专题，新闻报道近3000条；策划制作的《说“彝”解字：这间“房”有丝也有粮》等短视频作品荣获中国新闻奖等奖项。

2. *讲好红色传承故事，奏响建党百年强音。*采制播发相关报道、直播短视频、公益宣传片等，并集纳全省各市（州）台、县融相关资讯等达7000多条次，全网播放量超20亿次；开设《学党史、悟思想、办实事、开新局》专题，并下设多个子专题，为建党百年宣传营造了良好的舆论氛围。

3. *突破内容生产形式，推出爆款短视频产品、现象级直播节目。*联动中央广播电视总台，推出两季全媒体特别直播节目《三星堆新发现·揭秘》，2021年5月29—30日，在“四川观察”客户端直播共计5个多小时“霸屏”全网，与全网相关话题的观看流量共计超17亿次，制作的多类融合创新产品被央级媒体转引；9月9—11日，结合三星堆文物提取最新进展节点，再次推出5个多小时的“沉浸式开盲盒”直播节目，两次直播节目广受好评，总计流量达到29亿次。

2021年4月，“四川观察”客户端开放“观察号”，每周更新“观察号”传播热力榜并公布优质稿件，通过开放平台聚合优质政经创作者，充分激发内容创新活力。此外，川台新媒体平台持续开发慢直播，敏锐捕捉时事热点，对孟晚舟归国等全网现象级热点事件，创新直播形式，引爆全网。

二、全力推动“媒体+”战略，实现媒体运营新突破

川台主动整合优势资源，促进与传统行业信息化深度融合，展开全面战略合作，增强主流媒体的市场竞争意识和能力。

1. 全力推动“媒体+政务服务商务”战略。川台在全媒体营销、融媒直播、文化综艺、短视频制作运营、数据分析等领域积极与各级政府部门、川内外知名企业、高校展开全面战略合作。2021年1月，成立“四川短视频联盟”，致力于整合全省市州、县融短视频资源，构筑新业态，每月联合用户单位进行节目策划，多条短视频被人民日报等央媒转发。其中，短视频《这场特殊的点名，他们全“到”了！》播放量超过258万次，全网超1.2亿网友通过该视频致敬英烈、缅怀英雄。

2. 积极推行“媒体+平台”合作模式。川台与百度、快手、抖音等互联网平台合作了一系列品效合一的优质项目。2021年11月，与百度百家号联合出品演讲类微综艺《超级作者日》，讲述当代青年选择新一线城市奋斗的故事。相关内容在各互联网平台反响热烈，全网平台相关话题及观看流量超3亿次。

3. 探索推进“媒体+学术”试点运营。川台与四川传媒学院于2021年9月联合试运营“新媒体运营产业学院”，联合培养新媒体应用型人才。学院按照“传播+实践”的思路，布局各类实训课程，构建起“基础实践—综合实践—创新实践”递进式实践教学模式。目前，首学期教学工作已经完成。

三、科技助力新媒体发展，实现差异化运营

川台采用微服务技术架构做可持续集成和部署，简化上线流程；通过持续优化大数据算法，实现用户个性化消息推送机制；采用全媒驱动中台策略，助力差异化运营。

1. 引入人工智能、云计算等先进技术建成技术中台，包括数据处理系统、多模态通用科技以及5G应用，建成以平台基座为核心，以多形式、多层次媒体类型和丰富的服务形式为渠道的平台系统。

2. 根据不同场景打造内容中台，让用户能在客户端得到“沉浸式”短视频体验，实现不同的互动模式。

3. 设立解决内容运维与技术互动问题的渠道中台，实现对优质内容的统一管理。

4. 探索云化建设，结合产学研建立实验室，研究人工智能技术在媒体发展中的新运用。

新媒体工作案例

《三星堆新发现·揭秘》系列直播

四川广播电视台立足国家文化地标和精神标识的价值高度，于2021年5月和9月推出全媒体特别直播《三星堆新发现·揭秘》两季，四川卫视、四川观察、新闻频道、新闻频率同步呈现，四川观察新媒体传播矩阵和海内外150家媒体形成宣传合力。

直播联动三星堆考古方舱内外，采用新设备新技术，让“古蜀文明发源地”在演播间模拟呈现，依托技术更迭，让视角更加多元，也让信息传达更精准。直播创新运用多种手段形态呈现海量信息，通过精美炫酷包装、实时切换三星堆考古现场、充分运用插片动画等形式，近距离呈现文物发掘现场实景，多方位展示现代考古技术的精进。

坚持移动优先，强化议题设置，突出创意制作，融入互动机制。“四川观察”通联10多家央级媒体与海内外150家社交媒体，确定“全平台推荐＋全媒体拉流直播”的运营模式。全网平台相关话题及观看量超30亿次。统筹客户端、电视、广播、网站等自有平台，开设全媒体专栏，采制播发全媒体报道300多条次，综合运用微观纪录片、短视频、动画、海报等多种形式，创意推出60个融媒体产品，单条最高播放量达1.9亿次，创建20余个热搜话题；多类融合创新产品被央级媒体转引，以全局视野解码三星堆新发现，以融合传播营造强大声势，彰显中华文化自信。

作品二维码

天府国际机场融合传播项目

2021年6月，耗时10年建设的成都“天府国际机场”正式通航投运，四川广播电视台组建了上百人的“天府国际机场融合传播项目”团队，在新媒体产品、短视频、直播、电视新闻、专题片、广播等多个“赛道”同频发力，形成了覆盖全网的传播声势。

团队充分利用电视媒体在“视觉”呈现上的优势，重点在短视频和直播两个赛道上发力，短视频主打酷炫视觉体验和用户化视角Vlog，直播则全面植入5G+AR+XR技术，用虚拟呈现和现实增强来满足用户的感官期待。

“天府国际机场通航”特别报道采用了“分发平台提需求—统筹策划—订单化生产—分发”的新路径，用四川观察新媒体矩阵平台的需求来指导内容生产，使得每一条节目都有更明确的目标受众，同一个内容根据不同平台需求“剪辑”出不同版本，实现了精准化传播。

此次融合报道共产出50余条新媒体短

视频和专题报道，全网阅读量超 7.3 亿次。其新媒体稿件在四川观察客户端的平均点击量超过 20 万次，大大优于其他项目序列；联合央视推出 5G+AR+XR 全媒体直播，通航当天的直播被全网上百个平台转发；10 余个微博热搜话题，让前端生产实现了价值最大化传播；多个视频产品登上了天府国际机场、成都地铁的流媒体屏幕，整个宣传充分运用媒体融合思维，达到了传播效果最大化。

作品二维码

（四川广播电视台供稿）

贵州日报报刊社、贵州日报当代融媒体集团

新媒体工作综述

贵州日报报刊社、贵州日报当代融媒体集团（以下简称“报刊社、集团”）以高质量发展统揽全局，将2021年作为“媒体融合发展创新创造年”，实施“大融合”战略工程，强力推动媒体融合向纵深发展。

一、在平台融合上持续发力

将贵州日报、当代贵州、“天眼新闻”客户端、当代先锋网打造成引领报刊社、集团融合发展的“旗舰”，将贵州都市报、法制生活报等子报子刊打造成融合转型的“样板”。确立了“一云”（“天眼云”）、“一端”（“天眼新闻”客户端）、“一网”（当代先锋网）的“三个一”总平台为新媒体核心平台圈，贵州日报、天眼新闻、贵州都市报、法制生活报两微及商业传播平台集群为新媒体拓展平台圈，核心平台圈优质内容向拓展平台圈分发、广传。

推动“天眼新闻”走出去、融进来，省内层面，组建贵州首个“贵州融媒体云上编辑部”，集结全省96家县级融媒体中心等，定期制作发布《贵州融媒体云周刊》，打造全省融媒体群英荟萃、齐聚一“网”的平台；全国层面，与22家省市主流新媒体组建全国首个区块链新闻编辑部，以“云融合”“云聚合”“云呈现”的方式，开展媒体间“跨越山河大海、击破时空障碍”的云端大型联合报道。同时，持续加强和改进国际传播工作，畅通海外传播渠道，高质量打造以“天眼新闻”客户端“Fast”英文频道为核心的融媒体传播“云航母”。

二、在融媒传播上持续发力

坚持内容为王，以选题策划为支撑，“季策划、月策划、周策划、日策划、时策划、紧急策划”6个层面的选题策划会覆盖“365天×24小时”，大力推动强头条、强栏目、强首屏、强首页，努力实现“报纸版版头条有质量、杂志期刊期期有分量、网端首屏屏屏有能量”，驱动采编队伍生产了大批高质量、广传播、高点赞的融媒体作品。

2021年，以手绘、海报、H5、音视频等方式，推出一大批融媒体作品。特别是围

绕习近平总书记视察贵州，推出《看，这就是化屋村》《美，这就是贵州苗绣》《香，这就是贵州黄粑》等“沿着总书记的脚步”图文视频系列融媒体报道，用一系列生动有趣的海报，讲述贵州故事；聚焦中国共产党成立100周年，围绕“毛主席贵州剑河送毛衣”推出H5作品《一件毛衣的初心》，用沉浸式的报道手法，辅以声、光、电多重现代手段，创新红色历史故事的叙事方式；深入基层找寻见证贵州100年来的100张照片，推出《100图，见证贵州100年》，24小时内各平台总阅读量近200万次，并入选中国记协“强‘四力’深融合　展百年风华——庆祝建党百年融合报道创新案例库”。

三、在品牌培育上持续发力

2021年，是“天眼新闻”品牌提质升级的一年，“天眼新闻”客户端和贵州融媒体云上编辑部入选全国新闻出版深度融合发展创新案例；“贵州融媒体云上编辑部”作为案例入编《中国新闻出版深度融合发展年鉴》(2021年卷)；在2022年5月发布的《中国新闻事业发展报告》中，“贵州融媒体云上编辑部”被载入报告，是为数不多的省级媒体创新案例；“天眼新闻”客户端传播力取得突破性进展，2021年下载量名列全国省级党媒第6位，传播力指数位居省内媒体首位。

四、在人才建设上持续发力

全面整合报刊社、集团采编力量，“一把手”带头，扎实开展高质量发展蹲点采访活动，深入基层践行“四力”；选拔全媒体业务骨干组建特种作战的“天眼战队”，专攻主题采访、重大活动和会议报道，紧嵌垂直领域、深耕县乡基层、扎根报道一线；组建专门应对热点新闻的“天眼突击队”，打造“召必至　战必胜”的融媒“特种兵”；充分发挥报刊社、集团多彩贵州的“信息大枢纽”“外宣排头兵”作用，建强适应新时代国际传播需要的专门人才队伍；建立以个人命名的融媒体工作室，培养一批网络名记者、名编辑、名主持人、名设计师、名工程师，推进报刊社、集团融媒体“红人”向融媒体IP转变。

五、在技术创新上持续发力

坚持“虚拟软件、架构设计、消化吸收、集成创新”，以“天眼新闻”客户端为核心，将思想意识与前沿理念、生产方式与先进技术、内容聚合与优质资源进行高位嫁接，把“做强全媒体新闻业务、聚合大数据智慧服务、丰富全领域社会服务、拓展物联网智能商务”作为“天眼云”和“天眼新闻”客户端发展理念，围绕内容生产体系、互动服务政务体系、运营保障体系“三大体系”，推动内容、渠道、平台、经营、管理全面融合。重构“天眼新闻”客户端，打造资讯中心、评论中心、用户中心、积分中心四大功能平台，建立多彩拍UGC用户视频生产集成中心，不断促进融媒体技术支撑体系的提质升级，将“技术引领、兴社强企”

持续推向深入。打通“天眼新闻 96811”平台整体与“天眼云”平台融合，全面提升“天眼云”综合服务功能。

接下来，报刊社、集团将持续深入学习贯彻落实习近平总书记关于媒体融合发展的重要论述和视察贵州重要讲话精神，奋力推动党报党刊党端党网内容提质，奋力推动媒体深度融合再上新台阶，奋力在新时代赶考路上接续奋斗。

新媒体工作案例

H5 融媒体作品《一件毛衣的初心》

2021 年 6 月 7 日，贵州日报报刊社、贵州日报当代融媒体集团旗下新媒体平台“天眼新闻”客户端推出 H5 作品《一件毛衣的初心》。

该融媒体作品用沉浸式的报道手法，采用声、光、电等多重现代手段，创新红色历史故事的叙事方式，开篇即带领网友从苗疆红军古驿道出发，用不断探索的方式，逐步解锁故事的来龙去脉，与网友形成互动，其中穿插了纪实拍摄黎平会议纪念馆馆长、以国画《春风送暖》描绘这一历史故事的画家黄天虎、116 岁的柳川镇巫库村村民蒋成章等的讲述和追忆，多方求证，还原史实。此外，还充分挖掘剑河围绕“四新”主攻“四化”的生动实践。通过交叉叙述的手法，带领网友穿越时光，用适应“Z 世代”青年的文化传播方式，让青年一代感知百年大党穿越风雨的不渝初心，展示了今日贵州传承革命精神，弘扬红色基因，走好新时代长征路的奋斗故事。

报道推出后，受到社会各界广泛关注。融媒体产品被“学习强国”学习平台、河北日报、湖北长江云、江西新闻、新湖南客户端等纷纷转载推送，社会反响良好。

作品二维码

H5 融媒体作品
《困牛山：血与火的荣光》

在 2022 年全国两会上，一件名为《关于从国家层面支持保护利用贵州“困牛山百壮士”事迹及其战斗遗址》的联名提案，引起政协委员们的好奇与关注。

2021 年 6 月，贵州日报报刊社、贵州日报当代融媒体集团率先组织了采编骨干力量组成采访组，前往铜仁市石阡县挖掘“困牛山百壮士”背后的故事。6 月 22 日，报刊社、集团在旗下“天眼新闻”客户端、当代先锋网等全媒体平台的重要位置推出 H5 融媒体产品《困牛山：血与火的荣光》。

该融媒体产品用“沉浸式＋交互式”的报道手法，下拉式长幅连环复古版画的方式，辅以音效、音频、视频等立体呈现，使得该主题报道“活”起来。开篇用一段 10 秒左右的短视频将故事梗概阐述清楚，迅速带动读者进入情境，围绕“困、牛、山”3 个字为读者提供新的解读角度，分别为“【困·军令如山】一声令下，三军随”“【牛·刀山火海】此去凶险，但无悔”“【山·重于泰山】英雄浩气，永长存”。高潮部分是H5的重点呈现处，在该部分关键节点配以音效重现战斗环境，营造紧张氛围，渲染战事紧张的气氛，让读者有身临其境之感。同时，通过在H5尾页设置为先烈线上献花功能，让相隔千里的读者也能缅怀先烈、寄托哀思，参与线上献花人数上万人次。

作品二维码

（贵州日报报刊社、贵州日报当代融媒体集团供稿）

贵州广播电视台

新媒体工作综述

2021年，贵州广播电视台坚持“深挖、提炼、扩面、广传”工作方针，精准把握“时、度、效”，坚持把好网络意识形态工作责任关，自觉提高舆论引导工作的能力水平，加强传播手段和话语方式创新，为奋力开创贵州高质量发展新局面提供精神力量和舆论支持。

一、做强平台和渠道，提升传播力、影响力

2021年贵州广播电视台集中力量打造动静新闻和百姓关注两个客户端。截至2021年12月31日，动静新闻客户端累计下载量7000万+。全年发稿总量约20万条，总阅读量45亿次，10万+稿件4670条；百姓关注客户端打造现象级民生新闻类融媒体平台取得重要进展，客户端下载量突破2500万次。

同时，“动静新闻”和“百姓关注”系列新媒体平台号发展势头良好。其中，“动静贵州”微信公众号粉丝数超360万，是全省新闻类第一大号，全年阅读量10万+文章56篇；“百姓关注”微信号粉丝120万，文章最高阅读量130万次，成为新榜全国百强排名的微信公众号；“百姓关注”和“动静新闻”抖音号累计粉丝超1700万，分别是全省第一、第二大抖音媒体号；“动静视频”快手号粉丝数超300万，进入全国广电媒体年度排行榜前20；“百姓关注”快手号粉丝数132万，作品获赞6400万；“动静新闻”微信视频号粉丝数25万，连续半年位居全国媒体微信视频号前列；“百姓关注”微博粉丝数303万，日阅读量均在500万次以上。

二、坚持正确舆论导向，高扬主旋律，传播正能量

1. 深化习近平新时代中国特色社会主义思想网上传播。各新媒体平台紧紧围绕习近平总书记考察贵州和贵州学习贯彻落实习近平总书记重要讲话精神，全景、多维、立体展现习近平总书记作为党中央的核心、全党的核心，作为军队统帅、人民领袖的思想、风范和情怀。开设“在习近平新时代中

国特色社会主义思想指引下”“沿着习近平总书记指引的方向奋力前行”“奋力开创百姓富生态美的多彩贵州新未来”“奋斗百年路　启航新征程”“总书记牵挂的贵州”等专栏，共发布相关文章2000余条。

2. *浓墨重彩做好庆祝建党百年宣传和党史学习教育宣传报道*。2021年正逢建党百年，各新媒体平台发布专栏、专题70余个，发布文章5000余条，其中动静新闻客户端2000余条。在人民网、中国传媒大学联合全国百家红色展馆、数十家地方广播电视台推出的“红色云展厅”公益展播活动中，综合广播微博发布的《遵义会议会址里唯一“活着的文物”》成为“红色云展厅”展播中的爆款。“动静新闻”与人民日报新媒体中心联合推出《这百年·贵州篇》短视频。动静新闻客户端重点推出自主策划的《穿越百年遇见你》《我们的红色传家宝》《百年百人百篇》《穿越历史的来电》等系列创新产品形成传播热点，《穿越百年遇见你》成为省委网信办“多彩贵州有多彩”网络文化传播活动重点项目。

“七一”前后，动静新闻客户端共进行了6场直播。推出《百年风华涌动黔地》《不忘初心“砥砺‘黔’行”——贵州教育系统领导带头“学党史　讲党史”精品微党课》等精品融媒体作品。《时空编辑部》用经典文章讲述党史故事。动静新闻客户端开设“百年党史知识竞赛”，答题参与人次近530万。综合广播采制的《中国唯一的女红军纪念馆》，被人民网微博转发，经人民网红色云展厅，被党史学习教育官方公众号采用。

3. *多方联动做好“今朝更好看”大型融媒体直播特别节目，助乡村振兴促文旅消费*。2021年9月4日至10月10日，贵州广播电视台精心策划组织，全台10余个部门参与、全省9个市州电视台联动，推出大型融媒体直播节目《今朝更好看》。贵州卫视9场电视直播，动静新闻客户端、百姓关注客户端、贵州宽带电视（IPTV）、抖音、快手、微信视频号等平台同步直播和点播，一个月内开展了245小时网络带货直播，推介景区、美食、民宿等特色风物，实现农特文旅产品直接销售收入400多万元。

4. *直播聚拢人气，爆款提升影响力*。2021年各新媒体平台共完成网络直播900余场，总点击量近1亿次，点击量超过100万的直播共15场，其中《“礼承千年·香传天下”2021中秋特别直播》观看人次超830万。

动静新闻联动贵州六频道，在动静新闻客户端、动静贵州微信、视频号等平台上开设《贵州教育大讲堂》，让各平台再次成为全省教师、学生、家长瞩目的焦点，打造了省内的传播“爆款”，带来全省关注度，提升了各平台的权威性和影响力。

三、坚守担当，强化导向重引领

贵州广播电视台始终把讲政治放在首位，强化新闻立台、导向为魂，认真做好网络新闻报道，实现导向要求全覆盖；各宣传业务部门把加强党对意识形态工作的领导置于传播能力建设的中心地位，结合媒体格局的新变化新要求，强化“把关人”意识，始终将意识形态安全放在考量工作的第一位，从源头上把好新闻报道第一关，切实抓好宣传策划、评论引导、舆情研判等工作，确保舆论导向绝对正确、阵地绝对安全。

新媒体工作案例

《今朝更好看》

贵州广播电视台充分发挥主流媒体融合传播优势，精心策划组织，全台10余个部门参与、全省9个市州电视台联动，推出大型融媒体直播节目《今朝更好看》。2021年9月4日至10月10日在贵州卫视播出9场电视直播，在以动静新闻客户端为代表的贵州广电新媒体矩阵推出245小时网络带货直播，重点宣传各地“四新四化”新亮点，推介景区、美食、民宿等特色风物。电视与网络全渠道累计收看超3亿人次，新媒体渠道总传播量2.8亿次，实现农特文旅产品直接销售收入400多万元，带动相关高成长企业品牌力持续提升，有效赋能贵州特色优势产业。

大直播立足“电视＋网络”的融合表达进行制作与策划，发挥电视和网络两大渠道的优势特色、推动大屏和小屏两种传播载体的融合互动。在电视端，强化舆论引导，突出报道各地发展亮点与成就。通过新闻现场直播连线、丰收田野实地探访、市州主要领导访谈，聚焦“四新四化”主题主线；通过地标景观、人物新貌的配乐短片和MV，创新主题的艺术化表达；通过民宿、景区的体验式报道，展现贵州文化旅游独特优势。而在网络端则重点把握年轻化、娱乐化、碎片化特点，采取短视频传播策略，制作了数百条生动有趣、精彩活泼的短视频，在抖音、快手、微信视频号等平台获得良好的传播效果。为配合直播在抖音、快手平台上推出的短视频话题“戒不掉的贵州味道”，获2.5亿次播放量，成为当时传播贵州好声音的一个热点。

作品二维码

贵州教育大讲堂

贵州教育大讲堂是由贵州省教育厅策划、贵州广播电视台录制的一档全媒体栏目。栏目从2021年5月6日开播，当年共通过全媒体渠道推出9期。

2021年8月29日推出秋季“开学第一课”特别节目《请党放心　强国有我》，该节目进一步引导广大师生深刻理解把握习近平总书记“七一”重要讲话精神、“九个必须”经验启示和根本要求，从伟大建党精神中汲取精神营养，弘扬伟大建党精神，赓续红色血脉，凝聚奋进力量，以不负韶华的奋进姿态，在奋勇搏击中放飞青春梦想，为建设特色教育强省奉献青春力量。节目播出后受到中央和省级媒体的广泛关注。9月1日，央视《晚间新闻》报道了此内容；央视新闻频道、央视《晚间新闻》《新闻直播间》《24 小时》播出的新闻《春季学期“开学第一课”·你好　新学期　开设主题课　引导学生担当时代使命》中也报道了该期节目的相关内容。

据不完全统计，截至9月1日18：00，全省超107万人通过电视大屏和网络收看了节目，单期网络总体播放量、点击量超2000万次，点赞量1086.9万次，评论37685条。广大师生和家长通过多种方式与节目进行互动，纷纷表示，“开学第一课”异常精彩，政治高度、理论深度、业务厚度、工作精度、人文温度俱佳。

作品二维码

（贵州广播电视台供稿）

多彩贵州网

新媒体工作综述

多彩贵州网以“主流权威新媒体、政民服务新平台”为基本定位，以“移动优先、融合发展”为基本战略，以“记录贵州、传播贵州，做优宣传、做强产业”为根本任务，坚守主流媒体责任使命、巩固宣传主流思想文化阵地，构建起“新闻 + 政务服务商务”发展模式，不断推动事业产业裂变式、跨越式发展。

2021 年，多彩贵州网荣膺“贵州省文化服务业龙头企业”称号；荣获贵州省抗击新冠肺炎疫情先进集体，两名特派援鄂抗疫记者被省委、省政府记功；“多彩宝”“多彩云”入选“全国新闻出版深度融合发展创新案例”；37 件作品荣获第三十六届贵州新闻奖，其中《总书记，我们都笑了》《震撼！从万米高空看贵州巨变》等 12 件作品荣获重大主题报道奖、贵州新闻奖一等奖；联动大江网等推出的 H5 作品《老区笑脸》《贵州：春天里的“丰收季”》等广受好评。

一、以自有传播矩阵为圆心，横向拓宽传播渠道、纵向联通县级融媒体中心，构筑新型主阵地

1. 以构建智能传播体系为引领，一手抓网、微、号巩固，一手抓移动端推进，全面优化全媒体传播矩阵。2021 年，多彩贵州网主网等平台阅读数和受众均稳步上升，主网、两微、新媒体账号传播量均过亿；众望新闻客户端围绕“视听读聊、功能优化、交互体验”3 条主线全面升级，打造智能机器人、优化“视听读聊”AI 全景体验，开通“众望号”、启动 UGC 战略、接入网络问政，建设多个互动板块、增强服务功能。2021 年年底，众望新闻客户端下载量已逾 1000 万次，日活量 20 万。

2. 横向拓宽，与全国平台全面联动借力传播。依托多彩贵州网负责运营的“学习强国”贵州学习平台发出贵州好声音。2021 年“学习强国”贵州学习平台成功签发稿件 2.9 万余篇，其中 1279 篇稿件获总平台推荐选用。

与新华社、中国新闻网等全国 70 家新

闻网站、52 个客户端、90 个微博微信平台建立合作，通过共同策划、共同出品、共同传播等形式，提升传播力和影响力。

3. 纵向联通全省县级融媒体中心，探索新型融合体系。推动贵州县级融媒体中心省级技术平台——“多彩云”与多彩贵州网实现“双通”运行，资源共享、任务共建。目前贵州省直文化单位、市县融媒体中心等 100 余家单位的优质作品可在多彩贵州网全媒体平台推荐展示，多彩贵州网内容生产数据可智能推送、共享至“多彩云”。

二、全面推进“新闻 +”，实现新闻与政务、服务、商务深度融合，打造媒体发展新模式

1. 在“新闻 + 政务”上发力。多彩贵州网全力推进“互联网 + 益民服务”，强力推进旗下“云上贵州多彩宝”客户端的建设。2021 年，在打通公安、人社、教育等多部门数据的基础上，与贵州政务服务网全面融合，整合 3386 余项各级各类移动政务、民生服务。截至 2021 年年底，“多彩宝”客户端下载量突破 1 亿次。

2. 在“新闻 + 服务”上发力。多彩贵州网通过在旗下各端屏搭建“书记省长群众直通交流平台”“不满意问题征集平台”“多彩贵州满意旅游痛客行平台”等多个互动平台，听民情、集民智、护民利，走好网上群众路线。2021 年，在省精神文明办的指导下，升级不满意问题征集平台，鼓励群众曝光不文明现象、投诉日常生活中“不满意”小事，对文明创建工作建言献策。该平台开设以来，共收到投诉问题 6562 个，解决问题 6562 个，回复率达到 100%。

3. 在“新闻 + 商务”上发力。多彩贵州网将互联网创新成果与电商助农工作深度融合，建设“一码贵州”大数据智慧商务平台，推动全省农产品“黔货出山”，借助“云”端让贵州“小农户”融入全国“大市场”，切切实实帮助群众打开销路、增加收入。2021 年，“一码贵州”为广大消费者提供特色黔货 8.78 万个，完成订单 247.66 万笔，实现交易额 107.83 亿元。

三、优化“产能”结构、配套激励政策、激发人才活力，深化改革新机制

1. 优化调整媒体结构布局。多彩贵州网对各个端屏实施动态管理，定期优化资源配置、淘汰落后产能，对受众少、影响力弱的版面栏目、频率频道和平台账号进行动态调整。2021 年年底，多彩贵州网将原来 PC 端的 152 个频道改版整合为 39 个频道；在众望新闻客户端以“众闻”“众圈”“众问”“众声”“众望号”5 个圈层为统领，推出 47 个垂类频道。集中人力物力办好优势频道和栏目。

2. 充分激发人才活力。围绕事业产业高质量发展，破除人才引进、培养、使用激励等方面的体制机制障碍，实行更加积极、开放和有效的人才政策，逐步探索出一条符合多彩贵州网特点的人才发展路径。先后修订

出台公司薪酬管理及业绩考核办法，将职称（职业资格）纳入工资管理体系，推行“技术T岗”薪酬制度和总编辑基金制度，绩效考核做到对公司所有平台部门的全覆盖；构建管理、专业技术（含技能）双层晋升通道，破除了单向度的晋升方式，提供了更多基于岗位的晋升通道选择，从机制上保障了公平性与人岗匹配度。

新媒体工作案例

《生活在2021的贵州，是什么体验？》

作为全国首个大数据综合试验区，贵州抢抓机遇，大力发展大数据产业，激活了越来越多的应用场景，已成为全球超大型数据中心集聚最多的地区之一。

为总结宣传贵州大数据赋能各行各业的举措和成就，为贵州大数据发展营造热烈气氛，2021年贵州两会期间，多彩贵州网提前策划，精心制作，于1月28日推出了全省媒体中首个视频交互的新媒体产品《生活在2021的贵州，是什么体验？》。该作品以大数据赋能贵州人生活的方方面面为主题内容，以政府工作报告中大数据赋能各行各业的政策内容进行场景化、生活化的创意解读，利用视频交互和特效技术手段，充分展示出贵州智慧生活体验。

该作品使用“视频交互”的创意交互手段，以“实景视频＋科技特效”为切入点，创新性地梳理和解读了贵州大数据发展成就，展现出贵州大数据未来发展趋势。相比起常规视频展现方式，该作品以“实景与虚幻融合”的新奇观感在一众新媒体作品中脱颖而出。作品不仅展示了贵州大数据的发展成就和未来目标，还为网友提供了大数据赋能生活的生动体验，激发了网友的共鸣感，营造出贵州发展大数据的积极舆论氛围。

该视频在多彩贵州网PC端、微博、微信、今日头条、腾讯新闻、新华号、人民号等10余个平台同步发布后，网友反响热烈，纷纷点赞留言。

作品二维码

“红军桥上看巨变——赤水河”系列报道

建党百年之际，多彩贵州网推出重大主题报道“红军桥上看巨变——赤水河”系列报道，以桥为线索，探访红军长征的故事，以人为脉络，讲述红军走过的地方如今发生的变化。

在土城镇，已不见当年红军渡河的浮桥，而上下游的新桥见证着这里的变化。人们从小浸润在红军的故事中，我们找到“有故事”“找故事”“讲故事”“听故事”的人，听他们话当年，讲如今。

在红军二渡、四渡赤水的隆兴镇、习酒镇，红糖、仙人掌、酱酒，曾为红军充饥疗伤，如今帮助人们脱贫致富。赤水河畔果香、糖香、酒香，飘进了历史、飘入了人心。

红军三渡赤水的茅台镇，如今已是名副其实的黔北大镇，吸引着南来北往的人。在这里的人们，讲述着大镇小城的美好时代，而小城的发展则歌颂着今天的美好时代。

3个篇章层层递进，形成赤水河畔三部曲。其中，《赤水河，我听你诉说……》入选中央党史学习教育领导小组办公室编纂的《党史学习教育优秀新媒体作品选》。

本次采编过程是一次新媒体采编的全流程探索。采拍时，运用了视频、航拍、图文等新媒体的记录和呈现形式。制作时，页面设计精致美观。技术上，在PC端能够以专题形式阅读，磅礴大气；在手机端能以H5的形式呈现，互动便捷。

作品二维码

（多彩贵州网供稿）

云南日报报业集团

新媒体工作综述

2021年，云南日报报业集团坚定移动优先的发展战略，强力推进实施全媒体传播工程，在新媒体内容建设、全媒体立体传播力、打造新型主流媒体平台等方面采取了一系列积极举措。

一、以“重点实验室”建设为抓手，推进媒体深度融合与高质量发展

云南日报报业集团坚持高位推动云南省媒体融合重点实验室建设，将其作为推进媒体深度融合发展的“一号工程”，从2021年2月开始，集团党委统筹谋划，多次召开相关会议进行部署；坚持创新驱动，集合集团现有高端人才、技术力量，改革现有制度机制，推进实验室申报、建设和集团媒体融合发展；坚持多方联动，联合云南大学、昆明理工大学等，外引内联共同推进实验室建设。2021年12月30日，云南省科技厅为云南省媒体融合重点实验室正式授牌，这是由云南日报报业集团负责建设的云南首个媒体融合生产领域的省级重点实验室。

云南省媒体融合重点实验室将围绕5G、大数据、人工智能、区块链等开展媒体融合关键技术的研究和相关产品开发，引领“智慧媒体云”“文化云”“国际传播云”稳固发展和创新。同时，创办融媒学院，在人才引进、智库建设、政策研究、培训内训等方面创新机制，为媒体深度融合提供全方位支撑。

二、用精品力作让主旋律更高昂

1. 持续深化习近平新时代中国特色社会主义思想宣传阐释。先后在云报客户端显著位置开设了《在习近平新时代中国特色社会主义思想指引下——新时代新作为新篇章》《不负韶华　奋进跨越丨沿着习近平总书记指引的方向砥砺前行》等系列专题专栏，重点策划推出一批符合新时代受众需求的融媒体精品产品，取得较好的传播效果。

2. 全面做好决胜脱贫攻坚迈向全面小康报道。于2021年1月开始在新媒体平台开

设“奋斗百年路　启航新征程·脱贫攻坚答卷”专栏，以小切口、小叙事，体现脱贫攻坚大主题。在2月25日全国脱贫攻坚表彰大会之际，云报客户端策划推出“脱贫攻坚的云南答卷”大型融媒体专题，围绕习近平总书记为张桂梅颁发奖章证书、张桂梅坐轮椅上台领奖等鲜活细节，迅速组织报道，利用号外、海报、短视频、整合稿件等多种形态的新媒体报道方式，在各新媒体平台同步滚动推出。在全省脱贫攻坚表彰大会召开之际，云南日报以16个特刊版面全方位展示全省脱贫攻坚伟大成就，云报客户端策划推出“今天，他们是顶流”大型融媒体专题，全景展现脱贫攻坚云南答卷。

3. 积极策划开展庆祝建党百年和党史学习教育主题宣传报道出新出彩。在云报客户端持续开设“奋斗百年路　启航新征程”“学党史　悟思想　办实事　开新局·走过来时的路”等一批专题专栏，持续更新党史学习教育相关稿件2500余条，重点策划推出《百年芳华　初心传承》《唱响新时代幸福之歌》系列融媒体精品。《百年芳华　初心传承》全网综合阅读量超过2.3亿，成为“现象级”融媒体产品，入选中国记协新媒体专业委员会推荐的“庆祝建党百年融创报道十大精品案例”。

4. 以全球视野精心组织开展《生物多样性公约》缔约方大会第十五次会议（简称COP15）宣传报道。紧紧围绕习近平生态文明思想和考察云南重要指示精神，将做好COP15的宣传工作作为全年新媒体宣传核心任务之一，坚持“全球视野、国家站位、云南视角”，注重“权威内容、融媒表达”，充分协调整合省内外和国内外资源，形成宣传合力。先后策划推出《专题｜COP15春城之邀》《大象去哪儿》《“云小象”旅行记》《云南萌象旅行团表情包》等系列爆款新媒体产品。

三、以策划为引领，以资源整合为路径，推动融合发展迈上新高度

2021年，为讲好云南抗疫故事，宣传弘扬好伟大抗疫精神，云南日报报业集团云报客户端充分运用新媒体思维，以策划为引领，于9月21日中秋节当天推出“边关月　家国情”大型融媒体直播，联动云南25个边境县融媒体中心，实施了连续13个小时的大型融媒体直播，同时还联合全国30多家具有强大影响力的主流融媒体平台及全省129家县级融媒体中心进行全网推送。

此外，云南日报报业集团·云报客户端充分调动资源优势，联合多家融媒体中心先后推出《英雄的瑞丽》《云南瑞丽值得被所有人看见》等云南边境抗疫系列短视频。

四、创新报道理念，推动党的创新理论“飞入寻常百姓家”

2021年，云南日报报业集团把重大的理论问题与云南高质量跨越式发展的重大举措结合起来，通过党代表与基层群众“云端

对话”，凝聚团结奋进的强大力量。在中国共产党云南省第十一次代表大会召开之际，云报客户端策划推出“云端火塘会”系列新媒体理论产品，以“百姓问、代表议、专家谈”的方式，进行云上会谈，围绕民族团结进步示范区、生态文明建设排头兵、面向南亚东南亚辐射中心、乡村振兴的样板等话题展开讨论，让百姓更全面地了解党委政府的工作重点和发展理念。

五、深化开放合作，推进创新共融

2021 年，云南日报报业集团以融入和服务全省媒体深度融合发展为定位，建强云南日报州市分社，联动州（市）、县（市、区）融媒体中心，发挥省级主流媒体引领、带动作用。

积极与省级各部门、各州市、企事业单位开展战略合作。加强同政府机构、企事业单位合作，积极参与智慧城市、电子政务、便民服务等平台建设，打造一批有竞争力的垂直类融媒体账号，提供个性化、对象化、定制化信息产品；与中央媒体、兄弟省市区媒体共建区块链编辑部。充分发挥“区块链”共享、共融、共赢的技术运营精神，秉持“策划众筹”“传播去核”的运行理念，通过云连线的方式召开云端策划会，跨省联动更广泛的资源；与商业技术公司合作，通过“技术外包—自有团队及外包合作—与商业互联网平台联合研发”的方式，携手研发“传媒 +”领域的技术应用，弥补集团融合转型技术短板。

新媒体工作案例

《百年芳华　初心传承》

《百年芳华　初心传承》是云南日报报业集团云报客户端推出的大型融媒体策划。

该策划以“跟着总书记学党史”为总思路，围绕习近平总书记讲述过、点赞过的 36 个党史故事，由 36 幅主题手绘插画、数十篇融媒体稿件、36 组 3D 动态视频、一首原创主题歌曲《信仰的光》、一个线下展览馆《跟着总书记学党史——百年芳华　初心传承主题党日展厅》、一个 H5 产品《那一天我获得勇气》构成，成为“现象级”融媒体产品，产生了较大社会影响。

该融媒体策划被云南省委纳入《云南省开展党史学习教育的实施方案》，成为全省开展党史学习教育的一项活动载体。

2021 年 5 月 28 日，由中国社会科学院中国历史研究院主办的“全国主要史学研究与教学机构庆祝建党百年专题发布会”，将该作品评为“全国主要史学研究与教学机构庆祝建党百年”8 项优秀成果之一进行全面推介。

2021 年 7 月 16 日，“跟着总书记学党史——百年芳华　初心传承”主题党日展厅正式向社会开放，党史学习教育中央第七指导组专程到场参加开展式，对项目给予充分肯定。

作品二维码

“边关月　家国情”大型融媒体直播

云南有着4060公里长的边境线，8个州市的25个边境县分别与缅甸、老挝和越南交界。在中秋佳节这个阖家团圆的日子里，无数党员干部和各族群众依然坚守在边境线上的崇山峻岭、密林峡谷，“守好我的一公里”，盯紧每一个卡点。经过精心策划和准备，云南日报报业集团云报客户端在中秋节当天推出“边关月　家国情”大型融媒体直播。该直播联动全省25个边境县融媒体中心，以接力直播的形式持续13个小时，同时联合了全国30多家有较大影响力的主流融媒体平台及全省129家县级融媒体中心进行全网推送，让全国的观众和网友看到真实的边疆、真实的云南，把“坚决打赢新冠肺炎疫情防控阻击战·守好我的一公里”主题宣传报道推上高潮。

作品二维码

（云南日报报业集团供稿）

西藏日报社

新媒体工作综述

西藏日报社新媒体中心深入贯彻习近平总书记关于媒体融合发展的重要讲话精神，确保真正做到“坚持守正创新 深化媒体融合”。加快推动媒体整合资源、融合服务、聚合用户，建立以内容生产供给侧结构性改革为重点、新媒体技术为支撑、创新管理为保障的全媒体传播体系，着力打造新型主流媒体。

2021年，西藏日报社新媒体“两微一端一抖”媒体矩阵综合覆盖受众80万+。其中，西藏日报微信公众号粉丝数30万，年总阅读量2000多万次，年推送稿件1600余条，其中10万+稿件7条，5万+稿件46条，1万+稿件837条；西藏日报微博粉丝数12万，年总阅读量1200多万次，年推送稿件300余条，互动人数约10万人次；“西藏日报”藏汉双语客户端共发稿2.8万条，年总阅读量5400万次。新版西藏日报客户端于2021年10月改版上线，更加突出新闻性、政务性，增强了服务性、互动性，功能更加便民全面；西藏日报抖音号聚焦西藏短视频新闻领域，粉丝数7万。

一、内容生产供给侧结构性改革

1. 内容为王，策划先行。聚焦当下国情和社会热点，围绕党和国家重大决策部署、重大活动和热点问题，以自治区党委、政府的工作重心为出发点，坚持正确舆论导向。一方面积极宣传引导，另一方面新媒体产品不断创新主题宣传报道。

2021年是极不平凡的一年，中国共产党成立100周年、全国两会、习近平总书记在西藏视察、西藏和平解放70周年、外交部西藏全球推介活动、西藏两会、拉林铁路开通、抗疫战“疫”、民族团结、创业就业等多个重大节点主题下，西藏日报社新媒体中心策划推送的《习近平在西藏林芝考察调研》《习近平在西藏拉萨考察调研》《中央代表团来了》《十全十美！中央代表团带来的纪念品即将送达》《今天，中国西藏向全球发出邀请函》《转发周知！事关医保结算报销》等多条微信公众号稿件阅读量突破10万+。

2. *用户导向，运营互动*。用户运营的关键是互动。2021年10月，外交部西藏全球推介活动中西藏日报微博提前创建了“中国西藏向全球发出邀请”话题，根植外交部西藏全球推介活动，搜罗汇聚所有西藏题材名片，向世界打开一扇了解西藏的华丽之门。

此次互动话题共推送相关稿件11条，并联动人民日报、人民文旅、四川日报、天津日报、湖北日报等11家主流媒体转发互动，2021年10月20日当晚该话题冲上微博实时热搜榜，最高居于全国热搜榜第9位。该原创话题总阅读次数达8163.6万。

3. *品牌树立，形象植入*。西藏日报新媒体中心以高原产物“青稞”为品牌形象，创建了“青稞”品牌并设计了一系列形象标识和卡通漫画形象。“青稞”已经成功实现在潜移默化中将品牌的“青稞文化”巧妙地植入用户心中，形成品牌极具辨识度的符号。通过文字、视频和漫画的不同形式和传播途径，触达丰富的营销场景、多样化的宣传模式与极具西藏日报新媒体中心特色的标识产品，成功抓住了区内外用户的注意力，让“青稞品牌”逐渐实现了文化沉淀，成为西藏日报新媒体中心最具有辨识度与记忆点的品牌代表。

随后陆续创建了“青稞视频”“青稞电台”“青稞书屋”等衍生品牌，持续输出关于具有西藏特色的新媒体文本、音视频产品，不断加强用户对于“青稞”品牌的印象植入。自品牌创建以来，新媒体产品在区内外知名度日益攀升，目前中心正着力打造《直播此时西藏》《创青春》《平凡之路》《西藏人物》《青稞电台 | 习近平谈治国理政》等品牌栏目。

二、媒体技术为支撑的融合创新

1. *互联网实况直播*。以先进的技术手段、电影级的画面呈现、顶尖的直播水准，圆满完成2021年第十九届中国西藏登山大会开幕、2021拉萨半程马拉松和第二届中国西藏网络影像节等13场重大直播报道任务，总直播时长达100小时，相关报道跨媒体总触达超1000万人次，成功展示自治区重要节日节点的实时盛况和视听盛宴。

2. *创意新产品形式*。着力开发以一图读懂、手绘漫画、短视频、音频、H5为主要传播形式的新媒体产品，以不断开发新的潜在年轻订阅用户、不断提升平台内容的传播力和影响力。2021年习近平总书记在西藏视察期间，西藏日报新媒体中心制作推出了《跟着总书记坐高原“复兴号”，获得你的专属动车票》H5产品，在用户手指点击间增加互动性，提高参与趣味性。

3. *开发手绘故事汇*。中国共产党建党100周年之际，西藏日报新媒体中心精心策划推出《小青稞学党史系列漫画》，首次亮相的“小青稞”形象，以清新可爱的拟人化形象，将动人的党史故事以更生动的形式呈现出来，是西藏日报新媒体的“青稞品牌”形象的荧幕落地，也是未来西藏日报新媒体“青稞文化”根植立足西藏，面向全国传播的契机。

4. 引入 VR 等新技术。为庆祝西藏和平解放 70 周年，西藏日报新媒体中心策划出品的《党的十八大以来西藏经济社会发展和民生改善成就》数据可视化长图，生动形象展示西藏的历史性变革、取得的历史性成就；2021 年 10 月外交部西藏全球推介活动期间展示了运用 VR 技术制作的《外交部西藏全球推介活动展馆》产品，让受众在分秒体验中有身临其境之感。

三、创新管理为基石的组织架构

西藏日报新媒体中心在具体组织架构上，从下往上依次为内容层、平台层、业务层。3 个层面相辅相成，互相补充，共同完善内容创造、数据融通、平台运营、系统反馈等板块功能，打好媒体融合基础。

基础打好，就往上建平台层。平台层包括智能安全平台、媒资管理平台、融媒开放平台和省市县互联互通平台，解决市级融媒建设资产管理、安全生产和拓展赋能的问题。

内容层包括内容策划、制作和审核环节，形成内容从生产到审核发布的闭环，从而确保内容的绝对安全正确；平台层主要包括西藏日报微信、客户端的媒体发布矩阵和内容分发平台，其中又包括运营平台和传播研究平台，让每一条内容都有反馈机制和复盘环境；业务层主要解决流程打通、平台项目运营管理、业务融合、资源整合等问题，拓展新媒体中心的内外业务和流通融合。3 个层面有机结合，互相监督管理，创新了媒体融合管理机制，取得了媒体创新管理的实效。

新媒体工作案例

“西藏日报”微博
“中国西藏向全球发出邀请”话题

2021 年 10 月，外交部西藏全球推介活动中西藏日报微博提前创建了“中国西藏向全球发出邀请”话题，根植外交部西藏全球推介活动，搜罗汇聚所有西藏题材名片，向世界打开一扇了解西藏的华丽之门。

此次互动话题共推送相关稿件 11 条，并联动人民日报、人民文旅、四川日报、天津日报、湖北日报等 11 家官方媒体转发互动，2021 年 10 月 20 日当晚该话题冲上微博实时热搜榜，最高居于全国热搜榜第 9 位。该原创话题总阅读次数达 8163.6 万。

作品二维码

（西藏日报社供稿）

西藏广播电视台

新媒体工作综述

2021年，西藏广播电视台突出主题主线，充分发挥新媒体特点和优势，精心策划制作了一系列新闻产品，为实现新时代西藏长治久安和高质量发展提供了有力舆论支持和强大精神动力。

一、突出工作重点，深化思想宣传

西藏广播电视台始终把宣传贯彻习近平新时代中国特色社会主义思想作为贯穿全年的首要政治任务，作为新闻宣传报道工作的重中之重。2021年以来，中国西藏之声网积极落实头条工程，在网站首页头条和客户端首屏头条推送习近平总书记新闻报道2559条。藏、汉、英三语种网站刊发相关音视频、图文稿件3586条。

二、以庆祝建党百年和西藏和平解放70周年为主题主线，营造强大的舆论声势和浓厚的舆论氛围

2021年，我们迎来了党的百年华诞，迎来了西藏和平解放70周年。习近平同志作为中共中央总书记、国家主席、中央军委主席到西藏庆祝西藏和平解放，在党和国家历史上是第一次。全台以视频、声音、文字、海报、H5产品等方式，统筹开展庆祝中国共产党成立100周年、西藏和平解放70周年、决战脱贫攻坚、全面建成小康社会、疫情防控等重大主题宣传，同频共振、同向发力，推出了一系列有深度、有温度、有亮点的报道，为自治区长治久安和高质量发展营造了强大的舆论声势和浓厚的舆论氛围。

1. 精心策划组织，开展“永远跟党走”大型主题宣传活动。《奋进百年路　启航新征程》暨特别节目《红旗漫卷高原》等大型融媒体系列报道编发《奋斗在路上　我们风华正茂》《青年学党史　奋斗正当时》等重点稿件，集中反映70年来特别是党的十八大以来，自治区各项事业取得的全方位进步、历史性成就，充分展示自治区各族人民交往交流交融，民族团结不断加强的生动场景，充分反映自治区各族人民的新生活、新风貌，各族干部群众感党恩、听党话、跟党

走的信心和决心。特别策划制作了《传颂·与时代对话》《传唱·难忘的红色金曲》《换装合拍，你的现场藏装定制照来了》《70年·新西藏珍贵的历史瞬间》等一系列献礼中国共产党成立100周年、西藏和平解放70周年的融媒体产品，多个产品被“学习强国”、人民日报、今日头条、腾讯等平台转载。

2. 引领舆论导向，抢占第一落点。在庆祝中国共产党成立100周年宣传报道中，各新媒体平台坚持以导向为魂、内容为王、创新为要，全媒体布局、多样式呈现，有力彰显了省级党媒的引导力和影响力。《刚刚，习近平为“七一勋章”获得者卓嘎颁授勋章！》《习近平总书记：扎西德勒！》等多条新闻都在全网实现第一落脚点，总阅读量超300万。其中，短视频《习近平总书记：扎西德勒！》抖音发布24小时内阅读量超过100万次，点赞量超过2.6万次；《传奇·一生誓言在耳畔》找准小切口、瞄准“小人物”，在不断增强“四力”的实践中学在前、走在前；拉林铁路开通运营宣传报道引领网上舆论，全程精准把握产品“流向”，在全网第一个唱响“复兴号，扎西德勒！”

3. 突出原创内容，站稳第二落点。在习近平总书记视察西藏的宣传报道中，将“第二落点”内容型短视频产品作为发力的重要内容，派出多组骨干记者分赴林芝、拉萨，4天时间内在“西藏卫视+”微信公众号、视频号、抖音号、微博号等新媒体平台推出《西藏人民心中的歌：逛新城，家乡美》《这里是拉萨八廓街》等10多条短视频作品，多条点击量10万+。同时，对央媒的报道进行第一时间转发。

4. 直播开创纪录，爆款产品亮眼。2021年8月19日庆祝西藏和平解放70周年大会成功举行，西藏广播电视台首次实现所有广播频率、电视频道和新媒体平台藏汉双语同步直播。新媒体直播话题度、观看量、点赞量、粉丝增量均创历史新高，其中，微博话题“庆祝西藏和平解放70年”和“70年我与西藏同行”分别在19日、20日登上热搜。“庆祝西藏和平解放70周年庆祝大会”阅读量突破1.1亿次，成功实现了推送覆盖全国、影响力覆盖全国、受众覆盖全国。“西藏卫视+”视频号直播首次开放评论，留言3667条，点赞超300万次。互动产品《换装合拍！你的现场藏装定制照来了》引发无数网友共鸣。西藏广播电视台各新媒体平台在3小时直播结束后粉丝量激增5.6万。

三、在推动媒体深度融合发展上下功夫

2021年，西藏广播电视台以《西藏广播电视台媒体融合和技术发展规划纲要》为引领，以《西藏广播电视台App及融媒体平台（一期）建设项目框架方案》为抓手，加快技术成果转化，积极推进“珠峰云”融媒体App建设和县级融媒体省级技术平台建设。制定《西藏广播电视台媒体融合内容发展纲要（1.0）》，着力在内容产品上下功

夫，加强原创稿件自采力度，突出微视频特色，打造亮点和精品，进一步增强新闻宣传传播力、引导力、影响力、公信力。

新媒体工作案例

小程序“庆祝西藏和平解放70周年大会现场合拍”

融媒体运营中心精心策划小程序“庆祝西藏和平解放70周年大会现场合拍”，采用拉萨、昌都、日喀则、安多等8种男女不同风格的民族服饰，拍摄“庆祝西藏和平解放70周年大会”现场照片样板。用户选择不同样板，上传用户脸部图片后，经过后台处理，得出以用户脸部为特写的“庆祝西藏和平解放70周年大会现场合拍”，展现了西藏各族人民坚定不移跟党走、勠力同心奔小康的昂扬斗志；展示了新时代西藏各族儿女知党恩、感党恩，拼搏奋进新时代，建设美好家乡的生动景象。

2021年8月19日小程序在“西藏卫视+”公众号、“阳光西藏”公众号发布，日点击量逾50万次。

作品二维码

系列专题“传颂·与时代对话”

2021年是建党100周年、西藏和平解放70周年，融媒体运营中心策划系列专题“传颂·与时代对话”，记录多位西藏和平解放以来不同行业、不同年代西藏建设者的奋斗故事，并以初心、理想和奋斗为主题进行对话与演说，传承时代精神，致敬伟大时代！该专题采用全媒体报道方式，创作了8集视频、8集音频、专题页面、海报、H5、短视频等，分别在公众号、网站、广播电台等平台播出，探寻个体奋斗、时代方向和社会焦点关注的重合点，引发舆论共振，多渠道多维度讲好西藏故事。

新媒体时代，重塑“典型”的内涵。《次仁明久的“牛羊粪哲学”》展示了一位立志以科技助力草原发展的新青年样貌。《热土》表达了高原女子考古队对奋斗和热爱的理解。

“自述”让受众零距离了解人物。《大地的花朵》表达了藏戏是中华文化不可分割的一部分。

用时代精神把脉人物，展现“大格局”。《故乡的云》解读“家是玉麦，国是中国”的家国意蕴。《西藏的孩子》讲述了西藏班学子们感恩祖国、回馈家乡的青春故事。

不断继承和发扬的精神血脉，注入新的时代内涵。《我知道，这不是一件寻常的事》体现了“老西藏”精神的传承。《“路上”的光芒》讲述了“两路”精神的传承。《向高处去》阐释了西藏登山精神在不同时代的体现。

在小切口、小人物、小事情中反映大主题、折射大时代，既拉近了主旋律主题与观众的心理距离，又以润物无声的方式回顾了时代进程，传达出直抵人心的温暖能量。通过西藏和平解放以来西藏建设的亲历者的对话和演讲浓缩西藏和平解放70年来不同行业、不同年代的奋斗故事，传承时代精神，致敬伟大时代！

以新的报道策略和叙事方式呈现人物的精神世界。运用多元视角，打造创新形式——有的以学生与见证新西藏70年变迁的革命者的探访对话切入，有的以年轻工作者与前辈艺术家的交流为主线，有的聚焦西藏登山精神，有的展示西藏创业青年的内心世界……选取简短的对话，多侧面、多角度地展现了新西藏的新发展。

《传颂·与时代对话》体量轻盈但情感细腻、内容饱满，注重以青春的视角、时尚的语态引人共鸣。产品紧紧围绕西藏的新发展，以年轻态、多元化的创意为驱动，既聚焦主题主线，重视价值承载和深厚意蕴，又有故事讲述的趣味性、历史纵横的厚重性和当下社会的鲜活性，艺术感和现实感兼具，再加上融媒体思维的注入，最终实现了春风化雨、寓教于乐的传播效果。

作品二维码

（西藏广播电视台供稿）

陕西日报社

新媒体工作综述

陕西日报社始终以习近平总书记对陕西日报创刊 80 周年重要指示为根本遵循和行动指南，落实省委安排部署，坚定不移地在弘扬延安精神，紧跟时代步伐，坚持守正创新，推进融合发展的道路上探索前行。2021 年，报社 4 件作品分获第三十一届中国新闻奖一、二、三等奖。

一、以全面深化改革为动力，系统推进深度融合发展

陕西日报社对照并不断修改完善《贯彻落实习近平总书记对陕西日报创刊 80 周年重要指示工作方案》，制定印发《陕西日报社守正创新融合发展“十四五”规划》等，对全年和今后 5 年工作统筹谋划部署。

对原有采编工作流程进行系统性改革完善，制定实施《陕西日报采编流程和工作规则》，陆续修订完善《陕西日报岗位目标责任绩效考核办法》《陕西日报社优秀新媒体作品评选奖励办法》等，逐步建立符合现代传媒治理规律和融合发展理念的制度体系。

通讯员队伍作为报社第二主力军，是推动媒体深度融合发展的重要力量。2021 年 7 月 1 日，报社正式成立运行通讯员联络部，专人专职负责通联工作。启动通讯员积分管理信息库和共享稿库工作，将通讯员刊发稿件、新媒体产品统一纳入评奖范畴，修改完善记者与通讯员联合署名规定等，全方位保障通讯员权益。2021 年 4 月召开践行群众路线推进融合发展工作会议，探索融合发展有效路径。5 月开展“晒比看 · 全媒体行动走进咸阳”活动，首次邀请全省各市党报共同参与，创新全省党报联动方式。9 月报社采访部门与相关县级融媒体中心联动进行习近平总书记在榆林考察回访全媒体报道，效果良好。9 月组织举办首场通讯员“云课堂”，全网点击量超过 10 万次。12 月组织举办通讯员线上培训，反响强烈。此外，在群众新闻客户端设立“陕报云课”栏目，邀请知名学界、业界专家录制上传发布有关通讯员培

训的业务课程视频，受到各地通讯员的广泛欢迎。

二、以融合阵地建设为重点，推进资源整合效能提升

群众新闻网端是报社实现融合发展的主阵地、突破口。2021年，按照“1+1+N”的发展思路，陕西日报社相继印发实施方案等文件，明确“路线图”“施工图”，用“真金白银”不遗余力推进各方面工作。

2021年，报社拿出3000万元支持群众新闻网端发展。报社承担网端软硬件建设投入，对网站非经营人员的人工成本实行定额补贴等。利用最新技术大力推进群众新闻网端升级，对群众号、民声问政等进行功能重构，对数字报进行全新设计，推出“小Q播报”AI智慧媒体新频道等。报社建强网站领导班子，制定并试行目标责任考核管理办法，允许网站创新形成符合报社总体要求、融合发展主阵地建设需要以及适应自身实际的管理方式。报社各职能部门高质量、高效率推动各类资源在群众新闻网集聚，尤其在人员培训、重大活动支持等方面提供全方位保障。截至2021年年底，群众新闻客户端下载量超过千万，开通“群众号”千余个。2021年，群众新闻网端入选中国应用新闻传播十大创新案例。

陕西日报社全面加强采编人员培训。2021年，通过持续不断的“课堂讲解+实战演练”方式，报社实现了45岁以下采编人员基本掌握短视频拍摄剪辑能力的目标。同时紧盯前沿技术，围绕新技术新应用，在全社及子报刊网范围内常态化开展各类新媒体技术培训，不断提升全员融合传播理念和技能。

三、以践行群众路线为抓手，实现传播效果不断提升

陕西日报社积极践行群众路线，拓宽媒体融合渠道。2021年，群众新闻客户端“群众号”积极与各区域融媒中心、宣传部联动直播，如《“十一”云游览　邀您云游陕西博物馆》《丰收节，邀您“云上”庆丰收》等，累计浏览量超千万次。在十四运会、残特奥会期间，“群众号”与莲湖融媒联合推出《邂逅全运　千年烟火》短视频产品，广受好评。在疫情防控期间，“群众号”对接陕西文艺界知名人士，策划“万众一心　以艺抗疫”栏目，对接西安儿童艺术剧院，推出西安儿艺优秀儿童剧线上公益展播专题，成效显著。

报社开设报网联动“我为群众办实事·民声”融媒栏目，扩大媒体融合的广度和深度。发布的“西安火车站公交乱象”“西安火车站公交换乘难”登上微博和抖音热搜，浏览量达400万+。新冠疫情防控期间，“民声”栏目征集抗疫中的操心事、揪心事、烦心事，整合推出在线就医、线上购药等服务产品，收集的各类有效求助线索均得到有效解决。

2021年，报社媒体融合成果丰硕。围

绕建党百年，推出《奋斗百年路　启航新征程·三秦大地上的红色印记》系列报道，得到大量转发；“七一”当日报纸推出的28个整版，气势恢宏、广受好评；推出的融媒体产品《穿越1941　一起开荒南泥湾》《打卡三秦红色地标》引发网民广泛参与。

十四运会期间，报社制作推送的千余件原创新媒体产品累计点击量超过20亿次。视频稿件《绝了！看全红婵的十四运会首跳“水花消失术”》登上微博热搜第二名，阅读量突破4.9亿次。

疫情防控期间，报社推出《不愁》《迎着春天奔跑——陕西战“疫”记》等重点新媒体产品和稿件。累计刊发相关稿件及新媒体产品5万余篇（件），累计阅读量超过30亿次。

新媒体工作案例

《不愁》

2021年年末，陕西日报社重磅推出抗疫短视频专题产品《不愁》。该作品改编自电视剧《装台》主题曲，反映了在疫情防控背景下陕西乡党从容乐观、坚忍豁达的精神，反映了古城西安全民同心、众志成城的景象。《不愁》策划团队提前着手，通过报网多部门联动合作，历时一周完成歌词改编、MV录制、视频后期剪辑以及多种形式的创作、推送工作。

《不愁》在群众客户端首发后，反响强烈，人民日报、新华社、央视频、中国网、凤凰网、“学习强国”学习平台等百余家国内主流媒体纷纷转发推送。该作品为古城西安打好疫情防控攻坚战起到了团结一心、鼓舞士气的作用。

作品二维码

《办一届精彩圆满的体育盛会》

习近平总书记2020年4月来陕考察时要求，做好筹办工作，办一届精彩圆满的体育盛会。陕西社会各界牢记习近平总书记嘱托，努力克服新冠肺炎疫情带来的不利影响，积极应对全运会和残特奥会首次同年同地举办带来的挑战，给全国人民献上了一届“成绩最好，影响最大，社会关注度最高的全运会”。

为直观呈现本届全运会盛况，群众新闻网聚力创新，打造集新闻性、艺术性、互动性、趣味性于一体的页（界）面《办一届精彩圆满的体育盛会》。作品采用Flash动画效果呈现开机宣传视频，原创手绘长卷倾情回顾十四运会和残特奥会精彩瞬间，通过“精彩盛会”“全民全运”“自强拼搏”等部分，运用手绘漫画、动画、语音、视频等多种新媒体技术手段，全景式展现开闭幕式盛况、赛场精彩瞬间、运动健儿风采、疫情防控及志愿服务等多方面内容。网页设计巧妙定格一幅幅、一帧帧“全民全运同心同行”的难忘瞬间，集中展示我国竞技体育水平、群众体育实力和体育产业发展情况。浏览者可以通过点击、拖动感受场馆细节、体育之美。作品引发网友广泛关注，页面访问量持续攀升，浏览量超 500 万次。

作品二维码

（陕西日报社供稿）

陕西广电融媒体集团（台）

新媒体工作综述

2021年，陕西广电融媒体集团（台）按照全省“一盘棋、一朵云、一张网”的融合发展思路，围绕“三端”“四体”“四化”，打造了新型主流媒体建设的“陕西样本”。

一、全面创新生产模式和创作生态，引入艺术表达手法和情感传播要素，寓情于“媒”，用情感和艺术的双重审美实现流量及主流价值“双引领”

2021年9月13日习近平总书记来陕考察期间，陕西广电融媒体集团新闻中心“起点新闻”策划推出《来咧！陕西》《多彩！榆林》《聚！西安》系列短视频，系列短视频在“起点新闻”首发后，通过中央、省、市、县四级媒体矩阵传播发酵，迅速被全国各大主流网站、客户端转载并在首屏置顶推送。在建党百年的报道中，陕西广电融媒体集团新闻中心创作团队大胆采用“自有核心创意团队＋立项招标制作团队”的新生产模式，打破重大主题报道常规叙事方式和表现形式，创新产品形态与传播语态，探索媒体传播与电影、音乐、绘画等艺术形式跨界融合的新形态，用音乐诗画传神展现党的百年光辉历程，推出建党百年系列主题MV：《这盛世　如您所愿》《在灿烂阳光下》《太阳的光芒》，被人民网、新华网等中央媒体转发，在由陕西省广播电视局举办的“百年奋斗，铸就辉煌”——庆祝中国共产党成立100周年网络视听短视频大赛评选中荣获一等奖。全运会期间集团（台）新闻中心每天至少有两条报道登上微博全国热搜和抖音全国热榜。残特奥会期间，短视频《为你加油！“残特奥会田径场上最慢的人”》话题登上全国热搜，也是第一个登上全国热搜的残特奥会相关话题。

10月2日，陕西宝鸡26岁青年张子琛在海南旅行时搭救溺水者，不幸遇难。都市生活中心在陕西都市快报微信公众号推出全网第一篇微信推文《痛心！陕西父子俩下海救人，26岁儿子不幸遇难》，该文先后被人民日报、新华社等20余家媒体转载，联动全国百余家媒体推流转播。

西部网先后开设了“奋斗百年路　启

航新征程”等相关专题专栏60余个，重点推荐“治国理政金句”“红色档案”“百年瞬间”等系列策划和融媒产品，发布稿件6400多篇。在网络问政平台“民生热线”建立“热线云”，积极搭建政府和用户顺畅互动桥梁。西部网依托对外传播中心，策划实施“清明公祭轩辕黄帝典礼”英文直播，开展《世界青年看丝博》等活动，面向国际讲好陕西故事和“一带一路”故事。

二、创新技术优质内容相融互生，AI、5G、人工智能、云计算、大数据、区块链、虚拟现实、物联网等技术成果成为“内容出圈”关键一环

在十四运会期间新闻中心“起点新闻”推出《全景全运　全在起点》360小时全运融媒大直播，利用云端技术，实现远程赛事切换，还将每天中午1个小时的广播版十四运会特别节目《高光全运　魅力陕西》与新媒体网络视频直播巧妙结合，插入系列慢直播《绽放！此时此刻！》。

都市生活陕西骄傲文旅季“风从千年来”为达到更好互联网传播效果，都市生活中心策划山水风、田园风、红色风、非遗风、文创风、时尚风六大板块，以及最唐风、最时尚、最云端三大外景演播室，并邀请文化、旅游、文物领域的专家学者做客直播间。记者采用出像体验、航拍记录、角色扮演等新颖手法，创作出七大原创城市ID形象片及宣传短片，丰富直播内容。

三、大项目推动大融合，完善搭建中央、省、市、县四级融媒，促进市县融媒从1.0到2.0蜕变，跨平台、跨地域合作汇聚融合发展核心资源，构建主流媒体融合新生态

陕西广电融媒体集团（台）以“起点新闻”为核心，“陕视新闻”新媒体品牌为龙头，打破原有体制机制束缚，构建中央、省、市、县四级融媒体传播矩阵。通过中央厨房指挥调度系统，打通上至人民日报、人民网、央视新闻、央视网、环球网等中央媒体，下到110多个市县区融媒体资源，延伸至澎湃新闻、红星新闻、封面新闻、四川观察等省级新媒体平台，实现一次采集、多元生成、多端分发。目前中央、省、市、县四级融媒矩阵的总传播平台已经达到600多个，在全国两会、陕西省两会、公祭轩辕黄帝典礼、建党百年、十四运会等重大战役报道中，发挥了重要的作用，生产了众多传播精品和融媒体爆款产品，其中典型例子就是《陕视融媒大直播》。《陕视融媒大直播》已演化发展为常态化品牌直播节目，全天分多个时段，全网全屏推播。中国电信5G天翼云平台引入直播流，为所有入驻云平台上的客户端形成朋友圈推送，进一步扩大了影响力，目前已播出600余场次。在建党百年的报道中，中央、省、市、县四级融媒实现了良好的传播效果。在2021年年底西安发生的疫情中，“起点新闻”“陕视新闻”“第一新闻”第一时间启动中央、省、市、县四级

融媒矩阵应急报道机制，发挥融媒矩阵传播优势，全力做好抗击疫情的新闻宣传工作。

西部网在网络问政平台“民生热线”建立“热线云”，积极搭建政府和用户顺畅互动桥梁，与全省近460家省、市、县三级党政部门建立问政渠道。截至2021年11月30日，“民生热线”整体回复率为96.9%。

新媒体工作案例

陕西广电融媒体集团（台）新闻中心组建中央、省、市、县四级矩阵传播平台

中央、省、市、县四级矩阵传播平台建设依托陕西广电融媒体集团（台）搭建技术平台，陕西广电融媒体集团（台）新闻中心搭建内容平台，以“起点新闻”为核心，“陕视新闻”新媒体品牌为龙头，打破原有体制机制束缚，构建中央、省、市、县四级融媒体传播矩阵。创新管理体制机制，打通内容生产流程，通过扁平化管理和项目化运作，实现深度融合，创造精品力作。通过中央厨房指挥调度系统，打通上至人民日报、人民网、央视新闻、央视网、环球网等中央媒体，下到107个县区融媒体资源，延伸至澎湃新闻、红星新闻、封面新闻、四川观察等省级新媒体平台，实现一次采集、多元生成、多端分发。

四级融媒传播矩阵从2019年全国两会期间开始构建，当时的矩阵成员主要以60多家市县融媒体中心为主，目前中央、省、市、县四级融媒矩阵的总传播平台已经达到600多个，在全国两会、陕西省两会、公祭轩辕黄帝典礼、建党百年、十四运会等重大战役报道中，发挥了重要的作用，生产了众多传播精品和融媒体爆款产品。2021年9月，习近平总书记来陕调研考察期间，及时推出系列短视频《来咧！陕西！》《多彩！榆林》《聚！西安》，全网总阅读量超过15亿次；十四运会报道全网流量近60亿次；《陕视融媒大直播》目前播出超600期，累计在线观看近10亿人次等。大量宝贵经验的积累，为后续全面推进实施更加深化的全媒体融合发展战略打下了坚实基础。

陕西广电融媒体集团（台）都市生活中心

近年来，陕西省深入推进文旅融合，提出把文化优势转化为发展优势。为了推动全省文化资源与广电双向融合发展，陕西广电融媒体集团（台）都市生活中心策划主导了“陕西骄傲”文旅季“风从千年来”融媒大直播，以山水风、田园风、红色风、非遗风、文创风、时尚风六大内容板块紧扣主题；最唐风、最时尚、最云端三大外景演播室惊艳亮相；文化、旅游、文物等领域的专家学者做客直播间释疑解惑。10路记者历时30天，奔赴陕北陕南关中各地，创作出七大原创城市ID形象片及宣传短片。“风从千年来”融媒大直播通过大屏小屏发布后，引发强烈社会反响，被全国上百家主流媒体网端平台转发，全国十四运会组委会进行

特别推广，陕西省文旅厅对“陕西骄傲文旅季”节目进行专项研究，并与集团达成后续战略合作协议。

此次直播以家国情怀引领民族认同，以红色基因引领爱国情操，以时代精神引领青春共鸣，全新阐释文化陕西，强化重塑旅游名片，打造新国潮视听产品。

作品二维码

［陕西广电融媒体集团（台）供稿］

青海日报社

新媒体工作综述

2021年，青海日报社在高质量发展推进媒体深度融合的新赛道上守正创新，全面构建“纸媒走深度、新媒走活跃度”的全媒内容生产格局，精心打造覆盖广泛、传播有效的全媒体传播矩阵，加快推进采编流程优化，不断改进丰富融媒体产品呈现形态，有筋骨、有温度、有品质的精品力作悉数涌现，高原高峰逐步显现，新媒体工作有突破有亮点。

一、以自我革命的姿态推进融媒体改革

近年来，青海日报社围绕如何发挥好融媒体“龙头”“旗舰”作用，集结纸媒新媒采编力量，全方位、多维度深入调查研究，在摸清融媒体发展家底，分析研讨的基础上，紧跟时代要求，放大工作格局，全力以赴推进“一中心”（融媒体中心）、“两平台”（青海日报移动端平台、中国藏族网通汉藏一体化平台）、“三集群”（新兴媒体集群、大数据服务集群、跨界经营产业集群）建设，打造具有“党报特质、青海特点、原创特色、开放特征”，集新闻传播、政务公开、综合服务、汉藏一体化的媒体集群。截至2021年年底，青海日报社有两端、两网、两微、手机报、抖音、快手、视频号、百家号、今日头条号、人民号、网易号等共49个新媒体发布平台。

1. 版面动态调整取得实效。将每周68版单彩印刷版面，调整为一般情况下48版全彩印刷。通过版面动态调整，倒逼青海日报创新提质，倒逼记者转型，推动主力军挺进主战场，移动端稿件数量猛增，也为专栏频道培养相对固定的作者队伍和主持人创造了机遇。

2. 常态化开展融媒体报道指挥中心工作。印发《青海日报融媒体报道指挥中心工作流程（试行）》等，通过健全完善工作制度，融媒体报道指挥中心切实承担起青海日报及新媒体平台报道策划指挥、新闻线索汇集、采编工作管理、采编人员调度等工作，进一步推动青海日报各平台“融为一体、合而为一”。

3. 推动差异化发布。建立规范高效的发稿流程和秩序，聚焦“移动端要快、PC 端要多、纸媒要深”的目标，推动各平台差异化发布，着力改变新媒体“简单搬家”局面。从考核、评价等方面引导采编人员树立“先网后报”“移动优先发布”“差异化发布”的意识。

4. 优化客户端采编发流程。按照青海省委“深度融合、整体转型、一体发展”的改革要求，制定《青海日报社全媒体采编发流程再造方案》《“青海观察”采编发流程优化方案（试行）》，通过“部门制”+“频道制”设置，优化采编发架构，落实部门（频道）责任，实行栏目管理，推动采编队伍与移动发布平台采编业务的全面对接，各种优势新闻资源在客户端集中发力，实现宣传效果的最大化和最优化。

二、以内容创新提升新闻产品核心竞争力

聚焦举旗帜、聚民心、育新人、兴文化、展形象的使命任务，推出更多有思想、有温度、有品质的融媒体精品力作，不断提升新闻产品核心竞争力、品牌辐射力、社会影响力，在互联网上做大做强正面宣传，讲好青海故事，传播青海好声音，为新青海建设营造良好的舆论氛围。

1. 主题宣传报道有声有色。2021 年 3 月 7 日下午，习近平总书记参加全国两会青海代表团审议后，我们及时推出《激动！长江源村里掌声阵阵》《喜讯传到班彦村》《把殷切嘱托转化为奋进动力》《让绿水青山永远成为青海的优势和骄傲》等 8 期总书记重要讲话在全省广大干部群众中引起强烈反响的短视频，在新媒体各平台发布后收获了近 10 万阅读量，有力传播了两会“好声音”。

10 月 12 日，习近平主席在《生物多样性公约》第十五次缔约方大会领导人峰会发表主旨讲话时指出，三江源国家公园正式设立。青海日报新媒体推出《三江源国家公园，那些你不知道的“萌物”日常》《关于三江源国家公园，这些大事你得知道》等系列新媒体产品，并与海南日报、吉林日报、福建日报、四川日报联动，在新媒体平台发布国家公园系列海报，引发青海干部群众的热烈反响。

针对各个时间节点的宣传工作重点，青海日报客户端、中国藏族网通、青海羚网及时开设专题专栏“奋斗百年路 启航新征程”“学党史 悟思想 办实事 开新局”“牢记总书记嘱托·‘十四五’高开高走”“一起向未来 北京冬奥会”“国家公园”等，集纳式转发推送相关报道，弘扬了主旋律，强化了宣传效果，形成了一定的宣传声势。第 22 届青洽会期间，首次在展馆内搭建青海日报融媒会客厅，探索展会现场访谈新形式，推出《对话青洽会·打造国家清洁能源产业高地》等系列访谈节目。在科技奖励大会、国家公园设立等重点报道中积极参与，与外省媒体联动，抢发全省新媒体产品第一落点。

2. 党史学习教育宣传用心用力。青海省党史学习教育启动后，新媒体中心及时制作3期短视频，记录精彩宣讲，引导广大人民群众坚定不移听党话、跟党走，其中《跟着中央宣讲团学党史》短视频被各媒体积极转发。认真做好党史学习教育新闻发布会的宣传报道，拍摄制作短视频14期，及时反映全省各地各部门党史学习教育启动、研讨、学习情况，系列短视频在微信公众号平台、抖音平台收获了过万阅读量。在抖音平台开设“党史学习教育快问快答专题”，及时反映各行各业党史学习效果，拍摄发布短视频5集，在抖音平台播放量达6.1万次。发挥新媒体优势，制作H5产品3个，《青海“红色地图”新鲜出炉，等你来打卡！》阅读量40万次，《不忘来时路，永远跟党走，快来生成您的专属明信片》阅读量37万次，《@党史学习达人　挑战来啦！》系列挑战答题H5阅读量65万次。制作《红色故事》系列有声海报10期。

3. 在应急报道中扛起党媒责任担当。2021年5月22日2时4分（北京时间），果洛州玛多县发生7.4级地震，青海日报社迅速成立由28人组成的应急报道组，凌晨3时紧急集合，连夜出发，9时20分抵达玛多地震灾区后，迅速投入工作，以文字、图片、视频等形式陆续发回现场报道，及时、客观反映玛多震区的灾情，前15天各发布平台每天发布新闻稿60篇次，充分彰显了党报职责使命，体现了党报的公信力、引导力。

4. 持续增强藏语主流媒体“四力”。充分发挥藏文媒体的传播优势，第一时间准确翻译习近平总书记《在全国脱贫攻坚总结表彰大会上的讲话》以及《中共中央国务院关于抓好“三农”领域重点工作确保如期实现全面小康的意见》《中国共产党统一战线工作条例》《政府工作报告》等中共中央、国务院，青海省委、省政府的重要文件，将党的理论和路线方针政策及时传递给广大涉藏地区群众。翻译工作不仅受到了广大群众的一致好评，也被其他藏语媒体认可。在全国率先启动《中华人民共和国民法典》藏语翻译工作，完成全文16.5万字的藏语翻译工作。在此基础上，新媒体中心邀请法学教授、专业律师为网友阐释《民法典》新规定、新概念、新精神，拍摄制作汉藏双语版的《民法典·微剧场》。2021的3月15日开始，翻译发布藏语版《及时雨丨中共党史精编知识100题，应知应会！》《青海党史知识100题》等，并在中国藏族网通藏语微信平台持续刊发。同时，组织藏语翻译力量，挑选、翻译中国共产党历次代表大会简介和红色历史记忆，促进涉藏地区党员、群众更好地开展党史学习教育。

5. 开展移动直播活动，丰富报道层次。2021年秋季开学前期，尝试开展直播访谈节目《开学那些事儿》；10月，圆满完成由青海省人民政府、住房和城乡建设部共同举办的新时代高原美丽城镇建设省部论坛的直播任务，并为省内多家媒体提供拉流地址。2021年年底，大胆尝试，围绕

"於菟"民俗活动成功开展了首次汉藏双语移动直播，获得广泛好评，网友在留言中点赞主流媒体借助移动平台推广地方特色文化的做法。通过开展一系列移动直播活动，新媒体与纸媒点面结合、相互呼应，实现同声合唱、同频共振，取得了良好传播效果。

（青海日报社供稿）

青海广播电视台

新媒体工作综述

2021年，青海广播电视台不断推进改革，进一步强化新媒体建设，推动台网融合，将自身打造成具有强大实力和传播力、公信力、影响力的新型主流媒体。

一、不断推动完成适应融合发展的一系列规划设计

2021年调研编写完成《青海广播电视台媒体深度融合发展三年工作行动计划》报省广电局汇总报国家广电总局，并按照三年行动计划编写完成《青海广播电视台关于全面推动媒体深度融合发展的意见（初稿）》及《青海广播电视台融媒体工作室试行方案》《青海广播电视台全媒体新闻中心组建方案》，对全台媒体深度融合方法、步骤、路径以及体制机制等进行框架设计。

二、统筹推进支撑融合发展的一揽子技术保障平台建设

把打造自主掌控的新型传播矩阵作为促进传播方式蝶变的首要着力点，先后建成融媒体指挥调度中心、汉藏双语互联网媒资及内容发布平台。创建覆盖省内31家市州县媒体和甘川滇等省（区）65家基层媒体的安多藏语新闻素材通联汇聚系统。青海长云网（汉语）牵头组建全省融媒体联盟，青海祥云网（藏语）成为全球首家拥有藏语广播电视节目直播信号的网络平台、国内外藏语媒体的主要信息源。完成融媒体媒资库平台建设（三期）项目及“青海广播电视台藏语网络广播电视台新媒体升级改造项目”申报立项工作，抓紧推进长云网三江源、金格桑两个App升级扩容。建设青海IPTV集成播控分平台的核心系统，拥有用户超60万，直播频道150多路，影视点播节目10万小时。按计划全力推进青海汉藏双语数字高清广播电视编播中心项目建设，土建工程已全面完成，工艺设计与优化实施有效推进。青海卫视通过高标清同播，通过有线、IPTV、直播卫星方式实现了全省电视用户100%覆盖。安多藏语卫视、经济生活频道、都市频道开启网内高清播出并向国家广电总局备案。

三、打造优质内容，创新内容表达

坚持“内容致胜”，努力把青海丰厚的自然生态、历史人文资源和时代变迁独特印记变成内容优势、传播优势，牢牢抓住内容质量这个核心不动摇，移动端“短平快”产品生产力度不断加大。2021 年，青海网络广播电视台持续做好主题主线宣传报道，加强“首页首屏”建设，着力宣传报道习近平总书记重要活动及讲话精神，藏、汉语网站开设“深入学习领会贯彻习近平总书记参加青海代表团审议时的重要讲话精神”“建党百年 · 信仰坐标”“德耀中华”“最美新时代革命军人”等专题专栏 68 个，聚焦“五位一体”，突出疫情防控、“一优两高”、脱贫攻坚、生态环保、抗震救灾等热点进行报道。截至 2021 年 12 月，全网刊发汉、藏文稿件 125865 篇，三江源、金格桑 App 同步刊播。长云网、三江源 App 首页首屏开设庆祝西藏和平解放 70 周年新闻专区《雪域欢歌 70 载》。截至 2021 年年底，长云网刊发相关稿件 100 余篇，三江源同步刊发，阅读量超 2 万次，社会反响良好。在青海玛多“5 · 22”地震报道中，启动突发事件宣传应急预案，全员动员，反复核实相关视频，确保信源可靠，信息准确，第一时间组稿刊发，同时与四川观察、海南网络广播电视台、澎湃新闻、今日头条联动，启动直播《青海玛多“5 · 22”7.4 级地震特别直播报道》。整合前后方报道视频，制作短视频《我们在一起——青海玛多“5 · 22”7.4 级地震抗震救灾首日实录》，于震后 24 小时全网同步刊发。

四、夯实技术支撑，深化采编流程改革

借助青海汉藏双语高清编播中项目建设之机，集中采购支持 5G、4K 的采编播设备，开展 5G、4K、VR/AR 等融媒技术应用实验。加强与广电新技术、新应用研发企业等研讨交流，致力通过率先打造集业务中台、数据中台、AI 中台于一体的智慧中台，根据新媒体采编特点，配置部分快采、快编设备，为全台融合发展、流程再造提供先进技术支撑。

同时，通过主题主线统一协调机制，促进传统媒体和新媒体在选题策划、采编调度、新闻资源汇聚等方面有机整合。重大主题主线宣传中把各平台采编人员聚合为一个作战团队，同策划、同采访、同创作，统一推送、个性表达。培养“产品思维”，将资源利用最大化、价值最优化、传播效果最强化作为检验标准，改变传统媒体的单一表现形态，实现集文字、图片、音频、视频等多种媒介形态于一体，努力做到产品融合。

五、转变传统传播思维，打造跨媒体、覆盖广的多屏传播平台

各新媒体平台积极发挥省属主流媒体准确、权威、专业优势，加强策划，精心打造融合内容，提高内容生产质量，适应分众化需求，通过互动增强用户黏性，全面布局占

领新媒体阵地，实现了“媒体 + 互联网”，提升了影响力和美誉度，在省内拥有一定的用户群和流量。截至 2021 年 12 月底，全台所属 12 个广播电视频道频率、网络电视台、集团公司均创办有自己的新媒体，其中官方微信公众号 11 个、微视号 8 个、微博号 7 个、抖音号 11 个、快手号 4 个、官方网站 3 个，以及三江源 App 和金格桑 App。大多数平台运营时间都在两年以上，多已进入了常态化的运营阶段，具有一定的运营基础和服务用户的经验。截至 2021 年年底，全台新媒体累计粉丝量为 469 万余人，共推文 5 万余篇，阅读量为 10 亿余次，评论数为 234 万条，点赞 2 亿余次。各平台发布内容大部分为原创作品，吸引的粉丝以本省用户居多。

青海长云网络旗下藏语网络平台“祥云网”，积极发挥青海六州广播电视台的“基层”优势，改进内容呈现方式，发挥网络快速传播特点，增强社会服务功能，以满足广大网民的多元化需求。“雪域头条”藏语微信公众号充分发挥藏语主流网络新媒体的宣传引导作用，第一时间向广大安多方言藏区受众发布最权威、最准确的信息，受到广大藏族网友的关注和赞扬，以权威高效的传播优势做优做强安多方言藏区新媒体“头条”，积极发挥舆论引导作用。

青海网络广播电视台官方抖音账号自 2019 年 4 月运营以来，坚持原创特色和公信力原则，陆续策划推出多款爆款产品，运营团队不断开拓思路，积极探索新媒体运营规则，截至 2021 年 11 月底，账号以 83.6 万粉丝量在全省各短视频平台中名列前茅，跻身“头部账号”行列。

全台广播频率相继通过“听见广播”App，开启广播常态化可视化融直播，补上了传统广播只可听、不可看，信息单向线性传播，与受众互动方式单调等短板，充分发挥网络时代广播节目“互联网 +”传播新特性，更好地满足了受众多样化的信息需求，成为媒体融合的新切入口、着力点。目前可视化融直播互动平台的粉丝互动量正在稳步增长，众多老听众、新受众逐步从听广播转向“看”广播。

青海广播电视台对大型活动的全媒体融合直播，也取得了良好效果，为省内外受众带来了多角度、全媒体、高水准的视听盛宴，使直播活动传播性更强，同时提升了曝光率和影响力。

（青海广播电视台供稿）

青海省互联网新闻中心

新媒体工作综述

青海省互联网新闻中心（以下简称“新闻中心”）作为青海省网上舆论宣传主渠道主阵地和县级融媒体中心省级技术平台（大美青海云）运营主体，2021 年持续深化改革，坚持守正创新，全力推动所属媒体在内容、渠道、平台、管理等方面深度融合，媒体融合发展取得了一定成效。

一、持续推进移动新媒体建设

为积极改进新媒体内容形式创新、加大推广力度、加快全面向移动互联网聚合的发展步伐，2021 年，新闻中心继续推进“两微一端”等移动新媒体建设。根据后台统计及传播指数分析，青海新闻网微信公众号图文发布量、用户订阅量、阅读分享量居全省第三。同时，根据移动端传播特点及商业平台的品牌、流量等优势，新闻中心积极拓展新媒体传播渠道，占领互联网舆论主阵地，陆续开通了部分具有传播力影响力的新媒体账号，这些账号的开通不仅实现了与门户网站的同步发声、同频共振，而且满足了广大网友通过不同平台、不同渠道获取新闻资讯的需求。截至 2021 年年底，所属新媒体平台账号粉丝拥有量超过 120 万。其中，“青海新闻网”一点号粉丝量达 38 万，头条号、抖音号粉丝量均超过 20 万，居全省各媒体第一。

二、策划出新出彩，新媒体产品全面发力

新闻中心深入挖掘地域特色，在重要节点、重点时段，主动策划，创新传播方式和表现形式，运用移动化、可视化等传播效果和参与度高、交互性强的传播手段，以网民视角和“网言网语”推出一系列贴近网民、引发共鸣、易于传播分享的融媒体产品。

策划出新出彩。统筹 PC 端和移动新媒体一体化运作，让精品作品在 PC 端和移动端同时呈现，有效提升了传播效果。新闻部策划推出了《习近平在青海考察金句来了！》《两会大数据｜青海这份“十三五”成绩单，漂亮！》《H5｜数读青海省政府工作报告，这些数据太燃了！》《H5｜AI 主播

讲述你不知道的青海党史故事》《青海，精神！》等新媒体产品，获得广泛关注和点赞分享，作品通过多渠道精准推广、借力传播，在短时间内迅速扩大传播效果，形成了立体传播声势，进而推进作品传播力度、深度、广度。藏文部“大美安多”视频号围绕“绿水青山就是金山银山”的理念，突出生态优先、绿色发展的主题，通过语音播报加图片推送的模式，结合青海独特的文化风貌和生态文明建设，大力传播青海省文化和生态文明共荣的生动画面。根据时间节点，制作推送“庆祝建党100周年”“辉煌岁月与党同行”“奋斗百年路　启航新征程”主题语音加视频，推送宣传巩固脱贫成果、推进乡村振兴、疫情防控政策等。

形式手段创新。各部门结合各自宣传报道特色和重点，在全年各重要节点、节日、节气期间充分运用走基层采访、制作主题海报等多种宣传手段，以更接地气的形式让网友参与其中，在寓教于乐中让“好政策”“好故事”“好声音”飞入寻常百姓家。截至2021年年底，共发布主题海报73幅，融媒体产品13件、图解（含动态图解、漫画图解、PC端图解）110个，总阅读量突破300万次。

三、深入聚合信息，融媒体矩阵全面铺开

2021年，“大美青海”客户端移动新媒体信息聚合系统“青海号”调整版面布局后，受到用户的关注和喜爱，该号聚合了全省党政机关政务新媒体、各县级融媒体中心以及社会团体、高等院校、主流媒体发布的新媒体资源，打造了一个“最懂用户”“最懂青海”的融媒体平台。与此同时，“大美青海”客户端藏文频道持续改进宣传方式，增强精准宣传，充分发挥了双语新媒体传播矩阵的作用。

2021年，全国、全省两会在疫情防控常态化形势下召开，宣传报道尤为特殊，新闻中心提前谋划、精心部署，采用云端协作形式，联合县级融媒体中心设立融媒体报道矩阵，充分发挥云上、联动、融合作用，继续打造“云端看两会”主题报道，力求将国家大事与群众身边事、代表委员与基层群众更加紧密地联系在一起，实现全域覆盖、直达基层。两会期间，各县级融媒体中心积极响应，扩大宣传，形成了强有力的舆论声势。从省平台宣传分析系统收集的各项数据来看，各县级融媒体中心移动客户端的发文量、文章浏览量、注册用户数显著提升。“大美青海”客户端下载量比会前提升20%，日访问量、用户活跃度、网友评论数量均有大幅提升。经过疫情防控和全国、全省两会的实战检验，“大美青海云”省级技术平台与县级融媒体中心的联动运行更加流畅，也为今后在重大主题报道中实现融媒体矩阵式传播奠定了良好基础。

经过一年来的运维推广，“大美青海”客户端下载量稳步提升，截至2021年年底，客户端注册用户数已达18万。单位全员转型、融合创新的理念和意识更加凸显，融媒

体产品创作数量、质量均较往年有所提升。2021年有5件融媒体产品获得“青海新闻奖”媒体融合奖项，其中一等奖2件。

新媒体工作案例

《雪茶变身记》

为更好展示青海各地全面推进乡村振兴与产业发展相融合的生动实践，青海省互联网新闻中心在第22届中国青海绿色发展投资贸易洽谈会期间特别推出以果洛藏族自治州藏雪茶产品为“主人翁”的漫画类作品。本作品以“藏雪茶”为漫画“主人翁”，用拟人化的第一人称视角，联系古今，在讲述藏雪茶历史渊源的同时，也绘制了一幅美丽的乡村振兴画卷，漫画将“藏雪茶”塑造为可爱的卡通形象，加入了诙谐幽默的对话和有趣的互动答题。在编制成童话般故事的同时，也巧妙地将经济与历史文化相结合，不仅凸显了藏雪茶在当地经济文化发展的特殊性和重要性，而且以小见大展现了青海的特色产业发展成果。

该作品清晰展现了青海乡村振兴和产业发展的脉络，用更接地气的形式让受众在轻松观看的同时，进一步了解了青海省乡村振兴与产业发展取得的成就。该作品在青洽会期间点击量达到7.2万人次，各县级融媒体平台也积极转载，形成了良好传播效果。

作品用现代图像合成、漫画绘制、后期特效等多种科技手段相结合的创新形式，将照片进行艺术加工和转换并融进漫画。编辑收集筛选大量相关资料，将藏雪茶从起源、选种、出产再到产品深加工的全过程串联成大众喜闻乐见的漫画形式，以点带面、小角度切入，创意新颖，角度新奇，展示了青海开展乡村振兴取得的成效。

作品二维码

（青海省互联网新闻中心供稿）

宁夏日报报业集团

新媒体工作综述

一、守正创新，打好系列重大主题报道战役

2021年，宁夏日报新媒体牢牢坚持守正创新总要求，精心策划、周密部署，坚决打好打赢庆祝中国共产党成立100周年、党史学习教育、全国两会、自治区两会、习近平总书记来宁视察一周年、第五届中阿博览会、首届中国（宁夏）国际葡萄酒文化旅游博览会等重大宣传报道战役。

全面聚焦建党百年重大主题，宁夏日报客户端开设“奋斗百年路　启航新征程”“学党史　悟思想　办实事　开新局——聚焦党史学习教育”“中国共产党成立100周年庆祝活动特别报道”“以史为鉴　开创未来——深入学习贯彻习近平总书记‘七一’重要讲话精神”等专题专栏，通过专题汇总、矩阵汇合的形式，形成了持续时间长、宣传范围广的声势和影响力，截至2021年年底，各平台累计发布各类稿件和产品3000余条，总点击量超过1000万次。在全区范围内组织开展“我身边的共产党员”短视频大赛，讲述普通共产党员的奋斗故事，收到参赛作品60余件。推出16期《宁宁夏夏说党史》系列动漫产品，用动漫形式讲述宁夏党史故事，全网总点击量超过100万次。

2021年7月1日，庆祝中国共产党成立100周年大会在北京举行，宁夏日报客户端第一时间推出互动新媒体产品《H5| 我是9514.8万分之一，一起接力响应党中央号召》，政治站位高，制作精良、反应迅速，形式新颖、互动性强，刷屏微信朋友圈。

第五届中阿博览会期间，宁夏日报客户端发布相关稿件（产品）420余条（件），其中原创稿件230条，实现了所有活动的同步直播、博览会开幕等重要新闻的首发，实现了新媒体产品表现形式的全覆盖，实现了新媒体生产质量和数量的双突破，实现了与主宾省官方互动传播，实现了第三方平台的全媒体传播。

同时，围绕黄河流域生态保护和高质量发展、铸牢中华民族共同体意识、九个重点产业、四大提升行动、乡村振兴等重大主

题，认真组织、精心策划，做到移动端的报道有声势、有力度、有影响。

二、坚持创新为要，发力融媒体产品生产

探索内容生产形式创新，综合运用长图、海报、短视频、H5、动漫、手绘、移动直播等全媒体形式，生产各类融媒体产品。2021年共制作各类图示产品150余幅，H5产品35个，原创手绘作品26个；对自治区政府新闻办举行的新闻发布会进行全覆盖移动直播，有力引导了社会舆论，彰显了主流媒体的影响力。

2021年5月16日推出的长图《陈润儿@全区干部群众：今昔对比看变化　知史感恩共产党》在宁夏日报客户端首发后，被全网推送转发，全网总点击量约5000万次，创造了宁夏日报报业集团原创新媒体产品传播的新纪录。

此外，新媒体频道推出的自治区两会Vlog短视频、重大项目开工手绘海报、系列动漫《宁宁夏夏说党史》、中阿博览会长图等原创融媒体产品，也受到好评。

重磅推出年度新媒体产品。《“晒”枸杞》是宁夏日报报业集团于2021年12月31日在宁夏日报客户端发布的新媒体产品，推出后反响良好。

持续发力短视频生产。2021年以来，按照集团党委要求，宁夏日报及所属新媒体平台加大了对短视频相关产品、平台的运营推广。宁夏日报抖音号2021年3月起由新媒体频道正式运营，共发布作品2048件，其中点击量1000万+作品3件，500万+作品15件，不断有爆款产品产生。4月28日发布《宁夏27岁女孩离世后，捐献了眼角膜》9秒短视频，抖音平台浏览量累计达到2068万次，点赞27.6万次。人民日报、央视网和其他省级媒体也在其他平台纷纷转发该话题。宁夏日报视频号1月28日正式上线运行，目前共发布780条作品，点击量10万+作品22件，100万+作品6件。宁夏日报快手号2021年5月26日发布第一条视频，共发布作品408件，其中点击量100万+作品5件。同时，进一步优化宁夏日报客户端“宁视频”内容和呈现形式，不断提升“宁视频”品牌影响力。目前，宁夏日报短视频生产发布实现了第三方视频平台全覆盖，抖音、快手、视频号等主要平台浏览量近2亿次，原创内容数量质量同步提升，并通过运营策划专人负责等方式，根据平台不同，实现多层次个性化发布。短视频平台在重要主题报道、策划报道和战役性报道中，发挥着越来越重要的作用。

三、以客户端迭代升级为抓手，不断推进全媒体传播工程建设，不断提高全媒体产品覆盖面、影响力和“造血”能力

宁夏日报新媒体频道综合运用行政推动、市场推广、内容运营等手段，多措并举加大客户端及其他新媒体平台推广力度。开通了新消息报、宁夏法治报频道，推动集团

新闻内容生产发布的进一步融合，原创稿件内容数量和覆盖范围显著提升。宁夏日报微信粉丝数12.6万，较2020年年底增加了2.5万。宁夏日报抖音号粉丝突破30万，短视频账号先后在快手、视频号、梨视频等第三方平台上线，实现短视频产品各平台全面开花。宁夏日报微博粉丝232万，头条号粉丝5.2万，均保持了稳定增长。宁夏日报全媒体矩阵粉丝数超过300万。全媒体传播工程建设取得一定成效，传播效果提升显著。

新媒体工作案例

《H5丨我是9514.8万分之一，一起接力响应党中央号召》

2021年7月1日，庆祝中国共产党成立100周年大会在京举行，习近平总书记发表重要讲话，并向全体中国共产党党员发出号召。宁夏日报客户端第一时间推出互动新媒体产品《H5丨我是9514.8万分之一，一起接力响应党中央号召》。产品以习近平总书记向全党发出的伟大号召为主线，择优选取15名普通党员对党说的心里话在页面上以弹幕形式滚动播出，引导广大党员积极参与其中。党员输入自己的姓名和响应地点并选择入党时间，即可生成个人专属定制海报，通过朋友圈进行二次传播。

该产品政治站位高，制作精良、反应迅速，抢占省级党报第一落点，掀起了学习贯彻习近平总书记重要讲话精神热潮，让讲话精神入脑入心，自觉落实到行动中。产品形式新颖、互动性强，广大网民积极响应号召，累计共有1.5万余人参与接力活动。

该产品在宁夏日报客户端首发后，不仅被区内媒体转发传播，同时也被浙江、四川、湖南、重庆、甘肃、广西等地的多家省、市级媒体同步推送，产品发布后一周之内总计全网点击量达300万+，参与接力人数高达11万，是近年来宁夏日报新媒体产品跨区域传播范围最广、传播效果最好、反应速度最快的一次创新尝试。

作品二维码

《“晒”枸杞》

这是宁夏日报报业集团于2021年12月31日在宁夏日报客户端推出的重磅新媒体产品。该产品以枸杞这一农产品为切口，将手绘、音频、视频、H5等多重元素融为一体，以5张栩栩如生的手绘画卷承载5个闯关关卡，5个关卡5个小标题利用“谐音梗”提纲挈领引人入胜，完美诠释了枸杞的渊源及功效、枸杞的种植及产业、枸杞的布局及品牌、枸杞的科技及发展、枸杞的文化及推广这5个方面，既分别展现了枸杞的各个角度，又合为一体组成了宁夏枸杞的生命、经济、文化、科研、产业等多维度图谱。该产品形式新颖、互动性强，一经推出立即刷屏微信朋友圈。

细细探究，该产品从时间角度展现了宁夏枸杞跨越千年的悠久历史，从空间角度展示宁夏枸杞走向世界的广泛影响力。《“晒”枸杞》是一款有内涵、有深度、有影响力、有趣味性的产品，是一次有想法、有创意、有策划的新媒体产品探索尝试。该产品通过小切口反映大发展，不仅充分展现了宁夏九个重点产业之一发展的实绩和实效，还全景再绘了宁夏乡村振兴的徐徐画面，既充满朝气又很有创意，把宁夏这一最具特色和最具影响力的特色农产品一五一十讲明白、说清楚。

作品二维码

（宁夏日报报业集团供稿）

银川市新闻传媒集团

新媒体工作综述

按照中央和自治区关于推进媒体深度融合发展的各项决策部署，2016 年 4 月，银川市整合原银川日报社、银川市广播电视台组建银川市新闻传媒集团，构建起全媒体传播体系的新型媒体集团，形成报纸、电视、广播、网站、新媒体五大传播体系以及若干传播平台。集团按照“一套班子，一盘棋”思维，坚持正确方向、一体发展、移动优先、科学布局、改革创新的工作原则，完成体制机制创新，通过内设机构重置、编采流程再造、人员聘用方式、绩效考核标准等方面的整体顶层设计，建立起适应媒体融合发展的一体化运行框架，确立“双核路径驱动”战略，确定“内容创优、移动优先、共享融通”发展目标，经过 6 年发展，整体实现“纵向有深度、横向有广度，发展有高度、推进有力度”的媒体深度融合发展工作格局。

2021 年，银川市新闻传媒集团主要从以下方面加快推进媒体深度融合发展。

一、加强策划创新联动，推动内容创优

以庆祝中国共产党成立 100 周年为契机，与银川市委组织部、市委宣传部联合打造银川市党建融媒体中心，整合汇集全市党建资源，依靠集团中央厨房及大数据平台，指挥调度报纸、广播、电视、手机客户端等核心媒体渠道，通过电视党建专题节目、报纸专栏深度报道、广播音频产品、客户端党建频道等主要载体，以视频、直播、音频、图文等多种形式覆盖全媒体渠道，多种媒介形式相融合，形成党建全媒体传播格局。2021 年 5 月，集团联合 12 家沿黄城市电视台共同策划的联制联播系列纪录片《脱贫攻坚：黄河大合唱》在央视农业农村频道播出，同时与上海、北京等 50 家电视台联制联播了《理想照耀中国》系列融媒报道，新闻影响力大大提升。启动《电视问政》进社区“我为群众办实事”全媒体系列直播，以“城市为人民　实事须办实”为主题的第 47 期《电视问政》起到了良好的舆论监督作用。

二、强化新媒体矩阵，落实好移动优先，助力乡村振兴

1. 新媒体矩阵发展迅速。集团根据平台定位、传播力、影响力等综合考量，按照“淘汰落后产能，扶持优势平台”工作思路，实施了新媒体平台红黄牌制度，集团扶持的具有优势传播力的主要新媒体平台达 26 个。培育出“这里是银川”“直播银川”“银川新闻联播”抖音号、视频号以及银川晚报微信公众号、“直播银川”微信公众号，银川新闻网、“直播银川”微博等头部新媒体平台。

2. 顺应形势，快速发展网络直播。2021 年，“直播银川”完成网络直播 51 场。先后开展了银西高铁通车、一路同行、每月查餐厅，“我为群众办实事”进社区等多场现场直播活动，共解决百姓实际问题 300 多个。大型全媒体跨年直播“蓄势再出发，奋斗正当时”首次突破宁夏地域区域界限，将直播范围扩大到湖北、福建、陕西，实现了低延时互动。

3. 上下联动，落实好“共享融通”。一是进一步推动市县两级媒体在提升优质内容生产、加强新媒体联动、技术融通升级、拓展市场运营等方面深度融合。二是建立县区融媒工作室机制，向各县区融媒体中心派驻融媒工作室总监，加强市与县区两级媒体协调沟通，提升县区新闻资源利用率，高效整合县区媒体资源。三是在与自治区融媒体平台联通方面，将集团银川公共、生活、文体三套高清电视频道通过宁夏广播电视台 IPTV 集成播控平台接入 IPTV 传输网，覆盖银川市 IPTV 用户。

4. 特色品牌营销助力乡村振兴。银川市新闻传媒集团紧扣“学党史　守初心　我为群众办实事”这一宗旨，深入实施“乡村振兴　公益助农——我为群众办实事　银川市品牌乡村全媒体推广活动”，为乡村振兴战略提供更加精准、高质量的“媒体 +”服务。服务活动不但拓宽了农民致富增收的渠道，也让更多的农户意识到品牌内涵的重要性。

三、大力推广新技术应用，全力打造融创基地

1. 建设融媒创新应用实验室。通过对各项新媒体技术的研发和利用，推出 VR 类、音视频类、无人机类、科技类、数据类产品和应用，领跑周边地区的新媒体市场。目前正在推进 5G 融媒创新实验室建设。

2. 建成银川 VR 融媒基地。银川 VR 融媒基地可生产大量全景、VR 产品，将广播、电视与新媒体紧密融合。例如，采用 insta360、Nano 全景相机一键发起 VR 直播，进行两会现场的报道。推出支持多机位 / 延时输出的全景云导播台，具备绿幕抠像，实时添加虚拟互动元素等功能。VR 技术的运用，大大提升了新闻的质量和传播力。

3. 积极运用广播融媒直播车（5G 融媒技术应用）。利用随车配备的高清云台摄像头、4K 高清摄像机、5G 移动终端等画面采

集设备，实现现场视频采访和车内直播间的画面及声音与观众形成互动，并通过高清车载大屏和高品质音柱在活动现场进行多角度宣传、展示，亦可通过5G网络进行微信、微博、客户端、网站等同步推流业务。

4.奋力打造“三中心两基地”。银川新闻传媒集团融媒基地建设以中宣部、国家广电总局颁布的融媒体建设标准为指导，充分考虑5G、4K/8K、VR/AR/MR、AI、云计算、大数据等新技术的应用，探索“5G+4K”“8K+AI”“VR+AR+MR”的技术路线。针对融媒基地功能定位，集团正规划打造“三中心”（优质内容生产中心、主流舆论引导中心、技术创新应用中心）、“两基地”（传媒人才实训基地、数字文创产业基地），融媒专业技术工艺建设遵循“满足需要、技术跟进、融合理念”，以期在媒体深度融合发展中实现更深层次的突破。

新媒体工作案例

H5《200秒纵览银川巨变》

2021年是中国共产党成立100周年，银川在党的领导下实现了历史性巨变。银川发展变化的资料很多，对聚合成H5的内容梳理有一定难度，用户很容易在大量信息中产生阅读厌倦感。但我们采用横屏画卷的创意方式来展示，把大量信息用图片加文字说明的方式集合在一起，再用时间线和红船将整个故事线串联起来，很好地保证了H5的连贯统一。我们选择用老照片和新照片进行对比，选取了交通、文化、医疗、教育、产业、生态环境等方面，采用长按播放帧动画的制作方式，实现用户的互动，在互动的同时，用户也可以点击将图片翻转，体验银川今昔的强烈对比，动画播放的同时，一艘红船向前航行，也象征着银川在党的领导下，不断发展前行。最后，用户可以生成个性化截图，用以转发分享。

作品紧扣中国共产党成立100周年重大主题，并聚焦银川历史变迁的重要意义，契合传播主题。在提供轻松、愉悦的浏览体验的同时，传播了相应的新闻内容，用户接受度高，有利于作品的进一步传播。

作品在银川发布App、银川新闻网、银川晚报微信公众号发布后，引发了社会各界的广泛关注。作品被腾讯新闻、今日头条、澎湃新闻等多家媒体转载，为庆祝中国共产党成立100周年营造了良好的舆论氛围。

作品二维码

H5《VR打卡红色银川》：寻访红色印记　追忆百年党史

主创人员选取了12个红色教育基地，前期拍摄人员将每个红色基地的VR场景拍摄好，收集场景的相关资料，在H5中，将场景和其背后的故事联系起来。作品中运用了VR互动、拖动、点亮等互动方式，将12个场景一一点亮后，可以生成截图。该H5作品互动性强，实现了与用户之间的良好互动，增强了趣味性，而生成海报则满足了用户的展示需求，同时也增加了作品的传播量。

作品刊发在庆祝中国共产党成立100周年期间，关注度高，受到了用户的一致好评，有些用户表示，通过VR场景观看红色教育基地，让原本普通的平面文字和图片变得更加生动和具体，感受更加直观。

拖动点亮的效果设计新颖，互动性强，增强了作品的传播力，优美的文案和音乐，增强了H5的可读性，让用户学习传承红色精神更加方便。作品被搜狐网、澎湃新闻、宁夏文明网等多家媒体转载，社会反响良好。

作品二维码

（银川市新闻传媒集团供稿）

新疆日报社

新媒体工作综述

2021 年，新疆日报社（集团）坚持以建设新型主流媒体为目标，以石榴云技术平台建设为牵引，以提高新闻报道质量和全媒体传播能力为核心，在媒体技术支持、平台渠道建设、组织架构保障和绩效考核创新等多个方面进行了积极探索实践，推动报、刊、网、端、微深度融合，不断巩固和壮大主流舆论，初步形成了与媒体融合相适应的体制机制，建立起全媒体内容生产整体架构，新闻生产能力大大提高，采编人员业务创新创优意识空前高涨，一批多面手挺进主战场。2021 年，新疆日报社（集团）斩获中国新闻奖一等奖 1 件，三等奖 2 件；“石榴云”技术平台荣获“王选新闻科学技术奖”项目奖一等奖，并入选中国报业深度融合发展创新案例；在中国报业协会开展的全国主流报纸出版质量测评活动中，《新疆日报》名列全国省级报纸出版质量测评结果第二名。

一、石榴云技术平台搭台，实现三级党媒互联共振

2021 年，随着自治区“石榴云”融媒体技术平台建成，新疆部分地州市融媒体中心和 85 个县级融媒体中心陆续入驻，新疆区、地、县三级媒体已经具备了在同一技术系统内共享资源、合作互动的条件。新疆日报、石榴云客户端带动地州（市）级媒体、县级媒体在融合生产传播合作上不断创新实践，逐步形成合力。

依托“石榴云”融媒体技术平台，新疆日报社（集团）建立“石榴联播”联动机制，发挥石榴云客户端中央厨房编辑部的功能，动态指导和协助各地州（市）融媒体中心和 85 个县级融媒体中心开展全领域的移动直播。2021 年 9 月 23 日，石榴云 / 新疆日报与乌鲁木齐市米东区、疏勒、沙雅、布尔津等 9 家县级融媒体中心联合开展《走进乡村看小康特别直播丨天山南北联播共品“丰收味道”》，点击量超 220 万次。三级媒体融合生产传播在多个领域的广泛深入合作，充分调动了全疆各级资源，大大缩短了

筹备时间，特别是移动直播方面，较从前呈现出“报道响应快”“覆盖范围广”“传播效果好”的特点，实现党媒共振，凸显了“全疆一张网”效应。

依托“石榴云”融媒体技术平台，新疆日报社（集团）全力打造“新疆党媒第一端”——石榴云汉维双语客户端，及时聚合发布央媒及国内主流媒体和自治区三级党媒优质内容。截至2021年年底，石榴云客户端下载量超350万次，已接入9家数字报以及新疆广播电视台所有广播节目，接入32类2800项政务服务、便民服务，引入100余家机构媒体、政务媒体发布资讯，石榴云客户端已成为自治区重要新闻的首发端口，疆内外媒体的重要新闻来源，成为名副其实的“新闻旗舰、政务总汇、服务助手”。

二、创新体制机制，实现内部要素有机融合

2021年，新疆日报社（集团）结合全媒体内容生产传播需要，优化内部组织架构，完成部门及科组设置、人员调配和干部配备工作，及时完善党务行政、采编业务、技术操作等配套制度，为建设新型主流媒体奠定了体制机制保障。

*1. 依托石榴云技术平台，构架全新融合采编组织体系。*设立“时政新闻部”“经济新闻部”“社会新闻部”“文体旅游新闻部”“视频新闻部”“客户端编辑部”“政务新媒体部”“第三方平台编辑部”“融媒产品部”等多个融合生产部门。在解决融合部门带头人的问题上，新疆日报分两步走，一方面启动新一轮处级干部选拔工作，把业务强、技术精的全媒体人才充实到重要管理岗位；另一方面创新干部任用体制，“不问出身、只看能力”，把没有编制和职级但熟稔新媒体业务的同志，以“部门负责人”方式提拔到管理岗位上。

*2. 以石榴云客户端为牵引，再造采编流程。*按照新闻传播规律，组建报社全媒体编委会，建立起全媒体内容生产的整体架构，打通新疆日报汉维哈蒙4种文版、石榴云客户端、天山网、“学习强国”新疆学习平台、微博微信抖音快手等第三方平台、今日新疆、新疆法制报、新疆画报、大陆桥友邻外宣期刊多语种全平台，策、采、编、审、发全流程。把过去分散在报、台、刊、网、端、微和其他第三方平台的采编力量与内容资源集中起来，形成了以石榴云客户端为牵引，报纸、天山网、第三方平台账号集群为辅的全新全媒体传播矩阵，实现了策采编发一体生产、多次生成、多元传播。

三、考核牵引移动优先，实现原创内容品质提升

2021年，新疆日报社（集团）以内容建设为根本，深入拓展党报党刊党网党端党微功能，党报党刊突出“厚”“重”“深”，新媒体平台注重“新”“快”“活”，媒体融合生产传播能力大幅提升，短视频、微电影、手绘动漫、海报图片、有声新闻等产品形态日趋丰富。

1. 考核指挥棒引导采编队伍转型。新疆日报社（集团）通过借鉴外部经验、征求内部意见、反复调研评估，制定了“新闻立社、移动优先、人才为宝”的全新绩效考核体系。新办法在融合生产传播的大背景下，以创新能力、工作质量、传播效果和贡献为导向，实行以岗定薪、多劳多得、优劳优酬的激励收入分配机制，向采编一线倾斜、向新业务形态倾斜，发挥考核“指挥棒”作用，大大调动了采编队伍的积极性、主动性、创造性。

2. 高质量融合报道彰显党媒权威性。新疆日报社（集团）坚持党媒姓党，坚守内容为王，充分利用党媒品牌公信力，坚持全媒体同频共振，多形态、多语种协同推进，做好习近平总书记重要活动、重要会议、重要讲话、重要论述等的报道，全方位立体呈现总书记领航新时代的大党大国领袖形象。精心做好中国共产党成立100周年报道，扎实开展党史学习教育宣传报道，积极开展全面建成小康社会和巩固拓展脱贫攻坚成果宣传报道，深入开展文化润疆宣传报道，持续做好经济社会改革发展相关报道，推出了一大批有思想、有温度、有品质的融媒体精品力作，得到上级主管部门充分肯定，也引起了受众广泛关注。聚焦社会热点弘扬时代精神，生产出了《拉齐尼·巴依卡遗愿完成了》《暖暖的手臂》等一批现象级融媒体产品。针锋相对开展涉疆舆论斗争，在天山网、石榴云客户端开设“新疆棉　中国心”专题，开展全媒体大型移动直播《新疆的棉花开了》《新疆的棉花丰收啦！》，全国213家媒体和平台同步播出，全网传播量超3亿人次。2021年是中国共产党成立100周年，新疆日报社（集团）以此为契机，精心策划“风展红旗　党在新疆100年”大型全媒体宣传实践活动，精心规划采访路线，推出《红色印记》《大事记》《故事汇》《红色巡礼》《遍地风流》融媒体报道，追寻百年来中国共产党镌刻在新疆大地的红色印迹，宣传中国共产党为各族人民谋福祉的不朽功绩，深受社会好评。

新媒体工作案例

《全国百家媒体同步直播 / 新疆的棉花丰收啦！》

2021年11月5日，由石榴云/新疆日报策划发起，全国213家媒体和平台同步播出的《全国百家媒体同步直播/新疆的棉花丰收啦！》全媒体移动直播报道成功实施。本次全媒体报道紧紧围绕“新疆棉花与农民增收致富”主题，统筹调动中央媒体、全国各地媒体和石榴云、新疆日报、疆内各融媒体中心内外宣资源，充分创新报道形式手段，组建骨干报道团队，通过3路直播场景多点位连线交替穿插、无人机实时航拍播报等方式，重点邀请棉花产业各个链条的人物“真人真说”，大场景、分层次、立体式呈现棉花采收、运输、收储、加工及各族棉农增收致富等情况。

本次直播内容丰富生动，全网高覆盖、矩阵化传播反响显著，国内外网民互动热烈、评价总体正面，直播报道全网累计传播量超过2.2亿人次，再创新疆棉花主题直播报道现象级传播纪录。本次直播还首次通过外宣平台对新疆棉花话题进行了实时同步播报，其中，CGTN等媒体通过海外社交平台进行了同步播出，并分段拆分直播内容进行同声传译，引发海外网民持续关注热议，有海外网民看了直播后留言“多么希望这（场景）是在我们的国家尼日利亚”“中国很棒！他们发展了这么多，让（摘棉花）这项艰苦的工作变成了轻松的工作”。

作品二维码

（新疆日报社供稿）

新疆广播电视台

新媒体工作综述

为适应新媒体发展移动化、可视化、智能化、互动化、平台化、开放化的趋势，新疆广播电视台站在牢牢掌握意识形态工作领导权的高度，充分运用新媒体技术，繁荣发展网络事业，实现从单一的内容提供者向综合服务提供者转变，实现一稿多用、一片多用，依托已有或新建的新媒体平台聚合用户资源，不断扩大影响。

一、基本情况

新疆广播电视台目前开办有汉、维吾尔、哈萨克、蒙古、柯尔克孜 5 种语言 12 个广播频率和汉维哈柯 4 种语言 12 个电视频道，全天共播出 462 小时。同时拥有 1 个自有官方客户端“丝路视听”App、2 个官方网站，以及在第三方平台上的 51 个新媒体账号，涉及新闻资讯、服务信息、“三农”民生等多个领域。2021 年通过不断推动媒体融合、转型升级，依托广播电视传统资源优势，形成了以广播电视节目和网站为基础、“丝路视听”App 为龙头、第三方平台为两翼的“丝路号”全媒体传播矩阵；打造了一批全媒体品牌栏目和品牌工作室；围绕“文化润疆”工程，在“广电精品工程”“中华经典诵读”“网络视听精品创作”等方面不断推陈出新，全年在网站、客户端发布各类稿件 10 万多条，其中本台原创视频稿件 3 万多条，总点击量超过 33 亿次，新疆广播电视台网上宣传的传播力、引导力、影响力、公信力全面提升。

二、强力打造自有平台

新疆广播电视台从内容创意、技术更新、数据管理等方面不断提升官方网站、官方客户端等自有网络平台的影响力。

一是于 2021 年 9 月 1 日完成了对官方网站新疆新闻在线网、丝路视听网的合并升级工作，以音视频为主要表现手段，努力打造区域性音视频内容服务网站。

二是 2021 年上半年，对“丝路视听”App 进行了彻底改版，集全台之力打造疆内独具特色的区域视听平台。2021 年 9 月，改版后的“丝路视听”App 正式开放下载。全台有 26 个新媒体账号入驻“丝路视听”App，每月发布图文稿件超过6000条，每月发布视频稿件超过3000条，每月推送各类网络直播50多场。

三是再造丝路采编审发系统，集资源汇聚、稿件审核、一键发布等功能于一身，将全台广播、电视、新媒体资源纳入统一管理，实现全台全媒体传播的资源集约、结构优化、差异发展、协同高效。

四是不断提升数据管理水平，建立数据管理体系和周报制度来规划好布局、统筹好资源，强化优势平台和账号的风格定位，避免各自为战、简单相加，打造有效管用的网络传播矩阵。

三、新媒体账号成长突飞猛进

在做大做强网络自有平台的同时，新疆广播电视台充分运用工作室制度，打造“直播新疆”“丝路视听”“小石榴工作室”“海米提正能量”等网络IP在抖音、快手等第三方平台上的知名度和影响力。截至2021年年底，“直播新疆”全网粉丝数量超过90万，“丝路视听”App用户数量超46万，面向维吾尔族网友为主的“小石榴工作室”全网粉丝超过34万。这些第三方平台账号在“万人说新疆”“这里是新疆”“新疆的棉花开了”等网络热点话题的传播以及传播正能量过程中，通过引领话题、引导舆论等方式发挥了重要作用。

2021年，新疆广播电视台各节目中心新媒体账号经过不断摸索调整，涌现出一批定位准确、个性突出、符合新媒体传播特点、黏性强的账号。如“新疆949交通广播”抖音号粉丝量突破百万，成为本台短视频账号中首个破百万的账号；“海米提正能量”抖音快手号作品定位符合短视频平台传播特点，个性化突出，形成品牌；“直播新疆维吾尔语”抖音快手号借助“新疆两万里”活动，深入南疆县乡，以网红主播自身优势制作发布系列原创短视频；“古丽说新疆”抖音号在剧情类短视频制作中表现成熟，小故事大道理于润物无声中被粉丝接纳，传播效果好。特别是新疆广播电视台广播新闻中心积极打造全媒体传播格局，探索“节目＋活动＋新媒体”广播发展新途径，取得了明显效果。

新媒体工作案例

新疆949交通广播抖音号

新疆广播电视台2018年2月在抖音平台上推出“新疆949交通广播抖音号”，紧扣交通生活垂直主题，为网友提供交通路况、应急服务、生活正能量等视频内容，通过4年多的运营，2021年11月“新疆949交通广播”抖音号粉丝量突破百万，成为新疆广播电视台首个破百万的短视频账号。

2021年，“新疆949交通广播抖音号”体现出以下特色：

一是更加注重内容深耕，继续实施品牌活动，持续吸引更多新媒体受众关注。如倡导特殊天气下帮助老人、孩子、孕妇和急需帮助的人优先乘车、优先护送的“绿丝带行动”、给患有阿尔茨海默症老人赠送定位手环的“黄手环活动”，以及每年高考期间组织的出租车免费送高考学子的“爱心送考”等活动。

二是更加注重融入文化润疆主题，制作播发以传承中华优秀传统文化、铸牢中华民族共同体意识为宗旨的一系列视频。如春节期间949交通广播每天介绍年俗文化的《主播说年俗》，组织发布新疆各族小朋友朗诵录制经典诗词的《云尚诵读》等视频产品。

三是更加积极发挥广播主持人优势，以视频直播的方式增强与网友的互动。2021年推出了爱心公益、应急救援、恶劣天气、新疆是个好地方云游新疆慢直播等一系列直播活动。

四是更加注重品牌打造，形成媒体融合新格局。2021年，949交通广播深入挖掘交通资源，充分发挥广播优势，联合乌鲁木齐市公安局交警支队成功开启949交通广播交警支队融媒体直播间，将交通生活资讯、实时路况信息、车驾管服务等内容以视频直播方式更加生动形象地展现给广大受众，全面推进媒体融合发展，在爱心送考、“12·2”全国交通安全日等重要节点中发挥了交通云指挥、总协调的重要作用。

新疆广播电视台“海米提工作室”

2019年，为更好讲述中国故事新疆篇，新疆广播电视台电视新闻中心成立了以主持人海米提名字命名的“海米提工作室”，并先后在新疆广播电视台融媒体平台丝路视听、自治区党委宣传部牵头统筹的省级媒体云平台石榴云，以及抖音、快手、小红书、今日头条、微博等第三方网络平台上，统一开设了“海米提正能量”新媒体账号，努力形成“矩阵”传播效应。截至2021年12月31日，海米提工作室全网粉丝超过250万，制作发布2200余条视频作品，作品总阅读量20亿人次，点赞量超过5000万次。

海米提工作室的新媒体产品通过“锁定”中国新疆好故事，优先转化台网优质新闻资源，并在网络寻找发现新疆话题和热点选题，突出主持人海米提强烈的“海式”风格，以精彩、个性的文案和评述，在追求速度的同时寻求话题的温度和深度，在激烈的信息竞争中赢得主动权，探索出新媒体和传统媒体互动、大屏小屏共振联动的一条可行之路。

2021年，“海米提正能量”短视频产品围绕建党百年、党的十九大、脱贫攻坚、乡村振兴等主题推出了一系列精品，以“正能量”为核心，讲述身边一个个新疆人的故事。发布的作品有痛惜英雄离去的《花儿为什么这样红——记拉齐尼·巴依卡》，有反映山河巨变的《库尔班大叔一家跨越几代的赴京路》，还有反映草根青年通过奋斗取得成功的《“努尔飞腿”用梦想的力量射进——记“励志波”》等。特别是在反击美西方污名化的斗争中，针对境外攻击抹黑言论和各类谣言谎言，立足客观事实，推出“疆小棉有话说”等一系列深度报道，驳斥错误言行，以正视听。“海米提正能量”所推出的新媒体产品全年冲上各大平台热搜话题的有50余个，其中，2件作品入选广电总局季度优秀网络视听作品、1件作品入选广电总局年度优秀网络视听作品。

（新疆广播电视台供稿）

兵团日报社

新媒体工作综述

2021年，兵团日报社坚持以习近平新时代中国特色社会主义思想为指导，严格履行党媒政治责任，守正创新，统筹推进新闻宣传、平台建设、媒体融合发展等各项工作，新闻舆论传播力、引导力、影响力、公信力显著提升。

一、工作亮点

（一）浓墨重彩做好重大主题宣传报道

紧扣“党史学习教育”和“中国共产党成立100周年”主题主线，实施了30多个重大报道，持续将习近平新时代中国特色社会主义思想学习宣传贯彻引向深入，为更好履行兵团职责使命、服务新疆工作总目标提供坚强思想保证和强大精神动力。

1. 贯穿全年做好党史学习教育和庆祝中国共产党成立100周年主题报道。把庆祝建党百年宣传作为全年大事，浓墨重彩宣传阐释新时代的重大意义和伟大成就。以“奋斗百年路　启航新征程”专题专栏为统领，先后推出“学党史　悟思想　办实事　开新局”“中国共产党人的精神谱系”“峥嵘岁月”“同心奔小康”“百年党史录”“百年讲述者”“重走兵团路”“英模初心‘绘’”和“重温红色经典”“学习党史大家谈”等专题专栏，各端口累计发布稿件、视频、海报等相关报道1000余条。推出重点策划“英模初心‘绘’”栏目作品20余期，用手绘的方式再现兵团英模的感人故事。策划推出系列融媒体报道《重温红色经典》，以图文、音视频等形式多样的内容为网友呈现兵团红色经典，共推出20余期，其中《这些军垦歌曲，正在边疆大地被唱响》《一部电影火了三首歌，而且你都会唱》等作品深受网友喜爱。围绕中国共产党成立100周年庆祝大会，推出融媒体产品，广泛宣传英雄模范事迹，新媒体各终端运用海报、微视频、动漫、H5等受众喜闻乐见的形式对兵团获得“七一勋章”殊荣的魏德友先进事迹加大宣传力度。

2. 习近平总书记考察新疆生产建设兵团7周年报道获好评。报社全媒体记者走进六师民兵训练基地、共青团农场等，看看有哪些新变化新成就，推出H5《春天的答卷》、Vlog《沿着习近平总书记考察兵团的足迹——“打卡”总书记到过的地方》。

3. 全国两会短视频报道富有特色。制作推出原创短视频专题《陈兰说两会》9期，视频紧扣两会议程，结合新疆和兵团实际，综合运用视频、图片、图表等形式生动解读两会热点，畅聊代表委员关注点、公众关切点，时长3分钟以内，专题推出后，网友们积极评论、转发，取得了很好的宣传效果。

（二）原创作品数量质量双提升

兵团日报社守正创新，强化精品意识，创新方法手段，提高优质内容供给，加强主流舆论传播力建设，陆续推出一批导向正确、内容生动、贴近受众、形式活泼的新媒体产品。

1. 原创数量尤其是短视频数量创新高。2021年，原创作品数量创历年之最，仅在抖音就发布短视频作品1000余件。点击量超百万次的有3件，《一巴掌拍死数十只蚊子，记者实地探访“蚊虫王国”——中蒙边境兵团十师一八三团三连。致敬！兵团人！》点击量达190余万次；《比利时人在阿拉尔养蓝牛》点击量达182.8万次、点赞量达8.8万次；《九旬维吾尔族老人如此表达感情》点击量达132.1万次，点赞量达9.9万次。

2. 集中精力做好品牌栏目节目。在及时发布时政新闻的基础上，努力做好时政视频评论《一周视评》节目。其中《如何开展党史学习教育，兵团党委这样部署》《当前重点工作怎么干，李邑飞提了这些要求》《兵团第二批政法队伍教育整顿成果如何？答案来了！》等内容获得较高的点击量。

以本地化和服务性为重点，打造《朝闻兵团》特色音频品牌，栏目内容不断丰富，编发程序日益完善，推出90余期，获得受众好评。

与兵团党委网信办联合推出“网民热点面对面”栏目，根据一个时期网民关注的热点问题，邀请权威人士做客兵团网，回应网民关切，如邀请兵团反诈专家给网民支招如何防电信网络诈骗；针对青少年和60岁以上老年人新冠疫苗接种问题，邀请兵团疾控专家进行科普和解答。

（三）全力打造全媒体矩阵

坚持移动优先战略，以构建全媒体传播格局、打造具有较强影响力和竞争力的网络矩阵为目标，深入推进媒体融合发展，在做好网站、微信、微博等新媒体平台的基础上，于2021年10月7日上线团炬客户端，形成以团炬客户端为主体，兵团网、兵团手机报、法人微博、微信公众号等多平台端口相互补充、各有特色的多层次、多媒体、多功能的传播矩阵。

团炬客户端上线以来，立足“新闻+政务+服务”新型媒体发展定位，深耕政务和民生服务，聚力打造兵团网上群众路线新平台，发挥主流媒体的引领和导向作用，打造媒体融合精品，呈现精彩纷呈的兵团故事。服务板块和“一周视评”“朝闻兵团”“夜读兵团”等特色栏目刊发200余期，深受读者好评，媒体传播力、影响力不断提升。

二、典型经验

在推进媒体融合发展中，报社不断把握新闻传播规律、总结经验，提高新闻舆论引导力。

（一）坚持政治引领

始终把坚持正确政治方向摆在首位，牢牢坚持党性原则和正确舆论导向，扎实做好党中央决策部署、自治区党委和兵团党委部署要求的融媒体宣传报道，坚定坚决担负起意识形态领域反分裂斗争的职责使命，着力增强新闻舆论的传播力、引导力、影响力、公信力。

（二）强化内容建设

把加强优质内容生产作为媒体深度融合发展的关键要素，把制作发布优质原创作品作为推进媒体融合的基本载体，鼓励编辑记者跨部门组成栏目小组，充分调动采编人员采写创作融媒体产品的积极性。目前，报社成立“一周视评”“朝闻兵团”“夜读兵团”等多个栏目小组，推出一大批深受读者喜爱的融媒体产品，有效提升了媒体的传播力、引导力、影响力、公信力。

（三）遵循传播规律

在推进媒体融合进程中，把握互联网传播规律和特点，顺应分众化、可视化、互动化网络传播趋势，推进网上宣传理念、内容、形式、方法、手段等创新，充分发挥客户端集聚、吸引用户的功能，深入研究微博、抖音等社交媒体传播规律，增强用户意识特别是聚焦青少年群体，贴近其特点，契合其习惯，利用各种平台广泛传播，使碎片化作品快速、精准直达受众。

新媒体工作案例

兵团日报团炬客户端：做强新闻主业，深耕政务服务

2021年10月7日，迎来新疆生产建设兵团67岁生日。当天，兵团日报“团炬”客户端正式上线。

团炬客户端结合兵团实际，借鉴兄弟媒体改革先进经验，立足“新闻＋政务＋服务”定位，第一时间发布新闻资讯，通过“要闻、政声、融媒、小炬、服务、帮、团炬号”等特色栏目，实现发布、求助、评判、链接四大功能，突出政务服务和群众服务两大重点，打造“网上群众路线”新平台。

团炬客户端的建设有其自身的特点：一是重软件轻硬件，没有搞大屏、大厅，投入少、见效快；二是以服务促发展，避免新闻客户端同质化，扬长避短、深耕本地，通过融入兵团政务服务和群众服务，增强用户黏性，努力打造一款兵团人用得上的App。

团炬客户端的上线运营，对兵团日报社而言，提供了一个加快融合发展、实现全面转型的平台，意义重大，影响深远。

团炬客户端已成为凝心聚力、传播正能量，引导群众、服务群众，讲好兵团故事、传播兵团好声音的阵地。

作品二维码

（兵团日报社供稿）

兵团广播电视台

新媒体工作综述

兵团广播电视台目前开设有 1 个电视频道，1 个综合广播频率。兵团广播电视台还启动了以兵团在线网、云上兵团客户端为核心，微博、微信、抖音等社交网络媒体为矩阵的新媒体宣传平台，形成“一次采集、多端分发”的工作格局。2021 年，兵团广播电视台继续深入推进媒体融合发展，通过创作新媒体产品，实现了多屏联动、立体传播效果。

一、把握网络和内容安全，不断提升网络内容传播力

坚持正确舆论导向。作为兵团的省级主流媒体，兵团广播电视台在自治区和兵团党委的坚强领导下，在兵团党委宣传部的有力指导下，高举习近平新时代中国特色社会主义思想伟大旗帜，忠实履行党的新闻舆论工作职责使命，坚持正确政治方向，严格执行“三审三校”制度，培养编辑的把关能力，提高各环节的工作效率和工作水平，在新媒体主战场出色完成年度各项新闻宣传任务，有效提升了兵团广播电视台新媒体平台宣传工作水平和舆论引导能力。

二、启动兵团融媒体指挥调度中心，上线云上兵团移动客户端

2021 年 3 月 28 日，云上兵团客户端正式上线。截至 2021 年年底，云上兵团客户端累计下载达 1 万次以上，发稿 104885 条。云上兵团客户端汇集了兵团广播电视台、兵团日报及各师市融媒体中心的新闻信息，以内容生产为核心，以“新闻 + 政务 + 服务”的模式，通过“1+14+N”的媒体矩阵建设，有力支撑服务各师市融媒体中心对相关业务的多样化需求。

三、讲好兵团故事，重大主题报道成效显著亮点纷呈

2021 年，兵团广播电视台积极主动向主阵地挺进，策划推出网络系列专题作品《闪亮的名字》，聚焦兵团英雄，礼赞兵团楷模，讲述他们闪亮名字背后的感人事迹；策划推出的《兵团是一部厚重的书，它的底色是红色》《绘就兵团美丽新画卷》《今日兵

团赛江南》《兵团人在生态建设中创造了人间奇迹》《这些经典军垦歌曲，在传唱中历久弥新》《兵团城镇，如珍珠般镶嵌在天山南北》得到了国内众多平台转发，其中人民日报客户端转发的《兵团城镇，如珍珠般镶嵌在天山南北》阅读量达到 10 万 +。

围绕“红色”基因，策划制作“以红色情怀　讲兵团故事”为主题的《1949 年，他们正年轻》《他们相伴塔里木，让兵团棉花“风姿绰约”！》《当祖国需要我们的时候》《祖国的召唤，让一代又一代兵团人找到了生命的坐标》《常常梦见兵团，依然感到亲切，这是一段割舍不下的情感》《有一种“兵团模式”令人骄傲，从中国走向全球》等 22 篇融媒体系列报道，这些报道主题鲜明、导向正确、内容独特、形式新颖，以独特的视角展示了兵团 67 年的奋斗历程。9 月 6 日到 10 月 14 日，经云上兵团、兵团在线网、新疆兵团卫视微信公众号等平台推送，引发强烈反响，“兵团零距离”、今日头条、“学习强国”兵团学习平台等多家新媒体平台进行了转发推送，使得这组“弘扬兵团精神，赓续红色血脉”的融媒体系列报道再次扩大了影响力，产生了较好的社会效果。

四、微信平台“新闻 + 服务”属性凸显，时政报道传播效果显著

2021 年，新疆兵团卫视微信公众号继续延续“新闻 + 服务”定位。从习近平总书记报道首条建设到自治区、兵团时政消息的及时推送，点击量同比增长 40%，多篇时政新闻报道成为当日传播的热点。而服务类原创消息的点击率也屡创新高，成为吸粉涨粉的重要入口。

五、微博、抖音平台抓住热点，继续拓展新闻舆论主战场

兵团广播电视台微博平台主要推送本土化的民生话题等，易于抓住用户，一年来粉丝关注量有小幅提升。而抖音平台主要抓住热点进行短视频剪辑推送，如兵团棉花、兵地救援等热点话题，点击量都破 10 万次，《梁庆，你毫不犹豫纵身一跃的样子真帅！》的播放量更是突破百万。两大社交平台账号的良好运营，拓展了新闻舆论主战场。

六、提高短视频内容原创能力，扩大传播效果

2021 年，兵团广播电视台新媒体平台短视频新闻内容表现亮眼，共发布超过 500 条作品，多部短视频新闻作品获得省部级奖项。一是短视频作品更追求现场感，二是移动直播业务发展迅速。2021 年 6 月至 11 月累计发布直播 72 场，以“庆丰收、感党恩”为主题系列“短视频 + 直播”，每场都达到 2 个小时。央视频把《大场面！看兵团棉田播种现场》和《新疆图木舒克棉花喜获丰收！》这两次直播作为首播页重点推荐，当天直播间粉丝量达 6 万 +。

七、推进绩效考核改革，加强人才队伍建设

通过新媒体绩效改革方案，制定新媒体

部绩效管理办法，加强编辑业务培训，加大新媒体原创作品力度，不断提高编辑的新闻业务水平和网站编排审美能力，不断提高管理人员对新媒体各平台的管理水平和管理能力，为兵团广播电视台新媒体壮大主流舆论阵地、凝聚网上正能量筑牢人才根基。

八、严格应急预案制度，保障网络安全

定期开展新媒体安全播出管理工作，定期开展系统运行维护情况的检查和考核，遇重大事故严格按照逐级汇报机制执行；在重要保障期，均制定重要保障期预案，做好动员部署、安全防范、技术准备；加强值班和监测，做好应急准备并定期组织演练；针对非法破坏类事件、自然灾害类事件拟定了相关应急预案，并定期组织演练。

一年来，在推动媒体融合发展过程中，兵团广播电视台为适应移动传播趋势，既注重提供共性新闻产品，也着重加强个性化的新闻生产。实践表明，主流媒体严守导向，坚持核心价值观，不仅在多元的思想环境中为人们提供了清晰的价值判断，也大大增强了主流媒体的权威性和公信力，成为传统媒体影响力向新兴媒体延伸和拓展的重要支撑和保障。

新媒体工作案例

“红色情怀　讲兵团故事”系列融媒体作品

2021年是中国共产党成立100周年，红色是兵团的特色，也是兵团的底色。从2021年9月6日到10月14日，兵团广播电视台新媒体部主创人员策划、制作的以“红色情怀　讲兵团故事”为主题的22篇系列融媒体作品，综合运用多媒体手段和多种新闻体裁，全方位、立体式呈现了几代兵团人在党的领导下，将亘古荒原变成绿洲良田，为保卫边疆、建设边疆作出重要贡献的壮丽场景。

“红色情怀　讲兵团故事”系列作品立足兵团广播电视台制作的5集纪录片《永远的旗帜》，将纪录片中的兵团故事重新编排，组合成简短意赅的系列融媒体作品；通过深入挖掘其中的故事人物、利用纪录片丰富的图片和视频素材进行包装修饰，力求用好作品讲好故事、感染人心。

系列融媒体作品“红色情怀　讲兵团故事”，主题鲜明，导向正确，内容独特，形式新颖，从一个独特的视角展示了兵团67年的奋斗历程。经云上兵团客户端、兵团在线网、新疆兵团卫视微信公众号等平台推送，引发强烈反响。“兵团零距离”、今日头条、“学习强国”兵团学习平台等多家网络新媒体也进行了转发推送，再次扩大了影响力，产生了较好的社会效果。

作品二维码

（兵团广播电视台供稿）

兵团胡杨网

新媒体工作综述

2021 年，新疆生产建设兵团胡杨网继续坚持改革创新，开展了一系列积极的实践活动。对网站版面、专题及栏目设置内容进行优化，并完成庆祝中国共产党成立 100 周年、党的十九届六中全会等一系列宣传策划报道工作。围绕中国共产党成立 100 周年、第三次中央新疆工作座谈会精神的学习贯彻、自治区第十次党代会等重大主题，开设重点专题专栏 10 余个。还开设了全国两会、乡村振兴 · 兵团在行动、接种疫苗 · 兵团在行动、首届中国国际消费品博览会、2021 年兵团大众创业万众创新活动周、“协同发展向希望　续写丝路新篇章”等专题专栏。

2021 年 7 月，兵团胡杨网作为第一载体，协同“学习强国”兵团学习平台、兵团文明网同步推出了两个自主特色专题专栏“寻找兵团 · 美食文化”和“军垦老兵 · 守护计划”。

“寻找兵团 · 美食文化”栏目具有强烈兵团文化符号的稿件播发后，在兵团乃至地方的社会各层面引起关注和共鸣，越来越多的兵团美食企业、个体经营者主动联系网站，要求进行采访或提供线索。这些报道包括：“寻找兵团 · 美食文化 | 这家网红食堂，满是兵团人的记忆”“寻找兵团 · 美食文化 | 解密美食技艺　走进舌尖上的非遗”“寻找兵团 · 美食文化 | 寻味六十年　万变百花村”等。

“军垦老兵 · 守护计划”栏目自 2021 年 9 月开设，通过寻访健在军垦老兵，为其发放老兵致敬礼包，提供适老化服务、实现微心愿等，重塑老兵群像，弘扬兵团精神。这一栏目的报道亮点在于，“军垦老兵 · 守护计划”是兵团首个在腾讯公益平台上线的公益项目，栏目以此为契机，通过记者的走访、挖掘，重塑老兵群像，赓续老兵精神，向军垦老兵致敬并送去关怀。系列报道刊发后，引起社会关注，老军垦的形象再次进入公众视野。老军垦及其家属们也深受感动，更有艺术家着手为老兵们创作绘画艺术作品等。越来越多的“兵二代”“兵三代”与胡杨网联系，希望报道他们父辈的故事。

兵团胡杨网原创栏目“兵团文物会说话”是网站重点打造的栏目，借助兵团重要文物之“口”，以第一人称的口吻，通过动漫视频的形式回顾兵团的红色历史，娓娓讲述红色故事，展现兵团感天动地的艰苦创业历史。目前已制作播发作品 32 件。

“可爱的兵团”栏目是兵团胡杨网联合新疆兵团出版社于 2021 年开始重点打造的重点服务兵团中小学生思政课的原创动漫短视频栏目，短小易懂、画面生动。2021 年制作刊播作品 42 件。

“兵团零距离”微信公众号是新疆生产建设兵团党委宣传部主管、兵团胡杨网主办的兵团重要的新媒体平台发声地。自 2017 年创办以来，坚持立足兵团，以报道国家重大新闻和兵团要闻为重点，开展了一系列特色主题宣传活动。2021 年新增栏目“大事小事在兵团”“师团连连看”等独具兵团特色的栏目，刊发兵团及师团连的新闻，已经播发 149 期。10 月 11 日至 17 日，配合兵团网信办进行了以“网络安全周”为主题的宣传活动，进一步向广大职工群众普及网络安全知识，不断增强其网络安全意识。

2021 年以来开设的“兵团好人”栏目，通过新媒体手段大力宣传兵团文明办评选出的月度或季度“兵团好人”事迹，在社会上取得良好反响，栏目的权威性得到广泛认可。

（兵团胡杨网供稿）

媒体品牌海报集锦

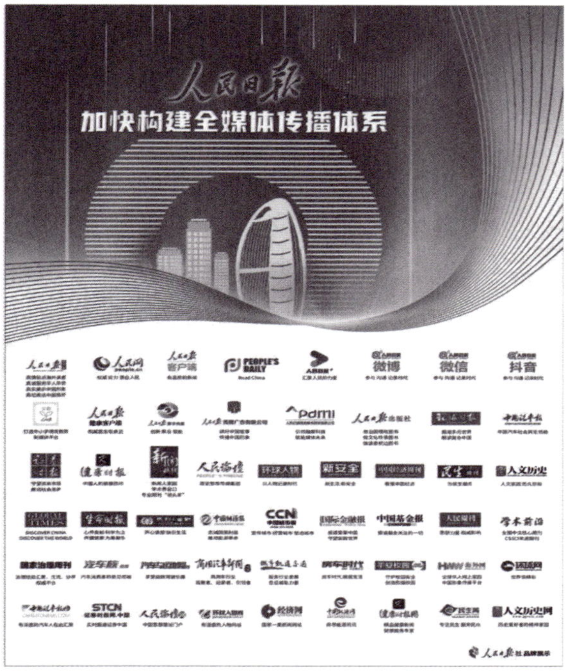
人民日报
加快构建全媒体传播体系

推进深度融合，
构建全媒传播新格局
新华社
XINHUA
NEWS AGENCY

主流定位
特色表达
融合呈现
中国妇女报
中国妇女网
cnwomen.com.cn
中国妇运
花样BLOOM
盛年

北京日报报业集团
全媒体传播矩阵
北京日报
北京晚报
北京日报客户端
北京城市副中心报
京报网
从报纸中走来 与新北京同行

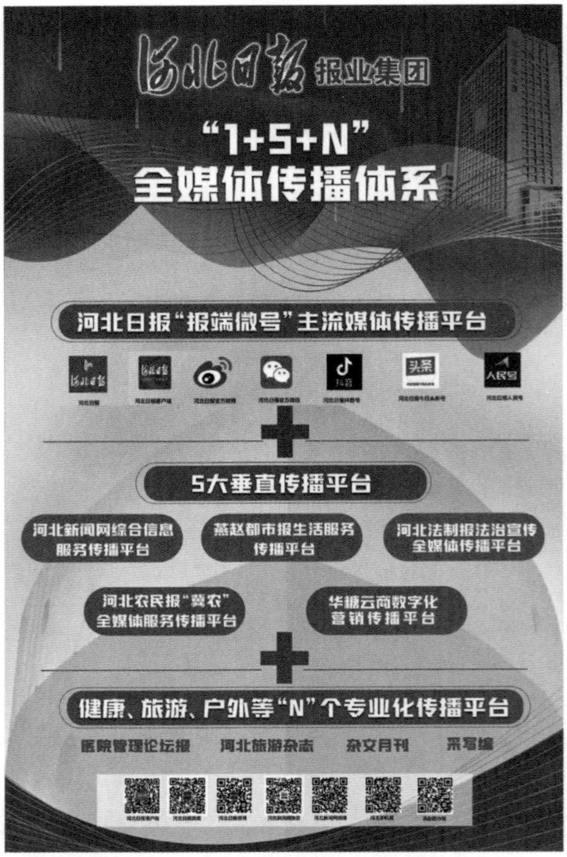
河北日报报业集团
"1+5+N"
全媒体传播体系
河北日报"报端微号"主流媒体传播平台
5大垂直传播平台
河北新闻网综合信息服务传播平台
燕赵都市报生活服务传播平台
河北法制报法治宣传全媒体传播平台
河北农民报"冀农"全媒体服务传播平台
华糖云商数字化营销传播平台
健康、旅游、户外等"N"个专业化传播平台
医院管理论坛报
河北旅游杂志
杂文月刊
采写编

望长城
Dream
梦无限
The Great Wall
长城新媒体集团
冀云
官方微信
官方微博
抖音号

与时代共进·新闻人献礼
建党百年
新闻联播
新闻夜航
黑龙江卫视
极光新闻
东北网
官网
龙视频
快手
极光新闻
客户端
新闻夜航
公众号
汉水路333
抖音
龙广官方
微博
黑龙江卫视
微博
黑龙江卫视
公众号
黑龙江交通广播
公众号
新闻夜航
微博
龙视新闻在线
公众号
龙视新闻联播
公众号

新华报业传媒集团
XINHUA DAILY MEDIA GROUP
传承红色基因
勇立时代潮头
新华日报
新华报业网
交汇点新闻
视觉江苏
新华日报财经
扬子晚报
少年志
中国江苏网
新江苏
乡村干部报
南京晨报
江苏经济报
江苏法治报
扬子体育报
党的生活
传媒观察
新华商

安徽新媒体集团
Anhui New Media Group
围绕中心
服务大局
融合创新 勇争一流
中安在线
中安新闻
中安视频
安徽文明网
安徽学习平台

福州日报社
全家福
福州新闻网
掌上福州客户端
影像福州
HOMELAND
福州日报
福州晚报

文化生活新
福州广播电视台
FZTV-3
都市生活频道
福州新闻
畅行
87.6
与时代共进
新闻人献礼建党百年
福 州 广 播 电 视 台

山东广播电视台
让山东广电
成为人民美好生活的一部分
闪电新闻
齐鲁网
山东卫视
问政山东
闪电大视野
HICON
Lightning TV

媒体追踪

羊城晚报报业集团
YangCheng Evening News (Group)
全媒体传播矩阵
羊城晚报
金羊网
www.ycwb.com
新快报
xkb 新快网
广东建设报
Color
优悦生活
羊城晚报 出版社
YangCheng Sports 羊城体育
ZAKER广州
微信
微博
喜马拉雅官方账号
抖音号
快手号
视频号
可乐TV

海南广播电视总台
HAINAN BROADCASTING STATION
全媒体矩阵
海南卫视
三沙卫视
海南经济
海南新闻
海南公共
海南文旅
海南少儿
移动新媒
新闻广播
旅游广播
交通广播
音乐广播
民生广播
海南声屏报
视听海南
旅游网视
（注：总台及各频道的微博、抖音、快手等新媒体账号不完全统计）

广西日报传媒集团
全媒体传播矩阵
广西日报
广西云客户端
南国早报
南国楼市
南国今报
广西新闻网
手机广西网
南国城报
广西画报
新闻潮
生活报

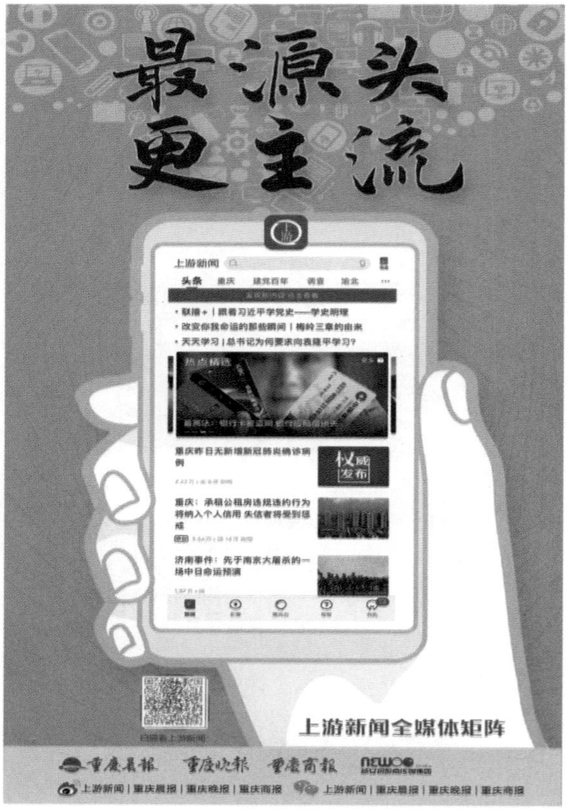
最源头
更主流
上游新闻
头条
热点精选
权威发布
上游新闻全媒体矩阵
重庆晨报
重庆晚报
重庆商报
上游新闻 | 重庆晨报 | 重庆晚报 | 重庆商报

举旗帜
聚民心
育新人
兴文化
展形象
华龙网
• 重庆市委市政府官方新闻网站
• 重庆日报报业集团战略转型平台
• 拥有重庆重大新闻首发权
战略目标
打造现代传播体系与大数据人工智能
综合布局的新型媒体集团
我们拥有的流量矩阵
华龙网 PC
重庆门户网站
华龙网在全国省级新闻网站中综合传播力保持领先。
新重庆 APP
重庆城市客户端
聚合资讯云、政务云、生活云。截至 2021 年 4 月 30 日，新重庆客户端下载量 858.85 万。日活 51.2 万，月活 304.9 万。
1+41 重庆客户端集群
内容联动，共享运营，策划主题宣传全域联动，借助整体平台实力，共享互推，全覆盖无死角，提高影响力。截至 2021 年 4 月 30 日，总下载量 2626.3 万，日活 255.8 万，月活 924 万。
3000+ 智慧数字屏集群
重庆唯一入驻党政机关的新媒体，覆盖全市各区县党、政、商、企。重庆日报阅报屏超 1250 块，科普屏超 2000 块。日均覆盖人群 300 万。
1000万 手机报集群
重庆首家本土彩信手机报，创办以来覆盖全市 41 区县。区县手机报用户 750 万，重庆手机报集群用户 1000 万，未来进入 5G 融媒
重庆网络问政平台
以“网络民意桥 有事请吐槽”为宗旨，搭建起市民与党政部门沟通的桥梁，为市委市政府决策提供参考，为网民排忧解难。
重庆城市客户端
重庆华龙网集团股份有限公司

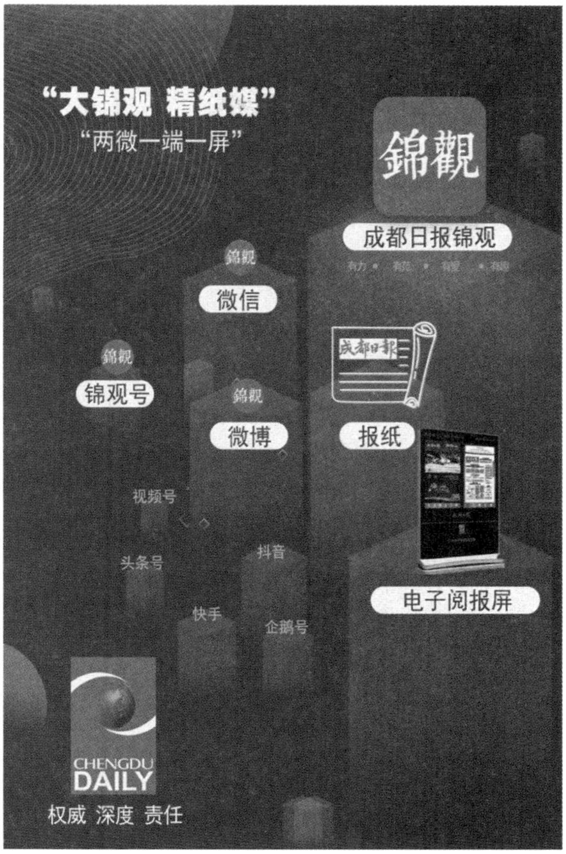

“大锦观 精纸媒”
“两微一端一屏”
錦觀
成都日报锦观
锦观
微信
锦观
锦观号
锦观
微博
报纸
视频号
头条号
抖音
快手
企鹅号
电子阅报屏
CHENGDU DAILY
权威 深度 责任

SMG
陕西广电融媒体集团
（陕西广播电视台）

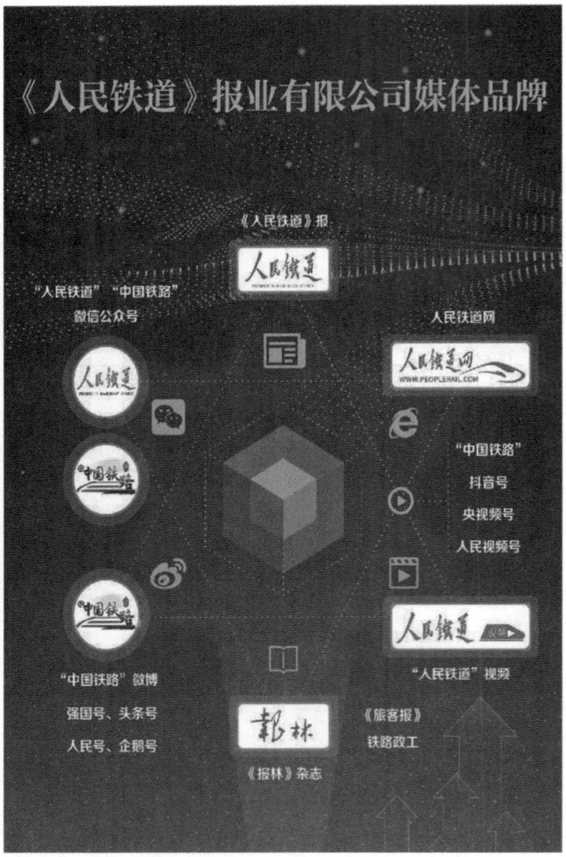

《人民铁道》报业有限公司媒体品牌
《人民铁道》报
"人民铁道" "中国铁路"
微信公众号
人民铁道网
"中国铁路"
抖音号
央视频号
人民视频号
"人民铁道"视频
"中国铁路"微博
强国号、头条号
人民号、企鹅号
《报林》杂志
《旅客报》
铁路政工

中国知识产权报
媒体品牌"全家福"
中国知识产权报
中国知识产权资讯网
www.iprchn.com
CIPN 微信
CIPN 微博
国家知识产权战略网
www.nipso.cn
微信
中国企业知识产权网
China Enterprise Intellectual Property
IP客 IP客客户端
知识产权人的世界
智南针 worldip.cn
智南针 worldip.cn 微信
国家海外知识产权纠纷应对指导中心
www.worldipguidance.cn
专利代理
Creativity 创意世界
创意世界 微信
与时代同行 与保护同频
CIPN 中国知识产权报

团结报
新媒体矩阵
NEW MEDIA
学习强国号 团结报 2020.5
央视频号 团结报社 2020.3
快手号 团结报团结网 2020.1
新浪看点号 团结报团结网 2019.12
人民号 团结报团结网 2019.9
"数字团结" 数据信息服务 2018.9
搜狐号 团结报团结网 2018.7
抖音号 团结报团结网 2018.5
CCTV+号 团结报团结网 2018.3
腾讯企鹅号 团结会客厅 2018.3
客户端 团结e家 2016.11
一点号 文史e家 2016.10
微店 团结报 2016.10
头条号 团结报 党派e家 2016.7
特色微信号 团结报 文史e家 2016.5
法人微博 团结报团结网 2016.3
官网 团结网 2015.1
法人微信 团结报团结网 2014.8

区域进展

北京市媒体深度融合发展工作综述

2021年，北京市委全面深化改革委员会召开第十六次会议，审议了《北京市关于加快推进媒体深度融合发展的实施方案》，市委书记在会议中指出："要深刻认识全媒体时代推进媒体深度融合发展的重要性和紧迫性，牢牢掌握全媒体时代舆论场主动权和主导权。加强区级融媒体中心建设，做大做强网络平台，向'新闻+N'全媒体扩容。加强优质内容生产。加强与新媒体业务相匹配的采编审发全流程管理。严格行业监管及准入。用好5G、8K等信息技术发展成果，促进应用场景建设和使用。大力培养全媒体人才。"

目前北京的媒体融合正走向纵深的关键节点，媒体融合平台阵地建设取得了体系化、多级式、重连接的重要进展。总体来看，市属媒体的多级式融合之路目标清、方向明，蹄疾步稳，有序推进。各区的媒体融合发展深浅不一、缓急有别，不过都取得了较大的进展。

一、报刊大幅提升传播能力

1. 北京日报社。2021年，北京日报报业集团走出一条具有首都党媒特色的融合发展之路，融媒精品生产和传播能力大幅提升。策划《解码百年大党》《解码全面小康》《微青课·中国之制精讲》理论系列短视频，推动党的创新理论通俗化、可视化传播，全网播放量超1500万次。紧扣"全天候24小时"传播生态特点，持续放大"京平""七日谈""长安观察""北京论语"等评论品牌网络效应，进一步增强选题时效性，不断提高"京报锐评"短评微论的发声密度，强化细分评论短视频《新闻我来说》的主播个人风格，针对疫情防控、中美高层战略对话等国内国际重大问题坚定不移发出党报声音，全年评论类文章及视频节目全网阅读量超10亿次，有力增强了党报在网络空间的影响力。新媒体端日产能超过3800条，移动传播矩阵用户数达2.9亿，全年全网阅读量超500亿次，出现10个千万级、28个百万级粉丝平台，涌现出大批阅读量过千万甚至过亿的爆款产品。其中，北京日报客户端借力北京号的近300家入驻账号拉动日活量增长，下载量达1844.33万次，"新闻＋政务＋服务”定位进一步凸显；北京青年报客户端致力于打造以新闻资讯发布为主、融合多种功能的新型融媒体平台，下载量超2000万次；“长安街知事”全网用户超2600万，传播力影响力位居全国时政类新媒体前列；北京日报、北京晚报微博微信账号活跃度不断提高，粉丝总量超过2800万，出现300余个亿级传播案例；“学习强国”北京学习平台月浏览量超3.5亿次，稳居全国前列。

2. 新京报社。2021年，新京报社在“全媒体传播体系建设”“视频品牌化与全领域化”“新闻＋”等新媒体领域建设方面取得了一定的成果，分别在传播平台升级、指挥调度集成、智慧媒体升级、精品工程塑造、大端大号大阵、网红“大V”养成、财经孵化上市、拍客资源整合、高端智库服务、电商平台营销、舆情评估治理、媒介素养赋能、公益项目扶持、版权转化开发、IP项目创意等方面取得了长效的发展。2021年，新京报已发起直播超1400场，日均直播4场，其客户端以新闻精品化、运营精细化为方向，做大做强客户端影响力，对首页进行改版，精选原创新闻，以完全区别于其他客户端的运营方式，取得明显效果。

二、广播电视全面挺进主战场

2021年，北京广播电视台狠抓全台媒体融合发展三年行动计划任务落实，加快实施移动优先战略，全面推动主力军挺进主战场，基本实现了采编播人员全媒体转型和大小屏融合传播，开创了首都新型主流媒体建设的全新局面。

2021年5月，北京广播电视台编制出台《加快推进媒体深度融合发展三年行动计划》，明确提出构建以“北京云”为龙头、以“北京时间”和“听听FM”为两翼、以融媒账号矩阵为助力的“1+2+N”媒体融合新发展格局。设立1600万元媒体融合专项资金，鼓励采编制作人员向新媒体平台提供优质稿件。“北京时间”积极探索“新闻＋政务商务服务”的媒体融合发展模式，已与北京市公安局、市金融局、市大数据局等政府部门合作推出了接诉即办、生活消费、医疗、景点预约参观等民生服务，与首都博物馆、中国电影博物馆合作推出了“首博食间”等系列文创IP。“北京时间”还分别面向短视频和视频直播领域推出了短视频品牌“时间视频”和直播品牌“时间直播”，“时间视频”全平台流量达37.79亿、矩阵粉丝量超2290万，“时间直播”直播活动近3000场、全网观看量超4.3亿次。“听听FM”着力构建以“音频互动”为主要特征的专业音频服务平台，客户端下载量达到1800万次，日活跃用户超过50万，在北京市属主流媒体中排名第1位，在“全国广电媒体音频客户端排名”中位列第2位。

三、区级融媒深耕本土特色资源

2021年，北京市各区融媒体中心不断做强宣传思想阵地、持续繁荣内容创作生产，紧扣全市宣传基调，契合各区融媒体发展目标，用一系列主题鲜明、内容充实、贴近生活、服务百姓的精品节目讲好北京故事，弘扬首都文化、展现时代之新。为塑造区域独特文化形象，各区融媒体中心深耕本土特色文化资源，彰显首都历史底蕴。

东城区融媒体中心推出《炒肝，老北京的味道》《起大早来东城胡同小店排长队，就为这两样？！》《清真老号里的北京味儿》《东四的变迁，卤煮店里的人情味儿》4部“东城味道”系列短视频，围绕国际消费中心城市建设，立足簋街、隆福寺等重点商圈经济恢复和平安大街、崇雍大街等环境提升成果策划推出系列融媒体作品《北京稻香村哪家强？这家真的不一样！》《探访：600岁隆福寺变身网红打卡地》《瞒不住了，北京东城原来这个样！》等原创内容，生产“东城因你而美”“壮美中轴”系列作品创新图文、视频形式讲述东城人文故事，获得广泛传播。海淀区融媒体中心联合香山街道，打造“红色香山”文化传播品牌，第一次以IP为核心运营媒体和文化品牌，拍摄庆祝建党百年纪录片《一片香山红　点染新中国》，创作《香遇百年》红色香山主题宣传片，邀请专家授课，包括《中国共产党的建国伟业》《中共中央在香山》《传承红色文化构建美丽香山》《红色香山的前世今生》《海淀香山地区的红色文化》等课程。朝阳区融媒体中心以“朝阳群众”命名抖音号、快手号，发布“朝阳群众”“文化朝阳”“文明朝阳”系列播放量破千万次的短视频合集，占领短视频舆论阵地，推出《朝阳群众话小康》《朝阳群众话冬奥》《朝阳群众这么看》《小朝说唱》等专栏及系列报道，不断强化“朝阳群众”IP形象定位及内涵，为内容传播蓄能助力。石景山区融媒体中心推出的《穿越飞行石景山首钢园　冰雪盛会魅力无限》和《嗨玩冰雪　打卡石景山》两个短视频，经过全网推送获得了超过430万次的阅读量，超过15.6万次的点赞量。丰台区融媒体中心依托长辛店优势，参与拍摄新华社名牌栏目《国家相册：长辛店纪事》融合产品，登上微博、快手热搜榜，微博话题总阅读量突破8000万次，总浏览量超过1亿次，成为央地PUGC合作的又一个过亿次产品，“北方的红星”长辛店在建党百年的历史时点，成为青年人的“网红打卡地”，拍摄20集系列短视频《我在长辛店学党史》，将长辛店6处主题展览搬上移动端，开展线上参观学习。昌平区融媒体中心推出文化专题类节目《古今昌平・古建匠心》，以“古建筑”为中心，解读数千年沉淀的建筑奥秘，还原行将消失的工匠技艺。怀柔区融媒体中心联合制作精美图文，《北京怀柔：河防口长城千亩杏花盛开》。门头沟区融媒体中心推出《话说门头沟》节目，跟着专家老师欣赏生态山水、感悟红色历史、走访古道村里、体验民间习俗。

各区融媒体中心围绕文化、经济、民生等方面推出主题多样、内容丰富的专题节目。西城区融媒体中心在老北京民俗文化上做文章，拍摄《北京市西城区举办“剪纸中的百年”大型主题剪纸艺术展》。延庆区融媒体中心深挖地区优势推出《延庆人说延庆事儿》专题节目，走访非遗传承人，揭秘延庆深厚的文化底蕴。大兴区融媒体中心推出庆祝改革开放40周年系列专题节目《新国门·新大兴》，内容涵盖大兴的新农业文化、麋鹿文化、馆藏文化、文创产业、美丽乡村文化、特色小镇文化、新国门文化等热点话题，全面展示区域文化魅力。经开区融媒体中心积极就本区交通、养老、金融、生态领域等开展一系列特色专题，例如《北京经济技术开发区：交通综治使用自动驾驶巡逻车》《北京经济技术开发区开启一站式为老服务》等。

北京市的区级融媒体平台能挖掘本区文化特色，发挥区域优势，结合本地资源，加强人文关怀，推出受众喜欢的本土化内容和接地气的特色作品，从理念、形式上创新，增强信息传播的针对性和实效性，是当前信息传播技术进步的必然产物、社会转型和区域治理能力现代化的内生需要。

（北京市新闻工作者协会供稿）

天津市媒体融合发展工作综述

2020年9月，中办、国办印发《关于加快推进媒体深度融合发展的意见》，深入总结近年来媒体融合发展的经验做法，提出一系列新思路新目标新举措新要求，具有很强的前瞻性、指导性、针对性和可操作性。在中宣部、中国记协的关心指导下，天津深入学习领会中央加快推进媒体深度融合精神，切实用以指导融合发展实践。

一、天津推进市级媒体融合的工作举措

2021年，在天津市委的坚强领导和天津市委宣传部的直接指挥下，海河传媒中心深入贯彻落实加快推进媒体深度融合发展的指示精神，做大做强主流舆论，自觉肩负起举旗帜、聚民心、育新人、兴文化、展形象的使命任务。牢牢把握全媒体时代意识形态话语权，以全方位立体化传播态势直抵人心、网聚人心、振奋人心，不断提高新闻舆论传播力、引导力、影响力、公信力。

1. 以全媒体记者为底色，推动主力军进入主战场。海河传媒中心致力于传统媒体与新媒体深度融合，促进在差异定位中实现优势互补，让主流媒体成为主旋律和主流舆论更加坚实的引领者，让党的声音传播的音域更广、穿透力更强。中心内日报、晚报、广播、电视的采编人员“移动优先”成为共识、“用户意识”深入人心、“爆款产品”时时刷屏，各媒体间人员流动和文化交融使得队伍更有活力。据不完全统计，中心成立后，各媒体间的人员交流已达千人以上。随着采编人员对数字化技术的娴熟运用，一批提笔能写、对镜能讲、举机能拍的全媒体记者完美蜕变、脱颖而出。

2. 以融媒体工作室为抓手，推进内容生产供给侧结构性改革。津云融媒体工作室作为海河传媒中心推进融合的一个重要抓手，鼓励传统媒体人发挥自身专长和优势，在新媒体上开展内容创新。自2018年4月以来，通过多次招募、优胜劣汰，目前正在运营的工作室有60余家，千余名传统媒体一线编辑、记者、主持人加入其中，累计推出新媒体作品3万余件。同时，建立“工作室+”培育机制，搭建起互为补充、协同作战的工

业化生产模式，助力工作室打造出多样化、个性化、对象化的产品，实现从平面到立体、从可读到可视的转变。2021年，津云融媒体工作室案例入选国家广电总局评选的“2021年全国广播电视媒体融合成长项目提名”名单。

3. *以活动和项目为突破，引领融合向纵深发展*。在做好传统媒体的同时，与新媒体实现“双向进入，此涨彼涨”，以活动和项目的开展促进媒体融合。2021年，天津广播发起由京津冀三台广播主办、全国广播参与的“同唱一首歌”全国广播云上融媒体主题报道活动。融媒体主题报道活动以同唱《没有共产党就没有新中国》这首歌为线索，在选题上实现了唱响红色旋律与表达群众所盼的统一，在创意上打通历史与现实，由此在相同题材报道和活动中显得独树一帜、独具匠心。京津冀及全国各省市新闻广播在黄金时段重点新闻节目联合推出了“全国广播云上融媒体主题报道——‘同唱一首歌’”专栏，共播发全国33家广播媒体的68篇专题报道。

二、天津市推进区级融媒体中心建设工作举措

天津高度重视区级融媒体中心建设工作，持续推动区级媒体融合工作由“建强”到“用好”的新转变，坚持守正创新，高效整合各级各类媒介资源，不断丰富媒体形态、提升传播质效，提高新闻信息生产、传播、服务能力，融合基层政务资源、社会资源，增强公共服务及其他方面的功能，更好地满足人民群众的美好生活需要。

1. *主流舆论阵地不断壮大*。各区融媒体中心统筹“报网微视”等各类宣传媒体，围绕落实中央和市区委决策部署、本区中心工作精心组织宣传报道，开展主题宣传活动，注重传播形式创新的同时，力求内容百姓喜闻乐见，持续提升传播力、引导力、影响力和公信力。滨海新区融媒体中心在各项重大主题报道中，充分发挥媒体融合优势，展开全方位、多角度、多侧面的宣传报道，相继推出习近平总书记视察天津两周年系列报道、“奋斗‘十四五’‘滨城’开新局”“自主创新滨海调研行”“以优异成绩迎接建党一百周年‘美丽滨城’攻坚·一线”“发现滨海之‘最’”等一批高质量稿件；河西区融媒体中心重点围绕庆祝建党100周年、推进高质量发展等主题，策划挖掘选题、落实采访报道、提前统筹策划、深化研判创新，在“台、报、网、微”全平台统筹开设《奋斗百年路　启航新征程》《未来五年看河西》《居家养老　幸福万家》《我为群众办实事》等专栏，及时传递党的声音、回应社会关切、讲好河西故事；津南区融媒体中心围绕国家会展中心（天津）首展情况，充分发挥“津南好”客户端、“风起南岸”微信公众号、“融媒津南”视频号等新媒体矩阵优势，抢抓新闻热点、报道即时消息。从“携手护航、幕后英雄诠释奉献担当”“展城融合、联动发力汇聚人气动能”“全民参与、细微之处彰显文明风范”3个方面对保障会展首

展必胜必赢的情况进行了全面阐释。

2. 融媒精品不断涌现。各区积极在“融合发展”上下功夫，做好内容供给侧结构性改革，生产内容生动新颖、形式丰富有感染力的融媒体产品。南开区融媒体中心以津云“看南开”“镜看南开”“故里南开”“易拉罐”4 个工作室为内容创新的龙头带动，形成“讲好南开故事”的工作室矩阵，制作推出《为了“泡面书记”不再吃泡面……》《铁骑护航　接英雄回家》《听志愿军老战士讲述抗美援朝峥嵘岁月》等多部爆款产品。西青区融媒体中心围绕全年重点、紧扣重大事件，确保宣传报道环环相扣，新闻作品持续高质量产出，结合“无人机”闪亮西青夜空，为建党百年献礼，制作推出《航拍大片！西青区庆祝建党 100 周年无人机灯光秀震撼来袭》；践行“绿水青山就是金山银山”生态发展理念，推出《“飞”享西青｜稻香四溢的生态绿廊》《西青生态绿廊惊艳亮相！为京津冀再造一叶“城市绿肺”》等产品。

3.“媒体 +”功能不断丰富。按照立足优势、选准项目、重点突破的思路，本着移动优先原则，延伸行业触角，拓展“媒体 +”服务领域。和平区融媒体中心在“和平资讯”App 首页开通网上办事大厅，搭建政务办事的统一入口，接入政府服务、公共服务、生活服务等三大类服务栏目，开通“民心工程面对面”节目，智慧引领便民服务，获得了天津政务新媒体综合影响力“十佳行政区政务新媒体”称号；红桥区融媒体中心通过“家在红桥”App 对社区信息进行汇聚整合，为百姓了解身边大事小情提供便利快捷的平台。利用 App 中“咱家”板块，对区内 104 个社区党群服务中心办公地点、工作人员进行公示，及时发布社区居民需知悉的通知、公告，上传日常业务工作、各类活动信息，回复群众关心关注的问题，引导群众通过信息传达和社区活动参与进来、互动起来，共享发展成果。蓟州区融媒体中心坚持“媒体 + 电商”，充分发挥中心平台的资源优势，建成线上“蓟州生活馆”电商平台和线下“蓟州生活帮体验馆”，拓展线上线下发展领域，延伸创收触角。

（天津市新闻工作者协会供稿）

河北省推进媒体融合发展工作综述

2021年，河北省深入学习贯彻习近平总书记关于媒体融合发展一系列重要论述和指示要求，认真贯彻落实中央和省委关于加快推进媒体深度融合发展的系列决策部署，坚持守正创新，融媒体平台不断更新，融媒体精品不断涌现，融媒体队伍不断壮大，媒体传播力、引导力、影响力、公信力不断提升。

河北日报报业集团新媒体用户数超过1.2亿。河北新闻网网站Alexa全球综合排名进入前1000名，日均UV、PV分别达到100多万和500多万，居河北网络媒体之首，在全国省级党报网站排名中位居前列；河北日报客户端累计下载量超过1300万次，成为河北移动端第一权威发布平台。2021年6月7日至今，“河北日报”学习强国号在全国强国号中位居前5。

河北广播电视台“冀时”客户端下载量超1200万次，位列全省新闻阅读类App第2位，成为河北省年度下载量增长幅度最大的媒体客户端。

长城新媒体集团冀云系列客户端下载量突破2500万次，成为河北省最大的主流新媒体平台，冀云·融媒体平台项目荣获2021年“王选新闻科学技术奖”（项目奖）一等奖，标志着河北省宣传文化领域在融媒体平台的技术建设与应用达到国内领先水平。全年共发布原创新闻报道近5万篇，3件作品荣获第三十一届中国新闻奖。

冀云·融媒体平台作为县级融媒的指挥调度中心和公共平台，具备支撑200家以上单位接入能力。目前，已为161个市县融媒体中心全部开通入驻账号，实现了全省全覆盖；为全省147个市县级融媒体中心全部开发了本地客户端；开通冀云号，入驻单位和个人达到6000多个，冀云客户端总端和市县分端每天发稿数千篇，形成强大的内容生产能力。

一、强化顶层设计，加快打造全媒体传播矩阵

河北省媒体强化顶层设计，深入贯彻新发展理念，积极构建新发展格局，加快推进媒体深度融合，以互联网思维融合资

源、优化配置，从而建设具有强大影响力和竞争力的新型主流媒体。河北日报报业集团精心编制了《河北日报报业集团“十四五”发展规划》和《河北日报报业集团“十四五”媒体融合发展专项规划》，于2021年3月审议通过，并印发实施。全面统筹河北日报以及集团系列媒体、各分社的采编运行，一体调度河北日报报网端微各媒体平台全媒体产品的策采编发，加快打造集团“1+5+N”全媒体传播矩阵。河北广播电视台深入落实机制向媒体深度融合改革、阵地向互联网转场、内容向移动端转型、技术向智能化转向、人才向全媒体转岗的“一改四转”战略，明确平台再造、流程优化、技术升级等核心领域10项重点任务，推动各项工作取得突破性进展，初步形成河北广电媒体融合转型的新经验、新模式。

二、加强内容建设，推出一批全媒体精品力作

2021年，围绕学习宣传习近平新时代中国特色社会主义思想、党和国家重大决策部署、省委省政府中心工作，以及庆祝建党百年、党史学习教育等重大主题、重大节点，河北省新闻媒体推出了一批全方位、多层次、立体化传播精品。

河北日报报业集团紧紧围绕庆祝建党百年、党史学习教育等重大主题，推出一批正能量充沛、主旋律高昂，图文并茂、可视化强的新媒体报道，如33集系列微视频《红色档案印初心》、22集系列文献微纪录片《红色“冀”忆》、系列融媒体报道《循着家书访家乡》《长大后我就成了你——新青年对话老党员》《学党史！一起打卡红色地标》、融媒体报道《河北为什么这样“红”》等，引发强烈反响。

河北广播电视台在抗疫宣传中，广播电视新媒体通力协作，大直播《同心抗疫·同舟共“冀”》“冀时”客户端浏览量达到1945万次，全网浏览量超过3000万次。《同心抗疫·共克“石”艰》短短3小时“冀时”客户端浏览量就突破1200万次。

长城新媒体集团打造的《河北！从“新”出发·向总书记报告》系列，充分反映河北广大干部群众牢记习近平总书记嘱托、砥砺奋进的精神风貌和生动实践；“总书记，我（们）想对您说”系列融媒体报道，通过“实景+手绘”Vlog微视频的形式，表达普通百姓感恩习近平总书记、感谢党中央的真挚情感和永远跟党走的坚定决心。“学习强国”学习平台在首页首屏显著位置以专题形式转发，总浏览量近亿次。

三、推动技术转向，满足融媒采编发需求

河北省新闻媒体顺应传播技术迭代创新的变革大势，始终保持技术敏感，强化对前沿技术的把握和应用，通过技术驱动提升内容生产力，以新技术引领媒体融合向纵深发展。

河北广播电视台有序推进远程和轻型

采编播设备的补充升级。开展4K远程编辑和互动电视方面的研究，加强新媒体传播的轻型采编系统建设。4K电视节目远程制作和互动电视技术研究已经完成系统软件的测试和升级工作，超高清及高清节目的远程采集、编辑制作、5G直播等工作的开展逐步形成常态。划拨专项资金，采购移动采访、拍摄、编辑设备共计185套（台、件），有力提升了全台新媒体内容采编制作能力。

长城新媒体集团与人民日报全国党媒信息公共平台合作，将其开发的奥运信息流赋能到冀云客户端，以个性化智能推荐信息流模式改版升级“冬奥”频道，成为全国首条冬奥信息流。升级后的频道采用人工智能推荐、大数据处理等技术，实现信息海量聚合、用户“千人千面”，同时根据用户画像体系，为用户进行个性化推荐，通过“机审+人审”多渠道审核机制，确保内容安全可控。

四、推动人才培养，组建专业专项优秀全媒队伍

河北省记协深入开展培训交流，提高新闻工作者政治素质和专业技能，推动打造全媒型、专家型新闻队伍。于2021年10月至12月底，开展了“知史爱党 增强‘四力’”教育培训活动。通过采写编官网平台，采取线上授课的形式，邀请中国政法大学、河北大学、石家庄学院的教授和河北日报编辑，分别围绕中国新闻奖媒体融合奖获奖作品评析、新媒体时代应如何坚守马克思主义新闻观、文化自信与河北文化、塞罕坝精神学习采访心得进行授课。课程点击量达55000次，实现了全省新闻工作者培训全覆盖。

河北日报报业集团出台《河北日报全员全媒体绩效考核办法补充规定》，对现行《河北日报全媒体绩效考核办法》进行修改完善，进一步完善绩效考核体系，推动建立符合各媒体特点的薪酬分配制度，在任务考核上进一步提升全媒体产品生产的权重，将传播效果纳入作品评价指标，用考核指挥棒引导全员转型。

河北广播电视台进一步明确节目生产部门都要组建新媒体专业团队的工作要求，推动一大批人才专门从事开展新媒体岗位的各项业务，从而组建专业专项优秀全媒队伍，集中精力做强新媒体业务。

长城新媒体集团在2021年面向全国组织开展了中层干部、科组（长）公开竞聘及专业技术岗位的公开招聘工作，最终有7名中层干部、92名科（组）长、60余名专业技术人才脱颖而出。集团采编人员平均年龄不到35岁，一线采编岗位已由一大批90后挑起大梁。

同时，冀云·融平台先后为各县级融媒体中心近万人次提供了技术和运营方面的培训，全面助力各地县级融媒体中心建设。截至目前，根据市、区县融媒体中心入驻冀云·融平台和“一地一端”建设情况，采取实地调研、分批培训、汇总需求和深入定制

相结合的工作方式，有序推进市、区县级融媒中心平台接入事宜。通过现场授课宣讲、参观交流、前往市区县推广等方式共接洽161家单位，为确保各地区交流与沟通的顺畅，组织建立了“一对一”微信沟通群157个，并已完成此157家单位的冀云系列账号的下发与接入工作。

（河北省新闻工作者协会供稿）

山西省推进媒体融合发展工作综述

2021年，山西主流媒体以习近平新时代中国特色社会主义思想为指导，突出庆祝中国共产党成立100周年主题主线，聚焦服务山西全方位推动高质量发展中心工作，加快推进媒体深度融合发展，不断提升内容生产和传播能力、技术支撑能力建设，切实承担起举旗帜、聚民心、育新人、兴文化、展形象的使命任务，奏响了坚定不移听党话、矢志不移跟党走的时代强音。

一、坚持主力军全面挺进主战场，主题宣传“爆款”引导主流价值

聚焦学习宣传贯彻习近平总书记考察调研山西重要指示精神，突出庆祝中国共产党成立100周年主题主线，围绕党史学习教育、山西省第十二次党代会等重大主题，服务省委、省政府中心工作，山西日报生产制作900余个创意融媒体产品，阅读量达5亿次。山西日报客户端开设“学党史 悟思想 办实事 开新局”专题专栏等19个，制作短视频、海报、H5等融媒体产品240余个，阅读量超过1.5亿次。2021年7月，山西新闻网、山西日报新媒体、人民日报新媒体联合策划制作了“建党百年”主题系列微视频《山西这百年》，短短两天时间，113家平台转发，全网阅读量超2000万人次。山西广播电视台先后推出“奋斗百年路 启航新征程”等30多个专题专栏，精心制作理论节目《思想的田野》、策划推出脱贫攻坚电影《谷子地》、广播融媒体节目《革命先驱的故事——百年初心在山西》等一系列文艺作品。各县级融媒体中心在各类传播平台首页头条位置集纳央媒省媒报道，运用电视屏和农村大喇叭、小喇叭等加强宣传，有力推动了党的创新理论走进千家万户。

截至2021年年底，山西日报客户端总下载量达238.55万次，较上年增长17.2%，日平均活跃用户22.82万次。山西广播电视台新媒体百万级粉丝账号13个，日均发布387条，日均点击量约170万次。各市、县级融媒体中心充分发挥优质内容生产常态化机制，纷纷发力，抢占主阵地。晋城市融媒体中心运营的太行日报抖音号粉丝超过230

万人、获赞超1亿次，运营的太行日报微信公众号粉丝超过100万人，在全国377家党报传播力中排第19位。朔州广电MCN成为快手在山西合作支持的首家媒体MCN，60多名优秀主持人、记者集体入驻快手平台，官方账号粉丝、主持人粉丝均近百万人，在快手平台“媒体MCN 2021年1—2月机构新锐榜单”评选中排名第1位。

二、坚持贴近群众服务群众，全力走好全媒体时代群众路线

2021年10月上旬，山西发生秋汛。山西日报新媒体、山西新闻网派出10余名记者深入稷山、河津、太谷、榆社、清徐等地，及时跟进，采访报道排除内涝、灾后重建、抢种抢收、道路修复、灾民安置等情况。微博开设“山西急需物资汇总”“感谢心系山西的你”“这就是山西力量”“风雨过后老西儿邀你来山西”等4个话题，阅读量超4.3亿次，话题讨论超18万次。山西广播电视台社会和法治节目中心推出全省首档融媒体栏目《慧帮忙》，全网阅读量1.18亿人次。

结合党史学习教育，山西广播电视台推出《我为群众办实事》广播系列访谈，邀请厅局干部走进直播室，现场接听并解决群众急难愁盼问题，办结率达95%。山西日报官方微博开设话题“我为群众办实事·山西进行时”，互动量达60.7万次；山西新闻网网站首页显著位置开设“我为群众办实事”专题，刊发文图、视频、海报、图解、快闪、H5等产品280余条。

各县级融媒体中心在客户端设立新时代文明实践中心平台，长治市上党区、运城市盐湖区融媒体中心等通过线上点单、派单、接单的运行机制，切实提高了新时代文明实践中心（所、站）的志愿服务精准化水平。

三、坚持先进技术手段赋能，推进内容生产供给侧结构性改革

2021年，作为服务山西主流媒体深度融合发展、支撑全省县级融媒体中心建设唯一的省级技术平台，山西媒体智慧云平台完成二期项目建设，可实现支撑全流程尤其是新媒体端的新闻生产及相关业务开展所需的互联网汇聚、移动采编、指挥调度、内容管理、内容生产、内容审核、融合发布等功能，初步实现传统采编资源与现代生产要素的有效整合、深度融合。截至2021年年底，山西媒体智慧云平台免费服务包括山西日报社、山西广播电视台等在内的138家媒体机构，各入驻机构生产制作发布融媒体产品762.7万条。其中，105家县级融媒体中心生产制作发布融媒体产品数据589万条。

2021年，依托山西媒体智慧云平台技术系统，“学习强国”山西学习平台共享省内内容资源，新时代文明实践中心共用技术系统搭建了考核系统。山西在全国率先实现了新时代文明实践中心、县级融媒体中心、“学习强国”学习平台“两中心一平台”协同推进。

前沿技术赋能优质内容，实现了内容

有效、高效传播。山西日报社打造了以清新脱俗的“晋小新”为代表的人工智能主播形象，可在最短时间内制作生成播报新闻，在重点工作报道中“崭露头角”；实施了全媒体新闻采编系统升级和网络工程，进一步创新了山西日报和各子报子刊策采编发评流程，形成统一指挥、综合调度，集订分送、量身定做的新闻信息产品生产和传播机制。最强秋汛期间，山西新闻网、山西日报新媒体共进行直播3场、发布视频50余条，图文报道70余条，海报5组、动漫1个，融媒体报道影响力持续提升。山西广播电视台广播、电视系统均已实现数字化、网络化制播，通过“私有云”平台实现互联互通、资源共享、IP化送播；重构了新媒体端策、采、编、审、发、评一体化生产发布流程，实现了一个终端、一键分发；利用云媒资系统语音识别、人脸识别等AI技术实现了全台新闻栏目智能化拆条、检索等功能。2021年，山西广播电视台旗下黄河Plus客户端策划推出了“致敬最美劳动者”“雨中守护平安行”等600余场融媒直播。

四、坚持全面深化体制机制改革，采编经营实现大变革

由山西省委宣传部主导，在山西日报社、山西广播电视台、山西云媒体积极探索项目制，组建跨部门、跨专业、跨流程的融媒体工作室，最大程度激活内生动力，创新融媒体产品生产，加大优秀内容供给。组建了“图新鲜”“漫动作”“山西话”等一批融媒体工作室，有效壮大了网络主流舆论。

山西日报研究制定了《山西日报媒体融合考核办法（试行）》，初步建立了报网端微联动经营机制并形成案例，完善了融媒工作室、拍客、特约撰稿人机制；面向社会招募26名特约撰稿人，全年选用刊发新闻评论稿件129篇；招募43名短视频拍客，全年选用刊发短视频517条，一定程度上扩充了山西日报新媒体平台的创作力量。

山西广播电视台积极整合资源，腾挪更多的人力物力财力资源，用于黄河Plus客户端等移动平台建设。2021年组建充实了视听融媒体中心，黄河Plus客户端与山西网络广播电视台合并运行，初步建立起节目部门媒体融合度考核指标体系。

市级媒体因地制宜探索深度融合发展成效显著。晋城市整合太行日报社和晋城广播电视台，成立晋城市融媒体中心，形成“事业＋产业”的模式和“事业产业分离，产业反哺事业”的格局。朔州市在整合7家单位近40个部门的基础上，把牢融合发展“方向盘”，形成了《朔州市融媒体中心职能配置、内设机构和人员编制规定》，确定了三大类别25个内设机构。

全省105家县级融媒体中心中，99%的县级融媒体中心建立了全媒体内容管理系统，98.9%的县级融媒体中心建立了适应媒体融合发展的采编中心及采编流程，完善了媒体融合发展考核评价机制。

五、坚持不断延展媒体功能，迈出“新闻 + 政务服务商务”坚实步伐

主动顺应群众多样化信息需求，积极对接本地政务大数据中心，搭建便民便企服务平台，实现了新闻宣传向公共服务领域的拓展。山西日报电子阅报屏在全省投入使用，从功能单一的报刊阅读，扩展到汇集政务发布、视频新闻、便民服务、资讯查询、公益宣传等多种功能，承载多种信息的综合体，实现了“终端 + 云端”整合服务功能，成为聚合舆论宣传、政务、民生、信息和服务、社交功能的新型传播平台。

55 家县级融媒体中心建设了“指尖上的政务服务中心”，52 家县级融媒体中心参与了县域电子政务、智慧城市等领域信息化项目建设。各县级融媒体中心开展了“深入学习宣传贯彻党的十九届六中全会精神知识竞答”“好人评选”“百姓春晚”等群众性文化活动，“农产品推荐”“直播助农”“文明家庭评选”等公益性活动，服务的群众占县域常住人口的 32%。

未来，立足新起点、着眼新跨越、奋进新征程，山西媒体将始终牢记职责使命，坚持守正创新，加快融合发展，为山西全方位推进高质量发展营造浓厚的舆论氛围。

（山西省新闻工作者协会供稿）

辽宁省推进媒体融合发展工作概述

2021年，恰逢建党百年，辽宁省着力推动传统媒体与新兴媒体深度融合，促进主流媒体传播力、影响力、引导力、公信力持续提升。

一、有序推进平台迭代升级工作，以升级改造为契机，加快传统媒体转型

辽宁日报社重点推进全新生产区和直播间建设，2021年9月完成4部门采编人员整体搬迁，同步采购各类生产设备。目前，生产区和直播间运行平稳，在日常生产中发挥了重要作用。同时启动客户端3.0版建设工作，提升数据分析能力，开发舆情监控智能平台，探索构建中台系统，为进一步活化辽宁日报数据资产做准备。

辽宁广播电视集团（台）创新思维，推动传统媒体与新兴媒体的融合聚变，随着播控升级改造不断推进，电视频道正在逐步完成高清化改造，并实现节目资源向新媒体端汇聚；广播直播间具备了视频直播功能，广播节目告别了单纯的声音呈现和线性传播，迈向视听综合、多渠道传播；IPTV在巩固拓展基本业务的同时，大胆探索5G等新技术应用；辽宁之声视频号、抖音号等一批新媒体账号快速成长，商业转化初见成效。目前，辽宁广播电视集团（台）已经形成了“台网微端”一体、广播电视和新媒体协同推进的全媒体传播矩阵。

2021年12月30日，五里河数字视听产业园正式挂牌。沈阳地区多家高校成为产业园首批合作单位，沈阳音乐学院、沈阳理工大学等院校在产业园众创新空间挂牌。2021年11月26日，沈阳市文化产业服务协会正式揭牌入驻五里河数字视听产业园，这也标志着中国沈阳数字产业联盟正式启动。

沈阳广播电视台以应用场景建设推进产业数字化转型，助力“数字沈阳”“智造强市”建设，目前已构建出“一室一馆一基地，一厅一场一空间，一区一店一房一平台”的“十个一”创新应用场景和机会场景，即“5G+4K/8K+AI”实验室、沈阳广电传媒文化博物馆、三好街89号沈阳原创基地、沈阳全媒体会客厅、杜比7.1.4沉浸

式影音工场、全媒体创客空间、沉浸式综合展示区、广电科技6S店、中国现代文学馆·沈阳书房、“学习强国”沈阳学习平台，为探索实现数字产业化、产业数字化开拓了广阔空间。

2021年12月27日，营口新闻传媒中心整合广播、电视、平面等节目资源在“掌上新营口”客户端上创造性地推出“营之天下”融媒体直播频道，将传统广播节目进行可视化包装，将传统电视节目插上直播的翅膀，将营口本土化的信息向域外辐射，拉长内宣的传播半径。

二、坚持“内容为王”，原创作品实现提质、增量

辽宁日报社不断探索“技术+内容”新模式，激发技术驱动能力，让技术在互动产品、视听产品等方面发挥更大作用。平台系统方面，自主开发“学党史 悟思想 办实事 开新局”互动征文活动和在线答题平台系统，为全省广大党员干部群众提供了运行快捷、使用便利、即时应用、具有丰富延展性的学习空间。其中，互动征文平台收到近1.3万篇作品，在线答题吸引总点击近5000万次。互动H5方面，自主设计系列《“开学第一课”云升旗》《红色密码》《党史学习教育大型留言板》《党的十九届六中全会党中央号召，我响应！》等产品。创意动画方面，设计主题形象“小北”，制作《小北发布》《小北微课》等动画节目。

指尖沈阳客户端、沈阳晚报出品的本土原创MV《沧海横流方显英雄本色——沈阳人民抗击特大暴雪全记录》一经推出即备受关注：观看量超过40万次，继而得到省、市委宣传部所属媒体转发支持，登上央视频首页、新浪微博热搜，人民日报、辽宁日报、辽台新北方主动推荐，户外大屏、数字联播网、轻轨视频合力转发，获得了全网火爆出圈的宣发效果。

沈阳广播电视台在2021年推出了一批文艺精品和文化活动。原创广播剧《北上》得到辽宁省政协充分肯定，被中宣部、国家广电总局列为庆祝中国共产党成立100周年优秀广播剧展播活动推荐剧目。之后，还将继续与沈阳本地作家和国内知名作家合作，开发更多具有沈阳特色、讲述沈阳故事、影响辐射全国的原创内容精品。大型历史人文纪录片《盛京》成为传播沈阳历史文脉、展现真实立体全面沈阳的一张新名片。2021年，沈阳广电与宇乐乐文化传媒倾力打造了《强者独白·贝多芬巅峰作品选》吴牧野钢琴独奏世界巡演沈阳站活动，参与制作了沈阳城市宣传歌曲《沈水之阳》，都取得了良好的社会反响。

大连新闻传媒集团以礁点视频号为龙头，以“发现大连”“新闻大连”“大连发布”“大连晚报”四大抖音号为侧翼的短视频传播矩阵增长势头强劲，总粉丝量突破500万人。围绕大连市疫情防控、突发事件、民生关注、城市文旅等多个主题，制作发布微短视频产品。“礁点视频”深入新闻第一现场，直击疫情前线动态，原创生产提

升至90%以上，“二十四节气”记录大连手艺传承人的心路历程及他们装进作品中的文化情怀；30集“遇见大连”文旅系列深入市井街巷，探寻文化秘境，探究城市精神，传播大连之美。大连云直播渐成常态，一跃成为大连主流直播平台。2021年全年，策划执行移动端直播100多场，总浏览量超过千万次。

三、重要报道任务不缺项，主题宣传唱响主旋律

辽宁日报客户端在头屏重要位置及时发布习近平总书记重要活动和重要讲话精神，围绕全国两会、党史学习教育动员大会、庆祝中国共产党成立一百周年大会和党的十九届六中全会做好策划报道，推出系列专题，制作多样态新媒体产品，宣传效果良好。省两会期间策划十大融媒体产品体系，推出《北国·看两会》大型专题，《号外》《看现场》《厅局长访谈》《代表通道》《跟我加班》等新媒体产品20余款，推送稿件逾千篇；围绕辽宁省“十四五”规划，策划推出《十四五，看我辽》系列产品，包括创意Rap、长图解等；2021辽宁国际投资贸易洽谈会期间，制作了一批内容鲜活、互动性强的新闻产品，包括Vlog《数“宁”好看》、短视频《最现场》《大咖说》、创意图文《辽宁，UP ↑》等，社会反响良好。

2021年正值建党百年，大连新闻传媒集团新媒体各端口积极做好“建党百年”主题宣传报道任务，以“奋斗百年路　启航新征程”为主题，开设专栏17个，策划19场“云直播”；融媒产品“我是党史讲述人”，10堂党课回望历史，体现媒体融合的成果；大连云创新推出线上教学小程序“红色地图”，形成党史学习教育专属明信片作为纪念；“礁点视频”推出微纪录片《向阳街139号》，于细微处见证历史，并获得省级奖励。

四、县域融媒加快新媒体融合步伐

鞍山市立足县域融媒发展实际，牢牢把握用户思维，充分发挥各媒体间深度合作和聚合共振效应。海城市融媒体中心澄好办App、“最海城”“海城正发布”微信公众号、官方抖音、微博、头条、微赞直播等新媒体矩阵持续发力，全年累计发布稿件2.5万余篇；台安县融媒体中心（广播电视台）将电台信号同步至台安融媒App、抖音等网络平台，增加受众群、关注度。岫岩县融媒体中心秀岫岩App下载量突破10万+次，全省县级融媒体排名位列第5位，累计发稿4.54万余篇。官方抖音发布作品100余部，点赞量2.4万次，单条作品播放量超20万次。

丹东市定期对县级融媒体中心进行实地督导检查，通报主要指标排名、“学习强国”学习平台供稿、月奖赛等重点工作情况，组织各县级融媒体中心人员到省平台、北票市考察学习，东港、凤城、宽甸三县（市）融媒体中心App下载量、活跃度等综合排名提升至全省中上游，宽甸县融媒体中心在全省建强用好县级融媒体中心推进会议上作经

验交流。

葫芦岛兴城市、绥中县、建昌县融媒体中心经过3年多的建设运营，实现了“一次采集、多种生成、多元传播”，均取得了一定成绩，获得了群众认可。2021年，兴城融媒体中心获得省五星级广播电视台、无线转播台（站）称号。《槐花正香　梦醒觉华》获得辽宁省广播电视公益广告大赛电视类优秀作品二等奖，《大山深处的明灯》在全省优秀广播剧大赛中被评为创新作品。

（辽宁省新闻工作者协会供稿）

吉林省媒体深度融合发展工作综述

2021年，吉林省各级各类媒体认真贯彻落实中央和省委关于媒体融合发展重大战略部署和一系列重要指示，在省委宣传部领导下，守正创新，主动发力，取得一些成效。特别是3家省级媒体，立足自身媒体特色，创新思路，积极谋划，媒体融合发展各具特色。

一、吉林日报社

1. 采取务实举措夯基赋能。开展基础环境搭建升级工作，办公采编网络基础设施安全加固、特征库升级等通过新标准等保测评认定，IPV4转IPV6，客户端技改升级的环境搭建，客户端私有云所需硬件支撑，同步进行朝鲜文网站改造；积极推动新闻客户端技改升级项目建设，方案明确使用5G、人工智能、可视化内容科技等先进移动互联网传媒技术，对现有彩练新闻客户端实施技改升级建设，打造吉报集团和吉林媒体头部客户端；获得“学习强国”吉林学习平台终审权，提升了这一代运营平台的审核发布效能；整合集团数字资源，完成了大吉网新系统的改版上线。同步上线手机Wap端，用户可在手机端浏览内容，并在微信、QQ等社交App转发内容，更便于读者手机端阅读。与“学习强国”吉林学习平台、吉林省政府网站、省内各厅局网站打通接口，形成媒体共振。

2. 探索新机制推进“一体化”。积极构建推动新型频道制度，以系统思维进一步完善“报、刊、网、微、端、屏”等“多位一体”终端建设，在完成技术“一体化”之后，启动相关配套改革，以“深水区改革”推动深度融合。

3. 推进融媒时代工作重心转移，取得新成效。不断强化技术支撑能力，建设完成了综合日志审计系统、数据库审计系统、运维审计系统等安全部件、特征库升级，实现融媒数字中心、大数据平台、全省党媒公共服务平台“三大平台系统”通过吉朵云统一备份管理，打通平台接口，为开发和运营或代运营业务、全省报业各类信息线上发布展示、5G新技术运用提供技术支撑；集团内外资源整合初见成效，在接口打通的技术支

区域进展

撑下，以大吉网网站作为新媒体传播主阵地，与代运营的“学习强国”吉林学习平台、省政府网站、新时代 e 支部及吉林日报头条号等 10 个分发平台有机衔接，实现联动机制，形成了融通共振；新媒体矩阵得以优化，在庆祝建党 100 周年、全国两会专题报道、省两会专题报道、献礼建党百年纪念特刊、党史学习教育宣传报道等重大报道中发挥出弘扬主旋律的“领头羊”、网上正能量的“排头兵”的作用。

二、吉林广播电视台

1. 媒体融合发展整体情况。2021 年全台全网粉丝量超过 5700 万人，比 2020 年增长 90%。新媒体突出原创特色，超过 500 万次点击量融媒体作品 647 条，单条视频最高抖音播放量 1.2 亿次。吉林融媒客户端新增下载量 104 万次，吉林融媒集群总浏览量近 2000 万次。全台官方微信、抖音等 21 个第三方平台稿件总阅读量 12.37 亿次。广播互联网云端总点击量过亿次，在全国 31 个省级台中居第 8 位。吉林 IPTV 平台在网用户突破 370 万，2 个项目荣获国家广电总局首届高新视频创新应用大赛奖项。全台开展各类直播 4000 余场，比 2020 年实现 3 倍增长。省内重要政务会议、重大活动通过吉林广播电视台进行新媒体直播，成为媒体融合领域的重要拓展方式。

2. 推动传统媒体和新兴媒体深度融合特色做法。矩阵式布局，推动内容生产各环节共享互通，有效拓宽渠道提升竞争力；机制先行，实行融媒早会制度，重点新闻部门进行选题分享、联动策划，建立起内部融通、循环顺畅的全媒体新闻生产流程；不断发展完善“天池云”融合生产、发布平台，技术的部署应用和迭代升级，推进媒体深入融合进程；融合升级，巩固扩大主流价值影响力。每天广播、电视、新媒体平台全媒体新闻生产量超过 1000 分钟，占据着吉林省新闻传播的音视频高地，形成了以吉视网、吉林广播网、吉视通、吉林融媒、沐耳 FM 为龙头，微博、微信、快手、抖音等多个平台相融共进的省内最具影响力融媒体矩阵。由该台主导的全省融媒体集群形成全省三级广电媒体“一盘棋”“一张网”“一键通”的区域媒体融合的吉林模式。

3. 着力培育自主新闻手机客户端品牌。吉视通客户端是吉林广播电视台的官方手机客户端，依托台内协同生产机制及“天池云”融合生产技术平台，大小屏平台渠道逐步打通，形成资源集约、协同高效的融合生产模式，实现了新闻动态资讯即时发布、广播电视资源全面汇聚、重大主题报道融合传播。不断提升网络直播覆盖面以及联动力，将吉视通打造成融媒体“大直播”品牌阵地。截至 2021 年年底，吉视通累计下载量已达到 92.9 万人次，是省内颇具影响力的新媒体传播平台。

4. 深耕精品化创作。在重大主题、活动中联动策划、协调生产，形成了各平台梯次发布、省内外立体传播体系。在全国及省两会、抗击疫情、脱贫攻坚等重大主题宣传报道中握指成拳，更好发挥主流舆论宣传的导向和引领作用。一些广播、电视及新媒体端制作的作品，如《我脱贫了》系列报道获得中国广播电视大奖和中国新闻奖三等奖，《第一书记·难忘》被评为国家广电总局季度网络视听优秀作品。同时，把传统广播内容生产优势融入新媒体技术传播，沐耳 FM 新媒体作品《儿童课本广播剧》获得中国广播电视大奖 2019—2020 年度广播剧微剧提名，2021 年中国广播剧研究会微剧一等作品，被国家广电总局评为 2021 年第三季度优秀网络视听作品。

5. 吉林融媒：打造区域融合的“吉林样本”。吉林融媒是由吉林广播电视台开发运营的吉林省县级融媒体中心暨全省融媒体集群的总端产品，面向全省市州广播电视台、县级融媒体中心开放入驻权限，支持一键置顶、资源共享。截至 2021 年年底，全省融媒体集群已有 6 个市级台、43 个县级融媒体中心加入集群，集群客户端下载量达 400 万次，其中吉林融媒客户端累计下载量已达到 200 余万次。

三、中国吉林网

1. 媒体融合发展现状。充分发挥网络媒体的自身优势，积极运用全媒体多样化的传播形式，使话语体系、语言风格更适应受众接受习惯。2021 年中国吉林网全平台共推送各类稿件 207978 篇，中国彩虹网全年发稿 35430 篇，吉刻客户端全年发稿 75762 篇，形成了中国吉林网、中国彩虹网、吉刻客户端既个性鲜明又密切协同、布局合理的媒体矩阵，实现了对主流新媒体工具的全面覆盖。

完成“吉林云媒”中央厨房建设，实现各类媒体文字图片、音频、视频等流媒体信号的一站式集纳，由中央厨房统一加工，一键分发至各种媒介、各种形态的发布终端，实现了新闻资讯的再整合、再编辑、再发布，建立起多媒介、多层次、多角度的立体传播体系。

2. 举措和成效。采编发流程不断升级。依托“吉林云媒”融媒体中央厨房的强大技术保障，形成前端一次多媒体采集，中端多次融合集成加工，后端向各类平台、终端适配分发的新型采编流程，打造全媒体的新闻采编体系，推动新闻信息生产向实时生产、数据化生产、移动化生产、用户参与生产转变。

使用新技术手段提升传播力。2021 年，中国吉林网全年访问量达 1.8 亿次，吉刻安装量达 22 万 + 次，双微端、PGC 用户已达 600 万 + 次。坚持技术驱动，2021 年，中国吉林网建设完成 5G+4K+VR 全媒体演播中心，打造包括视频演播厅、全息虚拟交互演播厅、录音间等融为一体的功能强大且省内技术领先的全媒体演播平台。同时，实现了远程 5G+4K 视频直播能力。5G+4K 移动采编背包，实现直播传输功能，与无人航拍机及 4K 摄像机和 VR 设备互联互通。

3. 加强互联网商业传播平台合作。搭建省内最大 PGC 全网传播平台，受邀入驻今日头条、一点资讯、凤凰、腾讯等，并与多家平台签订战略合作协议。2021 年，中国吉林网官方抖音号粉丝达到 635 万人，官方快手号粉丝达到 193 万人，内容影响力进一步提升。

（吉林省新闻工作者协会供稿）

黑龙江省推进媒体融合发展工作综述

2021年，黑龙江省深入学习贯彻习近平总书记关于推进媒体融合发展的重要论述和中央、省委的有关决策部署，按照“党管媒体、技术赋能、移动优先、统筹推进”的原则，以提高新闻舆论传播力、引导力、影响力、公信力为目标，以深化改革为动力，以完善制度机制、打造技术平台、提高人员素质等为重点，大力推动传统媒体与新兴媒体在体制机制、流程管理、人才技术等方面深度融合。

一、落实中央要求，完善统一平台，三级贯通机制逐步形成

抓住重点、久久为功，进一步整合省市县各类媒介资源、生产要素，初步形成了三级贯通、一体共享的工作机制，全省媒体融合发展的基础更加稳固，质量不断提升。

1. *省级全媒体中心作用逐步发挥。*黑龙江省从融媒改革一开始就强调全省“一朵云”，建设“一张网”，依托黑龙江广播电视台，建设贯通省、市、县三级融媒体中心的省级技术平台，整合技术服务、移动政务、公共服务、媒资汇聚和产业支撑等功能，不断完善平台功能，实现了各种媒介生产工具共享、内容信息互通和平台管理一体化，在全省媒体融合发展中较好地发挥了技术引领和龙头带动作用。

2. *全省融媒传播矩阵日益巩固。*以打造极光新闻客户端为牵引，推进省市县融媒平台、省新时代文明实践中心平台和省志愿服务枢纽中心平台3个平台贯通，开创媒体融合发展新模式。极光新闻客户端上线两年，下载量突破2000万次。同时，黑龙江日报“龙头新闻”、东北网、“学习强国”黑龙江学习平台等与“极光新闻”品牌矩阵相互呼应，构建起具有龙江特色的区域性融媒传播集群，形成了覆盖全省、辐射全国的全媒传播效应。

3. *各级融媒体中心建设质量稳步提高。*县级融媒体中心不断优化平台功能、改善用户体验，逐步建设成为具有本地特色、满足受众需求的融媒体网络终端，在抗击新冠疫情、服务当地经济社会发展等方面呈现出显著优势。在此基础上，全省全力推进市级融

媒体中心建设，制定出台《关于加快推进媒体深度融合发展的实施方案》等配套方案，加快技术平台和客户端建设，使其成为区域性传播矩阵的中心节点，充分发挥了市级融媒体中心承上启下的作用。

二、紧密结合实际，加快融媒改革，全省媒体融合“中坚”力量不断壮大

省级全媒体中心建设不断完善，县级融媒体中心作用日益发挥，市级融媒体中心建设进入“实际性阶段”，各项工作有了较大进展。

1. 组织更加有力，改革不断提速。各市（地）党委主要领导亲自挂帅、统筹指导、靠前指挥，研究制定了具体改革方案，明确了改革思路和实施路径。鸡西、齐齐哈尔等地先行先试，蹚出一条融合改革新路子。目前，齐齐哈尔、佳木斯、大庆、鸡西、伊春、鹤岗、七台河、黑河、绥化等地相继完成市级融媒体中心挂牌；哈尔滨、牡丹江、双鸭山、大兴安岭等市（地）也明确了融合改革的思路措施，各项工作有序推进，省市（地）媒体融合改革步入良性发展轨道。

2. 保障更加充分，瓶颈逐步破解。各地克服困难、创造条件，为媒体改革和融合发展提供有力的政策支撑和资源投入。七台河市一次投入468万元资金和每年投入160万元财政资金，用于市融媒体中心建设项目；佳木斯市建立传媒人才绿色通道，向社会公开招聘急需的新媒体人才。各地、各部门在项目立项、审批、建设、运营等方面，对融媒体中心建设都予以强力支持，困扰媒体深度融合发展的难题逐步得到破解。

3. 深化内部改革，创新体制机制。鸡西、鹤岗等地推进岗位竞聘、减员增效，“能上庸下”推进人事制度改革；齐齐哈尔市新闻传媒中心坚持“破”字为先改革深层次问题，实行双向选择、同岗同酬，创建视频工作室，尝试泛合伙人机制。各地还探索建立适应新媒体时代的内容生产和媒体管理机制，进一步拓宽了发展之路。

4. 资源初步整合，融合效果初显。齐齐哈尔市新闻传媒中心集合报纸、广播、电视等传媒资源，打造“看齐”品牌，新媒体粉丝超过1200万人，各平台日均总阅读量3210万次。掌上佳木斯客户端自2016年上线运营以来，总点击量突破2亿次。通过融合改革，地市级媒体活力日益增强、面貌开始改观，在2021年黑河、哈尔滨、齐齐哈尔等地疫情防控期间，各市级融媒体中心全体人员奋战在疫情一线，积极回应群众关切，传播党委政府声音，开展媒体惠民服务，成为一支可信赖、可依靠的新闻队伍。

三、适应时代发展，强化融媒表达，新闻舆论传播力、引导力、影响力、公信力有效增强

黑龙江全省各级主流媒体积极适应时代发展要求，更新思想观念、完善技术手段、聚焦中心工作、强化融媒表达，大力提高优质内容生产和信息聚合传播能力，新闻舆论的传播力、引导力、影响力、公信力不断

增强。

*1. 打造融媒传播新模式，让龙江声音传得更高更远。*黑龙江广播电视台开设全国首档阅读书信文化类节目《见字如面》，以声传情，全媒发布，前三季网络点击总量累计达17亿次。推出全国首档原创冰上舞蹈全媒体展演节目《与冰共舞》，荣获国家广播电视总局“创新创优节目”奖。搭建黑龙江省党史学习教育新媒体平台，创新开展“读、听、悟、谈”4种学习方式，把党史故事从单纯的文字描述转变为数字动画、音频视频的集合，扩大了党史知识的知晓率和党史学习教育的覆盖面，“党史学习”频道总访问量超6.3亿次。全面向新媒端发力，成立省级广电第一批媒体MCN机构——龙广电MCN，搭建千名达人矩阵。全台新媒端全网粉丝近2亿人。

*2. 抢占全媒传播主战场，把龙江故事讲得更美更活。*黑龙江日报报业集团龙头新闻客户端以“共情”为落脚点，追求与群众与社会的共鸣效果。2021年启动的“松花江上·百年印记”全媒体大型报道，从小切口、小细节入手，重情感，重故事，通过微纪录、短视频、电子海报等网友喜闻乐见的亲和方式，以小见大，见微知著，牢牢抓住了受众的内心关切和兴奋点，传播效果倍增。围绕抗疫主题推出的大量融媒产品《巴彦兴隆镇，是个什么镇》《21天！愿今夜黑河，轻轻入眠……》《非常五常》，以诗化语言和情景交融的表达，直抵心灵，传播迅速“破圈”。短视频、VR、AI、H5、手绘漫画、5G、交互等多种形式、技术手段的融媒产品，正在成为报道“新常态”。截至2021年年底，龙头新闻客户端下载量已突破1500万次，排名跃升为全国省级党报App第11位，新型主流媒体建设呈现跨越式发展的良好态势。

*3. 探索跨界融合新蓝海，打造主流宣传强势。*黑龙江广播电视台推出“极光宝盒”电商项目，走出“新闻+政务服务商务”新路径，打造虚拟对话机器人“凯小淇”，成功入选2021年全国广播电视媒体融合成长项目。黑龙江日报报业集团将“龙头新闻”定位为移动互联时代报业集团全新的主阵地、主渠道、主战舰，并以此全面构建“龙头+”全媒体生态，打造“新闻+政务服务商务”全新业态，“龙头+”传播舰队规模初具，覆盖用户已超6000万人次。全省各县级融媒体中心充分发挥县级中心本县本土的传播优势，逐步建成面向基层的主流舆论阵地、综合信息服务平台和社区信息枢纽，通过提供信息、政务等服务，助力特色产业发展，用户黏性和美誉度得到增强，主流宣传强势日益显现。

四、加强教育培训，搞好创作引导，全省新闻工作者队伍融媒体素养不断提高

黑龙江全省各级记协和新闻机构通过专题业务培训、开展新闻阅评、增加融媒体作品获奖比重等多项措施，不断提高新闻工作者融媒体素养，努力打造一支政治过硬、本

领高强、作风优良的记者队伍。

1. 扎实开展业务培训。依托马克思主义新闻观教育培训，通过线上与线下相结合、集中与日常相结合、全面与重点相结合等多种方式，加强对新媒体从业人员，特别是县级融媒体采编人员的培训，独立或与中国记协、人民日报等单位合作举办培训10余期。通过一系列有针对性的培训，全省县级融媒体中心工作人员的业务水平有效提高，县级融媒体报道的质量大幅提升。

2. 充分发挥《新闻阅评》引导作用。进一步完善阅评机制，改进阅评文风，围绕媒体融合等报道开展新闻阅评，充分发挥了优秀融媒报道的正向激励作用。先后推出《黑龙江日报——融媒报道〈雨夜哈尔滨为绿码而行〉激发抗击疫情正能量》《黑龙江广播电视台“1+N”融媒联动宣传党的十九届六中全会精神》《省内多家县级融媒体中心——聚焦龙江丰收美景 主题报道生动鲜活》等有关融媒报道的阅评21期。

3. 增加媒体融合作品获奖比重。在黑龙江省新闻奖评选中加大媒体融合奖项获奖占比，使一大批导向正确、技术应用强、传播效果好的新闻精品脱颖而出，有效增强了全省新闻工作者学习融媒体知识技能、搞好融媒体新闻作品创作的积极性和主动性。目前，媒体融合奖项设奖数额已超过黑龙江省新闻奖设奖总数的1/3，对全省融媒体精品创作起到了较好的导向和激励作用。

（黑龙江省新闻工作者协会供稿）

上海市推进媒体融合发展工作综述

上海坚决贯彻党中央决策部署，持续推进媒体深度融合发展。根据2020年中共中央办公厅、国务院办公厅《关于加快推进媒体深度融合发展的意见》的精神，2021年2月印发《上海市关于加快推进媒体深度融合发展的实施方案》(以下简称《实施方案》)，进一步明确聚焦“加快”“加深”。《实施方案》通过推进内容生产供给侧结构性改革、以先进技术为引领、大力培养全媒体人才、加快构建全媒体传播体系、形成政策保障体系等，加快媒体深度融合，培育同上海“五个中心”建设相匹配，具有强大影响力的民生、财经、科技、外宣全媒体矩阵，形成与上海综合实力、国际影响力相匹配的文化软实力和国际传播能力。

一、做好顶层设计，统筹媒体加快加深融合工作

上海媒体融合发展见势早、谋划深、行动快，取得了先发效应。上海市委、市政府对媒体融合高度关注，市委主要领导指出要总结成功做法，积极探索创新，以深化改革推进媒体深度融合，以互联网思维扩大内容供给，以更大力度推进媒体与政务服务紧密结合，以开放理念建设媒体融合发展高地。

*1. 落实“加快”“加深”要求。*按照《实施方案》要求，上海支持上海报业集团深化全要素改革，制定东方网深化改革推进重组方案。支持上海广播电视台实施以打造BesTV＋平台产品为核心任务的全媒体战略。

结合上海媒体工作实际，《实施方案》明确媒体深度融合的目标是构建与上海社会主义现代化国际大都市相匹配的全媒体发展生态。明确提出5个方面重点任务和举措：建好全媒体时代“通联部”“群工部”，广泛吸纳人民建议，及时回应社会关切。支持市级主流媒体立足自身定位和特点，对接“一网通办”“一网统管”，丰富政务、服务功能。讲好中国故事、上海故事，构建“全域、全程、全员”外宣格局。依托上海建设国际金融中心，形成财经全媒体矩阵。依托上海建设具有全球影响力的科技创新中心，建设科创传播中心。由市委宣传部牵头建立

媒体融合发展会商机制，推动主流媒体与网信、发改、教育、科技、经信、财政、人社、文旅等部门形成合力。

上海市委网信办持续做好“主流媒体发展新媒体专项资金”扶持工作，鼓励上海主流媒体积极申报专项资金，引导主流新媒体增强影响力和注重差异化发展。制定《上海主流媒体发展新媒体专项资金扶持评审工作方案》，召开专题会议讨论评审工作，推动主流新媒体加快构建新媒体矩阵。严格评审流程选拔优秀新媒体项目和账号，组织召开上海主流媒体发展新媒体专项资金评审会，确定扶持名单。完善第三方专业评估，提升扶持效果。修订《上海市主流媒体发展新媒体专项资金实施办法》、《上海市主流媒体发展新媒体专项资金项目申请表》和《上海市主流媒体发展新媒体专项资金第三方平台账号申请表》，完善申报资质、审核程序、结项要求，确保扶持成果。

2. 主力军做强“四大矩阵”。上海市级主要媒体加强民生、财经、外宣、科技四大矩阵建设。形成若干家媒体相互补充、良性竞争、形成合力的传播格局。

做强民生矩阵。探索加强与受众连接，走好全媒体时代群众路线，上海市主流媒体打造“人民建议”专版。2020年以来，解放日报推出《民声》专版，文汇报推出《读者：回应你的关切》专版，新民晚报推出《上海民声——人民建议征集》专刊，上海广播电视台推出“广播+电视+互联网”及“市区联动”融媒态新闻直播节目《民生一网通》。主流媒体持续推出聚焦民生话题、反映市民声音的专版专刊，在新闻客户端开设专门频道，通过“报、台、网”联动形成全媒体、多渠道、社交化的民生服务产品。

做强财经矩阵。坚持政经不分家、财经报道服务于国家战略大局和上海中心工作。2020年以来，澎湃新闻、界面·财联社等媒体围绕在线新经济、数字化转型，尤其是围绕集成电路、人工智能和生物制药行业等上海科创中心建设重点，深挖亮点，采写专题。第一财经推出“珠峰计划”“奔流计划”，形成聚合类信息平台。打造“新一线城市研究所”，开发集数据开放与可视化为一体的知城数据平台。

做强外宣矩阵。围绕讲好中国故事、上海故事，打造上海外宣品牌，推动构建“全域、全程、全员”外宣格局。打造外宣资源库IP SHANGHAI并于2021年进博会期间上线，做好外宣国别研究。规范传播秩序，团结各类传播主体，鼓励积极利用海外平台主动发声，形成辐射多个垂直领域的网络媒体名家矩阵。

做强科技矩阵。加强科技报道和科普工作，加强科技传播专业人才培养。上海广播电视台全媒体科学类新闻专题节目《FM十万个为什么》获2021年第三十一届中国新闻奖新闻名专栏一等奖。

2017—2021年，上海累计扶持上海报业集团、上海广播电视台新媒体项目52个、账号110个。新媒体内容项目的社会影响力持续提升，解放日报、文汇报、新民晚报、看看新闻、澎湃新闻、“话匣子”等主流新媒体的用户规模保持连续增长。

二、加强国际传播能力建设，打造爆款新媒体产品

上海媒体以习近平新时代中国特色社会主义思想和习近平总书记在中央政治局第三十次集体学习时关于加强我国国际传播能力建设重要讲话精神为指导，找准发力点、关键点和突破点，提升国际传播效能，讲好中国故事，传播上海精彩，展现真实立体全面的中国形象，为上海改革发展营造了良好的国际国内舆论氛围。

2021 年 4 月起，推出《百年大党——老外讲故事》百集融媒体产品，100 名在沪外籍人士讲述中国共产党的故事，覆盖 200 多个国家和地区，境内平台阅读量超 11.38 亿次，境外平台累计播放量超 1 亿次。其中，《百年大党——老外讲故事 · 上海解放特辑》获得第 26 届亚洲电视大奖“最佳新媒体纪实系列片”奖，成为上海近年来讲述中国共产党故事题材作品中首个获得国际奖项的作品。推出“一个都不能少——长卷寻宝”活动，聚合插画、动图、短视频、H5 互动游戏等多种形式，面向“Z 世代”讲述中国各族人民脱贫攻坚故事，登录 60 余家海内外网站，吸引 1.6 亿人次观看。

上海着力建立外宣资源库和国际人脉库，创设“上海城市形象资源共享平台”IP SHANGHAI。公益为主，社交化、专业化运营，汇聚海量涉沪图片、视频、声音、美文、活动等内容，促进用户共建、共享、共同传播上海城市形象。截至 2021 年年底，已集纳 30 万张图片、3 万余条视频，约 6000 名摄影师、700 名设计师签约入驻。开展上海国际人脉库建设。组建数千名上海外宣人才入库，重点选拔 10 类人才。成立“老外讲故事”俱乐部，汇聚五大洲 30 多个国家 100 多名国际友人，线上线下共同传播中国故事。

三、聚焦提质增效，提升区级融媒体“政务 + 服务”能力

贯彻落实习近平总书记“引导群众、服务群众”重要指示精神，上海聚焦提质增效，抓好区级融媒体中心建设。2020 年，完成市级统一技术平台和 16 个区级融媒体中心验收工作。2021 年，市委宣传部开展各区委宣传部部长辅导，结合新闻宣传和舆论引导工作，对区级融媒体中心建设工作作点评部署。截至 2021 年 12 月底，上海各区融媒体中心客户端总下载量超过 1818 万次，总装机量超 473 万，总注册用户数达 430 万人。

各区融媒体中心发挥政务和服务功能，拓展应用场景。加强政务信息公开，整合资源，接入更广泛、更精细的政务服务。从 2020 年新冠疫情开始，各区融媒体中心推出问题和建议征集平台，累计超 1000 条问题、建议已被解决或得到满意回复。整合本地优质民生文旅服务资源，推动数字应用场景落地，不断提升民生服务的实用性和有效

性。实现部分公园、场馆等融媒体中心客户端线上预约功能。部分区启动便民就医工程，拓展区级融媒体中心在医疗卫生领域内的数字化应用。

持续发力加强区媒队伍建设。市委宣传部出台区级融媒体中心新闻系列职称评聘办法，为融媒体中心队伍建设提供政策保障。建立学习工作机制，召集各区委宣传部和融媒体中心负责人每周召开工作例会，每月召开月度会，通报和传达重点宣传工作和要求，搜集剖析相关宣传案例，提高舆情研判和应对能力。同时协调各区与市级媒体、部校共建新闻学院加强协作，建立实习、交流、轮岗、培训基地等，就马克思主义新闻观、新闻采编等开展有针对性的培训工作。

（上海市新闻工作者协会供稿）

江苏省推进媒体融合发展工作综述

2021年，江苏省记协认真落实习近平总书记关于推动媒体融合发展、建设新型主流媒体的指示要求，着力推动全省各主要媒体努力打造全国一流的新型媒体集团，持续推动媒体融合向纵深发展，不断提升新媒体整体传播力和复合影响力，进一步巩固壮大主流思想舆论阵地。

一、以高度的责任心，助推县级融媒体中心建设

江苏省记协高度重视县级融媒体中心建设，围绕建成主流舆论阵地、综合服务平台、社区信息枢纽的目标，在机构、内容、渠道、平台、人员、经营、管理等方面加快深度融合，成效初显。

1. 成立县级融媒专业委员会。截至2021年年底，江苏全省64家县级融媒体中心已通过省级验收并正式挂牌运行。为了促进县级融媒体中心建设向更高层次发展，2021年5月，江苏省记协成立了县级融媒专业委员会，这是继新闻职业道德专业委员会、媒体融合专业委员会之后，江苏省记协成立的第3个二级工作机构，在全国尚属首例。江苏省记协目前正抓紧筹备县级融媒专业委员会首次全体会议，视疫情防控效果，争取在2022年上半年召开，以尽快完成县级融媒专委会组织架构的建设，推动相关工作顺利开展。

2. 出台一系列措施支持县级融媒体中心发展。每季度组织一次县融中心创新案例推荐，年底推荐十大经典案例；年度全省好新闻评选增加县融中心评委，给县融中心留出一定的获奖指标；《江苏新闻界》杂志为县融中心开辟“县融E线”专栏；“好记者讲好故事”活动注重从县融中心发现培养选拔优秀选手；组织召开县级融媒体中心专题调研座谈并形成报告；在各类培训中增加县级融媒一线采编人员名额等。

3. 提升县级融媒体中心内容生产能力。2021年江苏省记协组织召开专题座谈会，15家县级融媒体中心负责人在会上发言，南京师范大学新传院执行院长张晓锋应邀作学术报告。继2020年后，2021年根据中国

记协的部署安排，江苏省记协组织南京江宁、无锡江阴、南通如皋、扬州高邮和徐州邳州五家县级融媒体中心参加县级融媒体中心东西协作交流项目，与云南腾冲市、黑龙江海伦市、河北阜平县、山西中阳县、河南息县结对交流，取得了丰硕成果，探索了合作创新的长效机制。

二、以全媒体思维和技术创新，提升新媒体管理水平

2021 年，江苏省各主要媒体在体制机制、政策措施、流程管理、人才技术等方面加快融合步伐，以全媒体思维重塑组织架构，持续优化机构设置和运行机制，取得了积极成效。

1. 深化改革，构建融媒考核管理机制。2021 年，新华报业传媒集团全媒体考核系统上线运行，在实际使用中不断优化性能，集团所属扬子晚报调整一体化生产流程，全媒体考核办法也先后修订了 9 次，探索在移动优先的基础上形成导向、价值与流量的有机统一。江苏广电总台不断完善考核体系，考核权重进一步向移动端倾斜，除了收视率、收听率，还要看网络点播量、网络热度值、出圈的话题数量、口碑等方面的表现。现代快报在生产流程、考核方案上进行了大幅度的改革。在考核权重上，新媒体稿件的权重达到 100%，纸媒稿件原则上不再计分。在对新媒体稿件打分时，根据产品的不同类别、发布平台、流量、影响力、生产难易程度等予以权重，从而充分提高员工的积极性和创造性。

2. 推进融媒体实验室建设，提升新媒体深融技术自主研发能力。2021 年，新华报业传媒集团持续推进 5G 融媒体实验室、AI 智媒体实验室建设，不断推动媒体深融技术建设。在交汇点新一轮技术迭代中，集团自主研发量达 25.2%，自主研发水平显著提升。有了技术加持，集团推出的《百年风华正青春》MV、“百年亮彩”等大批内容产品呈现形式更加丰富多彩。集团所属扬子晚报打造江苏首支媒体穿越机团队，为创作者提供了一个更具冲击力的视角，穿越机拍摄的《一隧越江山》在扬子晚报抖音号上阅读量达 120 万次。

3. 以新技术引领融合发展，提升融媒体产品多元表达、多平台传播。现代快报以先进技术引领驱动融合发展，推出了一批线上线下结合的优秀融媒产品。2021 年 6 月 16 日，扬州中国大运河博物馆开馆。由现代快报策划制作的“5G 大运河沉浸式体验区”，成为博物馆里的常设展区、热门的打卡点，多家央媒和省市地方媒体争相报道，央视新闻为这个展区单独报道，全程拍摄 5 分多钟视频。

三、强化平台建设，媒体融合产品更加精彩纷呈

2021 年，江苏各主要媒体加大媒体融合发展和新媒体建设力度，形成多介质、全方位、立体化的传播格局，新媒体矩阵影响力持续增强。

1. 重点新媒体平台建设再上新台阶。新华报业传媒集团分层分类加大平台建设，构建了更为完善的全媒体矩阵。目前，集团共有网站13个，客户端12个，以及各类微媒体100多个。截至2021年年底，交汇点已累计下载用户数超3200万人，覆盖受众规模超1.8亿人，成为江苏主流移动媒体第一品牌。扬子晚报进一步做强以"紫牛新闻"为龙头的全媒体矩阵，构建用户广泛参与的泛资讯平台，全媒体平台用户总数超过6000万人；中国江苏网实施网端一体技术平台改造工作，推进采编系统后台统一，运维的党务政务网站网群已达158家，新江苏客户端优化互动、提升日活，下载用户数突破1000万人；江苏广电荔枝新闻客户端2021年下载量突破3963万次，在多个新媒体榜单中名列前茅，全国影响力再上新台阶，参加19个国家部委办局新闻发布会，是江苏首个国新办常驻媒体，常态参与新闻发布会报道超过200场；"荔枝视频"不断拓展全国拍客，全年生产正能量短视频超2000条。截至2021年年底，现代快报各终端用户总数突破6000万人，其中，ZAKER南京用户突破3000万人，微信矩阵用户超过600万人，微博粉丝数超过1400万人。

2. 创新内容策划，强化重大报道的受众体验感和参与度。新华报业传媒集团在庆祝中国共产党成立100周年报道中，先后策划报道项目60余个，开设各类专栏专题100余个。交汇点大型互动手绘新闻产品《星火传奇》历时半年匠心打造，集成各类新媒体元素，产品综合点击量突破4亿次，共有4.5万名网友打卡。扬子晚报"共产党员请回答"作为江苏唯一作品入选庆祝中国共产党成立100周年活动新闻中心融媒体体验室。中国江苏网"重走五万里　红色新安路"大型融媒体党史学习打卡活动引发广泛关注和参与，"百件馆藏百年芳华——江苏省百件红色基地馆藏珍品征集展示"被省党史学习教育领导小组列为重点宣传项目。

3. 发挥媒体自身优势，突出主题报道的可视化立体化传播。江苏广电总台推出30余项主题精品融合传播项目，形成全媒体立体化的强大宣传声势。《跨越时空的对话丨"00后"大学生党员对话老党员》总点击量超1亿次；百集微纪录片《百炼成钢：中国共产党的100年》前70集播放量累计超过30亿次，成为网络爆款，荣获2021年江苏省宣传思想文化工作创新奖；百集微纪录片《无声的功勋》展现隐蔽战线英雄人物的坚定信念和不屈斗争，获中央网信办2021中国正能量"五个一百"网络精品评选"十佳精品"称号。现代快报推出了一批刷屏的爆款融媒体产品，其中，《我比任何时候更懂你》30集系列短视频，全网点击量突破31.5亿次，创造了江苏网上重大主题制作宣传的多个第一。

（江苏省新闻工作者协会供稿）

浙江省推进媒体融合发展工作综述

2021年，浙江省新闻界坚持以习近平新时代中国特色社会主义思想为指导，以加快打造新时代文化高地为目标，以落实“186”行动方案为牵引，以庆祝建党百年为主题主线，坚持用新思路引领新媒体，用新机制服务新媒体，用新举措落实党管新媒体，引领广大新闻工作者投身融合发展，引领全省新媒体队伍围绕中心、服务大局，努力为忠实践行“八八战略”、奋力打造“重要窗口”，争创社会主义现代化先行省，高质量发展建设共同富裕示范区提供强大思想保证、舆论支持和精神动力。

一、把握浙江发展战略机遇，加速媒体平台化建设

2021年，浙江省新闻媒体以数字化改革为契机，向媒体深度融合发展推进，实现新闻舆论工作数字赋能、系统集成、三级贯通、闭环智控“一屏掌控”精准指导一体化管理，省委宣传部对省、市、县三级所属新闻客户端、微信公众号、抖音号等新媒体平台相关数据实时监测管理“一个标准、一把尺子”，重大选题实现“一键发起多跨协同响应”，包括90家县级融媒体中心在内的112家媒体三级同台竞技比学赶超。

浙江日报报业集团加快主力军挺进主战场的步伐，从奋力打造有现代传播能力的重大新型主流传播平台，构建省市县一体化、开放式现代传播体系，打造立体化、现代化“出海联盟”等方面入手，全力推进媒体融合向纵深发展。集团三大新闻客户端建设取得新进步。浙江新闻客户端新设立了内容生产和传播运营执行委员会，向“平台化、工具化、智库化”方向发展。新媒体栏目IP制获评“中国报业深度融合发展创新案例”。新成立原点工作室、一线调查工作室，由文字、影像、设计等多工种、跨部门组建融合报道团队，做好省委中心工作的融合传播，做强建设性舆论监督。在占领阵地、吸引用户方面，开展了多场精准运营活动，推动客户端日活保持高位。天目新闻客户端加快全国化布局、全球化传播发展步伐，已成立京津冀、长三角、粤港澳3个区域新闻中心。小时新闻客户端坚持“大生活”定位，

持续推出“小时小店”系列报道，设立小时小店直播点，推出“小时健康小站”，加强UGC生产。上线“记者帮”，200多名记者在线帮忙，提升媒体影响力。

传播体系建设有新进展。发挥省级主流传播平台的主导引领作用，构建省市县一体化开放式现代传播体系。11家设区市级党报加入融媒共享联盟，实现省、市、县三级媒体全覆盖。目前，包括各行业、街道、乡镇微融站在内的联盟成员已达1200多家。集团现有天目新闻英文频道、“In ZheJiang”海外传播矩阵、浙江日报海外版、浙商侨音融媒体等4个重点外宣平台。

浙江广播电视集团不断优化内部管理，拓展提升自有网络平台，全力推进媒体融合在重大主题宣传报道出新出彩。集团以数字化改革为牵引，重点打造“全媒体新闻传播系统”“网络舆情风险监控与处置”等应用，围绕生产制作、宣传管理、舆情监控、网评管理、传播数据评价等核心业务，2021年年底上线运行“全媒体新闻传播系统”应用的主要模块。建立起“全天候全时段监控+重大舆情专项报告”制度，组织开展“广电杯”网评联赛加强网评队伍建设，初步实现舆情应对的高效协同和快速反应。

优化新闻资源整合，加强融合传播内容创新、强化运营，试水“新闻+政务服务商务”运营模式，发挥“蓝媒联盟”的协同效应，做大做强中国蓝新闻客户端；紧抓矩阵建设、内容扩容、策划提质、运营升级及数字化协同等工作，升级迭代“美丽浙江”短视频矩阵，协作单位超过800家，矩阵总粉丝超1000万人，继续锁定省级发布类新媒体矩阵第1的位置。资源扶持，成立专班大力培育首批遴选的4个A类账号和8个B类账号，扶持培育“广电名嘴”新闻个人IP；成功开播ZTV NEWS英语传播窗口，激活链接集团各宣传单位外宣视音频资源，打造集团高水平对外传播载体和外宣工作体系。2021年集团深入做好习近平新时代中国特色社会主义思想宣传，统筹集团新媒体平台，围绕习近平总书记在浙江到过的地方、作过的指示、关注的工作，推出《习近平科学的思维方法在浙江的探索与实践》《跟着总书记学思维｜专家解读》等一系列作品。聚焦建党百年主题主线，聚焦“重要窗口”“数字化改革”“共同富裕”“文化建设”等中心工作，精心开办一批专栏，策划制作播发了一系列重磅精品。

截至2021年年底，浙江县级融媒体中心除新成立的杭州钱塘新区外，客户端建设全覆盖基本实现；除因行政区划调整杭州两区外，全部取得互联网新闻信息服务许可证。全省县级融媒体中心大力推进“新闻+政务服务商务”，客户端成为本地移动主平台——绍兴市柯桥区承担全区120家智慧礼堂建设，开展媒体资讯、政策解读、便民服务、远程医疗、影视娱乐等综合性服务；宁波市鄞州区服务于地方的“建设性问政监督”，成为地方政府推动基层治理现代化的重要抓手；玉环市积极承接当地政府公安雪亮工程，在智慧交通、城市、村居、医养等信息化项目激发自身活力；龙游客户端推出家政服务、房产租售、个人求职、拼车出行等功能性社区服务板块；宁波市北仑区在客户端上开通疫苗预约渠道，安吉县融媒体中心爱安吉客户端被列为全国7个示范客户端之一。

内容建设方面。短视频成为全省县级融媒体中心年度新闻宣传的主打产品，多地在人财物等方面给予重点倾斜，组建专门生产团队，在重大主题报道和重要舆论引导中发挥重要作用，涌现出多个“正能量爆款”——临海涌泉蜜橘引爆网络，中央、省、市、县四级媒体联动作战，全网触达人次超过10亿；海宁《聋哑外卖员遭车祸民警挨个给顾客解释》的暖心故事获中央媒体纷纷转发，登上微博热搜，全网阅读量超1.5亿次；开化“烈火英雄丰晨敏魂归故里”大型融媒行动，直播在线人数全网超1500万人次，短视频播放量全网超3亿次。

优势互补、互促共进掀起全省县级融媒体中心年度协作交流潮流，长兴、安吉、兰溪、三门、仙居、青田、余杭等7地融媒体中心，参与省委宣传部组织的结对牵头，“一对一”或“一对多”携手海盐、庆元、天台、建德、镇海、洞头、新昌、磐安、常山、嵊泗等10地融媒体中心共同发展、提质增效。湖州市德清县、金华市兰溪市、宁波市鄞州区、台州市三门县、绍兴市柯桥区5家融媒体中心被中国记协新媒体专业委员会授予“县级融媒体中心东西协作交流优秀参与单位”称号。

二、守正创新强化服务，夯实“桥梁纽带”功能定位

浙江省记协坚持把助推主力军挺进主战场作为新使命新任务，充分发挥好新媒体专业委员会的总抓手作用，融服务于引领中，开展了一系列活动。2021年通过春季专题读书会、开展“云课堂”线上直播、举办“好记者好作品”云上报告会、举办县级融媒体中心新媒体实务操作专题培训班、“红色信仰”建党百年融媒培训、全省年轻记者“学党史、强‘四力’”专题培训班等，不断提高全省新媒体工作者的政治判断力、政治领悟力、政治执行力，深刻领悟并忠诚拥护“两个确立”。

庆祝建党百年宣传工作是新闻宣传年度头等大事，组织策划“寻红色印迹·看美好‘窗口’”融媒作品征集展播暨全省融媒体易地蹲点采访等重大主题采风活动等，1000多人次参加、蹲点采访活动超20批次深入宣传在革命、建设、改革等各个时期形成的“红船精神”“浙西南革命精神”“大陈岛垦荒精神”等，深入挖掘其丰富内涵和时代价值。

为充分发挥新闻奖“风向标”作用，2021年对浙江新闻奖评奖改革，突出向新媒体倾斜，向基层一线倾斜，向中青年骨干倾斜。调整后新媒体获奖作品数由2020年的110件增加至185件，获奖比例由20%增加至35%左右。县级融媒体中心报送作品数量由2020年的46件增至90件，获奖比

例也大幅提升。奖项比例的调整为打造省市县新型主流媒体浙江方阵，推动媒体融合向纵深发展发挥了正向激励作用。

为推动中国记协2021县级融媒体中心东西协作交流公益项目形成观念互通、思路互动、技术互学、作风互鉴、信息互享、产业互促的长效结对机制，浙江省记协率团分3组赴结对单位调研实地交流情况，慰问参加项目的省外派人员，向结对单位捐赠新媒体建设实用物资。

（浙江省新闻工作者协会供稿）

安徽省媒体深度融合发展工作综述

2021年，安徽省深入学习贯彻习近平总书记关于宣传思想工作的重要论述，深刻领会落实党中央及中宣部有关部署要求，制定出台《关于加快推进媒体深度融合发展的实施方案》，明确构建“123全媒体传播格局”（即1个省级技术平台、2家新型主流媒体集团、省市县3级传播矩阵），力争培育在全国有影响力的新媒体品牌，打造一批有实力的市级融媒体中心样板，实现县（市）区融媒体中心全覆盖，形成了省、市、县三级联动、“报、台、网、微、端”一体化发展格局。

一、全媒传播体系逐步完善

1. 省级媒体示范带动。省级主要媒体以培育在全国有影响力的新媒体品牌为目标，积极转型发展，发挥示范引领作用。安徽日报报业集团加快推进“安徽日报全媒体采编一体化平台”“党媒云2.0”“集团融媒发展中心”三大重点项目建设，推动实现信息内容、技术应用、平台终端、人才队伍、管理手段共融互通；安徽广播电视台安徽卫视·ATV客户端成功在华为、苹果等应用市场上线，全媒体内容库技术系统一期项目建成；安徽新媒体集团建成中安在线网站、中安新闻客户端、微博、微信公众号、安徽手机报等多种新媒体形态共计71个端口；省级主要媒体新闻生产能力、信息传播能力均得到很大增强，龙头带动作用更加凸显。

2. 市级媒体融合因势而动。各市积极探索市级报台网融合模式，加快推进深度融合，芜湖、淮北、安庆、池州等地完成报业与广电机构整合，组建市级新闻传媒中心。淮北、阜阳、芜湖入选中宣部组织的市级融媒体中心建设试点。安庆打造了以“新机构——新媒体中心、新媒体——掌上安庆App、新机制——中央厨房”为代表的“三新”媒体。

3. 县级媒体融合深入推动。59个县均已建成县级融媒体中心，实现“一县一中心”，45个市辖区中有30个建成区级融媒体中心，建成率67%。各中心围绕县级融媒体中心三大功能定位，在机构、内容、渠道、平台、人员、经营、管理等方面深度融合，信息发布渠道得到拓展，新闻采编能力、自我造血能力大大增强。

二、优质内容生产出新出彩

始终坚持以优质内容建设为根本，在重大主题、重大活动、重大典型宣传中，把正能量和大流量结合起来，把内容供给和受众需求结合起来，推出一大批精品力作，有力唱响了现代化美好安徽建设的时代强音。

1. 宣传声势强劲。各媒体坚持把习近平新时代中国特色社会主义思想学习宣传贯彻作为首要任务，推出“牢记嘱托 奋进新征程 再创新辉煌”等专栏10多个，充分展示习近平总书记磅礴的思想伟力和真挚的为民情怀。紧扣习近平总书记两次亲临安徽考察重要时间节点，刊播各类稿件4000多篇，整版110多个，网络发布、推送转载相关信息2740多条，总阅读量超1.2亿次。安徽日报策划推出的“总书记关心的事，安徽这样干”系列专题，安徽新媒体集团推出的《强国有我，青年请回答》系列微视频，均反响良好。

2. 爆款精品迭出。各媒体积极采用短视频、H5、VR、AR等新技术，制作新媒体产品，提升宣传吸引力。在党史学习教育和庆祝建党百年宣传中，省内媒体推出“奋斗百年路 启航新征程——学党史 悟思想 办实事 开新局”等专题专栏270多个，创作推出阅读量10万+的新媒体作品1万多件。安徽交通广播推出庆祝建党百年合肥天鹅湖AR灯光秀，当日播放量突破430万次，安徽卫视推出“合肥有条延乔路”报道，多次进入微博全国热搜话题，浏览量突破5亿次。

3. 采编手段创新。在全国及省两会、省第十一次党代会等重大宣传中，各媒体积极运用新媒体新技术新手段开展报道，大大增强了内容生产能力、聚合能力、传播能力。全国两会期间，省级主要媒体充分利用“5G+4K”技术，组织“两会‘云’访谈”。安徽广播电视台打造了“云端两会”，新安晚报组织了联动宣传。

三、技术支撑能力明显增强

坚持以先进技术为引领，积极利用5G、大数据、云计算、物联网、区块链、人工智能等技术，重塑采编流程、建设平台终端、优化管理手段。安徽广播电视台引入流媒体直播系统、VR全景制作平台等新技术设备，对全台演播室进行升级改造。安徽新媒体集团下属新媒高科公司获得国家级高新技术企业、安徽省委网信办第一届网络安全应急技术支撑单位等资质和称号，先后获得36项软件著作权，2021年还取得了3项实用新型发明专利。亳州、宿州、淮南、安庆等地加大技术投入力度，推进高清化改造，采购5G高清融媒体直播车，打造5G户外直播间，实现管理体系和内容传播体系升级。

省级技术平台创新驱动、功能优化。全省县级融媒体中心省级技术平台由皖云科技传媒股份有限公司建设，已建成“业务系统”“宣传管理”“综合服务”“新闻协作”

四大板块及32个子系统，直接服务59个县融媒体中心和14个区融媒体中心，在省第十一次党代会、省两会等重大会议活动宣传中，提供“云采访”技术保障，受到多方好评。2021年在首届广播电视和网络视听高新视频创新应用大赛和人工智能应用创新大赛中，短视频智能生产系统、舆情管控两项技术获奖。

四、人才队伍结构不断优化

把人才队伍建设提升到事关媒体生存发展的战略高度，采取切实有效措施，逐步解决有“人员”缺“人才”、有“专才”缺“通手”等问题。

1. 人才选拔模式实现突破。安徽广播电视台实施发现培养70后、80后、90后优秀年轻干部“789”计划，已选拔45名优秀年轻干部。池州市实行媒体中层干部竞聘上岗、双向选择，把熟悉新媒体的中青年优秀人才充实到关键岗位。

2. 人才培养力度持续加强。部校共建机制作用凸显，安徽大学“部校共建框架下的新闻传播人才培养”项目获安徽省教学成果奖一等奖，安徽大学、安徽师范大学、合肥学院等13所高校的14名教师入选2021年安徽省高校与新闻单位从业人员互聘“千人计划”，26个新闻单位的38名编辑记者到高校挂职或兼职。后备人才培养有序开展，省内30所高校设置新闻学、网络与新媒体、广播电视学等64个新闻传播学类本科专业点，计划招生达7200余人，3门新闻相关课程列入国家级一流本科课程。

3. 人才激励手段更加有效。安徽日报制定修订《关于推行全媒体考核的意见（试行）》《安徽日报“每日之星”评选办法》等融合考评制度，探索建立科学合理的绩效考核体系。安徽广播电视台推出“特岗优选人才计划”，设置媒体融合发展业绩专项评分，首批48名同志已获得台聘身份。

五、体制机制改革持续深化

坚持以深化改革推动深度融合，破解发展难题，推动媒体内部运行机制、宏观管理机制和经营机制创新。

1. 打通媒体内部机制。各媒体以打通部门壁垒、实现协同联动为目标，从构建新型采编流程、改革内部组织架构等方面探索创新。安徽日报报业集团建立适应全媒体生产传播的一体化组织架构，解决461人的身份编制问题。市场星报、安徽青年报、安徽工人日报、安徽经济报、安徽科技报、工商导报等媒体突出自身特色，积极构建“报、网、微、端”一体联动的工作机制。

2. 优化管理机制。积极探索符合全媒体时代特点的管理机制，推进新闻宏观管理科学化、制度化、常态化，切实提升宣传引导的有效性和新闻管理的针对性。省委宣传部会同省委网信办、省文旅厅、省广电局等部门，对非公有资本进入传媒领域情况进行排查。

3. 激活市场机制。积极探索建立“新闻+政务服务商务”的运营模式，推动新闻信息与政务、服务紧密结合，努力形成良性互动的“生态圈”，增强自我造血机能。黄山日报社组建黄山视界传媒公司，承办中国（黄山）首届徽派古建产业发展大会等大型会展活动，2021 年经营性收入达 700 万元。蒙城县融媒体中心大力推进“广电 + 乡村治理”综合服务平台建设，仅全县视频数据传输业务年收入就达 2500 多万元。

（安徽省新闻工作者协会供稿）

江西省媒体融合发展工作综述

江西认真贯彻党中央决策部署，紧扣时代脉搏，立足江西省情，创新推进媒体深度融合，着力推进全省“一盘棋”“一张网”，构建媒体融合“一体化”新格局。2021年，在全省县级融媒体中心实现全覆盖的基础上，江西进一步完善省级融媒体技术平台建设，构建起“1+2+11+105”融媒体指挥体系（“1”即省级融媒体推进中心，“2”即江西日报社赣鄱云、江西广播电视台赣云；“11”即11个设区市融媒体中心；“105”即全省105个县级融媒体中心）。以省融媒体推进中心为统一指挥中枢，依托“媒体大脑”技术，实现全省重大主题报道统一策划、统一制作、统一分发，内容、技术、机制、培训等共融互通，推动创新融合朝智能化、数字化、系统化方向加速发展。

一、强化全媒策划意识，实现重大主题报道全省“一盘棋”

2021年，江西在媒体融合实践中，以内容建设为根本，坚持一体化组织指挥、全流程统筹协调，充分发挥集中作战优势，加快构建全媒体传播体系。省融媒体推进中心通过建立主题策划联动机制，实现重大主题报道指挥调度全省“一盘棋”，确保重点报道贯穿始终，重磅报道镇版刷屏，主流声音全媒体矩阵放大。

1. 统筹重大主题策划。每月紧扣社会热点、政策焦点、发展亮点，精心制作“江西月度融媒体策划日历”，为全省全媒体报道提供策划指南。江西省委宣传部牵头每月定期召开全省融媒体主题策划会，江西日报社和江西广播电视台负责同志轮流担任月度总值班人，省委网信办、各媒体机构、相关厅局人员参会，推出了一批高质量主题策划。如通过策划会头脑风暴，由省委党史学习教育领导小组办公室牵头，高位推动江西省“我为群众办实事”融媒体作品征集活动。全省媒体积极参与，深入一线采访，通过综合运用图文、音视频、H5、VR等多种表现形式，以群众视角、百姓语言，推出融媒体作品600余篇，涌现了一批阅读量上千万次的融媒体产品。如瑞金市融媒体中心原创短视频《你听说过“八子参军”的故事吗？》阅读量 2641.4 万次，点赞 145.2 万次；《一棵为毛主席挡过炸弹的老樟树》阅读量 2537.5 万次，点赞 65.2 万次，为全景式呈现全省党史学习教育以深学促实干的生动实践营造了浓厚舆论氛围。

2. 全媒体联动同频共振。对重大主题报道和融媒体精品力作，江西不仅做到选题策划、内容生产等环节全省“一盘棋”，而且实现了全媒统一推送。通过建立“中央驻赣 + 省 + 市 + 县”媒体四级统一推送分发机制，每日优选稿件在全省全网全渠道推送等举措，有效放大了全省优秀融媒体作品的传播半径，使正能量更强劲、主旋律更高昂。在全国两会、省两会、庆祝建党百年、党史学习教育、疫情防控、抗洪救灾、防诈骗等重大主题、重点工作报道中，涌现出来一批具有较大影响力、传播力的爆款产品。如，江西广播电视台制作的短视频《江西省委书记刘奇讲述十七棵青松的故事》点击量超 1530 万次，客家新闻网的《“长征路 强国梦”党史大篷车全国巡展在江西寻乌发车》仅在“学习强国”学习平台的阅读量就超过 1020 万次；“平安铜鼓”视频号的《江西铜鼓：网络骗术花样多 莫把虚拟当现实》阅读量达到 1186 万次。

二、依托“媒体大脑”，实现融媒技术平台全省“一张网”

江西依托新华社新华智云“媒体大脑”，高标准完成省级技术平台一期、二期项目，运用 5G、大数据、云计算、人工智能等新技术，对涉及新闻生产的策划、采集、制作、审核、分发、接收、反馈等流程进行智能化改造，打造全省统一的新媒体技术平台。

1. 深化智能驱动，重构采编流程。智能技术的广泛应用可以推动创新融合深度化，江西构建了直达各级融媒体中心的人工智能协同体系，上线 30 款媒体机器人，以新技术新运用广泛赋能全省各级媒体机构，大大加速了新闻生产的全链（策、采、编、发、评等）智能化进程，大幅提高了江西媒体从业人员新媒体业务能力和生产效率。2021 年全国两会期间，江西依托省融媒体推进中心技术，在江西代表团住地搭建 5G 视频采访室，开启全国两会报道“云访谈”模式。通过视频“隔空对话”“即时连线”，热议两会话题。江西还运用“两会机器人”软件，对多场两会直播进行视频拆条，技术赋能让内容生产和传播更加方便快捷，有力促进了媒体生产流程再造。

2. 整合媒体资源，破除媒体壁垒。数据是新媒体时代的重要资产，数字化也是媒体深度融合的方向。江西大力整合全省媒体资源，运用大数据、人工智能等新技术，打破资源、设备等壁垒，增强各个融媒体平台之间产品、技术及服务的协调性，对数据进行统一整理归类，建立全省“新闻信息资源池”，并向省内各级媒体定向开放，重构新闻报道的内容生态，有力推动新闻生产提质增效。截至 2021 年年底，江西省融媒体推进中心平台累计汇集全省媒资 3200 万余条。

全省媒体累计调用人工智能文字识别 1 亿余次，语音识别 280 万余分钟，人脸识别超 1 亿余次，传播覆盖全网用户超过 1.8 亿人。

3. 创新融媒教育，强化人才培养。江西把加强融媒人才教育培训摆在突出位置，与新华社、字节跳动公司等合作，每月定期举办 2 期“江西融媒大讲堂”，提升融媒体从业人员的视野格局和专业技能。截至 2021 年 12 月底，已累计培训 38 期共 5.7 万余人次。试点组织 28 家县级融媒体中心实施探索“1+1”协作发展模式，通过机制共享、策划共联、技术共学、业务共建、人才共育，实现内容生产、管理经验、运营方法、人才培养等方面深度交流协作。充分运用“学习强国”学习平台的县级融媒窗口及其承办的全国县级融媒体中心优秀作品季度赛，以赛促建。此外，江西还加快后备人才队伍培养，协调教育部门增加相关专业招生名额，与高校共建媒体融合发展研究中心，实施“上派下挂”制度，组织市县融媒体中心骨干到新华社、省技术平台、科技公司、高校科研机构等培训锻炼、跟班学习，着力培养“一专多能”的全媒体人才队伍。

三、立足融合传播，创新机制，实现矩阵布局全省一体化

机制是融合创新得以顺利实施的重要保障，江西通过理顺管理体制，构建全省三级联动的主流传播“生态圈”，开启了全省媒体融合新阶段，迈向了高质量融合新征程。

1. 创新工作机制改革，建立省融媒体推进中心。为从体制机制上推进全省三级融媒体中心联动，常态化、制度化发挥中央枢纽的调度推进作用，江西于 2021 年 1 月正式成立省融媒体推进中心，作为省委宣传部的正处级公益一类事业单位，明确编制机构事项和工作职能，设置专门机构和专门人员，实现了指挥枢纽实体化运行，强化省中心对全省媒体融合工作特别是县级融媒体中心全面发展的指导功能。同时，重点推进了市级媒体融合机制体制改革，2021 年，萍乡市在全省率先将地市党报、广播电视台融合，成立萍乡市新闻传媒中心。

2. 打造权威融媒矩阵，组成“蛛网”传播形态。为推动媒体融合向垂直、纵深方向发展，让优质内容更精准地触达用户、服务用户，提升传播力、引导力、影响力、公信力，江西推动全省各县融媒体中心建成集微博、微信、客户端、抖音、快手、头条号、视频号等为一体的权威融媒矩阵，打造“蛛网”式传播形态。截至 2021 年年底，全省市县融媒体中心和市县主要新闻单位覆盖粉丝和用户超 2.5 亿人。其中，开通抖音账号 151 个，粉丝量超 1 亿人；官方微信公众号 153 个，粉丝量 2164 万人；官方微博账号 146 个，粉丝量 4030 万人；客户端 113 个，累计访问用户数 6147 万人。

3. 加快推动县融建设，融合创新步入全国第一方阵。充分引导县融媒体中心全面推进全媒矩阵建设，加快融合创新步伐，着力提升县级融媒体中心影响力和传播力，提

升引导群众、服务群众的水平。在2021年第二届全国县级融媒体中心能力建设年会上，江西分宜县融媒体中心入选“全国县级融媒体中心能力建设十大典型案例”，贵溪市、湘东区融媒体中心入选“全国县级融媒体中心能力建设十佳创新案例”。此外，分宜县融媒体中心党支部获评2021年“全国先进基层党组织”，该中心是全国唯一获得该奖项的媒体机构；贵溪市融媒体中心是全国唯一获评“扫黄打非进基层”示范点的媒体机构；在新华智云发布的全国县级融媒体中心短视频传播力抖音排行榜上，“红都瑞金”“弋阳发布”“南丰融媒体中心”抖音号位居前列。

（江西省新闻工作者协会供稿）

山东省推进媒体融合发展工作概况

2021年，山东省新闻战线以深入贯彻落实习近平总书记关于推进媒体深度融合的重要讲话精神为指导，按照中央、省委省政府关于推进媒体深度融合发展的部署，在主题宣传、融合生产、原创报道、队伍建设等方面持续发力、不断创新，着力打造新型主流媒体，讲好中国故事山东篇。

一、把准大势，融合创新，重大主题报道浓墨重彩

2021年10月，习近平总书记视察山东，山东新闻界高度重视，提高站位，提前策划，精心安排，严格遵守宣传纪律和要求，把握时度效，围绕习近平总书记考察黄河入海口并主持召开深入推动黄河流域生态保护和高质量发展座谈会，运用专版专题、创意短视频、H5、MV等形式，创作了大量融媒体产品，形象、生动、立体展现了山东经济社会尤其是黄河流域建设发展成就，社会反响热烈。

一年中，大众报业集团全媒体平台开设习近平新时代中国特色社会主义思想报道专题专区，累计点击量达1.5亿次；集团全力开展庆祝中国共产党成立100周年宣传报道，策划大型融媒专题《奋斗百年路　启航新征程》，累计点击量达7.7亿次；立足山东百年党史，策划《为了人民——红色齐鲁百年印记》等大型融媒体报道；推出“奋力走在前——沿着总书记的足迹看变化”第十七届中国网络媒体山东行活动；全国年度热点事件中，海报新闻在首发速度、报道深度方面进入全国第一梯队。

2021年，山东广播电视台围绕庆祝中国共产党建党百年，主打“党史学习教育”“我为群众办实事”等融媒专题，策划“我们正青春”系列短视频，推出“红星耀百年——融媒体系列短视频创作行动”“第100个春天——山东省市县（区）联动大型全媒体主题宣传活动”“奋斗百年路　启航新征程——庆祝建党100周年‘六个100’全媒体主题展”等网上宣讲活动，宣传百年党史，凝聚奋斗力量。融媒体专题《100·

正青春》打通大小屏、制作短视频80余条，点击量破千万次。

二、百舸争流，新闻事业发展贯穿融媒基因

技术进步是媒体融合发展的重要推动力。2021年，山东新闻战线全面提升平台数据化、智能化、互动化、视频化水平，倾力打造富有地方特色、国内领先的新型主流媒体。

1. 大众日报建立“1个指挥平台+7大业务板块+N个融媒工作室”新模式，齐鲁晚报做实“内容、数据、技术”三大中台，半岛传媒推行“配齐双主官、打造三平台”，鲁中晨报与大众日报淄博融媒体中心深度融合……一系列创新实践显著激发融合生产力，大众报业集团97.4%的采编人员已经进入互联网主阵地，新媒体收入占比从2018年的19%上升到2021年的40%，经营收入在全国省级党报位居前三。

2. 山东广播电视台全媒矩阵传播数据亮眼，闪电新闻账号矩阵发布原创小视频及图文稿件2000余条，全网总粉丝数超过4000万人，影响力稳居国内第一梯队；闪电新闻抖音全年（截至2021年11月15日）阅读量超62亿次，微博阅读量近70亿次，快手近20亿次，今日头条、腾讯、百度、微视、新华等全网平台累计近50亿次；齐鲁网·闪电新闻建设“问政山东”网络问政平台，坚持电视问政和网络问政一体推进，截至2021年11月底，网络问政平台回应解决了7.29万多件群众急难愁盼的问题，相关部门和市整体回复率97%以上，成为山东各级各部门收集民意的畅通渠道和党员干部践行网上群众路线的重要窗口。

3. 济南日报报业集团坚定实行“移动优先”战略，主办的新黄河客户端具备独立的研发新媒体平台建设及后续功能拓展、升级维护等能力，设立了软件研究院，已取得授权发明专利2项、外观设计专利2项，申请发明专利6项、申请PCT国际专利1项，取得软件著作权登记8项，其中超过半数是人工智能、大数据、区块链等新技术在媒体领域的率先应用。

4. 胶东在线网先后推出新闻发布会预约、工会职工思想政治教育云引领、网上民声、全市物业测评等小程序项目，具备了完整的小程序开发能力，进一步提升了网站在移动端的技术保障。

三、宣传报道站位更高、扎根更深、视野更广阔，新动能展现新力量

1. 2021年，“海报新闻”3条抖音短视频超过1亿次播放量，千万+播放量视频月均12条，累计发文超过6787篇，累计播放量超过38.79亿次，篇均播放量超过57.15万次，累计点赞量超过4605万次。“海报新闻”还深度参与涉鲁重大舆情的监测处置工作，如青岛市城阳区走访困难户事件、阿里女员工事件、济南喜悦美容整形医院打人事件等，截至2021年10月底，共

发送涉鲁舆情预警17万余条，助力政府部门和各单位提高突发舆情事件的快速反应能力。

2. 山东广播电视台加强策划，闪电新闻客户端推出中秋漫游、比心中国“宝藏”山东gogogo、85路慢直播7×24小时带你“云打卡”、青岛胶东国际机场正式运营带你揭秘“海星内核”、山东首条智慧高速通车、济南黄河隧道通车、全球首个顺岸开放式全自动化集装箱码头启用等新媒体直播，2021年开启直播2500余场，微博阅读过亿次话题近30个。

3. “新黄河”客户端面对“山东人口净流出”这一唱衰山东的网络话题，抓住第七次人口普查数据公布节点，先后发布统计学专家观点、官方数据，用事实说话、廓清真相，击碎网络上对山东人才流失的疑虑；围绕山东新旧动能转换的三年答卷，精心策划推出了《不一样的山东》专题。河北邯郸女子杨妞妞在短视频平台上首发寻亲视频后，“新黄河”第一时间独家跟进关注，发起《女子被拐25年寻亲》系列视频报道，全网点击量超2000万次，很快就帮助杨妞妞找到了失散多年的表姐，双方认亲成功。

4. 2021年6月至7月，青岛新闻网原创作品“一面国旗”系列，形成全网热传的爆款话题，视频连续3天冲上微博热搜第二名、抖音热搜第一名，人民日报客户端头图呈现，新华每日电讯发稿，“长安剑”、环球网、观察者网、澎湃新闻等媒体均做了传播报道。

四、筑牢队伍建设根基，用精品力作奏响融合强音

山东省新闻工作者协会、省新闻学会（以下简称“省新闻‘两会’”）高度重视各区县融媒体中心建设。2021年，省新闻“两会”紧紧围绕建党百年重大宣传主题，记协下属新媒体工作委员会和县级媒体工作委员会联合举办“第一百个春天”山东省市县（区）联动大型全媒体主题宣传活动。活动以干代训，提高全省县级融媒体中心制作移动短视频的能力和水平，同时利用山东广播电视台“闪电云”，广泛征集各类优秀融媒体作品，制作展示专题网页。在中国记协新媒体专业委员会举办的县级融媒体中心东西协作交流公益扶贫项目中，山东省新闻“两会”密切配合开展工作，与西部县级融媒体中心开展线上直播和融媒业务合作。9月，中国记协采用线上和线下相结合的方式组织开展全国新闻战线新媒体业务负责人党史学习教育培训专题班，山东省新闻“两会”配合中国记协培训工作，邀请大众网相关负责同志在培训班做专题报告，同时组织省、市、县三级媒体参会学习。10月，中国记协新媒体专业委员会开展新媒体内容建设负责人培训班，山东省新闻“两会”选派省直媒体代表参会交流。

2021年10月，第三十一届中国新闻奖评选结果揭晓，山东省参评的电视新闻专题《百亿大和解》、电视专栏《问政山东》、

报纸通讯《山东黄河滩区脱贫迁建组合报道》等 11 件作品获奖，其中一等奖 2 件，二等奖 2 件，三等奖 7 件。在媒体融合化发展背景下，上述大部分获奖作品以融合传播的形式呈现，彰显了新媒体时代新闻工作者的职业精神和职业素养，从不同层面不同侧面体现着山东省新闻战线融合创优的新进展、新水平、新方向。

（山东省新闻工作者协会供稿）

河南省媒体融合发展工作综述

党的十八大以来，党中央高度重视媒体融合发展，进行了一系列顶层设计，出台了一系列政策措施，河南省结合实际迅速部署推进，先后制定了推进媒体深度融合发展的实施意见、加强县级融媒体中心建设的实施方案，明确了推进媒体融合发展的总体目标、重点任务、路径措施，重点围绕体制机制改革、中央厨房建设、采编发流程改造、技术平台支撑、政策资金支持、人才队伍建设等方面，采取了一系列积极举措推动媒体融合发展。

一、以体制改革为抓手，强化媒体融合发展根基

按照中央关于推进媒体融合发展的决策部署，河南省在深化媒体融合全面发展中，以体制改革为抓手，强化体制改革在推进媒体融合发展中的根基作用。

1. 省级媒体融合发展情况。河南日报报业集团、河南广播电视台着眼于建立符合移动互联网传播规律的媒体管理体制和运行机制，积极推进媒体深度融合。

2021 年，河南日报报业集团从体制机制改革入手，提出了“编委管总、媒体主建、融合主战，平时就是战时、战时就是平时”的方针，主攻“一朵云”和“一个端”。

“一朵云”就是全新的大河云融媒机制，是全媒体生产和传播的强劲发动机和指挥舱。该机制在内容生产上，强化集团编委会总统筹、总协调、总指挥功能，打破所属各媒体条块分割和部门壁垒，在集团层面指挥调度各方优势资源（编委管总）。发挥长板优势，深挖垂直领域，把内容生产能力建优建强（媒体主建）。在工作流程上，将所有内容和用户数据统一纳入指挥平台，实现内容策划、生产、传播、营销一体化设计、一体化实施、全兵种联合作战（融合主战）。集团各媒体的工作流、信息流、技术流实时汇聚，7×24 小时全天候、常态化运行，形成全链条、全时段、滚动式的现代化内容生产流水线（平时就是战时、战时就是平时）。

“一个端”就是重点打造的平台型媒体——“顶端新闻”。作为服务治国理政、走好新时代网上群众路线、塑造现代化河南

形象的新平台，“顶端新闻”建立用户参与、用户享有的全新机制，内容生产模式从单纯的PGC模式向PGC与UGC、OGC融合生产发展，并逐步搭载数据中台、AI中台两大智能系统，为生产者、个人用户、机构用户等提供全新内容生产场景，使“顶端新闻”成为既能发布原创新闻又能聚合用户生产内容和其他权威媒体资讯的聚合平台，在主阵地上延续党媒集团的职责和使命。

2021年元旦，“顶端新闻”正式上线；6月1日，在河南日报创刊72周年之际，大河云融媒机制正式启动。具有移动化、智能化特点的“一云一端”，双轮驱动、双向赋能，有效扭转了传统媒体流程单向、力量分散等短板，在整个集团层面提升了新闻策划、生产、传播、反馈等环节的质量和效果。

河南广播电视台持续打造以综合视频传播服务为主要内容的“大象新闻”客户端，整合猛犸新闻、映象网、大象网、民生频道等具有丰富新媒体经验的年轻新锐力量，组建大象客户端孵化团队。构建“PGC+UGC”的内容生产模式，以短视频为主打，聚合河南广电内部优质IP、核心资源，打破各自为战的工作模式，成立技术产品中心、平台赋能中心、内容生产中心、内容分发中心、经营中心、地市中心、支撑服务中心、大象MCN等，通过建章立制，理顺内部管理，实现一体化运营，持续做大做强大象新闻客户端。

2. 市级媒体改革情况。积极探索市级媒体融合发展改革，以郑州、许昌、济源等地为试点，为其他省辖市融合发展提供路径参考，如模式成熟，将在更大范围推广实施。郑州市整合郑州报业集团、郑州人民广播电台、郑州电视台采编力量组建“郑州全媒体新闻中心”，与澎湃新闻联手合作，打造了正观新闻客户端。许昌市依托大数据中心，将媒体资源与政务服务平台“i许昌”有效对接，打造新型媒体政务平台。济源市整合济源日报、济源广播电视台，成立济源新闻传媒中心（济源传媒集团），做强做大“在济源”新闻客户端，打造“新闻+党务政务服务商务”智慧信息枢纽。

3. 县级融媒体中心发展情况。依托河南广播电视台技术力量打造省级技术平台，整合县域内的报纸、电台、电视台、网站等传统媒体资源，打造县级融媒体中心，积极推动各县打造“云上”系列客户端。目前，全省已挂牌成立104家县级融媒体中心，各县级融媒体中心传播力明显增强，服务功能全面拓展，经营状况有效改善，转型升级取得积极成效。初步建成了基层主流舆论阵地、服务百姓的综合平台、联络群众的信息枢纽，打通了引导群众、服务群众的“最后一公里”。

二、以内容创新为目标，深化媒体融合全面发展

1. 河南日报报业集团自“一云一端”运行以来，各媒体内容生产能力显著增强，移动端图文、视频稿件生产较以往增长30%，

重点报道、重点产品的传播效果明显提升。2021年下半年，集团各媒体在新浪微博主持的话题就有近80个登上全国热搜榜，200余条短视频作品登上抖音、快手等主要短视频平台全国热搜，集团新媒体产品全网总传播量超150亿次。其中，习近平总书记视察河南期间，顶端新闻策划制作的MV《京豫良缘看少年》被今日头条、腾讯新闻等10多家客户端、网站置顶，24小时全网点击量1.1亿次，相关微博话题总阅读量超2亿次；党史学习教育期间，大河网发起“我想唱歌给党听”话题，迅速冲上新浪微博全国热搜，24小时阅读量冲破1亿次，在抖音、快手、今日头条等平台传播总量突破20亿次。在微博、微信、抖音、快手、今日头条等第三方平台上已培育出近30个粉丝量100万人以上的账号，其中大河报微博、豫视频抖音等账号粉丝量迈入千万人大关，形成了覆盖范围广泛、长板优势突出的第三方平台传播矩阵。

2. 河南广播电视台围绕“四全媒体”进行流程再造。在信息实时、多向、互动传播的前提下，着力流程再造，确保每个生产环节快速准确响应。强调在不受时空限制的条件下全程记录、同步传播、实时调整，形成内容生产、内容分发、大象MCN的传播闭环。

3.“大象新闻”客户端秉承“台就是端、端就是台”的融合发展理念，成为河南广电音视频的汇聚平台、优质内容的展示平台、强势IP的首发平台和名牌栏目的互动平台。目前，涵盖移动端、电视、网站、报纸和在第三方平台布局的新媒体矩阵等全媒体业态，培育出民生频道、小莉帮忙、大象新闻、民生大参考、都市频道、都市报道等6个千万级头部账号。“大象新闻”客户端下载量已超1.1亿次，位居全国省级广电媒体自有App前列。在全国广电新媒体影响力指数榜上，大象新闻也一直稳居前三，2021年整体经营收入超1.4亿元。

2021年“大象新闻”客户端开展5000场直播，总时长超9000小时。郑州“7·20”特大暴雨灾害期间，连续直播43天，时间长达200个小时，实时关注全省雨情、汛情和防汛救灾动态，及时回应社会关切。央视新闻、人民网、新华社等超过200家媒体全网转发，观看人数超3亿人次。开通抖音、快手、微博、视频号、B站等商业传播平台账号200多个，2021年年底，“大象新闻”抖音号粉丝超1400万人，河南广播电视台民生频道抖音号粉丝2643万人，小莉帮忙抖音号粉丝1513万人，“大参考”抖音号粉丝1089万人，“猛犸新闻”微博账号粉丝860万人，总粉丝量超1.4亿人。系列短视频《一句誓言　一生作答》、微视频《90后跳舞女娃回村当支书》，先后被人民日报等多家媒体转发，全网点击量超3.6亿次。

（河南省新闻工作者协会供稿）

湖北省媒体融合发展工作综述

2021 年，湖北省新闻单位深入学习贯彻习近平总书记关于宣传思想工作重要论述，特别是关于媒体融合发展系列重要讲话精神，坚持移动优先、一体化发展，将优质内容、技术、人才、资金向互联网、移动端倾斜，进一步推进平台全面升级，推动主力军全面挺进主战场，努力实现主流媒体深度融合转型发展。

一、以平台建设为基础，进一步完善全媒体传播体系

（一）省级主流媒体做强做优，构建旗舰平台

省级媒体致力于整合省内资源，建设具有强大传播影响力与市场竞争力的区域性旗舰媒体集团，积极打造区域内统一多级联动的一体化数字平台，如长江云、极目新闻，有力发挥了省级媒体在全媒体格局中的重要作用。

1. 2021 年，湖北日报传媒集团着力打造湖北日报全媒体和极目新闻全媒体两大平台。旗下的网站、客户端、微博、微信、抖音等组成的新媒体矩阵，日活用户超过 1.6 亿。其中，湖北日报全媒体用户总量超过 6000 万，影响力居全国省级党报前列。“极目新闻”3 月 28 日上线，截至 2021 年年底，各在线端口总用户量超过 5600 万，居全国媒体自建平台十强。

2. 长江云向省级技术支撑平台升级，创新以县级融媒体中心生产系统、新时代文明实践中心管理系统、大数据舆情监测系统为基础的“三合一”融合服务模式，实现“全省一张网”下的政经新闻信息“一网打尽”、民生服务“一网通办”。“长江云”客户端于 2021 年 2 月 3 日全新改版，截至 2021 年年底，下载总量 1681.65 万次，用户数 925.25 万，日活量 101.66 万。

3. 湖北广播电视台全台新媒体账号总用户数达 1.86 亿，在 2021 年 CSM 省级台新闻融合年度指数排名上跃居第 4 位，形成“湖北新闻”“楚天交通广播”“长江新闻号”3 个千万级大号。其中，“楚天交通广播”抖音粉丝数突破 2000 万，保持全国广播抖音第 1 号位置，“湖北新闻”跻身全国

广电头部账号行列，“长江新闻号”在外宣领域形成较大影响。

（二）地市级媒体“合纵连横”，在夹缝中“破局突围”

2021年，湖北地市级媒体根据地域特色和发展现状，探索“报纸+广电”融合，横向整合同级资源平台，纵向连接县级融媒体中心。截至2021年年底，湖北鄂州、宜昌、荆门已成立市级融媒体中心。

1. 长江日报报业集团打造全媒体化长江日报、“大武汉”客户端、长江网、“九派新闻”和“发现武汉”5个圈层的全媒体传播体系，覆盖18个互联网平台。“长江日报”官微用户超过260万人，“九派新闻”建设94个账号，全平台粉丝超过1100万人，文图单日阅读量超2500万次，视频日均播放量超过2亿次。长江融媒“1+15+N”建设武汉市互联网舆论主阵地，联合15个区级融媒体中心，通过联动采访、新闻评奖、业务培训等实现一体化运作。

2. 宜昌三峡日报传媒集团建成湖北省首家市县一体融媒体中心并完成40余次更新和升级。集团新媒体板块通过科技部国家高新技术企业认证，成为湖北省唯一的互联网传播领域国家高新企业，与三峡集团联合推进中国媒体云（三峡）大数据中心建设，把宜昌建成全国地方媒体互联网数据存储运行中心。“三峡云”移动客户端全新改版升级上线。三峡广播电视台入驻央视新闻+、新华社现场云、人民日报全国党媒公共平台、“学习强国”学习平台等国家级新媒体平台和今日头条、抖音、梨视频、百家号等多个第三方平台，同时打造新型主流媒体和知名网络媒体。

（三）县级融媒体中心加快整合，打通“最后一公里”

在中央精神和国家战略推动下，县级融媒体中心扎根基层，将“神经末梢”伸到群众身边，形成各具特色、灵活多样的融合模式。

1. 襄阳市襄州区融媒体中心以“云上襄州”为牵引，整合襄阳襄州网、《襄阳日报》襄州版、襄州电视台等8个平台，开通微博、微信、抖音等渠道。

2. 恩施州鹤峰县融媒体中心搭建县、乡、村三级信息发布机制，“云上襄州”有11个乡镇、30个区直单位入驻，“云上赤壁”有17个乡镇、31个政府部门入驻。

二、以内容建设为根本，进一步拓展媒体功能

（一）坚持“内容为王”，做强做大主流舆论

1. 2021年，湖北的新媒体圆满完成了建党百年、全国两会、乡村振兴、疫后重振等重大全媒体宣传报道工作，为湖北“建成支点、走在前列、谱写新篇”提供强大舆论支持。长江云整合湖北广播电视台内容资源打造18个垂直频道，全年总发稿量17.5万条，全年推出创意新媒体产品400多条，全网传播量破亿作品81条；极目新闻全年推出微信10万+稿件395条，微博互动量

（转评赞）1 万 + 稿件 308 条，主持话题过亿次的达 57 条，最高话题阅读量达 13.6 亿次；宜昌三峡广播电视台短视频平均日播发量一年来增加了 2 倍多。

2. 全媒体报道佳作频出，许多内容产品传播数据创下新纪录。全国两会期间，长江云融合传播位列全国第 3；湖北日报全媒体报道《下团组第一天，总书记关心啥》用创意海报形式展现习近平总书记下团组第一天关注的要点；长江日报报业集团完成云端直播“云端会客厅”21 场。外交部湖北全球特别推介活动报道中，长江云推出的主题宣传片、暖场片以及相关报道的全网总传播量超过 30 亿次；长江日报全媒体传播阅读量总数达 10 亿次。疫后重振报道中，湖北日报全媒体《援鄂医疗队回武汉赏樱 重回战斗过的地方》系列短视频，记录了武汉以最高礼遇迎接援鄂医疗队赏樱，总播放量达到 1.1 亿次；7 月 30 日，伍家岗长江大桥建成通车，三峡广播电视台推出大型全媒体直播《桥见宜昌》，全媒体总播放量近千万次，网络实时观看过百万人次。

（二）进一步拓展“新闻 + 政务服务商务”运营模式

各级媒体依托新媒体平台和各种传播资源，大力开展综合信息服务，不断扩展“新闻 + 政务服务商务”运营模式，提高定制化个性化精准化政府服务能力，搭建起政府与百姓双向互动的数字纽带。

1. 长江云升级省、市、县三级联动的移动政务服务大厅，全量接入“鄂汇办”46 个类别 64 项服务，“问政”窗口提供 24 小时移动互联服务；长江云新时代文明实践平台为全省 63 个地区提供党员下沉、招募录用等志愿信息化服务，注册志愿者用户总人数 141 万人，入驻组织 2.3 万余个，发布活动 9.4 万余次，总服务时长达 397 万小时；率先在全国推出县级融媒体中心标准化全员培训模式，为全省县级融媒体中心工作者提供常态化、科学化、标准化的学习成长平台，2021 年培训 5000 人次。

2. 长江日报报业集团策划、实施武汉城市留言板线上活动 50 场，收到网民群众留言互动 3 万余条，长江网承办的武汉市党史知识挑战赛，累计 800 万人次参加，全网稿件发布及转载近 3000 篇，还承办了全国党史知识挑战赛湖北赛区的工作。

三、以改革创新为抓手，进一步提高经营管理效能

（一）湖北广播电视台

湖北广播电视台突破传统声屏思维，在运营赋权、资源支持、创新激励、人才培养等方面对工作室的建设进行指导和规范管理，打造运营的 59 个融媒工作室从过去单一以主持人为主体的阶段，走向全台参与、全面推广、整体转型的新阶段，成为融合生产运营的最基本单元。

（二）长江云

长江云建立起“融媒大脑”融媒体生产管理机制，协调统筹全台实现跨部门协同的项目制运作，以优质创意产品集群为根本，

以集束式报道形成规模，以六大传播矩阵构筑传播集群，以大数据和算法进行效果评估，以奖励机制激发全员融媒实践积极性，从顶层设计出发实现全团队、全介质、全流程的实质融合与深度融合。“融媒大脑”机制入选国家广电总局2021年度全国媒体融合典型案例。

（三）湖北日报传媒集团

湖北日报传媒集团出台《关于进一步推动媒体深度融合发展的实施意见》《关于极目新闻创新机制加快发展的实施方案》。所属媒体楚天都市报建立以极目新闻为中心的工作机制，试行大部制改革，成立省外采访中心和融媒体集成中心，改造生产流程，建立全天候策划调度机制，始终保持对热点新闻和突发事件的快速反应能力。

（四）宜昌三峡广播电视台

宜昌三峡广播电视台对组织架构进行重塑，组建了新的融媒新闻中心、融媒视频中心、融媒音频中心、融媒技术中心等核心部门，打通各个领域、统筹各种资源，形成整体合力。

（湖北省新闻工作者协会供稿）

湖南省推进媒体融合发展工作综述

2021年是中国共产党成立100周年，是“十四五”开局之年，是全面建成小康社会圆梦之年，湖南省新闻战线深入贯彻落实习近平总书记关于媒体融合发展重要论述，坚决落实中央关于推进媒体深度融合发展决策部署，坚持以互联网思维优化资源配置，推动主力军全面挺进主战场，省、市、县三级主流媒体传播力、引导力、影响力、公信力持续增强。在第三十一届中国新闻奖评选中，全省17件作品获奖，其中媒体融合类作品3件，媒体融合发展成效显著。

一、坚持规划引领、强化顶层设计，融合发展站位更高、路径更全

湖南省委宣传部联合湖南省委网信办、省编办、省发改委等11家单位制定出台关于加快媒体深度融合发展有关实施方案，明确了湖南省媒体融合发展的目标任务、重点工作、保障措施、组织领导等，对构建省、市、县布局合力的全媒体传播体系进行了规划设计。湖南日报社出台媒体深度融合发展改革方案，推动湖南日报、新湖南客户端“融为一体、合而为一”，实现机构重设、人员重组、平台再造，报社媒介资源、生产要素迈入深度整合新阶段。湖南广播电视台围绕“建设主流新媒体集团”战略目标，编制了“十四五”发展规划、媒体深度融合发展三年行动计划，成立了中国（湖南）广播电视媒体融合发展创新中心，不断完善融合发展的方向路径。湖南出版投资控股集团全面推动红网平台化战略升级，打造新型党网平台、互联网综合服务平台；支持潇湘晨报上线晨视频，切入短视频新媒体赛道，构建全媒体传播体系；做优做强地铁传媒、会展、户外大屏，扩大多场景传播生态，打造具有湖湘文化基因、出版传媒特色的智慧内容生产和服务平台。

二、聚焦建党百年、唱响主流声音，爆款精品质量更高、影响更大

全省各级媒体聚焦主题主线，紧扣庆祝建党100周年、党史学习教育等喜事大事，积极开展新闻宣传，制作推出了一大批“传得开、叫得响、质量优”的新媒体爆

款产品，为庆祝建党百年营造了良好舆论氛围。湖南日报开设专栏《湖湘潮 百年颂》，图文音视结合，全网总点击量超2.3亿次，湖南卫视、芒果TV主推《党史上的今天》《理想照耀中国》《为有牺牲》《百年正青春》等16个重点项目，涵盖电影、电视剧、综艺节目等10个门类，全网播放量近80亿次，微博热搜362个，话题阅读量306亿次。红网新媒体集团组织开展的“情牵红土地”大型融媒体报道全网总点击量累计6.7亿次，特别是“穿行湘赣边”，运用5G+4K超高清、高帧率、高动态范围、广色域技术制作，采访行程跨越354公里、异地直播超过6小时；创新打造的“时小刻说党史”，以人工智能虚拟主播“时小刻”以轻松活泼的口吻生动科普党史知识，并纳入庆祝中国共产党成立100周年活动新闻中心融媒体实验室展播内容。

三、建强平台渠道、完善全媒矩阵，新型媒体阵地更实、传播更广

全省各级媒体积极开展新媒体平台建设，形成了内部平台相互支撑、各级媒体各有侧重的传播格局。湖南日报新湖南客户端累计下载用户近4000万人，日活量180万人，有效搭建起湖南日报、华声在线、“湘伴”微信公众号等60多个报网端微平台构成的主流舆论矩阵。春节期间，新湖南客户端推出时长16小时的牛年新春跨年直播《幸福“年”播》，直播密切联动客户端各市州频道、全省69家县级融媒体中心，形成了磅礴声势，新浪微博阅读量、抖音号相关视频播放量均超千万次。在袁隆平院士逝世报道中，新湖南客户端第一时间推出大量原创报道，并实时向“学习强国”学习平台、微博、微信、抖音、快手、今日头条、百家号、企鹅号等平台二次分发。湖南广播电视台芒果TV App有效会员超5000万人、全新升级芒果TV国际App下载量超7600万次，覆盖全球195个国家和地区，支持18种语言字幕切换。推出短视频平台风芒App，全力打造基于短视频逻辑的平台面貌，在全媒体新闻创作、传播和运营上探索新的“芒果模式”，该平台下载量已超800万次，省内外1000个合作机构和个人号入驻并持续上传内容。潇湘晨报聚力打造晨视频App，构建“报、网、端、微、屏”五位一体的传播格局，影响力矩阵涵盖一报两刊、两个客户端、八大官方发布账号、一个短视频IP群等，形成“以客户端为主体、社交媒体为侧翼、入驻账号为补充”的移动传播矩阵。

四、始终聚焦基层、创新方式方法，县级融媒体中心建设抓手更多、举措更实

省委宣传部制定出台县级融媒体中心星级评定、县级融媒体中心App综合传播力指数排行评定办法，对全省县级融媒体中心建设进行排行评定、挂榜推进。新湖南云、红网云技术平台累计投入1.5亿元，搭建起覆盖全省县级融媒体中心的“策采编发”全流程功能模块，实现省媒、县媒协同生产的良性互动机制。湖南广播电视台升级

5G 智慧电台，赋能全国县级融媒体中心，2021 年累计签约服务全国范围内 840 家广播电台频率。全省 123 家县级融媒体中心按照“新闻 + 政务商务服务”模式积极建强实力、强化影响，韶山市融媒体中心红色韶山 App 定期发布旅游市场“红黑榜”；桃江县融媒体中心掌上桃江 App 推出当地手绘漫画地图界面，提供旅游路线、景点语音讲解、美食住宿推荐等旅游服务功能；醴陵市融媒体中心“淘淘醴品”电商平台开辟扶贫专区，对接农业合作社 30 余家，上架农特产品 480 多种，带动线下交易 1000 余万元；冷水滩区融媒体中心打通供销惠万家平台，对接基地合作社和农户 100 多家，上架扶贫产品 50 多种，签约企事业单位 20 家，助力销售农产品 600 多万元。

五、筑牢产业基础、夯实融合后劲，媒体发展格局更优、生态更好

积极推进马栏山视频文创产业园建设，全年实现企业营收 519.81 亿元，同比增长 24.4%，中科睿芯、中电港等 24 家头部企业落地，累计新注册企业 2412 家，特别值得一提的是：华为云音视频创新中心挂牌成立；5G 高新视频重点实验室推出全国第一个综艺节目虚拟主持人；马栏山产业云平台助力 71 家企业，VR/XR 视频渲染效率最高提升 23 倍；人工智能手语播报系统应用于 252 家电视台和融媒体中心；5G 智慧电台创新“嫁接”区块链技术，年节目输出量达 9000 小时，园区发展呈现良好态势。湖南广电芒果超媒按照“平台 + 内容 + 资本”融媒业态模式，持续聚焦芒果 TV 视听内容，全面整合影视制作、艺人经纪、游戏电竞、电子商务等，产业链条持续优化，业务构架全面升级、管理效率不断提升，全年成功募资 45 亿元，牢牢站稳国有视频企业第一，成为 A 股市值最大的媒体类上市公司。“小芒”电商与湖南卫视、芒果 TV 紧密联动，实现双平台优质内容 IP 的品牌植入与深度融合，累计用户规模超 4900 万人，成交额超 6 亿元，长视频内容商业变现能力进一步增强。红网新媒体集团持续升级“湘农荟”农产品营销平台，先后开展 43 场助农直播，累计总点击量超 21.3 亿次，带动全省农业产业关联销售超 21.8 亿元，与网红品牌“果呀呀”共同打造的“弗兰果子计划”，为湖南优质农业产业迈向品牌化、走向新高地，注入了强劲媒体力量。

（湖南省新闻工作者协会供稿）

广东省媒体融合发展工作综述

2021年，广东省认真学习贯彻习近平总书记关于媒体融合发展系列重要论述精神，全面贯彻落实中办、国办《关于加快推进媒体深度融合发展的意见》，根据中宣部部署要求，大力弘扬新时代改革开放精神，努力争当媒体深度融合发展排头兵，不断推进全省媒体融合发展工作，开创新局面。

一、全媒体传播矩阵建设扎实推进

全省完成省、市、县三级全媒体传播矩阵的搭建工作，媒体融合发展整体布局进一步优化。省级主要媒体结合各自特色，在政务、财经、文化等宣传领域和智库媒体建设方面，着力打造符合自身定位和发展方向的主流舆论平台，形成差异发展、优势互补的新型主流媒体集群。南方报业传媒集团南方+、羊城晚报报业集团羊城派、广东广播电视台触电新闻、南方财经全媒体集团21财经、南方都市报南都N视频已成为国内较有影响力的新型主流媒体传播平台。其中，南方+连续4年被人民网评为地方党报自有App传播力首位；触电新闻、羊城派App下载量分别超过1.02亿次和7500万次。市级主要媒体积极探索个性化深度融合发展模式，将优势资源向互联网和移动端全面倾斜，形成特色化发展道路。广州日报新花城、深圳特区报读特、深圳广电集团壹深圳、佛山电台花生FM等已建成具有地方特色的移动平台。县（区）级媒体依托省级技术平台“珠江云”，实现集约式发展，“新闻+政务+服务”综合体功能不断提升。截至2021年11月，全省57个县融媒体中心完成挂牌和验收，其中审核通过信息网络传播视听节目许可的共50个，审核通过互联网信息服务许可的共12个；49个区融媒体中心已正式挂牌。

二、优质内容供给能力显著提升

全省坚持把学习宣传贯彻习近平新时代中国特色社会主义思想作为首要政治任务，紧紧围绕庆祝建党百年主线，聚焦省委“1+1+9”工作部署、“十四五”开局、“双区”建设、两个合作区建设、疫情防控等主题，聚集内容生产、技术支持和包装推广优势，强化融合产品的策划制作，加强优质内容供给，着力打造精品、爆款、刷屏产品。组织媒体开设“奋斗百年路　启航新征程”专栏，推出逾万件新媒体作品，庆祝建党百年形象片《广东这百年》和“百年征程　红图粤印”手绘长卷等融媒体作品被广泛转发。抗疫宣传报道作品《最美背影找到了》《送你一朵手套小花，核酸检测不害怕！》等40余篇稿件单篇阅读量过亿次。南方报业传媒集团推出《学习进行时》《牢记嘱托再出发》等大型融媒体专题，共制作专题专栏23个，刊发权威稿件近4000篇，总阅读量超5000万次。“最美逆行者”系列融媒报道获第三十一届中国新闻奖一等奖。羊城晚报新媒体平台推出直播、短视频、动图、H5、海报等解读全国两会政府工作报告的融媒体产品，累计阅读量超1.96亿次。广东广播电视台策划推出《奋进“十四五”》《飞越广东　奋进凯歌》等大型系列报道和《乡村振兴大擂台》等品牌项目。其中《乡村振兴大擂台》第二季全国播放量超50.7亿次，全媒体总阅读量超52.2亿次。深圳广电集团全媒体传播矩阵“直新闻”有关涉港对港报道精品频出，在香港和内地影响广泛。

三、体制机制改革不断深化

省级主要媒体改革内部组织架构，建立了“中央厨房”或融媒体中心，基本实现传播体系一体化和组织机构一体化。南方报业传媒集团着力打造南方+、南都N视频等自主可控、传播力强的新型传播平台，现代传播能力大幅提升。羊城晚报报业集团加快构建“1+2+3+N”（“1”是羊城派新闻客户端主号，“2”是羊城晚报官方微博、官方微信，“3”是羊城晚报的短视频、核心平台、头部商业传播平台，“N”是包括B站和喜马拉雅等在内的新传播平台和渠道），创造性地探索“新闻+文化+服务”媒体融合转型发展之路。广东广播电视台进一步做大做强“4+N”（专网电视、互联网电视、触电新闻App、粤听App和N个账号）新型传播平台，组建广东广电融媒体中心，进一步做强MCN账号网络传播矩阵。南方财经全媒体集团依托自主研发的全媒体管理平台，正式成立全媒体指挥中心，集团采编工作的统一指挥机制进一步健全。珠海、汕头、佛山等地融媒体集团整合报纸、广电媒体成效初显，地市优势资源融合效应进一步凸显。

四、人才活力有效激发

全省不断创新选人用人机制、考核评价体系，加强跨界联合培养、理念技能培训，加大全媒体人才培养力度。南方报业传媒集团、羊城晚报报业集团、广东广播电视台积极探索事业部制、股份合作制、管理层持股等模式，激发全媒体人才活力。南方财经全媒体集团实施南财“优才”计划，面向“新能力、新技术、新产品、新模式”，遴选出领军优才 3 名、高潜优才 6 名和优才后备人才 10 名，初步形成人才脱颖而出的体制机制，为集团媒体融合和财经数据业务发展提供强有力的人才支撑。南方都市报创新岗位序列、岗位能力层级设置，实施全员年薪制。深圳报业集团在资源配置、资金扶持、学习培养等方面向“三名（名记者、名编辑、名评论员）机制”建设倾斜，通过创新选人用人机制，优化考核激励机制和培养体系。组织暨南大学和广东外语外贸大学两所高校新闻学院共 195 名师生前往全省 29 个县（区）融媒体中心实习调研，推动院校资源和媒体平台深度交流对接、优势互补。组织县（区）级融媒体中心业务骨干 60 人前往南方日报、羊城晚报、广东广播电视台、南方都市报、南方财经全媒体集团 5 家省直主要媒体开展“跟班式”学习培训，不断提升基层新闻单位队伍建设水平。

五、对外传播体系建设稳步推进

南方报业传媒集团设立对外传播中心，搭建起由南方英文网、各媒体海外网络社交媒体账号矩阵、海外合作媒体组成的海外传播平台。羊城晚报报业集团成立对外宣传中心，大力推动“云上岭南”国际传播融平台建设，持续推进“云上岭南”文化博览会、“乡音”等重点项目建设。广东广播电视台珠江频道、南方卫视、南粤之声广播频率在港落地频道频率覆盖面进一步扩大，积极谋划南方卫视升级大湾区卫视，南粤之声广播频率升级为珠江之声，境外传播力和影响力不断提升。南方财经全媒体集团积极推动《全球财经连线》《南财对话》等栏目提档升级，以适应国际的话语方式，让国际受众了解中国经济发展现状。各媒体全面推进港澳记者站建设和海外社交媒体平台账号建设，持续推动传播阵地前移。南方报业传媒集团与联合早报、南华早报，羊城晚报报业集团与香港星岛日报，广东广播电视台与香港凤凰卫视、日本 NHK、美国探索频道等开展业务交流合作。

六、综合服务能力大幅提升

南方报业传媒集团打造“南方智库”“南方数据”等系列传媒智库品牌，实现舆论引导与服务党委政府决策能力双提升。羊城晚报报业集团建立“智慧信息研究中心”“羊晚智库”，聘请专家学者担任文化顾问，为加强企业文化建设提供智力支持。南方财经全媒体集团成立南财智库专家委员会，形成涵盖宏观经济、产业行业、市场消费、公司大数据分析为研究重点的财经智库集群。

各县（区）级融媒体中心客户端积极对接省级技术平台，协调县域内相关职能部门，通过政务号入驻、系统后台联通等方式，提升本地政务服务、民生服务供给能力。广州番禺区、深圳光明区融媒体中心成立“扫黄打非”基层工作站，将线索收集和宣传引导延伸至基层“最后一公里”。其中番禺区融媒体中心获全国“扫黄打非”进基层示范点及示范标兵荣誉称号。清远市部署全市县级融媒体中心开设乡村新闻官专栏，推动融媒体中心骨干力量与乡村新闻官结对帮扶，进一步讲好乡村故事、做活基层宣传。韶关新丰县、南雄市融媒体中心客户端上线积分商城功能，与县域内商家资源合作为用户提供优惠福利。

（广东省新闻工作者协会供稿）

海南省推进媒体融合发展工作综述

2021年，海南省以习近平新时代中国特色社会主义思想为指导，以海南自贸港建设为主题主线，牢牢把握稳中求进总基调，围绕中心、服务大局，开展各项主题宣传和舆论引导工作，为海南自贸港建设营造浓厚舆论氛围。

一、媒体融合迈出坚实步伐，不断巩固壮大主流舆论阵地

1. *省属媒体加大主力军转场互联网主阵地的力度。*海南日报、海南广电总台依托“中央厨房”新闻采编工作机制，在重大主题宣传报道中实现“一次采集、多元生成、全媒体发布”的传播效果，并在此基础上探索跨层级融合，整合两家媒体的国际传播板块，实现新闻素材共享、新媒体产品快速生成和汇聚等多种功能，在加强国际传播、讲好海南自贸港故事方面发挥重要作用。

2. *县级融媒体中心打通基层宣传“最后一公里”。*海南县级融媒体中心建设实现了四个率先：在全国率先完成中宣部下达的县级融媒体中心建设任务，全省15家县级融媒体中心全部建成并通过项目验收，全省14个县级（县级市）融媒体中心获得信息网络传播视听节目许可证，12个县级融媒体中心获取省网信办互联网新闻信息服务许可证；率先实现线上融媒中心＋线下新时代文明实践中心互联互通，文昌市在全省率先利用“云上文昌”客户端，搭建新时代文明实践中心线上平台，“两中心一平台”互融互通，形成群众“点单”、中心“派单”、志愿者“接单”、群众“评单”的工作闭环，满足群众活动报名、心愿提交、礼品兑换等需求；率先实践探索“中央媒体＋省级媒体＋市级媒体＋县级融媒体中心”的四级深度融合，搭建传播共享渠道，实现内容融合、人员融合；率先实现海南自贸港市县融媒中心国际传播能力建设，搭建起“上下贯通、左右融合、国际国内”的传播共享渠道，不仅将市县融媒体中心播发的优质内容整合到海南省级融媒体平台，还推荐至人民日报、新华社、中央广播电视总台等中央媒体，有效扩大

了市县内容的传播影响力。由中宣部新闻局和宣传舆情研究中心指导，“学习强国”学习平台自2021年1月起开展全国县级融媒体中心优秀作品月奖赛以来，文昌、澄迈、东方、万宁、琼海5家县级融媒体中心的6件作品获奖。五指山市融媒体中心入选全国新闻出版深度融合发展创新案例的媒体单位，选送的作品《泪目！回味抗疫英雄感人瞬间》荣获第三十一届海南新闻奖新闻摄影作品类一等奖。在2021年7月举办的“聚力创新共融发展　助力基层声音传播——区县融媒体中心建设与发展海沧论坛”上，昌江县融媒体中心、临高县融媒体中心荣获“新华社融媒体产品优秀传播奖”。

3. 新媒体矩阵版图不断拓展壮大。“海南发布”作为省委宣传部的官方账号，经过近两年培育已逐步形成以抖音、快手、微视、今日头条为主体的媒体矩阵账号群，深耕自贸港形象短视频传播，截至2021年12月，“海南发布”抖音、快手两个短视频官方号粉丝量已超过101.8万人，共发布稿件1258篇，总阅读量6.65亿次。海南省融媒体中心持续抓好主流媒体的阵地建设，旗下4个平台六大数据创全省媒体第一，即新海南客户端装机总量突破300万、“新海南”快手号粉丝总量140万+、南海网微信粉丝总量100万+、“南国”抖音粉丝量318.2万+、“南国”抖音点赞量过亿次、海南国际传播中心官方脸书账号“hiHainan”粉丝量突破100万。着力打造“亿级”流量视频精品，播放量过1亿次的视频有5条，过千万次的超400条。海南广播电视总台整合全台资源，重塑生产流程，统一调度全台各媒体新媒体账号，实现统一管理、一键发布，形成一次采集、精准导流、多元分发的一体化传播流程，全台共192个新媒体账号，总粉丝量达3243.6万人，总阅读量达166亿次。全年新媒体直播2104场，2021年爆款产品共27条，其中阅读量超千万次的有25条，破亿次的产品有2条。

二、积极打造国际传播中心，外宣传播力影响力持续上升

1. 海南国际传播中心积极培育海外传播官，已发展海外传播官80名，遍布全球30个国家。积极与中央媒体联动，与新华社共同组建“海南自由贸易港国际传播工作室”，发挥国际传播智库引领作用，在推动“海南故事传遍世界”中成效显著。截至2021年年底，共生产发布英文、俄文稿件9551篇。其中有关习近平总书记“4·13”重要讲话3周年、首届中国国际消费品博览会、庆祝中国共产党成立100周年等多篇原创报道被美联社、《时代》周刊等总计3495家世界主要通讯社及境外主要媒体采用，以10余种语言向全球发布。视频作品《劳拉带你“云”看自贸港》被国家广电总局评为2021年中国优秀海外传播视听作品；以海南国际传播中心为总平台构建海南自由贸易港“333”国际传播体系入选中宣部2021年宣传思想文化工作案例。

2. 海南广播电视总台加强与中央广播电视总台合作，全年共计发稿871条（次）。与央视新闻频道、央视财经频道、央广中国之声、央视频新媒体中心等合作的《沿着高速看中国——海南环岛高速公路》《这就是中国·海南篇》《百年瞬间》《博鳌小镇20年变迁》《今日中国·海南篇》等直播，全方位报道了自贸港建设三周年取得的成绩，营造了良好的舆论氛围。与中国国际电视台（CGTN）合作的《海上看中国》海南篇直播7场，以及配合CGTN对省委书记、省长的专访，总阅读量超过1.3亿次。其中《今日中国·海南篇》收视率位居同时段全部频道第1，在《今日中国》系列直播中名列前茅。同时，海南广播电视总台融媒体中心、三沙卫视在CGTN、China Plus等对外传播平台共发稿4000余条，总阅读量突破1.4亿次。其中101条稿件在全球107个国家和地区的325家主流媒体机构播出，在CCTV+国际视频平台的发布数量居全国省市台第1。

3. 三沙卫视自2021年4月在海外社交媒体平台TikTok上开设“小海龟丽莎”账号以来，粉丝数已达26万人，共发布超过400条短视频，播放量突破1.3亿次，其中，双语主持人廖珠介绍东京奥运会新增体育项目的短视频播放量840万次；三沙绝美海景短视频播放量550万次；英文诗朗诵《海之传说》系列短视频播放量530万次，有力地宣传了海南自贸港的特色美食、各类美景、生物多样性以及新生活方式等。

三、集中力量做强做大新媒体，爆款产品层出不穷

1. 为加快推进主力军全面挺进主战场，海南日报报业集团新媒体中心主动策划，紧贴热度，原创精品、爆款产品层出不穷。在庆祝中国共产党成立100周年的宣传报道中，推出的MV《声动海南——唱支山歌给党听》被40多家媒体转发，浏览量超300万次；微电影《老讲解》一经推出，被新华社、“学习强国”学习平台等各大平台转发，浏览量迅速突破300万次，作品被中宣部评为2021年度“优秀理论宣讲微视频”；在首届中国国际消费品博览会报道中，策划推出中国新闻史上第一个“无人机号外”。据统计，海南日报新媒体中心全年策划网络直播280多场次，同比增长160%；发布短视频1135个，同比增长12%；制作海报90组，同比增长80%；发表摄影图片3308件，推出微电影5部。此外，海南省融媒体中心着力打造“亿级”流量视频精品，2021年播放量过亿次的视频有5条，超千万次的有400余条。

2. 2021年，三沙卫视新媒体在官方客户端、抖音、快手、微信、微博等平台发布稿件11300余条。其中，一条关于三沙全富岛海洋风光内容的短视频在抖音平台吸引了2300万人次观看；献礼建党《唱支山歌给党听》MV在央视多平台播出，并登上微博热搜，被央视频首页、“学习强国”学习平台首页、央视新闻微博视频号刊发推

荐。2021 年，三沙卫视新媒体直播迎来常态化，全年共进行新媒体直播 20 多场次，影响力大。中国国际电视台（CGTN）联合三沙卫视启动《海上看中国》海南篇大型融媒体主题报道，采用中英文直播方式，并在 CGTN 脸书、推特、优兔账号，央视频、央视新闻微博、三沙卫视抖音号和百家号同步放送，让海内外观众更直观地看到海南海岸线的新变化。

（海南省新闻工作者协会供稿）

广西壮族自治区推进媒体融合发展工作综述

2021年，广西壮族自治区坚持以习近平新时代中国特色社会主义思想为指导，深入贯彻落实习近平总书记关于推动媒体融合发展的重要指示精神，贯彻落实党中央和自治区党委决策部署，坚持问题导向和效果导向，加快媒体融合向纵深发展，构建全媒体传播体系，为建设新时代中国特色社会主义壮美广西提供强大精神力量和舆论支持。

一、构建全媒体传播体系

1. 健全完善自治区级技术平台。深入贯彻落实自治区党委常委会会议要求和《自治区党委办公厅、自治区政府办公厅关于加快推进媒体深度融合发展的实施意见》精神，制定印发《自治区党委宣传部关于加快推进广西“一朵云”建设发展的工作方案》《关于加快推进自治区、市、县媒体互联互通的通知》等，召开加快全区媒体深度融合发展工作推进会，加快推进媒体深度融合。扎实推进广西云、广电云融为“一朵云”，建成全新的广西云自治区级技术平台和覆盖全区各级媒体的数据中台、媒体资源数据库，自治区、设区市、县三级媒体实现互联互通，形成“1+14+111”全媒体传播矩阵。广西云自治区级技术平台底层硬件基础资源扩容已基本完成，AI中台完成主体部署可为数据中台、业务前台提供智能化引擎服务，与人民日报新媒体合作推出的“AI机器审核+人工审核”可提供高精度审核服务；全区视音频内容通联平台专网线路已全部部署到市、县融媒体中心，内容通联交换能力较以往提升10倍以上；推进建设的“广西云融媒体平台V2.0”项目获2021年“王选新闻科学技术奖”一等奖，对市县媒体深度融合起到支撑带动作用。

2. 市级媒体融合积极探索。14个设区市积极探索传统媒体和新兴媒体融合发展之路，全部出台加快媒体深度融合发展的实施方案，结合各自实际，不断拓展市级媒体在管理、平台、内容、技术等方面的融合力度，新成立梧州、贵港等市级融媒体中心。柳州市坚持“开门办报”“开门办媒”，大力拓展“互联网+”“+互联网”，打通宣传群众、引导群众、服务群众的“最后一公里”，打造了柳州772数字文化创意产业园等数字创意设计聚合平台。钦州市融媒体中心作为全区首家报社和广电合并的地市级媒体，与润建股份有限公司合作组建混改合资公司，共同推进在媒体深度融合、精品内容制作、数字经济等方面的合作，同时探索实施“鼓励交流任职制”，对单位在编人员采取档案封存，身份待遇不变，薪资福利原单位领取，鼓励到下属企业、参股企业任职，结束任职后回到原单位工作，恢复其档案及身份，薪资、编制不变。来宾市融媒体中心做强“微观来宾”“来宾壹报”等平台，采编播发工作由市级融媒体中心牵头，整合联通县级融媒力量，形成市、县、乡三级联动传播格局。南宁日报抖音号坚持每天第一时间权威发布南宁热点新闻，2021年浏览量近2亿次，获赞总数536万。

3. 建强用好县级融媒体中心。全区县级融媒体中心紧扣主流舆论阵地、综合服务平台和社区信息枢纽的定位，始终围绕中心、服务大局，对县域重点工作、重要活动等实时跟进，通过全媒体、多形式刊播报道，实现对县域所有重大事件新闻的首发，首发率均达到80%以上，部分县（市、区）达到100%。各县融媒体中心依托自建App、广西云县域频道、微信公众号等平台，均开通了5个以上县域政务服务端口，打通“报、台、网、微、端”，构建融媒体传播矩阵，各媒体平台整体覆盖率、服务覆盖率均超25%。其中，依托电视和广播平台，各县融媒体中心已完成对县域常住人口的宣传和服务覆盖，接近全覆盖。南丹、藤县、环江、东兴等县级融媒体中心大力拓展“新闻+政务服务”，建构全新的盈利模式，既“融得好”又“活得好”。

二、深化内容生产供给侧结构性改革

广西各级主流媒体坚持导向为魂、内容为王，把精品意识贯穿内容生产的各个环节，策划推出了一系列影响大、新意足、质量高的融媒佳作，唱响主旋律，弘扬正能量，有效巩固主流舆论阵地，提升了引导力和影响力。

1. 广西日报社开设“牢记总书记嘱托”“治国理政进行时”“深入学习贯彻习近平总书记‘七一’重要讲话精神”“深入学习宣传贯彻党的十九届六中全会精神”等重点专题专栏，推出《习近平赴广西视察》短视频、微博话题等新媒体产品，创下单一视频浏览量突破4000万次、微博话题登顶全国时政榜单第1位的佳绩，实现多平台“顶流传播”。大型融媒专题《五大自治区联合报告　脱贫攻坚一个民族都没少》、沉浸式H5《广西脱贫攻坚图鉴》成为流量超千万的爆款燃款。在第18届中国—东盟博览会期间，联合广西云·东盟六国国际传播联络站，采访30名东盟外交使节、商界领袖、东盟国家记者及青年人，推出《30年·30人·30秒　中国东盟老友记》视频节目，节目落地柬埔寨、印度尼西亚、老挝、马来西亚、新加坡、泰国等多家海外合作媒体，《北欧时报》等媒体第一时间进行相关报道，阅读量达 1.3 亿次，有效推动了中国—东盟命运共同体建设。

2. 当代广西杂志社策划制作交互式 H5 产品“选择”和“荣光”，用红色性格测试小游戏及穿越百年的模拟场景，再现建党百年榜样人物及重大历史事件。

3. 习近平总书记视察广西期间，广西广播电视台策划制作了《相约广西》《如画桂林》《活力柳州》《开放南宁》等 15 个宣传片及一系列短视频，其中《相约广西》全网点击量近 2 亿次。广西卫视推出的融媒体节目《我们的父辈先烈》入选国家广电总局庆祝建党 100 周年的 31 个重点节目。

4. 南宁广播电视台推出的建党百年《百年风华　今朝“邕”容》大型特别节目，运用全媒体平台及海外账号进行中英文融媒体直播，全网播放量 123.1 万次，策划的短视频《带着妈妈去扶贫》获国家广电总局 2020 年优秀网络视听作品推选活动优秀作品。北海日报社推出的单个视频《当街鸣枪！北海缉毒警抓捕毒贩现场视频曝光》最高浏览量达 120.8 万次，视频还被新华网官方微博采用并创建话题，跻身全国热点榜第 15 名，微博总阅读量达 6662.9 万次。河池日报社制作的脱贫攻坚网络电影《山的那边有条河》荣获 2021 优秀融媒最佳深度融合创新案例 TOP10，微电影《我们的金山银山》荣获 2021 全国融媒创新发展优秀融媒体微电影 TOP10。

三、大力培养全媒体专业化人才

媒体竞争关键是人才竞争，媒体优势核心是人才优势。广西高度重视培养全媒体专业化人才队伍建设，通过邀请业界专家专题授课、单位内部轮训、远程线上培训、外派学习培训等方式，培养造就一支政治坚定、业务精湛、作风优良、党和人民放心的新闻舆论工作队伍。

广西日报社 2021 年 7 月启动了专门针对融媒体人才的公开招聘，经过层层选拔，共录用 46 名新员工，包括毕业于全国“双一流”院校的本科生、研究生，海外留学背景人数再创历史新高。在技术人才方面，通过招聘补充，技术开发团队规模达到了 50 人，包括研发工程师、美术设计师、产品经理、项目经理、前端开发、iOS 开发、Android 开发、软件测试、运维等，形成一支在区内领先的专业互联网技术团队。

为解决基层媒体融合人才紧缺问题，县级融媒体中心联动全区 15 所部校共建新闻学院，重点打造“融媒体见习（实习）实践基地”。贵港市委宣传部与广西民族大学、南宁师范大学等院校开展部校共建，培养输送媒体发展急需人才，补充采编队伍新鲜血液。横州市融媒体中心与广西大学新闻与传播学院建立紧密的合作关系，挂牌成立“融媒实践基地”，定期安排新闻专业实习生实习实践，为融媒体中心“补血”“充电”，提高了县级融媒体中心的新闻生产能力，更好讲述“茉莉花之乡”的故事。

（广西壮族自治区新闻工作者协会供稿）

重庆市媒体融合发展工作综述

近年来，重庆市深入贯彻习近平总书记关于新闻舆论工作和媒体深度融合发展的重要论述，坚持党媒姓党、党媒为党，努力发挥舆论导向作用，媒体融合发展取得了重要进展。

2021年，重庆日报报业集团着力打造的上游新闻客户端“帮帮”频道荣获第三十一届中国新闻奖新闻名专栏，并入选了“2021年中国报业深度融合发展创新案例”（媒体+政务服务商务类）。华龙网集团创作的《你在天堂听到了吗？“一个人”的演出 五个人的乐队》荣获第三十一届中国新闻奖网络新闻专题二等奖。第1眼客户端作为重庆广电集团（总台）媒体融合的核心品牌，其融媒体新闻中心党总支被授予“全国先进基层党组织”称号。重庆三峡融媒体中心打造的看万州客户端在建设中突出舆论引导、综合服务、社交枢纽等功能，从2016年至今，装机量始终位居全市区县第一，成为重庆以及三峡库区影响力最大的区域移动传播平台。平台用户数达121.5万人，连续多年荣获重庆区县客户端联盟“十佳客户端”称号。江津区融媒体中心荣获“全国优秀区县融媒综合影响力十强”。

一、强化内容建设，做好主流舆论引导

5G、人工智能、大数据、物联网等技术快速发展，传统媒体和新兴媒体在内容、渠道、平台、经营、管理等方面积极进行深度融合。全市媒体宣传工作坚持“内容为王”，把握主流舆论导向；推进内容建设互动化，传播方式多元化，生产流程智能化。

1.注重合作交流，助力内容生产提档升级。第1眼客户端携手全国50家电视新媒体平台，共同推出《理想照耀中国——庆祝建党百年“双100”系列融媒报道》，聚焦全国100个红色地标和重要纪念地，共同打造100场新媒体直播和100个短视频；与四川观察客户端联合推出庆祝建党百年特别节目《奔腾之歌——重走成渝线》新闻专题片，被广电总局评为2021年第三季度优秀网络视听节目。通过与市内外媒体形成高效合作机制，让优质内容传播更广，内容生产

更多元、更具深度。

2. 发挥党媒优势，强化主流舆论正面引导。党的领导是媒体深度融合的思想导向，2021年全市媒体聚焦热点，围绕庆祝建党100周年、脱贫攻坚、全国两会、2021上合论坛等重大主题开展系列报道。华龙网全国两会期间推出的《习声回响｜总书记念兹在兹的这件事　重庆交出新答卷》，围绕建党百年推出的《百年百篇　留声复兴之路》全平台浏览量已突破3亿次。上游新闻客户端联动重庆38个区县融媒体中心及多个市级部门、企事业单位等，推出融媒体报道《对话初心——万名党员重读入党申请书》，开展线下活动20场，总阅读量1.2亿次；《不能忘却的纪念——红色故事50讲》系列微视频，全网阅读量3.5亿次，真正做到传承红色革命文化，彰显主流媒体的责任与担当。

讲好重庆故事，创新渠道推动海内外传播。重庆国际传播中心以重庆的桥隧轨道为符号，进行了多语种版本视频和海外传播文稿的制作，并大胆运用特效和3D技术。《桥都》和《轨道》微纪录片在国内外形成传播热潮，人民日报、新华社、央视频、CGTN等央媒客户端纷纷转发，累计377家国外媒体转载，两个视频传播量超过7亿次。

3. 创新宣传形式，提升主流媒体传播能力。习近平总书记指出，要加强传播手段的建设和创新，努力占领新的舆论场。江津区融媒体中心坚持“融媒矩阵”特色发展，电视突出场景，报纸突出深度，微信微博突出快捷互动，广播开启可视化直播，视频号、抖音号开设24小时慢直播。从“融媒矩阵”到“融媒强阵”需要矩阵实行精细化管理，在突出特色发展的过程中，找准功能定位，优化业务组织，通过重点发展以“江津发布”“江津融媒”微信公众号、最江津客户端为代表的新媒体，带动整个矩阵发展，凝聚宣传合力。其中微信公众号“江津融媒”位列全国县级媒体微信公众号30强。

二、坚持技术赋能，加快融合转型升级

媒体融合转型进入关键期，重庆各级媒体格外注重技术提升，使前沿技术融入新闻信息生成、传播、服务全过程，实现内容监测、资源共享、数据快速精准抵达用户，助力运营模式创新，提升平台服务用户能力。

1. 聚焦高新技术应用，注入数字化新动能。上游新闻客户端加强自主技术创新，开发了大数据运营平台、支付中心、智能审校，完成SAAS化系统及底层架构重构。深耕新闻采编流程垂直领域的技术研发，搭建了基于容器化的混合云安全架构，实现了自动化部署、自动化运维、自动化测试。最江津客户端坚持技术为要，引进新华社现场云、新华社智能短视频生产平台、科大讯飞AI主播，自主研发新闻投稿系统，提升编辑、运营工作效能。

2. 探索全媒体融合生产技术，跑出采编发加速度。华龙网集团研发的“华龙芯”融

媒体中台和智慧数字技术能力中台，完成PC、客户端、大屏及第三方UGC平台、微信、微博、抖音等平台的统一管理，实现“一端管理，多端输出”的智能一体化采编发模式，同时对各区县融媒体中心稿件、图片、音视频等内容数据、用户交互数据、产品数据等进行大数据聚合，进行领域建模、机器学习、大数据挖掘等技术应用。智能一体化采编发模式实现对信息的高效采集，融合生产后进行多端发布，提升新闻传播影响力，大数据聚合技术则有利于新闻采编工作者对数据的深入挖掘、分析、管理。

3. 依靠技术能力升级，实现资源配置合理化。将传统媒体《万州时报》《三峡都市报》电子报、万州电视台、万州广播电台的所有节目，接入看万州客户端端口，打造“移动媒体服务超市”。此举整合传统媒体新闻的优质资源，依托科学技术共同打造内容全面的聚合型客户端，实现资源配置更合理，用户使用更便捷。

三、依托本地资源，提升公共服务水平

习近平总书记强调，媒体融合发展既要发挥新闻宣传和媒体基本功能，还需将社会文化公共资源有效聚合到媒体融合平台上，推动社会治理大数据化，提供多样的社会服务，搭建起党委、政府与民众沟通交流的桥梁。目前，重庆市各区县均已接入“渝快办”移动政务服务平台，各种问政平台、党务政务服务渠道建设日益完善。

1. 建设指尖上的便民服务中心，推动区域社会治理现代化。看万州客户端开设“问政”频道，建立了专门的民意诉求疏导处理机制，2021年网络问政数量约7000条，部门处置率达99.72%，牢牢掌握了网上舆论引导主动权，还重点打造了“智慧万州”栏目，包含交通出行、水电气费缴纳，“云办公”平台等。最江津客户端打造的“融媒问政”全媒体品牌栏目，107家单位在线解答诉求1.7万起，让当地居民真正做到“办事不出门”。区县融媒体中心利用媒体平台的流量和数据优势，正面引导舆论，提供民意反馈渠道，协助相关部门完成各项治理任务，有效推动智慧政务建设。

2. 信息资源高效利用，践行“移动优先服务先行”。华龙网集团结合区县融媒体中心属地化、本土化的特色及优势，积极探索“新闻+政务”“新闻+服务”的运营模式，“1+41”重庆客户端集群整合市级及各区县政务资源、社会资源、媒体资源等，并扩展为本地智慧政务、智慧城市建设的首要入口。由新重庆客户端牵头，将市级的信息数据形成共享云，提供给41个客户端应用。在一个云平台上，市级和区县级的资源和数据能充分共享、上下通畅。

四、探索多元经营，增强自身造血能力

在媒体深度融合的时代背景下，重庆市各级媒体利用自身传播优势，整合各类资源，实现线上与线下共享共通；积极拓展媒

体创收渠道，连通服务与市场，增强自我造血机能。

1. **融媒助力乡村振兴，打通服务快捷通道。**上游新闻客户端与中国建设银行总行合作，首创农民专属线上综合社交服务平台“裕农朋友圈”频道。充分整合多方优质资源，构建了“主流媒体＋国家金融＋用户”的新模式，为乡村振兴提供全方位综合服务。看万州客户端重点打造了“三都电商”平台，实现与用户深度连接。疫情期间，万州区将每年举办的“三峡柑橘国际交易会”搬到网上进行，平台联动全媒体矩阵全力参与推广、营销，助力三峡库区 11 个区县柑橘销售 30 亿元，实现经济效益和社会效益双赢。

2. **培育重点经营项目，打造优质地方品牌。**重庆日报报业集团依托重庆本地的旅游资源，深耕原创 IP 品牌活动；顺利承办了巫山红叶节、T12 中国西部文旅产业发展峰会等活动，在广告植入、内容推送、联合营销等方式上开展合作。通过全力拓展活动营销，品质和规模都得到大幅提升，成功打造具有重庆特色的文化产业，以优质的内容获得市场认可，带动集团经营指标较快增长。

3. **创新运营模式，提升市场竞争力。**华龙网集团打造的“1+41”重庆客户端集群平台在运营上采取抱团发展模式。依托重庆日报报业集团、华龙网集团、各区县媒体的用户资源优势，立足重庆，面向全国，以重庆及周边区域为目标市场，同时兼顾全国各类商业团体，为其提供广告投放、形象宣传、活动推广等服务，突破了地域限制，整合了全市新媒体矩阵的数据、资源、流量等，有效提升了市场竞争力及经济效益。

（重庆市新闻工作者协会供稿）

四川省推进媒体融合发展工作综述

2021年，四川深入学习贯彻落实习近平总书记关于媒体融合发展的重要论述，深入推进媒体融合向纵深发展，新闻舆论阵地不断拓展，现象级融媒体产品不断涌现，主流媒体传播力、引导力、影响力、公信力不断提升。目前，全省获得互联网新闻信息服务许可证的单位共239家（其中县级融媒体中心185家），相关许可共计836个服务项，其中互联网站124个、应用程序202个、论坛10个、博客1个、公众账号497个、其他2个；互联网信息内容管理从业人员5000余人。

一、以内容建设为抓手，始终坚持唱响时代最强音

1. 始终坚持把习近平总书记和习近平新时代中国特色社会主义思想网上宣传作为首要任务，确保习近平总书记重要报道牢牢占据首页首屏头条。省内主要网络媒体持续办好“学习园地”“治国理政进行时”“学习要闻”等系列专题专栏，并在首页首屏通栏位置摆放，集纳重要稿件，强化议题设置，努力提升稿件的到达率、阅读率、点赞率。结合习近平总书记视察四川3周年的重要节点，推出《SVG海报｜总书记来川说的那些“大白话”》《H5｜一镜到底　再看“领袖和人民在一起”》等新媒体产品，充分展现四川落实习近平总书记重要指示精神、践行习近平新时代中国特色社会主义思想取得的巨大成就。

2. 以庆祝中国共产党成立100周年为契机，奏响网络正能量最强音。省内网络媒体首页首屏统一置顶推出“习近平总书记讲话热解读”“总书记讲话我聆听”等专题专栏，推出《习近平总书记金句成“流行语”》《习近平总书记讲完这句话，整个天安门广场响起热烈欢呼和掌声！》等融媒报道。各网络媒体通过加强传播手段和话语方式创新，推出有思想、有温度、有品质的新媒体爆款产品：四川观察抖音合集《百年风华》播放量达9000万次；川观新闻动画《请做我的入党介绍人》相关话题登上微博热搜第6位；封面新闻融媒报道《百年百篇》全网浏览量超过2.6亿次，3D立体书短视频

《这本立体书，跨越百年征途》播放量超过1100万次；四川新闻网“百年风华·奔跑如初”大型接力跑活动、“百年号”强国列车线上线下活动累计覆盖人群3000万人，《打卡四川红色地标》线上活动参与突破1.8亿人次。

3. 围绕四川省委重大决策部署，网上重大主题宣传亮点频出。围绕全面建成小康社会，推出《千年之火》H5、《致敬英雄》系列海报、《最高表彰！3分钟看三河村“蝶变”》短视频等新媒体产品。围绕“十四五”开局，开设“开局‘十四五’”专题专栏，通过“一线看行动”“市州看起步”等分栏目充分展现全省迈好第一步、展现新气象的良好形象。围绕成渝地区双城经济圈建设，推出《奔腾之歌——重走成渝线》《嘿！川渝互圈》等系列融媒报道，开展“科创新川渝——川渝一盘棋·唱好双城记”网络主题活动。围绕三星堆考古新发现，推出《再醒惊天下——聚焦三星堆新一轮》H5大型交互媒体专题、《我怎么这么好看（三星堆文物版）》MV，全网曝光量超过7亿次。

二、以平台建设为重点，构建全媒体传播新格局

省级媒体积极投身融合发展潮流，坚持移动优先，强化用户意识，从“相加”到“相融”，再向“融为一体、合而为一”迈进，一个传播力、引导力、影响力、公信力不断提升的新型主流媒体矩阵在全媒体时代浪潮中成长壮大。

1. 四川日报报业集团着力以先进技术为支撑，把“科技强媒”这一战略考量融入优质内容生产、创新团队建设、媒体治理升级、产业提质增效等各项工作，以“智媒+”引领新型主流媒体集团建设。集团自主研发新闻客户端系统、智能媒资平台等，突出数据驱动准、算法重构稳、产品迭代快，实现全时段发布、多平台运营、多版本适配、多线程任务、一体化运作。自主研发的移动采编管理系统“封巢”，率先打通“报、网、端”全流程。获得技术专利的“小封机器人”跻身中国十大人工智能写作平台，AI自动化写作日发稿量峰值达5800篇，“大川机器人”实现24小时与用户互动。

2. 四川广播电视台组建全媒体新闻中心，再造生产流程，集中力量打造四川观察客户端，围绕客户端建立抖音号、快手号、视频号、B站号等新媒体传播矩阵，借助头部平台优势扩大全网传播，建立起多平台矩阵联动，粉丝总数超过8920万人，其中抖音粉丝数4800万人。全力推动“新闻+政务商务服务”运营模式，促进与传统行业信息化深度融合，在全媒体营销、融媒直播、文化综艺、短视频制作运营、数据分析等领域与各级政府部门、川内外知名企业、高校展开全面战略合作。

3. 四川新闻网传媒集团组建全媒体内容中心，整合集团旗下各媒体内容生产要素，建立全媒体采编网络和工作流程，形成“一次采集，多元生成、N次发布，众屏呈现”的矩阵效应，建立起多个涵盖时政新闻、民

生资讯、数字政务、广告营销、技术服务等领域的信息传播和媒介服务平台，主营业务包括新媒体整合营销、移动信息服务、互动电视业务等，形成强大的宣传推广能力、权威公信力和品牌影响力。2021 年 5 月，川网传媒在深圳证券交易所成功挂牌上市。

三、以改革创新为突破，走出各级媒体融合发展之路

鼓励探索符合各地各单位实际的媒体融合路径和方法，积累了许多融合经验。

1. 市级媒体融合积极开展试点，突出跨媒融合，因地制宜探索融合发展路径。南充市率先推行“机构独立、平台并联”的后台融合模式，通过技术手段让报社与电视台的移动客户端后台融合，实现内容、技术、用户等资源共建共享共用共管，构建起全市“一张网”的新媒体传播格局。遂宁市以原遂宁日报社、市广播电视台为基础，全面整合国有企业资产资源，按照国有企业模式组建集新闻传媒、文化旅游为一体的遂宁传媒集团，优化重构新闻“策、采、编、审、发”等采编流程，打造全景遂宁客户端。资阳市整合原资阳日报社、资阳广播电视台，组建资阳新闻传媒中心，联通政府部门、企事业单位数据接口，构建“新闻 + 政务服务商务”运营模式。甘孜州通过建设辖区县级融媒体中心，整体构建以圣洁甘孜客户端为主、州县联通互动的传播矩阵平台。

2. 县级融媒体中心建设亮点频现，实现跨界融合，建设理念、观念正从建设单一的网络媒体逐渐向“新闻 + 政务服务商务”新型主流媒体综合平台转变，走“大融合”之路，涌现出眉山仁寿县、泸州古蔺县等先进典型。2021 年 5 月，《四川省关于加快推进媒体深度融合发展的实施意见》印发，在机构、人事、财政、薪酬方面有序推进改革。机构改革方面，分区域制定差异化政策措施，不断完善媒体发展体制机制。人事改革方面，将高端人才、紧缺人才纳入本地重点人才引进项目计划，实行特殊人才特殊待遇。财政改革方面，要求各地将推进本地区媒体深度融合发展资金作为增量项目纳入预算，加大财政支持力度。薪酬改革方面，支持新闻单位通过专项奖励、绩效考核、股权激励等方式，激发优秀人才创新创造。目前，全省 185 个融媒体中心从新闻宣传、民生服务、社会治理等方面不断发挥积极作用，大力宣传党中央大政方针、省委决策部署和本地工作举措，积极整合生活缴费、环境监测、旅游购物等便民服务，积极打造本地网民交流平台（舆情聚合平台），跟踪办理群众反映的问题，影响力持续增强。

（四川省新闻工作者协会供稿）

贵州省推进媒体融合发展工作综述

2021年，贵州省深入学习贯彻习近平总书记关于媒体融合发展的重要讲话精神，按照中央和省委省政府的决策部署，在贵州省委宣传部统一领导下，强化整体布局，聚焦主攻方向，持续改革创新，推动媒体融合进一步向纵深发展。

一、主流媒体传播阵地有拓展，新媒体布局不断完善，影响力不断增强

1. 贵州日报报刊社、贵州日报当代融媒体集团将2021年作为“媒体融合发展创新创造年”，将加快推进媒体深度融合发展纳入报刊社“十四五”规划。将《贵州日报》《当代贵州》、天眼新闻客户端、当代先锋网打造成引领集团融合发展的“旗舰”，将《贵州都市报》《法制生活报》等子报子刊打造成融合转型的“样板”。并确立了“一云”（天眼云）、“一端”（天眼新闻客户端）、“一网”（当代先锋网）的“三个一”总平台为新媒体核心平台圈，贵州日报、天眼新闻、贵州都市报、法制生活报“两微”及商业传播平台集群为新媒体拓展平台圈，核心平台圈优质内容向拓展平台圈分发、广传，不断提升影响力和传播力。《贵州日报》在2021年度报纸印刷质量检测中获“精品级报纸”称号；天眼新闻客户端和贵州省融媒体云上编辑部入选全国新闻出版深度融合发展创新案例；天眼新闻客户端入选国家新闻出版署“2020年中国报业深度融合发展创新案例”。《2021全国党报融合传播指数报告》显示，天眼新闻客户端下载量排名全国省级党报第6位。

2. 贵州广播电视台制定了《贵州广播电视台深化改革加快媒体深度融合发展十二条实施意见》及有关配套改革举措，有效提升了融合传播发展实力，实现了融媒体矩阵和平台建设“双过亿”目标，即融媒体矩阵粉丝数超过1亿人、自有客户端下载量超过1亿次，视频传播总量超100亿次。

3. 多彩贵州网以深化媒体融合为抓手，优化调整媒体结构布局。目前，已打造“一网一报两微五端多号”的新型主流媒体传播矩阵：一网（一张多彩贵州主网及数十家子网群）、一报（贵州手机报群，含数十家行

业地方版）、两微（多彩贵州网官方微博、官方微信）、五端（众望新闻客户端、多彩宝客户端、多彩云客户端、“学习强国”贵州学习平台、一码贵州客户端）、多号（即抖音号、头条号、大鱼号、百家号等新媒体账号），6 个系列 80 余个传播平台受众覆盖超过 8000 万人。

二、融合新闻生产能力有提高，融媒体产品生产数量和质量不断提升

1. 贵州日报报刊社、贵州日报当代融媒体集团优化奖励设置，持续推动优质原创内容“泉涌”。设置“贵州省融媒体热文榜单”“贵州日报报刊社融媒体热文榜单”，每年拿出 100 万元奖励融合传播好作品、好设计、好创意。同时，改版升级天眼新闻客户端 6.0 版本，将稿件“热度”综合指数具象化为五颗星评价等级。报刊社、集团在省级层面组建贵州首个“贵州融媒体云上编辑部”；在全国层面，天眼新闻客户端与国内 22 家省市主流新媒体组建全国首个区块链新闻编辑部。

2. 贵州广播电视台“动静”客户端品牌影响力持续提升，下载量突破 7000 万次，位居全国前列；公共频道通过组建全国媒体部、推出 24 小时直播大连线等举措，在打造现象级民生新闻类融媒体平台方面取得重要进展，其中百姓关注客户端下载量突破 2500 万次，全网粉丝超过 3000 万人。

3. 多彩贵州网集中力量重点打造以众望新闻客户端为核心的“一网一报两微五端 N 号”的现象级新型主流媒体传播矩阵。以“引导群众、服务群众”为主旨，按照业态场景化、话语清新化、服务便民化的思路，围绕“视听读聊、功能优化、交互体验”三条主线迭代升级，开设新栏目、新板块，建设了多个服务互动板块，全力打造“公众参与、媒体监督、干群互动、反映民声”的网络问政平台。同时吸纳自媒体专业创作者参与、为企事业单位开通众望号，在“众圈”功能中引入更多垂直领域意见领袖、形成活跃圈层。

三、融合传播技术应用有突破，全媒体采编平台构建不断优化，全方位传播效果不断提高

1. 贵州日报报刊社、贵州日报当代融媒体集团坚持将技术创新作为深度融合发展的“核心驱动”。“天眼云”一站式汇聚内部原创稿库、成品库、互联网库、省市县融媒体库、多媒体资源库，以分钟级采集效率、千万级日均数据、数百项个性智能标签、全形态稿件类型采集为“天眼云”的发展提供强大的数据支撑。有力有序推进内容生产能力，打造了集影像采集、生产、发布为一体的移动 UGC 影像聚合平台。以人工智能采编策划功能，通过全网数据进行整合分析，提供全网热点、地区热点、垂直领域热点、趋势预测、数据分析调查、稿件创作智能分析推荐服务等多种功能应用，并不断优化算法，推进网摘网搜内容生产力，提升稿件内容质量，提高传播效率。

2. 贵州广播电视台携手全省9个市（州）广播电视台策划推出大型融媒体直播节目《今朝更好看》，节目采用“演播室＋现场直播连线＋视频短片＋航拍”形式，每周举办1—2场直播活动，每次时间长度平均1小时左右，在贵州卫视、“动静”客户端及各市州广播电视台同步推出，历时近3个月。

3. 多彩贵州网技术赋能“升级”，优化多彩贵州网采编生产生态体系。由多彩贵州网自主研发，并拥有完全自主知识产权的多彩贵州网“中央厨房”平台——“数智融媒”智能化融合采编平台，在“策、采、编、审、发、监”流程再造的基础上，实现全程移动化采编，可移动报题、移动采编、移动审核、移动调度指挥；通过技术赋能，多彩贵州网表达形式不断创新，拥有SVG、Vlog、互动短视频、动漫、VR全景、MG动画、手机端直播、直播超市等报道新模式；充分运用云计算、大数据、人工智能等前沿技术来设计和建设客户端，实现智能语音交互、图像识别、敏感词过滤等。多彩贵州网的传播力引导力影响力公信力全面提升。

四、创新融合传播有效果，打造面向未来的信息消费新场景、数字内容新业态

1. 贵州日报报刊社、贵州日报当代融媒体集团聚合大数据智慧政务。组建“天眼新闻客户端重构专项小组”，集成云计算、大数据、5G传输、语音识别、图像识别等新技术，完成“天眼云”平台部署上线。天眼新闻客户端正从专业信息发布体系向全媒体信息集成平台转变，为全省9个市州及贵安新区、有信息发布需求的省直单位、所有县市区免费开通信息发布渠道，实现横向到边、纵向到底全覆盖。目前已完成全省96个县级新闻客户端研发工作，推动14个县级新闻客户端上线，在此基础上研发集信息发布、文明实践、政务服务、便民服务等功能为一体的新型县级客户端。与此同时，持续加强和改进国际传播工作。前端在天眼新闻客户端开设“Fast”英文频道，后端在天眼云共享稿库开设“英文专线”，畅通海外传播渠道，高质量打造以天眼新闻客户端“Fast”英文频道为核心的融媒体传播“云航母”。天眼新闻96811民生服务平台实现了从传统的电话呼叫向“新闻线索提供、广告营销服务、市民生活服务、群众信访投诉四位一体互联网分发平台的涅槃式迭代。

2. 贵州广播电视台充分发挥“新闻＋政务服务商务”融合优势，以宣传促进消费、助力乡村振兴。在大型融媒体直播节目《今朝更好看》中，积极整合旗下8个不同内容生产平台与网络营销平台资源，以每个市州集中宣传一周的频率，同步推出“今朝更好看·我为乡村振兴助力”网络“带货”直播节目。

3. 多彩贵州网不断拓宽全国传播渠道，与全国70家网站、52个客户端、90个微博微信账号合作，通过互推稿件、共享资源、

技术交流等形式，借梯登高，扩大网上影响力。多彩宝客户端作为“贵州省政务民生服务唯一移动端平台”，深耕政务民生服务，深度参与贵州省数据共享工作，集成政务民生事项2000余项，打通40余个厅局自建业务系统，实现便民服务“掌上办”“指尖办”。截至2021年年底，多彩宝客户端下载量已突破8518万次，实名注册用户超过1572万人。“一码贵州”大数据智慧商务平台，聚资源、卖产品、存数据、留产值，全力推动“黔货出山”。

（贵州省新闻工作者协会供稿）

云南省推进媒体融合发展工作综述

2021 年，云南省各级媒体深入贯彻落实《云南省关于加快推进媒体深度融合发展的实施意见》，按照“坚持正确方向，坚持一体发展，坚持移动优先，坚持科学布局，坚持改革创新”的工作原则，在新媒体内容建设、全媒体立体传播、新型主流媒体平台打造等方面取得了新的成效。

一、以云南省媒体融合重点实验室建设为抓手，推进媒体深度融合与高质量发展

云南日报报业集团坚持高位推动云南省媒体融合重点实验室建设，将其作为推进媒体深度融合发展的“一号工程”。从 2021 年 2 月开始，集团坚持创新驱动，集合集团现有高端人才、技术力量，以创新的思路和举措，改革现有制度机制，推进实验室申报、建设和集团媒体融合发展；坚持多方联动，联合云南大学、昆明理工大学等，外引内联共同推进实验室建设。2021 年 12 月 30 日，云南省科技厅为云南省媒体融合重点实验室正式授牌。以重点实验室建设为抓手，云南日报报业集团强化关键核心技术自主创新，加快推进媒体深度融合和集团转型升级高质量发展。实验室重点围绕 5G、大数据、人工智能、区块链等开展媒体融合关键技术的研究和相关产品的开发，引领“智慧媒体云”“文化云”“国际传播云”稳固发展和创新。同时，创办融媒学院，在人才引进、智库建设、政策研究、培训内训等方面创新机制，为媒体深度融合提供全方位支撑。

二、坚持移动优先，建设融媒矩阵推动影响力提升

云南省各级媒体优化整合、深度融合，推动更多优质内容、先进技术、专业人才、项目资金系统集成，向互联网主阵地汇集、向移动端倾斜，使分散在网下的力量尽快进军网上、深入网上。

1. 云南日报报业集团以主力军全面挺进主战场为导向推进资源深度融合，加快媒体资源优化整合力度，组织系列优质策划向互联网阵地汇集、向移动端倾斜。深度融入和服务全省媒体融合发展大局，建强州市分

社，联动州市、县市、区融媒体中心，发挥省级主流媒体优质策划引领作用。

2. 云南广播电视台构建省内唯一集网站（云视网）、移动客户端（七彩云端、云南手机台）、家庭大屏端以及各类社交媒体于一体的全网分发融媒体传播矩阵。“云南广播电视台”官方抖音号粉丝数超过 328 万人。“都市条形码”官方微博蝉联全国地面频道微博影响力冠军。交通频率继续保持全国广播频率融媒体成长性指数前 10 名，云南应急广播信息系统入选全国智慧广电示范案例。

3. 云南网大力推进网络传播多平台多阵地的建设，2021 年 7 月、8 月、11 月阅读量均突破 1 亿次，维护的多个微博话题阅读量突破千万次。云南网微信公众号粉丝量 48 万人，年发稿量超 4000 条，年阅读量约 3500 万次。云南网微信视频号 2021 年内单个视频最高点击量 1021 万次。云南网抖音号聚合粉丝量 28 万，单个视频最高播放 1647 万次。此外，云南网今日头条号、百度百家号、微信视频号等第三方平台总粉丝量突破百万人，带动了云南网传播力、影响力和品牌价值的提升。

4. 昆明报业传媒集团组建起一支 100 余人的高素质互联网技术应用与研发队伍，涉及 20 余个细分工种，致力于算法推荐、人工智能、区块链、云计算、物联网、5G 等新技术研究，先后独立开发完成数十个客户端，同时自主研发写稿机器人“小明”、舆情和宣传管理大数据平台等一批产品。截至 2021 年年底，集团累计荣获国家软件著作权 79 项。掌上春城客户端、都市时报客户端提前 3 年实现“自主运营客户端下载量不低于当地常住人口 25%”的目标，“学习强国”昆明学习平台取得稿件被总平台和云南平台采用数第一、供稿数及稿件通过率第一等“五个全省第一”。昆明市 18 个县级融媒体中心建设圆满完成验收，顺利通过“春融云”省级技术平台的省级验收。9 家县区新时代文明实践中心“云平台”上线，在全省首家实现市县一体化管理。

三、坚持内容融合，打造优质内容占据传播制高点

1. 持续深化习近平新时代中国特色社会主义思想宣传阐释，推动党的创新理论“飞入寻常百姓家”。云南日报报业集团先后在云报客户端显著位置开设了《在习近平新时代中国特色社会主义思想指引下——新时代新作为新篇章》《不负韶华　奋进跨越｜沿着习近平总书记指引的方向砥砺前行》等系列专题专栏，重点策划推出一批符合新时代网友需求的《循足迹看变化》《云南答卷》等融媒体精品产品，精心策划推出“理上网来·强国有我面对面”暨“云端火塘会”系列新媒体理评产品。云南广播电视台成立云南省理论宣传融媒体传播中心，推出融媒体节目《自信中国说》，被国家广电总局列入“创新理论传播工程”项目。《民族之声传习语》短视频把习近平总书记“七一”重要讲话的要点、“金句”翻译成 5 种少数民族

语言，传送到广大少数民族群众中去。

2. 积极策划开展建党百年和党史学习教育主题宣传报道。在党史学习教育宣传报道中，云南日报报业集团在云报客户端持续开设《奋斗百年路　启航新征程》《学党史 悟思想 办实事 开新局·走过来时的路》等一批专题专栏。《百年芳华　初心传承》以“跟着总书记学党史”为总思路，全网综合阅读量超过 2.3 亿次。云南广播电视台推出的《建党百年·口述云南》《镜头里的故事——云岭红色地标巡礼》《民族之声话党史》等党史学习教育融媒体产品全网点击量超过 9 亿次，营造了“党的盛典、人民的节日”的浓厚欢庆氛围。推出云南“红色印记”大型融媒体互动打卡活动，让青少年用户全方位了解云南红色地标、红色景点及红色历史。拍摄制作的音乐微电影《聂耳和国歌的故事》，发布短短 10 天，点击量即突破 1 亿次。推出 110 集短视频《民族之声话党史》分别用傣、傈僳等少数民族语言播报。“献礼百年华诞·中国共产党与云南边疆少数民族 100 个故事”在 5 个民语广播节目和 5 个民语微信公众号持续推出，并在“七彩云端”App 开设专题。云南网推出《奋斗百年路 启航新征程——学党史 悟思想 办实事 开新局》大型融媒体专题，累计刊发稿件超过 2.6 万篇，总阅读量达 1.4 亿次。推出的《红色档案·云南中共党员口述历史》系列微视频成为党史学习教育官网重点推介的首家省级媒体新媒体产品，同时入驻全省大中学生党史学习数字平台。

3. 以全球视野精心组织开展《生物多样性公约》缔约方大会第十五次会议（以下简称“COP15”）宣传报道。在“亚洲象北迁”报道中，云南日报报业集团在全球媒体中首发了象群走出原栖息地的通告，通过新媒体矩阵共同发力，制作了一大批短视频、H5、原创 MV、表情包等网络爆款产品，打造“云南是象往的地方”品牌。云南广播电视台拍摄制作《“数读”北移亚洲象奇幻旅程》，开办“多样星球”PGC 融媒体专栏，从讲述云南生物多样性之美的角度，向世界展现美丽云南的生态文明建设。云南网开设的“云南大象睡姿公开”“昆明市请提前做好野象防范准备”等微博话题阅读量达 2774 万次。云南广播电视台创意制作 COP15 主题曲及 MV《和光同春》推出后，全网观看量超过 7.9 亿次。云南网推出专题《网聚云南相约 COP15〈生物多样性公约〉第十五次缔约方大会》，成为省内 COP15 报道网端总出口。昆明信息港承办的“2021COP15 春城之邀——一粒来自昆明的种子”活动入选 2021 年中国报业深度融合发展创新案例。

4. 强化热点新闻的融媒化表达。瑞丽疫情引发全国关注，云南网推出《云南抗疫有多难》短视频，全网播放量近 1 亿次，成为云南边境抗疫主题爆款产品。云南日报报业集团在持续开展“坚决打赢新冠肺炎疫情防控阻击战·守好我的一公里”专题系列报道的基础上，于 9 月 21 日中秋节当天推出“边关月 家国情”大型融媒体直播，联动云南25个边境县融媒体中心，实施了连续13小时的大型融媒体直播，同时还联合全国30多家具有强大影响力的主流融媒体平台及全省129家县级融媒体中心进行全网推送。12月3日，在中老铁路开通之际，云南广播电视台卫视频道、都市频道、公共频道并机直播《春融万象　路入云端——中老铁路开通直播特别节目》，同步互联“七彩云端”App、云视网、云南手机台、云南移动和云南联通IPTV高清盒，实现大屏与小屏的联动直播。

（云南省新闻工作者协会供稿）

西藏自治区推进媒体融合发展工作综述

为深入贯彻落实习近平总书记关于媒体深度融合发展的重要论述和党中央的部署要求，更好引导群众、服务群众，2021年，西藏自治区媒体融合发展坚持目标导向、问题导向、效果导向，加强分类指导，坚持高位推进，大力推动自治区级技术平台、移动传播平台建设运营，统筹推动地市、县区融媒体中心挂牌成立、开展工作，全区地市、县区融媒体中心于2021年年底全部入驻自治区级传播平台，在推进媒体深度融合发展上迈出实质性步伐。

一、全区媒体深度融合发展有序推进

1. 积极谋划，高位推动。2021年，自治区党委高度重视推动媒体融合工作，在区党委宣传部专门成立了媒体融合处，统筹指导协调推动全区媒体融合工作。自治区党委宣传部紧密结合西藏实际，印发《西藏自治区关于加快推进媒体深度融合发展的实施意见》，文件紧密结合西藏实际，针对传统媒体和新兴媒体在体制机制、政策措施、流程管理、人才技术等深度融合发展方面提出了指导性意见。

2. 深入调研，先行先试。一是积极协调参与中宣部安排的“全国县级融媒体建设”课题组调研工作，深入全区部分县区融媒体中心进行调研，全面了解掌握西藏县级融媒体中心发展现状。二是开展媒体融合发展大调研活动。2021年4月、10月，先后两次深入全区7个地市50多个县（区），对县级融媒体中心进行实地调研督导。

3. 落实经费，形成机制。一是落实经费投入。各县区党委政府高度重视县级融媒体中心建设工作，在中央补助地方县级融媒体中心建设专项经费的基础上，按照实际情况分别补助80万元至100余万元不等。二是突出工作抓手。每月印发《西藏自治区地市、县区融媒体中心工作专报》，督促推进各地市、县区融媒体中心建设进度。组织编写《中央和自治区关于媒体深度融合发展大事记》，厘清媒体深度融合思路方向和发展脉络。三是落实人员编制。自治区编办已下达拉萨市、昌都市关于组建县区融媒体中心的批复，其余地市正在与自治区编办沟通协调。拉萨、日喀则、林芝、昌都、那曲市和阿里地区已完成机构和人员编制整合。

二、全面打造全媒体传播矩阵

1. 县级融媒体中心全部建成。2021 年以来，西藏自治区县级融媒体中心建设工作始终坚持“机构建起来、牌子挂起来、队伍拉起来、工作干起来、业务融起来”的工作思路，加强统筹指导，精简优化媒体布局，统筹建设运用传播平台。截至 2021 年 12 月，全区 74 个县（区）融媒体中心全部挂牌成立，投入运营，所有县级融媒体中心均注册开通运营微信公众号和抖音账号，部分县（区）融媒体中心开办了网站、客户端，注册了微博，初步形成融合“报、台、网、端、微”以及抖音等的全媒体网络传播矩阵。

2. 省级媒体主力军全面挺进主战场。从 2021 年年底开始，西藏 7 地市和 74 县区的融媒体中心陆续入驻自治区级传播平台“珠峰云”App，初步实现自治区、地市、县区三级共享。“珠峰云”是通过云计算、大数据、人工智能、移动互联网等新技术新应用，集新闻资讯、政务发布、生活服务、在线视听互动功能，融报纸、广播、电视、网络和移动端内容生产发布为一体的全媒体国家通用语言和藏语双语智能云平台，是自治区各级党媒信息平台和综合服务平台，权威信息发布平台、政务服务主要入口。2021 年，西藏广播电视台首次在广播和电视中实现汉藏双语同步直播，首次实现所有广播频率、电视频道和网络新媒体同步直播，新媒体直播话题度、观看量、粉丝增量均创历史新高，庆祝西藏和平解放 70 周年直播观看总量超过 1 亿次。

西藏日报社依托西藏日报“中央厨房”现有的调度指挥系统，积极探索媒体融合运行新模式，大力推进“融媒体工作室”试点，成立了“西藏头条”“青稞视频”“高原小故事”等 13 个融媒体工作室，在“两网、两微、两端、一网群”基础上，增设抖音号，进一步扩大媒体矩阵，综合覆盖受众 80 万 +。特别是借丁真热度成为新浪微博平台上一个现象级新媒体案例，开创了“主流媒体联动模式”先河。

三、典型经验亮点纷呈

1. 产品内容有特色。部分地市、县区积极转型，主动求变，充分发挥当地特色区位优势和旅游文化资源，创新节目内容和传播方式，精心打造一批点击量高、群众喜闻乐见的融媒体产品，提升当地融媒体品牌的传播力和影响力。拉孜县融媒体中心充分发挥群众引导群众作用和本地语言优势，制作推出 15 期基层农牧民宣讲员尼玛次仁的藏语系列宣讲短视频，在新平台上的点击量累计突破 1241.1 万次，同时利用当地非物质文化遗产拉孜堆谐文化的资源优势，在抖音号“堆谐故里”上发布老百姓在田间地头、各种节庆期间跳原生态堆谐舞蹈的短视频 134 条，点击量累计突破 1630.8 万次；结合党史学习教育，策划制作《我想给党献首歌》短视频8期，点击量累计达40.4万次。那曲市嘉黎县融媒体中心着重在提高节目内容质量上下功夫，在抖音号“嘉黎融媒”发布的各类优质短视频点击量最高达90万+次。日喀则市江孜县积极动员各乡镇宣传委员参与制作基层新媒体产品，举办新媒体短视频产品大赛，点击量累计达85万次。林芝市波密县融媒体中心以《藏王故里 静好波密》为题，推出新媒体作品“波密县一日一景”，系列产品总播放量达20.3万次。林芝市工布江达县融媒体中心把当地语言文化、民族特色融入传媒矩阵中，推出了大美巴松措、桃花旅游文化节、村晚大联欢、藏族特色歌舞展示等双语直播节目，深受广大干部群众欢迎。拉萨市堆龙德庆区融媒体中心在抖音平台上推出《6700平米超巨幅国旗亮相西藏·堆龙》《堆龙创城进行时》《文化堆龙》等系列产品，《6700平米超巨幅国旗亮相西藏·堆龙》点击量达28.8万次，《永不褪色的历史记忆——我听阿旺格桑老人讲》播放量达146.3万次。

2. 体制机制有创新。拉萨市当雄县融媒体中心结合工作实际，制定《当雄县新媒体绩效考核办法》，就抖音、微信等内容生产、传播效果等进行考核。当雄县财政每年投入专项经费用于绩效奖励，有效提高人员的工作积极性和节目内容质量；山南市琼结县财政每年下拨专项经费对新媒体产品予以一定奖励。拉萨市曲水县融媒体中心通过开展“岗位大练兵”活动，营造“比学赶帮超”的工作氛围，大力培养融媒体复合型人才。

3. 品牌推广有方法。拉萨市当雄县融媒体中心借助赛马节契机，在活动期间集中力量主推“逐梦当雄”抖音号，打造“逐梦当雄”品牌，“逐梦当雄”抖音号粉丝数达8.5万人，是当地常住人口的1.75倍。那曲市安多县融媒体中心记者下乡采访时随身携带公众号二维码，将赛马节相关视频制成光盘作为小礼品，通过“一对一、面对面”的方式向基层群众推广自己的公众号。昌都市洛隆县融媒体中心加强与当地网红合作，进一步扩大新媒体账号的知名度。

4. 人才培养有亮点。阿里地区改则县充分利用西藏民族大学驻村点资源，发挥部校共建优势，和西藏民族大学新闻传播学院签订了“校地合作”协议，通过“请进来、走出去”方式，加强学习交流，有效提高采编队伍的能力水平。日喀则市桑珠孜区利用青岛市援藏培训专项资金，选派融媒体中心人员赴青岛开展实地观摩学习。山南市琼结县通过组织新媒体爱好者、有特长的年轻干部群众、当地“网红”开展相关培训，通过奖励机制鼓励全县干部群众成为融媒体记者。山南市乃东区融媒体中心通过选派工作人员赴湖北武汉、山东蓬莱两地跟班学习和邀请蓬莱区融媒体中心业务骨干赴乃东区开展业务指导的方式，全面提升融媒体中心工作人员的采编播能力。

5. 宣传推广有实效。山南市加查县把中央、自治区的重要会议精神、政策方针等相关宣讲内容制作成群众喜闻乐见的藏语音频产品，在本地的微信和抖音平台上推出，大力提高宣讲覆盖面触达率。山南市扎囊县融媒体中心通过在微信平台上发布“随手拍”活动，动员全县干部群众参与当地风土人情、文化生活等主题的新媒体产品拍摄制作，加强与基层群众互动，增强受众黏性。林芝市察隅县融媒体中心与当地“网红”合作宣传推广当地特色农产品，助力村民增收、乡村振兴。

（西藏自治区新闻工作者协会供稿）

陕西省推进媒体融合发展工作综述

2021 年，陕西省新闻舆论战线深入学习贯彻习近平总书记关于媒体融合发展的重要论述，认真贯彻落实中办、国办《关于加快推进媒体深度融合发展的意见》要求，担当作为、守正创新、勇毅前行，推动主力军全面挺进主战场、占领主阵地、掌握主动权，加快建设具有强大影响力和竞争力的新型主流媒体。

一、以全面深化改革为动力，构建媒体融合新机制

互联网是传播的主战场，媒体融合向纵深发展必须以自我革命的精神创新体制机制，推动传统媒体资源与现代生产要素有效整合，建立适应主战场的全媒体生产传播运营的一体化组织架构，“重新整编现有的主力部队”，放大一体效能，形成集约高效的内容生产体系和经营运作机制。2021 年，陕西省各主要媒体在体制机制、政策措施、流程管理、人才技术等方面加快融合步伐，以全媒体思维重塑组织架构，持续优化机构设置和运行机制，构建采编发一体的全媒体传播矩阵。

1. 陕西日报社对照并不断修改完善《贯彻落实习近平总书记对陕西日报创刊 80 周年重要指示工作方案》及细化分解任务清单，制定印发《陕西日报社守正创新融合发展“十四五”规划》等，对全年和今后五年工作统筹谋划部署。对原有采编工作流程进行系统性改革完善，制定实施了《陕西日报采编流程和工作规则》，进一步理顺体制机制、优化采编流程、落实岗位责任、强化质量管理，充分发挥考核指挥棒作用，逐步建立符合现代传媒治理规律和融合发展理念的制度体系。

2. 延安市融媒体中心积极推进体制机制创新，打破原有组织模式，建立适应全媒体时代要求的组织架构。按照融合发展需求，将原延安日报社和延安广播电视台两大市级媒体资源整合，形成一套领导班子、一个行政指挥系统，破立并举，重塑“新大脑”。此外，将中心整体分为行政、采编和经营三大板块，对宣传资源、经营资产实行统一指挥调配。将原报台所属采编人员、平台等统

一划入采编板块，按照业务垂直设立“中心制”，包括调度中心、编辑中心、新媒体中心等 8 个部门；行政板块设有办公室、党建群团部、人力资源部等 5 个部门；经营板块有融媒集团（下属传媒、演播、融创、印务等 5 个子公司）和培训学院，形成了“一体两翼”的工作格局。

二、以内容建设为根本，大力推进传播力建设

从大屏到小屏，从文字到短视频，内容传播的形式不同、规律有别，但受众对优质内容的需求不变。创新创优内容和精品生产是新闻媒体的核心竞争力，也是“硬通货”。内容守正，要坚持主流媒体担当，要履行好举旗帜、聚民心、育新人、兴文化、展形象的使命任务，要坚持正确政治方向、舆论导向、价值取向，唱响主旋律，壮大正能量。打造高水平、高层次的新媒体产品，扩大优质内容产能，对于正面宣传和舆论引导具有不可替代的作用，也是推进媒体融合发展至关重要的任务。

1. 2021 年，陕西日报社加大统筹策划融合力度，围绕建党百年，制定《陕西日报社庆祝中国共产党成立 100 周年宣传报道方案》，推出的《奋斗百年路 启航新征程·三秦大地上的红色印记》系列专题报道；“七一”当日推出的 28 个整版，全方位展示了陕西在建党百年历程中的辉煌成就，持续唱响共产党好的主旋律。“群众号”积极与各区域融媒中心、宣传部联动，共计合作开展了 55 场直播，如《辛丑（2021）年重阳恭祭轩辕黄帝典礼》《第二十一届中国安康汉江龙舟节》等，累计浏览量超千万次。十四运会期间，陕西日报社共制作推送原创新媒体产品千余件。

2. 习近平总书记来陕西考察期间，陕西广电融媒体集团策划推出《来咧！陕西》《多彩！榆林》《聚！西安》系列短视频，系列短视频在起点新闻首发后，通过中央、省、市、县四级媒体矩阵传播发酵，迅速被全国各大主流网站、客户端转载并在首屏位置置顶推送。在庆祝建党百年相关报道中，集团大胆采用“自有核心创意团队 + 立项招标制作团队”的新生产模式，打破重大主题报道常规叙事方式和表现形式，创新产品形态与传播语态，探索媒体传播与电影、音乐、绘画等艺术形式跨界融合的新形态，用音乐诗画传神展现党的百年光辉历程，推出《建党百年系列主题 MV》，被人民网、新华网等中央媒体转发，传播量达到 500 多万次，是重大主题宣传中一次很有价值的探索和创新。

三、以移动端建设为带动，打造全媒体传播体系

媒体深融，渠道是关键。从传统媒体矩阵到全媒体矩阵的解构与重构，是融合发展攻坚战的重中之重，必须花大力气、下真功夫。“全媒体”意味着以媒体类型的多样化实现应用场景的全覆盖、媒体用户的广触达。“移动优先”策略是媒体融合发展的

大方向，是实现“全程媒体”的重要环节。2021年，陕西省新闻战线以移动端建设带动全媒体传播体系的构建，主流价值影响力不断彰显。

1. 陕西日报社以“报、刊、网、端、微、屏”六类媒介为基础，形成党报求“深”、客户端求“快”、网站求“全”、全媒体求“融”的传播格局。群众新闻网端是报社实现融合发展的主阵地、突破口。按照“1+1+N”的发展思路，报社相继印发《群众新闻网端融合传播主阵地建设实施方案》、主阵地建设实施方案等文件，明确“路线图”“施工图”，不遗余力推进各方面工作。2021年，报社拿出3000万元建设资金支持群众新闻网端发展。报社各职能部门高质量、高效率推动各类资源在群众新闻网集聚，尤其是在人员培训、重大活动支持等方面提供全方位保障。截至2021年年底，群众新闻客户端下载量超过1000万次，开通“群众号”千余个。2021年，群众新闻网端入选中国应用新闻传播十大创新案例（备注：2021中国应用新闻传播十大创新案例由中国新闻史学会应用新闻传播学专业委员会组织评选）。

2. 榆林传媒中心在平台建设上，坚持“移动优先”“造船出海”，大踏步转入互联网主战场。2021年年初，新组建3个短视频编辑部，一部专门负责编辑运营抖音、快手等第三方视频号，二部负责制作反映本土发展主题的微电影，三部负责各类移动直播活动实施。一年来，中心抖音、快手等短视频号播出2148件，总播放量达16亿次，总用户量271万人。实施《主播探馆》《陕北是个好地方》《助农直播》等3个主题20场次大型融媒系列直播活动，总直播时长3000分钟，累计观看200万人次。

四、以先进技术为引领，推动融合向纵深发展

2021年，全省各级媒体加速采编发流程全方位改造升级，运用大数据智能化驱动媒体深度融合。

1. 强化技术应用，引领融合传播升级。陕西广电融媒体集团积极探索运用AI、XR、5G、云计算、大数据、区块链、虚拟现实、物联网等技术，加快数字化和智能化进程，以先进技术引领驱动融合发展。在全国两会的报道中，《起点新闻》推出AI虚拟主播“小晴”代替了真人主播，和代表委员对话，进行“云访谈”。“小晴”主播还在“虚拟小课堂”开讲，链接访谈内容周边的新闻，亲切的语言和新鲜的技术形象，吸引了很多年轻网友对于全国两会报道的关注、转发和点赞。都市生活中心“闪视频”开通十四运频道，利用多视角+VR技术，打破传统体育比赛观赛模式，真正实现一键切换、内容专属的移动视听新体验。利用十四运契机，闪视频下载量增加了5万次，截至9月28日用户量下载量突破15万次。

2. 资源深度聚合，实现内容技术双驱动。2021年，陕西日报社大力推进群众新闻网端升级，新版本利用了最新的开发架构

和语言，对群众号功能整体重构，增加栏目推荐、群众号榜单、矩阵等功能；对“政情”栏目全新改版，突出重点报道，增加领导人相关活动稿件；对数字报全新设计，增加主要报纸阅读入口；对民生问政进行代码重构，增加图片、音视频混合数据支持；对标主流小视频应用，增加瀑布流等多种展示方式等；新推出“小Q播报”AI智慧媒体新频道，读者在线可一键听读新闻。

（陕西省新闻工作者协会供稿）

青海省推进媒体融合发展工作综述

2021年，青海省坚决贯彻落实习近平总书记关于深入推进媒体融合发展的重要讲话和指示精神，坚持正确舆论导向，持续推进媒体深度融合发展，全省各级融媒体中心信息内容、技术运用、平台终端、管理手段共融互通，努力形成“一盘棋”“一张网”的媒体融合发展格局，为奋力谱写全面建设社会主义现代化国家青海新篇章提供了有力舆论支持。

一、着力搭建学习交流平台，推进全省媒体融合事业健康发展

1. 组织开展媒体融合优秀作品分享会，催生优秀作品创作生产。为顺应传统媒体和新兴媒体融合发展趋势，贯彻落实好中央关于推动媒体深度融合发展的决策部署，学习借鉴全国先进经验，积极搭建媒体融合优秀成果的展示交流平台，推动青海新闻媒体涌现出更多代表媒体融合新进展新水平的优秀融媒体作品，2021年，青海记协首次举办媒体融合优秀作品分享会，邀请9名媒体专家，为来自省级和市（州）级新闻单位、部分县级融媒体中心的100余名新媒体业务骨干，对近两年中国新闻奖媒体融合奖项获奖作品进行了深入分析和讲解。

2. 组织开展媒体融合工作重大理论和现实问题课题研究，努力提高新媒体工作者理论素养和水平。针对青海新闻战线媒体融合人才缺乏、媒体融合理论研究薄弱的现实状况，2021年起，青海记协在全省新闻战线组织开展了媒体融合重大理论和现实问题研究，旨在提高新媒体工作者的政治素养、理论水平、政策水平和业务能力，推进新时代新闻舆论工作与时俱进、守正创新。组织相关新闻单位紧紧围绕媒体融合背景下新闻主播多元话语建构、全省县级融媒体中心建设、媒体深度融合背景下生活服务类节目生产传播路径等开展深入调研。

二、立足形势任务，坚定不移推动媒体融合深度发展

1. 青海日报社围绕如何发挥好全省融

媒体“龙头”“旗舰”作用，集结纸媒新媒编采力量，实现全方位多维度接地气的报道。深入调查研究，在摸清融媒体发展家底、分析研讨的基础上，紧跟时代要求，放大工作格局，全力以赴推进“一中心”（融媒体中心）、“两平台”（青海日报移动端平台、中国藏族网通网站）、“三集群”（新兴媒体集群、大数据服务集群、跨界经营产业集群）建设，打造具有“党报特质、青海特点、原创特色、开放特征”，集新闻传播、政务公开、综合服务、汉藏文一体化的媒体集群，拥有49个新媒体发布平台。印发《青海日报融媒体报道指挥中心工作流程（试行）》等制度，通过健全完善工作制度，融媒体报道指挥中心切实承担起青海日报及新媒体平台报道策划指挥、新闻线索汇集、采编工作管理、采编人员调度等工作，进一步推动青海日报各平台“融为一体、合而为一”。建立规范高效的发稿流程和秩序，聚焦“移动端要快、PC端要多、纸媒要深”的目标，推动各平台差异化发布，着力改变新媒体“简单搬家”的局面。从考核、评价等方面引导编采人员树立“先网后报”“移动优先发布”“差异化发布”的意识。

2. 青海广播电视台进一步强化新媒体建设，推动台网融合，将自身打造成具有强大实力和传播力、公信力、影响力的新型主流媒体。一是不断推动完成适应融合发展的一系列规划设计，对媒体深度融合方法、步骤、路径以及体制机制等进行框架设计。二是统筹推进支撑融合发展的一揽子技术保障平台建设。先后建成融媒体指挥调度中心、汉藏双语互联网媒资及内容发布平台，创建覆盖省内31家市州县媒体和甘川滇等省（区）65家基层媒体的安多藏语新闻素材通联汇聚系统。完成融媒体媒资库平台建设（三期）项目及“青海广播电视台藏语网络广播电视台新媒体升级改造项目”科研申报立项工作。三是转变传统传播思维，打造跨媒体、覆盖面广的多屏传播平台。各新媒体平台积极发挥省属主流媒体准确、权威、专业的优势，加强策划，精心打造融合内容，提高内容生产质量，适应分众化需求，通过互动增强用户黏性，全面布局占领新媒体阵地，实现了“媒体＋互联网”，提升了新媒体影响力和美誉度，在省内拥有一定的用户群和流量。

3. 青海省互联网新闻中心作为青海省网上舆论宣传主渠道主阵地和县级融媒体中心省级技术平台“大美青海云”的运营主体，全力推动所属媒体在内容、渠道、平台、管理等方面深度融合，取得了一定成效。一是持续推进移动新媒体建设。陆续开通部分具有传播力影响力的新媒体账号，不仅实现了与门户网站的同步发声、同频共振，而且满足了广大网友通过不同平台、不同渠道获取新闻资讯的需求。截至2021年年底，所属新媒体平台账号粉丝拥有量超过120万人。二是策划出新出彩，新媒体产品全面发力。统筹PC端和移动新媒体一体化运作，让精品作品在PC端和移动端同时呈现，有效提

升传播效果。策划推出的《习近平在青海考察金句来了！》《【两会大数据】青海这份“十三五”成绩单，漂亮！》《H5|AI主播讲述你不知道的青海党史故事》《青海，精神！》等新媒体产品，获得广泛关注和点赞分享，在短时间内迅速扩大传播效果，形成了立体传播声势。三是深入聚合信息，融媒体矩阵全面铺开。2021年，“大美青海”客户端移动新媒体信息聚合系统“青海号”调整版面布局后，受到用户的关注和喜爱，该号聚合了全省党政机关政务新媒体、各县级融媒体中心以及社会团体、高等院校、主流媒体发布的新媒体资源，打造了一个“最懂用户”“最懂青海”的融媒体平台。与此同时，大美青海客户端藏文频道持续改进宣传方式，增强精准宣传，充分发挥了双语新媒体传播矩阵的作用。

4.西宁市广播电视台坚持“本土化定位、融媒化宣传、平台化发展”的工作思路，蹚出了一条省会城市台融合发展的新路子，传播力、引导力、影响力、公信力持续提升。一是强化顶层设计，绘好改革“路线图”。制定《西宁广播电视台媒体融合发展三年工作行动计划》，统筹推进运行机制、技术支撑、人才保障等方面工作，着力构建媒体深度融合发展的高效运行体系。通过实施科学有效的激励措施，进一步激发和调动全台职工改革创新、融合发展的积极性和创造性。二是主动担责作为，强化外宣“舆论场”。积极筹建“学习强国”西宁学习平台建设，并于9月26日正式上线，西宁市活跃学员、参与度、人均积分等指标都处于全省前列，搭建了西宁对外宣传的又一平台。三是延伸融合矩阵，构建县区“连心桥”。2021年9月，根据《西宁市市县区融合媒体平台互联互通实施方案》要求，牵头开展市县区融媒体平台互联互通工程，分别在城东、城中、城西、城北区委宣传部办公场所搭建了新闻生产网络，配备了多种先进的采编设备，实现融媒体平台物理连通，并由2名记者常驻办公。各县区按照“资源共享、媒体互通、形成合力”的发展思路，依托西宁市广播电视台融媒体平台，整体策划、一次采集、多元生成，在不改变市县区融媒体中心系统架构的前提下，将市级媒体平台打造成县区级融媒体平台的内容共享者和技术服务者，实现内容、政务、服务等方面的资源有效整合，吸引了更多受众，通联效应日益显现。

5.西宁晚报社建立各项考核制度，以制度推进奖优罚劣，将新媒体意识根植于西宁晚报全体员工的心中，形成了人人关注新媒体、为新媒体出谋划策的氛围。2021年推进“融媒体策划资源中枢系统”，正在分步建设“西宁晚报融媒体中心建设项目”“西宁晚报融媒体云平台项目”。融媒体中心建设一期项目完成了核心融媒体采编平台基础功能建设，以及客户端、网站、小程序、微信平台建设，初步应用媒体大数据技术赋能报社新闻采编生产。

6.海东市广播电视台主动适应新媒体时

代新闻传播格局的变化，积极运用新媒体传播形式，讲好海东故事，传播好海东声音。成立新媒体部，组建新媒体工作团队，克服各种困难，全员出动，大胆尝试抖音快手新媒体直播。截至2021年年底，制作了12场新媒体平台直播。创新思路，拍摄大量短视频，全年策划拍摄短视频215个，讲述海东故事，第一时间传递海东声音。

（青海省新闻工作者协会供稿）

区域进展

宁夏回族自治区推进媒体融合发展工作综述

2021 年，宁夏各级各类媒体认真贯彻落实中央关于加快推进媒体深度融合的决策部署，立足共建共享、服务发展大局，积极践行“导向为魂、内容为王、创新为要、关键在人、重在管理”的媒体融合理念，机构重组、流程再塑、机制创新扎实推进，主流思想舆论不断巩固壮大，各项工作取得新进展新成效。

一、大力推进内容生产供给侧结构性改革

1. *坚持内容为王、移动优先，内容生产机制改革成效显现。*各媒体始终保持内容定力，扩大优质文化产品供给，打造集约高效的内容生产体系和全媒体传播链条，提升了到达率、阅读量和点赞量。宁夏日报报业集团以“精品党报”牵引内容生产全流程，实施新媒体栏目提升工程，培育“政声”“壹财经”等品牌栏目，推出高质量融媒体原创产品 1.4 万多个，凸显了党媒在自治区社会经济发展中的思想政治引领作用。各市县新闻传媒中心（集团）加强策划创新联动，推动内容创优。石嘴山市坚持融媒聚力、矩阵发声，持续做好生态保护和污染防治、“9+3”重点特色产业等重大主题宣传报道，为地区高质量发展提供坚强舆论支持。

2. *以用户需求引领内容生产，产品核心竞争力明显增强，传播效果不断提升。*各媒体牢固树立市场意识、用户意识，积极适应分众化、差异化趋势，推出了更多适合移动传播、社交传播的 H5、海报图片、有声新闻等可视化融媒体产品，正面宣传的表现力、感染力不断提升。宁夏广播电视台与人民日报客户端、自治区党委网信办共同制作《宁夏这百年》短视频，全网阅读量过百万次。

3. *建立和完善评优评先激励机制。*为进一步提升宁夏回族自治区媒体融合作品层次水平，宁夏新闻工作者协会修订《2021 年宁夏好新闻奖评选细则》，将融媒体产品奖项比重提高到评奖总数的 1/3 以上，推动各媒体在守正创新中更好讲述宁夏故事。

在 2020 年度宁夏好新闻奖评选中，媒

区域进展

体融合类作品的上报比例和质量较2019年度明显提升。宁夏日报客户端媒体融合创意互动作品《“挖”土豆》、宁夏电视台短视频专题报道《直击战疫Vlog》、银川发布客户端融媒体报道《黄河岸边是我家》、共产党人抖音号短视频《走近全国劳动模范》系列报道、固原日报系列短视频《脱贫攻坚的固原报告》等获奖作品用更加多元化的视角、更加丰富的表现手法和更加成熟的技术手段生动反映宁夏经济社会发展的方方面面，思想力、表现力与传播力进一步增强，《“挖”土豆》获得第三十一届中国新闻奖三等奖。

二、持续深化体制机制改革

1. 内部组织结构改革进一步深化。各媒体单位坚持一体化发展，优化调整内部机构设置和人员配备，组建全媒体指挥调度中心，转型融合纵深推进。宁夏广播电视台建立台党委《发挥专委会作用工作机制》等“四个机制”，研究制定《宁夏广播电视台内设机构调整优化方案》，形成以新闻宣传为核心，以技术保障和经营发展为支撑的全新工作格局。市县新闻传媒中心（集团）加快推出媒体融合制度设计。

2. 人员管理体制改革进一步深化。自治区主要新闻单位及14个县级融媒体中心探索实行人员总量管理、岗位管理，合理确定聘用人员的控制数量，全部实行“事业编制＋聘用人员”的管理办法。

3. 经营管理机制改革进一步深化。各媒体坚持采编经营两分开原则，探索建立“新闻＋政务＋商务”和“媒体＋产业＋企业”的运营模式，推动业务从新闻宣传向公共服务领域拓展。中卫市率先组建成立了新闻传媒集团有限公司，与新闻传媒中心实行“一套人马、两块牌子”的双重管理模式。石嘴山市新闻传媒中心注册成立两个文化传媒有限公司经营实体和今日石嘴山抖音号、石嘴山发布视频号，采取“直播＋商务”“直播＋产业”的方式助推对外宣传。县级融媒体中心大部分成立了经营性公司，承接政府购买服务的经营性项目，提高自我发展能力，实现了社会效益和经济效益双丰收。

4. 薪酬分配制度改革进一步深化。各媒体以“基础工资＋绩效工资”分配模式为主，充分发挥绩效考核作用，合理拉开分配档次，提高工作人员的工作积极性。

三、加快推进主力军向主战场转移

1. 优化资源和力量不断向移动端汇聚。各媒体坚持移动优先策略，构建起“移动首发、全媒跟进、融媒传播”的全媒体传播格局。银川市实施新媒体平台红黄牌制度，扶持培育出《直播银川》《银川新闻联播》等具有优势传播力的新媒体平台26个。《共产党人》杂志社初步构建起以党刊门户网站、微网站、微信公众号、电子刊为内容基础，以《共产党人》杂志强国号、黄河云党建党课频道为宣传重点，以共产党人抖音号、宁夏党刊微信视频号、快手号、头条号为重要补充的“刊、网、微、端”等多平台融媒体传播矩阵，实现了“党刊＋全媒体”联动、多媒体融合、组合式传播。

2. 建强用好自治区融媒体平台，实现主流媒体融通融合。宁夏广播电视台以“全区一朵云，共建一个端”为目标，聚力打造宁夏第一全媒传播中心——宁夏黄河云融媒体平台项目，对各级融媒体中心策采编发运流程进行集约化、智能化改造，实现了区、市、县三级媒介资源、生产要素有效整合、共享融通，内容生产水平整体提升。建立面向县级融媒体中心的技术服务、联合运营等机制，加快推进媒体深度融合发展步伐。

四、坚持用新技术新应用引领媒体深度融合

1. 信息技术的应用和开发得到进一步加强。充分运用5G、大数据、云计算、物联网、区块链、人工智能等新技术引领媒体融合发展、驱动媒体转型升级，提高信息采集、内容生产、有效传播水平。宁夏日报报业集团实施深融一智库服务平台项目，升级改造融媒体智能传播服务平台，充分运用VR、AR、MR和流媒体、超高清等新技术手段。银川市规划打造新闻传媒集团融媒大厦项目，建设“三中心（优质内容生产、主流舆论引导和技术创新应用中心）两基地”（传媒人才实训和数字文创产业基地），建设5G融媒创新应用实验室，推出VR、音视频、无人机、科技、数据等类别产品和应用，领跑周边新媒体市场。

2. 各类信息技术平台逐步实现融通，媒体资源转化利用进一步强化，服务群众有效途径不断创新。依托黄河云视客户端，积极与经济管理、社会保障和文化教育等专业部门开展信息服务合作。各县级融媒体中心依托“云平台”，探索“新闻＋政务服务商务”运营模式，积极拓展基层宣传文化阵地，提升综合服务功能，增强用户黏性。贺兰县融媒体中心打造“云社区”“帮打听”为民服务系统，探索“社区吹哨、部门报到、企业补充、群众评议、媒体监督”运营模式，联动各职能部门倾听民声、收集民意，实现聆听百姓诉求、解决群众需求。红寺堡区融媒体中心开设微服务栏目，及时将了解到的社情民意反馈给相关部门，回应群众关切。

五、加快媒体人在观念、素质和能力上的融合

宁夏回族自治区党委宣传部高度重视新闻宣传队伍建设。调整配强市、县、乡党委宣传部部长和宣传委员，组织实施“青年优培工程”，组织申报全国文化名家、自治区青年拔尖人才等人才选拔项目，举办新闻战线“马克思主义新闻观培训”等各类培训班124期，培训2万余人，促进全媒体人才水平提升。进一步深化与宁夏大学、宁夏大学

新华学院共建新闻传播学院（系）工作，支持宁夏大学与宁夏日报报业集团、宁夏广播电视台、银川市新闻传媒集团等单位共建实践基地，为培养更多全媒体新闻工作者和高层次人才奠定良好基础。

各媒体注重加强采编播管、技术开发、产品运营人才队伍建设，完善人才激励机制，打破身份界限，健全“能进能出、能上能下”选人用人机制，采取“创新岗”“流动岗”等人才引进措施，营造识才、爱才、育才、聚才、用才的良好环境。

（宁夏回族自治区新闻工作者协会供稿）

新疆维吾尔自治区推进媒体融合发展工作综述

2021年，新疆新闻战线深入贯彻落实习近平总书记关于推进媒体深度融合重要讲话精神，按照中央、新疆维吾尔自治区党委政府关于推进媒体深度融合发展的具体部署，全面构建全媒体发展体系，着力推进自治区、地（州）、县（市）三级媒体融合发展。各媒体在自治区党委、宣传部的领导下，大力宣传习近平新时代中国特色社会主义思想，统筹推进疫情防控和经济社会发展工作，加快推进媒体深度融合发展，将优质内容向主阵地汇集，精品不断涌现，宣传阵地愈加坚强巩固。

一、主流媒体强化责任担当，充分发挥引领作用

新疆维吾尔自治区主要新闻媒体紧扣媒体融合发展要求，树牢融合发展理念，守好舆论主战场，持续推动媒体融合向纵深发展，不断提升新媒体的传播力和影响力。

1. 新疆日报社（集团）以内容建设为根本，深入拓展党报党刊党网党端党微功能，新媒体平台注重“新”“快”“活”，实现“一次采集、多种生成、全媒传播”，媒体融合生产传播能力大幅提升，短视频、微电影、手绘动漫、海报图片、有声新闻等产品形态日趋丰富。

以“石榴云”技术平台建设为牵引，以提高新闻报道质量和全媒体传播能力为核心，在媒体技术支持、平台渠道建设、组织架构保障和绩效考核创新等多个方面进行积极探索实践，推动“报、刊、网、端、微”深度融合，不断巩固和壮大主流舆论，初步形成了与媒体融合相适应的体制机制，建立起全媒体内容生产整体架构。同时，抓住自治区级融媒体技术平台“石榴云”建设契机，将其作为推动融合发展技术主动力，为各入驻媒体提供一体化采编工具、人工智能工具、大数据分析工具、共享资源库，并形成“1+85+N”客户端矩阵，各客户端既可独立运作体现自身特色，又可渠道共享、协同作战，放大传播影响力。目前，“1+85+N”政务服务入口已对接部分自治区党政部门公众平台，结合各地县网上政务服务，上下一体打造“百姓指尖上的服务中

心”。实现了自治区媒体与各地州市媒体、县级融媒体中心的三级党媒同频共振，凸显跨媒体融合效应。依托“石榴云”技术平台，新疆日报社（集团）全力打造了“新疆党媒第一端”——石榴云汉维双语客户端、新疆党媒第一端”，及时聚合发布央媒及国内主流媒体和自治区三级党媒优质内容。截至2021年年底，“石榴云”客户端下载量已达350万+次，已接入9家数字报以及新疆广播电视台所有广播节目，接入32类2800项政务服务、便民服务，引入100余家机构媒体。

2. 新疆广播电视台坚持正确的政治方向、舆论导向和价值取向，坚持网上网下、大屏小屏一个标准，深入实施“舆论引导能力提升”工程，实现广播、电视、新媒体统一策划选题、统一采访报道、统一审核考评。围绕习近平新时代中国特色社会主义思想，精心组织实施重点新闻节目和新媒体平台首页、首屏、头条工程。2021年推出的新媒体作品浏览量超千万次的有100余条、超百万次的有1000余条。

二、创新体制机制，媒体融合不断走深走实

1. 新疆日报社（集团）结合全媒体内容生产传播需要，优化内部组织架构，完成了部门及科组设置、人员调配和干部配备工作，及时完善了党务行政、采编业务、技术操作等配套制度，为建设新型主流媒体奠定了体制机制保障。同时，增设了“视频新闻部”“客户端编辑部”“政务新媒体部”“第三方平台编辑部”“融媒产品部”“自治区平台运营部”等10余个融合部门。组建报社全媒体编委会，建立全媒体内容生产的整体架构，打通新疆日报汉维哈蒙四种文版、“石榴云”客户端、天山网、学习强国新疆学习平台、微博、微信、抖音、快手等第三方平台、今日新疆、新疆法制报、新疆画报、大陆桥友邻外宣期刊多语种全平台“策采编审发”全流程。把过去分散在“报、台、刊、网、端、微”和其他第三方平台的采编力量与内容资源集中起来，形成了以“石榴云”客户端为牵引，报纸、天山网、第三方平台账号集群为辅的全新全媒体传播矩阵，实现了策采编发一体生产、多次生成、多元传播。所有原创稿件、产品全部在客户端首发，再由其他端口转发。以客户端发布为牵引，报社（集团）采编队伍跨部门、跨工种融合生产已经成为常态，真正实现了“主力军全面挺进主战场”，推动采编队伍在融合转型中切实发挥龙头作用。体制机制的优化，大大激发了内生动力，生产出《拉齐尼·巴依卡遗愿完成了》《暖暖的手臂》等一批现象级融媒体产品。针锋相对开展涉疆舆论斗争，在天山网、“石榴云”客户端开设“新疆棉　中国心”专题，开展全媒体大型移动直播，《新疆的棉花开了》《新疆的棉花丰收啦！》在全国213家媒体和平台同步播出，全网传播量超3亿人次。

2. 新疆广播电视台推进媒体融合转型升级，依托广播电视传统资源优势，形成

了以广播电视节目和网站为基础，丝路视听 App 为龙头，第三方平台为两翼的“丝路号”全媒体传播矩阵，打造了一批全媒体品牌栏目和品牌工作室。围绕“文化润疆”工程，在“铸牢中华民族共同体意识”“广电精品工程”“中华经典诵读”“网络视听精品创作”等方面不断推陈出新，实现广播、电视、新媒体统一策划选题、统一采访报道、统一审核考评。完善一次采集、多源汇聚、多种生成、多元传播的媒体融合平台。满足多媒体节目录制、制作和播出需求，推动内容、技术应用、平台终端、人才队伍、管理服务能力共享融通。坚持移动优先策略，让主流媒体借助移动传播，牢牢占据舆论引导、思想引领、文化传承、服务人民的传播制高点。2021 年新疆广播电视台抖音号在剧情类短视频制作中表现成熟，小故事大道理，各中心新媒体账号经过不断摸索调整完善，涌现出一批定位准确、个性突出、符合新媒体传播特点、粉丝黏性强的账号，如“新疆 949 交通广播”抖音号粉丝量突破百万人，成为本台短视频账号中首个破百万人的账号。“海米提正能量”抖音快手号作品定位符合短视频平台传播特点，个性化突出，形成品牌。运用工作室制度，打造“直播新疆”“丝路视听”“小石榴工作室”等网络 IP 在抖音、快手等第三方平台上的知名度和影响力。截至 2021 年年底，“直播新疆”全网粉丝数量超过 90 万人，丝路视听客户端用户数量超 46 万人，面向以维吾尔族网友为主的“小石榴工作室”全网粉丝超过 34 万人。做优做强官方重点网络 IP，在“端、网”平台策划发布产品 10 万多条，总点击量超过 33 亿次。

三、“互联网 +”助力地州（市）融媒发展

1.“报、网、微、端”齐发力，显示新媒体活力。乌鲁木齐晚报各新媒体平台积极主动与国内主流平台建立合作关系，新媒体“组团式”入驻人民网、央视频、抖音等多个平台，推出图解新闻和海报 2000 余张，H5 作品 150 余个，短视频 800 多个，移动直播 20 余场，总点击量超过 1 亿余次。由新疆网拍摄制作的《冰上的追梦少年阿布都西库尔》在新华网收获了 128 万次的播放量，位列“我在新疆迎冬奥”视频拍摄活动第一。昌吉日报抖音号 2021 年推送作品 1699 多条，总播放量近 10 亿次，总点赞量 1790 万次，单条最高播放量 1.1 亿次，播放量超 100 万次的作品有 135 条，是新疆官方媒体传播指数最高的抖音账号。昌吉广播电视台短视频《昌吉门前有条河 | 头屯河航拍夜景震撼发布！》在发布后 14 小时点击量超过了 366 万次；《“AI 晶晶”带您实景导航　畅游头屯河西岸！》浏览量达 166.8 万次；《昌吉门前有条河 | 昔日“头疼河”　今日“幸福河”》浏览量达 128.6 万次。

2. 打造具有本土特色的“网端微”。“伊犁日报 · 诗画伊犁”平台，专注于伊犁旅游业原创视频，按照时间节点拍摄制作“伊犁

舞者”系列和“魅力伊犁 赏花指南”系列短视频，以灵动的人物、优美的舞姿和温暖的讲述，多角度反映了伊犁的人物和风景。借助歌曲《可可托海的牧羊人》，策划并拍摄制作了伊犁春之温婉、夏之热烈、秋之浪漫、冬之缠绵4部风光片。阿勒泰地区集中力量打造“雪都融媒”抖音号、“阿勒泰发布”微博、“阿勒泰零距离”微信公众号等14个具有地方特色、传播力强的新媒体平台账号。将融媒体中心、新时代文明实践中心作为一个整体统筹谋划推进。依托“雪都融媒”客户端，建设线上新时代文明实践中心志愿者服务平台，实现志愿服务和群众需求的精准对接。同时，大力推动精品传播，2021年，有10部视频产品阅读量分别突破1亿次，146部产品阅读量分别过千万次，284部视频产品阅读量分别过百万次。博尔塔拉报瞄准温赛旅游一体化，在新媒体平台开设“旅游兴州·魅力温赛”专题专栏，以“游在赛湖，养在温泉”为主题，着力宣传温泉、赛里木湖旅游业。

（新疆维吾尔自治区新闻工作者协会供稿）

人才
教育

清华大学新闻与传播学院新媒体人才培养工作概况

在“素质为本、实践为用、面向主流、培养高手”办院理念的指引之下，清华大学新闻与传播学院持续在新媒体方向的人才培养上发力，借助于清华大学自然科学与人文社会科学融合发展的优势，在多个层次和多个方面进行了有益的探索与尝试，并取得了显著的成果。

一、推进特色学科方向建设与人才培养

1. 重点发展“智能与科技应用传播”特色方向。为响应新兴的媒介技术实践，清华大学新闻与传播学院在 2021 年度持续推进既定“十四五”时期重点发展的“智能与科技应用传播”特色学科方向建设。该方向基于学院既有的科学传播、环境 / 风险传播、智能传播等教学科研优势，涉及议题丰富且多元交叉，观照网络舆情、科学传播、信息价值观、媒体融合、数字内容产业、青少年网络保护、算法伦理、网络空间治理等前沿议题。在这一特色方向下，学院着力打造多层次、多维度的课程体系。具体而言，学院在实现量化与质化传播学研究方法全覆盖的基础上，开设前沿特色课程“社会网络分析”；与计算机科学专业联合开设课程“社会计算”，在交叉人才的培养上作出有益探索；“新媒体心理学”从传播学和心理学的交叉领域出发，打通媒介心理与认知传播的通路；“融媒体前沿”“文化产业研究”“新媒体传播专题”等博士阶段课程则进一步拓展了新媒体的理论深度。为进一步凝练与助推这一特色方向的发展，学院还在 2021 年年末开展了两场融汇众多国内外顶尖学者的“智能与科技应用传播”学科深研会，学术共同体的联结和纽带逐渐清晰。

2. “数据传播”专业硕士项目高质量推进。2021 年度，“清华大学—南加州大学数据传播双硕士项目”迈出重要一步。该项目整合了清华大学与南加州大学的教学资源和学科优势，具备明显的社科与理工交叉的跨学科特征，在国内外著名大学同类项目中具有开创性。项目毕业生将同时获得清华大学新闻与传播专业硕士学位和美国南加州大学理学硕士学位。该项目入选国家留学基金管

理委员会 2021 年创新型人才国际合作培养项目，获得留基委为期 3 年的经费资助，凸显了清华大学新闻与传播学院在高层次国际化人才培养和教学方面的前沿性与创新性。2021 年 8 月，该项目的首届学生抵达美国南加州大学，正式开启为期一年半的海外学习之旅。在南加州大学，学生们将学习安纳堡传播学院提供的媒体设计、传播数据分析等课程，以及维特比工程学院提供的数据挖掘、信息可视化、媒体算法与媒介编程等课程。围绕本项目，学院聘请多位业界导师参与指导研究生，并与知乎等多家企业合作建立人才实践基地。

二、加速实验平台建设，促成科教融合

1.“未来媒体实验室”加速建设。2021 年，清华大学新闻与传播学院进一步加速建设“未来媒体实验室”。“未来媒体实验室”整合了运行多年的新媒体和彭博财经新闻实验室，在 2021 年增加了认知传播项目，并已经加强投入与运用。该实验室着力建设基于数据融合、大数据技术与工具的基础条件平台，基于数据密集研究范式下的社会科学学科创新平台，面向经济社会重大场景应用和需求的治理仿真平台，以及面向国家治理急需复合型人才培养的教学实验平台。为进一步提升认知传播实验，更好地服务国家战略、融合文理学科、创新研究范式、培养复合人才，学院在夯实学生传播学、心理学、神经科学等理论基础的同时，特邀认知实验专业技术人员为在校师生开展认知传播平台使用培训，内容包含多模态数据分析平台、多导生理仪、虚拟现实开发及实时渲染引擎、脑电仪、眼动仪、面部表情及手指轨迹分析等六大模块。“计算传播学与智能媒体实验室”项目已经融入“清华大学计算社会科学与国家治理实验室”，并于 2021 年 12 月获教育部批准成为全国首批哲学社会科学实验室，这将成为进一步促进文科与理工学科深度交叉融合的综合支撑平台与创新基地。

2. 搭建元宇宙研究与实验平台。2021 年，沈阳教授团队发布了《2020—2021 元宇宙发展研究报告》，是全球首份系统性研究元宇宙的学术报告。该报告系统介绍了元宇宙的发展与挑战，为学界和业界在元宇宙领域的探索提供了清晰指引。此外，沈阳教授团队在人工智能领域的全国和全球比赛中获得多项大奖，是目前少有的能同时进行虚拟人和高仿人机器人结合研究的团队，为元宇宙实验平台的孕育与建成提供了重要的技术支撑。

三、搭建对话平台，推动跨界交流

1. 跨学科学术交流平台建设。清华大学新闻与传播学院一直致力于搭建各类学术交流平台，促成多元学科的融合对话，推动学术共同体的建立。2021 年度，学院以新媒体研究为基点，不断扩展新媒体学术研究的范畴，主办或承办多项与新媒体相关的学术会议。其中，第二期“智能与科学传播全球

论坛”，以“全球风险社会治理与科技、健康、环境传播”为主题，邀请来自新闻传播、化工等领域的10位跨学科嘉宾，就风险社会和科学传播相关话题，结合“双碳目标”和“健康中国”战略，共同探讨科技传播、健康传播、环境传播在全球风险社会治理中的策略和作用。此外，计划于2022年在清华大学举办的国际媒介与传播研究学会（IAMCR）的征稿活动于2021年正式启动。本届会议的主题是“新全球化时代的传播研究：重定位、挑战与变化的语境”。其中多项议题与新媒体密切相关，如“全球传播语境下的人工智能”“数字时代的媒介伦理与原则”“数字平台与公共服务：科学、技术与可持续”等。作为承办方之一，学院向全球各个国家和不同学科背景的学者发出邀请，共同探讨在当下重新思考传播研究议程的可能性、探讨数字化时代的全球媒体伦理，为创建人类可持续发展的传播环境提供建议。

2.促成产学研跨界研讨。清华大学新闻与传播学院充分重视新文科服务于社会发展与国家治理的作用，并着力打造融合学界、业界与政界的交流对话平台。2021年度，清华大学新闻与传播学院成功举办6期“科技传播跨界沙龙”。“科技传播跨界沙龙”是由中国科协科学技术传播中心主办，清华大学新闻与传播学院承办的系列活动，每期围绕一个科技传播相关主题，邀请来自政府、媒体、高校、企业等机构从事科技传播实践和理论研究的专家和行业领军人员，针对科普和科学文化传播、科技传播服务与科技经济融合、科技传播前沿理论与创新业务等进行跨界研讨。2021年，该沙龙活动聚焦了“科技奥运建设”“数字产业”“双碳建设”“科创文创融合”等前沿主题，促成了相关领域专家的深入对话，激活了传播学研究的理论创新，也为新技术背景下的社会治理贡献了多元智慧。清华大学文化创意发展研究院长期关注新兴技术条件下的文化产业发展，并致力于推动文化创意实践与学术研究之间的双向转换。2021年，清华大学文化创意发展研究院与腾讯互娱、北京产业技术创新联盟联合会主办以“数字IP助力传统节日创新”为主题的研讨沙龙，与义乌市人民政府联合主办以文旅为内核的“2021奇妙城市大会”，并发布《数字IP创新传统节日体验》。此外，清华大学文化创意发展研究院还牵头举办清华大学2021全球暑校Hack9“全球数字文化创意的现状与趋势”赛道活动，有全球20多个国家和地区的近60名学生参与线上课程。基于在数字文化产业的长期深耕，清华大学文化创意发展研究院发布了《文化科技融2021：迈向数字文化经济时代》报告，该报告引起广泛关注，数字文化经济概念得到普遍采用。

（清华大学新闻与传播学院供稿）

中国人民大学新闻学院新媒体人才培养工作概况

中国人民大学新闻学院始建于1955年，是中国共产党创办的新中国第一所高等新闻教育机构；1958年汇聚北京大学、中国人民大学、燕京大学3校学科资源，经过60多年发展，成为新中国记者摇篮、马克思主义新闻学研究重镇、新闻传播教育"工作母机"、新闻传播教育改革创新引领者、全球新闻教育交流合作重要平台。学院坚持立德树人，迄今培养了1万多名毕业生活跃在国家建设主战场，《实践是检验真理的唯一标准》《东方风来满眼春——邓小平同志在深圳纪实》等深刻影响中国社会进程的历史篇章皆出自本院毕业生之手。在教育部迄今举行的4次一级学科评估中，中国人民大学新闻传播学科蝉联第1或评为"A+"，2017年进入"双一流"建设序列，并以优异成绩顺利通过第1轮双一流建设评估。

一、学科建设方向及建设思路

中国人民大学新闻学院近年来积极构建中国特色新闻传播学科体系、学术体系、话语体系，助力国家治理现代化，构建新闻传播学科社会参与新机制，围绕"舆论与国家治理""国际传播与中国话语构建""全媒体与融合新闻生产"三大主攻方向，设立"马克思主义新闻观与中国新闻学""全媒体内容生产与传播体系建设""大数据、人工智能与未来传播""互联网内容生态规制、传播伦理与立法"等多个科研创新团队，主动服务党和国家重大战略需求。

二、学院人才培养理念和具体措施

中国人民大学新闻学院素以人才培养见长，深厚历史积淀与锐意改革创新相结合，为下一步强化融媒体传播、国际传播、公共传播与国家治理领域人才培养打下了坚实的基础。

近年来，学院着力构建以"新文科"为导向、以学生为中心的生态型人才培养体系并已初见成效，中国特色卓越新闻传播人才的生态型培养体系构建获得国家教育教学成果奖，形成"6421"的人才培养总体框架：

"6"即6个本科人才培养特区：未来传播学堂、新闻学—法学双主学位实验班（与法学院合作）、创意传播实验班（与艺术学院合作）、国际新闻与传播全英文实验班（与外国语学院合作）、智能传播与公共治理实验班（与公共管理学院合作）、数据管理与新媒体运营实验班（与信息资源管理学院合作）。“4”即4个硕士人才培养特色项目：大数据与新闻传播、战略传播、智能传播（非全）、“一带一路”全球新闻传播（全英文）专业硕士项目。“2”即贯通本硕博的国际传播人才培养体系、本硕博一体化学术拔尖人才培养体系。“1”即一个人才培养资源支撑平台（国家级实验教学示范中心、新闻传播文献中心、马克思主义新闻观研究中心）。

三、新媒体专业教学与科研情况

（一）课程设计

中国人民大学新闻学院于2006年开始招收新闻学数字媒体方向的本科生，是国内最早涉足新媒体专业的新闻院系之一。依托学院适应个性化培养和因材施教需求的“项目—学术与成长共同体”型培养机制，以及“新闻传播学科核心与前沿特色课程创新行动计划”和“卓越2.0新闻传播课程体系升级计划”，新媒体课程不断打磨优化、更新迭代。

如今，学院的本科新媒体专业主要课程包括“数字传播技术应用”“新媒体管理”“编程语言基础”“算法新闻”等；研究生相关课程主要有“中国媒体融合的理论与实践研究”“移动媒体研究”“新媒体研究”“大数据与新闻传播实务”“数据新闻与数据可视化”“网络舆论研究”“网络传播研究”“新媒体用户研究”“计算传播学”“人工智能概论”“新兴媒体技术创意与创新（全英文）”“多媒体叙事（全英文）”等。

（二）实践教学

学院不仅重视学生的课业学习，也很重视学生动手能力的训练。

学院开设的基础性实验课程包括新闻传播基础技术、网络信息整合、数字传播技术应用等；综合性实验课程以“跨媒体传播实验”为依托，这是学院在媒介融合环境下对实验课程做出的重要尝试，通过工作坊、作品大赛等形式，以作品为导向，引导学生主动发挥自身的创新能力与组织能力，鼓励学生独立完成多媒体融合作品的开发与推广工作。2021年度开设的新媒体相关工作坊包括“融媒体版面设计工作坊”“人民日报融媒体策划工作坊”“Social Media Marketing Workshop”等，学生的作品在中国数据内容大赛、大学生新媒体创意大赛等全国性高校竞赛中获得好名次，在人民日报新媒体客户端等主流新媒体平台刊发。

同时，学院师生运营的微信公众号“RUC新闻坊”作为国内较为知名的校园新媒体平台，也在2021年度获得佳绩。2021年，“RUC新闻坊”保持每周推送1—2篇的更新频率，全年推送作品70余篇，阅读总量超100万次，篇均阅读量超1.5万次。截至2021年年底，该公众号的订阅用户数达到17万人，比2020年增加了5万人。

2021 年，“RUC 新闻坊”还荣获了中国数据内容大赛最佳数据内容银奖和铜奖、最佳数据应用银奖，中国日报大学新闻奖最佳新闻写作冠军，最佳科技新闻报道冠军，最佳新闻报道季军和最佳版面设计季军。

（三）科学研究

2021 年，围绕新媒体人才培养，新闻学院共设立纵向项目 6 项，包括“百年未有之大变局下中国共产党形象全球传播与认同研究”等重大、重点项目；横向项目 4 项，包括“建党百年中外媒体国际合作传播”“互联网时代中国红色文化建构与传播研究”等项目。新闻学院在研的科研团队中，涉及新媒体人才培养的有“新闻传播学研究团队”“国际传播 / 全球传播团队”“创意传播研究团队”等 7 个团队，研究目的关涉新闻传播学“人大学派”建设、中国国家形象的全球传播建构、创意传播教学研究体系构建等方面。

在科研产出上，2021 年学院出版有关新媒体人才培养的中英文著作 14 本，比如《媒介融合推进下的新闻教育改革》、《电子媒介时代新闻生产的历史逻辑》、*Communication and Community in the New Media Age* 等；发表论文 30 余篇，包括《论新闻教育与价值观教育的融合》《新媒体时代语态变革再思考》《在新媒体平台唱响建党百年主旋律》等。

四、融媒体实验室建设情况

学院在 1955 年建立伊始即创办新闻摄影实验室，这是国内最早的文科实验室之一。学院一直把实验室建设作为学科发展的重要基础，是国家级实验教学示范中心单位，在实验教学、智能教学、虚拟仿真等方面持续开展投入与建设。

学院联合中国人民大学信息学院、人民日报新媒体中心、新华社新媒体中心，建成“融媒体与智慧传播创新孵化平台”，致力于整合校内外优势资源，打造面向未来的满足国家信息治理和社会公共传播需求的教学、科研、生产一体化平台。本项目已经成为全校数字化共享平台，承担了学校重要事件的演播、直播等工作。2021 年，项目新增“全媒体智能研讨平台”，新建融媒体实验室两个，可同时容纳 40 人开展新媒体智慧教学、研讨、直播等工作，实现与原有各实验室设施的互联互通。

此外，学院还于 2021 年成立北京市智慧广电重点实验室，主要研发和建设方向为：重构学科体系，从广播电视转向为大视听传播。一方面，面向“5G+8K+AI”的应用前景，实验室旨在探索如何充分利用人工智能、虚拟现实等新技术创新内容形态、提高生产效率，探索大数据、云计算等技术应用于信息生产全流程，进行内容业态的全面变革；另一方面，针对传统效果评价的局限性，实验室还将开展基于大数据的收听收看评估体系重构研究，建立一套全面反映 5G 通信技术背景下的多屏时代传播效果的评估体系。

五、人才培养成果

2021 年度，学院新媒体专业人才培养

成果方面收获颇丰，这集中体现在：

获得13个大学生创新实验计划立项，其中，国家级立项3项，北京市级立项6项，学校级立项4项；

“2021年中国数据内容大赛”有32名学生获得国家级奖项，其中27人获银奖，5人获铜奖；

“第九届大学生新媒体创意大赛”共6名学生获得全国三等奖；

第23届“创新杯”中国人民大学学生课外学术科技作品竞赛，学院参赛作品累计获奖43项，其中4项获一等奖，12项获二等奖，27项获三等奖；

学院“第十二届跨媒体作品竞赛”学生提交融合媒体新闻作品160余件，一等奖获得者4人，二等奖获得者8人，三等奖获得者16人。

六、国际交流与社会服务

2021年，学院除了进一步完善外事管理制度，拓展海外人才引进方式，还创建国际新闻传播系以推进人才培养国际化。该系的人才培养项目包括全英文国际新闻本科项目、国际新闻传播硕士项目、“一带一路”全英文硕士项目，由此，学院已建成贯穿本硕博的国际新闻与传播人才一体化培养体系。此外，学院继续组织和召开2021第五届“中外新闻传播学院院长会议”；邀请知名学术期刊*Computers in Human Behavior*主编Matthieu Guitton就前沿议题Research Trends in Cyberbehaviors进行12次主题工作坊活动；继续与外交部合作，做好中国—非洲、亚太、加勒比和中东欧新闻交流中心外国记者培训工作，受到委托单位和外国记者的一致好评和高度认可。

在社会服务方面，学院致力于打造服务舆论生态建设与国家治理的中国特色新型高校智库，以人大新闻学院为主干，以教育部人文社会科学重点研究基地新闻与社会发展研究中心和中国人民大学国家治理与舆论生态研究院为支撑，形成服务国家社会发展重大需求的“一体两翼”智库集群，实现重大问题关切和高质量智库成果产出。2021年，学院提交多篇智库报告，并面向北京市各区融媒体中心、网信办等机构开展系列培训。

（中国人民大学新闻学院供稿）

中国传媒大学新媒体人才培养工作概况

着眼互联网、5G、人工智能等新兴信息媒介技术对新闻传播行业的影响，中国传媒大学将历史传承与时代发展紧密结合，坚持以习近平新时代中国特色社会主义思想为引领，始终以立德树人为根本育人目标，努力培养党和国家所需，能够胜任未来挑战的专业人才。

一、新闻学院新媒体人才培养情况

（一）专业方向建设

新闻学院本科设有5个专业方向。新闻学（学硕）设有7个研究方向，其中新闻传播研究方法方向调整为计算传播学方向；新闻与传播（专硕）设有2个研究方向，其中媒体市场研究方向调整为媒体市场调查方向。博士研究生设有新闻学专业，共有11个博导组。

2021年，新闻学院逐步完善研究生学位论文质量把控体系，在学位论文各个环节制定标准更为严格的学院学位工作实施细则，包括《新闻学院博士学位论文选题预审工作细则》《新闻学院博士预答辩工作实施细则》等。同时，修订了新闻学博士和新闻学硕士专业文献目录，制定了新闻与传播领域全媒体新闻实务方向和媒体市场调查方向的文献目录。

（二）科研成果与国际交流

2021年4月，隋岩教授所著《网络语言与社会表达》入选2019年国家哲学社会科学成果文库。

2021年4月，隋岩教授论文《群体传播时代：信息生产方式的变革与影响》获北京市第十六届哲学社会科学优秀成果奖一等奖。

2021年7月11日—15日，中国传媒大学新闻学院与西班牙巴塞罗那拉蒙尤以大学传播与国际关系学院在国际媒介与传播研究学会（IAMCR）2021年年会上联合主办分论坛“媒介与新冠肺炎疫情：中国与欧洲”，最终有5篇英文论文被分论坛接收，并在会议期间在线发表。

（三）新媒体教学实践

1. 以重大社会活动为契机，推动主题活动报道创作。2021年7月开始，新闻学院组织8个学生党支部完成10期《邮票中的党史》融合新闻产品，先后召开10多次策划讨论会，8 次线下线上采访，5 次赴中国邮政邮票博物馆参观学习。这 10 期《邮票中的党史》分别在中国邮政邮票博物馆、新闻学院官方微信公众号以及“学习强国”学习平台推出。仅在“学习强国”学习平台的阅读量就达 60 多万次，点赞量达 5 万多次。

2021 年 10 月，中国传媒大学新闻学院师生参与第五届中国戏曲文化周活动，采写多篇融合报道，多部作品在学习强国、北京日报客户端等平台上线并获得良好反响。

*2. 发挥自身特长优势，不断加强社会服务。*2021 年 9 月，新闻学院党委书记陈作平等领导带领“省校合作”调研团队一行 15 人深入宁武县，围绕红色资源传承保护、乡村振兴产业引领等议题展开系列实践活动，并开展红色遗迹保护开发、景区用户体验调查调研项目。

*3. 以作品思政带动课程思政，学生作品频频获奖。*在 2021 年第六届中国数据新闻大赛决赛中，新闻学院学生作品获得一等奖 1 项、二等奖 1 项、三等奖 4 项、单项奖 1 项。在 2021 年第三届北京国际公益广告大会创意征集大赛中，新闻学院 2021 级硕士研究生闫欣等人的作品《百年之前的留法之旅》荣获未发布类互动组一等奖，为一等奖中的唯一学生团队。

*4. 推动实验室建设，完善新媒体教学设备。*新闻学院积极筹建“未来新闻创新实验室”，目前建设方案已经基本成熟，即将进入具体实施阶段，预计将于 2022 年内投入使用，摸索智能新闻生产的规律和方法，探索智能新闻的实践教学。

二、电视学院新媒体人才培养情况

电视学院师生充分发挥视听传播专业优势，发起“光明影院”无障碍电影公益项目，在第五届中国“互联网 +”大学生创新创业大赛总决赛“青年红色筑梦之旅”赛道中斩获金奖。学院与各界共同建设了 29 个实践教育基地，学生作品在多家国家主流媒体刊播。

（一）探索非遗国际传播

《解码中华文化基因》项目编创 60 条中英文版融视频，每集 2 分钟，让非遗里的传统文化基因“活起来”。系列视频以竖屏构图适应移动传播，以青春话语诠释非遗内涵。

中国新闻网通过 PC 端、客户端及第三方平台进行广泛传播，同时联动国是直通车、中新视频等账号播发，视频获人民网、网易等国内媒体转发。第一期《中国篆刻》视频总播放量超 100 万次，微博话题“解码中华文化基因”阅读量超 107 万次。

在海外社交媒体平台，系列视频在中国新闻网推特、脸书等海外社交媒体平台账号同步推送。中国新闻网还联动海外华文媒体加强传播，葡新报、西班牙欧华网等 30 余家华文媒体转发。第一期视频在全平台阅读量已超过 500 万次。

（二）助力传统文化创新

2021 年 12 月 31 日跨年之际，中国传媒大学联合腾讯新闻共同推出了 2022 年移动端新年定制贺帖小程序。系列贺帖运用红色剪纸、灯笼等带有“年味”的元素来传播中国传统文化。“为北京冬奥打 Call”“一起向未来”等贺帖紧扣国家主席习近平在二〇二二年新年贺词中对北京冬奥会、冬残奥会的祝福，助力北京冬奥宣传推广。

三、新媒体研究院新媒体人才培养情况

（一）学院概况

新媒体研究院学科设置分为 3 个层面：博士、硕士（文学）及艺术硕士 MFA；其中，新媒体专业属于新闻传播和信息与通信工程的交叉学科，培养既懂新媒体产业又具备较好技术的复合型人才；此外，还开设有广播电视专业，培养新媒体视觉创意与制作方向艺术硕士。

新媒体研究院设有多个重要实验室暨教学实训和科研实践基地，主要包括北京市媒体融合发展重点实验室、中国传媒大学新媒体研究院北京联通 5G 联合创新实验室等。新媒体研究院长期开展与国内外研究机构、企业紧密合作。

媒体融合方向针对我国当前的研究短板，以应用为导向，持续开展相应的重点理论、关键技术和支撑策略研究；5G 传媒应用方向针对当前 5G 在商用阶段的行业需求，开展 5G 信息传播理论研究、政策与管理研究；人工智能媒体研究方向，在前续相关研究基础上进一步拓展研究领域，完善研究体系，提升研究水平。

（二）人才培养

新媒体研究院已经建立了常态化学生管理工作体系，2021 年，学生管理工作的效率和效能得以进一步提升。

第一，导师队伍多元化，与国内知名学者广泛交流。研究院根据学生特点实行导师小组制，采用校内导师与校外专业导师协同培养方式指导学生，同时聘请业界有影响力的专家参与研究生教学培养工作。

第二，打通校园与社会信息高墙，邀请业界专家和一线从业人员打造创新示范课程体系，指导学生参与到各项科研项目中，深入了解业界最新发展。

（三）科研工作亮点

1. 服务国家。

（1）2021 年完成有关部门媒体融合项目结项。赵子忠教授牵头成立项目组、组建专家团队，在有关部门指导下，顺利完成了人民日报、新华社等 7 家中央主要新闻单位的媒体融合项目结项工作。

（2）完成有关部门新媒体投资机制与政策课题研究，梳理分析新媒体投资机制与政策，对新媒体领域的投资机制与政策提出建议，形成研究报告。

（3）2021 年 9 月起，徐琦老师入选雄安新区媒体阵地建设专家咨询委员会，同时被聘为“雄安新区特聘专家”，为雄安新区媒体阵地建设与融媒体中心筹建作出了突出的贡献。

2. 服务重点企事业单位。

（1）完成央视网委托项目：智能媒体发

展趋势及后疫情时代主流媒体应对策略研究项目，深入分析国内外主流媒体和人工智能的融合情况，对智能媒体的发展进行研判，结合后疫情时代特点，提出主流媒体新形势下的应对策略。

（2）完成中国电信委托项目“2021年5G融媒行业发展趋势洞察”，并形成了近17万字的7份研究报告，顺利完成了项目验收。该项目为我国5G商用的加快发展，特别是为传媒行业利用5G的优势和能力提供了大量的参考案例和理论依据。对于促进我国数字经济与传媒行业的融合发展，支撑数字社会治理和行业数字化转型贡献了思想和智力。

（3）完成中国广视索福瑞媒介研究有限责任公司委托项目：短视频融媒体传播评价指标体系研究，项目内容主要为构建针对短视频传播的评价体系，引导短视频行业健康发展。

（4）2021年4月5日在2020年优秀融媒体作品征集推选活动揭晓仪式上，发布了由中国传媒大学新媒体研究院主要编写，中国电信、光明网联合研究编写的《5G融媒体应用研究报告（2020）》，对5G技术与媒体融合发展的现状与成就进行了全面梳理和分析总结。

3.服务社会。

（1）同新浪AI媒体研究院开展联合课题《中国智能媒体发展报告（2020—2021）》。

（2）对《新媒体在重大自然灾害事件中所发挥的救灾作用研究：基于2021年河南暴雨事件的案例分析》进行网络发布，刊发在新浪微博和学校官网。

四、传播研究院新媒体人才培养情况

2021年，传播研究院在新媒体领域相关的学科建设、教学培养、科研工作和社会服务等方面都取得了丰硕成果。

（一）以前瞻布局贡献新媒体领域相关学科建设

传播研究院积极参与新一轮“一流学科”建设规划，重点布局信息传播与数字生态、国际传播。新增的信息传播学交叉学科专业里，信息舆论、信息素养、口述历史与传播3个方向硕士点以及信息传播学博士点已开始招生，新生于2022年入学。

（二）“智能传播”全日制学术型硕士专业继续招生

传播研究院于2020年在国内率先招收智能传播学术型硕士，2021年又新招收8名该专业学生。智能传播方向培养既熟悉传播学发展史论，又具有前沿视野的综合性人才，重点培养学生的交叉学科思维、创新应用能力。

（三）新媒体学术研究能力不断提升

2021年，传播研究院发表了22篇新媒体相关的学术论文。发表的文章研究议题涉猎广泛，涉及算法、移动互联网等新媒体前沿议题。

2021年，传播研究院出版《移动互联网时代的媒介素养概念和课程建设》和《社交媒体传播影响与规制创新》2本新媒体领域相关编著。

2021年，传播研究院获得了多个新媒体相关项目立项，如《媒介融合对可视化城市传播的赋权——一种数字人文关怀》《中日科技传播政策及其实践的比较研究》等都是关于新媒体环境下的社会研究项目。

（四）新媒体相关社会服务水平不断提高

2021年传播研究院与相关新媒体企业签订了两项社会服务合同:《跨媒介游戏玩家群体画像和参与动力机制研究》和《来疯平台2021直播主播职业素养提升及直播行业标准研发项目》，努力为新媒体领域企业提供更多智力支持。

（五）举办多场新媒体相关会议和讲座

2021年，传播研究院共举办了16场"传播大讲堂"讲座，其中多场讲座与新媒体紧密相关,《理解智能媒介：拟人、非人与后人类》《融媒力：以澎湃新闻为例》等讲座都紧密围绕新媒体相关议题展开。

2021年9月，传播研究院在"第十届国际新闻学与传播学博士生学术研讨会"中设立了"新媒体发展与互联网治理""社交媒体与政治传播"等议题，获得了30余篇新媒体相关研究论文投稿。

（六）举办"编舟·拾年"出版硕士设计作品展，推出跨媒介融合产品

2021年6月28日，"编舟·拾年"中国传媒大学出版硕士设计作品展在中国传媒大学传媒博物馆二层开启。本次展览包含7个模块60余件作品，作品形式包括跨媒介融合改编等新型出版、传统纸质书。

（中国传媒大学供稿）

北京交通大学语言与传播学院新媒体人才培养工作概况

北京交通大学语言与传播学院新闻传播学专业创办于2005年，在理工类大学中较早开展新闻传播专业人才培养。依托学院的外语优势和学校的理工优势，学院的新闻传播人才培养整体面向新媒体，传播学本科专业发展重点是“融媒体传播”，网络与新媒体本科专业的重点是“计算传播”和“数字新媒体”，研究生培养的重点方向是网络传播与国际传播。学院抓住“新文科”国家级教改建设机遇，建设交通强国背景下新闻传播复合型人才培养体系，落实传播学专业及网络与新媒体专业国家一流专业建设。

一、学科建设

1. 学科队伍。北京交通大学语言与传播学院新闻传播学本科专业创办于2005年，本学科致力于建设高水平教师团队，师资队伍年轻，现有教师20人，平均年龄39岁。为进一步培养新媒体人才，本学科未来5年拟持续引进计算机、人工智能、人机交互等方面的多学科师资。在北京交通大学“本研贯通、学科融通、产学相通、国际互通”的“四通”培养模式基础上，以“讲好中国交通故事”新闻传播卓越人才培养为契机，提升教师的教学水平和跨学科科研能力。

2. 学科定位和主要方向。该学科以马克思主义新闻观为指导，以“新文科”建设为内涵，以发展“计算传播”及“数字新媒体”为主要方向，努力培养理论扎实、视野开阔、技能全面、擅用数据的复合型卓越新闻传播人才，建设国内一流的网络与新媒体专业。该学科的鲜明特色主要体现在如下方面：跨学科深度融合，“新文科”特色鲜明；紧贴交通及传媒行业，服务国家重大战略；计算传播+新媒体运营能力突出，人才竞争优势明显；突出国际化视野。

二、新媒体人才培养的教学与实践

1. 传播学和网络与新媒体专业（本科）。北京交通大学传播学本科专业创办于2005年，2016年传播学专业招收二学位，2019年传播学专业获批北京市一流专业建设点，2020年传播学专业获批国家级一流专业建设点。2012年传播学专业就开设了“新媒体数据挖掘”“数据可视化”“网络舆情”等新媒体类课程，2016年起正式将“融媒体传播”确立为本专业重点方向，2016年方案又新开设“融媒体理论与实务”“社会网络分析”“新媒体产品设计及运营”“新媒体应用案例研究”等8门新媒体类课程，2018年新版培养方案包括了更多的新媒体类课程。

2017年北京交通大学获教育部批准设立网络与新媒体本科专业，2018年开始招生。专业成立以来，契合新媒体行业的迅猛发展趋势，积极探索人才培养模式，完善修改培养方案，重点方向为“计算传播”和“数字新媒体”，形成了鲜明的专业特色。2021软科中国大学专业排名中，全国开设网络与新媒体专业院校有135所，北京交通大学网络与新媒体专业排在第12位，评级为A级，2021年网络与新媒体专业二学位招生，2022年网络与新媒体专业获批国家一流专业建设点。各用人单位对学生综合素质评价高，特别是学生的融媒体业务、大数据分析能力多次受到肯定。

2. 网络传播与国际传播方向（硕士）。2011年获得新闻传播学一级学科硕士授予权并招收硕士研究生，2017年获得新闻与传播专业硕士授予权。为发挥学院外语优势，学院在研究生人才培养上大力发展新媒体与国际传播方向，定向培养特色人才，积极推动国际传播特色班及新专业工作。该硕士方向为有中国特色的社会主义新闻传播业培养德才兼备、具有现代传播理念与国际化视野、了解中国基本国情、熟练掌握新闻传播技能与方法的应用型高层次人才。具体要求为：熟练掌握新闻传播的基本原理，具备从事新闻传播实践所需要的专业素养、技能与方法；能够胜任新媒体技术变革对新闻传播工作提出的新要求，培养能够适应网络与新媒体传播实践需要的高级复合型人才，具有扎实的新闻传播理论基础，对新媒体及网络传播的特点与规律具有较高的认识水平，掌握实际技能，且具备创新思维能力。毕业生可进入各类网络媒体、新媒体传播机构或相应政府管理部门从事相关的传播实务或理论研究工作。

三、新媒体人才培养的主要举措和成效

1. 探索文理工交叉路径，创新人才培养体系。探索文理工交叉路径，创新人才培养体系基于成果导向教育（OBE）理念，从国家和社会需求出发定义教育目标，以毕业生动态追踪反馈为参考，以文理工交叉、精细化培养为特色，明确了三大发展方向、6项专业技能，开设了大数据、人工智能、融媒体、产品设计运营、交通舆情等五大模块课程，衔接学校面向文科生开设的七大高级课程群，形成了宽口径、厚基础、梯度差异、本研贯通的人才培养体系，并与本校计算机学院、建筑与艺术学院等相关学院开展新媒体人才培养的交流与合作。

2. 加强实验室建设，创新实践教学。目前，本学科建有中国文化产业研究院（校

级）与中国丝路发展研究院（校级），拥有北京市高等学术实验教学示范中心、教育部产学合作协同育人平台新媒体数据挖掘实践基地、北京市智慧广电（网络视听）重点实验室及北京高校社会主义核心价值观新媒体传播平台“上园村 3 号”视觉传播工作室等，已建成数据挖掘与分析实验室、融媒体中心等七大实验教学平台，“极端场景下无人机航拍报道虚拟仿真项目”获批校级一流实验课程。2021 年，学院与中仪集团共建“交通行业融媒体平台及舆情研究重点实验室”，同时借助人机交互、VR 等新技术，全力打造沉浸式、全景式、互动式教学模式及教学方法，建设虚拟仿真类项目。本学科深入贯彻科研与教学、实践相融合，学科成果日渐丰富，强调科研与教学融合、课堂教学和实践调研相结合，除师生发表高质量论文多篇外，还有多项暑期社会实践项目获北京市级奖励。

*3. 以“新文科”引领教学改革，打造专业金课。*本学科以“新工科”“新文科”“课程思政”为切入点，将“新文科”理念融入“传播 +”学科建设各环节，依托教改项目持续开展教学模式改革、课程思政建设和教材建设，打造国家级金课。全面推进“传播 + 信息技术”改革，学科融通初见成效。系统开设计算传播学、数据挖掘与可视化研究、融媒体研究等课程，积极建设融通型新闻传播学科。2021 年，“交通强国背景下新闻传播复合型人才培养的创新与实践”获批国家级新文科研究与改革实践项目。

*4. 拓展实习实训平台，产学研协同发展。*倡导科研与教学融合，保证每门课程的理论性与前沿性；实施本科生学业导师及科研导师双师制，带动学生深度参与科研项目，培养其解决复杂问题的能力；深化实践教学，与业界导师共同指导学生参与重大主题融合报道与学科竞赛。近年来，本科生与导师在核心期刊发表论文 10 余篇，在其他期刊独立发表论文近 60 篇，多项大学生创新创业训练计划项目、社会实践调查及全国性赛事获奖；承担一系列中央级媒体的融合传播项目，产生良好的社会影响力；与中国网、字节跳动等共建 18 个实习实践基地，实现规模化产学研协同发展。2021 年与人民邮电出版社等签订出版协议，拟推出网络与新媒体系列教材，首批规划出版包括《新媒体数据挖掘与应用》《数据可视化》等多本教材。本学科服务“交通强国”与“一带一路”等国家战略，做大做强交通大数据青年创新研究团队，由本院教师编写的全国首部《中国交通舆情蓝皮书》已于 2021 年年底出版并同步举办交通舆情论坛。

四、国际合作

作为国内唯一的一所“语言与传播学院”，学院在培养新媒体人才中注重国际合作。通过“外专引智”项目，本学科目前与康奈尔大学、密歇根大学等建立了稳定的合作关系，与英国兰卡斯特大学签订了硕士研究生联合培养项目，均帮助本学科很好地提升了国际影响力。2018 年以来每年暑假与康奈尔大学联合举办国际小学期，新冠疫情期间，传播系坚持线上举办各种引智工作坊，如 2020 年主办“公众科学素质与公共卫生危机应对”专题论坛国际学术会议，2021 年年底主办“新文科背景下的健康传播理论和方法”工作坊，邀请美国、加拿大等学者进行了为期一个月的多场讲座，取得了良好的效果。

（北京交通大学语言与传播学院供稿）

复旦大学新闻学院新媒体人才培养工作概况

一、教学概述

复旦大学新闻学院推出形式多样、内容丰富的新媒体课程、前沿讲座和专精化的新媒体人才培养方案。据统计，2021 年度本科生阶段共计推出 6 门新媒体相关课程，研究生阶段共计推出 18 门新媒体相关课程。在专业硕士培养方面，学院专门开设的新媒体传播方向，实现跨学科交叉融合，培养适应社会需要、高质量、国际化的复合型新闻传播人才。

1. 新媒体特色课程。复旦大学新闻学院所开设的新媒体相关课程体现出关注新技术和数据以及跨学科交叉融合的特点。重点介绍《媒介技术导论》《数据分析与可视化》《媒介融合》等本科课程，以及《新媒体技术导论》、《计算新闻传播学》和《网络数据挖掘》等研究生课程。

（1）《媒介技术导论》。在学术界，既有媒介环境学派对于技术的强调，也有技术哲学对于技术的批判性反思，还有媒介学对于技术的前瞻预言。本课程通过阅读相关学派的重要著作，使学生了解和初步掌握与媒介技术相关的跨学科学术地图，重新审视媒介技术、人类行为和社会结构的互动关系，并能应用重要理论和概念分析当前媒介现象与新媒介发展走向。

（2）《数据分析与可视化》。该课程结合媒介形态变化和大数据时代特点，介绍数据的基础知识，以及数据采集、整理、分析与可视化呈现的全过程，培养学生进行数据分析与可视化呈现的基本能力，为他们面向数据新闻、计算广告、舆情分析等工作和研究提供基础。课程还在澎湃新闻等代表性网络媒体建有作品分享平台“复数实验室”。

（3）《媒介融合》。本课程分为理论、案例、实践 3 个板块。在理论板块，引入媒介技术哲学，重新理解人工智能等新媒体的技术融合形式；在案例板块，突破将媒介仅仅作为信息网络节点的传统观念，分析广场大屏等“虚实融合”的创新案例；在实践板块，让学生尝试运用无人机等技术，生产融合多元感官的知觉媒介作品。

（4）《新媒体技术导论》。系统介绍新媒体传播技术的发展脉络、关键原理与前沿趋势，使学生从硬件设施与软件系统两方面对新媒体传播技术有全面了解和系统掌握，为开展应用性、专业性课程的学习奠定基础，并激发新媒体传播的想象力与创新力。

（5）《计算新闻传播学》。以国际前沿交叉学科计算社会科学（computational social science）为基础，集中介绍和评估 CSS 的基本思想和主要方法在传播学研究中的应用。重点讲授文本分析、网络分析、机器学习、用户分析等主要的计算方法。

（6）《网络数据挖掘》。帮助学生了解互联网搜索与挖掘领域的基础与前沿技术，不仅传授基本的自然语言处理基础逻辑，还针对时下前沿的人工智能在全球范围的应用、社交网络分析、情感分析与观点挖掘等热门议题深入展开，通过实践操作与案例研讨让学生把准网络“命脉”，洞悉网络“真相”。

（7）《融合媒体：采编与实务》。充分结合、利用复旦大学校内 5G 基站资源，帮助学生更好地适应未来全媒体环境中新闻直播报道的专业要求。

2. 全国首个新媒体传播专业硕士培养点。作为国内第一个新媒体传播专业硕士项目，复旦大学新媒体传播专业硕士项目通过创新培养体系、革新课程设置、推动产学结合、服务业界学界，在国内探索出了一条新媒体传播高端人才培养的新路。

（1）“3+3”本硕贯通，跨学科选拔优秀人才。复旦大学新媒体传播专业采用“3+3”本硕贯通模式，全部采用推免直研的方式，面向全国，在本科四年级的学生中选拔对新媒体传播有兴趣、有基础、有创意的优秀学生。

（2）文理科交叉融合，创新设计课程体系。新媒体传播专业硕士面向迅猛发展的新媒体前沿设计课程体系，注重文理融合，致力于培养复合型人才。项目的课程体系分为基础、新闻、商业和数据四大模块，其中近一半的课程与信息学院、计算机学院、管理学院等其他院系合作开设。

（3）“产学研”联合培养，无缝对接业界前沿。复旦新媒体传播专业硕士通过系统的制度建设与链条打造，通过与国内外优秀新媒体机构的深度合作，采取新媒体传播前沿讲座、业界参访、学术沙龙与工作坊、海外参访等多种方式，使本专业学生在学习的整个过程中与新媒体业界保持“链条式”的无缝互动。

（4）实践性特色凸显，积极探索“产品化”模式。复旦新媒体传播专业硕士项目鼓励学生好学力行，积极实践，创造产品，实现价值。所完成的数据新闻作品多次刊载于澎湃、腾讯、新浪等知名新媒体平台，并荣获多项中国数据新闻大赛奖励等。

（5）举办前沿工作坊，积极服务业界学界。依托新媒体传播专业硕士的人才培养模式，复旦大学新闻学院积极开展公益性社会服务，通过举办多期前沿工作坊为新媒体业界学界培养大数据背景下的紧缺人才。

二、平台及科研概述

1. 复旦大学上海新媒体实验中心。复旦大学上海新媒体实验中心作为中共上海市委宣传部与复旦大学共建新闻学院的重点项目，是新闻学院高峰学科建设中“一体五翼”格局的主体平台。主要承载学院在新媒体方面的教学、科研、创新实践与公共服务的功能。

在科研方面，2021 年，新媒体系列项目（第三批）总共 12 个课题完成结项，课题涵盖“中国网络理政的地方实践研究”“全媒体传播体系中的深度报道研究”“变动传播结构中的新闻业危机与未来图景”“新媒体语境中的选择性使用及效果研究”“新技术背景下新闻传播学关键概念再阐释研究”“数字治理下的社区沟通性：基于上海的经验研究”“平台重构：新闻生产的创新案例研究”“基于计算范式的新媒体舆论过程研究：理论、方法与案例”“无人机新闻 2.0：人工智能时代的新形态”等多个维度。2021 年年底，新闻学院已完成对新媒体系列项目（第四批）共计 10 个课题的立项工作。

2. 复旦大学全球传播全媒体研究院。应智能传播时代的需要，全球传播全媒体研究院打造中国新闻传播教育、科研创新“特区”。研究院集知识创新、人才培养、产品孵化、交叉学科培育多种功能于一体，以人本化、智能化、国际化、交叉融合为定位，为复旦大学新闻学院学科发展打造新引擎。研究院致力于“新媒体理论与技术社会化”“计算传播与智能舆论”“国际传播”“全媒体传播体系与新型主流媒体研究”4 个方向的前沿性研究。2021 年，全球传播全媒体研究院聚焦中国传播技术发展前沿，围绕技术社会化进程中重大前沿课题展开探索，开展知识创新、理论创新领域尝试。按照中央“国际传播”战略部署，布局复旦国际传播研究框架，与国际一流大学建立展开合作研究。

3. 年度主要科研成果。2021 年，新闻学院教师在新媒体研究方面获得重要纵向科研项目立项 5 项，包括国家社科基金重点项目 1 项“新媒体文化对新时代中国创新型发展的理论支援和实践路径”，国家广电总局部级社科研究项目 1 项“大数据背景下的短视频儿童节目研究——以儿童使用者为视角”，以及上海市哲学社会科学规划课题 3 项“数字技术语境下的艺术传播创新路径研究”、“人工智能出版物的著作权立法研究”和“上海城市品牌形象数字化塑造与网络传播研究”。另有新媒体研究方面横向项目立项 11 项。

在新媒体研究方面，本院教师以第一作者或通讯作者身份发表 SSCI 期刊论文 10 篇，CSSCI 期刊论文 48 篇。以第一作者出版专著 4 部、编著 2 部、教材 1 部。

三、社会服务

复旦大学新闻学院致力于打造连接国家、业界、社会的高端智库和社会服务平台，形成了多功能智库矩阵，其中包括马克思主义新闻观教学与研究平台、传播与国家治理研究中心、信息与传播研究中心、复旦大学上海新媒体实验中心、中宣部智库平台、复旦大学传媒与舆情调查中心、国家文化创新研究中心等多个智库平台。2021年，学院教师撰写各类新媒体相关的研究或咨询报告15篇，其中得到国家级单位采纳11篇，得到省部级单位采纳3篇。

（复旦大学新闻学院供稿）

上海交通大学媒体与传播学院新媒体人才培养工作概况

上海交通大学媒体与传播学院成立于2002年，由原媒体与设计学院于2017年更名而来。

建院以来，学院始终坚持文理交叉的办学理念，发挥新媒体人才培养优势，通过建立产学研协同育人机制，探索国际化办学模式，在专业建设、人才培养方面取得了突破性成就。

学院深入贯彻落实《教育部　中共中央宣传部关于提高高校新闻传播人才培养能力实施卓越新闻传播人才教育培养计划2.0的意见》《关于推动传统媒体和新兴媒体融合发展的指导意见》《关于加快推进媒体深度融合发展的意见》等文件精神，以马克思主义新闻观为指导，培养具有新媒体新闻传播专业知识和综合能力的高素质、复合型、创新型人才，培养具有全球视野和跨文化传播能力、服务“讲好中国故事”战略的卓越新闻传播人才。

一、学科建设

1. 学科建设与声誉。学院现设新闻与传播系、电影与电视系、文化产业管理系；具有本、硕、博贯通，中英文项目兼顾，学硕、专硕完备，全日制和非全日制并行的学科体系，同时拥有新闻传播学一级学科博士后流动站。在教育部第四轮学科评估中跻身A类学科，位列全国前5；2020年软科中国最好学科排名位居全国第3；2021年QS媒体与传播学科排名全球前100；2022年泰晤士高等教育中国学科评级A+，并列全国第一。传播学、广播电视编导、文化产业管理本科专业入选“国家级一流本科专业建设点”。

2. 师资队伍。学院已建起了一支高层次师资团队，包括教育部“长江学者”特聘教授1人、教育部“长江学者”讲座教授2人、国家“万人计划”哲学社会科学领军人才2人、国家百千万人才工程“有突出贡献中青年专家”1人、中宣部文化名家暨“四个一批”人才2人、国务院“政府特殊津贴”专家6人、上海市“育才奖”获得者4人，以及18项国家社科重大项目首席专家。

学院通过部校共建暨媒校合作平台，创

建产学研协同育人机制；通过产学研“双师型”教学团队，打造传媒产品创意孵化平台，培养学生作品的原始创新能力；通过打造国际一流的师资团队，邀请国际一流专家开展前沿课程；与国际传播学会（ICA）联合主办学术论坛，与知名专家共同开设工作坊；加快人才培养的国际化步伐。

二、人才培养

1. 培养模式及实践。学院以马克思主义新闻观为指导，坚持“四位一体”的育人理念，即“价值引领”“知识探究”“能力提升”“人格养成”，通过“文理交叉、产学研、国际化”三大育人机制，培养服务国家融媒体战略、“讲好中国故事”的卓越新闻传播人才。具体而言，首先，坚持文理交叉的办学理念，建设一套文理交叉的 STEAM（Science、Technology、Engineering、Art、Mathematics）课程体系。即通过新闻传播与 STEAM 的交叉融合，形成具有新媒体人才培养特色的课程体系；其次，探索了 P（Problem）-P（Practice）培育路径，即以问题为导向，以解决问题的实践为路径的能力培养方式。在此过程中，学院积极推动卓越人才培养“八个一”工程，即“建好一批一流专业和学科、建设一个一流实验室、上好每一门课程、写好每一本教材、指导好每一项学生创新创业项目、探索一套有效教学经验、搭建一个网络工作室、做好一件有益人才培养公益事业”。2021 年，“八个一”工程实施取得突破性进展。教育部本科教育教学审核评估组对学院教学质量保障体系、教育教学改革建设成效、高层次人才在本科教育教学上的投入和成果予以充分肯定。

2. 文理交叉新文科建设。由学院院长李本乾教授牵头的项目“新媒体传播新兴文科专业建设探索与实践”获得教育部首批新文科研究与改革实践项目认定。王昊副教授的《三维可视化技术助力新工科建设研究》《融合新闻实验课程体系建设研究》获得教育部 2021 年产学研合作协同育人项目立项，学院在该项目上已累计立项 4 项。李本乾教授的《面向国家融媒体战略的卓越新闻传播人才 STEAM-T 型培养模式及实践》获校教学成果特等奖，被推荐上海市教学成果奖。

3. 学生课外创新成果。2021 年，学院学生共获得 214 项奖项和荣誉称号，其中国际级奖项 4 项、国家级奖项 17 项、省市级奖项 27 项。由学院学生李亦飞等申报的项目“从流量至上到价值引领——算法推荐的社会责任调查及治理对策研究”继荣获第十七届挑战杯课外学术科技竞赛上海市特等奖之后，获得全国一等奖。同时，李亦飞作为发起人，与中国青年报进行校媒联合向全国大学生发起《提高“算法素养”倡议》。由学生谢蝶等申报的项目获得“互联网 +”上海市金奖和全国三等奖。由博士生田翔等为主的“融媒 · 乡通”实践团充分发挥“文、工、科、艺”交叉的新文科优势，其项目“融媒发展助力少数民族乡村振兴田野调查”斩获上海市“知行杯”一等奖。同时，学院学生自主搭建了“交点 SJTU”学生新闻实践平台。

4. 留学生人才培养成果。学院始终重视留学生的招生和培养，目前学院设立了新闻传播学（新媒体方向）全英文博士和硕士项目，招收全英文授课留学生，吸引了全球 60 多个国家和地区的学生，其中自费生超过 60%，来自欧美国家留学生超过 50%，其中不乏普林斯顿大学、莫斯科大学、芝加哥大学、伦敦大学学院、利兹大学等世界名校的毕业生。

5. 各类教育教学成果。为推动教师上好每一门课程，学院共资助 25 门一流课程建设，其中有 3 门课程获批国家级一流本科课程、2 门课程获批上海高等学校一流本科课程、1 门课程获批上海市高校市级重点课程、14 门课程获得校级各类课程立项。将“中国新闻传播大讲堂”引入新闻传播类专业必修课。课程《人际传播学》在新华思政平台上线展示，《唐诗宋词人文解读》入驻喜马拉雅、“学习强国”学习平台。同时，学院资助首批精品教材建设 14 项，2021 年《传播学原理》教材获批“首批上海高等教育精品教材”。由学院师生担任制片人、编剧导演并参与拍摄制作的第一部电影《花渡好时光》于 2021 年获得龙标并且进行展映，该片是 985 高校首部获得龙标的剧情电影。

三、科研成果

1. 课题及论文。2021 年学院国家社科基金重大项目立项一项，历年累计国家社科基金重大项目、教育部重大课题攻关项目立项 18 项。同时获得国家社科一般项目 5 项和国家社科艺术类课题 2 项。获得上海市哲社项目 5 项。学术论文保持高增长态势，发表 CSSCI 及 SSCI 论文突破 100 篇。

2. 全英文期刊。学院与世界五大学术出版商之一的 SAGE 出版公司完成合作协议签署，将联合出版全英文期刊 Emerging Media：Technology，Industry and Society。该期刊为双方联合出版，学院负责审稿和编辑。

3. 智库建设。在已有国家文旅部“国家文化产业创新与发展研究基地”的基础上，2021 年“上海交通大学文化创新与青年发展研究院”入选文旅部首批智库建设试点单位。同时，为国家和区域重大战略需求服务的决策咨询成果十分显著。《上海建设国际文化大都市综合评价研究》入选 2021 年度“上海市优秀智库报告”。目前，学院拥有 2 个国家级平台、8 个省部级基地、4 个智库以及 4 本蓝皮书。

四、实验平台

近两年，学院不断加大对教学设施的建设，中央改善办学条件业务费、校部共建项目和学校“双一流”建设经费，加大力度改善教学实验设备和办学条件，已建成了国内高校一流的 500 平方米高清电视演播厅、400 平方米学院图书馆，为学生们的学习和科研提供良好条件。为推动学院一流实验室建设，为学院师生提供专业的教学科研平台，学院拟投入1500万元建设智能传播实验中心，以期打造一流的“智能传播实验室”。

五、对外合作

学院在建院之初就坚持国际化的办学方向，致力于打造专业化的国际传播高端平台。举办“我眼中的中国——第二届在华留学生短视频大赛”。2021年12月，由中国人民对外友好协会主办的“我眼中的中国—美丽乡村”全球短视频征集大赛线上颁奖仪式上，由学院和上海对外友协联合拍摄英国留学生阿里克斯的作品《青溪老街梦幻游》和肯尼亚留学生的作品《吴房村的一日村民》获得三等奖。

学院已连续8年与国际传播学会（ICA）联合举办新媒体国际论坛，每年多家主流媒体有关论坛的报道浏览量都在500万次以上，这在ICA的历史上是为数不多的案例。

（上海交通大学媒体与传播学院供稿）

华东师范大学传播学院
新媒体人才培养工作概况

华东师范大学传播学院继承华师前身光华大学和大夏大学“爱国家”“重实践”的新闻教育传统，坚守“全球视野，中国声音，秉中持正，追求卓越”之院训，致力于培养适合媒体深度融合和创新发展要求，具有合作精神、国际视野和反思能力的卓越新闻传播人才。

一、以新媒体为核心，重构新闻专业设置

传播学院于2020年在国内首创新闻学＋数据科学与大数据技术专业复合型本科双学士学位。截至2021年，该项目已招生两届，采取小班制教学，每届招生10人，现有在读学生20人。

该项目依托华东师范大学新闻学和数据科学与大数据技术专业两个国家级一流本科专业建设点的优势，以学科交叉领先、前沿探索的建设思路，秉承知识、能力、素质协调发展的人才培养理念，培养具有坚定正确的政治方向、全媒体新闻传播的能力，以及扎实的数据专业理论知识和技术能力的应用型、复合型、创新型人才。

该项目在课程设置上既以华东师范大学“世界一流大学A类建设高校”的通识教育体系为基石，又融合了新闻学、数据科学与大数据技术专业的核心课程，不仅使学生掌握数据科学与工程的基础知识，数据分析与机器学习的基本模型和算法，数据管理、处理工具和系统平台的使用知识，以及基于云计算的应用设计、开发、实施、运维方法与技术，同时使学生能够充分掌握和深刻理解新闻传播相关理论知识和业务技能，进而使学生能够在新闻与传播业的应用场景中创造性地运用、分析与传播数据。

此外，学院有序布局和持续推进以新媒体为核心的一流课程建设和教学改革项目，并取得积极成效。2021年度，吕新雨教授的《新文科建设背景下的全媒体传播人才培养模式创新与实践研究》获得教育部新文科研究与改革实践项目立项，赵路平副教授主持的《人工智能时代融合新闻传播人才培养实践基地》获得教育部第一批产学合作协同育人项目立项，陈红梅教授的“新闻采访和

写作”课程入选上海高校一流本科课程，肖洋副教授的“数字出版导论”课程入选上海高校市级重点课程。

二、以新媒体为抓手，创新实践教学体系

传播学院依托融媒体实验教学平台，打造“人文为本、学科交叉、产学合作、课训并重”的中国特色新闻传播人才实践教学培养体系和实践模式。

1. *开展多层次培养*。创设深度调查、数据新闻、Idea 创意工厂、焦点纪录等 8 个跨年级、跨专业的实训工作坊进行分类指导。2021 年，学生采写的新闻报道、创作的各类创意媒体作品，获得“全国大学生广告艺术大赛”“中国大学生计算机设计大赛”“全国高校数字艺术大赛”等省部级以上专业奖项 117 项。2021 年，广播电视专业硕士生李欣锐作为华东师范大学学生代表，参与了央视网与教育部高等教育司等联合全国百所高校、百名青年学子共同推出的百集短视频《红色文物青年说》中的《赵一曼：一封迟到 21 年的家书》的录制工作。

2. *实施多形态实训*。截至 2021 年，传播学院联合兄弟院校连续 13 年组织上海国际电视节特别子项目——上海大学生电视节，累计数百所高校万余名学生参与，成为中国最有影响力和最具权威性的大学生电视节。同时，专业实训活动与社会服务相融合。2021 年“寻意行”学生实践团队开展云南省寻甸回族彝族自治县的直播带货活动，以专业知识和实际行动帮助寻甸推广农产品。

3. *开展多节点产学研合作*。首先，建立“中国新闻奖得主工作坊”，邀请记者驻校短期工作，截至 2021 年，“记者驻校计划”先后邀请中央广播电视总台、新华社、《解放日报》、澎湃新闻等主流媒体近 40 名优秀记者，驻校工作一周至两周，全面深入参与实践教学活动。其次，利用暑期小学期和主流媒体合作进行“国情调查”，截至 2021 年，师生团队先后 7 年分赴山西、云南、福建、浙江等地乡村，行程数万里，采写新闻报道和田野调查 200 余篇、逾 300 万字，“展示真实而全面、立体而多彩”的中国故事。最后，传播学院与“喜马拉雅”的创新合作项目获批 2021 年度上海文化创意产教融合引领项目。该项目对上海网络文化产业发展产生重要推动作用，也将在全国范围树立新媒体人才培养产学协作成功模式的标杆。2021 年，围绕庆祝建党百年主题，传播学院联合“学习强国”上海学习平台制作了“党员的样子”系列短视频，展现上海各行各业优秀党员的风采面貌，受到社会的广泛关注和热烈好评。

三、聚焦新媒体前沿问题，科研成果特色鲜明

传播学院聚焦全球化发展转折，致力于研究世界范围内传播制度和实践的文化、历史与变迁，主要从批判传播学、比较新闻传播学、话语研究等视角展开对新媒体的探索，形成了鲜明的研究特色和广泛的学术

影响。

2021 年，传播学院围绕新媒体举办 3 次专题学术会议：“机器与劳动”算法时代下的社会科学青年学者论坛、第四届媒体深度融合发展战略学术研讨会、国家艺术社科基金项目“当代中国沉浸戏剧研究”开题研讨会。

围绕新媒体问题，2021 年，夏冰青副教授在国际知名期刊 *The Economic and Labour Relations Review* 发表《重新思考数字劳动：超越剥削范式的新批判》。刘秀梅教授主持的《创新驱动健康科技传播与科普短视频有效融合发展研究》获得 2021 年度上海市哲学社会科学基金项目立项。整体而言，传播学院在 2021 年获国家社科基金项目 4 项（其中重大项目 1 项、中华学术外译项目 1 项），上海哲社项目 1 项，出版专著 3 部。发表 CSSCI 期刊论文 42 篇，权威期刊 6 篇，SSCI 期刊论文 1 篇。

四、融合新媒体尖端技术，平台建设迈向国际领先

为强化师生实践能力以及应用前沿技术进行新闻创意和实践能力，截至 2021 年学院累计投资超千万元建立起将数字教学平台、融媒体新闻实践平台、跨学科交叉研究平台融为一体的“智慧与创意融媒体实验中心”。在中心，教师和记者开展新闻采写复杂场景训练，学生进行全球信息采集、大数据分析、多媒体制作的全流程、专业级、融媒体新闻生产实践，最后凭借中心“一次采写、多种生成、多端传播”的强大功能，师生将实践产品发布到学院官微、头条号、腾讯图解教育专栏、解放日报、澎湃新闻等，形成校园媒体、头部社交媒体和主流新闻媒体经纬交织的新闻作品传播网络。

依托“智慧与创意融媒体实验中心”，传播学院 2021 年联合全球领先的 3D 视觉技术研发科技企业——螳螂慧视科技有限公司（Mantis Vision）建立具有世界先进水平的“沉浸式全息影像创新实验室”和全国首家“沉浸式全息影像创新研究中心”。沉浸式全息影像创新研究中心在新文科发展背景下，立足学院现状，将科学技术与学院各层面教学科研工作深度融合，将 3D 全息动态影像实践融入本硕博课程体系中，以前沿技术带动新闻与传播、戏剧影视学科创新，为一流学科建设、教育教学改革和创新人才培养提供强有力的支持。

五、国际交流与合作，在困局之中力创新局面

华东师范大学在国际交流与合作上始终走在全国高校前列。传播学院先后与美国密苏里大学、佩斯大学，英国诺丁汉特伦特大学、拉夫堡大学，澳大利亚昆士兰大学等 20 多所世界知名新闻传播学院建立教师互访、学生交流、联合科研等全面、深入的长期合作关系。在境外合作方面，与香港中文大学、香港城市大学、澳门大学、台湾政治大学、台湾师范大学等签订了短期学术交流或联合培养等合作项目。

2021年，新冠疫情对国际交流与合作带来的影响仍然存在，在境外专家来访和学生派出地区受到一定限制的情况下，传播学院在挑战中继续寻求与海外交流合作的新突破和新进展。

2021年6月，传播学院续签与英国利兹大学的硕士双学位项目。该项目自2014年开展以来，除2020年受新冠疫情影响外，每年均有学生派出，双方良好合作不断深化。

2021年7月，由传播学院与辜金良文化基金会主办，台湾民众文化工作室、华东师范大学亚洲马克思主义传播研究所承办的“废墟上的涅槃”第一届两岸春天报道文艺营活动在云南昆明举行。文艺营活动为期近一周，队员们前往昭通市鲁甸县的光明村、甘家寨与卯家湾三地开展调研，走到抗震救灾、脱贫攻坚的第一线，亲身观察和理解中国农村发生的巨大变化历程。该活动不仅让两岸师生用脚步亲自丈量祖国大地，走入基层，了解脱贫攻坚的现实史诗，更促进了两岸人民尤其是青年之间的真诚沟通和深入了解。

传播学院还以中国澳门地区作为突破口，进一步深化和拓展了与澳门大学的合作交流层次，新增硕士学期交流项目和博士生科研工作坊的新合作形式，并努力探索教师互访和科研合作等其他合作形式。2021年10月24日，传播学院与依托于澳门大学澳门研究中心的亚太传播交流协会（APCEA）共同举办的第三届亚太传播交流论坛年会于线上举行，这也成为新冠疫情以来澳门主办的最重要的国际传播会议之一。2021年度论坛的主题是“传播、团结与对话”，近百位海内外的专家学者参与了本次论坛，传播学院10余名博士研究生也参与了此次论坛，在此期间，亚太传播论坛联盟办公室揭牌仪式于华东师范大学传播学院智慧与创意融媒体教学实验中心举行。

（华东师范大学传播学院供稿）

上海大学新闻传播学院新媒体人才培养工作概况

上海大学是国家“211 工程”重点建设的综合性大学，是上海市首批高水平地方高校建设试点，国家“双一流”建设高校。上海大学新闻传播学院由中共上海市委宣传部、中国社科院新闻与传播研究所分别与上海大学合作共建。

一、学院概况

上海大学新闻传播学院于 2018 年 2 月成立，由原上海大学上海电影学院新闻传播学系、广告学系组建而成，最早办学历史可追溯至 1987 年原上海科技大学成立的新闻与人文科学系。学院设有新闻传播学系、广告学系以及智能媒体传播系（筹）和视频媒体系（筹）4 个系。截至 2021 年 12 月，有教职工 96 人，其中教授 25 人，副教授 23 人，在校学生 1100 人（含留学生）。近年来，获国家社科基金立项 19 项（其中，国家社科基金重大项目和教育部重大课题攻关项目 4 项、重点项目 4 项、一般项目和青年项目 11 项）；教育部人文社科一般项目和省部级项目 40 余项。在国内外权威期刊发表论文 100 余篇，其中国内 A 刊论文 15 篇，SSCI 论文 11 篇，多篇论文被人大复印报刊资料、《新华文摘》《高等学校文科学术文摘》转载，出版专著 30 余部。获得教育部高等学校科学研究优秀成果奖（人文社会科学）二等奖 1 项、上海市等省部级哲学社会科学优秀成果奖一等奖 2 项、二等奖 4 项、其他奖 4 项。

二、学科建设

新闻传播学科有覆盖学士、硕士、博士 3 个层次完整教育培养体系。有国家级一流本科专业建设点广播电视学、教育部目录外新增特设交叉会展专业、上海市一流本科专业建设点新闻学、广告学及学院重点规划的网络与新媒体 5 个本科专业。有新闻传播学一级学科博士学术学位授权点、一级学科硕士学位授权点以及新闻与传播专业硕士学位授权点，有新闻传播学一级学科博士后流动站。新闻传播学科是上海市教委和上海市重点学科，得到上海市高校教育高地、高校人文社会科学重点基地、高等教育内涵建设

人才教育

"085"工程、一流学科、卓越人才培养计划、高原学科等建设支持。2014年和2017年两次教育部全国新闻传播学科综合排名均进入前10，学科评分B+。

2021年，学院主办、参与主办了多次高质量学术论坛、研讨会等。4月11日举行"马克思主义中国化话语体系研究协同创新中心"揭牌仪式暨"百年中国共产党新闻传播事业"学术论坛。5月举办庆祝中国共产党成立100周年暨"百年报刊与红色基因传承"研讨会，9月举办中国新闻史学会传播学专业委员会年会暨"2021中国智能媒体传播"高峰论坛，10月举办第四届世界传播论坛和第二届"全国马克思主义新闻观学术年会"暨"2021年全国高校马克思主义新闻观研究生学术论坛"。举办马克思主义新闻观大讲堂、全球智能媒体大讲堂、东方智库论坛等系列讲座30余场，邀请牛津大学、密苏里大学、澳大利亚国立大学及复旦大学、北京大学等国内外高校专家学者主讲。

三、实践教学

学院以习近平新时代中国特色社会主义思想为指导，坚持社会主义办学方向，贯彻党的教育方针，推进新媒体人才培养。

1. 以课堂教学为主线，持续推进"金课"与马工程教材建设，打造新闻传播学"双万专业"和"双万课程"。2021年教学成果奖申报项目"构建基于联合大作业工作室的卓越新闻传播人才培养生态"获校级教学成果奖特等奖，1门课程"电视新闻实务"获上海市一流本科课程、1门课程"电视纪录片与专题片"获上海市级重点课程。目前，学院有4门上海市级重点课程、1个学堂在线—国家精品课程在线学习平台。2021年度，出版系列教材和专著13部，校级立项2部。已有3本马工程教材，1本国家级规划教材，12本省部级规划教材。成立10余个以长江韬奋奖获得者俞亮鑫、全国金话筒奖获得者路平、知名导演王韧等业界精英为负责人的名师工作室。

2. 夯实"两节一赛一展一营"专业平台，拓展校外"四力"实践基地，锤炼"主力军"，落实立德树人根本任务。学院形成了以上海国际大学生智能媒体节、上海国际大学生广告节、全国会展创新大赛、上海国际青年城市空间影像展映周以及两岸青年城市体验为主体的"两节一赛一展一营"实践育人平台。学生多次获得权威大赛特等奖、金奖以及一等奖。学院开展校外"四力"实践基地建设，与解放日报、SMG、梨视频等近30家主流媒体和行业标杆共建实践实习基地。组织大学生暑期到上海市各区级融媒体中心实习，2019年以来，有近百名学生参加。2014年至今持续开展大学生夏季新闻实践采风实践课程，带领学生进工厂、赴农村、下煤矿，该课程得到上海市卓越新闻人才培养项目资助，并于2021年获得上海市一流本科课程称号。王晴川教授以《电视新闻与纪实作品研究》课程为依托，带领学生创作完成百集系列纪录片《红色传承》，抢救性记录发掘革命前辈的故事，人民日报、光明日报等80多家媒体报道，2021年荣获第17届“挑战杯”红色专项大赛全国一等奖。学生党支部创作《十一书·家国志》《一周党史》等系列微视频，在新华网、人民网等媒体发布，并有31件登上“学习强国”学习平台。

四、科研成果

学院以智能媒体传播和马克思主义新闻观为重点导向组建多个科研团队。搭建全球人工智能媒体研究院、马克思主义中国化话语体系研究协同创新中心、上海市政府决策咨询研究基地、上海会展研究院等智库科研平台，承担国家和地方发展的重要战略项目。全球人工智能媒体研究院聚焦智能媒体领域研究前沿动态，每年发布《全球人工智能媒体发展研究报告》和《中国人工智能媒体发展研究报告》。

2021年度，学院有教育部哲社重大课题攻关项目1项、国家哲社基金1项、国家哲社基金后期资助1项；CSSCI以上论文37篇，在人民出版社、武汉大学出版社等出版高水平学术著作13部。

五、智能媒体实验室及平台建设

响应教育部、中宣部《关于提高高校新闻传播人才培养能力实施卓越新闻传播人才教育培养计划2.0的意见》要求，推动实验室硬件和软件建设，学院拥有上海市级教学实验示范中心1个，智能媒体体验式教学空间、智能传播心理效果实验室等6个实体实验室以及2个虚拟仿真实验平台（新闻生产、广告精准推送），技术及硬件水平均达到国内领先水平。在已有硬件软件基础上，依托全球人工智能媒体研究院等智库机构，建设国内高校第一个“智能媒体传播创新平台”，包括3个分平台，对接国家战略、上海战略、产业战略，推进学术高地建设。

1. 超大城市智能媒体传播分平台，探索超大城市的智能传播体系建构路径，包括基于超大城市数字化发展的“媒体/信息内容智能管理平台”研究、超大城市智能媒体传播数据库和案例库、基于数字信息语义挖掘的“知识图谱数据库”、基于5G智能媒体的交互与沉浸式体验平台。

2. 智能媒体与国际传播分平台，为提升中国国际话语权寻找突破口，包括在国际新闻传播教育联盟框架下建立国际合作研究平台、国际社交媒体智能监测与预警平台、中国全球传播能力评估体系应用案例库。

3. 智能广告会展传播分平台，推动本学科在智能传播产业领域形成更显著特色，包括数字广告资源整合与数据运营平台、基于虚拟现实的交互式广告平台、品牌传播价值与声誉评估体系、全球会展动态监测与评估平台。

4. 在前期三大平台基础上建设“智能传播研究”学术高地，提升上海大学新闻传播学科的影响力，包括出版系列教材和行业研究报告、举办年度系列“中国智能媒体传播研究高峰论坛”、举办“智能传播与超大城市发展”等工作坊。

六、对外交流与合作

持续深化国际新闻传播教育联盟，打造高端国际合作平台，形成一流师资共享、课程体系共建、科研成果共创的新格局。依托国际新闻传播教育联盟，与密苏里大学、威斯敏斯特大学、悉尼科技大学等10余所院校签署双学位项目协议，与西北大学、密歇根州立大学、科隆新闻学院等院校开展实践交流访学项目。

（上海大学新闻传播学院供稿）

暨南大学新闻与传播学院新媒体人才培养工作概况

2022 年 1 月，教育部公布第二批全国高校黄大年式教师团队，暨南大学融合新闻教师团队赫列其中。该团队以“融合新闻”为统摄，全面推动了马克思主义新闻观、媒体融合、舆情大数据、媒介文化、网络社会治理、数字营销传播等学科方向的发展，在国家级课程、国家级教学成果奖、国家哲学社科基金重大项目、国家哲学社科成果文库、教育部人文社科成果奖等方面取得了重大突破，在培养适应新时代需求的全媒体人才不断探索创新上取得累累硕果。

一、融合新闻团队以师德为先导，具有优秀的政治素质和过硬的道德品质

团队精心构筑“五个体系”，即党建体系、驱动体系、育人体系、管理体系、文化体系。在团队带动下，所在单位新闻与传播学院获全国教育系统先进集体、全国党建工作标杆院系等荣誉。团队各成员获得了重要的荣誉称号，包括全国模范教师、教育部跨世纪优秀人才、广东特支计划宣传思想文化领军人才、教育部马克思主义理论研究和建设工程教材编写专家、中共广东省委教育工委“优秀党员”、全国五一劳动奖章、教育部青年长江学者、中组部哲学社会科学领军人才、新世纪百千万人才、中宣部宣传思想文化青年英才、广东新闻奖“金钟奖”等。

二、融合新闻团队以教学为根本，加强布局规划和创新探索，成效显著

2021 年，《融合新闻学》教材由高等教育出版社出版。

此外，团队《新闻采写》等 8 门国家一流 / 精品 / 示范课程获批，《融合新闻》等 15 门 MOOC 上线，4 个虚拟仿真教学实验项目建成并投入使用。新冠疫情期间，团队组织推出 7 款抗疫功能游戏，海内外用户超过 30 万人；组织创作 42 期音频作品上线荔枝客户端，引发海内外社会情感共振。

网络新媒体专业 2021 年获批广东省一流本科专业。在 2021 年软科公布的首次中国大学专业排名中，暨南大学网络与新媒体专业以 A+ 评级（专业就业 A+、学校条件 A、学科支撑 A、专业生源 A、专业条件

A），位列全国第 4。2022 年，获批国家级一流本科专业。在 2022 年软科中国大学专业排名中，上升为全国第 2 位。

三、融合新闻团队以实践为指向，建立全媒体项目矩阵，全方位培育全媒体人才

在实践项目上，成立《全景故事会》（VR 活化博物馆）、《后浪》（公益游戏）、《声海》（网络音视频播音）等系列公益项目产品矩阵。

2018 年 10 月 24 日，习近平总书记到暨南大学视察，并对师生提出“把中华优秀传统文化传播到五湖四海”的殷殷嘱托。为响应这一号召，暨南大学新闻与传播学院内地及港澳台侨青年师生成立“声海工作室”。声海工作室专注于以多语种创新表达的音频产品讲好中国故事、传播好中国声音，以“主流声音，青年表达”为方法，以“立足湾区，声传四海”为路径，以“文化认同，凝心聚力”为愿景，通过“全声态”产品矩阵、全链条内容生产、全区域有声传播与全阵地文明建设，创新打造“声海全球声音文明体系”。目前，以声海工作室为基础申请的社会团体“广州市有声阅读促进会”已经获得广州市社会组织管理局批准成立，由“亚洲飞人”苏炳添担任声海全球公益大使。

声海工作室创作的音频荣获第五届中国青年志愿服务项目大赛金奖、第五届中国青年志愿服务公益创业赛银奖、第七届中国国际“互联网 +”大学生创新创业大赛国赛铜奖及省赛金奖；2021 年全国社会治理创新典型案例、2021 年“益苗计划”广东志愿服务省级示范项目、2021 年“益苗计划”广东志愿服务公益创业赛优秀组织、2021 年广东省灯塔实践团队、2021 年广东十佳网络公益团队、广东省网络表演协会 2021 年度金牌主播、2021 年“i 公益 · i 广州”网络公益项目最具社会大爱网络公益奖等 40 多项国家级、省部级奖项。

建立基层融媒体传播体系团队，推动广东省 30 多个县级融媒体中心转型升级。2019 年以来，学院创设的县级融媒体专业实践项目先后组织 415 名学子前往广东省 46 个县市进行调研实践，在广东省挂牌成立 18 个“县级融媒体研究与实践基地”和 4 个“红色文化传播实践基地”，以专业技能赋能志愿服务，协助当地县级融媒体中心转型升级，服务国家重大战略。学生们原创作品 661 项，覆盖用户 2600 多万人。项目获评第五届中国青年志愿服务项目大赛全国金奖、第十三届中国青年志愿者优秀项目奖、2020 年广东省学雷锋先进典型最佳案例。

四、融合新闻团队以智库为支撑，服务于国家重大战略，智库产品影响力不断提升

学院建有国家级媒体实验教学中心，广东省舆情大数据工程技术中心等 4 个省部级研究基地，团队成员已获得国家社科

基金重大项目10项。其中，广州市人文社科重点研究基地，从2012年的舆情与社会管理研究，逐步转型为舆情大数据研究，2017年获批广东省舆情大数据工程技术研究中心，2018年入选全国高校智库百强榜，2021年建设海外侨情大数据平台。大投入建立高标准的网络技术中心和大数据中心。成立于2003年的网络与教育技术中心设有网络工程部、软件研发部、视频制作部，配备专用于科研计算的高性能计算平台共有3564核，计算能力为264万亿次/秒，存储空间达2.1PB，能够提供网络支撑和硬件设备支撑。大数据中心成立于2021年，已投入经费7500万元完成第一、第二期建设工作，建设面积1100平方米，自主搭建了机房和海外侨情大数据平台，微信、微博、抖音等国内外媒体社交平台数据累计275亿条。

学院各智库团队先后推出《中国媒体融合发展报告》蓝皮书、《中国网络社会治理研究报告》蓝皮书，已分别连续出版4卷，还连续2年推出《中国音频传媒发展研究报告》。各智库团队还深耕新闻舆论、港澳台、“一带一路”、海外华侨华人、新疆人权等领域舆情信息和决策咨询报告，多次被央视《新闻联播》等栏目报道，教师发表的新闻评论作品4次获中国新闻奖，其中2项获一等奖。

融合新闻团队始终贯彻落实习近平总书记对黄大年同志先进事迹重要指示精神，凝聚立德树人、教书育人，敢为人先、开拓创新、众志成城的团队精神，切实推进团队建设，打造高素质专业化创新型的教师团队，服务国家战略规划、粤港澳大湾区建设、海外华侨华人，以重点人才、重点平台、重大项目、重大成果为主要突破口，不断探索创新融合新闻人才培养模式，为国家和地方输送优质的融合新闻高级人才。

（暨南大学新闻与传播学院供稿）

南京师范大学新闻与传播学院新媒体人才培养工作概况

随着传播新技术的迅速发展，近年来传媒行业呈现出全媒化、移动化、智能化、视频化的发展趋势。2021年，南京师范大学新闻与传播学院立足新时代，直面国家与社会的全媒体传播人才需求，以卓越新闻传播人才培养为指向，依托“部校共建”，在学科建设、科学研究、新媒体人才培养等方面积极开拓进取并取得了一定成绩。

一、学科建设

近年来，学院持续强化学科的交叉融合，实现新闻传播学科与工科、艺术学科，以及其他社会科学的融通和渗透，在稳定发展中国新闻传播史、媒介法规与伦理、传媒与社会发展、舆情与社会治理等方向的基础上，追踪学科前沿，在计算传播与智能传播等领域拓展学科新的生长点，用“新媒体+影视”的思路融合发展戏剧与影视学。

2021年3月，学院广播电视编导专业入选国家级一流本科专业建设点。这是继2019年新闻学专业入选首批国家级一流本科专业建设点之后，学院第二个专业步入全国一流行列。同年12月，学院网络与新媒体专业入选江苏省一流本科专业建设点。

2021年11月，学院张晓锋教授主持的“四维重构全媒体新闻传播人才培养体系改革与实践”获得教育部首批新文科研究与改革实践项目立项。该项目依托两个国家一流专业建设点，坚持立德树人和协同育人、实践育人（“一体两翼”）并进，以教育理念、教育生态、教育资源、教育主体的“四维重构”作为改革与实践的主要思路，以“落实三全育人新机制、探索多维协同新路径、打造人才培养新模态”为具体措施，联动东南大学、江苏师范大学、扬州大学、南京林业大学等校以及省内外主流媒体，共同探索建立新文科背景下全媒体新闻传播人才培养体系的新路径。

二、科学研究

2021年度，学院教师积极开展新媒体方面的学术研究和论文发表，在国内CSSCI期刊发表相关论文35篇，在SSCI/SCI等高水平国际期刊发表新媒体研究论文11篇。

1. 在科研项目方面，学院教师获批关于新媒体研究的国家级项目4项，其中国家社科基金重大项目1项、青年项目2项，国家自然科学基金青年项目1项；获批省社科基金项目4项，其中重点项目1项；获批厅级项目8项，其中重大项目2项、一般项目2项、思政专项2项、自然科学基金项目2项，获批南京市社会科学基金专项项目一般（青年）项目1项。

2. 在科研获奖方面，获江苏省高等学校哲学社会科学研究成果二等奖1项、三等奖1项。研究报告《网络人士思想政治引领与提升网络主流话语权研究》荣获江苏省委统战部理论政策创新二等奖。论文《科技议题的话语建构及其社会科技想象》《“健康江苏2030”背景下区块链赋能的医养健康信息跨链协同模式研究》分获江苏省哲学社会科学界第十五届学术大会优秀论文一等奖、二等奖。

3. 学院成功主办“后疫情时代的媒介法规与伦理”高峰论坛（线上）、“第一届中国青少年网络舆情研究学术年会”，协办“后疫情时代的传播挑战”日惹国际传播会议（JCC）（线上）、国际青年交流日（Youth Communication Day 2021）国际会议（线上）。这些会议在国际国内范围内促进了学术交流，扩大了学科影响力，彰显了学院的综合实力。

4. 学院主办的江苏省第八届传媒学科研究生论坛于2021年12月初圆满举行。论坛以“新时代·新媒介·新文化：中国新闻传播历史与现实的再思考”为主题，回顾建党百年来新闻传播研究发展历程，立足新时代，研究运用新媒介，开拓新视野，实现红色基因在新闻研究领域的传递、传播与传承，推进马克思主义新闻观教育在新时代创新发展。

三、人才培养

学院在本科层次开设有网络与新媒体专业，其他专业也呼应时代需求，设置了计算传播、全媒体传播与运营、网络视听生产等方向；在研究生层次上，博士和学术硕士设有新媒体与社会治理方向，新闻与传播专硕设有全媒体传播方向。

1. 本科生培养。2021年，学院进一步结合新文科发展对本科人才培养方案进行了优化。召开新文科背景下的全媒体新闻传播人才培养研讨会3次，举行课程思政专题研讨、一流课程建设专题研讨等活动。

入选首批省级一流本科课程2门（1门线下课程、1门虚拟仿真实验教学课程）；《网络传播学》《数字文本编辑》《融媒体采访与写作》等课程入选校级课程思政建设示范课程；教改课题“大学生创新创业教育、创业能力培养的改革与研究：基于社交媒体平台创业实践的探索”“全媒体时代视频制作类课程改革研究”获校级立项；出版教材1部，即刘永昶教授的《新媒体概论》；教材《融媒体深度报道》《媒介融合下的创意与策划》分别获得省级和校级重点教材立项。

教师获江苏省高校微课教学比赛二等

奖 1 项，校微课教学比赛二等奖 1 项、三等奖 1 项；获江苏省广告行业设计制作技能大赛金奖 1 项。学生获大学生“挑战杯”江苏省选拔赛决赛主体赛特等奖 1 项，“挑战杯”红色专项活动江苏省选拔赛二等奖 1 项；获“全国大学生网络文化节”一等奖 2 项、二等奖 1 项、三等奖 1 项、优秀奖 3 项；获“全国高校网络教育优秀作品推选展示活动”二等奖 1 项、优秀奖 2 项；获“中国大学生广告节学院奖”银奖 4 项；获“上海大学生电视节”一等奖 1 项；获江苏省普通高校本专科优秀毕业论文 1 篇。

2. 研究生培养。一方面，跨融结合，打通内外资源，在研究生开题、预答辩中邀请新华报业传媒集团、江苏省广播电视总台、凤凰出版传媒集团等新媒体部门的校外导师参与；另一方面，加强内部资源建设，学院融媒传播与舆情治理中心建成投入使用，服务于研究生的学习和研究。

《媒体融合工作坊》《传播与社会研究（全英文）》等课程入选校级精品课程。结合课程建设，学院组织召开了研究生精品课程建设研讨会。邀请了新华报业传媒集团、江苏省广播电视总台、江苏省优秀期刊《七彩语文》编辑部、南京报业传媒集团以及研究生院的专家现场指导，讨论如何在“跨专业、跨学科、跨媒体”前提下，将理论教学与实践教学有机结合，提升新媒体人才的培养质量。

获校优秀博士论文 1 篇、优秀硕士论文 4 篇；获批江苏省研究生科研创新计划项目 8 项。研究生共发表 CSSCI 期刊论文 17 篇，SCI 期刊 *Frontiers in Public Health* 1 篇。研究生在国内学术论坛中获得了诸多奖励，如钱帆帆等同学获得第八届江苏省传媒学科研究生论坛一等奖。

博硕士通过线上线下等方式，参加中国新闻史学会 2021 年学术年会、中国社会学年会第三届传播社会学论坛、“后疫情时代的传播挑战”日惹国际传播会议（JCC）（线上）、“后疫情时代的媒介法规与伦理”高峰论坛（线上）、中国新媒体传播学年会、第二届“2050 学子论坛”、中国青少年网络舆情研究学术年会、国际青年交流日国际会议（线上）等近 100 场次。

（南京师范大学新闻与传播学院供稿）

四川大学新闻学院新媒体人才培养概况

2021年，对于四川大学新闻学院是意义非凡的一年，在庆祝中国共产党建党百年的同时，学院也迎来了新闻传播学科发展40周年。作为我国改革开放后最早创办新闻传播专业的三所院校之一，四川大学新闻学院经过40年的砥砺前行，力求以“博学、审问、慎思、明辨、笃行”的治学之道贯通人才培养，在教学与科研上惟实励新、奋楫争先，成效显著、成果丰硕。

一、承继四十载卓越创新，构建高端学术交流平台

为庆祝新闻传播学科发展40周年，夯实学科基础，学院以系列庆祝活动为契机，承办了多场高水平、高规格的学术研讨会议，回首来路，放眼未来，继续扎实探索新闻传播人才培养、科学研究的改革创新。

2021年4月学院成功承办了中国新闻史学会第六届常务理事会第三次会议，并同步举办“新文科背景下的新闻传播教育发展论坛”，邀请到众多院校新闻传播学院系负责人和资深新闻教育专家，就新闻传播学人才培养、专业结构优化、产学研融合机制等重要议题展开了深入研讨。会议圆满成功，受到了学界与业界人士的广泛好评。9月24日至25日，为深入探讨新时代、新文科背景下新闻人才培养问题，学院承办了中国高等教育学会新闻学与传播学专业委员会“第八届理事会第五次常务理事会议暨‘新文科与新闻人才培养’研讨会”，进一步探讨新时代、新文科背景下新闻人才的培养。

多场高规格学术会议的圆满举办，为四川大学新闻传播学科的发展交流提供了更加广阔的舞台，学院借此机会组织举办了“四川大学新闻传播教育四十年系列讲座”，邀请国内学术名家作多场专题讲座，有效提升了我院新闻传播学科的学术交流的质量和水平。

二、学党史促实践，强“四力”悟思想

2021年恰逢中国共产党百年华诞，学院秉承一贯的在实践中育人的理念，结合学院新闻学科特色推进党史学习教育，深化专

业能力塑造，在课堂之外以活动促学习，以学习促领悟。

学院与共青团四川大学委员会、共青团成都轨道交通集团有限公司委员会于2021年4月共同主办了“百年伟业千古秀”——庆祝建党100周年主题海报设计大赛。川大学子充分发挥创造力，回溯历史，展望今朝，围绕庆祝建党100周年这一主题，巧思创作，既表达了青年学子对百年峥嵘岁月的致敬与美好未来的祝福，也锻炼了学生们在媒介融合发展的时代背景下的传播技能。充满创意和活力的作品在成都地铁8号线的车厢内展映，为城市基层党建汇入了青春活力。活动培养了青年学子的爱国情怀，获得广泛好评，取得了良好的社会效果。

为丰富党史学习教育形式，让百年思想伟力入脑入心，学院开展了系列师生党史学习教育实践活动。在校内，2021年4月学院举办“读《毛泽东选集》，重温革命战争年代党报”读书会，陈力丹教授带领学院师生阅读学习《毛泽东选集》与《新中华报》，重温革命战争年代党的办报历史，从党的革命实践与新闻实践理解、学习、践行马克思主义新闻观。同月，学院师生代表赴四川马克思主义运动先驱、四川党团组织创始人王右木纪念园及故居所在地开展党史学习教育。7月学院研究生暑期社会实践团赴中国共产党的诞生地——上海和浙江嘉兴，开展以“回首初心使命，赓续红色基因”为主题的暑期社会实践活动。

学院通过实地零距离的参访学习活动开展马克思主义新闻观教育，实现了党史与新闻史、新闻理论、新闻业务教学的有机结合，培养了学生的爱国情怀，同时也为高校利用红色资源开展思政教育，引导学生从党史学习教育中汲取智慧和力量，践行马克思主义新闻观探索了新方法、新路径。

三、技术赋能人才培养，深化教学教育改革

在技术推动的传播格局持续变革之下，学院以跨界协作为着力点、以学科交汇为切入口，不断筑牢马克思主义新闻观，厚植专业内涵、升级课程体系、精造教学团队，坚持培养适应新型主流媒体融合人才的机制及实践探索。

2022年6月，学院网络与新媒体专业入选国家级一流本科专业建设点，至此，学院三个新闻传播本科专业全部入选国家级一流本科专业。蒋晓丽教授领衔的《跨界协作 学科交汇——适应新型主流媒体的融合创新人才培养机制的探索与实践》获2021年第九届四川省教学成果奖二等奖。校媒协同育人方面，在2021年第二批产学合作协同育人项目基础上，学院与成都索贝数码科技股份有限公司持续深入开展产教融合及协同育人合作，利用索贝公司的技术优势，为学院网络与新媒体专业的学生提供了丰富的技术实践平台，大大拓宽了学生的技术视野与行业认知。

操慧教授主编的《文新互鉴，融创特色——四川大学文学与新闻学院微信公众号

运营实例解析》于 2021 年 9 月出版。该书在精要概述案例实况的基础上，摘录报道原文，附以创作、采编札记及二维码链接，以此纪实采写实践，汇集融媒实训经验，为融媒语境下的教学育人创新提供交流样本。由学院主办、教师指导、学生运营的校园媒体“四川大学文学与新闻学院”微信公众号自开设以来，融通文学、新闻学科特色，服务学院师生及社会公众，并作为学院自办的全媒体人才培养实训平台，着力促进教学相长，助推产学研互动，顺应全球新闻传播的网络化、信息化新趋势，在融媒语境中开辟学生求知求真的新空间，成为专业教育改革、特色学科建设的试验区。

2021 年，学院继续与本地媒体、互联网企业共建育人平台。学院与四川日报、封面新闻等媒体互派骨干教师和一线记者、编辑挂职。学院聘请来自新华社四川分社、中国妇女报、四川日报、四川广播电视台、四川新闻网、成都传媒集团等单位的 50 名业界专家担任新闻与传播专业硕士的产业导师。通过多年来与业界的通力合作，学院已形成了理论与实践结合、传统媒体与融合媒体兼顾、价值观塑造与能力培养并重的专业人才培养体系。

在媒体深度融合处于战略机遇期与关键窗口期的时代背景下，学院紧盯媒介技术发展趋势，将实验教学基地纳入日常教学场景，大力推进前沿媒体与新闻传播人才培养的深度拟合。学院引进了业内先进的 4K 超高清现场节目制作系统，通过该系统可以实现全面的智能化节目制作与特效操作，包括视频切换、音频混合、多通道视频播放及录制、字幕图文制作、流媒体推送及社交媒体分享等功能，搭建了“平台 + 内容 + 渠道 + 教学 + 应用”的新媒体教学实践体系。该系统已应用于学院招生宣传、线上课堂、典礼演出等活动的网络在线直播工作，在为学生实践提供专业化技术平台的同时，也提升了学院活动的社会可见度及传播效果。2021 年 12 月，四川省网络文化协会元宇宙专业工作委员会成立，学院成为首批专委会成员，进一步迈向感官延伸、时空拓展、人机融合语境下的新闻传播人才培养创新。

（四川大学新闻学院供稿）

兰州大学新闻与传播学院新媒体人才培养工作概况

兰州大学新闻传播教育肇始于1959年兰州大学中文系新闻专业，迄今已有60余年的发展历史。1983年，兰州大学基于国家战略需要建立新闻系，并很快进入全国前列；2004年兰州大学新闻与传播学院成立，2014年被列为全国首批“部校共建”新闻学院单位。2020年获批新闻传播一级学科博士授予权，学院发展迎来了新的历史机遇。

在新媒体人才培养方面，兰州大学专门设有新闻学（网络与新媒体方向）和新工科“数字媒体技术”专业。“网络与新媒体”方向始建于2001年，是“2+2”培养模式的特色优势专业方向。在教育部“推进‘四新’建设”精神的指引下，2018年兰州大学新闻与传播学院开设了“数字媒体技术”新工科专业并开始招生，该专业首届毕业生即将走向新媒体领域的工作岗位。

近年来，上述专业和方向的人才培养和专业建设均取得了令人瞩目的成就。学院坚守秉持马克思主义新闻观、熟练掌握多种新媒体技术、熟悉新媒体产品运营、具备国际前沿传播视野、立足中国国情与特色的新闻传播人才培养理念，着力构建全媒化、复合型新闻传播人才的培养体系。

一、强化马克思主义新闻观的统领作用，夯实新媒体人才培养基础

按照兰州大学新闻与传播学院本科培养方案，包括网络与新媒体方向、数字媒体技术专业在内的所有新闻与传播大类的学生均必修《马克思主义新闻理论》与《马克思主义经典著作选读》，这两门课程与时俱进，既聚焦主流新媒体的责任与担当，又关注互联网时代的媒介特征与价值传播，有助于培养学生深入学习领会习近平总书记围绕新闻舆论工作的一系列根本性、战略性、全局性的指示精神，深刻理解马克思主义新闻观的当代意义，了解当前媒介实践，切实推动新时代党的新闻理论进教材、进课堂、进头脑，用兼具现实指导性与学理创新性的新媒体人才培养体系打造全新的新媒体领域拔尖创新人才。

二、强化课程建设核心工作，持续提升教学团队水平

人才培养的根本是名师名课。课程建设是人才培养的核心路径，教学团队建设是人才培养的核心力量。

在新媒体教育教学方面，兰州大学新闻与传播学院倾力打造了一系列精品课程，培养出了符合新时代要求的新媒体专业人才。在近两年里，学院先后有“新媒体概论”“小实习”两门课程被认定为省级一流课程，《新工科背景下数字媒体技术专业人才培养模式研究》获批校级教学改革项目。

在新媒体教育师资团队建设方面，新媒体教学团队中，有一名教师荣获兰州大学2021年度“隆基教学骨干奖”荣誉称号，一名教师获评2021年兰州大学第六届“我最喜爱的十大教师”荣誉称号。

在教育教学路径方法的创新上，针对新媒体技术日新月异的特点，学院加大跨平台协同育人的力度，紧跟新媒体发展前沿，不断创新教学方法。“无人机摄影与全景展现”等课程依托学院与新华社等业界搭建的联合实践实训平台，引入新华社和技术企业，联合业界学界、校内校外共同组建了教学团队，创新教学方法，强化实训过程，取得了良好的教学效果。

三、创新新媒体人才培养体系，丰富新媒体人才培养空间

网络与新媒体专业（方向）前身是兰州大学“2+2”培养模式的特色优势专业——“网络新闻专业”。按照教育部专业指导委员会本科专业最新目录，已于2011年正式作出相应的调整。该专业是国内新闻院系中最早创办的复合型新闻人才培养专业之一，2001年招生以来，本专业已培养复合型专业人才500余人。本专业根据现代新闻传播事业对新媒体人才的需要，在传统新闻学人才培养的基础之上，结合新媒体的发展现实，培养既具备新闻传播学基本素养，又熟悉现代新闻传播新技术的复合型新闻传播人才。

数字媒体技术专业按照教育部专业指导委员会本科专业最新目录设立，旨在培养“懂技术的新闻人”。该专业以信息学为基础，依托新闻与传播学院，顺应互联网和移动互联网时代对网络与新媒体人才的新需求，以新媒体内容生产、新媒体技术开发与新媒体运营为核心，培养创新意识强烈、人文功底扎实、熟悉新闻传播规律、掌握前沿数字媒体技术的专业人才。通过本专业的学习，学生应具备较强的学习能力、实践能力和就业竞争力，能够运用所学在网络社会转型以及媒体融合发展中作出贡献，满足国家传媒行业融合转型、数字内容产业兴起、建设网络强国和信息化强国的需求。

在教学和培养模式上，兰州大学新闻与传播学院新媒体人才培养始终采用宽口径与专业性相结合、理论素养与技术实践相结合的教学和培养模式。首先，重视学生的专业修养和基本功训练，开设数字媒

体技术的宽口径通识类课程、理论课程、实践实验课程等，加强学生在数字媒体技术综合素养、理论基础与前沿技能方面的学习与训练，为学生提供宽阔的人文视野和深厚的综合素养；其次，充分体现以学生为中心，以国家和社会需求为导向的思想，开设多方向、有针对性、可延展、灵活前沿的专业方向选修课程，使学生能够灵活、自主、充分地选择适合自己的课程，在学有所长的基础上学有所精；最后，既利用校内实验室和工作室，又与政府、研究机构和新媒体企业直接对接，将课堂灵活设置在校外各种网络与新媒体的用人单位，直接面向社会和市场，给学生提供不同类型、不同水平的实践训练，锻炼和培养学生的新媒体研究和应用能力。

四、加强新媒体实验室建设，搭建高水平教学科研平台

继 2018 年学院斥资 150 万元启动“兰州大学数字媒体实验平台”建设之后，2019 年兰州大学新闻与传播学院获得兰州大学“双一流”建设引导专项资金 310 万元，用于拔尖创新人才培养条件的建设，2020—2021 年以兰州大学数字媒体实验平台为依托，学院完成一项教育部校企合作协同育人项目。学院现已完成虚拟全景演播室及演播室外场直播系统、融合媒体实验室、录音与配音实验室、广告摄影与创意实验室 4 间专业实验室，以及校园媒资管理系统、实验平台网站、网络安全防护系统、试验区与监控系统等后台配套系统的建设，搭建起了满足新闻传播类专业人才培养的实验平台框架，形成了新媒体数字化内容和创意生产的“中央厨房”，既能够有效承载学院所有专业的实验教学、人才培养和社会服务的需求，又能够服务于兰州大学其他人文社科及相关专业，有效促进了学院新媒体人才培养模式不断迭代更新。

五、新媒体人才培养成效卓著，实践教学呈现品牌效应和规模效应

兰州大学新闻与传播学院还主动对标国家要求，契合社会需求，围绕新媒体人才培养目标，整合力量，形成特色，创新实践教学模式，以实战带实践，以“问题导向方法（POM）”方式促进以学生为中心的新型课堂教学，搭建技术人才培养的高起点。学生自入学第一学年即参加学院的品牌实践教学活动，通过跨平台协同育人，直接进入各级融媒体中心、数字媒体“中央厨房”实习实践，以促进学生主动学习理论、主动参与实践、主动解决问题、提升实操能力。

2020—2021 年度，学院实践教学继续坚持“将课堂搬到田野，将教学深入基层”，品牌效应和规模效应进一步扩大。经过 10 余年精心打造，“重走中国西北角”等实践教学活动在全国产生了巨大品牌效应；2020—2021 年度“国庆融媒采风行”，被新华社客户端使用或刊发的 90 余件作品的浏览量达到 100 万 + 次。实践教学助力新媒体人才培养，形成了深耕西北，服务社会，

重视多元性、前沿性、互动性的新媒体教育培养特色。

另外，学院还根据媒介环境和传媒产业变化，更新教学理念和教学技术，创新教学内容和教学方法。及时引入新技术手段，提升新媒体人才适应能力和职业竞争力，适应社会发展需求。网络与新媒体方向及数字媒体技术专业紧跟媒体融合发展的潮流，充分运用“新华云”等前沿技术平台和学院已有资源，实时更新和提升教学理念与方法。部分学生设计出游戏新闻、互动新闻、数据新闻、H5、融合新闻等多款前沿技术产品，受到中央广播电视总台、新华社、人民网等权威媒体肯定。

近年来，兰州大学新媒体方向毕业生获得用人单位的普遍认可，在行业内有较高的美誉度，学生政治素养、专业素质和综合素质同步提升、同样过硬，已得到部分合作媒体和实习实践单位的好评，部分即将毕业的学生已收到国内权威媒体的预聘意向。新媒体专业领域培养出了大批“讲政治、厚基础、有技术、强实践、能创新”的专业人才。

（兰州大学新闻与传播学院供稿）

发展综述

行业报告精选

我国主流媒体深度融合发展进路

曾祥敏　刘日亮　杨丽萍①

摘　要：媒体深度融合发展以来，全媒体传播体系建设系统推进，四级融合发展布局纵深开掘。“最后一公里”布局完善，县级融媒体中心全覆盖，最弱一环开始发力，市级媒体走出“佛系隐身”状态；体制突破引领媒体深度融合转向，机制变革围绕内容建设提质增效，移动优先注重以人为本，中央厨房机制不断深化；主流媒体多路并进构建生态级平台，打好“新闻＋政务”王牌，理好后疫情时代“新闻＋公共服务”新牌，抓住“新闻＋商务”机遇牌。本研究基于近一年我国主流媒体深度融合发展实践经验和难题，结合我国主流媒体深度融合发展调查问卷结果和对主流媒体从业者进行的一对一半结构化访谈②展开，围绕体制机制深化改革、主力军全面挺进主战场、全媒体内容链条深度重构等3个方面进行重点探讨，以期为我国主流媒体深度融合发展的具体进路提供思路。

关键词：媒体融合；媒体深度融合；全媒体传播体系；垂类生产；智能技术

2021年是媒体融合作为国家战略整体推进的第8年，也是根据中宣部要求基本实现县级融媒体中心全覆盖后的第1年。国家“十四五”规划和2035年远景目标纲要明确指出当前媒体深度融合战略的方向与目标，即“推进媒体深度融合，做强新型主流媒体”。在中共中央办公厅、国务院办公厅印发的《关于加快推进媒体深度融合发展的意见》（以下简称《意见》）指导下，主流媒体探索深度融合实践的路径与方向越发清晰：改革发展的重心正逐步由产品创新、业态转型转向媒体战略转移，再到互联网生态焕新。当前，“刀尖向内”、系统全面升级的体制机制突破成为关键发力点，打造新型主流媒体品牌成为内容建设方向，构建生态级互联网平台成为新型主流媒体转型升级的目标。同时，主流媒体在打造集合广泛连接、多元整合、持续发展的全媒体传播生态体系过程中，也面临层级差异化、区域不平衡的挑战，深度融合发展如何“破茧”这一问题已经迫在眉睫。

一、总体发展：媒体深度融合推进与全媒体传播体系建设

推进媒体深度融合是阶段发展的新起点，也是我国媒体融合进入深水区继续攻坚克难的变革，而我国全媒体传播体系的战略布局已经初建，未来必将是做深做准做细的全面推进。

（一）四级融合发展布局纵深开掘

截至2020年年末，我国的融媒体建设已经初见成效[③]，四级融合发展布局初具框架，新型主流媒体由先锋队经验向较全面的主力军推广，融合机制改革持续纵深开掘。

*1. 顶层设计：媒体深度融合，全媒体传播体系完整提出。*当下，媒体融合进入深水区和攻坚期，政策推进到了新阶段。《意见》提出媒体深度融合发展的总体要求，完整提出要建立以内容建设为根本、先进技术为支撑、创新管理为保障的全媒体传播体系；“推进媒体深度融合”被纳入《中华人民共和国国民经济和社会发展第十四个五年规划和2035年远景目标纲要》；国家广电总局印发《关于加快推进广播电视媒体深度融合发展的意见》并明确改革时间点。在战略政策中，诸多表述都提出了融合发展转型的新阶段与新方向——管理机制创新成为重点、优势资源全面布局互联网、央省市县协同发展、有效利用用户资源。[④]

2. 先锋引领：央媒加强“央省联动”，省媒牵头“花式联动”。“央省市县”四级融合发展布局的目标在于构建有连接力、组织力、引导力的全媒体传播体系，形成全程、全效、全覆盖的智慧全媒体传播生态，因此，发挥媒体融合先锋队优势以保障四级新型主流媒体间的实时联动与快速反应尤为重要。

人民日报、新华社、中央广播电视总台等央媒通过搭建平台，邀请县媒入驻矩阵号、使用云平台、打造“全国县级融媒体智慧平台”等路径，实现与部分县媒的点对点联动。同时，加强与省媒的联动：一方面，央媒加强与省媒的内容资源共享、技术共融、传播平台和渠道互通，比如新华网客户端与闪电新闻客户端深度合作，协同构建四级融媒体一体化智能媒体资源平台，联合发起“百年百城 建党百年寻声”等；另一方面，央媒不断加强地方站建设，比如中央广播电视总台计划在全国各省（区、市）设立地方总站以加强融合联动，在2021年4月至7月，重庆、浙江、河北、北京、山东、天津6家地方总站陆续揭牌，甘肃、河南等地方总站也正在建设中。省媒则基于省级云平台加强与内部各市、县、乡镇、社区的“花式联动”，包括一体调度、内容共享、数据互联、技术互通、政务服务矩阵聚合、文明实践平台服务、举办线下活动等。比如新甘肃云省级指挥平台建立覆盖全省的

指挥调度地图[⑤]，以实时掌控市县扶贫新闻和动态；山东闪电云平台构建了省、市、县三级媒体共用的"媒体大脑""指挥中心"和"内容中台"；湖北广电长江云按照省、市、县、乡、村五级架构开发"长江云·新时代文明"实践平台；浙江天目新闻举办温州龙湾区拍客大会、建立天目融媒体学院台州（黄岩）学院等线下活动，加强市县融媒联动、宣传与培训。

3. 体系连通：市媒被纳入全媒体传播体系建设。项目组2020年的调研结果显示，作为连接"央—省—市—县"全媒体传播平台合作方面都处于弱势地位，部分市媒甚至进入"佛系隐身"的停滞状态。[⑥]而2021年的我国主流媒体深度融合发展调查问卷结果显示，虽然市级媒体的融合发展仍处于相对弱势的地位，但融合机制已经发生变革。在"您单位是否采取移动优先"一题中，87.15%的市媒被调查者选择"是"，且移动优先的具体体现呈现多元化分布，全媒体人才数量多、绩效考核侧重、发稿优先是3项最主要的机制变革（图1），初步显示出市级媒体被纳入全媒体传播体系建设的激励效果。而在四级融合发展布局的连通中，除了找到自身的优势着力点和差异发展之道外，暂时处于"中部洼地"的市级媒体也可以通过优势省县资源的两头带动，在技术接入、机制借鉴、内容联动上加速进入全媒体传播体系建设。比如成都广电神鸟知讯客户端围绕时政社交党媒定位，发力新闻、政务、文创产业，吸引超过1500个成都社区集体入驻；长沙市不断升级聚合政务、公共和社会服务、融媒体资讯于一体的客户端"我的长沙"；安徽芜湖市整合芜湖日报、芜湖广播电视台的新媒体资源，打造"今日芜湖"客户端，下载量超150万[⑦]；湖北鄂州市融媒体中心纳入湖北省市级融媒体中心建设样板工程等。

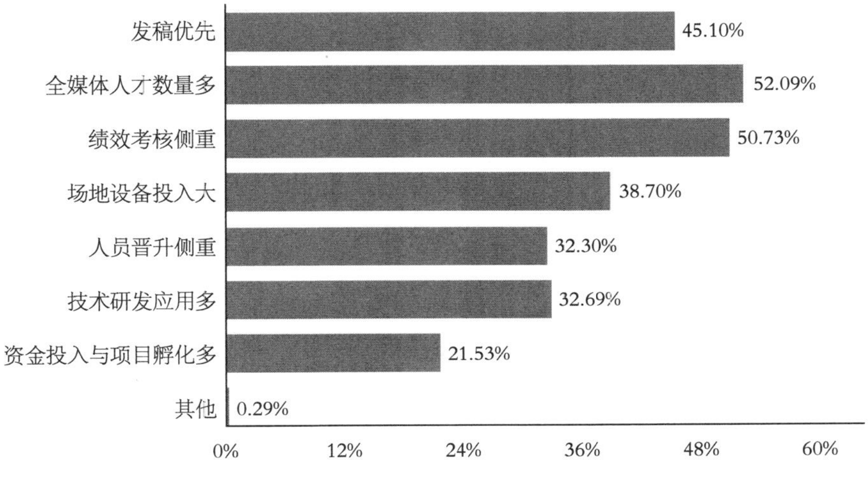

图1 "您单位如何体现移动优先"的市媒调查结果（总样本数：1031）

（二）体制机制突破引领媒体深度融合

媒体深度融合发展要“推动传统媒体和新兴媒体在体制机制、政策措施、流程管理、人才技术等方面加快融合步伐”[⑧]，体制机制成为新型主流媒体深度融合发展转向的重中之重，这不仅涉及通过顶层设计建立集约高效、重点突出的全媒体生态型互联网平台，还包括优化组织管理和运维机制，针对固定部门和柔性组织、生产经营和激励方式等进行系统化、差异化、有侧重的制度性建设。

1. 体制机制变革：围绕内容建设提质增效。内容建设是全媒体传播体系建设的根本。一年来，各单位深度融合发展的机制变革也主要围绕内容建设展开。“您单位近一年内采取了哪些体制机制革新”一题的调查结果显示，采编流程融合创新、组织架构一体化、内容生产体系和传播链条建设分列前三，占比分别为66.74%、54.68%、52.92%（图2）。而将中央媒体、省媒、市媒、县媒数据进行交叉分析后发现，中央媒体近一年的机制变革主要体现在组织架构一体化上，继平台融通、内容建设之后，继续“刀尖向内”打破新旧媒体机构壁垒。而县级媒体在组织架构一体化、市场化经营管理、媒体内部管理机制革新方面均有显著加强，体现了其从创新“前台”技术应用与产品融合，到调整“后台”融合机制的深入发展。比如湖南浏阳市融媒体中心通过设立融媒体“指挥调度室”，形成协调联动、运转顺畅的融媒调度运行机制，对“一报两台一网一端三微”8个市属传播平台和“新湖南”等4个上级新媒体浏阳频道进行融媒调度，形成了“一体策划、一次采集、多种生成、多元传播、全天滚动、全媒覆盖”的调度机制[⑨]，通过采编机制再造引领业务、促进融合。

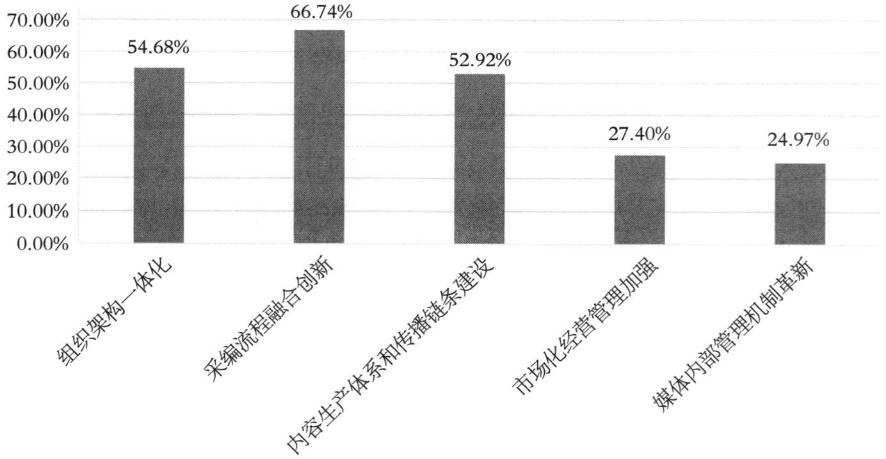

图2 “您单位近一年内采取了哪些体制机制革新”调查结果（总样本数：4537）

2. 移动优先：人才主力军全面挺进主战场。把握移动传播规律、实践移动优先策略是主流媒体融合变革自始以来的转型重点。融合上半场，主流媒体的移动优先主要体现在生产满足用户在移动场景消费的新闻信息产品，把内容作为打开互联网主阵地的排头兵。而在当下的媒体融合深水区和攻坚期，移动优先策略深入主流媒体队伍内部，围绕激活人才的主力军建设进行机制突破。在移动优先的具体体现上，问卷结果显示：全媒体人才数量多、绩效考核侧重分别占比 51.94%、49.76%，排在发稿优先之前（图 3）。围绕人才主力军的机制调整，其实质是驱动媒体人的持续创新和学习能力，为主力军全面挺进主战场提供不竭动力。

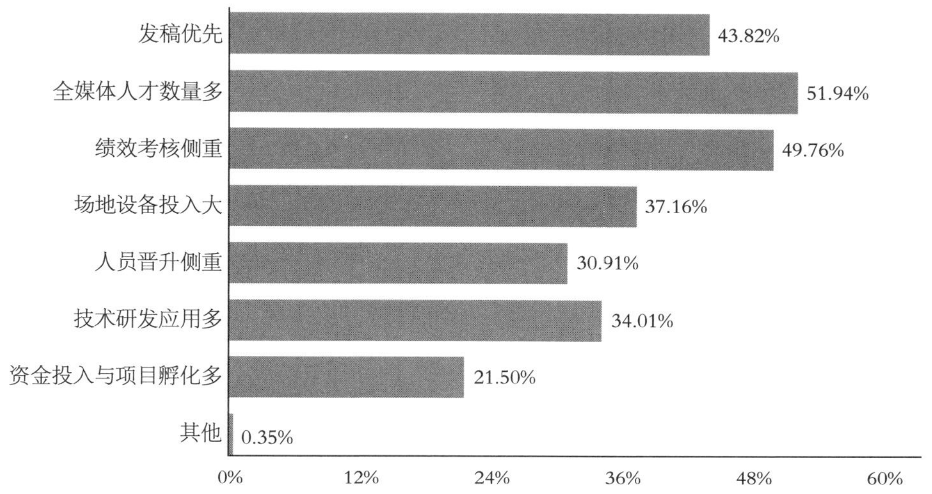

图 3 “您单位如何体现移动优先”调查结果（总样本数：4537）

3. 中央厨房：优化升级亟待推进。“一次采集，多元分发”的中央厨房在融合初期是各级媒体建设的重点，一些媒体将中央厨房建设成为拥有数据大屏、多功能办公区的物理空间，但在实用性上有所折扣，问卷结果显示，生产内容过于同质是最大问题，一次采集、多种生成不适配，工作沟通更加烦琐，使用频率低等问题同样明显（图 4）。

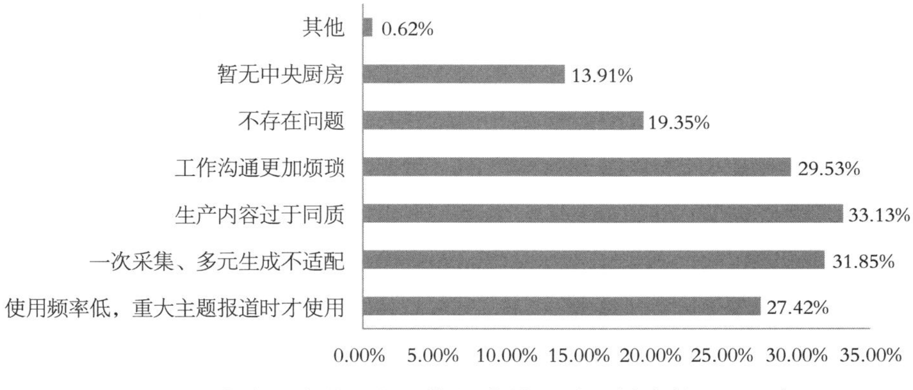

图 4 “中央厨房使用问题”调查结果（总样本数：4537）

访谈对象 M02[10]说：“中央厨房是否让记者编辑新闻生产变得更流畅，是否让上传内容得到进一步整合，是否能让新闻产品得到更大范围传播，这些都是需要进一步调整的地方。”

中央厨房不是“一锅烩”“一刀切”，正如访谈对象 F02[11]所说：“各部门对同一新闻有个性化的报道侧重，存在竞争，不是对素材进行简单二次加工就可以。”作为协同作战的生产机制和资源整合的技术平台，中央厨房应进一步优化升级，打破中央厨房的物理空间束缚，以互联网思维优化中央厨房的内容、人员、绩效等资源配置和分工，提升记者的采编自主性，推进扁平灵活的调度机制，让中央厨房更好发挥作用。比如，在内容生产之后的传播推广环节加大探索，通过中央厨房优选同一报道选题下网感更强的产品进行新媒体端推荐分发，并根据新媒体传播效果及时统筹多次生产与传播，实现主阵地内容引领与主力军创新激励。

（三）多路并进构建生态级平台

在以数字化、网络化为底层逻辑的移动互联时代，主流媒体不是游离于社会运行系统外的“平行力量”，而是与社会高度同构并深度嵌入的基础设施[12]，探索建立“新闻＋政务服务商务”的运营模式、构建服务于国家治理的多功能生态级平台是主流媒体深度融合发展的目标任务。

1.“新闻＋政务”依然是拓展运营模式的首选。“新闻＋政务”的主流媒体平台业务拓展是基于中国特色、中国道路的媒体发展模式，随着媒体区域云平台建设的不断完善，地方媒体接入或与政府共建政务垂直内容成为主流媒体参与社会治理的主要表现形式。在对主流媒体移动客户端功能设计的调查中，提供政务服务是继舆论引导监督、提供新闻信息之外的第三大功能，且三者占比相差不足 5%，可以说，以提供新闻信息为主要功能的主流媒体新闻客户端基本都进行了政务功能建设。在具体的政务功能垂直板块建设中，政务公开（如发布最新政策）、政府专栏（如对接政府官网）、政府信箱（如提出行政管理建议）成为政务板块建设的三大核心（图 5）。此外，问政投诉、接诉即办等注重用户交互、解决实际问题的政务功能也是媒体政务建设的重点。这类内容往往会

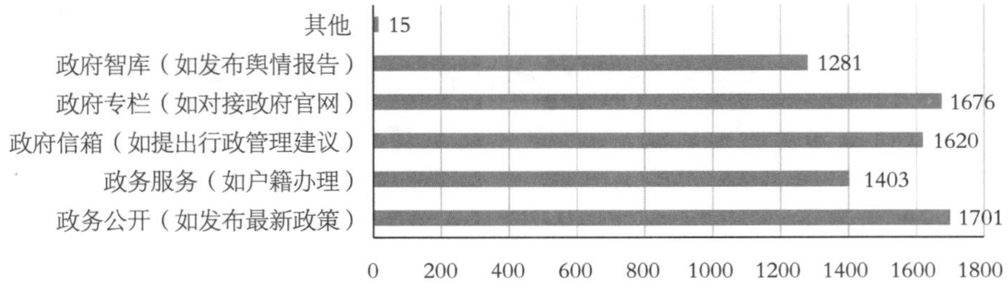

图 5 “新媒体端政务功能垂直类别建设”调查结果（总样本数：4537）

通过用户与管理员公开问答的页面形成围绕社会治理的内容交互社区，具有用户地缘和生活的贴近性，成为平台增粉固粉的重要途径。

2.“新闻＋公共服务”的后疫情特征明显。在“您单位的新媒体端实现了哪些公共服务”一题的调研结果中，就业、医疗健康、教育分列前3，占比分别为61.90%、61.86%、59.81%（图6），具有明显的后疫情特征。新冠疫情对国家社会的政治、经济、医疗、教育、传媒等都产生了深刻影响，后疫情时代，全面推进复工复产成为首要任务，搭建就业信息互联网平台响应了解决燃眉之急、助力社会治理的时代需求，而疫情催生的人们对医疗健康的急剧关注、线上教育的迅速发展等，也成为主流媒体公共服务功能的布局重点，体现了主流媒体与国家社会同频共振的责任担当。比如，截至2021年6月，“我的长沙”客户端作为“互联网＋”城市综合服务平台，包括1703项服务，其中社会服务和公共服务约260项，汇集了疫苗预约、社保查询、医保电子凭证、户政办理等高频刚需服务，同时根据不同时期用户的需求度调整服务功能的排列位置，贴近用户需求，提升平台实用性、服务性。

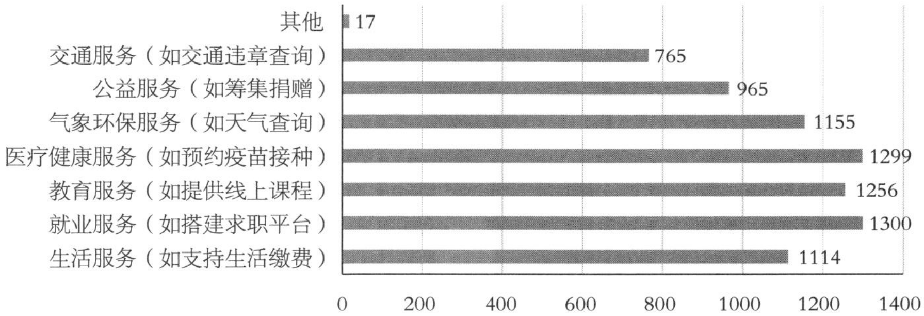

图6 “您单位的新媒体端实现了哪些公共服务”调查结果（总样本数：4537）

3.“新闻＋商务”的多元经营模式探索。主流媒体如何加强自我造血能力是目前普遍面临的难点，“新媒体的资金投入就像一个无底洞，我们拼不过互联网公司，而互联网公司往往也不依靠旗下的新闻产品实现盈利”⑬。在商务功能垂直具体类别开拓的调查中，以直播带货为代表的电商引流合作超过以广告投放为代表的商品推广，占比67.80%，位居第3（图7）。不过，目前主流媒体的直播带货多以公益为主，尤其是在后疫情时代、全面建成小康社会的时代环境下，主流媒体有着自身商务模式拓展和社会责任担当的双重任务，从传统的电视购物到直播带货的转变绝不仅是平台渠道的更替，更是规则玩法的重新洗牌。

可以确定的是，完善经营机制、拓展多元模式是主流媒体深度融合的重要发力点，持续的造血能力和创优创收能力也是考量生

发展综述

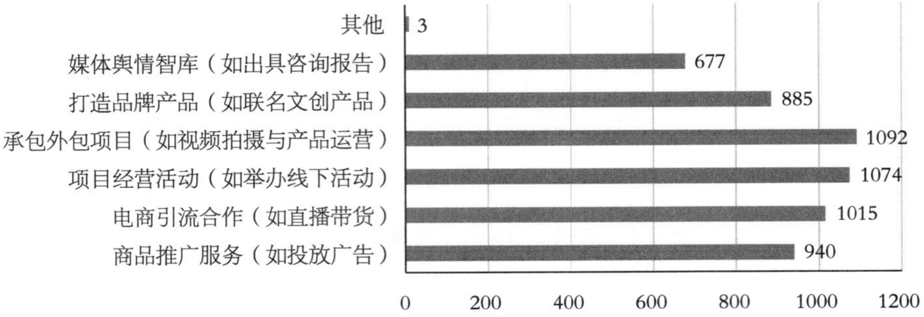

图 7 “新媒体端商务功能垂直类别建设”调查结果（总样本数：4537）

态级平台新时代生命力的重要标准。比如，央视网成立媒体资源事业群以帮助经营部门配置资源，规范管理品牌价值使用，避免资源贱卖，进行风险控制等。钱江晚报“小时新闻”客户端则通过优质原创内容运营与打造垂直品牌实现商务拓展，一是坚持自有平台和第三方平台“两条腿走路”，整合内外资源，增强全网分发、运营能力；二是开展集“创意 + 策划 + 文案 + 宣传 + 执行”于一体的融媒体整合营销，如“小时新闻”与全国知名的浙二医院眼科中心合作，推出全国首个医媒融合打造的眼科 App——斑马鱼平台，有别于互联网医院模式，斑马鱼主要侧重科普教育和面向 C 端用户会员体系建设。

二、重点突破：体制机制改革的具体探索

媒体深度融合必将体制机制改革做深做细做具体，这才是深度融合的重点，也是深度融合发展的要义。

（一）顶层设计：构建一体化全媒体组织架构

主流媒体的组织架构调整属于媒体单位的顶层设计，贯穿着从“合而为一”到“融为一体”的媒体融合全进程，体现着一家单位的改革勇气和执行智慧，决定着自身融合的深度和广度。2021 年，调研的多家媒体再次对自身的全媒体组织架构进行深层调整，推动主力军全面挺进主战场，激活新媒体端的创新潜力。

1. 横向设计：面向全媒体生产传播的组织“加减”。调整组织架构的直接目的就是通过机制调整推进和保障全媒体内容生产，一般采取改革组织结构、整合核心资源、更新管理和考核机制等方式。比如 2021 年，上海广播电视台融媒体中心就进行了人员和部门调整，将 2/3 以上的员工全部纳入直接从事网端生产的融媒生产序列中，新设新闻指挥室、视觉工作室以发力新媒体产品生产。钱江晚报瞄准机构改革，传统纸媒采编部门仅保留一个报纸编辑中心，其他采编部门的工作重心全部面向移动端；同时撤销原来的新媒体中心，单独成立了产品与内容运营、创意设计、视频等部门，以更好地适应移动端生产需求。而作为北京 17 家区级融媒体中心之一的北京经开区融媒体中心则彻

底改革，率先试水由事业单位整建制转为企业方式运营[14]，尝试破解人才选用的屏障。

2. 纵向布网：加强基于本地各级媒体的一体化连接。随着四级融合布局推进，各省市媒体也加强与本地基层媒体、区域组织的一体化连接，助推基层党建和现代化治理，建设新时代文明实践中心。比如湖南红网正在建设连接市县资源的地市级分站、县级分站；山东广电采取“一个平台一张网”模式，通过闪电云平台搭建全省主流媒体宣传工作的三级联动机制，并同步建设山东省新时代文明实践中心，助推志愿服务的现代化、信息化管理和开展；成都广电因地制宜，形成以市级融媒平台和“看度”客户端为支撑，覆盖多个区县融媒体中心的市县垂直融合格局；荆州日报社则发挥市媒融合的主动性，在融合上半场的成果基础上，探索助推社区治理的“一平台三融合”工作方法，即发挥党媒平台优势，与当前正在实施并推进的融媒体中心、新时代文明实践中心、党员干部下沉社区相融合，以市—区（县）—社区的一体化连接，织密区域共享共治信息服务体系。

3. 区域协同：先声夺人，以广播带动媒体跨域融合。随着区域经济一体化发展、城市群和都市圈相继推出，以及广播领域的月大湾区之声开播，长三角之声、京津冀之声也分别于 2020 年 10 月、2021 年 2 月开播。以京津冀之声为例，节目围绕京津冀经济、政治、文化、社会、生态文明等主线，将政商内容与服务性、欣赏性内容相结合，《早安京津冀》《京津冀新干线》两档早晚高峰新闻节目采用的三地信息比例为 4（北京）：3（天津）：3（河北）。[15]融媒传播方面，京津冀之声入驻津云、冀时客户端，同时在微博、各台微信公众号、抖音、快手等进行全媒体内容生产与传播。

主流媒体通过建立跨域协作机制，打造全媒体云平台，不仅能够促进城市资源交互、拓展用户市场，还能在协作中创新内容生产链条、推动媒体深度融合。保障区域协同长效发展，最重要的是基于协作的区域型媒体能否面向市场，建立在地化、品牌化的长效经营模式，比如建立区域化的著作权交易市场、孵化线上线下媒资项目、运营垂直领域内容产品等。

（二）内容为本：生产传播流程优化升级媒体

在多年的融合转型发展中，大多数主流媒体已经探索出保障自身当下全媒体内容生产的差异化采编机制，但究其核心，生产传播流程的优化升级都离不开统筹策划和采编制作。

1. 统筹策划：扁平灵活的机制保障内容生产的质与量。根据对中央厨房使用效果的调研数据，中央厨房在推动机制改革、加强指挥协调、促进流程再造、加强集约生产、增强传播效果、提供技术支持、优化员工考核上的得分均超过 4 分（满分为 5 分）。正如访谈对象 F06[16]所言：“从多年来的融合传播实践来看，中央厨房路径不仅被证明是可行的，也是高效的。”

同时，对中央厨房作为统筹机制的自洽调整也在进行。比如湖北广电长江云通过设立长江云编委会实现一体策划实效，打通基于学习强国平台、微信公众号等的云调度机制，从而实现内容迅速策划生产、资源人员迅速集结。上海广电基于中央厨房模式设立的新闻指挥室，不仅能实现“一次对多次”生产发布，还实现了“中文与英文、大屏与小屏、新闻与外宣”新闻生产流程全面打通和深度互融。此外，还有媒体突破值班制的物理空间束缚，将三审三校中的第三审领导把关调整为领导24小时云审云校[17]，以在保障内容公信力的基础上提高传播的时效性。

2. **采编制作：探索“一专多能，团队协作”的内容生产模式。**全媒体记者的“一专多能”并不意味着采编报道都适合“单兵作战”。对全媒体记者采访模式效果的调查结果显示，“一专多能，团队协作，效果较好”的内容生产模式最受媒体人认可（图8）。“有时候过分强调新闻生产的单兵作战，可能会降低新闻质量，影响新闻产品的进一步传播。”访谈对象M02说。

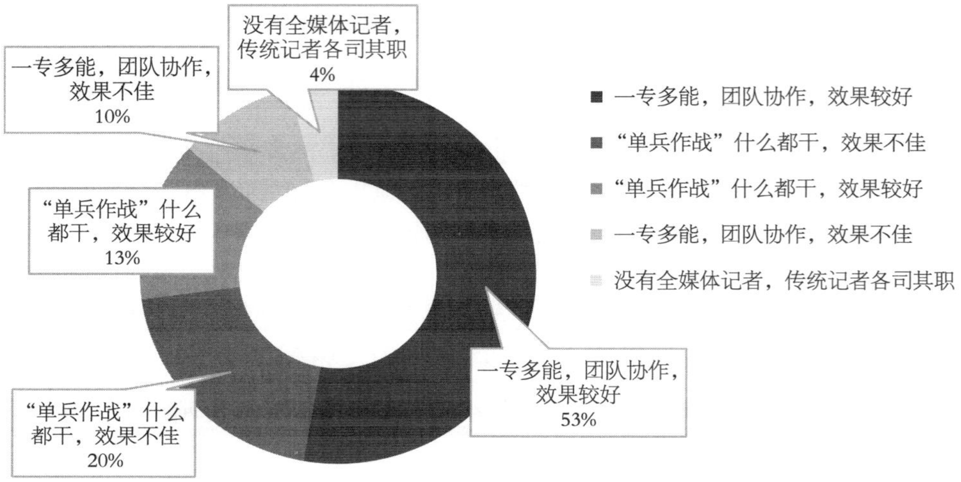

图8　全媒体记者采访模式及对应效果调查结果

在团队协作上，工作室、项目制、阿米巴经营[18]成为激发内容创新活力的有效机制。一年来，主流媒体持续发力工作室打造，不仅优化了内容生产传播，还能实现营收增值。比如安徽广电融媒体工作室2020年总创收超3500万元，2021年上半年总创收超2000万元，获评国家广电总局“2020年全国广播电视媒体融合典型案例”，这主要得益于构建了针对激励融媒体工作室发展的政策保障体系和服务支撑体系。

（三）管理为要：机制创新提供多元保障

创新管理是保障。媒体融合不仅是打造融合产品，建立融合传播矩阵，还要在体制机制、政策措施、流程管理、人才技术等方面加快融合步伐，实现打散重组的组织架构重塑，通过科学管理激发媒体人的创造活力。

1. 搭建中台系统，实现一体高效管理。近年来，搭建中台“新基建”成为管理创新中的热门话题，主流媒体也纷纷入局，尝试打造技术中台、业务中台、数据中台、AI中台等，与其说中台是技术创新，不如说中台是管理机制和管理思维的创新，能够减少“烟囱式”重复建设，打通业务实现差异化竞争。比如央视网近年就在进行数据中台、安全中台建设；湖南广电则借助集团整体数字化建设主导组织变革，通过搭建数字中台管理系统，推动企业资产财务、人力资源、产权管理、版权管理、审计分析等集团管控信息系统的集成应用[19]；四川封面新闻基于智媒云搭建了双中台——业务中台与数据中台，共同支撑起智媒云上层的应用和产品矩阵；山东闪电新闻则将闪电云平台作为全台的技术后台、内容中台和外联总台，实现一体化运作；浙江日报重点建设具备“1+6+39+X”能力体系（即1个基础数据能力体系、6类智能体系、39项智能服务能力和X项个性化扩展能力）的全媒体智能中台等。[20]

2. 敢于动“蛋糕”建立人才激励机制。新媒体端的绩效考核与人才晋升机制优化是激励效果最直接的管理机制变革，也是媒体融合管理创新中主流媒体采用较多的手段。但在部分传统业务与新媒体业务并存的主流媒体中，绩效考核仍有“不敢动蛋糕”、名存实亡、无效激励的情况。访谈对象F03[21]说：“对新媒体的绩效评价体系比较宽松，没形成激励效用。”而人才激励机制的失效，直接影响记者编辑的新媒体内容生产积极性。访谈对象M06B[22]说：“成就感、获得感低是现在地方媒体一线人员最大的问题。”

媒体深度融合要求“把更多优质内容、先进技术、专业人才、项目资金向互联网主阵地汇集、向移动端倾斜”，绩效考核和人才晋升的重点同样要向移动端倾斜。比如M01[23]谈到本单位的绩效机制改革时说：“除传统端编辑部门，对其他采编部门和人员的考核不以在传统端上发稿为刚性要求。重点考核内容生产部门的日常流量、活跃度、运营等指标，每周好稿奖80%奖励移动端。”此外，建立针对短期项目、品牌工作室、柔性组织的动态考核机制同样重要，比如新华社、湖北广电长江云都采取了“揭榜挂帅”机制，面向全社、全台征集内容创意，促进跨部门协同合作，实现揭榜人“输入一滴水”，“揭榜挂帅”机制“输出一片海”的内容生产激励效果，提升年轻人在工作中的获得感。

（四）运营创新：打造新媒体品牌实现持续造血

主流媒体的优势在内容、在品牌，想实现持续造血，就要让新媒体品牌“出圈”，品牌运营也是主流媒体引流变现的重要途径。目前，中国新闻周刊、南方都市报、齐鲁晚报、封面传媒等媒体的新媒体收入占比均已超过半数，仅满足于通过传统渠道变现的主流媒体终将会被时代淘汰。

1. 专业垂直全领域的工作室布局。在去中心化与分布式并存的互联网环境中，打造专业、垂直的工作室品牌是适应用户圈层化生存习惯的有益实践。比如，人民日报主打财经内容的“麻辣财经”，主打时政新闻解读的“侠客岛”等数十个融媒体工作室；安徽广电主打美食的“新视点”，主打健康服务的“江淮名医帮”；荆州日报主打生活类直播的“荆女郎”等。但媒体深度融合不能仅满足于融媒体工作室的从无到有、从 0 到 1，要做到从 1 到 100 的创新，也就是市场化、社会化的推广实践[24]，通过品牌运营，与人建立圈层化、社群化的情感连接，与社会建立媒介化连接，提升自我造血能力和参与社会治理能力。

2. 发力 MCN 机构实现公司化转型。2020 年，中国短视频市场规模达 1408.3 亿元，继续保持高增长态势；2021 年预计接近 2000 亿元。[25]短视频平台不断探索商业模式，也刺激着主流媒体的市场化转型。一年来，主流媒体全面入驻短视频领域，省级以上广电机构入驻率达 100%[26]，目前，全国至少已有 30 家广电机构向 MCN 机构转化，湖南、安徽、天津、河南、陕西、内蒙古等省级媒体 MCN 形成差异品牌。比如，继达人型、垂直型、共建型、产业型等广电 MCN 业态后，安徽广电 AH SPACE 构建了场景型广电 MCN，AH SPACE 不仅是网红基地，也是一个可以与产业、市场、平台嫁接的连接器。深度融合要求主流媒体发挥市场机制作用，增强市场竞争意识和能力，布局 MCN 机构成为激发主流媒体尤其是广电媒体造血活力的有效方式。此外，广东、云南、浙江、山东、山西、黑龙江、青海等广电机构相继成立新媒体孵化园，顺应移动互联技术和媒体传播业态发展潮流，进一步放大互联网产业集聚效应。但也要警惕“挂羊头，卖狗肉”的“面子融合”，无论是成立 MCN 机构还是孵化园、文化创意园，最终要考量的还是主流媒体在媒体属性和体制内特征之下的市场化运作模式转化效用。

三、加速调整：主力军全面挺进主战场

在互联网用户市场的争夺上，商业平台似乎总是快于主流媒体一步。抛开互联网商业平台的运作手段、资本投入、开放市场等先天优势，主流媒体主力军全面挺进主战场还能在哪些方面发力？面对当下媒体融合发展不平衡的情况，后起步、未起步的主流媒体该如何挺进自己的主战场？

（一）新媒体优先：思维观念转型是最大难题

媒体深度融合需要彻底转型的勇气和观念转变，也需要品牌归属和用户导向的智慧操作。

1. 深度融合发展需要更强定力、更大勇气。新媒体优先思维是一种勇于创新、彻底转型的思维，是从对互联网的百般探索到明确自身定位、获得主导权的过程。2021 年问卷调查结果显示[27]，媒体深度融合的最大难题是思维观念问题，不是不知道何为融合、怎样融合，而恰恰是在了解了媒体融合面临的机遇和阵痛之后，对自身深度融合的

忧虑。“问题的关键可能不在于大家想不想融合，而是在电视和报纸暂时不会消亡的背景下，媒体人如何在完成传统渠道内容制作与发布的同时，能有更多精力去走进新媒体。”在访谈对象M02[28]的工作要求中，传统渠道的内容是他需要完成的主业。此外，新媒体优先在内容生产过程中也出现了“变味”的情况。访谈对象M08[29]说：“只追求形式，不注重内容和思想表达，追求短平快，无法产生受众需要的东西。”矛盾之下，我们不能忽视一个现实，新媒体优先不一定是全员转向新媒体渠道，是守住根据地、占领主阵地的深度考量，也是资源配置、利益平衡的智慧操作，更是敢于开拓创新之举。深度融合正如大浪淘沙，浪过之后，每家媒体、每位媒体人找到自己的优势定位，并持续深耕，形成个性化品牌。

2. 新媒体思维是品牌思维、情绪思维。品牌思维是一种融合思维，是创新转型基础上的效果导向；情绪思维是web3.0个体交互特点下的关系连接，是一种“非理性”逻辑，但作为互联网舆论特征的“非理性”不是反理性[30]，而是强调情绪共振、共情体验等心理连接和社会认同。目前，大部分主流媒体的内容生产都需要兼顾传统渠道与新媒体渠道，但多元渠道最终都是在打造同一个主流媒体品牌，用户在获取内容的同时，也与媒体、记者、主持人建立起带有个人喜好的情感连接。于是，很多媒体选择围绕记者、主持人，试水“船小好掉头”的个人IP化品牌，用情绪资本、粉丝社区营销反哺媒体品牌的影响力，守住舆论阵地。这也是符合用户媒介认知、媒介使用的创新尝试。比如中央广播电视总台记者王冰冰的“出圈”，成为主流内容的注意力密码。无论是新闻采访，还是青年大讲堂，王冰冰的“粉丝效应”都会吸引大批用户观看，而正是名人的“粉丝效应”和用户的情绪资本助力了主流内容的“出圈”，无形中发挥了主流媒体的价值引领作用。成功的个人IP还可以全方位反哺媒体的内容生产、平台运营、商业变现，比如走红抖音的湖南主持人品牌“张丹丹育儿经”，快手第一位百万粉丝记者主播内蒙古新闻综合频道记者海燕等。但需要注意的是，个人IP的背后一定是专业团队运营，出镜记者、主持人是工作室品牌外化呈现的形象载体。如果团队没有互联网内容的持续创新能力，必然会在激烈的竞争中惨遭淘汰。

（二）全媒体人才建设：主力军与后备军同步考量

人才培养是深度融合发展的重点，许多媒体在人才培养和储备呈现出多层级的探索。

1. 主力军：重点打造媒体内部的年轻化队伍。调研和实践证明，在内容生产上，升级内部采编队伍是比引进外部人才更加迅速、有效的全媒体人才建设方案。通过“绩效+”激励机制，打造政治素养高、专业能力强、道德品质好的年轻化队伍，即通过“绩效+招标”机制激发人才活力，通过“绩效+培训”机制提升人才能力，通过“绩效+项目”机制检验人才应用，通过

"绩效+负责人"机制形成动态竞争，将经得起考验、扛得住关键的年轻人充实到重要岗位。比如，金华广电聚焦80后、90后新媒体人才培养，联合复旦大学新闻学院、腾讯"企鹅学院"等，每年推出"三个一批"融媒菁英培优计划，重点打造十大"青梅"融创工作室，每年举办融媒"金彩奖"，"青蓝结对"开展师徒帮扶，全员、全程、全方位带动新媒体核心素养提升。[31]黑龙江广电的融创中心明确招募40岁以下的首席运营官，为年轻人搭建干事创业平台，用扁平化沟通机制搭建个人表达渠道，提升年轻队伍的整体活力和凝聚力。

2. 后备军：加强"两高"人才引进与交流。"两高"人才即全媒体高端人才和高校人才，需要通过外部引进而不是内部培养来满足深度融合发展需求。目前，主流媒体中的内容生产岗位已经基本实现年轻化，队伍构成以80后、90后为主，但全媒体建设的专业人才、高端人才仍然短缺，引进技术、设计、运营、管理等人才需要加大力度改革选人用人机制。比如，山东广播电视台针对新媒体高端人才配置尚不能适应媒体融合发展需要的现状，重点启动新媒体高端人才、急缺人才定向招聘、社会公开招聘，制定以有效形式吸引外部人才加入工作室的具体办法，对特殊人才给予特殊待遇和绿色通道，加快改善新媒体高端专业人才匮乏的现状。

此外，媒体加强与高校联系，通过建立联合奖学金、寒暑假实习机制、短期实践项目、内容生产与创意大赛等，选拔优秀的种子人才，与全媒体人才的生力军、后备军建立紧密联系，也是着眼未来的队伍建设战略。比如，荆州日报组建了长江新媒体技术研究院和荆州舆情大数据研究院[32]，发挥理论研究和人才交流作用，为报社新闻队伍与高校学子搭建好互融互通的交流平台，为报社输入新鲜血液，促进新媒体产品的研发。

四、全面加强：全媒体内容链条深度重构

专业内容生产能力是主流媒体的竞争王牌，而在深度融合发展中，全媒技术的支撑力和融合力凸显，全媒时代的群众路线旧貌变新颜，全媒产品在行业规范中不断提质增效，主流媒体承担起生态级平台责任，全媒内容链条正在深度重构。

（一）全媒体技术：支撑力不断拓展

技术赋能一直是媒体转型升级的支撑和探索重点，从每年全国两会、重大历史节点主题报道，到突发事件报道、日常新闻策划，主流媒体不断翻新技术玩法和报道样态。

1. 基建类技术支撑全媒体信息产品链。经过一年多的密集部署，智能化媒体新基建在重大报道中展现出了对内容生产链条的支撑力，以5G、人工智能为代表的媒体"新基建"不仅全面赋能智能编辑部，支撑着新闻报道生产链的流畅有序、富媒多频，还为移动直播、全息成像、机器人生产、云连线等可视智能的新闻产品、场景应用提供创新空间。比如，在2021年全国两会报道中，5G技术成为各大媒体标配，贯穿两会

报道各环节，体现了媒体以先进技术为支撑的深入贯彻与切实转型。[33]人民日报通过5G云连线打造系列节目，新华社、中央广播电视总台采用5G快传技术传输现场信号。地方媒体也紧跟步伐，黑龙江广播电视台搭建5G远程交互式虚拟演播室，首次采用异地同场景虚拟访谈形式；四川日报推出“川观新闻·5G消息两会通”，基于5G技术，以原生短信为入口，支持发送包括文本、图片、音视频、小程序、服务交互等在内的多媒体内容；河南日报开启两会5G云直播进行融媒报道等。

2. *场景化融合焕新用户沉浸感*。技术创新赋能内容表达，技术融合焕新用户体验。一年来，主流媒体在新媒体内容生产中逐渐尝试将智媒技术“混搭”起来，实现场景化的沉浸体验。比如新华网短视频《创意MR艺术舞台秀·舞动“十四五”》，通过运用混合现实（MR）实时渲染虚拟引擎、动态捕捉、motion control运动控制系统、分身克隆等技术，使舞蹈演员和数据在音乐声中翩翩起舞，开创了数字视觉呈现的新表达；在《三星堆新发现》直播特别节目中，中央广播电视总台利用虚拟伸缩摇臂和现实场景结合，在三星堆遗址公园立体还原3000多年前古蜀先民的生活基址、祭祀场景，呈现古蜀城邦的地理位置等，同时还推出《青铜立人的“秘密”》等短视频，视频中融合了实时动作采集捕捉系统、斯坦尼康红外跟踪数据设备、虚拟现实技术、人工智能实时抠像技术，混合呈现大立人与记者的实时互动，实现混合现实虚拟技术应用新的突破。

场景化融合不仅体现在线上新闻产品的生产中，也贯穿主流媒体的线下活动，实现实景中的沉浸体验。在建党百年主题报道中，人民日报新媒体中心设计推出线上线下相结合的“复兴大道100号”互动体验馆。展馆内采用动画长廊、水幕影像、裸眼3D视频等展陈新技术，参观者通过观看、倾听、触摸，可实现仿若时光穿梭的沉浸体验。同时，参观者还可借助“空间站”内的AI技术，生成本人的“航天员照”、互动体验无人驾驶新技术。线下互动体验馆成为吸引年轻人学习党史、沉浸体验主题报道的重要载体，助力人民日报新媒体强化自身品牌气质。

（二）群众路线：从参与信息生产传播到玩转个性化平台

从传统媒体时代的群众办报到互联网时代的用户参与，“开门办媒体”一直在传承中创新，是中国共产党以人民为中心执政理念在媒体深度融合中的具体体现。

1. *全媒体时代的“开门办报”：开放入口+社群运营*。全媒体时代的“开门办报”不仅是联系群众的重要桥梁，更是构建全媒体传播体系这一需要国家、专业媒体、互联网平台、公民共同参与和相互配合的系统性工作[34]的关键一招。目前，大部分主流媒体客户端都开通了可供用户上传内容的渠道，比如新华社“全民拍”、人民视频“投稿”、北京时间“时间拍客”、闪电新闻“闪电拍客”、甬派和极目新闻的“报料”、新湖南

"我要投稿"、小时新闻"发帖报料"等；客户端界面中用户上传内容的标志醒目，或为底部栏目，或为首页浮窗；上传内容页面操作简单方便，在平台渠道上鼓励了用户参与新闻内容生产。

主流媒体对用户内容的实际采用情况如何？媒体深度融合问卷结果显示，经常和总是采用用户上传内容的主流媒体约占33.43%，而在采用内容的形式偏好上，视频、图片位居喜好榜前两位。用户参与内容生产的程度不仅与媒体平台的开放程度有关，也取决于用户内容的真实度与素材质量。因此，建立社群，有组织地对用户生产内容进行运营和培育同样重要。比如，封面新闻正在运营的UGC视频生产模式"青蕉拍客"，就是通过封面新闻客户端互动频道的社群运营、线上线下活动等，建立有效的用户内容连接，截至2021年6月，集纳了约1万名拍客，年产视频万余条，进而用专业拍客内容和网络"大V"效应提升封面新闻的活跃度。

2. 个性定制的平台社交：有用有效＋好看好玩。互联网的逻辑就是连接与分享，主流媒体不仅要搭建与用户的内容连接、信息连接平台，还要与用户搭建兴趣连接、情感连接平台，为用户个性化定制友好贴近的专属内容。比如，央视频在东京奥运会期间，针对运动这一兴趣领域进行了多元报道产品设计，一方面，搭建了专业高质的多元内容渠道，提供了3500+小时、7000+场赛事直播，以及奥运新闻、备战记录、中国队金牌时刻等短视频内容和东京风景慢直播、VR360度全景直播等奥运专栏；另一方面，还展开拥有多种玩法的互动社交侧运营，产生了丰富的衍生内容。比如，创新推出奥运定制电子节目单（EPG），用户可以根据自己的观看习惯与个人喜好，定制"专属节目单"和观赛日程。除了观赛，央视频的"央友圈"还上线"中国队加油专区"、直播评论交互等功能，释放用户情绪，丰富用户的社交玩法。

此外，"线上＋线下"的平台社交日常化运营也是固粉引流的重要方式。除了上文的"央友圈"，澎湃新闻的"澎友圈"、小时新闻的"社区"、禾点点的"朋友圈"、齐鲁壹点的"情报站"等垂直社区频道，都起到了通过圈层社交、本地社交形成线上黏性互动习惯和情感连接的作用。在发挥线下活动的反哺作用上，精准定位用户需求的本地活动，能够有效反哺线上平台活跃度和知名度。比如，齐鲁晚报通过举办线下相亲大会，并在齐鲁壹点客户端搭建线上用户交流平台，实现了贴近本地需求的成功营销，客户端下载量新增6万次，活动收获1个全国热搜、5个同城热搜，全网传播量超3亿[35]，成为媒体和当地的品牌活动，实现了硬数据和软口碑的双赢。

（三）良性竞争：专业内容的专业运营

主流媒体不仅要在内部形成良性竞争意识，更要与商业平台进行从内容质量到平台用户的全面竞争，用专业内容巩固品牌，用专业运营实现突围。

在专业内容上，传统平台有主打文化

“出圈”的河南卫视春晚古典舞《唐宫夜宴》；短视频平台有通过接地气的互动，在近两个月内新增点赞数3.5亿、新增粉丝数650.6万的“四川观察”；客户端有瞄准泛文化领域属性，运营汉服社群的封面新闻；新媒体品牌有人民日报深耕时评的“人民锐评”、上游新闻做强民生服务的“帮帮”。

在平台运营上，试水付费会员的央视频为主流媒体新闻客户端运营打开了新天地。在东京奥运会全量体育赛事直播带动下，央视频付费会员数在开赛一周内突破百万，7月25日央视频App累计下载量突破3亿次，7月27日央视频累计激活用户数成功突破1亿人，单日视频总观看量（VV）突破2亿人次。㊱而这离不开央视频对会员独享优质内容的运营和会员新鲜玩法的开发：在内容上，会员可观看专属赛事，享有去广告、先更新特权；在玩法上，会员可通过H5互动抽奖和直播答题挑战，赢取专属礼品，进一步增强对平台的黏性和好感度。

五、结语

媒体深度融合发展的这一年，主流媒体不断探索机制、创新内容，寻求突围破圈，更加坚守责任担当，承担着服务社会与促进人的全面发展的使命任务。2021年是中国共产党成立100周年、全面建成小康社会后的第一年，主流媒体在建党百年、全面小康、全国两会、东京奥运会等重大主题报道中，发挥自身优势，展现了专业的策划能力和创意能力；地方媒体在服务城市建设、打造新时代文明实践中心、助力党建进基层中，发挥了本地联动与资源整合的作用，推进了自身参与社会治理的角色转变。在后疫情时代，主流媒体投身大健康知识传播以服务人民需求；面对河南洪灾，将新闻报道主业与参与社会救援相结合，与各类互联网平台共同搭建灾情信息求助通道，引领舆论方向。2021年也是国家“十四五”规划的开局之年，主流媒体迎来深度融合发展的关键窗口期，也迎来媒体深度融合在管理机制、技术开发、产品创新、平台运维、人才建设、市场能效等方面突破阻碍的关键机遇期，需要强大的改革决心和坚定的执行力。同时，深度融合发展还要下大气力加强自身的国际传播能力建设，做好融合的国际传播、“出圈”的国际传播。由此，全面布局下的媒体深度融合才能开掘更深的潜力。

参考文献：

①曾祥敏，中国传媒大学电视学院教授、博士生导师；刘日亮，中国传媒大学电视学院博士研究生；杨丽萍，中国传媒大学电视学院博士研究生。本文系国家社会科学基金重点项目“移动互联网背景下主流媒体新闻视听传播变革研究”（项目编号：18AXW003）的阶段性研究成果。

②我国主流媒体深度融合发展调查问卷由中国记协新媒体专业委员会于2021年5月至7月向媒体发放，共发放问卷5121份，最终收回有效问卷4537份；同步开展针对主流媒体从业者的一对一半结构化访谈，深度访谈15人，其中管理岗8人，采编岗7人。

③张英培，胡正荣．从媒体融合到四级融合发展布局：主流媒体发展改革的新阶段[J]．出版广角，2021（1）：6-9.

④曾祥敏，李刚．我国媒体深度融合发展中的关键问题[J]．现代出版，2021（2）：65-74.

⑤梁佳．省级融媒体平台助力脱贫攻坚的路径——以新甘肃云为例[J]．出版广角，2020（22）：

72–74.

⑥曾祥敏，刘日亮. 中国主流媒体融合发展现状调查和重点问题探究 [C].// 中国记协新媒体专业委员会. 中国新媒体研究报告 2020，北京：人民日报出版社，2020：002–029.

⑦韩万春《芜湖日报》的媒体融合探索实践——"一体化"推进深度融合"高质量"提升引导能力 [J]. 城市党报研究，2021（6）：49–51.

⑧新华社. 中共中央办公厅　国务院办公厅印发《关于加快推进媒体深度融合发展的意见》[EB/OL].（2020–09–26）[2021–07–16].http：//www.gov.cn/zhengce/2020–09/26/content_5547310.htm.

⑨胡敏. 媒体深度融合中"浏阳模式"的建设与实现路径的探索 [J]. 广播电视信息，2020，27（11）：14–16.

⑩所在单位为湖北省级媒体，男性，从事采编工作。

⑪所在单位为湖北省级媒体，女性，从事管理工作。

⑫戴元初，康培培. 国家治理视域中的媒体深度融合：舆论生态、社会表征与时空再造 [J]. 中国出版，2021（13）：45–49.

⑬所在单位为湖北省级媒体，女性，从事管理工作。

⑭杨雯. 北京首家试水整建制转企的区级融媒体中心正式运营——构建"横到边、纵到底"复合型传播矩阵 [N/OL]. 中国新闻出版广电网.（2021–08–13）[2021–08–13]. https：//www.chinaxwcb. com/info/573941.

⑮孙海悦. 早晚高峰新闻联动紧追热点服务民生 [N/OL]. 中国新闻出版广电网.（2021–03–29）[2021–07–16].https：//www.chinaxwcb.com/info/570317.

⑯所在单位为上海市省级媒体，女性，从事管理工作。

⑰来自访谈对象 M05，所在单位为湖南省媒，男性，从事采编工作。

⑱类似全员参与的小组制，以各个阿米巴的领导为核心，可自行制订计划，并依靠全体成员的智慧和努力来完成目标，让每名成员都有参与感和获得感。

⑲国家广电智库.【启航新征程】湖南广电聚力建设主流新媒体集团.（2021–08–05）[2021–08–05]. https：//mp.weixin.qq.eom/s/yGtKNFevWFW3i9HOD4De2w.

⑳唐中祥. 建设新型主流媒体打造新时代重要传播窗口——浙江日报报业集团关于加快推进媒体深度融合发展的思考 [J]. 传媒评论，2021（2）：8–11.

㉑所在单位为宁夏省级媒体，女性，从事管理工作。

㉒所在单位为重庆省级媒体，男性，从事管理工作。

㉓所在单位为浙江省级媒体，男性，从事管理工作。

㉔喻国明. 从"小融合"到"大融合"：推进媒体深度融合的一个关键性操作 [J]. 城市党报研究，2020（12）：1.

㉕艾媒咨询.2020—2021 年中国短视频头部市场竞争状况专题研究报告 [R/OL].（2021–01–23）[2021–08–02]. https：//www.iimedia.cn/c400/76654.html.

㉖宁雅虹. 广电长短视频融出新样态 [DB/OL]. 广电时评.（2021–05–12）[2021–07–22]. https：//mp.weixin.qq.com/s/GuUnTs11YYyBONj1LYlijA.

㉗特指我国主流媒体深度融合发展调查问卷，由中国记协新媒体专业委员会于 2021 年 5 月至 7 月向全国各级主流媒体发放。

㉘所在单位为湖北省级媒体，男性，从事采编工作。

㉙所在单位为浙江市级媒体，男性，从事采编工作。

㉚喻国明."破圈"未来社会发展中至为关键的重大命题 [J]. 新闻与写作，2021（6）：1.

㉛杨亚初. 城市广电台推进媒体深度融合的路径探索与升维之道——以金华市广播电视台为例 [J]. 广播电视信息，2021（6）：32–35.

㉜代志武，关咏霞. 融合与转型并重打造新型主流媒体——从荆州日报社"十四五"规划看地市报党媒融合发展路径 [J]. 传媒，2021（10）：21–24.

㉝曾祥敏，董华茜，罗坷欣. 媒体深度融合语境下时政报道创新研究——基于 2021 年全国两会媒体融合产品的分析 [J]. 新闻与写作，2021（4）：40–48.

㉞冉桢，张志安. 移动、视觉、智能：媒体深度融合中组织再造的关键 [J]. 新闻与写作，2021（1）：18–24.

㉟齐鲁晚报总编辑廖鲁川. 打造用户广泛参与的内容生态 [DB/OL]. 新闻战线.（2021–07–12）[2021–07–26].https：//mp.weixin.qq.com/s/chHc0fO5Og5p7BTcu2dW9g.

㊱央视频累计下载数超 3 亿；"寡姐"状告迪士尼 | 全媒风向精选 [DB/OL]. 全媒派.（2021–08–02）[2021–08–02].https：//mp.weixin.qq.com/s/2NYbZf1n2SMDX7UvjNAxgA.

2021 新媒体发展报告

胡　钰　王嘉婧[①]

摘　要： 新媒体已经是人们日常生活的重要组成部分，是社会的基础设施。在经历过"野蛮"生长，到达用户红利高点后，本该进入深度调整的新媒体，受疫情影响呈现线上化发展趋势，迎来了第二波流量红利。与此同时，新媒体发展中的问题也开始越来越多地暴露出来。在科技与商业驱动的模式下，新媒体产业获得了充分的发展和商业成功。然而，当其行至高点，需要用人文的视角对其进行再思考，明确新媒体在社会中扮演的角色、承担的责任、未来的方向等。同时，处理新媒体环境中媒介与民意、人文与科技、中国与世界的关系，也成为目前的重要课题。

关键词： 新媒体；科技；人文；平台

新媒体发展至今，已经不能简单地以媒体形式来概括，而是成为现代人的生活方式，是社会的基础设施。在新媒体充分发展的时代，其传播特性、社会影响、行为模式等同其诞生初期大为不同。尤其是当新媒体成为现代生活的重要组成部分后，更应明确其责任与义务。我们需要对新媒体有更新的理解，以使新媒体更好地为社会服务。

新媒体经历了用户积累的"野蛮"生长后，本应进入精益化竞争阶段。但是突如其来的新冠疫情，为其带来了二次"野蛮"生长的机遇，为其拓展了生长空间，既带来了一些全新的模式，也制造出了一些社会问题。因此，我们需要冷静地面对新媒体的蓬勃发展，在人文视角下思索新媒体应当何去何从。

一、媒介发展视野下新媒体内涵与外延的再探究

（一）从技术视角出发

新媒体在诞生伊始，是以媒体技术为标准与传统媒体划分界限的。报纸、杂志、广播、电视等被划归为传统媒体，除此以外为新媒体。两种媒体技术的关键区别在于互联网，新媒体几乎都基于互联网技术，例如门户网站、社交媒体等。

传统媒体的技术介质定型了内容属性，例如报纸承载图文，广播传播声音，电视传递影像。互联网则是构建了平台，在平台之上，各类新技术可以快速地为用户所用，技术的更新动力被激发。因为其数字化的形式，有时候也被称为数字媒体。

迄今为止，新媒体已经呈现出诸多样态，并且在不断推陈出新，例如互动新闻、数据新闻、互动剧、短视频等，不同类型创作形式的排列组合，源源不断地诞生出全新的媒体形式。新媒体并不能以某种特定的技术形式概括，不断流动、变化、丰富的形式集合，不断更新的技术，才是新媒体的特征。

新媒体在技术视角的更新分为 3 类。

第一类是与传统媒体相似的媒体形式，在互联网上的再培植，例如播客的媒体形式类似于传统媒体中的广播，公众号文章可被视为报纸的网络化等。

第二类是基于传统媒体形式的变体，例如短视频可以被看作极为精悍的电视节目，微博可以被视为简短化的报纸等。虽然只是传统媒体的简单变体，但是形成了差别很大的传播习惯、规律和受众反应。

第三类是基于不断更新的技术而形成的全新媒体形式，例如算法推送、AI 写作、互动新闻等。技术手段的丰富，使只是在视频、音频、文字、图片等媒体形式中简单变化的媒体，呈现出更多超越传统想象的新面貌。与此同时，技术也使新媒体面临很多前所未有的新问题，其中涉及伦理、心理等各个方面。技术的便利，让新形态的媒体产品得以被广泛生产，但也迅速产生了很多新问题，增加了管理的难度。传统媒体有着相对明确的传播序列，有着清晰的传播效果链条。新媒体中，技术导致的传播无序性增加，个体接收的传播信息和影响更加不受控。

（二）从传播关系出发

传统媒体时代，传播关系相对简单，即一对多的传播模式。传统媒体具有相对集中、强势的话语权。而新媒体对普通人进行了传播赋权，从一对多的树状散射变成了多对多的传播关系网络。但是传播网络的改变只是表层形式，更深层的变化是从过去的大众传播变成了涵盖人际传播、圈层传播等更为复杂的传播关系集合。通常而言，这些传播关系是同时存在的，但在不同平台会有某种形式的偏向。例如，微博中既有人际传播，也有大众传播和圈层传播；但是相较于微信朋友圈，大众传播属性更为明显。

同场域中传播关系的复杂性造成传播者倍数化增长，传播模式多样化变化，不能简单地以传统大众传播学解释新的现象，这需要传播学自身的发展，也需要加入心理学、社会学等多重视角。新媒体传播与社会发展、个体发展的关系更加紧密地联系在一起，与其说人人皆是自媒体，或者万物皆媒体，不如说人人都生活在新媒体中。

除了人和人的关系之外，现在的新媒体传播还需要处理人与机器之间的关系。传统媒体中，机器是帮助人类实现传播的辅助手段。随着新媒体对于技术的依赖越来越强，机器正在发挥越来越多的“主动性”，人们看到的信息可能是机器生产的、机器分发的，甚至是机器重新编辑过的。然而机器仍然处于比较隐蔽的角落里，在很多日常传播行为中，人是几乎无法感受到机器的存在的。有些时候，新媒体传播处于机器的自动生产和受众的混沌之中。

（三）从媒体功能出发

传统媒体中的媒体机构是以发布信息为主，信息以新闻、节目、影视剧等方式呈现。媒体形式相对固定，功能边界相对清晰。

随着新媒体的发展，媒体主体开始模糊，过去的媒体机构既是信息的发布平台，又是内容的生产者。而在新媒体时代，用户不再只通过传统媒体或者媒体机构的新媒体账号获取信息，而是更多地在各类互联网应用上获取新闻。媒体机构可能是平台搭建者，也可能是内容生产者，还有一些兼而有之的形式存在，灵活程度大大增加。媒体主体的概念越发丰富，除了传统的媒体机构外，还包括视频平台、音频平台、自媒体等。相较于传统媒体时代，新媒体的构成格局更加复杂，既包含传统媒体，又包含互联网平台、民营机构，甚至有影响力的个人。

在传统媒体时代，媒体更多地负载着传媒的功能。而进入新媒体时代后，由于人们的日常生活和互联网深度勾连，新媒体负载的功能越来越多元，新媒体已经成为一种重要的生活方式。因为信息交互的便利性和复合性，媒体负载的功能不再泾渭分明地出现在单一渠道中，而是和其他不同社会功能结合，散布在各类平台之上。许多平台和生产者都具有媒体的属性。例如直播带货，是在直播形式中嵌入了购物功能；淘宝等购物网站，也成为一种特别的媒体形式和内容社区。截至 2021 年 6 月，微信月度活跃用户数 9.97 亿，淘宝 8.29 亿，支付宝 7.75 亿，抖音 6.45 亿，高德地图 6.34 亿，爱奇艺 5.71 亿，百度 5.70 亿，微博 4.81 亿。线上化已成为人们的日常生活方式。在所有移动互联网一级行业中，移动社交、移动视频、移动购物的活跃渗透率均在 90% 以上，[②]这三类都与新媒体息息相关。新媒体时代，用户不只是在需要信息时与媒体有交集，而是生活在新媒体中，新媒体成为一种生活空间。

（四）从媒体性质出发

在传统媒体时代，作为党和人民耳目喉舌的媒体是舆论主流。但是，新媒体时代，随着媒体边界的打开，越来越多的企业和民营资本开始进入，它们有的虽然不被称为媒体，却扮演着媒体角色。这些机构大部分自负盈亏，并且越来越商业化，很多媒体平台具有强烈的商业属性。例如很多短视频自媒体以广告为主要生产导向，直播带货的兴起也基于平台和媒体机构谋求商业化发展的助推；爱奇艺、优酷、腾讯等平台，始终希望开发基于会员费用之外的综合营利体系。

新媒体中的“媒体”一词，已经不能简单地按照传统媒体时代的逻辑来理解。新媒体正在成为与公众生活息息相关的基础设施、日常用品。在深层逻辑的转变下，需要重新思考其定位。它不只是发声方式，不能简单以传播逻辑和经济逻辑来衡量其发展，还需要思考如何在推动其发展的过程中，维护公共利益和国家利益。

二、进入增长稳定期的新媒体发展路径选择

进入增长稳定期的新媒体，其发展面临精细化的调整和发展，需要在生产、分发和运营上做深做细。

（一）流量红利见顶，深耕时代来临

QuestMobile 数据显示，截至 2021 年 6 月，中国移动互联网用户规模达到历史最高值 11.64 亿，但是增长速度却低于 2020 年同期水平。[③]根据中国互联网协会发布的《中国互联网发展报告（2021）》，2020 年中国网络视频市场规模达到 2412 亿元，同比增长 44%，数字音乐产业市场规模达 732 亿元，同比增长 10%，网络视频活跃用户规模达到 10.01 亿、网络音频娱乐市场活跃用户规模达到 8.17 亿，同比分别增长 2.14%、7.22%。

1. *新媒体精细化运营的开始与中断*。过去，因为有用户红利，新媒体处于粗放增长模式的“野蛮”生长期，各类媒介形式均充分发展，也形成了各自的用户群体。随着用户红利见顶，新媒体发展进入一个较为稳定的格局，注意力竞争越发激烈，整个行业面临必须通过精细化调整获取生存空间的境况。对新媒体发展而言，这是通向可持续发展的必经过程，深耕时代、精细化竞争时代已经来临。以短视频行业为例，红利见顶的问题较为严重。首先是海量用户开始转型成为达人和主播，流量被放射状分隔，同时流量主也进入平台争抢资源。很多新媒体运营者开始向外扩张，向其他平台拓展，除了特殊情况外，多平台运营已经成为常态。同时，新媒体运营者向内深拓，开始流量的精细化运营。

2020 年至今，受新冠疫情影响，民众生活显示出向线上转移的趋势，这为新媒体带来了第二次“野蛮”生长空间，行业的精细化调整被红利下狂热的发展趋势打断。虽然行业暂时突破瓶颈，迅速发展，但暴露出很多累积的问题，尤其是片面追求经济效益而造成的社会隐患。例如，媒体市场的恶性竞争，过度追逐流量和关注度，使一些机构和个人故意生产博人眼球的信息，甚至导致谣言滋生。由于信息爆炸，个人很难在海量信息中迅速辨别消息真伪。解决谣言问题，需要加强监管、搭建谣言对抗体系，同时整体提升新媒体用户的信息辨别素养。

2. *政策调节及主流媒体发声规范行业健康发展*。虽然行业内部精细化调整步伐减慢，但是国家出台了一系列政策规范行业发展。例如，针对网络直播乱象，国家互联网信息办公室、公安部、商务部等 7 部门联合发布的《网络直播营销管理办法（试行）》自 2021 年 5 月 25 日起施行。该办法规定了包括直播营销人员和直播间运营者应当年满 16 周岁，不得有篡改交易、关注度、浏览

量、点赞量等数据流量造假行为等制度。

政策调节和主流媒体的发声，强力推动市场从野蛮生长到精细化发展，调节着失速的市场行为。主流媒体除了信息发布外，还在社会事件评论中成为引导网络舆论的重要风向标，扮演着越来越重要的角色。例如，2021年，爱奇艺平台的《青春有你第三季》被曝出粉丝为给偶像投票购买大量赞助商奶制品，因喝不完而倒奶，这种浪费行为引起广泛关注，将流量变现问题推至风口浪尖。人民网等主流媒体相继对浪费现象进行批评，最终《青春有你第三季》暂停录制。

（二）网络视听内容快速演进

新媒体的发展带来了全新的媒介形式，形成了用户全新的信息接受习惯。平台和内容生产者根据用户习惯调整内容传播策略，寻找传播新机遇。广泛的内容供给带给了用户可观的内容选择，但是碎片化信息加速了人们“划走”的动作，促使人们在瞬时作出内容判断。用户的注意力变得越来越短，选择内容的耐心也越来越少。于是，网络视听内容生产者开始调整策略。

1. *帮助用户高效接收*。对于媒体和内容生产者而言，为了满足用户的效率追求，提升内容消费时长，会进行内容形态的调整。例如节奏上简短、快速；手段上多使用音乐、强调符号等吸引眼球的形式；包装上更加醒目、艳丽。这些新形式也在悄然改变着一些传统的内容形态，尤其是传统的新闻形态。

2. *视听内容爆发式增长*。新媒体时代，虽然各类媒介拥有相同的起跑线，但是仍然经历了由文字主导平台（微博、微信公众号等）吸引注意力，发展到视听主导平台（抖音、快手等）吸引注意力。不同于传统媒体有着由广播向电视发展的线性时间逻辑。新媒体时代音频产业和短视频产业几乎是齐头并进，原因是满足用户的信息接收去文字化的需求，播客数量迎来了指数级的增长。《2021中国网络视听发展研究报告》的数据显示，国内网络音频用户规模达2.82亿，各大在线音频头部平台的流量都普遍上涨。媒体可视化趋势愈加明显，除了短视频平台，即便是文字媒介，也开始出现大量的图片报道。在可视化方面，很多内容机构和媒体开设自己的抖音号、视频号等，并将过去的文字报道向视频报道转化。曾经很多以文字为主的网络“大V”，开始制作并输出视频专题内容。视频流量红利催生了一大批新网络“大V”，各媒体记者开设Vlog或者视频报道专题已经成为常态。

3. *长短视频共同竞争注意力*。随着视听需求量增加，平台和内容生产者积极探索新形式，试图拓宽新赛道。在总体用户内容消费向碎片化发展的情况下，短视频平台的内容开始多维扩展。原来，用户在长视频上收看剧集，现在，短视频成为用户观剧的主要方式。2020年，在抖音上观看影视剧的用户相比2019年提升了49%。长视频网站的强力竞争对手不是其他长视频网站，而是抖音、快手等短视频网站。同时，广告一直是支持媒体发展的主要商业途径。广告投放对用户的喜好最敏感。伴随着短视频平台的快速发展，广告主的投放产生明显的倾斜。QuestMobile AD INSIGHT 广告洞察数据库 2021 年 6 月的数据显示，2021 年上半年，短视频媒介的广告收入占比以 42.6% 远高于其他媒介行业，排在其后的是综合资讯（20.5%）和在线视频（13.3%）；抖音以 30.2% 的占比优势高居广告收入榜首，之后为今日头条（16.4%）、微信（9.7%）、快手（9.3%）。[④]短视频平台拥有广告招商的明显优势，用户黏性和高社交属性也是广告投放的评判标准。

4. 微短剧成为平台重点关注点。用户需求催生了制作行业的变化，微短剧成为最新的发展赛道。微短剧又是中视频内容的重要组成部分，2020 年被称为“中视频元年”。这是长视频网站和短视频网站均看准的新发展契机。国家广电总局将单集时长不足 10 分钟的网络影视剧作品定义为“微短剧”，并对其备案规则作出具体的规定。微短剧既有短视频的碎片化特征和轻体量的优势，又有专业化制作的品质保障。各大短视频平台积极部署微短剧业务。抖音在《2020 抖音娱乐白皮书》中公布，2021 年的精品微短剧计划将开发包括《做梦吧，晶晶》等至少 30 部微短剧。快手在 2019 年推出“快手小剧场”，目的是聚焦短剧板块。2020 年年底，腾讯微视宣布投入 10 亿元扶持微剧板块，开启针对精品微剧的“火星计划”。目前微短剧整体影响力尚未爆发，没有出现“爆款”主要原因在于微短剧尚处于起步阶段，很多入局者并非行业顶端制作力量，制作水平参差不齐。同时，微短剧的商业模式还不成熟，仍然以平台分账、流量分成等形式为主，类似于网络电影。在此商业模式主导下，创作不可避免地会进入娱乐效果高于内容价值的困境。但是，新媒体为了满足用户信息获取便利的需求，拓宽视频媒体形式的趋势已定，未来媒介内容的细分会更加多元、明确。

（三）新媒体竞争度加剧

新媒体内容和平台增多，竞争度也就更为激烈。平台需要重新寻找自身竞争优势，以稳定地获取用户的关注时长。同时，很多平台和媒体在谋求转型，通过多维度的服务满足用户需求。

1. 各平台发力提升内容标识度。各个平台经过一番会员争夺，已经开始意识到内容黏性强、平台黏性弱的问题，观众跟随内容走。除了 B 站等少数“社区”外，大部分用户对平台品牌的忠诚度并不高。于是，各类平台开始巩固自身内容优势。首先是争夺内容，例如长视频网站争夺版权，短视频网站争夺网络“大 V”，都是希望通过丰盈的内容池留住用户。其次是开发自制内容，即特色内容，例如长视频网站的自制剧，短视频网站的独家账号等。最后是提升创作质量，例如芒果 TV 开启的“季风计划”，爱奇艺的影视工业体系等，都是希望通过优质内容提升剧作质量。各平台优势不同，措施也不同。例如爱奇艺的影视工业体系，能够帮助影视业避免很多传统制作流程上的疏漏，但是这种技术到底是服务还是限制，能够发挥多少功效，仍然有待观察。

除了争夺内容外，各个新媒体平台还加强了以内容为中心的商业体系搭建，努力开发内容的商业价值。除了通过内容制作广告的传统形式之外，还建构消费场景，塑造消费潮流，同时开发自身的品牌链条，增加商业化途径。

2. *圈层传播成主流*。在传统媒体时代没有掀起波澜的分众传播，却成为新媒体时代的常态。长视频领域，女性赛道、潮流赛道、国风赛道等都是近年来的热门选题；短视频领域，财经、汽车、教育、母婴、美妆等销售表现抢眼的领域，发展较为迅猛。

值得注意的是，随着东京奥运会和北京冬奥会的到来，体育类内容成为这一年的重点。QuestMobile 发布的《2021 体育营销洞察报告》显示，截至 2021 年 5 月，内容平台关注运动的用户规模突破 6.5 亿，其中，35 岁以下年轻男性是关注体育赛事的核心人群。⑤其中，电竞比赛的发展为体育类内容带来了新的增长点，也改变了体育类内容的受众构成。与传统体育赛事相比，电竞比赛的观众人群更加年轻、下沉化趋势明显，且女性观众占比更高。

除了传统电视台之外，腾讯、爱奇艺等视频平台近年来也在不断开拓体育市场。2020 东京奥运会及 2022 北京冬奥会，腾讯成为中央广播电视总台赛事转播视频战略合作伙伴。与此同时，快手等短视频平台也开始入局体育赛事，进行碎片化、即时性的赛事转播。

3. *内容思维向产品思维转变*。因为商业元素的加入，内容正向产品延伸。例如，在爆款难求的逻辑下，各个平台在不同的圈层中持续供给产品，并不追求精品影视剧。

新闻记者也开始向产品经理转化，开发出不同的新闻产品，让用户参与互动。河南暴雨期间，针对当时救援信息混乱、真假信息混杂的现象，一些媒体搭建了信息平台，汇总救援信息。例如央视新闻上线了河南暴雨紧急互助平台，用户可以在此查询救援电话、登记救援信息等。央视新闻工作人员对所有救助信息进行逐一电话核实，确保真实性。这一平台并不属于传统新闻报道范畴，而是一款新闻产品。通过新媒体的技术，它完成了新闻报道功能的延伸，不仅通过新闻触发公众关注，而且真实地参与救援救助中。同时，在当时消息层出、较为混乱的社交媒体环境中，发挥着梳理、甄别、汇集的重要作用。

（四）忠诚度是下一个被争抢的高地

在用户注意力成为稀缺资源、新媒体进入供大于求的很长一段时间内，争夺用户注意力成为新媒体竞争的重点。短暂的爆款虽容易吸引一时的关注，用户的流动性却很大，并不能让下一次的传播继续奏效。如果希望保持长期而稳定的用户注意力，同时降低用户注意力获取成本，最好的方式就是建立品牌的忠诚度。以直播电商为例，头部主播形成了“以个人为中心”的售卖系统，在其系统中售卖的商品，如果没有形成非常稳定的品牌忠诚度，可能会在一次活动中获得较高的销售额，但难以让用户形成有黏性的购买习惯。

此外，用户渴望寻得可信赖的信息伙伴和平台，于是，大大小小的圈层逐渐形成。对于新媒体而言，培育与用户的亲密度，形成稳定的合作关系，吸引相对持久的用户注意力，成为下一阶段的竞争重点。

当平台和创作者都希望享有用户忠诚度之时，就不免迎来两者之间的博弈。新媒体时代下，高关注度事物的更新频率越来越快，原因有3：一是内容的极大丰富，用户的选择变多。二是单个用户生产者难以持续保持爆款生产能力，用户的口味变化很快。三是平台和自媒体之间进行着影响力的博弈。例如抖音等以算法为主的平台，为了保持用户对于平台的忠诚度，会尽可能打造一个能有更多人参与、更多人被关注的推送机制，而不是将关注度推至相对固定的群体。让用户忠诚于平台，而非特定发布者。

内容发布者为了形成稳定的影响力，会在关注度的高峰期经营私域流量，提升用户的忠诚度。有些会迅速加入各类商业模式，例如直播、带货等，获取关注度的经济效应。还有一些内容发布者，通过经营个人品牌，转移平台等操作，获得更加持久的影响力。例如，美食始终是流量剧集的赛道，很容易诞生爆款，也有许多因此而走红的音视频上传者、自媒体和纪录片等。对于平台而言，持续扶持该赛道上的音视频上传者或者自媒体，以维持平台该类内容的活跃度，为用户提供新选择，同时防止用户过度追随特定自媒体，减轻产生用户迁移至其他平台的风险。作为自媒体而言，由于新人层出不穷，赛道拥挤，同质化的内容越来越多，媒体必须寻找到全新的突破点和可持续的发展方向，才能够实现长期赢利。

（五）新媒体助推形成新品牌经济模式

新媒体正在越来越深入地影响商业市场，并参与到品牌再造的过程中，一部分品牌因为深谙新媒体传播规律，迅速成为“网红”，获得经济效益和品牌知名度的双提升，这其中既包括初出茅庐的新兴品牌，也不乏许多老品牌实现突围的案例。

1. 互联网品牌营销变革。互联网品牌营销的1.0时代，是线下销售模式向线上搬移，例如开设网店等，线上营销只是增加一种便利化的购买途径，品牌影响力依然依靠原有品牌价值和广告投放等传统模式。

到了2.0阶段，品牌开始加大在互联网的广告投放比例，尤其是基于互联网热点内容、网络“大V”的广告投放，这与整体民众注意力向互联网转移的背景相关。但是实际上，与传统渠道的广告投放仍然类似，依然是品牌方生产内容，再通过高投入获取影响力较高的渠道，覆盖尽可能广泛的人群。

到了3.0阶段，算法机制逐渐成熟，互联网圈层化趋势明显。品牌基于数据的洞察，选择能够接近于目标受众的渠道。但是，由于新媒体数据鱼目混珠，数据并不能精准判断渠道的有效性，无法达到投放预期和商品转化的高效同步。

目前，新媒体品牌营销已经进入“新媒体内容种草 + 直播转化”的 4.0 阶段。从自上而下的内容输出，到自下而上的内容激发。通过话题设置等方式，激活网络“大V”的主动内容生产，从而吸引民众参与其中，强化品牌辨识度，形成良好口碑；同时利用多维度的直播渠道，进行高效的流量转化。

2. 多维直播渠道为新品牌带来机遇。2020 年至今，受到新冠疫情的影响，线上化成为生活常态。线上化商业模式，尤其是直播模式急速发展，形成了从头部到腰部再到尾部的金字塔形阶梯状直播矩阵。它不仅是在网上开设了一个个大小不一的“商铺”，而且基于每一个直播者的影响力，形成带有社交属性、场景化运营、高互动属性的新媒体商业形态。同时，直播者并不受马太效应的影响，呈现出多元并生的格局。

头部直播者数量较少，具有较多的粉丝量和信任度，相对应地，品牌需要通过高额的“坑位费”获取出场机会。头部直播者在与品牌合作时有较为强势的议价空间，通常与高知名度的品牌合作，并需要尽可能争取到低廉的价格以增加自身的竞争优势。对于品牌而言，单次直播的投资回报有较大的风险。中腰部直播者数量较多，同时每一个直播者都有较为稳定的影响圈层，定价适中，对新兴品牌和低知名度的品牌更为友好。尾部直播者数量较多，但是规范性不强，同时人际交往属性更加明显。中腰部和尾部直播都面临着转化率的问题，很难获得单次直播的高额收益。

一些品牌开始通过综合利用直播矩阵，完成品牌和商业的进阶。例如元气森林大规模暴露在用户视野前，与许多中腰部直播者合作。每一次直播都是经验的总结，不断明确用户对于品牌和产品的需求后，继而形成自身品牌特性。然后再通过投放高热度的渠道，形成爆点式营销，在短时间内迅速提升品牌知名度。再通过进入头部主播直播间，实现高效的流量转化。

3. 新媒体事件中的网络情绪引发品牌再造。时下的网民善于通过消费行为表达态度，并且形成了一种风潮。网民们会为自己喜欢的、支持的内容或态度买单。新媒体的情绪性同商业的勾连度越来越高。“国潮”就是一次集中体现，民众通过购买国货商品，表达一种文化自信的潮流态度。比如，河南省发生了特大暴雨灾情，许多企业捐款捐物驰援河南，鸿星尔克捐赠 5000 万元物资，但由于该品牌并未大规模宣传捐款行为，加之在网民中形成的“濒临倒闭”的品牌印象，激发了网民们通过购买货品支持民族良心企业的欲望。2021 年 7 月 23 日，当日销售额同比增长超 52 倍。

这些与新媒体情绪深度绑定的商业爆发，或无心插柳，或有意而为之。但商业表现的根源并非来源于网民对企业货品的认可，而是网民表达情绪的途径。这些爆发可以帮助企业在短时间内提升知名度和好感度，而从长期来看，仍然需要回归到常规的商业逻辑，即企业通过高质量的商品收获消费者认可。

三、年度新媒体发展关键词——再思考

新媒体发展格局逐渐趋于稳定，基本结束了“野蛮”生长，也暴露出了许多问题。在技术和商业的助推下，在各方力量的参与下，新媒体的发展速度加快，但是如果缺乏规律性的把握和健康性的引导，会出现新媒体发展脱缰的问题，造成消极的后果。因此，应当建立社会发展与新媒体发展之间的良性关系，避免媒介中心主义，避免精英中心主义，使新媒体能推动社会的进步和发展。

（一）媒介与民意的关系

习近平总书记说：“过不了互联网这一关，就过不了长期执政这一关。”[⑥]互联网上形成了一种大广场与小客厅的关系，大广场指大的公共空间，小客厅就是各个圈层。如何让小客厅与大广场保持相对一致，而不是大空间里自说自话，小客厅中各有心思，让媒介传递民意、表达民意、纾解民意、引导民意，是新时代媒体管理应该应对的问题。

1. 正确面对圈层的阻隔与融通。圈层的形成基于互联网信息发布和联通的便利性，人们通过发布信息、分享信息、搜索信息、信息互动，形成以文化爱好、信息取向、价值判断为标准的群体。

新媒体时代，对于信源可信度的判断也发生了变化。传统媒体时代权威性信源代表着高可信度，例如主流媒体、行业专家等。但是，新媒体有着强烈的社交传播和圈层传播属性，当一个群体内部，形成了与个人观点高度类似的群体观点，且这种观点反复被用户获得时，其可信度便增加，甚至会被用户误认为是社会的主流观点。此时便形成网络“巴尔干化”，人们无形中困在自我信息选择的孤岛内，因为圈层内部的向心力和认同感，会更难以与圈层外的人对话、碰撞，甚至意识不到有圈层外部的存在。

互联网的开放塑造了圈层的聚合，圈层反过来也带来了互联网的封闭。如果圈层使用得当，不在传播机制中为圈层设壁，减少圈层之间的摩擦，多元化的圈层能够形成一种包容度较高的文化氛围。因为圈层的形成，多元化兴趣、审美均能够寻找到共鸣者，每一种兴趣、审美也能够寻找到对应的媒介场域。因为各种兴趣都能够找到认同感的归属，用户便能够更加自由地表达对兴趣、审美的支持，各个圈层之间趋于平等，也形成了多极化发展的传播网络。每个人能够拥有多元化审美的可能，一个人既可以在快手上观看“土味”视频，也可以欣赏综艺中的高雅民族音乐。

2. 新媒体使用人群的复杂性。新媒体与民意之间的关系越来越复杂，原因之一就是新媒体的用户群体进一步扩展，更接近实际的社会组成。不同于线下人们的交流受到地域等因素的限制，在新媒体中，不同年龄段、背景的用户能够被更加快速、便利地联系起来。这些不同背景的用户具有平等的使

用权、表达权，参与传播互动生态的人群更为复杂。

新媒体的核心用户群体正在发生着改变。“Z 世代”（出生于 1995 年至 2009 年的人群）不仅是互联网的原住民，也成为新媒体的高频使用群体。QuestMobile 于 2021 年 6 月发布的数据显示，“Z 世代”人群月人均使用移动互联网的时长达 163.9 小时，非“Z 世代”人群月人均使用时长为 154.5 小时。⑦值得注意的是，未成年人使用新媒体的比例正在提高。共青团中央维护青少年权益部等多部门联合发布的《2020 年全国未成年人互联网使用情况研究报告》显示，未成年网民规模持续增长，触网低龄化趋势更为明显。2020 年，我国未成年网民达 1.83 亿人，互联网普及率为 94.9%，比 2019 年提升 1.8 个百分点，高于全国互联网普及率（70.4%）。超过 1/3 的小学生在学龄前就开始使用互联网，而且呈逐年上升趋势。随着数字时代发展，孩子们首次触网的年龄越来越小。

以年轻群体尤其是“Z 世代”群体为核心用户的新媒体，影响着整体的舆论氛围。以 B 站为例，B 站是以年轻用户为主的内容平台。其 2020 年第四季度财报显示，B 站月活用户达 2.02 亿，超过 86% 的月活用户在 35 岁以下。相对年轻的用户群体造成了 B 站鲜明的特色：创造力强、活跃度高、凝聚力强，但也具有更情绪化、浅表化等特征。他们带来了新媒体热门内容的变化。音乐、游戏、学习、阅读、时尚等年青一代更关心的内容越来越丰富。

触网低龄化还带来了未成年人保护的相关管理问题。抖音于 2021 年 5 月宣布升级未成年人保护机制，14 岁以下的实名认证用户将直接进入青少年模式，14—18 岁的实名认证用户在使用抖音时将获得更多保护。但是不管如何保护，我们都与未成年人一起使用着相同的新媒体环境，他们也是这一环境中不可或缺的一部分，拥有相同的表达权。但是由于新媒体的便利性，未成年人保护机制是否能够真正保护未成年人，仍然需要学校、家长的共同努力，同时针对未成年人的新媒体教育更是不可或缺，目的在于让未成年人提升对于新媒体网络的整体认知。

在未成年人触网率增高的同时，老年人使用新媒体的比例也在不断增加。趣头条联合澎湃新闻发布的《2020 老年人互联网生活报告》显示，60 岁以上的老年用户日均使用互联网时长达到 64.8 分钟，比 40 岁以上的用户多 16.2 分钟，也高于平台用户平均水平。相对于年轻人，老年人的互联网用户比例仍有上升空间，在红海时代是难得的用户增量空间。抖音在 2021 年推出了“老友计划”，将招募 10 位老年用户代表，参与抖音适老化升级，同时也走入老年大学，为学员带来常用的 App 教学课程和防诈骗知识。B 站也开始吸收老年博主，提升适合老年人的内容储备。以上都是各个视频平台争取老年用户的表现。

新媒体上的用户组成情况越来越接近现实社会构成，但是不同人群在新媒体空间中的表达习惯和行为习惯各不相同，甚至同日常生活差距甚远。例如，在日常生活中沉默寡言的孩子，反而会活跃在新媒体当中，甚至可能成为权威观点发布者。新媒体中的表达声量不一定等同于表达人数，更有时间、更愿意在新媒体中表达的活跃分子，是主要的发声者。相反，很多现实生活中的权威人士，反而可能在新媒体中是沉默状态。

3. 新媒体环境的情绪性。新媒体表达存在天然的情绪性。在新媒体时代，由于发声权利被打开，信息倒灌的事件时有发生。许多信息是由普通用户发出，继而在社交媒体上被关注，然后有媒体跟进，形成用户的群体传播。主流媒体虽然发挥着重要的引领作用，但是大部分参与信息传播的用户没有接受过专业的传媒训练，在表达时会带有或多或少的情感色彩，也就增加了新媒体新闻事件的情绪性。

过多的情绪性反馈，会削弱事件讨论的理性氛围。但是，由于情绪的易传染性，它更容易在舆论场中形成较大声量。片面性、极端性、流量性的舆论越多，反而越需要强化客观真实声音。由于信息的膨胀、多元的传播，身处其中的用户容易产生信息眩晕，很多用户需要信息解读的引导。这就更需要权威性机构和媒体，以及新媒体平台的情绪引导和理性事实补足，舆论也会呼唤事件尽快有一锤定音的结果。媒体可以在情绪性的舆论氛围中，扮演梳理信息、引导情绪的角色。因为信息传播的无序性，新媒体平台和媒体机构有责任进行新闻信息的线性梳理，确保用户能够收到与事件发展同步的实时信息，并给予适当的背景说明，帮助用户客观、准确地理解信息。

在新媒体环境中，不再有明显的传播者与被传播者的界限，媒体素养不再是媒体人的独享，而是应当成为所有用户在内的必备素养。如何利用新媒体，正确地反映民意、引导民意，保持相对理性、客观的氛围，是未来新媒体治理面临的重点课题。

（二）科技和人文的关系

技术正在全面参与着传播流程，如生产传播内容（机器人撰写）、塑造传播模式（算法）等，科技赋能被提到重要位置。但是，我们要避免把科技当成宗教、把科技变成主义。现在，已经有很多公司提倡科技向善和主流算法。处理好科技和人文的问题，应当强调人文管方向、科技管方法这一基本原则。

1. 善良的算法。算法已经成为新媒体传播的驱动机制：一方面，应当监督平台不断优化算法；另一方面，应当培养用户的算法敏感。如今，一部分用户开始意识到算法的存在，并发现其极大影响着自身的信息获取，用户由此采取了一些反算法行为，例如屏蔽某些信息、取消关注、设定不再推送等。但是许多用户的反算法行为的作用并不明显，例如用户屏蔽的广告、同类内容依然出现等。因为挑战算法是需要耗费精力的，很多用户会习惯性忽略内容，而并没有采用反算法的方式。还有部分用户，对算法并不敏感，依然生活在由算法控制的传播环境中，甚至可能没有意识到算法的存在。

目前，大多数的算法推荐机制仍被平台掌握，且对外保密，算法大多是为平台的商业目的服务。但是，在这些算法之下，影响的是用户的信息接收，甚至价值观养成。我们需要良性的算法，找到信息获取和商业利益之间的平衡点，能够让用户获得多元、优质的内容，而非困在某个兴趣牢笼之中不断接收同类内容。

算法"囚笼"不仅困住了用户，也困住了媒体。为了获得高收视数据，很多媒体开始利用算法，其中就包括许多主流媒体。曾经的内容生产是以媒体为主，而现在研究平台上的高流量模型成为内容生产的重要影响因素。优秀的媒体能够在流量思维和内容把控之间找到平衡点，但还有一些媒体却在流量思维中随波逐流。生产轻内容、重形式，轻理性、重情感的内容，虽然能够获得关注，但是久而久之会成为满足用户爱好的内容生产者，失去了媒体的品格和舆论引导价值，由此媒体的可替代性反被增强。

2. *AI 与人类共生的时代已至*。近年来，人工智能蓬勃发展。过去，"创造力"被认为是人类与人工智能比拼时的制胜法宝，但这种"创造力"正在被人工智能学习着、提升着。例如，B站上开始流行人工智能续写故事的视频，《红楼梦》《鸿门宴》《聊斋志异》等经典故事均被续写，许多风格与原著大相径庭，更偏向时下流行的爆款爽文等模式。清华大学于2021年迎来了首位人工智能虚拟学生华智冰，她可以根据要求，进行写诗、作曲等具有"创造力"的人类行为。人工智能不仅能负担重复性高、计算量大的工作，而且开始从事"创意化""个性化"的生产行为。

当然，目前人工智能的"创造力"仍处于初级阶段，例如续写的小说存在逻辑性差等问题。但是，在人工智能大量生产的过程中，相对于低质量内容，更让人担心的是其中价值观把控的问题，人工智能对于道德伦理层面的处理仍然较为薄弱。

3. *新媒体反塑用户*。新媒体已经成为大部分人日常生活的重要组成部分，人也被分解成不同的部分，成为新媒体的一种信息，媒介和人已经开始深度相融。

曾经，人们的语言习惯来源于面对面的人际交往、阅读、电视等。但是，伴随着人们接触新媒体的时间越来越长，语言习惯也逐渐新媒体化。新媒体语言习惯的主要特点是简单、萌、年轻、轻松。"萌萌哒""木有丫"等词汇已经不是年轻人的专属，而成为广泛群体的使用习惯，甚至成为官方机构新媒体的必用语。新媒体先天有年轻化的基因，"萌"式语言大多由他们创造，之后形成网络使用潮流，继而影响整个社会的语言体系。有时并不是用户刻意追赶潮流，而是流行语的高频率出现潜移默化地影响着语言习惯，继而扩散开来，成为一种社会性的语言习惯。

除了词语使用外，新媒体还影响着人们的表达习惯，呈现出碎片化、瞬时化、去逻辑化的特点。伴随着互联网硬件设施的普及，网速带宽的提高，媒介资费大大降低，甚至接近于零成本，新媒体内容量极速上升，相对而言就是人们对于媒介使用的珍惜性降低，表达更为随意。过去用户发送一段短信可能会字斟句酌，尽可能在言简意赅的情况下表达最多的信息；现在则是更为伴随性、随意化的表达。用户在体会表达便利性的同时，会更加沉浸在碎片化的环境中。因为表达缺乏严谨的思考和逻辑，整体媒介环境也会变得片面和感性。

新媒体将整个世界更为紧密地联系在一起，无形中会增加人们相互对比的频率，再加上流量的助推，会形成强势的评价体系。例如，肤白貌美的小姐姐跳舞会获得更多点赞，然后算法会追踪到这一趋势，更加集中地推荐这一类型的内容；用户便接收到越来越多相似的信息，继而形成“大多数人都肤白貌美且肤白貌美更具流行度”的判断。

基于推送形成的流量型审美，再加上附着在新媒体上的各类滤镜会自然而然地进行审美修饰，人们习惯于通过新媒体的镜头阅读自我，继而形成对于真实自我的错位认知，甚至是自我否定。被“磨皮”的自我逐渐成为向往的自我，如果“素颜”自我与“磨皮”自我差异较大，便会引发焦虑，继而影响自我行为。除了外貌外，对于价值观的判断（例如财富水平）也有可能因为新媒体的整体氛围而引发个体对自我的怀疑和再造。

（三）中国和世界的关系

对于当代中国来说，讲好中国故事、让世界读懂中国，已经不是一个战术性问题，而是关乎国家战略的大问题。在全球传播语境下，中国的新媒体也应当积极发挥作用。这不仅是商业价值，更重要的是发挥社会价值，能够向世界传播良好的中国形象。新媒体要更好地向世界展示立体全面的真实中国形象，不仅要出口新媒体技术，还要出口新媒体内容，这样才能让中国的新媒体发展在世界产生更大的影响。

1. 民间力量助力中国走出去。新媒体加强了国际民间力量的交流，能够让我们突破地理界限，看到世界的真实样貌。“网红”不一定局限在本国，也有在世界范围走红的可能。中国就有一批内容制作者，通过精致的内容和背后的中国文化、中国意象，在世界范围内吸引着流量。2021 年 2 月 2 日，吉尼斯世界纪录官方微博发文，李子柒以 1410 万的优兔订阅量刷新了她本人创下的“优兔中文频道最多订阅量”的吉尼斯世界纪录，又一次把中国的田园生活意象展示给世界。

政府有意识地通过推动新媒体中的民间交流，对外传播中国文化、讲好中国故事。外交部发言人华春莹在个人推特账户上发布了河南卫视水下舞蹈《洛神水赋》的片段，通过新媒体手段让外国网友了解中国传统文化的潮流演绎；温州于 2020 年上线了首个对外传播官方账号“young 朋友 in 温州”，邀请了 10 位外籍网红参与创作，体验温州生活，对外讲述浙江故事，这是温州打造“国际网红城市”的具体举措之一。

2. 由“大象迁徙”带来的积极国际形象。2021 年，云南发生象群北迁事件。由于事件的特殊性、官方的有效处置和大象的萌态，此事迅速获得国际范围内的关注。象群迁徙并不是以传播为主导的事件，而是以观察、保护野生动物为核心。因此，产生了一系列别样的传播方式，例如无人机跟拍、长时间慢直播等。这些用来观测象群的方法，成为用户“在场”见证迁徙的方式。中国媒体在优兔上传的视频片段被英国、美国、日本的很多媒体转载。真实的画面质感和透明公开的报道形式，让国外许多原本对中国西南边陲一无所知的人了解到云南的景色。中国此次以科学态度处理象群迁徙的措施，以及老百姓对于调皮象群的善意，让海外观众感受到中国生态友好型社会的构建，传递出中国的温情。再加上新媒体中对于各种象类素材的二次创作，网友们用拟人化的手法描绘了象群的爱恨情仇，很容易在世界范围内尤其是年轻网民中获得共鸣。这一次偶发事件，中国的妥善处理为中国国际形象传播起到了重要的推动作用。这次成功再一次说明，在国际传播中，真实、可以感染每一个普通人的题材、正向的价值观，才是能够走出去的硬通货。

3. 在被迫隔离的时代疏通交流。受新冠疫情的影响，全世界都陷入了被迫隔离的状态，国际间的交流也因此减少。人们很难像过去一样走出国门，接触世界。同样，其他国家的人也很难走入中国，了解中国。国际间会因为缺少交流而增加矛盾，从而引发难以估量的后果。人类已经进入互联互通的新时代，各国利益休戚相关，命运紧密相连，彼此之间的顺畅交流是维护人类命运共同体的重要条件，新媒体便是在特殊时代疏通交流的最好途径。

一方面，对于国内而言，需要创造开放、包容的国际交流环境，让国人更加理性地、充分地感受到国际文化，接轨国际信息，打开视野，培养民族自信，避免视野狭隘导致的沟通障碍。

另一方面，对于对外传播而言，需要利用新媒体的途径，对外展示中国的文化生活，培养健康的交流氛围，用新媒体同世界做朋友。

四、结语

知新媒体方能善用新媒体。科技助推媒介不断向前发展，各类新技术、新产品层出不穷，随之而来的是用户的新习惯、新爱好，甚至是新行为。媒介与社会息息相关、全面相融，我们需要对其进行冷静的再思索。用科技把握发展速度，用人文把握发展方向，才能让新媒体为推动更加健康、和谐的社会建设服务，让人们真正享受新媒体的便利和帮助。

参考文献：

①胡钰，清华大学新闻与传播学院教授，博士生导师；王嘉婧，清华大学文化创意发展研究院特约研究员。

② QuestMobile. QuestMobile 中国移动互联网 2021 半年大报告 [R/OL].（2021-07-27）[2021-07-27]. https：//www.questmobile.com.cn/research/report-new/164.

③ QuestMobile. QuestMobile 中国移动互联网 2021 半年大报告 [R/OL].（2021-07-27）[2021-07-27]. https：//www.questmobile.com.cn/research/report-new/164.

④ QuestMobile. QuestMobile 中国移动互联网 2021 半年大报告 [R/OL].（2021-07-27）[2021-07-27]. https：//www.questmobile.com.cn/research/report-new/164.

⑤ QuestMobile. 2021 体育营销洞察报告 [R/OL].（2021-07-13）[2021-07-27]. https：//www.questmobile.com.cn/research/report-new/162.

⑥习近平 . 加快推动媒体融合发展　构建全媒体传播格局 [J]. 求是，2019（6）.

⑦ QuestMobile. QuestMobile 中国移动互联网 2021 半年大报告 [R/OL].（2021-07-27）[2021-07-27]. https：//www.questmobile.com.cn/research/report-new/164.

智能化媒体的演变方向研究

彭　兰[①]

摘　要：智能化媒体实践在中国已经走过了“第一个五年”，新的发展、演变也在酝酿之中。智能化媒体的演变既会受到技术发展线索的牵引，也会受到内容产业的发展法则的影响。在智能化内容分发方面，算法的作用及设计思路将从目前的个性化推荐拓展到平台调节，智能分发的依据也将从兴趣匹配向场景匹配拓展。在智能化内容生产方面的演变线索包括：从劳动密集型生产向智能增强型生产深化，从单一型智能生产向整合型智能生产拓展，从大众化生产向定制化生产扩张。在智能技术推动下，内容产业的营利方向与模式也会发生变革，智能广告将对传统广告产生冲击，数据化、知识化产品将成为媒体内容增值的新路径，智能技术也会推动IP转化和著作权交易等内容交易业务的发展。

关键词：智能化媒体；算法；场景；定制化内容生产；智能广告；内容交易

路线，既会受到技术发展逻辑的牵引，也会受到内容产业本身发展法则（包括专业价值观）的影响，技术逻辑与专业法则也会形成一定的博弈。

一、平台调节与场景匹配：智能化内容分发的演变方向

算法分发是当前智能分发的主要方式，也是智能化技术在内容产业最早、最广的应用之一。无论用户是否意识到算法的存在，他们或多或少都在与智能分发打交道，并受到其影响。对于算法分发这样的智能应用，业界和学界也有很多讨论，这些讨论会使我们对算法分发的局限有更充分的认识，也可以从突破现有局限的视角来探索其未来拓展空间。以下两个演变方向尤其值得关注。

（一）从个性化推荐向平台调节的拓展

当前的内容分发算法往往被称为“个性化推荐算法”，即基于用户的个人信息、消费兴趣与偏好进行内容推送，但它带来的问题也受到广泛关注，分发算法是否只能停留在个性化推荐这个思路上，也值得进一步思考。

内容推荐算法之所以在今天成为一种广

泛应用的互联网技术，其核心动力在于解决海量信息与用户之间的供需适配问题。对于用户来说，是为他们发现符合自己需要的信息；对于生产者来说，是为内容找到合适的用户。内容推荐算法本身是为用户提供一个过滤器，这种过滤在减少用户的认知负担的同时，可能局限用户的视野。

美国学者帕里泽很早就关注到搜索引擎的个性化推荐带来的信息“过滤泡”问题。他指出，个性化过滤器会用两种方式打破我们在强化现有想法和获取新想法之间的认知平衡：其一，它使我们周围充满了已经熟悉（并且已经认可）的想法，导致我们对自己的思维框架过于自信；其二，它从我们的环境中移除一些激发我们学习欲望的关键提示[②]。他还认为，个性化推荐限制了我们的解答视界，即寻找问题解决方案的空间大小，也会限制人的创新性[③]。

国内研究者则更多地从信息茧房的角度探讨算法是否会给人们带来视野狭窄、态度与立场固化等问题。但研究者的判断却并不一致。虽然有很多研究者担忧算法会造成信息茧房，但也有研究者认为信息茧房还不是一种科学概念，目前也还不能证明算法与信息茧房之间存在确切关系。

无论是用过滤泡还是信息茧房这样的表达，也无论算法与信息茧房之间的关系是否被证实，至少可以看到，从算法本身的原理来说，算法的确会带来过滤，这种过滤不可避免地会在一定程度上影响人们对外部环境的认知。

在信息爆炸的今天，信息过滤是必然的选择，即使传统媒体也会对信息进行过滤，在媒体上构建拟态环境。如果媒体对内容的公共性有合理的评估，如果媒体秉持“客观”“平衡”的立场，那么，媒体的拟态环境仍有助于人们全面了解现实社会。专业的媒体在进行信息过滤时，重点考虑的不是人们想知道什么，而是从社会环境传达与感知角度判断人们应该知道什么。媒体的信息选择，通常也会考虑内容的平衡与多样性。

但在目前的算法设计中，内容推荐算法主要是参照人们的习惯和相似人群的兴趣，也就是关注人们想要获得什么，在某种意义上也就是顺应人们的认知心理中惰性的一面，顺应甚至可能强化人的选择性心理。虽然从信息获取效率的角度看，这样的算法可以帮助人们以更小的成本获得与自己偏好、需求更吻合的信息，但是，推荐算法并非只能顺从人们的惯性与意愿。信息传播的一个重要目标是社会整合，促成不同人群连接，促进公共对话，这就要打破个人的作茧自缚，因此，从传媒业的专业价值观来看，内容推荐算法需要兼顾个性化满足与公共整合双重目标，这也是未来的优化方向。

今天的内容推荐算法不仅影响着个人的信息获取，也影响着整个平台的流量分布，而流量指标反过来也会影响内容生产者的取向。算法和相应的评价数据建立起内容消费者与生产者之间的反馈回路，形成了内容平台的调节逻辑，也带来一种新的产销关系，这使内容生产者可以更直观、直接地了解用户的需求与评价。但从另一方面看，当内容生产者被算法钳制时，他们对于内容的专业判断力也会受到抑制，有时也会屈从于算法计算出来的“民意”。过分追捧流量，也会使平台出现“劣币驱逐良币”的效应。

既然分发算法对内容生产方和内容平台的生态有显著的影响，那么分发算法的设计与评估，就需要有更多基于生产者维度的考量，从激励优质内容生产和内容的多样性等方面入手，营造好的内容生态。

平台分发算法的设计应该有利于激励优质内容的生产。由于用户阅读的选择性、用户社交网络的同质性、社交传播的圈层化等因素的影响，人们未必能主动接触到优质内容。算法应该致力于打破用户个人视野的局限，将内容生产者的内容价值、品牌价值等作为变量纳入算法模型，为那些具有重要公共价值的内容以及声誉好的内容生产者赋予更高的权重，使优质内容到达更广的人群。

内容生产者自身也可以通过算法的应用来优化内容的分发。国外一些媒体正在进行相关尝试，例如，英国《每日电讯报》在主要的社交媒体上引入了人工智能软件Echobox，由人工决定在社交媒体发布什么内容，而由智能软件决定什么时候发布以及其他发布策略④。内容生产者自主开发的算法，不仅要为内容寻找更好的分发方案，还要向生产环节延伸，直接分析内容的表现方式，寻找更优表现策略。对于目前受限于平台分发算法的中国媒体来说，如果希望在未来的各种内容平台上获得更大的影响力，促成内容的更广泛传播，也有必要针对媒体自身的需求与特点自主开发相应算法或智能系统。

一个好的内容生态，也应该是一个均衡、全面的拟态环境，是对现实世界的更完整的映射。因此在内容推荐算法的评估标准中，多样性需要被放到更重要的位置。这种多样性，不仅是内容主题的多样性，还包括态度立场的多样性、内容生产者的多样性等。这也是新闻客观、平衡的专业价值观的具体体现。

从平台方面来看，通过算法形成对生产者的普遍激励，使更多内容生产者获益，有助于平台生态的多样性与均衡。快手平台在内容分发中，为避免内容生产者之间差距过大，一方面，会为所有尾部内容分配初始流量，并通过关注、同城等功能保证所有用户都有被看见的机会；另一方面，有意抑制头部视频的流量，形成“流量普惠”这样的实践，也可以推广到更多的内容平台。

多样性并不意味着对低劣内容的宽容。一些劣质内容，尤其是假新闻、谣言，由于抓住了人性的弱点，反而可能更容易获得流量。分发算法也应该与筛选、过滤算法结合，阻止劣质的扩散。很多假新闻是批量生产的，具有特定的表达模式，例如，2020年3月，不同国家版本的“海外华商太难了”文章在微信广泛传播，实际上这是营销号炮制的虚假文章，统一套用《疫情之下的××国，店铺关门歇业，华人有家难回，

××国华商太难了！》的模板。类似这样的内容，智能技术是完全可以识别的。通过算法来快速识别假新闻、谣言，过滤不良信息，也是平台调节的一个目标。

要通过算法实现对平台内容的调节，就需要在算法中加入很多专业性的判断，如判断内容的质量与公共价值，评估内容生产者的声誉……但这些判断仅靠算法工程师是不能完成的。这也意味着内容分发算法的设计需要有更多的专业内容生产者的参与，但由于制度等方面的原因，目前在很多平台的分发算法的设计中，专业的内容生产者的参与还非常有限。建立内容分法算法开发的跨界团队，形成兼容内容与技术等多方力量与价值观的开发机制，对未来智能分发应用的发展是重要的。

目前，社交机器人发布的内容对平台内容生态产生不良影响。在很多社交平台，社交机器人在算法的控制下自动生产着各种内容，这些内容混杂于人生产的内容中，很多时候不能被一般用户辨识。受社交机器人的影响，社交平台的信息环境容易被操控，而这种信息环境也会反作用于用户。目前还缺乏对社交机器人进行识别、钳制以及封杀的算法，但对于内容平台生态来说，这样的算法已经变得越来越必要。

总体来说，分发算法的应用走向深层时，就不只是要面向消费端，而是要兼顾消费端与生产端，要解决的问题也不只是个体需求的满足，而是要更多考虑公共内容生态、公共对话与社会整合的需要。

（二）从兴趣匹配向场景匹配的拓展

伴随着智能技术在内容产业的应用，传播终端也在发生变革。在智能手机之后，智能音箱、智能家居设备以及智能汽车，都会成为新的传播终端，而在这些新终端里，内容分发的逻辑与模式也会发生变化。场景会成为一种内容分发的线索，算法的设计也需要更多基于场景的分析。

移动传播、移动服务语境下的场景是由时空环境、个体特征和社交氛围等方面的要素共同构成的一整套服务情境。场景包含个性化场景与共性化场景两个层面。[⑤]家庭、办公、通勤、休闲娱乐等，都是移动媒体使用的典型场景。

智能技术将重新定义媒体使用的家庭场景。智能音箱在家庭场景中将会得到更多的应用，它的语音交互特点，为不擅长智能手机操作的老年人提供了便利，语音朗读功能也减轻了他们的阅读负担，收听这一行为，也部分沿袭了老年人对广播的使用习惯。借助智能音箱，老年人可以点播新闻、娱乐内容，智能算法、语音助理也可以帮助老年人发现感兴趣的内容，对于在社交平台上与老年用户的连接不够通畅的传统媒体来说，智能音箱为他们重新找回老年群体这样的忠实用户提供了机会。未来的智能音箱也需要帮助老年人完成各种服务功能，如打车、购物、挂号、健康监测，甚至成为老年人的陪伴，这都需要智能算法的支持。

目前，智能音箱的应用还并不成熟，除了智能音箱本身性能不足的原因外，相关内容生态不完善、隐私问题等也是制约其发展的重要因素。但是对老年用户来说，智能音箱有其独特价值，以其为入口和平台进行更充分的内容与服务生态建设，有助于帮助老年人适应智能化生活，减少智能时代的数字鸿沟，媒体也有必要参与这一建设。

智能音箱在家庭场景中的另一类重要用户群体是幼儿。同样，针对这样的群体开发适配的内容与服务，也为媒体开辟了新的发展空间。

未来的智能家居里不只有智能音箱，还会有智能空调、智能冰箱、智能空气净化器、智能监控等各种新型智能设备，理解每一种智能设备的使用场景和可能延伸的功能，理解在特定设备上的内容分发逻辑，可以为媒体找到未来的内容生产新方向与分发新模式。

汽车也是移动传播应用的重要场景。目前，传统广播在汽车场景中还占据着重要位置，但随着智能汽车的发展，人们在车内的信息消费模式也会发生变化。与被动收听广播不同，未来的用户更有可能像今天使用智能手机一样，在开车时使用各种服务。尽管使用的服务种类与方式可能会受到开车这一行为的限制，但汽车这一场景意味着不断变化的位置，意味着与交通相关的各种需求，如导航、加油、停车、求救报警、预警等。同时，对于开车的人来说，听的需要会远远高于看的需要，理解这种场景下用户的行为与需求并提供相关服务，是基于汽车的智能分发的核心目标。在未来车联网、无人驾驶的时代，汽车这样的移动场景还会发生深刻变化，这也给内容的智能分发带来新的可能。

媒体的内容要进入各种移动场景的分发渠道，仅靠媒体自身是不够的，因为这些渠道大多掌握在智能终端的生产商手中，基于场景的内容分发会带来内容市场链条与格局的又一次变革，媒体需要充分研究市场变化的走向，寻求在新的市场链条与格局中的有利位置。

二、智能增强、智能整合与定制化生产：智能化内容生产的深化

从机器写作开始，智能化技术参与内容生产的范围一直不断拓展，也对内容生产形成了一定影响，从提升内容生产的专业水准以及扩张内容产品思路的角度看，未来的智能化应用还将有更多的深化路径。

（一）从劳动密集型生产向智能增强型生产的深化

在当前的媒体内容生产中，智能技术的一个主要应用方向，是参与劳动密集型内容生产、减轻编辑记者负担的重要方式，人民日报、新华社、中央广播电视总台等主流媒体在这方面都进行了相应的探索。

2020 年 12 月，人民日报“创作大脑”诞生，它具备直播智能拆条、在线视频快编、图片智能处理、智能字幕制作、可视化大数据、智能写作、新闻转视频、实时新闻监测等 18 项重点功能。这一系统由人民日报智慧媒体研究院研发，百度公司提供技术

支持，其目标是为媒体机构提供全媒体生态智能解决方案，助力智能编辑部建设。

新华社与阿里巴巴公司合作成立的新华智云，也不断推出帮助编辑、记者进行报道的智能系统。自2019年开始，新华智云开发的“媒体大脑”（MAGIC）系统陆续推出30多款AI媒体机器人，帮助媒体快速完成某些类型的内容生产，如短视频等。2020年新华智云开发了“云上新闻中心”，针对会议直播这样的任务，可以分秒级生成剪辑视频和精彩片段，还制造了首台拥有7个智能摄像头的实体机器人，全程拍摄画面并同步上传到媒体大脑云端处理。

2019年12月，央视网发布了“人工智能编辑部”，包括“I学习”“智晓”和“融媒智控云矩阵”3个产品。“I学习”将人工智能、大数据等前沿技术应用于时政报道，已开发出智能归档、多策略搜索、精准统计、图谱联想等功能。“智晓”能够对热点事件的传播强度、趋势、效果进行实时可视化呈现，帮助编辑快速判断选题、紧跟舆论热点。“融媒智控云矩阵”则拥有一套基于10年审核经验的信息知识图谱，可以更高效地进行内容审核。

2019年国庆大阅兵和大游行中，央视新闻在直播素材基础上采用人工智能来完成分列式与群众游行的82个方队方阵的视频剪辑，单个AI剪辑视频在阅兵方阵完成表演后5分钟内生成，这一创新应用也获得了第30届中国新闻奖。

“央视频”的内容审核也采用了AI审核和人工审核相结合的模式，AI调用敏感人物模型、黄色/低俗模型、暴恐模型、语音脏话模型等至少12个算法模型对平台数据进行不间断监测，一旦发现不当内容，便可及时提醒人工审核。

一些媒体开发的基于人工智能技术的虚拟主播，也在一定程度上帮助人类主播从读稿子这样的劳动密集型工作中解放出来。

但将人从高强度的内容生产工作中解放出来，并非人工智能技术唯一的应用方向，未来更需要探索人工智能与人的协作生产模式，利用人工智能在某些方面的特长，来增强、延伸人的能力。

例如，在视频生产中，人工智能不仅可以提升常规视频处理加工的效率，还可以对视频中的特定对象进行智能识别、解读、延伸，如视频中出现的文字信息的自动识别，人物、地点等对象的背景信息的搜索、分析，人物的关系图谱描绘，也就是通过智能技术挖掘视频背后的深层信息，为用户提供视频之外的延伸性内容。对于文字、图片等类型的报道，智能技术也可以有类似的应用。

人机协同的深度报道，也应是智能化媒体的重要发展方向。很多时候，这是大数据、人工智能等技术的综合运用。中央广播电视总台旗下的微信公众号“玉渊谭天”一直致力于智能大数据新闻报道，其在疫情防控期间发布的《返程高峰：大数据给出战“疫”路线图》一文，对每天55亿条原始数据进行分析，对全国351个城市逐一进行了返程人口流动规模预测，通过真实可信的数据分析，准确预测了疫情防控期春节返程时间拉长、人员流量平稳的实际趋势。[⑥]近年来，包括大数据技术在内的数据分析应用在一些媒体的深度报道中起到了越来越重要的作用。未来，除了数据分析挖掘技术的应用外，还可以进一步探索智能识别、深度学习、专家系统等技术在深度报道中的应用。

物联网等技术的发展，将为信息采集方式带来重要拓展，在人类力所不及的环境、维度中完成信息采集，为深度报道提供新的思维、新的材料支持。

人工智能在内容生产中的作用，还体现在内容生产的决策与传播策略优化方面。国内媒体的一些“中央厨房”和融媒体平台，会实时显示各平台的内容流量、热点，这给内容生产者提供了一定的参考。当然，仅有这些数据是不够的。加拿大《环球邮报》打造出人工智能驱动的优化和预测平台 Sophi，它可以综合评估每篇文章在用户拉新、留存、订阅及广告收入的贡献率，编辑可以将这些信息与自己的直觉、经验结合，更好地识别受众的行为模式，调整内容发布时间和内容主题。[⑦]可以预期的是，在内容生产的决策方面，人与算法协同工作的方式会日益普及。

在人机的协同生产中，人既需要利用智能技术来延伸自己的能力，又不能过分依赖技术。虽然技术可以提供数据分析、决策参考，但人需要有能力判断这些数据和决策的准确性、可靠性。过度依赖技术，人的能力不仅不会增强，反而会被削弱，内容生产也会走向套路化、机械化。

（二）从单一型智能生产向整合型智能生产的拓展

智能化技术在新闻生产中的应用越来越常见，但现在主要面向的是单条内容的生产，在新闻整合方面，智能应用的模式与思路还很有限。

信息超载时代，人们更需要新闻的整合，特别是同主题新闻的有效整合，虽然以往新闻网站是通过专题的方式来进行整合，但在移动终端，专题的篇幅大大缩减，且主要存在于新闻客户端中，客户端的专题多数也只是做到新闻聚合，也就是相关内容的简单归类。在社交平台上，这样的聚合都难以实现，人们在各自的信息流上读到的内容多是碎片化的，存在大量的重复、错误信息，时间上也是混杂的，这对人们理解、把握新闻事件的进展，完整了解一个新闻话题制造了重大障碍。

用智能技术来解决新闻的有效整合，在今天变得十分重要。虽然用智能技术发现同主题、同事件的新闻并将其聚合在一起并不困难，但只有聚合是不够的，真正的整合需要厘清新闻之间的关系，如时间关系、逻辑关系、因果关系等，将其进行结构化地呈现。

在这方面，知识图谱的思维或许可以为新闻的智能整合提供参照。

2012 年，谷歌率先提出知识图谱（Knowledge Graph）的概念。知识图谱由知识以及知识之间的关系组成。[⑧]为表现知识间的关系，知识图谱很多时候都以可视化方式呈现。

从某个角度看，新闻也是知识，这种知识既可以体现在一篇新闻报道的层面，也可以体现为新闻报道中出现的相关要素层面，如人名、地名、事件等。通过知识的关联将新闻进行有效整合，有助于用户更方便地阅读、理解新闻。以往在新媒体的新闻页面中，有时会通过超链接等方式来延伸新闻中一些要素对应的知识，但这大多是通过编辑的人工处理方式来完成的。人工进行的知识关联，受限于人的时间、判断力等因素，很多时候，编辑未必能正确判断对用户来说哪些知识需要关联、延展，也未必能进行有效、准确的关联，甚至有时添加的关联链接反而增加了用户的阅读负担。以往的一些新闻专题，编辑也会有结构化意识，并通过新闻的选择、版面的关系等来体现新闻的内在关系，但同样受限于人力，这样的结构化专题数量有限，质量也参差不齐。

虽然对新媒体编辑来说，进行准确、有效的新闻整合是他们专业能力的体现，未来人工的整合在新闻编辑中仍然不可或缺，但是，利用智能技术辅助人工进行新闻整合，也应该成为智媒的一个应用方式。

在技术领域，已有研究者通过大数据等技术来构建事件图谱，即以事件为中心描述事件信息以及事件之间各种关系的图谱。相关技术包括事件抽取、事件信息补全、事件关系推断以及事件预测等⑨。这样的事件图谱在一定程度也是适用于新闻事件的。在档案领域里开发的基于某个事件或主题的知识图谱系统，也同样有可能移植到新闻领域。

信息的整合也不限于新闻的整合。在突发事件频发的今天，求助、救援等信息的智能化收集与整合，不仅与新闻报道相关，更与人的生命相关。目前这类信息的发布、整合还是基于人工的，也主要由民间发起，如2021年7月郑州特大暴雨中被称为“救命文档”的“待救援人员信息”文档，是由志愿者或当事人发布求助、救援等信息，通过网络协作编辑模式，整合到同一个Excel表格中。其中一些信息是志愿者通过爬取社交平台数据获得的。类似这样的网民自发协作的信息整合模式自然有其不可替代的意义，但在这样的危急时刻，如果能辅以智能技术的信息爬取、整理及匹配，信息整合可能会更全面、高效，如果能在智能手机等终端上设计便捷的求助功能，将这些信息自动整合到求助信息系统中，也会进一步提高信息收集的质量。这样的智能系统的开发，虽然不一定是媒体自身能完全实现的，但媒体可以动员、集结相关部门的力量来进行研发。

类似这样的信息整合，显然超出了传统媒体的内容生产范围，但对于媒体来说，今天对内容生产的理解，需要突破传统的新闻生产的思维。虽然新闻生产仍然是媒体最核心、最重要的功能，但面对新的环境和用户新的需求，内容产品也会扩展到新的领域，甚至以新的形式体现，智能技术的应用过程也是不断拓展用户对内容产品的认识的过程。

（三）从大众化生产向定制化生产的扩张

目前，智能技术推动的内容生产，仍然是面向群体的，是大众化的。所谓的个性化，是在分发环节的个性化，而非生产中的个性化，也就是从面向大众生产的内容中挑选更符合特定用户个人兴趣的推送给他们。但智能技术未来的一个目标是推动内容的定制化生产。

面向特定个体或机构进行定制化的内容生产，在传统媒体时代很难想象，这主要是因为媒体有限的生产力量与用户多样化的需求之间的矛盾，但智能化生产的高效率，则可以解决这一问题。

面向个体的定制化内容生产，很多时候与场景匹配相关。就像网约车应用一样，针对个体在特定场景下的需求特征，采集与其需求匹配的信息，在今天已经变得可能。其技术支持包括传感器、可穿戴设备、大数据分析技术等。例如，在人们参观旅游景点、博物馆时，通过传感器或可穿戴设备观察其视线焦点，发现其兴趣所在，并采集、推送相关信息，可以为用户提供更高质量的信息服务。虽然目前媒体常规的内容生产并不涉及这些，但在媒体开发新媒体产品时，需要将个性化内容生产作为一个拓展方向。

人们对信息的需要，不仅是出于了解社会环境的需要，也是个人行动与决策的需要，这时个性化内容生产就变得更为重要，因为个性化信息可以给人们更精准的指导，例如高考志愿填报等。知乎等社会性问答类应用之所以能持续发展，也是因为其内容是个性化生产的，是以用户的个性需求为直接导向的，当然它的生产机制是UGC为主。UGC机制下的个性化内容生产有两个局限：一是面对某些个性化需求用户没有生产能力，二是因为供需双方的连接不畅，生产者无法找到需求者，或者需求者无法找到生产者，这两个问题的解决办法也就是智能化技术的应用空间所在。一方面，智能技术本身可以通过相关分析来理解特定用户的需求，为之直接生产个性化的内容产品；另一方面，智能技术也可以解决供需双方的连接问题。

面向机构的定制化生产，主要体现为各种类型的数据产品，特别是舆情分析报告等，但媒体的思路不应局限于舆情报告，还可以延伸到更广泛的资源与服务。

同样，面向机构的定制化生产，不一定意味着媒体要自己完成内容的生产，有时也可以建立一个连接平台来实现个性化内容供需方的匹配。中央广播电视总台“人工智能编辑部”建设的“决胜——脱贫攻坚智惠媒体平台”便是通过智能算法将贫困地区的物产资源、文旅资源有效对接相关用户。[10]这样的思路与模式也可以被其他领域借鉴。

定制化生产需要更多的投入，而好的定制化产品会更好地满足用户，甚至产生明显的经济效益或个人收益。因此，好的定制化内容产品也应是付费产品，这也会成为内容生产者和内容平台的营利模式。

三、智能广告、内容增值与内容交易：智能技术下营利模式的变革

当智能技术在内容产业的应用走向深层时，与内容相关的经营市场也将随之变革，广告这一媒体主要的营利模式虽然在未来仍然会存在，但其运营思维与运营模式会发生智能化转向，在这种转向过程中，媒体反而会变得弱势，因此媒体也需要尽早开拓其他营利模式。

（一）智能广告：智能时代广告模式的转向

智能技术正在改变广告的运营模式，智能广告将成为广告发展的一个重要方向。

智能广告是以数据驱动为基础，利用人工智能技术实现广告内容的耦合生产、精准投放与互动反馈，从而个性化满足消费者生活信息需求的品牌传播活动。[11]

在研究者看来，智能广告的基本运作逻辑是，收集和读取海量数据（包括结构化用户信息数据和非结构化文本数据），建立用户画像标签系统，然后模拟和训练算法模型在内容和用户之间建立关联，最后通过个性化推荐传播实现多维场景的适配。[12]

对于智能广告带来的影响，有研究者指出，智能时代的广告用户识别将从群体性定向进一步走向个性化识别，从行为追踪进一步走向心理洞察，广告内容生产走向高度个性化且规模化、全形态、创意性内容生产，从用户识别到广告内容生产，从广告内容生产到广告分发与投放，直至广告效果的实时监测，所有广告业务的高度智能一体化。[13]

在物联网等相关技术的支持下，对用户的识别、洞察与分析的手段也会变得多样，用户画像的描绘并不一定来自用户提供的个人信息或生产的内容，也可以来自各种传感器，如摄像头等。例如，通过摄像头采集的画面可以判断一个广告的收看者的性别、年龄甚至衣着风格等，以此为依据进行个性化的广告推送，也可以通过传感器来判断广告效果。这也意味着智能广告未来会更多地与智能终端结合，特别是智能家居设备、智能广告屏等新终端。当然，这样的个人信息采集带来的隐私风险，也会是一个挑战。

虽然研究者对智能广告有很多认识与期待，但在当下实践中，智能广告还并不盛行，这与缺乏相关的技术、设备与数据有关。但在社交平台的信息流中，人们接收的广告，已经有了算法分析的成分，虽然目前这样的算法推送仍然不够精准，但智能广告与社交媒体的结合也是必然。

可以预见的是，借助算法，智能广告也会成为人与人之间连接的方式，人们更容易通过广告这一纽带形成消费共同体——消费社群。社群的氛围会对人们的消费行为产生更大的影响，如同今天直播带货时直播间的氛围。智能广告也会更直接地连接人与产品（服务），将广告直接转化为销售。

而对媒体来说，在智能广告的发展趋势下，它或许并不占有优势，智能广告所需要的终端、平台、数据、智能技术等，是多数媒体的短板，相反，那些大的互联网平台、

拥有智能技术的新媒体公司、拥有新终端的企业，在这方面占有更大优势，它们会成为媒体的有力竞争者。此外，一些广告主也可能因为掌握了相关技术而进行自主的智能广告发布以及产品直销，从而绕开媒体这样的中介者。因此，在智能广告时代，媒体的广告业务未必会更繁荣，反而可能被削弱，这也是媒体需要应对的一个新局面。

对于用户来说，智能广告可以实现更精准的匹配、全面的渗透，这也未必总是一件好事。如果人们的每一处空间、每一刻时间都被广告侵入，不仅会加重信息过载，也会使他们被消费主义的氛围笼罩，非理性的消费欲望会被更多激发。因此，智能广告使用中“度”的拿捏尤为重要。

智能广告提供的个性化满足，不仅要基于对用户画像的认识，也需要基于对人性的认识，但真正人性化的智能广告，不仅是对人性的洞察与满足，也应是对人性弱点的抑制甚至纠偏。

（二）“数据化”“知识化”：智能技术下内容产品增值新路径

智能广告的普及反而可能使媒体的广告业务受到冲击，因此媒体需要探索智能时代的其他营利点，特别是内容产品增值的新路径，以谋求更强的生存能力。

对于媒体来说，内容也是数据，内容的“数据化”是实现内容增值的一个重要方式，也就是要从数据挖掘、加工的角度来提升新闻内容的价值，实现新闻内容的二次开发，生产各种衍生内容产品。

媒体内容数据化的一个常规方式是数据库建设及相关服务，即通过建设基于自身内容积累的传媒数据库，根据用户的特定需求进行数据挖掘和分析，售卖以数据库为载体的传媒行业所积累的海量数据和基于大数据的增值服务。⑭

内容数据化也可以进一步演化为“知识化”，其思路是将一些新闻资讯中隐含的内在规律进行提炼、加工，从中发现新的知识，这也是前文说的内容生产定制化的一种方式，这些具有原创性的知识产品，也会成为付费产品。当然，这也需要大数据、人工智能等技术的助力。

（三）IP 转化和著作权交易：智能技术推动的内容交易

对于内容的生产者来说，IP 化运作，是内容变现的另一种方式，这既包括小说等文学创作内容、各类视频和游戏，也涉及新闻作品。《太平洋大逃杀》这一非虚构新闻作品被电影公司购买著作权、拍成电影，给新闻生产者带来极大鼓舞。一些知名的媒体人、内容创作者个体也有可能 IP 化。当然，并非所有内容、所有内容生产者都有 IP 化的可能，什么样的内容与内容生产者具有 IP 化的潜力，要用什么方式实现 IP 的转化，将需要越来越多地借助智能化的分析与决策手段。

智能化技术可以分析内容市场、用户需求的阶段性特征，也可以分析已经 IP 化的产品或个体的特征，为 IP 化决策提供依据，还可以对 IP 化产品进行个性化推送、对其效果进行分析。可以预见的是，未来会有越来越多的生产者以 IP 生产为目标来进行新产品创意，媒体的内容产品类型也将不断丰富。

此外，IP 的交易、转化有时也需要中间商，内容平台或许可以利用自己的优势，扮演 IP 交易场的角色，为 IP 的供需双方建立连接，在连接需求不断增加时，智能技术在连接匹配中的作用也会增加。

除了具有商业潜力的 IP 产品外，在著作权保护越来越重要的今天，各类内容作品的著作权交易也将变得频繁。同样，内容平台也可以在各类著作权交易中扮演中介角色，智能技术的应用有助于提高交易的量与质。

四、结语

本文分析的智能化媒体的演变方向，有些是从技术发展趋势中可以预见的结果，有些则是基于内容产业，特别是新闻业的专业定位与专业目标所期待的发展方向，而未来的实际走向取决于技术界与内容业的碰撞和博弈。但无论如何，在智媒的演变中，内容产业的发展模式和市场格局会发生进一步变革，这也意味着媒体面临的挑战将会不断增加。

参考文献：

①彭兰，中国人民大学新闻与社会发展研究中心研究员，中国人民大学新闻学院教授。

②［美］伊莱·帕里泽．过滤泡：互联网对我们的隐秘操纵［M］．方师师，杨媛，译．北京：中国人民大学出版社，2020：65.

③［美］伊莱·帕里泽．过滤泡：互联网对我们的隐秘操纵［M］．方师师，杨媛，译．北京：中国人民大学出版社，2020：72.

④德外 5 号．外媒观察：AI 助力媒体“圈粉”“创收”[R/OL].（2021-07-07）[2021-07-10].https：//mp.weixin.qq.com/s/fetZg8eIY4fOplbYJY2i2w.

⑤彭兰．场景：移动时代媒体的新要素 [J]. 新闻记者，2015（3）：20-27.

⑥吴克宇．新闻生产智能化的战略驱动和创新场景——中央广播电视总台人工智能战略实践 [J]. 新闻战线，2020（8）：13-15.

⑦德外 5 号．外媒观察：AI 助力媒体“圈粉”“创收”[R/OL].（2021-07-07）[2021-07-10].https：//mp.weixin.qq.com/s/fetZg8eIY4fOplbYJY2i2w.

⑧李涛，王次臣，李华康．知识图谱的发展与构建 [J]. 南京理工大学学报，2017（1）：22-34。

⑨胡志磊等．事件图谱的构建、推理与应用 [J]. 大数据，2021（3）：80-96.

⑩吴克宇．新闻生产智能化的战略驱动和创新场景——中央广播电视总台人工智能战略实践 [J]. 新闻战线，2020（8）：13-15.

⑪姜智彬，马欣．领域、困境与对策：人工智能重构下的广告运作 [J]. 新闻与传播评论，2019（3）：56-63.

⑫段淳林，宋成．用户需求、算法推荐与场景匹配：智能广告的理论逻辑与实践思考 [J]. 现代传播，2020（8）：110-128.

⑬曾琼，朱文澜．重构想象：5G 时代的智能广告图景 [J]. 现代传播，2021（1）：129-133.

⑭张振宇，喻发胜．物尽其用：基于计算机思维的新闻文本挖掘研究——以“中国突发事件数据库”的建设实践为例 [J]. 现代传播，2019（9）：42-50.

5G 技术创新推动媒体深度融合发展

赵子忠　米文霞[①]

摘　要：媒体融合时代背景下，传媒技术环境、应用形态、传播方式、产业生态都发生深刻变革。5G 因其网络、终端、业务三大体系的创新，成为媒体融合先进技术的重要组成，与人工智能、大数据、物联网等行业有着密切联系，是支撑媒体融合深度发展的关键性技术。5G 商用以来，各级媒体充分利用 5G 技术积极探索媒体融合新模式。在各种主要模式的应用与发展中，5G 也深刻影响着全媒体传播的应用升级和智能化演进，全方位呈现 5G 时代全媒体传播的特征与创新。

关键词：5G；媒体融合；全媒体传播

一、5G 技术应用的三大创新体系

5G 是国家推进新型基础设施建设工程的重要领域，该技术在网络、终端、业务三大体系的创新，为 5G 技术应用提供了广阔的发展空间。

（一）5G 网络能力创新：网络切片提升定制化水平

全新的网络结构、毫秒级的端到端时延和大流量密度能力，让 5G 具备更高的网络性能、更迅捷的传输效率和更大密度的连接能力。5G 可以支持 0.1—1Gbps 的用户体验速率、每平方公里 100 万的连接数密度、毫秒级的端到端时延、每平方公里数十 Tbps 的流量密度、每小时 500 公里以上的移动性和数十 Gbps 的峰值速率。相比 4G，5G 网络频谱效率提升 5—15 倍，能效和成本效率提升百倍以上。[②]5G 发展，5G 网络覆盖先行。独立组网是完全独立建设的 5G 网络，能构建企业专属的广域局域网，充分发挥 5G 技术特性。2020 年 3 月，工信部印发《关于推动 5G 加快发展的通知》，提出：“加快 5G 网络建设进度。支持基础电信企业以 5G 独立组网（SA）为目标，加快推进主要城市的网络建设，并向有条件的重点县镇逐步延伸覆盖。”[③]截至 2021 年 3 月底，我国已建成 5G 基站超过 81.9 万个，占全球 70% 以上，建成全球规模最大的 5G 独立组网网络。[④]中国电信、中国移动、中国联通三大运营商均已实现5G独立组网（SA）规模部署。从2021年5月17日起，新进网5G终端将默认开启5G独立组网功能，推进独立组网模式规模化应用[⑤]，标志着5G进入一个新的发展阶段。从4G到5G，不仅是通信代际的升级，更是从传统的To C（个人用户）模式到To B（政企用户），To H（家庭用户）商业模式的巨大改变。凭借5G独立组网的独有优势，通信运营商可以向企业客户提供“网络切片”服务。作为5G关键技术，“网络切片”将为5G网络的应用与发展带来更大的可行性和技术保障。

网络切片是“构成一个端到端的逻辑网络，按切片需求方的需求灵活地提供一种或多种网络服务”的技术。[⑥]因此，网络切片技术能够基于相同的基础设施，结合不同场景的具体业务需求提供独立的逻辑专有网络。当5G与云计算、物联网等技术不断深入融合之后，信息通信的场景将实现前所未有的大规模发展，物与物之间的信息传播将呈指数级迅猛增长。来自数百种垂直行业的数百亿设备将在这一过程中连接到移动网络，从而真正实现“万物互联”。在这种背景下，传统4G核心网络集中式部署、无线网边界部署“一刀切”的模式明显不能满足5G时代各垂直领域对网络的需求。而5G移动网络可以根据不同业务的需求，提供通用或专有的网络服务，支持成百上千用户、众多用户类型在各种不同应用场景中的使用。“切片可以充分发挥云网融合优势，基于网络切片，可以提供安全隔离、多样化、差异化和定制化网络服务。”[⑦]简单来说，网络切片差异化是5G网络相比于4G网络最大的能力创新，多元垂直行业的多样化需求将极大被满足。不同的网络切片服务不同的应用场景，仅对该场景负责，因此只需定制专属场景的专有网络即可。2021年2月24日，中国电信在2021世界移动通信大会发布全球首个基于5G网络切片在车路协同领域的典型应用，实现了5G定制网业务和公网业务的隔离，赋能智慧交通。2021年5月24日，华为联合广东移动完成5G公网切片首次商用验证。验证表明，基于切片技术低时延、高可靠的业务差异化性能可以很好地做到公网To B和To C业务之间的隔离和差异化保障，从而拉开了5G切片在公网网络的规模商用序幕。[⑧]

5G网络背景下，网络切片定制化成为网络设计常态。在网络切片的设计中，并不需要每一个切片都包含所有的网络功能，针对特定业务或垂直行业的网络切片只需定制化地包含业务所必需的网络功能，最大程度地满足垂直行业业务的相关需求即可。以5G网络的三大应用场景为例，在eMBB（增强型移动宽带）的应用场景中，切片适用于处理5G增强型移动宽带，不限于一般消费空间移动宽带应用，包括高质量视频流、快速大文件传输等；而uRLLC（大规模机器类型通信）支持包括工业自动化远程控制系统在内的高可靠低时延通信，对连接数密度要求较高；mMTC（超可靠和低延迟通信）

则支持大量和高密度的物联网设备，对端到端时延和移动性要求较高。此外，基于5G网络切片的5G定制网则是企业数字化转型的加速器，5G切片是运营商开拓To B市场的“神兵利器”，三大运营商均推出面向专网的定制化切片服务。中国移动为客户按需定制优享、专享、尊享3类组网模式，满足客户各类切片需求；中国电信根据典型应用场景分为“致远”“比邻”“如翼”3类服务模式；中国联通5G专网则分为虚拟专网、混合专网、独立专网3种部署方式，构建集约化、智能化的切片平台。在三大运营商的专网服务方面，定制化5G切片服务成为三大运营商提供To B服务的重要使能技术。⑨

（二）5G终端体系创新：多元多样特征愈发突出

5G终端作为5G应用的关键平台和控制中心，给传统终端设备与人工智能等新兴技术融合落地提供了物理实现基础。类型多样、形态丰富、应用场景多元是5G时代终端设备的重要特征。4G时代，终端设备以个人消费场景中的智能手机为主。5G时代，由于与物联网的融合以及5G本身广阔的应用场景，终端设备的种类和范围远远超越4G时代单一终端概念的内涵、外延和范畴，打破4G时代手机终端一枝独秀的局面。2020年3月，工信部就曾在《关于推动5G加快发展的通知》中指出，“要鼓励基础电信企业通过套餐升级优惠、信用购机等举措，促进5G终端消费，加快用户向5G迁移”，⑩并提出了要发展“支撑工业生产、可穿戴设备等泛终端规模应用”的5G泛终端发展和应用问题。5G终端除了智能手机，还涌现出室内外CPE、5G模块、5G热点、5G物联网路由器、5G适配器、5G机器人、5G电视机、5G笔记本、5GUSB终端等各种5G终端形态。全球移动通信供应商协会（GSA）统计数据显示，2019年3月全球5G终端数量仅为33款，而截至2021年5月，终端形态总数达到756款，其中商用终端468款。⑪

5G终端设备的多样化首先体现在多产品品类。首先，根据不同用户市场，5G终端呈现不同应用形态。中国移动提出5G时代客户服务的市场将由单纯To C（个人用户）向CHBN 4个市场转变，面向行业用户（To B）、面向个人消费者（To C）、面向家庭用户（To H）的5G终端类型。其中，To C的终端将主要为数据类终端，To B的终端则集中在车联网、电力、工业互联网及直播四大行业。⑫其次，若以应用场景划分，5G终端的形态根据三大应用场景的差异亦呈现多样化趋势。其中，eMBB场景下的5G终端类型包括CPE、手机、AR/VR、笔记本电脑、平板、无人机等；URLLC场景下包括智能监控设备、车载终端、机器人、医疗设备、工业制造及检测设备等；mMTC场景下则包括水电气表终端、物流跟踪器、家居智能电器、智能可穿戴设备、智能检测设备（农、林、城市）等。多元多样的终端拓宽5G的应用场景，满足成百上千垂直行业的业务需求。5G+8K+VR两会直播、5G+ 远程诊断新冠抗疫、5G+ 工业互联网智慧矿山、5G+ 数字教育等典型行业应用落地，围绕 5G 三大应用场景的业务不断拓展。终端是 5G 网络真正得到应用的载体，5G 终端爆发式增长，信息设备迭代革新，多元多样的终端设备作为内容的呈现界面和接收载体，必将给全社会带来深层的改变和深刻的影响。

（三）5G 业务形态创新：5G 消息——基于渠道优势的媒体型新业务

2020 年 4 月，中国移动、中国电信、中国联通携手 11 家合作伙伴共同发布《5G 消息白皮书》，宣布共同开启 5G 消息业务。这标志着 5G 消息业务及其整个产业链进入蓬勃发展的阶段。根据《5G 消息白皮书》的定义，5G 消息是基于 GSMA RCS UP 标准构建，实现消息的多媒体化、轻量化，通过引入 MaaP 技术实现行业消息的交互化。⑬相比传统短信业务服务，5G 消息提供全新的人机交互模式，用户无须下载各种类型 App，在终端原生的消息窗口内就能完成服务搜索、发现、交互、支付等一站式的业务体验。因此，5G 消息业务是传统短信业务的革命性升级。在 5G 网络支持下，原生终端的消息业务将构建全新的信息渠道入口。利用其优越的渠道优势，5G 消息将成为 5G 时代最富代表性的媒体型新业务。

基于个人移动终端一站式即时通信服务的能力，互联网化的 5G 消息业务具有较强的扩展性，能提供更多的行业在线服务应用场景，赋能行业数字化变革，对用户个人和企业单位都具有巨大的价值。个人使用 5G 消息在原生应用的短信窗口即可发送视频、图片、语音、定位、文件等多媒体消息，同时还支持咨询、搜索、浏览、下单等动作，无须下载任何 App 便可享受企业服务和富媒体体验，符合人们对应用轻量化的需求。企业单位则可以借助 5G 消息的多平台能力，更好地开展自己的业务。无须用户关注、订阅或下载，企业即可对用户进行主动触达，发送多媒体消息，提供在线服务场景，提高业务运转效率。借助 5G 消息，用户可以在消息窗口内与各行各业的服务商对话，获得高效的个性化服务；企业单位与其用户也可以建立起快捷的智能服务通道，获得更多的用户反馈，提供更优质的产品服务。

二、5G 与媒体融合的技术逻辑

5G 技术与人工智能、大数据、物联网等行业有着密切联系，是支撑媒体融合深度发展的关键性技术，影响着媒体融合的广度和深度。

（一）5G 是媒体融合先进技术的重要组成部分

媒体融合是传媒发展改革创新的必经之路与必然方向。作为一种产业生态，其实现的技术基础在于 5G、人工智能、工业互联网、物联网等先进技术的协同发展与综合应用。媒体融合“先进技术”并不是特指某一种技术，而是新一代信息技术群。5G 既与大数据、云计算、物联网、区块链、人工智能等先进技术相互促进、无法分割，也为所有信息技术发挥其先进性、实现驱动性提供了重要基础和必要保证，是媒体融合先进技术的重中之重。2020 年 3 月，工信部发布的《关于推动 5G 加快发展的通知》进一步要求全力推进 5G 网络建设、应用推广、技术发展和安全保障，充分发挥 5G 新型基础设施的规模效应和带动作用，支撑经济高质量发展。⑭2020 年 9 月，中共中央办公厅、国务院办公厅印发《关于加快推进媒体深度融合发展的意见》，要求用好 5G、大数据、云计算、物联网、区块链、人工智能等信息技术革命成果，以先进技术引领驱动融合深度发展，加强新技术在新闻传播领域的前瞻性研究和应用。5G 的发展与应用，关乎媒体融合实现的深度与广度。

信息通信时代，网络连接万物。作为媒体融合发展的重要技术，5G 网络是实现万物互联互通的关键基础设施，能够为大数据、云计算、工业互联网等数字平台建设提供强大网络通道支撑。“技术标准的成熟度和应用场景的契合度决定了传媒和传播是 5G 最先带动的垂直领域”。⑮5G 网络高速率、低时延、广连接的特征会给信息传播提供优质的网络支持，同时泛在网和移动性强的特征会进一步解放信息传播的场景限制，实现真正意义上的“万物皆媒体，一切皆平台”。因此，5G+ 媒体融合，不仅是传媒行业的“本职”，也不仅是通信行业的“专利”，5G 融媒体传播将与社会各领域的发展息息相关，与各行各业的升级转型紧密相连。⑯有了 5G 支持，人工智能、工业互联网、数据中心才能发挥最大作用。5G 是媒体融合先进技术的“领头羊”和“核心输出”，在 5G 网络承载赋能下，这些技术协同发展，才能共同推动媒体深度融合与升级。

（二）5G 技术的融媒体传播“先进性”体现

5G 在多个方面影响着媒体融合的广度和深度。融媒体信息传播的内容形态、传播形式以及终端形态等都将发生变革。首先，在内容形态方面，视频成为内容传播的主要形态。在 5G 影响下，移动互联网所有业务都将朝着“视频流”发展演变，视频成为新的信息组织形式。5G 能有效保障视频流端到端的传输性能，极大适用于 2K/4K/8K 超高清、AR/VR 等格式视频的传输应用，完美呈现超高清视频的实时传输和虚拟现实视频的沉浸感完美呈现，AR、VR、全息投影与 4K、8K 超高清等共同打造下一代“大视频”产业。⑰其次，在信息传播形式方面，直播成为主流信息形式。5G 网络让传统现场直播脱离束缚，让直播“飞”上云端。视频直播的形式越来越多地被应用于媒体宣传、新闻报道和内容传播，永远在线、各种视角的视频直播将成为媒体传播常态，“5G+ 直播”将成为未来信息传播的大平台和新生态。最后，在融媒体终端形态方面，5G 让任何一个具有联网能力的智能终端设备都成为信息传播链条的重要一环，智能终端种类的丰富和能力提升也将赋能媒体信息生产的各个环节。⑱从 5G+4K/8K+AR 超高清直播，到5G+AI智能编辑平台、5G+异地全息影像、5G+卫星多地协同直播等各种不同智能终端间的协同工作，媒体平台多元联动，新闻报道的形式大幅创新。5G推动媒体融合在内容形态、传播形态、终端设备等全方位的升级，进而孵化出具有全行业、社会化特征的大传播格局和媒体新生态。

三、5G推进四级媒体深度融合

5G商用以来，中央、省、市、县各级媒体充分利用5G技术，推动时空传播立体化、应用场景多样化、地方资源整合化、应用方式特色化，积极探索媒体融合新模式。

（一）中央主流媒体：5G+多维技术综合应用，时空多层立体传播

中央广播电视总台大力实施5G+4K/8K+AI超高清战略。2021年2月1日，中央广播电视总台8K超高清电视频道试验开播，标志着全球首次实现8K超高清电视直播和5G网络下的8K电视播出。现场播放了我国首部全流程8K纪录片《美丽中国说》，该片在8K技术应用上取得的跨越性突破，奠定了总台在超高清视频制作领域的引领地位。[19]新华社在5G+全息跨屏访谈上重点发力。在2020年的全国两会上，新华社就推出了“5G全息异地同屏访谈”，使用5G网络传输和全息成像技术，让采访对象与记者跨越时空“相见”，实时交流互动。2021年全国两会前夕，新华社又推出全球首个5G沉浸式多地跨屏访谈。通过5G、CAVE（基于投影的虚拟现实）技术、MR（混合现实）技术、LED屏幕多角度三维缝合技术等，将现场场景在演播室作等比例还原，在有限的真实空间中打造出无限宽广丰富的沉浸式环境，实现了两个真实空间的虚拟交错。[20]此外，新华社还和北京移动联手，凭借“5G+8K”技术推出“沉浸式”听会报道，让部分受邀观众“身临其境”参与全国两会。人民日报强力发展5G+AI智能采编发新媒体产品。2021年全国两会期间，人民日报推出集5G智能采访+AI辅助创作+新闻追踪多重本领于一身的人民日报“智能创作机器人”。该机器人没有实体形象，却能为新闻的策采编发提供全程智能支持。5G+AI的共同加持，让前方记者成为单枪匹马却“多栖作战”的全能型媒体人，第一现场的新闻报道实现全流程升级。

中央媒体对于5G网络的应用，充分体现出5G技术对媒体信息采编播全流程的优化，以及5G技术对各行业、各领域的赋能。中央媒体在5G应用方面的实践，是推动智能视听领域与全程媒体、全息媒体、全员媒体、全效媒体发展的全新探索。5G与人工智能等技术的结合，大幅度提升了新闻生产、分发效率；重构协同化、一体化、集约化的生产流程；实现由“平面媒体”到“立体媒体”“沉浸式媒体”的升级。

（二）省级主流媒体：打造5G技术平台，拓展丰富应用场景

2021年，省级主流媒体积极促进和发展5G等先进技术在文娱领域的引领、驱动作用。湖南卫视2020—2021跨年晚会通过

5G互动直播间、5G云包厢、5G云观众、多屏同看、多路视角、专宠机位等技术应用，给观众带来了更具观赏性、沉浸式的全场景互动体验。2021年重庆春晚也首次采用5G“环绕+”自由视角。舞台现场部署了120度扇区、54台高清摄像机，采用3D环绕特效的拍摄手法，全方位无死角定格晚会的精彩瞬间，为广大观众带来身临其境的观感体验。河南卫视2021年春晚中的舞蹈《唐宫夜宴》则运用了5G+AR技术，让虚拟场景和现实舞台结合，将歌舞置于博物馆场景，制造出博物馆奇妙夜的感觉，让观众更加真实地感受到大唐盛世的繁华，在社会各界和广大观众中引起了积极、强烈的反响。

2021年，省级主流媒体积极拓展5G应用场景。2021年3月，甘肃日报上线运营媒体融合的创新成果“新甘肃5G智慧电台”。该智慧电台利用AI智能技术，通过智能抓取、智能编排、智能播报、云端分发，实现全天候新闻、资讯、天气、路况等内容播报，用领先的互联网技术为传统广播助力赋能，以“技术+系统+内容”的模式，突破了传统广播节目编排、主播播报的固有形式。此外，2021年4月，为庆祝建党100周年，福建IPTV分平台打造福建IPTV“智慧党建”云平台——“堡垒先锋”。该平台将党建资源与5G双千兆、VR技术以及“互联网+”技术相结合，实现基层党建工作线上线下融合，通过创新组织工作手段，整合信息化资源，打造集党建宣传、党员教育、党务管理等于一体的综合服务平台。[21] 2021年5月，四川党建期刊集团《看四川》杂志社打造高质量5G+8K“云采茶”活动，通过四川电信5G+8K超高清直播，带领广大网友走进川茶主产区，对雅安名山茶叶的采摘、炒制等工艺进行直播展示，多角度地解读雅安茶业发展和演进历程，实现了超高清视频传播模式下，数字文创与消费场景的深度融合，促进“文化IP+应用场景+消费体验”一体化发展。

省级主流媒体积极推进5G技术落地、促进5G等先进技术的融合应用，拓展5G技术条件下媒体融合发展新领域。一方面，充分发挥5G在广播电视节目中的技术优势，赋能文娱产业，利用5G技术为多元化的内容生产提供支持，使内容制作走向智能化，创新文娱内容表现形态；另一方面，积极搭建各类5G技术平台，为5G应用提供高效率、高质量的平台支撑，盘活各类应用场景，让5G应用融入各行各业，赋能地区经济发展。

（三）市级主流媒体：5G发展整合地方资源，5G融媒体融入社会生活

2021年，市级主流媒体重点打造5G多平台生态圈，联动各级机构和企业，让5G融媒体融入社会生活，造福广大市民。2021年5月，长春广播电视台与中国移动长春分公司签约“5G+智慧广电战略合作”框架协议。未来，双方将在“5G+智慧广电”框架下深度合作，打造AR虚拟直播间、AI大数据应用、5G高速网络传输等应用，构建长春广电传媒的“生态优势圈”。[22] 2021年济南市两会期间，济南日报报业集团联动中央媒体、省际联播平台、区县融媒，首次引入“5G+MGC+大直播+四级融媒”大型全媒体进行两会报道。[23]通过5G+4K高清直播、MGC全景式短视频、VR全景视角5G+4K.MGC让受众如临其境，创新市级两会报道形式。2021年1月16日，长沙晚报联合长沙移动在全国省会城市媒体行业中率先推出5G消息。用户在微信上操作的大部分功能都可以在5G消息中实现，既能像看短信一样点开浏览新闻，还可以在消息窗口实现搜索、交互、分享和支付等一站式业务体验。5G消息业务逐渐深入市级融媒体应用场景，获得了进一步发展。

市级媒体上承省级媒体下继县级媒体，担负着平台枢纽的信息汇聚和分发任务，因此在5G发展方面，市级媒体充分整合地方资源，联动省媒和区县融媒，形成全媒体生态圈，把5G技术“联通万物”“上启下沉”的作用属性更好地落实到社会基层。

（四）县级主流媒体：加快5G应用步伐，发展特色模式

县级主流媒体根据自身情况发展5G应用的特色模式。2021年3月，河北省饶阳县融媒体中心“5G智慧电台”开播。该“5G智慧电台”系统由人工智能技术与中央厨房两大板块组成，采取“人工智能+内容+系统”的运营模式，解决了县级融媒体广播类节目中设备更新缓慢、节目内容匮乏、人才短缺等问题，实现“一个人管理一个电台”。浙江省永嘉县两会期间则首次启动了5G+4K全媒体直播模式。在5G+4K技术直播外，还通过中央厨房实现了两会现场实况和相关资讯的一次采集、全方位呈现、多平台传播。2021年5月11日，河南省温县融媒体中心举行5G+4K直播车交接仪式。该县融媒体中心推动县级融媒向“新闻事业+融媒产业”主流党媒的转变。5G+4K直播车能更好地承担新闻直播、综艺晚会、专题访谈、行车广播等活动的现场录制和直播任务，为传播内容的生产发布提供更高效、便捷、丰富的支持，[24]标志着县级融媒在高清节目制作和媒体深度融合道路上进入崭新的发展阶段。

构建符合当地特色的5G新闻采编流程和内容生产体系是县级融媒体的未来发力点。当前，“县级融媒体+5G”已呈现出了因地制宜、多元发展的融合发展新态势。县级主流媒体充分利用5G技术激发当地媒体宣传新方式、新活力，促进5G技术落地，利用5G融合4K/8K、AI、VR等先进技术，拓展县级媒体融合特色发展新领域。

四、5G时代全媒体传播的特征与创新

在全媒体传播领域，5G重塑了传播主体、传播流程、传播场景和用户体验的结构样态，深刻影响着全媒体传播的应用升级和智能化演进。

（一）涵盖传媒机构全主体

每一次信息技术的迭代升级都是对传媒

生态的再生与再造。5G作为传播的底层通信技术和信息基础设施，比以往任何一个通信代际对传媒产生的影响都更全面和深远。当5G技术赋予越来越多的物体以媒介属性之后，万物互联语境下的所有节点便成为媒体，传媒机构主体也因此成为社会大传播格局下的“命运共同体”，在各自发展的同时，整体呈现大融合趋势。

4G时代，不同类型和不同层级的传媒机构各自独立发展、各司其职。报社办报纸，广播做音频，电视台做视频，互联网公司经营在线服务，用户按需选择相对应的机构和平台主体。而5G则让物与物的联系更加紧密，万物互联互通，媒体机构之间的界限也开始变得模糊，纸媒、音频、视频、在线服务等传统泾渭分明的主营业务都融合在一起，产生新的全媒体业务和全媒体平台。如中央广播电视总台推出的首个基于5G+4K/8K+AI等新技术的5G新媒体平台“央视频”App，主打“泛文体、泛资讯、泛知识”的三大内容品类。除短视频外，也提供长剧集、直播、电视、4K、VR等多样的内容形态，给予用户多样的选择。相比传统电视节目和频道的单一逻辑结构，全媒体平台更符合新时代内容的多元聚合趋势，不仅突出了主流媒体权威性和电视新闻的时效性，更体现了全媒体的多样性和个性化特征。

（二）渗透传播流程全环节

5G重塑了信息传播链条的每一个环节，全媒体传播就是5G等先进技术渗透传播全流程各环节的结果。在先进技术的渗透、驱动下，信息的生产方式、传播形式、内容形态以及终端展现等都将发生颠覆性变化。

在信息生产方面，5G云制播、云导播开启“云上”5G超高清视频内容生产。“云生产”成为新的信息内容生产方式。在线直播、云编辑、媒资管理、存储、分发成为传媒信息生产常态。如2021年央视牛年春晚舞台上154块超高清屏幕，可以直接展现内容，参与春晚内容生成。在传播形式层面，继短视频之后，直播迅猛发展，并逐渐主流化、常态化。5G与云计算、边缘计算、大数据、物联网、人工智能等技术的融合，进一步赋予了直播更丰富的功能、更强大的能力和更高的效率，尤其在重大事件场景下，5G新闻直播更是逐渐成为一种全民化、社会化、行业化的网络传播信息服务。在内容形态方面，5G广覆盖、低时延、高安全性、强移动性的特性让视频突破了带宽和网速限制，推动媒体内容形态从4G“短视频”向5G“大视频”变迁，时间长短不再是决定内容形态的唯一要素，“视频”在时长、互动层次、应用场景等多元因素的共同影响下呈现出完全不同于以往的存在状态和样貌。

在终端展现层面，5G终端设备形成以手机为主，辅以各种家用电器、超高清摄像头、智能网联无人机、AR眼镜、VR头显、MR设备以及全息投影等多样终端形态。多元的终端形态让内容与终端进一步脱离，内容的呈现与终端形态不再具有强依附关系。“屏显化”将成为终端最主要的特征，屏幕和显示器将无处不在。显示屏的功能性不断被强化，具备了通信和计算能力，不断朝着“终端”和“设备”的方向发展。[25]如2021年5月19日华为推出的华为智慧屏SE系列，支持高清视频通话和畅连手机、平板、儿童手表等多设备功能。

（三）融入社会生活全场景

5G并不仅仅限制在eMBB、uRLLC、mMTC三大应用场景的变革，而是意味着全社会各行各业全场景的赋能。5G也不是单一的信息技术升级，而是一次全社会大规模的产业变革，很多行业都会在5G的赋能下实现转型升级，促使整个社会和产业经济结构向全面数字化、网络化、智能化的新模式发展。

当前5G已经与媒体传播、文化旅游、交通运输、教育培训等行业深度结合，并向工业制造、医疗健康、城市管理等领域渗透。[26]三大通信运营商也开足马力推动5G向各行各业深度融合。中国电信发挥“5G+云网融合”优势，开创To C、To B、To G联动发展新模式。中国移动全面实施“5G+”战略，强化5G+4G协同发展、5G+AI CDE融合创新、5G+Ecology生态共建、5G+X应用延展，推动5G融入百业、服务大众。[27]从疫情防控期间医疗、教育、办公等行业线上信息传播与共享的需求激增，到国庆、春晚、全国两会等重大事件应用场景的信息传播，5G已经融入各行各业和社会全场景，传播成为社会共享的公共资源，传媒成为全社会、全行业沟通的“桥梁”。

（四）打造用户体验全新感

5G重新定义“媒体”，用户将深刻感受到5G带来的感官新世界。

一方面，5G让个人移动终端（即手机）成为超级媒体，一个人和一部手机便可以成为一个全媒体生产主体，人们由4G时代的信息受众和用户向5G背景下信息源头和信息生产者的角色转变，用户参与信息传播的深度和程度，频次和时长都获得了极大提升。典型的应用场景就在于短视频和直播领域，截至2021年6月，我国手机网民规模达10.07亿，其中短视频用户规模为8.88亿，占网民整体的87.8%。[28]庞大的用户规模，让UGC内容持续增长，用户作为信息生产主体，参与信息传播的体验感得以全新升级。

另一方面，5G高速率、低时延以及大带宽的网络特性，完美实现超高清视频的实时传输和虚拟现实的超强沉浸感，4K/8K超高清、AR/VR/MR、全息投影等技术的应用更加深入和广泛，用户的感官体验更加多元、沉浸、极致和真实。例如2021年2月，央视牛年春晚首次采用AI+VR裸眼3D演播室技术，突破传统舞台空间呈现形态，配合全景自由视角拍摄、交互式摄影控制、特种拍摄和实时虚拟渲染制作，让电视机前的用户隔着屏幕体会“身临其境”的参与感；2021年全国两会期间，新华社推出的5G沉浸式多地跨屏访谈，可以让身处异地的主持人和被访者在同一时间同屏呈现和实时互动。此外，5G技术还被广泛应用于文博旅游业的线上参观和展览，让用户足不出户就可以实现“云旅游”。5G技术条件下，AR、VR、全息投影与4K、8K超高清将让沉浸式视频升级，用户将比以往任何时代都更深入、全面地体会到科技改变生活的全新感。

参考文献：

①赵子忠，中国传媒大学新媒体研究院院长；米文霞，中国传媒大学新媒体研究院硕士研究生。

② IMT-2020（5G）推进组.5G网络技术架构白皮书 [R/OL].（2016-06-01）[2021-07-26].http：//www.360doc.com/content/18/1217/20/27362060_802494206.shtml.

③信息通信发展司.工业和信息化部关于推动5G加快发展的通知 [EB/OL].（2020-3-25）[2021-07-26].http：//www.miit.gov.cn/n1146290/n1146402/n1146440/c7832353/content.html.

④新华网.工信部：加快推进5G独立组网规模化应用 [Z/OL].（2021-05-18）[2021-06-28].https：//baijiahao.baidu.com/s?id=1700058559573365442&wfr=spider&for=pc.

⑤新华网.工信部：加快推进5G独立组网规模化应用 [Z/OL].（2021-05-18）[2021-06-29].https：//baijiahao.baidu.com/s?id=1700058559573365442&wfr=spider&for=pc.

⑥ IMT-2020（5G）推进组.5G网络架构设计白皮书 [R/OL].（2016-06-01）[2021-6-29].http：//www.360doc.com/content/18/1217/20/27362060_802494206.shtml.

⑦通信世界.中国电信王庆扬：切片是实现5G定制网的基础 [Z/OL].（2021-03-03）[2021-06-28].http：//www.cww.net.cn/article?from=timeline&id=483503&isAppinstalled=0.

⑧人民邮电报.广东移动联合华为完成公网切片首次商用验证 [Z/OL].（2021-06-01）[2021-06-29]. http：//www.cnii.com.cn/rmydb/202106/t20210601_282552.html.

⑨通信世界.5G切片是运营商开拓to B市场的“神兵利器” [Z/OL].（2021-03-16）[2021-07-13].https：//xw.qq.com/amphtml/20210316A0AJUB00.

⑩人民邮电报.5G网络建设彰显中国速度 [EB/OL].（2020-06-12）[2021-07-13].http：//paper.cnii.com.cn/article/rmydb_15670_292790.html.

⑪ GSA.2021年5月GSA全球5G终端报告 [R/OL].（2021-05-13）[2021-07-02].https：//xw.qq.com/cmsid/20210513A0ELMY00.

⑫ 2019年世界移动大会全球终端峰会.中国移动5G终端策略 [R/OL].（2019-06-27）[2021-07-03].http：//www.cww.net.cn/article?id=454296.

⑬中国联通　中国电信　中国联通.5G消息白皮书 [R/OL].（2020-04-08）[2021-07-02].https：//www.kuleiman.com/news/5600.html.

⑭工信部.工业和信息化部关于推动5G加快发展的通知 [EB/OL].（2020-02-24）[2021-07-02].https：//www.miit.gov.cn/xwdt/gxdt/sjdt/art/2020/art_6e86c2e853144eaba382dbb0ae242f6a.html.

⑮卢迪，邱子欣.5G时代全球传播新生态：万物皆媒，人机共生 [Z/OL].（2021-02-22）[2021-07-01].https：//www.pishu.cn/zxzx/xwdt/563512.shtml.

⑯新华社.中国新兴媒体融合发展报告2019-2020[R/OL].（2020-12-17）[2021-06-28].https：//new.qq.com/omn/20201218/20201218A0261L00.html.

⑰卢迪，米文霞，孙明慧.从4G短视频到5G“大视频”[J].视听界，2020（3）：43-49.

⑱卢迪，邱子欣.5G时代全球传播新生态：万物皆媒，人机共生 [Z/OL].（2021-02-22）[2021-06-07].https：//www.pishu.cn/zxzx/xwdt/563512.shtml.

⑲中国日报网.全球首次实现8K电视直播和5G传输播出中央广播电视总台8K超高清频道试验开播 [R/QL].（2021-02-01）[2021-06-01].https：//baijiahao.baidu.com/s？ id=1690483220575038629&wfr=spider&for=pc.

⑳中国新闻网.全球首个5G沉浸式多地跨屏访谈实现“空间穿越” [Z/OL].（2021-03-06）[2021-07-01].https：//www.chinanews.com/gn/2021/03-06/9425759.shtml.

㉑福建省广播电视局.福建IPTV打造“智慧党建”云平台〈堡垒先锋〉[Z/OL].（2021-04-20）[2021-07-02].http：//gdj.fujian.gov.cn/xw/sjgz/202104/t20210420_5578779.htm.

㉒长春广播电视台.长春广播电视台与中国移动通信集团吉林有限公司长春分公司将签署“5G+智慧广电战略合作”框架协议 [Z/OL].（2021-05-19）[2021-07-01].https：//www.163.com/dy/article/GACTQJHK05346RD6.html.

㉓济南日报“爱济南”客户端.5G+4K+MGC+大直播＋四级融媒！济南报业创新市两会报道模

式 [Z/OL].（2021-01-22）[2021-06-24].https：//baijiahao.baidu.com/s?id=1688483481047888255&wfr=spider&for=pc.

㉔人民资讯.温县融媒体中心迎来首辆“5G+4K”直播车 [Z/OL].（2021-05-13）[2021-07-03]. https：//baijiahao.baidu.com/s?id=1699589240811808459&wfr=spider&for=pc.

㉕卢迪，米文霞，孙明慧.从 4G 短视频到 5G“大视频”[J].视听界，2020（3）：43-49。

㉖苏涛，彭兰.热点与趋势：技术逻辑导向下的媒介生态变革——2019 年新媒体研究述评 [J].国际新闻界，2020（1）：43-64.

㉗通信世界.5G 发牌两周年：结出累累硕果 [Z/OL].（2021-06-07）[2021-06-20].https：//mp.weixin.qq.com/s/rCVlu1kkfI1ansAcyrR3Gw.

㉘中共中央网络安全和信息化委员会办公室.CNNIC 发布第 48 次中国互联网络发展状况统计报告 [R/0L].（2021-08-27）[2021-08-27].http：//www.cnnic.net.cn/hlwfzyj/hlwxzbg/hlwtjbg/202108/P020210827326243065642.pdf.

发展综述

“新闻＋政务服务商务”模式下主流媒体的体制机制微创新

支庭荣　林施绮[①]

摘　要：2020 年以来，我国媒体融合发展步入深水区，“新闻＋政务服务商务”运营模式获得广泛应用，反映并促进了主流媒体的体制机制创新。在新模式的引领下，主流媒体实现内部融合与外部跨界并举，不断拓展融合的深度与广度，在国家和基层治理体系和治理能力现代化方面发挥着重要作用。本文从新闻、政务、民生、企业、个人服务以及社会公益等 6 个层面，对当前主流媒体在“新闻＋”模式下体制机制的创新实践进行案例梳理和理论分析，为把握主流媒体的体制机制创新特征与趋势提供参考。

关键词：主流媒体；新闻＋政务服务商务；体制机制创新

近年来，技术的革新、市场格局的变化以及国家政策的有力推进，令主流媒体获得了推进融合发展的强大动力。因时而谋、应势而动，媒体融合发展经过不断积淀和调整，正在向纵深处迅猛发展。

从 2014 年 8 月算起，在 7 年多凤凰涅槃式的融合征程中，我国主流媒体遵循内容、技术、渠道终端的融合转型路径，取得了长足进步。“十三五”期间，各级媒体大胆尝试，探索出集“策采编发评”于一体的“中央厨房”模式，实现了从“相加”到“相融”的变化。在肯定成绩的同时，也必须承认，与用户体量庞大、发展一日千里的新兴商业互联网平台相比，主流媒体在体制机制融合、商业运营、用户沉淀等层面，仍有较大的提升空间。[②]

2020 年 9 月，中共中央办公厅、国务院办公厅印发了《关于加快推进媒体深度融合发展的意见》（以下简称《意见》）特别强调要“推动传统媒体和新兴媒体在体制机制、政策措施、流程管理、人才技术等方面加快融合步伐”，包括要建立适应全媒体生产传播的一体化组织架构，探索建立“新闻＋政务服务商务”的运营模式，增强主流媒体的造血能力。[③]

《意见》为下一阶段的媒体融合工作提出了要求、指明了方向。我国媒体融合在“策采编发评”流程再造的初级融合阶段的基础上，正在步入体制机制、人才培养、技术创新等多层面革新的新阶段。一方面，要建立承上启下的全媒体传播体系，为国家治理体系和治理能力现代化提供支撑；另一方面，通过强化“新闻＋政务服务商务”运营模式，既发挥新闻宣传、媒体功能，又参与政务、民生服务等社会服务以及社会治理实践，打造一个集新闻、政务、民生、商务于一体的新型媒体信息服务综合体。在这一过程中，创新是发展的必经之路。

一、融合新闻领域的探索与体制机制创新

随着移动互联网和智能传播技术的兴起，信息传播环境不断嬗变。主流媒体的新闻生产必须紧跟时代和技术潮流，以新思维引领新传播变革，才能实现可持续发展。融合新闻正是信息时代的产物。在媒体、信息、互联网技术不断交融的过程中，新闻传播领域出现了许多具有融合色彩的新变化。可以说，融合新闻方面的新探索是媒体融合过程中最亮眼的成绩之一。

（一）融合新闻生产环节

一方面，新闻生产逐步加快了全链条的智能化，融入机器人写作、自动化信息采集等生产方式；另一方面，采编人员不断更新自己的互联网思维和理念，实现了从选题策划，到信息采集、新闻编辑，再到最后分发环节的全程智能化。选题策划方面，采编人员不像从前那样仅凭经验来决定新闻选题，而是将自己的经验与大数据的智能筛选相结合，利用大数据找出读者的兴趣和关注焦点。信息采集方面，无人机拍摄、传感器新闻（可穿戴设备）被用于采集重要信息。新闻编辑方面，除了使用机器人进行文字生产外，智媒技术不囿于文字，可通过在现场获取的资料、图片、视频，生产出可视化的数据新闻视频，同时呈现出多种新的形式和体裁，如VR/AR呈现的临场化新闻、合成的AI主播新闻等。新闻分发方面，结合算法技术进行智能化的信息分发。

（二）产品样式创新环节

融合新闻的形式创新不断涌现：采用5G、AI主播、VR、AR、H5等新技术，融入Vlog短视频等时下大热的媒体形式。在2021年全国两会报道中，井喷式地涌现了众多“黑科技”产品，媒体纷纷将5G沉浸式多地跨屏访谈、虚拟小编、5G+4K/8K直播、AI交互产品融入新闻报道。[④]新华社推出的全球首个5G沉浸式多地跨屏访谈，让北京演播室的记者和身处各地的代表委员“面对面交流”。中央广播电视总台联合科大讯飞上线的AI轻交互产品《AI助手带你走进部长通道》，把部长通道的答记者问转化为网友与部长的“一对一”互动。总台AI小助手“爱加”以真人形象为模本，运用AI技术对其声音、动作、表情进行复制，最终呈现出自然、灵动的虚拟形象和良好的“听力”，它可以对用户意图作出准确判断，同时可以智能抓取部长答记者问现场视频，完成语音交互。这种传播样式打破了空间和时间的壁垒，实现了单向传播向人机互动传播

的转变。[5]

（三）体制机制探索突破

技术和内容呈现方式的革新必然带来媒体机构内部人员和部门功能的改变，传统采编制度应因媒体融合转型架构进行磨合、调整。

以无锡广电集团为例，其新闻中心近年来大力探索媒体融合的体制机制改革。为了摆脱原机制改革下“两张皮”的桎梏，主动撤除了旧的播出平台框架，实行统一的流程机制，按照“策划先导、编辑主导、采访融合、移动优先”的理念进行生产要素调整改革。集团重新整合新闻中心的10个部门及人员，打破原有“平台即机构”的纵向壁垒型设置，按融媒体新闻生产流程要求，设立了新的融合流程型五大部门：策划统筹部、融媒编辑部、融媒采访部、融媒活动部、综合管理部。业务管理和资源统筹由五大部门负责，平台运作和业务实施制片（作）人负责制。五大部门主任由中心党委委员兼任。策划统筹部是全流程的策划指挥调度中心；融媒编辑部是统一全媒体的编辑部门；融媒采访部融合了新媒体、广播、电视等各媒体的采访部门；融媒活动部负责中心各类专题节目和活动的采制与组织落实；综合管理部负责中心党建、行政、人事、考核等各项内部管理事务。除了人员组织架构的重新调整以外，无锡广电也重新制定了考核机制。新的考核强调“移动优先”，主要采编部门每月要完成一定数量的新媒体发稿任务。在此基础上，中心再拿出效益奖总额度的5%—8%，由融媒体编辑部（博报编辑部）根据各部门员工对播报实际发稿情况直接进行考核。[6]这一系列体制机制改革举措大大提高了新闻生产效率，取得了良好的效益和成果。

总体来看，融合新闻领域的发展与创新呈现出内外并行的态势，内在的体制机制改革和对外呈现的新闻内容创新并驾齐驱。融合新闻实践与体制机制创新孰先孰后的问题并不重要，重要的是没有完备的体制机制、组织架构的调整，媒体融合发展难以向纵深处顺利推进。

二、政务服务领域的探索与体制机制创新

在全社会迈向信息化的过程中，充足的信息和充分的沟通是社会治理的重要基础。媒体作为连接社会的信息交换平台，发挥着社会参与、社会疏导作用，是促进社会治理方式创新、提升国家治理能力、增强政府公信力的重要推动力量。[7]这种推动很大程度上是通过媒体参与政务服务实现的。

（一）政务功能内涵

在《关于加快推进媒体深度融合发展的意见》提出的新模式中，“新闻＋政务”点明了媒体参与社会治理和基层治理的职责。“政务”包含党务、政务两层含义，相关业务都可以融入媒体平台。比如，各地兴起的媒体广泛参与其中的问政平台、参政议政平台、网上办事大厅、政务热线、日常咨询对话渠道、其他党务政务服务渠道等，就是很好的实践。媒体秉持着以人民为中心的理念

展开工作，提供连接党委、政府和群众的信息、服务以及双向交流通道，协助政府与民众进行及时且充分的信息传递与沟通，既服务群众，也方便党委、政府充分了解民意，及时高效地获取反馈，为相关部门有效化解舆情、提升治理能力提供了平台和支撑。

（二）“爱安吉”平台政务功能分析

在国家广播电视总局举办的 2020 年全国智慧广电示范案例评选中，安吉广播电视台“打造县域数字化媒体综合服务平台”项目入选示范案例，也是全国唯一一个县级单位成功入选的项目。其主力平台“爱安吉”App，也曾被评为 2018 年中国网络理政十大创新案例。[⑧]以县域数字化媒体综合服务平台为基点，安吉广播电视台探索融媒体发展模式和可持续发展道路，扩展了服务类型，提升了服务水平。

“爱安吉”App 作为一个多媒体全方位新闻发布平台，立足本地，集安吉县资源与规划局、交通局、气象局等 20 多个政务部门资讯于一体，容纳了新闻舆论、政务服务、社会治理、便民服务等多种功能。20 多个部门都在“爱安吉”App 进行部门职责、办事指南等信息的发布。比如，群众点击县资源与规划局后，可以阅读政务公开、机构设置、政策法规、公众服务、土地市场等多个板块，既可以查询不动产登记，又可以看到土地利用的规划红线，实现了政务信息与群众的零距离。“爱安吉”充分利用大数据手段参与社会综合治理和智慧县城建设，App 内部设有消费维权、平安安吉、看安吉等板块。平安安吉板块的警务广场、阳光司法、网格管理等栏目，构建起移动端的社会治安综合治理体系。

2021 年，安吉县依托“爱安吉”App，开发村级“三务”公开的“村务清”信息公开子平台。在政务公开环节，增设微信扫码功能，所有村（社区）实现“三务”“码上”公开全覆盖；针对不同公开事项，综合运用图文、表格、视频等形式进行公开，确保信息易于民众理解；创新专题公开模式，将主题党日、工程项目、扶贫民生等内容单设模块，实行专项公开；App 实现了公开时限规范化，无论是信息的长期公开、定期公开、逐步公开还是随时公开，都可以进行时效性规范管理，打通了政务公开“最后一公里”。在民情处理环节，App 实现了民情分诊。[⑨]“村务清”信息平台上设有民情反映、政策咨询、点题公开等模块，对村民提出的意见建议和民生诉求等事项实行分类管理，由村级组织人员限期办理并向村民回复，确保小事不出村、矛盾不上交。村民提问事项由专人负责，并规定事项的办理跟进以及答复时间，开通满意度评价功能，对不满意回复由乡镇（街道）纪（工）委、监察办跟进监督。在政务监督环节，“爱安吉”App 研发的后台监测系统可以实时监控各乡镇（街道）、村（社区）的信息发布量、群众关注度、问题回复及时率等情况，定期发布村级“三务”公开分析报告；在线实现对所有村（社区）“三务”公开的“长臂”监管。安吉县建立了乡镇（街道）纪（工）委监督制度，通过平台，随时查看各村（社区）“三务”公开和问题反映情况，全面及时掌握网上整体情况和苗头性、倾向性问题，延伸监督触角，拓展问题线索来源。

主流媒体通过打造数字化综合服务平台，实现了与政务服务的融合，一方面强化了主流媒体的服务力和影响力，另一方面促进了政府部门借助媒体及时了解民众对社会治理和政务服务的意见建议，提升了各地党政机关的政务信息发布水平和政务服务水平，同时让群众在与党政机关打交道时有更多的获得感和愉悦感。两者相辅相成，进一步发挥了主流媒体引领社会共识、推动社会依法治理的作用。

三、民生服务领域的探索与体制机制创新

媒体融合发展要为人民服务，坚持从群众中来、到群众中去，这在互联网时代仍旧是一条不变的要求，只是在实现形式上必须有一定的创新。从原则上讲，人民群众在哪里，我们就要把舆论引导和服务的阵地转向哪里。用时下互联网的术语表达就是：树立用户思维，重视培养用户，提升服务意识。

（一）民生服务功能内涵

在碎片化的新媒体时代，用户拥有更多的新闻资讯选择空间，大部分信息对于用户而言不一定是刚需，因此为用户提供民生服务，反而会受到更多民众的关注。新媒体时代，仅仅凭借一个新闻客户端不足以吸引更多用户，需要更多智能生活化的服务、特色功能来拓展自身功能，尝试与用户实现“点线面”的生活与情感“连接”，才能创造更大的价值，而民生服务则能够提供极佳的连接点。在为群众提供民生服务的同时，主流媒体可以更加了解群众、贴近群众，真正实现为群众排忧解难。毕竟，读懂社情民意才能更好地传播主流价值观。

（二）“上游新闻”的服务功能分析

重庆日报报业集团旗下的上游新闻推出了“开放式互动新闻频道”——帮帮频道，下设问政、问答、社群、服务四大体系，努力促进平台与用户的精准链接。该频道的定位是依托上游新闻，扎根本地，通过融媒手段，重建党媒与用户的连接。在具体板块的设置上，有“帮你问”“找答人”“玩社群”“城市通”和“曝光台”5个区域。其中“找答人”“城市通”“曝光台”这3个板块是民生领域板块，主要为群众提供民生服务。“找答人”板块包含由律师、教师、医务工作者等近400名各行各业专家组成“答人帮帮团”，为用户答疑释惑。“城市通”主要关注城市生活热点，为市民提供衣食出行等生活信息资讯。该板块目前接入了公租房摇号查询、社保查询等50多个民生服务项目。“曝光台”以“民生、互动、连接、开放”为理念，让媒体与用户、政府职能部门高效地联动起来，对群众关注、反映强烈的操心事、烦心事、揪心事以及其他社会热点问题，实施网民端上反映、媒体梳理跟进、部门解答督办，力促化解矛盾、解决问题。

上游新闻帮帮频道围绕市民民生热点和党委政府对基层治理的重点，架起了民政互动的连心桥，在有效化解矛盾的同时，为党委政府民生服务工作搭建了通道，深入推进了地方媒体扎根当地、服务基层目标的实现。疫情防控期间，该项目起到了非常重要的作用，关于防疫知识和复工复产政策等的咨询大幅增长，政府机构日均回复率达到98%。真正做到对于群众反映的问题网上有人看、网下有人办。2020年全年，帮帮累计发布信息4万余次，及时吸纳建设性意见5000余条，帮助解决各类困难3900余起，宣介、澄清各类事实信息900余次，廓清疑问6000余条，化解各类矛盾600余起。[⑩]帮帮频道已经成为政府、专家的新平台、好帮手，是媒体走好网上群众路线的成功案例，也是新时代做好群众工作的有益尝试。

主流媒体通过提供民生服务，挖掘了用户的潜在需求，创造了与用户的连接，集聚了更庞大的用户体量，使媒体融合转型真正实现社会效益与经济效益相结合。其中的关键是，了解群众的关切和疾苦，解决群众的困惑，为民便民利民。为此，要在搭建平台的同时，打造民生平台背后的各种支撑体系，以提供民生服务为切入口，继续深化改革提升服务，把网上的群众路线走深走实。

四、企业服务领域的探索与体制机制创新

媒体融合发展离不开自我造血机能的增强。在确保正确舆论导向的前提下，市场化的体制机制对增强自我造血机能十分重要。《关于加快推进媒体深度融合发展的意见》明确将“商务”提出来与“政务”和“服务”并列，[⑪]这也反映了主流媒体进行市场化探索，开拓多元化经营业务的必要性。多元化发展有利于主流媒体在市场化机制的激励下，实现内容、技术、资金、人才诸要素之间的良性循环。

（一）企业服务内涵

商务可以视为媒体提供的服务类型之一，故本文将商务纳入“服务”范畴加以阐述，采用“企业服务”指称这一类型。媒体向企业提供服务，既包括媒体向商务领域提供的各种间接服务，又包括媒体参与和运营的各类商业项目的直接服务。依托主流媒体现有的资源和条件，吸纳新媒体的特性，通过媒体融合创新，打通线上与线下，连通内容、服务与市场，开发用户、客户价值，探索更丰富的企业服务和企业化经营的业务形态，能够为主流媒体带来一定的经济效益。

国内部分主流媒体很早就开始了这种高效益的企业服务供应形态的探索，积累了一定的经验。封面新闻、芒果超媒等媒体在企业服务的经营实践和机制创新上，已经探索出了具有标杆意义的新路。

（二）“封面新闻”企业服务功能分析

由四川日报报业集团打造的封面传媒，在诞生之初就以技术为引领，并具备了技术输出能力。封面传媒的业务不限于打造一个新闻客户端，单纯地传播新闻内容，而是志在成为人工智能时代的泛内容生态平台，并

累积起为其他企事业文化单位提供技术服务支撑的能力。在大多媒体都在向企业购买技术，进行业务外包的时候，封面传媒坚持组建自己的技术团队，研发核心技术，随后为其他媒体和企业提供技术服务，开辟了新的商业服务天地。封面新闻总编辑方埜在2021年“深融·问道”媒体深度融合发展研讨会上表示：“起初我们采用技术，主要想提高自己的能力，打造App是为了提高信息系统的水平。但不知不觉地，变成了很多媒体同行前来购买我们的技术。辽宁日报、新海南客户端以及西北地区的一些媒体也前来采购我们的技术。”

封面传媒一方面以技术为驱动，依托大数据、人工智能和VR等前沿技术驱动内容创造；同时以技术服务为核心，以内容延展合作为导向，推进企业技术的服务与合作。[12] 2020年，封面传媒承办第八届中国（绵阳）科技城国际科技博览会移动端线上平台建设，面向各级各类参与者，提供云上展馆、直播活动、展览动态、企业宣发、大会服务等全方位服务。此次云上科博会，封面传媒积极破圈，充分利用技术优势和媒体优势，搭建业务全覆盖的服务平台，实现全链路安全服务，吸引了众多用户尤其是“Z世代”用户的深度参与。

从传媒出发，但不是只做传媒；重视内容，但不是只做内容。从传统媒体转向以技术驱动为核心，封面传媒利用技术在数字时代找到了新的商业化路径。

不同于封面传媒的技术导向，湖南广电以产业为突破口，进一步推动媒体融合创新。2020年12月，湖南马栏山广播电视网络视听节目交易中心正式挂牌。[13]该平台以芒果业态IP如《爸爸去哪儿》《声临其境》等为主要资源进行全方位开发。平台一期的建设思路是以大数据为核心，以区块链为抓手，与全国区块链百强企业共同开发，进行版权登记确权、作品分布式存储等，着力构建“线上+线下”完整视听版权服务生态，打造媒体融合新高地，构建起“立足马栏山、辐射湖南、服务全国、面向全球”的知识产权一站式保护开发体系，成为面向视听行业的国际化“服务平台商”。

商务服务的拓展是媒体实现多元化经营、拓展业务服务，实现新媒体环境中突围的重要路径。为此，如何快速构建多渠道的服务分成和营利渠道，实现多元化的运营和资本运作（投融资）模式，解决其中的商业营利等问题仍是媒体需要思考和解决的。封面、芒果等先行者的做法，都离不开从现有的资源和能力入手，进行相关多元化拓展，如在技术、影视、IP、电商等领域构建新的业态，促进主流媒体实现更高的商业价值和品牌价值，从而为其他企业或机构提供有价值的技术、数据、文化产品输出，增强自我造血机能，进一步提高可持续的媒体融合发展能力。

五、个人服务领域的探索与体制机制创新

赢得用户是媒体竞争的根本。用户的青

睐以及投入的时间是新环境中媒体发展能力的重要衡量指标。在新的媒体运营模式下，主流媒体可以通过用户沉淀池的大数据进行用户画像的描绘建构，结合新的营销策略，为用户提供更多个性化、互动化的个人服务，形成更多独具特色和优势的多元化服务业态。

（一）个人服务的内涵

这里所说的个人服务与前述的民生、政务、企业服务等有一定的交集，如政务、民生服务中也包含个人服务项目。本文接下来主要从媒体为用户提供的个性化、兴趣化、社区化等方面的个人服务角度进行阐述。

在个人服务领域，众多商业平台和社交媒体已抢占了先机，且拥有较大的用户数量优势。在这一背景下，新型主流媒体应当在保持战略定力的同时，迅速树立互联网思维，并在市场拓展中逐步形成与之相适应的体制机制。⑭

提供个人服务既是一个消费“决定”生产的过程，也是生产“引导”消费的过程。前者即以用户需求为导向，根据用户的消费习惯进行产品的开发和调整；后者则是在充分掌握用户数据、建立完整的用户画像的基础上，发掘用户潜在的需求和兴趣，再进行产品的设计与开发。两者应有机地融合起来，这是一个理性与感性相结合的过程。

用户数据是开发服务产品和打造营销策略的取材之地，个人服务的提供和深化需要数据的支撑。不了解用户的需求，很难打造出成功的个人服务产品。主流媒体在拥有先前新闻报道实践中的感性用户心理感知的基础上，结合网络新媒体时代理性层面海量的用户数据分析，才能够更好地把握用户的需求点和兴趣方向。因此，用户意识、对用户的认知思维要贯穿全平台业务的整合和运营模式的改革。

（二）个人服务典型案例分析

纽约时报在个人服务产品栏目开发上的经验值得广大主流媒体借鉴。纽约时报结合新媒体时代的用户需求进行大胆尝试，不仅为用户提供诸如新闻简报（Newsletter）、时报现场（NYT Now）、时报内幕（Times Insider）等数字化、多元化的新闻产品，还开发出了烹饪（Cooking）、纵横字谜（Crossword）等生活兴趣类文化产品。

国内部分主流媒体在个人服务领域的探索已初见成效。2021 年高考期间，“南方 +”针对考生成绩查询、招生线上咨询、志愿填报等，利用 H5 等手段，提供滚动式服务，同时跟踪报道在隔离病房参加高考的特殊考生的情况，大大增加了用户黏性。在 2020 年疫情防控期间，为了满足疫情防控常态化的需求，“南方 +”拓展了在“+”上课、在“+”看展、在“+”咨询、在“+”招聘、在“+”健身等在“+”系列服务功能，大大延展了“南方 +”的服务能力边界，与时俱进地根据群众的需求开拓个人服务功能。“南方 +”根据年轻用户爱运动的特征，在全民健身日推出了互动丰富、画风清奇的 H5 小游戏产品《奇妙的健身房》，呼吁用户动起来。通关后生成的与姓氏押韵的个性化分享标题如“老李老李，单手挺举”，增加了“与我有关”的陪伴感以及分享的动力，能够较好地满足年轻化的口味。⑮

上游新闻也在“新闻 + 服务”模式下，积极打造个人志趣服务功能，在帮帮频道上开辟“玩社群”板块，为当地用户提供兴趣互动的连接机会，让用户在社群上找到志同道合的朋友。目前运营得比较成功的社群有：高考群、志愿群、读书群、旅游群等。用户基于共同的兴趣爱好、共同的信息需求，可以在社群内进行高效的互动和沟通。

融移动资讯、移动政务与移动生活为一体的新湖南客户端，在移动生活服务侧推出了天气、火车、航班、交通违章信息等自助查询功能，用户可以在客户端的“生活”“出行”等板块，发布租房信息、搬家服务、人员招聘、酒店预订、家电维修、快递物流、出行服务、旅游攻略等信息，并开通了支付平台服务，让用户享受便捷网络生活。⑯

个人化的服务需求是无时不在、无处不在的。以新闻资讯作为立家之本的媒体想要更好地打造个人服务产品，还需要打开行业之间、流量之间、各方资源之间的壁垒，持续强化用户思维，同时要拥有对人性需求的敏感度，将科技与人联通，以拓展出更受群众欢迎的个人服务功能。

六、社会公益领域的探索与体制机制创新

近年来，我国的社会公益事业也在不断发展，并在多个社会领域发挥着独特的作用，公益传播的重要性日益凸显。如何获得支持者、潜在捐助者和志愿者来发展公益事业，公益活动最终能否取得成效，并被大众所关注，这些是社会公益事业绕不开的话题。社交媒体的兴起，为公益信息的传播提供了极大的便利。人们可以通过社交网站、个人通信软件，如微信、微博、知乎等渠道传播公益信息，实现公益信息的公开、参与、共享、交流与对话等功能。

（一）公益服务内涵

在当下的社会公益传播中，媒体是重要的连接点。主流媒体可以基于新媒体的互动性，激发公众参与社会公益活动的热情，通过裂变式传播促进公益信息的扩散，加速公益意识的形成，推动公益的社会性普及。媒体还可以帮助社会公益组织进行社会公关、推广传播，为社会公益项目在拓展支持者、捐款捐赠、分享成功故事、鼓励人们报名参加活动、招募志愿者或展示工作成效方面进行高效的宣传合作。

（二）公益服务案例分析

人民日报曾与中国宋庆龄基金会、B 站等合作，共同发起媒体公益专项基金，创新合作方式，探索“党媒 + 群团 + 企业”的融合协作新模式，打造“公益共同体”，扩大公益的影响力，提高公益的阳光度，并为媒体融合、行业融合、跨界融合打造技术和对话基础，为主流媒体融合发展开拓了更广阔的空间。⑰

2020 年新冠疫情防控期间，全国各地出现蔬果滞销的情况。为打破农民销售无路的

困局，全国各大主流媒体和商业媒体纷纷加入村播公益助农行动，利用媒体的影响力，为农户的农产品做直播，采用“村播助农”的方式推动农产品走线上销售之路，为农户带来了以往线下零售难以企及的经济效益。央视新闻和淘宝直播合作“我为湖北胖三斤”直播活动中，由主持界的“段子一哥”朱广权和淘宝主播界的“带货一哥”李佳琦组成的“小朱配琦”组合，联袂为湖北农产品带货，吸引1亿粉丝冲入淘宝剁手下单。人民日报新媒体联合知名主播薇娅团队、淘宝电商平台以及明星艺人共同发起“为鄂下单”系列公益带货直播。首场直播就创下了5款“鸭货”秒售51万单，单品价值近1000万元的佳绩，解决了疫情防控期间武汉大量农商产品滞销的问题。产自祖国大陆最南端的热带水果——广东徐闻县的菠萝在疫情期间也借助“南方+”的公益直播，被更多的北方网友认识。“南方+”的公益直播实现了供需两端的平衡。大规模社会公益活动不仅为后续的农产品销售提供了新的方向和路径，也为主流媒体的融合传播带来新的启示。

公益属性是媒体的重要属性，践行社会责任亦是媒体的必然选择。主流媒体可以发挥自身的渠道和传播力的优势，通过建设有效的公益传播机制，实现强大的社会动员力与凝聚力，推动社会公益事业的发展。

七、结语：从微创新出发不断汇聚新优势

2021年是“十四五”开局之年，对于媒体行业而言，这也是媒体破局突围、实现深度融合的关键之年。主流媒体在这一重要的时间节点向新型主流媒体加速推进，这一过程离不开体制机制的不断创新。

“新闻+政务服务商务”的运营模式是当前主流媒体开拓业务领域，寻找突破新路径，实现可持续发展的重要途径。

首先，大力拓展服务领域，追求范围经济。媒体融合发展以新闻为本位，但也不能仅靠新闻。主流媒体的业务发展和全媒体建设离不开以内容建设为根本，以服务民众为己任，同时要锻造自我造血机能，充分发挥市场要素的作用，注重培养用户，使用户资源充分沉淀，激活社会资源，实现多元化的媒体经营。

其次，与社会治理更紧密地融合。新闻媒体不仅要承担好主流媒体的本职——引导舆论、占据舆论场的主阵地，同时要将决策环节所需的自下而上的民意与舆情获取分析、政府与群众双向的决策互动、自上而下的政策宣传说明与落地执行等资源也聚合到媒体融合平台上。[18]这样一来，主流媒体超越了传统意义的媒体定义，转变为资源集约化的综合社会治理与服务平台。这是媒体融合的进阶版本，是当前阶段主流媒体的改革方向之一。

最后，把社会效益放在首位，实现社会效益和经济效益相统一。媒体在开展政务服务、民生服务、企业服务、个人服务、社会公益服务的过程中，也要形成持续的服务能力，挖掘服务的衍生价值，汇聚成体系化的

运营优势。追求一定的经济回报是融合发展的题中应有之义。

特别值得指出的是，媒体融合进程的服务创新与体制机制创新是分不开的。体制机制创新更多是“微创新”，是小步快走，而不是大刀阔斧、大开大合。这就意味着新型主流媒体的打造，是一个持续改进、不断积累、由量变到质变的过程。主流媒体既要勇于先行先试，在创新中凝聚优势，又要探索出独具特色的“新闻 +”服务路径，以“+ 政务”助力政府治理，以“+ 服务”提升用户体验，以“+ 商务”创造商业价值，从而实现主流媒体的持续健康发展。

参考文献：

①支庭荣，暨南大学新闻与传播学院教授，博士生导师；林施绮，暨南大学新闻与传播学院硕士研究生。

②包圆圆 . 构建主流媒体新型运营模式的路径探索 [J]. 中国编辑，2021（5）：13–17.

③中共中央办公厅、国务院办公厅 . 关于加快推进媒体深度融合发展的意见 [R/OL].（2020–09–26）[2021–07–21].http：//www.gov.cn/xinwen/2020–09/26/content_5547310.htm.

④王晓东 .2021 年全国两会融媒体报道创新观察 [Z/OL].（2021–05–21）[2021–07–19].https：//www.thepaper.cn/newsDetail_forward_12783827.

⑤王晓东 .2021 年全国两会融媒体报道创新观察 [Z/OL].（2021–05–21）[2021–07–19].https：//www.thepaper.cn/newsDetail_forward_12783827.

⑥宗辉 . 深化融合机制改革，提升新闻传播能力——关于无锡广电新闻中心深化融合改革的探索与思考 [J]. 中国广播影视，2020（21）：86–89.

⑦张光辉，李咏梅，宋丽云，等 . 以 5G 等新技术和数字经济为重点打造全媒体传播体系助力国家治理体系和治理能力现代化 [Z/OL].（2020–01–03）[2021–05–25].http：//media.people.com.cn/n1/2020/0103/c120837–31533440.html.

⑧安吉县人民政府 . 安吉县域数字化媒体综合服务平台入选国家示范案例 [Z/OL].（2020–11–19）[2021–05–25].http：//www.anji.gov.cn/art/2020/11/19/art_1229211479_58899142.html.

⑨安吉县人民政府 . 安吉县依托“四全”模式推动基层政务公开标准化规范化向农村和社区延伸 [R/OL].（2021–5–21）[2021–06–29].http：//www.anji.gov.cn/art/2021/5/21/art_1229518652_3814955.html.

⑩刘长发，等 . 帮帮 [Z/OL].（2021–05–31）[2021–6.29].ht±p：//www.zgjx.cn/2021–05/31/c_139980287.htm.

⑪孙健 . 平台视阈下“新闻 + 政务服务商务”运营模式思考 [J]. 中国记者，2021（3）：80–83.

⑫孟梅 . 树立“开放合作”思维打造封面新闻“联合舰队”[J]. 传媒，2018（19）：20–22.

⑬李金龙，石凌炜 . 马栏山（中国）广播电视电影网络视听节目国际交易中心即将上线运营 [Z/OL].（2020–12–18）[2021–06–29].https：//moment.rednet.cn/pc/content/2019/12/18/6384789.html.

⑭王鸿涛 . 新型主流媒体用户战略探析 [J]. 青年记者，2021（9）：68–70.

⑮胡键，曹斯，尤立川 . 党报客户端如何赢得受众——南方 + 客户端用户画像与内容运营策略分析 [J]. 中国记者，2020（9）：44–48.

⑯杜一娜，齐雅文 . 新闻客户端以优势促服务“新闻 + 服务”怎样更好地服务于民 [Z/OL].（2020–12–15）[2021–06–28]. http：//data.chinaxwcb.com/epaper2020/epaper/d7380/d5b/202012/112354.html.

⑰刘烨烨 .“2019 媒体融合发展论坛　媒体公益沙龙”在深圳举办 [Z/OL].（2019–10–31）[2021–06–25].http：//www.xinhuanet.com/gongyi/2019–10/31/c_1210334803.htm.

⑱胡正荣 . 新闻 + 政务服务商务，机会来了，挑战来了 [Z/OL].（2021–01–04）[2021–07–06].https：//www.thepaper.cn/newsDetail_fbrward_10822810.

短视频平台虚假信息研究：分类、特征与治理逻辑[①]

涂凌波　李晓娟　张　正[②]

摘　要：2021 年，我国短视频平台继续蓬勃发展，但其中虚假信息的生成、传播及其治理问题成为关注焦点。本研究基于假新闻、错误信息、误导信息和谣言 4 种类型的划分，通过对 2018—2020 年 3 年的 342 条短视频虚假信息案例进行内容分析，初步发现：误导信息占比较大，以 UGC 生产者为主；社会新闻主题占比高，"灾变母题"和"撒旦母题"占比高；大多呈现"伪新闻"样态，音视频特征显著；辟谣时间较短。本研究进一步分析了短视频虚假信息的 5 个传播特征，并认为在个人化、非新闻性的信息转换为公共化、新闻性的信息过程中，虚假信息的产生值得重视。本研究还从本源态、传播态、接收态 3 种传播形态展开分析，结合国家网信办出台的政策文件和规范性文件，对治理逻辑展开了讨论，希望为短视频平台的信息治理提供新的思路。

关键词：短视频平台；虚假信息；传播特征；信息治理

近年来，短视频作为一种媒介形式和生活方式，已经深深嵌入中国人的生活，成为人们获取信息、分享信息、社交互动乃至消磨时间的重要方式之一。当前，我国网民规模达 10.11 亿，其中短视频用户规模为 8.88 亿，占网民整体的 87.8%；根据历年报告可见，短视频媒介使用保持了稳定的增速。[③]然而，因传播主体多元、时间短、速度快、门槛低、情绪感染力强等特点，短视频传播生态呈现"鱼龙混杂"的状况：一方面，多样化的信息给人们带来了愉悦的感官体验；另一方面，存在内容质量低劣、格调不高、同质化严重等传播问题。其中最令人担忧的是，短视频传播中虚假信息的蔓延以及造成的社会认知问题。因此，如何对短视频传播展开有效治理，是管理部门、行业和学界共同关心的问题。

本研究基于 2018—2020 年 3 年的短视频案例，通过对 342 条比较典型的虚假短视频信息展开深入分析，用实证数据揭示短视频传播中虚假信息的分类与传播特征，回应近年来关于虚假信息研究的理论问题，进而为有效治理短视频传播中的虚假信息提供新的思路。

一、短视频平台的虚假信息研究：分歧与共识

互联网传播中的虚假信息研究是学界业界关注的热点话题。2018 年，一项量化研究发现，社交媒体上的假新闻的扩散显著性高于真新闻，虚假故事会激发人们的恐惧、厌恶和惊讶，而真实故事会激发期待、悲伤、喜悦和信任。[④] 2020 年，有学者通过对新冠疫情突发时期（2 月 6 日、7 日）的 1000 条推文进行研究发现，与基于科学的证据或事实核查推文相比，虚假信息的推文更多，但是基于科学的证据或事实核查推文比虚假信息的转发更多，受众参与度更高。[⑤]这些研究的启示在于，互联网平台的虚假信息及其传播会影响传播环境，但也取决于受众的接受心理和参与度等因素。

当前，短视频传播已经越来越平台化（platform），是平台经济的一部分，构成了一种新的平台生活方式，具有平台生产的属性，而非仅仅作为一种信息的中介。短视频传播中强烈的视听体验、戏剧性文本价值算法推荐的作用，将公共与私人的界限模糊化。个体生产的短视频内容，可以在短视频平台走向公共传播，与文字相比，视觉力量在唤起情感方面更直接、快速。[⑥]作为一种独立文本形态，短视频成了人们即时交流的“口语”[⑦]。

一些学者则对抖音等短视频的发展持悲观态度，因其存在虚假信息泛滥、个体理性衰落、信息茧房、民粹主义等问题。在新冠疫情防控期间的谣言传播中，打着专家旗号的文字、图片、短视频为主要传播形式，以增强其可信度。[⑧]还有研究发现，短视频虚假信息呈现出两种信息偏向：专业团队制作的 PGC 技术性造假视频和用户生产的 UGC 的阐释性（语境置换）偏向的造假视频，将“真实的视频”转变成“不实的信息”[⑨]随着音视频摄制和编辑技术的普及，短视频生产已经大众化、海量化，客观上给专业把关带来了困难。虚假信息治理也面临技术与内容的双重挑战，智能算法不易核查“原子化”的短视频。[⑩]此外，网络平台在把关过程中“缺位”也是一大原因。

从虚假新闻 / 信息的概念上看，目前使用较多的几个中英文概念大致有如下区分：Fake news，一般翻译为“假新闻”，指具备特定传播意图、被验证为不实信息，且极易对公众造成误导的“新闻”；Misinformation，通常指错误消息的传播，传播者并非有意通过欺骗、操控或其他方式得到某种结果；Disinformation，一般指故意传播的并且常常是秘密传播的信息（deliberately and often covertly spread），以影响舆论或掩盖真相；False information，常与 fake news 互用，多用于新闻报道中，学术性较弱。当前，学者们对“假新闻”和“虚假信息”的研究重点集中在其形成机制、危害、治理等方面，大

体上“（虚）假新闻”从属于“虚假信息”基本成为共识。因此，在考察互联网传播尤其是社交媒体传播平台时，使用外延更大的“虚假信息”较为合适。

本研究不专门讨论上述关于虚假信息/假新闻之间的概念差异，[⑪]而是基于相关文献，主要分析短视频传播中的公共化信息（个体化的、私人化的短视频信息不在本文研究范围内），将其分为假新闻（fake news）、错误信息（misinformation）、误导信息（disinformation）、谣言（rumor）4种基本类型，并展开相关的研究（图1）。

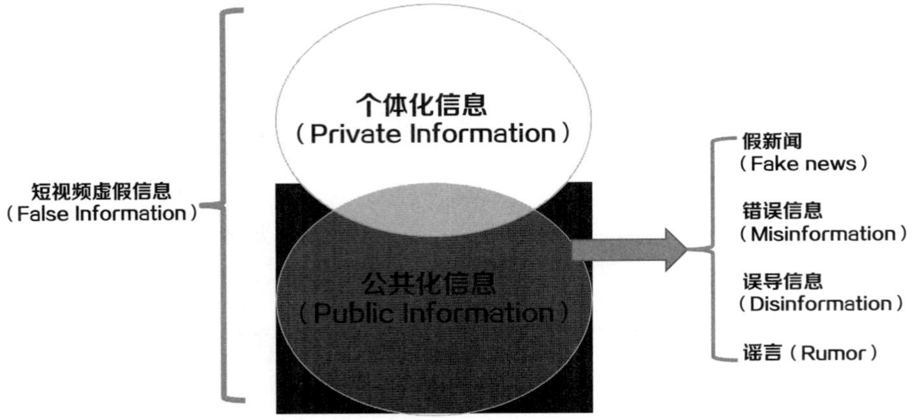

图1　本研究使用的基本概念示意图

二、短视频虚假信息的主要分类、生成及其传播特征

（一）研究方法与研究假设

本文主要采用内容分析方法，通过分析短视频数据，探究虚假信息产生的相关因素及其特征等。

1. *样本来源与编码过程*。本研究的样本来源于新浪微博平台，选取“微博辟谣”话题“视频”板块中2018年1月至2020年12月3年的所有案例，由两位编码员逐条核对，寻找符合条件的虚假短视频，以及原始短视频信息和辟谣信息。新浪微博内容丰富、样本量较大，适合作为样本库来源。交叉查验“中国互联网联合辟谣平台”“抖音辟谣”等辟谣平台，其中的辟谣短视频基本都包含在“微博辟谣”样本库中，这也从侧面证实了样本库选取的合理价值。

样本的筛选和编码过程分为3步。首先，两位编码员对所有案例进行逐条筛选和核对，去掉重复性的内容，最终获得342条有效样本数据。其次，试编码和编码条目确定。研究者通过共同编码最终确定本研究所选用的编码表，编码维度包含4个方面：生产过程、内容分析、原因分析、类型等。最后，两位编码员对2018年1月至2020年12月的案例进行编码，并在编码结束后，交换案例表和编码表进行核对和修改。

需要说明的是，虽然编码过程中尽量保证科学性和准确度，但是编码中也遇到了一定困难。比如“问题出现阶段（首发、转发、不明）”编码维度，一些短视频虚假信息的源头无法查明，个别判断可能不够精确；“发布动机（无意、有意、故意、不明）”的判断带有一定的主观色彩；此外，一些原始视频素材来源已无法准确查证。研究者经过反复研讨，对一些模糊的编码进行了多次核对。

2. 研究假设。根据前文文献及编码，提出以下研究假设并验证。

H1：短视频生产中 UGC 比 PGC 更易出现虚假信息。

H2：短视频虚假信息中，错误信息和误导信息的比重较大。

H3：短视频虚假信息的主题比较集中，符合人们对于主题的期待与想象。

H4：内容剪辑、环境缺失、音乐、音效等音视频特征是虚假信息生成的原因。

H5：在短视频虚假信息传播中，情绪因素的影响较大。

H6：新闻性更强、公共属性更强的短视频更可能产生虚假信息。

（二）短视频虚假信息的基本分析

经过数据分析，本研究发现短视频虚假信息的产生和传播具有一些最基本的特征。

1. 虚假信息类别分析：误导信息占较大比重。分析显示，误导信息（disinformation）在短视频虚假信息中占比超过一半，而谣言的比重则近两成。进一步分析虚假信息发现，因创作者对视频画面、声音、文字等元素的故意（deliberately）加工，各种原始素材被重新整合在一起，形成了具有主观意图、误导性强的虚假短视频，传播者的主观意图直接或者间接地体现出来。

表 1　4 种类型的短视频虚假信息统计表

类别	假新闻	错误信息	误导信息	谣言	合计
数量（条）	43	32	200	67	342
比例（%）	12.6	9.3	58.5	19.6	100

进一步诉诸情绪维度发现，情绪反应强烈的是恐惧（35.1%）和愤怒（34.5%），相比其他情绪，如果虚假信息能够唤起人们的恐惧感和愤怒感，更可能使用户难以辨别信息的真伪。

表 2　短视频虚假信息中 4 种情绪的分布统计表

类别	喜	怒	哀	惧	合计
数量（条）	42	118	62	120	342
比例（%）	12.3	34.5	18.1	35.1	100

2. 虚假信息生产者与首发平台分析。如表3所示，视频拍摄者以UGC为主（占比高达85.9%），其次为PGC/OGC、自然类（如监控影像等）。由此可见，在短视频传播中，PGC/OGC的信息把关功能得到体现，而UGC拍摄的视频则更易出现虚假信息。

表3　短视频虚假信息的视频生产来源统计表

类别	UGC	PGC/OGC	自然类合计	其他（不明）	合计
数量（条）	294	28	16	4	342
比例（%）	85.9	8.2	4.7	1.2	100

如表4所示，从能够判别的样本来看，短视频虚假信息的首发平台排序：首先是朋友圈等个人社交平台，其次是微博等平台，而抖音等短视频平台占比并不高。当然，有37.7%的虚假信息已经无法准确识别其首发平台。以个人用户为代表的UGC内容较依赖于朋友圈等社交平台的首发传播，PGC则多依靠自有或官方平台定向发布相关内容，而自然类视频主要指监控视频、行车记录仪等非人为主观拍摄内容。

表4　短视频虚假信息的首发平台统计表

类别	官方平台	朋友圈	微博	抖音等短视频平台	其他（不明）	合计
数量（条）	27	120	48	18	129	342
比例（%）	7.9	35.1	14	5.3	37.7	100

如表5所示，短视频虚假信息的生成阶段主要是首发阶段，占比达76.6%，后续不加核实地转发则进一步导致虚假信息蔓延开来。

表5　短视频虚假信息的问题阶段统计表

类别	首发	转发	其他（不明）	合计
数量（条）	262	61	19	342
比例（%）	76.6	17.8	5.6	100

3. 虚假信息主题分析：大多呈现“伪新闻”样态。在主题分布上，将短视频虚假信息分成10类：政治、经济、军事、法律、科技、文教、健康卫生、体育、娱乐、社会新闻，其中社会新闻的比例最高，为98.25%。不难发现，短视频是一种嵌入日常

生活的传播方式，与社会生活相关的内容出现虚假信息的可能性较高。在短视频虚假信息的生产路径中，即便原初并非新闻样态，在传播过程中会人为制造所谓的“新闻价值”和“新闻要素”，以“伪新闻”的形式进行传播。叙事性分析发现，参与主观判断的比例高达 78.7%，客观记录仅有 21.3%，参与性和共情性使虚假信息容易被接受，也导致虚假信息在社交媒体中快速、广泛传播。

陈力丹教授认为，文学的叙事内容表面看多种多样，但实际上都可以归纳为有限的“母题”，如寻宝母题、灾变母题、死亡母题、情欲母题、英雄母题、撒旦母题等。⑫内容母题以灾变母题和撒旦母题为主，信息的模糊性和不确定性是造假的重要条件。根据这一分类，本研究发现短视频虚假信息呈现的叙事如表 6 所示。灾变母题往往具有超自然性、不可控性，同时具有一定的周期性。比如 2019 年年初的利奇马台风、2020 年的新冠疫情等，在这两个事件周期中，出现了较多关于台风和疫情的短视频虚假信息。可见，信息的不确定性和模糊性，使灾变母题可能出现虚假信息。撒旦母题源于人们的一种集体无意识心理，体现了人们对撒旦的愤恨和恐惧心理，同时具有一定的偶发性和频发性，反映出人们厌恶邪恶、渴望正义的朴素正义观。

表 6　短视频虚假信息的六大母题统计表

母题类型	寻宝母题	灾变母题	死亡母题	情欲母题	英雄母题	撒旦母题	其他	合计
数量（条）	34	114	46	11	17	119	1	342
比例（%）	9.9	33.3	13.5	3.2	5.0	34.8	0.3	100

表 7　短视频虚假信息母题与发布动机交叉表

类别			内容母题						
			寻宝母题	灾变母题	死亡母题	情欲母题	英雄母题	撒旦母题	总计
发布动机	有意	计数	14	26	16	4	12	43	115
		占发布动机的百分比	12.2%	22.6%	13.9%	3.5%	10.4%	37.4%	100.0%
	无意	计数	12	20	4	2	2	23	63
		占发布动机的百分比	19.0%	31.7%	6.3%	3.2%	3.2%	36.5%	99.9%
	恶意	计数	5	47	9	2	3	30	96
		占发布动机的百分比	5.2%	49.0%	9.4%	2.1%	3.1%	31.3%	100.1%
总计		计数	31	93	29	8	17	96	274
		占发布动机的百分比	11.3%	33.9%	10.6%	2.9%	6.2%	35.0%	99.9%

4. 音视频信息分析。景别单一且以远景全景为主，是短视频虚假信息的主要画面特征。PGC 拍摄的远景全景占比 75.7%，而 UGC 拍摄的远景全景比例则更大，占比为 91.8%。可见，因画面内容缺乏细节，虚假信息有了可乘之机，一些猜测性的文字也随之出现。

画面的环境缺失是虚假信息的重要表现（比例高于 37.5%）。环境或语境的缺失使内容可能引起误解，而 UGC 群体受拍摄环境、设备、技术的限制，相比之下内容生产的专业性不高，容易缺失对环境的完整呈现（占比为 62.6%）。

值得注意的是，后期技术处理并不是主要问题。对样本视频是否采用了剪辑、声音处理等因素进行分析后发现，UGC、PGC、自然类 3 种分类中产生问题的比例均较低（低于 7.5%）。

不过，背景音乐和音效加剧了情绪化传播。数据显示，38.8% 的虚假信息短视频添加了背景音乐和音效，以强化主观情绪的引导作用。

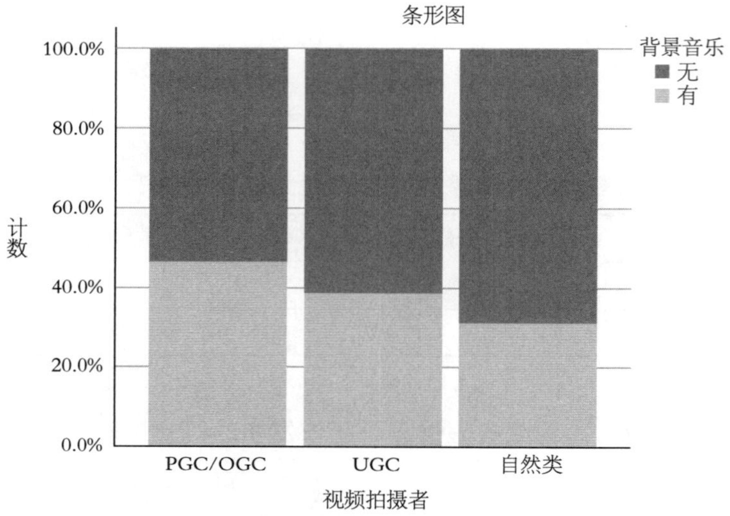

图 2　不同类型的视频拍摄采用背景音乐的柱状图

5. 虚假信息的辟谣情况分析。数据分析发现，近 2/3 的虚假信息短视频较快得到了辟谣和澄清。在辟谣时间上，辟谣时间在 1—3 天的比例最高，为 37.4%；其次为 1 天之内，比例为 27.2%。有 64.6% 的虚假信息在 3 天以内得到了澄清，辟谣时间相对较短。

表 8　短视频虚假信息的辟谣时间分布

类别	1 天内	1—3 天	3 天以上	其他（不明）	合计
数量（条）	93	128	46	75	342
比例（%）	27.2	37.4	13.5	23.9	102

辟谣者构成中，权威机构、主流媒体是主要的辟谣者。除官方澄清和媒体辟谣外，个人辟谣也发挥了一定的作用。权威机构辟谣比例最高（69.3%），尤其以警察（包括网警）为主。由此可见，通过融媒体建设，各政府机关、企事业单位的媒体政务平台起到了重要的作用。其次为主流媒体（23.4%），发挥了媒体“澄清谬误”的作用。而个人辟谣者往往需要一定的时间延展，并且需要其他辟谣者合力才能发挥更好的作用。

表 9　虚假信息的辟谣者统计图

类别	个人	媒体	机构	其他（不明）	合计
数量（条）	22	80	237	2	341
比例（%）	6.4	23.4	69.3	0.6	99.7

（三）从个体到公共：短视频虚假信息的生成表现

虚假信息的成因一直是研究的热点，媒体或平台未加核实、“伪传信息”（主观蓄意传播的虚假信息）的出现、混合型媒介系统加大把关难度等因素，都导致虚假信息的生成。[13]短视频虚假信息的成因和其他类型虚假信息有相似因素，但也有其个性特征，需要从其生成表现中加以分析。短视频虚假信息可以按照个体与公共、新闻与非新闻进行区别，如图 3 所示。

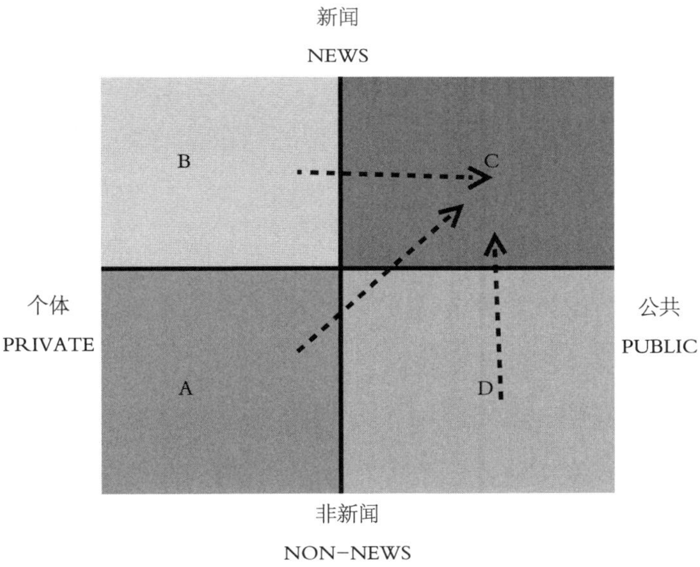

图 3　本研究所采用的短视频信息生成示意图

个体信息主要指个人生活类短视频。平台上此类信息数量庞大，不乏摆拍、合成、造假等情况，但考虑到未对公共利益造成危害，因此不作进一步分析。本文分析的公共信息主要包含两类情况：一是涉及公共问题的，二是个人的、私人的问题经过传播后影响公共利益的。对虚假短视频信息进行分析后发现，大部分在首发阶段不属于C象限（公共、新闻）的短视频，经由网络传播，呈现出向C象限转化的趋势。同时，从A、B、D 3个象限向C想象转化的过程中，往往容易出现虚假信息。

表10　短视频虚假信息的象限分布统计表

类别	A	B	C	D	合计
数量（条）	15	43	251	33	342
比例（%）	4.4	12.6	73.4	9.6	100

A象限是个人的、非新闻性短视频信息，所占比例最少（4.4%）。但是，字幕、文本、音乐等附加信息，可能引导公众情绪，被“设置”为公共性社会话题。比如2020年11月2日“电焊专业学生在宿舍赶作业”的短视频冲上热搜，但随后当事人提供原视频辟谣，称当时是后勤师傅在维修衣架和床。当公众对此事形成关注后，个人的影像便成为公共话题，虚假信息由此产生社会影响。

B象限是个人产生的视频，但具有一定的新闻性，所占比例为12.6%。如2020年8月15日，一条微博视频“转发等同报警！西南地区被拐卖的汉族女子（媳妇）逃跑被发现”引发舆论关注，视频中一名年轻女子被一名穿着传统服饰的年长女子殴打。然而8月16日青海警方核实情况却发现，藏族女子因家庭矛盾被丈夫送回娘家后，被母亲教训。因该短视频涉及“妇女拐卖”这一社会问题，加之“转发等同报警！”的情绪诱导话语，该条信息被迅速关注和转发，形成新闻热点，由个体话题延展至公众议题，引发群体的关注。

D象限是带有公共性质的内容，但是不具有新闻性，所占比例为9.6%。如2020年10月23日“天空之镜”景点涉嫌网络虚假宣传，因与实景严重不相符而被处罚。广告宣传不是新闻，但因为话题成为热点，导致当地相关部门介入，反而具有了新闻性。可见，部分公共信息尽管不属于新闻范畴，但是可能会在传播过程中成为一条“虚假新闻”。

对动机主观意图的强烈程度进行编码后发现，有意制造虚假信息的比例最高（33.6%），其主观意图明显，如吸引流量、警示或提醒他人等，但并不具备威胁性意图或贬损他人等恶性意图，所造成伤害性相对较少。恶意制造虚假信息的比例为28.1%，表现为主观恶性意图明显，有贬损他人或制造伤害的意图，辟谣后往往被予以处罚。关于动机的分析，未来可以结合问卷调查和深度访谈进一步探究。

表 11　短视频虚假信息的传播动机统计表

动机	无意	有意	恶意	其他（不明）	合计
数量	63	115	96	68	342
比例（%）	18.4	33.6	28.1	19.9	100

（四）短视频虚假信息的主要传播特征

本研究分析初步发现，短视频虚假信息有如下传播特征。

第一，情绪性信息传播特征。从个体化影像、私人化传播到公共传播的转换中，语境（context）置换导致虚假信息的产生，而背景音乐则强化公众的情绪，通常表现为误导信息（disinformation）或错误信息（misinformation）。

短视频虚假信息的生成方式存在共性，从个体化影像、私人化传播到公共传播的转换过程中，受情绪影响，缺乏准确的语境信息，加之背景音乐等煽情因素，就可能产生虚假信息。当公众个体的、私人的意见表达与情绪通过短视频进入公共空间时，就不可避免地产生公共参与性质。⑭相比客观中立、不夹带感情倾向的新闻，带有强烈情绪、观点和煽动力的标题和内容更容易引起人们的关注，情感和立场往往先于理性和客观。⑮本研究发现，情绪性信息传播在短视频虚假信息中所占比重较高，为 78.7%，尤其以 UGC 传播最为突出，同时 94.4% 存在认知偏误。

比如 2020 年新冠疫情防控期间，山东援鄂护士张静静同志在结束援鄂工作回济南后，遗憾离世。在 4 月 27 日的遗体告别仪式上，广为流传的一条短视频显示，她的 5 岁女儿背对镜头，抱着爸爸大声哭喊："妈妈不要丢下我。"小女孩撕心裂肺的哭声，搭配悲伤的音乐，令无数观者动容，此视频也引起了共情式的广泛传播。但随后官方辟谣，该视频为嫁接内容的虚假信息：前半部分小女孩抱住爸爸的视频，是北京世纪坛医院援鄂医生张婕的女儿迎接爸爸归来的喜庆内容，而配音则是抖音上一个小女孩在妈妈上班时哭闹的声音。

这个虚假信息得以广泛传播的原因是，它符合了人们的心理情感预期，在强大的情绪性影响下，人们忽略了事实层面的核查，导致虚假信息的扩散与转发。甚至在辟谣过去一年后，该条视频和相关内容仍然在网络上传播，究其原因在于其满足了网民对"贤妻良母"角色离世的心理预设，完成了个人的情绪抒发。

第二，冲突性视觉文本呈现特征。虚假信息案例中大量使用第一视角或监控画面营造"真实感"，虽然缺失完整信息链条，而且部分影像素材粗糙、细节失真，但冲突性故事文本得以建构，普通用户很难发现。

2020 年 6 月 19 日，"一大爷无健康码徒步千里走到浙江打工"的视频引发大量网友关注。短视频称，大爷是安徽亳州人，无儿无女，打算去浙江黄岩投奔亲戚打工。一路上因为没有手机，无法出示健康码，多次想要乘车被拒。无奈之下，大爷便从安徽亳州徒步走到浙江，已经走了半个多月。23日事情出现反转，经核实，大爷是坐火车到浙江的，而杭州铁路部门也回应说，没有健康码可以坐火车。真相一出，舆论哗然，有网友调侃道："整件事情里，除了大爷是真大爷，没有一处是真的。"

该视频以第一视角呈现拍客与老汉的现场问答，现场感强。尽管本身只是个人化、私人化的事件，但是经短视频平台传播之后，就被补充上了一些信息，进行了语境化的处理，强化了视觉文本的冲突性。这条信息源于个人化的不完整信息，经由传播链条的补充、加工后，变成了一条虚假新闻，引发公众对老年人"数字鸿沟"问题的关注。

数据显示，76.3%的短视频虚假信息存在较高的视觉文本冲突问题，短视频中出现字幕问题占比高达69%。短视频画面本身的多释性特点导致新闻要素不齐备，必须通过音频、字幕或文本等途径进行解释，其中字幕和文本是主要形式，这也是短视频造假的重灾区。在短视频虚假信息传播中，用户通过对原视频有意或无意地重新阐释（即语境置换），将"真实的视频"转变成了"不实的信息"。⑯冲突性视觉文本的呈现，是值得关注的重要特征之一。

第三，伪"现场新闻"式呈现特征。数据显示，短视频虚假信息多以伪"新闻现场"的形式呈现，造成虚假的"现场感"，以手机拍摄长镜头为主、全景景别、景别单一，可能有同期声和解说词等，不同的镜头景别反映了传播者的情绪诉求（见表12）。

表12　短视频虚假信息的情绪与景别交叉表

景别	诉诸情绪	喜	怒	哀	惧	总计
远	计数	4	6	11	24	45
	占景别的百分比	8.9%	13.3%	24.5%	53.3%	100%
全	计数	25	90	44	78	237
	占景别的百分比	10.5%	38.0%	18.6%	32.9%	100.0%
中	计数	2	8	0	0	10
	占景别的百分比	20.0%	80.0%	0.0%	0.0%	100.0%
近	计数	4	7	5	3	19
	占景别的百分比	21.1%	36.8%	26.3%	15.8%	100.0%
总计		35	111	60	105	311
占景别的百分比		11.3%	35.6%	19.3%	33.8%	100.0%

在短视频虚假信息中，事实往往无法确证，最多只是一个“新闻”线索，但是却能唤起人们的风险恐惧和愤怒之情。2020年10月10日，“山东两男子酒后调戏火锅店老板娘，不料被反击”的短视频在网上传播。视频显示，火锅店里两名醉酒男子对一名女服务员举止轻浮，随后被这个女子击倒。之后该女子接受媒体采访，称自己是火锅店老板娘，曾为跆拳道冠军。然而此事实际发生于10月8日，短视频中的场景是情景重现的摆拍。该视频以全景长镜头形式拍摄，呈现出了“伪新闻”现场的形式，塑造“真实感”，借以打消网民对新闻真实性判断的疑虑，增强其传播的力度和广度。因此，如何判别视听画面的真实性，是网民需进一步提升的媒介素养。

*第四，“狂欢”的媒体或视觉景观特征。*在短视频平台，一些很快被证实为虚假信息的短视频，却因其与公众诉求成期待一致，从而得以被广泛传播，公众参与了错误信息（misinformation）传播。前文的母题分析显示，在母题归类上，PGC和UGC的虚假信息类别体现出了明显的差异性。PGC视频以寻宝母题（28.6%）、英雄母题（23.5%）为主，而UGC视频以灾变母题（36.5%）、撒旦母题（33.4%）为主，自然类视频则大部分为撒旦母题（68.8%）。可见，UGC为了吸引流量，更多传播恐惧类短视频，借以引发人的恐慌心理，增强对信息的关注。

在短视频兴起前的长视频时代，视频的制作和发布主要依赖媒体。短视频却使道格拉斯，凯尔纳所称的制造“媒体奇观”（media spectacle）[17]的权利交给了普通网民，网民享有了制造“视觉景观”的能力。2020年6月，朋友圈流传一段“蒙古国送中国的羊入境了”的视频。视频中数以千计的羊组成的羊群，在几位牧羊人的驱赶下，浩浩荡荡向远处走去。视频所配文字称：“30000只羊方队向我们走来，好不壮观。”辟谣随之而来：事件发生地点不在国内，蒙古国捐赠的3万只羊暂未运往中国。其实根据常理推断，考虑街道实景、羊的饲养情况以及疫情情况，都不可能是蒙古羊入境。但是在网民参与转发的“洪流”下，这一错误信息被广泛传播，甚至催生了平台上的一种视觉“狂欢”。

*第五，私人事件公共化过程中的视觉阐释特征。*在短视频制作或传播中，短视频生产者对视频画面进行有意的阐释，从而将一些本不存在的事实或者私人化的事实变为公共事件，这是虚假信息的一个特征。

2020年6月21日，网上多人转载“援鄂车主去世”的短视频。据称，湖北孝感一公园内有一私家车停在此处几个月无人认领，经查“车主在抗疫一线帮忙送菜，后来感冒发烧没多久就去世了。车主家人表示会把车开走”。随后，该消息登上微博热搜，一度排名第二，引发网友广泛关注。但第二天车主辟谣称仍然健在。而拍摄者王某称，关于“车主曾参与抗疫后发烧去世”这一说法，是他出于好心而瞎编的。随后，王某因散布谣言被依法处以行政拘留3日。该短视频中，视频拍摄者通过对地点（湖北孝感，疫情重灾区）、事件（私家车蒙尘无人认领）、时间（几个月）的细节化视觉呈现，并加工其他新闻要素如人物（抗疫英雄）、原因（感染牺牲）等，完成了对零散事实的臆想式补充，制造了一则“援鄂车主去世”的假新闻，引起广泛传播。

在私人事件的公众化演进过程中，近景景别、情绪化语言和视觉形象都是促成视觉化阐释的必要手段，成为吸引公众注意力的重要砝码。在信息过载的今天，相比客观中立、不带情绪的事实，传播者主动输出情绪性强、煽动性强的视觉信息，明显会获得更多的关注度。

三、短视频虚假信息的传播形态及其治理逻辑

2018 年 4 月以来，国家网信办等部门集中展开对短视频平台的专项整治活动，出台了一系列相关的政策文件和规范性文件。2020 年 1 月，国家网信办正式施行《网络音视频信息服务管理规定》，对网络音视频信息服务提供者、平台、使用者的权利与义务作出了明确规定；2020 年 3 月，《网络信息内容生态治理规定》的出台，进一步明确了网络信息治理中各个主体的责任与义务。最后，本研究进一步考察短视频虚假信息的传播形态，尝试从虚假信息的传播链条中厘清本源态、传播态、接收态 3 种信息形态并展开分类阐述，解析其传播链条的多种诱因和影响因素，从中探寻治理逻辑。

（一）本源态的虚假信息

本研究分析发现，76.6% 的短视频虚假信息在本源态阶段出现了问题，包括源素材获取问题、加工剪辑造成的虚假问题等。从视频拍摄者角度来说，95.3% 的短视频虚假信息来源于 UGC，其中朋友圈等个人社交平台是高发平台，其次是微博、抖音等平台，社交传播成为虚假信息裂变的主要途径。

从内容上看，既有生产者凭空恶意虚构的谣言（rumor），也有道听途说、未经核实、断章取义等产生的错误性信息（misinformation），或有意主观猜测、添油加醋、张冠李戴而产生的误导性信息（disinformation）。从本源态分析可以发现，传播动机不一而足，既有主观恶意和有意，也有无意造成的，这体现出短视频虚假信息产生原因的多样化特性。不管基于何种原因，客观上确实在网络空间乃至社会上造成了一定的负面影响。

如 2020 年 8 月初“富婆出轨快递小哥”的案例。郎某拍摄了一位年轻女子取快递的视频，之后与朋友何某分别饰演快递小哥和对面小区独自在家带孩子的“小富婆”在微信上聊天，编造了“富婆出轨快递小哥”的剧情。8 月 13 日，警方对两人处以行政拘留 9 日的处罚，但该视频对当事人及其家人造成了恶劣的社会影响。随后，郎某和何某两人被告上法庭。此案例属于恶意编造谣言，郎某表示自己是“出于虚荣心，吹吹牛皮的想法……只是为博大家一笑，没想到被

人把聊天记录传了出去”。

针对造假的动机性和危害性，相关部门对生产者采取了不同的治理措施。《网络信息内容生态治理规定》的第 4 条至第 7 条规定了网络信息内容生产者的限制性行为，第 34 条明确规定了法律责任为“网络信息内容生产者违反本规定第六条规定的，网络信息内容服务平台应当依法依约采取警示整改、限制功能、暂停更新、关闭账号等处置措施，及时消除违法信息内容，保存记录并向有关主管部门报告”。

从治理的角度来看，当前对生产者的处罚以行政处罚为主，民事诉讼和赔偿有一定的难度，主要原因在于对造假动机的判定存在一定的困难。法律学者对相关法条的解释认为，虚假信息应当理解为没有根据的信息，应具备无根据性、具体性、可信性和关联性，并造成公共秩序严重混乱。[18]可见，主观故意性和损害程度是虚假信息的两个重要判定因素。此外，从传播形态来看，错误信息很难追溯生产和传播的全链条（尤其是本源态信息），所以短视频平台和其他网络平台，如何在信息发布阶段，对内容生产者或传播者进行有效监管和处理，是破解短视频虚假信息传播中比较关键的一环。

（二）传播态的虚假信息

短视频虚假信息传播态呈现出多元、复杂等特点：传播主体单一和多元并存；传播内容碎片化和完整性并存；传播过程经过了多次转发与再加工；短视频“生命周期”短，事实不完整，所以在传播过程中容易产生变形。

治理短视频虚假信息传播的难点在于，一条短视频需要达到一定的传播热度、得到一定的关注并引发社会影响后，才可能被迅速辟谣，所以辟谣的时间对于传播态的虚假信息的“生命周期”而言至关重要。数据发现，PGC/OGC、UGC、自然类的虚假视频信息被辟谣的时间周期存在一定的差异，UGC 和自然类视频被辟谣的时间相对较短。

从 PGC 和 UGC 的辟谣时间可见，PGC 的谣言往往需要更长的辟谣时间。PGC 内容的制作、传播方式相比其他类别更精良，因此需要公众具有较高的识别能力。如果最初的短视频拍摄者为自媒体，之后被主流媒体转引就会被认为得到了媒体的“确认”，不需要核实视频的细节了。因此，包括主流媒体在内的 PGC 在信息传播中具有相当的权威性和公信力，应十分严格地把关短视频信息。

从传播态来讲，PGC 加强审核力度和提高信息质量，对辟谣可以起到积极作用。《网络信息内容生态治理规定》的第 8—17 条明确规定了网络信息内容服务平台应当履行信息内容管理主体责任，从人员设置、治理细则、技术保障、处置措施、账号信用管理等多个方面作了详细规定。其中值得注意的是，关于传播平台的治理问题，体现了人工与技术相结合、处置与预防相结合、平台监管与公众参与相结合的逻辑，这是比较符合当前网络平台化阶段特征的。《网络音视频信息服务管理规定》要求音视频信息服务提供者，需要配备与服务规模相适应的专业人员，建立健全用户注册、信息发布审核、信息安全管理、应急处置、从业人员教育培训、未成年人保护、知识产权保护等制度，具有与新技术新应用发展相适应的安全可控的技术保障和防范措施等。2021 年 1 月 1 日《中华人民共和国民法典》施行后，其中对虚假信息相关的约束条款值得注意，比如第一千零二十五条规定，捏造、歪曲事实的要承担民事责任。

（三）接收态的虚假信息

从短视频虚假信息的接收态来看，视觉化信息会给用户带来一定的情绪性和情感性引导，由此可能产生认知偏误、确认偏误、恐惧唤醒等情况。另外，长时段的短视频使用沉浸（加之算法推荐的作用），可能导致过滤泡效应的产生，进而降低用户对虚假信息的判别力度。

《网络信息内容生态治理规定》的第四部分规定了网络信息内容服务使用者的责任与义务，规定了使用者在以发帖、回复、留言、弹幕等形式参与网络活动时的限制性条款，并且鼓励使用者积极参与网络信息内容生态治理。《网络音视频信息服务管理规定》第 11 条规定，网络音视频信息服务提供者和使用者不得利用基于深度学习、虚拟现实等的新技术新应用制作、发布、传播虚假新闻信息。从治理逻辑上看，对于信息使用者在接收态层面的限制性规定，相关政策文件和规范性条款作出了比较具体的要求，但如何有效处罚或者遏制接收者对于虚假信息尤其是错误信息（misinformation）的二次转发，则是治理中的难点。

四、结语

本研究基于短视频平台的虚假信息案例展开了实证分析，以期通过经验材料的研究回应短视频平台治理过程中面临的问题与挑战、难点与痛点、政策与实践等问题。想要打造多元、繁荣、创新的短视频内容生态，我们需要辩证地看待短视频平台的信息传播：既要注意区分个人化、私人化的信息传播，鼓励用户的内容生产与创新，也要关注从个人化、非新闻性信息转换为公共化、新闻性信息的过程中产生虚假信息的问题。短视频平台的信息治理，目前已有较为完善的法律法规、政策文件和规范性文件作为他律，同时传播者、平台和用户都要增强自律，共同维护和建设良好的传播生态。最后，作为一项探索性研究，本文还存在不足，分析的样本主要是本源态和传播态的，对于接收态的虚假信息研究及其治理问题的探究，仍有待进一步实证研究。

参考文献：

①本文是研究阐释党的十四届四中全会精神国家社科基金重大项目“建立健全我国网络综合治理体系研究”的阶段性成果，项目编号：20ZDA061。

②涂凌波，中国传媒大学电视学院教授，媒体融合与传播国家重点实验室研究员，广播电视学系主任；李晓娟，中国传媒大学电视学院广播电视学博士研究生，山东师范大学新闻系讲师；张正，中国传媒大学电视学院互联网与国家治理方向硕士研究生。

③中国互联网络信息中心．第 48 次中国互联网络发展状况统计报告 [R/OL].（2021-02-03）

[2021-07-01].http：//www.cac.gov.cn/2021-02/03/c_1613923423079314.htm.

④ Vosoughi S，Roy D，Aral S. The Spread of True and False News Online [J]. Science，2018，359（6380）：1146-1151.

⑤ Pulido et al.，COVID-19 infodemic：More Retweets for Science-based Information on Coronavirus than for False Information[J]. International Sociology，2020，35（1）.

⑥彭兰．短视频：视频生产力的“转基因”与再培育 [J]. 新闻界，2019（1）：34-43.

⑦王晓红，任垚媞．我国短视频生产的新特征与新问题 [J]. 新闻战线，2016（17）：72-75.

⑧匡文波，武晓立．突发公共卫生事件中网络谣言传播模型及特征研究 [J]. 新闻与写作，2020（4）：83-87.

⑨陈昌凤，陈凯宁．网络视频中的虚假信息偏向及其治理 [J]. 新闻与写作，2018（12）：59-63.

⑩陈昌凤，师文．智能化新闻核查技术：算法、逻辑与局限 [J]. 新闻大学，2018（6）：42-49+148.

⑪相关研究可参照：汝绪华．国外假新闻研究：缘起、进展与评价 [J]. 新闻与传播评论，2019（9）：61. 此外，《新闻记者》杂志的年度虚假新闻报告也指出，“假新闻”包含了“错误信息”（无意）和“虚假信息”（故意）两个层面，虚假新闻中既有生产者因未经查证、道听途说而出现的错误信息（misinformation），也不乏生产者主观上就有意欺骗他人的“虚假信息”（disinformation）。

⑫陈力丹．文学的叙事和“母题”[J]. 东南传播，2016（9）：30-34.

⑬年度虚假新闻研究课题组 .2020 年虚假新闻研究报告．新闻记者 [J]，2021（1）：23-37.

⑭邓若伊，余梦珑．短视频发展的问题、对策与方向 [J]. 西南民族大学学报（人文社科版），2018（08）：129-134.

⑮胡翼青．后真相时代的传播——兼论专业新闻业的当下危机 [J]. 西北师大学报（社会科学版），2017，54（6）：28-35.

⑯陈昌凤，陈凯宁．网络视频中的虚假信息偏向及其治理．新闻与写作 [J]. 2018（12）：59-63.

⑰道格拉斯·凯尔纳．媒体奇观：当代美国社会文化透视 [M]. 北京：清华大学出版社，2003：2.

⑱孙万怀，卢恒飞．刑法应当理性应对网络谣言——对网络造谣司法解释的实证评估 [J]. 法学，2013（11）：5-21.

行业热点追踪

远离纠纷，新闻人应当知道的“两加一减”

来源：中国记协网 2021-01-05

编者按：《中华人民共和国民法典》于2021年1月1日起施行。《民法典》是新时代我国社会主义法治建设的重大成果，是一部固根本、稳预期、利长远的基础性法律。其中，《民法典》第四编人格权，与新闻报道工作密切相关。为在新闻界做好《民法典》的学习、宣传和阐释工作，中国记协网编辑部邀请几位新闻业界和学界的传媒法律专家、学者，深入解读《民法典》中关于新闻报道的条款及其意义和影响，促进广大新闻工作者依法开展新闻报道和舆论监督工作，充分尊重民事主体的人格权，生产出更多更好的新闻作品。

《民法典》将人格权单独成编，其中与名誉权直接相关内容共有5条，构成了我国名誉权制度的基本框架。解析《民法典》的名誉权部分，我们会发现法律文本中与新闻相关的内容和全国人大立法过程中的最后一份审议稿有了几处重要变化，使法律天平向言论自由和出版自由作出了些许倾斜，这不仅将直接影响未来新闻报道行为民事主体（包括新闻单位）在名誉权诉讼中的地位，也将有利于中国舆论生态的健康发展。这些变化可以概括为“两加一减”。

第一“加”：法律首提“为公共利益实施的新闻报道、舆论监督”

《民法典》是最先为“新闻报道”制定规范的基本法律，也是第一个将“新闻报道”与“舆论监督”相提并论的基本法律。法典第一千零二十五条规定：“行为人为公共利益实施新闻报道、舆论监督等行为，影响他人名誉的，不承担民事责任，但是有下列情形之一的除外：（一）捏造、歪曲事实；（二）对他人提供的严重失实内容未尽到合理核实义务；（三）使用侮辱性言辞等贬损他人名誉。”显然，立法机关认为，新闻报道与舆论监督有天然联系，二者命运相关。由于这二者众所周知的价值，法律对其影响他人名誉的行为给予豁免，即“不承担民事责任”。但是这种豁免是有条件的，法定的3种情形“除外”。法律支持新闻报道与舆论监督的同时，也为新闻报道和舆论监督划定了底线。即使是新闻报道或者舆论监督，也不能为所欲为，超越底线的行为应当承担法律责任。值得特别注意的是，在草案审议稿中并没有“为公共利益”这几个字，法典的正式文本最终将豁免新闻报道、舆论监督影响他人名誉的责任限定在“为公共利益”的目的。这一“加”具有重要的作用。

其一，法典引导立法的价值取向。民法为保护私权而立，原告为维护个人合法民事权益而兴讼，常常获得法庭保护。然而个人权益没有至上的地位。《民法典》第一千零二十五条规定，个人名誉有时必须让位于以公共利益为目的的新闻报道或舆论监督，此时，宪法所规定的言论自由、出版自由处于优先位置。

其二，法典引导全社会的认知。新闻报道、舆论监督影响他人名誉时之所以可被豁免，有赖于其具有为公共利益服务的目的。某些新闻报道是奇闻趣事、家长里短或者明星八卦，虽然某些受众有兴趣知道，但却与公共利益无关。也就是说，并非只要争议内容是新闻报道，就可以获得损害他人名誉的豁免保护。举例而言：“明星某某与某某谈恋爱”是新闻，但社会大众知道与否均与公共利益无关；而“明星某某是否漏税”则与公共利益有关。法律豁免后者，旨在鼓励新闻报道更多地、积极地为公共利益服务，同时也可以有效减少因为无关紧要的报道而对他人名誉与尊严的损害。

第二“加”：“严重失实”是新闻报道侵害名誉权的底线

刑法中的诽谤，多与无中生有、捏造或歪曲事实有关，体现在新闻报道中即为失实。但并非只要新闻报道失实就构成民事侵权。《民法通则》颁布以后，最高人民法院通过一系列司法解释，使得新闻报道侵害名誉权案件的认定标准得以细化。1993年最高人民法院《关于审理名誉权案件若干问题的解答》中规定：“因新闻报道严重失实，致他人名誉受到损害的，应按照侵害他人名誉权处理。”规定表明，因新闻报道失实而产生的名誉权纠纷，以“严重”为侵权标准。也就是说新闻报道中轻微的失实，不构成侵权责任。这一规定符合法治的基本功能，即法律不是万能，不能无处不在。法律只能规范与制裁最严重或最恶劣的行为。民事司法调整的新闻失实限定在“严重”的范畴，这一规定也符合新闻规律，为新闻媒体的自律留下了空间。不过，《民法典》第三次审议稿虽然规定有“失实内容”之说，却并未限定在“严重”的范畴内，这意味着新闻报道影响他人名誉的所有失实情形均可能受到司法审查。这不仅将浪费大量司法成本，也是新闻报道不可承受之重。令人欣喜的是，全国人大最终颁布的《民法典》针对失实内容加上了“严重”二字，这不仅使司法退守其应有的谦抑位置，体现了立法的科学性，也将有利于减少新闻报道和舆论监督行为人的讼累。

一“减”：只由新闻报道行为人承担举证责任的条款被删除

《民法典》名誉权部分的一大进步，体现为规定了新闻报道行为人应当对报道内容尽到“合理的核实义务”，共有6项，由此使我国的新闻传播法治向前迈进了一步。但在《民法典》的第三次审议稿中，明确规定这6项核实义务均为新闻报道行为人即被告的证明责任，具体在第八百零六条第三款中表述为“行为人应当就其尽到合理审查义务承担举证责任”。这意味着，虽然民事诉讼的证明规则是“谁主张，谁举证”。原告主张维护自身权益，要证明自己的权益受到损害，这是一般规则。而对某些特定类型的侵权行为，法律规定举证责任倒置，即由被告承担举证责任。目前，有不少于13种诉讼中，原告不需要提供证据，或者法定由被告举证，其中并不包括名誉权案件。也就是说，名誉权诉讼遵循一般证明规则，“谁主张，谁举证”，或者由法官分配证明责任。如果按照民法典审议稿，名誉权案件也将属于举证责任倒置了。

有法谚云：“举证之所在，败诉之所在。”意思是说打官司其实打的是证据。在一般证明规则之下，名誉权纠纷是法官分配证明责任。但在举证责任倒置的规则之下，原告只需提出诉讼请求，而新闻报道行为人必须一一履行6项证明义务，哪怕缺少其中一项证明，聪明的原告律师也将穷追不舍，即使法官准备宽容被告也难有余地，因为这是法定的证明义务。有时可能根本不用进入法庭辩论环节，被告就会因举证不能而败局已定。新闻报道行为人作为名誉权案件的恒定被告，证明责任明显加重，由此将大大增加败诉概率。

2020年5月28日，第十三届全国人大第十三次会议通过了《中华人民共和国民法典》，上述有关举证责任倒置的条款被删除，这意味着名誉权诉讼仍然遵循一般证明规则，即“谁主张，谁举证”。新闻报道行为人在诉讼中的地位没有因证明责任加重而恶化。这在客观上有利于新闻报道和舆论监督的发展。

上述有关名誉权条款的“两加一减”表明，《民法典》最终向言论自由、出版自由作出了稍许倾斜，是法律对“为了公共利益的新闻报道、舆论监督”的保护。

（作者：徐　迅）

当新闻报道遭遇肖像权保护

来源：中国记协网 2021-01-06

《民法典》中“人格权”独立成编并构建了完整的人格权体系，是《民法典》的重大创新之一。人格权编极大丰富和充实了肖像权保护的内容，不仅从法律角度对肖像进行了定义，也对肖像权的权利内容、侵犯肖像权的认定标准、许可使用规则、合理使用原则等作出了系统性规定。

一、自媒体时代下肖像权保护范围明显扩大

随着社会的进步，人们权利意识的觉醒，《民法典》取消了《民法通则》规定中“以营利为目的”作为认定侵权标准的规定，肖像权保护范围得以扩大。依据《民法典》第一千零一十八条第一款及第一千零一十九条第一款，肖像权的积极权能包括依法制作、使用、公开或者许可他人使用肖像，侵害肖像权的行为包括丑化、污损或利用信息技术手段伪造肖像等，以及未经肖像权人同意制作、使用、公开其肖像。因此，实践中若擅自制作他人肖像、恶意丑化他人肖像、在互联网上擅自公布他人照片等行为，即使不是以营利为目的，也将构成侵权。这不禁使人联想到曾火遍网络的“葛优躺”、姚明脸、“作”爹苏大强系列表情包等，若未经授权制作使用，不管是否以营利为目的，都将构成侵权。

此外，随着人工智能的发展，通过 AI 换脸的“深度伪造”技术，可高仿真度地造出假的人像、相片、视频，包括高度模仿人的声音，几乎可以假乱真，按照《民法典》规定，这种未经授权制作使用的行为也将构成侵权。值得注意的是，自然人的声音也被纳入了肖像权的保护范畴。

在《民法典》颁布之前，肖像一般是指通过绘画、照相、雕刻、录像等方式把自然人的外貌在物质载体上再现的视觉形象，多强调自然人的外貌形象。《民法典》第一千零一十八条第二款首次将“肖像”定义为“通过影像、雕塑、绘画等方式在一定载体上所反映的特定自然人可以被识别的外部形象”。由此，肖像的确认标准由“以面部为中心”变为“可被识别性”，不再仅仅强调面部五官，因此，漫画形象，游戏形象，人

体部分形象如剪影、侧影、背影等，集体肖像中的个体，只要能够被识别为特定自然人，都属于被保护的范畴。

二、合理适度使用人物肖像是媒体行业的法律共识

新闻报道使用他人肖像是否会构成侵权？以现行法律规定和司法实践来看，通常认为新闻报道不是以营利为目的，所以不涉及肖像侵权问题。但随着媒体行业的融合与发展，越来越多的新闻媒体独立经营、自负盈亏，报纸、期刊、广播电台、电视台、网络媒体的发行量、收视率、点击率、广告收入等均直接关系到媒体的生存与发展。同时，随着报道技术手段的不断创新，新闻媒体使用肖像用于广告宣传、新闻报道及其他配图使用等，是否构成侵权，也不应一概而论，具体问题要具体分析。目前来看，新闻报道使用他人肖像是国际公认的对肖像的合理使用，可以无需征得肖像权人同意，不构成侵权。但由于广告宣传具有营利性质，新闻媒体如果未经肖像权人同意在其广告中使用他人肖像，则可能会构成侵权。《民法典》的颁布施行，将使新闻采访报道权利的行使与保护他人肖像权的关系更加清晰明确，因为它确立了肖像权许可使用制度、合理使用制度，并规定了超越合理使用范围侵害他人肖像权的法律责任。

随着新兴媒体发展的日新月异，简洁、直观的新闻图片因更具有冲击力、阅读更便捷而得以大量使用，新闻报道使用人物肖像图片，如果事先都要征得肖像权人的同意才去拍摄和使用，不仅极大增加社会成本，也会影响新闻的真实性和时效性。《民法典》第一千零二十条规定了肖像权的合理使用制度，对肖像权保护进行了一定的限制。该条规定，所谓合理使用肖像，就是“合理实施下列行为的，可以不经肖像权人同意：(一)为个人学习、艺术欣赏、课堂教学或者科学研究，在必要范围内使用肖像权人已经公开的肖像；(二)为实施新闻报道，不可避免地制作、使用、公开肖像权人的肖像；(三)为依法履行职责，国家机关在必要范围内制作、使用、公开肖像权人的肖像；(四)为展示特定公共环境，不可避免地制作、使用、公开肖像权人的肖像；(五)为维护公共利益或者肖像权人合法权益，制作、使用、公开肖像权人的肖像的其他行为”。

三、《民法典》为新闻报道中对人物肖像的使用提供充足的法律依据

《民法典》第一千零二十条明确规定了肖像权的合理使用制度。如因个人学习欣赏或教学科研、实施新闻报道、国家机关履职、特定公共环境展示以及维护公共利益或肖像权人合法权益而合理使用他人肖像的行为等，可以不经肖像权人同意，不构成侵权。

可见，媒体在进行新闻报道、行使正当的舆论监督等活动中，不可避免地制作、使用、公开他人肖像的，可构成对肖像权的合

理使用。这里需要注意合理使用的界限，须符合“不可避免”的条件，比如为报道有新闻价值的经济、政治、文体活动和社会事件，受公众关注的突发事件，批评性新闻报道等，而使用公众人物肖像，以及在公共场合或具有一定影响的事件或场面的人物肖像，都是不可避免的。

新闻报道合理使用人物肖像主要包括以下几种情形：

第一，使用具有新闻价值的人物肖像，如为报道政府官员、政治人士、社会知名人士等的活动和事迹而使用其肖像。

第二，为报道集会、游行、仪式、庆典或其他公共场所的活动、事件等，而使用了正处于特定场合的人物肖像，由于这些新闻图片、视频是对大型公开场面的记录，图像上出现的个人只是群体或场景的一部分，并非刻意表现特定的个人形象，此时个人的肖像功能已被大大淡化。

第三，为报道国家机关执行公务而使用公民的肖像，如公安机关为识别、辨认、通缉犯罪分子而使用其肖像，司法机关在诉讼活动中作为证据而使用当事人的肖像等。

第四，为公民本人的利益而使用其肖像，如为了寻找下落不明的、被拐卖拐骗的公民而使用其照片。

第五，为行使正当的舆论监督而使用他人肖像，如拍摄他人违反交通法规、破坏公共财物或实施其他违法犯罪行为的照片等。

第六，根据我国著作权法的规定，在时事新闻报道中对已经公开发表的肖像作品，可以合理使用。

《民法典》对肖像权保护的充实与丰富，总结并体现了多年来司法实践中积累的经验，将为社会生活和司法审判提供更为明确的法律指引，也为新闻报道工作提供了法律遵循。

（作者：刘　洁）

新闻信息收集莫“触礁”：从最大化到最优化

来源：中国记协网 2021-01-07

大数据时代，基于新的媒介技术与传播模式，数据化的私人信息以更快的速度和更加隐秘的方式脱离本人的实际控制，遭到泄露与非法利用的风险越来越高。《民法典》作为对民事权益保护的基础性法典，对此当然也作出了回应，既体现了对人民群众新型民事权益的人文关怀，同时也为我国个人信息利益的保护确立了基本方向。

《民法典》确立对自然人个人信息利益的保护制度

《民法典》将个人信息保护纳入第四编人格权，规定了保护原则、基本规则、例外情形和具体路径等内容。

第一，《民法典》确立了我国个人信息的保护模式。《民法典》第一千零三十四条第一款明确规定自然人的个人信息受法律保护，但相较于肖像权、名誉权等具体人格权，法典只是强调自然人的个人信息受法律保护，但是并没有给予其“个人信息权”的权利“名分”。这体现了现阶段我国立法者对于个人信息利益的基本态度，并未仿效欧盟《通用数据保护条例》（GDPR）所代表的“权利保护模式”，即通过确认公民的“个人信息权”以保障个人对其信息的决定与处分权利，而是依据我国现实国情采用了“法益保护模式”。尽管《民法典》承认个人信息是区别于隐私权的一种独特民事利益，但并不打算去构造一种新型权利，以避免个人通过这一尚未稳定的新型权利对个人信息利益（尤其是其中的财产性利益）提出扩张性要求，旨在确保个人信息保护的同时，促进数据产业的协调发展。

第二，《民法典》确立了我国个人信息的权益类型。在《民法典》中，“个人信息保护”与“隐私权”一同被纳入“人格权编”中，但在具体条款中又区别开来。《民法典》第一千零三十四条第三款规定，个人信息中的私密信息，适用有关隐私权的规定；没有规定的，适用有关个人信息保护的规定。这体现了立法者对于个人信息权益的性质定位，其与隐私权中的“隐私”利益相互区别，也有交叉重合，而重合的部分就是第一千零三十三条所称“私密信息”，或称为“信息性隐私”。从法理上来说，个人信息保护与隐私权尽管有着相同的理论渊源和相近的价值内核，但二者在权利客体、保护利益、救济方式等方面明显不同，尤其在互联网时代，人们对于个人信息保护和利用的态度远比强调严格隐匿的隐私权复杂，《民法典》对个人信息利益的性质定位，无疑是对社会权利需求与技术进步趋势的一种顺应。

第三，《民法典》确立了我国个人信息的保护路径。我国《民法典》针对个人信息采用“法益保护模式”，作为个人权益的一部分，个人信息横跨公、私多个法律部门，尽管其已经被纳入《民法典》，但要实现个人信息的有效保护，仅仅依赖于以《民法典》为代表的民事法律体系是不可行的。“法益保护模式”下的个人信息由于不具备“具体人格权”的权利基础，再加上权利主体分散、损害无法量化以及因果关系难以证明等因素，导致其与民事侵权救济制度的衔接存在一定现实困难。利用《民法典》构建个人信息保护的基本框架，同时为未来《个人信息保护法》的颁布奠定基础，无疑是我国个人信息保护路径的一种现实合理选择。

（作者：王　兆）

在个人信息利益与新闻报道权利之间做好平衡

应当说，个人信息保护需求的不断扩大，本质上源于媒介技术进步条件下个人信息价值的快速增长，并最终上升到立法层面。《民法典》中对个人信息保护条款的设立也会对新闻报道等信息传播行为产生重要影响。从传播者角度而言，《民法典》无疑为信息的收集、存储和传播设置了更多义务，尤其是在媒体融合语境下，新闻媒体单位及其从业者同时也扮演着“信息处理者”角色，如何在民事主体的个人信息保护与新闻媒体的新闻报道之间做好协调至关重要，这在本质上是自然人个人信息利益与传媒业新闻报道权利的平衡问题。

一是在信息收集中要注意从“最大化收集”向“最优化利用”转变。“真实性”是新闻的生命线，而要确保新闻真实，务必要求记者编辑在采访阶段就尽可能扩大消息来源并收集更多信息。而根据《民法典》的规定，这种“最大化收集”模式必然遭遇制度困境，一方面，收集前要确保权利主体知情同意，信息收集成本增加；另一方面，收集后要在各个环节明示信息处理目的、方式和范围，并接受权利人的监督和许可变更，信息处理及可能的侵权成本也都在增加。这就要求新闻从业者在信息收集上转变思维，从“尽可能多地收集信息”转向“非必要信息则不收集”，从“最大化拓展消息源”转向“深入挖掘有限消息源”，审慎收集并实现信息的最优化利用。

二是在信息传播中要把握好个人信息的合理使用与保护之间的界限。基于畅通信息传播的考虑，《民法典》第一千零三十六条设定了个人信息的合理使用条款，包括权利人同意、合理处理已公开信息、维护公共利益或自然人合法权益等情形。尤其是“公共利益”条款，是新闻媒体区别于一般信息处理者的重要因素，但也不能成为所有新闻报道抗辩侵权的绝对事由，比如公开报道对微信朋友圈中信息的再现与使用，往往就会导致对个人信息乃至隐私权的侵犯。这就需要新闻从业者在具体报道行为中的准确把握，不断提高信息审核能力，其中关键是审慎思考“合理使用”与“公共利益”之间的利益衡量问题。

*三是在信息处理中要提高信息审核和新闻报道成果的保护能力。*大数据时代，新闻媒体业务往往会涉及海量信息的处理，但并非所有信息都是个人信息，也并非所有个人信息都无法使用。《民法典》第一千零三十八条就规定“经过加工无法识别特定个人且不能复原”信息的例外情形，这就对从业者的信息审核的能力提出了更高要求，包括对个人信息与非个人信息、不同敏感程度个人信息的辨识能力，以及针对权利人诉求的应变能力等。《民法典》第一千一百九十六条在之前《侵权责任法》第三十六条的基础上进一步完善了“避风港”原则，给予媒体通过行使“反通知”权来保障网络新闻报道业务的更大空间。

除了传播者以外，个人信息也与新闻报道方式本身密切相关，比如基于数据抓取、挖掘、统计、分析和可视化呈现的新型报道方式——数据新闻。数据新闻也是新闻，并在新闻生产中高度依赖于数据，无疑会涉及对个人信息的处理。如果过分限制个人信息利用，不可避免会消解数据新闻在时效性乃至真实性的优势。我国《民法典》针对个人信息的“法益保护模式”在某种程度上能够缓解这一影响，这有赖于《民法典》之下更为具体的司法解释予以详细规定。

思维上新，是时候了！

来源：中国记协网 2021-04-01

编者按：十三届全国人大四次会议表决通过《中华人民共和国国民经济和社会发展第十四个五年规划和 2035 年远景目标纲要》，绘就未来 5 年以及 15 年国家发展蓝图。这份纲领性文件明确提出要“推进媒体深度融合，做强新型主流媒体”。今天，我们邀请全国人大代表，新华社音视频新闻编辑部主任、党委书记孙志平和全国人大代表，四川广播电视台全媒体新闻中心副主任王兆，结合上会经历和工作实践，围绕推进媒体深度融合与大家交流探讨。

勇担全媒体时代发展新使命

作为来自媒体的全国人大代表，在十三届全国人大四次会议上审议《中华人民共和国国民经济和社会发展第十四个五年规划和 2035 年远景目标纲要（草案）》（以下简称《纲要》）时，格外关注涉及媒体发展的内容。《纲要》在第三十五章“提升公共文化服务水平”的第二节“完善公共文化服务体系”中，明确提出“推进媒体深度融合，做强新型主流媒体”，为做大做强主流舆论指明了方向。

互联网的迅猛发展，以惊人的深度和广度影响着经济社会生活，深刻改变着舆论生成方式和传播方式，改变着媒体格局和舆论生态。全媒体化是世界范围内传媒业发展大势，媒体融合是时代的必然选择。推进媒体深度融合是媒体“救亡图存”的非常之策。党的十八大以来，面对新闻传播数字化、移动化、社交化的趋势，面对用户更多地使用移动互联网进行工作、娱乐、教育及表达意见的潮流，以习近平同志为核心的党中央把新闻舆论工作摆在重要位置，作出推动传统媒体和新兴媒体融合发展的战略部署。2020 年 9 月，中办、国办印发的《关于加快推进媒体深度融合发展的意见》，对尽快建成一批具有强大影响力和竞争力的新型主流媒体列出了时间表、绘出了路线图、下达了任务书。作为媒体人，我们要提高站位，主动作为，实现突破。

要深刻领会推动媒体深度融合发展、建

设全媒体对做好党的新闻舆论工作的重大意义，以互联网思维求观念之变。互联网的本质是分享。从分享到用户的互联网思维要求我们对市场、用户、产品、价值链乃至整个媒体生态进行重新审视。从市场定位看，要牢固树立“用户思维”，聚焦目标受众，让用户需求主导产品，赢得更多用户；树立“大数据思维”，通过数据挖掘精准开发市场；树立“跨界思维”，培养跨界叙事的“大手笔”“键盘侠”。从产品规划看，要树立“简约思维”，使产品“看起来简洁、用起来简化”；树立“极致思维”，让用户感受到“用户至上”的体验；树立“社交思维”，变“我做，你看”为“你需要，我再做”“我做，你分享”。

要深刻领会媒体深度融合发展的方向路径。要推动主力军全面挺进主战场，不断扩大主流价值影响力版图。要推进内容生产供给侧结构性改革，坚持内容创新这个根本，不断提升个性化生产、可视化呈现、智能化推送、互动化传播水平，提高有价值新闻的供给能力。要以技术先行求平台、产品之变，找到传统媒体内容优势与新兴媒体技术优势的结合点，借力新技术、开发新平台、拓展新领域、迭代新产品，不断提升新闻的采集力、表现力，彰显对舆论的引导力和影响力。要以制度创新求模式之变，通过体制、机制与管理的创新来解决传统媒体与新兴媒体“两张皮”“分头干”等问题，实现融为一体、合而为一。要以体系和能力建设求发展动力之变，加强顶层设计、流程再造，打通介质通路，实现内容、平台、技术、人才的共融互通，确保在媒体深度融合发展中领跑到底、冲刺到位。

（作者：孙志平）

一次“大”转变的真切体验

2020 年 9 月，中办、国办印发《关于加快推进媒体深度融合发展的意见》，要求推动主力军全面挺进主战场，占领新兴传播阵地。在近期发布的“十四五”规划纲要中也明确提出“推进媒体深度融合，做强新型主流媒体”。目标可谓明确，我们已经出发。那么，如何才能抵达“融合与做强”的彼岸呢？

2021 年全国两会期间，我以“全国人大代表”和“新闻工作者”双重身份，担任了两场抖音直播的主播，累计观看人数 100 万。这与四川广播电视台旗下“四川观察”新媒体矩阵两会新闻的总播放量 13 亿次相比实在太“小”，但于我个人而言，却又是一次“大”转变的真切体验。

电视直播，我参加过多次，但抖音直播还是第一遭。直播前，我对比两者的不同，学习大号产品，也算是做足了准备，但内心仍然充满疑问。全国两会是人民政治生活中的大事。一边是严谨的大会程序、严肃的履职过程，一边则是抖音直播间的轻松氛围、以年轻人为主的粉丝群体。该如何拿捏分寸、做好平衡？这一思考贯穿直播全过程。

直播嘉宾之一是四川省甘孜州州长肖有才，我们说起了州里的“网红”丁真，从而引出了甘孜州坚定走文旅融合之路，准备在“十四五”期间大干一场的话题。另一位直播嘉宾，则是一位年轻的村支部书记，我说现在在村里很少看到与他年纪相仿的人，他于是讲述了乡村振兴急需人才这个现实问题，并提出自己的解决方案。

这些话题受到了广泛关注。直播结束，当后台小伙伴告诉我“100万”的流量数据以及网友们的评价时，我心中的疑虑才减少了许多，对于“大转变”的感受也越发强烈。

央视市场研究（CTR）数据显示，2021年全国两会期间，以央级和省级广电机构为代表的主流媒体，共计投入超11000个第三方平台新媒体账号及自有渠道（App和网站）进行两会报道。纵观这些产品，主流媒体在把握议题设置、引领舆论关注、创造热门话题方面，展现出较高的新闻素养和深厚的业务积淀，相关热门话题均由主流媒体发起和带动。创新力、传播力与影响力“三力”叠加，传递国家声音，收获大量受众。

下一步推动深度融合发展，我认为以下4个调整十分必要：

1. 思维调整：以互联网思维优化资源配置，把更多优质内容、先进技术、专业人才、项目资金向互联网主阵地汇集、向移动端倾斜。

2. 技术调整：传统媒体需要尽快搭建自己的数字化基础设施，以便在内容生产、传播过程、平台营销的全过程中，充分利用大数据工具，找到更多为政府、为社区、为用户提供产品和服务的机会。

3. 定位调整：以2020年最为热门的传统媒体入局MCN为例。传统媒体转型MCN，同商业平台、自媒体竞争，很多方面并不占优势，但长期优质内容的生产是其核心竞争力，由此奠定了区域内公信力和权威性的基础。传统主流媒体更容易把本地所有优质内容聚集起来，特别是把优质内容生产者聚集起来，实现更强的内容分发，有影响、有流量、能变现。

4. 人才调整：在传统电视媒体时代，一个记者采编播都会，就可以为他打上“全能”的标签，但在新媒体时代，要想获得这枚标签，需要赋予更多能力。采编播自不必说，对新技术、新传播渠道、新互动方式、新算法机制等还需全面了解多加掌握才行。

对传统媒体来说，这是一个“最坏”的时代。因为各类传播新玩法层出不穷，对过去单一的传播手段、传播渠道形成强烈冲击。但同时，这也是一个“最好”的时代，以主动的姿态拥抱新媒体，以坚定的态度走上融合之路，这是传统媒体转型发展的必须。

（作者：王　兆）

@新闻人　银发经济，你布局了吗？

来源：中国记协网 2021-04-15

编者按："十四五"期间，我国老年人口将突破3亿人，从轻度老龄化迈入中度老龄化。"十四五"规划提出实施积极应对人口老龄化国家战略，积极开发老龄人力资源，发展银发经济。银发人群已经成为不可忽视的重要新群体，银发经济也显示出很强的发展潜力。面对这一趋势，媒体如何抓住机遇、助力融合转型，今天我们邀请4位业界学界人士分享经验与思考，供同行们参考。

媒体在银发经济数字化中的三大优势

随着中国老龄化不断加剧，银发经济作为一种朝阳产业，显示出很强的商业潜力，成为近年来市场关注的焦点。而互联网特别是移动互联网的快速发展和手机设备的不断更新，加之人民生活水平的提高，使银发一族加入网络的比例越来越高，银发经济数字化发展趋势不断显著。

在新媒体不断更迭变化的移动传播时代，媒体应发挥眼光前瞻、调查研究、资源汇聚的优势，利用自身传播力、影响力和公信力，把握银发经济数字化发展机遇，通过智库服务、社群建设、跨界产业和课程培训等，提升银发一族在网络空间的获得感、幸福感和安全感。

媒体应发挥调查研究优势，通过提供智库信息服务为银发经济数字化发展提供智力支撑，信息服务是媒体的主要功能之一，而媒体智库化发展扩展了信息服务的内涵与外延。除了新闻信息服务外，媒体可以研究银发经济行业的发展现状、不同类型老年群体的数字需求和银发经济的细分市场等内容，为把握行业发展动态、满足老年群体网络诉求、布局银发经济数字化发展提供坚实的数据基础。

《2020银发经济洞察报告》显示，银发人群是移动互联网的重要增量来源。但同时，进行银发经济消费产业链和行业研究的并不多，导致真正洞察与满足老年需求的产品缺乏，银发经济仍有较大发展空间。

媒体应发挥资源汇聚优势，通过跨界产业融合为银发经济数字化发展提供具体抓手。

目前，银发市场的新媒体头部产品，例如图文创作分享应用“美篇”、以广场舞内容服务为核心的中老年社区“糖豆”等均显示出银发赛道的新媒体发展需要具备线上线下结合的属性。

相比传统电商模式，短视频电商和社群电商在老年群体中的变现率更高。相较于年轻群体，老年群体对熟人推荐和线下服务的信任度更强。因此，媒体可以通过社群建设，将业务领域扩展到电商、教育、旅游等领域，通过社群建设与推广优势，进行跨界产业发展。

媒体应发挥受众基础优势，通过开设课程培训为银发经济数字化发展营造良好环境。

根据《中老年人反欺诈白皮书》数据，2019 年上半年，腾讯 110 平台共受理中老年人受骗举报量超过两万次。当前，银发一族的新媒体素养难以匹配新媒体环境，银发一族缺乏掌握最新数字技术、甄别信息真伪与网络传销诈骗等能力。因此，让老年群体共享信息化成果，提升其新媒体素养与技能是关键。

媒体可利用自身公信力、传播力与影响力，提供新媒体常识、新媒体使用等课程，提升银发一族基本的新媒体技能。针对老年群体感兴趣的垂直领域，如理财等，通过开设金融直播课程等创新银发经济数字发展模式。

（作者：黄楚新、王　丹）

先做媒体　再做实体

我国老年人口已达 2.6 亿，人口老龄化程度正不断加深，老龄问题是新时期党和政府以及全社会都必须共同应对的重大命题。《快乐老人报》创办 11 年来，把握人口老龄化趋势和老年人需求，想在前面，走在前头，先做媒体再做实体，先运营媒体再运营人群，在老龄社会大趋势下把握中国传媒的机遇，用“文化养老”理念不断发展壮大“快乐老人”文化服务集群。

把内容做精：快乐

《快乐老人报》由《潇湘晨报》主办，于 2009 年 9 月 28 日创刊，正值全球纸媒开始下行，大众化媒体滑坡，但分众化、精准化媒体仍有市场，中国正在快速进入老龄化社会，对于老年报刊来说是一个机遇。

《快乐老人报》践行“老吾老以及人之老”的价值观，以“从心灵圈地到产业整合”为路线图，传播“人生永不落幕”的生活理念，坚持正确舆论导向、弘扬社会主义核心价值观，将“人生永不落幕”的办报方针贯穿于报纸内容生产所有环节，倡导“享老主义”。稿件中、版面上、服务上体现孝心、爱心、贴心、责任心，以正面报道、服务性报道为主，传递正能量。

通过内容创新和发行创新（与中国邮政集团公司共建邮报媒体营销平台），《快乐老人报》到 2013 年 1 月，创刊 3 年，期发行量就突破 100 万份；到 2017 年，期发行量突破 200 万份，发行范围覆盖除港澳台之外的中国所有省份。

把业态拓优：融合

随着中老年人有了触网需求，《快乐老人报》社将快乐老人报官网改版为枫网，于2013年3月正式上线。2016年，枫网改版升级，从资讯网站转型为工具网站。

随着智能手机的使用门槛逐渐降低，中老年人也从PC端向移动端迁移。从2015年起，枫网陆续推出10多个针对中老年人群的公众号，形成微信矩阵。面向城市退休新老人推出的“新老人”微信公众号，粉丝已超过200万；面向亚健康老人推出的“国医大师健康”微信公众号，粉丝已超过140万；“7点养身”“舞动半边天”等微信公众号粉丝已超过60万，微信矩阵的总粉丝数超过800万。从2017年9月，枫网开始实现盈利。

2020年，随着短视频的火爆，中老年人群的兴趣圈层再度发生裂变和迁移。《快乐老人报》社创办一系列视频号、抖音号。通过短视频为中老年人生活中常见的问题提出解决方案，呼吁社会尊老、爱老，让中老年人积极养老，更好地享受老年生活，幸福快乐每一天。

通过“互联网+”驱动，《快乐老人报》打造中老年新媒体集群，形成传统媒体和数字媒体两翼齐飞的良好局面。

把机制建活：延伸

互联网大趋势下老年人有着线下社交娱乐的小趋势，经过前期成立老年读者兴趣小组等探索，《快乐老人报》社在2016年下半年创办了快乐老人大学。截至2021年6月上旬，快乐老人大学校区达到87个，分布于湖南省内、省外等城市。

与其他老年大学集中办学的模式不同，快乐老人大学打造“家门口的老年大学”，校区选址在社区，让老年学员就近入学。快乐老人大学同时开通快乐老人大学网上校区，开发了600多门数字课程。老年学员既可以去实体校区上课，也可以选择在线课堂随时随地点播学习。

通过创建优质的老年媒介集群，可聚合媒介影响力，以品牌优势带动媒介产业发展，延伸至其他的老年产业板块，打造老年养老、老年旅游、老年医疗、老年购物、老年教育等产业聚合的完整老年产业链。产业发展后又可反哺媒体，推动老年报业持续发展。

《快乐老人报》社目前正从运营媒体向运营产业转变，从服务读者向服务用户转型。先做媒体，再做实体，读者从未消失，传播方式已经改变，用好信息技术，找准用户社群，坚持内容为王，多向度做好服务，全面推进媒体融合，把纸媒由一份报纸变成一个资讯制作与传播机构，向用户的更多需求延伸。

（作者：赵宝泉）

线上线下　做足文章

在互联网大潮冲击下，传统报业正在经历史无前例的融合创新求生存之路。老年类报纸虽然仍拥有为数不少的忠实老年读者，但随着新步入老龄化的“年轻老人”对新媒体的熟悉和对高质量生活的向往，原有的以一张报纸服务老年人精神文化生活的模式，已经无法满足新需求。

2009 年，青岛日报报业集团旗下的老年生活报由一张报纸改制成《老年生活报》有限责任公司，这也是山东省首家整体改企转制的报纸。2018 年 9 月，面对报业形势的变化，老年生活报社尝试创立老年生活大学，充分借助体制优势、媒体优势、资源优势，以打破常规的办学模式，创建了具有媒体印记的新型特色老年教育校园。运用“线上 + 线下 + 活动”的立体教学模式，丰富老年群体的学习和生活。老年生活大学设有 3 个校区，借助老年生活报中老年群体的优势，通过多种模式的宣传，在校学员已从最初的 1000 人，扩大至现在的 5000 人。课程也从最初的 33 门课程，扩大至现在的近 180 门课程。

老年生活大学配备了很多年轻新闻从业人员，他们有着多年老年生活报采编、运营工作经验，了解中老年人的需求和特点，可以有针对性地提供教学服务。同时，年轻人会带动中老年学员的情绪，展现积极向上的精神面貌。

在课程设置上，老年生活大学兼顾传统与时尚、常规与创新，不仅保留老年人喜欢的琴棋书画、吹拉弹唱等传统课程，还结合社会与科技发展，设立了智能手机应用、手机摄影等课程；设立了花样馒头制作、手工编织，串珠、面塑技艺、剪纸等非物质文化遗产课程；开设了青岛市老年教育中唯一的口哨班、小提琴班等课程。

在师资方面，借助青岛日报报业集团的媒体优势，不仅签约多位知名度、美誉度、专业素养高的名师专家授课，更有众多来自青岛舞蹈家协会、音乐家协会、美术家协会、书法家协会、戏曲家协会的多位名师助教，有力提升了办学品质。

2020 年，新冠疫情来袭，线下教学受到影响。老年生活大学借助青岛日报报业集团以及老年生活报新媒体优势，第一时间研发网络课堂和青报云直播两个平台，为学员提供线上学习机会。目前，网络课堂与云直播平台成为在校学员主要的学习渠道。

老年生活大学自成立以后，还与各级政府开展了多种合作，比如青岛市文化和旅游局的冬游青岛项目、中国海洋大学老干处的老年艺术节年度文艺汇演等。

老年生活大学将根据中老年人新需求，积极将大学学习、生活与视频等新媒体形式相结合，为老年生活报向新媒体融合搭建互通共融的新桥梁。

（作者：曲岱青）

这款“智能创作机器人”，如何显身手？

来源：中国记协网 2021-04-23

2021 年全国两会报道期间，人民日报“智能创作机器人”亮相，受到业界、学界广泛关注。它是一款由人民日报智慧媒体研究院研发，集 5G 智能采访、AI 辅助创作、新闻热点追踪等多重本领于一身的全媒体智能创作工具。2020 年 12 月，人民日报“创作大脑”上线发布，此次推出的人民日报“智能创作机器人”，正是人民日报“创作大脑”最新上线的智能服务，可以为视频新闻采编发场景提供完整的解决方案。

事实上，这款“智能创作机器人”不仅能在两会报道中大显身手，在新媒体的日常报道中也能让编辑记者如虎添翼。具体来讲，人民日报“智能创作机器人”主要有以下几方面功能。

一是 5G 智能采访。2021 年全国两会上，人民日报社新媒体中心记者佩戴智能眼镜，联动使用“智能创作机器人”的全媒体智能工具箱，只一人就出色地完成了现场拍摄和剪辑工作。随着 5G 技术和智能穿戴式设备的发展，5G 智能采访也将越来越多地运用到日常采访报道中。借助“硬核”设备，只需记者一人，即可完成访谈、拍摄、记录等工作，还能通过 5G 信号的传输实现实时信号直播。它节省了人力，提高了效率，让采访更自由、让记者更专注，拓展了传统新闻报道呈现新闻现场的外延和可能。

二是 AI 辅助创作。人民日报“智能创作机器人”通过全媒体智能工具箱赋能新媒体内容生产。直播剪辑、智能生成视频、4K 在线快编、音视频字幕添加、智能配音、语音识别、横屏转竖屏等工具，让记者编辑摆脱了对专业技术工种的依赖，实现一站式智能创作。这些智能工具减少了前置准备工作的时间，也解决了常见的技术难题，让精细化的新闻产品实现高效率分发。以直播剪辑为例，人民日报新媒体在日常直播报道实践中，探索出“线—点”结合的报道方式。具体操作上，一方面保证长时间的视频直播，另一方面对直播信号进行实时剪辑，即时发布直播中的新闻亮点，形成“实时完整呈现 + 轻量化碎片化传播”的内容组合。

三是新闻热点追踪。面对网络上的海

量信息，新媒体报道如何做到“稳、准、好”？人民日报“智能创作机器人”推出的新闻热点追踪工具，是一把利器。利用它，可以个性化订阅中央媒体、地方媒体、商业门户等多种信息源，大事热点尽在掌握，第一时间收到推送提示；利用它，能够实时追踪全网舆情热度，为新闻选题策划、撰稿写作等提供信息支持；利用它，只需添加关键词，就能自动跟踪热点，实现对关注话题的监控，第一时间获取最新、最全面的消息。

人民日报“智能创作机器人”是一个新技术赋能新闻生产的典型案例，它带来的不仅是更快的速度、更炫的操作，它更提醒我们，重塑新闻生产流程已经在发生。欢迎与我们一起探索、一起改进。

（作者：张世悬、巩　晗）

3D 全仿真，会成为一种全新报道形式吗？

来源：中国记协网 2021-06-10

2021 年 5 月 15 日，经过近 300 天的长途跋涉，天问一号探测器成功着陆火星。

新华社推出“3D 全仿真”报道，让主持人站在“火星表面”讲解天问一号着陆过程以及“祝融号”构造的形式令人眼前一亮。这是新华社首次运用新立方智能化演播室制作航天类原创报道，并首次将三维模型和沉浸式场景相结合，打造出虚实结合的创意空间。

“3D 全仿真”报道开辟了一种业界领先的报道形式，为观众营造了一种全新的视觉体验。

立体空间　身临其境

新华社新立方智能化演播室是新华社运用“人工智能 +5G”的前沿技术成果，进一步推动媒体融合向纵深发展的重要举措。它采用 5 面小间距 LED 屏幕，屏幕间距仅 1.2 毫米，清晰度 4K 以上。

通过搭建模拟场景，可以在系统中快速生成适应地面、立面与顶面屏幕，形成透视合理的沉浸式背景画面，确保主持人的自然融入。在此次节目中，主播时而置身太阳系，时而站在火星地表，虽然身处有限的演播室空间，却仿佛置身于浩瀚宇宙中。场景的随意切换，为创意报道带来无限的想象空间。

3D 建模 1∶1 还原

在视频中，天问一号着陆器从天而落，“祝融号”火星车在着陆平台缓缓驶下，身高 1.85 米的火星车被 1∶1 搬进屏幕里，与旁边的主持人站在一起，并能依据主持人的走位进行移动。这些动作的演示，得益于对着陆器和火星车三维模型的细致打磨。

首先，技术人员需要采集信息，不仅要实地观看模型，还要查阅、参考各种资料文章，了解各项设备组成和参数，并多次请教专家，最大限度地实现着陆器和火星车的等比例还原；其次，为避免建模的素材过于冰冷，画面长时间静止造成观众审美疲劳，技术人员依据各部分构造的功能特性，使其能够独立活动，实现火星车行走、转弯、太阳翼展开关闭、桅杆升降等多种 3D 动画特效，真实还原火星车各种运行状态，使画面语言丰富生动，可看性进一步加强。

虚实融合　实时合成

作为虚拟的前景植入画面，天问一号着陆巡视器和火星车，在录制现场其实肉眼并不可见。新立方智能化演播室首次应用红外动捕跟踪系统，保证了LED背景画面的正确透视。而前景虚拟植入的着陆器、火星车基于云台跟踪的拍摄方式，通过前后景画面的无缝匹配，使背景的火星地表、中景的主持人、前景的着陆器和火星车等融为一体，摄像机任意游走拍摄，也能对前景虚拟画面进行捕捉。虚实结合，“所见即所得”。

“3D全仿真”报道将真实场景和3D虚拟场景混合在一起，通过两者的实时叠加，产生了新奇的可视化环境。这是新技术赋能新闻报道的又一典型案例，是新闻样态又一大突破。它不仅带来了全新的新闻体验，也为媒体深度融合发展提供了更多借鉴和思考。

突破三个瓶颈，让辟谣“快马加鞭”

来源：中国记协网 2021–10–28

谣言，流毒千年为祸中西，严重影响人类社会正常生产生活。

进入信息时代，以5G、大数据、区块链、云计算、人工智能为代表的信息技术加速演进，互联网已经成为人们生产、传播和获取信息的主渠道，在更广范围内推动着思想、文化、信息的传播与共享。同时，网络谣言、假新闻、虚假信息也时有出现，借助新技术加速扩散蔓延，误导社会公众、扰乱社会秩序、影响社会稳定，对维护网络安全带来了前所未有的挑战。

党中央高度重视网络谣言治理。习近平总书记多次强调网络空间是亿万民众共同的精神家园，谁都不愿意生活在一个充斥着虚假、诈骗、攻击、谩骂、恐怖、色情、暴力的空间，决不能让互联网成为传播有害信息、造谣生事的平台。

2018年8月，在中央网信办指导下，中国互联网联合辟谣平台（以下简称“联合辟谣平台”）正式上线。通过3年多的努力，基本上打造了“四个一”的综合性立体式辟谣体系。

“四个一”立体辟谣

一条主线。联合辟谣平台的建设始终坚持防范未然、快马加鞭、深耕细作、疏堵结合的工作思路。防范未然就是要在谣言易发生时间节点前先行一步，降低谣言发生的概率；快马加鞭是要在和谣言传播的赛跑中马不停蹄，最大程度减少谣言传播时间，努力降低谣言的危害性；深耕细作是指不能一味追求已发生谣言的辟除，更要探究谣言产生和传播的背景、特点和规律；疏堵结合是指除了辟谣手段外，还要注重网络媒介素养、法律意识和科学精神的教育，提高全民识谣辨谣能力，从源头上压缩谣言生存空间。

一个机制。联合辟谣平台从成立之初，就努力提升辟谣工作的权威性和专业化水平。为此我们积极邀请相关国家部委、业界知名机构、著名专家学者等共同组成了网络辟谣联动机制，从线索研判、辟谣口径等方面提供专业化支持，保证辟谣作品的严谨性。

一个平台。联合辟谣平台作为国家级专业辟谣机构的先行者和探索者，已经发展成为拥有30余家部委指导单位、40余家地方辟谣平台成员单位和10余家机构网站合作单位的成熟平台，为全网辟谣体系提供了示范和引领作用。

一个矩阵。过去都说“酒香不怕巷子深”，而信息爆炸时代则是“酒香也要众人知”，辟谣产品的送达率一定要和谣言的高传播率和强生存率相匹配。因此，我们以联合辟谣平台的两微两端八号为依托，与“学习强国”学习平台等211个有影响力的政务账号、人民网等20余家中央新闻机构、腾讯等多家顶流平台联合打造了一个覆盖全网的宣传推广矩阵，保证优秀辟谣作品能够及时广泛传播。

还需破解的三个瓶颈

与此同时，我们也要清醒看到，以联合辟谣平台为核心的网络辟谣机制，在运行中还存在一些瓶颈，影响了网络辟谣工作的高效运转。

一是网络谣言种类多、变化快，现有工作机制和流程难以及时发现、精准研判和高效辟除。

二是网络辟谣机制化建设水平还不高，有的地方和部门对网络谣言重视程度还不够，机制建设不健全，常出现“谣言跑遍天下，真相还在穿鞋”的现象。

三是网络平台主体责任落实不到位，监管和审核人员数量不足、网络谣言防范预警的技术能力还不足，造成一些老谣旧谣辟而不除，改头换面又重新传播的情况。

治理网络谣言的三个着力点

治理网络谣言，需要调动社会各方力量，多措并举，创新思想，扎实推进。

一是继续完善网络辟谣工作的机制化建设，以中国互联网联合辟谣平台现有网络辟谣联动机制为核心，发挥“头雁效应”，打造一个覆盖网站、应用程序、公众账号等各类传播渠道，集纳图文、音频、短视频等多种传播形式的全媒体辟谣矩阵。

二是加强自身专业化水平，突出技术赋能，在发现上下功夫，在监测上做文章，在拦截上求突破，积极运用前沿技术，提升谣言溯源、甄别、预判能力，对网络谣言运用准确查证、及时辟谣、靶向打击等方法，有效遏制其传播扩散。

三是发挥主流媒体和新闻工作者辟谣主力军的作用，利用自身专业性、权威性优势，用真实准确的正面声音挤压谣言生存空间，维护网络良好传播秩序。

网络谣言治理是一项系统工程，我们要坚持不懈、久久为功，不断完善网络辟谣工作机制，不断提升全民识谣防谣水平，努力织就综合治理网络谣言的天罗地网，让谣言无所遁形，营造更加清朗的网络空间。

2021 年度学术观点摘编

一、《当代中国新闻理论研究的“上升”与“下沉”》

杨保军，《新闻大学》2021 年第 1 期

中国新闻学研究对象正处于社会化转换进程中，不再局限于职业新闻活动这个中心，正处于“上升”和“下沉”运动中。所谓“上升”，就是当代中国新闻学在“人与新闻关系”这一新闻学总问题的视野中，更加关注新闻与人类社会整体发展的关系、新闻与人类命运共同体的关系以及新闻与全球一体化、多极化发展的关系，使当代中国新闻学成为“走向宏观的新闻学”“走向世界的新闻学”。所谓“下沉”，就是当代中国新闻学在“人与新闻的关系”这一新闻学总问题的视野下，更加关注新闻与整个日常生活世界的关系、新闻与每个人的关系，使新闻学“成为走向生活世界的新闻学”“成为受众（用户）新闻学”。“下沉”还意味着，当代中国新闻学更加关注新闻与各种社会基层组织、基层单位、社会群体、社会活动等的关系，使新闻学成为“走向基层的新闻学”“走向微观的新闻学”。在“上升”与“下沉”的运动中，新闻学正走向一体化、立体化。

1. 新闻理论研究的传统“中层”。互联网之前的新闻学界可以定为传统新闻学，传统新闻学把学科的研究对象设定为广泛的、社会性的新闻现象或新闻活动。传统新闻理论研究主要是围绕职业新闻活动而展开，传统新闻理论体系也主要以职业新闻实践活动内容为客观根据，重点则是专业新闻媒体组织和职业新闻活动主体的新闻生产传播活动。这决定了它在对象意义上属于“职业主导型”的新闻学，也决定了其新闻理论研究在对象意义上属于“职业主导型范式”的研究。

2. 新闻理论研究的“上升”。“后新闻业时代”开启后，人类新闻活动方式在整体上已经发生了结构性的变化，专业化新闻传播与社会化新闻传播融合在一起，正在构建不同以往的全新新闻生产传播生态。面向世界，使当代中国新闻学研究超越中国新闻职业领域这个“中层”，“上升”到全球层面，关注新闻与人类各种共同事务的关系，关注

发展综述

新闻与世界整体发展的关系，关注新闻与人类命运共同体的关系，使当代中国新闻学成为“走向世界的新闻学”。

3. 新闻理论研究的“下沉”。在新闻与日常生活世界如此高度融合的时代到来之际，新闻学研究、新闻理论研究理所应当关注生活世界、走向生活世界，必须重新审视自身的传统对象范围，重构自身的概念体系、知识体系、学术体系、话语体系。只有这样，当代中国新闻学才会真正更加关注新闻与各种社会基层组织、基层单位、社会群体、社会活动等的关系，才会真正关注新闻与社会大众日常工作的关系，使新闻学成为“走向基层的新闻学”“走向微观的新闻学”。

（李　彤　摘编）

二、《后疫情时代国际舆论斗争的变化与策略》

叶俊，《青年记者》2021 年第 6 期

新冠肺炎疫情肆虐至今，对全球各国的政治、经济、社会和人民生命健康造成冲击，各国的制度、文明、价值观接受了一次全面检验。西方国家在政治、经济、社会等方面的发展严重受挫的情况下，为转移国内矛盾，开始对其他国家掀起凶猛的舆论攻势。对中国而言，国际舆论斗争已然出现了一系列新变化、新特点、新挑战。

1. 经济全球化与市场政治化舆论交织。伴随中国综合国力不断提升，以美国为代表的西方国家惧怕来自中国的制度、经济、文化等全方位的挑战，掀起了逆全球化思潮，把中国作为舆论围剿的靶子。在经济全球化和市场政治化的交织下，国际舆论斗争产生了两个新问题：国际层面，这种政治经济交织的舆论斗争会给我国经济发展带来一定的现实困难；国内层面，由于我国目前阶段在科技、教育等方面的确与西方国家存在一定距离，围绕这些议题而展开的国际舆论斗争往往还会引起国内的舆论撕裂。

2. 外交战略与舆论斗争紧密相连。新冠肺炎疫情发生之后，国际舆论斗争领域的一个鲜明变化是外交开始担任重要角色。从国际层面看，政府首脑或外交事务负责人的言论频频成为国际舆论斗争的导火索；从国内层面看，外宣的作用得到前所未有的突出。外交部新闻发布会、外交部的媒体账号和外交部新闻发言人的社交媒体言论，已经站在国际舆论斗争的最前沿，一系列国际舆论斗争议题在这里得到呈现和回应。

3. 重要媒体与“名人名嘴”持续共振。国际舆论斗争中，“名人名嘴”也是一支不可忽视的势力。社交媒体放大了个人言论，涌现出一批“名人名嘴”，他们有的罔顾事实、毫无根据地对中国进行指责和抹黑，是掀起国际舆论斗争的重要源头，也是国际舆论斗争的重要对象。同时，西方国家还有意地在中国培养其网络“意见领袖”，试图利用这些“大 V”在国际舆论斗争的同时煽动国内网民情绪，动摇国内民众共识。

4. 标签化与去标签化长期共存。疫情防控期间，西方国家延续其习惯做法，采用标签化方式对中国进行各种抹黑。他们费尽心思给新冠肺炎病毒贴上“中国病毒”“武汉病毒”的标签，污名化中国；试图给优秀共产党员李文亮贴上“殉道者”的政治标签，以攻击中国抗疫工作；对中国抗疫的成功经验却“选择性不闻”。而当我国对西方国家的无端指责和恶意抹黑进行驳斥时，被他们贴上“战狼外交”的标签，他们试图以标签化的压力迫使中国被动挨打、打不还手、骂不还嘴。

5. 意识形态舆论斗争网络化、隐匿化。意识形态领域的舆论斗争一直是国际舆论斗争的核心领域。后疫情时代，西方国家会进一步加强其长期坚持的全方位的意识形态舆论攻势。在互联网时代的大背景之下，后疫情时代的意识形态舆论斗争将进一步网络化、隐匿化，转入隐形战场。一方面，互联网已经成为意识形态舆论斗争的主战场，大量的意识形态斗争将转入互联网；另一方面，意识形态舆论斗争也将更加隐匿化。当前，已有很多意识形态舆论斗争通过网络视频、社交媒体、网民评论等形式出现，免费翻墙软件研发也成为美国对华开展意识形态舆论斗争的重要形式。

（彭炳辉　摘编）

三、《数字时代新闻生态的“破壁”与重构》

彭兰，《现代出版》2021 年第 3 期

数字时代，新闻生产这个原本封闭的体系在技术的冲击下一步步走向开放，原有的生产壁垒、渠道壁垒被削弱甚至消解，行业边界被打破，生产机制、传播模式等在重构，甚至传统媒体时代对新闻的定义都面临着挑战。传统的新闻业正在融入一个巨大、复杂、全新的新闻生态系统之中。

数字技术对新闻生态的影响，首先体现为可供性的影响，一般认为包括信息生产可供性、社交可供性和移动可供性三方面，可供性的提高与数字技术在内容产业中应用的不断演进及深化息息相关；另一个深刻影响是媒介边界的淡化，以及传媒业与其他产业的相互融合，而媒介融合是其中的主要线索，包括业务融合、机构融合、形式融合、用户融合、传播形态融合等，以及传播与社会的关系变革、赛博人主体身份的诞生等，都意味着媒体旧有的边界正在被侵蚀甚至消融，媒体资质不再是新闻生产的唯一通行证，新闻生产也不总是能获得专业性的保障。

数字技术带来的新闻生产门槛的降低，以及社会化媒体构建的生产平台，使得各种主体跨越了原有的专业壁垒而进入新闻生产领地，形成了全民参与、万众皆媒的景观，其典型情境，一是偶然的、非制度化的参与，二是以自媒体形式进行的较为持续的参与。这也引起新闻传播学科体系重构、全民新闻素养提升，以及专业新闻生产者的专业目标与实现路径转型等学术和社会议题。未来，“万物皆媒”将带来数据采集与加工的自动化，新闻生产会面临更多新挑战。

相较于传统新闻生产，数字新闻生产

具有分布式、碎片化、进行时式的开放性机制。数字时代的社会化媒体使得用户的关系网络成为信息传播新的基础设施，个体成为网络中的节点，因而具有信息生产、传播与消费三重角色。社交分发与算法分发是当下内容传播机制中不容忽视的要素，共同影响着新闻内容的流动，同时两者之间也存在着频繁而复杂的互动。

数字时代的新闻生产的另一个重要特征在于，它是公共传播活动与私人传播（包括群体和个人）活动的混合。除了传统意义上的新闻外，今天新媒体中的大量信息都蕴含着新闻的价值，而对这种价值的唤醒，很多时候是由用户参与完成的。此外，用户也在很大程度上决定着新闻的传播，社交平台中的内容分享提示着新闻内容的分享。对于新闻的含义和价值坐标的追求，要在公共、群体、私人等多重价值坐标中寻找交汇点。

门户网站、搜索引擎都曾经是引领时代信息流量的调节枢纽，影响着新闻内容的传播。而当下，各类新闻内容的生产者都在向社会化媒体汇聚，甚至各种原本聚焦于商业服务的平台，也开始向内容平台延伸。在传播渠道日益丰富的同时，新媒体的新闻信息传播也出现了平台化的趋势。平台是内容到达用户的多元路径、复合生态，多元主体间的关系、人与新闻的关系、新闻与其衍生产品的关系等，在很大程度上是由平台模式与机制决定的。数字新闻生态的优化需要建立在平台优化的基础之上。

数字时代，传统新闻业的壁垒与模式被逐步打破，由两个不同层面——以职业的新闻内容生产者为主体的新闻业，以及由各种个体、组织甚至机器共同建构的泛新闻生态系统——结构的新闻生态已经形成，未来还将进一步变化。传统媒体要重新定义自己在这个新生态中的角色与位置，既需要从泛新闻生态系统中吸纳必要的能量，又需要有专业的定力与能力。在不能完全依靠体制性的壁垒进行自我保护的时代，媒体更需要依靠专业水准与专业声誉再筑“专业之壁”。

（赵　金　摘编）

四、《国家治理现代化：互联网平台驱动下的新样态与关键问题》

谢新洲、石林，《新闻与写作》2021 年第 4 期

互联网平台的社会影响力渐强，公共性凸显，成为国家治理现代化中的关键一环。平台化趋势导致治理环境发生变化，带来社会关系形态重塑、内容生态主导权转移、社会资源广泛连接、数据战略价值提升。平台凭借连接和组织能力，吸附用户、内容、技术等关键资源，在国家治理现代化中呈现出多维样态和多重作用——作为连接治理主体的“桥梁”，夯实治理体系；作为优化治理环境的“舆论场”，凝聚治理合力；作为创新治理方式的“孵化器”，优化治理能力；作为深化治理实践的“试验田”，提升治理效能。其本质在于依靠信息化、网络化技术手段，与现实社会发生双向互构，打通从治理体系建设到落地执行、从效果评估到治理

优化的作用路径。利用好平台这一关键变量，还应看到其参与国家治理背后存在的社会风险升级、商业性垄断、数据私有、技术自主性困境等问题，切实推动国家治理效能提升。

1. 平台化趋势下的国家治理环境。平台是孵化“小社会”重塑社会关系形态的关键平台。平台的自组织性不断增强，其内部资源要素在技术结构和规则体系下可以自主流动、运转、生效、再生产，呈现出动态内生性，使得治理必须回归技术及其作用方式的底层逻辑。规制“信息流”，主导内容生态逻辑；延伸“多领域”，连接多种社会资源；助推“数据化”，提升数据战略价值。

2. 互联网平台在国家治理现代化中的角色与作用。互联网平台是连接治理主体的“桥梁”，夯实治理体系；是优化治理环境的“舆论场”，凝聚治理合力；是深化治理实践的“试验田”，提升治理效能。

3. 互联网平台参与国家治理面临的关键问题。包括治理场景拓展与社会风险升级、平台公共性与商业性的博弈、数据公权与私权的矛盾、技术外包与技术自主性困境。

4. 趋利避害，利用好平台这一关键变量。应在充分把握国家治理现代化内涵和要求的基础上，理性、辩证地审视平台在国家治理现代化中的角色和作用，抓住平台的“变量”属性，趋利避害，以平台为抓手促进国家治理效能提升。

（李　彤　摘编）

五、《从报道“事件”到报道“本质”——智能技术重塑深度报道》

徐笛、周旦烨、周鑫雨，《新闻春秋》2021 年第 5 期

深度报道核心在于“深度”，体现在对事实或事件及其背景的详细、平衡以及彻底的挖掘。在技术与市场的双重冲击下，曾作为新闻报道塔尖的深度报道似乎渐趋式微。通过扒梳深度报道最新案例，本文发现智能技术也在重塑深度报道的边界，从生产资料、生产工具和生产模式 3 个方面阐述技术应用于深度报道带来的变革，并在最后聚焦对算法监督的深度报道，在凸显技术能动性的同时，观照新闻业对快速扩张的技术的反思性实践。具体如下：

1. 虚拟数字扩大生产资料范畴。虚拟数字的使用不仅扩充了新闻源，使模拟数据、空间信息都成了可靠且合法的生产资料，还延伸了新闻生产者的感官和触角。模拟数据使用“未来时”揭示事物的规律，使新闻从“对事实的报道”深化为“对本质的报道”。而信息通信技术与地理空间网络的融合催生了“空间媒介”，空间数字信息的采纳让新闻报道更具全局性视角，扩大了深度报道的广度。

2. 人工智能作为生产工具提供更多可能。除了在自动生产新闻领域的应用，人工智能已被尝试用于挖掘新闻线索，帮助记者在海量社交媒体信息中快速锁定潜在新闻事件。加之人工智能在处理海量数据方面的优

势，能够把人类生产者从乏味、耗时、重复性的工作中解放出来，有助于降低深度报道的成本。

3. 生产模式愈加开放。包容性的、用户导向的技术工具不断涌现，使得技术的应用门槛降低，深度报道的生产模式日趋开放。一方面，包容性技术工具的普及培育出公众新闻生产社区，公众可以深入参与新闻生产过程，生产出具有深远影响力的作品，机构媒体也通过建立开源数据库等方式民主化新闻生产过程；另一方面，区块链技术促使生产开放式、透明化，公众能够了解新闻生产的全过程，看到更为翔实且可信的报道，这在一定程度上使深度报道从“内容真实”转向“过程真实”。

4. 算法监督成为深度报道新“疆域”。媒体对智能技术并非不假思索全盘接收，多个媒体新设了“算法报道口”，监督算法责任和公平，国内外均有不少案例，为深度报道开掘出新的领域。算法责任报道通常关注 4 种算法难题：因算法被放大的社会结构性偏见、算法决策与法律或社会规范产生冲突、算法被相关人士有意或无意地利用以及算法本身不完善导致的算法决策错误。

（赵　琳　摘编）

六、《新媒体时代口述历史的记忆特色与价值》

张岚、肖步云，《青年记者》2021 年第 10 期

新媒体时代，媒介已然成为个体记忆的记录者、集体记忆的嫁接者、社会记忆的建构者。电子、数字等媒介技术的催化作用促使媒介记忆价值进一步延展。从此方面来看，本文认为新媒体时代口述历史作为一种媒介记忆形式，在新媒体技术变革影响下口述历史的特点和价值会发生新的变化。

新媒体时代口述历史的记忆特色：

首先，技术手段的加持刺激了口述历史记忆形式的数字化转型。学者们普遍对新技术的介入持拥抱态度，认为新技术的兴起有利于降低口述历史的制作成本，提高口述历史资源的可访问性、可用性和可转换性，有助于对一些历史叙事进行纠正。

其次，新媒体技术的发展促使口述者与记录者角色多元化。新媒体时代，网络给予民众自由发表评论的空间，人人都可以利用网络发声，表达自己的观点和想法。社交媒体的兴盛更是让网络成为深不见底的“云树洞”，口述者同样可以成为记录者，每一位受众都在用自己的叙述记忆当下。

最后，新媒体技术还丰富了口述历史的传播渠道。较之传统纸质文本，逐渐被转移至云端的数字化口述资料能够随时被检索、使用与共享。不论何时何地，受众都可以根据自身需求从云端检索资料信息，单一的传播渠道也向多样化形态的传播平台转变。

新媒体时代口述历史的记忆价值：

第一，记忆本身：自上而下再现历史记忆。新媒体时代，口述历史的记忆形式和传播路径皆有了改变，人人都可以通过数据库、网络应用程序、社交媒体等寻求并共建

历史资源。有了先进技术的辅助，能够使个体记忆的挖掘更为深入且令收集而来的记忆资料存储更为便捷，进一步满足人们对历史“窥一斑而知全豹”的期待，在个体“一斑”之下，纵横呈现历史记忆的脉动。

第二，个人：破除记忆荒芜，呈现生命叙事状态。当个体被时代洪流裹挟向前难以停驻回望、思考历史及当下命运时，口述历史对个人生命历程时态进行梳理，从个体生命叙事向历史记忆叙事过渡，有着关怀个体命运和关注个体记忆状态的宝贵人文精神。

第三，群体：实现个体记忆与集体记忆之间的勾连互动。新媒体时代，网络的匿名性和各媒体平台创造的自由评论空间增强了大家的表达欲望，“记忆的系统性剥夺”在匿名性影响下失去了一定效力，受众不断在记忆诉说和网络规范的要求下寻求平衡。互联网中，口述文本的“故事”和口述者、受众以及研究者、编辑乃至互联网同样都是行动者——以口述者的人生故事为连接，人们激发回忆、勾连个人经验、产生情感共鸣、达成意见共识或者出现意见分裂；如此，群体就在讲故事的过程中被制造出来。

（彭炳辉　摘编）

七、《百年大党对党媒的引领、规范和关爱——兼记党媒对中国共产党百年成长的贡献》

童兵，《新闻大学》2021年第6期

中国共产党创办的党报事业发挥了喉舌作用，是党最有力的文化方面军。文章就党领导下的党媒事业在党成立100年来所作的贡献作一个鸟瞰式的扫描和梳理，以回望党对党媒事业的指点和引领，总结党对马克思主义新闻观的深化与拓展。

1. 建党前的工人媒体与建党后的党媒政策。中国共产党成立之前，陈独秀主编《新青年》杂志，1919年一年涌现的新思潮报刊达400余种。其中的不少报刊，为中国共产党的建立大声疾呼，掀起了很有鼓动性、振奋性的舆论热潮。毛泽东在《湘江评论》上张扬民众联合的政治主张。他号召组织全国工人、农民从小联合入手，组成大联合，共同起来闹革命。1921年7月，党的第一次全国代表大会宣告了中国共产党正式成立。明确要求党的报刊必须由党的中央执行委员会或临时中央执行委员会经办，必须由党员经办和编辑，不准刊载同党的方针政策相违背的文章。这是中国共产党第一个关于党与党媒关系原则的规定。以此为起点，确立了党媒接受党委领导、贯彻党的纲领路线的传统。

2. 国内革命战争时期，党媒要发挥领导和指挥作用。国内革命战争时期，特别是20世纪30年代初期，中共中央接二连三作出决议和规定，发出指示，对党领导下的党媒尤其是党报的功能和作用提出明确的要求，作出具体而便于操作的规定，强调党报必须充分发挥好领导者和指导者的功能，从“领导者、组织者和指导者”的高度强调党报的功能与作用。1948年4月

2日，毛泽东在《对晋绥日报编辑人员的谈话》中强调："报纸的作用和力量，就在它能使党的纲领路线，方针政策，工作任务和工作方法，最迅速最广泛地同群众见面。"

3. 新中国成立初期，党媒发挥了报刊批评和舆论监督的功能。中华人民共和国成立半年后，毛泽东起草并签署了重要文件——《中共中央关于在报纸刊物上展开批评和自我批评的决定》，在党中央的督促和推动下，报刊的批评和自我批评开始活跃起来，关于报纸上的批评，要实行"开、好、管"的三字方针。党中央强调媒体不要讲假话、坚持实事求是的原则。

4. 在知识分子问题上，媒体要做好人民的公仆。中国共产党对党媒的引领和规范，从办报方针、办报路线到反右派斗争之后，又转到对党媒工作人员的思想改造上来。党中央期待通过每个党媒工作者的思想革命化和共产主义世界观的养成，实现对党媒的根本道路、根本政治方向上的引领和规范。在改造媒体工作者的世界观的过程中，特别强调要大兴调查研究，一切从实际出发。

5. 新时期语境下的党媒主要负责营造安定团结的舆论环境。做好党的新闻舆论工作，事关旗帜和道路，事关贯彻落实党的理论和路线方针政策，事关顺利推进党和国家各项事业，事关全党全国各族人民凝聚力和向心力，事关党和国家前途命运。

（李　彤　摘编）

八、《对外传播如何实现本土知识世界普遍化》

胡键，《北京日报》2021年6月7日

长期以来，困扰中国对外传播的一个重要问题是：究竟用什么样的话语来说服世界。社会科学知识大致包括本土的地方性知识和全球的普遍性知识。中国对外传播就是中国本土化知识走向世界并转化为普遍性知识的过程。纯粹的本土性知识无法形成对话，也无法产生认同。鉴于此，要加强中国话语建设。

第一，中国话语必须具有可对话性。"中国话语"首先是一种本土性知识，既然是本土性知识就必须增强其可对话性，否则就是"自言自语"。对话语的理解不仅受到受众知识水平的影响，而且话语有民族差别、语境差别、宗教信仰差别等，在没有对话性的话语及其语境中，用"中国话语"讲述"中国故事"，很有可能是"言者有意，听者无心"。周恩来1954年在日内瓦以"东方的《罗密欧与朱丽叶》"来推介越剧《梁山伯与祝英台》的经典案例是个很好的典范。周恩来借用西方文化符号实现了符号置换和话语对接，如果仅仅用中国话语，就根本无法形成对话的语境。

第二，话语要有可理解性。否则，就是"鸡同鸭讲"。话语的可理解性表现为，一是话语符号（包括文化符号）的可理解性，二是话语构塑的语境的可理解性。在对外传播中，可理解性的话语符号、文化符号等更容易构塑语境。一般来说，有一定的血缘关系、业缘关系、地缘关系等，彼此间就更容易寻找到可理解的话语。另外，为了构建可理解的语境，有上述关系的双方会对某些具体的事情产生共鸣，从而使话语环境更加和谐，也使话语的交流能够正常持续下去。同样，对外传播也需要营造某种共同点，从而可以构建可理解的话语和相应的语境。

第三，*话语要有可接受性*。故事的感染性是故事可接受性的前提条件，但同时说故事的人还要使故事与受众能够用某种方式联系起来，使受众身临其境，甚至在内心产生共鸣。2001年上海代表中国申办2010年世博会，以“城市”为主题参与竞争。客观地说，这个主题并不是中国的强项，但最后胜出了。中国打动投票者的关键原因在于，中国借助于亚里士多德名著《政治学》中对城邦生活的描述“城邦的长成出于人类‘生活’的发展，而其实际的存在却是为了‘优良的生活’”，把这句话演绎为“Better City，Better Life”的申博主题。西方社会精英大都读过这部经典著作，中国的主题演绎迅速在投票者中产生共鸣。

第四，*中国对外传播的目的，既要使中国故事在可对话的情景之中获得世界的理解，更要使中国知识成为世界性的普遍性知识*。因此，在对外传播中，一是要走出中国话语的“自恋”，使中国话语具有普遍性的关怀。二是摆脱“自说自话”的话语方式。针对国外媒体对中国的错误言论，一些中国学者也试图进行驳斥，但收效甚微。原因就在于，大多数内容是“自说自话”，缺乏可对话性，没有直击对方要害。19世纪末，辜鸿铭针对欧洲“黄祸论”，用英文发表《文明与无政府状态》，从文化深处层层剥开，对欧洲文化的问题及其未来进行了透视，论证深刻且有强大的穿透力，美国海军将军艾文斯致信表示叹服。三是对外传播切忌话语“偏执”，尤其是外交官更要避免。四是对外传播要避免话语“对抗”。外交官的话语要体现自己国家的品格，用对抗性的话语来讲述中国故事，无论如何都不可能置换成可对话性的话语。因此，中国话语要善于利用可置换性的文化符号进行话语对接和语境的塑造，从而使他人理解、放心，这样中国故事才能传播得更远，中国本土性知识才能在世界各国的接受中转化成为世界的普遍性知识。

（赵　金　摘编）

九、《提供数据安全立法的中国方案》

支振锋，《光明日报》2021年6月21日

作为数据安全领域的基础性法律，近日通过的数据安全法是我国保障数据安全，提升数据安全综合治理体系和治理能力，有效应对数据领域安全风险与挑战的重要立法努力，对于更好发挥数据作为新型生产要素作用，推动数字经济发展以及政务数据资源的开发和利用，意义重大。

一方面，从传统数据到网络数据，从“小数据”到“大数据”，数据的形态变化与量的积累，带来的是安全问题质的变化。在算力得到极大提升的大数据时代，人工智能等技术的运用，使数据不仅是信息记录或传送的载体，更成为国家基础性战略资源。山脉河流、草木鸟兽、土壤矿产甚至宇宙星辰等大自然的数据可以被轻易搜集和分析；人的基因、虹膜、耳廓、指纹等生物信息，以及位置、阅读习惯、购物、交易、偏好、职业、收入、家庭等社会信息，也都前所未有地易于被搜集和利用。大数据关联分析可以更容易地“大海捞针”，获取国家敏感情报，精准操控舆论。

而另一方面，数据的基础资源和创新引擎作用，能加速形成以创新为主要引领和支撑的数字经济，更好服务经济社会发展；政府数据资源开放，也能在更大程度上推动电子政务发展，提升政府决策、管理、服务的科学性和效率。作为新型生产要素，对大数据的分析还可以助推科技创新，判断商业趋势，实现精准营销，进行地质分析甚至探索太空奥秘。在数据科技突飞猛进的情况下，欠发展成为最大的不安全。因此，数据安全法充分平衡数据安全和发展，强调提升数据安全治理和数据开发利用水平，促进以数据为关键要素的数字经济发展。而以专章对政务数据安全和利用作出规定，是此次数据安全立法的一个显著特色。

为有效应对境内外数据安全风险，同样有必要建立健全国家数据安全管理制度，完善国家数据安全治理体系。数据安全法坚持总体国家安全观，在规定中要求建立国家数据安全工作协调机制，明确国家数据安全工作协调机制在制定重要数据目录、加强数据安全风险分析预警等方面的统筹协调职能。而且在相关规定中统筹传统安全和非传统安全，协调传统数据安全和新型数据安全，以“任何以电子或者其他方式对信息的记录”重新界定“数据”，不仅关注传统数据安全或者数据自身的安全，而且更加关注数据对个人、组织、社会秩序和公共利益以及国家安全的影响等新型非传统数据安全，大大丰富了数据安全的内涵和层次。

建立健全国家数据安全管理制度和落实数据安全保护义务，是数据安全法最为直接的立法任务。立法中明确要求建立数据分级分类管理制度，对国家核心数据更加严格保护；规定了数据安全风险评估、报告、信息共享、监测预警机制，数据安全应急处置机制，数据安全审查制度和出口管制制度。数据安全法明确了开展数据活动必须遵守的法律和伦理要求，规定了全流程数据安全管理制度，另外还对数据交易中介服务和在线数据处理服务，以及公安机关和国家安全机关因依法履行职责需要调取数据以及境外执法机构调取境内数据时，有关组织和个人的相关义务作了规定。

数据安全和利用能力，已经成为国家能力矩阵中的重要支撑。因此，美国、欧盟等西方发达社会很早就制定了各自数据安全相关的立法，各国制度竞争十分激烈。一部集中统一的数据安全法，就是我国在各国竞争激烈的数字时代，坚持以人民安全为宗旨，统筹发展和安全，坚持以数据开发利用和产业发展促进数据安全，以数据安全保障数据开发利用和产业发展，建立健全数据安全治理体系的中国方案。

（赵　金　摘编）

十、《媒体融合中新闻从业者的角色融合与工作满意度：基于多重制度逻辑的视角》

朱江丽、史玲莉，《国际新闻界》2021年第7期

在国家媒体融合战略、互联网技术冲击、市场快速迭代、社会文化变迁等多重因素影响下，当前中国新闻从业者无疑是近几十年来最为焦虑的、矛盾的、迷失的群体。本文以多重制度逻辑理论为理论基础，为媒体融合背景下的新闻从业者研究提供一种全局性的、开放式的、多元化的系统分析框架。

研究方法选择问卷调查法，设计了《媒体融合战略下传媒集团新闻从业者调查问卷》，其数据样本主要因子具有良好的信效度水平。本文采用结构方程模型对多重制度逻辑影响下角色融合机制展开路径分析，具体采用AMOS21.0进行分析建模。在媒体融合过程中，在国家逻辑、集团科层逻辑与专业逻辑等多重制度逻辑影响下，新闻从业者的职员角色认同、职业角色认同与专业角色认同都有不同程度的改变，从2017年到2019年这3种角色认同逐步加深，但是角色融合并没有随之提升，表现为工作满意度不升反降。这暗含了不同角色之间的冲突与博弈。另外，对两个模型的整体适配度检验显示，绝对拟合度指标RMSEA均小于0.08，表明模型适配良好。

根据以上研究结果，作者总结出以下几点结论：

第一，“职员角色”认同、“职业角色”认同以及“专业角色”认同都会增加工作满意度，特别是“专业角色”认同对工作满意度提升的贡献最为显著，“职员角色”认同对工作满意度的贡献则相对低一些。

第二，不同角色之间的互动关系显示，“职员角色”认同与“职业角色”认同显著正相关，“职业角色”认同是“职员角色”认同与工作满意度之间重要的中介桥梁；同时，“职业角色”认同与“专业角色”认同显著正相关，“专业角色”认同在“职业角色”认同提升工作满意度的传导过程中发挥了部分中介效应。

第三，比较2017年与2019年，在不同角色认同均有所提升的情况下，工作满意度下降，反映出不同角色之间融合效果不佳。2019年，虽然角色之间的作用机制基本保持不变，但是“职员角色”认同对工作满意度的正向影响需要通过“职业角色”认同的完全中介效应来实现，而且无论是“职员角色”认同还是“职业角色”认同对工作满意度的贡献都明显下降，“专业角色”认同成为最主要的贡献因子，并且担负着一部分“职业角色”认同与工作满意度之间的中介变量。这些变化说明多重制度逻辑的相互作

用以及新闻从业者的角色融合是一个动态演进的过程。在这一过程中，新闻从业者不断上升的“能动性”与“自主性”诉求成为角色融合需要突破的主要矛盾。

（董晓梦　摘编）

十一、《论中国共产党新闻思想百年发展的历史贡献》

郑保卫、王青，《青年记者》2021 年第 7 期

中国共产党新闻思想伴随着党的奋斗历史及其新闻事业发展足迹，已经走过了百年历程。百年间，中国共产党新闻思想不断丰富和发展，不仅创立了中国无产阶级党报学说基本理论，搭建起中国社会主义新闻理论基本框架，而且探索了中国特色社会主义新闻学基本内容，推动了马克思主义新闻观中国化历史进程，为世界无产阶级新闻学的丰富、创新和发展作出了独特的历史贡献。具体如下：

1. 创立了中国无产阶级党报学说基本理论。中国共产党新闻思想的百年发展确立了中国无产阶级党报性质地位与功能作用的基本定位和指导方针与工作原则的基本内容，以及新闻业务与队伍建设的基本规范。这些内容历经中国共产党革命、建设和改革各时期的传承发展、与时俱进和不断创新，最终形成了中国无产阶级党报学说的基本理论。

2. 搭建起中国社会主义新闻理论的基本框架。我国社会主义新闻理论框架的建立，一方面，依托的是以毛泽东为代表的党的几代领导人在长期办报实践中所形成的新闻思想；另一方面，则是依托一部分新闻教育和理论研究工作者。本文选择新中国成立以来，最具代表性的复旦大学新闻系和中国人民大学新闻系的两位著名新闻学者王中和甘惜分先生的新闻理论教材，以及中央马克思主义理论研究和建设工程教材《新闻学概论》，来对这一时期我国社会主义新闻理论框架的建构进行分析。

3. 探索了中国特色社会主义新闻学的基本内容。2012 年党的十八大以后，以习近平同志为核心的党中央开启了新时代中国特色社会主义建设的新征程。这一时期中国共产党新闻思想最重要的历史贡献，就是对中国特色社会主义新闻学的科学理论体系的思考与探索。这个理论体系有两个显著特点，一是坚持社会主义方向，反映社会主义新闻事业本质，揭示社会主义新闻工作规律；二是具有中国特色，体现中国基因、中国风格、中国气派，适应中国新闻事业发展需要。

4. 推动了马克思主义新闻观中国化的历史进程。中国共产党新闻思想的百年发展推动了马克思主义新闻观中国化的历史进程。百年之中，中国共产党不仅学习借鉴了马克思恩格斯和列宁的新闻思想，而且梳理总结了以毛泽东为代表的中国共产党几代领导人的新闻思想，初步构建起了当代马克思主义新闻学的理论体系。

（董晓梦　摘编）

十二、《新闻媒体要担当“发展全过程人民民主”的建设性角色》

殷乐，《中国社会科学报》2021年8月19日

习近平总书记在庆祝中国共产党成立100周年大会上发表的重要讲话中，明确提出并系统阐释了“以史为鉴、开创未来”的九个“必须”，其中引人注目的一个亮点是“发展全过程人民民主”。习近平总书记指出，人民民主是一种全过程的民主，所有的重大立法决策都是依照程序、经过民主酝酿，通过科学决策、民主决策产生的。党领导下的各级新闻媒体，是中国共产党重要的执政工具，也应该是“发展全过程人民民主”的重要抓手。

1. *以人民为中心倡导建设性报道*。在“发展全过程人民民主”的征程上，党的媒体应该以人民为中心，大力倡导坚持全民参与、全程参与、全媒体参与的建设性报道。

全民参与，包含两个层面，其一是媒体为了人民，以人民为本，站在人民的立场上，切切实实提供人民需要的内容；其二是协作共创，媒体积极接纳人民群众参与传播活动。技术的赋权，促进了民众媒介素养的提升，全民参与既可以协助专业媒体组织在内容生产实践方面取得新闻生产效率的最大化，更能够为公众拓宽民主参与的渠道，表达意见和建议，促进社会问题的解决。全程参与，意味着从事件发现到新闻生产、传播、反馈，也即从社会事件到媒体事件再回归社会生活的全流程的参与。党委、政府、社会、公众、专家等不同主体都要参与相关过程，既包括国内报道，也包括国际传播、国际报道。全媒体参与指的是，在当今传媒生态中，传统媒体、新兴媒体或主流媒体、“自媒体”等都是人民群众参与民主的渠道。

建设性新闻是媒体顺应传播技术变革，在新媒体时代立足公共生活的一种新闻实践或新闻理念，强调的是媒体应着眼于解决社会问题进行新闻报道，而不是为了报道新闻而揭露问题。就中国而言，建设性报道既是中国新闻事业发展的一个重要理念，也是一种深具中国共产党优良传统的新闻实践。

2. *发挥建设性监督作用*。强烈的问题意识、鲜明的实践导向是习近平新时代中国特色社会主义思想的显著特色。习近平总书记多次指出，民主不是装饰品，不是用来做摆设的，而是用来解决人民要解决的问题的。展望未来，在“发展全过程人民民主”进程中，媒体的建设性监督应进一步加强。在监督流程上，媒体应该积极围绕党委和政府的中心工作，通过深入各区域、各部门明察暗访，推出有价值有分量的调查报道。同时，媒体要在数字化城镇建设过程中，与党委、政府督查室，信访局、便民服务中心、纪委监委等部门建立起多方联动、信源共享、协同一致的工作机制，从而有效推动对同一类问题的合力攻坚。

3. *媒体协调各方共筑美好生活*。在互联网新技术背景下，媒体环境正与社会环境

越来越紧密地交织为一体。习近平总书记指出，要“善于运用媒体宣讲政策主张、了解社情民意、发现矛盾问题、引导社会情绪、动员人民群众、推动实际工作”。

在传播形态和民主渠道构建上，不仅可以对既有的民生新闻、帮忙节目、问政节目等进行整体升级，还可以充分发展基于融媒体平台的新型联动，如民主恳谈会、民意直通车、网络议事厅、人大代表工作站和政协委员联络站等，拓展新媒体环境中践行人民民主权利的渠道。在角色和功能上，媒体从报道者到帮助者再到协调者、社会治理协同者，从关注、报道走向帮助、建设，逐渐升级社会治理的参与度。媒体通过对社会各方力量的协调沟通联动，引导民众参与社会治理，切实坚持和践行全过程民主，能够让民众更有获得感、幸福感。在媒体结构上，应该以真正的全媒体平台形式展开，强调利用融媒体平台搭建舆论引导平台、政务平台、服务平台，连接民众和政府，协调各方力量在推进建设性报道、建设性监督的基础上参与社会治理。

（董晓梦　摘编）

十三、《智能传播的认识论挑战》

陈卫星，《国际新闻界》2021 年第 9 期

针对以计算为基础的智能传播活动，本文力图从认识论的历史路径出发，提出如何区分认识主体和认知对象，回顾控制论的崛起所带来的传播范式的革命，借助于信息技术在智能运用层面上的社会化普及，认知科学逐渐与传播学研究合流，并成为今天继续探索新传播范式的科学基础。从认知科学的视角叩问计算的层面和意识的边界，透过社会传播与机器意识的交叉辨析认识论的新平台，呼唤建设性的现实重构能力、信息评估能力和抽象思维能力，具体如下：

1. 计算的层次与意识的边界。人们希望计算机的智能结构和意识状态形成一种人机共享的知识形式，形成一种协调主体与主体之间、主体和客体之间的中介。这当中的意识状态包含多种命题，涉及意识的定位、形式、功能以及检测方式等，比如如何界定自我与意识心灵的同一性，文本化的主体在不同编码层之间的递归性反馈是否可能获得意识，新的含义模型能否识别神经语言结构和计算机语言结构等，总之，是希望虚拟化的信息平台让社会性的客观机制升华为一种有序、有效和有力的流动结构。

2. 传播技术的文化调适。如果智能传播是在以信息技术智能化的基础上建立起来的一种文化结构，那么在传播环境中，作为实践的文化就是智能应用的源动力。人们通过智能传播来认识和改造环境，使其成为拟人化的操作对象。今天的人机合一的生活现实似乎在传播机器和人类之间孕育某种同源性，信息装置的时空模式和技术格式在不断透视和解析物理时空中的人性，这是一种无法与人的信息行为所构成的科技环境分开的人性。

3. 认识论的新平台博弈。自 20 世纪早期的维也纳学派以来，分析哲学提出对世界

本身的本体论观念，逐渐转向关于信念的理论或语言或系统的元科学。从此以后，对本体的理解就不再是假设与事物本质相关的内在关系，而是考察其开拓外部关系的可能性，即被信息系统定义出来的“可供选择的可能世界”。我们可以理解以计算机和远程通信技术的无线融合，形成当今媒介的集合，使我们带来的新概念和新关系成为本体论的新认知平台。

（董晓梦　摘编）

十四、《“底层主体性时代”：理解中国网络空间的新视域》

郑雯、施畅、桂勇，《新闻大学》2021年第10期

在中国网络空间深刻底层化的过程中，本文以“底层主体性时代”这一系统解释框架，探索网络舆论场在意见表达中凸显的时代特征与网络空间深层重构的长期趋势。互联网的去中心化、扁平化、公平性特性给底层话语空间提供拓展机遇，但同时网络民粹主义兴起，众多互联网之问萌生。本质上，在互联网的演进中，互联网带来什么样的后果取决于什么样的人在使用互联网。在互联网红利期结束后，网络用户的人口结构特征已经发生巨大变化，网络用户的认知与观念差异性逐渐扩大，结合CNNIC中国互联网络发展统计，2020年大专及以上学历互联网人口占比已经降至19.8%，由此可见，中国网络空间正在经历深刻的底层化过程。文章主要围绕两个核心问题展开，一是网络空间底层化如何从“底层客体性时代”走向“底层主体性时代”，二是如何理解底层主体性时代背后的机制。

1. 网络空间的底层化体现了精神层面价值取向的底层特质。“底层”成为代表网络空间好感度的关键指标。数据说明，网络空间对底层群体保持极高的关注度和正面态度，网络舆论场的主流言论趋向平民化与草根化，中国网络空间成为底层取向的网络空间。底层价值观成为工具性的传播符号，成为中国网络空间的关键立场。

2. 底层社群是网络空间的关键意见群体。底层群体正在成长为规模大、潜在发生人数多、舆论声量大的网络力量。2020年，CNNIC发布的中国互联网络发展状况统计调查数据显示，高中及以下学历网民占比高达80.2%，中国总体用户结构持续向低学历人群扩散。平台用户下沉。底层社群对争议性议题的关注度较高，态度激烈，是网络空间的关键意见群体。复旦大学传播与国家治理研究中心采用“职业群体—微博用户”两阶段随机抽样方法抽取3544名微博用户进行文本分析，底层群体生活压力较高，工作满意度低，发展效能感低，不公平感强。此外，在思考争议性议题时，底层群体的言论表达更为情绪化、倾向于二元对立的思考模式。

3. “底层主体性时代”是网络空间关键演进的方向。在网络舆论场的成长和网络生态的转型升级中，底层逐渐成为网络空间的重要力量，集聚发展能量。新媒介技术进一

步降低传播门槛，推进更加多样化的职业展现、社会可见度与群体认同感。底层不再满足于成为网络流行文化的消费者，而是成为流行文化的引领者。

4. 网络空间底层性形成的背后机制为多级信息生产和平台商业逻辑。整合性的多级信息生产机制塑造了“转、评、赞”改变舆论场的互联网新生态。互联网平台流量逻辑使得底层成为网络空间可挖掘、可迎合、可货币化、可商业化的核心资源，整体形塑了网络空间的商业逻辑。与此同时，在资本逻辑的驱使下，一些重要的信息传播节点与账号正利用网络空间的底层化倾向，推动网民情绪，借机谋取利益。

（李　彤　摘编）

十五、《数字时代的媒介记忆：转向与挑战》

吴世文、杜莉华、罗一凡，《青年记者》2021 年第 10 期

在现代社会，大众媒介是集体记忆形成的重要机制。数字时代媒介自身及媒介生态的改变，正通过重塑媒介记忆影响集体记忆。因此，本文立足对数字时代媒介记忆新特征的分析，探讨数字时代媒介记忆个体化转向带来的机遇与挑战，并从公众史学的角度观照与反思，提出当个体记忆参与历史书写时，应以“公共理性”作为刚性约束。具体如下：

1. 数字时代媒介记忆出现个体化转向。在数字时代，媒介生态的变化不仅使得媒介记忆更加丰富，而且直接导致媒介记忆扩张。一是记忆主体更加多元，个体网民、组织成为新的记忆主体；二是媒介记忆的叙事方式出现个人化倾向，微观的记忆视角和常人化的叙事内容，使媒介记忆更为丰富、生活化程度更高；三是媒介记忆的外延得到扩充，“不存在”的记忆纳入媒介记忆的范畴，数字媒介的交互性使人们可以参与制造“假肢记忆”；四是个体参与建构的媒介记忆具有展演功能，数字照片成为个人身份建构和交流的工具。

2. 集体记忆更加多元化。集体记忆的建构遵循“凸显”与“遮蔽”的双重机制。个体参与使被遮蔽的记忆得以浮现，为数字时代的媒介记忆提供了机遇：一是个体参与媒介记忆建构，增加了记忆范畴，丰富了记忆内容；二是个体记忆不再遵循口耳相传的交流模式，而是可以在网络互动中相互碰撞、沟通、提醒，具有主体间性；三是新媒介技术打破了主流话语的垄断，集体记忆视角丰富，次要记忆或边缘记忆可见性提高。

3. 媒介记忆的呈现、存储和检索受到挑战。一方面，由于媒介记忆的书写主体从机构性媒体转向个体，媒介记忆呈现碎片化趋势，主要表现是非蓄意的片段化信息和蓄意散布的真假混杂的信息，可能造成集体记忆的分歧；另一方面，个体越来越习惯于将记忆外置，对媒介记忆的建构依赖于外界的存储设备，缺少记忆内化的过程，产生个体隐私记忆和错误记忆被永久保存、外置数字记忆会随平台关闭而消逝等问题。此外，在海

量数字记忆的检索与利用中，媒介记忆出现了“去语境化”现象，记忆更容易被误读。更令人担忧的是，“只记录、不记忆”、放弃沉淀思考的文化困境，会使个体质疑集体记忆存在的意义，陷入虚无主义的怪圈。

4. 从公共史学角度进行观照与反思。个体参与建构的数字记忆经由全球传播，可以成为人类共享的记忆，是全球文明记忆的组成部分，也是未来历史学家研究当下的数字史料。从公众史学的角度观照媒介记忆，公众应当以“公共理性”为约束来践行“公共历史学家”的责任，谨防权力与商业的双重干扰。媒介记忆研究则需要将个体的主体性带回记忆研究领域，为集体记忆的形成提供语境化的学术解释。

（赵　琳　摘编）

十六、《论互联网平台公司的双重属性》

李良荣、辛艳艳，《新闻大学》2021 年第 10 期

当前，由互联网平台垄断性地位引发的互联网平台治理问题已经成为全球关注的重要议题，尤其对于中国而言，近年来的一系列有关事件昭示了互联网平台公司借助技术创新成为影响经济体系和社会文化生活的数字基础设施，同时平台公司与公众、国家之间的矛盾也日益凸显。认识互联网公司的特殊属性，探讨新型治理模式就成为题中应有之义。

认清互联网的双重属性，是讨论平台治理的关键理论前提。

第一，互联网平台的私有属性是其基本发展逻辑。互联网平台公司具有突出的“私有属性”。传统互联网的发展经历了从国家控制到民间开放的过程，从互联网的前身“阿帕网”的出现到万维网的发展，证明了开放是互联网的第一特性。互联网平台公司之所以能够成为巨大的财富来源，凭借的是网络技术去中心化的连接能力，这种连接打破了物理空间和现实时间的限制，超越了传统的国家治理边界。借助信息基础设施的构建，互联网平台公司掌握了网络社会的精髓——信息流动。通过技术创新，平台经济不断剔除多余环节，实现了价值链和产业链的分裂与再整合，重新划定了效率导向的“市场势能”。从这一角度来看，平台指向垄断是必然趋势。技术赋能助长了平台经济的“马太效应”，形成了新的竞争现象。

第二，平台应具有公共属性虽是共识，却并非自发生成，而是在社会各界要求下逐渐形成的。从中国语境来看，我们对互联网平台的公共性认知与传媒业是紧密结合的。互联网诞生之初被称为“新媒体”，这使得网络治理与新闻治理有一种近乎天然的亲缘关系，并直接转化为现实新闻制度对网络治理形态的亲和性制约。

基于互联网平台的两大根本属性，应当认清平台公共性面临着严峻挑战，绝非靠平台自身就能承此重担。

首先，从媒体属性来说，“流量”始终

是互联网平台衡量内容生产的主要价值标准，娱乐化、媚俗化的内容导向容易形成“劣币驱逐良币”的不良生态，进而造成社会群体的撕裂。其次，从商业基础设施属性来看，互联网平台屡屡将用户的个人行为数据转变为互联网金融数据，并以科技创新的名义掩饰金融风险。最后，从国际政治博弈的角度来看，互联网平台公司不仅是企业主的个人私产，也是国家科技竞争力的核心体现。

综上，在既有的有关平台企业主体责任和治理边界、监管困境等讨论之余，着眼于对互联网平台业务进行分离或限制，乃至对互联网平台国有化，或构建“政府—平台—社会”三方资源且具有真正监督权的互联网平台治理委员会，以完善网络空间治理的多元主体协同共治格局，强化社会监督功能，更有可能带来互联网平台公共属性的真正落地。

（彭炳辉　摘编）

十七、《平衡与连接：构建新型主流媒体的内在逻辑与行动框架》

陈虹、杨启飞，《现代传播》2021 年第 10 期

技术演进不断颠覆既有的信息空间秩序，主流媒体的“主流”地位被动摇，诸多风险也随之显现。在此情境下“新型主流媒体”概念应运而生，本文回归这一概念本身，通过本体论与认识论层面的反思，探索在全球性的媒体发展格局中，中国的主流媒体观念与西方有何异同，以及在历史性的媒介发展脉络中，新型主流媒体“新”在何处。在此基础上，尝试探讨构建新型主流媒体的内在逻辑和行动框架。具体如下：

1. *我国主流媒体观念的嬗变。*作为我国重要的政治术语，“新型主流媒体”并非一个全新名词，而是由定语“新型”和主语“主流媒体”两部分复合而成，其从“新名词”到“关键词”的发展，实质上映射的是我国“主流媒体”观念的嬗变。当前，政府、平台、用户、技术都参与构成了信息空间中的主要行动者，主流媒体的“主流”地位岌岌可危，急需调整界定标准和功能作用，以适配新的社会语境。

2. *构建新型主流媒体的内在逻辑。*构建新型主流媒体需要紧扣“新型”和“主流”两个核心，平衡技术逻辑、社会逻辑和政治逻辑。至少需要注意 3 个方面。首先，新的技术、新的思维和新的功能。新型主流媒体应在“互联网 +”思维、用户思维、社会治理思维等新思维的引领之下，使用人工智能、5G、物联网等新技术，拓展政务、商务、服务等新功能。其次，明确新型主流媒体中的“主流”应是用户认可而非官方自封，应用最广大人民群众喜闻乐见的话语方式传播具有专业品质和公共价值的内容，从而实现价值主流、话语主流和用户主流（指规模、数量而非阶层上的主流）。最后，尤其要警惕新技术自带的无政府主义倾向、民粹主义倾向可能对主流媒体带来的不利影响。

3. 构建新型主流媒体的行动框架。接入点和到达点的数量是衡量节点地位的关键性指标。显然，在互联网和移动互联网接入的较长一段时间内，作为信息空间中节点的主流媒体虽占有位置，却并不必然具备效力。秉承开放的姿态，以优质内容的生产、孕育、集纳、分发为出发点，重建与各媒体行动者的连接，进而激活多方关系、协调多元价值、引领社会共识，或可为新型主流媒体提供一种可行的行动框架。

（董晓梦　摘编）

十八、《媒体融合最为重要的是将先进技术与制度优势结合起来》

支庭荣，《新京报》2021 年 10 月 15 日

经过 2020 年的发展，中国传统媒体与新兴媒体的差距已经大大缩小了。绝大多数的“传统媒体”，都在向新媒体的方向转型，不同程度地变成了“新媒体”，新旧之分，不再那么明显。

主流媒体与商业平台之间的差距也在明显地缩小。原因之一是互联网平台上的垄断现象受到了有力的约束。互联网平台粗放式增长、野蛮生长的时代结束了，内涵式发展、提质增效的时代到来了。主流媒体在技术上补齐短板、内容上保持优势快速变革的态势下，加速完成了各项准备。主流媒体或许在经济效益上相对于互联网平台处于劣势，但在最重要的社会效益上，主流媒体依然发挥着不可替代的重要作用。

目前，媒体融合已经从表层融合进入了深度融合阶段，从物理融合和化学融合进入了生态融合阶段。媒体融合是一个持续进行的变革，若从必须完成的任务来讲，均已完成了启动和加速，正进入一个从与时代跟跑到并跑、领跑的阶段，处于一个并线超车的阶段。

媒体融合要做得好，取决于 5 个到位。第一是认识到位，对于媒体融合的重要性及其方向、路径有明确的、深刻的认识。第二是决心到位，具有刀刃向内、自我革命的勇气和决心，而且上下同心、众志成城。第三是动作到位，融合举措有力，改革方案可行，而且执行力强。第四是管理到位，小到一家媒体，大到区域的或全国的媒体，能有机协调起来，在方向、节奏的把控上张弛有度。第五是外部扶持政策到位，要充分有效地聚合来自党委政府、企事业单位的资源。

如果说媒体融合还存在问题的话，在很大程度上来自媒体行业自身。自身是最大的变量，也完全可以成为最大的增量。外部因素、风险挑战往往是给定的条件，媒体融合真正的瓶颈来自自我设限。比如，对于媒体融合，还有一些媒体对实现融合变革持一种将信将疑的态度，不能全心全意地投入。还有一些从业人员抱着一颗守成的心，在公益一类或二类这样的保护机制下，反而“雪拥蓝关马不前”。如果“5 个到位”的要求实际上变成了“5 个不到位”，就会制约媒体融合发展的进程。

对于中国的媒体融合来讲，未来最为重要的是将先进技术与制度优势结合起来。互联网技术、人工智能技术的应用和引领，以及相应的市场变化、产品创新、体制机制的改革等，都是媒体融合进程中的关键点。其中最为关键的，是探索出一条进一步放大而不是约束制度优势的路径。

（赵　金　摘编）

十九、《智媒时代的声音空间化建构》

孟伟、王天一，《现代传播》2021 年第 11 期

智能传播时代声音传播效果如何提升，需要在主体性认知层面作出积极的推动，而媒介传播中，声音的日常化存在被“漠视”是一种常态。基于此，本文从声音的存在方式以及声音与主体的关联层面，探讨声音传播的本质、声音传播的空间性及其建构。具体如下：

1. 声音本质上是空间的。声音通过隐喻的方式暗示了空间关联。随着互联网发展、媒介融合趋势加深，文字、声音与影像基于形式上的限制表达已经不复存在。基于此，有必要把话语这类声音内容，通过空间性的认识视角，一并纳入完整的声音传播研究中。在声音的接受方面，随着智媒时代的到来，声音的大众化消费面临一些基本问题的探讨，例如虚拟语音助理、智能音箱、智能机器人的互动。这种声音的交互，首先体现为对智能合成语音的空间化感知。

2. 声音空间的主体关联。声音的空间化建构，确定了主体与空间的关联方式，进而促进主体与空间的对话。声音介质参与的空间主体化认知，有 3 个层面的意味。第一层是空间和主体之间的关联，空间来确认主体的存在，同时来界定主体是什么。第二层是空间化，空间本身具有的这种延展性，是实体的空间，还是主体知觉后的空间？知觉之后的空间，不是人与空间的对立，空间具有“消弭性”，它与主体之间互相消弭边界。第三层是空间对话，对于个体来讲，其需要将认知对象空间化、想象空间化，将实体空间虚拟化，通过这样的一种空间化对话方式，主体才能够认知这个世界。

3. 声音空间的社会性。声音传播通过多种表现形态形成了主体意识存在的场域，重视声音空间的社会性是声音传播未来发展的重点。声音总是处在社会空间的生产之中，是复杂的社会话语和文化的一部分。而智能音箱的使用，不仅在于虚拟的媒介层面，更作为“具身性的机器智能体”嵌入了家庭空间，在不同领域的建筑结构、社会实践、媒体反馈之间的真实互动，共构了这种家庭生活实践的新空间，是列斐伏尔意义上的具有生产性的“社会空间”。智媒时代声音参与空间性建构研究越来越成为声音媒介研究的一项重要课题。声音空间既是主体意识栖居之地，更是主体意识交付给空间发生属性层面交流的场所。

（董晓梦　摘编）

二十、《“元技术”革命中杂合体新闻业的兴起》

姜华、张涛甫,《中国社会科学报》2021年11月2日

从信息传播角度讲，所谓“元技术”，是指在诸多信息传播技术中处于基础性地位、起奠基作用的技术形态。当代的传播活动，所有其他信息传播技术的创生、更替，都需要以数字技术为基础，数字技术即“在诸多信息传播技术中处于基础性地位、起奠基作用”的“元技术”。

对于新闻业而言，“元技术”革命使新闻业从“封闭”走向“开放”。“元技术”的出现和数字时代的来临，使形态各异的媒介形式络绎出现，以数字技术为基础的“媒介丛林”深度嵌入了社会生活特别是社会个体的信息生活中。最终，这种数字技术嵌入社会生活的持续进程打破了传统新闻业的封闭系统，新新闻业应运而生。以今日头条、脸书、赫芬顿邮报等为代表的新新闻业起步于“元技术”，初创之时就自带“数字基因”。作为一个开放的信息传播系统，新新闻业依托的是网络社会“散点式传播”的逻辑，自创办之日起，就将信息用户纳入自己的传播流程中。

数字技术的创新步伐紧锣密鼓，由此生成令人眼花缭乱的“数字技术星丛”，作为技术体系的“元技术”革命一浪高过一浪，持续向前迈进。这导致两种社会现象的同步发生。其一是人的“技术化”“媒体化”。不断出现的形态各异的新兴媒体日益成为现代人的“组成部分”，人类再也不是以往观念中“纯而又纯”的主体，恰如兰登·温纳所言，“人类正变得越来越像是科幻小说中的电子人——电脑化的有机体”。人类似乎不再是利于万物（客体）且居于万物之上的主导者（主体），从某种程度上看，人类正在一步步成为“技术的延伸”“媒体的延伸”。其二是技术的“人性化”“智能化”。人类历史上，技术（装置）原本是取代部分人类（或畜力）体力劳作、使人类摆脱体力劳动困局的工具，但20世纪以来，人工智能的开发已经使技术逐步获得智力和自有意识。更有甚者，2021年，麻省理工学院的学者斯凯勒·迪比茨（Skylar Tibbits）在其新著“*Things Fall Together*”中指出，获得意识与智能的事物可以自己组合，实现无须人类参与的自身再生产。其实，这样的愿景，在信息传播领域早已实现，未来信息生产的“智能化”“人性化”还将大大扩充。从全球新闻业的现实状况来看，我们也可以发现，一种建立在技术“人性化”“智能化”和人的“技术化”“媒体化”基础之上的新闻业新业态——杂合体新闻业正在兴起。

不同于以往的新闻业态，杂合体新闻业最为突出的特性在于，它不再是人类主体主导之下的新闻业，其运作过程也不再以人类意志为转移，作为非人类要素的“数字技术星丛”全面渗透到新闻业的毛细血管和细枝末节之中，人类要素与非人类要素正在“对称”地形塑着未来新闻业的动向与格局。科

学社会学者布鲁诺·拉图尔（Bruno Latour）认为，长久以来，人类有一个错觉——将社会看作人类主体单纯运作的存在。事实上，人类居于其间的并非“社会的社会”，而是“联结的社会”，后者要求对“非人类实体”要素在实践中的作用和地位给予确定。因此，现代人的诞生，是联合的结果，但他们自以为自身的诞生是因为“纯化”（强调人的因素）！换言之，现代人自以为的现代化、绝对化，其实是不存在的。如果说20世纪以前，技术及其装置对人类社会生活的作用机制常常隐而不彰，也因此被人类视而不见，那么在21世纪的今天，拉图尔所谓的“非人类实体”要素在当代社会特别是信息传播领域的地位和作用日益显豁起来。

作为“非人类实体”要素而起重要作用的新闻新业态，杂合体新闻业表现出以下较为突出的特征。首先，是无限联结。既往的新闻业联结的社会个体和群体是有限的、可知的。即使是用户广泛的权威新闻媒体，它触达的使用对象，在统计学和市场调查等工具的支持下，其面貌大致清晰可辨。杂合体新闻业呈现的是一个融合了“人的媒介化”和“技术的智能化”、贯通了人类实体要素与“非人类实体”要素的动态网络，何种个体将于何时何地、以何种方式加入和参与到这个动态网络之中，是不可确知的；智能化的技术，又会在多大程度上改变这个网络的运作状态，也常常把捉不到。其次，是开放性。在新闻业与技术及其装置的关系上，以往的新闻业有能力将技术及其装置完全置于自己的掌控之下，将整个信息传播过程置于自身操控之中，也因此形成了相对封闭的传播系统。“数字技术星丛”的出现，改变了这种局面：新闻业再也不能通过技术及其装置保持自身的传媒中心地位，对社会公众的主动权和可施加的影响力大打折扣；它使社会个体拥有了通过技术及其装置联结信息传播动态网的可能，杂合体新闻业成为一个前所未有的开放空间。最后，是过程性。以往的新闻生产经过一系列规范环节，最终会制造出一个处于“完成”状态的新闻产品。但在杂合体新闻业中，更多的新闻产品将处于“未完成”状态。这种情况的出现，与“技术化”“媒体化”的非职业新闻生产者有关，也与“人性化”“智能化”的技术（装置）加入新闻信息“生产—传播”网络有密不可分的关系。

人与非人要素的联结与融合，使杂合体新闻业兴起，从而也导致传统新闻业与新新闻业的界限更加模糊。“数字技术星丛”这种“非人类实体”要素将会成为未来新闻业中联结传统新闻业与新新闻业的桥梁，也会进一步促使二者区隔弱化，共同推动杂合体新闻业的拓展。

（赵　金　摘编）

二十一、《媒介技术激进主义倾向与风险》

章梦天、汤景泰，《青年记者》2021年第12期

从消除时空边界的虚拟现实技术，到不

断追求超越“人类智能”的人工智能技术，媒体平台对于“移动”“流通”“互联”“互动”等媒介技术的创新达到前所未有的高度，却也浮现出较多风险问题。当前一些媒介平台利用话语叙事炮制“技术神话”，其本质是资本“逐利本性”决定下的无限扩张冲动，也造成数字鸿沟、社会焦虑等风险的加剧。这背后所反映出的媒介技术激进主义的倾向急需警惕，应当综合考量现实需求及风险，以公共利益为重有序开发利用媒介技术。

1. 资本叙事推动下的媒介技术激进主义倾向。当前社会的一个显著特点就是技术可以并已经全方位地介入人们的生活，所谓“一切皆可编程、万物均要互联”，对于技术的追求逐渐成为一种主流导向，人们的衣食住行、企业的生产经营、政府的公共管理几乎都建构在网络平台提供的媒介技术之上，却忽视了这一基础底座失控的可怕风险。不可否认，技术是社会发展的重要驱动力。但对高举激进大旗，盲目期望通过加速技术进步以促进现代社会跃迁的技术激进主义思想不能不慎重。

2. 媒介技术激进主义的风险。随着媒介技术的不断发展，不断数字化的信息技术并没有真正改变既有生产结构，反而使用户在一定程度上受限于资本的霸权，丧失了应有的权益。技术本身并不带有“原罪”，但错误的技术应用发展观念导致其在资本的密谋下成为榨取剩余价值的工具，引发许多社会问题。第一，扩大数字鸿沟，加剧社会分化。第二，破坏公平正义，催生社会焦虑。

3. 警惕媒介技术激进主义发展观。一方面，摒弃“技术为本”的激进思想，以公共利益为重有序开发利用技术，综合考量现实需求及风险；另一方面，将“社会技术的领导权”牢牢控制在自己手里，警惕媒介技术在资本裹挟下的无序扩张和应用。

另外，还需尽快普及提升公民数字素养，加强全民数字技能教育和培训，可以以学校、社区为单位组织集体学习、邀请公益组织定期举行培训，吸纳社会组织为数字弱势群体开设相关课程，持续提升各类群体的数字技能。只有将“社会技术的领导权”牢牢控制在党和人民的手中，才有可能有效适应数字技术的快速迭代，更妥善地处理和解决社会的变革问题。

（董晓梦　摘编）

二十二、《“饭圈”治理的平台责任：内涵、边界与监督》

田丽、李彤，《新闻与写作》2021 年第 12 期

平台既是联系明星和粉丝的中介，又通过产业链延伸参与到明星产业之中，在“饭圈”形成和发展中扮演着重要角色。本文从资本、产业和群体形成的视角分析了“饭圈”乱象中的平台责任，结合企业社会责任理论，提出平台应该积极履行公共服务责任、网络生态治理责任、市场管理责任、维护公共秩序责任以及未成年人保护责任。

1. *平台是流量明星诞生的土壤*。为了持续吸引粉丝和扩大影响，增强对产业的控制力，一些平台直接或间接参与到流量明星的“工业化”生产过程中，大肆“造星”并积极推动明星与粉丝的黏合，成为平台价值提升的重要举措。由此看来，平台是流量明星兴起和“繁荣”的土壤。平台使粉丝黏合成“饭圈”。集体行为形成理论中的循环反应机制设为3个阶段，分别是集体磨合、集体兴奋、社会感染。

2. *“饭圈”乱象离不开平台的参与，甚至本身就是平台机制作用的后果*。因此，平台必须承担相应的责任。这也是互联网平台企业履行社会责任的必然要求。防控资本负面外部性，履行公共服务责任；积极传播正能量，履行网络生态治理责任；营造公平透明的竞争生态，履行市场管理责任；管理“饭圈”行为，履行维持公共秩序责任；关注低龄网民，履行未成年人保护责任。

3. *政府在推动平台履行“饭圈”治理的社会责任时应该积极扮演倡导者、推动者、制定者、监督者的角色*。同时要引导行业组织、媒体和其他利益相关方共同关注，形成合力。运用经济金融手段，限制资本风险；推动法治建设，提升合规经营的主动性；推动行业共治，形成践行社会责任的风气；督促平台自律，强化用户管理责任；增强对话与沟通，促进信息公开。

（李　彤　摘编）

二十三、《从管理新闻到回避新闻：社交分发环境下新闻消费方式的转向》

李彪、张雪、高琳轩，《新闻与传播研究》2021年第9期

随着算法推送新闻和社交媒体平台的发展，民众的新闻资讯获取出现了圈子化和社交化特质，数据显示，以微信群、朋友圈为代表的人际关系网成为民众获取信息的第一渠道。一方面，圈子本身成为一种媒介，在智能算法分发和过滤气泡的作用下形成了信息茧房；另一方面，目前在信息流的冲击下出现了新闻过载和新闻回避。本文在压力源—心理反应—行为结果理论下构建新闻过载、倦怠感、新闻消费方式之间的理论模型。本文主要解决两个研究问题，一是感知新闻同质化与感知新闻过载、新闻倦怠、社交媒体倦怠之间有什么关系，二是感知新闻过载、倦怠感、新闻消费行为呈现出何种关系。

文章采用配额抽样法，样本量为1000人，题目为李克特七级量表，包括新闻过载量表、新闻倦怠量表、社交媒体倦怠量表、主动接触量表、偶遇接触量表、新闻回避量表、新闻同质化测量，并将新闻偏好划分为硬新闻偏好和软新闻偏好。感知新闻同质化对感知新闻过载的影响最强烈（$\beta=0.555$，$p<0.001$），这说明新闻同质化是导致年轻群体感知新闻过载的重要原因。通过AMOS24.0极大似然法得到结构方程模型结果，所有显变量与隐变量的载荷系数

发展综述

在 0.001 水平显著，卡方检验 χ2（DF=760）=874.112，$p=0.000$，RMSEA=0.058<0.08，SRMR=0.000<0.09，模型的 CFI 为 0.964，TLI 为 0.923，均大于 0.8，模型拟合结果良好。本文通过独立样本 T 检验和单因素方差分析进行了控制变量分析。第一，年轻群体的年龄与偶遇新闻行为关系显著（$p<0.05$）。第二，年轻群体的年龄与主动新闻接触、新闻回避无显著关系。

1. *社交媒体好友作为新闻把关人，趋于流行的偶遇式新闻消费方式。*在不设置任何情景条件下，年轻群体偏爱主动接触的新闻消费方式，然而在年轻群体感知到新闻过载且尚未引发新闻倦怠的情况下，他们倾向于将偶遇式新闻消费方式视为首选。当年轻群体感到新闻过载或他们更喜欢软新闻时，社交媒体好友越来越频繁地扮演起新闻把关人角色。

2. *年轻人作为能动的新闻消费者，新闻倦怠影响下从管理新闻到回避新闻的转向。*社交媒体营造了弥散式的新闻环境，但新闻的丰富性和获取新闻的便利性并不一定具有正面影响，反而引起了负面效果。

3. *在倦怠心理影响下新闻分发的双重可能是失灵与再调试。*由于社交媒体倦怠、感知新闻过载、新闻倦怠成为普遍状态，社交分发的有效到达率降低，这些现状迫使新闻媒体不断探索社交媒体之外的传播渠道，从而降低对社交分发和科技公司的依赖，这些探索实则为新闻媒体再度掌握新闻分发主导权与重建网络公共空间提供机遇。

4. *在源头治理上应当降低新闻同质化，促进新闻业的健康运作。*在健康的新闻运行系统中，新闻媒体不应只模仿竞争对手、对高流量内容趋之若鹜，理想的状态是新闻媒体具有收集信息、过滤信息、解释信息、传播信息的能力，帮助那些被信息淹没的人理

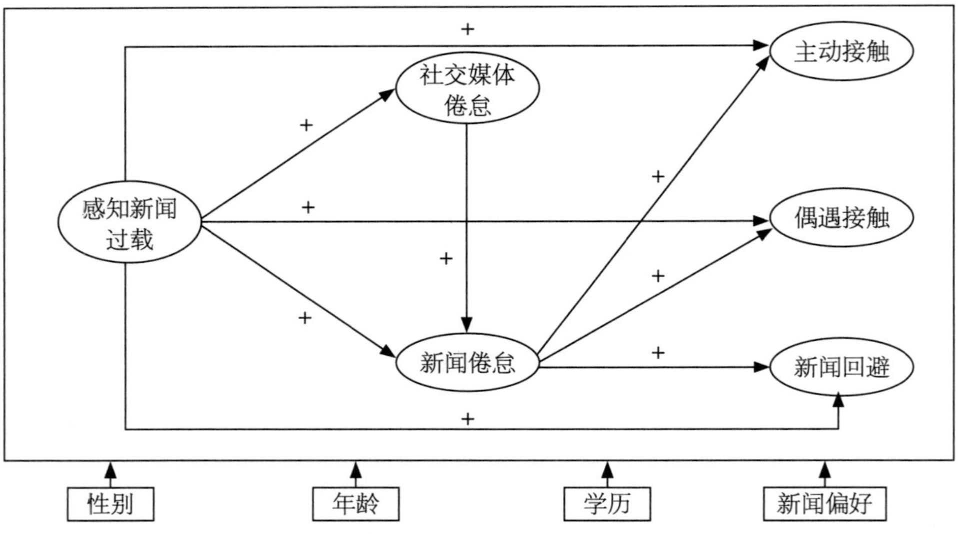

图 1　SSO 模型下用户感知新闻过载与新闻消费方式关系的结构方程模型

解信息，帮助人们将信息转化为理解世界所需的知识，以此来彰显新闻媒体的不可或缺性。

（李　彤　摘编）

二十四、《从 NFT 到元宇宙：前沿科技重塑新闻传媒业的路径与愿景》

史安斌、杨晨晞，《青年记者》2021 年第 21 期

2021 年是 NFT（非同质化货币）及其作为基础设施支撑的“元宇宙”元年，诸多新理念和新技术的出现迅速进入包括新闻传媒业在内的多个领域。在数字化变革和新冠肺炎疫情等诸多外部挑战的冲击下，当下全球新闻传媒业不仅仍未摆脱入不敷出、版权保护乏力、公信力下滑和受众参与度降低等诸多困境；而且，不断内卷化的数字传播生态也让新闻的呈现方式陷入桎梏，后真相的泛滥成灾导致伦理危机空前严峻。近期如雨后春笋般兴起的 NFT 技术和元宇宙概念在新闻传媒业的应用则为解决上述这些问题提供了新的方向与思路，成为后疫情时代提振新闻传媒业转型升级的引擎。

通过对 NFT 背景、特点与实际应用的分析，本文作出如下讨论与展望。

第一，NFT 标志着区块链技术发展的新阶段。由于具有区块链技术的“底色”，加之“非同质化”的特色，因此从功能属性上看，NFT 具有基础设施支撑、项目创作、交易流动等广泛的应用前景，目前已较为广泛地应用到了艺术品收藏、游戏等领域，许多媒介产品的数字资产都已经在 NFT 平台上进行高价交易，起到了保护原创、激励创意的作用。

第二，NFT 与新闻传媒业相结合的路径值得探索。美联社、《纽约时报》、《今日美国》等媒体从内容和新闻生产链条两大方向展开的利用 NFT 二次开发新闻资源，体现了传媒业对于利用 NFT 新技术破局的成效明显与潜力较大。

第三，智能合约可能改写新闻传媒业规则。NFT 在区块链上进行交易时需要遵循一定的规则，即智能合约。这些使用和交换 NFT 的规则由“币圈”成员共同议定，通过使用不同的规则，可以创建不同的“分布式自治组织”（Decentralized Autonomous Organization，DAO）。不同的智能合约将不同的人聚拢在一起，形成特定的组织。在组织中没有中心化的认证机构，所有人的行为都是透明且不可篡改的。将 NFT 的智能合约引入新闻传媒业当中，能够完善内容生产流通规则和机制的建设，有效提升用户参与度和满意度。

第四，元宇宙承载了未来媒体传播的愿景。从本质上看，元宇宙是“整合多种新技术而产生的新型虚实相融的互联网应用和社会形态”，它“基于扩展现实技术提供沉浸式体验，基于数字孪生技术生成现实世界的镜像，基于区块链技术搭建经济体系，将虚拟世界与现实世界在经济系统、社交系统、身份系统中密切融合”。

（彭炳辉　摘编）

二十五、《我们应当建立什么样的算法伦理》

马立明，《中国社会科学报》2021 年 11 月 30 日

所谓的算法推荐技术，是指应用生成合成类、个性化推送类、排序精选类、检索过滤类、调度决策类等算法技术向用户提供信息内容。算法推送的最大特点就是投其所好，针对不同的用户，投送他们爱看的内容，让人“一看就停不下来”，大大增加了用户对 App 的依赖。

算法推送会不会导致“信息茧房”？学界对此目前还存在一定的争论。但是从常识来看，算法推送确实在改变着我们接受信息的方式。单一类信息长时间的不停轰炸，有可能让受众的认知产生偏差。尤其是青少年，受单一类型信息的持续影响，很容易“坐井观天”，看问题的角度也会失去客观性。有学者提出，长时间的算法推送，有可能导致信息偏食的情况。我们都知道，人是通过某些直接经验和间接经验来认识世界的。对涉世未深的青少年而言，直接经验是非常有限的，来自外界的间接经验十分重要。在信息发达的网络时代，别人讲什么、怎么讲，很大程度上会影响受众的认知。某些智能媒体平台通过对用户的了解，准确投放相对应的信息，包括特定的内容、特定的观点、特定的体裁。用户遇到的资讯不是“应该知道的”，而是“喜欢的”。如此一来，有的用户受到了平台的蛊惑，增加了对平台的忠诚度，也会被塑造得更加偏执。

偏执用户，是算法推送塑造出来的一个群体。近年来，我们发现，在世界范围内的很多国家，互联网发展日趋“极化”，多个群体互相抱团，并会与其他群体产生一定矛盾冲突。在公共议题上，民众产生共识的机会似乎越来越小，分歧似乎越来越大，和解的希望变得渺茫。之所以出现这种“极化”现象，智能媒体的算法推送恐怕难辞其咎。由于用户在网络世界中被算法“宠坏”，他们分别活在不同的“信息茧房”里，因此看待事物的角度截然不同。由于缺乏不同视角的认知，这导致了他们的偏执。不同的偏执用户之间，又会出现观念上的争拗，从而形成“网络极化”现象。在当下，随着全球化的加深，产生网络治理困境的原因之一，很有可能来自用户的日常惯习。

算法是新生事物，在一定程度上会给我们的生活带来冲击和影响。对于算法，我们不能简单地全面否定，而是要对它适度加以限制。因此，算法伦理的研究就变得很有必要。算法需要在伦理的框架中发挥作用，加强其正面意义，限制其负面影响。在这一领域，我们可以讨论的议题有很多。比如，算法的使用是否需要经过有关部门的审批，算法的公式是不是一旦确定就不再调整，用户能不能取消算法的限制，什么样的内容应该得到算法的重点推送，等等。如果人工智能的“小聪明”可以用在更加积极的方面，比

如弘扬主旋律、正能量，那对于我们的媒体格局建设将大有裨益。它能充分地发挥“涵化”作用，令算法推送的正面效果得到发挥。因此，建立正面导向的算法伦理就非常具有时代意义。

总的说来，算法只是一种工具，可以用于传播正能量，也可能产生负面的影响。因此，完善算法伦理的相关制度建设，督促企业对算法进行有效管理势在必行。平台不能只是简单地“投其所好”诱导用户，不能让它成为人性弱点的主宰。同时，我们还应该积极地理解算法、驾驭算法，使它成为社会治理的重要组成部分。

（赵　金　摘编）

二十六、《“深度媒介化”：媒介业的生态格局、价值重心与核心资源》

喻国明、耿晓梦，《新闻与传播研究》2021 年 12 月

新一代信息技术催生的新兴数字媒介作为一种元媒介，已经推动“媒介化”转向“深度媒介化”，从根本上改变了社会传播构造，再造了社会传播关系，重塑了传媒场域的运作规则。因此，本文以剖析“媒介化”为起点，考察当前深度媒介化阶段呈现出的社会整体传播结构，分析媒介产业主导力量和主导逻辑的迭代，指出未来传媒业应开发利用好“新内容”与大数据这两类核心资源，实现从专业信息提供者向社会生活组织者的转型，重构新形势下的传媒影响力。具体如下：

1. 新传播技术正在根本性地重构社会。媒介化是媒介构造社会的长期过程，描述的是媒介传播技术变革和社会变迁之间全景式的关系。“深度媒介化”范式指向的是数字媒介作为一种更高维度的媒介，下沉为整个社会的“操作系统”，成为社会结构化中更基础性的建构力量，以新的传播关系深刻地重构着各种社会关系、改造着社会基本形态。

2. 关系赋权成为微粒化网络社会的新权力机制。在深度媒介化社会中，数字媒介的开放与连接改变了资源的稀缺程度，自由流动的资源的大量释放，使个人对组织依附程度减弱，个体的力量被激活，社会进入以个体为基本运作主体的“微粒化社会”。弱连接关系逐渐成为社会交往方式的主流，一方面，趣缘成为社会关系连接新范式；另一方面，个体在不同“共同体”间游走。大量个体间的弱连接关系交错叠加，组织成具有开放性的复杂交互的网络社会，传播互动及其代表的关系联结成为新的权力来源。个体的力量在无限连接中聚合、放大、爆发，为社会的相对无权者赋予话语权和行动权。

3. 技术力量主导传统媒体的再媒介化。在社会传播图景的颠覆性变革下，传媒业的传统发展模式已然失效。数字化、网络化、智能化的数字媒介消解了传统媒体建立起来的大众传播秩序，建构了属于自己的新的传播规则和生态格局，传统媒体掌控信息生产和分发渠道的优势丧失，媒介融合实质上是

传统媒体迭代升级为新兴媒体的媒体转型行为。

4. 强调关系联结成为新的价值逻辑。新媒体技术平台正成为传媒业的关键行动者，其强调关系联结的网络化逻辑升级迭代了传统大众媒介依循的信息生产的单向逻辑，从根本上重塑了媒介业的价值实现方式。传媒业的角色担当从专业信息提供者升维为社会关系建构者和社会生活组织者。这意味着，传统媒体必须适应数字媒介逻辑所强调的开放和连接，以开放协同的新媒介发展逻辑尝试与外部互补资源进行大融合。

5. “新一代内容”与大数据是核心资源。传播与权力同构，有效建立节点间连接、积累关系资源成为关键。对此，作者提出两条主要路径：一是利用内容服务实现关系资源的整合。充分发挥“新一代内容”作为连接中介的作用，激活关系，形成圈层，为社会沟通与协同提供最为关键性的底层关键资源；二是利用大数据洞察实现基于场景的关系联结。充分挖掘各类用户的“场”的价值，依托大数据与智能算法等技术手段实时定义、理解和洞察特定场景中的用户状态与需求，迅速找到、推送与其需求匹配的内容、产品或服务，实现场景适配。在社会深度媒介化的大趋势、大浪潮中，以社会关系建构者、社会生活组织者的新视野去洞察抓取关键性的新机会，是媒介业未来转型发展的基本法则。

（赵　琳　摘编）

二十七、《网络主播失范行为的治理路径探究》

丁方舟、陶柔柯，《青年记者》2021 年第 23 期

网络主播正在成为数字时代的一种新兴职业类型。然而，由于缺乏完善的市场机制、准入门槛低等问题，行业频频引发充值打赏失范、内容生态不良、损害青少年个体权益及影响其心理健康等失范现象，造成用户沉迷、用户过度消费、用户情绪被煽动、舆论走向被控制等社会治理风险。因此，为遏制不良影响，肃清行业风气，有必要从源头探讨影响网络主播失范行为的因素，从而提出有效提升网络主播伦理规范的对策建议，建立相应的治理路径。

（一）本文对网络主播的失范行为进行系统分类

根据其主播类型不同，分别有娱乐型主播：低俗语言或表演行为、诱导青少年过度打赏、生产负面或不良内容；电商型主播：虚假宣传、过度宣传、服务失信；知识型主播：传播违法信息、知识侵权。

（二）在明确失范行为内容的情况下，本文探明了影响网络主播失范的多维因素

一是心理因素。在个人心理因素方面，影响网络主播进行内容生产的情感因素主要包括直播互动带来的数字亲密感以及通过表演获得的自我实现感，其中前者意味着网络主播也能和用户一样，从直播互动中获得情感满足与社群感；后者则是一种

自我赋能，即获得在现实生活中无法获得的成就感。

二是收入因素。随着网络直播行业职业化和货币化内容生产程度的提高，不少网络主播成为全职人士。特别是电商型主播，收入因素在很大程度上影响他们的传播行为。

三是平台因素。在文化生产的平台化背景下，网络主播的媒介实践也日渐受到平台化逻辑的渗透。

四是政策因素。政策因素即国家层面对网络直播行业和网络主播的制度性要求。

（三）通过对上述失范行为及相应产生因素的研究，本文提出规范网络主播失范行为的如下建议以供参考

第一，政策层面：完善规章制度，引导伦理规范。一方面，进一步完善法律法规；另一方面，细化已有的各种网络直播行业规范化准则。

第二，媒体层面：加强舆论监督，引领价值导向。一方面，推动更多媒体对网络主播行业的正面案例和反面案例进行报道；另一方面，推动更多媒体就相关事件进行评论，批判并抵制不良现象，扫除业内污浊风气。

第三，平台层面：完善制度体系，打造清朗空间。如针对网络主播形成评价推荐，建立具有约束力的伦理规范制度，以及相关的投诉、举报机制。

第四，行业层面：遵守自律准则，塑造行业风向。既要建立行业自律准则及行业社群，又要兼顾全网络主播信用等级管理体系，引导从业者遵守媒介伦理。

第五，用户层面：强化媒介素养，加强用户监督。提升用户内容审美标准，加强用户网络治理的参与意识，同样有助于约束主播失范行为。

（彭炳辉　摘编）

二十八、《新传播环境中的泛娱乐化现象与破解》

胡正荣、王天瑞，《青年记者》2021 年第 23 期

本文从泛娱乐化的特征入手，描述了泛娱乐化现象的表现形式，进而探究了泛娱乐化现象的根源，并提出了破解之探索。

泛娱乐化从表现形式来看，有以下几点。

第一，娱乐的主体泛化：泛娱乐化的引爆点。泛娱乐化的引爆点在于“泛”。在平台社会中，如果娱乐的主体被泛化了，那泛娱乐化的潘多拉魔盒便被打开了，无论是自愿的、被迫的还是在不知不觉之中的，泛化的客体、泛化的时空、泛化的方式、泛化的审美以及泛化的价值观都将一涌而出。不管是非对错，不看美丑善恶，日常生活泛娱乐化的社会危机出现。

第二，娱乐的时空泛化：日常生活泛娱乐化的潜入点。伴随着移动互联网平台嵌入人们的日常生活，信息传递不再受时空限制，但有价值的信息比例未增反降，独处和思考的时空被碎片化信息不断侵占，人们用于发 / 看微博、朋友圈、抖音短视频的时

间、精力大大增加，“娱乐可随时随地发生”成为不争的事实。

第三，娱乐的方式泛化：泛娱乐化现象的显著点。首先，互动的娱乐方式，网络平台的去中心化特性呼应着“反中心主义”的后现代思潮。其次，视听化呈现技术的发展不断追求“内爆”式娱乐体验。最后，多模态的话语范式，比如表情包可以将一切严肃的话题瞬间变成可爱风。即语态变革的另一种风险，可能滑向娱乐化轨道。

第四，娱乐的客体泛化：泛娱乐化的“草原”。具体而言，主要的客体有3类：风险信息、人类情感和人类审美。

泛娱乐化的根源，呈现如下逻辑。首先，网络的开放性、多元化、去中心化、时空压缩和碎片化等新特性正是对否定理性、消解逻各斯、解构“元叙事”、反叛权威及虚无主义等思潮的现实映照。其次，资本的入场视逐利为第一目标，通过不断地开掘新技术的特性去迎合大众的口味和需求。再次，个人的需求在资本与技术碾压之下变得越发浅薄，人的社会关系被压缩的时空扭曲，“异化”了的个体在无限的网络空间中自我迷失而无法找到身份认同，逃避集体和寻找归属的矛盾心理同构了大众空虚的心灵。最后，本文尝试性提出破解之道：要破解泛娱乐化现象的危害，应当从对平台资源（土壤）的调用切入，在人的个性化需求基础上，互构出更具发展意义的审美观和价值观（健康养分）去引导追求。应当加大力度开展网络平台治理（土壤除害），加快脚步对自有平台进行深耕与开掘（自耕土壤），加深程度打通平台的产品链、供应链和产业链，时刻保持对网络平台日常生活中现象与问题的反思与警觉。

（彭炳辉　摘编）

二十九、《中国新媒体发展：特征、趋势与调整》

胡钰、王嘉婧，《中国编辑》2021年第3期

中国新媒体发展经历了爆发式增长后，总体格局越来越趋于稳定，整个行业进入深度调整和再探索的阶段。在这个阶段，新媒体内容生产力持续释放，媒介新技术不断向前发展，新媒体对经济、社会、文化以及政治发挥的作用越来越大。从国内环境看，用户红利接近饱和，信息传播依然存在情绪化、虚假化、低质化等问题，网络治理面临严峻挑战；从国际环境看，以美国为代表的西方国家打压中国新媒体领军企业，中国新媒体产业的全球化进程面临严峻挑战。

未来中国新媒体高质量发展，除需要继续探索如何能够更加繁荣以外，更重要的是树立新媒体和社会发展的良性关系。为此，要在继续支持促进新媒体行业发展的同时，不断完善规范管理的制度措施，切实遏制和减少负面影响，真正让新媒体成为推动国家发展与社会进步的有效力量。

1. 媒体与民意的关系。在传统媒体时代，主流媒体的声音往往可以代表主流民意，但进入新媒体时代，从全球范围来看，

这个理念遭遇着严峻挑战。在当代社会，没有任何机构能够忽视媒介逻辑，因为它们都与同一种媒体文化有关联。在媒介转型期，社会被一种改头换面的媒体逻辑渗透。事实上，基于新媒体的传播能力已经成为当代社会运行的一种重要力量。信息不是轻松地、动态地在数字和物理空间中移动，而是被不同参与者、活动家和感兴趣的团体积极推动的。影响信息接收的元素越来越复杂，公众表达的渠道越来越多样，接受信息的导向也越来越多元。主流媒体如果依然以惯性思维工作，就容易陷入自说自话的境地。如何能够真正讲人民听得懂、愿意听、听得进的话，是当代中国主流媒体机构在媒体融合发展过程中需关注的问题。

2. 科技与人文的关系。科技是新媒体发展的主要驱动力。当代社会中大型新媒体公司都有科技公司的基因，这些新媒体公司特别是平台型的新媒体公司，不仅具有科技属性，也具有媒体属性。在资本的推动下，当代信息传播体系改变了过去由主流新闻媒体机构主导的状况，变得更加丰富多样，但也带来"唯科技论""算法至上"等新问题。事实上，只有明确"人文管方向、科技管方法"的基本原则，提倡科技向善，鼓励主流算法和主流价值观的统一，才能让各种类型的新媒体机构，包括媒体、技术公司和资本平台等具有方向感和使命感，才能让新媒体保持健康的发展张力。

3. 新媒体与国家形象的关系。新媒体让全球传播具有空前的便利性、丰富性和可到达性。在全球传播的语境下，中国新媒体的发展不仅是要挖掘商业价值，更重要的是发挥社会价值，能够向世界传播良好的中国国家形象。这是中国当代发展面临的极其紧迫的战略任务和时代挑战。中国的新媒体技术与产业已经具有相当的国际竞争力，先进的电商应用、优质的短视频、高影响力的网络文学等都成为全球新媒体发展中的领先者。今后，中国新媒体应自觉创造更多优秀内容，承担向世界展示中国形象的使命，构建起立体、真实、全面的中国形象。中国新媒体的发展既要向世界展现中国新媒体技术与商业模式，还要提供中国新媒体内容与文化，如此，中国新媒体发展才能在世界范围产生更大的影响。

（黄馨茹　摘编）

三十、《"码之城"：人与技术机器系统的共创生》

孙玮、李梦颖，《探索与争鸣》2021 年第 8 期

二维码作为数字技术最典型的一种形态，展示了媒介以动态机制汇聚城市社会异质化系统的动能，媒介成为社会系统及运作机制的传导器和转换中枢，由此区别于感知—认知模式维度，开启了一种媒介勾连社会的新型方式，也创造了数字时代"媒体城市"的崭新面向。

二维码短暂的发展史，是数字技术将人与物数据化并被编织到系统中的过程，也是数字技术延伸到社会组织肌理中的进程。20

世纪70年代一维码出现，人们给物品贴上条形码，使得物作为信息可以被机器读取。每一样物品因此变得“独一无二”——有了独有的标签，并且经由读取设备和软件，接入一个物的网络，与不同的物或人产生新的关系。从一维条形码到能包含更多数据的二维码，“码”具有以下技术特点及媒介特性：其一，“码”使得人与物数据化以接入信息系统，象征着人类迈向一个可以被机器全面读取的世界；其二，“码”提供了一种通过抽象和分类生成信息、知识，从而进行管理和控制的方式；其三，“码”的最为特殊之处在于，其提供了一种连接所有实体和过程的方法，将那些构成日常生活的人、物、信息、交易、地域等，以复杂的方式动态互联，形成一种紧密的“块茎式聚合体”。这些技术特点和运作方式，使得二维码支撑的城市与“媒体城市”的以往形态截然不同，这突出地表现为二维码与空间的独特连接方式。关注软件与日常生活的研究者强调，空间视角是软件研究的重要维度。

二维码与城市的连接方式超越了以往“媒体城市”的所有形态。在很长一段历史时期中，媒体与城市的关系一直为媒介表征理论所框限，这个理论预设媒体与城市是分离的，媒体是城市的再现，媒介被设定的最高目标是“仿真”。因此，关于“媒体与城市关系的讨论，集中于政经、文化历史等社会力量在这个永无止境的过程中施加的影响，进而产生的社会结果”。

与“仿真”相对照，二维码技术或可称为“仿生”。两者最根本的差异是，在这个媒体与城市的互嵌系统中，人与技术的关系发生了反转。仿真是从人的视角出发，借由媒介尽量“逼真地复制”一切，大众媒介是这种复制技术的巅峰。这正应和了麦克卢汉的观点——媒介是人体的延伸，它弥补人类身体受到的时空限制，替代、增强、拓展人类的传播能力。而仿生则是机器模仿有机物的机能和运作机制，数字技术的仿生逻辑不是局限于“逼真地复制”，而是通过模仿大千世界各类有机体的运作原理，实现人类不能达成的各种机能。数字技术的仿生不同于早期仿生技术，它不再局限于单个生物机能的模仿，而是越来越呈现为有机体整体性系统的模拟建造。数字仿生的二维码机制包括两个方面：一是将所有存在物数据化，仿造一个有机运作的系统；二是将整个城市变成人的生物有机系统与机器系统融合的新形态。由此，一种新型的媒介系统诞生了，在这个城市系统中，人成为数字技术的延伸。

人与技术机器系统的共创生，带来了人类社会的重大变革，由此激发的动能不可限量。与此同时，这种人机共创生状态，也在一定程度上引发了对于人类文明危机的担忧与警惕。比如新冠疫情防控期间，追踪、记录人类移动轨迹的技术应用，导致了世界范围内的争议。目前，相关议题主要聚焦在两个方面：一是公民隐私权可能受到侵犯；二是人类主体性或为技术机器所瓦解。本文认为，应对变革的积极态度是正视整个社会虚拟性不断增强的趋势，而不是简单拒斥。就城市生活而言，不能仅仅将数字技术视为灾难的来源，应对危机的方案或许就潜藏其中。媒体城市经历了文字之城、影像之城的阶段后，正在迈向数据之城，通过数据集合一切、夷平一切的方式，直接以技术机器系统驱动社会组织的运作，这在社会机制、法律伦理、个体生活等方面，都带来了巨大挑战。人们在享受生活便利的同时，也担忧城市生活自此被机器的刻板秩序与工具理性所钳制，丧失了异质性与多元文化的活力，而这正是城市性的精髓。但换一个视角看，数字技术嵌入城市，大数据运作带来的不仅是技术理性的操控，也蕴含着广大市民进行多样化城市实践的可能。比如，在城市生活越来越趋向于网络化、虚拟化的情形下，大众可凭借智能手机虚实交融之便重返实体空间，本雅明倡导的城市身体体验以别样的方式复兴。线上浏览与线下打卡不仅不是对立的，反而构成了循环往复的城市生活日常。实践的城市、感官的城市，构成了数据之城的另一个侧面，与理性的城市形成鲜明对照，从而构成了城市异质性的平衡张力。

（黄馨茹　摘编）

三十一、《警惕资本裹挟下的“饭圈”文化对青年的影响》

黄楚新，《人民论坛》2021年第25期

“饭圈”文化的勃兴，深刻影响着网络空间建构、社会文化走向以及未成年群体的成长。“饭圈”凭借其组织严密、行动高效的执行力覆盖线上与线下，对社会产生了多元影响。但在资本操控、平台怂恿、各利益集团的影响下，“饭圈”乱象频出，资本裹挟下的“饭圈”文化背后是偶像经济快速发展的灰色链条。同时，作为“饭圈”中重要的粉丝群体，未成年粉丝日渐活跃，“饭圈”乱象会引发网络过度使用、非理性消费、网络隐私侵犯、网络暴力冲突等一系列问题。

面对纷繁复杂的偶像经济，国家在网络生态治理、文化治理、平台治理等方面从疏堵结合的维度进行了不断创新，对平台、用户个人有具体性、针对性的法律规制和监管措施，但由于“饭圈”作为一种自发性组织，规制管理具有松散性，因此国家如何对“饭圈”组织进行监管、引导及治理仍然存在一定的盲区，需要不断加强监管与引导。

1. 政策方面：需进一步推进行业规范体系建设。未来，国家的政策规制需要从暂时性专项行动逐步完善为常态化的治理活动，建立健全平台、明星主体、“饭圈”组织、粉丝个体的行为规范体系。同时，对“饭圈”的粉丝活动进行规范，需要在政策的维度下通过行业协会等社会组织进行规范，建立健全粉丝引导机制。针对“饭圈”中粉丝组织的合理化存在问题，是否需要行政注册登记、纳入部门管理与行业监管体系等，予以综合考量，逐步推进粉丝组织走入网络综合治理体系。

2. 平台方面：应以公共性进行自我纠偏。未来，各类平台应以更加系统化、全面化、立体化的方式进行自我规范管理。如强化内容监管，严格设置年龄限制避免未成年粉丝非理性行为，完善社区中粉丝组织的行为规范，建立控评、应援等危机临界预警机制，完善“饭圈”乱象的监督举报功能，取消明星艺人榜单，不得设置诱导粉丝打榜的相关功能，强化以明星作品为考量标准。以正确的价值导向和企业责任加强对“饭圈”活动的约束和引导，为“饭圈”文化营造清朗网络空间。

3. 明星方面：要倡导以优质作品提高影响力。未来，明星应该从价值导向、职业素养、榜样力量等多维度自我提升。首先，明星自身需要树立正确的价值导向、不断提高自身的职业素养。其次，明星要发挥自身的榜样力量。同时，明星及工作团队需要加强对粉丝的正面引导。偶像崇拜、追星本身作为一种正常的社会现象并无可非议，但造成疯狂的粉丝“造星”就是娱乐行业必须整治的。明星需要为粉丝提供一种正确的价值导向，促进“饭圈”文化健康发展。明星及其工作团队应该正确规范自身言行，引导粉丝群体关注社会、热心公益、以主流价值观进行示范与引导。

4. 粉丝方面：应注重提高媒介素养理性追星。粉丝合理使用媒介需要不断提高自身的媒介素养。一方面，要以正确的价值观为导向，粉丝要以明星的优质作品作为追星的内容，以“饭圈”文化中的优质内容不断提高自身的网络素养，提高自身抵御不良文化影响的自律能力；另一方面，要警惕资本操控平台中的算法推送与网络过度使用，避免陷入粉丝经济衍生的非理性消费行为，包括直播打赏、内容付费、疯狂打榜、广告植入甚至非法集资等圈套，更要避免因网络过度使用导致的个人隐私泄露、网络权益损害等。

5. 社会方面：要倡导发挥“饭圈”的正能量作用。“饭圈”乱象的治理，涉及网络治理、文化治理与社会治理的多个层面，同样需要社会各主体打造共建共治共享的治理共同体，推进“饭圈”文化朝着正确方向发展。新冠肺炎疫情暴发后，众多粉丝团都积极行动起来，社会上的27家粉丝团体组成了“666联盟”，开展抗疫捐赠活动，达到了良好的社会效果，形成了强大的社会凝聚力。虽然我们当下看到的更多是“饭圈”乱象中各种问题，但在防范其破坏性和失范性、避免粉丝群体异化对社会造成风险的同时，从青年亚文化的角度看，“饭圈”文化的正能量是“饭圈”作为一种组织力量的体现，其中青年参与的社会责任感与社会感召力是创新社会治理模式的重要路径，我们要正视“饭圈”的“正能量”，为社会治理提供一种崭新视角。

（黄馨茹　摘编）

三十二、《新闻媒体引导力的内涵、现状与实现层次——一种基于认同理论的分析》

李舒、宋守山，《现代传播》2021年第3期

技术与社会互构的转型语境中，新闻媒体发挥引导力，以减少转型过程中所产生的离散力、破坏力，促进共识、构建认同，是

其实现舆论功能的核心诉求。多重转型交织使得当下新闻媒体的引导力呈现出话语权力遭遇挑战、话语能力发展不均衡、话语效力实现难度进一步增大等复杂性。

认同的产生既是个体的心理诉求，也是新闻媒体在复杂的社会现代化转型中，应对“分化”现象的必然诉求。因此，作为新闻媒体与社会之间互动的结果，认同是一个动态的概念，在不同社会情境中呈现为不同的层次。这种分层的出现，既是一种个体认知上层层递进的关系，也是现代化转型中社会分层、价值多元的必然结果。同时，在实现认同的过程中，对个人价值、多元价值的尊重既是现代社会的重要标志，也是促进理论分析的“应然”与新闻实践的“实然”良好结合的基础。

1. *微观层面实现对新闻事实的认同*。新闻媒体引导力的实现首先体现在社会公众对于由媒体阐释的新闻事实的认同基础上。只有新闻事实客观真实全面，才能进一步增强受众对新闻报道承载价值的认同，可见新闻事实不仅是认同的载体，也是认同诉求的外在呈现和显性层面。当前，网络传播“把关弱化”“后真相”等现象反映出新闻媒体引导公众“事实”认同的难度明显增大，这也是新闻媒体引导力建设的首要问题。

2. *中观层面推进舆论上的共识*。“共识”是形成社会建设合力的前提，只有社会成员形成共识，才能进一步增强凝聚力与向心力，激发出行动力。第一，要修复裂痕、重建信任。面对公共危机事件和由此形成的复杂舆情，新闻媒体面向不同的传播对象选择适配的话语体系，在揭示事实真相的基础上，通过在中观层面的“共识”构建，能有效减少社会摩擦，削弱社会转型过程中产生的离散力，以修复社会心理裂痕，重建公众信任，并扩大主流意识的版图。这对于形成正确的价值判断，促进社会健康、良性发展，具有积极的现实意义。第二，要回应关切、引导舆论。现代社会对个体的尊重以及利益格局、价值取向的分化，形成了“多中心”的社会结构。面对外界变化带来的“不安全感”，新闻媒体增强对话与沟通，通过积极的话语表达推进认同，实现从“强制性认同”向“协商性认同”的范式转移，以构建新的“共同体”，成为减少不确定性的有效路径。

3. *宏观层面促成对根本制度与核心价值观的认同*。在我国，对根本制度与核心价值观的认同是新闻媒体引导力的更高目标，也是新闻媒体的政治自觉。这一新闻媒体引导力的宏观诉求是复杂国际形势的必然要求。具体说来，包括以下几个方面：第一，对国家的认同。新闻媒体推进国家认同，就应该激发全国各族人民为实现中华民族伟大复兴的中国梦而团结奋斗的强大力量，这既是政治家办报办台的主要支点，也是马克思主义新闻观的现实要求。第二，对根本制度的认同。我国实行的是中国共产党领导的社会主义制度，对于根本制度的认同就是对中国特色社会主义制度、道路、理论的认同。根本制度具有顶层决定性，是制度体系之纲。如果没有公众对于根本制度的认同，再完备的制度体系设计也无济于事。新闻媒体发挥引导力，准确而生动地阐释党的路线方针政策，使公众自觉接受与拥护党的基本理论、基本路线以及基本方略，推进政治系统不断优化与提升决策的科学性，这也是新闻媒体在党治国理政、安邦定国过程中发挥重要作用的具体体现。第三，对核心价值观的认同。社会主义核心价值观从国家、社会、公民3个层面出发，是中国社会现代化进程中价值多元整合的黏合剂。弘扬、宣传并推动社会公众对社会主义核心价值观的认同，是新闻媒体引导力实现的重要方面。第四，对中国方案的认同。我国新闻媒体特别是主流新闻媒体，通过加强自身渠道建设与借助国外新媒体平台，积极改进话语表达，构建融通中外的对外传播话语体系，推进中国方案为国际社会认同的目的，就是为中国发展建设营造良好的国际环境。中国新闻媒体不仅要展示一个真实而全面的中国，让世界认识中国，还应向世界阐释全球治理的中国方案，让世界了解中国，从而实现更高层次的人类命运共同体的构建，这也是中国新闻媒体在国际舆论场中实现引导力的题中应有之义。

（黄馨茹　摘编）

三十三、《人工心智新闻的概念、原理及应用价值》

唐铮、湛超越，《新闻爱好者》2021年第2期

人工心智新闻是依靠人工心智技术进行采集、生产、传播的更高时效性、更真实客观、更人性化表现的技术驱动型新闻。人工心智新闻以人工心智技术为基底，所有新闻采集、生产、传播等皆发生在人工心智的技术场域中，所有过程都有人工心智参与，且具有强关联性、强真实性等显著特征。5G技术的普及运用将直接提高大数据技术的成熟应用水平，推动人工智能快速发展，提升AR（增强现实）和VR（虚拟现实）的应用功能，由此实现万物互联、万物皆媒，这已经成为新闻传媒应对变化的共识。人工心智新闻概念的提出时间虽短，但发展势头不可小觑。基于新闻业实践层面此前跟随科技升级而发生的颠覆性变化，亟须对人工心智新闻的原理及价值进行未雨绸缪的探究。

人工心智的本质是建立在对人类神经网络认知基础上的模拟技术系统。为了达到和人类一样的工作效果，人工心智必须利用仿生学原理了解并模仿人类的神经系统及心智内容，综合来看，其基本元素至少包括人工感知、人工情感、人工意识三部分。人工心智新闻并非另起炉灶，而是对现有人工智能新闻的升级和深化。人工心智新闻的实践应用从两个角度进一步深化对新闻业的改变：一是相对于当下人工智能新闻实现“旧有的延伸”，二是基于人工心智技术的新进展实现“全新的出现”。“旧有的延伸”主要体现在新闻的生产和分发领域。“全新的出现”体现在新闻采访和编辑策划层面，是对原本完全由人工进行的新闻实践领域的首次技术性介入。

人工心智新闻作为新闻的全新实践领域，就如同移动互联时代的社交媒体和算法分发一样，为开创全新新闻实践方式提供了可能。既会带来观念上的更新，也会带来实践上的颠覆性改变。从逻辑上看，人类社会对新闻的要求无限趋近于高效快速和真实准确，而当技术能力可以实现这一愿望时必然会发生对传统人力领域的挤占，这已经在无数领域的发展中得到验证。从这一角度看，人工心智新闻既是对传统新闻业的提升，也在孕育全新的新闻模式。然而，人工心智新闻本身在改写新闻业的同时，也会带来新的问题。新闻是具备公共价值的高度社会化信息产品，此前人工智能在社交媒体平台和算法分发平台上应用时带来的信息极化偏差和“信息茧房”现象，已经证明了“技术中立论”在新闻领域的理论性破产。而人工心智新闻随着技术能力的进一步强大，在重构新闻业与人类社会之间关系，促进新闻业发展的同时，也必然带来新的问题。

基于未雨绸缪的目的以及客观存在的伤害，新闻从业者应吸取此前移动互联时期对技术发展不敏感而导致丧失过多主动权的教训，提早了解人工心智技术，提高对新闻事件的敏感性与前瞻性、对新闻报道视角的独特性与系统性以及对新闻题材选取的合理性与充分性、对新闻道德伦理的正确性与坚定性的能力，在人工心智“不能”的部分中彰显媒体人的主体性地位，使得人的价值理性与人工心智的工具理性得以深度融合，构成良好的“人机协同”模式，促进新闻业良性发展。同时，新闻业管理层需要对人工心智技术对新闻业的进一步侵入具备前瞻性管理意识，在制度、机制、媒体结构等顶层设计中进行必要的预置，以免当技术过度介入的时候，无法作出及时的应对，影响新闻舆论引导格局。如何避免人工心智在新闻领域伤害甚至威胁到人类的相关伦理问题，也值得更加深入地探讨。

（黄馨茹　摘编）

三十四、《平台社会语境下中国网络国际传播的战略和路径》

张志安、李辉，《青年探索》2021 年第 4 期

国际传播能力既是国家软实力的重要构成，也是现代国家能力的主要体现。随着我国逐渐走近世界舞台中心，在全球政治、经济事务和文化交往中发挥越来越大的影响力，更加需要建构与国家实力匹配的国际传播能力。

2021 年 5 月 31 日，中共中央政治局就加强我国国际传播能力建设组织集体学习，习近平总书记强调提升国家参与全球传播能力的重要性，并提出“展示真实、立体、全面的中国”的重要任务。这一要求主要基于全球权力格局与全球传播秩序的深刻变革，对国际传播提出了全新要求和系统阐述。当前，世界正经历百年未有之大变局，全球政治和经济权力正在逐渐从西方转向东方，逆全球化、民粹主义、贸易保护主义抬头。以互联网、社交媒体和人工智能为代表的信息

技术革命，正在重塑全球传播景观。尤其是脸书、推特、优兔等超级互联网平台正在逐渐主宰全球传播，打破了原先主要由专业新闻机构和影视文化产业所主导的国际传播模式。因此，有必要在新的全球信息传播秩序语境中，重新思考我国网络国际传播的战略和路径选择。

平台是指一种旨在组织各类第三方用户之间交互的可编程的数字体系结构（Architechture）。技术层面，它指向诸多可兼容的应用程序（App）所依赖的硬件构架（Infrastrucutre），允许第三方基于这个构架开发新的功能，具有基础性、可靠性和不可见性。在经济和社会层面，平台则指向把第三方行动者联系起来的开放和互动的数字空间。平台逻辑决定了它具有一定的“殖民性”，也支配了21世纪以来互联网发展历程。苹果、亚马逊、谷歌、脸书与微软等控制信息传输节点，超大型平台逐渐演化为如交通、电力、邮政和电信等类似的社会基础设施。移动网络技术发展对平台的兴起具有革命性影响，它使得地理定位和其他感知数据可以被商业使用，也进一步推动了超级互联网平台的基础设施化趋势。社交媒体平台的基础设施化对于传统新闻业的信息传播模式和生存方式带来深刻挑战。以脸书、色拉布、谷歌和推特为代表的科技公司迅速取代大部分传统媒体的角色，并通过对分发渠道的控制很大程度上主宰了新闻业的存在形式和发展模式。

随着移动互联网的深入普及和数字化生活场景的深度嵌入，“人人都有麦克风”的传播格局进一步向“广泛连接”“永久在线”深入发展，社会呈现高度媒介化特征。全程媒体、全息媒体、全员媒体、全效媒体使媒介化生活与真实生活更加融为一体，并以全景化、碎片化方式嵌入日常生活领域。大型社交媒体平台已成为国际传播实践的重要渠道和空间。传播的社交化、视频化、智能化趋势，使得平台社会语境下的国际传播呈现内容形态边界的模糊和国际传播元素的交织、视频化成为资讯传播的主流与服务的基础、技术驱动下国际传播行动主体的多元化等新的特征。

平台社会的到来为中国国际传播能力建设提供了新的契机和传播场景，也对我国网络对外传播的战略与路径选择提出了新的要求。虽然互联网平台能够扩大国际传播主体的范围和中国故事的可见性，但并不意味着所有传播主体在平台上具备同等的传播能力。规划和完善中国网络国际传播战略，需要更好地把握平台逻辑和平台社会语境，而不能仅仅把平台视为一种新增的传播渠道。平台语境中的网络国际传播，除了大力推动各类传播主体积极参与平台公共领域、参与平台公共话语和平台社群互动之外，更应该基于平台逻辑对于国际传播的理念和实践作出调整，丰富中国故事的叙事空间。

我们认为，应该加强对平台社会语境和平台逻辑的把握理解，进一步发挥各类行动主体在互联网平台上的对外传播能力，着眼于中长期，形成多层次、立体化、可持续性的网络国际传播力量。从战略和路径选择来看，平台社会语境的网络国际传播，可重点从以下方面切入：激发不同主体参与网络国际传播，强化主流媒体社交账号运营的平台思维；支持中国互联网平台的海外业务发展，提升中资企业的网络国际传播能力；培育各类网络意见领袖，鼓励青年网民通过海外互联网平台积极参与国际传播；探索和优化网络国际传播的框架和话语，突出呈现“发展中国”“复杂中国”；突出故事化表达和生活化视角，做好国际受众的网络分层传播。

（黄馨茹　摘编）

三十五、《中国智能媒体的使用现状及其反思》

韦路、左蒙，《当代传播》2021 年第 3 期

智能媒体技术研发和产业发展，不仅关系到能否掌握舆论战场主导权、做大做强主流舆论，也事关新旧动能转换和数字经济发展。当前，与人工智能以及智能媒体相关的研究成果，大多是从技术趋势、产业发展与行业应用等角度出发。本研究旨在从用户的角度出发，了解中国用户智能媒体的使用现状，分析用户有关智能媒体的认知、体验、态度和行为，以期对智能媒体的健康可持续发展提供有益参考。

调查数据显示，超过九成的受访者消费过人工智能产品，五成以上的受访者相关支出在 1000 元以上，人工智能产品与服务的消费正成为一种社会潮流和新常态。与此同时，近六成的受访者使用过人工智能产品，其中超过半数的受访者使用智能音箱获取新闻信息；近七成的受访者使用过智能应用体验新闻报道，说明中国已进入智媒时代。但不同群体在智媒素养、智媒使用、智媒使用感受、智媒消费以及智媒预期的付费意愿等方面存在显著差异。智能媒体使用呈现出显著的年龄、教育、收入和城乡差异。同时，还存在智媒消费、智媒情绪、智媒素养的差别。受访者认为人工智能技术的积极影响主要体现在形式层面，如增强画面感、现场感和沉浸感等。同时，人工智能技术对于增强内容的真实性、权威性以及对抗虚假新闻和谣言等方面的助益相对有限。如何充分利用人工智能技术、提升内容层面的积极效用是后期的重要着力点。随着人工智能技术在新闻生产中的应用，受访者最为关注人工智能技术造成公众的信息来源单一和信息冗余而导致信息茧房。此外，如何防范智能媒体在隐私安全和人文价值方面的风险也刻不容缓。受访者认同人工智能技术在信息采集、编辑制作、内容发布、用户画像、舆情监测、线索搜集等多个环节，能够对新闻工作业务发挥更加积极的影响。但是，受访者对人工智能技术在策划调查写作方面的功效并不认可。如何充分利用传统模式与智能模式的优势并在不同环节促其融合，是新闻工作业务改革的重点。在报道对于数据的准确性和硬性的知识储备要求较高，诸如财经、体育、健康、科技、娱乐等内容的新闻时，受访者更加青睐人工智能辅助模式，而在报

道需要较强的逻辑思维、主观判断能力、大局观以及洞察能力的时政、国际、军事、法治、社会、教育、文化等领域的新闻时，受访者仍旧对传统的人力模式偏好明显。尽管人工智能技术在媒体和新闻工作的各个环节应用广泛，但是人工智能技术在媒体中的定位仍然相对模糊，受访者对人工智能在新闻生产中扮演主导者的角色仍持保留和观望的态度。发展前景方面，受访者表现出较为强烈的人工智能产品预期支出意愿。高达97.8%的受访者表示愿意为人工智能设备买单，仅有2.2%的受访者没有这方面的消费意愿。超过六成的受访者消费预期支出超过1000元，超过两成的受访者消费的心理预期支出超过5000元。人工智能产品和服务市场前景广阔，未来有待开发和拓展更多符合用户需求的智能媒体产品，提升智能媒体发展水平。

智能媒体产业发展中所暴露出的一些问题以及潜在的社会风险仍旧需要引起高度的重视。无论是作为主要市场参与主体的媒体机构和消费者，抑或是肩负监管和维护市场秩序责任的政府，都需要有所作为，以期推动智媒产业健康可持续的发展，促进智媒技术与产品的完善创新，实现人工智能技术与传统人力模式的有机结合与互动。媒体政策方面，一是要始终坚守人文主导，二是要合理布局重点领域，三是要全力提供优质内容，四是要创新拓展媒体服务。政府政策方面，一是要重点研发核心技术，二是要大力发展智媒产业，三是不断加强智媒治理，四是参与制定国际规则。公众政策方面，一是要提升智能媒体素养，二是强化权利保护意识，三是形成正确智媒观念，四是追求理性使用行为。

（黄馨茹　摘编）

三十六、《全现场：场景转移趋势的诠释与展望》

李岭涛、李皓诺，《现代传播》2021年第3期

科技的发展让虚拟世界逐渐成为人们工作生活的重要组成部分，虚拟世界衍生于现实社会的本质决定了二者的融合是一种规律性趋势。实践证明，虚拟世界与现实社会融合的速度越快、质量越高，对社会经济发展的推动作用越大。因此，加速二者的融合速度、提高融合质量是今后很长一段时间的重要任务。场景转移是二者融合的关键载体和渠道，把握场景转移的趋势和规律对于促进它们之间的融合有着重要意义。

受众对场景转移的感知分别从听觉、视觉、嗅觉和触觉等基本生理需求和喜怒哀乐等心理需求两个方面进行。随着受众主体意识的快速觉醒，他们对场景转移的要求越来越高，对现场真实的追求也越来越高，他们不但要求满足生理的需求，而且要求满足心理的需求。受众的这种需求变动规律在技术进步加持下正在催化全现场趋势的显现。全现场既是场景转移的一种趋势，又是场景转移实践的一种崭新理念。全现场趋势的作

用力正在逐步消解传统场景转移的缺点和不足，让受众对场景转移的感知具有整体感、全面感。全现场的趋势展现了媒介或者是场景转移对受众自身能力不足的弥补和需求的满足。因此，从场景转移的过程、特点和受众需求对其的要求看，全现场有着丰富的内涵和外延，主要包括全视角观看、全空间收听、全方位接触、全流程参与、全感官体验。

场景转移处于一种动态发展的状态之中，由于受众需求变动、技术进步和媒体形态演变的推动，这种动态呈现越来越剧烈的态势。适应全现场的趋势，把握全现场以下4个方面的不同要求，将十分有利于场景转移的健康、可持续发展。

1. 时间维度上关注全程。场景转移应高度重视国家的移动优先战略，利用移动媒体和其他技术的综合作用，对场景和现场的进程进行全链条跟踪和同步转移，让受众能够全链条、无滞后无延时观看。在场景转移过程中，要克服两种倾向。一种是以全程为借口，在整个场景和现场发展的链条上平均用力，自己眉毛胡子一把抓，让受众无所适从抓不住重点。另一种是以重点突出为借口，只关注部分环节和节点，忽视场景和现场的整体性，造成场景转移的现场失实。

2. 空间维度上追求全息。场景转移必须以无遗漏、无空白、无盲点的全息覆盖为目标，既关注场内，也关注场外，还要关注场内和场外之间的关系，促进场内和场外之间的互动。一方面，做到全方位、全视角采集场景和现场的信息，做到采集真实；另一方面能够全面、完整地向受众展示、传播采集到的信息，做到传播真实，从而降低现场失真、失实的程度，有效提高对空间的仿真程度和效果。

3. 主体维度上保障全员。主体维度可以从两个方面理解，两个方面的理解具有对立统一的意义。一方面，把受众作为场景转移的实施主体。全员代表着万物皆媒、万人皆媒，应通过让每个人都成为场景转移的实践者来最大限度提高转移能力，丰富转移内容，提高转移质量。既要重视普惠制的场景转移，也要重视长尾化的场景提供，用全员做到所有场景无遗漏、所有需求有针对；另一方面，把受众作为场景转移的接收主体。既研究现实需求，也研究如何把潜在需求转化为现实需求，用无限丰富的场景提供和千人千面的策略使受众各类需求都得到满足。

4. 效能维度上实现全效。场景转移要利用各种措施提高效能。一是手段要丰富。比如文字、图片、音视频、直播等，不管是传统的还是新兴的，都要拿来主义，多多益善，用这些手段来使场景转移更加丰富，更加立体。二是渠道要综合。要利用移动化、分众化、碎片化等各种渠道进行转移，让场景转移更加直观、更加便捷。三是功能要复合。场景转移不能像传统的媒体转播那样功能单一，仅仅是满足受众收看信息的需求。比如可以通过场景转移帮助受众实现社交的目的，甚至通过场景转移使受众实现经济收益，从而让受众干一件事情就能够获得各方面的体验感。四是效果要多样。受众沉迷的是视听文本升级后的传达与反馈系统，在场景转移中要让受众能够充分参与、互动、共享，能够在如前所述的听觉、视觉、嗅觉、味觉等各方面都有获得感。

（黄馨茹 摘编）

三十七、《智能新闻生产：媒介网络、双重的人及关系主体的重建》

吴璟薇、郝洁，《国际新闻界》2021年第5期

近年来，基于大数据与人工智能的智能媒介技术的广泛应用，正在全面重塑和再造新闻与资讯的生产、分发、用户互动与评价等全部流程环节。在这个激烈的变化过程中，社会媒介系统的结构与权力关系发生了深刻的变化，对“人是媒介的主体”的传统观念形成了明显的冲击。这种激烈的变化引起了学界的多重反响。对新技术条件下新闻生产的研究主要集中在以下三部分。

第一类研究从技术主体性的角度出发，强调智能媒介技术在效率上的巨大优势。第二类研究则更深入讨论智能媒介技术在新闻生产、分发、用户互动与评价方面的深度应用，以及这种应用所带来的社会后果和伦理问题，并在这个基础上重申人的主体性。第三种视角试图调和人和技术之间的对立关系。

本文从“媒介网络”的理论视角，跳出“新闻分发”和“新闻编辑室”这两个主要论述领域，从媒介本体论的角度重新审视智能媒体的智能生产/自动生产的概念以及一些关键侧面的微观操作问题，将现有研究中较为忽略的智能媒介技术情境下的广义“新闻生产”过程纳入讨论；在此基础上，透过“媒介网络”理论来重新审视智能媒介技术、计算机网络和人类主体之间的关系，以此帮助我们进一步理解当下的媒介情境，并尝试提供具有启发性的解决思路。

本文首先讨论了智能媒介平台在长时段历史情境中的历史地位，提出从媒介本体论的角度来看，智能媒介平台实际上共享了计算机产生以来的技术构架，它们的运行基础仍然是基于命令、数据和地址的“处理、传输和存储”的媒介网络。智能媒介平台最大的变化，在于其在“寻址、处理和存储”的3个环节都增加了人工智能，但这种改变并没有转变智能媒介技术在媒介本体论层面的基本主体性特征。

如果从媒介网络的视角来仔细观察智能新闻聚合网站的微观生产的发展历程，可以看出从Web 1.0时代的页面新闻到当下智能媒介技术主导的新闻聚合平台，“人”在媒介网络主体中的位置正在作系统的迁移：在广义新闻与资讯生产层面，人和人工正在渐渐脱离核心位置。虽然出于政策监管要求，大量的网络内容审查人员重回“把关”位置，然而和内容信息的庞大数量、整个媒介网络的巨大体量相比，在内容层面的“人”的重要性在急速降低。只有在智能媒介技术

开发层面，人的投入量在急剧增加。然而，这种迁移无论方向如何，都并未改变一个基本状况：在智能媒介网络中的所有人和物，都在为以算法为核心的智能媒介网络主体的“永存”而服务。

因而，如果以大众传播时期的部分媒介实践经验，来讨论如何在智能媒介技术时代重新伸张人类主体性，可能会面临众多的困难。在技术媒介通过自主性增长日益把人变成技术媒介网络“配件”的情况下，人一直处于一种双重的位置：就微观工作层面而言，无论是个人还是群体都对自己的工作具有相当程度的掌控性；然而，就整个媒介网络层面而言，无论是个体还是群体，都成为媒介网络系统的一部分，或者成为多重媒介网络组成的媒介网络系统的一部分，从而被整个媒介网络运转逻辑和技术媒介的演进逻辑影响。

智能媒介平台目前被广泛质疑的“个体定制化信息生产和推送”，在初期反而被技术乐观主义者看作一种“以人为本”的智能化媒介实践。在智能媒介平台的微观生产与社会后果两大层面都越来越体现出支配性的情况下，重提文化技艺并非主张退回到非媒介技术时代（这既不可能也不必要），也并非要在主体—客体的二分思维下，重新伸张作为主体的人对于作为客体的智能媒介的掌控（如上文所述，这也不太可能）。探讨的方向之一，可能在于从网络关系本体论的视野出发，一方面承认技术媒介的强大自主性，另一方面思考智能媒介技术和平台如何能够生成可以连接个体、群体且能够形成群体性差异、具有“培育性”的操作和实践。

（黄馨茹　摘编）

三十八、《媒介技术的社会选择及价值维度》

李凌、陈昌凤，《编辑之友》2021 年第 4 期

当下，媒介技术发展呈现以下 3 个方面的主要动向。第一，媒介技术的具身化。从身体与技术的关系来看，媒介技术正经历从离身化向具身化的转变。报纸、广播、电视等大众传播技术以他异的中介物形式延展了身体的视觉、听觉和知觉等官能，是离身的媒介，而移动互联网技术、可穿戴设备、虚拟现实技术等新一代媒介技术，呈现出与身体融合的特征。技术具身不仅在功能上更高效便捷，在体验上更舒适，更符合人们对新闻获取的临场感、贴身式和个性化的需求，而且更能体现技术作为人的存在方式之一部分及与人须臾不可分离的特征。现阶段媒介技术的具身化，体现为移动化、视频化和沉浸式。第二，媒介技术的智能化。得益于算法、算力和数据规模的突破性发展，人工智能技术成为构建互联网社会的底层支撑技术。人工智能与传媒行业的深度融合，在信息生产、分发和互动领域正带来一场向着以智能化、自动化、个体化为主要特征的范式革命，构建了数据来源个体、面向个体传播、以原子化个体为基本单元和枢纽的新型传播格局。第三，媒介技术的融合化。技术

只有不断重新组合才能得到创新发展，这一源自熊彼特将各种生产要素进行重构以产生创新的理念，事实上已成为当代媒介技术发展演变的重要方法论。只不过，现在更倾向于将不同技术模块的重组称为融合，媒介技术的融合化为传媒行业的革新带来了巨大的动力。媒介技术的融合化，主要包括 3 种形式，即新旧技术的融合、新技术在传媒行业的应用、不同媒介技术的重新组合。

技术资源通过生产、维护和处置的链条，转化为人工制品、人造物，尤其是物联网和人工智能的迅速扩张以及数字技术具备显著的中心性，使媒介的物质性成为分析的中心，却常常忽略了伦理问题。媒介技术的发展，是一个有所为、有所不为的社会选择过程，其中集合了“社会的价值观、国家意志和公众对待技术的态度”，包含着重要的价值维度。

1. 公共性与个人性。在技术的公共性和私人性之间，我国选择了服务群众的公共性。在移动互联网的信息浪潮下，面对媒介技术落后、传统用户流失等问题，很多主流媒体在选择技术路线时，都会将技术公共性、大众化和服务性放在首位，致力于如何通过媒介技术的创新凝聚社会共识、增强公众的共同行动能力，而放弃采用那些能够带来更多用户和更高收益的个体化技术。两相对比，尽管主流媒体在技术竞争上暂时处于下风，但由于坚持了公共性方向，在互联网舆论引导方面，主流媒体仍然发挥着澄清误解、凝聚共识、引领方向等重要作用。

2. 功利性与价值性。在媒介技术的社会选择中，技术的实用性和好用性，往往会成为第一位的考虑因素。近年来，在“科技向善”“算法善用”的框架下，媒介技术的价值维度得到了学界、产业界的普遍重视。以人为中心、尊重人格尊严、安全可靠、保护和增进个体自由、维护社会公平正义、增进人类福祉、促进可持续发展等价值理念，成为指导媒介技术智能化、具身化发展的重要原则。例如，针对算法歧视问题，很多算法工程师探索研发更具有公平性、透明性、可解释性和可审计的算法技术，甚至想方设法把公平的价值理念编码到算法中。将价值维度纳入媒介技术的社会选择，在技术上具有可行性。

在顺应媒介技术具身化、智能化和融合化发展趋势下，有必要规划媒介技术发展方向，突出媒介技术的公共属性和价值蕴含。一方面，在制定媒介技术发展政策和引领方向时，除了要大力发展具身化、智能化的自我技术外，还应注重更具公共性的媒介技术的开发；另一方面，媒介技术社会选择，是政府、企业、专家共同体、社会公众多方利益表达、互动、博弈的结果，制定媒介技术发展规划，推动关键技术攻关，不仅要依靠市场自发对资源进行配置的基础性作用，还需政府、专家共同体和公众主动自觉的参与和智慧。

（黄馨茹　摘编）

国家重点实验室年度进展

人民日报人民网传播内容认知国家重点实验室工作综述

2021年是人民日报人民网传播内容认知国家重点实验室（以下简称“实验室”）建设关键期，在中宣部、科技部指导下，人民日报社编委会领导下，人民网加大投入支持实验室积极攻关、扎实工作，取得阶段性成果。实验室发展路线进一步明晰，组织架构进一步健全，科研工作有序开展，原创成果持续产出，院校合作形成机制、人才集聚效应显现，基础支撑更加坚实，基本实现常态化运转。

一、工作进展

1. *面向国家重大战略需求，明晰科研重点，加强应用基础研究。*实验室立足主流价值观精准传播、内容智能审核、网络空间内容态势感知3个研究方向，重点探索基于大数据和人工智能的跨媒体传播内容认知关键环节，突破面向复杂舆论场的人机共融舆论机制等核心科学问题，构建可计算、可感知、可认知、可运用的人工智能技术体系，打造以关键技术、核心系统、服务平台、应用示范为一体的项目结构。

实验室加强应用基础研究，致力于将科研成果转化为现实生产力，推动人工智能技术在传播内容认知领域的突破和创新。开展主流价值观理论知识体系、可解析可溯源的主流价值观知识引擎、细粒度主流价值观量化方法与计算模型、多维度多尺度传播内容认知模型等研究工作，推动主流价值观内容的认知智能化；面向传播内容安全，开展全媒体内容信息处理与语义解析、多角度内容风险智能检测、大规模跨模态内容检索与知识推理、人工智能伦理与算法安全等研究工作，推动全媒体内容风控能力提升；开展内容传播科学基础理论与方法、网络空间信息传播与全域态势感知、社交媒体情感认知与计算、网络用户与群体画像、全媒体内容推荐分发与场景化传播、网络空间智能引导与群智决策、网络空间多维治理体系构建等研究工作，推动网络内容生态领域健康有序发展。

2. 培养造就高水平人才队伍，鼓励学科交叉融合，激发人才创新活力。实验室采用“全职＋双聘＋兼职”的形式，组建稳定、开放的科研队伍；科研工作实行“学术＋工程”双轨制，推动业务需求和科学研究相结合；组建科研管理团队，为科研工作高效开展提供全方位支持和保障；联合多所知名高等院校参与实验室跨学科应用基础研究；聘任高端学术人才围绕实验室研究方向开展深入研究；鼓励计算机科学、传播学等科研人才跨专业学术交流，开展社会科学与智能科学的交叉研究，促进高水平科研成果持续产出。

实验室不断扩大与国内一流科研院所、高校、企业的合作，建立互动机制，联合培养高水平科研人才，构建有效的产学研合作机制，建立可持续发展人才培养机制：与合作高校共建人才培养平台，已联合培养多名硕士研究生，拟建立“研究生培养部”，共同培养博士研究生；新建“人才工作站”运行模式，采用“虚拟＋实体”的形式，在实验室设立合作交流区，在合作高校设立联合研究中心，成立工作站委员会，全方位保障人才交流工作顺利开展。

3. 贯彻落实创新理念，健全运行管理体制机制，构建一体化科技创新平台。实验室实行人财物相对独立的管理机制和“开放、流动、联合、竞争”运行机制，不断强化技术与体制机制创新。

实验室坚持开放、共享，为社会各界同行业提供相关的研究，提升实验室在本领域的学术地位和影响力。强化实体化建设，实验室持续招聘引进聘用人员，开展科研活动，加大投入科研经费，调配先进资源，创新建立了核心科研人员相关成果转化体制，构建“产学研用一体化”运行模式。健全主任负责制，加强内部建设，努力提升管理水平，不断完善各种规章制度，实现“用制度管人”和“用制度管事”。营造良好科研环境，吸引和集聚优秀人才来实验室交流、学习和开展合作，组织开展高水平的学术交流，承办全国性学术会议，吸引知名高校的专家学者到实验室进行交流合作。加强科研作风学风建设，大力弘扬新时代科学家精神，营造风清气正的科研环境。建设科研伦理体系，实验室逐步建立健全科研诚信审核、科研伦理审查等有关制度，探索技术赋能内容产业发展，促进内容生态健康有序发展。

4. 建立内容科技联盟，创新媒体产业合作支撑体系，加强产学研用合作。实验室集聚人才、技术、数据等优势资源，建立以人工智能为核心的内容科技体系，面向国家重大需求，针对传播领域重大科技问题开展合作研究。2021 年 11 月 24 日，在中央网信办网络传播局指导下，由人民网联合业界共同发起，汇集 70 余家全国媒介大数据行业、舆情服务行业及相关单位、企业和专家学者等成员成立“内容科技联盟”。

实验室以“内容科技联盟”为平台，探索新型基础设施与媒体产业的应用，坚持开门强技术，与科研协作圈、产业合作圈、行业发展圈开展深度合作，依托“内容科技联盟”，围绕科技赋能内容产业发展，共同探索全媒体时代内容传播规律，搭建内容产业全链条的技术合作、数据共享、人才交流、产业发展平台，探索技术赋能内容产业的新业态、新应用、新服务，着力构建全方位、多层次、宽领域的开放格局。

二、研究成果

目前，实验室自主研究课题共有 23 项，开放课题有 7 项；牵头承担国家重点研发计划项目 2 项、参与国家社科基金重大项目 1 项；产出多项高水平学术论文、发明专利等；主导编制并发布人工智能产业发展联盟标准 1 份，形成传媒行业第一个云端 AI 芯片评测标准，为传媒行业的智能算力应用提供规范和指引。另外，实验室与中国科学院计算技术研究所合作的“人民网—中科睿鉴新闻可信度识别支撑系统”的核心技术“开放环境下数字伪造内容检测关键技术与服务平台建设”荣获 2020 年北京市科学技术进步奖一等奖。

三、科研亮点

实验室坚持“四个面向”，以解决国家文化宣传领域理论和技术支撑难题为使命任务，产出战略性、关键性、原创性重大科技成果，用技术赋能主流价值观在思想引领、文化传承和服务人民等方面的全方位作用，助力媒体融合向纵深发展。实验室首先以人民日报社、人民网作为科学问题凝练、科研成果应用示范和转化的重要场景，现有多项研究成果已在内容聚合分发、内容风控和网络空间治理等业务线上进行应用示范验证，正进一步凝练需求、修正科研工作方向，打造核心产品拟面向行业进行应用推广，如涉政论述智能勘误系统、党史云知识图谱、网上群众工作大数据分析系统等。其中，网上群众工作大数据分析系统利用自然语言处理和人工智能技术，研制建立面向网上群众工作数据的大规模层级标签体系，构建网内网外“一盘棋”，提升基层社会治理的“精准度”，推动社会“治理”变“智理”。

四、发展规划

未来，实验室将继续贯彻习近平总书记关于重组国家重点实验室工作的重要指示精神，聚焦国家重大需求，支撑国家发展全局，加快建成国家战略科技力量，为不断巩固宣传思想文化阵地、壮大主流思想舆论赋能，更好地承担起举旗帜、聚民心、育新人、兴文化、展形象的使命任务。

实验室案例

涉政论述智能勘误系统（智晓助）

基于党史文献数据、《人民日报》党的十八大以来的数据，利用知识抽取、预训练语言模型、无监督对比学习等人工智能技术，研制针对涉政表述内容特点的涉政本体自动抽取技术，构建权威的、持续更新的涉政论述知识图谱体系。

在涉政论述知识图谱的基础上研发涉政论述智能勘误系统，基于内容场景化关联的语用分析，联动语言模型和知识图谱，实现语义嵌入与图谱推理，对文字错误、语义错误、逻辑错误等多个层次的内容错误进行检测和校对。系统支持原文比对、规范性涉政论述检测、人物信息检测、错别字检测、敏感词检测等功能，现在已经集成到“人民审校”产品中，同时还将系统接入人民网稿库系统，未来将进一步拓展应用领域，用于辅助编辑进行内容创作和把关。

目前，涉政论述智能勘误系统（智晓助）相关产品已经正式上线，累计完成内容审核服务调用超150万次，未来将进一步拓展行业应用领域。

（人民网股份有限公司传播内容认知国家重点实验室供稿）

新华社媒体融合生产技术与系统国家重点实验室工作综述

新华社媒体融合生产技术与系统国家重点实验室（以下简称“新华社国重”），作为媒体领域战略科技创新平台，自2019年12月11日挂牌运行以来，聚焦人工智能等先进技术在新闻生产全流程应用，围绕跨媒体大规模感知认知信息分析与推理、人机协同复杂问题分析响应及评估两个方向，开展媒体融合生产技术应用基础研究。

2021年11月6日，习近平总书记在致新华社建社90周年的贺信中指出，要“努力建成国际一流新型全媒体机构”，媒体融合生产技术与系统国家重点实验室作为新华社落实习近平总书记指示的“先导工程”与“引擎项目”，着力推动通讯社数字化转型，以系统性创新解决媒体融合中的共性关键问题，构建新型全媒体机构技术体系。同时，探索建立面向媒体融合的公共服务与产业发展新理论、新模式，“用主流价值导向驾驭‘算法’，全面提高舆论引导能力，提升和优化治理效能”。结合新的时代条件传承和弘扬好中华优秀传统文化，以科研创新成果赋能国内、国际传播能力建设，提升国家文化软实力、中华文化影响力。

一、构建有新华社特色的国重模式

为进一步健全完善国家重点实验室工作机制，新华社党组制定实施国家重点实验室建设改革方案，优化国家重点实验室理事会领导架构，完善理事会运行机制，提升议事决策效力，强化国家重点实验室在建设运行人财物资源方面的统筹。同时进一步强化实验室实体化建设，安排总社直属企业、新华社全资公司新华融合媒体科技发展（北京）有限公司作为实验室独立运营主体，构建“产研用一体化”运行模式，协调新华社各部门、单位科研力量设置的7个研究单元，有效推动了全社技术资源一体融通、高效共享。

新华社国重建立科技成果转移转化管理制度，建立健全科技成果转移转化重大事项决策机制，加强科技成果转化专业化队伍建设，优化科技成果转化流程，为转移转化提供有力支撑。

二、组建业界领军的研究团队

形成一支业界一流、结构合理的人才队伍。着力引进领军人才，聘请在人工智能、大数据、应用数学等领域有影响力的海内外科研院所、高等院校专家学者担任实验室首席科学家和实验室特聘研究员，新华社为国家重点实验室科研人员职称评聘、在京落户、周转住房等争取政策支持，开通“绿色通道”，创造科学家、研究团队和青年人才“拎包入驻”的科研环境和生活条件；广泛聚合社内骨干，形成百人规模研究团队；启动博士后科研工作站，建立同高校联合招收和培养博士后研究人员的机制；与北京大学签订战略合作协议，贯通基础研究、应用研究、前沿媒体技术突破与应用创新，打造跨学科交叉的协同科研平台，构建产学研相结合的全球媒体传播领域的世界级战略科技力量和原始创新能力；发起成立“5G 融媒体应用生态联盟”，与北京大学、三大运营商、中国信通院、中兴、华为等产业链上下游伙伴共同探索 5G 环境下信息传播新范式，打造全媒时代跨界融合新生态。

三、开展围绕媒体融合生产的科学研究

2021 年，新华社国重重点围绕人工智能在新闻生产全流程中的应用，开展科研技术攻关，作为牵头单位，承接“文化科技与现代服务业”重点研发项目。承接的 3 项国家社科基金重大项目、6 个省部级重点课题研究任务有序推进，完成“用于图表识别的视觉和文本信息融合方法”等学术论文 32 篇；完成“中国夜光系列报告”等研究报告 15 部；获得第四届“绽放杯”5G 应用大赛 5G 消息专题赛一等奖等产品应用及优秀论文方面重要奖项 7 项。发布“中文信息结构化标注规范”团体标准 1 项，获得团体标准立项 5 项，17 项专利软著获得授权，另有 1 项标准提案被国家数字音视频编解码技术标准工作组纳入标准草案。

主办“社会感知与新发展学术研讨会”、第九届中国新兴媒体产业融合发展大会分论坛“主流媒体数字化转型——跨界融合发展”等 10 余场学术活动，协办近 10 场学术交流活动，承办“5G 消息高层论坛”，有效提升实验室影响力。

新华社国重组织实施“基于事件图谱的特定领域稿件知识化研究”等开放课题 16 项，在跨媒体感知与推理技术应用、媒体行业知识图谱构建、媒体综合呈现等领域开展研究工作。

四、推出立足前沿引领实践的创新成果

新华社国重作为一支年轻的技术力量，传承国家通讯社技术传统和技术基因，推动成果转化和创新实践。

（一）在基础研究与技术攻关方面取得突破

1. 以深度融合模型的多种算法为构建基础，与有关研究院所联合构建并发布全球

首个新闻大模型以及首个时政类诗词创作模型。

2. 研发多模态新闻获取系统，搭建突发事件监测和新闻热度预测系统、5G 慢直播平台、太空搜索等多个多模态新闻获取及处理系统。

3. 基于事件间关系抽取，实现事件时序及逻辑发展的自动梳理，构建新闻事件数据库，集成全球权威事件库、新华社新闻数据 + 国外权威媒体数据事件库。

4. 与中国科学院自动化研究所、新华社技术局联合发布“全媒体多模态预训练大模型研发计划”，构建“大数据 + 大模型 + 多模态”的多任务统一学习体系，以及“知识与数据混合驱动”的可信建模方式，打造全栈国产化媒体人工智能平台。

（二）在赋能行业应用方面取得突破

1. 研发的全球首个媒体智能生产平台“媒体大脑”。运用多模态数据处理与视频理解等技术，提出并引领 MGC 机器生成内容行业趋势，赋能全国 1200 多家融媒体机构。

2. 推出的全国最大在线新闻生产平台“现场云”。通过多通道帧同步视频合成、带宽预测及基于图像复杂程度自适应视频编码等多项关键技术，应对新闻直播复杂场景，研发了精准分发“主流算法”，服务媒体机构 4700 多家。

3. 开展空间信息技术和传播学科交叉应用研究。引领“对地观测”到“对人观测”场景创造与模式创新，首创“卫星新闻”融媒产品样态，自主研发的生产流程规范立项为中文新闻信息团体标准，为宣传报道、调查研究等提供高效创新利器；空间信息技术助力媒体融合创新，带来了空天地一体的视觉效果，也拓展了调查分析的更多维度，以空间信息技术解决全球信息感知的战略需求，多篇卫星调查报道引发强烈反响；围绕“脱贫攻坚”主题，拍摄制作国内首部卫星新闻纪录片《太空的见证》，推出首部卫星特色政论片《C 位是怎样炼成的》，以俯仰天地的宏阔视野、穿越百年的独特视角，带领观众从数百公里外的太空展开红色追寻，引发广泛共鸣，成为刷屏之作。

4. 研发“新华全景声”无线蓝牙技术。在声学信号降噪处理、编解码、传输协议栈及数据流互操作四大层面取得重要突破，率先在新华社首部大银幕新闻电影《我们是第一书记》的互联网版本中加入了全景声空间音频算法，制作完成首部“新华全景声（SPACE SOUND）”电影，通过听感体验与视频内容相结合，为媒体传播提供一种新的表现形式，为媒体融合实践提供更加生动的感官体验，从而使媒体传播更具生动性。

5. 推动沉浸式技术在内容生产中系统应用。率先开展面向下一代互联网的超仿真数字环境探索，打造全球首个数字航天员“小诤”；率先将 5G 网络传输和全息成像技术结合，实现异地同屏访谈；率先将虚拟现实、扩展现实等技术运用于主题报道，按照“内容 + 技术 + 灵感 + 美学”持续打造“爆款”产品。

产学研用深度一体化，是新华社国重的鲜明特色和独特优势。依托国家通讯社“媒体中的媒体”整体优势，国家重点实验室的科研工作能够精准捕捉关键共性问题，无缝融入新闻生产传播实践，实现科研成果零距离转化，同时将实验室的创新成果向全行业开放赋能，在主流媒体中充分发挥示范和辐射作用。下一步，新华社国重将按照全国重点实验室建设要求，进一步围绕战略性需求，立足前沿性技术，把基础性研究同应用性研究有机结合起来，更好地赋能新闻采编业务，推动媒体融合发展，为深度融合发展提供更强动力。

实验室案例

卫星新闻与数字记者

新华社以媒体融合生产技术与系统国家重点实验室空间信息技术媒体应用研究团队为核心，集合新华网、新媒体中心部分人员，聚焦空间信息技术与媒体生产的融合创新，通过空、天、地传感器实现信息采集，首创卫星新闻样态与规范化生产流程。卫星新闻是以卫星遥感影像等时空大数据为主要生产资料，结合记者采访素材，融合加工制作的全媒体新闻产品，主题涵盖重大主题报道、监督报道、国际报道等。

卫星新闻是新华社首创、开展空间信息技术和传播学科交叉应用研究，引领“对地观测”到“对人观测”场景创造与模式创新的融媒产品样态，其生产流程规范作为中文新闻信息团体标准已获得立项。在2021年度，卫星新闻持续为重大报道、调查研究等提供服务，以空间信息技术解决全球信息感知的战略需求。空间信息技术助力媒体融合创新，带来了空、天、地一体的视觉效果，也拓展了调查分析的更多维度。

率先开展面向下一代互联网的超仿真数字环境探索，推动沉浸式技术在内容生产中系统应用。基于先进计算机图形学和多样化人工智能技术打造新华社数字记者、全球首个数字航天员“小诤”，以全球领先的实时渲染技术，构筑丰富细致的人物形象和高仿真空间站环境，制作《神舟十二号乘组第二次出舱全纪录》等空间站创新报道、《北京冬奥会中国首金是怎样拿下的》等冬奥系列报道，“小诤”成为目前应用场景最丰富的虚拟数字记者。

“新华全景声”空间音频技术

新华社媒体融合生产技术与系统国家重点实验室视听感知与分析研究团队，结合沉浸式空间音频技术展开探索性应用，率先在新华社首部大银幕新闻电影《我们是第一书记》的互联网版本中加入了全景声空间音频算法，制作完成首部“新华全景声”（SPACE SOUND）电影。该电影是国内新闻领域首次尝试以新闻素材依托电影方式进行融合创作的大银幕作品，影片拍摄耗时3年，幕后拍摄团队深入贫困地区，用一个个真实故事生动刻画第一书记们扎根扶贫一线，用热血挥洒青春、用行动诠释奉献的动人事迹，勾勒出一幅有关青春、奉献、责任、勇气的时代画卷，真实再现了脱贫攻坚背后第一书记们的感人事迹。不少网友观影后评论："第一书记太伟大了！"

随着音频技术的演进，人们对于音频沉浸式体验需求日渐强烈，具有国产化自有知识产权的空间音频技术"新华全景声"应运而生。"新华全景声"是由全景声采集终端系统、音频创作生产平台软件系统、全景声回放重建应用系统三大部分组成的系统型应用。全景声技术是集物理声学、心理声学、微机电系统、电子信息、无线传输、机械结构、材料学等跨多门学科跨多个专业领域于一体的应用工程。当前"新华全景声"技术正围绕视听技术的沉浸式表达展开探索，探索前沿音频信号处理技术与媒体应用相结合，通过听感体验与视频内容相结合，为媒体传播提供一种新的表现形式，为媒体融合实践提供更加生动的感官体验，从而使媒体传播更具生动性。

"新华全景声"技术在赋能媒体终端表达提供核心支持的同时，配合"新华全景声无线耳机"将能够更加真切地感受沉浸式音频带来的极致临场体验。"电影中当第一书记带领群众驱赶狼群时，从四面八方传来的狼叫与犬吠让人一下子就置身其中。"该影片登录各大视频平台后，全长83分钟的影片目前播放量已超过600万次，这也是新华社媒体融合生产技术与系统国家重点实验室独创的空间音频技术首次大规模在视频平台及影视行业应用。

（新华社媒体融合生产技术与系统国家重点实验室供稿）

中央广播电视总台超高清视音频制播呈现国家重点实验室工作综述

2021年中央广播电视总台超高清视音频制播呈现国家重点实验室（以下简称“总台国重实验室”）结合总台“5G+4K/8K+AI”全新战略格局，在超高清视音频制播技术、5G媒体应用技术、大数据人工智能技术和视音频评测技术等4个研究方向上积极开展基础研究、应用示范和应用实践，产生具有行业影响力的核心技术和技术标准，打造具有国际先进水平的我国超高清技术创新链。

一、实验室组建情况

围绕上述4个研究方向，总台国重实验室在总台建立了超高清电视制作技术、超高清电视播送技术、虚拟现实视觉呈现技术、5G媒体应用技术、视听新媒体融合制播技术、新闻融合制播技术、数字音频技术等7个研究实验室，并分别与上海交通大学和广播电视规划院共建了媒体智能技术、视音频评测技术2个研究实验室。总台每年投入5000万元作为实验室专项科研资金。

二、科研工作开展情况

（一）研究项目总体情况

总台国重实验室积极参与国家重大科研项目，近两年来，已成功申报并承担了4项科技部国家重点研发计划重点专项，分别是：“冬奥超高清8K数字转播技术与系统”“4K超高清电视制播系统研制”“基于广播网与5G移动网融合的超高清全媒体内容协同分发关键技术研究”“视听媒体微服务关键技术研究与应用”，以及发改委、工信部“5G+4K/8K超高清制播示范平台”“8K超高清视频制播关键技术和应用推广公共服务平台”2项国家重大技术工程项目。

根据视音频媒体科技发展趋势和国家重大任务需求，总台国重实验室于2021年分两批面向社会公开发布了20项开放课题研究项目，包括4K入水遥控直播系统等关键技术研发、人工智能对4K图像中特定运动物体的识别及直播应用研究等。此外，还部署了“元宇宙”发展前景研究等4项自主课题项目。上述项目均由总台国重实验室和合作单位共同开展研究，目前研究工作已全面展开，其中部分项目取得了良好的科研成果，进入实际应用。

（二）支撑国际国内标准规范制定进展情况

1. 总台国重实验室制作的 4K/8K 超高清电视图像序列获得国际高度认可，其中 65 个超高清电视图像序列已被国际电联 ITU 接收，成为国际标准，广泛应用于国际 4K/8K 超高清电视系统设备技术评估。

2. 总台国重实验室先后研究制定了 5G 媒体应用、4K 与高清电视同播、8K 电视制播、8K 专业解码终端和 8K 大屏呈现等一系列标准规范，成为总台和业界开展 5G 媒体应用、4K/8K/VR 制作分发、4K/8K 频道建设的技术依据。

3. 总台国重实验室还牵头承担或参与制定了 20 多项超高清电视、IP 化制播、媒体大数据等方面的行业标准研究制定任务。

（三）推进超高清电视系统设备国产化进展情况

2021 年总台国重实验室积极推进以超高清电视装备国产化为目标的科技创新工作。

1. 联合华为、京东方、当虹等数十家国内企事业科研机构，开展技术攻关，开发了 4K/8K 电视演播室制作系统和 8K/4K/HD IP 信号交换及调度系统、4K 超高清电视专业监视器、4K/8K 超高清电视多通道收录及存储系统、4K 摄像机、4K/8K 编辑工作站、8K 超高清电视频道播出系统、8K AVS3 编解码系统等超高清电视关键系统设备，突破了美国思科公司、美国戴尔公司、日本索尼公司的垄断，有力地推动了超高清电视制播传输系统设备的国产化。

2. 总台国重实验室积极推进超高清电视制播的创新发展，研究提出了多个超高清电视制播模式，一是 4K 伴随 HD 制作模式，近 3 年春晚都是采用这个模式制作播出。二是原创混合现实制作模式，将电影制作形态引入超高清电视制作，《飞向月球》系列纪录片就是采用该模式制作的。三是云网一体化制播模式，这个模式在东京奥运会和十四届全运会得到成功运用，有效推动了超高清电视和新媒体前后方协同制作和播出。四是 5G 远程信号融媒体制作模式，为在 5G 网络环境下快速部署超高清电视和新媒体转播系统提供了解决方案，促进了 5G 媒体行业应用。

3. 2021 年 2 月，总台国重实验室开展了 8K 超高清电视频道播出试验和春晚直播，并在 10 个城市进行了 8K 公共大屏展播。这次试验成为 8K 超高清电视发展的里程碑事件，得到中宣部、工信部、科技部等国家部委和产业界的积极响应和支持，社会各界反应热烈，工信部基于这次试验专门为总台设立“8K 超高清视频制播关键技术和应用推广公共服务平台”项目，项目包括开播 8K 超高清电视试验频道、开通 8K/4K/HD 互动电视平台、开展“百城千屏”8K 超高清电视公共大屏传播体系建设。该项目已启动建设，并将投入运行。这将开创全新的超高清电视服务和运营模式，对世界超高清电视发展具有引领和示范意义。

（四）开展新媒体制作传播关键技术攻关进展情况

总台国重实验室运用人工智能、云计算等新技术，积极开展新媒体关键技术研究，支撑总台打造新媒体新平台。

1. 打造“央视新闻云”和“CMG 媒体云”两个融媒体云平台建设。两个云平台均采用私有云和公有云协同的混合云技术架构。“央视新闻云”已覆盖全球，总台在全球的记者都可以通过这个平台共享新闻素材，以及进行新闻节目制作和发布。“CMG 媒体云”可支撑总台融媒体直播和远程节目制作业务，十四届全运会首次实现了 4K 超高清电视和新媒体直播节目制作。

2. 支撑总台 5G 新媒体平台建设。总台 5G 新媒体平台——“央视频”由视频中台、AI 中台、数据中台和前台构成，视频中台通过新媒体集成发布平台与总台电视制播系统紧密耦合、无缝对接，聚合了台内所有视音频资源。

3. 着力开展“VR 视频 + 三维声”沉浸式视听技术研究，在春晚 VR 直播中，实现了三维影像和三维音频的完美融合呈现，三维声场随 VR 视频观看视角而变化。总台 VR 制作能力得到了国际认可，承担了北京冬奥会 VR 公共信号制作任务。

（五）开展节目形态创新有关情况

为推进节目创新，根据春晚、北京冬奥会等重大活动超高清电视节目制作和转播需求，总台国重实验室充分运用新技术开展科技创新，推动节目呈现焕然一新、赛事转播出新出彩。在 2021 春晚节目制作中，运用了 AI+VR 裸眼 3D 拍摄系统、全景自由视角拍摄系统、“控管监”超高清大屏幕播放系统等新技术系统，丰富了春晚节目视音频呈现方式，提升了春晚安全播出水平。

总台国重实验室专门为北京冬奥会定制开发了 350 米 U 形超高速轨道 4K 超高清电视拍摄系统，最高移动速度可达 25m/s，满足了冬奥会大道速滑比赛转播的要求。

三、科研成果及应用情况

（一）科研成果

总台国重实验室科研成果已获得省部级科技奖 23 个；申报专利授权 57 项；制定行业标准 16 个，牵头制定“百城千屏”超高清视音频传播系统标准 6 项，并参与国际电联 ITU 标准制定；发表论文 24 篇，其中 SCI 收录 7 篇、EI 收录 7 篇。

（二）成果应用

通过两年多的科研攻关，总台国重实验室取得了一系列重要科研成果，解决了多项超高清领域的“卡脖子”关键技术问题，由总台国重实验室研发的具有我国自主知识产权的 8K/4K/HD IP 信号交换及调度系统、“猎豹”超高清高速轨道拍摄系统等科技创新成果在建党百年和总台春晚等多项重大活动转播中发挥了关键作用，有力地推动了总台媒体深度融合发展和全媒体建设。

（三）人才培养和学术交流活动

总台国重实验室技术研究团队建设主要是以科研工作为抓手，强化总台技术团队和合作机构团队的培养，总台与上海交通大学签署了合作协议，计划在总台国重实验室验收后，与上海交通大学共同制定研究生培养计划。

为推广媒体科技应用，总台国重实验室积极组织和参加国内外高水平技术交流，自2019年12月以来，总台国重实验室组织开展了11场高水平的技术论坛，以及20多场技术展示，有力地促进了超高清电视技术、5G技术和人工智能技术在媒体的应用。

实验室案例

总台8K超高清传播体系创新

运用我国自主创新的8K超高清传播技术，总台开播CCTV-8K电视频道。这是全球首个通过网络播出的8K超高清频道，并通过“百城千屏”超高清公共大屏向全国人民进行展播。

（一）8K超高清电视频道播出系统

总台新建8K超高清电视播出系统采用国重实验室研发的全IP架构，具备1+N的播出能力，即1个主频道和N个个性化频道，满足1个8K超高清电视频道和多个城市“百城千屏”8K超高清电视播出的需要。该系统攻克了8K高帧精度控制、IP信号调度监管等难点问题，实现了核心设备和系统软件国产化，推动了8K超高清相关产业发展。

（二）8K超高清电视IP集成分发平台

8K超高清电视IP集成发布平台面向公共活动空间8K大屏幕，提供8K超高清电视节目的个性化发布及大屏端的解码终端管理。

围绕冬奥8K/4K超高清技术应用创新，该平台基于IP信号构建多级播出管控分发框架，平台全部基于总台国重实验室国产自研软硬件实现，在中心端实现8K主频道信号和个性化频道信号的分发调度，在边缘端实现终端管理和数据采集。

总台国重实验室研制的8K AVS3视频编码器以国际领先的编码效率将8K超高清赛事信号分发至全国各省、市及地区，这是AVS3标准首次成功应用于重大赛事转播中，代表中国自主技术标准走向国际舞台。

（中央广播电视总台超高清视音频制播呈现国家重点实验室供稿）

中国传媒大学媒体融合与传播国家重点实验室工作综述

一、实验室概况

中国传媒大学媒体融合与传播国家重点实验室（以下简称“实验室”），是科技部在2019年11月6日首批在媒体融合领域设置的4家国家重点实验室中，唯一一家由教育部主管、依托高校建设的实验室，是依托中国传媒大学建设的独立科研实体。实验室的定位是：强化国家重点实验室原始创新，发挥辐射带动作用；聚焦基础研究和应用基础研究；重点提升媒体融合与传播领域原始创新能力，解决媒体融合与传播领域的重大关键问题，推动高新科学技术在媒体融合与传播领域的迭代升级进程，助推高新科学技术驱动媒体融合与传播模式创新步伐，提升媒体领域维护意识形态安全与政治安全的技术保障能力，打造国家级媒体融合与传播领域高精尖人才培养平台。

中国传媒大学国家传播能力建设协同创新中心（以下简称“协同中心”）于2013年成立，是学校直属的实体教学科研单位，是全校科研协同创新的重要平台，是学校对接教育部、实施协同创新相关工作的专门机构。2018年，学校党委对中心的定位、职能、发展目标进行了优化调整，中心负责对学校相关科研机构进行统一规划、调整、布局和管理，以国家重大需求为导向，以“高精尖”项目为依托，面向国家战略和未来媒体走向，打造协同创新科研平台，试点科研创新体制与机制。

根据2021年学校党委决议，实验室、协同中心合署办公，两块牌子一套人马。截至2021年年底，实验室、协同中心下属/依托科研机构共27家，其中省部级以上科研机构10家，共有教职工154人。实验室、协同中心还负责北京市高校高精尖学科“互联网信息”交叉学科的建设任务；负责牵头建设学校大数据中心，承担智慧校园建设任务；负责规划布局学校5G信息网络相关建设与研究工作。

实验室、协同中心的研究生培养涵盖新闻与传播学、广播电视学、互联网信息、通信与信息系统、信号与信息处理、数字媒体艺术等二级学科。截至2021年年底，在读研究生共224人，其中博士生62人，硕士生162人；已毕业研究生共200人，其中，博士生9人，硕士生191人。2021年实验室人才培养工作取得一定成绩。3名研究生获得国家奖学金，1名研究生获得创新创业奖学金。多名研究生在各级各类竞赛中获得奖项，1人获第七届中国国际“互联网+”大学生创新创业大赛北京赛区二等奖，5人获2021年度中国电影电视技术学会广播影视科技优秀论文奖，1人获全国大学生电子竞赛二等奖，1人获ACM MMsys会议Grand Challenge on Bandwidth Estimation for Real-Time Communications学术竞赛第二名。

二、实验室工作综述

2021年，实验室遵照国家相关规定和要求，完成了面向未来的科研布局，围绕媒体融合传播与未来形态、媒体融合的服务模式、媒体信息智能处理、国际传播四大研究方向制定主攻任务，并组织相应的科研团队开展研究，从各个方面扎实推进实验室的全面建设，已经取得了较好成效，获得一系列阶段性研究成果，达到了年度预期目标。

2021年4月27日，学校党委常委会决定在协同中心党总支基础上成立国家重点实验室党委。截至2021年年底，国重党委有17个党支部，其中教工党支部9个、学生党支部8个。2021年度，实验室党委党建思政工作取得了明显进步，实验室、协同中心合署办公的管理体制机制进一步优化。在实验室党委领导下，实验室实行“学术委员会指导、依托单位领导的实验室主任负责制”，各项管理制度健全，运行稳定有序。由实验室牵头建设的学校大数据中心，在2021年度基本完成了智慧校园建设、科研平台建设、媒体大数据科研工作等三大建设任务，“中传云”建设稳步推进。

2021年11月，实验室成功举办年度学术委员会会议，对科学问题再凝练，梳理重点任务，针对国际传播方向进行布局。

实验室2021年全年新增各类科研项目185项，包括国家重点研发计划项目2项、国家社会科学基金重大项目1项、国家自然科学基金面上项目5项、青年项目2项、其他国家级项目及课题10项、国际合作项目2项、省部级项目16项等。出版专著10部，教材1部，发表论文92篇，被相关上级机关采纳智库报告66部；获发明专利授权28件、软件著作权24件。在服务国家重大需求方面取得了多项标志性成果：8K超高清IP净切换交换系统接入总台冬奥转播系统；建立国内首个5G广播示范平台，成功开展应用部署和外场测试验证；推进重要行业标准建立，无障碍信息传播相关标准规范获得国家广电总局行业标准立项，元宇宙传播、直播与短视频基地服务、5G媒体消息等领域内团体标准发布实施；数十份研究报告被中宣部舆情局、教育部国际司等机构采纳。

2021年，实验室根据建设的重点任务，设置两批专项项目，开展有组织科研，标志性成果培育已见成效。积极提升学术影响力，发布开放课题，举办科普开放日等活动，引领和服务业界，深度参与中国广电媒体融合大会等各项活动，为央省市县融媒体机构提供咨询服务，获得业界好评。

实验室、协同中心全年举办近10场国际国内学术会议。如5月29日，第六届中国网络视频学院奖颁奖典礼暨2021中国网络视频年度高峰论坛；6月6日，全球人工智能技术大会（GAITC）“发展与挑战”智能媒体专题论坛；7月18日，“加强国际传播能力建设培养卓越国际传播人才”主题论坛；9月24日，第二届涉藏国际传播学术论坛；10月19日，从“主旋律”到“新主流”网络视听主流价值传播研讨会；11月18日，第二届文化科技国际学术大会（The International Conference on Culture-oriented Science & Technology）；12月4日，第四届意识形态与舆论研究高峰论坛；12月16日，中国电子学会虚拟现实分会2021年度会员日学术论坛。

实验室案例

北京高校高精尖学科“互联网信息”评估合格

实验室、协同中心作为“互联网信息”学科建设责任单位，2021年继续按照北京市教委和学校领导班子的部署，积极对接各建设单位，在人才培养、师资建设、科学研究、社会服务、国际交流方面取得了扎实成果，搭建了具有特色优势和充分发展潜力的交叉学科创新发展生态。2021年4月接到北京市教委《北京高校高精尖学科建设中期考核评估工作通知》，及时完成提交“互联网信息”学科自评报告。北京市教委11月公布评估结果，“互联网信息”评定为“合格”。

开设国际传播硕士、博士“白杨班”

为贯彻落实习近平总书记在中共中央政治局第三十次集体学习时关于加强和改进国际传播工作重要讲话精神，2021年9月，学校党委决定集中全校国际传播优势资源，集合国内外国际传播优秀导师，集纳“政产学研用”各界国际传播力量，以加强我国国际传播能力建设为导向，着力培养卓越国际传播人才，依托国家重点实验室招收培养国际传播硕士、博士“白杨班”，该班由研究生院代表学校直接领导、各相关学科培养单位协同、由国家传播创新研究中心具体管理。国家重点实验室、国家传播创新研究中心积极贯彻落实学校相关部署，及时完成各项任务，为该班2022年9月顺利开班奠定了坚实基础。

开设全国第一个“网络舆情”专硕方向

2021年5月，根据学校要求开展研究生专业方向调整申报工作，经调研座谈及论证，经党政联席会讨论审定，鉴于培养网络舆情人才能有效满足国家战略和社会治理需要，网络舆情人才就业前景广阔，急需通过学历教育进行培养，增加“网络舆情”专业硕士方向是积极响应国家大力鼓励专业硕士培养的有效举措，并有助于学校进一步完善“新闻与传播”专业硕士布局，能与现有相关专业互为支撑，决定将“互联网信息”原“网络舆情”学硕方向优化调整为新闻与传播专硕“网络舆情”方向，后学校审核通过了该方案，调整后的“网络舆情”专硕方向研究生于2022年9月入学。这是全国第一个“网络舆情”专硕方向，为学科建设及人才培养开辟了新的生长点。2021年10月18日，组织召开了网络舆情专业建设及人才培养座谈会，来自主管部门及知名舆情机构的10余名特邀嘉宾对“网络舆情”专硕方向高度认可和欢迎，并就培养方案、双师型导师队伍建设、实习实践基地建设等方面积极建言献策。

（中国传媒大学媒体融合与传播国家重点实验室供稿）

发展综述

年度
盘点

1 月

◎ 全国宣传部长会议在京召开

1月6日，全国宣传部长会议在京召开。中共中央政治局常委、中央书记处书记王沪宁出席会议并讲话。他表示，要坚持以习近平新时代中国特色社会主义思想为指导，增强“四个意识”、坚定“四个自信”、做到“两个维护”，围绕开局“十四五”、开启新征程，突出庆祝中国共产党成立100周年，扎实做好宣传思想工作，为全面建设社会主义现代化国家开好局起好步提供坚强思想保证和强大精神力量。

◎ “奋斗百年路　启航新征程”大型主题采访活动启动

1月18日，中宣部在京启动“奋斗百年路　启航新征程”大型主题采访活动。中共中央政治局委员、中宣部部长黄坤明出席并讲话，强调隆重庆祝建党百年是党和国家政治生活中的一件大事，要记录历史伟业、展现百年风华，生动鲜活讲好中国共产党的故事，齐声唱响共产党好的主旋律，大力营造举国共庆百年华诞、齐心协力开创新局的浓厚氛围。

◎ 国家广播电视总局发布四项广播电视和网络视听行业标准

1月20日，国家广播电视总局发布《互联网电视总体技术要求》《互联网电视集成平台技术要求》《互联网电视内容服务平台技术要求》《互联网电视集成平台节目集成系统技术要求及接口规范》等4项广播电视和网络视听推荐性行业标准。

◎ 新修订的《互联网用户公众账号信息服务管理规定》发布

1月22日，国家互联网信息办公室发布新修订的《互联网用户公众账号信息服务管理规定》。《规定》共23条，包括公众账号信息服务平台信息内容和公众账号管理主体责任、公众账号生产运营者信息内容生产和公众账号运营管理主体责任、真实身份信息认证、分级分类管理、行业自律、社会监督及行政管理等条款。

◎ 中国搜索 5G 版上线

1 月 28 日，新华社主管主办的搜索引擎中国搜索 5G 版正式上线。新版应用率先运用了跨 App 搜索、区块链搜索等新技术，并全面支持 5G 消息商用服务，充分体现出多模态、多元化、多平台的融媒特征。

2 月

◎ 中央广播电视总台 8K 超高清频道试验开播

2 月 1 日，中央广播电视总台 8K 超高清电视频道试验开播。这标志着全球首次实现 8K 超高清电视直播和 5G 网络下的 8K 电视播出。中央广播电视总台大力推进 8K 超高清电视科技创新，在编制发布相关技术标准的同时，抓紧推进 8K 超高清电视频道的播出试验。

◎ 光明日报推出“国宝全球数字博物馆”微信小程序

2 月 9 日，光明日报联合腾讯在春节期间推出“国宝全球数字博物馆”微信小程序，收录全球顶级博物馆近 300 件馆藏中国文物珍品。该小程序采用腾讯自主研发的“高清拼接”和“三维全景”的数字技术，首次实现文物珍品《康熙南巡图》第三、四卷跨越地域的数字化“合体”，并通过算法将其渲染在一个虚拟 3D 空间里。

◎ 7 部门加强网络直播规范管理

2 月 9 日，国家互联网信息办公室、全国“扫黄打非”工作小组办公室等 7 部门联合发布《关于加强网络直播规范管理工作的指导意见》，进一步加强网络直播行业的正面引导和规范管理，重点规范网络打赏行为，要求网络直播平台建立健全直播账号分类分级规范管理制度，对单个虚拟消费品、单次打赏额度合理设置上限。

◎ 世界移动通信大会发布传媒行业首个 5G 消息应用标准

2 月 23 日至 25 日，由全球移动通信系统协会（GSMA）主办的世界移动通信大会（MWC）在上海举办。作为大会的一项重要成果，由新华网牵头并联合 GSMA、中国移动、中国电信、中国联通、工信部中国信息通信研究院等权威机构，发布了传媒行业首个 5G 消息应用标准——《传媒行业应用 5G 消息业务总体技术要求》。

◎ “京津冀之声”开播上线

2月26日，北京广播电视台携手天津海河传媒中心、河北广播电视台共同打造的“京津冀之声”正式开播上线。作为全媒体平台为京津冀协同发展开辟新的宣传阵地，“京津冀之声”以广播为基础、融媒体立体传播的理念，开辟全网官方账号，重点在听听FM、北京时间、津云、冀时、“学习强国”、人民日报、央视频、新华社客户端以及微博、微信、抖音、快手等网络平台上线，形成矩阵式融媒传播大格局。

3 月

◎ 四部门印发规定明确常见App必要个人信息范围

3月12日，网信办、工信部、公安部、市场监管总局联合发布《常见类型移动互联网应用程序必要个人信息范围规定》，明确了地图导航、网络约车、即时通讯、网络购物等39类常见类型移动应用程序必要个人信息范围，要求App不得因为用户不同意提供非必要个人信息，而拒绝用户使用其基本功能服务。

◎ 广播电视法向社会公开征求意见

3月16日，国家广播电视总局起草的《中华人民共和国广播电视法（征求意见稿）》，向社会公开征求意见。征求意见稿分为总则、业务准入、制作播放、传输覆盖、公共服务、扶持促进、安全保障、监督管理、法律责任、附则，共10章80条。

◎ 中国广告协会发布《网络直播营销选品规范》

3月18日，中国广告协会发布《网络直播营销选品规范》，旨在为网络直播营销及直播选品、直播销售和售后服务的活动提供指南。《规范》包括条文和附件《常见行业商家商品资质要求》两部分，涉及商家、商品资质，质量检验把控，商品的直播描述，直播后出现质量问题的消费者权益救济，主播和机构在选品方面的基本要求和导向等。

◎ 全国50家电视台联合推出《理想照耀中国——庆祝建党百年“双100”系列融媒报道》

3月22日，由广电总局统筹指导，上海台牵头策划，全国50家省市级电视台共同制作的《理想照耀中国——庆祝建党百年“双100”系列融媒报道》正式启动。从3

月23日至6月30日的100天里，该系列报道选择100个具有标志性意义的红色地标，制作播出100场新媒体直播和100条相关短视频，涵盖中国革命、建设、改革、新时代等各时期，全方位、多角度、立体化呈现中国共产党百年奋斗历程。

◎ 中央广播电视总台台海之声和“看台海”新媒体平台开播上线

3月24日，中央广播电视总台对台湾广播台海之声和“看台海”新媒体平台开播上线。台海之声覆盖祖国大陆东南沿海、台湾地区，使用汉语普通话播音，全天播音20小时。“看台海”新媒体平台以“看台海”微信公众号作为主平台，同时推出微博、今日头条等账号和“云听”客户端专区，以及海外社交媒体账号，精心打造多个具有对台传播特点的系列融媒体产品。

◎ 人民网送出媒体融合“大礼包”

3月29日，人民网旗下人民在线公司宣布，将给全国各地方、各行业融媒体中心送出3个“大礼包”。人民在线依托自主打造的“人民云”平台为地方与行业融媒体中心赋能：开放技术服务，提升新闻生产能力；开放内容策划，提升媒体传播能力；开放产品渠道，提升媒体经营能力。

◎ “铿锵奋进的脚步　续写春天的故事”网络主题宣传启动

3月30日，由中央网信办主办，中央网信办网络传播局、各地网信办、中央新闻网站联合承办的“铿锵奋进的脚步　续写春天的故事”网络主题宣传启动，九大主题124个项目贯穿全年，生动展现习近平新时代中国特色社会主义思想的磅礴伟力，深入讲好新时代中国人民奋斗圆梦的感人故事，直观呈现高质量发展的勃勃生机、光明前景。

4月

◎ 人民网成立“网上群众工作部”

4月6日，人民网成立“网上群众工作部”。“网上群众工作部”专人、专项重点运营“领导留言板”，推动这一集群众监督、政务点评、大数据分析于一体的网上群众工作综合性平台进一步落实中央要求，更好发挥“上连党心、下接民心”的桥梁纽带作用。

◎ 中央广播电视总台节目中心垂类频道在央视频上线

4月7日，中央广播电视总台节目中心运营的首批垂类频道在央视频启动上线。首批上线的垂类频道共有12个，包括央视一套、财经、文艺、体育、动漫、文史、法治、影视、纪录、军事、田园、环球等。总台各相关节目中心将同步运营广播电视频道和新媒体垂类频道，使传统节目与新媒体内容实现“一体策划、一体生产”的深度融合。

◎ 逾70家影视传媒企业联合声明集中维权

4月9日，逾70家影视传媒单位及企业发布保护影视版权的联合声明，表示将对目前网络上出现的公众账号生产运营者针对影视作品内容未经授权进行剪辑、切条、搬运、传播等行为，发起集中、必要的法律维权行动，并呼吁短视频平台和公众账号生产运营者切实提升版权保护意识。

◎ 国家新闻出版署组织百佳数字出版精品项目献礼建党百年

4月11日，国家新闻出版署组织的“读掌上精品庆百年华诞——百佳数字出版精品项目献礼建党百年专栏”上线启动。中央重点新闻网站、重点数字阅读平台、新媒体网站等19家网络平台参与设立专栏，集中上线100个数字出版精品项目，并向社会免费开放100天。

◎ “百年奋斗路·百城访初心”庆祝建党100周年大型全媒体报道启动

4月19日，“百年奋斗路·百城访初心”庆祝建党100周年大型全媒体报道启动。活动由中华全国新闻工作者协会指导，中国地市报研究会、中国地市报人编辑部联合全国100余家地方党报（传媒集团）发起。活动以“红色百城”辉煌巨变为报道对象，在全国百家党报的报纸、网站、微信公众号、新闻客户端设置“百年奋斗路·百城访初心”专栏专题，以文字、图片、视频等融媒体形式进行采写，全国百家党报同步刊播、同步报道。

5月

◎ 新华社客户端推出青春版

5月4日，新华社客户端面向年轻人推出“青春版”，以弘扬主旋律、打破“次元壁”，讲青年故事、聊青年话题为主旨。“满满正能量”“靠谱青年”“求职”“四六级”“就业创业”等20多个栏目，为青年受众提供丰富多元的泛资讯服务。这是中央主要媒体推出的首个青春版客户端。

◎ 中央广播电视总台启动建设8K超高清电视公共服务平台

5月7日，中央广播电视总台8K超高清电视公共服务平台建设在京启动。总台与有关部门、各地方党委政府、四大电信运营商和有关科研院所、企事业单位携手推动8K超高清电视频道进网入户，打造“百城千屏”超高清产业项目。

◎ 川网传媒登陆A股市场

5月11日，四川新闻网传媒（集团）股份有限公司正式登陆创业板，在深圳证券交易所成功挂牌上市。川网传媒是中央文化体制改革领导小组确定的全国首批重点新闻网站转企改制试点工作单位。

◎ 三家广电总局实验室获批复

5月21日，国家广播电视总局批复设立3个实验室，分别是由上海市广播电视局申报设立的“智慧广电网络安全生态创新研究国家广播电视总局实验室”，由江苏省广播电视局申报设立的“5G融合接入应用创新国家广播电视总局实验室”，以及由浙江省广播电视局申报设立的“智慧家庭创新研究与应用国家广播电视总局实验室”。3个实验室分别围绕智慧广电网络、5G融合接入、广电特色智慧家庭产品服务等相关领域开展创新性研究。

◎ 习近平致信祝贺中国日报创刊40周年

5月27日，在中国日报创刊40周年之际，中共中央总书记、国家主席、中央军委主席习近平致信祝贺。习近平希望中国日报以创刊40周年为新的起点，牢记联接中外、沟通世界的职责，把握大局大势，创新对外话语体系，构建全媒体传播格局，建设高素质队伍，不断提高国际影响力，更好介绍中国的发展理念、发展道路、发展成就，更好展示真实、立体、全面的中国，为促进中国和世界交流沟通作出新的贡献。

◎ 习近平总书记强调要讲好中国故事，传播好中国声音

5月31日，习近平总书记在主持十九届中央政治局第三十次集体学习时强调，讲好中国故事，传播好中国声音，展示真实、立体、全面的中国，是加强我国国际传播能力建设的重要任务。

6月

◎ 中央广播电视总台“云听”少儿版上线

6月1日，中央广播电视总台音频客户端“云听”少儿版正式上线，通过主流声音产品海量输出和智能化、个性化投送，为少儿打造一个干净、安全、绿色的有声陪伴和学习平台。这是国家声音媒体推出的首个以未成年人保护为核心价值的新媒体产品。

◎ 封面传媒科技公司成立

6月8日，封面传媒联合中国互联网投资基金、四川文化产业股权投资基金共同出资成立四川封面传媒科技有限责任公司。公司将致力于构建“科技＋传媒＋文化”生态体，布局“智媒+”的全产业链。

◎《中华人民共和国数据安全法》正式公布

6月10日，《中华人民共和国数据安全法》通过并公布，自2021年9月1日起正式生效施行。主要内容包括数据安全与发展、数据安全制度、数据安全保护义务、政务数据安全与开放、法律责任等。

◎ 广电总局部署智慧广电服务乡村振兴专项行动

6月23日，国家广电总局印发《关于开展智慧广电服务乡村振兴专项行动的通知》，部署在广播电视和网络视听全行业开展智慧广电服务乡村振兴专项行动，从加强乡村振兴宣传引领、聚焦乡村振兴题材作品创作传播、深化智慧广电消费帮扶、拓展智慧广电人才教育帮扶、推进智慧广电公共服务等五方面，要求全国各级广播电视和网络视听机构发挥行业优势，开展好各项帮扶工作，推进巩固拓展脱贫攻坚成果同乡村振兴有效衔接。

◎ 广西云·东盟五国联络站同步云签约并挂牌

6月27日，由广西壮族自治区党委宣传部指导、广西日报传媒集团主办的广西云·东盟五国（印度尼西亚、老挝、马来西亚、新加坡、泰国）国际传播联络站云签约及挂牌仪式在南宁举行。至此，连同之前已建成并投入使用的柬埔寨国际传播联络站，广西日报广西云的“共建圈”在东盟设立的联络站扩容至6个，进一步形成对东盟的覆盖。

7月

◎ 中国记协组织召开《中国新闻工作者职业道德准则》颁布实施30周年座谈研讨会

7月14日，中国记协组织召开《中国新闻工作者职业道德准则》颁布实施30周年座谈研讨会，与会代表围绕认真学习贯彻落实习近平总书记关于新闻舆论工作的系列重要论述，进一步加强新闻战线职业道德建设、提升新闻工作者职业素养研讨交流。中国记协1991年制定颁布了《中国新闻工作者职业道德准则》，是新中国成立后第一个正式颁布的新闻职业道德规范。

◎ 四川日报川观新闻地震预警功能上线

7月16日，四川日报川观新闻与四川省地震局联合开发的地震预警信息服务在川观新闻客户端上线，地震预警信息服务主要以手机App弹窗的形式为用户提供秒级地震预警。

◎ “浙版传媒”登陆A股

7月23日，浙江出版传媒股份有限公司成功登陆A股市场，正式在上海证券交易所挂牌上市。浙版传媒以图书、电子音像制品和期刊等出版物的出版和发行为主业，是一家融合数字出版、数字媒体、数字营销、信息技术服务、在线教育与培训等新兴业态于一体的大型综合文化企业，现有4家子集团、11家出版单位、120余家全资和控股法人单位。

8月

◎ 国家广电总局强化偶像养成类节目管理

8月3日起，国家广播电视总局开始了为期一个月的网络综艺节目专项排查整治，下发了关于进一步强化网络综艺节目管理的通知，要求严格控制偶像养成类节目，重点加强“选秀”类网络综艺节目管理。严格控制“投票”环节设置，坚决抵制追星、炒星，泛娱乐化等不良倾向和流量至上、拜金主义等畸形价值观，进一步压实网络综艺制作和播出机构主体责任，加强对粉丝群体正向引导，强化平台“水军”“黑粉”治理。

◎ 北京经开区融媒中心试水企业方式运营

8月9日，北京经济技术开发区融媒体中心经北京亦庄经济技术开发区工委批准正式挂牌至尚亦城（北京）科技文化集团有限公司，标志着北京经开区融媒体中心成为北京首家由事业单位整建制转为企业方式运营的融媒体中心。

9 月

◎ 国家广电总局加强文艺节目及其人员管理

9月2日，国家广播电视总局办公厅发布《关于进一步加强文艺节目及其人员管理的通知》指出，广播电视和网络视听文艺节目要坚持讲品位讲格调讲责任、抵制低俗庸俗媚俗，不断推出优秀作品，满足人民群众精神文化需要。要进一步加强管理，从严整治艺人违法失德、"饭圈"乱象等问题。广播电视机构和网络视听平台不得播出偶像养成类节目，不得播出明星子女参加的综艺娱乐及真人秀节目。严格把握演员和嘉宾选用、表演风格、服饰妆容等，坚决杜绝"娘炮"等畸形审美。

◎ 国家网信办发布《关于进一步压实网站平台信息内容管理主体责任的意见》

9月15日，国家互联网信息办公室发布《关于进一步压实网站平台信息内容管理主体责任的意见》，从4个维度明确把握主体责任的内涵，从完善平台社区规则、加强账号规范管理、健全内容审核机制、提升信息内容质量、规范信息内容传播、加强重点功能管理、坚持依法合规经营、严格未成年人网络保护、加强人员队伍建设等9个方面，对网站平台履行主体责任提出具体要求。

◎ 中共中央、国务院印发《知识产权强国建设纲要（2021—2035年）》

9月22日，中共中央、国务院印发《知识产权强国建设纲要（2021—2035年）》，纲要在建设促进知识产权高质量发展的人文社会环境方面，提出要构建内容新颖、形式多样、融合发展的知识产权文化传播矩阵。打造传统媒体和新兴媒体融合发展的知识产权文化传播平台，拓展社交媒体、短视频、客户端等新媒体渠道。创新内容、形式和手段，加强涉外知识产权宣传，形成覆盖国内外的全媒体传播格局，打造知识产权宣传品牌。

◎ 国家新一代人工智能治理专业委员会发布《新一代人工智能伦理规范》

9月25日，国家新一代人工智能治理专业委员会发布《新一代人工智能伦理规范》，旨在将伦理道德融入人工智能全生命周期，为从事人工智能相关活动的自然人、法人和其他相关机构等提供伦理指引。同时，增强全社会的人工智能伦理意识与行为自觉，积极引导负责任的人工智能研发与应用活动，促进人工智能健康发展。

◎ 习近平向2021年世界互联网大会乌镇峰会致贺信

9月26日，国家主席习近平向2021年世界互联网大会乌镇峰会致贺信。习近平指出，数字技术正以新理念、新业态、新模式全面融入人类经济、政治、文化、社会、生态文明建设各领域和全过程，给人类生产生活带来广泛而深刻的影响。当前，世界百年变局和世纪疫情交织叠加，国际社会迫切需要携起手来，顺应信息化、数字化、网络化、智能化发展趋势，抓住机遇，应对挑战。习近平强调，中国愿同世界各国一道，共同担起为人类谋进步的历史责任，激发数字经济活力，增强数字政府效能，优化数字社会环境，构建数字合作格局，筑牢数字安全屏障，让数字文明造福各国人民，推动构建人类命运共同体。

◎ 中央广播电视总台“全屏传播联盟”启动

9月29日，由中央广播电视总台发起组建的“全屏传播联盟”在北京启动成立。来自国家部委，相关省、自治区党委宣传部，大型国企、行业协会等27家单位成为首批签约成员。“全屏传播联盟”启动后，将重点聚焦主题宣传和公共服务。

◎ 湖南广电新媒体平台“风芒”启航

9月29日，湖南广电新媒体平台“风芒”正式启航，风芒App同步上线发布。以短视频赛道切入的风芒新媒体平台是湖南广电官方唯一视频化的新闻资讯主平台，与专注长视频赛道的芒果TV、专注内容电商赛道的小芒一道，构成湖南广电打造主流新媒体集团的“三驾马车”。

10月

◎ 国家发改委、商务部征求意见：非公有资本不得从事新闻采编播发业务

10月8日，国家发改委、商务部就《市

场准入负面清单（2021年版）》向社会公开征求意见。征求意见稿提及，禁止违规开展新闻传媒相关业务。具体描述为:（1）非公有资本不得从事新闻采编播发业务。（2）非公有资本不得投资设立和经营新闻机构，包括但不限于通讯社、报刊出版单位、广播电视播出机构、广播电视站以及互联网新闻信息采编发布服务机构等。（3）非公有资本不得经营新闻机构的版面、频率、频道、栏目、公众账号等。（4）非公有资本不得从事涉及政治、经济、军事、外交，重大社会、文化、科技、卫生、教育、体育以及其他关系政治方向、舆论导向和价值取向等活动、事件的实况直播业务。（5）非公有资本不得引进境外主体发布的新闻。（6）非公有资本不得举办新闻舆论领域论坛峰会和评奖评选活动。

◎ 国家广电总局发布《广播电视和网络视听“十四五”发展规划》

10月8日，国家广电总局发布《广播电视和网络视听“十四五”发展规划》，共12章，对舆论引导、优秀作品创作生产传播、公共服务、科技创新、安全保障、管理优化、国际传播等方面作出重要部署。

◎ 17部门发文鼓励有条件的企业建设覆盖全球的新媒体平台

10月12日，商务部、中宣部、税务总局、广电总局等17部门发布《关于支持国家文化出口基地高质量发展若干措施的通知》。通知提到，支持基地加强与海外新媒体平台合作，积极拓展企业出海新通道，鼓励开办专属频道、专属栏目，利用点播分成、保底分成等方式拓展销售渠道。鼓励有条件的企业建设覆盖全球的新媒体平台，助推优质文化内容“走出去”。

◎“百城千屏”超高清视频落地推广活动启动

10月19日，工信部、中宣部、广电总局等6部门联合发布通知，决定开展“百城千屏”超高清视频落地推广活动，支持有条件的城市设立超高清公共大屏，提升超高清视频产业的渗透性，加速推动超高清视频在多领域的融合创新发展。

◎ 国家网信办发布最新版《互联网新闻信息稿源单位名单》

10月20日，国家网信办公开发布最新版《互联网新闻信息稿源单位名单》，名单涵盖中央新闻网站、中央新闻单位、行业媒体、地方新闻网站、地方新闻单位和政务发布平台等1358家稿源单位。2016版《互联网新闻信息稿源单位名单》同时作废。

◎ 广电总局推动虚拟主播应用于新闻播报等节目生产

10月20日，国家广电总局网站发布《广播电视和网络视听"十四五"科技发展规划》。其中提出加快推进制播体系技术升级，包括：加快推进制播系统向全IP技术架构转变，强化人工智能、大数据、区块链在内容选题、素材集成、编辑制作、内容审核、媒资管理、字幕制作等环节的应用；推动虚拟主播、动画手语广泛应用于新闻播报、天气预报、综艺科教等节目生产，创新节目形态，提高制播效率和智能化水平。

◎ 广电总局开展"我们的新时代"主题作品创作展播活动

10月25日，国家广电总局发布关于开展"我们的新时代"主题作品创作展播活动的通知，决定自2021年10月起至2022年年底在全国广播电视和互联网视听节目服务机构开展"我们的新时代"主题作品创作展播活动。

◎ CCTV-16 奥林匹克频道开播

10月25日，中央广播电视总台央视奥林匹克频道及其数字平台在北京开播上线。这是中国大陆地区唯一得到国际奥委会授权使用奥林匹克名称和五环标识的传播平台。其中，电视频道对外呼号CCTV-16，是国际首个以4K超高清和高清标准24小时上星同步播出的专业体育频道。

11月

◎ 习近平致信祝贺新华社建社90周年

11月6日，中共中央总书记、国家主席、中央军委主席习近平致信祝贺新华社建社90周年，代表党中央向新华社全体同志致以热烈的祝贺，并在第22个中国记者节到来之际，向全国广大新闻工作者致以节日的问候。习近平强调，在全面建设社会主义现代化国家新征程上，新华社要在党的领导下，把握正确政治方向，坚定理想信念，坚守人民情怀，赓续红色血脉，坚持守正创新，加快融合发展，加强对外传播，努力建成国际一流新型全媒体机构，为实现中华民族伟大复兴的中国梦、推动构建人类命运共同体作出新的更大的贡献。

◎ 第三十一届中国新闻奖评选结果揭晓

11月7日，中华全国新闻工作者协会主办的第三十一届中国新闻奖评选结果揭晓。来自全国各级各类媒体的346件作品获奖，其中，特别奖5件、一等奖67件（含12件新闻名专栏）、二等奖104件、三等奖170件。

◎ 河北省147家县级融媒体中心同步上线“冬奥”频道

11月15日，依托冀云·融媒体平台，河北省147家县级融媒体中心客户端同步上线“冬奥”频道。频道采用个性化信息流模式，实现重点冬奥报道的全省覆盖和立体传播。

◎ 第四届世界媒体峰会举行

11月22日，第四届世界媒体峰会以视频连线方式在北京举行。来自近100个国家和地区260多家媒体和机构的近400名中外嘉宾线上线下参会，以“疫情冲击下的媒体发展战略”为主题，共商合作、共谋发展。

◎ 央视新闻AI手语主播正式亮相

11月24日，央视新闻联合百度智能云推出的总台首个AI手语主播正式亮相。她有着“真人般”的皮肤、头发、眼睛，形象亲切自然，工作能力出色。她不仅能报道冬奥新闻，还能进行准确及时的赛事手语直播。

12月

◎ 习近平致信祝贺中国人民对外广播事业创建80周年

12月3日，在中国人民对外广播事业创建80周年之际，中共中央总书记、国家主席、中央军委主席习近平发来贺信，向中央广播电视总台全体同志致以热烈的祝贺，向支持中国人民对外广播事业的国际友人表示诚挚的问候。习近平强调，加强国际传播能力建设，打造具有强大引领力、传播力、影响力的国际一流新型主流媒体，为实现中华民族伟大复兴的中国梦、推动构建人类命运共同体作出新的更大的贡献。

◎ 新华社新媒体中心成立元宇宙联创中心

12月4日，新华社元宇宙联创中心在第九届中国新兴媒体产业融合发展大会上成立，启动搭建新型“数智媒体”生产和传播平台。会上还发布了“全媒体多模态大模型”研发计划，计划实现全媒体数据理解与生成统一建模，这是结合高性能算法开展业务创新的一次突破。

◎ 央广传媒集团有限公司揭牌

12月12日，央广传媒集团有限公司举行揭牌仪式。央广传媒发展总公司由全民所有制企业改制为国有法人独资有限责任公司，正式更名为“央广传媒集团有限公司”。央广传媒集团有限公司的前身中广达广播发展总公司，成立于1992年12月12日，2008年重组更名为央广传媒发展总公司，成为总台央广产业经营管控唯一平台。

◎ 中国网络视听节目服务协会发布《网络短视频内容审核标准细则》（2021）

12月15日，中国网络视听节目服务协会发布《网络短视频内容审核标准细则》（2021），对2019版《细则》进行了全面修订。针对社会高度关注的泛娱乐化、低俗庸俗媚俗问题的新表现，以及泛娱乐化恶化舆论生态、利用未成年人制作不良节目、违规传播广播电视和网络视听节目片段、未经批准擅自引进播出境外节目等典型突出问题，为各短视频平台一线审核人员提供了更为具体和明确的工作指引。

◎ 新华社发行中国首套“新闻数字藏品”NFT

12月24日20：00，新华社通过区块链NFT技术，发行限量收藏品。该系列收藏品将精选的2021年新闻摄影报道进行铸造，是中国首套“新闻数字藏品”。首批“新闻数字藏品”预发行11张，每张限量1万份。

◎ 中国记协发布“新闻工作者关爱保障计划”

12月30日，中国记协与中国平安在京签署“战略合作意向书”，共同发布“新闻工作者关爱保障计划”，并向第三十一届中国新闻奖获得者代表赠送专属服务卡。新闻工作者关爱保障计划总体金额超过10亿元，主要为深入一线的新闻工作者应对突发情况提供境内紧急救援服务，将对采访报道突发事件中遇到意外的新闻工作者提供双倍赔付。

◎ 北京广播电视台冬奥纪实8K超高清试验频道开播

12月31日9：00，北京广播电视台冬奥纪实8K超高清试验频道正式开播。这是全国首个面向广大观众提供8K服务的电视频道。频道将提供更清晰的画质、更宽阔的观看视角、更丰富的画面信息量、更强大的色彩表现力，带给观众身临其境般的真实感和沉浸感，助力科技冬奥建设。

附录

新媒体制度文件简目（2021年）

《关于加强网络直播规范管理工作的指导意见》

《互联网用户公众账号信息服务管理规定》

《常见类型移动互联网应用程序必要个人信息范围规定》

《中华人民共和国数据安全法》

《关于办理电信网络诈骗等刑事案件适用法律若干问题的意见（二）》

《工业和信息化部　公安部关于依法清理整治涉诈电话卡、物联网卡以及关联互联网账号的通告》

《网络产品安全漏洞管理规定》

《广播电视网络安全等级保护基本要求》

《关于加快推进互联网协议第六版（IPv6）规模部署和应用工作的通知》

《关于审理使用人脸识别技术处理个人信息相关民事案件适用法律若干问题的规定》

《关键信息基础设施安全保护条例》

《中华人民共和国个人信息保护法》

《关于贯彻执行个人信息保护法推进个人信息保护公益诉讼检察工作的通知》

《关于进一步严格管理切实防止未成年人沉迷网络游戏的通知》

《电子数据公证保管技术规范》

《关于加强网络文明建设的意见》

《关于进一步压实网站平台信息内容主体责任的意见》

《新一代人工智能伦理规范》

《关于整治虚拟货币“挖矿”活动的通知》

《关于加强互联网信息服务算法综合治理的指导意见》

《广播电视和网络视听“十四五”科技发展规划》

《关于加强新时代知识产权审判工作为知识产权强国建设提供有力司法服务和保障的意见》

《关于App超范围索取权限、过度收集用户个人信息等问题“回头看”的通报》

《提升全民数字素养与技能行动纲要》

《关于加强网络文化市场未成年人保护工作的意见》

《“十四五”软件和信息技术服务业发展规划》

《“十四五”大数据产业发展规划》

《关于加强5G公众移动通信系统无线电频率共享管理有关事项的通知》

《贯彻落实碳达峰碳中和目标要求　推动数据中心和5G等新型基础设施绿色高质量发展实施方案》

《网络短视频内容审核标准细则》（2021）

《互联网宗教信息服务管理办法》

《“十四五”国家信息化规划》

《广播电视行政处罚程序规定》

（王伟亮　整理）

书籍简目

1.《中国新媒体研究报告 2021》
中国记协新媒体专业委员会　编
人民日报出版社
2022 年 1 月

2.《中国新媒体年鉴 2020》
中国记协新媒体专业委员会　编
学习出版社
2021 年 12 月

3.《中国视听新媒体发展报告（2021）》
国家广播电视总局网络视听节目管理司
国家广播电视总局发展研究中心　编
中国广播影视出版社
2021 年 6 月

4.《中国新媒体发展报告（2021）》
主编：唐绪军　黄楚新
社会科学文献出版社
2021 年 7 月

5.《中国媒体融合发展报告（2021）》
主编：梅宁华　等
社会科学文献出版社
2021 年 11 月

6.《中国新闻业年度观察报告（2021）》
主编：张志安　等
人民日报出版社
2021 年 12 月

7.《中国传媒产业发展报告（2020）》
主编：崔保国　等
社会科学文献出版社
2021 年 8 月

8.《新闻传播与媒介法治年度研究报告 2018—2019》
作者：陈绚　王思文
中国人民大学出版社
2021 年 3 月

9.《媒介融合推进下的新闻教育变革》
作者：蔡雯
中国人民大学出版社
2021 年 1 月

10.《媒介的表达和影响》
作者：黄旦　等
中国传媒大学出版社
2021 年 1 月

11.《媒介、文化与知识传播》
作者：黄旦　等
中国传媒大学出版社
2021 年 1 月

12.《“疾病的媒介建构”：艾滋病健康传播研究（1985—2015）》
作者：姜海
中国传媒大学出版社
2021 年 1 月

13.《媒介的变迁：从印刷术到互联网》
作者：崔林
中国传媒大学出版社
2021 年 2 月

14.《媒介都市论：新媒介文化与空间生产》

作者：朱军

上海人民出版社

2021 年 2 月

15.《新媒体实务》

作者：黄河

中国人民大学出版社

2021 年 3 月

16.《传统媒体移动化转型路径与策略》

作者：官建文

中国社会科学出版社

2021 年 3 月

17.《移动互联网时代的媒介素养概念和课程建设》

作者：张洁 等

中国传媒大学出版社

2021 年 3 月

18.《县级融媒体中心建设的探索与思考》

主编：中国广播电视社会组织联合会 等

新华出版社

2021 年 3 月

19.《中国媒介素养研究人物史记》

主编：王天德

中国广播影视出版社

2021 年 3 月

20.《网络新媒体导论》

作者：喻国明 等

人民邮电出版社

2021 年 4 月

21.《新媒体营销传播》

作者：郑满宁

人民日报出版社

2021 年 5 月

22.《新媒体数据处理应用》

作者：马晓悦 等

人民邮电出版社

2021 年 5 月

23.《鉴往知来：媒体融合源起与发展》

作者：谢新洲

人民日报出版社

2021 年 6 月

24.《新闻评论实战教程》

作者：米博华

人民日报出版社

2021 年 6 月

25.《全新新媒体语境下传播伦理的演变：从职业伦理到公民伦理》

作者：张咏华 等

复旦大学出版社

2021 年 6 月

26.“新媒体·新传播·新运营”系列丛书

主编：陈娜 等

人民邮电出版社

2021 年 6 月

27.《人是媒介的尺度——保罗·莱文森媒介思想研究》

作者：郑燕

山东人民出版社

2021 年 6 月

28.《报刊与近现代中国城市》

作者：黄旦 等

中国传媒大学出版社

2021 年 7 月

29.《学术期刊媒体融合研究》

作者：冀芳

中国社会科学出版社

2021 年 7 月

30.《媒介史的研究与书写》

作者：黄旦 等

中国传媒大学出版社

2021 年 7 月

31.《智能新媒体》

作者：李卫东

人民邮电出版社

2021 年 8 月

32.《媒介与传播》

作者：袁军
人民出版社
2021 年 8 月

33.《媒介理论视域下互联网自我呈现行为的演化》

作者：王月
中国广播影视出版社
2021 年 8 月

34.《智能传播：理论、应用与治理》

作者：陈昌凤
中国社会科学出版社
2021 年 9 月

35.《社交平台的媒体话语关系研究》

作者：王凤仙
中国社会科学出版社
2021 年 9 月

36.《杂合化全球节目模式本土化生产的权力博弈》

作者：戴颖洁
浙江大学出版社
2021 年 9 月

37.《万物皆媒：5G 时代传媒应用与发展路径》

作者：唐俊
复旦大学出版社
2021 年 9 月

38.《网络意见领袖及其表达——新浪大 V 传播行为与失范应对研究》

作者：靖鸣　等
复旦大学出版社
2021 年 10 月

39.《解析中国新闻传播学 2021》

主编：刘海龙
中国人民大学出版社
2021 年 11 月

40.《马礼逊对华传播活动研究》

作者：刘伟
社会科学文献出版社
2021 年 11 月

41.《媒介热点透析与前瞻 2022》

作者：孙祥飞
人民日报出版社
2021 年 11 月

42.《社会化媒体背景下中国电视媒体的融合发展路径研究》

作者：金海鑫
清华大学出版社
2021 年 12 月

43.《丝绸之路历史文化影像传播研究》

作者：徐兆寿　等
清华大学出版社
2021 年 12 月

44.《融媒体时代媒介融合的传播与发展》

作者：林娜
人民出版社
2021 年 12 月

45.《媒介融合理论研究及国外出版融合案例分析》

作者：杨玲
对外经贸大学出版社
2021 年 12 月

46.《媒介帝国主义》

作者：[美] 奥利弗·博伊德－巴雷特
译者：任孟山
中国传媒大学出版社
2021 年 2 月

47.《媒介与传播研究方法　质化与量化研究导论》

作者：[美] 阿瑟·阿萨·伯格
译者：张磊
中国传媒大学出版社
2021 年 2 月

48.《连接：社交媒体批评史》

作者：[荷兰] 何塞·范·迪克
译者：晏青　等
中国人民大学出版社
2021 年 3 月

49.《技术图像的宇宙》

作者：[巴西]威廉·弗卢塞尔
译者：李一君
复旦大学出版社
2021年4月

50.《媒介效果》

作者：[美]W.詹姆斯·波特
译者：段鹏　等
中国传媒大学出版社
2021年6月

51.《麦克卢汉精粹（第二版）》

主编：[加拿大]埃里克·麦克卢汉　等
译者：何道宽
中国大百科全书出版社
2021年9月

52.《帝国与传播》

作者：[加拿大]哈罗德·伊尼斯
译者：何道宽
中国大百科全书出版社
2021年9月

53.《传播的偏向（第三版）》

作者：[加拿大]哈罗德·伊尼斯
译者：何道宽
中国大百科全书出版社
2021年9月

54.《被数字分裂的自我》

作者：[意大利]伊沃·夸蒂罗利
译者：何道宽
中国大百科全书出版社
2021年9月

55.《数据时代》

作者：[意大利]科西莫·亚卡托
译者：何道宽
中国大百科全书出版社
2021年9月

56.《社会与话语：社会语境如何影响文本与言谈》

作者：[荷兰]特恩·A.范戴克
译者：唐斌　付添爵
商务印书馆
2021年11月

57.《哈贝马斯论媒介》

作者：[德]哈特穆特·韦斯勒
译者：闫文捷
中国传媒大学出版社
2021年12月

（黄馨茹　整理）